REPERTORIO
DI LETTERATURA BIBLICA
IN ITALIANO A STAMPA
(Ca 1462-1650)

Repertorio
di letteratura biblica
in italiano a stampa
(ca 1462-1650)

Erminia Ardissino
Élise Boillet

Collection | Études Renaissantes
Dirigée par Philippe Vendrix

BREPOLS

2023

Relectures et mise en page
Alice Nué - CESR

© 2023, Brepols Publishers n.v., Turnhout, Belgium.
All rights reserved. No part of this publication may be reproduced, stored in a retrieval system, or transmitted, in any form or by any means, electronic, mechanical, photocopying, recording, or otherwise without the prior permission of the publisher.
ISBN 978-2-503-58405-8
DOI 10.1484/M.ER-EB.5.135608
ISSN 1783-0389
E-ISSN 2565-9529

Printed in the EU on acid-free paper.
D/2023/0095/267

In copertina: *Biblia in lingua materna* [...], traduzione Nicolò Malerbi, Venezia, Bernardino Bindoni, 1535, Biblioteca Nazionale Marciana.
Su concessione del Ministero della Cultura - Biblioteca Nazionale Marciana.

Ringraziamenti

Al termine di questo lavoro desideriamo ringraziare tutti coloro che hanno contribuito a vario titolo alla sua realizzazione e al suo compimento. È stato un percorso lungo, iniziato con la *fellowship* concessa da LE STUDIUM Loire Valley Institute for Advanced Studies nel 2015 per cui abbiamo potuto lavorare insieme al Centre d'études supérieures de la Renaissance (CESR) di Tours per una prima stesura del repertorio, che in seguito abbiamo completato con un costante lavoro in collaborazione, anche a distanza. Ringraziamo quindi anzitutto il Direttore dell'Institut LE STUDIUM di allora, Nicola Fazzalari, e il suo consiglio di amministrazione, che hanno creduto nel progetto, i direttori del CESR che si sono in questi anni avvicendati, Philippe Vendrix e Benoist Pierre, che hanno accolto il volume nella collana da loro diretta. Ma il nostro grazie si estende all'insieme della comunità accademica assai collaborativa, costituita dai membri del CESR, docenti, ricercatori, personale amministrativo. Ringraziamo inoltre tutti i bibliotecari che hanno risposto alle nostre richieste di consulenza o consultazione. Non possiamo nominarli perché sono moltissimi, ma il loro aiuto è stato davvero prezioso, senza la loro disponibilità e gentilezza alcuni dati sarebbero rimasti imprecisati. In particolare ringraziamo le bibliotecarie e i bibliotecari del CESR e della Biblioteca di Scienze Letterarie e Filologiche dell'Università di Torino, soprattutto Agnès Journet, Daniela Brachet Cota e Sabrina Lamparelli, a cui ci siamo spesso rivolte per ogni tipo di informazione su libri e cataloghi. Un particolare grazie va a Gigliola Fragnito, Chiara Lastraioli, Edoardo Barbieri e Danilo Zardin, che abbiamo spesso consultato, e un grato ricordo è per la memoria di Ugo Rozzo, sempre disponibile e prodigo di consigli in questo che era il suo campo. Ancora un grato pensiero rivolgiamo a Giulia Cardillo e Giulia Ventrella, che hanno accompagnato i primi passi nella ricerca con utilissimi apporti. *Last but not least*, esprimiamo la nostra infinita gratitudine a Alice Nué per l'espertissima gestione editoriale che ha reso possibile questa pubblicazione.

Introduzione

Mappare la letteratura biblica in volgare a stampa nell'Italia della prima età moderna

La stampa, al suo sorgere, attinse con abbondanza alla «vigna del testo» biblico[1]. Non solo la prima grande opera uscita dai torchi mobili fu una Bibbia, ma l'editoria dei primi secoli si rifece in gran parte ai libri del Vecchio e del Nuovo Testamento con lo scopo di riprodurli in latino, diffonderli nelle lingue volgari, interpretarli, adattarli a funzioni liturgiche e devozionali, fornire un supporto alla meditazione e all'orazione, ispirare comportamenti. Il «grande codice» continuò così ad essere, nell'Europa cristiana, non solo fonte per le arti e la letteratura, ma anche fondamento dei percorsi di conoscenza, dell'etica individuale e collettiva, delle teorie politiche e di governo, delle prassi professionali e delle abitudini domestiche[2].

L'invenzione della stampa venne, in maniera generale, a rafforzare il ruolo già ben affermato dei laici nella sfera religiosa[3]. In Italia, come in Europa, questa «rivoluzione inavvertita» favorì fortemente la loro partecipazione come lettori di libri religiosi, scrittori e committenti, editori e acquirenti[4].

---

[1] La metafora è dal titolo di Ivan Illich, *In the Vineyard of the Text. A Commentary of Hugh's Didascalicon*, Chicago, The University of Chicago Press, 1993 (*Nella vigna del testo. Per una etologia della lettura*, tr. it. A. Serra e D. Barbone, Milano, Raffaello Cortina, 1994). La vigna era anche la marca tipografica del Brucioli, impressa sulle sue traduzioni e i suoi commenti del Vecchio e del Nuovo Testamento.

[2] «Grande codice» è metafora di William Blake, tradotta in italiano; per il suo significato e le modalità di influenza sulla letteratura si veda Northrop Frye, *The Great Code: The Bible and Literature*, New York, Harcourt Brace Jovanovich, 1982 (*Il grande Codice: la Bibbia e la letteratura*, tr. it. G. Rizzoni, Torino, Einaudi, 1986). Sull'incidenza della Bibbia su vari aspetti delle società di antico regime, si veda *The New Cambridge History of the Bible: From 1450 to 1750*, a cura di E. Cameron, Cambridge, Cambridge University Press, 2016, pt IV, «The Bible in the Broader Culture», p. 579-802. Si veda anche *Lay Readings of the Bible in Early Modern Europe*, a cura di E. Ardissino e É. Boillet, Leiden-Boston, Brill, 2020.

[3] Sulla partecipazione religiosa dei laici nell'Europa tardomedievale e moderna, si vedano André Vauchez, *Les laïcs au Moyen Âge. Pratiques et expériences religieuses*, Paris, Le Cerf, 1987 (*I laici nel Medioevo. Pratiche ed esperienze religiose*, tr. it. F. Sricana, Milano, Il Saggiatore, 1989); Guy Lobrichon, *La religion des laïcs en Occident, XIᵉ-XVᵉ siècles*, Paris, Hachette, 1994; Bernard Hamilton, «Religion and the Laity», in *The New Cambridge Medieval History*, vol. 4, c. 1024-c. 1198, a cura di D. Luscombe e J. Riley-Smith, Cambridge, Cambridge University Press, 2004, p. 499-533; *La religion vécue. Les laïcs dans l'Europe moderne*, a cura di L. Croq e D. Garrioch, Rennes, Presses Universitaires de Rennes, 2013. Sull'ambito confraternale, specialmente italiano, si vedano almeno i più recenti studi: *Studi confraternali: orientamenti, problemi, testimonianze*, a cura di M. Gazzini, Firenze, Firenze University Press, 2009; *Brotherhood and Boundaries. Fraternità e barriere*, Atti del Convegno nazionale di studi promosso dalla Scuola Normale Superiore (Pisa, 19-20 settembre 2008), a cura di S. Pastore, A. Prosperi e N. Terpstra, Pisa, Edizioni della Normale, 2011; *A Companion to Medieval and Early Modern Confraternities*, a cura di K. Eisenbichler, Leiden, Brill, 2019. Sulla religione in ambito domestico in Italia e in Europa: *Domestic Devotions in Early Modern Italy*, a cura di M. Corry, M. Faini e A. Meneghin, Leiden, Brill, 2018 e *Domestic Devotions in the Early Modern World*, a cura di M. Faini e A. Meneghin, Leiden, Brill, 2018.

[4] I mutamenti culturali determinati dalla stampa sono chiamati «rivoluzione inavvertita» nella traduzione italiana del libro di Elizabeth L. Eisenstein, *The Printing Revolution in Early Modern Europe*, Cambridge, Cambridge University Press, 1983 (*La rivoluzione inavvertita. La stampa come fattore di mutamento*, tr. it. D. Panzieri, Bologna, il Mulino, 1986). Non a caso però, come nota Ugo Rozzo, nel giro di pochi decenni dopo l'invenzione della stampa, l'unità religiosa dell'Europa

Se uno dei primi libri stampati nella penisola fu il *De oratore* di Cicerone, prodotto in ambiente monastico, mostrando la perfetta sintesi di cultura classica e cristiana che l'Umanesimo volle attuare, si può dire ugualmente che pure in Italia «il libro a stampa nasce "religioso"» a causa della forte presenza di questo genere di testi nella produzione dei primi editori, a Venezia come a Firenze, in Centro o Nord Italia[5].

In questo ambito, anche se dalle ricerche più recenti appare evidente che la partecipazione dei laici alla cultura biblica era ampia già nel tardo Medioevo, ben prima della Riforma protestante, la stampa consentì un incremento, offrendo a minori costi e più rapidamente la possibilità di accedere al Libro per eccellenza, di partecipare alla sua comprensione e attualizzazione, di essere meglio consapevoli della sua funzione[6]. Se la Germania ebbe il primato di produrre a stampa la prima Bibbia in volgare, uscita a Strasburgo da Johann Mentelin nel 1466, a Venezia già il primo agosto del 1471 l'officina tipografica di Wendelin von Speyer terminava l'impressione della prima Bibbia tradotta in volgare italiano dal frate camaldolese Nicolò Malerbi, iniziando una tradizione che, come ha mostrato Edoardo Barbieri, porta la Bibbia volgare ad essere quasi un *best-seller ante litteram*[7].

---

si frantumò e quasi tutte le scienze si rinnovarono, poiché con la stampa si poterono agevolmente rileggere e confrontare i testi («Introduzione», in *Il libro religioso*, a cura di U. Rozzo e R. Gorian, Milano, Edizioni Sylvestre Bonnard, 2002, p. 13). Sull'impatto dell'invenzione della stampa in Italia, si veda *Libri, biblioteche e cultura nell'Italia del Cinque e Seicento*, a cura di E. Barbieri e D. Zardin, Milano, Vita e Pensiero, 2002.

5 La citazione da Ugo Rozzo, *Linee per una storia dell'editoria religiosa in Italia 1465-1600*, Udine, Arti grafiche friulane, 1993, p. 7. Ora però si deve rilevare che è una passione di Cristo illustrata, databile ca 1462-1463, ad essere considerata la prima stampa in italiano, probabilmente impressa nel Nord Italia da un anonimo tipografo tedesco; cfr. *id.*, «Introduzione», in *Il libro religioso, op. cit.*, p. 5-6. Si veda anche Edoardo Barbieri, «Forme e tipologie delle *Vitae Christi*», in *L'agiografia volgare. Tradizioni di testi, motivi e linguaggi*, Atti del congresso internazionale (Klagenfurt, 15-16 gennaio 2015), a cura di E. De Roberto e R. Wilhelm, Heidelberg, Winter, 2016, p. 351-381.

6 Sui laici e la Bibbia nell'Europa tardomedioevale e moderna, si vedano in particolare Andrew Gow, «Challenging the Protestant Paradigm: Bible Reading in Lay and Urban Contexts of the Later Middle Ages», in *Scripture and Pluralism. Reading the Bible in the Religiously Plural Worlds of the Middle Ages and the Renaissance*, a cura di T. Heffernan e T. E. Burman, Leiden, Brill, 2005; *Lay Bibles in Europe 1450-1800*, a cura di M. Lamberights e A.A. den Hollander, Leuven, Peeters, 2006; *Infant Milk or Hardy Nourishment? The Bible for Lay People and Theologians in the Early Modern Period*, a cura di W. François e A.A. den Hollander, Leuven-Paris-Walpole (MA), Peeters, 2009. Decisivi, anche per l'area italiana, sono poi stati gli studi di Sabrina Corbellini e quelli da lei promossi, tra cui: «"Looking in the Mirror of the Scriptures". Reading the Bible in Medieval Italy», in «*Wading Lambs and Swimming Elephants*». *The Bible for the Laity and Theologians in Late Medieval and Early Modern Era*, a cura di W. François e A.A. den Hollander, Leuven-Paris-Walpole (MA), Peeters, 2012, p. 21-40; «The Plea for Lay Bibles in Fourteenth and Fifteenth-Century Tuscany: The Role of Confraternities», in *Faith's Boundaries. Laity and Clergy in Early Modern Confraternities*, a cura di N. Terpstra, S. Pastore e A. Prosperi, Turnhout, Brepols, 2012, p. 87-107; «Instructing the Soul, Feeding the Spirit, and Awakening the Passion: Holy Writ and Lay Readers in Medieval Europe», in *Shaping the Bible in the Reformation. Books, Scholars and their Readers in the Sixteenth Century*, a cura di B. Gordon e M. McLean, Leiden-Boston, Brill, 2012, p. 15-39; Sabrina Corbellini, Mart van Duijn, Suzan Folkerts, Margriet Hoogvliet, «Challenging the Paradigms: Holy Writ and Lay Readers in Late Medieval Europe», *Church History and Religious Culture, XCIII*, 2013, p. 171-188; *Discovering the Riches of the Word. Religious Reading in Late Medieval and Early Modern Europe*, a cura di S. Corbellini, M. Hoogvliet e B. Ramakers, Leiden-Boston, Brill, 2015. Per l'Italia moderna, si veda anche *Gli Italiani e la Bibbia nella prima età moderna. Leggere, interpretare, riscrivere*, a cura di E. Ardissino ed É. Boillet, Turnhout, Brepols, 2018.

7 Sulla Bibbia del Malerbi o Malermi, si vedano Edoardo Barbieri, «La fortuna della *Biblia vulgarizata* di Nicolò Malerbi», *Aevum. Rassegna di Scienze storiche, linguistiche e filologiche*, LXIII, 1989, p. 419-500; *id.*, *Le Bibbie italiane del Quattrocento e del Cinquecento. Storia e bibliografia ragionata delle edizioni in lingua italiana dal 1471 al 1600*, Milano, Editrice Bibliografica, 2 vol., 1991-1992, I, 1992, p. 15-35; Biblioteca Nazionale Centrale di Firenze, *La Bibbia. Edizioni del XVI secolo*, a cura di A. Lumini, Firenze, Olschki, 2000, *ad vocem*; Franco Pierno, «Pregiudizi e canone letterario. La Bibbia in volgare di Niccolò Malerbi (Venezia, 1471)», *Rassegna europea di letteratura italiana*, XXXVI, 2011, p. 143-157.

INTRODUZIONE

La presenza del testo sacro in lingua italiana è in effetti già ben attestata prima della stampa[8]. Il progetto di ricerca sui volgarizzamenti biblici in Italia avviato negli anni Novanta dalla Fondazione Ezio Franceschini e dall'École française de Rome ha rivelato l'ampiezza della diffusione di tali «volgarizzamenti» con un primo censimento di 344 manoscritti che include, oltre a traduzioni, «riorganizzazioni ad uso liturgico» (del tipo «Evangeliario» o «Salterio»), «rielaborazioni di carattere più o meno centonistico» (del tipo «Armonia evangelica») e anche «riscritture» che vanno sotto il nome di *Fiori* o *Fioretti* («Fiore della Bibia» e «dell'Antico Testamento»)[9]. D'altra parte, la letteratura italiana sin dagli esordi – da san Francesco a Dante, da Petrarca a Boccaccio[10], insieme con gli anonimi e con quei 'minori' che da Domenico Cavalca a Feo Belcari fecero da sfondo[11] – attinse a piene mani alla Bibbia. Tutto questo indica bene il grado di penetrazione del testo biblico nelle abitudini di lettura degli Italiani, laici ed ecclesiastici, più o meno colti. La produzione a stampa non segnò all'inizio una rottura con i contenuti della produzione manoscritta, piuttosto contribuì alla sua diffusione capillare[12]. Come già in epoca medievale, l'accesso più frequente alla Bibbia in volgare, in Italia come altrove, non era all'intera Bibbia, ma a parti della Bibbia, a singoli libri o a estratti, tramite non solo traduzioni ma vari tipi di rielaborazioni in volgare.

Se l'Italia non è stata da meno a paesi come la Francia e la Spagna, dove molto presto si ebbero Bibbie in francese e castigliano, o come l'Inghilterra, dove la traduzione di Wycliff fu seguita da una sostenuta richiesta dei

---

8   Sulla tradizione dei manoscritti biblici italiani, si vedano Laura Ramello, «Le antiche versioni della Bibbia: rassegna e prospettive di ricerca», *Quaderni di Filologia romanza della Facoltà di Lettere e Filosofia dell'Università di Bologna*, IX, 1992, p. 113-128; gli articoli di Jacques Dalarun, Guy Lobrichon, Lino Leonardi, Geneviève Brunel-Lobrichon e Gianpaolo Garavaglia in *Bibles italiennes, Mélanges de l'école Française de Rome, Moyen Âge*, CV, 2, 1993, p. 825-862; Lino Leonardi, «The Bible in Italian», in *The New Cambridge History of the Bible: From 600 to 1450*, a cura di R. Marsden e E.A. Matter, Cambridge, Cambridge University Press, 2012, p. 268-287.

9   Cfr. Lino Leonardi, «I volgarizzamenti italiani della Bibbia (sec. XIII-XV). *Status quaestionis* e prospettive per un repertorio», in *Bibles italiennes, op. cit.*, p. 837-844: 843. Si tratta dell' «Inventario dei manoscritti biblici italiani», a cura di M. Chopin, M.T. Dinale e R. Pelosini, premessa di L. Leonardi, indici di J. Dalarun, in *Bibles italiennes, op. cit.*, p. 863-886. Si veda ora anche la descrizione dettagliata di 134 manoscritti biblici in *Le traduzioni italiane della Bibbia nel Medioevo. Catalogo dei manoscritti (secoli XIII-XV)*, a cura di L. Leonardi, C. Menichetti e S. Natale, Firenze, SISMEL-Edizioni del Galluzzo per la Fondazione Ezio Franceschini, 2018. Si vedano anche i contributi relativi alla tradizione manoscritta in *La Bibbia in italiano tra Medioevo e Rinascimento. La Bible italienne au Moyen Âge et à la Renaissance*, Atti del Convegno Internazionale (Firenze, Certosa del Galluzzo, 8-9 novembre 1996), a cura di L. Leonardi, Firenze, SISMEL-Edizioni del Galluzzo, 1998.

10   Sulla Bibbia nella *Commedia* si vedano: V. Stanley Benfell, *The Biblical Dante*, Toronto, University of Toronto Press, 2011; Carolynn Lund-Mead, Amilcare Iannucci, *Dante and the Vulgate Bible*, Milano, Bulzoni, 2012; Giuseppe Ledda, *La Bibbia di Dante*, Torino, Claudiana, 2015. Sulla Bibbia in Petrarca si vedano: Giovanni Pozzi, «Petrarca, i Padri e soprattutto la Bibbia», in *id., Alternatim*, Milano, Adelphi, 1996, p. 143-189; Giulio Goletti, «"Scriptura qua utimur": la Bibbia del Petrarca», *Quaderni Petrarcheschi*, XVII-XVIII, 2007-2008, p. 629-677. Sugli aspetti biblici in Boccaccio si vedano: Matteo Leonardi, «Boccaccio "gran maestro in Iscrittura". La citazione delle Scritture in funzione ironica e tragica nel *Decameron*», in «*Umana cosa è aver compassione degli afflitti...*». *Raccontare, consolare, curare nella narrativa europea da Boccaccio al Seicento*, Atti del Convegno di studi (Torino, 12-14 dicembre 2013), a cura di E. Ardissino, G. Carrascòn, D. Dalmas e P. Pellizzari, numero monografico di *Levia Gravia. Quaderno annuale di letteratura italiana*, XV-XVI, 2013-2014, p. 31-46; Lucia Battaglia Ricci, «La Bibbia nelle opere di Giovanni Boccaccio. Un contributo agli studi», in *Antichi e moderni. Studi in onore di Roberto Cardini*, a cura di L. Bertolini e D. Coppini, Firenze, Polistampa, 2010, p. 51-62. In generale: *Sotto il cielo delle Scritture. Bibbia, retorica e letteratura religiosa (secc. XIII-XVI)*, Atti del Colloquio organizzato dal Dipartimento di italianistica dell'Università di Bologna (Bologna, 16-17 novembre 2007), a cura di C. Delcorno e G. Baffetti, Firenze, Olschki, 2009.

11   Si vedano, su Cavalca, Edoardo Barbieri, «Domenico Cavalca volgarizzatore degli *Actus Apostolorum*», in *La Bibbia in italiano tra Medioevo e Rinascimento, op. cit.*, p. 291-328, e su Belcari e il genere della 'sacra rappresentazione', Sophie Stallini, *Le théâtre sacré à Florence au XVᵉ siècle. Une histoire sociale des formes*, Paris, Presses Sorbonne Nouvelle, 2011 e Paola Ventrone, *Teatro civile e sacre rappresentazioni a Firenze nel Rinascimento*, Firenze, Le Lettere, 2016.

12   Cfr. Gianpaolo Garavaglia, «Traduzioni bibliche a stampa tra Quattrocento e Settecento», in *Bibles italiennes, op. cit.*, p. 857-862: 857.

testi sacri in volgare, va constatato che in Italia la ricerca sull'argomento si è mossa tardi rispetto alle altre culture e lingue europee[13]. Negli ultimi decenni, però, l'attenzione è stata sempre maggiore, con risultati che hanno contrastato il paradigma assodato di un'Italia poco attratta dalla Bibbia e, al riguardo, in ritardo rispetto ad altre aree europee, specie quelle riformate.

Il mantenimento dell'interesse degli Italiani per la Bibbia e l'importanza della sua versione volgare nella prima età moderna si desume chiaramente dal catalogo delle Bibbie italiane a stampa dei secoli XV e XVI costituito da Edoardo Barbieri, il quale, per i centotrenta anni che contempla, raccoglie ben novantun edizioni, parziali o totali[14]. D'altra parte, il catalogo riflette anche le conseguenze della censura ecclesiatica su tale produzione, l'ultima traduzione volgare della Bibbia stampata in Italia essendo del 1567 e quella di un singolo libro biblico del 1571. Negli ultimi decenni, lo sviluppo degli studi sulla censura ecclesiatica relativamente alla produzione, al possesso e alla lettura dei libri si è avvalso dell'edizione critica degli Indici dei libri proibiti apparsi in Europa nel XVI secolo curata da Jesús Martinez de Bujanda e completata nel 1996[15], dell'apertura alla libera consultazione dell'Archivio della Congregazione per la Dottrina della Fede, avvenuta nel 1998[16], e quindi dell'accesso ai risultati dell'inchiesta promossa dalla Congregazione dell'Indice in seguito alla proclamazione dell'indice clementino[17].

---

13   Per un esaustivo quadro della Bibbia nelle varie realtà culturali europee, oltre a *The Cambridge History of the Bible* (vol. 2, *The West from the Fathers to the Reformation*, 1969, e vol. 3, *The West from the Reformation to the Present Day*, 1963), si vedano adesso i capitoli dedicati alla Bibbia di Lutero, alle Bibbie in olandese e in lingue scandinave, alle Bibbie germaniche fuori dal movimento luterano, a quelle francesi, a quelle inglesi, a quelle dell'Europa centrale e dell'est e a quelle italiane e spagnole, in *The New Cambridge History of the Bible: From 1450 to 1750, op. cit.*, pt II, p. 217-384. Si vedano anche Luigi Balsamo, «La Bibbia in tipografia», in *La Bibbia a stampa da Gutenberg a Bodoni*, Firenze, Biblioteca Medicea Laurenziana, Biblioteca Nazionale Centrale, 8 ottobre-23 novembre 1991, a cura di I. Zatelli (iconologia a cura di M. Gabriele), Firenze, Edizioni Centro Di, 1991, p. 13-38, e Max Engammare, «Un siècle de publications de la Bible en Europe. La langue des éditions des Textes sacrés (1455-1555)», *Histoire et civilisation du livre, Revue Internationale*, IV, 2008, p. 47-91. Se si prende l'esempio dell'area francese, gli studi sulla Bibbia in volgare sono iniziati prestissimo, alla fine del secolo XIX, con i lavori di Samuel Berger e di Jean Bonnard, giungendo a un censimento delle Bibbie francesi già con Bettye Thomas Chambers, *Bibliography of French Bibles*, Genève, Librairie Droz, 2 t., 1983-1994, e a uno studio complessivo con *Les Bibles en français. Histoire illustrée du Moyen Âge à nos jours*, a cura di P.-M. Bogaert, con la collaborazione di Ch. Cannuyer, B. Chédozeau, F. Delforge, J.-Fr. Gilmont e Fr. Refoulé, Turnhout, Brepols, 1991. Per l'Italia le prime esplorazioni si devono a Giuliano Gasca Queirazza, *Le traduzioni della Bibbia in volgare italiano anteriori al secolo XVI*, in *Actes du XIIIᵉ Congrès international de linguistique et philologie romanes*, tenu à l'Université Laval (Québec, Canada) du 29 août au 5 septembre 1971, a cura di M. Boudreault e Fr. Möhren, Québec, Presses de l'Université Laval, 1976, p. 659-667.

14   E. Barbieri, *Le Bibbie italiane del Quattrocento e del Cinquecento, op. cit.*

15   Gli indici italiani e romani sono nei tomi III, *Index de Venise 1549, et de Venise et Milan, 1554*, VIII, *Index de Rome: 1557, 1559, 1564. Les premiers Index romains et l'Index du Concile de Trente*, e IX, *Index de Rome: 1590, 1593, 1596. Avec étude des Index de Parme, 1580 et Munich, 1582*, in *Index des livres interdits*, a cura di J.M. de Bujanda, Genève-Sherbrooke (Ca), Librairie Droz-Éditions de l'Université de Sherbrooke-Centre d'Études de la Renaissance, rispettivamente 1987, 1991 e 1994. Un bilancio delle ricerche sulla censura libraria è stato pubblicato in seguito al completamento di questa serie di pubblicazioni: *La censura libraria nell'Europa del secolo XVI*, a cura di U. Rozzo, Udine, Forum, 1997. La storia delle decisioni prese dalle istituzioni ecclesiatiche coinvolte nella censura libraria è stata oggetto delle ricerche in particolare di Gigliola Fragnito e di Vittorio Frajese (cfr. *infra*, n. 18).

16   Si veda in particolare *L'Inquisizione romana e i suoi archivi. A vent'anni dall'apertura dell'ACDF*, Atti del convegno (Roma, 15-17 maggio 2018), a cura di A. Cifres, Roma, Gangemi Editore, «Memoria Fidei» IV, 2019.

17   Si vedano in particolare Rosa Marisa Borraccini, Giovanna Granata, Roberto Rusconi, «A proposito dell'inchiesta della S. Congregazione dell'Indice dei libri proibiti di fine '500», *Il capitale culturale. Studies on the Value of Cultural Heritage*, VI, 2013, p. 13-45, <http://riviste.unimc.it/index.php/cap-cult/article/view/400>; *Libri, biblioteche e cultura degli ordini regolari nell'Italia moderna attraverso la documentazione della Congregazione dell'Indice*, Atti del Convegno Internazionale (Macerata, 30 maggio-1 giugno 2006), a cura di R.M. Borraccini e R. Rusconi, Città del Vaticano, Biblioteca Apostolica, 2006. Riguardo l'edizione dei documenti nell'ambito del progetto RICI (Ricerca sull'Inchiesta della Congregazione dell'Indice, <http://rici.vatlib.it>), si veda in particolare il volume *La congregazione dell'Indice, l'esecuzione dell'Index del 1596 e gli ordini regolari in Italia. Documenti*, a cura di A. Serra, Città del Vaticano, Biblioteca Apostolica Vaticana, 2018.

INTRODUZIONE

Nella ricostituzione della complessa storia delle decisioni prese da Roma in materia di traduzione biblica fino al divieto definitivo pronunciato dall'indice clementino del 1596, Gigliola Fragnito ha messo in rilievo la rottura introdotta dalla censura ecclesiastica a cavallo tra '500 e '600 nella fruizione della Bibbia in volgare in Italia, evidenziando come il bando colpì non solo le traduzioni in senso stretto, ma anche varie forme di trasmissione in volgare del testo biblico e dei suoi contenuti[18]. La studiosa ha anche esteso lo sguardo, più particolarmente in *Proibito capire*, dai divieti romani alla loro ricezione da parte di alcuni ceti di lettori italiani, ecclesiastici e laici, pronti a difendere il possesso e la lettura di libri a cui erano fortemente legati e a cui molto malvolentieri si trovavano a rinunciare. Altri studi hanno poi ulteriormente esplorato aspetti della censura libraria legati alla storia della produzione e della fruizione dei testi in specifici contesti socio-culturali, evidenziando, oltre alle resistenze, gli aggiramenti alla censura e contribuendo così a sfumare il quadro di un'Italia che si sarebbe trovata repentinamente e uniformemente coperta da una cappa di piombo e non sarebbe stata in grado di trovare linee di difesa né vie alternative[19].

Uno strumento bibliografico come quello qui proposto può sicuramente giovare anche agli studi sulla censura libraria nell'Italia della prima età moderna, sul suo effettivo impatto e sulle sue varie applicazioni, in quanto fa ben vedere quali testi e quali generi di testi sono rimasti presenti nella produzione editoriale tra gli ultimi decenni del '400 e la prima metà del '600, su quali archi di tempo precisamente e con quali adattamenti e trasformazioni. È per esempio fondamentale, negli studi che guardano alle pratiche censorie, come quella ancora insufficientemente osservata dell'espurgazione, studiare la storia editoriale dei testi e dei libri[20]. L'apporto degli studiosi sia del libro sia della letteratura è perciò essenziale per reperire le edizioni, studiarne le componenti materiali e testuali, la loro evoluzione nel tempo tramite eliminazioni, aggiunte e riscritture, e le motivazioni, oltreché ideologiche, anche socio-culturali, economiche e letterarie, di questa evoluzione[21].

A sottolineare l'esistenza di una continuità culturale tra '500 e '600 è stato in particolare Danilo Zardin, che indicò presto come l'antica familiarità degli Italiani con la Bibbia, certamente mortificata dalle ingiunzioni post-conciliari, continuò ad essere coltivata, in particolare tramite una produzione rimasta abbondante di pubblicazioni bibliche di vario genere. Questo amplissimo mercato editoriale offrì un modo alternativo di continuare letture e pratiche abituali per un popolo rimasto nella maggioranza cattolico e obbediente alla Chiesa di Roma[22].

---

18   In particolare Gigliola Fragnito, *La Bibbia al rogo. La censura ecclesiastica e i volgarizzamenti della Scrittura (1471-1605)*, Bologna, il Mulino, 1997; ead., *Proibito capire. La Chiesa e il volgare nella prima età moderna*, Bologna, il Mulino, 2005. Si veda anche, tra gli studi di Vittorio Frajese, *Nascita dell'Indice. La censura ecclesiastica dal Rinascimento alla Controriforma*, Brescia, Morcelliana, 2008 (1 ed. 2006). Le proibizioni del testo biblico in volgare sono annunciate da restrizioni localmente espresse già nei secoli XIII-XVI, mentre Roma promulgò tre indici di libri proibiti, quello paolino del 1558 (pubblicato nel 1559), quello tridentino del 1564 e quello clementino del 1596.

19   Si veda in particolare *Aggirare la censura. Circolazione del libro e sfera pubblica in età moderna*, a cura di M. Caffiero, numero monografico di *Rivista di Storia del Cristianesimo*, IX, 2, 2012.

20   Sull'espurgazione e sulle sue conseguenze letterarie, si vedano in particolare Ugo Rozzo, «L'espurgazione dei testi letterari nell'Italia del secondo Cinquecento», in *La censura libraria nell'Europa del secolo XVI, op. cit.*, p. 219-271; Gigliola Fragnito, «Aspetti e problemi della censura espurgatoria», in *L'Inquisizione e gli storici: un cantiere aperto*, Atti del convegno dell'Accademia Nazionale dei Lincei (Roma, 24-25 giugno 1999), Roma, Accademia Nazionale dei Lincei, 2000, p. 161-178; Adelisa Malena, «Libri "proibiti", "sospesi", "dubii d'esser cattivi": in margine ad alcune liste dei canonici regolari lateranensi», in *Libri, biblioteche e cultura degli ordini regolari, op. cit.*, p. 555-580; Gigliola Fragnito, *Rinascimento perduto. La letteratura italiana sotto gli occhi dei censori (secoli XV-XVII)*, Bologna, il Mulino, 2019, p. 125-159.

21   Si vedano i contributi di Edoardo Barbieri e di Danilo Zardin dedicati alla storia editoriale delle raccolte liturgiche di *Epistole e vangeli* in *Gli Italiani e la Bibbia nella prima età moderna, op. cit.*, p. 43-72 e p. 97-123.

22   In particolare, Danilo Zardin, «Bibbia e letteratura religiosa in volgare nell'Italia del Cinque-Seicento», *Annali di storia moderna e contemporanea*, IV, 1998, p. 593-616; id., «Tra latino e volgare: la *Dichiarazione dei salmi* del Panigarola e i filtri di accesso alla materia biblica nell'editoria della Controriforma», *Sincronie: rivista semestrale di letterature, teatro e sistemi di pensiero*, IV, 2000, p. 125-165; id., «Bibbia e apparati biblici nei conventi italiani del '500-'600», in *Libri, biblioteche e cultura*

Come ha indicato anche Samuele Giombi, rimase vivo in Italia un «vissuto di familiarità con il patrimonio della Bibbia» tramite una «lussureggiante letteratura di commento-integrazione, fiorita sulla base della scrittura biblica», che affondava le sue radici negli sviluppi della pietà religiosa e delle tecniche pastorali proprie del clero regolare e mendicante del mondo urbano due-quattrocentesco[23].

Il repertorio che qui proponiamo intende attirare l'attenzione sull'insieme assai vasto costituito dalla letteratura biblica in italiano per il periodo che va dall'inizio della stampa fino al 1650. Si tratta di un'abbondante miniera di pubblicazioni bibliche che resta ancora largamente inesplorata, benché l'interesse per la cultura biblica in Italia nella prima età moderna, anche se principalmente centrato sulle istanze filologico-letterarie sia oggi in grande fermento[24]. Il repertorio qui presentato, di cui discuteremo ora i confini, include testi che sono a volte di poche pagine[25], a volte in più volumi di migliaia di pagine, talora di autori rimasti anonimi, talaltra di figure di spicco o per il ruolo storico o perché appartenenti al canone letterario, talora editi una sola volta, talora riproposti quasi ogni anno anche per lunghi periodi, talvolta di stretta ortodossia, altre volte caduti poi sotto inchiesta e posti all'indice dei libri proibiti o dei libri che vanno espurgati, per lo più cattolici, ma non raramente riformati, scritti e stampati all'estero in italiano per essere letti e commercializzati anche in Italia[26]. Tutti nell'insieme ci consentono di conoscere meglio la vita religiosa degli Italiani della prima età moderna e i molteplici modi con cui parteciparono alla cultura biblica.

---

degli ordini regolari, op. cit., p. 73-103. Per un panorama della cultura libraria in Italia tra '500 e '600, si veda anche *Libri, biblioteche e cultura nell'Italia del Cinque e Seicento, op. cit.*

23   Le citazioni da Samuele Giombi, «La Bibbia nella storia del Cristianesimo e della cultura occidentale», *Sincronie: rivista semestrale di letterature, teatro e sistemi di pensiero*, IV, 2000, p. 25-47: p. 36.

24   Il progetto *Bibbie del '500*, ideato dall'Istituto Nazionale di Studi sul Rinascimento e diretto da Michele Ciliberto, è dedicato alle vicende editoriali della Bibbia nel '400-'500, alle questioni filologiche ad esse connesse e alle ricadute nel dibattito fra Cattolici e Riformati; al suo interno, il *Catalogo delle edizioni umanistico-rinascimentali della Bibbia* censisce 366 edizioni che includono traduzioni, raccolte liturgiche e alcune riscritture (<https://www.insr.it/bibbia/>, copyright 2006). Sui rapporti fra Bibbia e letteratura in Italia, il progetto *La Bibbia nella letteratura italiana* diretto da Pietro Gibellini all'Università Ca' Foscari di Venezia, ha prodotto una pregevole e utile serie di volumi (editi da Morcelliana, Brescia, 2009-2018), mentre *La Bibbia in poesia. Testi poetici biblici e di ascendenza biblica tra Quattro e Cinquecento*, diretto da Rosanna Pettinelli alla Sapienza di Roma, è sfociato in particolare nel volume collettivo *La Bibbia in poesia: volgarizzamenti dei Salmi e poesia religiosa in età moderna*, a cura di R. Alhaique Pettinelli, R. Morace, P. Petteruti Pellegrino e U. Vignuzzi, Roma, Bulzoni, 2015. Si veda anche *Dizionario biblico della letteratura italiana*, dir. M. Ballarini, a cura di P. Frare, G. Frasso e G. Langella, Milano, IPL, 2018. Sul rapporto tra donne e Bibbia, si vedano *Le donne della Bibbia, la Bibbia delle donne. Teatro, letteratura e vita*, Atti del XV Convegno Internazionale di Studio (Verona, 16-17 ottobre 2009), a cura di R. Gorris Camos, Fasano, Schena Editore, 2012; *Donne e Bibbia nel Medioevo. Secoli XII-XV*, a cura di K.E. Børresen e A. Valerio, Trapani, Il Pozzo di Giacobbe, 2012; *Donne e Bibbia nelle Riforme e Controriforme dell'Europa Cattolica. Secoli XV-XVI*, a cura di M.L. Giordano e A. Valerio, Trapani, Il Pozzo di Giacobbe, 2014; *Bibbia, donne, profezia a partire dalla Riforma*, a cura di L. Tomassone e A. Valerio, Firenze, Nerbini, 2018; Erminia Ardissino, *Donne interpreti della Bibbia nell'Italia della prima età moderna. Comunità ermeneutiche e riscritture*, Turnhout, Brepols, 2020. E ancora *infra*, n. 45.

25   Sulle pubblicazioni di un solo foglio, cfr. Ugo Rozzo, *La strage ignorata. I fogli volanti a stampa nell'Italia dei secoli XV e XVI*, Udine, Forum, 2008.

26   Sulla presenza nel Cinquecento di testi in volgare scritti da riformati italiani, presenza ovviamente molto più limitata che nelle aree protestanti, ma probabilmente anche più estesa di quanto sappiamo ora, data la dissimulazione di questa letteratura sotto parvenze innocue, si veda U. Rozzo, «Introduzione», in *Il libro religioso, op. cit.*, p. 14-21. Questa riflessione si può probabilmente estendere alle pubblicazioni bibliche che continuarono a uscire in regime di censura.

I. METODI USATI NELL'ALLESTIMENTO DEL REPERTORIO

A. Criteri di selezione del materiale biblico

Tra le molte questioni che Edoardo Barbieri nel suo censimento delle Bibbie stampate in italiano nel XV e nel XVI secolo si poneva fin dall'avvio vi era anche il problema di spiegare l'esiguo numero di traduzioni della Bibbia in volgare da lui censite rispetto ai numeri molto maggiori censiti per esempio da Willem Jan Van Eys e da Bettye Thomas Chambers per il francese[27]. Le ipotesi avanzate dallo studioso imputavano il dato alle distruzioni occorse nei tempi successivi alla proibizione delle traduzioni bibliche, ma anche a un minor numero di impressioni di Bibbie volgari rispetto alla Francia, dovuto non tanto all'impedimento della Chiesa, come si era in precedenza ipotizzato, quanto al fatto che in Italia «la domanda di cultura biblica in volgare si indirizzava verso altro genere di produzione»[28]. È di questo «altro genere» che si occupa (soprattutto) il repertorio che qui presentiamo, offrendo una parziale conferma all'ipotesi dello studioso: un accesso molto frequentato al testo sacro in Italia era costituito da rielaborazioni di natura liturgica, esegetica, omiletica, devozionale, storica e letteraria, che trovarono nel nuovo mezzo comunicativo della stampa uno straordinario canale di disseminazione.

Si è optato per i soli testi a stampa proprio per privilegiare uno studio della diffusione e pervasività della cultura biblica, pur essendo consapevoli che, con le abitudini di prestito e di lettura a voce alta, un manoscritto poteva toccare un pubblico largo. Ma ovviamente un libro a stampa, che veniva pure prestato e spesso letto a voce alta, aveva molte tirature, anche per l'adozione di formati più ridotti, disponibili a prezzi molto più bassi[29]. Testi che ancora nel Cinquecento circolavano manoscritti appaiono meno significativi ai fini della conoscenza della diffusione biblica, e ancor meno lo sono testi rimasti manoscritti di appartenenza ad ordini religiosi o a famiglie o agli eredi. Possono avere molto valore storico o letterario, come i salmi tradotti da Benedetto Varchi in forma di sonetti, frutto di una stagione religiosa e politica fiorentina molto complessa, ma rimasti manoscritti fino al 2021 (codd. mss. II IX 41 e Filze Rinuccini 15 della Biblioteca Nazionale Centrale di Firenze). Che la mancata edizione fosse volontà dell'autore o subita per condizionamenti esterni (es. censure) può essere di grandissimo interesse; l'edizione moderna rende infatti giustizia al lavoro biblico di questo erudito fiorentino[30]. Ma la nostra ricerca riguarda l'età della stampa, perché i caratteri mobili segnano una svolta nella circolazione delle idee anche religiose, che non a caso è stata definita «rivoluzione».

---

27   Cfr. E. Barbieri, *Le Bibbie italiane del Quattrocento e del Cinquecento, op. cit.*, I, p. VIII; Willem J. Van Eys, *Bibliographie des Bibles et des Nouveaux Testaments en langue française des XVe et XVIe siècles*, Nieuwkoop, B. De Graaf, 1973; B. Th. Chambers, *Bibliography of French Bibles, op. cit.*

28   Cfr. E. Barbieri, *Le Bibbie italiane del Quattrocento e del Cinquecento, op. cit.*, I, p. X. Anche sul fronte francese però, studi recenti sulla diffusione del testo biblico in volgare presso gli ecclesiastici e i laici del periodo tardomedievale fino alla metà del secolo XVI fanno vedere come, oltre alla cospicua produzione manoscritta e a stampa delle traduzioni in francese medio del Nuovo Testamento, va validamente presa in considerazione l'altrettanto cospicua produzione volgare di vite di Cristo e racconti della Passione, cfr. Margriet Hoogvliet, «Reading the Gospels in the Life and Passion of Christ in French», in *Lay Readings of the Bible in Early Modern Europe, op. cit.*, p. 139-169.

29   Si è calcolato che, mentre nel 1450 esistevano in Europa circa 200 000-300 000 codici, nel 1500 dovevano essere usciti tra 10 e 20 milioni di esemplari di libri a stampa. La tiratura media per gli incunabuli era tra 250 e 500 copie, per le cinquecentine di 1000 copie. Il settore religioso era quello più lucroso con le tirature più alte, cfr. U. Rozzo, «Introduzione», in *Il libro religioso, op. cit.*, p. 6 e 11.

30   Benedetto Varchi, *De' Salmi di Davitte profeta tradotti in versi toscani*, a cura di E. Pietrobon, Milano, Ledizioni, 2021. Si veda inoltre Ester Pietrobon, «Per l'edizione dei *Salmi tradotti in versi toscani da Benedetto Varchi*», in *Benedetto Varchi traduttore*, a cura di E. Pietrobon e F. Tomasi, numero monografico di *L'Ellisse. Studi storici di letteratura italiana*, XIII/1, 2018, [2019], p. 53-66.

L'elaborazione del repertorio ha preso il via dal progetto di ricerca *The Laity and the Bible. Religious Reading in Early Modern Europe* con l'intenzione di indagare le modalità più diffuse, a disposizione dei laici, di accesso al testo biblico. I dati raccolti infatti rispecchiano la fluidità tra ambienti ecclesiastici e laici nella vita religiosa della prima età moderna[31]. Gran parte delle rielaborazioni in volgare del testo biblico appaiono destinate a lettori sia ecclesiastici sia laici, un dato che conviene mettere poi in relazione, a conferma di un'effettiva lettura condivisa da entrambe le categorie, con l'analisi dei documenti relativi al possesso degli esemplari[32]. Si sa che vi erano laici che conoscevano benissimo il latino, ma nella stragrande maggioranza erano 'illetterati' ovvero in grado di leggere solo nella lingua volgare. Viceversa, non tutti gli ecclesiastici avevano acquisito la padronanza del latino: molti curati ne sapevano poco. Inoltre, anche gli ecclesiastici più preparati necessitavano di testi biblici in volgare, sia per poter comunicare con i fedeli nella pratica omiletica, catechistica e confessionale, sia per il desiderio che molti avevano di coltivare la propria devozione in una lingua sentita come quella del cuore e degli affetti. Inoltre la grande maggioranza delle suore non leggeva il latino, anche se una minima conoscenza era richiesta per i voti. Una prima indagine sui fruitori della letteratura biblica in italiano a stampa mostra che la cultura biblica in volgare fu un terreno non solo di scontro ma anche di incontro tra ecclesiastici e laici: vi si coglie sia la volontà di molti ecclesiastici (e dei loro editori) di rivolgersi ai laici in una lingua a loro comprensibile su argomenti di loro interesse, sia l'esigenza di molti laici di procurarsi i mezzi culturali necessari a una partecipazione attiva e consapevole alla vita religiosa. Mentre molta letteratura biblica intesa prima o prioritariamente per il clero veniva così indirizzata 'anche' ai laici devoti e persino a ogni cristiano, molta veniva programmaticamente indirizzata a tutti, ecclesiastici e laici e, tra questi, messi insieme, 'dotti' e 'semplici'[33].

Oltre ai testi biblici vergati in volgare, si sono inclusi nel repertorio i testi bilingui che offrono una forma volgarizzata del testo sacro anche quando esso viene riportato pure nella lingua latina. Si sono invece escluse le edizioni che hanno titolo, prefazioni, dediche (apparati paratestuali in genere) in italiano, ma non offrono testi biblici se non in latino, come avviene per il *Psalterio abbreviato di san Girolamo*, che in italiano ha solo la parte introduttiva, o per le edizioni dei salmi musicati, che sono numerosissime, e quasi tutte con prefazione in italiano, ma rigorosamente con testi in latino, come doveva essere, visto che erano destinati a funzioni liturgiche[34]. Fanno eccezione ovviamente le edizioni in italiano provenienti da territori luterani e riformati, che consideravano il salterio una fonte di preghiera collettiva e individuale, intesa ad essere comunque impiegata direttamente dall'orante nella lingua a lui familiare.

---

31   Il progetto, finanziato da LE STUDIUM Loire Valley Institute for Advanced Studies, Orléans, si è inserito nelle attività del Centre d'études supérieures de la Renaissance (CESR) dell'Università di Tours nel 2015. La focalizzazione sul mondo laico ha consentito di rispondere meglio agli interrogativi più cogenti della ricerca odierna, più attenta alle dinamiche sociali e alla genesi culturale dei fenomeni anche religiosi. Ovvero consente di delimitare la ricerca a un orizzonte meno osservato rispetto alle questioni filosofiche e teologiche, meglio studiate in precedenza. Si rimanda al volume collettivo derivato dal progetto *Lay Readings of the Bible in Early Modern Europe, op. cit.*

32   Importante a questo proposito sono le ricerche sui possessi bibliotecari dei privati, non solo come dedotti dall'inchiesta romana successiva all'Indice del 1596, ma soprattutto come appaiono nei documenti a noi giunti, come i lasciti testamentari. Si vedano Christian Bec, *Les livres des Florentins, 1413-1608*, Firenze, Olschki, 1984, e *La congregazione dell'Indice, l'esecuzione dell'Index del 1596 e gli ordini regolari in Italia. Documenti, op. cit.*

33   Cfr. Élise Boillet, «For Early Modern Printed Biblical Literature in Italian. Lay Authorship and Readership», in *Lay Readings of the Bible in Early Modern Europe, op. cit.*, p. 170-190.

34   Sul *Psalterio abbreviato*, si vedano Dennis E. Rhodes, «The Three Florentine Editions of the Psalterio di Sancto Hieronymo abbreviato», *Gutenberg Jahrbuch*, LIX, 1985, p. 153-154; E. Barbieri, *Le Bibbie italiane del Quattrocento e del Cinquecento, op. cit.*, I, p. 134-135. Riguardo i salmi musicati, ringraziamo la dott.ssa Cristina Targa della Biblioteca Musicale di Bologna per aver guidato e favorito le nostre ricerche in proposito.

INTRODUZIONE   17

Di fatto la scelta dell'italiano non significa che la stampa avvenisse in Italia. Si sa che proprio per il testo biblico gli Italiani si servivano talvolta di edizioni prodotte fuori d'Italia, in aree luterane e riformate, che ebbero poi in Italia una circolazione, se non vasta, certo assai significativa. Dunque anche la produzione in lingua italiana realizzata fuori dalla penisola viene considerata per il repertorio. Per il luogo di stampa ci si attiene a quanto dichiarato dai cataloghi delle biblioteche, che per lo più correggono anche i falsi luoghi di stampa.

Se per le coordinate topografiche la funzione determinante è data dalla lingua, non altrettanto facile è stato definire le coordinate temporali. Il repertorio prende il via con quanto è stato conservato della produzione a torchio dall'inizio dell'attività editoriale in Italia e in italiano in materia biblica e giunge fino al 1650. È significativo che la prima scheda riguardi dei frammenti di una pubblicazione datata con molti dubbi ca 1462-1463 e conservata nella biblioteca della Princeton University. Questo dimostra il peso che ha sulla nostra ricerca il fatto di doversi basare su quanto il tempo ci ha trasmesso, che non consentirà mai di ricostruire pienamente quello che è avvenuto.

Ma se, per quanto riguarda i confini temporali dell'indagine, il termine *post quem* è dettato dalla natura dell'oggetto, il termine *ante quem* invece è stato molto più problematico ed è frutto di scrupolose e non pacifiche considerazioni. Sarebbe stato riduttivo considerare date quali la chiusura del Concilio di Trento (1563), o l'uscita dell'indice paolino (1558, pubblicato nel 1559), poiché non significativa sarebbe stata la ricerca: proprio quando la traduzione della Bibbia viene proibita acquistano significato maggiore le altre forme di volgarizzamento. In un primo momento si pensò al 1600 come termine di chiusura. Questa data presentava inequivocabili vantaggi: coincideva con i confini di EDIT16, che per le indagini bibliografiche italiane è una pietra miliare d'indubbia utilità[35]. Inoltre chiude il secolo del Rinascimento (qualunque sia la data con cui si fa terminare questa stagione culturale, è la fine del Cinquecento ad essere comunemente assunta come momento di svolta definitiva)[36]. Con la morte al rogo di Giordano Bruno sembra terminare anche un'epoca. Ma è facile rendersi conto che il fluire delle idee, come del tempo, non si ferma con le cifre tonde del secolo. Così anche gli interessi editoriali, di scrittura e lettura. È evidente infatti che le pubblicazioni che hanno dominato nel '500 continuano nei primi decenni del '600 ad essere riedite di frequente. Persino le pubblicazioni più remote, come certe sacre rappresentazioni di fine Quattrocento, continuano a vivere e a essere prodotte nei primi decenni del '600. Risulta evidente che nel mercato editoriale, sia per quanto riguarda la produzione e più ampiamente per quanto riguarda gli indirizzi culturali, continuano nei primi decenni del secolo del Barocco le tendenze valide nei decenni precedenti.

Una data spartiacque nel nuovo secolo avrebbe potuto essere la prima condanna del copernicanesimo, quella del 1615, che originava proprio da un presunto abuso in materia biblica. Ma essa non sembra aver influito particolarmente sul genere di testi di cui ci occupiamo e sul mercato editoriale italiano dei libri religiosi. Con gli anni trenta del secolo sembra invece davvero essersi esaurita la spinta umanistica e prendere dominio una certa ripetitività, che tuttavia non appare senza invenzioni anche nel campo della riscrittura biblica. Il genere del romanzo biblico matura infatti nel terzo decennio del Seicento e si sviluppa in gran parte nel decennio successivo[37]. Come si sarebbe potuto escludere questa produzione che rinnova il poema biblico e che fu così vivace e di interesse per la disseminazione fra i laici della cultura biblica?

---

35   <https://alphabetica.it/web/edit-16>.

36   Un valido esempio può essere dato dal volume *Cinquecento italiano. Religione, cultura e potere dal Rinascimento alla Controriforma*, a cura di G. Fragnito, M. Gotor e E. Bonora, Bologna, il Mulino, 2011, che, trattando di religione, si focalizza proprio sul secolo XVI.

37   Sul romanzo biblico non vi sono studi specifici, ma una sintesi è offerta da Piantoni nell'edizione del *Giuseppe* di Pallavicino: Luca Piantoni, «Introduzione», in Ferrante Pallavicino, *Il Giuseppe*, a cura di L. Piantoni, Lecce, Argo, 2015, p. 9-38; si veda inoltre Erminia Ardissino, «Raccontare la Bibbia nell'Italia della prima età moderna. Cantari, poemi, romanzi», in *Gli Italiani e la Bibbia nella prima età moderna, op. cit.*, p. 217-236.

E ancora, la fine del pontificato di Urbano VIII (1644) avrebbe forse potuto segnare un ulteriore possibile spartiacque, perché chiude la stagione culturale e artistica dei Barberini, ma anche in questo caso si tratta di un confine effimero: chi aveva in cantiere opere prima della morte di questo papa le pubblicò anche dopo (un esempio sono le opere parallele del Glielmo, una esce prima della morte del papa, l'altra dopo)[38].

Anche le date delle ultime edizioni della Bibbia di Giovanni Diodati (la Bibbia del 1641 e il Nuovo Testamento del 1665), che hanno segnato un'epoca della storia biblica e letteraria italiana, avrebbero potuto rappresentare termini *ante quem* funzionali. Ma la data dell'ultima edizione biblica del Diodati è molto avanti rispetto all'evoluzione dell'oggetto della nostra ricerca, mentre il 1641, data della seconda edizione della Bibbia, presenta problemi simili a quella della morte di papa Barberini[39].

Infine il 1650, che segna la metà del secolo, ci è parsa la data più opportuna, anche se non deriva da alcun particolare evento. Ovviamente questa data non segna un mutamento radicale: le tendenze mostrate in precedenza, cioè le varie rielaborazioni del testo biblico, non si esauriscono, ma continuano tuttavia con sempre minor vitalità e in numero assai minore, prima di riprendere vigore, alla fine del secolo, in un clima culturale del tutto rinnovato, che vide la domanda di letture bibliche crescere, per nuovi impulsi e nuove ragioni, al punto da portare papa Benedetto XIV ad autorizzare nuovamente le traduzioni nel 1758, quindi restituire ai cattolici la libertà di accedere al testo biblico nella loro lingua. La metà del secolo XVII ci è così parso il limite, il confine di una stagione biblica, che consente anche di creare un quadro esaustivo di quella che viene considerata la prima età moderna. La stagione che segue appare nettamente diversa da quella che fu determinata dalla particolare congiunzione tra invenzione della stampa, Umanesimo e riforme religiose della prima età moderna.

Ma la questione più complessa per l'elaborazione del repertorio che qui presentiamo è stata definire cosa s'intende precisamente per «letteratura biblica in italiano a stampa». Nonostante siano già state esaustivamente censite da Edoardo Barbieri, il criterio di selezione della lingua ci ha portato a prendere in considerazione le traduzioni in senso stretto, in modo da non separarle dagli altri volgarizzamenti, secondo un approccio simile a quello dello stesso studioso in un posteriore «panorama delle traduzioni bibliche in volgare»[40]. In effetti, il criterio della lingua rispecchia lo slittamento culturale determinato dalla «scelta del volgare» operata in tutta Europa già nel Tardo Medioevo e poi confermata in epoca rinascimentale[41]. Nello spazio aperto da tale scelta, traduzioni e volgarizzamenti non appaiono come due tipologie nettamente distinte e separate. Anche con l'affermazione

---

38   Antonio Glielmo, *Le grandezze della Santiss.ma Trinita del padre Antonio Glielmo, sacerdote della Congregatione dell'oratorio di Napoli. Con vn poema sacro del diluuio del mondo, nel fine, del medesimo autore*, Napoli, Lazzaro Scoriggio, 1634, vedi scheda 3718, e id., *Li riflessi della ss.ma Trinita del padre Antonio Glielmo sacerdote della Congregatione dell'Oratorio di Napoli con vn poema sacro intitolato Il caluario laureato nel fine del medesimo autore et con le tauole delli discorsi, delle materie, e della Scrittura Sacra*, Napoli, Roberto Mollo, 1646, vedi scheda 3989.

39   Le traduzioni del Diodati, cui si fa qui riferimento, sono: *La sacra Bibbia, tradotta in lingua italiana, e commentata da Giouanni Diodati, di nation lucchese. Seconda editione, migliorata, ed accresciuta. Con l'aggiunta de' sacri Salmi, messi in rima per lo medesimo*, Genève, Pierre Chouët <2>, 1641, vedi scheda 3867; *Il Nuovo Testamento del signor Nostro Jesu Christo. Tradotto in lingua italiana da Giovanni Diodati, di nation lucchese*, Haarlem, Jacob Albertsz van Beverwijck, 1665.

40   Cfr. E. Barbieri, *Le Bibbie italiane del Quattrocento e del Cinquecento, op. cit.; id.*, «Panorama delle traduzioni bibliche in volgare prima del Concilio di Trento», *Folia Theologica*, VIII, 1997, p. 169-197, e IX, 1998, p. 89-110 (rist. an. *Panorama delle traduzioni bibliche in volgare prima del Concilio di Trento*, Milano, C.R.E.L.E.B. – Università Cattolica-Edizioni CUSL, 2011). Inoltre, il censimento curato da Antonella Lumini, *La Bibbia. Edizioni del XVI secolo, op. cit.*, descrive le edizioni di traduzioni e di commenti biblici, non solo in volgare, conservate presso la Biblioteca Nazionale Centrale di Firenze, e il *Catalogo delle edizioni umanistico-rinascimentali della Bibbia* (vedi l'URL *supra*, n. 24) repertoria, come già ricordato, insieme alle traduzioni, alcuni libri liturgici e alcune riscritture.

41   L'espressione, usata nella miscellanea *Le choix du vulgaire. Espagne, France, Italie (XIIIᵉ-XVIᵉ siècle)*, a cura di N. Bianchi Bensimon, B. Darbord e M.-Chr. Gomez-Géraud, Paris, Classiques Garnier, 2015, è ripresa e discussa in *Écrire la Bible en français au Moyen Âge et à la Renaissance*, a cura di V. Ferrer e J.-R. Valette, Genève, Librairie Droz, 2019, p. 25-29.

delle nuove esigenze filologiche promosse dall'Umanesimo e dai movimenti di riforma religiosa, i confini tra traduzione, parafrasi, meditazione, commento rimangono fluidi. Inoltre, le varie rielaborazioni, indipendentemente dal genere, tendono a integrare, a sostegno della loro validità, la traduzione del testo biblico, più o meno parcellizzata e più o meno facilmente reperibile. Includere le traduzioni ci è quindi parso indispensabile per non inficiare la comprensione dell'approccio alla Bibbia in volgare: consente sia di osservare meglio la proporzione tra le traduzioni e i vari tipi di rielaborazioni sia di meglio cogliere la continuità che passa tra i generi.

Il termine «rielaborazione», o «rifacimento», usato da Lino Leonardi nel discutere la natura dei volgarizzamenti medievali, rimanda alle varie tecniche discorsive usate all'epoca, oggi oggetto di studi filologici e letterari, storici e filosofici[42]. Lo stesso termine «volgarizzamento», usato anche da Gigliola Fragnito nel descrivere un'attività censoria che si è estesa appunto dalle traduzioni a tutti i tipi di volgarizzamento, rimanda direttamente alla pratica medievale e rinascimentale di chi consapevolmente intendeva 'tradurre', o 'trasporre', o 'volgere' il testo biblico in volgare – che la fonte fosse stata latina (o ebrea o greca) o una fonte volgare, francese o spagnola – al fine di renderlo intelligibile a sé e agli altri[43]. La continuità tra i generi della traduzione e del volgarizzamento si spiega anche per questo intento, comune a coloro che, sotto una forma o l'altra, volgevano le Sacre Scritture in volgare per appropriarsene, condividerle e diffonderle, ovvero per produrre conoscenza biblica in volgare.

D'altra parte, tradurre, volgarizzare e rielaborare significano scrivere e riscrivere. Prima ancora della riscrittura di tipo letterario, la traduzione, latina o volgare che sia, consiste già in una ri-scrittura della Scrittura[44]. Chi riscrive, traducendo o producendo un testo letterario, si afferma come un autore secondario, al pari dei profeti e degli evangelisti ispirati da Dio. Scrittura e riscrittura sono perciò concetti adatti e funzionali allo studio delle traduzioni e delle rielaborazioni della Bibbia nei volgari europei in epoca medievale e rinascimentale[45]. Ricoprono pratiche così estese da includere, oltre alle forme sofisticate – che richiedono notevoli competenze filologiche e stilistiche – della traduzione *ad litteram* o *ad sensum* e della riscrittura letteraria, anche la semplice rielaborazione in raccolte che facilitano e orientano la lettura della Bibbia, un'operazione che porta talvolta all'aggiunta di spiegazioni, meditazioni e preghiere. In questo senso la riscrittura giunge a ricoprire anche il commento in una continuità tra scrivere, riscrivere,

---

42 Il significato di 'volgarizzamento' è ben indicato nel saggio di Gianfranco Folena, *Volgarizzzare e tradurre*, Torino, Einaudi, 1991. Si possono inoltre utilmente vedere per la teorizzazione relativa: Stefano U. Baldassarri, «Humanisme et traduction durant la Contre-Réforme. Girolamo Catena», in *Le masque de l'écriture. Philosophie et traduction de la Renaissance aux Lumières*, a cura di Ch. Le Blanc e L. Simonutti, Genève, Librairie Droz, 2015, p. 33-49; *Fedeli, diligenti, chiari e dotti. Traduttori e traduzione nel Rinascimento*, Atti del Convegno internazionale di studi (Padova, 13-16 ottobre 2015), a cura di E. Gregori, Padova, CLEUP, 2016; *Translation: Theory and Practice: A Historical Reader*, a cura di D. Weissbort e A. Eysteinsson, Oxford, Oxford University Press, 2006; *Traduire les Anciens en Europe du Quattrocento à la fin du XVIIIe siècle*, a cura di L. Bernard-Pradelle e Cl. Lechevalier, Paris, Presses Universitaires Paris-Sorbonne, 2012.

43 Della fluidità tra traduzione e volgarizzamento (o rielaborazione, o rifacimento) abbiamo un esempio particolarmente complesso nei numerosi volgarizzamenti di salmi e cantici: un salmo tradotto in forme della tradizione lirica italiana è senza dubbio rielaborazione, ma il salmo o il cantico reso in prosa appare ancora di più come rielaborazione, proprio perché si allontana dal testo poetico originale. Sulla giustificazione dell'uso della poesia nella letteratura biblica in italiano, si veda Élise Boillet, «For Early Modern Printed Biblical Literature in Italian. Lay Authorship and Readership», art. cit. Sulla distinzione fra prosa e versi per quanto riguarda i volgarizzamenti biblici si veda, per la maggior diffidenza dei censori nei confronti delle versificazioni, G. Fragnito, *Proibito capire, op. cit.*, p. 148-176.

44 La stessa Scrittura può essere considerata come una forma di ri-scrittura, dato che costituisce una traduzione-trasposizione del Verbo divino nelle lingue umane, tramite cioè il mezzo fondamentalmente inadeguato del linguaggio umano.

45 Come lo indicano ad esempio i titoli dei volumi collettivi *Les femmes et la Bible de la fin du Moyen Âge à l'époque moderne. Pratiques de lecture et d'écriture (Italie, France, Angleterre)*, a cura di É. Boillet e M.-T. Ricci, Paris, Champion, 2017, et *Écrire la Bible en français au Moyen Âge et à la Renaissance, op. cit.*

scrivere sopra[46]. Non è sorprendente che la tendenza naturale a produrre testi derivati da una lettura che si riteneva centrale e vitale si sia anche diffusa tra i laici dal momento che si iniziò a scegliere il volgare.

Per aderire alla realtà dei testi biblici stampati in italiano che intendiamo mappare, abbiamo scelto di usare la categoria generica di 'letteratura biblica', in quanto ci permette di riunire testi che formano un vero e proprio *corpus*, la cui caratteristica primaria e il cui comune denominatore è proporre un accesso alla Bibbia in volgare. Tale categoria integra sia le tipologie della traduzione e del volgarizzamento, che condividono il riferimento alla lingua di destinazione, sia quelle di ri-elaborazione, ri-facimento e ri-scrittura, che rimandano alla Bibbia come a testo primario che si intende ri-proporre in un testo secondario.

Ma, definito il confine dalla parte della massima adesione alla fonte biblica, procurata da traduzione, volgarizzamento o riscrittura, come definire bene il confine opposto, come cioè determinare una linea di demarcazione fra quello che possiamo considerare letteratura biblica e le infinite scritture ispirate dalla Bibbia[47]? Determinanti per noi sono state le indicazioni di Edoardo Barbieri, che individuava, nell'introduzione al suo censimento delle traduzioni bibliche italiane, tre categorie di testi che costituivano l'accesso al testo biblico in volgare:

1. «Testi a carattere esclusivamente biblico», dove l'unità minima del singolo libro biblico viene presentata nella sua interezza, magari con commento molto breve;

2. «Testi, solitamente parziali, che si inseriscono in una lettura fortemente 'indirizzata'», perché accompagnati da ampi commenti o perché tagliati o perché in poesia;

3. «Testi religiosi di argomento biblico», che usano il testo biblico per sviluppare un discorso autonomo (es. le *Meditazioni* sulla vita di Cristo o certe raccolte omiletiche)[48].

Mentre per il suo censimento ha considerato solo la prima categoria, lo studioso ha poi incluso la seconda, che è *in toto* di interesse per il nostro repertorio, nel suo già citato «Panorama delle traduzioni bibliche in volgare prima del Concilio di Trento». Più problematica per noi è stata la terza categoria, i cui confini si possono, di passo in passo, estendere in modo eccessivo. È indubbio che le traduzioni parziali e parcellizzate, in versi e in prosa, le parafrasi, i commenti (nelle varie forme di «esposizioni», «dichiarazioni», «ragionamenti», «discorsi» e anche «trattati», ma anche nelle forme più creative e metaforiche di «selve», «miniere», «collane», «tesauri», «giardini», «scale», «paradisi», ecc.), i sommari e i compendi sono sulla Bibbia fondati e alla Bibbia legati, veicolando con un margine di interpretazione più o meno ampio la stessa materia della fonte. Ma molto più difficile è classificare come biblico un testo che sviluppa, sulla base delle Sacre Scritture, un discorso autonomo che può mirare a obiettivi molto diversi. Non si tratta di discutere l'interpretazione teologica proposta, ortodossa o eterodossa (indifferente per noi il punto di vista dottrinale), ma il grado di rielaborazione che porta nel discorso biblico altra materia, per cui fondamentale è anche l'intenzione dichiarata dell'autore e dell'editore che appare nel titolo e nelle parti prefatorie. Sicuramente non potevamo adottare la prospettiva allargata a tutta la letteratura religiosa di Anne Jacobson Schutte nel suo *Printed Italian Vernacular Religious Books 1465-1550*, anche se la

---

46   Come sottolinea Gilbert Dahan nella «Postface», *ibid.*, in cui interroga nuovamente «la nature de cette réécriture [...] en illustrant encore ses trois aspects majeurs: la traduction, la paraphrase, l'exégèse» (p. 738).

47   Prime riflessioni sui criteri di delimitazione della letteratura biblica oggetto di questo repertorio in Élise Boillet, «Vernacular Biblical Literature in Sixteenth-Century Italy: Universal Reading and Specific Readers», in *Discovering the Riches of the Word. Religious Reading in Late Medieval and Early Modern Europe, op. cit.*, p. 213-233; *ead.*, «For Early Modern Printed Biblical Literature in Italian. Lay Authorship and Readership», art. cit.; Erminia Ardissino, «Biblical Genres through the Long Sixteenth Century: Italy as a Case Study», e Élise Boillet, «Printed Italian Vernacular Biblical Literature: Religious Transformation from the Beginning of the Press to the Mid-Seventeenth Century», in *Bridging the Historiographical Divides: Religious Transformations in 'New Communities of Interpretation' in Europe (1350-1570)*, a cura di É. Boillet e I. Johnson, Turnhout, Brepols, 2022, p. 97-113 e 115-131.

48   E. Barbieri, *Le Bibbie italiane del Quattrocento e del Cinquecento, op. cit.*, I, p. XIV.

INTRODUZIONE

sua focalizzazione sul materiale stampato e la scelta della lingua come criterio unificante ci hanno fortemente ispirato[49]. Non si poteva neanche considerare tutta la letteratura 'devota', e tutta quella 'spirituale' e 'mistica', che è indubbiamente legata alle Sacre Scritture, ma se ne allontana pure notevolmente[50]. Individuare i libri propriamente biblici in seno a questa vasta letteratura è stato il lavoro più difficile. Alcuni generi sono considerati sommariamente religiosi e specificamente devoti. Si è quindi deciso di raccogliere qui i testi che assumono parte o tutta la Bibbia come loro base e ad essa restano fedeli, ovvero quelli che, pur nella libertà dell'interpretazione e della rielaborazione, si focalizzano sul testo biblico e ad esso si attengono. Si profilano così due tipi di recupero: l'uno del testo (traduzioni, commenti, parafrasi e altri tipi di testi), l'altro della materia biblica, in cui la fedeltà alla lettera può anche non essere stretta.

Utile è risultata, per orientarci, una recente miscellanea intitolata *Retelling the Bible*, la quale verte su una nozione dalla più larga definizione rispetto al concetto di « rewritten Bible » creato per la tradizione giudaica, giacché si estende alla tradizione cristiana e ricopre tutte le forme del « ridire », quelle che derivano non solo dal testo ma anche dalla sola trama della Bibbia, includendo così la trasmissione orale e la comunicazione non verbale[51]. Sette settori relativi al « ridire la Bibbia » vengono individuati nella miscellanea:

1. *Apocrypha*
2. *Translation and Interpretation*
3. *Preaching and Teaching*
4. *Biblical Characters and Models*
5. *Biblical Poetry*
6. *Children's Bibles*
7. *Beyond the Text.*

Gli ultimi due settori escono dal campo più ristretto della nostra inchiesta: mentre non si riscontrano Bibbie italiane per bambini, essendo i catechismi (fra cui alcuni per fanciulli) cosa ben diversa, il settore *Beyond the Text* non riguarda la stampa, ma le ri-codificazioni performative, operistiche e cinematografiche. Potrebbe riguardare l'oratorio, ma questo si sviluppa dopo la metà del secolo XVII. Gli altri settori, pensati per individuare obiettivi, funzioni e usi del « ridire la Bibbia », offrono categorie utili, che vanno però ridefinite nel confronto concreto con i testi prodotti dall'editoria biblica in italiano della prima età moderna, la quale si inserisce certo in quella

---

49 Anne Jacobson Schutte, *Printed Italian Vernacular Religious Books 1465-1550: a Finding List*, Genève, Librairie Droz, 1983. Si veda anche *ead.*, « Printing, Piety, and the People in Italy: The First Thirty Years », *Archiv für Reformationsgeschichte*, LXXI, 1980, p. 5-20.

50 Si vedano in particolare Gabriella Zarri, « Note su diffusione e circolazione di testi devoti (1520-1550) », in *Libri, idee e sentimenti nel Cinquecento italiano*, Atti del convegno (Ferrara, 3-5 aprile 1986), a cura di A. Prosperi e A. Biondi, Modena, Panini, 1987, p. 131-154; *ead.*, « La Bibbia nel Cinquecento. Scritti mistici e testi devoti », in *Sotto il cielo delle Scritture, op. cit.*, p. 1-25; Amedeo Quondam, « Note sulla tradizione della poesia spirituale e religiosa (parte prima) », in *Paradigmi e tradizioni*, a cura di A. Quondam, Roma, Bulzoni, « Studi (e testi) italiani », 16, 2005, p. 127-282, in cui viene individuato il cospicuo filone delle versificazioni dei salmi.

51 *Retelling the Bible. Literary, Historical, and Social Contexts*, a cura di L. Dolezalová e T. Visi, Frankfurt am Main, Peter Lang, 2011. Sulla categoria « rewritten Bible », che riguarda la tradizione antica del testo, si vedano: *Scripture and Tradition in Judaism: Haggadic Studies*, Leiden, Brill, 1961; *Rewritten Bible Reconsidered*, Proceedings of the Conference in Karkku, Finland, August 24-16 2006, a cura di A. Laato e J. Van Ruiten, Turku, Finland, Åbo Akademi University/Winona Lake, Ind., Eisenbrauns, 2008, in part. p. 11-39; *Rewritten Bible after Fifty Years: Texts, Terms, or Techniques? A Last Dialogue with Géza Vermes*, a cura di J. Zsengéllér, Leiden, Brill, 2014. Si può dire che la letteratura di cui parliamo appartiene in largo senso alla letteratura di « second degré », per usare la terminologia di Gérard Genette. Ma, per quanto utili siano le caratterizzazioni dei palinsesti del teorico francese, non corrispondono perfettamente ai generi che incontriamo e non aiutano a definire i confini di questo repertorio (Gérard Genette, *Palimpsestes. La littérature au second degré*, Paris, Seuil, 1982; *Palinsesti. La letteratura al secondo grado*, tr. it. R. Novità, Torino, Einaudi, 1998).

europea, ma con una fisionomia propria. Infatti, individuare e caratterizzare le tipologie della letteratura biblica in una data area e in un dato periodo necessita di un continuo confronto tra categorie generali e testi specifici[52].

Abbiamo scelto di tenere conto dei testi apocrifi, ma pochi sono quelli considerati nell'area e nel periodo da noi considerati al di fuori della Vulgata[53]. I libri apocrifi, non compresi nel canone biblico, si distinguono sia dai libri canonici, o libri normativi, che saranno poi decretati dal Concilio di Trento, sia dai libri deuterocanonici, esclusi dal canone ebraico ma accettati da quello cattolico, come la *Preghiera di Manasse, Esdra* 3-4, *Maccabei* 3-4, il salmo 151. Mentre la Chiesa cattolica li considera parte della Vulgata, questi libri sono chiamati apocrifi, o meglio pseudoepigrafi, dai riformati che tornano al canone ebraico. Invece, i cattolici consideravano apocrifi il *Vangelo di Tommaso* e i *Vangeli dell'infanzia di Gesù*, la *Lettera ai Laodicesi*, la *Vita/Leggenda de sancto Ioseph*, l'*Epistola a Nicola*, l'*Epistola a Lorenzo*, l'*Epistola di Aristeas*.

Per quanto riguarda la seconda categoria (*Translation and Interpretation*) nell'editoria biblica in italiano della prima modernità, tradurre e interpretare riguardano vari tipi di traduzioni, parafrasi e commenti, fondati sulla Bibbia o un singolo libro biblico, un insieme di estratti o un singolo estratto. Traduzione e commento sono sempre stati interdipendenti e, all'epoca di cui ci occupiamo, continuano spesso a coesistere nello stesso libro. Come abbiamo già detto, le esigenze filologiche dell'Umanesimo e le aspirazioni a tornare alla fonte del messaggio cristiano da parte dei movimenti di riforma religiosa rinnovano i generi legati al tradurre e all'interpretare, ma non segnano la fine di una fluidità tra i generi, i quali sembrano anzi diversificarsi ulteriormente.

Nella categoria delle traduzioni vanno inclusi alcuni libri liturgici, in particolare le raccolte di *Epistole e vangeli*, molto numerose durante tutto il periodo, anche se, dopo l'inclusione nell'Indice, l'offerta si riduce moltissimo, essendo tollerata quasi solo quella del Nannini[54]. Si sono inclusi i salteri in volgare, ma esclusi gli offici, che riportano i salmi rigorosamente in latino, anche quando indirizzati all'uso di confraternite. Pochissimi sono gli officiuoli o piccoli offici della Madonna in volgare che abbiamo reperito, scarsità che non rispecchia la frequenza tra i libri degli Italiani, peraltro attestata dalla critica e dovuta a una minore conservazione di questo genere di testi in successive fasi[55]. Numerose sono invece le pubblicazioni relative al Rosario che sono state incluse, eccezion fatta per le molte pubblicazioni sulle indulgenze concesse per la nuova devozione (sono infatti biblici solo i testi dei 'misteri', riguardanti, com'è noto, la vita di Maria e di Gesù).

Inoltre, il volgarizzamento delle preghiere bibliche, il *Pater noster* e l'*Ave Maria*, e dei dieci comandamenti si trova integrato in una grande varietà di libri liturgici, catechistici, devozionali e letterari. L'interesse per il *Pater noster* è grande nella tradizione italiana sin dal Quattrocento, anche se, in seguito alla fortuna che questa pre-

---

52   Un utile strumento crediamo possano essere alcuni saggi di *Gli Italiani e la Bibbia nella prima età moderna, op. cit.*

53   Si veda anche E. Barbieri, «Panorama delle traduzioni bibliche in volgare prima del Concilio di Trento», art. cit., parte I, p. 191-197.

54   Gianpaolo Garavaglia, «I lezionari in volgare italiano fra XIV e XVI secolo. Spunti per una ricerca», in *La Bibbia in italiano tra Medioevo e Rinascimento, op. cit.*, p. 365-392; Edoardo Barbieri, «Un *long seller* biblico nell'Italia moderna: le *Epistole e vangeli* di Remigio Nannini da Firenze» e Danilo Zardin, «Circolazione e usi delle *Epistole ed evangeli* nell'Italia post-tridentina», in *Gli Italiani e la Bibbia nella prima età moderna, op. cit.*, p. 43-72 e p. 97-123.

55   Sulla rarità degli offici in volgare, si vedano Cristina Dondi, *Printed Books of Hours from Fifteenth-Century Italy: The Texts, the Books, and the Survival of a Long-Lasting Genre*, Firenze, Olschki, 2016, p. 60 (si coglie l'occasione per ringraziare la studiosa che ci ha gentilmente anticipato alcune osservazioni utili al nostro repertorio); Chr. Bec, *Les livres des Florentins, op. cit.*; G. Fragnito, *Proibito capire, op. cit.*, p. 133-148. Ugo Rozzo sottolinea che il «tasso di sopravvivenza» dei libri antichi è più basso proprio per i libri liturgici e devozionali in volgare, dato che erano libri di minore valore economico e di grande consumo; ricorda poi le successive fasi di distruzione, legate alla censura ecclesiastica nel Cinque e Seicento, allo scioglimento della Compagnia di Gesù nel 1773, ai sequestri napoleonici nelle librerie di conventi e monasteri a partire dal 1806, alla soppressione delle corporazioni religiose nel 1866 e, nella conseguente trasferta dei libri dalle biblioteche ecclesiastiche a quelle pubbliche, alla rimozione di libri giudicati inutili se non dannosi (U. Rozzo, «Introduzione», in *Il libro religioso, op. cit.*, p. 7-8, 44).

ghiera acquista nel protestantesimo, le traduzioni diventano molto sospette agli occhi delle autorità cattoliche[56]. I testi dedicati al Simbolo apostolico, il Credo, frutto della tradizione conciliare, non sono stati inclusi, se non quando accompagnano le preghiere bibliche o i dieci comandamenti.

Retelling the Bible illustra il settore del predicare e dell'insegnare con contributi dedicati a diversi generi: raccolte di *exempla*, 'armonie evangeliche', storie universali. Nel campo che esaminiamo, può essere direttamente collegato con il materiale omiletico ('sermoni', 'prediche', 'lezioni' e alcuni 'discorsi'), quello catechistico e anche quello confessionale. Se insegnare è funzione primaria di quasi tutta la letteratura biblica, catechismo, predicazione e confessione possono essere considerati come aspetti dell'azione pastorale mirante a trasmettere a tutti i fedeli sin dall'infanzia i precetti della religione cristiana che si desumono dalla Bibbia.

Riguardo al materiale omiletico, anche se è ben noto che la Bibbia vi compare citata rigorosamente in latino e accompagnata, specie nel Seicento, da varia materia ritenuta allora predicabile e di gusto del pubblico, ma molto lontana dal testo biblico (similitudini, concetti, ecc.)[57], ci è parso doveroso considerare i testi omiletici quale letteratura biblica, sia perché alla lettera della Bibbia i predicatori si dovevano attenere, sia perché il discorso omiletico, seguendo modi simili da questo punto di vista a quelli della parafrasi e del commento, integra e a volte ripete la traduzione del testo latino. I sermoni inoltre costituirono un canale fondamentale di conoscenza biblica per la maggior parte dei laici, per gli illetterati e ancora di più per gli analfabeti che assistevano alle predicazioni settimanalmente. Sono state ritenute pertinenti per il repertorio le prediche relative alle domeniche dell'anno, l'avvento e la quaresima, il periodo pasquale o quelle dirette all'esplicazione di libri o passi scritturali[58]. Si sono escluse invece le prediche sui santi, i panegirici, le orazioni funebri, perché, sebbene in esse non possano mancare riferimenti alle Sacre Scritture, queste non sono l'obiettivo primo e nemmeno la parte più cospicua del discorso. Anche se dichiarano i Vangeli di quel momento liturgico, l'appoggio evangelico in realtà è poi strumentalizzato in funzione del discorso agiografico o eulogico. Non si sono considerati neppure i discorsi offerti per la devozione delle quarantore, perché, sebbene tenuti a memoria della passione e morte di Gesù, si allontanano molto dalle riflessioni proposte dal testo evangelico per sviluppare considerazioni spirituali o morali.

Per quanto riguarda i catechismi, anche se sono costruiti su una varietà notevole di contenuti, sono da repertoriare in quanto riportano, tra i testi per la formazione etica e spirituale del cristiano, il *Pater noster*, l'*Ave Maria* e i dieci comandamenti tradotti e commentati. Abbiamo anche incluso i catechismi esplicitamente indirizzati ai parroci e al clero, che sono molto numerosi, dato che il repertorio si occupa di censire possibilmente tutta la letteratura biblica in italiano, senza distinguere tra lettori ecclesiastici e laici, peraltro molto legati. Rispetto alle raccolte di prediche e ai testi di storiografia sacra, che ecclesiastici e laici, 'illetterati' o 'dotti' a secondo del livello della pubblicazione, potevano leggere anche separatamente, i catechismi per parroci erano fruiti da questi e, soltanto tramite la loro mediazione, dai laici, alimentando diversamente quindi una cultura biblica condivisa.

---

56   Cfr. E. Barbieri, «Panorama delle traduzioni bibliche in volgare prima del Concilio di Trento», art. cit., parte II, p. 89-90; Giorgio Caravale, *L'orazione proibita. Censura ecclesiastica e letteratura devozionale nella prima età moderna*, Firenze, Olschki, 2003, cap. I, p. 1-23 («"Il Pater noster" da Savonarola a Seripando»); Erminia Ardissino, «Riscritture del *Pater noster* nel Rinascimento (Fregoso, Ancarano, Campanella)», in *Poesia e preghiera*, a cura di E. Ardissino e F. Parmeggiani, numero monografico di *Testo*, LXXXVI, 2015/2, p. 23-40.

57   Sulle citazioni bibliche nell'omiletica si veda Erminia Ardissino, «Citazioni bibliche e poetiche nell'oratoria sacra del primo Seicento», in *La citazione. Miscellanea in onore di Giorgio Bàrberi Squarotti*, Alessandria, Edizioni dell'Orso, 2006, I, p. 131-146.

58   Sui sermoni sui salmi, si veda Élise Boillet, «Vernacular Sermons on the Psalms Printed in Sixteenth-Century Italy: An Interface between Oral and Written Cultures», in *Voices and Texts in Early Modern Italian Society*, a cura di S. Dall'Aglio, B. Richardson e M. Rospocher, New York-London, Routledge, 2017, p. 200-211.

Per quanto riguarda i manuali per la confessione che includono i dieci comandamenti e vi si riferiscono nell'esaminare la tipologia dei peccati, particolare fortuna ebbero quelli redatti in volgare da sant'Antonino, uno per i sacerdoti 'idioti' (con incipit «Curam illius habe»), l'altro per i penitenti (con incipit «Omnis mortalium cura»), i quali hanno dato inizio a più filoni editoriali che estendono la destinazione dai penitenti agli ecclesiastici e viceversa. Non si sono inclusi i tanti libri in cui il testo dei dieci comandamenti perde autonomia e visibilità, diluito nel dilagare di una casistica che nel corso del Cinquecento si è andata notevolmente complicando[59].

I personaggi e modelli biblici («biblical characters») definiscono un settore che, nel campo da noi investigato, include non solo «leggende» e «storie» (in senso agiografico), «vite» e «meditazioni», ma anche testi teatrali («rappresentazioni», «tragedie», «commedie», «apparati») e poemi narrativi, in cui l'azione drammatica si svolge intorno a uno o più personaggi principali[60]. Le due figure centrali e le più frequentate sono ovviamente Gesù Cristo e Maria Vergine, alle quali si aggiungono altre figure neotestamentarie, quali Giovanni Battista o il gruppo formato da Lazzaro, Marta e Maddalena, e figure veterotestamentarie, quali Abramo e Isacco, o Abramo, Agar e Ismael, o Giuseppe, figlio di Giacobbe, o David, re di Israele, o Nabucodonosor o Ester o Giuditta o Susanna.

Le traduzioni della *Legenda aurea sanctorum*, che narra anche di personaggi evangelici, sono state incluse. Invece, non si sono considerate le varie meditazioni sulla croce o sugli strumenti della passione che si allontanano dalla narrazione evangelica; né i dialoghi fra il crocifisso e l'anima, né gli esercizi spirituali sopra le piaghe di Gesù (in ogni caso gli esercizi spirituali sono stati esclusi dal repertorio); né le ghirlande della Vergine, composte di meditazioni e orazioni che possono trarre origine dal testo neotestamentario, ma non lo riscrivono, ad esso solamente si ispirano per crearsi una loro vera e propria autonomia; né si sono registrati i testi come quelli che trattano della concezione della Vergine, che possono pur avere molti elementi biblici, ma non intendono né privilegiarli né partire dal loro dettato né comunicarlo. Infine, abbiamo escluso i testi che elaborano un soggetto biblico secondo un elemento aggregato, come avviene ad esempio per le meditazioni sulla sindone o sulla vita di sant'Anna, che dalla Bibbia traggono fondamento ma sviluppano argomenti che non attingono alla Bibbia.

Come si vede, il settore definito dalla centralità di personaggi e modelli biblici viene a toccare o a ricoprire quello delle riscritture narrative in seno all'ampia categoria della rielaborazione della storia biblica. Il delinearsi di tale categoria si accorda d'altronde con la distinzione tra «plot-oriented» e «text-oriented retelling» proposta in *Retelling the Bible* e con quella tra recupero del testo biblico e recupero della materia biblica che abbiamo visto profilarsi anche nel campo qui esaminato. Di fatto, molti testi di vario genere rielaborano, centrandosi più o meno su figure bibliche assunte a modelli, un episodio della Bibbia (il Giudizio universale o l'Annunciazione), una sequenza narrativa (gli eventi che portano David a diventare re d'Israele o la passione di Gesù Cristo), o tutta la storia vetero e/o neotestamentaria. Le riscritture narrative tendono ad aggiungere materia estranea alla Bibbia, in senso apocrifo e leggendario (l'infanzia di Gesù), fittizio (quando vengono riportati i discorsi verosimili, ma non riscontrabili nel testo biblico, per esempio di Sara nell'episodio del sacrificio di Abramo), o profano (nel ripercorrere la storia dell'intera 'generazione' umana).

---

59 Rimandiamo allo studio e al censimento di Miriam Turrini, *La coscienza e le leggi. Morale e diritto nei testi per la confessione della prima età moderna*, Bologna, il Mulino, 1991.

60 Sulle sacre rappresentazioni, si veda S. Stallini, *Le théâtre sacré à Florence au XVe siècle, op. cit.*; P. Ventrone, *Teatro civile e sacre rappresentazioni a Firenze nel Rinascimento, op. cit.* Sul poema sacro, si vedano Marco Faini, «La tradizione del poema sacro nel Cinquecento», in *La Bibbia nella letteratura italiana. V. Dal Medioevo al Rinascimento*, a cura di G. Melli e M. Sipione, Brescia, Morcelliana, 2013, p. 591-608; Erminia Ardissino, «I poemi biblici dal Barocco all'Arcadia», in *La Bibbia nella letteratura italiana. VI. Dalla Controriforma all'Età napoleonica*, a cura di T. Piras e M. Belponer, Brescia, Morcelliana, 2017, p. 261-290; infine le edizioni: *Poemi biblici del Seicento*, a cura di E. Ardissino, Alessandria, Edizioni dell'Orso, 2005, e Lucrezia Tornabuoni, *Poemetti biblici. 'Istoria di Ester' e 'Vita di Tubia'*, a cura di E. Ardissino, Lugano, Agorà & Co, 2015.

INTRODUZIONE

Per quanto arricchite di elementi apocrifi e di finzioni, le riscritture letterarie nei generi del teatro, del poema e del romanzo vanno sicuramente considerate bibliche, in quanto si mantengono all'interno del tessuto biblico, ad esso adeguandosi[61]. Nel corso del XVI secolo, la Chiesa guardò con occhio sempre più sospetto agli scritti carichi di elementi estranei, nello sforzo di depurare la materia canonica e sacra dalle contaminazioni apocrife e leggendarie, fittizie e profane, sforzo parallelo a quello di reprimere l'uso superstizioso e magico del testo biblico. Nondimeno, il gusto per le storie bibliche si mantenne.

Altri scritti che rielaborano la storia sacra hanno vocazione principalmente devozionale o storiografica, in una diversità che va dal genere del «fiore» (*Fiore novello estratto dalla Bibbia*, molto fortunato tra il 1473 e il 1494) a quello della storiografia erudita. Si sono incluse le *Bibbie istoriate*[62], ma si sono pure considerate le edizioni dei primi libri dell'opera di Flavio Giuseppe *Antichità giudaiche*, tralasciando solo le edizioni degli ultimi libri che trattano dell'assedio di Gerusalemme e della guerra contro Vespasiano e Tito (editi anche singolarmente come *Guerra giudaica* o *De bello judaico*). Si sono incluse le *Croniche* di Giacomo Foresti e le edizioni delle stesse con i *Supplementi*, infatti i primi nove libri raccontano la storia umana dalla creazione a Gesù, basandosi ampiamente sulla Bibbia, così le *Croniche* di Agostino Ferentilli, edite con *La creazione del mondo* di Filone Ebreo, e il primo volume dell'*Historia* di Johannes Zonaras, tradotta in italiano, raccolgono elementi biblici consistenti nelle loro prime parti. Si è inclusa anche la storia pontificia del Platina e collaboratori (*Delle vite dei Pontefici*) per le pagine dedicate a Cristo e Pietro come primi 'pontefici', sebbene si riducano a poca cosa all'interno dell'opera.

La poesia biblica è infine una categoria pure funzionale, anche se consiste spesso in una sotto categoria all'interno delle altre, dato che molti generi esistono sia in versi sia in prosa (traduzioni, parafrasi, meditazioni, sacre rappresentazioni, narrazioni). I salmi, in particolare i sette salmi penitenziali, sono oggetto prediletto di versificazioni durante tutto il periodo, non di rado accompagnate da argomenti o esposizioni in prosa[63]. Tuttavia, anche se si sa che si fondano su quanto la Bibbia annuncia e usano persino memorie dei salmi, non si sono incluse le poche raccolte di laudi andate a stampa e le ancor meno numerose raccolte di inni in volgare (in realtà una sola, in più ristampe, quella del Possevino), poiché la pur molta materia biblica risulta in esse troppo dispersa[64]. Così si trova molto dispersa nella poesia spirituale, che perciò non è stata inclusa, ad eccezione di quelle raccolte che si focalizzano su un tema o testo biblico, come *Il monte Calvario* di Giovanni Botero o le numerose «lagrime penitenziali» di David, ma anche di Pietro e della Maddalena.

Chiudendo questa presentazione dei criteri di selezione della letteratura biblica stampata in italiano nella prima età moderna, va sottolineato come essa contenga testi dal profilo linguistico, stilistico e contenutisco vario, andando da testi scritti in una lingua segnata da particolarismi regionali a testi redatti in buon 'toscano' o italiano, da testi senza vocazione letteraria a testi squisitamente letterari, da testi considerati come pertinenti alla lettera-

---

61   La questione del rapporto fra verità biblica e finzione, necessaria a creare un'opera di finzione letteraria nel rispetto di tale verità, è discussa con notevole acume da Andreini nella prefazione del suo *Adamo* del 1613 (Giovanni Battista Andreini, *L'Adamo sacra rappresentatione*, Milano, a istanza di Girolamo Bordone, 1613, scheda 3194), su cui Erminia Ardissino, «I poemi del Seicento sul paradiso terrestre e il modello tassiano», in *Dopo Tasso: percorsi del poema eroico*, Atti del Convegno di Studi (Urbino, 15-16 giugno 2004), a cura di G. Arbizzoni, M. Faini e T. Mattioli, Padova, Antenore, 2005, p. 395-422.

62   Cfr. Edoardo Barbieri, «Éditeurs et imprimeurs de la Bible en italien (1471-1600)», in *La Bible imprimée dans l'Europe moderne*, a cura di B.E. Schwarzbach, Paris, Bibliothèque nationale de France, 1999, p. 246-259: 250-251 («Les Bibles historiées»).

63   Cfr. A. Quondam, «Note sulla tradizione della poesia spirituale e religiosa (parte prima)», art. cit., p. 189-192, e *La Bibbia in poesia: volgarizzamenti dei Salmi e poesia religiosa in età moderna, op. cit.*; Ester Pietrobon, *La penna interprete della cetra. I Salmi in volgare e la poesia spirituale italiana nel Rinascimento*, Roma, Edizioni di Storia e Letteratura, 2019.

64   Sulla presenza dei salmi nelle laude si vedano i saggi di Silvia Serventi, «I *Salmi* nel laudario di Bianco da Siena», e di Stefano Cremonini, «Il linguaggio biblico nelle *Laude* di Feo Belcari», ambedue in *Sotto il cielo delle Scritture, op. cit.*, p. 153-170 e p. 171-192.

tura cosidetta 'popolare' a testi di grande erudizione. Se la 'brevità' e la 'facilità' sono qualità rivendicate nelle pubblicazioni bibliche lungo tutto il periodo esaminato, occorre constatare che esse tendono sia ad allungarsi sia a diventare più complesse nel tempo, in funzione forse di una maggiore acculturazione dei laici e soprattutto di un maggiore livello di esigenza nella preparazione del clero[65]. Come il posizionamento dottrinale, il tipo di cultura, 'popolare' o dotta, illustrato dalle varie pubblicazioni bibliche, non è stato un criterio di selezione, così, mentre abbiamo incluso le *Virtù dei salmi* e il *Salmista secondo la Bibbia*, che pur contenendo formulari magici hanno a fondamento la Bibbia e pur riportando i salmi in latino ne traducono passi nei commenti introduttivi[66], abbiamo scelto di escludere i sussidi alla lettura della Bibbia, come l'erudito *Vocabulista ecclesiastico* di Giovanni Bernardo da Savona, un lessico biblico con i lemmi in latino e la spiegazione in volgare, che ovviamente serve alla lettura della Bibbia, ma non è in sé un testo biblico, come non lo sono le tavole per trovare le letture domenicali, che sono puri elenchi. Per quanto riguarda la dimensione linguistico-letteraria, va sottolineata la particolare pertinenza, per l'Italia e durante tutto il periodo considerato, del criterio dei generi letterari. Come si è già detto, sin dall'inizio della stampa, nella continuità di una letteratura ad essa preesistente, volgarizzamenti di vario tipo, incluse riscritture letterarie in prosa e in versi, hanno accompagnato le traduzioni.

Di fatto, i testi che abbiamo repertoriato sono stati selezionati cercando nei cataloghi sia per nomi di libri, di episodi e di personaggi biblici, sia per nomi di generi letterari più o meno specifici, quali 'sacra rappresentazione', 'leggenda', 'predica', 'meditazione', 'tragedia', 'poema'. Il confine tra i testi da includere o meno nel nostro repertorio a volte è stato davvero di difficile definizione, e forse è assurdo pretendere di raggiungere una spartizione rigorosa e soddisfacente. I casi sono spesso stati decisi esaminando i testi, che oggi sono per fortuna numerosi sul web. Alla fine, i testi censiti hanno tutti il loro fondamento sulla Bibbia e un legame con la Sacra Scrittura che si può rilevare in modo evidente, anche se vanno in direzioni diverse e si offrivano per essere fruiti in modi diversi. In alcuni, il testo fondato sulla Bibbia può costituire una parte anche minore della pubblicazione, ben individuabile però, come può capitare per le preghiere bibliche, e comunque essenziale, come i titoli spesso stanno ad evidenziare.

Il materiale raccolto è stato organizzato in ordine cronologico. Ci è parso più utile offrire immediatamente alla riflessione del lettore il quadro dell'evolversi degli interessi biblici, per capire che cosa veniva prodotto e che cosa ristampato in una data epoca, con quale frequenza, quali personaggi e quali eventi interessavano maggiormente, quali libri erano oggetto di attenzione, quali generi venivano praticati. All'interno dell'annata si segue poi l'ordine alfabetico.

Il repertorio consente subito di vedere la consistenza di questa letteratura biblica, consistenza che dà ragione a Danilo Zardin quando scriveva che la fruizione della Bibbia non si era interrotta con la proibizione delle traduzioni bibliche in volgare, ma venne perseguita dagli Italiani per altre vie[67]. I dati qui raccolti possono restituire le dimensioni complessive di quel fenomeno che va sotto il nome di cultura biblica condivisa da laici ed ecclesiastici nella prima età moderna in Italia e in italiano. Consente di osservare e di studiare la continuità e insieme le trasformazioni di una produzione di volgarizzamenti biblici di vari tipi, che è esistita in età sia tardomedievale sia moderna, prima e dopo l'invenzione della stampa, l'Umanesimo e la Riforma e che si è mantenuta in quantità e varietà non trascurabili durante e dopo la Controriforma.

---

65   Cfr. É. Boillet, «For Early Modern Printed Biblical Literature in Italian. Lay Authorship and Readership», art. cit. Le cifre relative all'alfabetizzazione in città non crescono molto tra l'inizio e la fine del XVI secolo: mentre si pensa che all'inizio del XVI secolo, nelle città europee, le persone che sapevano leggere erano il 10%, nel 1587 a Venezia, una tra le città più acculturate, i giovani che frequentavano la scuola erano il 14%; cfr. U. Rozzo, «Introduzione», in *Il libro religioso, op. cit.*, p. 11.

66   Cfr. Edoardo Barbieri, «Alcune rare edizioni quattro-cinquecentesche delle *Virtutes psalmorum* in latino e volgare», *La Bibliofilía*, CXV, 2013, p. 13-24; *id.*, «Di certi usi della Sacra Scrittura condannati: "Il Salmista secondo la Bibbia"», *La Bibliofilía*, CXX, 115, 2018, p. 75-110.

67   D. Zardin, «Bibbia e letteratura religiosa in volgare nell'Italia del Cinque-Seicento», art. cit.

La domanda che questo repertorio fondamentalmente viene a riproporre è quella della natura stessa della letteratura biblica e delle forme che in Italia (e altrove) ricoprì nel tempo. Invita cioè a chiedersi se quelli tra i volgarizzamenti biblici che vengono generalmente considerati, a fronte delle traduzioni bibliche in senso stretto, come parte della letteratura liturgica, devozionale, spirituale o letteraria, e non propriamente biblica, non andrebbero maggiormente presi in considerazione anche in una riflessione sulle modalità della fruizione della Bibbia e sulla cultura biblica in volgare di ecclesiastici e laici. Da una parte, perseguire vie alternative alla traduzione del 'puro' testo biblico non fu solo il risultato della censura romana messa in atto nel Cinquecento e oltre, giacché tali vie esistevano da tempo come modalità valide del fruire della Bibbia. Dall'altra, nel regime di una censura ecclesiastica che fu considerata come esageratamente severa anche da parte di molti ecclesiastici, continuare a perseguire queste vie doveva necessitare notevoli competenze da parte degli scrittori, degli editori e dei lettori che rimanevano desiderosi di conoscere il testo e la materia della Bibbia[68].

Questo repertorio vuole quindi portare o riportare all'attenzione degli specialisti di varie discipline una massa di testi che andrebbero esaminati più da vicino per capire meglio di che cosa sono fatti, di che cosa furono l'espressione, se e a partire da quando, come è stato in varie sedi avanzato, si vuotarono della loro sostanza per diventare mera espressione del disciplinamento trionfante, mera letteratura devota intellettualmente poco impegnata, o ancora mero esercizio letterario. Può anche suscitare, al di là dell'interesse degli storici del libro e dell'editoria italiana della prima età moderna, degli studiosi di storia moderna italiana della religione, della letteratura e anche dell'arte, l'attenzione di tutti coloro che si interessano all'evolversi della società e della cultura europea e che vogliono comprendere il presente sulla base delle memorie del passato.

B. Fonti e dati

Le fonti su cui ci siamo basate per costituire questa raccolta di dati sono state anzitutto i cataloghi e i metacataloghi *online* delle biblioteche dove cospicue sono le collezioni di antichi testi in italiano, quindi i cataloghi cartacei e le pubblicazioni su fondi bibliotecari, produzioni editoriali, generi letterari. La frequenza di opere e di edizioni attestate in una o pochissime copie è prova della rarità di una parte non trascurabile dei testi di nostro interesse, essendo stati considerati come di consumo ordinario, e perciò non da conservare, o condannati come pericolosi, e quindi da eliminare. È probabile che biblioteche civili e ecclesiastiche italiane, i cui possessi non sono ancora riversati *online*, nascondano testi e edizioni introvabili altrove, come anche che edizioni di cui si ha notizia nell'inchiesta della Congregazione dell'Indice dei libri proibiti o nelle ricerche di eruditi dei secoli passati corrispondano a perdite definitive[69]. Siccome il nostro intento era quello di offrire uno strumento di riflessione su una tipologia

---

68   Così, le armonie evangeliche pubblicate dal sacerdote Natalino Amulio a Venezia nel 1544 e nel 1555, sono «un oggetto testuale di imprevista complessità, posto al convergere di una serie piuttoso vasta di testi ed edizioni», cfr. Edoardo Barbieri, «Oltre la censura. Domande aperte su un compendio neotestamentario italiano del XVI secolo», *Titivillus. Revista Internacional sobre Libro Antiguo. International Journal of Rare Books*, 1, 2015, p. 185-210. D'altro canto, le traduzioni commentate dei salmi di Pellegrino degli Erri, esordito a Modena come membro dell'eterodossa Accademia, da una parte, e di Domenico Buelli, inquisitore di Novara, dall'altra, sono esempi di interventi nel dibattito sull'accesso alla Bibbia certo puntuali ma sorprendentemente aperti in tempi di censura, cfr. Élise Boillet, «*I Salmi di David* de Pellegrino degli Erri (Venise, 1573)», *Rivista di Storia e di Letteratura Religiosa*, LV, 2019/1, p. 79-101, e *ead.*, «Tra censura e tolleranza. Le due edizioni del volgarizzamento dei salmi penitenziali di Domenico Buelli, inquisitore di Novara (1572 e 1602)», in *Gli Italiani e la Bibbia nella prima età moderna, op. cit.*, p. 71-91.

69   In particolare Rosa Maria Borraccini, «Da strumento di controllo censorio alla "più grande bibliografia nazionale della Controriforma". I codici Vaticani latini 11266-11326», in *Disciplinare la memoria. Strumenti e pratiche nella cultura scritta (secoli XVI-XVIII)*, Atti del convegno Internazionale (Bologna, 13-15 marzo 2013), a cura di M. Guercio, M. G. Tavoni, P. Tinti e P. Vecchi Galli, Bologna, Pàtron editore, 2014, p. 177-189; *Lost Books: Reconstructing the Print World of Pre-Industrial Europe*, a cura di F. Bruni e A. Pettegree, Leiden-Boston, Brill, 2016; Mauro Guerrini, « La punta dell'iceberg. Le cinquecentine delle biblioteche ecclesiastiche », *La Bibliofilía*, CXX/2, 2018, p. 309-330.

di pubblicazioni in italiano destinate a laici e ecclesiastici, e quindi di censirle ma anche di descriverle, abbiamo condotto la nostra ricerca sui cataloghi *online* che descrivono materiale superstite (anche se ora EDIT16 allarga il proprio censimento a notizie di cinquecentine), senza includere le edizioni della banca dati RICI di cui non è stata verificata l'esistenza. Ovviamente il censimento del materiale biblico non verificato in tale banca dati andrà fatto come ricerca complementare alla nostra, specificatamente dedicata a una riflessione sull'impatto della censura e sulla cultura ecclesiastica.

Ogni reperto è rappresentato da una scheda che riporta i dati essenziali, poiché sarebbe stato molto lungo e complesso analizzare il contenuto di ognuna delle più di quattromila edizioni repertoriate, anche se crediamo che questo dovrebbe essere il lavoro ottimale, che potrebbe dare per esempio utilissime informazioni ricavabili dagli apparati paratestuali sui dedicatari e destinatari, sul contesto e sulle motivazioni, sui generi dell'opera, o da eventuali *ex-libris*, note di possesso e di lettura, censure e altre informazioni registrate nelle singole copie. La scelta di trascrivere i titoli dei libri nella loro integralità (o gli incipit nel caso degli incunaboli) ha però consentito il recupero di molte di queste informazioni (si vedano sotto i criteri di descrizione). Le riproduzioni digitali hanno favorito molto il compito di completare le informazioni spesso fornite dai repertori in forma abbreviata.

Infine si sono organizzate le voci in diversi indici: un indice dei titoli uniformi delle traduzioni bibliche (ad esempio Bibbia, Vecchio Testamento o Salmi, ma anche Epistole e Vangeli), di opere anonime (ad esempio il *Fiore novello estratto dalla Bibbia*), di opere con attribuzione autoriale più o meno definita e certa (ad esempio *I sette salmi penitenziali* dello Pseudo-Dante) e di opere dall'attribuzione certa che godettero singolarmente o all'interno di una più vasta produzione – come quella ad esempio delle sacre rappresentazioni – di una notevole fortuna editoriale nell'arco cronologico considerato; un indice delle responsabilità autoriali (cioè autori, traduttori e curatori di testi); infine un indice delle responsabilità editoriali (tipografi, editori, librai, committenti). Il ricorso ai titoli uniformi ha consentito di uniformare molti dei dati raccolti dai cataloghi ISTC, EDIT16 e SBN, nei quali non sempre uno stesso testo viene attribuito allo stesso autore, e quindi anche di contribuire a ricostruire alcune tradizioni testuali, sia ben note sia al contrario poco note. A sostegno di questo sforzo di ricostruzione, si è anche ricorso all'indicazione degli incipit e degli explicit per distinguere tra testi raggruppati nei cataloghi sotto un unico titolo uniforme (ad esempio *Lamento della Vergine Maria* o *Storia del giudizio universale*). I tre indici proposti consentono al lettore di questo repertorio di valutare l'importanza di un'opera o di un genere e la durata del loro successo, di visualizzare l'impegno degli autori e degli editori nei vari generi della produzione biblica e di ricostruire la geografia di tale produzione.

2. METODO USATO NELL'ALLESTIMENTO DELLE SINGOLE SCHEDE

A. *Criteri di descrizione e di trascrizione*

I criteri seguiti nella descrizione delle edizioni censite sono stati decisi in base allo scopo del repertorio, il quale consiste nel fornire informazioni bibliografiche fruibili dagli studiosi che possono interessarsi alla letteratura biblica stampata in italiano nella prima età moderna, come sono gli specialisti di storia del libro e dell'editoria, della letteratura in volgare, della cultura biblica, della storia delle idee e delle pratiche religiose, della sociologia della religione, della storia delle istituzioni religiose, della censura ecclesiastica, e di altri campi ancora. Ogni scheda deve perciò fornire tutte le informazioni essenziali allo scopo di una ricerca sia disciplinare sia inter o pluridisciplinare, nella forma più semplice possibile in termine di leggibilità e di economia di spazio. Non possono quindi mancare le responsabilità autoriali ed editoriali della pubblicazione (autore, traduttore, editore scientifico o curatore), il titolo, che già offre molte caratteristiche testuali (relative all'ipotesto biblico e al testo derivato), il luogo e la data di pubblicazione, il tipografo o l'editore, le caratteristiche fisiche (numero di carte, presenza di illustrazioni, formato, segnatura), il rinvio ai cataloghi *online* e cartacei di riferimento. Il repertorio non mira a descrivere in modo esaustivo e specialistico ogni singola edizione, bensì a descrivere in modo sufficientemente dettagliato un vastissimo insieme di edizioni, da cui si vuole anche poter ricavare una visione generale.

Per quanto riguarda le responsabilità editoriali, per ragioni di leggibilità e di spazio, si è scelto di non riportare le indicazioni di pubblicazione nella forma in cui si possono leggere sul frontespizio e nel colophon delle edizioni, ma di trascriverli direttamente in una forma moderna sfruttabile dagli studiosi senza bisogno di accertamenti. L'identità dei tipografi è stata chiarita, distinguendo tra omonimi con l'aggiunta tra parentesi uncinate del numero relativo alla generazione o del luogo di attività o provenienza del tipografo. La distinzione tra informazioni ricavate dal frontespizio e dal colophon è stata mantenuta con l'uso delle parentesi tonde per gli estremi tipografici del colophon. Le parentesi quadre indicano che il luogo della stampa, il nome del tipografo o la data della pubblicazione si desumono da elementi materiali tratti dai cataloghi di riferimento e eventualmente specificati nell'area 'note'.

Per quanto riguarda la descrizione materiale delle edizioni, per le stesse ragioni di leggibilità e di spazio, sono state eliminate informazioni specialistiche che, nell'ambito di questo repertorio, sarebbero risultate ridondanti. Così, l'impronta, a cui si è rinviato solo in alcuni casi particolari nell'area 'note', non è stata inclusa nella descrizione, che fornisce invece paginazione e segnatura. Inoltre la presenza di marche è stata segnalata soltanto quando essa consente di attribuire la responsabilità editoriale a un tipografo il cui nome non si legge negli estremi tipografici originali. In tal caso, il nome del tipografo viene riportato tra parentesi quadre nell'area 'pubblicazione' e la presenza della marca viene anche segnalata nell'area 'note'.

La necessità di uniformare le schede nasce dalla copertura cronologica che implica il ricorso a cataloghi che adoperano pratiche descrittive diverse. Le schede sono organizzate in successione cronologica per anno. Le edizioni sono state collocate alla data che serve da riferimento. Si sono accettate le indicazioni generiche «15..», «150.», «16..», «dopo il \<data\>», «prima del \<data\>»; quando queste categorie sono particolarmente numerose, si è costituita una sezione loro dedicata. All'interno di un anno, si segue l'ordine alfabetico per autore, in caso di più opere di uno stesso autore si segue l'ordine alfabetico dei titoli. Nel caso di una stessa opera, con identico autore e titolo, si ordinano per data, se indicata nelle informazioni tipografiche, altrimenti si segue l'ordine di catalogazione delle fonti.

Nell'area 'titolo', non sono state ritenute le soluzioni, per quanto possano risultare convenienti in termini di spazio, né del *short-title catalogue* (come nell'ISTC e nel repertorio di letteratura religiosa allestito da Anne Jacobson Schutte), né dell'omissione di porzioni di testo all'interno dei titoli lunghi (come spesso risulta in SBN e in EDIT16). Si è invece voluto riportare l'integralità di ogni titolo, evitando per quanto possibile ogni tipo di lacuna. In effetti, prima ancora di aprire i libri antichi per studiarne il contenuto, i loro titoli forniscono numerose importanti indicazioni riguardanti il loro autore, la loro materia, la loro destinazione e il loro uso, informazioni spesso disseminate anche nell'apparato paratestuale. Da queste indicazioni si può iniziare a cogliere specifiche strategie autoriali ed editoriali in relazione con lo stato coevo del mercato editoriale, della censura libraria, delle modalità di fruizione individuale e collettiva dei testi, delle tendenze linguistiche e delle mode letterarie, come anche in relazione con specifiche situazioni locali di tipo politico, religioso e culturale. Si tratta quindi di informazioni molto preziose per un primo orientamento nella ricerca sull'evoluzione della natura e dello scopo delle pubblicazioni bibliche nella prima età moderna, cioè all'epoca della «rivoluzione inavvertita» determinata dall'invenzione della stampa e dal rinnovamento religioso, dovuto all'affermarsi di movimenti di riforma protestante e cattolica. Come già detto, il repertorio non distingue tra confessioni, considerando tutte le opere bibliche in italiano. Proprio per questo esso permette di cogliere la molteplicità degli orientamenti dottrinali. Offrire questa riflessione iniziale nella ricerca sulla letteratura biblica stampata in italiano a quell'epoca è scopo fondamentale di questo repertorio.

Al fine di poter restituire titoli completi, si è quindi cercato, ogni volta che è stato possibile, di vedere il frontespizio delle edizioni tramite la consultazione di esemplari conservati nelle biblioteche o la cui riproduzione digitalizzata è accessibile in rete. Quando tale consultazione non è stata possibile, i titoli sono stati riportati come si leggono nel catalogo in rete che al momento della consultazione ne offriva la versione più completa (ISTC, EDIT16, SBN sono stati consultati simultaneamente tra il settembre e il dicembre 2017, un'ulteriore specifica indagine sugli incunaboli è stata condotta su ISTC tra maggio e settembre del 2018, mentre numerose verifiche puntuali sono state effettuate fino a marzo 2021 e alcune anche dopo). Quando invece è stato possibile vedere il frontespizio dell'edizione descritta, i titoli sono stati trascritti dall'originale attenendosi ai criteri definiti nella *Guida alla catalogazione in SBN. Materiale antico* (Roma, ICCU, 2016), in modo da raggiungere una certa uniformità tra le schede che riportano i titoli come si leggono nei cataloghi in rete e come li abbiamo trascritti dagli originali[70].

In questo repertorio, i titoli sono quindi restituiti in scrittura minuscola e in corsivo (non riportando quindi la distinzione tra scrizione maiuscola e scrizione minuscola né quella tra caratteri tondi e caratteri corsivi).

Nella trascrizione delle edizioni da noi viste, l'ortografia è stata nell'insieme riportata come si presenta nell'edizione descritta. In particolare, i segni diacritici (accenti e apostrofi) e le abbreviazioni (con un punto finale o intermedio come in *sig.* e *sig.ra*) sono state conservate. Non si sono aggiunti segni diacritici nella trascrizione né delle lettere minuscole (*piu, lanno*) né delle maiuscole (*PIV'* e *PIV* trascritti *più* e *piu*). La punteggiatura è stata conservata (compresa la sbarra / equivalente generalmente a virgola). Gli interventi si limitano allo scioglimento delle contrazioni (tranne la nota tironiana 7 e il segno & che sono stati conservati), eseguito senza ricorrere alle parentesi quadre. Esse sono state usate nell'area 'titolo' soltanto per l'indicazione di lacune [...] e di errori [!] e per restituire un capolettera assente (nei titoli tratti da intitolazioni o incipit, ad esempio, [I]*ncomincia*). I capilettera assenti sono stati restituiti nello stesso modo nella trascrizione di incipit e explicit fornita nell'area 'note'.

Riguardo la distinzione tra *u* e *v*, non potendo determinare l'uso proprio di ogni singola pubblicazione in un repertorio contenente più di quattromila edizioni, si è scelto di trascrivere le minuscole *u* e *v* come appaiono nell'edizione descritta (non sempre, ma molto frequentemente, soprattutto nel Cinquecento, si trova *v* all'iniziale e *u* all'interno delle parole) e le maiuscole *U* e *V* con *v* all'iniziale e *u* all'interno delle parole (stesso criterio per *UU* e *VV* trascritti *vv* all'inizio e *uu* all'interno delle parole). Le iniziali gotiche *U* e *J* sono state trascritte *V* e *I* (ad esempio, *Vergine* e *Iudith*).

Si è proceduto alla separazione delle parole, conservando solo le scrizioni del relativo unito all'articolo (come *ilquale*). Come lo scioglimento delle contrazioni, per favorire la leggibilità dei titoli, la correzione della separazione delle parole non è stata segnalata da nessun segno.

Le maiuscole iniziali sono state conservate nei casi seguenti: i nomi propri di persona – inclusi i popoli antichi (*Hebrei*) – e di luogo; i titoli inclusi all'interno del titolo generale (*Ghirlanda spirituale, Delle antichità giudaiche*); i nomi relativi a Dio e alla divinità di Gesù (*Signore, Saluatore, Redentore*); i nomi di testi biblici (*Bibbia, Vecchio Testamento, Genesi, Profeti, Vangeli, Atti degli Apostoli*) e di preghiere (*Ave Maria, Simbolo Apostolico*); i nomi di istituzioni ecclesiastiche (*Chiesa, Compagnia di Gesù*); i nomi di festività (*Ascensione*) e di periodi liturgici (*Quaresima*). Le maiuscole iniziali nei nomi comuni – compresi i titoli di dignità, di ufficio e di rispetto, ecclesiastici e civili, scritti per intero o sotto forma abbreviata (*canonico, duca, reuer., illustr., don, sig.*, ecc.) – non sono state conservate. L'abbreviazione maiuscola S. è stata conservata nei nomi di luoghi (*chiesa di S. Maria*) e di

---

70 Va precisato che i criteri applicati in SBN e in EDIT16 presentano leggere differenze, in particolare riguardo all'uso delle maiuscole: mentre SBN mantiene le maiuscole iniziali nei titoli e negli appellativi ecclesiastici e civili (*Canonico, Rever., R.P.F., Duca, Illustr.*, ecc.), EDIT16 le elimina. Inoltre, si osserva un certo grado di variabilità all'interno di uno stesso catalogo: nel caso delle maiuscole, diverse schede di SBN e di EDIT16 non seguono l'uso generale della loro conservazione o invece della loro eliminazione. Quindi, malgrado la scelta di criteri coerenti, non è stato possibile raggiungere una perfetta omogeneità nella trascrizione dei titoli.

istituzioni (*ordine di S. Domenico*), ma non nei nomi di persone (*Epistole di s. Paolo*). Le abbreviazioni costituite da più iniziali sono state trascritte senza spazi intermedi (*r.p.f.*), ma le altre abbreviazioni sono state trascritte con spazi intermedi (*reuer. p.f., reuer. p. frate*). L'alternanza tra iniziali minuscole e maiuscole è stata conservata, poiché la minuscola non è mai stata trasformata in maiuscola (*Dio/dio, Nostro Signore/nostro Signore/nostro signore, Chiesa/chiesa, Ordine de' Predicatori/ordine de' Predicatori/ordine de' predicatori*).

B. Struttura delle schede

Numerazione. Posta tra parentesi quadre, essa indica il numero progressivo nel repertorio, e viene usata per i rinvii interni ad altre schede dello stesso e nella costituzione degli indici finali di responsabilità autoriale e editoriale.

Autore. Si registrano sia i nomi degli autori sia i nomi di altre responsabilità autoriali quali i traduttori – preceduti da «(tr.)» – e gli editori scientifici o curatori – preceduti da «(ed.)» –. In caso di più autori e traduttori si dà il nome del primo autore seguito dal suo traduttore, quindi si indicano gli autori secondari con i loro traduttori. Una sbarra obliqua separa i vari nomi. Come quelli dei tipografi, i nomi degli autori sono dati nella loro forma moderna (quando esiste) e in lingua originale. Si usa «Anonima» nei casi in cui manchino indicazioni nelle edizioni. Come già detto, tra parentesi quadre sono posti i nomi dedotti da altre fonti, indicate nell'area 'note'. Quando il titolo specifica che si tratta di un testo tradotto in volgare italiano, senza però che il nome del traduttore venga indicato nell'edizione o si possa desumere da altra fonte, si indica «(tr.)?».

Titoli. I titoli sono stati registrati come indicati sui frontespizi che abbiamo visto o come riportati nei repertori consultati, qualora non si sia potuto vedere il frontespizio. Quando derivano dalla visione diretta del frontespizio, si è usato l'abbreviazione «V. fr.» (i.e. «Visto frontespizio»). Per gli incunaboli, poiché ISTC offre quasi sistematicamente riproduzioni integrali, si è usato «V. ed.» (i.e. «Vista edizione») per indicare che le trascrizioni di titoli, incipit e explicit derivano pure dalla visione dell'edizione. Per le cinquecentine di inizio secolo, poiché EDIT16 propone il più delle volte solo la riproduzione della carta recante il titolo (frontespizio, occhietto, carta recante l'intitolazione o l'incipit), si sono usate anche altre abbreviazioni (ad esempio, «V. occhietto» o «V. c. <numero della carta>»). Negli incunaboli e nelle prime cinquecentine senza vero e proprio frontespizio, «occhietto» rimanda alla carta dispari iniziale recante il solo titolo, spesso in forma breve, a volte accompagnato da un'illustrazione, secondo la definizione data in BEIC. Non si sono riportati i privilegi, che spesso vengono menzionati subito dopo i titoli.

Pubblicazione. Si danno prima le informazioni fornite dal frontespizio. Le informazioni derivate dal colophon sono state poste, come di consueto, tra parentesi tonde, se le notizie tipografiche derivano da informazioni desunte altrove (marche tipografiche, indicazioni delle prefazioni, ecc.) sono state indicate tra parentesi quadre. In nota si offre la fonte dell'informazione. L'anno della pubblicazione è indicato con cifre arabe, quando la data include anche il giorno e il mese è stata indicata nella forma: «14.XII.1473». In assenza, la data presunta è stata indicata tra parentesi quadre, seguita o meno dal punto interrogativo, e giustificata nell'area 'note'. In alcuni casi si ricorre alla data della prima opera a stampa di un autore per collocarne una non datata.

Descrizione fisica[71]. L'area della descrizione fisica comporta due semiaree. La prima include: paginazione (numero di carte o pagine), seguita (dopo due punti) dall'eventuale indicazione di illustrazioni, seguita (dopo punto e virgola) dal formato (ad esempio, «42 c.: ill.; 8°»). La seconda semiarea fornisce la segnatura. Nel caso in cui l'opera comporti più parti edite in volumi distinti, è stato prima indicato subito dopo l'area 'pubblicazione'

---

[71] Le abbreviazioni usate nella descrizione fisica sono le seguenti: vol. (volume/i), fasc. (fascicolo/i), c. (carta/e), p. (pagina/e), numer. (numerazione), var. (variante).

il numero di unità fisiche con il formato (ad esempio, «2 vol.; 4°»). Di seguito è fornita la descrizione di ogni singolo volume[72].

Paginazione. L'informazione è particolarmente utile perché a volte si tratta di opere di poche carte, in altri casi di opere di migliaia di pagine. Vi sono anche casi di pubblicazioni consistenti in un solo foglio. È ovvio che queste indicazioni sono utilissime per capire non solo il portato del testo ma anche le sue potenzialità più plausibili di fruizione. Il segno + indica carte mancanti. Eventuali errori nella numerazione delle carte o delle pagine sono indicati tra parentesi tonde; se le carte sono numerate e non sono segnate, si riporta qui l'eventuale indicazione di carte bianche (vedi anche l'area 'segnatura').

Illustrazioni. Essendo stato impossibile visionare tutte le edizioni censite nella loro interezza, e le indicazioni dei catalogatori, a cui in mancanza di una diretta consultazione ci atteniamo, non essendo sempre coerenti, si è deciso di non precisare se l'edizione comporta una sola illustrazione (per esempio sul frontespizio) o una serie di illustrazioni.

Formato. Viene indicato, quando presente nella fonte e nella forma indicata. Quando assente e non desumibile, si è indicato «?».

Segnatura. Tutte le indicazioni della segnatura sono tratte o da SBN (poiché EDIT16 non fornisce questa informazione) o da osservazione diretta. Quando tratte da SBN sono state conservate le trascrizioni varie dei segni non alfabetici (per esempio, +, † e [croce latina/greca]). Le informazioni quali carte omesse o mancanti sono indicate tra parentesi tonde; se le carte non sono numerate e sono solo segnate si riporta qui l'eventuale indicazione di carte bianche.

Riferimenti a cataloghi e abbreviazioni. Le sigle rimandano ai cataloghi *online* e cartacei di riferimento. La Tavola delle sigle e abbreviazioni fornisce il riferimento completo. Nel caso delle Cinquecentine, abbiamo privilegiato il riferimento a EDIT16. Non si indicano rimandi per la segnatura tratta da SBN. La presenza dei due identificativi EDIT16-CNCE e SBN significa che gli altri dati della scheda sono ricavati da ambedue le catalogazioni.

Note. Si raccolgono qui le informazioni che giustificano dati non offerti dall'edizione o riferimenti da cui sono derivate le informazioni prima riportate (bibliografia che individua i nomi dell'autore o di altri autori, fonti che definiscono o correggono date o indicazioni tipografiche, titoli uniformi validi soprattutto per gli incunaboli, ecc.). Si danno qui anche le notizie utili a conoscere l'edizione: esistenza di diverse emissioni con le loro caratteristiche, con il rinvio ad eventuali altre schede del repertorio (usando la forma "vedi" seguito dal numero della scheda), la presenza di altri frontespizi (oltre a quello iniziale) nell'edizione o di altre parti. Nei cataloghi di riferimento, la distinzione tra variante, altra emissione e diversa edizione è soggetta a oscillazione, per cui talvolta un'emissione può costituire una scheda separata in un catalogo e non in un altro. Abbiamo comunque sempre restituito le schede trovate o come scheda separata o come riferimento nell'area 'note'.

---

72 Si segnala il caso delle Bibbie costituite di più parti che, specialmente quando prodotte nell'epoca degli incunaboli, risultano a volte in una sola, a volte in più unità fisiche: in questo caso, si è usata l'abbreviazione «pt» e si è descritta separatamente ogni singola parte/singolo volume.

TAVOLA DELLE SIGLE
E ABBREVIAZIONI

CATALOGHI DI RIFERIMENTO *ONLINE*[1]

Bayerische Staatsbibliothek = Bayerische
Staatsbibliothek, München
https://www.bsb-muenchen.de/

BEIC = Biblioteca Europea di Informazione e Cultura,
Biblioteca digitale
https://www.beic.it/it/articoli/biblioteca-digitale

Biblioteca Casanatense, Roma
http://www.casanatense.it/

Biblioteca Vittorio Emanuele, Napoli
http://www.bnnonline.it/

Bibliotheks Verbund Bayern, München
https://www.bib-bvb.de/

BL = British Library
https://www.bl.uk/

Cambridge University Library
http://www.lib.cam.ac.uk

Clarke Library, Los Angeles
https://clarklibrary.ucla.edu/

CCFr = Catalogue Collectif de France
https://ccfr.bnf.fr/portailccfr/jsp/public/index.jsp

CERL = Consortium European Research Libraries
https://www.cerl.org/

Dartmouth elec. resources
https://www.library.dartmouth.edu

DigiVatLib = Digital Vatican Library
https://digi.vatlib.it/

EC = Europeana Collections
https://www.europeana.eu/portal/en

EDIT16 = Censimento Nazionale delle Edizioni Italiane
del XVI Secolo
http://edit16.iccu.sbn.it/web_iccu/imain.htm

FRBNF = Bibliothèque nationale de France
http://www.bnf.fr/fr/acc/x.accueil.html

Googlebooks
https://books.google.it/

GW = Gesamtkatalog der Wiegendrucke
https://www.gesamtkatalogderwiegendrucke.de/
GWEN.xhtml

Harvard Hollis = Harvard University Library Catalog
https://hollis.harvard.edu

Herzog August Bibliothek, Wolfenbüttel
http://www.hab.de/

ISTC = Incunabula Short Title Catalogue
http://www.bl.uk/catalogues/istc/

Newberry Library, Chicago
https://www.newberry.org/

Osterreichische Nationalbibliothek, Wien
https://www.onb.ac.at/bibliothek

Princeton = Princeton University Library Catalog
https://www.princeton.edu/academics/library

RICI = Le biblioteche degli ordini regolari in Italia alla
fine del secolo XVI. RICI – Ricerca sull'Inchiesta
della Congregazione dell'Indice
https://rici.vatlib.it/

RERO = Réseau Romand
https://bib.rero.ch/

SBN = Sistema Bibliotecario Nazionale
https://opac.sbn.it/opacsbn/opac/iccu/free.jsp

SUDOC = Catalogue du Système Universitaire de
Documentation

---

[1]   Qualora necessario, si usano le sigle e le abbreviazioni
nell'area 'riferimenti a cataloghi' e nell'area 'note' (si veda
Introduzione, 2. B. Struttura delle schede). I riferimenti *online* sono stati registrati, a parte qualche eccezione, prima di
marzo 2021.

http://www.sudoc.abes.fr/cbs/

Swissbib[2] = Catalogo delle Biblioteche Universitarie Svizzere e della Biblioteca Nazionale Svizzera
https://www.swissbib.ch/?lng=it

University of Toronto Libraries
https://onesearch.library.utoronto.ca/

USTC = Universal Short Title Catalogue
https://www.ustc.ac.uk/

Worldcat
https://www.worldcat.org/

Yale Lib. = Yale University Library Catalog
https://library.yale.edu/

CATALOGHI DI REFERIMENTO CARTACEI E ALTRA BIBLIOGRAFIA

Accademici Crusca = *Le rappresentazioni di Feo Belcari citate come testo di lingua nel vocabolario degli Accademici della Crusca*, Firenze, I. Moutier, 1833.

Adams = Herbert Mayow Adams, *Catalogue of Books Printed on the Continent of Europe, 1501-1600, in Cambridge Libraries*, Cambridge, Cambridge University Press, 1967.

Agazzi = Aldo Agazzi, *La raccolta tassiana della Biblioteca civica A. Mai di Bergamo*, Bergamo, Tip. TOM, 1960.

Allacci = Leone Allacci, *Drammaturgia di Lione Allacci*, Venezia, G. Pasquali, 1755, ed. an. Torino, Bottega d'Erasmo, 1961.

Argelati = Filippo Argelati, *Biblioteca dei volgarizzatori, o sia Notizia dall'opere volgarizzate d'autori, che scrissero in lingue morte prima del secolo XV*, 4 t., Milano, Federico Agnelli, 1767.

Ascarelli = Fernanda Ascarelli, *Le Cinquecentine romane. Censimento delle edizioni romane del XVI secolo possedute dalle biblioteche di Roma*, Milano, Etimar, 1972.

Ascarelli-Menato = Fernanda Ascarelli, Marco Menato, *La tipografia nel '500 in Italia*, Firenze, Olschki, 1989.

Backer-Sommervogel = Augustin de Backer, Carlos Sommervogel, *Bibliothèque de la Compagnie de Jésus. Première partie: bibliographie par les pères Augustin et Aloys de Backer. Seconde partie: histoire par le père August Carayon. Nouvelle édition par Carlos Sommervogel*, Bruxelles, O. Schepens-Paris, A. Picard, 11 vol., 1890-1932.

Baldacchini = Lorenzo Baldacchini, *Alle origini dell'editoria in volgare. Niccolò Zoppino da Ferrara a Venezia, annali (1503-1544)*, Manziana, Vecchiarelli, 2011.

Barberi = Francesco Barberi, *Tipografi romani del Cinquecento: Guillery, Ginnasio Mediceo, Calvo, Dorico, Cartolari*, Firenze, Olschki, 1983.

Barbieri = Edoardo Barbieri, *Le Bibbie italiane del Quattrocento e del Cinquecento. Storia e bibliografia ragionata delle edizioni in lingua italiana dal 1471 al 1600*, Milano, Editrice Bibliografica, 2 vol., 1991-1992[3].

Barbieri 2002A = Edoardo Barbieri, «Fra tradizione e cambiamento. Note sul libro spirituale del XVI secolo», in *Libri, biblioteche e cultura nell'Italia del Cinque e Seicento*, a cura di E. Barbieri e D. Zardin, Milano, Vita e Pensiero, 2002, p. 3-61.

Barbieri 2002B = Edoardo Barbieri, «Per il "Vangelo di san Giovanni"» e qualche altra edizione di San Iacopo a Ripoli», *Italia Medioevale e Umanistica*, XLIII, 2002, p. 383-400.

Barbieri 2003 = Edoardo Barbieri, «Un apocrifo nell'Italia moderna: la *Epistola della domenica*», in *Monastica et Humanistica. Scritti in onore di Gregorio Penco O.S.B.*, a cura di F. Trolese, Cesena, Badia di S. Maria del Monte, 2003, t. II, p. 717-732.

Barbieri 2013 = Edoardo Barbieri, «Alcune rare edizioni quattro-cinquecentesche delle *Virtutes psalmorum* in latino e volgare», *La Bibliofilía*, CXV, 2013, p. 13-24.

Barbieri 2015 = Edoardo Barbieri, «Oltre la censura. Domande aperte su un compendio neotestamentario italiano del XVI secolo», *Titivillus. Revista Internacional sobre Libro Antiguo. International Journal of Rare Books*, I, 2015, p. 185-210.

Barbieri 2016 = Edoardo Barbieri, «Forme e tipologie delle *Vitae Christi*», in *L'agiografia volgare. Tradizioni di testi, motivi e linguaggi. Atti del congresso internazionale, Klagenfurt, 15-16 gennaio 2015*, a cura di E. De Roberto e R. Wilhelm, Heidelberg, Winter, 2016, p. 351-381.

Barbieri 2018a = Edoardo Barbieri, «Di certi usi della Sacra Scrittura condannati: "Il Salmista secondo la Bibbia"», *La Bibliofilía*, CXX, 115, 2018, p. 75-110.

---

2   Il sito Swissbib è stato chiuso nell'aprile 2021, la pagina rinvia ora a Swisscovery e ai cataloghi *online* delle singole biblioteche svizzere.

3   Nelle schede del repertorio, si rinvia al numero delle edizioni schedate nel vol. I e alle tavole riprodotte nel vol. II.

TAVOLA DELLE SIGLE E ABBREVIAZIONI

Barbieri 2018b = Edoardo Barbieri, «Una sconosciuta edizione delle "Epistole e vangeli" del Nannini conservata a Gerusalemme», *Biblioteche oggi Trends*, IV/2, 2018, p. 70-76.

Benini = *Dal Lario alla Laguna. Stampatori di Lecco e del territorio a Venezia e altrove 1472-1534*, a cura di A. Benini, Oggiono, Cattaneo editore, 1992.

BEPA = *Bibliografia delle edizioni palermitane antiche*, I, *Edizioni del XVI secolo*, a cura di C. Pastena, A. Anselmo e M. C. Zimmardi, Palermo, Regione siciliana-Assessorato regionale dei beni culturali e ambientali e della pubblica istruzione, 1998.

Bezzel = *Verzeichnis der im deutschen Sprachbereich erschienenen Drucke des XVI. Jahrhunderts herausgegeben von der Bayerischen Staatsbibliothek in München in Verbindung mit der Herzog August Bibliothek in Wolfenbüttel*, a cura di I. Bezzel, Stuttgart, A. Hiersemann, 2000.

Bingen = Nicole Bingen, *Philausone (1500-1660). Répertoire des ouvrages en langue italienne publiés dans les pays de langue française de 1500 à 1660*, Genève, Librairie Droz, 1994.

BnF = *Le catalogue collectif des ouvrages étrangers reçus par les Bibliothèques françaises*, Paris, Imprimerie Nationale, 1960.

Boillet = Pietro Aretino, *Opere religiose*, t. I, *Genesi, Umanità di Cristo, Sette Salmi, Passione di Gesù*, a cura di É. Boillet, premessa di G. Ferroni, Roma, Salerno, «Edizione Nazionale delle Opere di Pietro Aretino», vol. VII, 2017.

Bongi = Salvatore Bongi, *Annali di Gabriel Giolito de' Ferrari da Trino di Monferrato, stampatore in Venezia descritti ed illustrati da Salvatore Bongi*, Mansfield, Martino Publishing, 2006.

Bonifacio = Achille Bonifacio, *Gli annali dei tipografi messinesi*, Messina, Sicania, 1990.

Bruni-Campioni-Zancani = Roberto L. Bruni, Rosaria L. Campioni, Diego Zancani, *Giulio Cesare Croce dall'Emilia all'Inghilterra*, Firenze, Olschki, 1991.

Bruni-Zancani = Roberto L. Bruni, Diego Zancani, *Antonio Cornazzano. La tradizione testuale*, Firenze, Olschki, 1992.

Camerini = Luigi S. Camerini, *I Giunti tipografi di Firenze, 1571-1625*, Firenze, Giunti-Barbera, 1878.

Carosi = Attilio Carosi, *Librai, cartai e tipografi in Viterbo e nella provincia del patrimonio di S. Pietro in Tuscia nei secoli XV e XVI*, Viterbo: Comune di Viterbo, Assessorato alla cultura, 1988.

Carpanè-Menato = Lorenzo Carpanè, Marco Menato, *Annali della tipografia veronese nel Cinquecento*, con un contributo di D. Brunelli, 2 vol., Baden-Baden, V. Koerner, 1992-1994.

Cavazza = Silvano Cavazza, «Pier Paolo Vergerio nei Grigioni e in Valtellina (1549-1553): attività editoriale e polemica religiosa», in *Riforma e società nei grigioni: Valtellina e Valchiavenna tra '500 e '600*, a cura di Alessandro Pastore, Milano, Angeli, 1991.

CBM = *Catalogue of Printed Books Published Between 1487 and 1800, Now in the British Museum*, London, Order of the Trustees, 1912.

Cecchini = *Mostra dell'arte della stampa umbra: palazzo Trinci, 12 settembre-4 ottobre XX [1942]*, a cura di G. Cecchini, [Perugia, Tip. G. Donnini], 1943.

Ceresa = Massimo Ceresa, *Una stamperia nella Roma del primo Seicento*, Roma, Bulzoni, 2000.

Chaix-Dufour-Moeckli = Paul Chaix, Alain Dufour, Gustave Moeckli, *Les livres imprimés à Genève de 1500 à 1600*, Genève, Librairie Droz, 1966.

Cioni 1961 = Alfredo Cioni, *Bibliografia delle sacre rappresentazioni*, Firenze, Sansoni Antiquariato, 1961.

Cioni 1963 = *La poesia religiosa, i cantari agiografici e le rime di argomento sacro*, a cura di A. Cioni, Firenze, Sansoni Antiquariato, 1963.

Colomb de Batines = Paul Colomb de Batines, *Bibliografia delle antiche rappresentazioni sacre e profane stampate nei sec. XV e XVI*, Firenze, Società tipografica, 1852.

Conconi = Bruna Conconi, *Quel che resta di un naufragio. Le edizioni cinque-seicentesche delle opere di Pietro Aretino nelle biblioteche di Francia*, Genève, Librairie Droz, 2021.

Contò = Agostino Contò, «La stampa a Treviso nel secolo XVI», in *Atti e memorie dell'Ateneo di Treviso*, VII, 1991, p. 138-163.

Dalbesio = Anselmo Dalbesio, *Incunaboli e cinquecentine della biblioteca del Monte dei Cappuccini in Torino*, [Torino], Regione Piemonte, Assessorato Beni Culturali, 1993.

Darlow-Moule = *Historical Catalogue of the Printed Editions of Holy Scripture in the Library of the British and Foreign Bible Society. Polyglots and Languages Other than English*, a cura di T. H. Darlow e H. F. Moule, London, Bible House, 2 vol., 1903-1911.

DBI = *Dizionario biografico degli Italiani*, Roma, Istituto Italiano per l'Enciclopedia, 1960-.

Decia = Decio Decia, *I Giunti tipografi editori di Firenze annali inediti (1497-1570)*, [Firenze], Giunti-Barbera, 1976.

Del Col = Andrea Del Col, «Il Nuovo Testamento tradotto da Massimo Teofilo e altre opere stampate a Lione nel 1551», *Critica Storica*, XV, 1978, p. 138-142.

Delcorno = Pietro Delcorno, «*La Festa di Lazero rico e di Lazero povero*: Una sacra rappresentazione fiorentina sulla parabola del ricco Epulone», *Interpres. Rivista di studi quattrocenteschi*, XXX, 2011, p. 62-135.

Edizioni XVI = *Le edizioni italiane del XVI secolo. Censimento nazionale. Volume III: Cabacio Rallo-Chiesa cattolica*, Roma, ICCU, 1993.

Erdmann = Axel Erdmann, *My Gracious Silence. Women in the Mirror of 16th Century Printing in Western Europe*, Luzern, Gilhofer & Ranschburg, 1999.

Essling = Victor Masséna d'Essling, *Les livres à figures vénitiens de la fin du XV* siécle et du commencement du XVI*, Firenze, Olschki-Paris, Librairie Henri Leclerc, 1914.

Faini = Marco Faini, «La tradizione del poema sacro nel Cinquecento», in *La Bibbia nella letteratura italiana. Dal Medioevo al Rinascimento*, a cura di G. Melli e M. Sipione, dir. P. Gibellini, Brescia, Morcelliana, 2013, p. 591-608.

Faloci Pulignani = Michele Faloci Pulignani, «L'arte tipografica in Foligno nel XVI secolo», *La Bibliofilía*, V, 1903.

Fiore-Lipari = Fiorenzo Fiore, Giuseppe Lipari, *Le edizioni del XVII secolo della Provincia dei Cappuccini di Messina*, Messina, Sicania, [2003].

Forner = Fabio Forner, «Gli erasmiani, gli antierasmiani e la Bibbia», in *La Bibbia nella letteratura italiana*, a cura di G. Melli e M. Sipione, dir. P. Gibellini, Brescia, Morcelliana, 2013, p. 415-434.

Franchi 1988 = Saverio Franchi, *Drammaturgia romana*, Roma, Edizioni di Storia e Letteratura, 1988.

Franchi 1994 = Saverio Franchi, *Le impressioni sceniche: dizionario bio-bibliografico degli editori e stampatori romani e laziali di testi drammatici e libretti per musica dal 1579 al 1800,* ricerca storica, bibliografica e archivistica condotta in collaborazione con O. Sartori, Roma, Edizioni di Storia e Letteratura, 1994.

Fugaldi = *Edizioni siciliane dei secoli XVI, XVII e XVIII possedute dalle biblioteche di Trapani*, a cura di V. Fugaldi, presentazione di M. Santoro, Palermo: Regione siciliana, Assessorato dei beni culturali e ambientali e della pubblica istruzione, 2004.

Fumagalli-Belli-Vaccaro = *Catalogo delle edizioni romane di Antonio Blado Asolano ed eredi (1516-1593)*, a cura di G. Fumagalli, G. Belli e E. Vaccaro, Roma, La Libreria dello Stato, 4 vol., 1942-1961.

Ganda = Arnaldo Ganda, «Fortunato Zarotto: stampatore di poco conto e... ladro? (Milano 1471-1476)», in *Libri, tipografi, biblioteche. Ricerche storiche dedicate a Luigi Balsamo*, a cura dell'Istituto di Biblioteconomia e paleografia, Università degli Studi, Parma, Firenze, Olschki, 1997, p. 55-66.

Gasperoni = Lucia Gasperoni, *Gli annali di Giorgio Rusconi (1500-1522)*, Manziana, Vecchiarelli, 2009.

Gatti Ravedati = Teofilo Folengo, *L'umanità del figliuolo di Dio*, a cura di S. Gatti Ravedati, Alessandria, Edizioni dell'Orso, 2000.

Ginanni = Pietro Paolo Ginanni, *Memorie storico-critiche degli scrittori ravennati del reverendissimo padre d. Pietro Paolo Ginanni*, 2 vol., Faenza, Gioseffantonio Archi, 1769.

Ginori Conti = *Bibliografia delle opere del Savonarola*, a cura di P. Ginori Conti, v. 1: *Cronologia e bibliografia delle Prediche*, con contributi storici e filologici di R. Ridolfi, Firenze, Fondazione Ginori Conti, 1939.

Giovannozzi = Lucia Giovannozzi, *Contributo alla bibliografia delle opere del Savonarola: edizioni dei secc. XV e XVI. Catalogo della mostra savonaroliana ordinata nel Museo di S. Marco in Firenze*, prefazione di R. Ridolfi, Firenze, Tipografia Giuntina, 1953.

Göllner = Carl Göllner, *Turcica. Die europäischen Türkendrucke des 16. Jahrhunderts*, Bucureşti, Editura Academiei-Berlin, Akademie Verlag, 3 vol., 1961-1968.

Griffante = Caterina Griffante, *Le edizioni veneziane del Seicento. Censimento*, con la collaborazione di A. Giachery e S. Minuzzi, introduzione di M. Infelise, [Venezia], Regione del Veneto-Milano, Editrice Bibliografica, 2 vol., 2003-2006.

Haym = Nicola Francesco Haym, *Biblioteca italiana, o sia notizia de' libri rari nella lingua italiana, divisa in quattro parti principali; cioé istoria, poesia, prose, arti, scienze [...] annessovi tutto il libro dell'Eloquenza italiana di Monsig. Giusto Fontanini*, Venezia, Angelo Geremia a spese di Francesco Ricciardo, 1736.

Hellinga = *Incunabula: the Printing Revolution in Europe 1455-1500*, dir. da Lotte Hellinga, Woodbridge (CT)-Washington (D.C.)-Reading (GB), Research Publications International, 2011.

Hubert = Friedrich Hubert, *Vergerios publizistische Thätigkeit, nebst einer bibliographischen Übersicht,*

Gottingen, Vandenhoeck & Ruprecht, 1893.

IA = *Index Aureliensis. Catalogus librorum sedecimo saeculo impressorum*, Genève, Fondation Index Aureliensis-Baden-Baden, V. Koerner, 1962-2014.

IGI = *Indice Generale degli Incunaboli delle Biblioteche d'Italia*, a cura del Centro nazionale d'informazioni bibliografiche, Roma, Libreria dello Stato, 6 vol., 1943-1981.

Jacobson Schutte = Anne Jacobson Schutte, *Printed Italian Vernacular Religious Books 1465-1500: a Finding List*, Genève, Librairie Droz, 1983.

Lipari = Giuseppe Lipari, *Annali dei tipografi messinesi del Seicento*, Messina, Sicania, 1990.

Lumini = Biblioteca Nazionale Centrale di Firenze, *La Bibbia. Edizioni del XVI secolo*, a cura di A. Lumini, Firenze, Olschki, 2000.

Maira Niri = Maria Maira Niri, *La tipografia a Genova e in Liguria nel XVII secolo*, Firenze, Olschki, 1998.

Manzi 1968 = Pietro Manzi, *Annali della Stamperia Stigliola a Porta Regale in Napoli (1593-1606)*, Firenze Olschki, 1968.

Manzi 1974 = Pietro Manzi, *La tipografia napoletana nel '500. Annali di Orazio Salviani (1566-1594)*, Firenze, Olschki, 1974.

Marini = Pietro Aretino, *Opere religiose*, t. II, *Vita di Maria vergine, Vita di santa Caterina, Vita di san Tommaso*, a cura di P. Marini, Roma, Salerno, «Edizione Nazionale delle Opere di Pietro Aretino», vol. VII, 2011.

Matteucci = Luigi Matteucci, «Descrizione ragionata delle stampe popolari della Governativa di Lucca», *Il libro e la stampa, Bullettino ufficiale della Società bibliografica italiana*, V, 1911, p. 46-80 e p. 128-146.

Mazzuchelli = Giovanni M. Mazzuchelli, *Gli scrittori d'Italia, cioè notizie storiche e critiche intorno alle vite, e agli scritti dei letterati italiani*, Brescia, Giambatista Bossini, 2 vol., 1753-1763.

McNeil = Mary Germaine McNeil, *Simone Fidati and his* De gestis Domini Salvatoris. *A dissertation*, Washington, The Catholic University of America Press, 1950.

Melzi = Gaetano Melzi, *Dizionario di opere anonime e pseudonime di scrittori italiani o come che sia aventi relazione all'Italia*, Milano, Luigi di Giacomo Pirola, 3 vol., 1848-1859.

Menato-Sandal-Zappella = *Dizionario dei tipografi e degli editori italiani. Il Cinquecento*, diretto da M. Menato, E. Sandal e G. Zappella, Milano, Editrice

Bibliografica, 1997.

Michel = Suzanne P. Michel, *Répertoire des ouvrages imprimés en langue italienne au XVII⁰ siècle*, Firenze, Olschki, 1979.

Michel-Michel = Suzanne P. Michel, Paul Henri Michel, *Répertoire des ouvrages imprimés en langue italienne au XVII⁰ siècle conservés dans les bibliothèques de France*, Paris, C.N.R.S., 8 vol., 1972-1984.

Minieri Riccio = Camillo Minieri Riccio, *Memorie storiche degli scrittori nati nel regno di Napoli*, Napoli, Tipografia dell'Aquila di V. Puzziello, 1844.

Mira = Giuseppe Maria Mira, *Bibliografia siciliana ovvero Gran dizionario bibliografico delle opere edite e inedite, antiche e moderne di autori siciliani o di argomento siciliano stampate in Sicilia e fuori. Opera indispensabile ai cultori delle patrie cose non che ai librai ed agli amatori di libri*, Palermo, G.B. Gaudiano, 2 vol., 1873-1881.

Mongitore = Antonino Mongitore, *Bibliotheca sicula sive de scriptoribus siculis qui tum vetera, tum recentiora saecula illustrarunt. Notitiae locupletissimae [...] Accessit apparatus priliminaris operi privius, complectens Sicani historii prospectum, disquisitiones de nomine Sicilii, siculorum ingenio & literis & de computo Olympiadum*, Palermo, Didaco Bua, 2 vol., 1708-1714.

Moranti = Maria Moranti, *Le seicentine della Biblioteca Universitaria di Urbino (1660-1699)*, Baden-Baden, V. Koerner, 1997.

Narbone = Alessio Narbone, *Bibliografia sicola sistematica o apparato metodico alla storia letteraria della Sicilia*, Palermo, Stamperia di Pedone, 4 vol., 1850-1855.

Newbigin 1996 = Nerida Newbigin, *Feste d'Oltrarno. Plays in Churches in Fifteenth-Century Florence*, Firenze, Olschki, 1996.

Newbigin 2016 = Nerida Newbigin, «Antonia Pulci and the First Anthology of *Sacre Rappresentazioni* (1483?)», *La Bibliofilía*, CXVIII/3, 2016, p. 337-362.

NUC = *The National Union Catalog, pre-1956 Imprints. A Cumulative Author List Representing Library of Congress Printed Cards and Titles Reported by Other American Libraries*, Compiled and edited with the co-operation of the Library of Congress and the National Union Catalog Subcommittee of the Resources Committee of the Resources and Technical Services Division, American Library Association, London, Mansell, 1968-1981.

Olschki = G. Cesare Olschki, «Un codice savonaroliano sconosciuto», *La Bibliofilía*, XXIII, 1921, p. 153-165.

Pagnotta = Linda Pagnotta, *Le edizioni italiane della*

Legenda aurea *(1475-1630)*, Firenze, Apax Libri, 2005.

Palau y Dulcet = Antonio Palau y Dulcet, *Manual del librero hispanoamericano*, Barcelona, Palau, 7 vol., 1954-1955.

Pantani = *Biblioteca del libro italiano antico. La biblioteca volgare. Vol. I: Libri di poesia*, a cura di Italo Pantani, Milano, Editrice Bibliografica, 1996.

Pellechet = Marie Léontine Catherine Pellechet, *Catalogue général des incunables des bibliothèques publiques de France*, Nendeln, Kraus, 1970.

Perini = Leandro Perini, *La vita e i tempi di Pietro Perna*, Roma, Edizioni di Storia e letteratura, 2002.

Periti 2003A = Simona Periti, *Contributo alla bibliografia fiorentina 1501-1530*, Udine, TD, 2003.

Periti 2003B = Simona Periti, «L'edizione Miscominiana della Compagnia del Mantellaccio», *Medioevo e Rinascimento*, XIV, 2003, p. 281-306.

Periti 2009 = Simona Periti, *Incunaboli Moreniani. Catalogo delle edizioni del XV secolo*, Firenze, Olschki, 2009.

Periti 2012 = Simona Periti, *Catalogo delle edizioni del XVI secolo della Biblioteca Moreniana. Vol. I: 1501-1550*, Firenze, Olschki, 2012.

Peter-Gilmont = Rodolphe Peter, Jean François Gilmont, *Bibliotheca Calviniana. Les œuvres de Jean Calvin publiées au XVIᵉ siècle*, Genève, Librairie Droz, 3 vol., 1991-2000.

Piantanida-Diotallevi-Livraghi = *Autori italiani del Seicento*, a cura di S. Piantanida, L. Diotallevi e G. Livraghi, Milano, [s.n.], 1949.

Pierce = Robert A. Pierce, *Vergerio. The Propagandist*, Roma, Edizioni di Storia e Letteratura, 2003.

Pietrobon = Ester Pietrobon, *La penna interprete della cetra. I "Salmi" in volgare e la poesia spirituale italiana nel Rinascimento*, Roma, Edizioni di Storia e Letteratura, 2019.

Pollard-Proctor = Alfred William Pollard, Robert Proctor, *Three Hundred Notable Books Added to the Library of the British Museum Under the Keepership of Richard Garnett 1890-1899*, Edinburgh, T. and A. Constable, 1899.

Ponte = Giovanni Ponte, *Attorno al Savonarola. Castellano Castellani e la sacra rappresentazione in Firenze tra '400 e '500*, Genova, [s.n.], 1969.

Prosperi = Adriano Prosperi, «Celio Secondo Curione e gli autori italiani: da Pico al "Beneficio di Cristo"», in *Giovanni e Gianfrancesco Pico. L'opera e la fortuna di due studenti ferraresi*, Firenze, Olschki, 1998, p. 163-185.

Quadrio = Francesco Saverio Quadrio, *Storia e ragione d'ogni poesia*, Venezia, Domenico Tabacco, 1739.

Ricca = Paolo Ricca, *La fede cristiana evangelica. Un commento al Catechismo di Heidelberg*, Torino, Claudiana, 2011.

Ridolfi 1939 = *Bibliografia delle opere di Savonarola*, a cura del principe P. Ginori Conti, *Cronologia e bibliografia delle prediche*, con commenti storici e filologici di R. Ridolfi, Firenze, Fondazione Ginori Conti, 1939.

Ridolfi 1954A = Roberto Ridolfi, «Nuovi contributi alla storia della stampa nel secolo XV, I: Lo "Stampatore del Mesue" e l'introduzione della stampa in Firenze», *La Bibliofilía*, LVI, 1954, p. 1-20.

Ridolfi 1954B = Roberto Ridolfi, «Nuovi contributi alla storia della stampa nel secolo XV, II: Lo 'stampatore del Virgilius C 6061' e l'edizione principe di Omero», *La Bibliofilía*, LVI, 1954, p. 85-101.

Ridolfi 1958 = Roberto Ridolfi, *La stampa in Firenze nel secolo XV*, Firenze, Olschki, 1958.

Ridolfi 1969 = Roberto Ridolfi, «Briciole bibliografiche», in *Contributi alla storia del libro italiano. Miscellanea in onore di Lamberto Donati*, Firenze, Olschki, 1969, p. 275-286.

Rhodes 1961 = Dennis E. Rhodes, «Fra Giovanni da Firenze e i suoi tipografi veneziani», *La Bibliofilía*, LXIII, 1961, p. 213-220.

Rhodes 1963 = Dennis E. Rhodes, *La stampa a Viterbo 1488-1800. Catalogo descrittivo*, tr. it. J. Galigani, Firenze, Olschki, 1963.

Rhodes 1995 = Dennis E. Rhodes, *Silent Printers. Anonymous Printing at Venice in the Sixteenth Century*, London, The British Library, 1995.

Rhodes 1995-1996 = Dennis E. Rhodes, «La battaglia di Lepanto e la stampa popolare a Venezia. Studio bibliografico», *Miscellanea Marciana*, X-XI, 1995-1996, p. 9-63.

Rhodes 2011 = Dennis E. Rhodes, *Catalogo del fondo librario antico della Fondazione Giorgio Cini*, Firenze, Olschki, 2011.

Ruffini = Graziano Ruffini, *Sotto il segno del Pavone. Annali di Giuseppe Pavoni e dei suoi eredi, 1598-1642*, Milano, F. Angeli, 1994.

Sandal 1977-1981 = Ennio Sandal, *Editori e tipografi a Milano nel Cinquecento*, Baden-Baden, V. Koerner, 3 vol., 1977-1981.

Sandal 1988 = Ennio Sandal, *L'arte della stampa a Milano nell'età di Carlo V. Notizie storiche e annali tipografici (1526-1556)*, Baden-Baden, V. Koerner, 1988.

Sandal 1999 = Ennio Sandal, *La stampa a Brescia nel Cinquecento. Notizie storiche e annali tipografici (1501-1553)*, Baden-Baden, V. Koerner, 1999.

Sander = Max Sander, *Le livre à figures italien depuis 1467 jusqu'à 1530*, Milano, Ulrico Hoepli, 1942.

Santoro = *Stampe popolari della Biblioteca Trivulziana*, catalogo a cura di C. Santoro, Milano, Castello Sforzesco, 1964.

Sbaraglia = Giovanni Giacinto Sbaraglia, Luke Wadding, *Supplementum et castigatio ad scriptores trium Ordinum S. Francisci a Waddingo aliisve descriptos cum adnotationibus ad syllabum martyrum eorumdem ordinum*, rist anast. Bologna, A. Forni, 1978.

Scapecchi 1998 = *Catalogo delle edizioni di Girolamo Savonarola (secoli XV-XVI) possedute dalla Biblioteca Nazionale Centrale di Firenze*, a cura di P. Scapecchi, premessa di A. I. Fontana, Firenze, SISMEL-Edizioni del Galluzzo, 1998.

Scapecchi 2017 = *Catalogo degli incunaboli della Biblioteca Nazionale Centrale di Firenze*, a cura di P. Scapecchi, presentazione di L. Bellingeri, Firenze, Nerbini, Biblioteca Nazionale Centrale di Firenze, 2017.

Segarizzi = *Bibliografia delle stampe popolari italiane della r. Biblioteca nazionale di S. Marco di Venezia*, a cura di A. Segarizzi, indici a cura di M. Vianello, Bergamo, Istituto italiano d'arti grafiche, 1913.

Seidel Menchi = Silvana Seidel Menchi, «Le traduzioni italiane di Lutero nella prima metà del Cinquecento», *Rinascimento*, XVII, 1977, p. 31-108.

Serra Zanetti = Alberto Serra Zanetti, *L'arte della stampa in Bologna nel primo ventennio del Cinquecento*, con prefazione di L. Donati, Bologna, a spese del Comune, 1959.

Servello = Rosaria Maria Servello, «In margine a *Due parole su Paolo Danza*», *Il Corsivo: libro antico e censimento delle edizioni italiane del XVI secolo*, nuova serie, n. 2, 1994, p. 35-38.

Servolini = *Supplemento agli annali della tipografia veneziana di Francesco Marcolini compilati da Scipione Casali*, a cura di L. Servolini, Bologna, Gerace, 1958.

Severi = Luigi Severi, *Sitibondo nel stampar de' libri. Niccolò Zoppino tra libro volgare, letteratura cortigiana e questione della lingua*, Roma, Vecchiarelli, 2009.

Sommervogel = Carlos Sommervogel, *Dictionnaire des ouvrages anonymes et pseudonymes publiés par des religieux de la Compagnie de Jésus depuis sa fondation jusqu'à nos jours*, rist. an. Amsterdam, B.M. Israël, 1966 (1884).

Sorbelli = Albano Sorbelli, *Storia della stampa in Bologna*, Bologna, Zanichelli, 1929.

Spini = Giorgio Spini, «Bibliografia delle opere di Antonio Brucioli», *La Bibliofilia*, XLII, 1940, p. 129-181.

STCBL = *Short-title Catalogue of Books Printed in Italy and of Italian Books Printed in Other Countries from 1465 to 1600 now in the British Library*, London, The British Museum, 1958.

Testaverde-Evangelista = *Sacre rappresentazioni manoscritte e a stampa conservate nella Biblioteca Nazionale Centrale di Firenze*, inventario a cura di A. M. Testaverde e A. M. Evangelista, Firenze, Giunta Regionale Toscana-Milano, Editrice Bibliografica, 1988.

Toda y Guell = Eduard Toda y Guell, *Bibliografia española de Cerdeña*, rist. an. Milano, Studio editoriale Insubria, 1979 (1890).

Tomita-Tomita = *A Bibliographical Catalogue of Italian Books Printed in England 1603-1642*, a cura di S. Tomita e M. Tomita, Farnham, Ashgate, 2014.

Tura 1999 = Adolfo Tura, «Osservazioni su alcune 'rare' stampe fiorentine», *La Bibliofilia*, CI, 1999, p. 1-15.

Tura 2001 = *Edizioni fiorentine del Quattrocento e primo Cinquecento in Trivulziana*, Biblioteca Trivulziana, 25 gennaio-10 marzo 2002, mostra curata da A. Tura, Milano: Comune di Milano, Biblioteca Trivulziana-Quinto de' Stampi di Rozzano, Tipografia Campi, 2001.

Vicini = Emilio Paolo Vicini, «La stampa nella provincia di Modena», in *Tesori delle biblioteche d'Italia. Emilia e Romagna*, a cura di D. Fava, Milano, Ulrico Hoepli, 1932.

Wagner-Carrera = *Catalogo dei libri a stampa in lingua italiana della Biblioteca Colombina di Siviglia*, a cura di K. Wagner e M. Carrera, Modena, Panini, 1991.

Zampieri = Adriana Zampieri, «Il Notturno Napolitano», *La Bibliofilia*, LXXVII, 1976, p. 107-187.

Zarri = *Donna, disciplina, creanza cristiana dal XV al XVII secolo. Studi e testi a stampa*, a cura di G. Zarri, Roma, Edizioni di Storia e Letteratura, 1996.

Repertorio
Ca 1462-1650

Ca 1462/63

[1]
Anonima
Passio Christi [italiano].
[Nord Italia, Ulrich Han?, ca 1462-1463].
17 c.: ill.; 8°
ISTC ip00147000, Princeton (Permanent Link: <http://arks.princeton.edu/ark:/88435/9880vr06v>)
Frammento di 12 c. su 17, conservate da c. 6, con illustrazioni a tutta pagina. ISTC indica anche: "[Southern Germany?, n.pr., about 1462]" e "[Parma, Damianus de Moyllis, about 1470?]". Cfr. Barbieri 2016, p. 351-353. V. ed.

1470

[2]
Epistole e Vangeli/(tr.) Anonima
Inchominciano lepistole et lectioni euangeli iquali si leggono in tutto lanno nelle messi cioe domenichali feriali e festiui. Sechondo luso della sancta chiesa di roma.
[Napoli, Tipografo del Terentius (Pr 6748), ca 1470].
180 c.; 4°
[a⁴, b-i¹⁰, k⁶, l-t¹⁰]
IGI 3690, ISTC ie00091200
Titolo da c. [b1r]. V. ed.

1471

[3]
Anonima
Questa e una opera la quale se chiama Luctus christianorum ex passione Christi. Zoe Pianto de christiani per la passion de Christo in forma de meditatione.
[Venezia], (Nicolas Jenson, 4.IV.1471).

66 c.; 4°
[a⁸ b¹⁰ c-d⁸ e-f¹⁰ g¹²]
IGI 5869, ISTC il00335500
Titolo da c. [a2r] (c. [a1r-v] bianca). V. ed.

[4]
Anonima/[Pseudo-Dante]
Incomincia gli setti psalmi penitentiali uulgarmente composti.
[Firenze, Johann Petri?], (1471).
14 c.; 4°
GW M35917, ISTC ip01032780
Titolo dalla trascrizione diplomatica della scheda GW. Titolo uniforme: *I sette salmi penitenziali.* Incipit (da GW): *Signore non mi reprehendere con furore | Ne con tuoa ira de non mi corregere.* Il testo corrisponde in parte con quello attribuito a Dante, cfr. Ridolfi 1954A, p. 18-20.

[5]
Bibbia/(tr.) Anonima
[*Biblia in lingua vulgare tradutta*].
[Venezia, Adam von Ammergau], (1.X.1471).
2 pt; fol.
1:
316 c.
[a-i¹⁰ k⁸ l⁶ m-p¹⁰ q-r⁸ s-z¹⁰ A-H¹⁰ I-K⁸]
2:
333 c.
[a¹¹ b-i¹⁰ k-m⁸ n-v¹⁰ x¹² y¹⁰ z-A⁸ B-C¹⁰ D⁸ E-G¹⁰ H⁸ I-K¹⁰ L⁸ M⁶]
IGI 1698, ISTC ib00639000, Barbieri 2
Titolo dall'inizio del Genesi in pt 1 a c. [a9v]: *Biblia in lingua vulgare tradutta: lo primo libro secondo la lingua greca e chiamato Genesis: cioe in latino Generation: in loqual si manifesta lorigine dil mondo* (cfr. Barbieri tav. B1). Incipit a c. [a1v]: *Tabula de i libri de tuto il testamento uechio.* Contiene apocrifi: *Esdra* II (III). Colophon alla fine della seconda parte. V. ed.

[6]

BIBBIA/(tr.) MALERBI, NICOLÒ
[*Biblia uulgarizzata*].
(Venezia, Wendelin von Speyer, I.VIII.1471).
2 pt; fol. (gli esemplari sono in uno e in due volumi)
1:
325 c. (c. [a1r] bianca)
[a¹² b-i¹⁰ k¹² l¹⁰ m-n⁸ o-s¹⁰ t⁸ v-z A¹⁰ B¹¹ C-G¹⁰ H⁹ I¹⁰ K⁷]
2:
316 c.
[a² b-p¹⁰ q⁹ r-s¹⁰ t-v⁸ x-z¹⁰ A-D¹² E⁹ F-G⁸ H¹⁰ I-K⁸]
IGI 1697, ISTC ibo0640000, Barbieri 1
Titolo dalla dedica in pt 1 a c. [a1v]: *Epistola de don Nicolo di Malherbi ueneto al reuerendissimo professore dela sacra theologia maestro Laurentio del ordine de sancto Francesco: nella Biblia uulgarizzata.* Colophon alla fine della seconda parte. Contiene apocrifi: *Preghiera di Manasse; Esdra II (III).* V. ed.

[7]

CORNAZZANO, ANTONIO
De la sanctissima vita di Nostra Donna a la illustrissima. m. Hippolyta vesconte duchessa di Calabria.
[Venezia], (Nicolas Jenson, 1471).
42 c.; 4°
[a¹⁰ b-e⁸]
IGI 3200, ISTC ico0913100
Titolo da c. [a2r], preceduto da: *Antonio Cornazano*; segue la tavola. Titolo uniforme: *Vita della Vergine Maria.* A c. [a3]r: *Comincia la vita della gloriosissima Vergine Maria. Prohemio.* A c. [a5r]: *Capitulo primo come e di cui naque la nostra donna e come fu trouata la natiuita sua.* V. ed.

1472

[8]

ANONIMA/[PSEUDO-DANTE]
Incomencia gli setti psalmi penitentiali uulgarmente composti.
[Venezia, Tipografo del Brunus Aretinus (H 1565), ca 1472].
14 c.; 4°
IGI 8178, ISTC ipo1032800
Titolo da c. [1r]. Titolo uniforme: *I sette salmi penitenziali.* Incipit a c. [1r]: *[S]ignore non mi reprendere con furore. | Ne con tuoa ira de non mi corregere.* Il testo corrisponde in parte con quello attribuito a Dante, cfr. Ridolfi 1954A, p. 18. GW indica come luogo di stampa Milano. V. ed.

[9]

ANTONINO (SANTO)

Incomenza vno confessionale vulgare del beato Antonino da fiorenza de lordene de frati predicatori arziuescouo fiorentino. El qual se intitula El Spechio de consientia: & e molto degno e utile a chi lo gusta. e desidera de saluarsse; De excomunicatione.
(Bologna, [Baldassare Azzoguidi], 1472).
134 c.; 8°
[a¹² b-k¹⁰ l¹² m-n¹⁰]
IGI 659, ISTC ia00842500
Titolo da c. [1r], preceduto da: *Iesus Maria Dominicus.* Titolo uniforme: *Confessionale: Omnis mortalium cura* [italiano]. Titolo del trattato sulla scomunica a c. [113r]. V. ed.

[10]

ANTONINO (SANTO)/GIORDANO DA PISA
Incipit confessionale in vulgari sermone editum per venerabilem P.D. Antoninum Archiepiscopum Florentiae ordinis praedicatorum; Sermone che fece un fra. Iordano in Pisa del corpo de Christo, uno Giovedi Santo.
[Italia, Tipografo dell'Antonino, *Confessionale*], 15.IV.1472.
90 c.; 4°
[a² b-h¹⁰ i⁸ k¹⁰]
IGI 661, ISTC ia00843500, SBN-IT\ICCU\VEAE\131412
Titolo da c. [3], cfr. SBN. Titolo uniforme: *Confessionale: Omnis mortalium cura* [italiano]. Titolo del secondo testo da c. [81], cfr. SBN. Secondo la Pierpont Morgan Library: "[Venice, Federicus de Comitibus, Veronensis]" (i.e. Federico dei Conti). Data a c. [2v], cfr. SBN.

[11]

ANTONINO (SANTO)/TOMMASO D'AQUINO (SANTO)
Incomenza uno Confessionale uulgar del reuerendissimo padre beato fratre Antonino arziuescouo di fiorenza de lordine di frati predicatori intitulato Spechio di conscientia: elquale e libro degno et utile a chi desidera de saluar lanima; De excomunicatione; Li dieci comandamenti de dio; Questa oratione compose sancto Thomaso de aquino laquale diceua quando andaua a celebrare; Oratione che se fa dopo la comunione; Credo uulgar facto in rima.
Bologna, [Baldassare Azzoguidi], 1472.
88 c.; 4°
[a-h¹⁰, i⁸] (c. [i7-i8] bianche)
IGI 660, ISTC ia00843000
Titolo da c. [a1v] (c. [a1r] bianca), preceduto da: *Iesus Maria Dominicus.* Titolo uniforme: *Confessionale: Omnis mortalium cura* [italiano]. Titoli del trattato sulla scomunica da c. [h2r], dei dieci comandamenti da c. [i4r] (incipit: *Chi uita eterna uole aquistare*), delle orazioni da c. [i4v], del Credo da c. [i5r]. V. ed.

[12]

ANTONINO (SANTO)/TOMMASO D'AQUINO (SANTO)

[I]ncomenza uno tractato uulgare o sia confessionale composito per lo reuerendissimo padre beato frate Antonio de lordine de frati predicatori arziueschouo de fiorenza. elquale se intitula medicina de lanima.

(Bologna, [Baldassare Azzoguidi], 1472).

96 c.; 4°

[a-d⁸ e⁶ f-i⁸ k¹⁰ l-m⁸]

IGI 611, GW 2075, ISTC ia00782000

Titolo dalla trascrizione diplomatica della scheda GW (c. [a2r]), preceduto da: *Iesus: Maria: Dominicus. Proemio.* Titolo uniforme: *Confessionale: Curam illius habe* [italiano]. Sono inclusi il trattato sulla scomunica, l'orazione composta da Tommaso d'Aquino, l'orazione dopo la comunione, i dieci comandamenti e il Credo, cfr. GW.

[13]

ANTONINO (SANTO)/TOMMASO D'AQUINO (SANTO)

Omnis mortalium cura; De excomunicatione mazore; Questa oratione compose sancto Thomaso de aquino: la quale se debe dire inanzi che se uada la persona a comunicare; Oratione che se fa dopo la comunione; Li dieci comandamenti de dio; Credo uulgare facto in rima.

[Bologna, Baldassare Azzoguidi, ca 1472-1473].

90 c.; 4°

[a¹⁰, b-k⁸, l⁶] (c. [l6] bianca)

IGI 662, ISTC ia00844000

Titolo da c. [a1r]. Titolo uniforme: *Confessionale: Omnis mortalium cura* [italiano]. Titoli del trattato sulla scomunica da c. [i7v], delle orazioni da c. [l2v] e [l3r], dei dieci comandamenti da c. [l3r] (incipit: *Chi uita eterna uole acquistare*), del Credo da c. [l3v]. V. ed.

[14]

CORNAZZANO, ANTONIO

[*De fide: et vita Christi*] [italiano]; *Eiusdem auctoris pro eiusdem urbis laudibus minerua heroico carmine* [latino].

[Venezia, Tipografo del Cornazzano], (1472).

72 c.; 4°

[a-i⁸] (c. 1 e 6 bianche)

IGI 3198, ISTC ic00912000

Titolo da c. [a8r]: *Ad serenissimum venetorum dominium eiusque ciuitatis principem clariss. De fide: et vita Christi Antonii Cornazani placentini vatis liber incipit.* Titolo uniforme: *La vita di Cristo.* Titolo del secondo testo da c. [i3r]. V. ed.

[15]

CORNAZZANO, ANTONIO

De la. sanctissima. vita. di. Nostra. Donna. a la illusrissima. [!] m. Hippolyta. vesconte. duchessa. di. Calabria.

[Venezia, Florenz von Strassburg], (1472).

42 c.; 4°

[a¹⁰ b-e⁸] (c. [a1] e [e8] bianche)

IGI 3202, ISTC ic00913200

Titolo da c. [a2r], preceduto da: *Antonio. Cornazano;* segue la tavola. Titolo uniforme: *Vita della Vergine Maria.* Incipit a c. [a3r]: *Comincia. la. vita. de. la. gloriosissima. Vergine. Maria. Prohemio.* A c. [a5r]: *Capitulo primo come e di cui nacque la nostra donna e come fu trouata la natiuita sua.* V. ed.

[16]

CORNAZZANO, ANTONIO

[*Vita della Vergine Maria*].

[Milano, Antonio Zarotto con il materiale di Pamfilo Castaldi, ca 1472].

40 c.; 4°

[a-e⁸] (ultime due c. bianche)

IGI 3201, ISTC ic00913300

Il titolo è quello uniforme. Incipit a c. [a2r] (c. [a1r-v] bianca): *Capitulo primo come. e. de cui naque la Nostra Donna.* Cfr. Ganda, p. 55-66. V. ed.

[17]

EPISTOLE E VANGELI/(tr.) ANONIMA

Incominiciano lepistole & lectione & euangelii: iquali si leghono in tuto lanno alla messa: cio e dominicali festiui & feriali: secondo luso de la sancta chiesa romana.

(Venezia, Cristoforo Arnoldo, 1472).

168 ([10], 156) c.; fol.

[ab¹⁰ c-g⁸ hi¹⁰ k-q⁸ r¹⁰ s-t⁶ v⁸ x²]

IGI 3691, ISTC ie00091500

Titolo da c. [b1r] (c. [1r-10r]: tavola, c. [10v] bianca), preceduto da: *Al nome sia del nostro signore: & saluatore iesu christo: & di tuti i sancti.* V. ed.

[18]

PSEUDO-DANTE

Comencia. li. sete. salmi. penetenciali che fece Dante in la sua morte.

[Venezia, Florenz von Strassburg, ca 1472-1473].

10 c.; 4°

[a¹⁰]

GW M35916, ISTC ip01032950

Il titolo attribuisce l'opera a Dante, ma il testo è diverso da quello di solito stampato sotto il suo nome. Titolo da c. [a1r]. Titolo uniforme: *I sette salmi penitenziali.* Incipit a c. a1r: *signor non mi uoler nel tuo furore | ne in lira tua riprendermi o punire.* ISTC indica anche: "[Adam de Ambergau]". V. ed.

1473

[19]

ANONIMA
*Questo libro e chiamato Fiore nouello molto deuoto da le-
zere con certe predicatione e tuto el testamento uechio con-
menzando da la creatione del mondo in fina alla natiuita
de christo.*
[Venezia?], (20.VIII.1473).
98 c.; fol.
GW 9899, ISTC if00171250
Titolo da c. [7r], dopo la tavola. Titolo uniforme: *Fiore
novello estratto dalla Bibbia.* V. ed.

[20]

ANONIMA
*Questo libro e chiamato Fiore nouello molto deuoto da lezere
cum certe predicatione e tuto il Testamento Vechio conmen-
zando da la creatione del mundo in fina alla natiuita de
Christo.*
(Venezia, Alvise da Sale, 1.V.1473).
80 c.; fol.
[a-b¹⁰ c-d⁶ e-f⁸ g-k⁴ j⁶ l-m⁶]
IGI 3917, ISTC if00171200
Titolo uniforme: *Fiore novello estratto dalla Bibbia.* V. ed.

[21]

ANTONINO (SANTO)/[ANTONINO (SANTO)]
*Incipit Confessionale in uulgari sermone editum per uene-
rabilem. p.d. Antoninum archiepiscopum Florentiae ordinis
praedicatorum; Incomincia el libreto dela doctrina christiana: laquale e utile & molto necessaria che i puti pizoli &
zouenzelli limpara per sapere amare seruire & honorare idio
benedecto. & schiuare le temptationi & peccati.*
(Venezia, Cristoforo Arnoldo, 1473).
118 c.; 4°
[a⁴ b-g¹⁰ h⁸ i-k¹⁰ l⁶ m-n¹⁰] (c. [16r-v] e o3v-4v bianche)
IGI 663, ISTC ia00845000
Titolo da c. [1r], preceduto da: *In nome del nostro signore messere Iesu Christo & de la gloriosissima madre sua &
donna nostra sempre uergene Maria: & de tuta la corte ci-
lestiale.* Titolo uniforme: *Confessionale: Omnis mortalium
cura* [italiano]. Titolo del secondo testo da c. [95r]. Titolo
uniforme: *Libretto della dottrina cristiana.* Colophon a
c. [93v]. V. ed.

[22]

CORNAZZANO, ANTONIO
*De la sanctissima uita di nostra donna: alla illustrissima:
m. hippolita uesconte duchessa di Calabria prohemio comenza felicementi.*
(Matelica, Bartolomeo Colonna, 1473).

34 c.; 4°
[a¹⁰ b-d⁸]
IGI 3205, ISTC ic00913600
Titolo dalla trascrizione diplomatica della scheda GW
0755610, preceduto da: *Antonio Cornazano.* Titolo uniforme: *Vita della Vergine Maria.*

[23]

CORNAZZANO, ANTONIO
*Della sanctissima vita di Nostra Donna alla illustrissima
madonna Hippolyta Vesconte duchessa di Calabria.*
[Fivizzano, Jacopo da Fivizzano], (1473).
40 c.; 4°
[a-c⁸ d¹⁰ e⁶]
IGI 3204, ISTC ic00913500
Titolo da c. [a2r], preceduto da: *Antonio Cornazano;* segue la tavola. Titolo uniforme: *Vita della Vergine Maria.*
Incipit a c. [a3r]: *Comincia la vita della gloriosissima
Vergine Maria. Prohemio.* A c. [a5r]: *Capitulo primo come
e di cui naque la nostra donna e come fu trouata la natiuita
sua.* V. ed.

[24]

CORNAZZANO, ANTONIO
[*Vita della Vergine Maria*].
[Milano, Filippo da Lavagna, ca 1473].
38 c.; 4°
[a⁸ b¹⁰ c⁶ d¹⁰ e⁴]
IGI 3203, ISTC ic00913400
Il titolo è quello uniforme. Incipit a c. [a2r] (c. [a1r-v]
bianca): *Capitulo primo come. e. de cui naque la Nostra
Donna.* V. ed.

[25]

EPISTOLE E VANGELI/(tr.) ANONIMA
*Incominciano le epistole e lectioni et euangelii: liquali se le-
gono tutto lano nela messa cioe dominicali e feriali e festiui
secondo luso de la santa romana chiesia.*
(Bologna), [Hannibal Malpiglius], (14.XII.1473).
98 c.; fol.
a² b-d¹⁰ e-l⁸ m¹⁰
GW M34159, ISTC ie00091600
Titolo dalla trascrizione diplomatica della scheda GW,
preceduto da: [*A*] *laude sia e gloria del nostro signior Yhesu
Christo e della gloriosa sua matre madona santa Maria e del
glorioso dotore messere santo Geronimo.*

1474

[26]

ANONIMA

Questo. libro. e chiamato. Fiore nouello molto deuoto da lezere con crrte [!] *predicatione e tuto el testamento vechio comenzando dala creatione del mondo in fina alla natiuita de Christo.*
[Treviso, Hermann Liechtenstein], 8.II.1474.
82 c.; fol.
[a⁶ b¹⁰ c⁸ d⁶ e-i⁸ k¹²]
IGI 3918, ISTC if00171300
Titolo uniforme: *Fiore novello estratto dalla Bibbia.* Secondo GW 9900: "[Venezia, Bartolomeo da Cremona und Bartolomeo de Carlo]". Data a c. [a6r]. V. ed.

[27]
ANONIMA
[*La uita del nostro signore miser yesu christo e de la sua gloriosa madre uergene madona sancta maria*].
(Bologna, Baldassarre Azzoguidi, 10.XII.1474).
72 c.; fol.
[a⁴ b-l⁶ m⁸]
IGI 4281, ISTC iv00304050
Titolo dalla tavola a c. [a2r] (c. [a1r-v] bianca): *Tauola de quelle cose che se conteneno in la uita* [...]. Titolo uniforme: *Vita di Gesù Cristo e della Vergine Maria.* V. ed.

[28]
EPISTOLE E VANGELI/(tr.) ANONIMA
Incominciano le pistole & lectione & euangelii: i quali si leghono in tuto lanno alla messa: cioe dominicali festiui & feriali secondo luso de la sancta chiesa romana.
(M.B.F. e B.D.P., 20.VII.1474).
156 c.; fol.
IGI 3692, ISTC ie00091700
Titolo dalla trascrizione diplomatica della scheda GW M34155, preceduto da: *Al nome sia del Nostro Signore & Saluatore iesu christo: & di tuti i sancti.*

1475

[29]
ANONIMA
[*Confessione di Santa Maria Maddalena*].
[Padova, Albrecht von Stendal, ca 1475].
4 c.; 4°
[a⁴]
GW 7376, ISTC im00020900
Titolo da ISTC. Incipit a c. [a1r] (da GW): *Al nome sia de christo cum deuotione | E de la uerzene maria che nostra aduocata | Contare ui uoglio la sancta confessione | Che sancta maria madalena hebe ordinata.* Explicit a c. [a4r] (da GW): *A questa bona persona facia gratia e remisione | Amen.*

[30]
ANONIMA
[*Confessione di Santa Maria Maddalena*].
[Venezia, Nel Beretin Convento, ca 1475].
[4] c.; 8°
a⁴
GW 0737605N, SBN-IT\ICCU\CNCE\000586
Titolo da SBN. Incipit a c. a1r (nell'esemplare visto, strappata nell'angolo alto): *Al nome sia de cristo con deuotione | E de la uerzene maria che nostra aduoca[ta] | Contare ui uoglio la sancta confessione | Che sancta maria madalena hebe ordinata.* Explicit a c. [a4v]: *A questa bona persona facia gratia e remissione Amen.* Cfr. Segarizzi, n. 328. V. ed.

[31]
ANTONINO (SANTO)/TOMMASO D'AQUINO (SANTO)
[*Confessionale: Curam illius habe*] [italiano]; *Trattato dell' excommunicazione; Orazione laquale diceva quando andava a celebrare; Orazione che se fa dopo la comunione; Li dieci comandamenti volgare fatti in rima; Credo volgare fatto in rima.*
Bologna, [Baldassare Azzoguidi], 1475.
96 c.; 4°
[a-d⁸ e⁶ f-i⁸ k¹⁰ l-m⁸]
IGI 612, ISTC ia00783000
Il titolo è quello uniforme. Altri titoli da ISTC. La prima orazione è attribuita a Tommaso d'Aquino.

[32]
ANTONINO (SANTO)/TOMMASO D'AQUINO (SANTO)
[*I*]*ncomenza uno confessionale uulgar del reuerendissimo padre beato fratre Antonino arziuescouo de fiorentia de lordine di frati predicatori intitulato Spechio de conscientia. el quale e libro degno et utile a chi desidera de saluare lanima; De excomunicatione; Li dieci comadamenti* [!] *de dio;* [*I*]*o credo in dio padre omnipotente creatore del cielo e de la terra; Questa oratione compose sancto thomaso de aquino laquale diceua quando andaua a celebrare; Oratione che se fa dopo la comunione; Deuotissima prosa ad Virginem mariam.*
[Firenze, ca 1475].
100 c.; 4°
[a-k]¹⁰
IGI 664, ISTC ia00846300
Titolo da c. [1r], preceduto da: *Iesus Maria Dominicus.* Titolo uniforme: *Confessionale: Omnis mortalium cura* [italiano]. Titoli del trattato sulla scomunica da c. [81r], dei dieci comandamenti da c. [94v] (incipit: [*C*]*hi uita eterna uole aquistare*), del Credo da c. [94v] (incipit), delle orazioni da c. [95r] e [95v]. A c. [95v]: preghiera latina (incipit: [*C*]*oncede mihi*); a c. [96r]: *Deuotissima prosa ad Virginem mariam*; a c. [96r-v]: versi latini (incipit: *O maria mater lucis*). ISTC indica anche: "[Milan: Beninus

and Johannes Antonius de Honate, about 1478]" (Benino e Giovanni Antonio da Onate). V. ed.

[33]

ANTONINO (SANTO)/TOMMASO D'AQUINO (SANTO)
Incomenza uno tractato uulgare o sia confessionale composito per lo reuerendissimo padre beato frate Antonio de lordine de frati predicatori arziueschouo de fiorenza. El quale se intitula Medicina de lanima; Lo tractato de excomunicatione; Questa oratione compose santo tomaso de aquino la quale diceua quando andaua a celebrare; Oratione che se fa dapo la comunione; Li dieci comandamenti de dio; Credo uulgar facto in rimo [!].
(Mantova, [Paul Butzbach], 21.II.1475).
72 c.; 4°
[a⁶ b-c⁸ d¹⁰ e⁸ f¹⁰ g⁸ h¹⁰ i⁴ +1]
IGI 613, ISTC ia00783500
Titolo da c. [a5r], preceduto da: *Iesus. Maria. Dominicus. Proemio.* Titolo uniforme: *Confessionale: Curam illius habe* [italiano]. Titoli del trattato sulla scomunica da c. [h5r], delle orazioni da c. [i3r], dei dieci comandamenti da c. [i3r] (incipit: *Chi uita eterna uole aquistare*), del Credo da c. [i3v]. Colophon a c. [h4v]. V. ed.

[34]

ANTONINO (SANTO)/TOMMASO D'AQUINO (SANTO)
Omnis mortalium cura; Excomunicatione menore; Questa oratione compose sancto Thomaso da aquino la quale se debe dire inanzi che se uada la persona a comunicare; Oratione che se fa dopo la comunione; Li dieci comandamenti de dio; Credo uulgare facto in rima.
[Mantova, Paul Butzbach, ca 1475].
64 c.; 4°
[a¹⁰ b-e⁸ f-g¹⁰ h⁴] (c. h4 bianca)
IGI 665, ISTC ia00846000
Titolo dall'incipit a c. [a3r]. Titolo uniforme: *Confessionale: Omnis mortalium cura* [italiano]. Titoli del trattato sulla scomunica da c. [56v], delle due orazioni (testi in latino) da c. [64v], dei dieci comandamenti da c. [65r] (incipit: *Chi uita eterna uole acquistare*), del Credo da c. [65v]. V. ed.

[35]

CARACCIOLO, ROBERTO
[*Le prediche di frate Roberto*].
[Milano, Tipografo del Servius, *Commentarius in Vergilium, 1475* (Domenico da Vespolate), ca 1475].
120 c.; 4°
[a² b⁶ c-h⁸ i-o⁶ p⁸ q⁶ r⁸]
IGI 2483, ISTC ic00153400
Titolo dalla tavola a c. [a1v]: *Tabula sopra l'opra sequente cio e sopra le prediche di Frate Roberto* (c. [a1r] bianca);

nell'esemplare visto, occhietto scritto a penna: *Le prediche di frate Roberto dell'Ordine Serafico*). Titolo uniforme: *Sermones quadragesimales* [italiano]. V. ed.

[36]

CARACCIOLO, ROBERTO
[*Le prediche di frate Roberto*].
[Venezia?, Tipografo del Dati, *Elegantiolae* (H 5969*), ca 1475].
106 c.; 4°
a² b⁶ c-h⁸ i⁶ k⁸ l⁶ m⁸ n⁶ o-p⁸
IGI 2482, ISTC ic00152000
Titolo dalla tavola a c. [a1v] (c. [a1r] bianca): *Tabula sopra lopra sequente: cio e sopra le prediche di Frate Roberto.* Titolo uniforme: *Sermones quadragesimales* [italiano]. GW 6086 e BEIC indicano come luogo di stampa: "[Verona]". V. ed.

[37]

CARACCIOLO, ROBERTO
[*El quadragesimale del venerabile magistro Roberto*].
[Mantova, Johann Schall, ca 1475].
118 c.; 4°
[2] a-m⁸ n⁶ o⁸ p⁶
IGI 2481, ISTC ic00152500
Titolo dalla trascrizione diplomatica dell'explicit a c. [p6v] in WorldCat: *Finisse el quadragesimale del venerabile magistro Roberto: facto a complacentia e deuotione de la sacra maiesta del re Ferando.* Titolo uniforme: *Sermones quadragesimales* [italiano].

[38]

CORNAZZANO, ANTONIO
Dela sanctissima uita dela nostra donna: ala illustrissima m. Hipolyta Vesconte duchessa de calabria.
[Italia del nord?, Tipografo del Cornazzano], (28. VIII.1475).
36 c.; 4°
[a¹⁰ b-c⁸ d¹⁰]
GW 7557, ISTC ic00913700
Titolo dalla trascrizione diplomatica della scheda GW, preceduto da: *Antonio Cornazano.* Titolo uniforme: *Vita della Vergine Maria.*

[39]

[JACOBUS DE VORAGINE]/(tr.) MALERBI, NICOLÒ
[*Legende de tutti li sancti & le sancte*].
[Venezia], (Nicolas Jenson), [tra il 1.VII.1475 e il 23.II.1476].
320 c.; fol.
[a-p¹⁰, q⁸, r¹², s⁸, t¹², u⁸, x¹⁰, y⁸, z¹², A⁸, B¹²,C⁸, D¹², E⁶, F¹⁰, G⁶, H¹⁰, I⁶, K¹⁴] (c. [a1r] e [K13v] bianche)
IGI 5037, ISTC ij00174000

Nome del traduttore nell'epistola al lettore a c. [a1v]: *Nicolao di Manerbi veneto monacho del ordine Camaldulense* [...]. Titolo dall'explicit a c. [K13r]: *A laude de Dio finisse le legende de tutti li sancti & le sancte dala romana sedia acceptati & honorati*. Titolo uniforme: *Legenda aurea sanctorum* [italiano]. In base ai dati ricavati dall'epistola e dal colophon l'edizione è riferita dai repertori al periodo compreso tra il 1 luglio 1475 e il 23 febbraio 1476 (anno di morte di Pietro Mocenigo). Cfr. Pagnotta, p. 87. V. ed.

[40]
Pseudo-Dante

Li sete salmi penitenciali che fece dante siando in pena.
[Venezia, Nel Beretin Convento della Ca Grande, ca 1475].
10 c.; 4°
[a¹⁰]
IGI 374-A, ISTC id00037800
Testo erroneamente attribuito a Dante. Titolo dalla trascrizione diplomatica della scheda GW 7983. Titolo uniforme: *I sette salmi penitenziali*. Incipit (da GW): *Signor non mi riprender cum furore.*

[41]
Schiattosi, Antonio

Breuiloquio di contemplatione sopra el pater nostro: secondo la relatione di magistro Antonio Schiattosi di Fiorenza di lordine de Frati predicatori.
[Venezia], [Filippo di Pietro], [ca 1475].
10 c.; 4°
a¹⁰
https://gallica.bnf.fr/ark:/12148/bpt6k1346891
V. ed.

1476

[42]
Anonima

Questo libro e chiamato fiore nouelo molto deuoto da lezere com certe predicatione e tuto il testamento uechio comenzando da la creazione del mondo per fina alla morte de christo cum passi 7 euangeli.
(Venezia, Filippo di Pietro, 1476).
50 c.; fol.
[2]a⁸ b-c⁶ d⁴ e⁶ h⁸ i⁶ k⁴
IGI 3919, ISTC if00171400
Titolo uniforme: *Fiore novello estratto dalla Bibbia*. V. ed.

[43]
Caracciolo, Roberto

[*El quadragesimale del uenerabile magistro Roberto*].
[Venezia, Tommaso de' Blavi], (30.IX.1476).
82 c.; fol.
a¹⁰ b-i⁸ l-n⁶
IGI 2484, ISTC ic00153000
Titolo dall'explicit a c. [n5r]: *Finisse el quadragesimale del uenerabile magistro Roberto facto a complacentia: e deuotione de la sacra maiesta del re Ferando*. Titolo uniforme: *Sermones quadragesimales* [italiano]. Colophon a c. [n5r]. V. ed.

[44]
Epistole e Vangeli/(tr.) Anonima

Incominciano lepistole & lectione & euangelii: iquali si leghono in tutto lanno alla messa secondo luso de la sancta chiesa romana.
(Venezia, Nicolas Jenson, 1476).
164 c.; fol.
[a-b¹⁰ c-u⁸]
IGI 3693, ISTC ie00092200
Titolo preceduto da: *Al nome sia del nostro signore Iesu Christo*. V. ed.

[45]
Epistole e Vangeli/(tr.) Anonima

Incominciano le pistole & lectione & euangelii. iquali si leghono in tuto lanno alla messa: cioe dominicale festiui & feriali secundo luso de la sancta chiesa romana.
[Venezia], 7.III.1476.
164 c.; fol.
[a]-t⁸
GW M34156, ISTC ie00092000
Titolo dalla trascrizione diplomatica della scheda GW, preceduto da: *Al nome sia del nostro Signore & Saluatore yesu christo. & di tuti i sansti* [!]. ISTC indica anche: "[Guerinus]".

[46]
Salmi/(tr.) Malerbi, Nicolò

[*El psalterio de Dauid in Vulgare*].
(Venezia, 10.X.1476).
74 c.; 4°
[8] a-g⁸ h¹⁰
IGI 8169, ISTC ih00188500, Barbieri 3
Titolo dall'explicit a c. [h10r]: *Finisse el psalterio* [...]. Prologo a c. [*1r]: *Prologo del beato Iheronimo nel psalterio*. Anche se si legge "Impresso a Venetia" nel colophon, ISTC riporta pure l'indicazione del CBM: "[Milan: Printer of 'Psalterio in volgare', 1476], 10 Oct. 1476". V. ed.

1477

[47]

ANONIMA

[*Confessione di Santa Maria Maddalena*].

[Venezia, Nel Beretin Convento della Ca Grande, ca 1477].

4 c.; 4°

[a⁴]

GW 0737610N, ISTC im00020950

Titolo da ISTC. Incipit a c. [a1r] (GW lo segnala a c. [a2r] riferendosi al facsimile elettronico dell'esemplare della Biblioteca Marciana di Venezia): *aL nome sia de christo cum deuotione | E dela sua madre maria che nostra aduocata. | Contare ui uoglio la sancta confessione | Che sancta maria magdalena ebe ordinata.* Explicit: *A questa bona persona facia gratia e remissione | Amen. | O per Dio te prego caro mio lectore: | Vna aue maria dirai per lo scriptore.* V. ed.

[48]

ANONIMA

Questo. libro e. chiamato. Fiore nouello molto deuoto da lezere con certe predicatione e tuto el testamento uechio comenzando dala creatione del mondo in fina alla natiuita de Christo.

[Lucca, Bartolomeo Civitali, ca 1477].

82 c.; 4°

[a⁶ b¹⁰ c-i⁸ k-l⁶]

IGI 3920, ISTC if00171500

Titolo uniforme: *Fiore novello estratto dalla Bibbia.* V. ed.

[49]

ANONIMA

Questo libro e chiamato fiore nouello molto deuoto da lezere con certe predicatione e tutto el testamento uechio comenzando da la creatione del mondo in fina ala natiuita de Christo.

[Milano, Filippo da Lavagna, 1477-1478].

82 c.; fol.

[a⁶ b-i⁸ k¹²]

IGI 3919, ISTC if00171600

Titolo uniforme: *Fiore novello estratto dalla Bibbia.* IGI indica: "[Modena: Johannes Vurster, about 1475-79]". V. ed.

[50]

ANONIMA

[*La uita del nostro signore miser yesu christo e de la sua gloriosa madre uerzene madona sancta maria*].

Vicenza, Giovanni Leonardo Longo, 20.III.1477.

90 c.; fol.

A⁴ a-c⁸ d-e⁶ f-g⁸ h⁶ i-k⁸ l-m⁶

IGI 4282, ISTC iv00304100

Titolo dalla trascrizione diplomatica della tavola nella scheda GW M50843: *Tauola de quelle cosse che se conteneno in la uita* [...]. Titolo uniforme: *Vita di Gesù Cristo e della Vergine Maria.*

[51]

ANONIMA/[PSEUDO-DANTE]

Incomencia gli setti psalmi penitenciali uuolgarmente composti.

[Vicenza ?, Johannes de Reno ?], (1477).

12 c.; 8°

[a¹²]

IGI I 374 e IV 8179, corretto in IGI VI, ISTC ip01032900

Titolo da c. [a1r]. Titolo uniforme: *I sette salmi penitenziali.* Incipit a c. [a1r]: *Signor non mi reprehendere con furore | ne con tua ira de non mi corregere.* Il testo corrisponde in parte con quello attribuito a Dante, cfr. Ridolfi 1954A, p. 18. ISTC indica anche, sulla base di IGI 374, "[Hermannus Liechtenstein]" e, sulla base di IGI 8179, "[Venice: n.pr.]". V. ed.

[52]

ANTONINO (SANTO)

Incomincia uno Confessionale uolgare del reuerendissimo padre beato frate Antonino arciuescouo di firenze: dellordine de frati predicatori: intitolato Specchio di conscientia el quale e libro degno & utile a chi desidera de saluare lanima.

(Firenze, San Iacopo a Ripoli, [prima del 24.X] 1477).

110 c.; 4° e 8°

a-h¹⁰ l-n⁸ o¹⁰ p⁴

IGI 666, ISTC ia00847000

Titolo da c. [a1r]. Titolo uniforme: *Confessionale: Omnis mortalium cura* [italiano]. Colophon a c. p2v. V. ed.

[53]

ANTONINO (SANTO)/TOMMASO D'AQUINO (SANTO)

Incomencia vno Confessionale vulgare del reuerendissimo padre beato frate Antonio [!] *arciuescouo di fiorenze de lordine de frati predicatori intitulato Specchio di conscientia: el quale e libro degno & utile a chi desidera de saluare lanima; De excomunicatione; Li deci comandamenti de dio; [I] o credo in dio padre omnipotente creatore del ciele* [!] *e de la terra; Questa oratione compose sancto Thomaso de aquino la quale diceua quando andaua a celebrare; Oratione che se fa dopo la comunione.*

[Milano, Leonhard Pachel e Ulrich Scinzenzeler, ca 1477-1480].

102 c.; 4°

a-m⁸ n⁶

IGI 670, ISTC ia00848000

Titolo da c. a1r, preceduto da: *Iesus. Maria. Dominicus.* Titolo uniforme: *Confessionale: Omnis mortalium cura* [italiano]. Titoli del trattato sulla scomunica da c. l3v (incipit a c. l4r), dei dieci comandamenti da c. n1v (incipit: [C]hi uita eterna uole aquistare), del Credo da c. n1v, delle orazioni da c. n2r-v; preghiera latina a c. n2v-n3v (incipit: [C]oncede mihi). ISTC indica anche: "[Christophorus Valdarfer, about 1470-71]" e segnala che corrisponde pagina per pagina all'edizione ISTC ia00842300 (vedi 54), ma il testo è ricomposto. V. ed.

[54]

ANTONINO (SANTO)/TOMMASO D'AQUINO (SANTO)
Incomencia vno Confessionale vulgare del reuerendissimo padre beato frate Antonino arciuescouo di firenze dellordine de frati predicatori intitulato Specchio di consciencia: el quale e libro degno & utile a chi desidera de saluare lanima; De excomunicatione; Li deci comandamenti de dio; Io credo in dio padre omnipotente creatore del ciele [!] e de la terra; Questa oratione compose sancto thomaso de aquino laquale diceua quando andaua a celebrare; Oratione che se fa dopo la comunione.
[Milano, Tipografo dell'Antonino, *Confessionale*, 1477-1480].
102 c.; 4°
a-m⁸ n⁶
IGI 658, ISTC ia00842300
Titolo da c. a1r, preceduto da: *Iesus. Maria. Dominicus.* Titolo uniforme: *Confessionale: Omnis mortalium cura* [italiano]. Titoli del trattato sulla scomunica da c. l3v (incipit a c. l4r), dei dieci comandamenti da c. [n1v] (incipit: *Chi uita eterna uole aquistare*), del Credo da c. n1v, delle orazioni da c. n2r-v; preghiera latina a c. n2v-n3v (incipit: *Concede mihi*). GW 2170 indica come data "[um 1470]". Cfr. anche ISTC ia00848000, vedi 53. V. ed.

[55]

BERNARDINO DA SIENA (SANTO)
Sermo sopra l'epistola di San Paolo sul santissimo Sacramento.
[Treviso, Hermann Liechtenstein, ca 1477].
10 c.; 4°
a¹⁰
IGI 1500, ISTC ib00348500

[56]

BIBBIA/(tr.) MALERBI, NICOLÒ
[*Bibbia*].
(Venezia, Gabriele di Pietro, prima parte datata 26.XI.1477 ma dopo il 23.XII, seconda parte datata 15.I.1477 ma 1478).
2 pt; fol.
1:
256 c.

[*] [a]-b¹⁰ c-z.7.?⁴ aa-bb⁸ [ma u in u³ e u⁴] cc¹⁰ dd-gg⁸ hh-kk⁶ [**]
2:
252 c.
A-B¹⁰ C-U⁸ X⁴ Y¹⁰ Z.AA-LL⁸ MM¹⁰
IGI 1700, ISTC ib00641000, Barbieri 4
Contiene apocrifi: *Preghiera di Manasse*; *Esdra* II (III). V. ed.

[57]

[ENSELMINO DA MONTEBELLUNA]
El pianto dela verzene Maria.
[Vicenza, Hermann Liechtenstein, ca 1477].
26 c.; 4°
[a-c⁸ d⁴]
IGI 3676, ISTC ie00043020
Titolo a c. [a1r]. Titolo uniforme: *Il pianto della Vergine Maria.* Incipit a c. [a1r]: *aVe rezina uirgo gloriosa | Che de dio padre te chiamasti ancilla.* V. ed.

[58]

ISIDORUS HISPALENSIS/OROSIUS, PAULUS
[*C*]*omensa la cronica de sancto Isidero menore con alchune additione caciate del texto & istorie della bibia e del libro di paulo Orosio e delle passione delli sancti.*
(Ascoli Piceno, Geraert van der Leye, 1477).
80 c.; 4°
a¹⁰ b⁸ c-d¹⁰ e-h⁸ i¹⁰
GW 15245, ISTC ii00178700
Titolo dalla trascrizione diplomatica della scheda GW.

[59]

[JACOBUS DE VORAGINE]/(tr.) [MALERBI, NICOLÒ]
[*Legende de tutti li sancti: & le sancte: da la romana sedia acceptati & honorati*].
(Venezia, Gabriele di Pietro, 26.VII.1477).
[322] c.; fol.
[pi greco]⁴ a-d¹⁰ e⁸ f-h H i-o¹⁰ p-v⁸ x-z-7-Ɔ-ꝗ¹⁰ ?⁸⁺¹ A-E¹⁰ F¹²
(fasc. Ɔ segnato fino a c. Ɔ4 ma con 9 c., c. F12 bianca)
IGI 5038, ISTC ij00175000
Titolo dall'explicit a c. [F11r]: *A laude de dio & de la sua madre uergene Maria: finisse le e* [!] *legende de tutti li sancti* [...]. Titolo uniforme: *Legenda aurea sanctorum* [italiano]. Cfr. Pagnotta, p. 88. V. ed.

1478

[60]

ALIGHIERI, DANTE/ DELLA LANA, IACOPO/NIBIA, MARTINO PAOLO

Apparato sopra la Comedia di Dante Aldigeri excelso poeta fiorentino.
(Milano, Lodovico e Alberto Pedemontani per Guido Terzago, pt 1: 27.IX.1477, pt 2: 22.XI.1477, pt 3: 1478).
3 pt, 82, 74, 94 c.; fol.
[a⁶ b¹⁰ c-e⁸ f-g⁶ h-k⁸ l⁶], [a⁴ b-c⁸ d-e⁶ f-i⁸ k⁹], [a-f⁸ g-h⁶ i⁸ k-m⁶ n⁸]
ISTC id00028000
Titolo dall'incipit a c. [a2r] (c. [a1r]: dedica), preceduto da: *Al nome di Dio*. Titolo uniforme: *Divina commedia*. Pt 3, c. [n6r]: *Li dieci comandamenti*; *Lo Pater nostro*; c. [n6v]: *Ave Maria*. V. ed.

[61]
ANONIMA
I dieci comandamenti della legge diuina.
[Firenze], San Iacopo a Ripoli, [ca 1478].
2 c.; 4°
[a²]
IGI 3104, ISTC ic00783500

[62]
ANONIMA
Questo libro e chiamato fiore nouello molto deuoto da lezere con certe predicatione e tutto el testamento uechio comenzando da la creatione del mondo in fina ala natiuita de Christo.
(Milano, Domenico da Vespolate e Jacopo Marliano, 5.VIII.1478).
84 c.; 4°
[a⁶] b-i⁸ K⁶
IGI 3921, ISTC if00171700
Titolo dalla trascrizione diplomatica della scheda GW 9904. Titolo uniforme: *Fiore novello estratto dalla Bibbia.*

[63]
ANTONINO (SANTO)/TOMMASO D'AQUINO (SANTO)
Omnis mortalium cura; Excomunicatione menore; Questa oratione compose sancto Thomaso de aquino: la quale se debe dire inanzi che se uada la persona a comunicare; Oratione che se fa dapoi la comunione; Li dieci comandamenti de dio; Credo vulgare facto in rima.
(Napoli, Johannes Adam e Nicolaus Jacobi de Luciferis, 1.II.1478).
122 c.; 4°
[a-o⁸ p¹⁰]
IGI 667, ISTC ia00848500
Titolo dall'occhietto a c. [1r]. Titolo uniforme: *Confessionale: Omnis mortalium cura* [italiano]. Titoli del trattato sulla scomunica da c. [100r], delle orazioni da c. [115v] e [116r], dei dieci comandamenti da c. [116v] (incipit: *Chi uita eterna uole acquistare*), del Credo da c. [117r]. V. ed.

[64]
BIBBIA/(tr.) MALERBI, NICOLÒ
[*Biblia uulgarizata*].
(Venezia, Antonio Miscomini, 1477, ma febbraio-marzo 1478).
2 pt; fol.
1:
256 c.
[*] aa-bb¹⁰ cc-zz AA-FF⁸ GG⁶ HH⁴
2:
252 c.
I⁸ a¹² b-o¹⁰ p-z A-C⁸ D⁶
IGI 1699, ISTC ib00640500, Barbieri 5
Titolo dalla dedica in pt 1 a c. [*1v]: *Epistola de don Nicolo di Malherbi ueneto et reuerendissimo professore de la sacra theologia maestro Laurentio de Iordine de san francisco nella biblia uulgarizata*. Colophon alla fine della prima e alla fine della seconda parte. Contiene apocrifi: *Preghiera di Manasse*; *Esdra* II (III). V. ed.

[65]
CARACCIOLO, ROBERTO
[*Le prediche del uenerabile fratre Roberto*].
(Milano, Leonhard Pachel e Ulrich Scinzenzeler, 3.XI.1478).
118 c.; fol.
a⁸ b¹⁰ c-m⁸ n⁶ o⁸ p⁶
IGI 2485, ISTC ic00153600
Titolo dall'explicit a c. [p5v]: *Qui finisse el libro de le prediche del uenerabile fratre Roberto*. Titolo uniforme: *Sermones quadragesimales* [italiano]. V. ed.

[66]
[ENSELMINO DA MONTEBELLUNA]/MOMBRIZIO, BONINO
Pianti deuotissimi de la madona; Gratiarum actio ad uirginem gloriosam [italiano]; *In Virginem matrem per Bo. Mombritium* [latino].
[Milano], (Filippo da Lavagna), [ca 1478].
42 c.; 4°
[a-e⁸ f²]
GW 0931210, ISTC ie00043030
Titolo da a c. [a1r], preceduto da: *Iesus Maria*. Titolo uniforme: *Il pianto della Vergine Maria*. Incipit a c. [a1r]: *Aue regina uirgo gloriosa | Che de dio padre te chiamasti ancilla*. V. ed.

[67]
PSEUDO-BONAVENTURA
Incomentiano le deuote meditatione sopra la passione del nostro signore cauate 7 fondate originalmente sopra meser

Bonauentura cardinale del ordine minore. Sopra Nicholao de lira. etiamdio sopra altri doctori 7 predicatori approbati. [Venezia, Nicolas Jenson?, ca 1478?].
68 c.; 4° o 8°
[a-h⁸ i⁴]
IGI 1902, ISTC ib00915500
Titolo da c. [a1r]. Titolo uniforme: *Meditationes vitae Christi* [italiano]. Explicit a c. [i2v]: *ritorno al sanctissimo corpo nel sepulchro.* Il formato è in 8° secondo GW (4784), IGI e Pellechet (2703), è in 4° per le copie di Cambridge, Dallas e Parigi. V. ed.

1479

[68]
ANONIMA
Questo libro e chiamato fiore nouello molto deuoto da lezere cum certe predicatione tuto el testamento uegio comenzando da la creatione del mondo in fine ala natiuita de christo.
(Treviso, Michele Manzolo, 23.IV.1479).
56 c.; fol.
a⁸ b-c⁶ d-g⁸ h⁴
IGI 3922, ISTC if00171800
Titolo dalla trascrizione diplomatica della scheda GW 9905. Titolo uniforme: *Fiore novello estratto dalla Bibbia.*

[69]
ANTONINO (SANTO)
Incomincia uno confessionale uolgare del reuerendissimo padre beato frate Antonino arciuescouo di firenze dellordine de frati predicatori intitolato spechio di consciencia ilquale e libro degno & utile a chi desidera di saluare lanima.
(Firenze, Don Ippolito per Giovanni di Nato, 24.II.1479).
128 c.; 8°
a-r⁸
IGI 668, GW 02154, ISTC ia00850000
Titolo da c. a1r. Titolo uniforme: *Confessionale: Omnis mortalium cura* [italiano]. Data in GW e ISTC: 24.II.1479/80. V. ed.

[70]
ANTONINO (SANTO)/[ANTONINO (SANTO)]
Incipit Confessionale vulgari sermone editum per venerabilem p.d. Antoninum archiepiscopum Florentiae ordinis praedicatorum; Incomincia el libreto dela doctrina christiana: laquale e vtile 7 molto necessaria che i puti piçoli 7 zouençelli limpara per sapere amare seruire 7 honorare idio benedicto: 7 schiuare le temptationi 7 peccati.
(Venezia, Raynald von Nimwegen, 23.XII.1479).
72 c.; 4°

a⁸ b-e⁶ f⁸ g-k⁶ l⁸
IGI 669, ISTC ia00849000
Titolo da c. a2r. Titolo uniforme: *Confessionale: Omnis mortalium cura* [italiano]. Titolo del secondo testo da c. K1r, preceduto da: *In nome del nostro signore messere Iesu Christo 7 dela gloriosissima madre sua 7 donna nostra sempre vergene Maria: 7 de tutta la corte celestiale.* Titolo uniforme: *Libretto della dottrina cristiana.* Colophon a c. [i6v] e a c. [l8r] (nome dell'editore a c. [i6v]: "Raynaldo de Nouimagio"). V. ed.

[71]
ATTAVANTI, PAOLO
Commento uolgare 7 latino del psalmo .lxxxx. uictoriale 7 triumphale: Qui habitat in adiutorio altissimi. Per maestro Paulo fiorentino dellordine di sancto spirito di roma. Allo illu. principe Lodouico maria sforza duce inclito di barri.
(Milano, Leonhard Pachel e Ulrich Schinzenzeler, dopo il 16.XI.1479).
[56] c.: ill.; 8°
a-g⁸
IGI 7192, ISTC ip00181200
V. ed.

[72]
CARACCIOLO, ROBERTO
[*El quadragesimale del nouello Paulo fra Ruberto*].
(Treviso, Michele Manzolo, 18.III.1479).
80 c.; fol.
a-e⁸ f-g⁶ h-l⁸ k-l⁶
IGI 2486, ISTC ic00154000
Titolo dall'explicit a c. [l5v]: *Finisce el quadragesimale del nouello Paulo fra Ruberto facto ad complacentia dela sacra maiesta del re Ferdinando.* Titolo uniforme: *Sermones quadragesimales* [italiano]. V. ed.

[73]
CORNAZZANO, ANTONIO [i.e. ENSELMINO DA MONTEBELLUNA]
Incomincia il Pianto della gloriosa Vergine Maria composto per Messer Antonio Cornazzano.
Venezia, Nicolas Jenson, 1479
4°
Haym, p. 192
Si tratta probabilmente di una delle edizioni del *Pianto della Vergine Maria* di Enselmino da Montebelluna pubblicato sotto il nome di Antonio Cornazzano, cfr. ISTC ie00043060, ie00043080, ie00043300, vedi 123, 201, 289.

[74]
EPISTOLE E VANGELI/(tr.) ANONIMA

*Incominciano lepistole & lectione & euangelii: i quali si
leghono in tutto lanno alla messa secondo luso de la sancta
chiesa romana.*
(Venezia, 1479).
112 c.; fol.
a⁴ b-o⁸ p⁴
GW M34197, ISTC ie00092300
Titolo da c. b1r, preceduto da: *Al nome sia del nostro signore Iesu Christo*. V. ed.

[75]
GREGORIUS I (PAPA)/(tr.) ANONIMA
*Incomincia el libro de le omelie di mesere sancto Gregorio
papa di diuerse lectioni del sancto euangelio & in prima el
prologo.*
(Milano, Leonhard Pachel e Ulrich Scinzenzeler,
20.VIII.1479).
156 c.; 4°
a-u⁸
GW 11423, ISTC ig00423000
Titolo da c. a2r. Colophon a c. [u5r]. V. ed.

[76]
SAMUEL MAROCHITANUS/SALVINI, SEBASTIANO
*Incomincia la epistola di rabbi samuel israelita. Nella quale
subtilissimamente pruoua per le ragioni de sancti propheti et
di maumeth re darabia nel al chorano come Christo e nato
della uergine & e uero messia & come e perfidi giudei al tutto
sono in errore mandata ad rabbi ysaac maestro della synagoga; Symbolum Athanasii [italiano]; [Sopra la consideratione de Psalmi di Dauit].*
[Firenze, Nicolò di Lorenzo, dopo 1479].
54 c.; 4°
a-b⁶ c⁴ d-h⁶ i⁸
SBN-IT\ICCU\RT1E\004942
Titolo da c. a3r-v. Titolo del secondo testo da c. g3v. Titolo
del terzo testo dalla dedica a c. h2r. A c. a3r: *Epistola di
herode re di giudei a senatori Romani della statura persona
et costume di gesu cristo ne di del nostro signore Ihesu cristo
herode scripse a senatori di Roma di gesu in questo modo.*
A c. h3v (dopo la dedica al Minerbetti) segue il commento ai salmi. Data alla fine dell'incipit dell'epistola a
c. a3r: 25.XI.1479. Data alla fine del terzo testo a c. [i8v]:
10.IX.1477. V. ed.

1480

[77]
ANONIMA
[*La uita dela gloriosa Vergene maria e de Iesu christo suo
unico fiolo*].

(Venezia, Niccolò Girardengo, 31.V.1480).
112 c.; 4°
a-o⁸
IGI 4283, ISTC iv00304150
Titolo dall'explicit a c. [o7r]: *Finisse la uita* [...]. Titolo
uniforme: *Vita di Gesù Cristo e della Vergine Maria*. V. ed.

[78]
ATTAVANTI, PAOLO
*Cominciano sette psalmi penitentiali. Dichiarati per mae-
stro Paulo fiorentino dellordine di sancto Spirito di roma.
Alla illustrissima madonna Bona. Ducessa [!] di Milano. I
quali chi diuotamente ciaschuno giorno dice. Po essere certo
come Dauit intese. Et la chiesa ripresenta. Non douere morire senza penitentia.*
[Milano, Leonhard Pachel e Ulrich Scinzenzeler, ca 1480].
50 c.: ill.; 8°
a-e⁸ f¹⁰
IGI 8173, ISTC ip01032300
Titolo da c. a3r. V. ed.

[79]
CARACCIOLO, ROBERTO
[*Le prediche del uenerabile meser frate Roberto*].
(Milano, Leonhard Pachel e Ulrich Scinzenzeler,
15.IV.1480).
96 c.; fol.
a-m⁸
IGI 2489, ISTC ic00155100
Titolo dall'explicit a c. [m7r]: *Qui finisse el libro de le pre-
diche del uenerabile meser frate Roberto.* Titolo uniforme:
Sermones quadragesimales [italiano]. V. ed.

[80]
CARACCIOLO, ROBERTO
[*El quadragesimale del nouello Paulo fra Roberto*].
(Treviso, Michele Manzolo, 1.III.1480).
80 c.; fol.
a-e⁸ f-g⁶ h-i⁸ k-l⁶
IGI 2487, ISTC ic00154500
Titolo dall'explicit a c. lxxix: *Finisse el quadragesimale del
nouello Paulo fra Roberto facto a complacentia de la sacra
maiesta del re Ferdinando*. Titolo uniforme: *Sermones
quadragesimales* [italiano]. V. ed.

[81]
CARACCIOLO, ROBERTO
[*El quadragesimale del nouello Paulo fra Ruberto*].
(Treviso, Michele Manzolo, 16.XII.1480).
86 c.; fol.
a-e⁸ f-g⁶ h-i⁸ k-l⁶
IGI 2490, ISTC ic00155150

Titolo dall'explicit a c. lxxix: *Finisse el quadragesimale del nouello Paulo fra Ruberto facto a complacentia de la sacra maesta del re Ferdinando*. Titolo uniforme: *Sermones quadragesimales* [italiano]. V. ed.

[82]

CARACCIOLO, ROBERTO
[*Sermones quadragesimales*] [italiano].
Firenze, Nicolò di Lorenzo, 1.IV.1480.
92 c.; fol.
a-c⁸ d⁶ e¹⁰ f⁶ g⁸ h-i⁶ l-n⁶ o⁸
IGI 2488, ISTC ic00155000
Il titolo è quello uniforme.

[83]

EPISTOLE E VANGELI/(tr.) ANONIMA
Incominciano lepistole 7 lectione 7 euangelii: liquali si leggono in tutto lanno alla messa secondo luso de la sancta chiesa romana.
Milano, [Leonhard Pachel e Ulrich Scinzenzeler], 22.IX.1480.
174 c.; 4°
[2-5]¹⁰ a-t⁸ u¹²
IGI 3695, ISTC ie00092600
Titolo dalla trascrizione diplomatica della scheda GW M3416910, preceduto da: *Al nome sia del nostro Signore Jesu Christo.*

[84]

EPISTOLE E VANGELI/(tr.) ANONIMA
Incominciano lepistole: et lectioni: et uangelii: equali si leggono tutto lanno nella messa: cioe dominicali et feriali et festiui secondo luso della romana chiesa.
[Firenze, Nicolò di Lorenzo, ca 1480].
96 c.; fol.
[a-m⁸]
IGI 3696, ISTC ie00092800
Titolo da c. [a1r], preceduto da: *Laude sia et gloria del nostro signore Iesu christo: et della gloriosa sua madre madonna sancta Maria: et del glorioso doctore messer sancto Hieronimo*. V. ed.

[85]

EPISTOLE E VANGELI/(tr.) ANONIMA
Qui incomenza le epistole e li euangelii uulgari che se dicono tutto lanno a la messa.
(Treviso, Michele Manzolo, 28.VII.1480).
108 c.; fol.
a-n⁸ ?⁶ o¹⁰ p⁶
IGI 3694, ISTC ie00092400
Titolo da c. a2r. V. ed.

[86]

ISIDORUS HISPALENSIS/OROSIUS, PAULUS
Comenza la cronica de sancto Isidero Menore: con alchune additione cauate del texto et istorie de la Bibia: e del libro de Paulo Orosio: e de le passione de li sancti.
(Cividale, 24.XI.1480).
[50] c.; 4°
a-e⁸ f¹⁰ (c. f10 bianca)
IGI 5402, ISTC ii00179000
Titolo da c. [a1r]. V. ed.

[87]

PSEUDO-BONAVENTURA
Le deuote meditatione sopra la passione del nostro signore.
[Milano, Leonhard Pachel e Ulrich Scinzenzeler], nel fine di II.1480.
56 c.; 4°
a-g⁸
IGI 1904, ISTC ib00916000
Titolo uniforme: *Meditationes vitae Christi* [italiano]. Explicit: *ritorno al sanctissimo corpo nel sepulchro.*

[88]

PSEUDO-BONAVENTURA
Incomenza il tractato dela uita con le meditatione del nostro saluatore meser yesu cristo compillato per lo seraphico doctor meser Bonauentura cardinale de lordine di frati minori.
[Milano, Pietro da Corneno, 1480].
84 c.; 8°
a-k⁸ [l⁴]
IGI 1903, ISTC ib00903400
Titolo da c. a1r. Titolo uniforme: *Meditationes vitae Christi* [italiano]. Explicit a c. [l4v]: [...] *yesu cristo figliolo de dio uiuo e uero il quale sia laudato e benedecto in sempiterna secula seculorum amen*. V. ed.

[89]

PSEUDO-BONAVENTURA
Incominciano le deuote meditatione sopra la passione del nostro signore cauate 7 fondate originalmente sopra mesere Bonauentura cardinale de lordine minore. Sopra Nicholao de lira. etiamdio sopra altri doctori 7 predicatori approbati.
(Milano, Leonhard Pachel e Ulrich Scinzenzeler, 20.III.1480).
56 c.; 4°
a-g⁸
IGI 1905, ISTC ib00917000
Titolo da c. a1r. Titolo uniforme: *Meditationes vitae Christi* [italiano]. Explicit a c. [g7v]: *ritorno al sanctissimo corpo nel sepulchro*. V. ed.

[90]

PSEUDO-BONAVENTURA
Incominciano le deuote meditatione sopra la passione del nostro signore cauate 7 fondate originalmente sopra mesere Bonauentura cardinale de lordine minore. Sopra Nicholao de lira. etiam dio sopra altri doctori 7 predicatori approbati.
(Milano, Leonhard Pachel e Ulrich Scinzenzeler, 7.X.1480).
46 c.: ill.; 4°
a-e⁸ f⁶
IGI 1906, ISTC ib00917500
Titolo da c. a1r. Titolo uniforme: *Meditationes vitae Christi* [italiano]. Explicit a c. [f5v]: *ritorno al sanctissimo corpo nel sepulchro.* V. ed.

[91]

VANGELO DI SAN GIOVANNI/(tr.) ANONIMA
Vangelo di San Giovanni con l'orazione di san Rocco.
Firenze, San Iacopo a Ripoli, prima del VII.1480.
Barbieri 6
Edizione perduta; informazione ricavata dal libro della tipografia. Cfr. Barbieri 2002b, p. 383-400.

1481

[92]

ANONIMA
Questo libro e chiamato fiore nouello molto deuoto da lezere cum certe predicatione tutto el testamento uechio comenzando da la creatione del mondo in fine a la natiuita de christo.
(Treviso, Michele Manzolo, 27.VII.1481).
60 c.; fol.
a¹⁰ b-c⁸ d-e⁶ f-g⁸ h⁶
IGI 3923, ISTC if00171850
Titolo dalla trascrizione diplomatica della scheda GW 9906. Titolo uniforme: *Fiore novello estratto dalla Bibbia.*

[93]

ANONIMA
[*Vita di Gesù Cristo e della Vergine Maria*].
Vicenza, Leonhard Achates, 31.X.1481.
58 c.; fol.
A⁴ a-f⁸ g⁶
IGI 4284, ISTC iv00304200
Il titolo è quello uniforme.

[94]

ANTONINO (SANTO)
Curam illius habe.
(Firenze, Francesco di Dino, 10.VII.1481).
140 c.: ill.; 4°

[a⁴, b-s⁸]
IGI 614, ISTC ia00784000
Titolo dall'occhietto a c. [a1r], seguito da: *Luce decimo.*
Titolo uniforme: *Confessionale: Curam illius habe* [italiano]. A c. [a1v]: *Questo tractatello del modo del confessare e stato composto per lo reuerendissimo padre frate Antonio dellordine de predicatori di san Domenico arciuescouo di firenze.* V. ed.

[95]

BIBBIA/(tr.) MALERBI, NICOLÒ
[*Bibia vulgarizata*].
(Venezia, Ottaviano Scoto <1>, 1481).
430 c.; fol.
a¹² b-z.7.?¹⁰ A-T⁸ V⁶ X¹²
IGI 1701, ISTC ib00642000, Barbieri 7
Titolo dal prologo a c. a2r: *Comincia il prologo o veramente epistola dil beato Hieronymo sopra di la bibia dignamente vulgarizata per il clarissimo religioso duon nicolo de mallermi venetiano & dil monasterio de sancto michele di lemo abbate dignissimo.* Contiene apocrifi: *Preghiera di Manasse; Esdra* II (III); testi extracanonici: *Legenda di Sancto Ioseph.* V. ed.

[96]

CORNAZZANO, ANTONIO
Dela sanctissima vita di nostra donna ala illustrissima. m: Hippolyta vesconte duchessa di Calabria.
(Venezia, Lucas Dominici, 17.II.1481).
32 c.; 4°
a-b⁸ c-f⁴
IGI 3206, ISTC ic00914000
Titolo da c. a1r, preceduto da: *Antonio Cornazano*; segue la tavola. Titolo uniforme: *Vita della Vergine Maria.* Incipit a c. a2r: *Comincia la vita della gloriosissima Vergine Maria. Prohemio.* A c. a3v: *Capitulo primo come e di cui naque la nostra donna e come fu trouata la natiuita sua.* V. ed.

[97]

ENSELMINO DA MONTEBELLUNA
[*Il deuotissimo pianto de la gloriosa uergine Maria*]; *Incipit oratio gratiarum actio* [italiano].
[Roma, Georg Herolt, ca 1481].
32 c.; 4°
[a-d]⁸
IGI 3677-A, ISTC ie00043100
Nome dell'autore nell'explicit del primo testo a c. [d4r]: *Explicit uirginis beate lamentatio & in tacte ulgariter compilata cum ritimis prolata ore fratris Enselmini de treuisio ordinis fratrum heremitarum sancti Augustini.* Titolo dall'explicit del libro a c. [d8r]: *Finisse il deuotissimo pianto de la gloriosa uergine Maria.* Titolo uniforme: *Il pianto*

della Vergine Maria. Incipit a c. [a2r]: *aVe regina uirgo gloriosa.* | *Che de dio padre ti chiamasti ancilla.* Nome dell'autore e titolo del secondo testo da c. [d5r]: *Incipit oratio siue gratiarum actio supradicti compellatoris.* V. ed.

[98]

ENSELMINO DA MONTEBELLUNA

[Il deuotissimo pianto de la gloriosa uirgine maria]; Incipit oratio siue gratiarum actio [italiano].

(Venezia, Lucas Dominici, 17.III.1481).

26 c.; 4°

a⁸ b-d⁴ e⁶

IGI 3677, ISTC ie00043040

Nome dell'autore nell'explicit del primo testo a c. [e4r]: *Explicit uirginis beate lamentatio & in tacte ulgariter compillata cum ritimis prolata ore fratris Enselmini de treuisio ordinis fratrum heremitarum sancti augustini.* Titolo dall'explicit del libro a c. [e6r]: *Finisce il deuotissimo pianto de la gloriosa uirgine maria.* Titolo uniforme: *Il pianto della Vergine Maria.* Incipit a c. a1r: *aVe regina uirgo gloriosa* | *Che de dio padre ti chiamasti ancilla.* Nome dell'autore e titolo del secondo testo da c. [e4r]: *Incipit oratio siue gratiarum actio supradicti compellatoris.* V. ed.

[99]

EPISTOLE E VANGELI/(tr.) ANONIMA

Incommincia[n]o lepistole & lectione & euangelii [...].

[Milano, Leonhard Pachel e Ulrich Scinzenzeler, ca 1481].

130 c.; 4°

[6] a-p⁸ q⁴

GW M34171, ISTC ie00093050

Titolo dalla scheda VcBA 11009116 della Biblioteca Apostolica Vaticana, preceduto da: *Al nome sia del nostro signore Iesu Christo.*

[100]

EPISTOLE E VANGELI/(tr.) ANONIMA

Qui incomenza le epistole e li euangelii uulgari che se dicono tutto lanno a la messa.

(Venezia), [Battista Torti], (25.VI.1481).

84 c.; fol.

a⁸ b-o⁶

GW M34178, ISTC ie00093000

Titolo dalla trascrizione diplomatica della scheda GW.

[101]

[HONORIUS AUGUSTODUNENSIS]

Incomenza el libro chiamato el discipulo e maestro qual fece sancto Augustino e san Lazaro.

[Milano, Leonhard Pachel e Ulrich Scinzenzeler, 1481].

28 c.; 4°

a-g⁴

GW M0938810, ISTC il00332520

Titolo dalla trascrizione diplomatica della scheda GW. Titolo uniforme: *Lucidarius* [italiano]. Cfr. Ridolfi 1969, p. 276-278.

[102]

JACOBUS DE VORAGINE/(tr.) MALERBI, NICOLÒ

Incomincia el libro intitulato legendario de sancti composto per el reuerendissimo patre frate Iacobo de voragine del ordine de predicatori arciuescouo di Genoua.

(Venezia, Ottaviano Scoto <1>, 23.VI.1481).

238 c.; fol.

a-b¹⁰ c-e⁸ f¹⁰ g-o⁸ p-q⁶ r-z.7.?⁴ aa⁸ bb-cc⁶ dd⁸

GW M11495, ISTC ij00176000

Nome del traduttore nell'explicit a c. [dd7v]: *Finisse le legende de sancti composte per el reuerendissimo padre frate iacobo de voragine del ordine de frati predicatori. Arciuesco [!] de genoua. Traducte de latino in lingua vulgare per el venerabile messer don Nicolao de manerbi veneto del ordine de camaldulensi. Abbate del monasterio de sancto mathia de murano.* Titolo da c. a1v (c. a1r bianca). Titolo uniforme: *Legenda aurea sanctorum* [italiano]. V. ed.

[103]

VANGELO DI S. GIOVANNI/(tr.) ANONIMA

Vangelo di San Giovanni con l'orazione di san Rocco.

Firenze, San Iacopo a Ripoli, prima del 27.II.1481.

Barbieri 8

Edizione perduta; informazione ricavata dal libro della tipografia. Cfr. Barbieri 2002b, p. 383-400.

1482

[104]

ANONIMA

Questo libro e chiamato fiore nouello molto deuoto da lezere cum certe predicatione tutto el testamento uecchio comenzando da la creatione del mondo in fine a la natiuita de christo.

(Venezia, Battista Torti, 12.X.1482).

58 c.; fol.

a-i⁶ k⁴

IGI 3924, ISTC if00171900

Titolo da c. a2r (c. a1r bianca, c. a1v: tavola). Titolo uniforme: *Fiore novello estratto dalla Bibbia.* V. ed.

[105]

CARACCIOLO, ROBERTO

[El quadragesimale del nouello Paulo fra Ruberto].

(Venezia, Tommaso de' Blavi, 31.X.1482).

78 c.; fol.

a-i⁸ I⁶ K⁶ l⁸

IGI 2492, ISTC ico0155250
Titolo dall'explicit a c. [I7r]: *Finisse el quadragesimale del nouello Paulo fra Ruberto facto a complacentia de la sacra maiesta del re Ferdinando.* Titolo uniforme: *Sermones quadragesimales* [italiano]. V. ed.

[106]
CARACCIOLO, ROBERTO
[*Sermones quadragesimales*] [italiano].
Treviso, Michele Manzolo, 28.II.1482.
82 c.; fol.
a¹⁰ b⁶ c-f⁸ g⁶ h⁸ i-k⁶ l⁸
IGI 2491, ISTC ico0155200
Il titolo è quello uniforme.

[107]
CARACCIOLO, ROBERTO
[*Sermones quadragesimales*] [italiano].
[Milano], Antonio Zarotto, 21.XI.1482.
132 c.; 8°
a¹⁰ b-i⁶ l-q⁸ r¹⁰
IGI 2493, ISTC ico0155300
Il titolo è quello uniforme.

[108]
EPISTOLE E VANGELI/(tr.) ANONIMA
Qui incomenza le epistole e li euangelii uulgari che se dicono tutto l'anno a la messa.
(Treviso, Michele Manzolo, 21.V.1482).
102 c.; fol.
a-m⁸ ?⁶ n⁸ o¹⁰
GW M34177, ISTC ie00093080
Titolo dalla trascrizione diplomatica della scheda GW.

[109]
EPISTOLE E VANGELI/(tr.) ANONIMA
Qui incomenza le epistole & li euangelii uulgari che se dicono tutto lanno alla messa.
(Venezia, Tommaso de' Blavi, 2.X.1482).
90 c.; fol.
a-b⁸ c-d⁶ e-f⁸ g⁶ h⁸ i⁶ k⁸ l⁶ m⁸ n⁴
IGI 3967, ISTC ie00093100
Titolo da c. a2r. V. ed.

[110]
[HONORIUS AUGUSTODUNENSIS]
Qui se incomenci: lo libro del discipulo 7 del maestro.
[Bologna, Henricus de Colonia, non prima del 1482].
44 c.; 4°
a⁸ b-e⁶ f⁸
IGI 5847, ISTC il00332540

Titolo da c. a2r. Titolo uniforme: *Lucidarius* [italiano]. A c. a2r (prima del titolo): *Qui incomincia lo prologo in lo libro del lucidario.* V. ed.

[111]
[HONORIUS AUGUSTODUNENSIS]
Qui se incomencia lo libro. del discipulo: e del maestro.
(Bologna, [Henricus de Colonia], per Tommaso Cini, 10.III.1482).
56 c.; 4°
a¹⁰ b-e⁸ f-g⁶
IGI 5846, ISTC il00332530
Titolo dalla trascrizione diplomatica della scheda GW 09372 (c. a3v). Titolo uniforme: *Lucidarius* [italiano]. A c. a3r (prima del titolo, cfr. GW): *Qui incomincia lo prologo in lo libro del Lucidario.*

[112]
JACOPO DA BAGNO
[*Lo septenario*]; [*Magnificat*] [italiano].
(Aquila), [Adam von Rottweil], (1482).
8 c.; 4°
[*]⁸
IGI 5084, ISTC ij00017000
Nome dell'autore e titolo dall'explicit a c. [*8r]: *Finisce lo septenario composto per religioso frate Iacobo Bangese del Aquila del ordine de sancto francesco.* Incipit del *Septenario* a c. [*1r]: *El ben seruire in ciel se ricompensa.* Incipit del Magnificat a c. [*8v]: *Magnifica el signor l'anima mia.* Il *Septenario* include le sette parole di Cristo in croce, le sette petizioni del *Pater noster*, i sette comandamenti di Mosè senza i primi tre rivolti a Dio. V. ed.

[113]
PSEUDO-BONAVENTURA
Incominciano le deuote meditatione sopra la passione del nostro signore cauate 7 fondate originalmente sopra mesere Bonauentura cardinale de lordine minore. Sopra Nicholao de lira. etiam dio sopra altri doctori 7 predicatori approbati.
(Milano, Leonhard Pachel e Ulrich Scinzenzeler, 8.II.1482).
48 c.; 4°
a-f⁸ (c. f8 bianca)
IGI 1907, ISTC ib00917600
Titolo da c. a1r. Titolo uniforme: *Meditationes vitae Christi* [italiano]. Explicit a c. [f7v]: *ritorno al sanctissimo corpo nel sepulchro.* V. ed.

1483

[114]
ANONIMA

Incomenza la miraculosa legenda de le dilecte spose e care hospite de christo. Martha e Magdalena.
[Milano], (Christophorus Valdarfer), [ca 1483].
62 c.; 4°
a-g⁸ h⁶ (c. a6 bianca)
GW M17384, ISTC il00107300
Titolo da c. a1r, preceduto da: *In el nome de la sanctissima trinitade.* Titolo uniforme: *Leggenda di Lazzaro, Marta e Maddalena.* A c. b4v: *Martha. Virgo* [italiano]. A c. [b5v]: *Oratione de la immaculata Martha uergina gloriosa.* V. ed.

[115]
Antonino (santo)/[Antonino (santo)]
[*Confessionale: Omnis mortalium cura*] [italiano]; [*Libretto della dottrina cristiana*].
Milano, Leonhard Pachel e Ulrich Scinzenzeler, ca 1483.
48 c.; 4°
a-f⁸
GW 2163, ISTC ia00852500
I titoli sono quelli uniformi. ISTC deduce la data dai caratteri in uso nel 1483; GW data intorno al 1485.

[116]
Antonino (santo)/[Antonino (santo)]
Incipit confessionale in vulgari sermone editum venerabilem. p.d. Anthonium archiepiscopum Florentie ordinis praedicatorum; Incomincia el libreto de la doctrina christiana: laquale e vtile 7 molto necessaria che li puti piçoli 7 çouençelli limpara per sapere amare seruire 7 honorare idio benedicto: 7 schiuare le tentatione 7 peccati.
(Venezia, Antonio da Strada, 11.III.1483).
50 c.; 4°
a-f⁸
IGI 672, ISTC ia00852000
Titolo da c. a2r (c. [a1r-v] bianca). Titolo uniforme: *Confessionale: Omnis mortalium cura* [italiano]. Titolo del secondo testo da c. [e7v], preceduto da: *In nome del nostro signore missere Iesu Christo 7 de la gloriosissima madre sua 7 donna nostra sempre vergene Maria 7 de tutta la corte celestiale.* Titolo uniforme: *Libretto della dottrina cristiana.* V. ed.

[117]
Antonino (santo)/[Antonino (santo)]
Incipit confessionale in vulgari sermone editum venerabilem. p. dominum Anthoninum archiepiscopum Florentiae ordinis praedicatorum; Incomincia el libreto dela doctrina christiana laquale e vtile 7 molto necessaria che i puti piczoli 7 zouenzelli limpara per sapere amare. seruire 7 honorare idio benedicto et schiuare le tentationi et peccati.
[Roma, Eucario Silber], (1483).
50 c.; 4°

[a-e⁸ f¹⁰]
IGI 671, ISTC ia00851000
Titolo da c. [2r]. Titolo uniforme: *Confessionale: Omnis mortalium cura* [italiano]. Titolo del secondo testo da c. [41r], preceduto da: *In nome del nostro signore messere Iesu Christo & de la gloriosissima madre sua & donna nostra sempre uergene Maria. et de tutta la corte celestiale.* Titolo uniforme: *Libretto della dottrina cristiana.* Data a c. [41r]. V. ed.

[118]
Attavanti, Paolo
Cominciano sette psalmi penitentiale secondo la sententia de theologi i quali diuotamente chi ciaschuno giorno: dice: puo essere certo come dauid intese: 7 la Chiesa representa: non douere morire senza penitentia.
[Venezia, Erhard Ratdolt, 1483-1485].
56 c.: ill.; 8°
[a]-g⁸
IGI 8174, ISTC ip01032400
Titolo da c. [a1v] (c. [a1r]: ritratto dell'autore). V. ed.

[119]
Caracciolo, Roberto
[*Sermones quadragesimales*] [italiano].
Venezia, Tommaso de' Blavi, 13.VIII.1483.
66 c.; fol.
a-l⁶
IGI 2494, ISTC ic00155350
Il titolo è quello uniforme.

[120]
[Cicerchia, Niccolò]
Passio domini nostri yeshu christi [italiano].
(Firenze, San Iacopo a Ripoli), [prima dell'8.IV.1483].
48 c.; 4°
a-f⁸
IGI 2794 e 4278, ISTC ic00497100
Per l'autore cfr. Cioni 1963, p. 29. Titolo da c. [a1r]. Titolo uniforme: *La passione di Gesù Cristo.* Incipit a c. [a1r]: *O increata maiesta didio.* Secondo ISTC le due schede IGI corrispondono alla stessa edizione. Cfr. Cioni 1963, p. 32, n. 1 (con data "d. 8 maggio 1483"). V. ed.

[121]
[Cicerchia, Niccolò]
[*La passion del nostro signor giesu christo*].
[Firenze, Bartolomeo de' Libri, ca 1483-1484].
36 c.; 4°
a-d⁸ e⁴
IGI 2794-B, ISTC ic00497250

Per l'autore cfr. Cioni 1963, p. 29. Titolo dall'explicit a c. [e4v]. Titolo uniforme: *La passione di Gesù Cristo*. Incipit a c. a1r: *o increata maesta didio*. Probabilmente stampato con *La resurrexione del nostro signore giesu christo* datata 24.II.1483 (computo fiorentino, cioè 1484, cfr. anche ISTC ir00149370, vedi 122 cfr. Cioni 1963, p. 32, n. 2 (che data "1483 | 1484"). V. ed.

[122]

[CICERCHIA, NICCOLÒ]

[*La resurrexione del nostro signore giesu christo*].

[Firenze, Bartolomeo de' Libri], (24.II.1483).

32 c.; 4°

a-d⁸

IGI 4279-A, ISTC ir00149370

Per l'autore cfr. Cioni 1963, p. 29 e 38. Titolo dall'explicit del libro a c. [d8v]: *Finita la resurrexione del nostro signore | giesu christo a di 24 di Febbraio 1483*. Titolo uniforme: *La resurrezione del nostro signore*. Incipit a c. a1r: *uolendo della resurression sancta | parlare chiamo giesu signor del cielo*. Explicit del testo a c. [d8v]: *ci faccia grazia dauere a memoria | siche participiamo letterna gloria*. Cfr. Cioni 1963, p. 38, n. 1 (con data "24 febbraio 1483 (1484)", cioè espressa nell'edizione secondo il computo fiorentino, cfr. anche ISTC ic00497250, vedi 121). V. ed.

[123]

CORNAZZANO, ANTONIO [i.e. ENSELMINO DA MONTEBELLUNA]/MOMBRIZIO, BONINO

Incomincia il pianto della gloriosa Vergine Maria composto per messere Antonio Cornazzano; *Gratiarum actio ad uirginem gloriosam* [italiano]; *In uirginem matrem per Bo. Mombritium* [latino]; *Oratione alla gloriosa Vergina* [!] *Maria checci difendi da pestilentia*; *Oratio* [italiano]; *Oratio* [italiano].

[Milano], (Christophorus Valdarfer), [ca 1483].

40 c.; 8°

a-e⁸

GW 9314, ISTC ie00043060

Il titolo attribuisce l'opera a Antonio Cornazzano, ma il testo è di Enselmino da Montebelluna, cfr. GW e ISTC. Titolo uniforme: *Il pianto della Vergine Maria*. Incipit a c. a1r: [*A*]*ue regina uirgo gloriosa: | Che de dio patre te chiamasti ancilla*. Incipit del *Gratiarum actio* a c. [d6r]: *Ne le tue brace uergene Maria*. Incipit di *In uirginem matrem* a c. [d8v]: *Quid magis expectas dictu mirabile lector*. Incipit dell'*Oratione* a c. e3v: *Madre de christo gloriosa 7 pura*. Incipit della prima *Oratio* a c. e4r: *Imperatrice somma alma regina*. Incipit della seconda *Oratio* a c. [e7r]: *Aue reggina di gran cortesia*. V. ed.

[124]

PSEUDO-BONAVENTURA

Incominciano le deuote meditatione sopra la passione del nostro signore cauate 7 fondate originalmente sopra sancto Bonauentura cardinale del ordine minore. Sopra Nicholao de lira. etiamdio sopra altri doctori 7 predicatori approbati.

(Venezia, Petrus Maufer de Maliferis e Nicolaus de Contugo, 10.III.1483).

56 c.; 4°

a-f⁸ g⁴

IGI 1908, ISTC ib00918000

Titolo da c. a1r. Titolo uniforme: *Meditationes vitae Christi* [italiano]. Explicit a c. [g4r]: *ritorno al sanctissimo corpo nel sepulchro*. V. ed.

[125]

SIMONE DA LESINA

Questa e una bellissima expositione del la oracione dominicale.

[Padova], [Matthaeus Cerdonis], (1483).

6 c.; 4°

[*]⁶

IGI 9007, ISTC is00529700

1484

[126]

ANONIMA

Questo libro e chiamato fiore nouello molto deuoto da lezere cum certe predicatione tutto el testamento vechio comenzando da la creatione del mondo in fine a la natiuita de christo.

(Venezia, Pietro de' Piasi, 25.XII.1484).

56 c.; 4°

a-g⁸

IGI 3925, ISTC if00171950

Titolo da c. a2r (c. [a1r-v] bianca). Titolo uniforme: *Fiore novello estratto dalla Bibbia*. V. ed.

[127]

ANONIMA

[*La uita del nostro signore miser yesu christo e de la sua gloriosa madre verzene madonna sancta maria*].

(Venezia, Pietro de' Piasi, 22.I.1484).

78 c.; 4°

[*]⁴ a-e⁸ f-g⁴ h-i⁸ k⁴ l⁶

IGI 4285, ISTC iv00304250

Titolo dalla tavola a c. [*1v] (c. [*1r] bianca): *Tavola de quelle cose che se contenen in la vita* [...]. Titolo uniforme: *Vita di Gesù Cristo e della Vergine Maria*. V. ed.

[128]

[BONAVENTURA DA BAGNOREA (SANTO)]/(tr.) ANONIMA

Incomincia il psalterio uulgarizato de la gloriosa uergine maria nel giorno de la domintcha [!].

[Milano, Leonhard Pachel e Ulrich Scinzenzeler, 1484?].

128 c.; 16°

c-q?

GW M38924, ISTC ib00938600

Titolo dalla trascrizione diplomatica della scheda GW, che indica come data "[um 1490]". Cfr. Polland-Proctor, 5959.

[129]

BIBBIA/(tr.) MALERBI, NICOLÒ

[Bibia vulgarizata].

(Venezia, Andrija Paltašić, 1484).

386 c.; fol.

a¹⁰ b-z.&.?.⁴ A-H⁸ I⁹ K-V⁸ X⁶ Y⁸

IGI 1702, ISTC ib00642500, Barbieri 9

Titolo dal prologo a c. a2r: *Comincia il prologo o veramente epistola del beato Hieronymo sopra di la bibia dignamente vulgarizata per il clarissimo religioso duon Nicolo de malermi venetiano et dil monasterio de sancto Michele di lemo abbate dignissimo.* Contiene apocrifi: *Preghiera di Manasse; Esdra* II (III); testi extracanonici: *Legenda di Sancto Ioseph.* Andrija Paltašić o Andrea Paltasichi. Colophon a c. [X5v]. V. ed.

[130]

BIBBIA/(tr.) MALERBI, NICOLÒ

[Bibia vulgarizata].

(Venezia, Giovanni Rosso per Tommaso Trevisano, 31.X.1484).

452 c.: ill.; fol.

a⁸ b-r.f.s-z.&.A¹⁰ B¹²C-K¹⁰L²⁰M-S¹⁰TV⁶

IGI 1703, ISTC ib00643000, Barbieri 10

Titolo dal prologo a c. a2r (c. [a1r-v] bianca): *Comincia il prologo o ueramente epistola dil beato Hieronymo sopra di la bibia dignamente uulgarizata per il clarissimo religioso duon Nicolo de malermi uenetiano & dil monasterio de sancto Michele di lemo abbate dignissimo.* Contiene apocrifi: *Preghiera di Manasse; Esdra* II (III); testi extracanonici: *Legenda di Sancto Ioseph.* V. ed.

[131]

EPISTOLE E VANGELI/(tr.) ANONIMA

Incominciano lepistole 7 lectioni 7 euangelii: i quali si leggono in tutto lanno alla messa secondo luso della sancta chiesa romana.

(Venezia, Pietro de' Piasi, 16.III.1484).

102 c.; 4°

A⁴ a-l⁸ m⁴ n⁶

GW M34198, ISTC ie00093120

Titolo dalla trascrizione diplomatica della scheda GW.

[132]

JACOBUS DE VORAGINE/(tr.) MALERBI, NICOLÒ

Incomincia el libro intitulato legendario de sancti composto per el reuerendissimo patre Iacobo de voragine del ordine de predicatori archiepiscopo de Genoa.

(Venezia, Andrija Paltašić, 22.X.1484).

214 c.; fol.

a¹⁰ b-r⁸ f⁶ t⁸ v⁶ x-z7.?⁸ A⁸

IGI 5040, ISTC ij00177000

Nome del traduttore nell'epistola al lettore a c. [A6r]: *Nicolao di manerbi veneto monacho del ordine camaldulense* [...]. Titolo da c. a1v (c. a1r bianca). Titolo uniforme: *Legenda aurea sanctorum* [italiano]. Andrija Paltašić o Andrea Paltasichi. V. ed.

[133]

PSEUDO-BONAVENTURA

Incominciano le deuote meditatione sopra la passione del nostro signore cauate et fondate originalmente sopra mesere Bonauentura cardinale de lordine minore. Sopra Nicolao de lira. etiamdio sopra altri doctori 7 predicatori approbati.

(Milano, Antonio Zarotto, 18.III.1484).

42 c.; 4°

a-d⁸ e¹⁰

IGI 1909, ISTC ib00918500

Titolo da c. a1r. Titolo uniforme: *Meditationes vitae Christi* [italiano]. Explicit a c. [e10r]: *ritorno al sanctissimo corpo nel sepulchro.* V. ed.

[134]

PULCI, ANTONIA/PULCI, BERNARDO/ANONIMA

Incomincia la rapresentatione di sancta Domitilla uergine facta & composta in uersi per mona Antonia donna di Bernardo pulci lanno MCCCCLXXXIII; Incomincia la rapresentatione di Barlaam et Iosafat composta per Bernardo Pulci; Comincia la rapresentatione di sancta Guglielma composta per mona Antonia donna di Bernardo Pulci; Incomincia la rapresentatione di Ioseph figliuolo di Iacob; Rapresentatione di sancto Francesco composta per mona Antonia donna di Bernardo Pulci; Incomincia la rapresentatione della reina Hester; Incomincia la rapresentatione della Nativita di Christo; Incomincia la rapresentatione di sancto Antonio della Barba romito; Incomincia la rapresentatione di san Francesco come conuerti tre ladroni e fecionsi frati.

[Firenze, Antonio Miscomini, ca 1484].

170 c.; 4°

a-b⁸ c⁶ d-e⁸ f⁴ g-h⁸ i⁶ k-l⁸ m¹⁰ n-o⁸ p⁴ q-s⁸ t⁴ u⁸ x⁶ y-z⁸ &⁶ aa-bb⁸

IGI 8283, ISTC ir00029680

Titoli a c. a2r, d1r, g1r, k1r, n1r, q1r, u1r, y1r, aa1r. Cfr. Cioni 1961, p. 23; per le singole rappresentazioni bibliche, cioè quelle di Giuseppe, di Ester e della Natività, cfr. Cioni 1961, p. 201-202, n. 1 ("Forma la quarta parte della 'Raccolta prima fiorentina', ed in quella occupa le cc. nn. 63 a 88"), p. 127, n. 1 ("Forma il sesto elemento della 'Prima raccolta fiorentina'"), p. 147, n. 1 ("È questo il settimo elemento della 'Prima raccolta fiorentina'"). ISTC data "1490-1495"; per la datazione anticipata, cfr. Newbigin 2016; Scapecchi 2017, 2398. V. ed.

[135]

PULCI, ANTONIA/PULCI, BERNARDO/FIORDANI, MUZIO

Questa e la festa di sancto Eustachio; Qui comincia la historia & leggenda di sancta Apollonia uergine & martyre di christo; Incomincia la festa dellangiolo Raphaello et di Tobbia; Incomincia uno miracolo della nostra Donna: cioe la rapresentatione di stella.

[Firenze, Antonio Miscomini, ca 1484].

108 c.; 4°

a-b⁸ c¹⁰ d-h⁸ i¹⁰ k-n⁸

IGI 8284, ISTC ir00029700

Le prime due opere sono di Antonia Pulci, la terza di Bernardo Pulci e la quarta di Muzio Fiordani. Titoli da c. a1r, d1r, g1r, k1r. Cfr. Cioni 1961, p. 23-24; per la rappresentazione di Raffaello e Tobia, cfr. Cioni 1961, p. 255, n. 1 ("Terzo elemento della seconda 'Raccolta fiorentina'"). ISTC indica come tipografo: "Antonio Miscomini o Francesco Bonaccorsi", e data "1495"; per il tipografo e la datazione anticipata, cfr. Newbigin 2016; Scapecchi 2017, 2399. V. ed.

1485

[136]

ANTONINO (SANTO)/[ANTONINO (SANTO)]

Incipit confessionale in vulgari sermone editum per venerabilem. pa. d. Antonium archiepiscopum Florentie ordinis predicatorum; Incomincia el libreto dela doctrina christiana: laquale e utile 7 molte necessaria che li puti pizoli 7 zouencelli limpara per sapere amare seruire 7 honorare idio benedicto: 7 schiuare le tentatione 7 peccati.

(Roma, Stephan Plannck, 18.II.1485).

68 c.; 4°

[a-b⁸ c-g⁶ h-i⁸ k⁶]

IGI 673, ISTC ia00853000

Titolo uniforme: *Confessionale: Omnis mortalium cura* [italiano]. Titolo del secondo testo da c. [53r], preceduto da: *In nome del nostro signore misser Iesu Christo 7 dela glo-*

riosissima madre sua 7 donna nostra sempre vergene Maria 7 de tutte la corte celestiale. Titolo uniforme: *Libretto della dottrina cristiana.* V. ed.

[137]

BELCARI, FEO

Qui comincia la rapresentatione da [!] *habram quando iddio gli comando che gli facessi sacrificio in sul monte disaac suo figluolo.*

[Firenze, Bartolomeo de' Libri], (24.X.1485).

10 c.; 4°

a¹⁰

IGI 1434, ISTC ib00297200

Nome dell'autore nell'explicit a c. [a10v]. Titolo da c. a1r. Titolo uniforme: *Rappresentazione di Abramo e Isacco.* Cfr. Cioni 1961, p. 64, n. 2. V. ed.

[138]

BELCARI, FEO

Qui comincia la rapresentatione dabramo quando uolle fare sacrificio disac suo caro figliuolo.

Firenze, Franciscus [de Cennis, ca 1485].

12 c.; 4°

a¹²

GW 3788, ISTC ib00297250

Nome dell'autore nell'explicit a c. [a12v]. Titolo da c. a1r. Titolo uniforme: *Rappresentazione di Abramo e Isacco.* Cfr. Cioni 1961, p. 64, n. 1. V. ed.

[139]

BERNARDINO DA SIENA (SANTO)

[*Della confessione regole xii*].

(Pescia, Franciscus de Cennis, 28.II.1485).

20 c.; 4°

a-b⁸ c⁴

IGI 1494, ISTC ib00343900

Titolo da ISTC (descrizione su esemplare mutilo), cfr. anche l'edizione datata 1494 ISTC ib00344700, vedi 260. V. ed.

[140]

CARACCIOLO, ROBERTO

[*Sermones quadragesimales*] [italiano].

Venezia, Tommaso de' Blavi, 6.VII.1485.

66 c.; fol.

a-l⁶

IGI 2495, ISTC ic00155400

Il titolo è quello uniforme.

[141]

CORNAZZANO, ANTONIO

Comincia la uita dela gloriosa uergine Maria.

(Venezia, Antonello de' Barasconi, 24.III.1485).

12 c.; 4°

a-c⁴

IGI 3207, ISTC ic00914100

Titolo da c. a2r: *Comincia la uita dela gloriosa uergine Maria. Prohemio.* Titolo uniforme: *Vita della Vergine Maria.* A c. a2v: *Capitulo primo come e di cui nacque la nostra donna e come fu trouata la natiuita sua.* V. ed.

[142]

Pseudo-Bonaventura

Incominciano le deuote meditatione sopra la passione del nostro signore cauate 7 fondate originalmente sopra mesere Bonauentura cardinale de lordine minore sopra Nicholao de lyra. etiamdio sopra altri doctori 7 predicatori approbati.

(Bologna, Heinrich von Haarlem, 1485).

36 c.; 4°

a-d⁸ e⁴

IGI 1911, ISTC ib00920000

Titolo da c. a1r. Titolo uniforme: *Meditationes vitae Christi* [italiano]. Explicit a c. [e3v]: *ritorno al sanctissimo corpo nel sepulchro.* V. ed.

[143]

Pseudo-Bonaventura

Incominciano le deuote meditatione sopra la passione del nostro signore cauate 7 fondate originalmente sopra mesere Bonauentura cardinale de lordine minore sopra Nicholao de lyra. etiamdio sopra altri doctori 7 predicatori approbati.

[Bologna, Heinrich von Haarlem, non prima del 1485].

24 ? c.; 4°

a-c⁸

GW 4793, ISTC ib00922600

Titolo da c. a1r. Titolo uniforme: *Meditationes vitae Christi* [italiano]. A c. [c8v], fine del testo nell'esemplare mutilo su cui si basa la descrizione: *Staua la dolorosa madre al lato de la croce del cruciato figliolo o parola degna de ogni.* V. ed.

[144]

Pseudo-Bonaventura

Incominciano le deuote meditatione sopra la passione del nostro signore cauate 7 fundate originalmente sopra sancto Bonauentura cardinale del ordine minore: sopra Nicolao de Lyra: etiamdio sopra altri doctori 7 predicatori approbati.

[Venezia, Bernardino Rizzo, ca 1485].

40 c.; 4°

a-e⁸

IGI 1910, ISTC ib00919000

Titolo da c. [a2r]. Titolo uniforme: *Meditationes vitae Christi* [italiano]. Explicit a c. [e8r]: *ritorno al sanctissimo corpo nel sepulchro.* V. ed.

1486

[145]

Anonima

[*La vita del nostro signore messer yesu christo de la sua gloriosa madre vergene madonna sancta Maria*].

(Venezia, Pietro de' Piasi, 18.III.1486).

84 c.; 4°

a-k⁸

IGI 4286, ISTC iv00304300

Titolo dalla tavola a c. a3v: *Tauola de quelle cose se contengono in la vita* [...]. Titolo uniforme: *Vita di Gesù Cristo e della Vergine Maria.* V. ed.

[146]

Antonino (santo)/[Antonino (santo)]

Incipit confessionale in vulgari sermone editum per venerabilem. p.d. Antonium archiepiscopum Florentiae ordinis praedicatorum; Incomencia il libreto dela doctrina christiana: laquale e vtile 7 molto necessario che i puti pizoli 7 zouenzelli limpara per sapere amare seruire 7 honorare idio benedicto: 7 schiuare le tentationi 7 peccati.

(Venezia, Pietro de' Piasi, 18.VII.1486).

72 c.; 4°

a-d⁸ e⁶ f⁸

IGI 675, ISTC ia00855000

Titolo da c. a2r (c. [a1r-v] bianca). Titolo uniforme: *Confessionale: Omnis mortalium cura* [italiano]. Titolo del secondo testo da c. f1r, preceduto da: *In nome del nostro signore messere Iesu Christo 7 dela gloriosissima madre sua 7 donna nostra sempre vergene Maria: 7 de tutta la corte celestiale.* Titolo uniforme: *Libretto della dottrina cristiana.* Colophon a c. f1r. V. ed.

[147]

Antonino (santo)/[Antonino (santo)]

Incipit confessionale in vulgari sermone editum per venerabilem. p.d. Antonium archiepiscopum Florentie ordinis predicatorum; Incomencia il libreto dela dectrina [!] christiana. laqual e vtile e molte necessaria che li puti piçoli 7 çouençelli limpara per saper amar seruir 7 honorare idio benedicto: 7 schiuare le temptatione 7 peccati.

(Venezia, Antonio da Strada, 13.VII.1486).

48 c.; 4°

a-f⁸

IGI 674, ISTC ia00854000

Titolo da c. a2r (c. [a1r-v] bianca). Titolo uniforme: *Confessionale: Omnis mortalium cura* [italiano]. Titolo del secondo testo da c. [e8r], preceduto da: *In nome del nostro signore misser Ieso [!] Christo 7 dela gloriosissima madre sua 7 donna nostra sempre vergene Maria 7 de tutta la corte celestiale.* Titolo uniforme: *Libretto della dottrina cristiana.* V. ed.

[148]
CARACCIOLO, ROBERTO
[*Le prediche del uenerabile mesere frate Roberto*].
[Milano], (Antonio Zarotto per Giovanni da Legnano, 5.XII.1486).
82 c.; 4°
a-i⁸ k⁶ l⁴
IGI 2496, ISTC ic00155450
Titolo dall'explicit a c. [I4v]: *Qui finisse el libro de le prediche del uenerabile mesere frate Roberto.* Titolo uniforme: *Sermones quadragesimales* [italiano]. V. ed.

[149]
EPISTOLE E VANGELI/(tr.) ANONIMA
[*Epistolae et evangelia*] [italiano].
Milano, Leonhard Pachel e Ulrich Scinzenzeler, IV.1486.
150 c.; 4°
[2-5]¹⁰ a-q⁸ r¹²
IGI VI 3697, ISTC ie00093150
Titolo da ISTC.

[150]
FIDATI, SIMONE/GIOVANNI DA SALERNO
[*Euangelii con le expositione*].
(Venezia, Hannibal Foxius, 30.XII.1486).
156 c.; fol.
[4] a-t⁸
IGI 8995, ISTC is00522500
Titolo dal prologo a c. a1r: *Al nome de Yeshu Christo crucifixo comencia el prologo de fra Guido del libro infrascripto cioe de loro Euangelii con le expositione fatte per frate Simone da Cassia del ordine de sancto Augustino.* Fra Guido ovvero Giovanni da Salerno. V. ed.

[151]
MARCO DAL MONTE SANTA MARIA (MARCO DA MONTEGALLO)
Libro intitulato della divina lege & comandamenti de esso omnipotente dio da legerse per le schole.
(Venezia, Niccolò Balaguer, 1.II.1486).
16 c.; 4°
a-b⁸
IGI 6162, ISTC im00256000
Titolo dalla trascrizione diplomatica della scheda GW M20863.

[152]
PSEUDO-BONAVENTURA

Incominciano le deuote meditatione sopra la passione del nostro signore cauate 7 fondate originalmente sopra mesere Bonauentura cardinale de lordine minore sopra Nicolao de lira. etiamdio sopra altri doctori 7 predicatori approbati.
(Milano, Leonhard Pachel e Ulrich Scinzenzeler, 14.II.1486).
40 c.; 4°
a-e⁸
IGI 1912, ISTC ib00921000
Titolo da c. a1r. Titolo uniforme: *Meditationes vitae Christi* [italiano]. Explicit a c. [e7v]: *ritorno al sanctissimo corpo nel sepulchro.* V. ed.

1487

[153]
ALESSANDRI, BENEDETTO DEGLI
Meditatione & contemplatione sopra la uita del nostro signiore Iesu christo compilata per Benedecto di Bartolomeo degli alexandri cittadino fiorentino alla ueneranda & deuota madre Annalena.
(Firenze, Francesco Bonaccorsi, 8.XII.1487).
38 c.; 4°
a⁸ b-f⁶
IGI 271, ISTC ia00369200
V. ed.

[154]
ANONIMA
[*Leggenda di Lazzaro, Marta e Maddalena*].
Milano, Antonio Zarotto per Giovanni da Legnano, 26.I.1487.
4°
ISTC il00107500
Il titolo è quello uniforme.

[155]
ANONIMA/(tr.) DE' PASQUALI, SIMONE
Li significati de tutti li di lunari: 7 de alcuni insonij reuelati diuinamente a Daniel propheta. Et etiam li insonij cum le sue expositione: che expose Ioseph propheta per reuelatione diuina.
(Bologna, Bazaliero Bazalieri e Angelo Ruggeri, 31.V.1487).
10 c.; 4°
a⁴ b⁶
IGI 3304, ISTC id00019000
Nome del traduttore nell'explicit, cfr. GW. Titolo dalla trascrizione diplomatica della scheda GW 7939. Titolo uniforme: *Somnia Danielis et Joseph* [italiano].

[156]

ANTONINO (SANTO)

Incomincia el deuotissimo & sanctissimo tractato della uera confessione & penitentia composito in uulgare dal glorioso & beato frate Antonino ordinis predicatorum archiepiscopo fiorentino. Per quilli homini & donne che non sono litterati: accio che legendo lo infrascripto tractato più legiermente se possano reducere a memoria li loro peccati & piu ordinatamente fare la loro integra confessione; Incomentia lo tractato dele excommunicationi.

[Napoli], Matthias von Olmütz, per Giovan Marco Cinico e Pietro Molino, [prima del 1487].

108 c.; 4°

[a⁶, b-m⁸ n-p⁶]

IGI 684, ISTC ia00861600

Titolo da c. [6r]. Titolo del trattato sulla scomunica da c. [84v]. Nome del tipografo alla fine da dedicatoria mutila. Data da IGI IV; GW 2177 data "[1489]". V. ed.

[157]

BERNARDINO DA SIENA (SANTO)

[*Della confessione regole xii*].

Siena, Henricus de Colonia, 17.III.1487.

14 c.; 8°

a⁸ b⁶

GW 3878, ISTC ib00344000

Titolo da ISTC (cfr. anche l'edizione datata 1494 ISTC ib00344700, vedi 260). GW indica come data "17.III.1487-1488".

[158]

CARACCIOLO, ROBERTO

[*El quadragesimale del nouelo Paulo fra Roberto*].

(Venezia, Bernardino Rizzo, 19.IV.1487).

114 c.; 4°

a-n⁸ o¹⁰

IGI 2497, ISTC ico0156000

Titolo dall'explicit a c. [o10r]: *Finisse el quadragesimale del nouelo Paulo fra Roberto facto ad complacentia de la sacra maiesta del re ferdinando.* Titolo uniforme: *Sermones quadragesimales* [italiano]. V. ed.

[159]

EPISTOLE E VANGELI/(tr.) ANONIMA

Incominciano le epistole & lectione & euangelii: li quali si legeno in tutto lanno alla messa secondo luso de la sancta chiesa romana.

(Venezia, Hannibal Foxius, 11.IX.1487).

128 c.; 4°

A⁶ a-o⁸ p¹⁰

IGI 3698, ISTC ie00093200

Titolo da c. a1r (c. [A1r-v] bianca, c. A2r-A6v: tavola), preceduto da: *Al nome sia del nostro signore iesu christo.* V. ed.

[160]

EPISTOLE E VANGELI/(tr.) ANONIMA

Incominciano lepistole 7 lectioni: 7 vangelii equali si leghono tutto lanno nella messa: cioe dominicale feriale et festiui secondo luso della romana chiesa.

[Firenze, Francesco di Dino, 1487-1497].

100 c.; fol.

[2] a-l⁸ m¹⁰

IGI 3704, ISTC ie00093250

Titolo da c. a1r (le prime due carte recano la tavola), preceduto da: *A laude et gloria del omnipotente signore iesu 7 della sua madre madonna sancta Maria 7 del glorioso doctore sancto Hieronimo.* V. ed.

[161]

JACOBUS DE VORAGINE/(tr.) MALERBI, NICOLÒ

[*Legende de sancti*].

(Venezia, Paganino Paganini <1>, 5.X.1487).

224 c.; fol.

a-z⁸ 7⁸ A-B⁸ (c. a1 bianca)

IGI 5041, ISTC ij00177300

Nome dell'autore e del traduttore e titolo dall'explicit a c. [B7v]: *Finisse le legende de sancti composte per el reuerendissimo padre frate iacobo de voragine del ordine de frati predicatori arciuerscouo di genoua. Traduco de latino in lingua vulgare per el venerabile messer don Nicolao de manerbi veneto del ordine de camaldulense abbate del monasterio de sancto mathia de murano.* Titolo uniforme: *Legenda aurea sanctorum* [italiano]. V. ed.

[162]

PSEUDO-BONAVENTURA

Incominciano le deuote meditatione sopra la passione del nostro signore cauate 7 fundate originalmente sopra sancto Bonauentura cardinale del ordine minore sopra Nicolao de Lira. etiamdio sopra altri doctori 7 predicatori approbati.

(Venezia, Girolamo de' Sanctis e Cornelio, 1487).

40 c.: ill.; 4°

a-e⁸

IGI 1913, ISTC ib00922000

Titolo da c. a2r (c. [a1r] bianca, c. [a1v] illustrata). Titolo uniforme: *Meditationes vitae Christi* [italiano]. Explicit a c. [e8r]: *ritorno al sanctissimo corpo nel sepulchro* [italiano]. V. ed.

1488

[163]

ANONIMA

[*La uita del nostro signore messer yesu christo e de la sua gloriosa madre uergene madona sancta Maria*].

(Milano, Antonio Zarotto per Giovanni da Legnano, 1.X.1488).

84 c.; 4°

[*]⁴ a-k⁸

IGI 4287, ISTC iv00304350

Titolo dalla tavola a c. [*1v] (c. [*1r] bianca): *Tauola de quelle cose se conteneno in la uita* [...]. Titolo uniforme: *Vita di Gesù Cristo e della Vergine Maria*. V. ed.

[164]

ANTONINO (SANTO)

Somma dello arciuescouo Antonino Omnis mortalium cura.

[Firenze, Bartolomeo dei Libri], (1488).

94 c.; 4°

a-l⁸ m⁶

IGI 678, ISTC ia00856000

Titolo dall'occhietto a c. [a1r]. Titolo uniforme: *Confessionale: Omnis mortalium cura* [italiano]. A c. a2r: *Incomincia uno confessionale uolgare dil reuerendissimo padre beato frate Antonino arciueschouo di Firenze: del ordine de frati predicatori: intitolato Specchio di conscientia elquale e libro degno 7 utile a chi desidera di saluare lanima*. V. ed.

[165]

ANTONINO (SANTO)

Somma dello arciuescouo Antonino Omnis mortalium cura.

[Firenze, Bartolomeo dei Libri, ca 1488].

94 c.: ill.; 4°

a-l⁸ m⁶

IGI 677, ISTC ia00857000

Titolo dall'occhietto a c. [a1r]. Titolo uniforme: *Confessionale: Omnis mortalium cura* [italiano]. A c. a2r: *Incomincia uno confessionale uolgare dil reuerendissimo padre beato frate Antonino arciueschouo di Firenze: del ordine de frati predicatori: intitolato Specchio di conscientia elquale e libro degno 7 utile a chi desidera di saluare lanima*. IGI VI indica come data ca 1490. V. ed.

[166]

BERNARDINO DA FELTRE

Confessione utile & brieue composta da fra Bernardino da feltro astanza dello illustrissimo Guido duca di Vrbino & della sua consorte Helisabetta Gonzaga anchora duchessa di Vrbino.

[Firenze, tra il 1488 e il 1508].

4 c.: ill.; 4°

a⁴

ISTC ib00343190, SBN-IT\ICCU\VEAE\141621

A c. [a3v]: *E dieci comandamenti della leggie*. Stampato presumibilmente a Firenze tra il 1488, anno in cui viene celebrato il matrimonio dei duchi di Urbino, e il 1508, anno in cui muore il duca Guidobaldo, mentre la consorte viene citata ancora come duchessa, cfr. SBN. Cfr. Sander 934. V. ed.

[167]

BUSTI, BERNARDINO

Tesauro spirituale. Corona della beatissima Vergine Maria. Specchio di salute.

[Milano, Giovanni Antonio da Onate], ca 1488.

8°

Jacobson Schutte, p. 109

Titolo uniforme: *Tesauro spirituale*. In altre edizioni il *Tesauro spirituale* contiene l'*Ave Maria*, i dieci comandamenti e il *Pater noster* in italiano.

[168]

[CAMILLA BATTISTA DA VARANO]

Questo deuoto libreto e stato nouamente composto da vna venerabile donna religiosa: nelquale se contengono certi dolori mentali de Iesu benedecto: liquali esso per sua pieta se degno riuelare ad vna sua fidel serua 7 deuota religiosa: laquale come a dio piacque finalmente li conferi con la predicta venerabile religiosa essendo insieme con lei de famiglia: 7 mo per diuina ispiratione in questo agosto proximo passato li fu comandato che ad utilitade 7 consolatione de chi piu tempi lhauea pregata li scriuesse. Et lei perche li pareua esser ignorante: 7 la materia difficile: se excuso non sapere pur come incominciare. Et subito li fu insegnato come douesse incominciare: 7 promisseli che senza faticha scriueria: 7 cosi fu che velocissimamente senza pensare scriuea. Et piu li abondaua le parole che la penna non posseua scriuere; Questi sono li quindeci ponti de Iesu benedecto: liquali reuelo vna sancta donna laquale staua in vno heremitorio: liquali sono di tanta sanctita et deuotione che lingua non lo potria dire: liquali se debe dire per ogniuno ponto vno pater noster 7 vna Aue Maria [latino]; *Questi sono li septe dolori della gloriosa vergine Maria: liquali porto langelo a frate Biages de Spagna: homo di grande sanctitade: 7 deuotissimo della gloriosa vergine Maria: liquali sono di grandissima deuotione: 7 contengono in si molte gratie. Et debbese dire per ogni dolore septe pater noster 7 septe aue Marie.*

[Venezia, Johann Emerich, dopo VIII.1488].

16 c.; 8°

a-d⁴

IGI 3525, ISTC id00302900 e id00303000

Il testo è quello attribuito a Camilla Battista da Varano per l'edizione EDIT16-CNCE 48932. Data a c. a1r alla fine del titolo: *Et questo fu nel .M.cccc.lxxxviij. del mese di agosto*. ISTC id00302900 rimanda a IGI, mentre ISTC id00303000, che indica: "[Venice: n.pr., after Aug. 1488; after 1500?]" e "[Bernardinus Benalius?]", rimanda a GW 8633. Titolo del secondo testo a c. d2r. Titolo del terzo testo a c. d3r. V. ed.

[169]
CARACCIOLO, ROBERTO
[El quadragesimale del nouello Paulo fra Roberto].
(Venezia, Giovanni Rosso, 10.XI.1488).
94 c.; 4°
a-l⁸ m⁶
IGI 2498, ISTC ic00157000
Titolo dall'explicit a c. [m5v]: *Finisse el quadragesimale del nouello Paulo fra Roberto facto ad complacentia de la sacra maesta del Re Ferdinando*. Titolo uniforme: *Sermones quadragesimales* [italiano]. V. ed.

[170]
[CICERCHIA, NICCOLÒ]
[La passione di Gesù Cristo].
[Gaeta?, Andreas Freitag, ca 1488].
36 c.; 4°
a-f⁶
GW 6704, ISTC ic00497350
Per l'autore cfr. Cioni 1963, p. 29. Il titolo è quello uniforme. Incipit a c. a1r (da Cioni): *(O) Increata maesta didio*. Cfr. Cioni 1963, p. 32-33, n. 3 (con data "c. 1487").

[171]
EPISTOLE E VANGELI/(tr.) ANONIMA
Epistole et Euangelii.
(Venezia, Bernardino Rizzo, 16.XII.1488).
114 c.; 4°
A⁶ a-n⁸ o⁴
IGI 3699, ISTC ie00093300
Titolo dall'occhietto a c. [A1r] (c. [A1v] bianca, c. A2r-[A6v]: tavola). Incipit a c. a1r: *Al nome sia del nostro signore Iesu christo. Incominciano le epistole et lectione et euangelii li quali si legeno in tutto lanno alla messa secondo luso de la sancta chiesa Romana.* V. ed.

[172]
FILELFO, GIOVANNI MARIO
Comenza lofficio de la gloriosa uirgine Maria traducto et composto per lo excellentissimo doctore miser Mario philelfo poeta laureato.
(Venezia, Bernardino de' Cori, 29.III.1488).
104 c.; fol.
a-n⁸
IGI 4871, ISTC i000048800

Titolo dalla trascrizione diplomatica della scheda GW 13395, preceduto da: *Al nome de dio.*

1489

[173]
ANONIMA
Questo libro e chiamato fiore nouello molto deuoto da lezere cum certe predicatione tutto el testamento uechio comenzando dala creatione del mondo in fine a la natiuita de christo.
(Venezia, Bernardino Rizzo, 22.I.1489).
66 c.; 4°
A-G⁸ H¹⁰
GW 9909, ISTC if00172000
Titolo dalla trascrizione diplomatica della scheda GW. Titolo uniforme: *Fiore novello estratto dalla Bibbia.*

[174]
ANONIMA
La vita della Nostra Donna.
(Venezia, Bernardino Rizzo, 18.VIII.1489).
72 c.; 4°
[*]⁴ a-h⁸ i⁴
IGI 4288, ISTC iv00304400
Titolo dall'occhietto a c. [*1r]. Titolo uniforme: *Vita di Gesù Cristo e della Vergine Maria*. Tavola a c. [*2r]: *Tauola de quelle cose che se conteneno in la uita* [...]. V. ed.

[175]
BUSTI, BERNARDINO
Tesauro spirituale. Corona della beatissima Vergine Maria. Specchio di salute.
[Milano, Giovanni Antonio da Onate], ca 1489.
8°
Jacobson Schutte, p. 109
Titolo uniforme: *Tesauro spirituale*. In altre edizioni il *Tesauro spirituale* contiene l'*Ave Maria*, i dieci comandamenti e il *Pater noster* in italiano.

[176]
[CICERCHIA, NICCOLÒ/PULCI, ANTONIA?]
[La passione del nostro signore Giesu christo narrata per lo vangelista san Giovanni: con la sua sanctissima resurrectione. Et enim anchora come giesu christo cauo tutti li sancti padri: patriarchi: e propheti de limbo: e chiamolli tutti ad vno ad vno per nome: Et etiam la crudel vendetta fece tito vespasiano contra li perfidi giudei della destructione di gierusalem: per vendecta di christo: e come fu menato pilato al gran senato di Roma e la morte chel fece 7 altre cose assai come legendo potrai intendere].
(Bologna, Ugo Ruggeri, 10.III.1489).

38 c.: ill.; 4°

a-d[8] e[6]

IGI 2795, ISTC ic00497400

Per l'autore cfr. Cioni 1963, p. 29 e 38. Titolo dall'explicit a c. [e5v]: *Finisse la passione [...]*. Titolo uniforme: *La passione di Gesù Cristo*. Incipit a c. a1r: *[O] increata maestà didio*. Titolo uniforme: *La resurrezione del nostro signore*. Incipit a c. bviir: *[V]olendo della resurression sancta | parlare chiamo iesu signor del cielo*. A c. d4r (titolo uniforme in ISTC: *La vendetta di Cristo*; opera che narra la vendetta della morte di Cristo che fecero Vespasiano e Tito contro Gerusalemme, probabilmente di Antonia Pulci, cfr. Cioni 1963, p. 29-30 e 40): *Comenza la destructione de Gierusalem. | Dagli eterni lumi o chiara lampa*. Cfr. Cioni 1963, p. 33, n. 4 (che indica che questa è l'unica stampa che dia la trilogia completa composta da passione, resurrezione e vendetta di Cristo). V. ed.

[177]

Pseudo-Bonaventura

Le deuote meditatione sopra la passione del nostro signore.

Milano, Antonio Zarotto, 5.VIII.1489.

48 c.; 4°

a-f[8]

IGI 1915, ISTC ib00922500

Titolo uniforme: *Meditationes vitae Christi* [italiano]. Explicit: *ritorno al sanctissimo corpo nel sepulchro*.

[178]

Pseudo-Bonaventura

Incominciano le deuote meditatione sopra la passione del nostro signore cauate & fundate originalmente sopra sancto Bonauentura cardinale del ordine minore sopra Nicolao de Lira: etiamdio sopra altri doctori & predicatori approbati.

(Venezia, Matteo Capcasa, 27.II.1489).

34 c.: ill.; 4°

a-b[8] c-e[6]

IGI 1914, ISTC ib00905000

Titolo da c. a1r. Titolo uniforme: *Meditationes vitae Christi* [italiano]. Explicit a c. [e6r]: *scripto di me nele prophetie e psalmi*. V. ed.

[179]

Pulci, Bernardo

Passione di Bernardo Pulci.

Firenze, [Antonio Miscomini, ca 1489-1490].

46 c.; 4°

[pi greco][4] a[8] b-d[6] e-f[8]

IGI 8207 e 8208, ISTC ip01103700 e ip01104000, SBN-IT\ICCU\AREE\000197

Titolo da c. a1r, seguito da incipit: *o Tutti uoi che passate per uia*. A c. f1r: *Bernardo pulci di Maria magdalena*;

a c. f4r (nell'edizione ISTC ip01104000 numerata f2r): *Bernardo pulci in Maria Virgine di bibbona*. GW 36536 data "[um 1485]". Per Cioni (Cioni 1963, p. 36), l'edizione ISTC ip01103700 costituisce una "tiratura diversa del medesimo testo"; SBN descrive un esemplare che differisce nella composizione della stampa di tutta la parte in versi e fa parte verosimilmente di una variante di una delle due stampe descritte da ISTC. Cfr. Cioni 1963, p. 35-36, n. 1 e 2. V. ed.

1490

[180]

Anonima

Comenza el pianto de la madona.

[Venezia, Matteo Capcasa, ca 1490].

4 c.: ill.; 4°

[*][4]

IGI 5638, ISTC il00029200

Titolo da c. [*1r]. Titolo uniforme: *Lamento della Vergine Maria*. Incipit a c. [*1r]: *Chi uol pianger con la uergine maria | deuotamente ascoltare del bon core*. V. ed.

[181]

Anonima

Fioreti de la Bibia con certe predicatione tutto del testamento uechio cominciando da la creatione del mondo in fine ala natiuita de Christo.

[Nord Italia, dopo il 1490?].

48 +? c.; 4°

a-f[8] +?

GW 9910, ISTC if00172100

Titolo dalla trascrizione diplomatica della scheda GW. Titolo uniforme: *Fiore novello estratto dalla Bibbia*.

[182]

Anonima

Incomenza la miraculosa legenda de le dilette spose e care hospite de christo Martha e Magdalena.

(Brescia, Giacomo Britannico <1>, 4.XI.1490).

48 c.; 4°

a-f[8]

IGI 5712, ISTC il00107600

Titolo dalla trascrizione diplomatica della scheda GW M17369, preceduto da: *In lo nome de la sancta trinitade*. Titolo uniforme: *Leggenda di Lazzaro, Marta e Maddalena*.

[183]

Anonima

Incomenza la miraculosa legenda de le dilette spose e care hospite de christo Martha e Magdalena.
[Milano, Antonio Zarotto, ca 1490].
72 c.; 4°
a-h⁸ i⁴
IGI 5713-A, ISTC il00108900
Titolo preceduto da: *In el nome de la santa trinitade*. Titolo uniforme: *Leggenda di Lazzaro, Marta e Maddalena*. ISTC indica anche: "[Venice?: n.pr., about 1489]". V. ed.

[184]
ANONIMA
Incomincia el libro di Lazero & Martha & Magdalena.
[Firenze, Francesco Bonaccorsi], (a istanza di Piero Pacini), [ca 1490].
64 c.: ill.; 4°
a-h⁸
IGI 5713, ISTC il00108000
Titolo da c. a1r. Titolo uniforme: *Leggenda di Lazzaro, Marta e Maddalena*. A c. [h6r]: *Capitolo in laude di sancta Maria magdalena composto per Bernardo Pulci*. A c. [h8r]: *Oratione alla immaculata sancta Martha vergine gloriosa*. GW M17371 indica: "[Florenz: Laurentius de Morgianis und Johann Petri für] Piero Pacini, nach 1496]". V. ed.

[185]
ANONIMA
La rappresentazione del vitello sagginato.
[Firenze, Bartolomeo dei Libri, ca 1490].
6 c.; 4°
a⁶
IGI 10345, ISTC iv00305500
BEIC indica: "L'opera appartiene a una miscellanea fattizia di sacre rappresentazioni dei sec. 15. e 16. mai più stampate e quindi raccolte con unico frontespizio nel 1578". Cfr. EDIT16-CNCE 53305, vedi 1838.

[186]
ANONIMA
La rapresentatione di sancto Giouanni dicollato.
[Firenze, Bartolomeo de' Libri, ca 1490].
6 c.: ill.; 4°
a⁶
IGI 4307, ISTC ij00254700
Titolo dall'occhietto a c. [a1r] (c. [a1v] bianca). Titolo uniforme: *Rappresentazione di s. Giovanni Battista decollato*. Incipit a c. [a2r]: *Incomincia qui di sotto la festa di san Giouanni baptista quando gli fu tagliata la testa*. Per la data cfr. GW M12985 e Cioni 1961, p. 189, n. 1. V. ed.

[187]
ANONIMA

[*Storia dei ss. Maria Maddalena, Lazzaro e Marta*].
[Bologna, Dionigi Bertocchi, ca 1490].
4 c.; 4°
[*]4
IGI 5720, ISTC il00108200
Il titolo è quello uniforme. Incipit a c. [1r]: *Celestiale gloria e buon consiglio | o sommo idio o vera trinitate*. Per il luogo, il tipografo e la data cfr. Cioni 1963, p. 198, n. 1. GW M17387 indica: "[Venedig: Manfredus de Bonellis, um 1495]". V. ed.

[188]
ANTONINO (SANTO)
Incomincia vno Confessionale uolgare del reuerendissimo padre beato frate Antonino arciueschouo di firenze dellordine de frati predicatori intitolato Specchio di conscientia elquale e libro degno et utile a chi desidera di saluare lanima.
[Firenze, Tipografo del Virgilio, ca 1490].
84 c.; 4°
a-h⁸, I-K⁸, l⁴
IGI 679, ISTC ia00858000,
Titolo da c. a2r. Titolo uniforme: *Confessionale: Omnis mortalium cura* [italiano]. ISTC indica anche come tipografo: "[Florence: Printer of Vergilius (C 6061), about 1490]"; "[Printer of Benignus, 'Dialectica']"; "[Bartolommeo Di Libri]". V. ed.

[189]
ANTONINO (SANTO)
Somma dello arciuescouo Antonino omnis mortalium cura.
[Firenze, Bartolomeo dei Libri, 1488-1490].
[94] c.; 4°
SBN-IT\ICCU\VEAE\141531
Titolo uniforme: *Confessionale: Omnis mortalium cura* [italiano].

[190]
ANTONINO (SANTO)/ TOMMASO D'AQUINO (SANTO)
Incomincia uno Confessionale uulgare del reuerendissimo padre beato frate Antonio arciuesco di Fiorenza de lordine de frati predicatori intitolato Spechio di conscientia: el quale e libro degno & utile a chi desidera di saluare lanima; De excomunicatione; Li dieci comandamenti de dio; Io credo in dio padre omnipotente creatore del [...]; Questa oratione compose sancto Tomaso de aquino [...]; Oratione che fa dopo la communione.
[Milano, Antonio Zarotto, ca 1490].
80 c.; 4°
a-k⁸
IGI 680, ISTC ia00858500
Titolo dalla trascrizione diplomatica della scheda GW 217620N, preceduto da: *Iesus: Maria: Dominicus*. Titolo

uniforme: *Confessionale: Omnis mortalium cura* [italiano]. Titoli del trattato sulla scomunica da c. 65r, dei dieci comandamenti da c. 75b (incipit: *Chi uita eterna uole aquistare*), del Credo da c. 76a, delle orazioni da c. 76a e 76b, cfr. GW.

[191]

[ARALDI, ANTONIO/BELCARI, FEO]
La rapresentatione del di del giudicio.
[Firenze, Bartolomeo de' Libri, ca 1490].
8 c.: ill.; 4°
a⁸
IGI 4323, ISTC iro0028950
Testo di Antonio Araldi con terzine aggiunte da Feo Belcari, cfr. Cioni 1961, p. 200. Cfr. Cioni 1961, p. 200-201, n. 1. V. ed.

[192]

BELCARI, FEO
La festa di san giouanni quando fu uisitato da christo nel diserto.
[Firenze, Bartolomeo de' Libri, ca 1490].
4 c.: ill.; 4°
[*]⁴
IGI 1439, ISTC ib00297900
Nome dell'autore nell'explicit a c. [*4r]. Titolo da c. [*1r] (c. [*1v] bianca). Incipit a c. [*2r]: *Incomincia la rapresentatione quando sancto Giouanni essendo fanciullo fu uisitato nel diserto da Giesu christo quando tornaua de egipto.* V. ed.

[193]

BELCARI, FEO
Qui comincia la representatione da Habraam quando idio gli comando che gli facessi sacrificio in sul monte di Isaac suo figliuolo.
(Firenze), [Tipografo del Virgilio], (1.IV.1490).
10 c.; 4°
a¹⁰
IGI 1435, ISTC ib00297300
Nome dell'autore nell'explicit a c. [a10v]. Titolo da c. a1r. Titolo uniforme: *Rappresentazione di Abramo e Isacco.* Per il tipografo cfr. Ridolfi 1954B, p. 105 e seg. ISTC indica anche (da GW 3790): "[Printer of Benignus, 'Dialectica']"; cfr. anche Cioni 1961, p. 64, n. 3. V. ed.

[194]

BIBBIA/(tr.) MALERBI, NICOLÒ
Biblia vvlgare istoriata.
(Venezia, Giovanni Ragazzo per Lucantonio Giunta <1>, 15.X.1490).
2 pt: ill.; fol.
1:

216 c.
a-x⁸ y¹⁰ aa-dd⁸ ee⁶
2:
214 c.
AA-PP⁶ A-L⁸ M⁶
IGI 1704, ISTC ib00644000, Barbieri 11
Contiene apocrifi: *Preghiera di Manasse*; *Esdra* II (III); extracanonici: *Legenda di Sancto Ioseph.* V. ed.

[195]

[BUSTI, BERNARDINO]
Incomencia la corona de la beatissima Vergine maria; Seguita vna deuota salutatione de la croce: da far ogni giorno: maxime el Venerdi sancto.
(Milano, Leonhard Pachel, 29.V.1490).
58 c.; 16°
a-f⁸g¹⁰
IGI 2286, ISTC ib01337400
Titolo del primo testo da c. a2r, preceduto da: *Nel nome del nostro signore iesu christo.* Titolo del secondo testo da c. [f6r] (primo di una serie di testi raccolti sotto il titolo *Specchio di salute* nell'edizione ISTC ib01337850, vedi 264). Titolo uniforme: *Tesauro spirituale.* A c. [a5v]-[a6r]: *Capitulo.viiij. Salue regina vergene maria*; a c. g1v: *Questi sono li deci comandamenti de la lege diuina*; a c. g5r: *Questo he il pater nostro in vulgare.* V. ed.

[196]

[CICERCHIA, NICCOLÒ]
La passione del nostro signore Iesu Christo.
[Firenze, Bartolomeo de' Libri, ca 1490].
36 c.; 4°
a-d⁸ e⁴
IGI 2794-A, ISTC ico0497640
Per l'autore cfr. Cioni 1963, p. 29. Titolo uniforme: *La passione di Gesù Cristo.* Titolo dalla trascrizione diplomatica della scheda GW 0670510N. Incipit (da GW): [o] *Increata maesta didio.* Sulla data cfr. Tura 2001, p. 91. Cfr. anche Cioni 1963, p. 34, n. 6 (con data "c. 1494").

[197]

[CICERCHIA, NICCOLÒ]
La passione del nostro signore Iesu Christo.
(Firenze, Francesco Bonaccorsi, 6.III.1490).
42 c.; 4°
a-d⁸ e⁶ f⁴
IGI 2796, ISTC ico0497500
Per l'autore cfr. Cioni 1963, p. 29. Titolo uniforme: *La passione di Gesù Cristo.* Incipit a c. a1r: *o increata maesta di dio.* Cfr. Cioni 1963, p. 33, n. 5. V. ed.

[198]

[CICERCHIA, NICCOLÒ]

La resurressione di Giesu Christo.

[Firenze, Bartolomeo de' Libri, ca 1490].

32 c.; 4°

a-d⁸

IGI 4279, ISTC ir00149400

Per l'autore cfr. Cioni 1963, p. 29 e 38. Titolo da c. a1r. Titolo uniforme: *La resurrezione del nostro signore.* Incipit a c. a1r: *uolendo della resurression sancta | parlare chiamo Iesu signor del cielo.* Explicit a c. [d8v]: *ci faccia grazia dauere a memoria | siche participiamo letterna gloria | Finita la resurrexione del nostro signo|re giesu christo Amen.* ISTC indica: "IGI originally dated about 1490, altered to 1483 in IGI VI. 1490 is to be preferred, according to *Edizioni fiorentine del Quattrocento e primo Cinquecento in Trivulziana,* p. 91". L'edizione segue l'impaginazione di quella datata 24.II.1483 (cfr. ISTC ir00149370, vedi 122), che ricompone il testo, aggiungendo il titolo in rosso prima dell'incipit e sostituendo la data con "Amen" nell'explicit. Cfr. Cioni 1963, p. 38-39, n. 3 (con data "c. 1494"). V. ed.

[199]

[CICERCHIA, NICCOLÒ]

La resurrexione del Nostro Signore Giesu Christo.

(Firenze, Francesco Bonaccorsi, 31.III.1490).

36 c.; 4°

a⁸ b⁶ c-d⁸ e⁶

GW M36542, ISTC ir00149600

Per l'autore cfr. Cioni 1963, p. 29 e 38. Titolo da c. a1r. Titolo uniforme: *La resurrezione del nostro signore.* Incipit a c. a1r: *uOlendo della resurressione sancta | parlare chiamo giesu signor del cielo.* Cfr. Cioni 1963, p. 38, n. 2 (con data "21 marzo 1490", forse da trascrizione erronea del colophon dell'esemplare della British Library "A Di Vltimo" in "A di Vĕtiuno"). V. ed.

[200]

CORNAZZANO, ANTONIO

Vita di nostra donna.

(Modena, Domenico Rococciola, 17.VII.1490).

30 c.: ill.; 4°

a-c⁸ d⁶

IGI 3208, ISTC ic00914250

Titolo dall'occhietto a c. [a1r]. Titolo uniforme: *Vita della Vergine Maria.* A c. [a1v]: *Antonio cornazano: de la sanctissima vita di nostra donna. alla illustrissima. m. hippolita vesconte duchessa di Calabria prohemio comencia.* A c. a3r: *Capitulo primo come e di cui naque la nostra donna: e come fu trouata la natiuita sua.* V. ed.

[201]

CORNAZZANO, ANTONIO [i.e. ENSELMINO DA MONTEBELLUNA]

Incomenza lo pianto de la noſtra aduocata uerzine Maria compoſto per miser Antonio Cornazano.

[Brescia, Bernardino Misinta, 1490].

4 + c.: ill.; 4°

[*]⁴ +

IGI 3678, ISTC ie00043080

Titolo da c. [*1r]. Il titolo del *Pianto* lo attribuisce a Antonio Cornazzano, ma il testo (corrispondente alla fine del primo capitolo e all'inizio del secondo capitolo) è quello di Enselmino da Montebelluna. Titolo uniforme: *Il pianto della Vergine Maria.* V. ed.

[202]

EPISTOLE E VANGELI/(tr.) ANONIMA

Epistole et Euangelii vvlgare.

(Venezia, Teodoro Ragazzoni, 1.X.1490).

88 c.: ill.; fol.

a-f⁸ A-E⁸

IGI 3700, ISTC ie00093400

Titolo dall'occhietto a c. [a1r]. Incipit a c. [a1v]: *Al nome sia del nostro Signore Iesu Christo. Incominciano lepistole & lectione & euangelii: iquali si leghono in tutto lanno alla messa secondo luso de la sancta chiesa romana.* Colophon a c. E4r. V. ed.

[203]

[HONORIUS AUGUSTODUNENSIS]

Lucidario.

(Firenze, Johann Petri, 25.VI.1490).

48 c.; 4°

[*]² a-e⁸ f⁶

IGI 5849, ISTC il00332560

Titolo dall'occhietto a c. [a1r]. Titolo uniforme: *Lucidarius* [italiano]. A c. a2r: *Qui comincia el prologo del libro del Lucidario; Qui comimincia* [!] *el libro del maestro et del discepolo.* V. ed.

[204]

[HONORIUS AUGUSTODUNENSIS]

Lucidario.

[Firenze, Bartolomeo de' Libri, ca 1490].

46 c.: ill.; 4°

a-e⁸ f⁶

IGI 5850, ISTC il00332570

Titolo dall'occhietto a c. [a1r]. Titolo uniforme: *Lucidarius* [italiano]. A c. a2r: *Qui comincia el prologo del libro del Lucidario; Qui comincia el libro del maestro & del discepolo.* V. ed.

[205]

[HONORIUS AUGUSTODUNENSIS]
Qui se incomencia lo libro. del discipulo: e del maestro.
(Ferrara, Laurentius de Rubeis de Valentia, 15.I.1490).
42 c.; 4°
a-d⁸ e¹²
IGI 5848, ISTC il00332550
Titolo dalla trascrizione diplomatica della scheda GW 09374 (a c. a2r dopo il prologo). Titolo uniforme: *Lucidarius* [italiano]. A c. a2r (da GW): *Qui incomincia lo prologo in lo libro del Lucidario.*

[206]

JACOBUS DE VORAGINE/(tr.) MALERBI, NICOLÒ
Incomincia el libro intitulato legendario de sancti composto per el reuerendissimo patre frate Iacobo de Voragine del ordine de predicatori archiepiscopo de Genoua.
(Venezia, Bartolomeo Zani, 31.III.1490).
224 c.; fol.
a-z&?⁸ A-B⁸
IGI 5042, ISTC ij00177600
Nome del traduttore nell'espitola al lettore a c. [B5v]: *Nicolao de Manerbi veneto monacho del ordine camaldulense [...]*. Titolo da c. a2r (c. [a1r] bianca, c. [a1v]: prologo). Titolo uniforme: *Legenda aurea sanctorum* [italiano]. V. ed.

[207]

PSEUDO-BONAVENTURA
Incominciano le deuote meditatione sopra la passione del nostro signore cauate & fundate originalmente sopra sancto Bonauentura cardinale del ordine minore sopra Nicolao de Lira: etiamdio sopra altri doctori & predicatori approbati.
(Venezia, Bernardino Benali, [1490]).
34 c.: ill.; 4°
a⁸ b-c⁶ d⁸ e⁶
IGI 1916, ISTC ib00904000
Titolo da c. a1r. Titolo uniforme: *Meditationes vitae Christi* [italiano]. Explicit [e6v]: *scripto di me nele prophetie e psalmi*. V. ed.

[208]

PSEUDO-BONAVENTURA
Incominciano le deuote meditatione sopra la passione del nostro signore cauate & fundate originalmente sopra sancto Bonauentura cardinale del ordine minore sopra Nicolao de Lira: etiamdio sopra altri doctori & predicatori approbati.
(Venezia, Matteo Capcasa, 26.IV.1490).
34 c.; 4°
a-b⁸ c-e⁶
IGI 1917, ISTC ib00906000

Titolo da c. a1r. Titolo uniforme: *Meditationes vitae Christi* [italiano]. Explicit a c. [e5v]: *scripto di me nele prophetie e psalmi*. V. ed.

[209]

PSEUDO-DANTE
Li septe psalmi penitentiali liquali fece Dauit stando in pena.
[Firenze, Bartolomeo de' Libri, 1490].
4 c.; 4°
[a⁴]
IGI 375, ISTC id00037900
Testo erroneamente attribuito a Dante. Titolo uniforme: *I sette salmi penitenziali*. Incipit a c. [*1r]: *Signor non mi riprender con furore | & non uoler corregermi con ira*. V. ed.

[210]

PULCI, BERNARDO
Incomincia la passione del nostro signore Iesu Christo.
(Firenze, Francesco Bonaccorsi, 3.XI.1490).
40 c.; 4°
a-e⁸
IGI 8209, ISTC ip01105000
Nome dell'autore nella dedica a c. a1r: *Bernardo Pulci fiorentino alla diuota in Christo suora Anna Lena de Tanini nel monasterio delle Murate De passione Domini. S.P.D.* Titolo da c. a4r. A c. e1v: *Bernardo Pulci Iterum in passione domini* [in italiano]; a c. [e6r]: *Bernardo Pulci di Maria Magdalena*. Cfr. Cioni 1963, p. 36-37, n. 3. V. ed.

[211]

[SERDINI DA SIENA, DETTO IL SAVIOZZO]/(ed.) GIOVANNI FIORENTINO <FRANCESCANO>
[Psalmi poenitentiales] [italiano].
[Venezia, Andreas Calabrensis, ca 1490].
4 c.; 4°
[*]⁴
IGI 8175, ISTC ip01032500
Per l'autore cfr. Pietrobon, p. 243 e p. 304. Nome del compilatore a c. [*4v]: *Joannes dictus florentinus*, cioè Giovanni Fiorentino <francescano>, cfr. EDIT16-CNCA 6107, Rhodes 1961. Il titolo è quello uniforme. Incipit a c. [*1r]: *Io chiamo e prego el mio eterno idio*. Explicit a c. [*4v]: *ne mai non sentira leterno ardore*. V. ed.

1491

[212]

ALIGHIERI, DANTE/LANDINO, CRISTOFORO
Comento di Christophoro Landino fiorentino sopra la Comedia di Danthe Alighieri poeta fiorentino.

(Venezia, Bernardino Benali e Matteo Capcasa, 3.III.1491).
302 c.: ill.; fol.
[*]¹⁰ a-q⁸ r⁶ s-z⁸ &⁸ [us]⁸ [rum]⁸ A⁸ B⁶ C-I⁸ K⁶ L⁸
IGI 363, ISTC id00032000
Titolo dal proemio a c. [*1r], preceduto da: *Proemio*.
Titolo uniforme: *Divina commedia*. A c. [L8r]: *Pater nostro di Danthe*; *Aue Maria di Danthe*. V. ed.

[213]
ANONIMA
Comincia la vita de sancto Giouanne Baptista.
(Modena, Domenico Rococciola, 15.VI.1491).
50 c.: ill.; 4°
a-l⁸ g²
IGI 4309, ISTC ij00255000
Titolo dall'occhietto a c. [a1r]. Titolo uniforme: *Vita di san Giovanni Battista*. Prologo a c. a2r. A c. a2v: *La prima parte poneremo de la natiuitade in fino che ello ando in lo deseto. La seconda parte poneremo come ello conuerso in lo deserto infino al baptesimo. La tertia parte poneremo del baptesimo 7 de la sua morte*. V. ed.

[214]
ANONIMA
Incomenza la miraculosa legenda dele dilette spose e care hospite de christo Martha e Magdalena.
(Venezia, Matteo Capcasa, 1.II.1491).
48 c.: ill.; 4°
a-f⁸
IGI 5714, ISTC il00108400
Titolo da c. a1r, preceduto da: *In lo nome dela sancta trinitade*. Titolo uniforme: *Leggenda di Lazzaro, Marta e Maddalena*. A c. [f7r]: *Martha virgo* [italiano]. A c. [f7v]: *Oratione della immaculata Martha uergine gloriosa*. V. ed.

[215]
ANONIMA
La uita & morte di sancto Giouanni Baptista.
[Firenze, Lorenzo Morgiani e Johann Petri, ca 1491].
4 c.: ill.; 4°
[*]⁴
GW M1299520, ISTC ij00255200
Titolo uniforme: *Storia di s. Giovanni Battista*. Incipit a c. [*1v]: *Dolce madre didio pietosa & degna*. Explicit a c. [*4v]: *san giouanni baptista humile & pio | priega giesu con la madre maria | chen die giuditio il suo regno ci dia | Finita la uita & morte di san Giouanni Baptista*. Cfr. Tura 1999, p. 4. V. ed.

[216]
ANONIMA/(tr.) DE' PASQUALI, SIMONE

[I]*nsonii de Daniel propheta. Et etiam li insonii cum le sue expositione che compose Ioseph propheta per reuelation diuina.*
(Bologna, Cherubino Aliotti, 25.V.1491).
10 c.; 4°
a⁴ b⁶
IGI 3305, ISTC id00019400
Titolo dalla trascrizione diplomatica della scheda GW 7940. Titolo uniforme: *Somnia Danielis et Joseph* [italiano].

[217]
ANTONINO (SANTO)/[ANTONINO (SANTO)]
Antonina Vulgar; Incomencia el libreto dela doctrina christiana. la quale e utile & molto necessario che i puti pizoli & zouenzelli limpara per sapere amare seruire & honorare idio benedicto: & schiuare le temptation & peccati.
(Venezia, [Hermann Liechtenstein] per Francesco Ragazzoni, 8.X.1491).
46 c.; 4°
a-d⁸ e⁶ f⁸
IGI 681, ISTC ia00859000
Titolo dall'occhietto a c. [a1r]. Titolo uniforme: *Confessionale: Omnis mortalium cura* [italiano]. Incipit a c. a2r: *Incipit confessionale in uulgari sermone editum per uenerabilem p.d. Antonium archiepiscopum Florentiae ordinis praedicatorum*. Titolo del secondo testo da c. f1r, preceduto da: *In nome del nostro signore misere Iesu Christo & dela gloriosissima madre sua & donna nostra sempre uergene maria & de tutta la corte celestiale*. Titolo uniforme: *Libretto della dottrina cristiana*. Colophon a c. [e6v]. V. ed.

[218]
CARACCIOLO, ROBERTO
[*El quadragesimale del nouello Paulo fra Ruberto*].
(Firenze, Lorenzo Morgiani e Johann Petri, I.X.1491).
78 c.; fol.
a-i⁸ K⁶ l⁸ (c. a1 bianca)
IGI 2500, ISTC ic00158400
Titolo dall'explicit a c. [I8r]: *Finito el quadragesimale del nouello Paulo fra Ruberto facto a beneplacito de la sacra maiesta del re Ferrando*. Titolo uniforme: *Sermones quadragesimales* [italiano]. V. ed.

[219]
CARACCIOLO, ROBERTO
[*Sermones quadragesimales*] [italiano].
Milano, Ulrich Scinzenzeler, 8.II.1491.
80 c.; 4°
a-k⁸
IGI 2499, ISTC ic00158000

Il titolo è quello uniforme.

[220]

[CICERCHIA, NICCOLÒ]
La passione del nostro signor Iesu christo.
[Venezia, Bernardino Benali, 1491-1496].
16 c.: ill.; 4° (ultima c. bianca)
a-b[8]
IGI 2796-A, ISTC ic00497600, EDIT16-CNCE 63249
Per l'autore cfr. Cioni 1963, p. 29. Titolo dall'occhietto a c. [a1r]. Titolo uniforme: *La passione di Gesù Cristo.* Incipit a c. [a1v]: *o Increata maesta didio.* Cfr. Cioni 1963, p. 35, n. 10 ("[Venezia? Tipografo non identificato, a. 1550]"). EDIT16 rimanda a Cioni ma con data "[1550]". V. ed.

[221]

[HONORIUS AUGUSTODUNENSIS]
Lucidario.
(Firenze, Teodoro Ragazzoni, 9.XI.1491).
36 c.; 4°
a-d[8] e[4]
IGI 5851, ISTC il00332580
Titolo dall'occhietto a c. [a1r]. Titolo uniforme: *Lucidarius* [italiano]. A c. a2r: *Qui comincia el prologo del libro del Lucidario*; *Qui comencia. El libro del maestro & del discepolo.* V. ed.

[222]

PSEUDO-BONAVENTURA
Incominciano le deuote meditatione sopra la passione del nostro signore cauate & fundate originalmente sopra sancto Bonauentura cardinale del ordine minore sopra Nicolao de Lira: etiamdio sopra altri doctori & predicatori approbati.
(Venezia, Bernardino Benali) [e Matteo Capcasa, prima del 6.IV.1491].
34 c.: ill.; 4°
a[8] b-c[6] d[8] e[6]
IGI 1918, ISTC ib00907000
Titolo da c. a1r. Titolo uniforme: *Meditationes vitae Christi* [italiano]. Explicit a c. [e6v]: *scripto di me nele prophetie e psalmi.* V. ed.

[223]

PSEUDO-BONAVENTURA
Incominciano le deuote meditatione sopra la passione del nostro signore cauate & fundate originalmente sopra sancto Bonauentura cardinale del ordine minore sopra Nicolao de Lira: etiamdio sopra altri doctori & predicatori approbati.
(Venezia, Bernardino Benali e Matteo Capcasa), [prima dell'8.V.1491].
34 c.: ill.; 4°

a[8] b-c[6] d[8] e[6]
IGI 1919, ISTC ib00908000
Titolo da c. a1r. Titolo uniforme: *Meditationes vitae Christi* [italiano]. Explicit a c. [e6v]: *scripto di me nele prophetie e psalmi.* V. ed.

1492

[224]

ANONIMA
Incomenza la miraculosa legenda de la [!] *dilette spose e care hospite de christo Martha e Magdalena.*
(Milano, Leonhard Pachel, 12.III.1492).
48 c.; 4°
a-f[8]
IGI 5715, ISTC il00108600
Titolo dalla trascrizione diplomatica della scheda GW M17383, preceduto da: *In el nome de la sancta trinitate.* Titolo uniforme: *Leggenda di Lazzaro, Marta e Maddalena.*

[225]

ANONIMA
Questo e lamento die Giesu Christo nostro Redemptore.
[Firenze, Lorenzo Morgiani, ca 1492].
2 c.; 4°
[a²]
IGI 5637, ISTC il00029150
Titolo dalla trascrizione diplomatica della scheda GW M16796. Incipit (da GW): *Al nome dello eterno Creatore | trinita sancta uero solo Idio.* Cfr. Sander 3568.

[226]

ANONIMA
E sogni di Daniel Propheta. Questo e il modo di ueder le significationi de sogni secondo el di della luna.
[Firenze, Lorenzo Morgiani, ca 1492-1496].
6 c.; 4°
a[6]
GW 7918, ISTC id00011500
Titolo dalla trascrizione diplomatica della scheda GW. Titolo uniforme: *Somnia Danielis* [italiano].

[227]

ANONIMA
[*La uita del nostro signore misere iesu christo: & de la sua gloriosa madre uirgene madona sancta maria*].
(Venezia, Giovanni Rosso [per Lucantonio Giunta <1>], 30.III.1492).
82 c.; 4°
a-i[8] k[6]

IGI 4289, ISTC iv00304450

Titolo dalla trascrizione diplomatica della tavola nella scheda GW M50834. Titolo uniforme: *Vita di Gesù Cristo e della Vergine Maria*. Presenza della marca di Lucantonio Giunta, cfr. GW.

[228]

[BELCARI, FEO]

[*Rappresentazione di Abramo e Isacco*].

[Firenze, Lorenzo Morgiani e Johann Petri, ca 1492].

6 c.; 4°

a⁶

GW 3791, ISTC ib00297350

Il titolo è quello uniforme. Cfr. Cioni 1961, p. 66, n. 4 (con data "[c. 1490]").

[229]

BIBBIA /(tr.) MALERBI, NICOLÒ

Biblia vulgare historiata.

(Venezia, Giovanni Ragazzo per Lucantonio Giunta <1>, VII.1492).

2 pt; ill.; fol.

1:

[8], 200 (per errore 400) c.

a-z.&.?.R⁸

2:

195 (per errore 200), [7] c.

A¹⁰ B-OAA-LL⁸

IGI 1705, ISTC ib00645000, Barbieri 12 e tav. A1

Colophon a c. LL1r. Contiene apocrifi: *Preghiera di Manasse*; *Esdra* II (III); extracanonici: *Legenda di Sancto Ioseph*. V. ed.

[230]

BUSTI, BERNARDINO/SAMUELE DA CASSINE

Incomencia la corona de la beatissima vergine maria; Seguita vna deuota salutatione de la croce: da fare ogni giorno: maxime el venerdi sancto.

(Milano, Ulrich Scinzenzeler, 16.III.1492).

42 c.; 8°

a-d⁸, e¹⁰

IGI 2287, ISTC ib01337600

Nome dell'autore nell'epistola di Samuele da Cassine a c. [a1v]. Titolo del primo testo da c. a2r, preceduto da: *Nel nome del nostro signore iesu christo*. Titolo del secondo testo da c. e1r (primo di una serie di testi raccolti sotto il titolo *Specchio di salute* nell'edizione ISTC ib01337850, vedi 264). Titolo uniforme: *Tesauro spirituale*. A c. [a5r]: *Capitulo nono. Salue regina vergene maria*; a c. e3v: *Questi sono li deci comandamenti de la lege diuina*; a c. [e6r]: *Questo he il pater nostro in vulgare*. V. ed.

[231]

BUSTI, BERNARDINO/SAMUELE DA CASSINE

[*Tesauro spirituale*].

(Milano, Antonio Zarotto, 1.VI.1492).

44 c.; 8°

A-E⁸F⁴

IGI 2288, ISTC ib01337800

Il titolo è quello uniforme. In altre edizioni il *Tesauro spirituale* contiene l'*Ave Maria*, i dieci comandamenti e il *Pater noster* in italiano.

[232]

CORNAZZANO, ANTONIO

[*De fide & uita cristi*] [italiano]; *Eiusdem auctoris pro eiusdem urbis laudibus minerua heroico carmine* [latino].

(Venezia, Tommaso de' Piasi, 15.XI.1492).

58 c.; 4°

Aaa-fff⁸ ggg⁶ hhh⁴

IGI 3199, ISTC ic00913000

Titolo dalla dedica a c. aaa1r: *Ad serenissimum venetorum dominium eiusque ciuitatis principem clariss. de fide & uita cristi antonii cornazani placentini uatis liber incipit*. Titolo uniforme: *La vita di Cristo*. Titolo del *Carmine* a c. hhh2r. V. ed.

[233]

[HONORIUS AUGUSTODUNENSIS]

Qui comincia el libro del maestro e del discipulo.

(Brescia, Battista Farfengo, 21.XI.1492).

24 c.; 4°

a-c⁸

IGI 5853, ISTC il00332620

Titolo da c. a2r. Titolo uniforme: *Lucidarius* [italiano]. A c. a2r (prima del titolo): *Qui comincia il prologo del libro chiamato Lucidario*. V. ed.

[234]

[HONORIUS AUGUSTODUNENSIS]

Qui incomencia lo prologo in lo libro del Lucidario.

(Bologna, Caligola Bazalieri, 20.III.1492).

36 c.; 4°

a-d⁸ e⁴

IGI 5852, ISTC il00332600

Titolo dalla trascrizione diplomatica della scheda GW M09370 (c. a2r). Titolo uniforme: *Lucidarius* [italiano].

[235]

JACOBUS DE VORAGINE/(tr.) MALERBI, NICOLÒ

Incomincia el libro intitulato legendario de sancti composto per el reuerendissimo patre frate Iacobo de Voragine de lordine de predicatori archiepiscopo de Genoua.

(Venezia, Matteo Capcasa, 16.V.1492).

244 c.: ill.; fol.

a-z⁸ &⁸ A-F⁸ G⁴

IGI 5043, ISTC ij00178000

Nome del traduttore nell'epistola al lettore a c. [239v]: *Nicolao de Manerbi veneto monacho del ordine Camaldulense* [...]. Titolo da c. a2r, preceduto dal prologo. Titolo uniforme: *Legenda aurea sanctorum* [italiano]. V. ed.

[236]

JACOBUS DE VORAGINE/(tr.) MALERBI, NICOLÒ

Legendari di sancti istoriado vulgar.

(Venezia, Manfredo Bonelli, 10.XII.1492).

226 c.: ill.; fol.

a-z7?#⁸ A⁸ B¹⁰

IGI 5044, ISTC ij00179000

Nome dell'autore nell'incipit a c. [1r]: *Incomincia el libro intitulato legendario de sancti composto per el reuerendissimo patre frate Iacobo de Voragine del ordine de predicatori archiepiscopo de Genoua.* Nome del traduttore nell'epistola al lettore a c. 224v-225r: *Nicolao de Manerbi veneto monacho del ordine camaldunense* [...]. Titolo dall'occhietto a c. [a1r] ʼ(prologo a c. [a1v]). Titolo uniforme: *Legenda aurea sanctorum* [italiano]. V. ed.

[237]

PSEUDO-BONAVENTURA

Incominciano le deuote meditatione sopra la passione del nostro signore Iesu christo cauate & fundate originalmente sopra sancto Bonauentura cardinale del ordine minore sopra Nicolao de Lira: etiamdio sopra altri doctori & predicatori approbati.

(Venezia, Matteo Capcasa per Lucantonio Giunta <1>, 21.II.1492).

34 c.: ill.; 4°

a⁸ b-c⁶ d⁸ e⁶

IGI 1920, ISTC ib00910000

Titolo da c. a1r. Titolo uniforme: *Meditationes vitae Christi* [italiano]. Explicit a c. [e6r]: *scripto di me nelle prophetie & psalmi.* V. ed.

[238]

PSEUDO-BONAVENTURA

Incominiciano le deuote meditatione sopra la passione del nostro signore Iesu christo cauate & fundate originalmente sopra sancto Bonauentura cardinale del ordine minore sopra Nicolao de Lira: etiamdio sopra altri doctori & predicatori approbati.

(Venezia, Matteo Capcasa, 10.III.1492).

34 c.: ill.; 4°

a⁸ b-c⁶ d⁸ e⁶

IGI 1921, ISTC ib00909000

Titolo uniforme: *Meditationes vitae Christi* [italiano]. Explicit a c. [e6r]: *scripto de me nele prophetie e psalmi.* V. ed.

1493

[239]

ALIGHIERI, DANTE/LANDINO, CRISTOFORO

Comento di christophoro Landino fiorentino sopra la comedia di Danthe alighieri poeta fiorentino.

(Venezia, Matteo Capcasa, 29.XI.1493).

311 c.; fol.

a¹⁰ a-u⁸ x⁷ y-z⁸ &⁸ A-N⁸ O⁶

IGI 365, ISTC id00034000

Titolo dal proemio a c. [a1v] (c. [a1r]: occhietto: *Dante alegieri fiorentino*). Titolo uniforme: *Divina commedia.* A c. [O5v]: *Pater nostro di Danthe; Aue maria di Danthe.* V. ed.

[240]

ANONIMA

Comenzano le virtu de tuti psalmi secundo auctorita de molti sancti. li quali se dicano deuotamente.

Brescia, Tommaso Ferrando, 1493.

10 c.; 4°

A⁶ B⁴

IGI 10335, ISTC iv00302600

Titolo dalla trascrizione diplomatica della scheda GW M36256. Titolo uniforme: *Virtutes psalmorum* [italiano]. Cfr. Barbieri 2013, p. 21, che la indica come rinfrescatura di un'edizione [Brescia?, 1500-1520?].

[241]

ANONIMA

Fioreti della bibia historiati in lingua fiorentina.

(Venezia, Antonio e Rinaldo da Trino, 1493).

76 c.: ill.; 4°

a-i⁸ k⁴

IGI 3926, ISTC if00172200

Titolo dall'occhietto a c. [a1r]. Titolo uniforme: *Fiore novello estratto dalla Bibbia.* V. ed.

[242]

ANONIMA

[Lamento della Vergine Maria].

[Milano, Leonhard Pachel, ca 1493].

2 c.; 4°

[a²]

IGI 5639, ISTC il00029250

Il titolo è quello uniforme. Incipit a c. [a1r]: *[O] Madre della nostra saluatione.* V. c. [a1r].

[243]

ANONIMA
[*La vita della preciosa uergine Maria e del suo unico figliuo-lo Iesu Christo benedecto*].
(Venezia, Giovanni Tacuino, 24.IX.1493).
74 c.: ill.; 4°
a-i⁸
IGI 4290, ISTC iv00304500
Titolo dall'explicit a c. [i6v]: *Finisse la Vita* [...]. Titolo uniforme: *Vita di Gesù Cristo e della Vergine Maria*. Colophon a c. [i6v] e tavola alle c. [i7r]-[i8v]. V. ed.

[244]

ANTONINO (SANTO)
Tractato uolgare di frate Antonino arciuescouo di Firenze che e intitolato Curam illius habe.
(Firenze, Lorenzo Morgiani e Johann Petri, 23.V.1493).
82 c.: ill.; 4°
a-i⁸ k⁶ l⁴
IGI 615, ISTC ia00785000
Titolo uniforme: *Confessionale: Curam illius habe* [italiano].

[245]

ANTONINO (SANTO)/[ANTONINO (SANTO)]
Antonina vvulgar; Incomincia el libreto de la doctrina christiana la quale e utile & molto necessario che i puti pizoli & zouenzelli limpara per saper amare seruire & honorare idio benedicto: & schiuare le temptatione & peccati.
(Venezia, Jacopo Ragazzoni, 4.III.1493).
46 c.; 4°
a-d⁸ e⁶ f⁸
IGI 682, ISTC ia00860000
Titolo dall'occhietto a c. [a1r]. Titolo uniforme: *Confessionale: Omnis mortalium cura* [italiano]. Incipit a c. a2r: *Incipit confessionale in uulgari sermone editum per uenerabilem p.d. Antonium archiepiscopum Florentiae ordinis praedicatorum*. Titolo del secondo testo da c. f1r, preceduto da: *In nome del nostro signore missere Iesu christo & de la gloriosissima madre sua & donna nostra sempre uergene maria & de tuta le corte celestiale*. Titolo uniforme: *Libretto della dottrina cristiana*. Una copia con colophon datato 1494 è conservata presso la Biblioteca Vaticana (Vaticano Inc.Ross. 375). Colophon a c. [e6v]. V. ed.

[246]

BIBBIA/(tr.) MALERBI, NICOLÒ
[*B*]*iblia Uulgar historiata*.
(Venezia, Guglielmo da Trino (Anima Mia) [e Antonio da Trino], 23.IV.1493).
2 pt: ill.; fol.
1:

[8], 202 (per errore 210) c.
a-z.&.?⁸ R¹⁰
2:
212 c.
AA-ZZ&&AAA⁸ BBB-CCC⁶
IGI 1706, ISTC ib00646000, Barbieri 13 e tav. A2
Colophon in pt 2 a c. BBB6r. Contiene apocrifi: *Preghiera di Manasse*; *Esdra* II (III); extracanonici: *Legenda di Sancto Ioseph*. V. ed.

[247]

CARACCIOLO, ROBERTO
Prediche de fra Ruberto.
(Venezia, Tommaso de' Piasi, 13.VIII.1493).
94 c.; 4°
a-l⁸ m⁶
IGI 2501, ISTC ic00158600
Titolo dall'occhietto a c. [a1r]. Titolo uniforme: *Sermones quadragesimales* [italiano]. V. ed.

[248]

CORNAZZANO, ANTONIO
Vita di nostra donna.
(Bologna, Ercole Nani, 6.IV.1493).
26 c.: ill.; 4°
aa⁸ a⁶ b⁴ c⁸
GW 7561, ISTC ic00914400
Titolo uniforme: *Vita della Vergine Maria*. A c. [aa1v]: *Antonio cornazano: de la sanctissima vita di nostra donna: alla illustrissima. m. Hipolita vesconte duchessa di Calabria prohemio comencia*. A c. aa2v: *Capitulo primo come e di cui naque la nostra donna: e come fu trouata la natiuita sua*. V. ed.

[249]

DAMIANI, PETRUS
Come langelo amaestra lanima.
[Venezia, Bernardino Benali?], 29.XI.1493.
44 c.; 4°
a-l⁴
IGI VI 5756-A, ISTC ip00470000
Titolo dalla trascrizione diplomatica della scheda GW M32221. ISTC dettaglia così il contenuto: "Cinque trattati: Informazione dell'angelo custode; Specchio della coscienza; De vita solitaria; Della confessione; Esposizione del Pater Noster". Sul tipografo cfr. *BMC*, V, p. xxxi-xxxii. ISTC indica anche: "[Paulus Fridenperger]". Il colophon recita: "In vigilia sancti Andree", interpretato come 29 novembre.

[250]

ENSELMINO DA MONTEBELLUNA

Incomincia il gran lamento de la virgine maria madre del nostro signore iesu christo.
[Venezia, Bernardino Benali?, ca 1493].
16 c.: ill.; 4°
a-d⁴
IGI 3678-A e 5639-A, ISTC ie00043200
Titolo da c. a2r (ill. a c. [a1r]). Titolo uniforme: *Il pianto della Vergine Maria.* Incipit a c. a2r: *Ave regina virgo gloriosa | Che da dio padre te chiamasti ancilla.* ISTC indica anche: "[Paulus Fridenperger]". GW M16803 indica: "[um 1494]". V. ed.

[251]
Epistole e Vangeli/(tr.) Anonima
Epistole et euangeli vvlgari storiate composte in lingua fiorentina.
(Venezia, Matteo Capcasa, 14.XII.1493).
76 c.: ill.; fol.
a-i⁸ k⁴
GW M34187, ISTC ie00093450
Titolo dall'occhietto a c. [a1r]. Incipit a c. [a1v]: *Al nome sia del nostro Signore Iesu Christo. Incominciano lepistole & lectione euangelii: iquali si legono tutto lanno alla messa secondo luso della sancta chiesa romana.* Colophon a c. k2v. V. ed.

[252]
Pseudo-Bonaventura
Le deuote meditatione sopra la passione del nostro signore.
(Milano, Filippo Mantegazza, 11.II.1493).
48 c.; 4°
a-f⁸
GW 4797, ISTC ib00922550
Titolo uniforme: *Meditationes vitae Christi* [italiano]. Explicit (a c. [f8v]): *ritorno al sanctissimo corpo nel sepulcro.* V. ed.

[253]
Pseudo-Bonaventura
Le deuote meditatione sopra la passione del nostro signore.
[Venezia, Guglielmo da Trino (Anima Mia), ca 1493].
32 c.; 4°
Ab-h⁴
IGI 1923, ISTC ib00909500
Titolo uniforme: *Meditationes vitae Christi* [italiano]. Explicit (da ISTC): *scripto di me nele prophetie e psalmi.*

[254]
Pseudo-Bonaventura
Incominiciano le deuote meditationi sopra la passione del nostro signore cauate & fondate originalmente sopra sancto

Bonauentura cardinale dellordine minore sopra Nicolao de Lira: etiamdio sopra altri doctori & predicatori approbati.
(Firenze, Antonio Miscomini, [ca. 1493]).
42 c.: ill.; 4°
a-d⁸ e⁶ f⁴
IGI 1922, ISTC ib00911000
Titolo da c. a1r. Titolo uniforme: *Meditationes vitae Christi* [italiano]. Explicit a c. [f4v]: *scripto di me nelle prophetie & psalmi.* V. ed.

[255]
[Serdini da Siena, detto il Saviozzo]
[*Psalmi poenitentiales*] [italiano].
([Milano], Giovanni Giacomo Risi, 11.XI.1493).
12 c.; 8°
a⁸ b⁴
GW 0027320N, ISTC ia00096490
Per l'autore cfr. Pietrobon, p. 243 e p. 304. (ISTC attribuisce l'opera a Aegidius Delphus, il cui testo latino è diverso da questa versione italiana). Il titolo è quello uniforme. Incipit dalla trascrizione diplomatica della scheda GW: [*E*]*RA Dauid Propheta in gran dolore | Sostenendo tormento e penne assay | Per lo peccato suo* [...]. Sono i primi versi della seconda ottava della versione che inizia: *Io chiamo e prego el mio eterno dio,* di cui esistono due principali versioni con diverso explicit, cfr. ISTC ip01032500, ip01032600 e ip01032700, vedi 211, 305 e 306.

1494

[256]
Anonima
Fioreti della Bibbia historiati in lingua fiorentina.
(Venezia, Matteo Capcasa per Lucantonio Giunta <1>, 6.VII.1494).
70 c.; 4°
a-h⁸ i⁶
GW 9912, ISTC if00172400
Titolo dalla trascrizione diplomatica della scheda GW. Titolo uniforme: *Fiore novello estratto dalla Bibbia.*

[257]
Anonima
Incomincia la miracolosa leggenda delle dilecte spose & chare hospite di Christo Lazaro & Martha & Magdalena.
(Firenze), [Bartolomeo de' Libri], (10.XI.1494).
66 c.
a-g⁸ h¹⁰
ISTC il00109000
Titolo da c. a2r, preceduto da: *Nel nome della sanctissima Trinitade.* Titolo uniforme: *Leggenda di Lazzaro, Marta*

e Maddalena. A c. [h7v]: *Capitolo in laude di sancta Maria magdalena composto per Bernardo Pulci.* A c. [h9v]: *Oratione alla immaculata sancta Martha vergine gloriosa.* V. ed.

[258]

ANONIMA

Incommenza la miraculosa legenda dele dilete spose e care hospite de christo martha e magdalena.
(Venezia, Matteo Capcasa, 13.VIII.1494).
48 c.: ill.; 4º
a-f⁸
IGI 5716, ISTC il00108800
Titolo da c. a1r, preceduto da: *In lo nome dela sancta trinita.* Titolo uniforme: *Leggenda di Lazzaro, Marta e Maddalena.* A c. [f7r]: *Martha virgo* [italiano]. A c. [f7v]: *Oratione della immaculata Martha uergine gloriosa.* V. ed.

[259]

ANTONINO (SANTO)
Confessione generale delo arciuescouo Antonino.
[Roma, Andreas Freitag, o Johann Besicken e Andreas Freitag, ca 1494-96].
+ 2 c.; 4º
IGI VI 685-B, ISTC ia00861700
Descrizione da esemplare mutilo, testo in ottave. IGI indica: "[Johann Besicken e Sigmund Mayr]".

[260]

BERNARDINO DA SIENA (SANTO)
Incomincia la diuota & utile confessione di san Bernardino uolgare.
(Firenze, Lorenzo Morgiani e Johann Petri, 31.I.1494).
12 c.: ill.; 4º
a⁸ b⁴
IGI 1496, ISTC ib00344700
Titolo dall'occhietto a c. [a1r]. A c. [a1v]: *Incomincia la confessione di sancto Bernardino uolgare utilissima & breue: diuisa in dodici parti principali. Et dipoi finite decte dodici regole necessarie a ciascheduno uedrai quanto il religioso & religiosa sono oblighati oltra decte dodici regole.* V. ed.

[261]

BERNARDINO DA SIENA (SANTO)/DURAZZINI, MICHELE/ TOMMASUCCIO DA FOLIGNO
Dela confessione; Sermone de la regolata lingua de maistro Michael d'Empoli; Sermone di marcadantia spirituale di maerstro michele da empoli de frati heremitani di sancto augustino; Sermon del Pater noster de maestro Michele de Empoli; Cominciamento di Confessione sacramentale; Sermone di preparatione a la communione. de maestro

Michael de Nempoli [!]; *Come lo beato Tomasuzo haue in visione de la festa che fanno li sancti in paradiso el di de ogni sancti fu portato in cielo.*
[Venezia, Bernardino Benali?, ca 1494].
44 c.: ill.; 4º
(a-b)⁸, (c-d)⁸, (e-f)⁸, (i-k)⁸, l⁴
IGI 1495, ISTC ib00344800
Titolo da c. [1r], preceduto da: *Sancto Bernardino.* A c. [2r]: *Incomincia vna doctrina di sancto Bernardino vtile del modo che se deba lo homo confessare. Et prima de le cagione che hanno ad inducere lanima ala confessione.* Si tratta di un altro testo rispetto a quello più breve della "divota e utile confessione volgare" dello stesso autore. Titoli dei testi da c. [23v], [26r], [27v], [30r], [35r]. ISTC indica anche come tipografo: "[Paulus Fridenperger]". V. ed.

[262]

BERNARDUS CLARAEVALLENSIS
Incominciano li sermoni del glorioso meser sancto Bernardo sopra la cantica di Salomone.
(Milano, Heinrich Scinzenzeler, 30.VI.1494).
116 c.: ill.; 4º
a⁸ b⁶ c-e⁸ f⁶ g-k⁸ l⁶ m-n⁸ o-q⁶
IGI 1555, ISTC ib00432000
Titolo da c. a3r (c. a1r: tavola). V. ed.

[263]

BIBLIA/(tr.) MALERBI, NICOLÒ
Biblia vulgare historiata.
Venezia (Venezia, Giovanni Rosso per Lucantonio Giunta <1>, VI.1494).
2 pt: ill.; fol.
1:
[8] 200 (per errore 400) c.
a-z&.?⁸
2:
195 (per errore 200) [7] c.
A¹⁰ B-OAA-LL⁸
IGI 1707, ISTC ib00647000, Barbieri 14
Colophon in pt 2 a c. LLr. Contiene apocrifi: *Preghiera di Manasse; Esdra* II (III); extracanonici: *Legenda di Sancto Ioseph.* V. ed.

[264]

BUSTI, BERNARDINO/SAMUELE DA CASSINE
Tesauro spirituale integro.
(Milano, Ulrich Scinzenzeler, 3.XII.1494).
[284] c.: ill.; 8º
a-zA–M⁸ N⁴
IGI VI 2288-A, ISTC ib01337850
Nome dell'autore a c. [1v] e nell'epistola di Samuele da Cassine a c. [210r]. A c. [210v]: *Nel nome del nostro signore*

iesu christo. Incomencia la corona de la beatissima virgine maria; a c. [264r]: *Incomencia la opera appellata Specchio de salute: el principio de laquale ha vna deuota salutatione de la croce da fare ogni giorno: maxime el venerdi sancto.* Titolo uniforme: *Tesauro spirituale.* A c. [216v]: *Capitulo nono. | Salue regina vergene maria*; a c. [268v]: *Questi sono li deci comandamenti de la lege diuina*; a c. [273r]: *Questo he il pater nostro in vulgare.* V. ed.

[265]

EPISTOLE E VANGELI/(tr.) ANONIMA
Epistole Euangelii vvlgar et historiade.
(Venezia, Guglielmo da Trino (Anima Mia), 15.III.1494).
88 c.: ill.; 4°
a⁴ b-m⁸ n¹⁰
IGI 3701, ISTC ie00093500
Titolo dall'occhietto a c. [a1r]. Incipit a c. [a4v]: *Al nome sia del nostro Signore Iesu Christo. Incominciamo* [!] *le epistole & lectione euangelii: i quali si legono in tutto lanno alla messa secondo luso della sancta chiesa romana.* V. ed.

[266]

FILELFO, FRANCESCO
La vita dil sanctissimo Iohanni Battista fatta per Francesco Philelpho.
(Milano, Filippo Mantegazza per Pietro Giustino Filelfo, 8.III.1494).
38 c.; 4°
a-d⁸ e⁶
IGI 3914, ISTC ip00615500
Titolo da c. a1r, preceduto da: *Al gloriosissimo prencepe Philippo Maria Anglo.* V. ed.

[267]

[HONORIUS AUGUSTODUNENSIS]
Lucidario.
[Firenze, Bartolomeo de' Libri, ca 1494].
48 c.: ill.; 4°
a-e⁸ f⁶ [*]²
IGI 5858, ISTC il00332640
Titolo dall'occhietto a c. [a1r]. Titolo uniforme: *Lucidarius* [italiano]. A c. b2r [ma a2r]: *Comincia el prologo del libro del Lucidario*; *Comincia el libro del maestro & del discepolo.* V. ed.

[268]

[HONORIUS AUGUSTODUNENSIS]
Lucidario cioe, dichiaratore di molte belle & singulari quistioni.
(Firenze, Antonio Miscomini, 17.VII.1494).
46 c.: ill.; 4°
a-e⁸ f⁶

IGI 5855, ISTC il00332630
Titolo dalla trascrizione diplomatica della scheda GW 09379 (c. [a1r]). Titolo uniforme: *Lucidarius* [italiano]. A c. a2r (cfr. GW): *Incomincia el prologo del libro intitolato Lucidario.*

[269]

JACOBUS DE VORAGINE/(tr.) MALERBI, NICOLÒ
Incomincia el libro intitulato legendario de sancti composto per el reuerendissimo patre frate Iacobo de Voragine de lordine de predicatori archiepiscopo de Genoua.
(Venezia, Matteo Capcasa per Lucantonio Giunta <1>, 13.V.1494).
256 c.: ill.; fol.
[a-z⁸ A-G⁸ H¹⁰]
IGI 5045, ISTC ij00180000
Nome del traduttore nell'epistola al lettore a c. 248v: *Nicolao de Manerbi veneto monacho del ordine camaldulense* [...]. Titolo da c. IIr. Titolo uniforme: *Legenda aurea sanctorum* [italiano]. V. ed.

[270]

MARCO DAL MONTE SANTA MARIA (MARCO DA MONTEGALLO)
Libro dei comandamenti di Dio del Testamento vecchio.
(Siena, Heinrich von Haarlem, 24.III.1494).
16 c.; 4°
a-b⁸
IGI 6163, ISTC im00256500
Titolo dalla trascrizione diplomatica della scheda del Bod-Inc Online M-092 (Oxford, Bodleian Libraries).

[271]

MARCO DAL MONTE SANTA MARIA (MARCO DA MONTEGALLO)
Libro delli comandamenti di Dio del Testamento Vecchio et Nuovo et sacri canoni composto da frate Marco dal Monte Sancta Maria in gallo dellordine de Frati Minori della Prouincia della Marcha di Ancona.
(Firenze, Antonio Miscomini, 1494).
92 c.: ill.; 4°
a-h⁸ i¹⁰ k⁸ l¹⁰
IGI 6164 e 6165 (var.), ISTC im00257000
Titolo dall'occhietto a c. [a1r]. A c. K1r: *Tractato de sacri canoni ordinationi & regole o uero comandamenti della sancta madre ecclesia christiana catholica romana composto da frate Marco dal Monte Sancta Maria in gallo dellordine de frati minori della prouincia della Marcha.* V. ed.

[272]

PSEUDO-BONAVENTURA

Incominciano le deuote meditatione sopra la passione del nostro signore cauate & fundate originalmente sopra sancto Bonauentura cardinale del ordine minore sopra Nicolao de Lira: etiamdio sopra altri doctori & predicatori approbati.
(Brescia, Bernardino Misinta, 11.XII.1494).
30 c.: ill.; 4°
a-c⁶
IGI 1925, ISTC ib00910700
Titolo da c. a1r. Titolo uniforme: *Meditationes vitae Christi* [italiano]. Explicit a c. [e5v]: *scripto di me nelle prophecie e psalmi*. V. ed.

[273]
PSEUDO-BONAVENTURA
Incominiciano le deuote meditatione sopra la passione del nostro signore Iesu christo cauate & fundate originalmente sopra sancto Bonauentura cardinale del ordine minore sopra Nicolao de Lira: etiamdio sopra altri doctori & predicatori approbati.
(Venezia, Matteo Capcasa, 11.X.1494).
34 c.: ill.; 4°
a-c⁸ d⁶ e⁴
IGI 1924, ISTC ib00910300
Titolo da c. a1r. Titolo uniforme: *Meditationes vitae Christi* [italiano]. Explicit a c. [e4r]: *scrito di me nelle prophetie & psalmi*. V. ed.

[274]
PSEUDO-DANTE
Li septi salmi penitentiali liquali fece Dauid siando in pena.
[Milano], (Filippo Mantegazza), [1494-1496].
6 c.: ill.; 4°
A⁶
ISTC id00037960
Testo erroneamente attribuito a Dante. Titolo uniforme: *I sette salmi penitenziali*. Incipit a c. A1r: *Signor non mi reprender con furore | e non voler coregerme con ira*. V. ed.

[275]
SAVONAROLA, GIROLAMO/(tr.) ANONIMA
[*La expositione del Pater noster composta in latino da fra Hieronymo da Ferrara dellordine de frati predicatori: & traducta per gli deuoti contemplatori da uno suo amico in uulgare*]; *Epistola di frate Hieronymo a una devota donna bolognese.*
(Firenze, Antonio Miscomini, 1494).
26 c.; 4°
a-c⁸ d²
IGI 8710, ISTC is00200000
Titolo dal proemio a c. a1r: *Prohemio sopra la expositione* [...]. Titolo uniforme: *Expositio orationis dominicae*

[italiano]. Titolo dell'*Epistola* a c. d1r. Titolo uniforme: *Epistola della communione*. V. ed.

[276]
SAVONAROLA, GIROLAMO/(tr.) ANONIMA
La expositione del pater noster composta per frate Girolamo da ferrara; Epistola di frate Hieronymo a una deuota bolognese sopra la comunione.
[Firenze, Bartolomeo de' Libri, 1494-1495].
24 c.: ill.; 4°
a-c⁸
IGI 8712, ISTC is00199000
Titolo dall'occhietto a c. [a1r]. Titolo uniforme: *Expositio orationis dominicae* [italiano]. A c. a2r: *Prohemio sopra la expositione del Pater noster composta in latino da frate Hieronymo da Ferrara del ordine delli Frati predicatori & traducta per li deuoti contemplatori da uno suo amico in uulgare*. Titolo dell'*Epistola* a c. [c7r]. Titolo uniforme: *Epistola della communione*. V. ed.

1495

[277]
ANONIMA
Incomincia el libro di Lazaro & Marta & Magdalena.
[Firenze, Bartolomeo de' Libri, ca 1495].
64 c.: ill.; 4°
a-h⁸
IGI 5719, ISTC il00110000
Titolo dall'occhietto a c. [a1r]. Titolo uniforme: *Leggenda di Lazzaro, Marta e Maddalena*. Incipit a c. a2r: *Nel nome della sanctissima trinitade. Incomincia la miraculosa leggenda delle dilecte spose & care hospite di christo Martha & Magdalena*. A c. [h7r]: *Martha virgo* [italiano]. A c. [h8r]: *Oratione della immaculata Martha uergine gloriosa*. V. ed.

[278]
ANONIMA
Lamento che fa la uergine maria della passione di yhesu Christo; Un altro lamento della Vergine Maria.
[Firenze, Lorenzo Morgiani e Johann Petri, ca 1495].
4 c.: ill.; 4°
[a⁴]
GW M16798, ISTC il00029260
Titolo del primo lamento dall'occhietto a c. [a1r]. Titolo uniforme: *Lamento della Vergine Maria*. Incipit a c. [a1v]: *O Madre della nostra saluatione*. A c. [a2v]: *Comincia la risposta di Giesu Christo*; a c. [a3r]: *Risponde la uergine maria al figliuolo*. Titolo del secondo lamento a c. [a3v]. Titolo uniforme: *Lamento della Vergine Maria*. Incipit a c. [a3v]: *Aue regina immaculata 7 sancta*. V. ed.

[279]

ANONIMA

Questo e il Lamento di Ihesu Xpo altramente chiamato il peccatore.

[Roma, Johann Besicken e Andreas Freitag, ca 1495-1496].

4 c.: ill.; 8°

GW M1679620, ISTC il00029170

Titolo dalla scheda *online* dell'esemplare conservato presso la Biblioteca Colombina di Siviglia [14-2-3(4)]. ISTC indica anche "[Johann Besicken and Sigismundus Mayer]". Sander 3567 indica "[Roma?: Johann Besicken & Martin van Amsterdam, 1500c?]".

[280]

ANONIMA

Qui comenza una bella e lizadra historia di Susana 7 de Daniello.

([Bologna, Bazaliero Bazalieri]), [ca 1495].

4 c.; 4°

[*]⁴

IGI 9222, ISTC is00870800

Titolo da c. [*1r]. Titolo uniforme: *Storia di Susanna e Daniello*. Incipit a c. [*1r]: *Chi si dilecta noue cose odire*. Marca di Bazaliero Bazalieri in fine. Cfr. Cioni 1963, p. 243, n. 1 (con data "[c. 1496]"). V. ed.

[281]

ANONIMA

La rapresentatione della reina Hester.

[Firenze, Antonio Miscomini?, ca 1495].

10 c.: ill.; 4°

a¹⁰

IGI VI 3719-A, ISTC ie00111500

Titolo da c. [a1r]. Titolo uniforme: *Rappresentazione di Ester regina*. BMC VI 696 suggerisce che l'edizione sia stata stampata da un tipografo sconosciuto, usando materiale di Antonio Miscomini. L'esemplare conservato presso la Biblioteca Trivulziana di Milano (Rari Triv. H431) è di 10 carte; nella riproduzione BEIC è descritto di 4 carte con segnatura: [“*”]⁴, ma il testo è lacunoso, per cui si può dedurre che mancano carte. La riproduzione BEIC indica: "[Firenze]: [Antonio Miscomini], [ca. 1500]". La scheda dell'esemplare conservato presso la British Library (IA.28173) e la scheda Harvard Hollis 006695121 indicano: "[Florence?], [1500?]". Cfr. Cioni 1961, p. 127, n. 2.

[282]

ANONIMA

Queste sono le uirtu di psalmi.

[Venezia, Tipografo del San Benedetto (H 2776)?, ca 1495].

16 c.; 8°

IGI 10336, ISTC iv00302800, SBN-IT\ICCU\VIAE\043795

Titolo dall'occhietto. Titolo uniforme: *Virtutes psalmorum* [italiano]. ISTC indica anche: "[Johannes Hamman]".

[283]

ANONIMA/[BELCARI, FEO]

La festa della annuntiatione di nostra donna.

[Firenze, Bartolomeo de' Libri, ca 1495].

4 c.: ill.; 4°

a⁴

IGI 592, ISTC ia00757400

Testo con inserti da Feo Belcari, cfr. Newbigin 1996, I, p. 27 e 42. Titolo da c. [a1r]. Titolo uniforme: *Rappresentazione dell'annunciazione di Maria Vergine*. Incipit a c. [a1r]: *Voi excelenti & nobili auditori*. Cfr. Cioni 1961, p. 228, n. 1. V. ed.

[284]

ANTONINO (SANTO)/ PSEUDO-AUGUSTINUS

Confessione generale del arciuescouo Antonino; Loratione di sancto Augustino.

[Roma, Johann Besicken e Sigmund Mayr, ca 1495].

8 c.: ill.; 8°

[*]⁸

IGI 685, ISTC ia00861720

Titolo dall'occhietto (ripetuto sul verso dell'occhietto con illustrazione) a c. [*1r]. Incipit a c. [*2r]: *Io infelice 7 misero peccatore*. A c. [*3v]: *De .x. comandamenti delle lege*. Titolo del secondo testo a c. [*7r]. V. ed.

[285]

ATTAVANTI, PAOLO

Comento del ps. 90. qui habitat in adiutorio altissimi. dicto uictoriale: 7 triumphale. de nirtu (!) inextimabile contra ogni aduersita di peste. o de altri morbi. 7 contra le insidie humane. 7 diabolice 7 de obtenire ogni gratia 7 iusta domanda da dio 7 da li homini. doue anche la mirabile uita del glorioso confesore san Rocho aduocato contra la peste. per hauere fato cose stupende con la uirtu del sopra dito psalmo: in sanare dal morbo quasi tutta la italia [latino e italiano].

[Pavia, Cristoforo Cane, ca 1495].

24 c.: ill.; 4°

[a¹⁰ b⁸ c⁶]

IGI 7193, ISTC ip00181400

Nome dell'autore nel proemio a c. [a2r] e a c. [c5v]. Titolo dall'occhietto a c. [a1r]. Commento in latino alle c. [a3r]-[c5v]. Commento in italiano alle c. [c5v]-[c6v]; incipit a c. [c6r]: *Signore dami nel core uno tal feruore: che transformato in te per carita*. V. ed.

[286]

BELCARI, FEO/ATTAVANTI, PAOLO

La rapresentatione di Habraam et di Ysaac; Comincia il psalmo .xc. victoriale 7 triumphale dichiarato per maestro Paulo Fiorentino de lordine de serui [...].

[Venezia, Matteo Capcasa, ca 1495].

4°

GW III 602A, ISTC ib00297400

Titolo uniforme: *Rappresentazione di Abramo e Isacco.* Titolo del commento al salmo 90 a c. a6r; incipit: *Signore dammi nel core vn tal feruore che transformato in te per carita* (cfr. ISTC ip00181400, vedi 285). ISTC indica anche: "[Florence, n.pr., about 1496]". V. ed.

[287]

[CICERCHIA, NICCOLÒ]

La passione del nostro signore Iesu Christo.

[Firenze, Lorenzo Morgiani e Johann Petri, prima del 27.VII.1495].

20 c.; 4°

a-b⁸ c⁴

GW 0670610N, ISTC ic00497660

Per l'autore cfr. Cioni 1963, p. 29. Titolo dalla trascrizione diplomatica della scheda GW. Titolo uniforme: *La passione di Gesù Cristo.* Incipit (da GW): *O Increata maiesta didio.*

[288]

CORNAZZANO, ANTONIO

Vita di Nostra Donna in terza rima vulgare composta per el Cornazano.

(Venezia, Manfredo Bonelli, 14.III.1495).

14 c.; ill.; 4°

A-C⁴ D²

IGI 3209, ISTC ic00914550

Titolo da c. A2r (c. A1r illustrata). A c. A2v: *Capitulo primo come di cui naque la nostra donna e come fu trouato la natiuita sua.* Titolo uniforme: *Vita della Vergine Maria.* V. ed.

[289]

CORNAZZANO, ANTONIO [i.e. ENSELMINO DA MONTEBELLUNA]/MOMBRIZIO, BONINO

Il pianto della Vergine Maria; Gratiarum actio [italiano]; *In Virginem matrem* [latino]; *Orationi alla Vergine Maria.*

[Milano, Filippo Mantegazza, ca 1495].

40 c.; 8°

a-e⁸

GW 0931510N, ISTC ie00043300

Il titolo del *Pianto* lo attribuisce a Antonio Cornazzano, ma il testo è di Enselmino da Montebelluna, cfr. GW e

ISTC. Gli ultimi due testi sono del Mombrizio. Titolo uniforme: *Il pianto della Vergine Maria.*

[290]

DATI, GIULIANO

Storia di santo Iob propheta.

[Firenze, Lorenzo Morgiani e Johann Petri, ca 1495].

6 c.; ill.; 4°

[a⁶]

IGI 3316, ISTC id00049100

V. ed.

[291]

DATI, GIULIANO/ BERNARDO DI ANTONIO/ PARTICAPPA, MARIANO

[*Representatione dela passione di christo*].

[Roma, Johann Besicken e Andreas Freitag, ca 1495-1496].

14 c.: ill.; 4°

a⁸ b⁶

GW 8006, ISTC id00047000

Nomi degli autori nell'explicit, cfr. Cioni 1961, p. 156, n. 1 (con data "[c. 1496]"). Titolo dalla trascrizione diplomatica dell'explicit nella scheda GW. Titolo uniforme: *Rappresentazione della passione di Cristo.*

[292]

EPISTOLE E VANGELI/(tr.) ANONIMA

Epistole 7 Euangelii 7 Lectioni vulgari in lingua toschana.

(Firenze, Lorenzo Morgiani e Johann Petri, a istanza di Piero Pacini, 27.VII.1495).

124 c.: ill.; fol.

a-r⁸

IGI 3702, ISTC ie00094000

Titolo dall'occhietto a c. [a1r]. Incipit a c. a2r: *Incominciono lepistole et lectioni euangeliche lequali si leggono in tutto lanno alla messa secondo luso della sancta Chiesa romana.* V. ed.

[293]

EPISTOLE E VANGELI/(tr.) ANONIMA

Epistole et Euangelii in vulgare storiate composte in lingua fiorentina.

(Firenze, [Bartolomeo de' Libri], 24.X.1495).

92 c.: ill.; fol.

a-k⁸ l-m⁶

IGI 3703, ISTC ie00094200

Titolo dall'occhietto a c. [a1r]. Incipit a c. [a1v]: *Al nome sia del nostro signore Iesu Christo. Incominciano le Epistole & lectioni & euangelii liquali si legghono in tutto lanno alla messa secondo luso della sancta chiesa romana.* V. ed.

[294]

Epistole e Vangeli/(tr.) Anonima
Epistole euangelii vulgare et istoriate.
(Venezia, Manfredo Bonelli, 20.VIII.1495).
74, [2] c.: ill.; fol.
a-i⁸ k⁴
IGI 3702-A, ISTC ie00093700
Titolo dall'occhietto a c. [a1r]. Incipit a c. [a1v]: *Al nome sia del nostro Signore Iesu Christo. Incominciano lepistole & lectione euangelii: quali si legono in tutto lanno alla messa secondo luso della sancta chiesa romana.* Colophon a c. k2v. V. ed.

[295]

[Honorius Augustodunensis]
Libro del maestro e del discipulo.
(Venezia, Manfredo Bonelli, 12.III.1495).
30 c.: ill.; 4°
A-G⁴ H²
IGI 5857, ISTC il00332660
Titolo dall'occhietto a c. [A1r]. Titolo uniforme: *Lucidarius* [italiano]. A c. A2r: *Qui comincia el libro del maestro et del discipulo* [segue prologo]; *Qui comincia el libro del maestro et de discipulo.* V. ed.

[296]

[Honorius Augustodunensis]
Libro del maestro e del discipulo.
(Venezia, Manfredo Bonelli, 12.VII.1495).
30 c.: ill.; 4°
A-G⁴ H²
IGI 5857-A, ISTC il00332670
Titolo dall'occhietto a c. [A1r]. Titolo uniforme: *Lucidarius* [italiano]. A c. A2r: *Qui comincia el libro del maistro 7 del discipulo* [segue prologo]; *Qui incomincia el libro del maestro et de discipulo.* V. ed.

[297]

[Honorius Augustodunensis]
Lucidario cioe/ dichiaratione di molte belle & singulari quistioni.
[Firenze, Bartolomeo de' Libri, prima del 1495].
48 c.: ill.; 4°
[*]², a-e⁸, f⁶
IGI 5856, ISTC il00332650
Titolo dall'occhietto a c. [a1r]. Titolo uniforme: *Lucidarius* [italiano]. A c. a2r: *Qui comincia el prologo del libro del lucidario; Qui comincia el libro del maestro & del discepolo.* Cfr. Scapecchi 2017, 1735. V. ed.

[298]

[Honorius Augustodunensis]

Lucidario cioe/ dichiaratione di molte belle & singulari quistioni.
(Firenze, [Lorenzo Morgiani], a istanza di Piero Pacini, [ca 1495]).
42 c.: ill.; 4°
a-d⁸ e⁶ f⁴
IGI 5859, ISTC il00332680
Titolo da c. a1r. Titolo uniforme: *Lucidarius* [italiano]. A c. a 1v: *Incomincia el prologo del libro intitolato lucidario; Comincia el tractato nequali domanda el discepolo al maestro.* V. ed.

[299]

[Honorius Augustodunensis]
[*Lucidarius*] [italiano].
[Milano, Ulrich Scinzenzeler, ca 1495].
28 c.; 4°
a-g⁴
GW M09369, ISTC il00332690
Il titolo è quello uniforme.

[300]

Pacino da Pistoia
La vita del nostro Signore Giesu Christo.
[Firenze, Antonio Miscomini?, ca 1495-1500].
6 c.; 4°
a-b³
GW M29044, ISTC ip00003500
Titolo dalla trascrizione diplomatica della scheda GW. Cfr. Barbieri 2016, p. 357.

[301]

Savonarola, Girolamo/(tr.) Anonima
La expositione del pater noster composta per frate Girolamo da Ferrara; Epistola deuota & vtile di frate Hieronymo a una deuota donna bolognese sopra la sancta comunione.
[Firenze, Lorenzo Morgiani e Johann Petri, ca 1495].
24 c.: ill.; 4°
a-c⁸
IGI 8711, ISTC is00201000
A c. a1r: *Prohemio sopra la expositione del pater noster composta in latino da frate Hieronymo da ferrara dellordine delli frati predicatori: & tradocta per li deuoti contemplatori da uno suo amico in uulgare.* Titolo uniforme: *Expositio orationis dominicae* [italiano]. Titolo dell'*Epistola* a c. [c6v]. Titolo uniforme: *Epistola della communione.* Per la data, ISTC indica: "Dated about 1496 by Goff, about 1495 in CIBN". V. ed.

[302]

Savonarola, Girolamo

Operetta molto diuota composta da fra Girolamo da Ferrara dellordine de frati predicatori sopra e dieci comandamenti di dio diritta alla Madonna o uero Badessa del munistero delle Murate di Firenze: nella quale si contiene la examina de peccati dogni & qualunche pechatore: che e utile & perfecta confessione.

(Firenze, Lorenzo Morgiani e Johann Petri, [ca 1495]).

28 c.: ill.; 4°

a-c⁸ d⁴

IGI 8749, ISTC is00225000

Titolo uniforme: *Operetta sopra i dieci comandamenti.* ISTC indica anche: "[about 1496]". V. ed.

[303]

SAVONAROLA, GIROLAMO

Operetta molto diuota composta da frate Hieronymo da Ferrara dellordine de frati predicatori sopra e dieci comandamenti di Dio: diricta alla Madonna o uero Badessa del monasterio delle Murate di Firenze: nella quale si contiene la examina de peccati dogni & qualunque peccatore: che e utile & perfecta confessione.

(Firenze, [Bartolomeo de' Libri], 24.X.1495).

30 c.: ill.; 4°

a-c⁸ d⁶

IGI 8748, ISTC is00224000

Titolo uniforme: *Operetta sopra i dieci comandamenti.* V. ed.

[304]

[SERDINI DA SIENA, DETTO IL SAVIOZZO]/(ed.)
GIOVANNI FIORENTINO <FRANCESCANO>

[Psalmi poenitentiales] [italiano].

Brescia, [Tipografo del Dati, *Lettera delle Isole*, ca 1495].

4 c.; 4°

[a⁴]

GW M3591310, ISTC ip01032750

Per l'autore cfr. Pietrobon, p. 243 e p. 304. Nome del compilatore alla fine (*Joannes dictus Florentinus*), cfr. GW; cfr. ISTC ip01032500, vedi 211. Il titolo è quello uniforme. Incipit (da GW): *Io chiamo e prego el mio eterno dio*; explicit (da GW): *ne mai non sentira leterno ardore.*

[305]

[SERDINI DA SIENA, DETTO IL SAVIOZZO]

[Psalmi poenitentiales] [italiano].

[Firenze, Bartolomeo de' Libri, 1495].

4 c.; 4°

[A⁴]

IGI 8176, ISTC ip01032600

Per l'autore cfr. Pietrobon, p. 243 e p. 304. Il titolo è quello uniforme. Incipit: *Io chiamo & prego el mio eterno dio*; explicit: *chi meglio il sa mi debba perdonare.* V. ed.

[306]

[SERDINI DA SIENA, DETTO IL SAVIOZZO]

[Psalmi poenitentiales] [italiano].

Firenze, Bartolomeo de' Libri, 1495.

4 c.; 4°

[A⁴]

IGI 8177, ISTC ip01032700

Per l'autore cfr. Pietrobon, p. 243 e p. 304. Il titolo è quello uniforme. Incipit: *Io chiamo & prego el mio eterno idio*; explicit: *Francesco petrarca mi fo chiamare.* V. ed.

1496

[307]

ANONIMA

Incomincia la miraculosa legenda de le dilecte spose et care hospite de christo Martha e Magdalena.

(Torino, Franciscus de Silva, 13.VI.1496).

48 c.; 4°

a-f⁸

IGI 5718, ISTC il00109500

Titolo dalla trascrizione diplomatica della scheda GW M17386, preceduto da: *In el nome de la sancta Trinitade.* Titolo uniforme: *Leggenda di Lazzaro, Marta e Maddalena.*

[308]

ANONIMA

E lamento della virgine Maria della passione del suo figluol giesu Christo.

[Firenze, Lorenzo Morgiani e Johann Petri, ca 1496].

2 c.: ill.; 4°

[*]²

IGI 5639-B, ISTC il00029270

Titolo dall'occhietto a c. [*1r]. Titolo uniforme: *Lamento della Vergine Maria.* Incipit a c. [*1v]: *Aue regina inmaculata 7 sancta.* V. ed.

[309]

ANONIMA

Queste sono le uirtu appropriate alli psalmi del psalterio: & chi deuotamente & con gran fede li leggera: li sara concessa da dio ciascuna gratia che dimandera.

[Firenze, Lorenzo Morgiani e Johann Petri, prima del 31.X.1496].

[16] c.: ill.; 4°

a-b⁸

SBN-IT\ICCU\CFIE\047091

Titolo uniforme: *Virtutes psalmorum* [italiano]. Per i tipografi e la data cfr. Periti 2003B, p. 299-300.

[310]

Anonima
La uita & morte di sancto Giouanni Baptista.
[Firenze, Lorenzo Morgiani, 1496-1497].
4 c.: ill.; 4°
a⁴
IGI VI 4310-A, ISTC ij00255550
Titolo dall'occhietto a c. a1r. Titolo uniforme: *Storia di s. Giovanni Battista.* Incipit a c. [a1v]: *Dolce madre didio pietosa & degna.* Explicit a c. [a4v]: *san Giouanni baptista humile & pio | priega Giesu con la madre Maria | chen die iudicii il suo regno ci dia | Finita la uita & morte di san Giouanni Baptista.* Cfr. Cioni 1963, p. 160, n. 2 (con data "[c. 1495]" e assenza della maiuscola nell'incipit). V. ed.

[311]

Belcari, Feo
Incommencia la presentatione [!] *di Habraam.*
(Bologna), [Caligola Bazalieri, 1496-1498].
4 c.; 4°
[*]⁴
IGI 1436, ISTC ib00297500
Nome dell'autore nell'explicit a c. [a4v]. Titolo uniforme: *Rappresentazione di Abramo e Isacco.* Cfr. Cioni 1961, p. 66, n. 5. V. ed.

[312]

Dati, Giuliano/ Bernardo di Antonio/Particappa, Mariano
Incomenza la passione di Christo historiata in rima vulgari secondo che recita e representa de parola a parola la dignissima compagnia dela [!] *Confalone di Roma lo Venerdi santo in luocho dicto Coliseo.*
[Roma], (A[ndreas] F[reitag e] J[ohann] B[esicken, ca 1496]).
14 c.: ill.; 4°
a⁸ b⁶ (c. a3 segnata a2)
GW 8005, ISTC id00046500
Nomi degli autori nell'explicit a c. [b6v]. Titolo da c. [a1r]. Titolo uniforme: *Rappresentazione della passione di Cristo.* Incipit a c. [a1v]: *Sequita la rapresentatione della passione de Iesu christo.* Cfr. Cioni 1961, p. 156, n. 2. V. ed.

[313]

Epistole e Vangeli/(tr.) Anonima
Incominciano le epistole & lectione euangelii: iquali si legono in tutto lanno alla messa secondo luso della sancta chiesa romana.
(Venezia, Pietro Quarengi, 13.VII.1496).
+93 c.; 8°
a²⁺¹ b-i⁸ k⁴ l⁶ m-n¹⁰
GW M3420010, ISTC ie00094400

Titolo dalla trascrizione diplomatica della scheda GW, preceduto da: *Al nome sia del nostro signore Iesu Christo.*

[314]

Fidati, Simone/Giovanni da Salerno
Expositione sopra euangeli.
(Firenze, Bartolomeo de' Libri, 24.IX.1496).
120 c.: ill.; fol.
a-f⁸ g¹⁰ h-n⁸ o-p⁶ [q²]
IGI 8996, ISTC is00523000
Titolo dall'occhietto a c. [a1r]. Prologo a c. a2r: *Al nome di Iesu Christo crucifixo comincia il prologo di fra Guido del libro infrascripto: cioe de loro Euangelii con le expositioni: facte per frate Simone da Cascia dellordine di sancto Augustino.* Fra Guido ovvero Giovanni da Salerno. Colophon a c. [p6r]. Sulla natura del testo cfr. McNeil, p. 61. V. ed.

[315]

[Honorius Augustodunensis]
Lucidario.
(Bologna, Caligola Bazalieri, 15.IV.1496).
36 c.: ill.; 4°
a-d⁸ e⁴
IGI 5861, ISTC il00332720
Titolo dalla trascrizione diplomatica della scheda GW M 09371. Titolo uniforme: *Lucidarius* [italiano]. A c. A2r (cfr. GW): *Qui incomencia lo prologo in lo libro de Lucidario.*

[316]

[Honorius Augustodunensis]
Qui comincia el libro del maestro 7 del discipulo.
(Venezia, Manfredo Bonelli, 30.I.1496).
20 c.; 4°
a-e⁴
IGI 5860, ISTC il00332700
Titolo da c. [a1r]. Titolo uniforme: *Lucidarius* [italiano]. A c. [a1r] (prima del titolo): *Qui comencia el libro del maestro et del discipulo* [segue prologo]. V. ed.

[317]

[Honorius Augustodunensis]
Qui incomincia el libro del maestro et del discipulo.
(Milano, Ulrich Scinzenzeler, 8.VI.1496).
30 c.; 4°
A-G⁴ H²
IGI 5862, ISTC il00332730
Titolo da c. A2r. Titolo uniforme: *Lucidarius* [italiano]. A c. A2r (prima del titolo): *Qui comincia el libro del maistro 7 del discipulo* [segue prologo]. V. ed.

[318]

PSEUDO-BONAVENTURA

Incominciono le diuote meditationi sopra la passione del no-stro Signore chauate & fondate originalmente sopra sancto Bonauentura chardinale del ordine de frati minori sopra Nicolao de Lira: etiamdio sopra altri doctori & predicatori approbati.

[Firenze, Lorenzo Morgiani e Johann Petri, ca 1496].

42 c.: ill.; 4°

a-d⁸ e⁶ f⁴

IGI 1927, ISTC ib00912000

Titolo da c. a1r. Titolo uniforme: *Meditationes vitae Christi* [italiano]. Explicit a c. [f4v]: *scripto di me nelle prophetie & psalmi.* V. ed.

[319]

SAVONAROLA, GIROLAMO/(tr.) ANONIMA

Comincia la expositione di frate Hieronymo da ferrara sopra el psalmo. lxxix. Qui regis Israel per modo di oratione.

(Firenze, appresso Santa Maria Maggiore [Lorenzo Morgiani e Johann Petri], 8.VI.1496).

16 c.; 4°

a-b⁸

IGI 8739, ISTC is00222000

Titolo da c. a1r. Titolo uniforme: *Expositio in Psalmum LXXIX (80) "Qui regis Israel"* [italiano]. A c. a1r (prima del titolo): *Proemio di frate Hieronymo da Ferrara dellordine de predicatori nella expositione del psalmo.lxxviiii. Tradocto in lingua fiorentina da uno suo familiare.* V. ed.

[320]

SAVONAROLA, GIROLAMO/(tr.) ANONIMA

Comincia la expositione di frate Hieronymo da Ferrara sopra el psalmo lxxix. Qui regis israel: per modo di oratione.

(Firenze), [Francesco Bonaccorsi], (8.VI.1496).

14 c.: ill.; 4°

a⁸ b⁶

IGI 8740, ISTC is00223000

Titolo da c. a1r. Titolo uniforme: *Expositio in Psalmum LXXIX (80) "Qui regis Israel"* [italiano]. A c. a1r (prima del titolo): *Proemio di frate Hieronymo da Ferrara dellor-dine de predicatori nella expositione del psalmo.lxxviiii. tra-docto in lingua fiorentina da uno suo familiare.* V. ed.

[321]

SAVONAROLA, GIROLAMO/(tr.) ANONIMA

Comincia la expositione di frate Hieronymo da Ferrara so-pra el psalmo lxxix. Qui regis israel per modo di oratione.

[Firenze, Bartolomeo de' Libri, ca 1496-1497].

10 c.: ill.; 4°

a⁴ b⁶

IGI 8741, ISTC is00221000

Titolo da c. a1r. Titolo uniforme: *Expositio in Psalmum LXXIX (80) "Qui regis Israel"* [italiano]. A c. a1r (prima del titolo): *Proemio di frate Hieronymo da Ferrara del-lordine de predicatori nella expositione del psalmo.lxxix. Tradocto in lingua fiorentina da uno suo familiare.* ISTC indica anche: "[about 1495]". V. ed.

[322]

SAVONAROLA, GIROLAMO

Expositione del reuerendissimo in Christo padre frate Hieronymo da Ferrara dellordine de predicatori sopra la oratione della Vergine gloriosa. Composta da lui in lingua uulgare ad instantia di certe deuote suore ferrarese.

[Firenze, Bartolomeo de' Libri, dopo IV.1496].

12 c.; 4°

a⁸ b⁴

IGI 8709, ISTC is00197000

Titolo uniforme: *Esposizione sopra l'Ave Maria.* ISTC in-dica anche: "[about 1495]". V. ed.

1497

[323]

ALIGHIERI, DANTE/LANDINO, CRISTOFORO

Comento di christophoro Landino fiorentino sopra la come-dia di Danthe alighieri poeta fiorentino.

(Venezia, Pietro Quarengi, 11.X.1497).

308 c.: ill.; fol.

a¹⁰ a-z& A-Ik⁸ LM¹⁰ N⁶

IGI 366, ISTC id00035000

Titolo dal proemio a c. [a1v] (c. [a1r]: occhietto: *Dante alighieri fiorentino*), preceduto da: *Proemio.* A c. [N5v]: *Pater nostro di Danthe; Aue maria di Danthe.* V. ed.

[324]

ANONIMA

Infantia saluatoris in lingua thoscana.

[Firenze, Bartolomeo de' Libri, ca 1497].

122 c.: ill.; 4°

[*]⁴ a-d⁸ e⁶ f-p⁸ (mancano le c. [*]¹⁻⁴, tavola dei contenuti)

IGI 4291, ISTC iv00304550

Titolo dall'occhietto a c. [a1r]. Titolo uniforme: *Vita di Gesù Cristo e della Vergine Maria.* Prologo a c. a2r: *Prologo diuoto nel libro sequente della vita della gloriosa vergine Maria.* V. ed.

[325]

EPISTOLE E VANGELI/(tr.) ANONIMA

Epistole et Euangeli vvlgari istoriate composte in lingua fio-rentina.

(Venezia, Manfredo Bonelli, 1497).

76 c.: ill.; fol.

a-i⁸ k⁴

IGI 3705, ISTC ie00094700

Titolo dall'occhietto a c. [a1r]. Incipit a c. [a1v]: *Al nome sia del nostro Signore Iesu Christo. Incominciano lepistole & lectione euangelii. i quali si legono tutto lanno ala messa secondo luso della sancta chiesa romana.* Colophon a c. k2v. V. ed.

[326]

PSEUDO-BONAVENTURA

Le meditatione de la passione de Christo fatte per sancto Bonauentura cardinale.

(Venezia, Lazzaro Soardi, 16.III.1497).

64 c.: ill.; 8°

a-h⁸

IGI 1928, ISTC ib00913000

Titolo dall'occhietto a c. [a1r]. Titolo uniforme: *Meditationes vitae Christi* [italiano]. Incipit a c. a2r: *Incominciano le deuote meditatione sopra la passione del nostro signore Iesu Christo: cauate & fundate originalmente sopra sancto Bonauentura cardinale del ordine minore sopra Nicolao de lira: etiamdio sopra altri doctori & predicatori approbati.* Explicit a c. [h7r]: *scripto di me nele prophetie e psalmi.* V. ed.

[327]

PSEUDO-DANTE

I septi salmi penetentiali li quali fece dauit siando in pena.

(Venezia, Manfredo Bonelli, 15.V.1497).

16 c.; 8°

a-b⁸

GW 7985, ISTC id00038000

Testo erroneamente attribuito a Dante. Titolo dalla trascrizione diplomatica della scheda GW. Titolo uniforme: *I sette salmi penitenziali.* Incipit (da GW): *Signor non mi reprender con furore.* | *E non uoler coregerme con ira.*

[328]

SAVONAROLA, GIROLAMO/(ed.) CINOZZI, GIROLAMO

Predica del uenerando. p. fra. hiero. da ferrara facta la matina dellascensione. 1497.

[Firenze, Lorenzo Morgiani e Johann Petri, dopo il 4.V.1497].

8 c.; 4°

a⁸

IGI 8759, ISTC is00259000

Titolo da c. a1r, seguito da: *Prohemio. Hieronymo cinoctio domino Barnabe Rodiano suo salutem.* V. ed.

[329]

SAVONAROLA, GIROLAMO/(ed.) CINOZZI, GIROLAMO

Predica del uenerando. p. frate. Hieronymo da Ferrara facta la mattina della ascensione. 1497.

[Firenze, Bartolomeo de' Libri, dopo il 4.V.1497].

8 c.: ill.; 4°

a⁸

IGI 8760, ISTC is00260000

Titolo dall'occhietto a c. [a1r]. A c. [a1v]: *Prohemio. Hieronymus cinozius domino Barnabe Rodiano suo salutem.* V. ed.

[330]

SAVONAROLA, GIROLAMO/(ed.) VIOLI, LORENZO

Prediche di Frate Hieronymo da Ferrara.

Firenze, [Bartolomeo de' Libri, Lorenzo Morgiani e Francesco Bonaccorsi], 8.II.1496 [i.e. 1497].

220 c.; fol.

[*]² a-r⁸ s⁶ t⁴ A-E⁸ F¹⁰ G-H⁸ I⁶

IGI 8766, ISTC is00243000

Titolo dall'occhietto a c. [*1r]. Altro titolo a c. a1r: *Prediche raccolte per ser Lorenzo Violi da la viva voce del reverendo padre frate hieronymo da ferrara giorno per giorno mentre che e predicava.* Si tratta delle *Prediche sopra Amos.* La data ("Mcccclxxxxvi.") è indicata secondo il calendario fiorentino e va interpretata in 1497. V. ed.

1498

[331]

ANONIMA

Incomenza le cinque reuelatione che hebbe sancto Iohanne euangelista.

[Milano, Ulrich Scinzenzeler, ca 1498].

6 c.: ill.; 8°

[a]⁶

IGI VI 8385-B, ISTC ij00228000

Titolo da c. [a1r]. A c. [a4r]: *Pater nostro dio eterno creatore nostro.* A c. [a4v]: *Queste sono le septe parole de la croce.* A c. [a5v]: *O dulcissima vergene e madre madona sancta Maria.* V. ed.

[332]

ANONIMA

La rapresentatione della natiuita di Christo.

[Firenze, Bartolomeo de' Libri, ca 1498].

6 c.; 4°

a⁶

ISTC ir00028500

Titolo uniforme: *Rappresentazione di Gesù Cristo: la natività.* Cfr. Cioni 1961, p. 147, n. 2 (con data "[c. 1495]"). V. ed.

[333]

ANONIMA
Sermoni del parvulo misser Iesu Cristo.
[Venezia, Antonio Zanchi, ca 1498].
48 c.; 4°
a-n⁴
IGI 8940 (e Tav. XIX), ISTC is00475300

[334]

[CICERCHIA, NICCOLÒ]
La passione del nostro Signore Iesu Christo.
[Firenze, Bartolomeo de' Libri, ca 1498].
16+ c.: ill.; 4°
a-b⁸
GW 6707, ISTC ic00497700
Per l'autore cfr. Cioni 1963, p. 29. Titolo da c. [a1r]. Titolo uniforme: *La passione di Gesù Cristo*. Incipit a c. [a1r]: *O increata maiesta di dio*. Descrizione su esemplare mutilo conservato presso la Bibliothèque Universitaire di Liège. Cfr. Cioni 1963, p. 34, n. 7. V. ed.

[335]

[CICERCHIA, NICCOLÒ]
La passione del nostro Signore Iesu Christo.
[Firenze, Bartolomeo de' Libri, ca 1498].
16+ c.: ill.; 4°
a-b⁸ c⁴ (da Cioni)
GW 0670710N, ISTC ic00497730
Titolo da c. a1r (da Cioni). Titolo uniforme: *La passione di Gesù Cristo*. Incipit a c. a1v (da Cioni): *O Increata maiesta di Dio*. GW rimanda a Ridolfi 1959 (che indica a p. 242: "[Firenze, Tipografo sconosciuto, ca. 1515]") e cita Tura 2001: "Non è GW 6707" (cfr. ISTC ic00497700, vedi 334). Cfr. Cioni 1963, p. 34, n. 8 (che descrive un esemplare fiorentino "[Firenze, Bartolomeo de' Libri? d. 1500]" di 20 carte).

[336]

CORNAZZANO, ANTONIO
Qui comenza la vita di Nostra Donna composta per el Cornazzano.
(Venezia, Manfredo Bonelli, 23.I.1498).
14 c.: ill.; 4°
A-C⁴ D²
IGI 3210, ISTC ic00914700
Titolo da c. A2r. A c. A2v: *Capitulo primo come e di cui naque la nostra donna e come fu trouato la natiuita sua*. Titolo uniforme: *Vita della Vergine Maria*. V. ed.

[337]

[HONORIUS AUGUSTODUNENSIS]
Libro del maestro e del discipulo.

(Venezia, Manfredo Bonelli, 12.I.1498).
30 c.: ill.; 4°
A-G⁴ H²
IGI 5863, ISTC il00332740
Titolo dall'occhietto a c. [A1r]. Titolo uniforme: *Lucidarius* [italiano]. A c. A2r: *Qui comincia el libro del maestro et del discipulo* [segue prologo]; *Qui comincia el libro del maestro et del discipulo*. V. ed.

[338]

PITTORIO, LODOVICO
Questo è vn Dominicale & un Sanctuario: doue se contiene vna dolce 7 morale expositione sopra li euangelii 7 spesso etiam sopra lepistole/ che corrono per tuto lanno in le messe de tute le dominiche 7 altre feste per la sancta madre giesa commandate/ 7 de quelle de Domenica/ 7 de sancto Antonio abbate. de s. Sebastiano. de. s. Georgio. de s. Maurelio. de s. Anna. de. s. Ludouico re. del di di morti. de s. Catherina martire. De la Zobia sancta 7 Venerdi sancto: 7 nel fine del Sanctuario gli sono quatro utilissimi sermoni: il primo circha la confessione: il secondo circha la compontione di peccati: il terzo circha la communione: 7 il quarto circha el contempto de la morte con desiderio de passare de questa vita. Et dipoi gli sono septe bellissime 7 saluberrime meditatione sopra septe parte del Patre nostro. Et e opera cosi facile/ iocunda/ 7 salutare: che ogni famiglia doue sia chi sapa [!] legere/ la douerebbe hauere in casa per conforto 7 salute di le anime. Et chi legera on [!] odira/ cognoscera chio non mento/ 7 remarra certo piu che satisfacto 7 consolato.
[Modena, Domenico Rococciola, ca 1498-1504].
140 c.: ill.; fol.
[a²] a⁸ b-kL-Y⁶ Z⁴
IGI 1732, ISTC ib00670000
Titolo da c. [a1r]. GW 4356 indica come data "[um 1490/95]".

[339]

SAVONAROLA, GIROLAMO/(tr.) ANONIMA
Expositione di frate Hieronymo da Ferrara sopra el psalmo In te Domine speraui.
(Modena, Domenico Rococciola), [dopo il 23.V.1498].
12 c.; 4°
a-b⁶
IGI 8713, ISTC is00207500
Titolo da c. a1r. Titolo uniforme: *Expositio in Psalmum XXX (31) "In te Domine speravi"* [italiano]. V. ed.

1499

[340]

ANONIMA
[*La uita del nostro signore missere iesu christo: & de la sua gloriosa madre uirgine madona sancta maria*].
Venezia, Manfredo Bonelli, 6.IV.1499.
82 c.; 4°
a-i⁸ k⁶
IGI 4291-A, ISTC im00271000
Titolo dalla trascrizione diplomatica della tavola nella scheda GW M50827: *Tauola de quelle che se contenono in la uita* [...]. Titolo uniforme: *Vita di Gesù Cristo e della Vergine Maria*.

[341]

BERNARDUS CLARAEVALLENSIS
Quiui comincia una utile meditatione a contemplare la passione del nostro signore miser iesu christo ale sette hore del die: composta per lo deuotissimo sancto bernardo.
(San Cesario, Ugo Ruggeri, 1499).
8 c.; 8°
A⁸
IGI 1533, ISTC ib00400800
Titolo da c. A1r. V. ed.

[342]

[CINOZZI, SIMONE]
Expositione sopra el psalmo Verba mea.
[Firenze, Tipografo dello Pseudo-Savonarola, *Esposizione sopra il salmo Verba mea* (HCR 14410), non dopo il 24.V.1499].
8 c.; 4°
A⁸
IGI 1533, ISTC is00203000
Per l'autore (pseudo-Savonarola, i.e. Simone Cinozzi), cfr. ISTC. V. ed.

[343]

EPISTOLE E VANGELI/(tr.) ANONIMA
[*Epistolae et Evangelia*] [italiano].
Milano, Antonio Zarotto, 8.III.1499.
128 c.; 4°
a-q⁸
IGI 3705-A, ISTC ie00094800
Titolo da ISTC.

[344]

[HONORIUS AUGUSTODUNENSIS]
[*Lucidarius*] [italiano].
Milano, Ulrich Scinzenzeler, 8.VII.1499.
20 c.: ill.; 4°

GW M0939010, ISTC il00332780
Il titolo è quello uniforme.

[345]

[HONORIUS AUGUSTODUNENSIS]
Qui comincia el libro del maestro e del discipulo.
(Milano, Ulrich Scinzenzeler, 16.III.1499).
20 c.; 4°
a-e⁴
GW M09390, ISTC il00332750
Titolo da c. a1r. Titolo uniforme: *Lucidarius* [italiano]. A c. a1r (prima del titolo): *Qui comincia el libro del maestro e del discipulo* [segue prologo].V. ed.

[346]

JACOBUS DE VORAGINE/(tr.) MALERBI, NICOLÒ
Legendario de sancti uulgar storiado.
(Venezia, Bartolomeo Zani, 5.XII.1499).
240 c.: ill.; fol.
a-z&?⁴A-D⁸
IGI 5047, ISTC ij00181000
Nome dell'autore nell'incipit a c. a2r: *Incomincia el libro intitulato legendario di sancti composto per el reuerendissimo padre frate Iacobo de Voragine de lordine de predicatori archiepiscopo de Genoua.* Nome del traduttore nell'epistola al lettore a c. [D7r]: *Nicholao de Manerbi veneto monacho del ordine camaldulense* [...]. Titolo dall'occhietto a c. [a1r]. Titolo uniforme: *Legenda aurea sanctorum* [italiano]. V. ed.

[347]

SAVONAROLA, GIROLAMO
[*Expositio in psalmum L (51) "Miserere mei Deus"*] [italiano].
[Bologna, Ugo Ruggeri, 1499].
4°
IGI 8734, ISTC is00217500
Il titolo è quello uniforme.

[348]

SAVONAROLA, GIROLAMO/(tr.) ANONIMA
Expositione di frate Hieronymo da ferara sopra el Psalmo. L. Miserere mei Deus: quando era in prigione nel mese di maggio. M.ccccLxxxyiii. tradocta di latino in uolgare.
(Bologna, Benedetto Faelli <1>, 14.III.1499).
22 c.; 4°
a⁸ b⁸ c⁶
IGI 8736, ISTC is00217600
Titolo da c. a1r. Titolo uniforme: *Expositio in Psalmum L (51) "Miserere mei Deus"* [italiano]. V. ed.

[349]

SAVONAROLA, GIROLAMO/(tr.) ANONIMA

Expositione di Frate Hieronymo da Ferrara dellordine de predicatori sopra il psalmo. xxx. In te domine speraui: quando era in charcere del mese di maggio. 1498. di poi e stata tradocta di latino in uulgare; Questa oratione fece frate Hieronymo a di 23. di maggio. 1493. audita la messa quando era preparato alla communione comincio con reuerentia inanzi al sanctissimo sacramento a parlare in questa forma; Item scrisse in honore della vergine Maria certi uersi cioe.
[Firenze, Bartolomeo de' Libri, ca 1499].
20 c.: ill.; 4°
a-b⁸ c⁴
IGI 8722, ISTC is00208000
Titolo da c. a1r. Titolo uniforme: *Expositio in Psalmum XXX (31) "In te Domine speravi"* [italiano]. Titolo dell'*Oratione* a c. c3r. Titolo dei *Versi* a c. c4r. ISTC indica anche: "[after 23 May 1498]". V. ed.

[350]
SAVONAROLA, GIROLAMO/(tr.) ANONIMA
Expositione di frate Hieronymo da Ferrara sopra el psalmo. L. Miserere mei deus: quando era in prigione nel mese di maggio 1498 tradocta di latino in uulgare ad instantia di certe deuote donne; Questa oratione fece frate Hieronymo a di 23. di maggio. 1498. audita la messa quando era preparato alla communione comincio con reuerentia inanzi al sanctissimo sacramento a parlare in questa forma; Beatus uir qui non abiit in consilio impiorum &c [italiano].
[Firenze, Bartolomeo de' Libri, dopo il 23.V.1499].
26 c.; 4°
a-b⁸ c¹⁰
IGI 8735, ISTC is00217000
Titolo da c. a1r. Titolo uniforme: *Expositio in Psalmum L (51) "Miserere mei Deus"* [italiano]. Titolo dell'*Oratione* a c. [c9v]. Titolo uniforme: *Orazione fatta il 23 maggio 1498 innanzi al Santissimo Sacramento.* Titolo del salmo I a c. c10r. Titolo uniforme: *Psalmus I "Beatus Vir"* [italiano]. Data a c. [c9r]. V. ed.

[351]
SAVONAROLA, GIROLAMO/(tr.) ANONIMA
Expositione o uero compositione di frate Hieronymo da Ferrara dellordine de predicatori sopra il psalmo. xxx. In te domine speraui &c. Quando era in prigione del mese di magio. Mcccclxxxxviii. tradocta in uolgare.
(Bologna, Benedetto Faelli <1>, 8.IV.1499).
16 c.; 4°
a-b⁸
IGI 8721, ISTC is00208150
Titolo da c. a1r. Titolo uniforme: *Expositio in Psalmum XXX (31) "In te Domine speravi"* [italiano]. V. ed.

1500

[352]
ANONIMA
Divota meditazione in tutto il pellegrinaggio di Gesù Cristo; Laude dil dolce Iesu.
(Bologna, Giovanni Antonio Benedetti <1>, 1500).
12 c.; 4°
A-C⁴
IGI 6328, ISTC im00437500
Titolo dalla trascrizione diplomatica della scheda Bod-Inc. M-169. Incipit (dalla stessa): [C]*ontempla o anima fidele como la Suma trinita per eterno consiglio dispone di saluare la humana natura.* Explicit dalla stessa: *dolce amore cum il padre et il spirito sancto in secula seculorum Amen.* La *Laude* è a c. [C4v]. Colophon a c. [C4r].

[353]
ANONIMA
La epistola della dominica.
[Roma, Johann Besicken, ca 1500].
[2] c.: ill.; 4°
[*]²
IGI 3683, ISTC ie00048500
Titolo dall'occhietto a c. [*1r]. Incipit a c. [*1v]: *Viua diuinita donde procede | padre figliuolo 7 spirito sancto.* Considerata all'epoca un apocrifo, cfr. Barbieri 2003. V. ed.

[354]
ANONIMA
Lamento di nostra donna; Lamento di nostra donna in altro modo.
[Roma, Johann Besicken e] Martin van Amsterdam, [ca 1500].
6 c.: ill.; 4°
a⁶
IGI 5640, ISTC il00029300
Titolo del primo lamento dall'occhietto a c. [a1r]. Titolo uniforme: *Lamento della Vergine Maria.* Incipit a c. a2r: *O Madre della nostra saluatione.* A c. a3v: *Comincia la risposta di Iesu christo alla sua madre Maria; Risponde la vergine Maria al Figluolo.* Titolo del secondo lamento dall'occhietto a c. [a5r]. Incipit a c. [a5r]: *Aue regina immaculata e santa.* V. ed.

[355]
ANONIMA
Officio della passione de misser Ihesu Christo. Chi la dira ogni uenerdi in memoria della sua passione: sia certo che esso misser Iesu li concedera ogni gratia chelli domandera: che sia licita cioe in salute de lanima.

[Venezia, Johann Hamann, ca 1500?].

16 c.; 8°

a-b⁸

IGI 6962, ISTC i000030800

Titolo dalla trascrizione diplomatica della scheda GW M27595.

[356]

ANONIMA

Questa sie vita dela gloriosa verzene Maria con alcuni soi miracoli deuotissimi stampata in Venetia al suo honor e gloria [...].

Venezia, Bernardino Vitali, 21.XII.1500.

120 c.; 4°

A-P⁸

IGI 4292, ISTC iv00304600

Titolo dalla trascrizione diplomatica della scheda GW M50840. Titolo uniforme: *Vita di Gesù Cristo e della Vergine Maria.*

[357]

ANONIMA

Questi sono e septe dolori della uergine Maria.

[Firenze, Lorenzo Morgiani e Johann Petri, ca 1500].

2 c.; 4°

a²

IGI 3526, ISTC id00303800

Titolo dalla trascrizione diplomatica della scheda GW 8634.

[358]

ANONIMA

Questi sono le sette allegrezze dela uergine Maria lequale habbe in questo mondo.

[Roma, Eucharius Silber, ca 1500].

4°

[*4]

IGI VI 376-A, ISTC ia00468600

Titolo dall'occhietto a c. [*1r]. Incipit a c. [*1v]: *Aue Maria uergine gloriosa | Piu che ogni altra donna siti beata.* A c. [*4r]: ultima ottava, v. 3-4: *Le sette allegrezze cio ditto al presente | Sancto Bernardo le scripse per certanza.* ISTC indica anche: "[Florence: Apud Sanctum Jacobum de Ripoli, before 28 June 1479]". V. ed.

[359]

ANONIMA

La rapresentatione della distructione di Saul & del pianto di Dauit.

[Firenze, Bartolomeo de' Libri, ca 1500].

8 c.: ill.; 4°

a-b⁴

IGI 3500, ISTC ir00029500, SBN-IT\ICCU\ CFIE\030807

Titolo uniforme: *Rappresentazione di Saul e Davide.* Cfr. Cioni 1961, p. 276, n. 1. V. ed.

[360]

ANONIMA

La rapresentatione diuota di Ioseph figluolo di Iacob.

[Firenze, ca 1500].

8 c.: ill.; 21 cm

a-b⁴

ISTC ir00029000

V. ed.

[361]

ANONIMA

La rapresentazione di Salamone.

[Firenze, s.n., ca 1500].

4 c.: ill.; 4°

GW M39681, ISTC is00093800, EDIT16-CNCE 62363

Titolo da c. [1r]. Titolo uniforme: *Rappresentazione di Salomone.* Cfr. Cioni 1961, p. 271, n. 1. Cioni data "d. 1500" e EDIT16 "[15..]". V. c. [1r].

[362]

ANONIMA/[BELCARI, FEO]

La festa dell'Annunciatione di nostra donna.

[Firenze, Bartolomeo de' Libri, ca 1500].

4 c.: ill.; 4°

IGI 593, ISTC ia00757600

Testo con inserti da Feo Belcari, cfr. Newbigin 1996, I, p. 27 e 42. Titolo uniforme: *Rappresentazione dell'annunciazione di Maria Vergine.* Cfr. Cioni 1961, p. 228, n. 2.

[363]

ANTONINO (SANTO)/[ANTONINO (SANTO)]

Antonina vvlgar; Incomincia el libreto dela doctrina christiana la quale e utile & molto necessario che i puti pizoli & zouenzelli limpara per saper amare seruire & honorare idio benedicto: & schiuare le temptatione & peccati.

(Venezia, Cristoforo Pensi, 1.XII.1500).

46 c.; 4°

a-e⁸ f⁶

IGI 683, ISTC ia00861000

Titolo dall'occhietto a c. [a1r]. Titolo uniforme: *Confessionale: Omnis mortalium cura* [italiano]. Incipit a c. a2r: *Incipit confessionale in uulgari sermone editum per uenerabilem p.d. Antonium archiepiscopum Florentiae ordinis praedicatorum.* Titolo del secondo testo da c. [e6r], preceduto da: *In nome del nostro signore missere Iesu Christo & della gloriosissima madre sua & dona nostra sempre uergine Maria & de tuta le corte celestiale.* Titolo uniforme: *Libretto della dottrina cristiana.* V. ed.

[364]
BELCARI, FEO
Incomincia la representatione di Abraham 7 di Isaac.
[Roma, Johann Besicken e Martin van Amsterdam, ca 1500].
6 c.: ill.; 4°
a⁶
IGI 1438, ISTC ib00297700
Nome dell'autore nell'explicit a c. [a6v]. Titolo da c. [a1r]. Titolo uniforme: *Rappresentazione di Abramo e Isacco.* Cfr. Cioni 1961, p. 66, n. 7. V. ed.

[365]
[BELCARI, FEO]
La representatione di Habraam et de Isaac.
[Roma, Stephan Plannck?, ca 1500].
6 c.: ill.; 4°
A⁶
IGI VI 1438-A, ISTC ib00297800
Titolo uniforme: *Rappresentazione di Abramo e Isacco.* ISTC indica anche: "[Printer of Herodianus, about 1493]". V. ed.

[366]
BERNARDINO DA SIENA (SANTO)
Confessione utile & deuota di sancto Bernardino uolgare.
[ca 1500].
[24] c.: ill.; 4°
a-c⁸ (c. c3 segnata erroneamente c2)
SBN-IT\ICCU\VEAE\125707
Cfr. Sander 941.

[367]
BERNARDO, PIETRO
Psalmo exposto per Pietro bernardo da Firenze seruo imprigionato di Christo alla Mirandola in mentre era in prigione. Saluum me face deus:quoniam intrauerunt aquae usque ad animam meam. ps. lxviii.
[Firenze, Antonio Tubini, ca 1500].
4 c.; 4°
a⁴
GW 3897, ISTC ib00355000
L'autore è conosciuto meglio con il nome di Pietro Bernardino o Bernardino de' Fanciulli. Titolo da a c. a1r, preceduto da: *Iesus Mariae filius.* Scapecchi data "[non dopo il 1502]", cfr. Scapecchi 2017, 438. V. ed.

[368]
CARACCIOLO, ROBERTO

[*Quadragesimale*].
(Venezia, Pietro da Pavia, 5.IX.1500).
114 c.; 4°
a-n⁸ o¹⁰
IGI 2502, ISTC ic00159000
Nome dell'autore nel prologo a c. a1v. Titolo dall'explicit a c. [o10r]: *Finisse el Q* [...] *nouelo Pa* [...] (nell'esemplare visto, carta strappata, testo completato a penna). Titolo uniforme: *Sermones quadragesimales* [italiano]. V. ed.

[369]
CARACCIOLO, ROBERTO
[*Sermones quadragesimales*] [italiano].
Milano, Giovanni Angelo Scinzenzeler, 23.XII.1500.
74 c.; 4°
a-h⁸ i¹⁰
IGI 2503, ISTC ic00159500
Il titolo è quello uniforme.

[370]
EPISTOLE E VANGELI/(tr.) ANONIMA
[*Epistolae et euangelia*] [italiano].
[Firenze, ca 1500].
82 c.; fol.
GW M34161, ISTC ie00096000
Titolo da ISTC, che indica come editori: "[Jacopo di Carlo]", "[Francesco di Dino]", "[Bartolommeo di Libri]".

[371]
EPISTOLE E VANGELI/(tr.) ANONIMA
Epistole e Vangelii vvlgar historiade.
(Venezia, Pietro da Pavia, 21.VII.1500).
148 c.; 4°
a⁴ b-t⁸
IGI 3706, ISTC ie00095000
Titolo dalla trascrizione diplomatica della scheda GW M34200. Incipit (da GW): [*A*]*l nome sia del nostro Signore Iesu Christo. Incominciano le epistole et lectione e uangelii i quali si legono in tutto lanno alla messa secondo luso de la sancta chiesia romana.*

[372]
FRANCESCO DE ARGENTA
Pater noster gratiae predicati per maestro Francisco de argenta predicatore in sancto Petronio a Bologna. Mcccclxxxix.
[Bologna, Giovanni Antonio Benedetti <1>, ca 1500].
2 c.; 4°
a²
IGI 3927, ISTC if00279200
ISTC indica anche: "[Franciscus (Plato) de Benedictis, not before 1489]". V. ed.

[373]

MAZZOLINI, SILVESTRO

Vita di Santa Maria Maddalena; Canzone in lode di Santa Maria Maddalena.

(Bologna, Giovanni Antonio Benedetti <1>, 14.IX.1500).

24 c.; 4°

A⁴, B⁶, C⁸, D⁶

GW M42173, ISTC is00521500

Nome dell'autore nell'incipit a c. A1r. Titolo da ISTC. Incipit a c. A1r: *Incominza la vita de la seraphina e feruentissuna* [!] *amatrice de Jesu christo saluatore sancta maria magdalena racolta per il reuerendo padre e maestro ne la sacra theologia frate Siluestro da prierio de lordine de frati predicatori.* V. ed.

[374]

PSEUDO-BONAVENTURA

Le deuote meditatione sopra la passione del nostro signore.

Venezia, 4.IV.1500.

56 c.; 4°

a-g⁸

IGI 1930, ISTC ib00914000

Titolo uniforme: *Meditationes vitae Christi* [italiano]. Explicit: *scripto di me nele prophetie e psalmi.* Per il tipografo ISTC propone: "[Albertinus Vercellensis?]" (i.e. Albertino da Lessona) e "[Printer of Ovidius 'Metamorphoses' (H 12168)"; aggiunge: "BMC points out that the type-measurement does not support GW's identification of the printer as the 'Printer of Ovid', but that it appears to be the same as the type used by Albertinus Vercellensis in the Valerius Maximus of 14 Dec. 1503".

[375]

PSEUDO-BONAVENTURA

Incominciono le diuote meditationi sopra la passione del nostro Signore/ chauate & fondate originalmente sopra sancto Bonauentura chardinale/ del ordine de frati minori sopra Nicolao de Lira: & etiam sopra altri doctori & predicatori approbati.

[Firenze, Lorenzo Morgiani e Johann Petri, 1500].

42 c.: ill.; 4°

a-d⁸ e⁶ f⁴

IGI 1926, ISTC ib00915000

Titolo da c. a1r. Titolo uniforme: *Meditationes vitae Christi* [italiano]. Explicit: *scripto di me nele prophetie e psalmi.* GW 4780 indica come data "um 1495". V. ed.

[376]

PSEUDO-DANTE

Questi son i septe psalmi pentitentiali che dispose Dante.

[Bologna, Caligola Bazalieri, ca 1500].

4 c.: ill.; 4°

a⁴

IGI 376, ISTC id00038500

Titolo da c. [a1r]. Testo erronemante attribuito a Dante. Titolo uniforme: *I sette salmi penitenziali.* Incipit a c. [a1r]: *Signor non mi reprendere cum furore | E non uoler coregerme cum ira.* V. ed.

[377]

PULCI, BERNARDO

La rapresentatione diuota di Barlaam et Iosafat.

[Firenze, Bartolomeo Miscomini, ca 1500].

8 c.: ill.; 4°

a⁸

IGI 8210, ISTC ip00105500

Titolo dall'occhietto a c. [a1r]. Incipit a c. [a1v]: *Incomincia la rapresentatione di Barlaam & Iosafat composta per Bernardo pulci.* GW M36539 indica come data "[um 1495]". V. ed.

[378]

SAVONAROLA, GIROLAMO

Expositione di Frate Hie. da F. sopra el psalmo In te domine speraui.

[Firenze, Tipografo dello Pseudo-Savonarola, *Esposizione sopra il salmo Verba mea*, ca 1500].

12 c.; 4°

a⁸ b⁴

IGI 8720, ISTC is00207600

Titolo da c. a1r. Titolo uniforme: *Expositio in Psalmum XXX (31) "In te Domine speravi"* [italiano]. Per il tipografo cfr. Tura 2001, p. 36-38. V. ed.

[379]

SAVONAROLA, GIROLAMO

Expositione di Frate Hie. da F. sopra el psalmo In te domine speraui; Regola di frate Hieronimi data uniuersale ad ogni huomo.

[Firenze, Tipografo dello Pseudo-Savonarola, *Esposizione sopra il salmo Verba mea*, ca 1500].

12 c.; 4°

a⁸ b⁴

IGI 8719, ISTC is00208400

Titolo da c. a1r. Titolo uniforme: *Expositio in Psalmum XXX (31) "In te Domine speravi"* [italiano]. Titolo della *Regola* a c. [b4r]. ISTC indica anche: "[Lorenzo Morgiani and Johannes Petri, about 1497]"; IGI ipotizza: "[Firenze, dopo il 23.V.1498]". V. ed.

[380]

SAVONAROLA, GIROLAMO/(tr.) ANONIMA

Expositione di frate Hieronimo da Ferrara sopra el psalmo. L. Miserere mei deus: quando era in prigione del mese di maggio. *M.CCCCLXXXXVIII. tradocta di latino in uolgare ad instantia di certe deuote donne; Questa oratione fece f. Hiero. a di xxiii. di maggio Mcccclxxxxiix. audita la messa quando era preparato alla communione: comincio con reuerentia inanzi al sanctissimo sacramento a parlare in questa forma; Beatus vir qui non abiit in consilio impiorum &c.* [italiano].

[Firenze, Tipografo dello Pseudo-Savonarola, *Esposizione sopra il salmo Verba mea*, ca 1500].

16 c.; 4°

a⁸ b⁸

IGI 8724, ISTC is00218000

Titolo a c. a1r. Titolo uniforme: *Expositio in Psalmum L (51) "Miserere mei Deus"* [italiano]. Titolo dell'*Oratione* a c. b8v. Titolo uniforme: *Orazione fatta il 23 maggio 1498 innanzi al Santissimo Sacramento*. Titolo del Salmo I a c. [b8v]. Titolo uniforme: *Psalmus I "Beatus Vir"* [italiano]. V. ed.

[381]

SAVONAROLA, GIROLAMO/(tr.) ANONIMA

Expositione di frate Hieronymo da Ferrara sopra el psalmo. L. Miserere mei Deus: quando era in prigione nel mese di maggio M.CCCC.LXXXXVIII. Tradocta di latino in uulgare ad instantia di certe deuote donne; Questa oratione fece frate Hieronymo a di. xxiii. di maggio M.CCCC. LXXXXVIII. audita la messa quando era preparato alla communione: comincio con reuerentia inanzi al sanctissimo sacramento a parlare in questa forma; Beatus vir qui non abiit in consilio impiorum &c. [italiano].

[Firenze, ca 1500].

14 c.; 4°

a⁸ b⁶

IGI 8737, ISTC is00216000

Titolo a c. a1r. Titolo uniforme: *Expositio in Psalmum L (51) "Miserere mei Deus"* [italiano]. Titolo dell'*Oratione* a c. b5v. Titolo uniforme: *Orazione fatta il 23 maggio 1498 innanzi al Santissimo Sacramento*. Titolo del Salmo I a c. [b5v]. Titolo uniforme: *Psalmus I "Beatus Vir"* [italiano]. ISTC indica anche: "Printed in a later state of the type associated with the Printer of the Caccia di Belfiore, who is identified as Lorenzo Morgiani and Johannes Petri by A. Tura, in La Bibliofilia 101 (1999) p.1-16". V. ed.

[382]

SAVONAROLA, GIROLAMO

Oratione di Hieremia propheta la quale fra Girolamo da Ferrara ha confortato si debba dire ogni di da qualunche fedele christiano.

[Firenze, Lorenzo Morgiani e Johann Petri, ca 1500].

2 c.: ill.; 4°

[a²]

GW M4056210, ISTC is00230000

ISTC rimanda anche a GW M40562 che indica come data "[um 1495]"; BEIC indica pure "[ca. 1495]". V. ed.

[383]

SAVONAROLA, GIROLAMO

Predica di fra Hieronimo da Ferrara facta la terza domenica di quaresima a di. XVIII. di marzo M.CCCCLXXXXVII.

[Firenze, Tipografo dello Pseudo-Savonarola, *Esposizione sopra il salmo Verba mea*, ca 1500].

16 c.; 4°

a⁸ b⁸

IGI 8765, ISTC is00258000

ISTC indica anche: "[n. pr., about 1505]" e "[after 18 Mar. 1497/98]". V. ed.

[384]

SAVONAROLA, GIROLAMO/(ed.) VIOLI, LORENZO

Prediche del reuerendo padre frate Hieronymo da Ferrara facte lanno del .1496. [!] ne giorni delle feste finito che hebbe la quaresima: & prima riposatosi circa uno mese ricomincio el di di sancto Michele a di. viii. di maggio. MCCCCLXXXXVI.

[Firenze, Antonio Tubini, Lorenzo Alopa e Andrea Ghirlandi, ca 1500].

166 c.; fol.

a-r⁸ s⁶ t-x⁸

IGI 8767, ISTC is00247000

Titolo a c. a1r. Titolo uniforme: *Prediche dalla pasqua all'avvento dell'anno 1496* o *Prediche del 1496 sopra Ruth e Michea raccolte da Lorenzo Vivoli*. Explicit a c. x8v: *Fine delle prediche del reueren. p. frate Hieronymo da Ferrara dello ordine di predicatori facte lanno. i496 [!]. ne di delle feste da la pasqua della resurrectione infino allo aduento di decto anno & raccolte per ser Lorenzo Violi dalla uiua uoce del predicante.* ISTC indica anche: "[about 1497]". V. ed.

[15..] ([DOPO IL 1500])

[385]

ANONIMA

Confessione de sancta Maria Magdalena.

[15..].

[4] c.: ill.; 8°

SBN-IT\ICCU\CNCE\076350

[386]

ANONIMA

Confessione noua. Et capitolo nuouo che si canta el Venerdi Sancto cioe Popule meus quid feci tibi.

[15..].

[4] c.: ill.; 8°
EDIT16-CNCE 15734
V. fr.

[387]
ANONIMA
La deuota oratione dell'angelo Raffaello. Co'l Pater nostro, & l'Aue Maria, & Credo, vulgare, agiuntoui di nuouo.
Siena e ristampato in O[rvieto], [15..].
[4] c.; 8°
EDIT16-CNCE 39159

[388]
ANONIMA
La deuotissima historia, delli santi apostoli Pietro, & Paolo, con il loro martirio e morte [...].
[15..].
[4] c.: ill.; 8°
EDIT16-CNCE 49632
Titolo uniforme: *Storia dei ss. Pietro e Paolo.*

[389]
ANONIMA
La dischiaration della santa Croce con la dischiaration del Pater noster et la risposta che fa Christo al peccator. Et laue Maria deschiarata, et la risposta che fa la vergine Maria al peccator. Et vn capitolo da insignar a i puti de benedir la mensa. Et vn sonetto della conception della vergine Maria. Anchora sonetti spirituali con vn capitolo de santa Maria da Loreto loqual fece vno essendo incarcerato a morte. Nouamente stampato.
[15..].
[4] c.; 4°
A⁴
EDIT16-CNCE 17274
Titolo da c. [A1r], dove si legge l'incipit: *La santa croce pochi o nullo impara.* V. c. [A1r].

[390]
ANONIMA
La epistola della s. Dominica.
[15..].
[4] c.; 8°
EDIT16-CNCE 59795
Considerata all'epoca un apocrifo, cfr. Barbieri 2003.

[391]
ANONIMA
La epistola della santa Domenica.
[15..].
[4] c.: ill.; 8°
EDIT16-CNCE 18166

Considerata all'epoca un apocrifo, cfr. Barbieri 2003.

[392]
ANONIMA
Giardinetto detto il sole. Nel quale oltra li sette salmi latini, et volgari, con le sue orationi appropriate, si contiene il Pater noster, l'Aue Maria, il Credo [...]. Nuouamente raccolte da diuerse compositioni spirituali, di diuerse deuotissime persone.
[15..].
53, [1] c.; 12°
A-D¹² E⁶ (c. E6 bianca)
EDIT16-CNCE 74311

[393]
ANONIMA
El giuditio generale.
[Roma, Johann Besicken, 15..].
[4] c.: ill.; 4°
EDIT16-CNCE 63686
Titolo uniforme: *Storia del giudizio universale.* Incipit dopo il titolo a c. 1r (da Cioni): *(O) Santa trinita vno solo idio | sanza principio e sanza fine sete.* Per il tipografo e la data cfr. Cioni 1963, p. 254, n. 2 (con data "[c. 1500]").

[394]
ANONIMA
Giuditio vniuersale, o vero finale.
(Siena), [15..].
[6] c.; 4°
A⁶
EDIT16-CNCE 72397
Titolo uniforme: *Storia del giudizio universale.*

[395]
ANONIMA
Historia de' santi deuotissimi Pietro, e Paolo apostoli di Christo, con il loro martirio, & morte. Et come furono trouati li loro beatissimi corpi in un pozzo.
[15..].
4 c.; 8°
A⁴
SBN-IT\ICCU\RMLE\039811

[396]
ANONIMA
Incomincia la resurrectione de Christo historiata in rima vulgari secondo che recita e representa de parola a parola la dignissima compagnia del Confallone di Roma.
[Roma, Marcello Silber, 15..].
[8] c. : ill. ; 4°
EDIT16-CNCE 62032

Testo edito comunemente a quello della *Passione* (di Giuliano Dati, Bernardo di Antonio e Mariano Particappa) che si rappresentava il Sabato Santo dalla Compagnia del Gonfalone di Roma. Per il luogo, il tipografo e la data cfr. Cioni 1961, p. 166, n. 1.

[397]

ANONIMA

Insonio de Daniel. Questo sie el modo de vedere le significatione de Daniel propheta secondo gli di della luna.

[15..].

[4] c.: ill.; 4°

a⁴

EDIT16-CNCE 51811

Titolo da c. [a1r]. Titolo uniforme: *Somnia Danielis* [italiano]. Incipit a c. [a1r]: *Lo primo di de la luna.* Stampata probabilmente a Firenze; per il luogo e la data cfr. Santoro, p. 145, n. 363. V. [a1r].

[398]

ANONIMA

Iudicio del mondo.

[150.].

[4] c.: ill.; 4°

EDIT16-CNCE 63687

Titolo uniforme: *Storia del giudizio universale.* Incipit dopo il titolo a c. 1r (da Cioni): *(D)ELA Trinita sie uno solo dio. | Senza principio e senza fine siti.* Stampata probabilmente a Venezia; per il luogo e la data presumibili ("[Venezia? c. 1500?; inizio sec. XVI?]"), cfr. Cioni 1963, p. 254, n. 3.

[399]

ANONIMA

Lamento di Iesu Christo. E vna deuotissima oratione al crocifisso. Et la heredità che ci lassò il Signore.

[15..].

[4] c.; 8°

A⁴

EDIT16-CNCE 63614

[400]

ANONIMA

Lamento nouo de la uergine Maria.

[Venezia], [15..].

[4] c.: ill.; 8°

EDIT16-CNCE 75615

Titolo da c. [1r]. Titolo uniforme: *Lamento della Vergine Maria.* Incipit a c. [1r]: *Aue regina benedecta e santa.* Per il luogo cfr. Sander 4275. V. c. [1r].

[401]

ANONIMA

Lamento nouo della Madonna.

[15..].

[4] c.: ill.; 8°

EDIT16-CNCE 72533

Titolo da c. [1r]. Titolo uniforme: *Lamento della Vergine Maria.* V. c. [1r].

[402]

ANONIMA

Legenda de miser san Iob.

[15..].

[4] c.: ill.; 8°

EDIT16-CNCE 61538

Titolo da c. [1r], seguito dall'incipit: *Iob iusto & propheta del signore.* Per la data cfr. Segarizzi, I, p. 190. Cfr. Sander 3614. V. c. [1r].

[403]

ANONIMA

Modo breuissimo & utilissimo examinatorio circa la confessione, insieme con el primo capitolo di Esaia propheta uolgare.

[Firenze, Bartolomeo de' Libri, dopo il 1500].

[10] c.: ill.; 8°

SBN-IT\ICCU\CFIE\031456

Per il tipografo e la data cfr. Periti 2003A, C65. IGI 3142 la attribuisce a Morgiani e Petri con data ca 1500, poi in IGI VI, p. 137, ca 1495.

[404]

ANONIMA

Questa e la uita di San Gionanni [!] *Baptista.*

[Firenze, dopo il 1500].

46 c.; 4°

a⁶ b-f⁸

ISTC ij00255600

Titolo dalla trascrizione diplomatica della scheda GW M12993. Titolo uniforme: *Vita di san Giovanni Battista.* A c. a1r (da GW): *Prolago* [!] *sopra la storia di glorioso sancto Giouanni baptista.* A c. a2v (da GW): *Noi fareno* [!] *tre parte di questa storia nella prima diremo della sua natiuita infino che gli ando nel diserto. Nella seconda parte porremo si come egli conuersaua nel diserto infino al baptesimo. La terza parte porremo dal baptesimo & della sua morte.* GW indica anche "[Florenz: Compagnia del Drago (Antonio Tubini und Andrea Ghirlandi)]".

[405]

ANONIMA

Questo e il Iudicio generale che tracta dela fine del mondo quando Iesu christo venira a iudicare li boni e li rei.
[15..].
[4] c.: ill.; 4°
A⁴
EDIT16-CNCE 79343
Titolo da c. [A1r]. Titolo uniforme: *Storia del giudizio universale.* Incipit a c. [A1r]: *A te ricorro eterno creatore | Che gratia presti al debile intellecto.* Per altra edizione dello stesso testo, cfr. Sander 3175. V. c. [A1r].

[406]
ANONIMA
Questo si e el pater nostro elqual e dichiarado in sete petition come e aparso ali nostri sancti doctori.
([Venezia], Bernardino Vitali), [15..].
[28] c.: ill.; 8°
A-G⁴
ISTC ip00149500, EDIT16-CNCE 77328
Titolo da c. A1r, dove si legge (dopo illustrazione): *Exordio. | Desiderando lanima de | sapere ben orare a dio | [...].* V. c. A1r.

[407]
ANONIMA
Qui se comenza questo deuoto salmo che se uole dire [...] quando tu hai alcune tribulatione [...].
[15..].
[7+] c.: ill.; 8°
[croce]⁸
SBN-IT\ICCU\UM1E\016615
Titolo dall'incipit. Descrizione da esemplare mutilo, posseduto fino a c. [croce]7.

[408]
ANONIMA
Rappresentatione di Susanna.
[Firenze, Bartolomeo de' Libri?, dopo il 1500].
[4] c.: ill.; 4°
a⁴
Cioni 1961, p. 285, n. 1
Titolo da c. a1r. Titolo uniforme: *Rappresentazione di s. Susanna.*

[409]
ANONIMA
La rappresentazione di Iudith hebrea.
Siena, [15..].
[8] c.: ill.; 4°
A⁸
EDIT16-CNCE 61578, SBN-IT\ICCU\CFIE\032877

Titolo da c. [A1r]. Titolo uniforme: *Rappresentazione di Giuditta ebrea.* Cfr. Testaverde-Evangelista, 178. V. ed.

[410]
ANONIMA
La rappresentazione di Lazero ricco, e di Lazero pouero. Nuouamente ristampata.
Firenze, al segno della Stella, [15..].
[4] c.: ill.; 4°
A⁴
EDIT16-CNCE 61579, SBN-IT\ICCU\CFIE\032882
Titolo uniforme: *Rappresentazione di Lazzaro ricco e Lazzaro povero.* Cfr. Testaverde-Evangelista, 181. V. ed.

[411]
ANONIMA
La rapresentatione di Susanna.
[Firenze, dopo il 1500].
[4] c.: ill.; 4°
a⁴
EDIT16-CNCE 62393, SBN-IT\ICCU\CFIE\033163
Titolo da c. a1r. Titolo uniforme: *Rappresentazione di s. Susanna.* Stampata a Firenze, forse da Bartolomeo de' Libri, dopo il 1500, cfr. Cioni 1961, p. 286, n. 2; Testaverde-Evangelista, 484. V. ed.

[412]
ANONIMA
Rime spirituali raccolte dalla sacra scrittura. Le quali contengono il fondamento della santa fede cristiana, la creazione del mondo, et la vita, e passione di Nostro Signore Giesu Christo.
Bologna e ristampato in Firenze, [15..].
[8] c.; 8°
A⁸
EDIT16-CNCE 63620

[413]
ANONIMA
Le sette allegrezze della Madonna.
[15..].
[4] c.: ill.; 8°
EDIT16-CNCE 75637
Titolo da c. [1r], dove si legge l'incipit: *Aue Maria virgine gloriosa | piu che' [!] ognaltra dona seti beata.* V. c. [1r].

[414]
ANONIMA
Stanze delle Marie. In lamento della morte di Giesu Christo, e la eleuazione della Croce.
[15..].
[8] c.; 8°

EDIT16-CNCE 61330

[415]

ANONIMA

Stanze delle Marie. In lamento della morte di Giesu Christo, & la eleuatione de la Croce.

Siena, [15..].

[12] c.: ill.; 12°

A^{12}

EDIT16-CNCE 76105

Titolo da c. [A1r]. V. [A1r].

[416]

ANONIMA

Vita della gloriosa vergine Maria, e di Jesu Christo, & di santo Giouanni Battista, con molti suoi miracoli. Nouamente ristampata, & corretta.

[15..].

[120] c.: ill.; 8°

EDIT16-CNCE 74299

[417]

ANONIMA

La uita et morte di santo Joanne Baptista.

[Firenze, 15..].

[4] c.; 4°

EDIT16-CNCE 63602

Titolo uniforme: *Storia di s. Giovanni Battista*. Per il luogo e la data cfr. Cioni 1963, p. 160, n. 3 (con data "[d. 1500]").

[418]

ANONIMA

La vita et morte di sancto Ioanne Baptista.

[Venezia, Bernardino Vitali, dopo il 1500].

[4] c.: ill.; 4°

A^4

ISTC ij00255500, EDIT16-CNCE 76439

Titolo da c. [A1r]. Titolo uniforme: *Storia di s. Giovanni Battista*. Incipit a c. [A1r]: *Dolce madre didio pietosa 7 degna*. Explicit a c. [A4v]: *san giouannibaptista humile 7 pio | priega giesu con la madre maria | chendie giudicio il suo regno ci dia | Finita la vita 7 morte di san Giouanni Baptista*. Per il tipografo e la data cfr. Tura 2001, p. 52. ISTC indica anche (dietro IGI 4310): "[Florence: Lorenzo Morgiani, about 1495]". V. ed.

[419]

ANONIMA

La vita et morte di sancto Ioanne Baptista.

[150.].

[4] c.: ill.; 4°

EDIT16-CNCE 78532

Titolo da c. [1r]. Titolo uniforme: *Storia di s. Giovanni Battista*. Incipit a c. [1r]: *Dolce madre de dio pietosa e degna*. V. c. [1r].

[420]

ANONIMA/ANTONIO DA CATARRO

Sancto Giuanni [!] *batista.*

[Roma, Eucharius Silber, dopo il 1500].

6 c.: ill.; 4°

a^6 (c. [a6] bianca)

IGI 4308, ISTC ij00254900, SBN-IT\ICCU\RMLE\046154

Titolo dall'occhietto a c. a1r. Titolo uniforme: *Storia di s. Giovanni Battista*. Incipit a c. a2r: *Dolce madre di dio pietosa 7 degna*. Explicit a c. [a5v]: *san Giuuanni baptista humile 7 pio | priega giesu con la madre maria | che Antonio da catarro con tutti saluo sia*. Cioni indica: "L'Antonio da Catarro nominato nella stampa era il canterino che recitava i versi e non forse l'autore di essi", cfr. Cioni 1963, p. 158-160, n. 1 (che indica: "[Roma, Stephan Plannck, c. 1490]"; altra indicazione presente anche in ISTC). V. ed.

[421]

ANONIMA/[BELCARI, FEO]

La rappresentatione et festa della annuntiatione di nostra Donna. Con vna aggiunta di due belli capitoli.

[15..].

[4] c.: ill.; 4°

A^4

EDIT16-CNCE 48649

Testo con inserti da Feo Belcari, cfr. Newbigin 1996, I, p. 27 e 42. Titolo uniforme: *Rappresentazione dell'annunciazione di Maria Vergine* (dal titolo, la cui dicitura è simile ad altre edizioni viste).

[422]

ANONIMA/[PSEUDO-ANTONINO]

El contrasto del nostro Signore Idio con el Dimonio Infernale al Limbo. 7c.

[15..].

4 c.: ill.; 4°

[*]^2

EDIT16-CNCE 2000

Testo tratto dallo pseudo-Antonino, cfr. Cioni 1963, p. 284. Stampata presumibilmente a Firenze; per il luogo e la data cfr. Cioni 1963, p. 284, n. 1. A c. [1v] (da Graesse, p. 257): *Contrasto che fece il nostro Signore Idio co. el Dimonio. quando disciese nel limbo doppo la resurrectione sua per trare li sancti padri fora di quelle tenebre: et etiam per deliberarci nui da esse mane del dimonio. Per il Reverendissimo in Christo padre D. Antonio Archiepiscopo floren. et fundato sopra la Sacra Scriptura accio tottalmente*

possiamo vedere come per la sua passione: morte et resur-
rectione ne ha ricomprati.

[423]
ANTONINO (SANTO)
Confessione generale delo arciuescouo Antonino.
[15..].
[4] c.: ill.; 8°
A⁴
EDIT16-CNCE 1998

[424]
ANTONINO (SANTO)
Confessione generale de lo arciuescouo Antonino.
[15..].
[4] c.: ill.; 8°
A⁴
EDIT16-CNCE 1999
Titolo da c. A1r, dove si legge l'incipit: *Io infelice 7 misero*
peccatore. V. c. A1r.

[425]
ANTONINO (SANTO)
Espositione sopra i dieci comandamenti, et sopra il Credo.
[15..].
[42] c.; 16°
A-E⁸
EDIT16-CNCE 2001

[426]
ANTONINO (SANTO)
Espositione sopra i dieci comandamenti, et sopra il Credo.
[15..].
[8] c.; 8°
EDIT16-CNCE 2002

[427]
ANTONINO (SANTO)
[*Somma Antonina de' casi di conscientia. Composta volgar-*
mente da S. Antonino dell'ordine de' predicatori].
[15..]
300 p.; 12°
A-M¹² N⁶
SBN-IT\ICCU\ANAE\040054
Titolo da p. 1. Esemplare mutilo del frontespizio e delle
pagine preliminari.

[428]
[BELCARI, FEO]
La rappresentatione di Abraham et Isaac. Di nuouo ristam-
pata, & con somma diligentia corretta.
[15..]

[4] c.: ill.; 4°
EDIT16-CNCE 48641
Titolo uniforme: *Rappresentazione di Abramo e Isacco.*

[429]
[BELCARI, FEO]
La rappresentatione di Abraham et Isaac. Nuouamente ri-
stampata.
[15..].
[4] c.; 4°
EDIT16-CNCE 74894
Per l'autore cfr. Melzi, II, 412. Titolo uniforme:
Rappresentazione di Abramo e Isacco.

[430]
[BELCARI, FEO]
La rappresentatione di Habraam & di Ysaac.
[15..].
[4] c.: ill.; 4°
[1]⁴
EDIT16-CNCE 75571, SBN-IT\ICCU\CFIE\033178
Per l'autore cfr. Testaverde-Evangelista, 498. Titolo uniforme: *Rappresentazione di Abramo e Isacco.* Come per
l'edizione EDIT16-CNCE 75570 (vedi 861), EDIT16 indica: "Stampata probabilmente a Firenze" rinviando per il
luogo e la data a Sander 6110. V. ed.

[431]
[BELCARI, FEO]
La rapresentatione di Abraam et di Ysaac.
[15..].
[4] c. : ill.; 4°
a⁴
EDIT16-CNCE 72823
Titolo uniforme: *Rappresentazione di Abramo e Isacco.*
Cfr. Testaverde-Evangelista, 499.

[432]
[BELCARI, FEO]
La rapresentatione di Habraam et Ysaac.
[Firenze, Bartolomeo de' Libri, dopo il 1500].
4 c.: ill.; 4°
a⁴
IGI 1437, ISTC ib00297600, EDIT16-CNCE 75561,
SBN-IT\ICCU\CFIE\032695
Titolo da c. a1r. Titolo uniforme: *Rappresentazione di*
Abramo e Isacco. Per il tipografo, ISTC indica: "[Florence:
Gian Stephano di Carlo da Pavia, after 1500]", con rin-
vio a Tura 2001, p. 62, ma anche: "[Firenze, Bartolomeo
de' Libri, about 1498]", con rinvio a IGI. EDIT16 indi-
ca: "Stampata a Firenze da Giovanni Stefano di Carlo"
con rinvio a ISTC, ma con data "[dopo il 1505]" sulla

base dell'attività del tipografo. SBN indica: "Stampata a Firenze nell'officina di Bartolomeo di Libri probabilmente nei primi anni del '500 per via dell'utilizzo del legno più antico per l'Angelo annunziante e del primo stato cinquecentesco dello 86R" [cfr. Periti, 2003A, B10] e: "Datata invece al 1498 senza riconoscere le variazioni del carattere anche se attribuita sempre al Libri in IGI 1437; GW 3793 e ISTC ib00297600; Cioni [i.e. Cioni 1961], p. 66, n. 6; Testaverde [i.e. Testaverde-Evangelista], 84 e 497". Attribuita a Giovanni Stefano di Carlo e datata ca 1498 in Scapecchi 2017, 409, che rinvia a ISTC, IGI, GW, Rhodes 1988 (89), Tura. V. ed.

[433]
[BELCARI, FEO]
La rapresentatione di Habram et di Isaac.
[Roma? Venezia?, dopo il 1500].
4 c.: ill.; 4°
a⁴
Cioni 1961, p. 67, n. 9
Titolo uniforme: *Rappresentazione di Abramo e Isacco.*

[434]
BERNARDINO DA FELTRE
Confessione del beato frate Bernardino da Feltro.
[15..].
[7+] c.: ill.; 8°
A-B⁴
SBN-IT\ICCU\UM1E\016247
Descrizione su esemplare mutilo.

[435]
BERNARDINO DA SIENA (SANTO)
Confessione utile & deuota di sancto Bernardino volgare.
[15..].
[22] c.: ill.; 8°
EDIT16-CNCE 70009, SBN-IT\ICCU\CNCE\070009
Stampata presumibilmente a Siena.

[436]
[CASTELLANI, CASTELLANO]
La rapresentazione della resurrettione di nostro signore Giesu Christo.
[Firenze, dopo il 1500].
[8] c. : ill. ; 4°
A-B⁴ (ultima c. bianca)
EDIT16-CNCE 79259
Per l'autore cfr. Ponte, p. 65. Titolo uniforme: *Rappresentazione della resurrezione di Gesù Cristo.* Explicit a c. [7v]: *fe salui & dona lor celesti honori.* Per il luogo e la data cfr. Cioni 1961, p. 168, n. 5 (che descrive l'altra edizione ricomposta con diverso frontespizio). V. fr. e c. [7v].

[437]
[CICERCHIA, NICCOLÒ]
La passione del nostro Signore Iesu Christo.
[Firenze, Bartolomeo de' Libri, dopo il 1500].
[20] c.: ill.; 4°
a-b⁸ c⁴
EDIT16-CNCE 53064, SBN-IT\ICCU\CFIE\032963
Per l'autore cfr. Cioni 1963, p. 29. Titolo da c. a1r. Titolo uniforme: *La passione di Gesù Cristo.* Incipit a a1r: *O Increata maiesta di Dio.* Per il tipografo e la data cfr. Periti 2003A, C51; Cioni 1961, p. 34, n. 8; Testaverde-Evangelista, 218 bis. EDIT16 indica: "[circa 1515]". V. ed.

[438]
CONFRATERNITA DEL SS. ROSARIO <NAPOLI>
Psalterio o vero Rosario della gloriosa vergine Maria. Con gli suoi misterii & indulgentie. Nuouamente ristampato.
[15..].
[64] c.: ill.; 8°
EDIT16-CNCE 79811
V. fr.

[439]
[DATI, GIULIANO/BERNARDO DI ANTONIO/ PARTICAPPA, MARIANO]
Incomincia la representatione della passione di Iesu Christo representata in Roma in il loco detto il Colliseo per gli officiali & fratelli della venerabile compagnia del falcone [...].
[Venezia, 15..].
[48] c.: ill.; 8°
EDIT16-CNCE 62020
Per gli autori cfr. Cioni 1961, p. 156. Titolo uniforme: *Rappresentazione della passione di Cristo.* A c. [32v] (da Cioni): *Incomincia la resurretione de Christo.* Per il luogo cfr. Cioni 1961, p. 157, n. 4 (che trascrive il titolo: "[...] *detto Colliseo* [...]").

[440]
[DATI, GIULIANO/BERNARDO DI ANTONIO/ PARTICAPPA, MARIANO]
La rapresentatione della passione del nostro Signor Giesu Christo. Secondo che si recita dalla dignissima compagnia del Confalone di Roma il Venerdì santo nel Coliseo, con la sua Resurretione.
[15..].
[48] c.: ill.; 8°
EDIT16-CNCE 38820
Per gli autori cfr. Cioni 1961, p. 156. Titolo uniforme: *Rappresentazione della passione di Cristo.* V. fr.

[441]
MELETO, FRANCESCO

[*Conuiuio de secreti della scriptura sancta compilato per modo di dialogo da Francesco Meleto*].
[Firenze, Filippo Giunta <1>?, dopo il 1500].
48 c.; 4°
[2] a-e⁸ f⁶
IGI 6353, ISTC im00474000
Titolo da c. a1r: *Exordio del Conuiuio* [...]. V. ed.

[442]

PETRARCA, FRANCESCO/(ed.) ANONIMA
Il primo Trionfo di m. Francesco Petrarca, trasmutato nella passione del saluator n. Giesu Christo. Con vn sonetto alla b. Vergine.
[15..].
[4] c.; 8°
EDIT16-CNCE 75477
V. fr.

[443]

PETRARCA, FRANCESCO/(ed.) ANONIMA
Il primo Trionfo di m. Francesco Petrarca, trasmutato nella passione del saluator nostro Iesu Christo. Con vn sonetto alla b. Vergine.
(Modena, Francesco da Urbino), [15..].
[4] c.; 8°
A⁴
EDIT16-CNCE 72997

[444]

PULCI, ANTONIA
La rappresentatione del figliuol prodigo nuouamente stampata. Composta per mona Antonia di Bernardo Pulci.
[15..].
[4] c.: ill.; 4°
EDIT16-CNCE 75554
Titolo uniforme: *Rappresentazione del figliol prodigo.*

[445]

PSEUDO-BONAVENTURA/(tr.) ANONIMA
Meditatione dela vita & passione del nostro Signore misser Iesu Christo [...] *Vulgarizata nouamente.*
(Venezia), [Antonio Zanchi, dopo il 1500?].
[96] c.; 4°
A-z⁴ &⁴
ISTC ib00903500, SBN-IT\ICCU\VEAE\140703
Indicazione di responsabilità dall'incipit del prologo a c. a3r: [...] *cauate da sancto Bonauentura & altri doctori.* Titolo uniforme: *Meditationes vitae Christi* [italiano]. Stampata, forse dopo il 1500, da Antonio Zanchi, cfr. IGI 1929 e GW 4768.

[446]

[ROSIGLIA, MARCO]
La conuersione di Santa Maria Maddalena.
[15..].
[8] c.: ill.; 8°
A⁸
SBN-IT\ICCU\UM1E\017362
Nome dell'autore da altra edizione della stessa opera.

[447]

ROSIGLIA, MARCO
La conuersione di Santa Maria Maddalena. Composta per Marco Rosilia, opera deuotissima.
[15..].
[8] c.: ill.; 8°
A⁸
SBN-IT\ICCU\UM1E\017361

1501

[448]

ANONIMA
La hystoria di sancta Maria Magdalena & Lazaro & Martha.
[Firenze, s.n., ca 1501].
4 c.: ill.; 4°
GW M17366, ISTC im00021000
Titolo dalla trascrizione diplomatica della scheda GW (c. [1r]). Titolo uniforme: *Storia dei ss. Maria Maddalena, Lazzaro e Marta.* Incipit a c. [1v] (da GW): *Celestiale gloria et buon consiglio | o sommo idio o uera trinitate.*

[449]

ANONIMA
L'officio dell'angelo Raphael.
Venezia, Niccolò Brenta, 1501.
EDIT16-CNCE 56399

[450]

ANONIMA
Queste sono le virtu di psalmi.
(Venezia, Giovanni Battista Sessa <1>, 23.XII.1501).
[16] c.; 8°
A-B⁸
EDIT16-CNCE 68700
Titolo dalla trascrizione diplomatica in Barbieri 2013, p. 22. Titolo uniforme: *Virtutes psalmorum* [italiano].

[451]

BERNARDUS CLARAEVALLENSIS/(tr.) ?

Expositiones dela omelia de sancto Bernardo sopra lo Euangelio de la seconda feria de Pascha. Cioe. Duo ex discipulis Jesu. Con la expositione dela omelia de Origine sopra lo euangelio dela quinta feria de pasca [...] exposte nuouamente de latino in vulgare.

(Venezia, Antonio Zanchi, 14.VIII.1501).

[26] c.; 4°

EDIT16-CNCE 38406

[452]

DATI, GIULIANO/BERNARDO DI ANTONIO/
PARTICAPPA, MARIANO

Incomenza la passione di Christo historiato in rima vulgari secondo che recita e representa de parola a parola la dignissima compagnia dela Confalone di Roma lo venerdi sancto in loco dicto Coliseo.

([Roma], Johann Besicken e Martin van Amsterdam, 1501).

[16] c.: ill.; 4°

a-b⁸

EDIT16-CNCE 16053

Nomi degli autori nell'explicit a c. [16], cfr. Cioni 1961, p. 157, n. 3. Titolo uniforme: *Rappresentazione della passione di Cristo.*

[453]

[HONORIUS AUGUSTODUNENSIS]

Libro del maestro e del discipulo.

(Venezia, Giorgio Rusconi, 13.IX.1501).

[28] c.; ill.; 4°

A-G⁴

EDIT16-CNCE 63729

Titolo uniforme: *Lucidarius* [italiano]. Cfr. Sander 3445; Essling 816; Gasperoni, n. 9, p. 18.

[454]

MAZZOLINI, SILVESTRO

Incominza la uita de la seraphica e feruentissima amatrice de Iesu Cristo Saluatore Sancta Maria Magdalena: ricolta cum molte noue hystorie per il reuerendo padre e maestro ne la sacra theologia frate Siluestro da Prierio de l'ordine de frati predicatori [...].

(Bologna, Caligola Bazalieri, 6.XI.1501).

[22] c.; 4°

A⁸ B⁴ C¹⁰

EDIT16-CNCE 60089, SBN-IT\ICCU\UBOE\104307 e IT\ICCU\MODE\039534

Var. B: [26] c.; A-B⁸ C¹⁰. L'opera è edita insieme ad altri testi dallo stesso tipografo e alla stessa data nell'edizione EDIT16-CNCE 61386, vedi 455.

[455]

MAZZOLINI, SILVESTRO

Opere uulgare di maestro Siluestro da Prierio. Ordinis Predicatorum. Scala del sancto amore diuotissima e scientifica: utile a docti e simplici. chi cerchano hauere il diuino e sancto amore: quantunche alquanto scuro sia el capitulo secondo e quinto. Cento breue meditatione della passione del signore: cum cento petitione proportionate a quelle reuelate da Iesu Christo: Philamore idest trialogo de le tre querelle. che a christo fa ogni anima sancta: e fece la seraphina Magdalena: in la spelunca della soa penitentia. Summario da confesarsi. per docti e/ simplici: nel quale si distingue cum gran doctrina: li peccati mortali da li ueniali. Vita de sancta Maria Magdalena: cum molte dolce historie. incognite nele parte italice. Tractado del nascere viuere & morire. De la Regina del cielo: & de tute le cose pertinente a quella. secondo la doctrina di Alberto magno: & del sancto Doctore: come appare in la tauola infra posita.

(Bologna, Caligola Bazalieri, 6.XI.1501).

[186] c.; 4°

EDIT16-CNCE 61386

A c. u8r altro colophon: *Finisse lopera intitulata la Scale* [!] *molto utile alanima: impressa in linclyta cita di Bologna per Benedecto di Hectore regente. Me Zoanne di Bentiuoglii* [!] *principe optimo ne l'anno IDI* [!]. Esiste altra emissione con titolo diverso: EDIT16 allude probabilmente all'edizione EDIT16-CNCE 52135, vedi 456, il cui titolo annuncia meno testi. V. fr.

[456]

MAZZOLINI, SILVESTRO

Scala del sancto amore diuotissima e scientifica: utile a docti e simplici. chi cerchano hauere il diuino e sancto amore. Cento breue meditatione della passione del signore: cum cento petitione proportionate a quelle reuelate da Iesu Christo: Philamore idest trialogo de le tre querelle. che a christo fa ogni anima sancta: e fece la seraphina Magdalena: in la speluncha della soa penitentia. Summario da confesarsi. per docti e/ simplici: nel quale si distingue cum gran doctrina: li peccati mortali da li ueniali.

(Bologna, Benedetto Faelli <1>, 1501).

[160] c.; 4°

EDIT16-CNCE 52135

Nome dell'autore a c. a2r. Colophon: *Finisse lopera intitulata la Scale* [!] *molto utile alanima: impressa in linclyta cita di Bologna per Benedecto di Hectore regente. Me Zoanne di Bentiuoglii* [!] *principe optimo ne l'anno IDI* [!]. Esiste altra emissione con titolo diverso: EDIT16 allude probabilmente all'edizione EDIT16-CNCE 61386, vedi 455, il cui titolo annuncia testi in più. V. fr.

1502

[457]

BIBLIA/(tr.) MALERBI, NICOLÒ
Biblia vulgare historiada.
(Venezia, Bartolomeo Zani, 21.IV.1502).
[8], 400 [i.e. 200], 200 [i.e. 195], [7] c.; ill.; fol.
a-z⁸ &⁸ [con]⁸ [rum]⁸ A¹⁰ B-2L⁸
EDIT16-CNCE 5752, Barbieri 15
Titolo dall'occhietto. Contiene apocrifi: *Preghiera di Manasse*; *Esdra* II (III); testi extracanonici: *Legenda di sancto Ioseph*. V. occhietto.

[458]

CARACCIOLO, ROBERTO
Prediche de frate Roberto vulgare nouamente hystoriate et corepte secundo li Euangelij.
(Venezia, Cristoforo Pensi, 10.X.1502).
[116] c.: ill.; 4°
a-o⁸ p⁴
EDIT16-CNCE 9310
Titolo uniforme: *Sermones quadragesimales* [italiano].

[459]

CORNAZZANO, ANTONIO
Vita de la Madonna composta per il nobile misser Antonio Cornazano.
(Venezia, Giovanni Battista Sessa <1>, 5.III.1502).
[16] c.: ill.; 4°
A-D⁴ (ultima c. bianca)
EDIT16-CNCE 15263
Titolo uniforme: *Vita della Vergine Maria.*

[460]

FILELFO, GIOVANNI MARIO
Officio de la gloriosa vergine Maria posto in terza rima per lo excellentissimo miser Mario Philelfo poeta.
(Venezia, Giovanni Battista Sessa <1>, 1.IV.1502).
112 c.: 8°
EDIT16-CNCE 18999

[461]

GREGORIUS I (PAPA)
Incomincia ilibro [!] *delle omelie di sancto Gregorio papa di diuerse lectioni del sancto euangelio: mandate a Fecondino uescouo.*
(Firenze, [Bartolomeo de' Libri], 18.VIII.1502).
92 c.; fol.
a-k⁸ l-m⁶
EDIT16-CNCE 21704, SBN-IT\ICCU\CFIE\007542
Titolo da c. a1r. Per il tipografo cfr. *STCBL*, Suppl., p. 42. Attribuita anche erroneamente a Filippo Giunta

il Vecchio, cfr. Decia, I, p. 66, n. 3 e p. 24 nota 2; Periti 2003A, G18 con varianti e introduzione p. V. Var. B: 4° (form. fol.). V. c. a1r.

[462]

[HONORIUS AUGUSTODUNENSIS]
Libro del maestro e del discipulo chiamato lucidario.
(Venezia, Giovanni Battista Sessa <1>, 18.III.1502).
20 c.: ill.; 4°
A-E⁴
EDIT16-CNCE 52774
Titolo uniforme: *Lucidarius* [italiano]. Per il tipografo, Giacomo Penzio, cfr. *STCBL*, p. 232.

1503

[463]

ANONIMA
Corona dela Virgine Maria. Siue sete' alegreze.
[Venezia, Simone Bevilaqua, ca 1503].
334 c.; 4°
---⁴ a-z⁸ &⁸ ꝯ⁸ ℞|⁸ A-M⁸ N¹⁰ OP⁴ Q⁸
IGI I, p. 50, ISTC ic00925000
Titolo dalla trascrizione diplomatica della scheda GW 0757905N.

[464]

ANONIMA
Rappresentatione di Susanna.
[Firenze, Antonio Tubini e Andrea Ghirlandi, non prima del 1503].
4 c.: ill.; 4°
ISTC is00870700, EDIT16-CNCE 62391
Titolo uniforme: *Rappresentazione di s. Susanna.* Per i tipografi cfr. ISTC, che indica come data "after 1500". Per la data cfr. EDIT16 (data dall'attività dei tipografi).

[465]

CARACCIOLO, ROBERTO
Prediche de frate Roberto vulgare nuouamente hystoriate et corepte secundo li Euangelij.
Venezia, Giovanni Tacuino, 1503.
[116] c.: ill.; 4°
EDIT16-CNCE 9311
Titolo uniforme: *Sermones quadragesimales* [italiano].

[466]

CASTELLANI, CASTELLANO
Cominciano Euangelij della quadragesima composti in uersi per me Castellano di Pieroso Castellani doctore fiorentino.

([Firenze, Antonio Tubini e Andrea Ghirlandi, tra il 1503 e il 1521]).
[26] c.; 4°
EDIT16-CNCE 60980
Marca di Antonio Tubini e Andrea Ghirlandi in fine. Data dall'attività dei tipografi.

[467]
[CICERCHIA, NICCOLÒ]
Incomincia La deuotissima resurexione del nostro signore et redemptore Ihesu Christo.
(Roma, Eucharius Silber, 31.XII.1503).
[18] c.: ill.; 4° (ultima c. bianca)
a-c⁶
Cioni 1963, p. 39, n. 4
Titolo dalla scheda dell'esemplare conservato presso la Biblioteca Colombina di Siviglia [6-3-26(9)]. Titolo uniforme: *La resurrezione del nostro signore*. Colophon a c. [17r].

[468]
CORNAZZANO, ANTONIO
Vita de la Madona composta per il nobile misser Antonio Cornazano.
(Venezia, Giovanni Battista Sessa <1>, 22.III.1503).
[16] c.: ill.; 4°
A-D⁴
EDIT16-CNCE 15264
Titolo uniforme: *Vita della Vergine Maria.*

[469]
EPISTOLE E VANGELI/(tr.) ANONIMA
Epistole euangelii vulgar historiade.
(Venezia, Giorgio Rusconi, 11.III.1503).
[4], 131, [1] c.: ill.; 4°
EDIT16-CNCE 11340

[470]
[HONORIUS AUGUSTODUNENSIS]
Libro del maestro e del discipulo.
(Bologna, Niccolò Zoppino, 1503).
[28] c.: ill.; 4°
A-G⁴ (c. G4 bianca)
EDIT16-CNCE 77378
Titolo uniforme: *Lucidarius* [italiano]. Stampata nella tipografia di Caligola Bazalieri, cfr. Serra Zanetti p. 256; Baldacchini, p. 24 e p. 63 n. 1. Cfr. Sorbelli, p. 91; Sander 3447; Serra Zanetti 236.

[471]
JACOBUS DE VORAGINE/(tr.) MALERBI, NICOLÒ
Legendario de santci [!] *vulgare hystoriado.*

(Venezia, Bartolomeo Zani, 8.IV.1503).
242 c.: ill.; fol.
a-z⁴ &⁸ [con]⁸ [rum]⁸ A-C⁸ D¹⁰
EDIT16-CNCE 39175
Nome dell'autore e del traduttore nel colophon. Titolo uniforme: *Legenda aurea sanctorum* [italiano].

[472]
PSEUDO-BONAVENTURA
Incominciano le deuote meditatione sopra la passione del nostro signore Iesu christo cauate: & fundate originalmente sopra sancto bonauentura cardinale del ordine minore sopra Nicolao de lira: etiamdio sopra altri doctori. & predicatori approbati, con una deuotissima oratione dela gloriosissima uergine Maria nouamente impressa.
(Venezia, 19.X.1503).
[56] c.: ill.; 4°
a-o⁴
EDIT16-CNCE 62823
Titolo uniforme: *Meditationes vitae Christi* [italiano].

1504

[473]
CARACCIOLO, ROBERTO
[*Libro de le prediche*].
Milano, Giovanni Angelo Scinzenzeler, 23.XI.1504.
[68] c.; 8°
EDIT16-CNCE 9312
Titolo dall'explicit. Titolo uniforme: *Sermones quadragesimales* [italiano].

[474]
ISAIA D'ESTE
Expositione sopra la Cantica di Salomone. Diuota, graue & scientifica. Alo vulgare reducta, acio che le spirituale anime di ogni conditione ne reporti intelligentia, gusto e fructo [...].
(Venezia, Bartolomeo Zani, 9.XI.1504).
[84] c.; 4°
A-K⁸ L⁴ (c. L4 bianca)
EDIT16-CNCE 40521

[475]
JACOBUS DE VORAGINE/(tr.) MALERBI, NICOLÒ
Legendario delli Sancti vulgare et hystoriato. Traducte de latino in lingua vulgare pel [...] *Nicolao de Manerbi Veneto.*
(Venezia, Giovanni Tacuino, 1504).
[2], 240 c.: ill.; fol.
EDIT16-CNCE 51592
Nome dell'autore nel colophon. Titolo uniforme: *Legenda aurea sanctorum* [italiano].

[476]

PSEUDO-BONAVENTURA

Incominciano le deuote meditatione sopra la passione del nostro signore Iesu xristo cauate e fundate originalmente sopra sancto Bonauentura cardinale del Ordine minore sopra Nicolao de Lira: etiam dio sopra altri doctori & predicatori approbati.

(Venezia, Albertino da Lessona, 27.IX.1504).

[48] c.: ill.; 4°

a-f⁸

EDIT16-CNCE 24237

Titolo uniforme: *Meditationes vitae Christi* [italiano].

[477]

SAVONAROLA, GIROLAMO/(tr.) ?

Expositione di frate Hieronimo da Ferrara sopra il psalmo .l. Miserere mei Deus: quando era in prigione del mese di maggio .M.cccclxxxxiii. traducta di latino in uulgare ad instantia di certe diuote donne.

(Venezia, Manfredo Bonelli, 9.XII.1504).

[24] c.; 8°

A-C⁸

EDIT16-CNCE 26370

Titolo uniforme: *Expositio in Psalmum L (51) "Miserere mei Deus"* [italiano].

[478]

[SERDINI DA SIENA, DETTO IL SAVIOZZO]

Li septi salmi penitenziali in octaua rima.

Modena, Antonio Rococciola, [tra il 1504 e il 1521].

12 c.: ill.; 8°

EDIT16-CNCE 5854

Per l'autore cfr. Pietrobon, p. 243 e p. 304. Titolo uniforme: *[Psalmi poenitentiales]* [italiano]. Incipit (da Pietrobon): *Io chiamo et prego il mio eterno Idio).* Data dall'attività del tipografo; datata 1508 in Pietrobon.

1505

[479]

ANONIMA

La representatione di sancto Giouanni dicollato.

[Bologna, Bazaliero Bazalieri?, ca 1505?].

[6] c.: ill.; 4°

EDIT16-CNCE 62099

Titolo uniforme: *Rappresentazione di s. Giovanni Battista decollato.* Cfr. Cioni 1961, p. 189, n. 2.

[480]

ANONIMA/PSEUDO-DANTE

[I sette salmi penitenziali].

Modena, Georgius Schulteiss <of Boll>, 20.X.[ca 1505-1510].

4°

GW M35907, ISTC ip01032930

Il testo corrisponde in parte a quello attribuito a Dante, cfr. Ridolfi 1954A, p.18. Il titolo è quello uniforme. Incipit (da ISTC): *Signor non mi reprendere con furore | Ne con tua ira.*

[481]

BENIVIENI, GIROLAMO

Psalmi penitentiali di Dauid tradocti in lingua fiorentina et commentati per Hieronymo Beniuieni.

(Firenze, Antonio Tubini e Andrea Ghirlandi, 19.V.1505).

[72] c.; 8°

a-n⁴ o⁶ p-q⁴ r⁶

EDIT16-CNCE 5852

Var. B: c. r6r priva di colophon; c. r1-r6 solidali e non ricomposte. V. fr.

[482]

BERNARDINO DA SIENA (SANTO)

Confessione utile & deuota di sancto Bernardino uolgare.

[1505?].

24 c.; 8°

a-c⁸

ISTC ib00344850, EDIT16-CNCE 79426

Per la data cfr. *STCBL*, p. 87. V. fr.

[483]

DATI, GIULIANO

Historia di sancto Iob propheta.

[ca 1505].

[6] c.; 4°

EDIT16-CNCE 68062

Stampata probabilmente a Roma da Johann Besicken; per l'autore, il tipografo e la data cfr. Cioni 1963, p. 239, n. 2.

[484]

EPISTOLE E VANGELI/(tr.) ANONIMA

Epistole euangelii vulgar historiade.

Venezia, Cristoforo Pensi, 11.VI.1505.

1 vol.

EDIT16-CNCE 61250

[485]

FRANÇOIS, MICHEL

Libro del rosario della gloriosa Vergine Maria.

(Bologna, Giovanni Antonio Benedetti <1>, 1.II.1505).

[60] c.; 4°

a-g⁴ h²

EDIT16-CNCE 37264

Titolo dall'occhietto. V. occhietto.

[486]
GIUSTINIANI, LEONARDO
Pianto deuotissimo de la Madona hystoriado. Composto per el magnifico misser Leonardo Iustiniano in terza rima, nel qual tracta la passione del nostro Signor Iesu Christo cosa noua.
(Venezia, Bartolomeo Zani, 27.VI.1505).
[32] c.: ill.; 4°
EDIT16-CNCE 21370
V. fr.

[487]
GREGORIUS I (PAPA)/(tr.) ANONIMA
Omelie di sancto Gregorio papa sopra li Euangelij.
(Venezia, Niccolò Brenta, 21.I.1505).
[2], 280 [i.e. 218] c.: ill.; 8°
a² b-z⁴ &⁴ [con]⁴ [rum]⁴ A-2E⁴ 2F⁶
EDIT16-CNCE 21706
V. fr.

[488]
[HONORIUS AUGUSTODUNENSIS]
Libro del maestro del [!] discipulo chiamato Lucidario.
(Venezia, Manfredo Bonelli, 10.VI.1505).
[56] c.: ill.; 12°
A-O⁴ (c. O4v bianca)
EDIT16-CNCE 79817
Titolo uniforme: *Lucidarius* [italiano]. Cfr. Sander 3448; Essling 818. V. fr.

[489]
JACOBUS DE VORAGINE/(tr.) MALERBI, NICOLÒ
Legendario di Sancti nouamente ben stampado uulgare.
[Venezia], (Niccolò dal Gesù e Domenico dal Gesù, 29.XII.1505).
368 [i.e. 358] c.: ill.; fol.
a-c⁸ d⁶ e⁸ f⁸ g-h⁸ i-k⁶ l⁴ m⁶ n⁴ o-p⁸ q⁶ r² s⁸ t⁶ u⁴ x¹⁰ y-z⁶ &⁴ [cum]⁴ [rum]⁴ A-FG⁴ H-M⁴ N⁶ O-Q⁴ R-S⁶ T-Y⁴ Z⁶ 2A-2B⁴ 2C⁸ 2D-2E⁴ 2F-2H⁶ 2I-2K⁴ 2L-2O⁶ 2P-2Q⁴ 2R⁸ 2S⁴
EDIT16-CNCE 51615
Nome dell'autore a c. S4r e del traduttore a c. 2S4r. Titolo uniforme: *Legenda aurea sanctorum* [italiano].

[490]
PSEUDO-BONAVENTURA
Incominciano le deuote meditatione sopra la passione del nostro signore Iesu christo cauate & fundate originalmente sopra sancto Bonauentura cardinale del ordine minore sopra Nicolao de Lira: etiam dio sopra altri doctori & predicatori approbati.

(Venezia, Albertino da Lessona, 12.VI.1505).
[44] c.: ill.; 4°
a-f⁸
EDIT16-CNCE 62824
Titolo uniforme: *Meditationes vitae Christi* [italiano].

[491]
PSEUDO-BONAVENTURA
Incominciano le deuote meditatione sopra la passione del nostro signore Iesu christo cauate & fundate originalmente sopra sancto Bonauentura cardinale del ordine minore sopra Nicolao de Lira: etiam dio sopra altri doctori & predicatori approbati.
(Venezia, Giorgio Rusconi, 28.VIII.1505).
[48] c.: ill.; 4°
EDIT16-CNCE 72031
Titolo dall'intitolazione. Titolo uniforme: *Meditationes vitae Christi* [italiano]. V. intitolazione.

[492]
SAVONAROLA, GIROLAMO
Prediche per anno del reuerendo padre frate Hieronymo da Ferrara del ordine deli frati predicatori.
(Venezia, Lazzaro Soardi, 11.IV.1505).
186 c.; 4°
EDIT16-CNCE 55938

[493]
SAVONAROLA, GIROLAMO
Prediche per anno del reuerendo padre frate Hieronymo da Ferrara del ordine deli frati predicatori.
(Venezia, Lazzaro Soardi, 28.IV.1505).
186 c.: ill.; 4°
A⁴ B-Z⁸ 2A⁶
EDIT16-CNCE 31879
V. fr.

[494]
SAVONAROLA, GIROLAMO
Prediche vtilissime per quadragesima del venerando padre frate Hieronymo Sauonarola da Ferrara de lordine di frati predicatori sopra Amos propheta et sopra Zacharia propheta: et parte etiam sopra lo sacro euangelio. Aperientur labia mea iusti sunt omnes sermones mei non est in eis prauitas neque quid peruersum. recti sunt intellegentibus et aequi inuenientibus scientiam. Prouerbiorum VIII.
(Venezia, Lazzaro Soardi, 23.VII.1505).
[6], 5-267 c.: ill.; 4°
a⁶ b-z⁸ [et]⁸ [con]⁸ [rum]⁸ aa-ff⁸ gg⁶ hh⁴
EDIT16-CNCE 31882
V. fr.

[495]
SAVONAROLA, GIROLAMO
Sermone del reuerendo padre frate Heronymo da Ferrara facto a suoi frati nella uigilia della Pasqua di natale / sopra la natiuita del nostro Signore Iesu Christo.
[Firenze, Giovanni Stefano di Carlo, ca 1505].
[4] c.; 4°
EDIT16-CNCE 75591
Titolo da c. a1r. Per il tipografo e la data cfr. ISTC is00263000. V. ed.

1506

[496]
PITTORIO, LODOVICO
Omiliario quadragisimale. Fondato de uerbo ad uerbum su le Epistole & Euangelij si como corrono ogni di secondo lo ordine de la Romana Giesia.
(Modena, Domenico Rococciola, 27.X.1506).
[112] c.; fol.
a-s⁶ t⁴ (ultima c. bianca)
EDIT16-CNCE 66679

1507

[497]
ANTONINO (SANTO)
Confessionale del beato Antonino arciuescouo de Firenze del ordine de frati predicatori.
(Venezia, Niccolò Brenta e Alessandro Bindoni, 1.IV.1507).
[4], 104 [i.e. 92] c.: ill.; 8° (errori nella numer. delle c.)
a-d⁴ e-l⁸ m⁴ n-o⁸
EDIT16-CNCE 2005, SBN-IT\ICCU\CNCE\002005
Titolo uniforme: *Confessionale: Omnis mortalium cura* [italiano]. Incipit (*Omnis mortalium cura*) dalle schede degli esemplari della Biblioteca nazionale Vittorio Emanuele III di Napoli e della Biblioteca della Fondazione Giorgio Cini di Venezia. Cfr. Essling 1557.

[498]
ANTONINO (SANTO)
Somma dello arciuesco o [!] *Antonino Omnis mortalium cura.*
(Firenze, Antonio Tubini, a istanza di Francesco di Iacopo cartolaio, 28.II.1507).
[54] c.: ill.; 4°
a-f⁸ g⁶
ISTC ia00855500, EDIT16-CNCE 2007, SBN-IT\ICCU\CNCE\002007

Titolo da c. [a1r]. Titolo uniforme: *Confessionale: Omnis mortalium cura* [italiano]. A c. [a1r]: *Incomincia uno confessionale uolgare del reuerendissimo padre beato frate Antonino arciuescouo di Firenze del ordine de Frati Predicatori / intitolato Specchio di conscientia: el quale e/ libro degno & utile ad chi desidera di saluare lanima.* ISTC legge "1407", EDIT16 e SBN trascrivono "1507"; SBN indica "1507 [1508]", interpretando probabilmente la data come espressa secondo il computo fiorentino. Cfr. Periti 2003A, A29. V. c. [a1r].

[499]
ANTONINO (SANTO)
Somma dello arciuescouo Antonino Omnis mortalium cura.
(Firenze, a istanza di Piero Pacini, 20.V.1507).
[66] c.: ill.; 4°
a-g⁸ h¹⁰
EDIT16-CNCE 2006, SBN-IT\ICCU\CNCE\002006
Titolo uniforme: *Confessionale: Omnis mortalium cura* [italiano]. Stampata da Bartolomeo di Libri, cfr. Periti 2003A, A28.

[500]
BIBBIA/(tr.) MALERBI, NICOLÒ
Biblia vulgare historiata.
(Venezia, Bartolomeo Zani, a istanza di Lucantonio Giunta <1>, 1.XII.1507).
[8], 204 [i.e. 200], 201, [i.e. 196, 6] c.: ill.; fol.
a-z⁸ &⁸ [cum]⁸ [rum]⁸ A¹⁰ B-O⁸ 2A-2L⁸ (c. 2L8 bianca)
EDIT16-CNCE 5754, Barbieri 16
Titolo dall'occhietto. Contiene apocrifi: *Preghiera di Manasse*; *Esdra* II (III); testi extracanonici: *Legenda de sancto Ioseph*. V. occhietto.

[501]
EPISTOLE E VANGELI/(tr.) ANONIMA
Epistole Euangelii vulgar historiade.
(Venezia, Giorgio Rusconi, 30.IV.1507).
[136] c.: ill.; 4°
EDIT16-CNCE 11341
V. fr.

[502]
JACOBUS DE VORAGINE/(tr.) MALERBI, NICOLÒ
Legende de sancti composte per el reuerendissimo padre frate Iacobo de Voragine del Ordine de frati predicatori arciuescouo de Genoua. Traducte de latino in lingua uulgare per el uenerabile messer don Nicholao de Manerbi ueneto de lordine camaldulense abbate del monasterio de Sancto Mathia de Murano.
(Milano, Leonhard Pachel, 26.V.1507).
[268] c.: ill.; fol.

a-z⁸ &⁸ [con]⁸ [rum]⁸ A-D⁸ E⁴ 2A⁸ 2B⁶ 2C¹⁰
EDIT16-CNCE 66189
Titolo uniforme: *Legenda aurea sanctorum* [italiano].

1508

[503]
ANONIMA
Incomenza la miraculosa legenda de le dilecte spose e care hospite de Christo Martha e Magdalena.
(Torino, Nicolas Benedict, 16.III.1508).
[44] c.; 4°
EDIT16-CNCE 32675
Titolo dall'intitolazione che inizia: *In el nome de la sancta Trinitade. Incomenza* [...]. Titolo uniforme: *Leggenda di Lazzaro, Marta e Maddalena*. V. intitolazione.

[504]
ANONIMA
Li prieghi de sancta Veronica gloriosa neli quali si fa comemoratione de tuta la vita miracoli e passione de Jesu Christo benedecto.
Venezia, Niccolò Brenta, [1508].
33, [1] c.; 16°
EDIT16-CNCE 56689
Per la data cfr. Benini, p. 78, n. 118.

[505]
CARACCIOLO, ROBERTO
Prediche de frate Roberto vulgare nouamente hystoriate & correpte secundo li Euangelii.
Venezia, Bernardino Vitali, 1508.
[119] c.: ill.; 4°
A-P⁸
EDIT16-CNCE 9314
Titolo uniforme: *Sermones quadragesimales* [italiano].

[506]
CASTELLANI, CASTELLANO
Cominciano euangelij della quadragesima composti in uersi per me Castellano di Pierozo Castellani doctore fiorentino, ad laude et gloria dello altissimo.
([Firenze, Antonio Tubini e Andrea Ghirlandi]), [tra il 1508 e IX.1512].
[28] c.: ill.; 4°
π² a-b⁸ c⁶ d⁴
ISTC ic00247500, SBN-IT\ICCU\CFIE\031139
Titolo dall'intitolazione a c. a1r. Var. B.: emissione senza dedica: [26] c.: ill.; 4°; a-b⁸ c⁶ d⁴. Marca di Antonio Tubini e Andrea Ghirlandi in fine. La scheda ita-bnc-in1-00000950-001 in archive.org indica: "[Firenze]:

Antonio Tubini e Andrea Ghirlandi, [prima del 1510]". SBN precisa la datazione: "stampata prima del settembre 1512 per via della dedica a Madonna Argentina moglie di Soderini a c. π1r-2r, probabilmente non prima del 1508 per via dello stato del carattere", cfr. Periti 2003A, C19. V. ed.

[507]
DATI, GIULIANO/BERNARDO DI ANTONIO/PARTICAPPA, MARIANO
Incomencia la passione de Christo historiato in rima uulgari secondo che recita e representa de parola a parola la dignissima compagnia de lo confallone di Roma lo Venerdi sancto in lo loco dicto coliseo.
(Venezia, Giorgio Rusconi, 18.II.1508).
[32] c.: ill.; 8°
A-H⁴
EDIT16-CNCE 75171
Nomi degli autori nell'explicit a c. [32v], cfr. Cioni 1961, p. 157, n. 5. Titolo uniforme: *Rappresentazione della passione di Cristo*.

[508]
ENSELMINO DA MONTEBELLUNA
Pianto de la uirgine Maria de la passione del fiol suo Jesu Christo.
(Venezia, Simone da Lovere, 29.III.1508).
[14]; 8°
EDIT16-CNCE 68091
Per l'autore cfr. la voce di M. Moschella in *DBI*, vol. 42, 1993, p. 804.

[509]
PSEUDO-BONAVENTURA
Incominciano le deuote meditatione sopra la passione del nostro signore Iesu Christo cauate & fundate originalmente sopra sancto Bonauentura cardinale del Ordine minore sopra Nicolao de Lira, etiam dio sopra altri doctori & predicatori approbati.
(Venezia, Giorgio Rusconi, 4.XI.1508).
[48] c.: ill.; 4°
EDIT16-CNCE 75172
Titolo uniforme: *Meditationes vitae Christi* [italiano]. EDIT16 segnala una copia conservata alla British Library, il cui catalogo *online* descrive un esemplare (C.53.c.28) di 56 carte.

[510]
SAVONAROLA, GIROLAMO
Operetta molto diuota composta da frate Hieronymo da Ferrara dellordine de frati predicatori sopra e dieci comandamenti didio: diricta alla madonna / o uero badessa del monasterio delle Murate di Firenze: nella quale si contiene

la examina de peccati dogni & qualunque peccatore: che e/ utile & perfecta confessione.
(Firenze, [Giovanni Stefano di Carlo], 22.X.1508).
[26] c.: ill.; 4°
a-c⁸ d⁶
EDIT16-CNCE 53820
Titolo da c. a1r (dove si legge l'incipit). Per il tipografo cfr. *STCBL*, p. 615. V. c. a1r.

[511]

SAVONAROLA, GIROLAMO/(ed.) VIOLI, LORENZO
Prediche raccolte per ser Lorenzo Violi parte in sancta Maria del fiore & parte nella chiesa di sancto Marco di Firenze dalla uiua uoce del reuerendo padre frate Hieronymo da Ferrara mentre che predicaua: et prima in sancta Maria del fiore adi 11. di febraio 1497 secondo lo uso fiorentino [...].
[Firenze, Antonio Tubini e Andrea Ghirlandi, 1508?].
[124] c.: ill.; fol.
2a⁸ 2b¹⁰ a-m⁸ n⁶ o⁴
SBN-IT\ICCU\FERE\000651
Per i tipografi cfr. Periti 2003A, S16; Scapecchi 1998, n. 209.

1509

[512]

ANONIMA
Colletanio de cose noue spirituale zoe sonetti laude capituli & stantie con la sentenzia di Pilato composte da diuersi & preclarissimi poeti historiato.
(Venezia, Niccolò Zoppino, 31.I.1509).
[48] c.: ill.; 8°
EDIT16-CNCE 14867

[513]

ANONIMA
Contemplatione de la vita e morte del precursore (de miser Iesu Christo nostro redemptore) glorioso sancto Giouanni Baptista.
(Venezia, Simone da Lovere, 17.XI.1509).
72 c.; 8°
EDIT16-CNCE 15356
V. fr.

[514]

CARACCIOLO, ROBERTO
[*El libro de le prediche de frate Roberto*].
(Milano, Giovanni Angelo Scinzenzeler, 29.XI.1509).
[116] c.: ill.; 4°
EDIT16-CNCE 74448
Titolo dall'explicit. Titolo uniforme: *Sermones quadragesimales* [italiano].

[515]

CARACCIOLO, ROBERTO
Prediche de frate Roberto vulgare nouamente hystoriate et correpte secundo li Euangelii.
Venezia, Giovanni Rosso, 11.VIII.1509.
[116] c.: ill.; 4°
a-o⁸ p⁴
EDIT16-CNCE 9315
Titolo uniforme: *Sermones quadragesimales* [italiano].

[516]

CASTELLANI, CASTELLANO
Rappresentatione di san Thomaso apostolo. Composta per messer Castellano Castellani / recitata in Prato adi. 12. et 13. dagosto. M.D.VIIII.
[Firenze, Antonio Tubini e Andrea Ghirlandi, non prima del 1509].
[12] c.: ill.; 4°
a⁸ b⁴
EDIT16-CNCE 9943, SBN-IT\ICCU\CNCE\009925
Titolo da c. a1r. Per i tipografi cfr. Periti 2003A, C38. Cfr. Cioni 1961, p. 291, n. 1 ("[Firenze, Tipografo non identificato, d. 13 Agosto 1509]"); Testaverde-Evangelista, 260. V. c. a1r.

[517]

JACOBUS DE VORAGINE/(tr.) MALERBI, NICOLÒ
Legendario de Sancti.
(Venezia, Bartolomeo Zani, 2.VI.1509).
242 c.: ill.; fol.
a-z⁸ &⁸ [cum]⁸ [rum]⁸ A-C⁸ D¹⁰
SBN-IT\ICCU\CFIE\002282
Nome dell'autore e del traduttore nel colophon a c. D10r. Titolo uniforme: *Legenda aurea sanctorum* [italiano].

1510

[518]

ANONIMA
Colletanio de cose noue spirituale zoe sonetti laude capituli & stantie con la sentenzia di Pilato composte da diuersi & preclarissimi poeti historiato.
(Venezia, Giorgio Rusconi, 9.XII.1510).
[48] c.: ill.; 8°
EDIT16-CNCE 14868

[519]

ANONIMA
Contemplatione de Iesu in croce.
[Venezia, tra il 1510 e il 1525].

[8] c.; 8°
EDIT16-CNCE 65041
Per il luogo e la data cfr. Wagner-Carrera, p. 364.

[520]
ANONIMA
La hystoria di sancta Maria Magdalena & Lazero & Martha.
[Firenze, tra il 1510 e il 1515].
[4] c.: ill.; 4°
EDIT16-CNCE 23046
Titolo uniforme: *Storia dei ss. Maria Maddalena, Lazzaro e Marta.* Per il luogo e la data cfr. Cioni 1963, p. 198, n. 2. V. fr.

[521]
ANONIMA
La hystoria et festa di Susanna.
[ca 1510].
[4] c.: ill.; 4°
EDIT16-CNCE 23049
Titolo da c. [1r], dove si legge l'incipit: *Chi si dilecta cose nuoue udir.* Titolo uniforme: *Storia di Susanna e Daniello.* Per la data cfr. Cioni 1963, p. 243, n. 3. V. c. [1r].

[522]
ANONIMA
Opera noua contemplatiua per ogni fidel christiano laquale tratta de le figure del testamento vecchio: le quale figure sonno verificate nel testamento nuouo: con lc [!] sue expositionc [!]: et con el detto de li propheti sopra esse figure: sicome legendo trouerete: et nota che ciaschuna figura del testamento nuouo trouareti dua dil testamento vecchio: le quale sonno affigurate a quella dil nuouo et sempre quella dil nuouo sara posta nel meggio di quelle dua dil vechio: cosa belissima da intendere a chi se dilectano de la sacra scrittura: nouamente stampata.
(Venezia, Giovanni Andrea Valvassori), [dopo il 1510].
[64] c.: ill.; 8°
A-H⁸ (c. H8 bianca)
IGI IV, p.159, GW M49477, ISTC i000064500
Titolo dall'occhietto a c. [A1r]. Colophon a c. [H6v]. Data (da ISTC) dall'attività del tipografo (1510-1572); GW indica "[um 1550]", il catalogo *online* della British Library "[1525?]". V. ed.

[523]
ANONIMA
Rappresentatione di Susanna nuouamente composta.
[Firenze], (Francesco Benvenuto), [tra il 1510 e il 1546].
[4] c.: ill.; 4°
EDIT16-CNCE 68164

Titolo uniforme: *Rappresentazione di s. Susanna.* Data dall'attività del tipografo.

[524]
ANONIMA
Le septe parole che Christo disse in sulla croce.
[Firenze, Giovanni Stefano di Carlo, ca 1510].
[4] c.: ill.; 8°
EDIT16-CNCE 77973
Per il tipografo e la data cfr. Tura 2001, p. 103, n. 107. V. fr.

[525]
ANONIMA
E septe psalmi penitentiali.
[Firenze], (Zanobi Della Barba), [1510?].
[4] c.; 4°
BL 11426.c.75.(2)
Titolo a c. [*1r]. Titolo uniforme: *Psalmi poenitentiales* [italiano]. Incipit a c. [*1r]: *I[o] chiamo & prego il mio eterno dio.* Explicit a c. [*4v]: *[...] non so meglio fare | chi meglio il sa mi debba perdonare.* Corrisponde alla versione del Serdini. V. ed.

[526]
ANONIMA/[PSEUDO-ANTONINO]
El contrasto del nostro Signore Idio con el demonio infernale al limbo.
[Venezia, Giovanni Rosso, 1510?].
4 c.: ill.; 4°
EDIT16-CNCE 79641
Testo tratto dallo pseudo-Antonino, cfr. Cioni 1963, p. 284. Per il luogo, il tipografo e la data cfr. *STCBL*, p. 32. Cfr. Cioni 1963, p. 284, n. 2 ("[Firenze, Tipografo non identificato, d. 1500]").

[527]
ANTONINO (SANTO)
Confessionale aureo insieme con vno non inutile tractato delle virtude si cardinale come theologiche: composto per lo reuerendo & beato padre frate Antonino arciuescouo de Fiorenza: 7 professore de l'ordine de frati Predicatori intitulato Medicina delanima.
Pesaro, Pietro Cafa, in casa di Girolamo Soncino, 1510.
[8], 114 c.; 8°
a-o⁸ p¹⁰
EDIT16-CNCE 2008
Titolo uniforme: *Confessionale: Curam illius habe* [italiano]. V. fr.

[528]
ARALDI, ANTONIO/BELCARI, FEO
La rapresentatione del di del giuditio.

[ca 1510].

[8] c. ill.; 4°

A⁸

Edit16-CNCE 54229, SBN-IT\ICCU\CFIE\032858

Testo di Antonio Araldi con terzine aggiunte da Feo Belcari, cfr. Cioni 1961, p. 200. Stampata probabilmente a Firenze; per il luogo e la data cfr. *STCBL*, p. 549. Cfr. Cioni 1961, p. 201, n. 2 ("[Firenze, Bartolomeo de' Libri, d. 1500]"); Testaverde-Evangelista, 168 e 423. V. fr.

[529]

[Belcari, Feo]

La presentatione di Abraham 7 Isaac.

[ca 1510].

4 c.; 4°

[1]⁴

Edit16-CNCE 72827

Titolo da c. [1r]. Titolo uniforme: *Rappresentazione di Abramo e Isacco*. Stampata presumibilmente a Venezia. Per il luogo e la data cfr. Tura 2001, p. 104, n. 116. V. c. [1r] e [4v].

[530]

Belcari, Feo/Benci, Tommaso

Rappresentatione devota di san Giovanni Baptista quando ando nel deserto.

[Firenze, Tubini Antonio e Ghirlandi Andrea, ca 1510].

[4] c.: ill.; 4°

[*]⁴

Edit16-CNCE 62092

Testo di Feo Belcari preceduto da 16 stanze di Tommaso Benci, cfr. l'explicit a c. [*4v], trascritto in Cioni. Titolo uniforme: *Rappresentazione di s. Giovanni Battista nel diserto*. Per il luogo, il tipografo e la data cfr. Cioni 1961, p. 185, n. 2.

[531]

Bernardino da Feltre

Confessione del beato Bernardino da Feltro.

(Milano, Alessandro Pellizzoni, 14.III.1510).

[8] c.; 8°

Edit16-CNCE 5477, SBN-IT\ICCU\CNCE\005477

Titolo in SBN: *Confessione generale*.

[532]

Dati, Giuliano/Bernardo di Antonio/Particappa, Mariano

Incomincia la passione di Christo historiata in rima vulgari secondo che recita e representa de parola a parola la dignissima Compagnia de lo Confallone de Roma lo uenerdi sancto in loco dicto Coliseo.

(Napoli, Sigismondo Mayr, 12.IV.1510).

[16] c.: ill.; 4°

a-b⁸

Edit16-CNCE 68952

Nomi degli autori nell'explicit. Titolo uniforme: *Rappresentazione della passione di Cristo*. Cfr. Cioni 1961, p. 157-158, n. 6.

[533]

Epistole e Vangeli/(tr.) Anonima

Epistole euangelij uolgar historiade.

[Venezia, Niccolò dal Gesù e Domenico dal Gesù] (Venezia, Bernardino Vitali, 20.X.1510).

[108] c.: ill.; 2°

a⁶ A-B⁴ C-E⁶ F⁴ H-R⁶ S⁸ (ultima c. bianca, manca la segnatura G)

Edit16-CNCE 11342

Marca dei dal Gesù sul frontespizio.

[534]

François, Michel

Libro del rosario della gloriosa Vergine Maria.

(Milano, Giovanni Angelo Scinzenzeler, [Giovanni Giacomo e fratelli Da Legnano], 20.XI.15010 [i.e. 1510]).

[60] c.; 4°

Edit16-CNCE 19835

Titolo dall'occhietto. Marca dei Da Legnano in fine. V. occhietto.

[535]

Pulci, Bernardo

Incomincia la passione del nostro signore Iesu Christo: composta per Bernardo Pulci.

[Firenze, 1510?].

[16] c.: ill.; 4°

a-b⁸

Edit16-CNCE 63251

Titolo da c. a1r, dove si legge l'incipit: [O] *tutti uoi che passate per uia*. A c. [b6r]: *Bernardo Pulci Iterum in passione domini* [in italiano]. A c. [b8r]: *Bernardo Pulci di Maria magdalena*. Per il luogo e la data cfr. Cioni 1961, p. 37, n. 4 ("[Firenze, Tipografo non identificato, inizio del sec. XVI]"); *STCBL*, p. 544. V. ed.

[536]

Pseudo-Bonaventura

Incominciono le diuote meditationi sopra la passione del nostro Signore chauate & fondate originalmente sopra sancto Bonauentura chardinale del ordine de frati minori sopra Nicolao de Lira: etiamdio sopra altri doctori & predicatori approbati.

[Firenze, Bartolomeo de' Libri, 1510?].

[42] c.: ill.; 4°

EDIT16-CNCE 77248
Titolo uniforme: *Meditationes vitae Christi* [italiano]. Per
il tipografo cfr. Periti 2012, scheda 81.

[537]

SAVONAROLA, GIROLAMO
*La expositione del pater noster composta per frate Girolamo
da Ferrara.*
[Firenze, ca 1510].
[20] c.: ill.; 4°
a-b⁸ c⁴
ISTC is00202000, EDIT16-CNCE 67044, SBN-IT\
ICCU\BVEE\061192
Titolo da c. a1r (dove si legge l'incipit). Titolo uniforme:
Expositio orationis dominicae [italiano]. Var. B: errore di
imposizione della forma esterna superiore del fasc. a con
le c. a4 e a5 invertite. ISTC indica: "[Florence: Gian
Stephano di Carlo da Pavia, about 1510]" e "[Antonio
Tubini, Laurentius (Francisci) de Alopa, Venetus and
Andrea Ghirlandi]". SBN indica un'impronta in parte diversa, ma l'esemplare accessibile in riproduzione è quello a
cui rinvia pure EDIT16. SBN indica: "Stampata a Firenze
nell'officina di Bartolomeo di Libri da Giovanni Stefano
di Carlo", con rinvio a Periti 2003A, S11 (per l'attribuzione
a Antonio Tubini e Andrea Ghirlandi rinvia a Scapecchi
1998, n. 85), e data "[1516?]". V. c. a1r.

1511

[538]

ANONIMA
[*Legenda di Maddalena e Marta*].
(Milano, Giovanni Angelo Scinzenzeler, 5.VII.1511).
[36] c.; 4°
EDIT16-CNCE 54584

[539]

ANTONINO (SANTO)
*Confessionale aureo insieme con vno non inutile tractato del-
le virtude si cardinale come theologiche intitulato Medicina
del'anima composto per [...] frate Antonino arciuescouo de
Fiorenza.*
(Pesaro, Girolamo Soncino, 9.X.1511).
[6], 106 c.; 8°
a-z⁴ A-E⁴
EDIT16-CNCE 2010
Titolo uniforme: *Confessionale: Curam illius habe* [italia-
no].

[540]

ANTONINO (SANTO)/[ANTONINO (SANTO)]

*Confessionale del beato Antonino arciuescouo de Firenze del
ordine de frati predicatori; Libretto dela doctrina christiana.*
(Venezia, Pietro Quarengi, 1511).
80 c.; 8°
a⁴ b-k⁸ l⁴
EDIT16-CNCE 2009, SBN-IT\ICCU\BVEE\014045
Titolo uniforme: *Confessionale: Omnis mortalium cura*
[italiano], cfr. SBN. Titolo del secondo testo a c. 68r.

[541]

ARRIVABENE, PIETRO
*Opera deuotissima continente le piissime meditatione de la
passion de Christo: cum alquanti capituli in verso vulgare de
la dita passion et alcuni altri capituli deuotissimi nouamente
composti.*
(Mantova, Francesco Bruschi, 18.VII.1511).
[118] c.; 4°
EDIT16-CNCE 3158

[542]

CASTELLANI, CASTELLANO
*Stanze in laude della Croce salutatione della Croce capitolo
in laude del Crocefisso sonetti spirituali composti nuovamente per messer Castellano di Pierozo Castellani.*
([Firenze, Antonio Tubini e Andrea Ghirlandi], a istanza
di Francesco Benvenuto, [tra il 1511 e il 1515]).
[6] c.: ill.; 4°
[1]⁶
EDIT16-CNCE 62489
Per il tipografo e la data cfr. Periti 2003A, C42.

[543]

[DATI,   GIULIANO/BERNARDO   DI   ANTONIO/
PARTICAPPA, MARIANO]
*Rapresentatione della passione di Iesu Christo rappresentata
in Roma ogni anno el uenerdi sancto nel luogo decto Coliseo.*
(Firenze, [Antonio Tubini e Andrea Ghirlandi], a istanza
di Francesco Benvenuto, 15.IV.1511).
[14] c.: ill.; 4°
a⁸ b⁶
EDIT16-CNCE 16056, SBN-IT\ICCU\CFIE\032964
Per gli autori cfr. Cioni 1961, p. 156. Titolo uniforme:
Rappresentazione della passione di Cristo. Cfr. Cioni 1961,
p. 158, n. 7; Testaverde-Evangelista 219; Periti 2003A, D4.
V. ed.

[544]

EPISTOLE E VANGELI/(tr.) ANONIMA
Epistole euangelii vulgar historiade.
Venezia, Giovanni Rosso e Bernardino Rosso, 1511.
156, [4] c.: ill.; 4°
EDIT16-CNCE 11343

[545]
[HONORIUS AUGUSTODUNENSIS]
Qui comincia el libro del maestro e del discipulo.
(Milano, Giovanni Angelo Scinzenzeler, 19.VIII.1511).
[26] c.: ill.; 8°
EDIT16-CNCE 75454
Titolo uniforme: *Lucidarius* [italiano]. V. fr.

[546]
JACOBUS DE VORAGINE/[(tr.) MALERBI, NICOLÒ]
Legendarji di sancti istoriadi vulgari nouamente stampati e con diligentia correcti, con altre legende agionte, le quali trouerai in fin de lopera.
(Milano, Giovanni Angelo Scinzenzeler, 23.XII.1511).
[260] c.; fol.
a-z⁸ &⁸ [con]⁸ [rum]⁸ A-C⁸ D⁴ 2A⁸ 2B⁶ 2C¹⁰
EDIT16-CNCE 51222
Titolo uniforme: *Legenda aurea sanctorum* [italiano].

[547]
SUSO, HEINRICH
Horologio della sapientia et meditationi sopra la passione del nostro signore Iesu Christo vulgare.
(Venezia, Simone da Lovere, 1511).
[8], 88 c.: ill.; 4°
a⁸ b-z⁴
EDIT16-CNCE 64173

1512

[548]
ANONIMA
E sette dolori della uergine Maria.
[non dopo il 1512].
[4] c.; 8°
EDIT16-CNCE 68089
Per la data cfr. Wagner-Carrera, 513.

[549]
EPISTOLE E VANGELI/(tr.) ANONIMA
Epistole: & euangelij volgari hystoriade: cum vna tabula: che insegna a trouare facilmente tutte le epistole: & euangelij scritti nella sequente opera: secundo lordine de la corte Romana: con alcune epistole: & euangelij non piu tradutti.
(Venezia, Giovanni Antonio e fratelli Nicolini da Sabbio, a istanza di Niccolò dal Gesù e Domenico dal Gesù, VI.1512).
88 c.; fol.
AA⁴ A-X⁴
EDIT16-CNCE 11344

[550]
PAOLO DA NAPOLI
Questi sono li septe psalmi penitentiali con la expositione volgare secondo li excellenti & famosi doctori Hieronymo Augustino Remigio & Cassiodoro. Traducta & volgarizata per frate Paulo da Napoli de lordine de sancto Sebastiano da Uenetia.
(Mantova, Antonio Zanchi, 24.X.1512).
[24] c.: ill.; 8°
EDIT16-CNCE 68935
V. ed.

[551]
PSEUDO-BONAVENTURA
Incomincia le deuote meditatione sopra la passione del nostro signore Iesu christo cauate & fundate originalmente sopra sancto Bonauentura cardinale del ordine minore sopra Nicolao de Lira: etiamdio sopra molti altri doctori & predicatori approbati.
(Venezia, Pietro Quarengi, 12.IV.1512).
[48] c.: ill.; 4°
A-F⁸
EDIT16-CNCE 36211, SBN-IT\ICCU\RMLE\010408
Titolo da c. [A1r]. Titolo uniforme: *Meditationes vitae Christi* [italiano]. Cfr. Sander 1194. V. ed.

[552]
SAVONAROLA, GIROLAMO
Incomenza la expositione o vero meditatione nel psalmo del miserere de frate Hieronimo de Ferrara del ordine di predicatori la quale ne li suoi di vltimi lui compose.
(Milano, Pietro Martire Mantegazza, 5.IV), [non dopo il 1512].
[22] c.; 16°
EDIT16-CNCE 35926
Titolo da c. [1r]. Data dall'attività del tipografo. V. c. [1r].

1513

[553]
ANONIMA
Colletanio de cose noue spirituale zoe sonetti laude capituli & stantie con la sentential de Pilato composte da diuersi & preclarissimi poeti hystoriato. Recollecto per mi [!] Nicolo dicto Zopino.
(Venezia, Giorgio Rusconi, 5.III.1513).
[48] c.: ill.; 8°
EDIT16-CNCE 1487

[554]
ANONIMA

El pietoso lamento di Iesu Christo nostro redemptore.
(Torino, Giovanni Angelo Silva e Bernardino Silva), [tra il 1513 e il 1524].
4 c.; 8°
EDIT16-CNCE 59296
Data dall'attività dei tipografi. Cfr. Sander 3569.

[555]
ANONIMA
Questo si e il lamento del peccatore chel dira o fara dire honore delle cinque piaghe del signore Iesu trenta mattine a non fallire, de mala morte non potra morire, mediante la gratia de Dio.
[Milano, Bernardino Castello, ca 1513].
[4] c.: ill.; 4°
EDIT16-CNCE 57859 e 60710
Titolo dalla prima carta non segnata, dove si legge l'incipit: *Al nome de lo eterno creatore | trinita santa e uero solo Dio*. Per il tipografo e la data cfr. Sandal 1977-1981, n. 612. EDIT16-CNCE 60710 indica come data "[tra il 1513 e il 1523]", dall'attività del tipografo. V. fr.

[556]
BAURIA, ANDREA
Exposition ingeniosa et accommodata a nostri tempi del XIIII XV et XVII psalmo. Facta per il sacro theologo frate Andrea Ferrarese, de lordine de S. Augustino.
Ferrara, Giovanni Mazzocchi <di Bondeno>, 1513.
[31] c.; 8°
A-H⁴ (ultima c. bianca)
EDIT16-CNCE 4652

[557]
[CICERCHIA, NICCOLÒ]
La passione del nostro signore iesu Christo.
[Pesaro, Girolamo Soncino, 1513].
18 c.: ill.; 4°
A-C⁴ D⁶
EDIT16-CNCE 55733
Per l'autore cfr. Cioni 1963, p. 29. Titolo uniforme: *La passione di Gesù Cristo*. Cfr. Cioni 1963, p. 35, n. 9.

[558]
PITTORIO, LODOVICO
Dominicale sanctuario e quadragesimale de Ludouico Pictorio nouamente stampato con molte agione.
(Milano, Giovanni Angelo Scinzenzeler, 27.I.1513).
[226] c.; fol.
EDIT16-CNCE 31326
Titolo da c. [1r] (in parte strappata), dove si legge l'incipit: *Questo è un dominicale 7 vn sanctuario* [...]. V. c. [1r].

[559]
PSEUDO-BONAVENTURA
Incominciano le deuote meditatione sopra la passione del nostro Signore Iesu Christo cauate & fundate originalmente sopra sancto Bonauentura cardinale del ordine minore sopra Nicolao de Lira: etiam dio sopra altri doctori & predicatori approbati.
(Venezia, Giorgio Rusconi, 27.IV.1513).
[48] c.: ill.; 4°
a-f⁸
EDIT16-CNCE 29999
Titolo uniforme: *Meditationes vitae Christi* [italiano].

[560]
ROSIGLIA, MARCO
La conuersione de Sancta Maria Magdalena e la vita de Lazaro e Martha in octaua rima hystoriata. Composta pel dignissimo poeta maestro Marcho Rosiglia da Foligno. Opera noua & deuotissima.
(Venezia, Niccolò Zoppino e Vincenzo di Paolo, 14.III.1513).
[44] c.: ill.; 8°
a-l⁴
EDIT16-CNCE 63669
Cfr. Cioni 1963, p. 203, n. 2 (con data "14 III 1513 (1514)").

[561]
ROSIGLIA, MARCO
La divotissima conuersione di santa Maria Magdalena.
Perugia, Cosimo Bianchini, 1513.
12°
EDIT16-CNCE 58756
Cfr. Cioni 1963, p. 203, n. 1 (ill., 8°, con data "6 VI 1513").

[562]
SAVONAROLA, GIROLAMO
Prediche de le feste che correno per lanno del reuerendo padre frate Hieronimo Sauonarola da Ferara, del sacro ordine de predicatori. Comincio el di de sancto Michele.
(Venezia, Lazzaro Soardi, 11.VII.1513).
[2], 161, [1] c.; 4°
π² A-T⁸ V¹⁰ (c. V10 bianca)
EDIT16-CNCE 55983, SBN-IT\ICCU\RMLE\012505
EDIT16 descrive un'edizione di [4], 161, [1] c. Cfr. Scapecchi 1998, n. 190.

[563]
SAVONAROLA, GIROLAMO/(ed.) VIOLI, LORENZO
Prediche deuotissime et piene de diuini mysterii del venerando et sacro theologo frate Hieronymo Sauonarola da Ferrara. Defensione del predetto contra li calumniatori.

[Ferrara, Giovanni Mazzocchi] (Ferrara, Giovanni Mazzocchi, 8.VIII.1513).
[236] c.; fol.
a-i⁶ k⁴ l-z⁶ A-P⁶::⁶:.:⁴
SBN-IT\ICCU\FERE\000654
A c. a2r: *Prediche* [*!*] *raccolte per ser Lorenzo Violi.* Cfr. Giovannozzi, 175; Scapecchi 1998, n. 175.

[564]
SAVONAROLA, GIROLAMO
Prediche per anno del reuerendo padre frate Hieronymo da Ferrara del ordine deli frati predicatori.
(Venezia, Lazzaro Soardi, 11.VII.1513).
186 c.: ill.; 4°
A⁴ B-Z⁸ 2A⁶
EDIT16-CNCE 31961

1514

[565]
ACCOLTI, BERNARDO
Ternale in laude della gloriosa vergine Maria composto per messer Bernardo Accolti [...].
[Firenze, Antonio Tubini e Andrea Ghirlandi, non prima del 1514].
[2] c.: ill.; 4°
[1]²
EDIT16-CNCE 70915
Per la data e i tipografi cfr. Periti 2003A, A3.

[566]
ANONIMA
Collectanio de cose spirituale zoe sonetti, laude, capituli, stanze & cantico del dispresio del mundo con la sentenzia de Pilato, de diuersi & preclari auctori.
(Venezia, Simone da Lovere, 1514).
48 c.: ill.; 8°
EDIT16-CNCE 14795

[567]
ANONIMA
La hystoria di sancta Maria Magdalena & Lazero & Martha.
[Firenze, Bernardo Zucchetta, non prima del 1514].
[4] c.: ill.; 4°
[1]⁴
SBN-IT\ICCU\CFIE\033266
Per il luogo, il tipografo e la data cfr. Periti 2003A, H16. Cfr. Testaverde-Evangelista, 179 (elencata senza descrizione).

[568]
ANONIMA
La rapresentatione della natiuita di Christo.
(Firenze, [Giovanni Stefano di Carlo], a istanza di Bernardo Pacini), [dopo il 1514].
[6] c.: ill.; 4°
a⁶
EDIT16-CNCE 62002
Titolo uniforme: *Rappresentazione di Gesù Cristo: la natività.* Stampata da Giovanni Stefano di Carlo, dopo il 1514, cfr. Periti 2003A, R22. Cfr. Cioni 1963, p. 147, n. 3; Testaverde-Evangelista, 649. V. ed.

[569]
ANONIMA/[BELCARI, FEO]
La festa della annuntiatione di nostra Donna con una aggiunta di dua capitoli.
([Firenze], Francesco Benvenuto), [dopo il 22.XI.1514].
[4] c.; 4°
[1]⁴
EDIT16-CNCE 41313, SBN-IT\ICCU\CFIE\033194
Testo con inserti da Feo Belcari, cfr. Newbigin 1996, I, p. 27 e 42. Titolo da c. [1r], dove si legge l'incipit: *Voi excellenti & nobili auditori.* Titolo uniforme: *Rappresentazione dell'annunciazione di Maria Vergine.* Titoli dei ternali a c. [4v]: *Ternale a Maria uergine; Ternale alli angeli beati.*
EDIT16 data "[non dopo il 1540]" sulla base del presunto termine di attività del tipografo. SBN indica: "Stampata a Firenze da Tubini e Ghirlandi dopo il 22 novembre 1514 con lo stato rifuso del loro 86R (88)" con rinvio a Periti 2003A, B7. Cfr. anche Testaverde-Evangelista, 512. V. ed.

[570]
ANTONINO (SANTO)/[ANTONINO (SANTO)]
Confessionale del beato Antonino arciuescouo de Firenze del ordine de frati predicatori; Libretto dela doctrina christiana: composto dal beato Antonino arciuescouo de Firenze.
(Venezia, Pietro Quarengi, I.VI.1514).
80 c.: ill.; 8°
a⁴ b-k⁸ l⁴
EDIT16-CNCE 2012, SBN-IT\ICCU\BVEE\003445
Titolo uniforme: *Confessionale: Omnis mortalium cura* [italiano], cfr. SBN. Titolo del secondo testo a c. i8r.

[571]
CARACCIOLO, ROBERTO
Prediche de frate Roberto vulgare nouamente hystoriate et corepte secundo li Euangelii.
Venezia, Agostino Zani, 1514.
[119] c.: ill.; 4°
EDIT16-CNCE 9317
Titolo uniforme: *Sermones quadragesimales* [italiano].

[572]
CASTELLANI, CASTELLANO
Euangelii si cantano la quaresima composti per messer Castellano Castellani.
(Firenze, Francesco di Iacopo cartolaio, 31.I.1514).
[26] c.; 4°
EDIT16-CNCE 68809

[573]
DATI, GIULIANO/ BERNARDO DI ANTONIO/ PARTICAPPA, MARIANO
Incomencia la passione de Christo historiata in rima uulgari secondo che recita e representa de parolla a parolla la dignissima compagnia de lo confallone de lalma citta de Roma lo Venerdi sancto in lo amphitheatro fabricato da Tito & Domitiano imperatori il qualloco hogi di se chiama Colloseo.
(Venezia, Giorgio Rusconi, 2.VI.1514).
[32] c.: ill.; 8°
A-H⁴
EDIT16-CNCE 16058, SBN-IT\ICCU\CFIE\033442
Nomi degli autori nell'explicit a c. [H4r]. Titolo da c. [A1r]. Titolo uniforme: *Rappresentazione della passione di Cristo.* Cfr. Cioni 1961, p. 158, n. 8; Testaverde-Evangelista, 310. V. c. [A1r].

[574]
JACOBUS DE VORAGINE/(tr.) MALERBI, NICOLÒ
Incomincia el libro intitulato legendario di sancti composto per el reuerendissimo padre frate Iacobo de Voragine de lordine de predicatori archiepiscopo di Genoa.
(Venezia, Bernardino Vitali, 20.X.1514).
[284] c.: ill.; fol.
A-Z⁸ &⁸ [cum]⁸ [rum]⁸ A-H⁸ I-K⁶
EDIT16-CNCE 53774
Nome del traduttore nel colophon a c. K5v. Titolo da c. a1r. Titolo uniforme: *Legenda aurea sanctorum* [italiano]. V. c. a1r.

[575]
ROSIGLIA, MARCO
La conuersione de Sancta Maria Magdalena e la vita de Lazaro e Marta in octaua rima hystoriata. Composta pel dignissimo poeta maestro Marcho Rasiglia da Foligno. Opera noua & deuotissima.
(Ancona, Bernardino Guerralda, a istanza di Niccolò Zoppino e Vincenzo di Paolo, 20.IV.1514).
[44] c.: ill.; 8°
EDIT16-CNCE 57402
Cfr. Cioni 1963, p. 203, n. 3.

[576]
SAVONAROLA, GIROLAMO/(ed.) VIOLI, LORENZO

Prediche vtilissime per quadragesima del venerando padre frate Hieronymo Sauonarola da Ferrara de lordine di frati predicatori sopra Amos propheta: & sopra Zacharia propheta: & parte etiam sopra lo sacro Euangelio.
(Venezia, Lazzaro Soardi, 9.IX.1514).
234 c.: ill.; 4°
A⁶ B-Z⁸ a-f⁸ g⁴
EDIT16-CNCE 60055
A c. [A1v]: dedica di Lorenzo Violi al Duca di Ferrara. Cfr. Giovannozzi, 175*. V. fr.

1515

[577]
ANONIMA
Fioretto della Bibbia hystoriato & di nouo in lingua toscha correcto. Con certe predicationi tutto tracto del Testamento uecchio cominciando alla creatione del mondo infino alla natiuita di messere Iesu Christo.
(Venezia, Giovanni Tacuino, 21.III.1515).
[72] c.: ill.; 4°
EDIT16-CNCE 64842

[578]
ANONIMA
La historia di santa Maria Magdalena & Lazero & Martha.
[Firenze, non dopo il 1515].
[6] c.: ill.; 4°
EDIT16-CNCE 22861
Titolo uniforme: *Storia dei ss. Maria Maddalena, Lazzaro e Marta.* Per il luogo e la data cfr. Cioni 1963, p. 198, n. 3 (con data "a. dicembre 1515").

[579]
ANONIMA
La hystoria de Susanna.
[Firenze, non dopo il 1515].
[4] c.: ill.; 4°
EDIT16-CNCE 23034
Titolo uniforme: *Storia di Susanna e Daniello.* Per il luogo cfr. Cioni 1963, p. 243, n. 2 (con data "[d. 1500]"). Per la data cfr. Wagner-Carrera, 824.

[580]
ANONIMA
Incomincia la festa di Nabucodonosor re di Babilonia.
[Firenze, Antonio Tubini e Andrea Ghirlandi, 1515].
[10] c.: ill.; 4°
EDIT16-CNCE 62281

Titolo uniforme: *Rappresentazione di Nabuccodonosor.*
Per i tipografi cfr. Cioni 1961, p. 242-243, n. 1.

[581]
ANONIMA
Incomincia la rapresentatione di Lazer riccho & di Lazero pouero.
[Firenze], ([Giovanni Stefano di Carlo], a istanza di Zanobi Della Barba), [1515?].
[4] c.: ill.; 4°
EDIT16-CNCE 62203
Titolo da c. a1r. Titolo uniforme: *Rappresentazione di Lazzaro ricco e Lazzaro povero.* Per il tipografo e la data cfr. *STCBL*, p. 373. Cfr. Cioni 1961, p. 219, n. 1 (con data "[ca 1510]"). V. c. a1r.

[582]
ANONIMA
Insonnio del Daniel. Questo sie el modo de vider le significatione de li insonni de Daniel propheta secondo li di de la luna.
[tra il 1515 e il 1525].
[4] c.: ill.; 4°
a⁴
EDIT16-CNCE 51812
Titolo uniforme: *Somnia Danielis* [italiano]. Stampata probabilmente a Venezia; per il luogo e la data cfr. Santoro, p. 146, n. 364. V. fr.

[583]
ANONIMA
Interpretation di Daniel propheta.
[non prima del 1515].
[4] c.; 4°
EDIT16-CNCE 68873
Titolo uniforme: *Somnia Danielis* [italiano]. Stampata probabilmente a Roma; per il luogo e la data cfr. Wagner-Carrera, 248.

[584]
ANONIMA
Lamento vecchio di nostra donna della passione di christo.
[non dopo il 1515].
[2] c.; 4°
EDIT16-CNCE 68076
Titolo uniforme: *Lamento della Vergine Maria.* Si tratta probabilmente dello stesso testo di quello stampato con lo stesso titolo a Firenze da Matteo Galassi nel 1580 (cfr. EDIT16-CNCE 80566, vedi 1908) con incipit: *Aue Regina inmaculata e santa.* Stampata probabilmente a Firenze; per il luogo e la data cfr. Sander 4274.

[585]
ANONIMA
Libro chiamato Infantia Saluatoris, in lo quale si contiene la uita e li miracoli & la passione de Jesu Christo, e la creatione de Adamo, & molte altre cose, le quale lezendo si poteranno intendere.
[Venezia], [non dopo il 1515].
[60] c.: ill.; 4°
EDIT16-CNCE 68143
Titolo uniforme: *Vita di Gesù Cristo e della Vergine Maria.* Per il luogo e la data cfr. Wagner-Carrera, 368.

[586]
ANONIMA
Oratione del angiol Raphaello.
[Firenze, Bernardo Zucchetta], a istanza di Bernardo Pacini, [1515?].
[4] c.: ill.; 8°
EDIT16-CNCE 79460
Per il tipografo e la data cfr. *STCBL*, p. 549. V. fr.

[587]
ANONIMA
Rappresentatione quando Abram caccio Aghar sua ancilla con Ismael suo figliuolo.
[Firenze, Antonio Tubini e Andrea Ghirlandi, non dopo l'8.VIII.1515].
[12] c.: ill.; 4°
a-b¹²
EDIT16-CNCE 61516, SBN-IT\ICCU\CFIE\032697
Titolo uniforme: *Rappresentazione di Abramo e Agar.* Per il tipografo e la data cfr. Periti 2003A, R4. Cfr. Cioni 1961, p. 72, n. 1; Testaverde-Evangelista, 86.

[588]
ANONIMA
La rappresentatione de la natiuita di Jesu Christo.
[Firenze, XII.1515].
[6] c.: ill.; 4°
A⁶
EDIT16-CNCE 62004
Titolo uniforme: *Rappresentazione di Gesù Cristo: la natività.* Per il luogo e la data cfr. Cioni 1961, p. 148, n. 4.

[589]
ANONIMA
Rapresentatione della resurrectione di Christo nuouamente composta.
([Firenze], a istanza di Francesco Benvenuto, [ca 1515]).
[8] c.: ill. ; 4°
a-b⁴
EDIT16-CNCE 62033

Testo edito comunemente a quello della *Passione* (di Giuliano Dati, Bernardo di Antonio e Mariano Particappa) che si rappresentava il Sabato Santo dalla Compagnia del Gonfalone di Roma. Cfr. Cioni 1961, p. 166, n. 2 ("Firenze [Tubini e Girlandi?] per Francesco Benvenuti c. 1515").

[590]
ANONIMA
La representatione deli propheti, e de lo aduenimento de Christo. Con la visione dela beata Colomba; e la vita de san Domenico.
[Firenze, non dopo il 1515].
[8] c.; 4°
EDIT16-CNCE 62319
Per il luogo e la data cfr. Wagner-Carrera, 681.

[591]
ANONIMA/[BELCARI, FEO]
La festa della annuntiatione di nostra donna. Con aggiunta di due capitoli.
[Firenze, 1515].
4 c.: ill.; 4°
a⁴
EDIT16-CNCE 62241
Titolo uniforme: *Rappresentazione dell'annunciazione di Maria Vergine* (dal titolo, la cui dicitura è simile ad altre edizioni viste). Per il luogo e la data cfr. Cioni 1961, p. 228, n. 3 (dall'esemplare conservato presso la Biblioteca Colombina di Siviglia [6-3-26(2)], che reca un'annotazione manoscritta a c. [H4v]: "Este libro costo en roma un quatrin por dezie[m]bre de 1515").

[592]
APOCALISSE/(tr.) FEDERICO DA VENEZIA
Apocalipsis iesu christi. hoc est reuelatione fatta a sancto giohanni euangelista. cum noua expositione in lingua volgare composta per el reuerendo theologo 7 angelico spirito frate Federico veneto Ordinis predicatorum: cum chiara dilucidatione a tutti soi passi: cosa vtilissima.
Venezia, Alessandro Paganini (Venezia, Alessandro Paganini, 7.IV.1515).
[2], 91, [1] c.; fol.
π² A⁸ B-P⁶ (c. P6 bianca)
EDIT16-CNCE 6005
Cfr. Lumini, 301. V. fr.

[593]
[BELCARI, FEO]
Incomincia la representatione di Abraham et di Ysaac suo figliuolo.
[Firenze, XII.1515].
[6] c.; 4°

a⁴
EDIT16-CNCE 61679
Per l'autore, il luogo e la data cfr. Cioni 1961, p. 67, n. 10.
Titolo uniforme: *Rappresentazione di Abramo e Isacco.*

[594]
CASTELLANI, CASTELLANO
Rappresentatione del figliuolo prodigo composto per messer Castellano Castellani.
[Firenze, Antonio Tubini e Andrea Ghirlandi], a istanza di Zanobi Della Barba, [prima del 1515].
[10] c.: ill.; 4°
a⁶ b⁴
EDIT16-CNCE 9926, SBN-IT\ICCU\CNCE\009926
Per i tipografi e la data (prima dell'agosto 1515) cfr. Periti 2003A, C28. Cfr. anche Cioni 1961, p. 142, n. 1 ("[c. 1510|1515]"); Testaverde-Evangelista, 153.

[595]
CASTELLANI, CASTELLANO/BRUNETTI, ALESSANDRO
Opera noua diuotissima spirituale del dignissimo doctore meser Castellano de Castellani fiorentino et del eximio messer Alexandro Brunetto da Macerata: in sonetti: in stantie & in capitoli.
(Venezia, a istanza di Niccolò Zoppino e Vincenzo di Paolo, 25.V.1515).
[48] c.: ill.; 4°
EDIT16-CNCE 9932
Contiene due salmi volgarizzati ("O voi che siate in questa valle oscura | et che sperate al mondo trovar pace"; "Qual sitibundo cervo al fresco fonte"), il *Pater noster*, l'*Ave Maria*, la Passione in ottava rima.

[596]
[CICERCHIA, NICCOLÒ]/PULCI, BERNARDO
La passione del Nostro Signore Giesu Christo : in ottaua rima. Et Il pianto della Maddalena composto da Bernardo Pulci Fiorentino. Nouamente ricorretta & ristampata.
[Firenze?, ca 1515].
[40] p.: ill.; 4°
A-B⁸ C⁴
Yale Lib. 2008 1326
Niccolò Cicerchia è autore di *La passione* (cfr. Cioni 1963, p. 29), Bernardo Pulci del *Pianto*. Titolo uniforme: *La passione di Gesù Cristo.*

[597]
DATI, GIULIANO/ BERNARDO DI ANTONIO/ PARTICAPPA, MARIANO
Incomincia la passione di Christo historiata in rima vulgari secondo che recita e representa de parola a parola la dignissi-

ma compagnia de lo Confallone di Roma lo uenerdi santo in lo loco detto coliseo.
(Roma, Marcello Silber, 6.VIII.1515).
16 c.: ill.; 4°
a-b⁸
Cioni 1961, p. 158, n. 10
Titolo da c. a1r (da Cioni). Titolo uniforme: *Rappresentazione della passione di Cristo*.

[598]
DATI, GIULIANO/ BERNARDO DI ANTONIO/ PARTICAPPA, MARIANO
[*Rappresentazione della passione di Gesù Cristo*].
Roma, Marcello Silber, 19.I.1515.
16 c.: ill.; 4°
Cioni 1961, p. 158, n. 9
Il titolo è quello uniforme. Cioni indica: "Citata in un Catalogo Libri (1847) oggi irreperibile".

[599]
DOLCIATI, ANTONIO
Narratione de dolori del nostro Signore Iesu Christo per noi crucifixo.
(Milano, Giovanni Angelo Scinzenzeler, 19.I.1515).
[68] c.: ill. 8°
EDIT16-CNCE 17437
Titolo da c. A2r (da EDIT16). A c. A1r: *Frate Antonio Dolciati a suoi compatrioti fiorentini nel sancto crucifixo perpetua salute.* A c. F4r: *Sancta Maria perpetua composta da sancto Gregorio papa.* V. c. A1r e F4r.

[600]
[HONORIUS AUGUSTODUNENSIS]
Libro del maestro e del discipulo chiamato Lucidario.
(Venezia, Alessandro Paganini, 8.III.1515).
[56] c.; 8°
A-O⁴
EDIT16-CNCE 22664
Titolo uniforme: *Lucidarius* [italiano].

[601]
ROSIGLIA, MARCO
La conuersione de sancta Maria Magdalena: e la uita de Lazaro e Martha: in octaua rima hystoriata composta per el dignissimo poeta maestro Marcho Rasilia da Foligno. Opera noua & deuotissima.
(Venezia, Giacomo Penzio, a istanza di Niccolò Zoppino e Vincenzo di Paolo, 3.IV.1515).
[44] c.: ill.; 8°
A-L⁴
EDIT16-CNCE 56769
Cfr. Cioni 1963, p. 203, n. 4.

[602]
SAVONAROLA, GIROLAMO
Prediche facte in diuersi tempi: sopra alcuni psalmi 7 euangelii: 7 della reformatione della chiesa: del r.p. frate Hieronymo Sauonarola da Ferrara dello ordine delli frati Predicatori.
(Venezia, Lazzaro Soardi, 16.XI.1515).
[2], 100 c.: ill.; 4°
p² Aa-Rr⁴/⁸
EDIT16-CNCE 31992
V. fr.

[603]
SAVONAROLA, GIROLAMO
Prediche sopra diversi psalmi nell'anno 1494.
Bologna, 1515.
fol.
Swissbib 319793346

[604]
SAVONAROLA, GIROLAMO
Sermone del reuerendo padre frate Hieronymo da Ferrara / facto a suoi frati nella uigilia della Pascua di natale / sopra la natiuita del nostro signore Iesu Christo.
[Firenze, non dopo il dicembre 1515].
[4] c.; 4°
ISTC is00264000, EDIT16-CNCE 64611, SBN-IT\ICCU\VIAE\004996
Titolo dall'intitolazione. Per ISTC e EDIT16 l'edizione è stampata a Firenze da Giovanni Stefano di Carlo ca 1505. SBN indica: "Stampata a Firenze nell'officina di Bartolomeo di Libri da Bartolomeo stesso o dal suo erede Giovanni Stefano di Carlo con il primo stato cinquecentesco dell'85R, non dopo il dicembre 1515 (data di acquisto dell'esemplare conservato in Colombina)", cfr. Periti 2009, scheda 65. Cfr. anche ISTC is00263000, EDIT16-CNCE 75591, SBN-IT\ICCU\CFIE\038256, vedi 654. V. intitolazione.

[605]
SAVONAROLA, GIROLAMO/(ed.) VIOLI, LORENZO
Expositione & prediche sopra lexodo: & ad altri diuersi propositi, ultimamente composte & predicate dal r.p.f. Hieronymo Sauonarola [...].
(Venezia, Lazzaro Soardi, 4.I.1515).
[2], 144 c.: ill.; 4°
p² 2a⁴ 2b-2c⁸ 2d⁴ 2e-2f⁸ 2g⁴ 2h-i⁸ 2k⁴ 2l-2m⁸ 2n⁴ 2o-2p⁸ 2q⁴ 2r-2s⁸ 2t⁴ 2u-2x⁸ 2y⁴
EDIT16-CNCE 53823, SBN-IT\ICCU\FERE\000652
Nome del curatore nell'incipit a c. 2a1r: *Prediche raccolte per ser Lorenzo Violi.* Per il titolo e i dati di pubblicazione cfr. Ginori Conti, n. 63. Cfr. Essling 1451. V. c. 2a1r.

[606]
SAVONAROLA, GIROLAMO/(ed.) VIOLI, LORENZO
Prediche del reuerendo P. Frate Hieronymo da Ferrara dell'ordine de frati predicatori facte in Sancta Maria del Fiore l'anno 1494 [...] raccolte per ser Lorenzo Viuuoli dalla uiua uoce del predicante.
(Bologna, Benedetto Faelli <1>, 1515).
1-10, 19-164 c.; fol.
A⁸ C⁶ D⁴ 2A-2I⁸ 2K⁴ 2L⁴ (c. 2L4 mancante)
SBN-IT\ICCU\TO0E\031895

[607]
SAVONAROLA, GIROLAMO/(ed.) BETTINI, LUCA/(ed.) VIOLI, LORENZO
Prediche di frate Hyeronimo da Ferrara.
(Bologna, Benedetto Faelli <1>, 20.IV.1515).
[84] c.; fol.
A-C⁶ D⁴ 2A-2I⁶ 2K-2L⁴ (c. 2L4 bianca?)
EDIT16-CNCE 60057, SBN-IT\ICCU\FERE\000658
A cura di Luca Bettini (cfr. proemio a c. [A1r]) e Lorenzo Violi (cfr. c. A2r). Titolo dall'occhietto a c. [A1r]. A c. [A2r]: *Prediche del reuerendo. p. frate Hieronymo da Ferrara dellordine de frati predicatori facte in sancta Maria del fiore lanno. 1494. secondo luso fiorentino sopra diuersi psalmi & scripture cominciando el giorno della epiphania & seguitando li altri giorni festiui raccolte per ser Lorenzo uiuuoli dalla uiua uoca del predicatore.* Cfr. Ginori Conti, 15; Scapecchi 1998, n. 165. V. ed.

[608]
SAVONAROLA, GIROLAMO/(ed.) BETTINI, LUCA/(ed.) VIOLI, LORENZO
Prediche di frate Hyeronimo da Ferrara sopra Ezechiel.
(Bologna, Benedetto Faelli <1>, 2.V.1515).
[228] c.; 4°
A-2E⁸ 2F⁴ (ultime 2 c. bianche)
EDIT16-CNCE 37388
A cura di Luca Bettini (cfr. proemio a c. A2r) e Lorenzo Violi (proemio a c. A2r-v). Titolo dall'occhietto. Var. B: nel colophon diversa data 22.VI. 1515. Cfr. Ginori Conti, 121; Scapecchi 1998, n. 197. V. occhietto e c. A2r.

1516

[609]
ANONIMA
Iudicio dela fin de mondo.
(Milano, Bernardino Castello, a istanza di Giovanni Giacomo Da Legnano e fratelli, 6.IX.1516).
[4] c.: ill.; 8°
EDIT16-CNCE 80189

Titolo uniforme: *Storia del giudizio universale.* Alla fine commento italiano al *Pater noster.* V. c. [1r] e [4v].

[610]
ANONIMA
Rappresentatione della reina Hester.
([Firenze, Antonio Tubini e Andrea Ghirlandi], a istanza di Francesco Benvenuto, 15.III.1516).
[10] c.: ill.; 4°
a⁶ b⁴
EDIT16-CNCE 61621, SBN-IT\ICCU\CFIE\032934
Titolo uniforme: *Rappresentazione di Ester regina.* Per il luogo e i tipografi cfr. Cioni 1961, p. 127, n. 3; Testaverde-Evangelista, 200; Periti 2003A, R21. V. ed.

[611]
ANONIMA
Rappresentatione quando Abram caccio Aghar sua ancilla & Ismael suo figgluolo [!].
([Firenze, Antonio Tubini e Andrea Ghirlandi], a istanza di Francesco Benvenuto), [dopo il 1516].
[8] c.: ill.; 4°
EDIT16-CNCE 61790, SBN-IT\ICCU\CFIE\032936
Titolo uniforme: *Rappresentazione di Abramo e Agar.* Marca di Antonio Tubini e Andrea Ghirlandi in fine. Per la data, dopo il 7 dicembre 1516, cfr. Periti 2003A, R5. Cfr. Cioni 1961, p. 72, n. 2; Testaverde-Evangelista, 350. V. ed.

[612]
ANTONINO (SANTO)/[ANTONINO (SANTO)]
Confessionale del beato Antonino arciuescouo de Firenze del ordine de frati predicatori; [Libretto della doctrina christiana].
(Venezia, Giorgio Rusconi, 16.IV.1516).
78, [2] c.; 8°
a-k⁸
EDIT16-CNCE 2014
Titolo uniforme: *Confessionale: Omnis mortalium cura* [italiano]. Titolo del secondo testo dall'incipit a c. 66r: *Incomenza lo utilissimo libretto della doctrina christiana: composto dal beato Antoni. Arci. da firenze.* A c. 66v: *Questi sono li deci comandamenti dela lege: liquali ciascuno christiano de obseruare.* V. ed.

[613]
APOCALISSE/(tr.) FEDERICO DA VENEZIA
Apochalypsis Ihesu Christi. Hoc est reuelatione fatta a sancto Giohanni euangelista cum noua expositione in lingua volgare composta per el reuerendo theologo [...] frate Federico veneto Ordinis predicatorum cum chiara dilucidatione atuttu soi passi cosa utilissima.
([Venezia], Alessandro Paganini, 1516).

[16] c.: ill.; 2°
[A]⁸
EDIT16-CNCE 6007

[614]
[CASTELLANI, CASTELLANO]
La rappresentatione di s. Maria Magdalena nuovamente composta.
([Firenze], a istanza di Francesco Benvenuto, [Antonio Tubini e Andrea Ghirlandi], 7.XII.1516).
EDIT16-CNCE 61586
Per l'autore cfr. Ponte, p. 66. Titolo uniforme: *Rappresentazione di s. Maria Maddalena. Miracolo.* Cfr. Cioni 1961, p. 238-239, n. 1.

[615]
CONFRATERNITA DEL SS. ROSARIO <NAPOLI>
Psalterio ouer Rosario della gloriosa Vergine Maria, con li soi misterii.
Napoli, Sigismondo Mayr, 1516.
[22] c.: ill.; 4°
EDIT16-CNCE 15461

[616]
JACOBUS DE VORAGINE/(tr.) MALERBI, NICOLÒ
Legendario de sancti vulgare hystoriado. Nuouamente reuisto et con summa diligentia castigato.
(Venezia, Agostino Zani, 29.IV.1516).
231, [1] c.: ill.; fol.
a-z⁸ &⁸ [con]⁸ [rum]⁸ (ultima c. bianca)
EDIT16-CNCE 39113
Nomi dell'autore e del traduttore nel colophon. Titolo uniforme: *Legenda aurea sanctorum* [italiano].

[617]
PSEUDO-BONAVENTURA
Incominciono le diuote meditationi sopra la passione del nostro Signore, chauate & fondate originalmente sopra sancto Bonauentura chardinale, del ordine de frati minori sopra Nicolao de Lira: & etiam sopra altri doctori & predicatori approbati.
[Firenze, 1516?].
[42] c.: ill.; 4°
a-d⁸ e⁶ f⁴
SBN-IT\ICCU\CFIE\038132
Titolo uniforme: *Meditationes vitae Christi* [italiano]. Stampata a Firenze nell'officina di Bartolomeo de' Libri da lui stesso o dal suo genero ed erede Giovanni Stefano di Carlo, cfr. Periti 2003A, M20.

[618]
PULCI, BERNARDO

Rappresentatione del angiol Raphaello.
([Firenze, Antonio Tubini e Andrea Ghirlandi], a istanza di Francesco Benvenuto, 11.VII.1516).
[10] c.: ill.; 4°
a⁶ b⁴
EDIT16-CNCE 62321
Per l'autore cfr. Cioni 1961, p. 255. Titolo da c. [a1r]. Titolo uniforme: *Rappresentazione dell'angelo Raffaello e Tobia.* Marca di Antonio Tubini e Andrea Ghirlandi in fine. Cfr. Cioni 1961, p. 255, n. 2. V. ed.

[619]
ROSIGLIA, MARCO
La diuotissima conuersione di santa Maria Magdalena.
Perugia, Cosimo Bianchini, 1516.
12°
EDIT16-CNCE 58757
Cfr. Cioni 1963, p. 203, n. 5 (descrive un'edizione con illustrazioni in formato 8°).

[620]
SAVONAROLA, GIROLAMO/(ed.) VIOLI, LORENZO
Prediche di frate Hieronymo da Ferrara sopra Ezechiel.
(Ferrara, Giovanni Mazzocchi <di Bondeno>, 10.IX.1516).
309, [1] c.; 4°
A-2P⁸ 2Q⁶ (c. Q4 erroneamente segnata P4)
EDIT16-CNCE 49977
Incipit a c. A3r: *Prediche del reuerendo padre frate Hieronymo da Ferrara dello ordine de predicatori sopra Ezechiel propheta. Facte in Sancta Maria del Fiore lanno .1496. Cominciando la prima Dominica dello aduento. A di .27. di Nouembre. Raccolte per ser Lorenzo uiuoli dalla uiua uoue del predicante.* Cfr. Giovannozzi, 198*. V. fr.

1517

[621]
ANONIMA
[*Compendio della storia dell'Antico e Nuovo Testamento*].
(Palermo, Antonio De Mussis, a istanza di Antonino Pasta, 12.XII.1517).
[80] c.: ill.; 4°
EDIT16-CNCE 50903
Descrizione da esemplare unico in cui mancano le prime quattro carte.

[622]
ANONIMA
Fioretto de tutta la Bibia tracto dal Testamento Vecchio & Nuouo. Comenzando dalla creatione del mondo: insino al

[!] *Passione de Christo: hystoriato: & di nouo in lingua to-scha corretto.*
(Venezia, Giorgio Rusconi, a istanza di Niccolò Zoppino e Vincenzo di Paolo, 7.II.1517).
[116] c.: ill.; 8°
A-O⁸ P⁴ (c. B3 erroneamente segnata C3)
EDIT16-CNCE 59550
Titolo uniforme: *Fiore novello estratto dalla Bibbia*. V. fr.

[623]
ANONIMA
La rappresentatione di Salamone.
[Firenze, Bernardo Zucchetta, dopo il 9.XI.1517].
[4] c.: ill.; 4°
a⁴
EDIT16-CNCE 61868, SBN-IT\ICCU\CFIE\033153
Titolo uniforme: *Rappresentazione di Salomone*. Per il tipografo e la data cfr. Periti 2003A, R42. SBN indica come data "tra il 1517 e il 1521" con rinvio pure a Periti 2003A. Cfr. Cioni 1961, p. 271, n. 2 (con data "[c. 1515?]"); Testaverde-Evangelista, 473. V. ed.

[624]
ANTONINO (SANTO)
Confessionale aureo insieme con vno tratato delle virtude si cardinale come theologiche intitulato Medicina delanima.
(Venezia, Bernardino Guerralda, a istanza di Girolamo Soncino, 21.V.1517).
[6], 106 c.: ill.; 8°
a-z⁴ A-E⁴
EDIT16-CNCE 2015, SBN-IT\ICCU\CNCE\002015
Titolo uniforme: *Confessionale: Curam illius habe* [italiano], cfr. SBN.

[625]
ANTONINO (SANTO)
Confessionale generale.
([Firenze, Antonio Tubini e Andrea Ghirlandi], a istanza di Francesco Benvenuto, 4.III.1517).
EDIT16-CNCE 2016

[626]
BIBBIA/(tr.) MALERBI, NICOLÒ
Bibbia vulgare nouamente impressa: diligentemente cor-recta: 7 historiata.
(Venezia, Giorgio Rusconi, 2.III.1517).
[8], 208 [i.e. 200], 196, [6] c.: ill.; 2°
a-z⁸ &⁸ [con]⁸ [rum]⁸ A¹⁰ B-O⁸ 2A-2L⁸
SBN-IT\ICCU\BVEE\017502, Barbieri 17 e tav. A3
Contiene apocrifi: *Preghiera di Manasse*; *Esdra* II (III); extracanonici: *Legenda de sancto Ioseph*. V. fr.

[627]
BIBBIA/(tr.) MALERBI, NICOLÒ
Byblia in vulgar vltimamente impressa ornata intorno de moral postille 7 figure: 7 in tutti capituli i lor summarij: 7 declarationi vtilissime a coloro che desiderano hauer cogni-tione delle sacre littere: cosa noua mai piu per altri facta.
(Venezia, Lazzaro Soardi e Bernardino Benali, 10.VII.1517).
7 [i.e. 8], 193 [i.e. 192], 202 c.: ill.; 2°
a-z⁸ &⁸ [cum]⁸ A¹⁰ B-O⁸ 2A-2L⁸
SBN-IT\ICCU\UBOE\000945, Barbieri 18 e tav. A4
Contiene apocrifi: *Preghiera di Manasse*; *Esdra* II (III); extracanonici: *Legenda de sancto Ioseph*. V. fr.

[628]
BUSTI, BERNARDINO/ SAMUELE DA CASSINE
Incomencia la corona de la beatissima vergene maria; Seguita vna deuota salutatione de la croce: da fare ogni gior-no: maxime el venerdi sancto.
(Milano, Rocco Da Valle e fratelli, a istanza di Niccolò Gorgonzola, 1517).
[48] c. ; 8°
A-F⁸ (ultima c. bianca)
EDIT16-CNCE 55275
Nome dell'autore nell'epistola di Samuele da Cassine a c. A1r. Titolo da c. A1v, preceduto da: *Nel nome del no-stro signore iesu cristo*. Titolo del secondo testo da c. [E5v]. Titolo uniforme: *Tesauro spirituale*. A c. [A5r]: *Ca.ix. | Salue regina vergene maria*; a c. [E8v]: *Questi sono li deci comandamenti de la lege diuina*; a c. F3v : *Questo he il pater nostro in vulgare*. V. ed.

[629]
CORNAZZANO, ANTONIO
La vita de Christo composta per miser Antonio Cornazano: in terza rima: nouamente impressa et hystoriata.
(Venezia, Giorgio Rusconi, a istanza di Niccolò Zoppino & Vincenzo di Paolo, 22.I.1517).
[60] c.; ill.; 8°
A-P⁴
EDIT16-CNCE 15266
Titolo uniforme: *La vita di Cristo.*

[630]
CORNAZZANO, ANTONIO
Vita della gloriosa vergine Maria composta per misser Antonio Cornazano in terza rima historiata.
(Venezia, Giorgio Rusconi, a istanza di Niccolò Zoppino e Vincenzo di Paolo, 30.I.1517).
[36] c.; ill.; 8°
EDIT16-CNCE 15267
Titolo uniforme: *Vita della Vergine Maria.*

[631]
CORNAZZANO, ANTONIO
Vita della gloriosa vergine Maria composta per misser Antonio Cornazano in terza rima historiata.
Venezia, Giorgio Rusconi, a istanza di Niccolò Zoppino e Vincenzo di Paolo, 22.VIII.1517).
[36] c.: ill.; 8°
A-I⁴
EDIT16-CNCE 13321
Titolo uniforme: *Vita della Vergine Maria.*

[632]
CORNAZZANO, ANTONIO
La vita & passione de Christo: composta per miser Antonio Cornazano in terza rima: nouamente impressa & hystoriata.
(Venezia, Giorgio Rusconi, a istanza di Niccolò Zoppino e Vincenzo di Paolo, 20.VIII.1517).
[60] c.: ill.; 8°
A-P⁴
EDIT16-CNCE 13322
Titolo uniforme: *La vita di Cristo.*

[633]
EPISTOLE E VANGELI/(tr.) ANONIMA
Epistole, lectione & euangelij che si legono in tutto lanno vulgare nouamente correcte de infiniti defecti & corruptione & historiade con la tabula.
(Venezia, Agostino Zani, 20.VIII.1517).
[4], 335, [1] c.: ill.; 4°
a⁴ b-s⁸ (c. s8 bianca)
EDIT16-CNCE 11347

[634]
NIETO, TOMÀS
La deuotione de la madona, la quale ha predicato il reuerendo padre fra Thomaso Salmaticense del Ordine de sancto Dominico predicatore apostolico, summo theologo & philosopho excellentissimo, ne la quale molte excellentie de la madona deuotissime se conteneno predicate per lo dicto reuerendo patre fra Thomaso sopra la expositione del Magnificat. Et senza dubitatione obtenera ogni gratia da epsa deuotamente dicendola.
(Torino, Giovanni Angelo Silva e Bernardino Silva, 1517).
[8] c.; 8°
EDIT16-CNCE 68757

[635]
PROVERBI/(tr.) ANONIMA
Prouerbi de Salamone molto utilissimi a ciascuno.
(Venezia, 3.I.1517).
[4] c.; 8°

EDIT16-CNCE 68477

[636]
PSEUDO-BONAVENTURA
Deuote meditatione sopra la passione del nostro Signore Jesu Christo cauate et fundate originalmente sopra sancto Bonauentura.
([Milano], Giovanni Angelo Scinzenzeler, a istanza di Giovanni Giacomo e fratelli da Legnano), [1517?].
[48] c.: ill.; 4°
EDIT16-CNCE 54704
Titolo uniforme: *Meditationes vitae Christi* [italiano].

[637]
PSEUDO-BONAVENTURA
Incomincia le deuote meditatione sopra la passione del nostro signore Iesu Christo cauate originalmente da sancto Bonauentura cardinale del ordine minore 7 da Nicolao de Lira: 7 etiamdio da molti altri doctori 7 predicatori approbati.
(Venezia, Agostino Zani, 26.VIII.1517).
43, [1] c.: ill.; 4°
A-E⁸ F⁴ (c. F4 bianca)
SBN-IT\ICCU\RMLE\001760
Titolo da c. [A1r]. Titolo uniforme: *Meditationes vitae Christi* [italiano]. V. ed.

[638]
ROSIGLIA, MARCO
La conuersione de sancta Maria Magdalena: e la uita de Lazaro e de Martha: in octaua rima historiata composta pel dignissimo poeta maestro Marcho Rasilia da Foligno. Opera noua et deuotissima.
(Venezia, Giorgio Rusconi, a istanza di Niccolò Zoppino e Vincenzo di Paolo, 1.IX.1517).
[44] c.: ill.; 8°
EDIT16-CNCE 63670

[639]
ROSIGLIA, MARCO
[*Conversione di Maria Maddalena*].
Venezia, Giorgio Rusconi, 1.IV.1517.
[44] c.: ill.; 8°
Cioni 1963, p. 203, n. 6

[640]
SAVONAROLA, GIROLAMO/(ed.) VIOLI, LORENZO
Prediche utilissime per la quadragesima del reuerendo padre frate hieronymo Sauonarola da Ferrara de lordine de frati predicatori sopra Ezechiel propheta: & etiam sopra lo sacro Euangelio.
(Venezia, Bernardino Benali, 10.XII.1517).

[12], 152 c.: ill.; 4°
[croce]¹² a⁸ b⁴ e-t⁸ v⁴
EDIT16-CNCE 47757, SBN-IT\ICCU\BVEE\018987
Nome del curatore nell'intitolazione. V. fr.

[641]
SAVONAROLA, GIROLAMO/(ed.) VIOLI, LORENZO
Tabula sopra le prediche del reuerendo p. frate Hieronymo sauonarola da ferrara de lordine de predicatori sopra diuersi Psalmi & Euangelii: cominciando el giorno della Epiphania: & seguitando li altri giorni festiui: infra annum.
(Venezia, Bernardino Benali, 12.II.1517).
[12], 108 c.: ill.; 4°
π² a-n⁸ o⁴
EDIT16-CNCE 47756, SBN-IT\ICCU\BVEE\018915
Nome del curatore nell'intitolazione della tabula. Cfr. Scapecchi 1998, n. 166. V. fr.

1518

[642]
BELCARI, FEO/BENCI, TOMMASO
Rappresentatione deuota di sancto Giouanni Baptista: quando ando nel diserto.
([Firenze, Antonio Tubini e Andrea Ghirlandi], a istanza di Giovanni Benvenuto, 1518).
[4] c.: ill.; 4°
a⁴
EDIT16-CNCE 42736, SBN-IT\ICCU\CFIE\033199
Testo di Feo Belcari preceduto da 16 stanze di Tommaso Benci, cfr. c. [a1v]. Titolo uniforme: *Rappresentazione di s. Giovanni Battista nel diserto*. Marca di Antonio Tubini e Andrea Ghirlandi nel colophon. Cfr. Cioni 1961, p. 185, n. 3 (errata la descrizione diplomatica); Testaverde-Evangelista, 519; Periti 2003A, B13. V. ed.

[643]
CONFRATERNITA DEL SS. ROSARIO <NAPOLI>
Psalterio ouero Rosario della gloriosa Vergine Maria: con i suoi mysterij. Nouamente impresso.
(Venezia, Giorgio Rusconi, 14.XII.1518).
[24] c.: ill.; 8°
EDIT16-CNCE 68104

[644]
CORNAZZANO, ANTONIO
Uita in terza rima di Maria Vergine.
Ortona, Girolamo Soncino, 1518.
8°
EDIT16-CNCE 55677

Titolo uniforme: *Vita della Vergine Maria*.

[645]
CORNAZZANO, ANTONIO
Vita della gloriosa vergine Maria composta per misser Antonio Cornazano in terza rima historiata.
(Venezia, [Giorgio Rusconi], per Niccolò Zoppino e Vincenzo di Paolo, 20.VIII.1518).
[36] c.: ill.; 8°
A-D⁸ I⁴ (fasc. E erroneamente segnato I)
EDIT16-CNCE 15269
Titolo uniforme: *Vita della Vergine Maria*. Per il tipografo, Giorgio Rusconi, cfr. Gasperoni, n. 3, p. 178. V. fr.

[646]
CORNAZZANO, ANTONIO
La vita 7 passione de Christo: composta per misser Antonio Cornazano in terza rima: nouamente impressa 7 hystoriata.
(Venezia, [Giorgio Rusconi], per Niccolò Zoppino e Vincenzo di Paolo, 5.IX.1518).
[60] c.: ill.; 8°
A-G⁸ H⁴
EDIT16-CNCE 15270
Titolo uniforme: *La vita di Cristo*. Per il tipografo, Giorgio Rusconi, cfr. Gasperoni, n. 2, p. 177. V. fr.

[647]
GREGORIUS I (PAPA)/(tr.) ANONIMA
Dialogo del moralissimo doctore di quatro principali de la giesia romana miser sancto gregorio papa. Da po ogni altra impressione di quello in qualunque luoco facta: nouamente correcto: & in assai passi incontra con el suo latino. Azonti a plenaria intelligentia di capitoli molti summarii tracti dal suo latino: al secondo, terzo & quarto libro: oltra quelli che se attrouauano. Reducte etiam le so tauole a piu facile inuentione del lectore per ordine in principio del libro, le qual per auanti erano confusamente stampate. Et subiuncto el psalmo qui habitat con le septe oratione de sancto gregorio in lingua uulgare. Posta anchora la uita del authore in fine: & molte altre bellissime cose.
(Venezia, Cesare Arrivabene, 8.VII.1518).
[8], 151, [1] c.; 8°
[croce]⁸ A-T⁸
EDIT16-CNCE 21712
Esiste var. B. V. fr.

[648]
[HONORIUS AUGUSTODUNENSIS]
Libro del maestro e del discipulo nouamente stampato e in lingua toscha correcto.
(Venezia, Giorgio Rusconi, 2.X.1518).
[56] c.; 8°

a-g[8]

EDIT16-CNCE 40204

Titolo uniforme: *Lucidarius* [italiano]. Cfr. Sander 3449; Essling 819.

[649]

JACOBUS DE VORAGINE/(tr.) [MALERBI, NICOLÒ]
Legendario di sancti nouamente ben stampado uulgare.
(Venezia, a istanza di Niccolò dal Gesù e Domenico dal Gesù, 2.VIII.1518).

354 [i.e. 344], [4] c.: ill.; fol.

[pigreco][2] a-c[8] d[6] e[8] f-k[6] l[4] m[6] n[4] o-p[8] q-s[6] t-y[4] z[6] &[4] [cum][4] [rum][4] A-F[4] G[6] H-M[4] N[6] O-Q[4] R-S[6] T-Z[4] 2A[6] 2B[4] 2C[8] 2D-2E[4] 2F-2H[6] 2I-2K[4] 2L-2O[6] 2P-2T[4]

EDIT16-CNCE 45045

Nome dell'autore a c. [a1r]. Frontespizio con cornice calcografica in cui sono inseriti quattro cerchi con note di contenuto (il titolo si legge in un cerchio centrale). Titolo uniforme: *Legenda aurea sanctorum* [italiano]. Poiché nell'explicit a c. [355v] si legge "reuisto & correcto", si può ipotizzare che sia la traduzione del Malerbi, a cui sono aggiunte "molte legende non piu stampate", come pure si dice nell'explicit. Var. B: ricomposto il frontespizio e il verso del frontespizio, nel titolo: *Legendario de sancti nouamente stampado*. Cfr. Rhodes 2011, p. 147-148, n. J5. V. ed.

[650]

NOTTURNO NAPOLETANO
Opera noua spirituale di Nocturno Napolitano ne la quale si contiene Il Iuditio vniuersale, vna Aue Maria et alcuni sonetti. Libro quartodecimo.
[Milano, Gottardo Da Ponte, 1518].

[12] c.; 8°

EDIT16-CNCE 71540

Per il tipografo e la data cfr. Zampieri, p.146.

[651]

PITTORIO, LODOVICO
Omiliario quadragesimale. Fondato de verbo ad verbum su le Epistole & Euangelij si como corrono ogni di secondo l'ordine de la Romana Giesia. Nouamente impresso.
[Venezia, Giovanni Maria Boselli] (Venezia, Bernardino Vitali, 22.XII.1518).

[118] c.; fol.

a-t[6] v[4]

EDIT16-CNCE 70161

[652]

ROSIGLIA, MARCO
La conuersione de sancta Maria Magdalena: e la vita de Lazaro e de Martha: in octaua rima hystoriata composta

per el dignissimo poeta maestro Marcho Rasilia da Foligno. Opera noua & deuotissima.
(Venezia, Niccolò Zoppino e Vincenzo di Paolo, 27.X.1518).

[44] c.: ill.; 8°

A-E[8] F[4]

EDIT16-CNCE 63672

Cfr. Cioni 1963, p. 203, n. 8 (con data "1518"). V. ed.

[653]

ROSIGLIA, MARCO
La conuersione di santa Maria Maddalena.
[1518?].

[44] c.: ill.; 8°

EDIT16-CNCE 63671

EDIT16 rinvia per il luogo, il tipografo e la data a Cioni 1963, p. 203, n. 7 (che indica: "Venezia, Giorgio Rusconi, 1518" senza parentesi né punto di domanda).

[654]

SAVONAROLA, GIROLAMO
Sermone del reuerendo padre frate Heronymo [!] da Ferrara facto a suoi frati nella uigilia della Pasqua dinatale [!] sopra la natiuita del nostro signore Iesu Christo.
[Firenze, prima del 30.X.1518].

[4] c.; 4°

ISTC is00263000, EDIT16-CNCE 75591, SBN-IT\ ICCU\CFIE\038256

Per ISTC e EDIT16 l'edizione è stampata a Firenze da Giovanni Stefano di Carlo ca 1505. SBN indica: "Stampata a Firenze da Bartolomeo di Libri o dal suo successore Giovanni Stefano di Carlo", cfr. Periti 2003A, S17; "il terminus ante quem si desume dal primo stato cinquecentesco del carattere (85R)", cfr. Periti 2009, p. 67-68. Cfr. anche l'edizione ISTC is00264000, EDIT16-CNCE 64611, SBN-IT\ ICCU\VIAE\004996 (impronta diversa), vedi 604.

1519

[655]

ANONIMA
Comincia la deuota rappresentatione di Iudith hebrea.
([Firenze, Antonio Tubini e Andrea Ghirlandi], a istanza di Francesco Benvenuto, 30.?.1519).

[8] c.: ill.; 4°

a[8] (c. a3 segnata b3)

EDIT16-CNCE 32695, SBN-IT\ICCU\CFIE\032878

Titolo da c. a1r. Titolo uniforme: *Rappresentazione di Giuditta ebrea*. Per i tipografi, Antonio Tubini e Andrea Ghirlandi, cfr. Cioni 1961, p. 197, n. 1; Testaverde-

Evangelista, 179 e 434; Periti 2003A, R32. Nel colophon manca l'indicazione del mese. V. ed.

[656]
ANONIMA
Fioretto della Bibbia hystoriato et di nouo in lingua toscha correcto. Con certe predicationi tutto tracto del testamento uecchio cominciando alla creatione del mondo infino alla natiuita di messere Iesu christo.
(Venezia, Giorgio Rusconi, 12.XII.1519).
[68] c.: ill.; 4°
A-H⁸ I⁴ (ultima c. bianca)
EDIT16-CNCE 19169
Titolo uniforme: *Fiore novello estratto dalla Bibbia.* V. fr.

[657]
ANONIMA
Stanze delle Marie; et la leuatione de la Croce.
(Bartolomeo Castelli), [tra il 1519 e (ca 1530?)].
[4] c.: ill.; 4°
a⁴
SBN-IT\ICCU\CFIE\033377
Titolo dalla trascrizione diplomatica della scheda dell'esemplare conservato presso la Biblioteca Nazionale Centrale di Firenze (RARI.Palat.E.6.7.56.VIII.24). Data dall'attività del tipografo.

[658]
BENIVIENI, GIROLAMO
Opere di Hierony. Beniuieni comprese nel presente volume. Vna canzona de lo amore celeste, & diuino col commento de lo ill. s. conte Iohan. Pico Mirandulano distincto in libri III. Egloge con loro argumenti VIII. Cantici, o uero capitoli III. Canzone & sonetti di diuerse materie XXX. Amore fugitiuo di Mosco poeta greco tradocto I. Elegia di Properzio tradocta I. Psalmi di Dauid tradocti III. Sequentia de morti tradocta I. Laude & canzone morali XXI. Stanze in passione Domini X. Come si conoschi, & ami Dio per le sue creature stanze XXX. Altre stanze di diuerse materie LV. Frottole VIII.
(Firenze, Eredi di Filippo Giunta <1>, III.1519).
[4], 200 c.; 8°
[fiore]⁴ A-Z⁸ &⁸ [con]⁸
EDIT16-CNCE 5321
A c. 127r: *Psalmo LXXIII di Asaph tradocto di lingua latina in el presente capitulo per Hieronymo Beniuieni.* A c. 127r: *Psalmo LXV. di Dauid tradocto come di sopra.* A c. 129r: *Psalmo XCIX. di Dauid tradocto come di sopra.* A c. 151r: *Stanze in passione Domini.* V. ed.

[659]
CASTELLANI, CASTELLANO
Rappresentatione della cena et passione di Christo / correpta di nuouo con aggiunta di alquante stanze / composta per messer Castellano Castellani.
[Firenze, Antonio Tubini e Andrea Ghirlandi], a istanza di Francesco Benvenuto, 15.III.1519.
[8] c.: ill.; 4°
a⁸
EDIT16-CNCE 9933, SBN-IT\ICCU\CNCE\009933
Per i tipografi, Antonio Tubini e Andrea Ghirlandi, cfr. Periti 2003A, C29. La data è espressa presumibilmente secondo il computo fiorentino. Cfr. Cioni 1961, p. 155, n. 1. V. fr.

[660]
CORNAZZANO, ANTONIO
Incomincia la vita de la gloriosa vergine Maria composta per il nobile misser Antonio Cornazano.
(Venezia, Niccolò Zoppino e Vincenzo di Paolo, 20.IX.1519).
[36] c.: ill.; 8°
A-D⁸ E⁴
EDIT16-CNCE 15271
Titolo dall'intitolazione a c. A2r. Titolo uniforme: *Vita della Vergine Maria.* Mutili del frontespizio tutti gli esemplari conosciuti, cfr. Bruni-Zancan, p. 166-168. V. c. A2r.

[661]
CORNAZZANO, ANTONIO
La vita et passione de Christo composta per misser Antonio Cornazano in terza rima nouamente impressa et historiata.
(Venezia, Niccolò Zoppino e Vincenzo di Paolo, 25.X.1519).
[60] c.: ill.; 8°
2A-2G⁸ 2H⁴
EDIT16-CNCE 15272
Titolo uniforme: *La vita di Cristo.*

[662]
JACOBUS DE VORAGINE/(tr.) MALERBI, NICOLÒ
Legendarij di sancti istoriadi vulgari nouamente stampati e con diligentia correcti con altre legende agionte lequale trouerai in fin de lopera.
[Milano, Giovanni Giacomo e fratelli Da Legnano] (Milano, Giovanni Angelo Scinzenzeler, 13.IX.1519).
[260] c.: ill.; fol.
a-z⁸ &⁸ [cum]⁸ [rum]⁸ A-C⁸ D⁴ 2A⁸ 2B⁶ 2C¹⁰
EDIT16-CNCE 51229
Nome dell'autore nel colophon e del traduttore nell'epistola al lettore e nel colophon. Titolo uniforme: *Legenda aurea sanctorum* [italiano]. Marca di Giovanni Giacomo e fratelli Da Legnano sul frontespizio. V. fr.

[663]

MAZZOLINI, SILVESTRO

Opere uulgare di Maestro Siluestro da Prierio. Ordinis Predicatorum. Scala del sancto amore diuotissima e scientifica: utile a docti e simplici. chi cerchano hauere il diuino e sancto amore: quantunche alquanto scuro sia el capitulo secondo e quinto. Cento breue meditatione della passione del signore cum cento petitione proportionate a quelle reuelate da Iesu Christo. Philamore idest trialogo de le tre querelle: che a christo fa ogni anima sancta e fece la seraphina Magdalena: in la speluncha della soa penitentia. Summario da confesarsi per docti e simplici: nelquale si distingue cum gran doctrina: li peccati mortali da li ueniali. Vita de sancta Maria Magdalena: cum molte dolce historie. incognite nele parte italice. Tractado del nascere viuere & morire. De la Regina del Cielo: & de tute le cose pertinente a quella. secondo la doctrina di Alberto magno: & del sancto doctore come appare in la tauola infra posita.

(Milano, Alessandro Minuziano, a istanza di Francesco Landriano, 15.IV.1519).

[166] c.; 4°

A-S⁸ 2a-b⁸ 2c⁶

EDIT16-CNCE 57638

Altro colophon a c. S8 con data "die xv Aprilis". V. fr.

[664]

SAVONAROLA, GIROLAMO/(ed. VIOLI, LORENZO)

Prediche de fra Hieronymo per quadragesima. Prediche utilissime per quadragesima del sacro theologo frate Hieronymo Sauonarola da Ferrara de lordene di frati predicatori: sopra Amos propheta: & sopra Zacharia propheta: & parte etiam sopra li Euangelii occorrenti: & molti psalmi de Dauid. Nouissimamente reuiste: & con molti exemplari scontrade: & reposto ai suo lochi tutte le cose trunchade per la impressione ueneta de Lazaro facta del 1514.

(Venezia, Cesare Arrivabene, 20.VIII.1519).

[4], 252 c.: ill.; 4°

[croce greca]⁴ a-z⁸ &⁸ [con]⁸ [rum]⁸ 2a-2e⁸ 2f⁴

EDIT16-CNCE 29733

Nome del curatore nel proemio a c. [croce greca]2r. Cfr. Scapecchi 1998, n. 176. V. fr.

1520

[665]

ANONIMA

La deuota passione di Christo.

[Firenze, ca 1520].

[8] c.: ill; 4°

a⁸

BL 11426.dd.1

Titolo da c. a1r, dove si legge l'incipit: *Comincia la passione di Christo: & prima Christo cominciando a discepoli la sua acerbissima morte ne manda dua a fare ordinare la pasqua & dice cosi.* | [primo verso:] *Tempo e uenuto o discepoli mia.* V. ed.

[666]

ANONIMA

Historia di Lazaro Martha 7 Magdalena.

[Firenze?, 1520?].

4 c.: ill.; 4°

A⁴

BL 11426.f.60

Titolo da c. [A1r], dove si legge l'incipit: *Signor celestial gratia e consiglio | O summo Iddio o vera trinitade.* Titolo uniforme: *Storia dei ss. Maria Maddalena, Lazzaro e Marta.* V. ed.

[667]

ANONIMA

Libro di Lazero & Martha & Magdalena.

(Firenze, Bernardo Zucchetta, a istanza di Bernardo Pacini, 7.III.1520).

[96] c.: ill.; 8°

A-S⁴ 'S⁴ T-Z⁴

SBN-IT\ICCU\CFIE\037771

Titolo uniforme: *Leggenda di Lazzaro, Marta e Maddalena.* A c. Z1r: *Capitolo in laude di sancta Maria Magdalena composto per Bernardo Pulci.* La data è presumibilmente espressa secondo il computo fiorentino. Cfr. Periti 2003A, L20.

[668]

ANONIMA

Questa e la historia del Iudicio uniuersale del mondo.

[Bologna, Girolamo Benedetti, ca 1520].

[4] c. ; 4°

EDIT16-CNCE 77977

Titolo a c. [1r]. Titolo uniforme: *Storia del giudizio universale.* Incipit a c. [1r]: *O sancta trinita un solo Dio | senza principio et senza [fi]ne sete.* Per il tipografo e la data cfr. Tura 2001, p. 105, n. 125. V. c. [1r].

[669]

ANONIMA

Rappresentatione della purificatione di nostra donna, cioe la festa di sancta Maria Candellaia.

([Firenze], Bartolomeo Castelli), [tra il 1520 e il 1525].

[4] c.: ill.; 4°

A⁴

EDIT16-CNCE 61924, SBN-IT\ICCU\CFIE\033367

Titolo uniforme: *Rappresentazione della purificazione della Madonna*. Per il tipografo, Michelangelo de' Libri, e la data, cfr. Periti 2003A, R24. Cfr. anche Cioni 1961, p. 232, n. 1; Testaverde-Evangelista, 666.

[670]
ANONIMA
Le sette allegrezze della Madonna.
[ca 1520].
[4] c.: ill.; 8°
A⁴
EDIT16-CNCE 77559
Titolo da c. [A1r], dove si legge l'incipit: *Aue Maria uergine gloriosa | piu che ogni altra cosa uoi sete beata*. Stampata presumibilmente a Venezia verso il 1520; per il luogo e la data cfr. Rhodes 2011, S62. V. c. [A1r].

[671]
ANONIMA
Vita della gloriosa vergine Maria: 7 de Iesu Christo 7 de. s. Ioan Bap. cum molti miracoli in prosa qual de infiniti errori era confusa. Nouamente cum diligentia reuista: 7 in meglior parlare ridotta. Agiontoui le rubriche 7 figure alli capituli appropriati quale nella precedente impressione non erano.
(Venezia, Niccolò Zoppino e Vincenzo di Paolo, 24.IX.1520).
[136] c.: ill.; 8°
EDIT16-CNCE 78092
Titolo uniforme: *Vita di Gesù Cristo e della Vergine Maria*. V. fr.

[672]
APOCALISSE/(tr.) FEDERICO DA VENEZIA
Prophetie seu apocalipsis beati Ioannis apostoli 7 euangeliste: cum vulgari expositione nouissime impressa.
1519 (Milano, [Giovanni Giacomo Da Legnano e fratelli], per Giovanni Angelo Scinzenzeler, 15.IV.1520).
[1], 121 c.: ill.; fol.
EDIT16-CNCE 6008
Marca di Giovanni Giacomo Da Legnano e fratelli in fine. V. fr.

[673]
[BELCARI, FEO]
La rapresentatione di Habraam et Ysaac.
[Firenze, Bernardo Zucchetta, 1520?].
[4] c.: ill.; 4°
a⁴
SBN-IT\ICCU\CFIE\038124
Titolo uniforme: *Rappresentazione di Abramo e Isacco*. Stampata a Firenze da Bernardo Zucchetta non prima

del 1520 per via dello stato del carattere, cfr. Periti 2003A, p. ix.

[674]
BERNARDINO DA FELTRE
Confessione del beato frate Bernardino da Feltro.
[1520?].
[8] c.: ill.; 8°
A-B⁴
EDIT16-CNCE 78930
Stampata probabilmente a Perugia; per il luogo e la data cfr. Sander 930. V. fr.

[675]
BERNARDINO DA FELTRE
Confessione generale del beato Bernardino da Feltre molto vtilissima.
[ca 1520].
[8] c.: ill.; 8°
A⁸
EDIT16-CNCE 5478
Titolo da c. A1r (dove si legge l'incipit). V. c. A1r.

[676]
BERNARDINO DA FELTRE
Confessione generale del beato Bernardino da Feltre molto vtilissima.
[ca 1520-1530].
[8] c.: ill.; 8°
A⁸
SBN-IT\ICCU\VIAE\042284
Titolo dall'intitolazione a c. A1r. Pubblicato presumibilmente tra il 1520 e il 1530.

[677]
CONTARINI, FRANCESCO
Quel se contien in questa opera e questo. Prima el modo de confessarsi per ciaschuna persona religiosa o seculare. Li dieci comandamenti. Le autorit [!] de diuersi stati & doctori sopra questi. Li cinque sentimenti del corpo. Li sette peccati mortali. La diffinition de li ditti. Le sette opere de la misericordia. Li sette doni del Spirito Sancto. Le autorita de diuersi sancti & doctori sopra li sette peccati mortali. La conclusion e modo di domandar la solution dal pentito & confessato.
[Brescia, Lodovico Britannico <1> e fratelli, ca 1520].
[12] c.: ill.; 8°
EDIT16-CNCE 58041
Nome dell'autore a c. a1v. Per il tipografo e la data cfr. Sandal 1999, n. 81.

[678]
DATI, GIULIANO

Historia di sancto Iob propheta.
[ca 1520].
[4] c.: ill.; 8°
EDIT16-CNCE 38822
Nome dell'autore nell'explicit. Titolo da c. [1r] (dove si
legge l'incipit). Stampata probabilmente a Firenze; per il
luogo e la data cfr. Sander 2366. V. c. [1r].

[679]
PITTORIO, LODOVICO
Dominicale sanctuario e quadragesimale de Ludouico
Pictorio nouamente stampato con molte agionte e con la sua
tauola con dilegentia ordinata.
(Milano, [Giovanni Giacomo e fratelli da Legnano], per
Giovanni Angelo Scinzenzeler, 1.VI.1520).
2 pt ([4], 220; [2], 169, [1] c.); 4°
[pigreco]⁴ A-2C⁸ 2D-2E⁶; [pigreco]² a-u⁸ x⁶ y⁴ (c. y4 bian-
ca)
EDIT16-CNCE 31369
Pt 2: *Tabula de le epistole et euangelii sopra lo Quadragesimale*
che correno de giorno in giorno con altri sermoni. [Milano,
Giovanni Giacomo Da Legnano e fratelli] (Milano,
Giovanni Angelo Scinzenzeler, 17.VIII.1520). Marca di
Giovanni Giacomo Da Legnano e fratelli nelle due parti.

[680]
PSEUDO-BONAVENTURA
Incomincia le deuote meditationi sopra la passione del no-
stro signor Iesu Christo cauate originalmente da sancto
Bonauentura cardinale del Ordine minore & da Nicolao da
Lira. & etiamdio da molti altri doctori et predicatori appro-
bati.
(Bologna, Girolamo Benedetti, 1520).
[48] c.: ill.; 4°
A-M⁴
EDIT16-CNCE 32642
Titolo uniforme: *Meditationes vitae Christi* [italiano].

[681]
PULCI, BERNARDO
Comincia la passione del nostro signore Iesu Christo.
([Firenze], Francesco Benvenuto, 1520).
[16] c.; 4°
EDIT16-CNCE 70003

[682]
SAVONAROLA, GIROLAMO/(ed.) BRASAVOLA, GIOVANNI/
(ed.) VIOLI, LORENZO
Prediche de fra hieronymo per tutto lanno.
Prediche utillissime: & a qualunque predicatore del uerbo
di dio summamente necessarie per le feste occorrente di tutto
lanno: reccolte dalla uiua uoce del sacro & obseruando the-

ologo frate Hieronymo sauonarola de ferrara de lordene de
frati predicatori sopra li infrascripti euanzelii: ps. & prophe-
ti: & primo
Sopra paralipo.xx.cap.   Sopra letamini in domino ps.31.
Sopra ascendes Christus in altum.   Sopra domine quid
multipli.ps.3.
Sopra zuane.xv.capitolo.   Sopra dominus noster refugium
ps.45.
Sopra tutto ruth propheta.   Sopra magnus dominus ps.47.
Sopra tutto michea propheta.   Sopra esaia propheta.6.cap.
Sopra quare fremuerunt.ps.2.   Sopra lecclesiastico.7 capito.
Nouissimamente reuiste & con molti antiqui exemplari de
parola in parola scontrade: & reposto a i suoi propri lochi
tutte le cose truncate per do altre anteriore impressioni ue-
nete in diuersi tempi facte: una per la insulsa memoria del
quondam lazaro di soardi: laltra per la uiuente ignorantia
di tal qual suo sequace sotto millesimo & zorno in quelle con-
tignudi.
(Venezia, Cesare Arrivabene, 6.IV.1520).
[4], 195, [1] c.: ill.; 4°
+⁴ A-Z⁸ &⁸ [con]⁴
EDIT16-CNCE 29735, SBN-IT\ICCU\BVEE\017638
A cura di Giovanni Brasavola (dedica a c. +2v) e Lorenzo
Violi (proemio a c. +3r-+3v). Cfr. Essling 1459; Scapecchi
1998, n. 191. V. ed.

[683]
SAVONAROLA, GIROLAMO/(ed.) BRASAVOLA, GIOVANNI/
(ed.) VIOLI, LORENZO
Prediche de fra hieronymo sopra ezechiel propheta.
Prediche utilissime, & a qualunque predicatore del uerbo
diuino summamente necessarie, le qual serue dal aduento
infina a pasqua de la resurrectione, reccolte dalla uiua uoce
del sacro & obseruando theologo frate Hieronymo sauona-
rola da ferrara del ordine di predicatori sopra li infrascripti
euanzelii, psalmi, & propheta come di sotto appar, & primo.
Sopra tutto Eze. Prophe.   Sopra mattheo uigesimo pri.ca-
pit.
Sopra zuane.4.cap.   Sopra benedixisti domine ter.tuam.
ps.48.
Sopra zuane.6.cap.   Sopra benedictus dominus deus.ps.143.
Sopra zuane.9.cap.   Sopra quemadmodum desiderat.ps.41.
Sopra zuane.xi.cap.   Sopra dominus deus meus in te.ps.7.
Nouissimamente reuiste, & con molti antiqui exemplari de
parola in parola scontrade, azonta di nuouo la so tauola, &
reposto ai suoi proprii luochi tutte le cose trunchade per la
prescripta ignorantia de lultima impressione ueneta facta
del.1517.
(Venezia, Cesare Arrivabene, 12.VI.1520).
[4], 155 [i.e. 153], [1] c.: ill.; 4°
†⁴ A-L⁸ M⁶ N-T⁸ V⁴
EDIT16-CNCE 29738, SBN-IT\ICCU\BVEE\018988

A cura di Giovanni Brasavola (dedica a c. +2v-+3r) e Lorenzo Violi (proemio a c. +3r-+3v). Cfr. Scapecchi 1998, n. 200. V. ed.

[684]
SAVONAROLA, GIROLAMO/(ed.) VIOLI, LORENZO
Prediche de fra hieronymo sopra lexodo.

Prediche diuinissime, a qualunque predicatore del uerbo di Dio summamente necessarie, per auanti stampate molto corrotte, & per la mazor parte defectiue, ma al presente integre, & con tutte le soe additione, extracte dalli originali fiorentini, le qual prediche sono ultime in ordine di cinque sacri uolumi emanadi, & recolti dalla tromba di dio, & ueridico propheta frate Hieronymo sauonarola da ferrara, de lordine di predicatori. Et serueno dalla septuagesima fina alla terza domenica di quaresima inclusiue, perche da immatura morte preuento dicto frate Hieronymo quelle non ha possuto compire. Nelle qual se leze mirabilissime allegorie alle dispositione di nostri calamitosi tempi, facte sopra el principal libro di moyse, & sopra molti notabilissimi psalmi in parte di sotto numeradi, & primo,
Sopra tutto lexodo Sopra in domino confido Sopra domine quid multiplicati Sopra qui confidunt in domino
Sopra in exitu israel Sopra quam dilecta taber.
Sopra qui habitat Item la exhor. al po. fiorentino.
Nouissimamente con tutte le soe altre parte per lindustria de Cesaro Arriuabeno uenitiano, da persone docte reuiste distincte, & appontade, anci con piu exemplari fiorentini de parola in parola scontrade. Azonta di nouo etiam la soa tauola, & ultra le sue additione, non piu a uenezia stampate, reposto ai suoi proprii luochi tutte le cose trunchate per la bassa doctrina, ymo aperta stultitia de lazaro di soardi, & certi altri guasta mestier soi complici, come nelle soe peruerse, & diaboliche impressione se contiene.
(Venezia, Cesare Arrivabene, 6.IV.1520).
[4], 140 c.: ill.; 4°
[croce]⁴ A-R⁸ S⁴ (c. S4 bianca)
EDIT16-CNCE 29741, SBN-IT\ICCU\FERE\000660
Nome del curatore nel proemio a c. [croce]2r. Cfr. Giovannozzi, 210, Scapecchi 1998, n. 210. V. ed.

[685]
SAVONAROLA, GIROLAMO/(ed.) BETTINI, LUCA/(ed.)
BRASAVOLA, GIOVANNI/(ed.) VIOLI, LORENZO
Prediche de fra hieronymo sopra li psalmi.

Prediche utilissime, & a qualunque predicatore del uerbo diuino summamente necessarie, lequal serue per li giorni festiui dalla epiphania infina a nouembre, reccolte dalla uiua uoce del sacro & profondo theologo frate Hieronymo sauonarola da ferrara del ordine di predicatori sopra li psalmi, quatro euanzelisti, propheti, & molte altre notabilissime materie come di sotto breuemente appar, & primo.

Sopra i psalmi Sopra expurgate uetus
Sopra zuane a molti cap. Sopra iohel primo capitu.
Sopra luca a molti capit. Sopra iob .xiii.capitulo.
Sopra marco ultimo cap. Sopra la pace.
Sopra mattheo. 18.capit. Sopra florentia deo.
Sopra ecce gaudius Domini. Sopra assai altre materie.
Nouissimamente reuiste, & con molti antiqui exemplari si come e sta facto alle altre parte, de parola in parola scontrade. Azonta di nuouo la so tauola integra, & reposto ai suoi proprii luochi tutte le cose trunchade per la crassa ignorantia de lultima rustica impressione ueneta facta del.1517.adi.12. di febraio.
(Venezia, Cesare Arrivabene, 22.VII.1520).
[4], 195, [1] c.: ill.; 4°
†⁴ A-O⁸ P⁴
EDIT16-CNCE 29740, SBN-IT\ICCU\BVEE\018985
A cura di Luca Bettini (proemio a c. †2r), Giovanni Brasavola (dedica a †3r) e Lorenzo Violi (proemio a c. †3v). Cfr. Scapecchi 1998, n. 167. V. ed.

[686]
[SERDINI DA SIENA, DETTO IL SAVIOZZO]
Li sette salmi penitenziali. Contra li sette peccati mortali.
Siena, Simone Nardi, ca 1520.
Pantani, 4151
Per l'autore cfr. Pietrobon, p. 243 e p. 305. Titolo uniforme: [*Psalmi poenitentiales*] [italiano]. Incipit (da Pietrobon): *Io chiamo et prego il mio eterno Idio.*

1521

[687]
ALAMANNI, ANTONIO
Comedia composta di nuouo dal plecharisimo [!] *Antonio di Iacopo Alamanni ciptadino fiorentino congiominato Lalamanno recitata nella inclita ciptta* [!] *di Firenze nella Compagnia di San Marcho la quale tracta della conuersione di sancta Maria Magdalena.*
Firenze, Giovanni Stefano di Carlo, a istanza di Francesco di Iacopo cartolaio, 1521.
[40] c.: ill.; 8°
a-k⁴
EDIT16-CNCE 592, SBN-IT\ICCU\CNCE\000592
Cfr. anche Sander, 140; Cioni 1961, p. 238 (che indica per errore "per Francesco Benvenuti" e dà come data "7 Gennaio 1521"); Periti 2003A, A10.

[688]
ALBERTO DA CASTELLO
Rosario della gloriosa Vergine Maria.

[1521].
252, [4] c.: ill.; 8°
A-2I⁸ (ultima c. bianca)
SBN-IT\ICCU\UM1E\027640
Nome dell'autore e presunta data nell'approvazione a
c. A3r.

[689]
ANONIMA
La hystoria e festa di Susanna.
Torino, Francesco Silva, [non dopo il 1521].
[4] c.; 4°
EDIT16-CNCE 23048
Titolo uniforme: *Storia di Susanna e Daniello*. Data
dall'attività del tipografo.

[690]
ANONIMA
*Vita de la gloriosa Virgine Maria: & de Iesu Xristo: & de s.
Ioa. Bap. con molti miracoli in prosa: qual de infiniti errori
era confusa. Nouamente reuista & stampata.*
(Venezia, Guglielmo da Fontaneto, 2.V.1521).
[136] c.: ill.; 8°
EDIT16-CNCE 75770

[691]
ANONIMA [CAMILLA BATTISTA DA VARANO?]
*Questo deuoto libretto e stato nouamente composto da vna
uenerabile donna religiosa nel quale se contengono certi dolori mentali de Iesu benedetto [...] Et questo fu nelli anni del
Signor mille quatrocento & ottantotto, del mese di agosto.*
([Venezia], Alessandro Bindoni, 1521).
[16] c.; 8°
EDIT16-CNCE 64977
EDIT16 non indica l'autore, ma la dicitura del titolo e la
consistenza materiale, simili a quelle dell'edizione datata
"[dopo VIII.1488]" (cfr. ISTC id00302900 e id00303000,
vedi 168), lasciano pensare che si tratta di una riedizione
dello stesso testo che include i dolori della Vergine Maria.

[692]
CASTELLANI, CASTELLANO/BRUNETTI, ALESSANDRO
*Opera spirituale di messer Castellano di Castellani fioren-
tino e di messer Alessandro Brunetto da Macerata sonetti
stantie capitoli laude e la traslatione de sancta Maria da
Loreto in octaua rima [...].*
(Venezia, Niccolò Zoppino e Vincenzo di Paolo,
4.III.1521).
[48] c.: ill.; 8°
EDIT16-CNCE 77639
Contiene due salmi volgarizzati ("O voi che siate in questa
valle oscura | et che sperate al mondo trovar pace"; "Qual

sitibundo cervo al fresco fonte"), il *Pater noster*, l'*Ave maria*, la Passione in ottava rima. Cfr. Baldacchini, p. 128.

1522

[693]
ALBERTO DA CASTELLO
Rosario della gloriosa vergine mari [!].
(Venezia, Melchiorre Sessa <1> e Pietro Ravani,
27.III.1522).
252, [4] c.: ill.; 8°
A-Z⁸ AA-II⁸
EDIT16-CNCE 743
Nome dell'autore a c. A2r. V. fr.

[694]
ANONIMA/(ed.) ZOPPINO, NICCOLÒ
*Collectanio de cose noue spirituale zoe sonetti laude capitoli
stanze & stantie con la sentenza de Pilato et molte altre cose
deuotissime composte da diuersi preclarissimi poeti: hystoriato. Recollecto per mi Nicolo dicto Zopino.*
(Savona, Giuseppe Berruerio, 18.XI.1522).
[4], 52 c.: ill.; 8°
EDIT16-CNCE 77551
Edizione attribuita dubitativamente a Niccolò Zoppino,
cfr. Baldacchini, p. 146.

[695]
ANONIMA
La hystoria et festa di Susanna.
Brescia, Lodovico Britannico <1> e fratelli, [ca 1522].
[4] c.: ill.; 4°
EDIT16-CNCE 23050
Titolo uniforme: *Storia di Susanna e Daniello*. Per la data
cfr. Sandal 1999, n. 87. Cfr. anche Cioni 1963, p. 244, n. 4
(con data "[a. 1530?]").

[696]
ANONIMA
*Interpretatione della Oratione Dominica: ebraica: greca: 7
latina: cum le expositioni di santo Mattheo: 7 santo Luca:
7 di santo Hieronymo: 7 di Erasmo sopra li prediti: sancto
Mattheo: 7 Luca: ad vtile 7 piacere di ogni persona religiosa
7 amatrice delle virtuti. Nouamente composta.*
(Venezia, Giovanni Antonio e fratelli Nicolini da Sabbio,
a istanza di Lorenzo Lorio, X.1522).
[22] c.: ill.; 8°
EDIT16-CNCE 54443
V. fr.

REPERTORIO CA 1462-1650

[697]
ANONIMA
La passione reducta in tragedia per il Cynico nuouamente impressa.
[Roma, 1522].
[24] c.: ill.; 4°
EDIT16-CNCE 62483
Per il luogo cfr. Cioni 1961, p. 165. Data a c. [24]: *Ann. IX Leonis X pont. max.*

[698]
ANTONIO DA ATRI
La vita del glorioso apostolo & euangelista Ioanni composta dal venerabile padre frate Antonio de Adri de lordine de frati minori della obseruantia [...].
(Venezia, Niccolò Zoppino e Vincenzo di Paolo, 4.III.1522).
[64] c.: ill.; 8°
A-H⁸
EDIT16-CNCE 2098

[699]
BENIVIENI, GIROLAMO
Opere di Girolamo Beniuieni Firentino [!]. Nouissimamente riuedute et da molti errori espurgate con vna canzona dello amor celeste & diuino, col commento dello ill. conte Giouanni Pico Mirandolano distinto in libbri .III. Et altre frottole de diuersi auttori.
(Venezia, Niccolò Zoppino e Vincenzo di Paolo, 1522).
302 [i.e. 208] c.: ill.; 8°
A-Z⁸ &⁸ 2A-2B⁸
EDIT16-CNCE 5322
A c. 130v: *Psalmo LXXIII di Asaph tradotto di lingua latina nel presente capitolo per Hieronymo Beniuieni. A c. 133r: Psalmo LXV. di Dauid tradotto come di sopra. A c. 134v: Psalmo XCIX. di Dauid tradotto come di sopra. A c. 157r: Stanze in passione Domini.* V. ed.

1523

[700]
ANONIMA
Comedia spirituale di Cleophas et Luca.
(Firenze, Bartolomeo Zanetti <1>, a istanza di Bartolomeo Castelli, 1523).
[12] c.; 8°
EDIT16-CNCE 70106
Opera falsamente attribuita a Domenico Tregiani, cfr. EDIT16-CNCE 14980, 14981, 14949, 12869, 14950, vedi 1520, 1629, 1701, 1756 e 1944. Cioni 1961, p. 310, la attribuisce a "Autore ignoto toscano". Titolo uniforme: *Commedia spirituale di Cleofas e Luca.*

[701]
ANONIMA
El fiore de tutta la Bibbia hystoriato et di nouo in lingua tosca correcto. Con certe predicationi tutto tratto del Testamento Vecchio. Cominciando dalla creatione del mondo infino alla natiuita di Christo.
(Venezia, Francesco Bindoni <1>, 18.XI.1523).
[88] c.: ill.; 8°
A-L⁸ (ultima c. bianca)
EDIT16-CNCE 19137
Titolo uniforme: *Fiore novello estratto dalla Bibbia.*

[702]
ANONIMA
La rapresentatione diuota di Ioseph figliuolo di Iacob.
(Firenze, Bernardo Zucchetta, a istanza di Bernardo Pacini, 16.III.1523).
[10] c.: ill.; 4°
a⁶ b⁴
EDIT16-CNCE 62159
Titolo uniforme: *Rappresentazione di Giuseppe.* Cfr. Cioni 1961, p. 202, n. 2.

[703]
ANONIMA
E septe dolori della Vergine Maria. Con una devota oratione.
(Siena, Michelangelo de' Libri, a istanza di Giovanni Landi, 1.IV.1523).
Ill.; 8°
EDIT16-CNCE 70052

[704]
COLLENUCCIO, PANDOLFO
Comedia de Iacob e de Iosep composta dal magnifico caualiero e dottore messere Pandolpho Collenutio da Pesaro ad instantia de lo illustriss. et excellentissimo sig. ducha Hercole de Ferrara in terza rima istoriato.
(Venezia, Niccolò Zoppino e Vicenzo di Paolo, 14.VIII.1523).
[76] c.: ill.; 8°
A-I⁸ K⁴
EDIT16-CNCE 14858

[705]
COLLENUCCIO, PANDOLFO
La vita de Iosep figliolo de Iacob, recitata in la inclita citta di Venetia per misser Francesco Cherea de' nobili da Luca del anno MDXXIII.
Venezia, Benedetto Bindoni e Agostino Bindoni, 1523.
[98] c.; 8°
A-M⁸
EDIT16-CNCE 39600

Per l'autore cfr. la voce di E. Melfi in *DBI*, vol. 27, 1982, p. 4.

[706]

EPISTOLE E VANGELI/(tr.) ANONIMA
Epistole lectioni et euangelii che si leggono in tutto l'ano volgari hystoriade. Nouamente corrette & alla sua integrita ridutte [...].
Venezia, Francesco Bindoni <1>, 1523.
136 c.
EDIT16-CNCE 61253

[707]

PICO DELLA MIRANDOLA, GIOVANNI
Expositione singulare del Pater noster dello illustre signor Joan Pico Conte de la Mirandula. Vulgare.
(Venezia, 21.III.1523).
[20] c.; 8°
A-B⁸ C⁴
EDIT16-CNCE 49165

[708]

PIETRO DA LUCCA
Arte noua del ben pensare e contemplare la passione dil nostro signor Giesu christo benedetto.
(Bologna, Girolamo Benedetti, 30.X.1523).
100 c.: ill.; 4°
2A-2Z⁴ Et&⁴ 2[con]⁴
EDIT16-CNCE 47412
V. fr.

[709]

PITTORIO, LODOVICO
Questo è vn dominicale: et vn santuario: doue si contiene vna dolce: et morale expositione sopra li euangelij: et spesso etiam sopra l'epistole che corrono per tutto lanno in le messe di tutte le dominiche: et altre feste per la sancta madre ghiesa comandate: et di quelle di nostra donna; [...] Et chi legera: o vdira: cognoscera: chio non mento: et remarra certo: piu che satiffacto [!]: et consolatio.
(Venezia, Bernardino Vitali, 24.II.1523).
139, [1] c.: ill.; fol.
a-y⁶ z⁸ (c. z8 bianca)
EDIT16-CNCE 37955, SBN-IT\ICCU\CERE\024045
Nome dell'autore dal verso del frontespizio e a c. 2.

[710]

PSEUDO-BONAVENTURA
Incomencia le diuote meditatione sopra la passione del nostro signore Iesu Christo, cauate & fundate originalmente sopra S. Bonauentura cardinale del ordine Minore sopra Nicolao

de Lira: etiamdio sopra molti altri doctori & predicatori approbati.
(Venezia, Giovanni Tacuino, 6.VI.1523).
[44] c.: ill.; 4°
A-E⁸ F⁴
EDIT16-CNCE 62821
Titolo uniforme: *Meditationes vitae Christi* [italiano].

1524

[711]

ALBERTO DA CASTELLO
Rosario dela gloriosa Vergine Maria.
(Venezia, Melchiorre Sessa <1> e Pietro Ravani, 15.XII.1524).
252, [4] c.: ill.; 8°
A-2I⁸
EDIT16-CNCE 744
Nome dell'autore a c. A2r. Colophon a c. 2I5r.

[712]

ANONIMA
La rappresentazione della passione di N.S.G.C.
Perugia, Cosimo Bianchini, 1524.
8°
EDIT16-CNCE 58768

[713]

ANONIMA
La vita de la gloriosa Vergine Maria. Con alchuni soi miracoli deuotissimi, & con le sue figure ali soi capitoli. Et la sua tabula de tutte le cose che se contiene in la ditta opera. Nouamente stampata.
(Venezia, Giovanni Tacuino, 6.VI.1524).
[84] c.: ill.; 4°
EDIT16-CNCE 68080
Titolo uniforme: *Vita di Gesù Cristo e della Vergine Maria.*

[714]

ANONIMA
La vita deli gloriosi santi hospiti de Christo Lazaro Martha e Magdalena, nela qual trouarete li stupendi innumerabili miracoli di Christo mediante li meriti de li gloriosi santi liquali furno exemplo et specchio dela vita actiua et contemplatiua in prosa nouamente historiate.
(Venezia, Benedetto Bindoni e Agostino Bindoni, 1.III.1524).
[80] c.: ill.; 8°
A-K⁸
EDIT16-CNCE 34107

Titolo uniforme: *Leggenda di Lazzaro, Marta e Maddalena*.

[715]
ANTONINO (SANTO)
Confessionale del beato Antonino arciuescouo de Firenze del Ordine de Predicatori.
(Venezia, Benedetto Bindoni e Agostino Bindoni, 1524).
78, [2] c.: ill.; 8°
A-K⁸
EDIT16-CNCE 2019
Titolo uniforme: *Confessionale: Omnis mortalium cura* [italiano], dalla dicitura del titolo simile ad altre edizioni. V. fr.

[716]
ANTONINO (SANTO)
Confessione generale del arciuescouo Antonino.
([Firenze, Antonio Tubini e Andrea Ghirlandi, non dopo il 1524]).
[4] c.: ill.; 8°
a⁸
EDIT16-CNCE 2018, SBN-IT\ICCU\CNCE\002018
Data dall'attività dei tipografi (EDIT16 indica "non dopo il 1521" ma 1524 nell'impronta; la scheda della Biblioteca della Fondazione Giorgio Cini di Venezia, che conserva l'unico esemplare, indica 1524). V. fr.

[717]
BENIVIENI, GIROLAMO
Opere di Girolamo Beniuieni firentino [!] nouissimamente riuedute et da molti errori espurgate con una canzona dello Amor celeste & diuino, col commento dello ill. s. conte Giouanni Pico Mirandolano distinto in libbri .III. Et altre frottole de diuersi auttori.
(Venezia, Gregorio De' Gregori, 28.IV.1524).
208 c.; 8°
A-Z⁸ &⁸ 2A-2B⁸
EDIT16-CNCE 5324
A c. 130v: *Psalmo LXXIII. di Asaph tradotto di lingua latina nel presente capitolo per Hieronymo Beniuieni*. A c. 133r: *Psalmo LXV. di Dauid tradotto come di sopra*. A c. 134v: *Psalmo XCIX. di Dauid tradotto come di sopra*. A c. 157r: *Stanze in passione Domini*. V. ed.

[718]
BERNARDINO DA FELTRE
Confessione.
Perugia, Girolamo Cartolari, 1524.
[11] c.; 8°
EDIT16-CNCE 5479

[719]
BERNARDINO DA FELTRE
Confessione generale del beato Bernardino da Feltre molto vtilissima.
[Venezia, Agostino Bindoni, 1524?].
[8] c.; 8°
A⁸
EDIT16-CNCE 5480, SBN-IT\ICCU\CNCE\005480 e IT\ICCU\LO1E\004724
Titolo da c. A1r (dove si legge l'incipit). Per il tipografo e la data cfr. *STCBL*, p. 88. V. c. A1r.

[720]
CARACCIOLO, ROBERTO
Prediche de fra Roberto vulgare nouamente hystoriate et correcte secundo li Euangelii.
Venezia, Giovanni Tacuino, 1524.
[100] c.: ill.; 4°
A-M⁸ N⁴
EDIT16-CNCE 9322
Titolo uniforme: *Sermones quadragesimales* [italiano].

[721]
DATI, GIULIANO/ BERNARDO DI ANTONIO/ PARTICAPPA, MARIANO
La representatione della passione di nostro Signore Gesù Cristo nouamente stampata e corretta [...] secondo se recita e rapresenta da parola in parola da la dignissima compagnia del Gonfalone di Roma in lo uenerdì santo al loco detto culiseo [...].
Perugia, Cosimo Bianchini, III.1524.
4°
Cioni 1961, p. 159, n. 11
Titolo uniforme: *Rappresentazione della passione di Cristo*. Cioni indica: "Edizione posseduta dal Vermiglioli, ma oggi irreperibile".

[722]
[HONORIUS AUGUSTODUNENSIS]
Libro del maestro 7 del discepolo, nelquale se dechiara la scriptura di molte sentetie; intitulato Lucidario; nouamente reuisto e da molti errori expurgato; & in lingua toscha riduto.
(Venezia, Francesco Bindoni <1> e Maffeo Pasini, IX.1524).
[56] c.: ill.; 8°
A-G⁸
EDIT16-CNCE 64325
Titolo uniforme: *Lucidarius* [italiano]. V. fr.

[723]
ISIDORUS HISPALENSIS/OROSIUS, PAULUS

Cronica de sancto Isidoro Menore, con alchune additione cauate del texto & historie de la Bibia. E del libro de Paulo Orosio, e de le Passione de li sancti. Opera noua.
(Venezia, Paolo Danza, 12.III.1524).
[52] c.; 8°
A-F⁸ G⁴
EDIT16-CNCE 53779
Titolo da c. A1r (dove si legge un sonetto ai lettori). V. c. A1r.

[724]
PITTORIO, LODOVICO
Psalterio Dauitico per Lodouico Pittorio da Ferrara moralmente in forma di omeliario con lo latino intertexto declarato, & de sententia in sententia uolgarezzato, ad consolatione maximamente de le spose di Iesu Christo vergini moniali, & de altre persone deuote & del latino ignare.
(Bologna, Benedetto Faelli <1>, 2.X.1524).
197 [i.e. 198] c.; 4°
a-z⁸ &⁸ [con]⁶
EDIT16-CNCE 5884
V. fr.

[725]
SALMI/(tr.) MALERBI, NICOLÒ/(ed.) PHILETO, SILVIO
Il Psalterio di Dauitte: & di altri Propheti del testamento vecchio: per Siluio Phileto romano gia di latino in volgare tradotto: & nouamente con ogni cura & diligentia stampato: con certa bella & facile declaratione del testo in modo di commento, & etiamdio con la sua solita tauola nel principio del libro: opera certamente vtile: commode: & necessaria a tutti fideli christiani.
(Venezia, Stefano Nicolini da Sabbio, V.1524).
[4], 83, [1] c.; 4°
†⁴ a-k⁸ l⁴ (c. l4 bianca)
EDIT16-CNCE 5837, Barbieri 19 e tav. A5
Testo dei Salmi nella traduzione di Nicolò Malerbi, cfr. Barbieri 19. V. fr.

1525

[726]
ALAMANNI, ANTONIO
Comedia sulla conversione di Maria Maddalena.
Firenze, Bernardo Zucchetta, [ca 1525].
Cioni 1961, p. 238
Commedia sulla conversione di Maria Maddalena, cfr. EDIT16-CNCE 592, SBN-IT\ICCU\CNCE\000592, vedi 687.

[727]
ALLEGRI, FRANCESCO DEGLI
Historia noua cauata della Bibia: laquale tratta in che modo naque Sansone et li gran fatti e mirabil proue che lui fece contra li Philistei et in che modo moritte.
[Venezia, 1525].
[8] c.: ill.; 8°
EDIT16-CNCE 1207
Titolo da c. [1r], dove si legge anche l'incipit. Per il luogo cfr. Cioni 1963, p. 242, n. 1 (che indica il testo come di autore ignoto e dà come data "[a. 1525]"). EDIT16 data "[1525?]" e SBN "[non dopo il 1525]". V. c. [1r].

[728]
ANONIMA
Capitolo del sacramento affigurato nel testamento vechio, con un capitolo della morte, ilqual narra tutti li homini famosi incominciando nella bibia fin al testamento nouo. Con altri sonetti stampati nouamente.
([Venezia], a istanza di Lizieri), [non prima del 1525].
[8] c.; 8°
EDIT16-CNCE 69076
Per la data cfr. Essling, 173.

[729]
ANONIMA
La epistola della dominica & una oratione di santo Augustino.
[ca 1525].
[4] c.: ill.; ?
[*]²
Bayerische Staatsbibliothek, Rar. 1032#Beibd.9
Titolo dall'occhietto a c. [*1r]. Incipit a c. [*1v]: *Viua diuinita donde procede | patre figliolo & spirito sancto.* Considerata all'epoca un apocrifo, cfr. Barbieri 2003. A c. [*4r]: *Oratione a santo Augustino.* V. ed.

[730]
ANONIMA
Hystoria di Lazaro Martha 7 Magdalena.
[1525?].
[4] c.: ill.; 4°
EDIT16-CNCE 79560
Titolo uniforme: *Storia dei ss. Maria Maddalena, Lazzaro e Marta.* Stampata a Venezia; per il luogo e la data cfr. *STCBL*, p. 373. Esemplare conservato presso la British Library [C.57.I.7.(12)]. V. fr.

[731]
ANONIMA
Insonnio de Daniel. Questo sie el modo de veder le significatione de Daniel propheta secondo li di de la luna.

[1525?]
[4] c.: ill.; 4°
EDIT16-CNCE 79582
Titolo uniforme: *Somnia Danielis* [italiano]. Stampata a Venezia; per il luogo e la data cfr. *STCBL*, p. 208. Esemplare conservato presso la British Library [C.57.l.7.(30.)] datato: "[Venice], [1520?]". V. fr.

[732]
ANONIMA
[*Insonnio del Daniel. Questo sie el modo de veder le significatione de Daniel propheta secondo li di de la luna*].
Venezia, Giovanni Andrea Valvassori, [1525?].
4°
BL 1073.i.43
Titolo uniforme: *Somnia Danielis* [italiano].

[733]
ANONIMA
La passione di nostro signore in stanze.
[1525?].
[4] c.; 4°
EDIT16-CNCE 79413
Stampata probabilmente a Venezia; per la data e il luogo di stampa cfr. *STCBL*, p. 350. Esemplare conservato presso la British Library [BL C.57.l.7.(7)]. V. fr.

[734]
ANONIMA
Vita de la gloriosa virgine Maria: 7 de Iesu Christo: 7 de s. Ioan. Bap. con molti miracoli in prosa: qual de infiniti errori era confusa. Nuouamente reuista 7 stampata.
(Venezia, Melchiorre Sessa <1> e Pietro Ravani, 12.VIII.1525).
[136] c.: ill.; 8°
EDIT16-CNCE 29939
Titolo uniforme: *Vita di Gesù Cristo e della Vergine Maria.* V. fr.

[735]
ANONIMA
Vita della gloriosa vergine Maria: & de Iesu Christo: & de S. Ioan. Bap. Con molti miracoli in prosa qual de infiniti errori era confusa. Nouamente con diligentia reuista: et in meglior parlare ridotta. Aggiontoui le rubriche & figure alli capitoli appropriati quale nella precedente impressione non erano.
(Venezia, Niccolò Zoppino, 4.IV.1505 [i.e. 1525]).
[120] c.: ill.; 8°
A-P⁸
EDIT16-CNCE 41043

Titolo uniforme: *Vita di Gesù Cristo e della Vergine Maria.* Data reale dalla menzione nel colophon del doge Andrea Gritti, in carica dal 1523 al 1538. Cfr. Severi, p. 409.

[736]
[BELCARI, FEO]
La representatione di Abraam 7 Isaac.
([Venezia], Francesco Bindoni <1> e Maffeo Pasini), [1525?].
[4] c.: ill.; 4°
A⁴
EDIT16-CNCE 77467
Titolo da c. A1r. Titolo uniforme: *Rappresentazione di Abramo e Isacco.* Per la data cfr. *STCBL*, p. 2. V. ed.

[737]
BERNARDINO DA FELTRE
Confessione generale del beato frate Bernardino da Feltre molto vtilissima.
[non prima del 1525].
[8] c.; 8°
A-B⁴
EDIT16-CNCE 5481, SBN-IT\ICCU\CERE\048106
Titolo da c. [A1r] (dove si legge l'incipit). Stampata presumibilmente a Venezia, cfr. EDIT16. SBN data "[15..]" e commenta: "Pubblicata probabilmente nei primi decenni del 16. sec. per analogia con altre edizioni simili dello stesso A.". V. c. [A1r].

[738]
BERNARDINO DA FELTRE
Confessione generale del frate Bernardino da Feltre molto vtilissima.
[S.l., s.n., s.d.].
[8] c.; 8°
A⁸
SBN-IT\ICCU\RMSE\059595
La somiglianza con l'edizione EDIT16-CNCE 5481 (vedi 737) lascia pensare a una data di pubblicazione prossima a quella.

[739]
BIBBIA/(tr.) MALERBI, NICOLÒ
Biblia vulgare nouamente impressa. Corretta: & hystoriata. Con le rubrice & capitulatione.
(Venezia, Elisabetta Rusconi, 23.XII.1525).
[8], 208 [i.e. 200], 196, [6] c.: ill.; fol.
a-z⁸ &⁸ [con]⁸ [rum]⁸ A¹⁰ B-O⁸ 2A-2L⁸ (c. 2L8 bianca)
EDIT16-CNCE 5757, Barbieri 20 e tav. A6
Contiene apocrifi: *Preghiera di Manasse*; *Esdra* II (III); testi extracanonici: *Legenda di sancto Ioseph.* V. fr.

[740]

CASIO DE' MEDICI, GIROLAMO
Vita e morte de miser Iesu Christo composta per il magni-
fico Hieronymo Casio de Medici doppo il retorno suo de
Hierusalem.
[Bologna?, 1525?].
[16] c.: ill.; 8°
a-b⁸
EDIT16-CNCE 9834

[741]

CASTELLANI, CASTELLANO/BRUNETTI, ALESSANDRO
Opera spirituale di messer Castellano di Castellani e di
messer Alessandro Brunetto da Macerata, sonetti, stantie,
capitoli, laude e la traslatione de santa Maria da Loreto in
ottaua rima, e una bellissima confessione moralissima.
(Venezia, Niccolò Zoppino, 12.IX.1525).
[46] c.: ill.; 8°
a-b⁸ c⁶ d-f⁸
EDIT16-CNCE 9935
Contiene due salmi volgarizzati ("O voi che siate in questa
valle oscura | et che sperate al mondo trovar pace"; "Qual
sitibundo cervo al fresco fonte"), il *Pater noster*, l'*Ave*
Maria, la Passione in ottava rima.

[742]

COLLENUCCIO, PANDOLFO
Comedia de Iacob: 7 de Iosep: composta dal magnifico caua-
liero e dottore: messere Pandolpho Collenutio da Pesaro ad
instantia de lo illustris. 7 eccellentissimo. sig. ducha Hercole
de Ferara in terza rima istoriata.
(Venezia, Niccolò Zoppino, 1525).
[76] c.: ill.; 8°
A-I⁸ K⁴
EDIT16-CNCE 14859
V. fr.

[743]

[DATI, GIULIANO/BERNARDO DI ANTONIO/
PARTICAPPA, MARIANO]
La rapresentatione della passione di Iesu Christo, rapresen-
tata in Roma ogni anno al venerdi Sancto, nel loco decto el
Culiseo.
(Venezia, Francesco Bindoni <1> e Maffeo Pasini, 1525).
[48] c.: ill.; 8°
EDIT16-CNCE 62030
Per gli autori cfr. Cioni 1961, p. 156. Titolo uniforme:
Rappresentazione della passione di Cristo. Cfr. Cioni 1961,
p. 160, n. 12.

[744]

[HONORIUS AUGUSTODUNENSIS]
Libro del maestro 7 del discipolo: nelquale se dechiara la
scriptura di molte sententie intitulato Lucidario: nouamen-
te reuisto e da molti errori expurgato: & in lingua toscha
riduto.
(Venezia, Melchiorre Sessa <1> e Pietro Ravani,
15.XII.1525).
[56] c.; 8°
EDIT16-CNCE 60524
Titolo uniforme: *Lucidarius* [italiano]. V. fr.

[745]

JACOBUS DE VORAGINE/(tr.) MALERBI, NICOLÒ
Legendario de sancti vulgare hystoriado nouamente reuisto
7 con summa diligentia castigato.
(Venezia, Agostino Zani, 1525).
240 c.: ill.; 4°
a-z⁸ &⁸ [con]⁸ [rum]⁸ A-C⁸ D¹⁰ (ultima c. bianca)
EDIT16-CNCE 39129
Nome dell'autore e del traduttore nel colophon. Titolo
uniforme: *Legenda aurea sanctorum* [italiano]. V. fr.

[746]

[LUTHER, MARTIN]
Uno libretto volgare: con la declaratione de li dieci comman-
damenti: del Credo: del Pater noster: con una breue annota-
tione del vivere christiano: cose certamente utile: et necessarie
a ciascheduno fidele Christiano. Nouellamente stampato.
[ca 1525].
[64] c.; 16°
EDIT16-CNCE 80856
Titolo da Seidel Menchi, p. 41-42, che descrive un'edizione non più reperibile, ipotizzata [Venezia, ca 1530?].

[747]

[LUTHER, MARTIN]
Vno libretto volgare, con la dechiaratione de li dieci coman-
damenti: del credo: del Pater noster: con vna breue anno-
tatione del viuere christiano: cose certamente vtili: & neces-
sarie a ciascheduno fidele christiano. Nouamente stampato.
1525 (Venezia, Niccolò Zoppino, 1525).
[56] c.: ill.; 16°
a-g⁸
EDIT16-CNCE 70013, SBN-IT\ICCU\CFIE\032152
Traduzione italiana di *Kurze Form der Zehn Gebote* di
Lutero nella redazione del 1522, cfr. Seidel Menchi, p. 31-82.

[748]

PIETRO DA LUCCA
Arte noua del ben pensare e contemplare la Passione dil no-
stro signor Giesu Christo benedetto. Aggiontogli vn singular
trattatello dello imitar di Christo per compimento & perfet-
tione della predetta opera.

1525 (Venezia, Francesco Bindoni <1> e Maffeo Pasini, III.1525).
151 [i.e. 167], [9] c.; 4°
A-Y⁸
EDIT16-CNCE 66533
Nome dell'autore a c. A4r.

[749]
PROVERBI/(tr.) ANONIMA
Prouerbij de Salomone vtilissimi a ciaschuno.
[1525?].
[4] c.: ill.; 4°
A⁴
EDIT16-CNCE 81020
Testo in versi. Per la data cfr. *STCBL*, p. 632. Esemplare conservato presso la British Library (BL 11426.f.78). A c. A3v: *Sonetto morale, Sonetto*; a c. A4r: *Alphabeto disposto, Sonetto*. V. ed.

1526

[750]
ANONIMA
Inomenza [!] *la predica che fece sancto Ioanne baptista Qui rationem voluptatibus: submiserit humanitatem deserit 7 in brutalem natura mutatur .c7. Predicator.*
(Savona, Giuseppe Berruerio, 19.IX.1526).
[14] c.: ill.; 4°
EDIT16-CNCE 62587
Titolo da c. a2r (dove si legge l'incipit). V. c. a2r.

[751]
ANONIMA
Tragedia nuoua intitulata Aman.
(Siena, [Simone Nardi], a istanza di Giovanni Landi, 24.IV.1526).
[42] c.: ill.; 8°
A-I⁴ K⁶
EDIT16-CNCE 37890

[752]
DATI, GIULIANO/BERNARDO DI ANTONIO/ PARTICAPPA, MARIANO
Incomincia la passione de Christo historiata in rima vulgari secondo che recita e representa de parola in parola la dignissima Compagnia de lo Confallone di Roma lo ueneri sancto in loco detto Coliseo. Corretta & expurgata da varii errori & versi e stanzie e mestieri de la passione zonti che mancauano per Paulo Danza.
(Venezia, Paolo Danza, 17.III.1526).
[48] c.: ill.; 8°

A-F⁸ (ultima c. bianca)
EDIT16-CNCE 68953
Nomi degli autori nell'explicit. Titolo uniforme: *Rappresentazione della passione di Cristo.* A c. 33r (da Cioni): *Incomincia la resurrettione de Christo.* Cfr. Cioni 1961, p. 160, n. 13.

[753]
EPISTOLE E VANGELI/(tr.) ANONIMA
Epistole, lectione & euangelij che si legono in tutto l'anno vulgare. Nouamente correcte & historiate con la tabula.
(Venezia, Elisabetta Rusconi, 6.III.1526).
[4], 131 c.: ill.; 4°
EDIT16-CNCE 70174

[754]
[LUTHER, MARTIN]
La declaratione delli Dieci Commandamenti, del Credo, del Pater Nostro con vna breue annotatione del viuere christiano per Erasmo Rotherodamo vtile & necessaria a ciascuno fidele christiano. Historiata.
(Venezia, Niccolò Zoppino, 1526).
[28] c.: ill.; 8°
EDIT16-CNCE 70021
Opera falsamente attribuita a Erasmo, cfr. Seidel Menchi.

[755]
MORATO, FULVIO PELLEGRINO
Ispositione della oratione dominicale detta Pater noster et della salutatione angelica chiamata Ave Maria per Pellegrino Moretto mantovano et ferrarese [...]. In S. Gabriele di Ferrara.
(Ferrara, Francesco Rossi <2>, 1526).
[18] c.; 4°
A-D⁴ E²
EDIT16-CNCE 53909

[756]
PAULO FIORENTINO
Questa sie la legenda de la natiuita di Christo secondo che li pastori e li magi andono a offerire e la gran crudelita de Herode.
(A istanza di Paulo Fiorentino, 16.XII.1526).
[4] c.: ill.; 8°
EDIT16-CNCE 79599
Nome dell'autore nell'explicit dell'edizione a c. [4v]: *Finita la legenda de la natiuita del nostro signor iesu christo composta per Paulo fiorentino compagno de matio de mandragola e stampata a sua instantia.* Titolo da c. [1r]. Titolo uniforme: *Storia della natività di Gesù.* Incipit a c. [1r]: *O sumo glorioso immenso e pio | creatore del ciel e de le stelle.* Explicit del testo a c. [4v]: *in questo mondo li da pace*

e uictoria | ne laltro la tua sancta e uera gloria. Stampata presumibilmente a Firenze. V. c. [1r] e [4v].

[757]
PITTORIO, LODOVICO
Psalterio Dauitico per Lodovico Pittorio da Ferrara moralmente in forma de omeliario con lo latino intertesto declarato, & de sententia in sentententia volgarezzato, ad consolatione masimamente de le spose de Iesù Christo vergini moniali, & de altre persone devote & del latino ignare.
(Venezia, 15.IX.1526).
192 c.; 8°
a-z⁸ &⁸
EDIT16-CNCE 5886
V. fr.

1527

[758]
ANONIMA
Oratione deuotissima di santo Mattheo apostolo & euangelista.
1527.
4 c.; 8°
EDIT16-CNCE 68131

[759]
ANTONINO (SANTO)
Confessionale di sancto Antonino arciuescouo de Firenze del Ordine de predicatori.
(Venezia, Bernardino Viani, 3.IX.1527).
78, [2] c.; 8°
A-K⁸
EDIT16-CNCE 2020
Titolo uniforme: *Confessionale: Omnis mortalium cura* [italiano], dalla dicitura del titolo simile ad altre edizioni.

[760]
MELI, ANTONIO
Libro de uita contemplatiua: lectione: meditatione: oratione: contemplatione: scala dil paradiso intitulato: cum adaptatione mistica dellhistorie diuine: & expositione de suoi misterii, & excellentissimi sacramenti, compilato per il reuerendo patre frate Antonio da Crema: eremitano di s. Augustino.
(Brescia, Giovanni Antonio Bresciano, 28.VI.1527).
[22], 434, [12] c.: ill.; 4°
1⁶ 4⁸ 7⁸ 10⁴ a-z⁶ &⁶ [com]⁶ [rum]⁶ 2a-2z⁶ 2&⁶ 2 [com]⁶ 2[rum]⁶ A-V⁶ X² [croce]-2[croce]⁶
EDIT16-CNCE 46866
V. fr.

[761]
PIETRO DA LUCCA
Arte del ben pensare e contemplare la passione del nostro Signore Iesu Christo con vn singular trattato dello imitar di Christo di nouo corretta et historiata.
(Venezia, Niccolò Zoppino, IV.1527).
127, [1] c.: ill.; 8°
a-q⁸
EDIT16-CNCE 41058
Nome dell'autore a c. a3r.

[762]
PSEUDO-BONAVENTURA
Meditatione de la incarnatione: vita: passione 7 morte: descensione al limbo: resurrectione: apparitione alli discipuli: ascensione: missione del spirito sancto ne li apostoli del saluator nostro misser Iesu Christo: et de la natiuitade: 7 assumptione de la beata virgine Maria. Nouamente stampata.
1527 (Venezia, a istanza di Comino da Lovere, 20.II.1527).
[4], 128 c.; 8°
EDIT16-CNCE 62954
Nome dell'autore nel prologo a c. AA2V: *cauate da sancto Bonuentura & altri doctori*. Titolo uniforme: *Meditationes vitae Christi* [italiano]. V. fr.

1528

[763]
ANONIMA/[BELCARI, FEO]
La festa della annuntiatione di nostra Donna. Con una aggiunta di dua capitoli.
[Firenze], ([Michelangelo de' Libri], a istanza di Francesco Benvenuto, 1528).
4 c.; ill. 4°
a⁴
EDIT16-CNCE 62242, SBN-IT\ICCU\CFIE\032708
Testo con inserti da Feo Belcari, cfr. Newbigin 1996, I, p. 27 e 42. Titolo a c. a1r, dove si legge l'incipit: *Voi excellenti & nobili auditori*. Titolo uniforme: *Rappresentazione dell'annunciazione di Maria Vergine*. Titoli dei ternali a c. [a4v]: *Ternale a Maria Vergine*; *Ternale alli angeli beati*. SBN indica: "Stampata dagli eredi di Bartolomeo di Libri, probabilmente dal figlio, Michelangelo di Libri" con rinvio a Periti 2003A, B8. Cfr. Cioni 1961, p. 228, n. 4. V. ed.

[764]
BERNARDUS CLARAEVALLENSIS/(tr.) GIOVANNI DA TOSSIGNANO
Sermoni volgari del diuoto dottore santo Bernardo sopra le solennitade di tutto lanno.

(Venezia, [Giovanni Antonio Nicolini da Sabbio e fratelli], a istanza dei frati Gesuati di san Girolamo, 1528).
[4], 203, [1] c.: ill.; fol.
[croce]⁴ A⁸ B⁶ C-P⁸ Q-2E⁶ 2F⁸ (c. 2F8 bianca)
EDIT16-CNCE 5501, SBN-IT\ICCU\TO0E\032473
Nome del traduttore nella dedica a c. [croce]2r. Titolo uniforme: *Sermones de tempore et de sanctis* [italiano]. Per i tipografi cfr. *STCBL*, p. 87. Cfr. Sander 968; Essling 810.

[765]
SAVONAROLA, GIROLAMO/(ed.) VIOLI, LORENZO
Prediche de fra hieronymo sopra amos propheta. Prediche utilissime per quadragesima del sacro theologo frate Hieronymo sauonarola da ferrara de lordene di frati predicatori: sopra amos propheta: & sopra zacharia propheta: & parte etiam sopra li euangelii occorrenti: & molti psalmi de dauid. Nouissimamente reuiste: & con molti exemplari scontrade: & reposto ai suo lochi tutte le cose manchaua nelle impressione antique per altri impressori facte.
(Venezia, Cesare Arrivabene, 30.IV.1528).
[4], 252 c.: ill.; 4°.
[croce]⁴ a-z⁸ &⁸ [com]⁸ [rum]⁸ 2a-2e⁸ 2f⁴
EDIT16-CNCE 29752
Nome del curatore nel proemio a c. [croce]2r. Altra emissione simultanea con frontespizio ricomposto rispetto all'edizione dello stesso anno e dello stesso editore: *Prediche de fra hieronymo sopra Amos propheta. Prediche utilissime per quadragesima* [...]. Cfr. Giovannozzi, 177. V. fr.

[766]
SAVONAROLA, GIROLAMO/(tr.) GIANNOTTI, GIROLAMO/(ed.) ARMELLINI, GIROLAMO
Prediche nuouamente venute in luce. Del reuerendo padre fra Girolamo Sauonarola da Ferrara, dell'ordine de Frati predicatori, sopra il salmo Quam bonus Israel Deus, predicate in Firenze, in santa Maria del Fiore in uno Aduento, nel .M.CCCCXCIII. dal medemo [!] poi in latina lingua raccolte: et da fra Girolamo Giannotti da Pistoia in lingua uolgare tradotte:et da molti eccellentissimi huomini diligentemente riuiste & emendate: & in lingua toscha impresse.
(Venezia, Agostino Zani, VI.1528).
[10], 179, [1] c.: ill.; 4°
[croce]¹⁰ A-Y⁸ Z⁴
EDIT16-CNCE 39132
Nome del curatore nell'explicit. Cfr. Scapecchi 1998, n. 156. V. fr.

1529

[767]
ANONIMA
Comedia spirituale di Cleophas et Luca.
(Firenze, [Michelangelo de' Libri], a istanza di Francesco Benvenuto, 27.III.1529).
[12] c.; 8°
a-c⁴
EDIT16-CNCE 67414
Opera falsamente attribuita a Domenico Tregiani, cfr. EDIT16-CNCE 14980, 14981, 14949, 12869, 14950, vedi 1520, 1629, 1701, 1756 e 1944. Titolo uniforme: *Commedia spirituale di Cleofas e Luca*. V. ed.

[768]
BERNARDUS CLARAEVALLENSIS/(tr.) GIOVANNI DA TOSSIGNANO
Sermoni volgari del diuoto dottore santo Bernardo sopra le solennitade di tutto lanno.
(Venezia, [Giovanni Antonio Nicolini da Sabbio e fratelli], 1529).
[4], 203 [i.e. 198] c.: ill.; fol.
[croce]⁴ A⁸ B⁶ C-P⁸ Q-2E⁶ 2F⁸
EDIT16-CNCE 5502, SBN-IT\ICCU\VEAE\008130 e IT\ICCU\BVEE\013062
Nome del traduttore nella dedica a c. [croce]2r. Titolo uniforme: *Sermones de tempore et de sanctis* [italiano]. Per i tipografi cfr. *STCBL*, p. 87. È l'edizione 1528, priva della illustrazione xilografica a piena pagina sul verso del frontespizio e con diverso colophon. La scheda SBN-IT\ICCU\BVEE\013062 (con segnatura diversa: [croce]⁴ A-G⁶ H⁸ I-2H⁶ 2I⁸) indica l'edizione EDIT16-CNCE 5502 come variante B. V. fr.

[769]
CASTELLANI, CASTELLANO
Rappresentatione della cena et passione di Christo [...] *composta per messer Castellano Castellani.*
Firenze, 1529.
EDIT16-CNCE 62031
Cfr. Cioni 1961, p. 155, n. 2 (citata dal D'Ancona, forse inesistente); nessun esemplare reperito in EDIT16.

[770]
DANTE, ALIGHIERI/LANDINO, CRISTOFORO
Comedia di Danthe Alighieri poeta diuino: con l'espositione di Christophoro landino: nuouamente impressa: e con somma diligentia reuista et emendata: et di nuouissime postille adornata.
[Venezia, Lucantonio Giunta <1>], 1529 (Venezia, Giacomo Pocatela, a istanza di Lucantonio Giunta <1>, 23.I.1529).

[12], 295, [1] c.: ill.; fol.
2A-2B⁶ a-z⁸ &⁸ [cum]⁸ [rum]⁸ A-L⁸
EDIT16-CNCE 1159
A c. CCXCVr il *Pater noster* e l' *Ave Maria*. V. fr.

1530

[771]
ACCOLTI, BERNARDO
Ternale in laude della gloriosa vergine Maria/ composto per messer Bernardo Accolti singularissimo .P.
[Firenze], Zanobi Della Barba, [1530?].
[2] c.: ill.; 4°
BL 11426.c.2.
V. ed.

[772]
ACCOLTI, BERNARDO
Verginia. Comedia di m. Bernardo Accolti aretino intitolata la Verginia. con un capitolo della Madonna nuouamente corretta & con somma diligentia ristampata.
1530 (Venezia, Niccolò Zoppino, 1530).
55, [1] c.; 8°
A-G⁸
EDIT16-CNCE 113
V. fr.

[773]
ANGELO DA FERRARA
La gloriosa ara del cielo mostrata dalla Sibilla Tiburtina a Ottauiano imperatore. La natiuita & vita della Vergine Maria. La natiuita & vita di Giesu Christo [...].
[1530?].
[18] c.; 8°
A-D⁴ E² (c. E2v bianca)
EDIT16-CNCE 1844, SBN-IT\ICCU\CNCE\001844
Il nome dell'autore si deduce da c. [18r]. Per la data cfr. *STCBL*, p. 29.

[774]
ANONIMA
Capitoli composti nouamente per la passione di nostro S. Iesu Christo utili a ciaschuno fidel christiano che ritorni a penitentia de li soi peccati.
[non dopo il 1530].
EDIT16-CNCE 68067
Per la data cfr. Wagner-Carrera, 363.

[775]
ANONIMA

La deuotissima istoria de li beatissimi sancto Pietro & sancto Paulo apostoli de Christo con el loro maryrio [!] & morte e come furno miracolosamente trouati li loro corpi in vn pozzo.
[Venezia], (Giovanni Andrea Valvassori), [non prima del 1530].
[4] c.: ill.; 4°
EDIT16-CNCE 49635
Titolo uniforme: *Storia dei ss. Pietro e Paolo*. Data dall'attività del tipografo. Cfr. Cioni 1961, p. 215, n. 1. V. fr.

[776]
ANONIMA
Frotula de prouerbii de Salomon sententiose. Et segue drio un soneto sopra tutti i colori con unaltro sonetto che insegna a far belle le donne & un dialogo alla uillanescha: cosa piaceuole.
[Venezia], Paolo Danza, [1530?].
8°
BL C.8.b.6

[777]
ANONIMA
La hystoria e festa di Susanna.
(Brescia, Lodovico Britannico e fratelli), [1530?].
4 c.: ill.; 4°
Cioni 1963, p. 244, n. 4
Incipit a c. [1v]: *(C)Hi si diletta nuoue cose udire.*

[778]
ANONIMA
Le sette allegrezze de la Madonna.
([Venezia], Giovanni Andrea Valvassori), [non prima del 1530].
[4] c.: ill.; 8°
EDIT16-CNCE 80062
Stampata a Venezia non prima del 1530, anno di inizio di attività del tipografo. V. fr.

[779]
ANONIMA
El Summario de la Santa Scrittura et lordinario de Christiani ilqual demonstra la vera fede christiana mediante laquale siamo giustificati. Et della virtu del battismo secondo la dottrina de l'Euangelio, & delli apostoli, con vna informatione come tutti gli stati debbono viuere secondo lo Euangelio. La tauola trouera nel fine del libretto.
[ca 1530].
120 c.: ill.
Bayerische Staatsbibliothek, BV001692267
V. fr.

[780]

ANONIMA/(ed.) GIOVANNI FIORENTINO <FRANCE-SCANO>

Historia come Lazaro Martha e Magdalena morto che fu el padre e la madre loro abandonorno tutto el loro stato, e molti lor beni, che haueuano et per amor di Jhesu Christo distribuirno, e predicando el suo nome glorioso e santo molta gente conuertiuano. Taliter che li perfidi et obstinati giudei secretamente gli messono in una barchetta senza armeggi, e con poca vituaglia per viuere credendo vituperosamente anegar douessino. Ma per gratia del bon Jhesu el mare li condusse nel porto di Marsilia in Prouenza, doue per Dio gratia el re e la regina con tutti i popoli conuertirno [...].

[ca 1530].

[6] c.: ill.; 4°

A⁶

EDIT16-CNCE 22549

Nome del compilatore in calce al testo. Titolo uniforme: *Storia dei ss. Maria Maddalena, Lazzaro e Marta*. Stampata probabilmente a Venezia; per il luogo e la data cfr. Cioni 1963, p. 200, n. 4 ("Diversa elaborazione del cantare, condotto a lxxvi ottave"; "[Venezia? a. 1530]"; nome a c. [A6v]: *Ioannes dictus Florentinus*).

[781]

ANTONINO (SANTO)

Opera composta per instructione delli idioti circa la cura delle anime.

Roma, Antonio Blado, 1530.

110, [8] c.; 4°

EDIT16-CNCE 2022

Titolo uniforme: *Confessionale: Curam illius habe* [italiano], dalla dicitura del titolo simile ad altre edizioni.

[782]

NUOVO TESTAMENTO/(tr.) BRUCIOLI, ANTONIO

Il Nuouo Testamento, di greco nuouamente tradotto in lingua toscana per Antonio Brucioli.

1530 (Venezia, Lucantonio Giunta <1>, V.1530).

[8], 388 c.; 8°

[croce]⁸ a-z⁸ A-D⁸ E⁴ F-2C⁸ (c. E4 bianca)

EDIT16-CNCE 5938, Barbieri 21 e tav. A7

Dopo il titolo si legge: *Predicate l'evangelio à ogni creatura, quello che crederra, et sara battezato sara saluo Marc. XVI.*
V. fr.

[783]

PITTORIO, LODOVICO

Homiliario quadragesimale fondato de uerbo ad uerbum su le Epistole & Euangelij si come corrono ogni di secondo lo ordine de la sancta Romana Giesia. Nouamente impresso.

(Venezia, [Giovanni Maria Boselli], per Bernardino Vitali, 10.I.1530).

[122] c.: ill.; fol.

EDIT16-CNCE 37988

V. fr.

1531

[784]

ANONIMA

Fioretto di tutta la Bibia hystoriato & di nouo in lingua Tosca corretto. Con certe predicationi: tutto tratto del testamento uecchio. Cominciado [!] dalla creatione del mondo infino alla Natiuita di Iesu Christo.

Venezia, Guglielmo da Fontaneto, 1531.

88 c.; 4°

BL 1478.cc.42

Titolo uniforme: *Fiore novello estratto dalla Bibbia*.

[785]

BUSTI, BERNARDINO

Nel nome del nostro signore Iesu Cristo incomencia la corona de la beatissima Vergene Maria [...].

([Milano, Gottardo Da Ponte), [prima del 6.III.1531].

44 c.; 8°

a-e⁸ H⁴

EDIT16-CNCE 64883

Nome dell'autore a c. [43v]. Titolo uniforme: *Tesauro spirituale*. Marca di Gottardo Da Ponte a c. [43v]. Data dall'annotazione "Este libro costó 10 quatrines en Pavía a 6 de março de 1531" a c. [44v]. Informazioni tratte dalla scheda *online* dell'esemplare conservato presso la Biblioteca Colombina di Siviglia [14-1-10(3)].

[786]

CORNAZZANO, ANTONIO

Vita della gloriosa Vergine Maria, composta per m. Antonio Cornazano, con somma diligenza corretta, historiata, & nuouamente stampata.

1531 (Venezia, Niccolò Zoppino, 1531).

[36] c.: ill.; 8°

A-D⁸ E⁴

EDIT16-CNCE 15282

Titolo uniforme: *Vita della Vergine Maria*.

[787]

CORNAZZANO, ANTONIO

La vita et passione di Christo composta per messer Antonio Cornazzano, con somma diligenza corretta, historiata & nuouamente stampata.

1531 (Venezia, Niccolò Zoppino, 1531).

[60] c.: ill.; 8°

A-G⁸ H⁴

EDIT16-CNCE 15283

Titolo uniforme: *La vita di Cristo.*

[788]

FEDELI, GIUSEPPE

*Opera spirituale in uersi, intitolata Fonte del Messia, nuoua-
mente composta per Gioseph Fedeli di Luca detto Catonello.*

1531 (Venezia, Giovanni Antonio e fratelli Nicolini da
Sabbio, 1531).

[8], 143, [1] c.; 8°

2A⁸ A-S⁸

EDIT16-CNCE 18675

V. fr.

[789]

PSEUDO-BONAVENTURA

*Incomencia le diuote meditatione sopra la passione del nostro
Signore Jesu Christo, cauate et fundate originalmente sopra
s. Bonauentura cardinale del Ordine minore sopra Nicolao
de Lira: etiamdio sopra molti altri doctori & predicatori approbati.*

(Venezia, Giovanni Tacuino, 15.VI.1531).

[44] c.: ill.; 4°

A-E⁸ F⁴

EDIT16-CNCE 76419

Titolo uniforme: *Meditationes vitae Christi* [italiano].

[790]

SALMI/(tr.) BRUCIOLI, ANTONIO

*Psalmi di Dauid nuouamente dalla hebraica uerità tradotti
in lingua toscana per Antonio Brucioli.*

Venezia, Lucantonio Giunta <1>, 1531.

[8], 128 c.; 8°

[croce]⁸ A-Q⁸

EDIT16-CNCE 5839, Barbieri 22 e tav. A8

V. fr.

1532

[791]

ALAMANNI, LUIGI

*Opere toscane di Luigi Alamanni al christianissimo rè
Francesco primo.*

Firenze, [Bernardo Giunta <1>], 1532 (Firenze, 9.VII.1532).

[8], 435 [i.e. 431], [13] p.; 8°

*⁴ A-2E⁸

EDIT16-CNCE 596

Contiene i salmi penitenziali in terza rima, p. 421-435.
Marca di Bernardo Giunta <1> sul frontespizio. V. fr.

[792]

ALAMANNI, LUIGI

*Opere toscane di Luigi Alamanni al christianissimo rè
Francesco primo.*

Lyon, Sébastien Gryphius, 1532 (Lyon, Sébastien
Gryphius, 1532).

2 vol.; 8°

EDIT16-CNCE 597

1:

[8], 435, [13] p.

*⁴ a-z⁸ A-E⁸

SBN-IT\ICCU\BVEE\061748

Contiene un'egloga, *Il Natale*, p. 181-187, e i salmi penitenziali in terza rima, p. 421. Il secondo volume, che non ha
contenuto biblico, è datato 1533. V. fr.

[793]

ANONIMA/[PSEUDO-ANTONINO]

*El contrasto del nostro Signore Idio con el demonio infernale
al limbo.*

Brescia, Damiano Turlino e Giacomo Filippo Turlino,
1532.

4 c.: ill.; 4°

EDIT16-CNCE 57724

Testo tratto dallo pseudo-Antonino, cfr. Cioni 1963,
p. 284.

[794]

ANONIMA

*Incomincia la breue espositione de tutti li Salmi che fece il
propheta David: con le virtu delli detti Salmi: appropiate
alla salute de lanima: 7 del corpo: 7 per lo accrescimento della sustantia de questo mondo.*

(Venezia, Guglielmo da Fontaneto e Francesco Leggieri,
20.IX.1532).

89, [3] c.: ill.; 8°

A-L⁸ M⁴

SBN-IT\ICCU\VEAE\125908

È la prima di una serie di edizioni che assumerà il titolo
Salmista (o Salterio) secondo la Bibbia, in cui una redazione in italiano delle *Virtutes Psalmorum* (vedi l'indice dei
titoli uniformi di opere anonime) viene associata ai Salmi
in latino, cfr. Barbieri 2013, p. 18 e n. 14 e Barbieri 2018a,
p. 77-78. Di un'edizione datata 1514 si ha una notizia ot-
tocentesca, mentre una datata 1513/1519 e con la sola tavola
delle *virtù* in italiano sopravvive in un esemplare mutilo
della tavola, cfr. Barbieri 2018a, p. 84-85, 89-90. V. ed.

[795]

BIBBIA/(tr.) MALERBI, NICOLÒ

Biblia Biblia [!] *in lingua materna vltimamente impressa:
essornata atorno de theologice 7 moral postille 7 figure alli*

luochi congrui situade: con summarij de le materie preceden-
ti tutti li suoi capitoli: agionti etiam li suoi ordinatissimi re-
pertorij: 7 infinite altre dechiaratione vtilissime 7 necessarie
a tutti coloro: iquali desiderano hauer perfette cognitione de
le sacre litere: cosa noua: ne mai per li tempi passati con simel
ordine per altri fatta.
(Venezia, Guglielmo da Fontaneto e Melchiorre Sessa <1>
e eredi di Pietro Ravani, 1532).
[10], 386 c.; fol.
A¹⁰ b-z⁸ &⁸ [con]⁸ [rum]⁸ A-M⁸ N¹⁰ O-Z⁸
EDIT16-CNCE 5758, Barbieri 24 e tav. A10
Contiene apocrifi: *Preghiera di Manasse*; *Esdra* II (III);
extracanonici: *Legenda de sancto Ioseph*. V. fr.

[796]

BIBBIA/(tr.) BRUCIOLI, ANTONIO
La Biblia quale contiene i sacri libri del Vecchio Testamento,
tradotti nuouamente da la hebraica verita in lingua toscana
per Antonio Brucioli. Co diuini libri del nuouo testamento
di Christo Giesu Signore & saluatore nostro. Tradotti di gre-
co in lingua toscana pel medesimo.
Venezia, 1532 (Venezia, Lucantonio Giunti <1>, V.1532).
2 vol.: ill.; 2°
EDIT16-CNCE 5759, Barbieri 23 e tav. A9
V. fr.
1:
[6], 321, [1] c.
[croce greca]⁶ A-2Q⁸ 2R¹⁰ (c. 2R10 mancante)
SBN-IT\ICCU\CFIE\031511
2:
Il Nuouo Testamento di Christo Giesu Signore, et Saluatore
nostro, di greco nouamente tradotto in lingua toscana, per
Antonio Brucioli.
(Venezia, Lucantonio Giunta <1>, V.1532).
[4], 88 c.
2[croce greca]⁴ 2A-2L⁸
SBN-IT\ICCU\CFIE\031510
Dopo il titolo si legge: *Predicate l'euangelio à ogni crea-*
tura, quello che credera, et sara battezato, sara saluo. Mar.
XVI. Var. B: frontespizio del vol. 2 ricomposto e privo del-
la cornice xil., presenta variazioni negli spazi del titolo, cfr.
Lumini, n. 70. V. fr.

[797]

EPISTOLE E VANGELI/(tr.) BRUCIOLI, ANTONIO
Epistole, lettioni, et euangelii, che si leggono in tutto l'anno
tradotti in lingua toscana per Antonio Brucioli. Con tauola
che insegna trouare tutte l'epistole, lettioni, & Euangelii, che
si leggono secondo l'ordine della corte romana.
(Venezia, Aurelio Pinzi, a istanza di Giovanni Dalla Rosa,
X.1532).
272 c.; 24°

A-2L⁸
EDIT16-CNCE 11349, SBN-IT\ICCU\CNCE\011349
Colophon a c. 2L8v.

[798]

FUSCANO, GIOVANNI BERNARDINO
Paraphrasi nel quinquagesimo psalmo.
(Napoli, Mattia Cancer, 16.X.1532).
[32] c.; 4°
EDIT16-CNCE 20051
V. fr.

[799]

GIROLAMO DA SIENA
Adiutorio opera spirituale nella quale si contengono sette
modi di tentationi & gli loro remedii: con una dotta expo-
sitione sopra el psalmo. Qui habitat. Composta per il reue-
rendo padre frate Hieronymo da Siena del ordine de gli
Heremiti di sancto Augustino nel an. M.CCC.LXXXVIII.
Non piu impressa.
III.1532 (Venezia, Paolo Danza, 22.VI.1532).
[36] c.; 8°
EDIT16-CNCE 25636
V. fr.

[800]

[HONORIUS AUGUSTODUNENSIS]
Libro del maestro 7 del discipolo: nelquale se dechiara molte
sententie de la sacra scrittura: nouamente reuisto: e da molti
errori espurgato: 7 in lingua toscha ridotto.
(Venezia, Guglielmo da Fontaneto, 10.III.1532).
[56] c.; 8°
A-G⁸
EDIT16-CNCE 39157
Titolo uniforme: *Lucidarius* [italiano]. L'esemplare
conservato presso l'Österreichische Nationalbibliothek
di Vienna (11.k.29) rappresenta una variante priva di colophon. V. fr.

[801]

[HONORIUS AUGUSTODUNENSIS]
Libro del maestro 7 del discipolo, opera molto vtile, santa, &
diuota, nouamente ristampato, & in lingua tosca ridotto,
& con somma diligentia corretto.
1532 (Venezia, Niccolò Zoppino, 1532).
[56] c.: ill.; 8°
A-G⁸
EDIT16-CNCE 36723
Titolo uniforme: *Lucidarius* [italiano]. Cfr. Sander 3451.
V. fr.

[802]

[LUTHER, MARTIN]

La dichiaratione delli dieci comandamenti: del Credo: del Paternostro: con una breue annotatione del uiuere christiano per Erasmo Roterodamo: utile & necessaria a ciascuno fedele christiano. Historiata.

(Venezia, Niccolò Zoppino, IX.1532).

[28] c.: ill.; 8°

EDIT16-CNCE 77577

Opera falsamente attribuita a Erasmo, cfr. Seidel Menchi.

[803]

PIETRO DA LUCCA

Arte del ben pensare e contemplare la passione del nostro Signor Giesu Christo con vn singular Trattato dello imitar di Christo: di nuouo corretta 7 historiata.

1532 (Venezia, Niccolò Zoppino, IX.1532).

128 c.: ill.; 8°

a-q⁸

EDIT16-CNCE 41137

Nome dell'autore a c. a3r. V. fr.

[804]

PITTORIO, LODOVICO

Dominicale et Santuario doue si contiene vna dolce et morale espositione sopra li euangelii, & spesso etiam sopra le pistole che corrono per tutto lanno in le messe de tutte le dominiche, & altre feste per la sancta madre ghiesa commandate, & di quelle di nostra donna, & di sancto Antonio abbate, di sancto Sebastiano, di san Georgio, di san Maurelio, di sancta Anna, di sancto Ludouico re, del di de morti, di sancta Catherina martyre, dela zobia sancta & Venerdi sancto: & nel fine del Santuario gli sono quattro utilissimi sermoni, il primo circa la confessione, il secondo circa la compontione di peccati il terzo circa la communione, & il quarto circa il contento de la morte con desiderio di passare di questa uita. Et dapoi gli sono sette bellissime & saluberrime meditationi sopra sette parti del Pater nostro. Et e opera cosi facile, iocunda & salutare, che ogni famiglia doue sia chi sappia legere, la douerebbe hauere in casa per conforto & salute dele anime. Et chi legera o udira, cognoscera chio non mento, & remarra certo piu che satisfatto, & consolato.

1532 (Venezia, Francesco Bindoni <1> e Maffeo Pasini, 4.IX.1532).

126, [2] c.; fol.

EDIT16-CNCE 23292

Nome dell'autore nell'intitolazione sul verso del frontespizio. V. fr.

[805]

PITTORIO, LODOVICO

Homiliario quadragesimale fondato de uerbo ad uerbum su le Epistole & Euangelij si como corrono ogni di secondo lo ordine de la sancta Romana Giesia. Nouamente impresso.

(Venezia, [Giovanni Maria Boselli] per Bernardino Vitali, 20.VIII.1532).

[140] c.; fol.

EDIT16-CNCE 38024

Nome dell'autore sul verso del frontespizio. V. fr.

[806]

PITTORIO, LODOVICO

Omiliario quadragesimale fondato de verbo ad verbum su le Epistole et Euangelii si come corrono ogni di secondo lordine de la sancta Romana Giesia. Nuouamente stampato.

1532 (Venezia, Francesco Bindoni <1> e Maffeo Pasini, 1532).

[120] c.; fol.

EDIT16-CNCE 23294

Nome dell'autore nell'intitolazione sul verso del frontespizio. V. fr.

[807]

PITTORIO, LODOVICO

Questo e un dominicale, et vn Santuario, doue si contiene una dolce/ & morale expositione sopra li Euangelii, & spesso etiam sopra le Epistole che corrono per tutto l'anno in le messe di tutte le dominiche, & altre feste per la sancta madre Chiesa commandate, & di quelle di nostra Donna, & di sancto Antonio abbate, di san Sebastiano, di s. Georgio, di s. Maurelio, di s. Anna, di s. Ludouico re, del di di morti, di s. Catherina martyre, de la Zobia sancta, & Venerdi sancto. Et nel fine del Santuario gli sono quatro utilissimi Sermoni. Il primo circa la confessione. Il secondo circa la compontione di peccati. Il terzo circa la communione: & il quarto circa il contento de la morte, con desiderio di passare di questa uita. Et poi gli sono sette bellissime & saluberrime meditationi sopra sette parte del Patre nostro. Et e opera cosi facile, ioconda, & salutare, che ogni famiglia, doue sia, chi sappia legere, la douerebbe hauere in casa per conforto, & salute de le anime. Et chi legera, o udira, cognoscera, chio non mento, & remarra certo, piu che satisfacto, & consolato.

(Venezia, Bernardino Vitali, 20.VIII.1532).

[140] c.: ill.; fol.

a-y⁶ z⁸

EDIT16-CNCE 37989

V. fr.

1533

[808]
ANONIMA
Vita dela gloriosa Vergine Maria e di Iesu Christo & di san-
to Giouanni Batista con molti suoi miracoli. Nouamente
ristampata & corretta.
(Venezia, Francesco Bindoni <1> e Maffeo Pasini,
20.X.1533).
[140] c.: ill.; 8°
EDIT16-CNCE 61426
Titolo uniforme: *Vita di Gesù Cristo e della Vergine Maria.*

[809]
ANONIMA/[BELCARI, FEO]
La festa della annuntiatione di nostra donna.
(Firenze, 22.XII.1533).
[4] c.: ill.; 4°
a⁴
EDIT16-CNCE 75558, SBN-IT\ICCU\CFIE\033198
Testo con inserti da Feo Belcari, cfr. Newbigin 1996, I,
p. 27 e 42. Titolo da c. a1r, dove si legge l'incipit: *Voi eccel-*
lenti & nobili auditori. Titolo uniforme: *Rappresentazione*
dell'annunciazione di Maria Vergine. Titolo del ternale a c. [a4v]: *Ternale a Maria Vergine* (assente il *Ternale*
alli angeli beati). Stampata probabilmente da Bernardo
Zucchetta; cfr. Cioni 1961, p. 229, n. 5; Testaverde-
Evangelista, 517. V. ed.

[810]
ANTONINO (SANTO)/(tr.) ?
Opera da sancto Antonino arciuescouo fiorentino utilissima
& necessaria alla instructione delli sacerdoti idioti tradot-
ta di latino in volgare thoscano et stampata ad instantia &
spese del reueren. s. Bernardino Castellaro vescouo di Casale
vicelegato della Marcha.
(Ancona, Giovanni Antonio Guidone e Arrioto
Guerralda, a istanza di Bernardino Castellaro, 8.III.1533).
92, [6] c.: ill.; 4°
a-z⁴ A⁶ (c. a1v e Z4v bianche)
EDIT16-CNCE 2023
V. fr.

[811]
BRUCIOLI, ANTONIO
Annotationi di Antonio Brucioli, sopra i Prouerbii di
Salomo, tradotti per esso, dalla ebraica uerita, in lingua to-
scana.
Venezia, 1533 (Venezia, Aurelio Pinzi, [per Antonio
Brucioli], X.1533).
[4], 148 c.; 8°
[foglia]⁴ A-24⁸

EDIT16-CNCE 5920
Marca di Antonio Brucioli in fine. V. fr.

[812]
EPISTOLE E VANGELI/(tr.) BRUCIOLI, ANTONIO
Epistole, lettioni & euangeli che si leggono in tutto l'anno,
tradotti in lingua toscana per Antonio Brucioli.
1533 (Venezia, Niccolò Zoppino, VII.1533).
185, [3] c.; 8°
EDIT16-CNCE 53004

[813]
FOLENGO, TEOFILO
La humanita del figliuolo di Dio in ottaua rima, per
Theophilo Folengo mantoano.
(Venezia, Aurelio Pinzi, 14.VIII.1533).
[4], 191, [1] c.: ill.; 4°
[croce]⁴ a-z⁸ &⁸
EDIT16-CNCE 19367
V. fr.

[814]
JACOBUS DE VORAGINE/(tr.) MALERBI, NICOLÒ
Legendario de sancti vulgare hystoriato nouamente reuisto 7
con summa diligentia castigado.
1533 (Venezia, Francesco Bindoni <1> e Maffeo Pasini,
IX.1533).
224 c.; fol.
EDIT16-CNCE 51792
Nome dell'autore e del traduttore nel colophon. Titolo
uniforme: *Legenda aurea sanctorum* [italiano]. V. fr.

[815]
PIETRO DA LUCCA
Arte del ben pensare e contemplare la passione del nostro
Signore, con vno singular trattato dello imitar di Christo. Di
nuouo corretta e historiata.
(Venezia, Francesco Bindoni <1> e Maffeo Pasini, 1533).
128 c.: ill.; 8°
EDIT16-CNCE 70181
Nome dell'autore a c. A3r.

[816]
PITTORIO, LODOVICO
Homiliario quadragesimale fondato de parola in parola so-
pra tutte l'epistole et euangeli.
Brescia, Lodovico Britannico <1>, 1533.
4°
EDIT16-CNCE 57672

1534

[817]
ALBERTO DA CASTELLO
Rosario de la gloriosa Vergine Maria.
(Venezia, Vittore Ravani e compagni, 15.I.1534).
252, [4] c.: ill.; 8°
A-2I⁸
EDIT16-CNCE 745

[818]
ANONIMA
La diuota rappresentatione di Ioseph figliuolo di Iacob.
(Firenze, a istanza di Francesco Benvenuto, 1534).
[10] c.: ill.; 4°
a⁶ b⁴
EDIT16-CNCE 38606
Titolo uniforme: *Rappresentazione di Giuseppe.* Cfr. Cioni 1961, p. 202, n. 3; Testaverde-Evangelista, 433. V. ed.

[818 bis]
ANONIMA
Queste sono Le Virtu di Psalmi.
Brescia, Damiano e Giacomo Filippo Turlino, 1534.
c. [16]: ill.; 8°
A-B⁸
Barbieri 2013, p. 22
Titolo dalla trascrizione diplomatica di Barbieri 2013. Titolo uniforme: *Virtutes psalmorum* [italiano]. Unico esemplare noto: Tübingen, Universitätabibliothek, Ge 396.

[819]
ANTONINO (SANTO)
Confessionale di sancto Antonio arciuescouo de Firenze del Ordine di Predicatori.
1534 (Venezia, Francesco Bindoni <1> e Maffeo Pasini, IV.1534).
80 c.; 8°
A-K⁸
EDIT16-CNCE 2024
Titolo uniforme: *Confessionale: Omnis mortalium cura* [italiano], dalla dicitura del titolo simile ad altre edizioni. V. fr.

[820]
ANTONINO (SANTO)
Opera di santo Antonino arciuescouo fiorentino utilissima & necessaria alla instruttione delli sacerdoti idioti.
(Venezia, Lucantonio Giunta <1>, 1534).
88, [2] c.; 4°
A-X⁴ Y⁶

EDIT16-CNCE 2025
Titolo uniforme: *Confessionale: Curam illius habe* [italiano], dalla dicitura del titolo simile ad altre edizioni.

[821]
ARETINO, PIETRO
La passione di Giesu con due canzoni, vna alla Vergine, et l'altra al Christianissimo.
(Venezia, Giovanni Antonio Nicolini da Sabbio, a istanza di Francesco Marcolini, VI.1534).
[42] c.; 4°
A⁶ B-K⁴ (1 c. precede c. A, c. A6 mancante)
EDIT16-CNCE 2364, SBN-IT\ICCU\CNCE\002364
Var. B: diversa la seconda carta del primo fascicolo recante il ritratto dell'autore; altra variante: 41 c., manca la seconda carta del primo fascicolo. V. fr.

[822]
ARETINO, PIETRO
I sette salmi della penitentia di Dauid.
[Venezia], (Giovanni Antonio Nicolini da Sabbio, a istanza di Francesco Marcolini, XI.1534).
[48] c.: ill.; 4°
A-M⁴
EDIT16-CNCE 2365
V. fr.

[823]
ARETINO, PIETRO
I sette salmi della penitentia di Dauid.
[non prima del 1534].
[48] c.: ill.; 8°
A-F⁸ (ultima c. bianca)
EDIT16-CNCE 73680
Il testo segue quello dell'edizione EDIT16-CNCE 2365, vedi 822, cfr. Boillet, p. 708. V. fr.

[824]
BRUCIOLI, ANTONIO
Compendio di tutte l'orationi de santi padri, patriarci, propheti & apostoli, raccolte da sacri libri del uecchio & nuouo Testamento, & tradotte in lingua toscana. Per Antonio Brucioli.
(Venezia, Aurelio Pinzi, I. 1534).
[8], 80 c.; 16°
a⁸ A-K⁸
EDIT16-CNCE 60637, SBN-IT\ICCU\CNCE\060637
Mese di stampa da SBN.

[825]
BRUCIOLI, ANTONIO

Il libro di Iob, tradotto dalla ebraica uerita, in lingua italiana, & con un nuouo commento dichiarato. Per Antonio Brucioli.
1534 (Venezia, Aurelio Pinzi, a istanza di Antonio Brucioli, X.1534).
[1], 144 [i.e. 152], [1] c.; 8°
π² A-2P⁴
EDIT16-CNCE 5828
V. fr.

[826]
BRUCIOLI, ANTONIO
I sacri Psalmi di Dauid, distinti in cinque libri, tradotti dalla ebraica uerita in lingua toscana, & con nuouo commento dichiarati per Antonio Brucioli.
Venezia, 1534 (Venezia, Aurelio Pinzi, a istanza di Antonio Brucioli, V.1534).
[4], 273, [1] c.: ill.; 4°
[croce]⁴ A-3X⁴ 3Y⁶
EDIT16-CNCE 5840
V. fr.

[827]
CASTELLANI, CASTELLANO
Cominciano Euangelii della quadragesima composti in uersi per me Castellano di Pierozo Castellani doctore fiorentino.
(Firenze, a istanza di Francesco Benvenuto, 1534).
[26] c.: ill.; 4°
a-b⁸ c⁶ d⁴
EDIT16-CNCE 9936

[828]
CRISPOLTI, TULLIO
Meditationi dichiaratiue del Paternostro, ad esercitio di fede & di charita, massimamente circa il perdonare, & insieme alcuna cosa de l'Aue Maria, & di tutti santi, & de li morti.
(Venezia, Stefano Nicolini da Sabbio, XII.1534).
[64] c.; 8°
EDIT16-CNCE 14258
V. fr.

[829]
CRISPOLTI, TULLIO
Meditationi sopra il Pater noster.
Venezia, Stefano Nicolini da Sabbio, IX. 1534.
[18] c.; 8°
EDIT16-CNCE 14259
V. fr. e colophon.

[830]
[DATI, GIULIANO/BERNARDO DI ANTONIO/PARTICAPPA, MARIANO]

La rapresentatione della passione di Iesu Christo: rapresentata in Roma ogni anno al Venerdi Sancto/ nel loco decto el Culiseo.
(Firenze, a istanza di Francesco Benvenuto, 10.III.1534).
[14] c.: ill.; 4°
a⁸ b⁶
EDIT16-CNCE 16064, SBN-IT\ICCU\CFIE\033090
Per gli autori cfr. Cioni 1961, p. 156. Titolo uniforme: *Rappresentazione della passione di Cristo.* Cfr. Cioni 1961, p. 160, n. 14; Testaverde-Evangelista, 388. Datazione secondo il computo fiorentino. V. ed.

[831]
EPISTOLE E VANGELI/(tr.) ANONIMA
Epistole Euangelii Lectioni 7 passij per tutto lanno in uolgare 7 in lingua tosca tradotti: nouamente stampati 7 diligentemente corretti.
1534 (Venezia, Francesco Bindoni <1> e Maffeo Pasini, XII.1533).
184 c.; ill.; 8°
A-Y⁸
EDIT16-CNCE 11350
V. fr.

1535

[832]
ACCOLTI, BERNARDO
Verginia. Comedia di m. Bernardo Accolti aretino intitolata la Verginia, con un capitolo della Madonna, nuouamente corretta, & con somma diligentia ristampata.
1535 (Venezia, Niccolò Zoppino, 1535).
55, [1] c.; 8°
A-G⁸
EDIT16-CNCE 114

[833]
ARETINO, PIETRO
La passione di Giesu composta per messer Pietro Aretino. Ristampata nuouamente per Francesco Marcolini da Forlì.
[Venezia], Francesco Marcolini, 1535 (Venezia, Francesco Marcolini, XII.1535).
[38] c.: ill.; 4°
A-H⁴ I⁶
EDIT16-CNCE 2374
V. fr.

[834]
ARETINO, PIETRO

La passione di Giesu con due canzone vna ala Vergine, et l'altra al Christianissimo.
(Bologna, 15.III.1535).
[44] c.; 8°
A-E⁸ F⁴
Yale Lib. 2008 1619
Cfr. Boillet, p. 613-614. V. fr.

[835]
ARETINO, PIETRO
I sette salmi della penitentia di Dauid. Dil diuino Pietro Aretino.
(Milano, Giovanni Antonio Castelliono, 1535).
[47] c.: ill.; 8°
A-F⁸
Clarke Library, Los Angeles, PQ4563 S49 1535
Cfr. Boillet, p. 623-624. V. fr.

[836]
ARETINO, PIETRO
I tre libri della humanità di Christo di m. Pietro Aretino.
1535 (Venezia, Francesco Marcolini, V.1535).
[120] c.: ill.; 4°
A-Z⁴ AA-GG⁴ (ultima c. bianca)
EDIT16-CNCE 2376
V. fr.

[837]
BELCARI, FEO
Incomincia la presentatione di Habraam & de Isaach suo figliolo.
(Brescia, 3.VIII.[1535?]).
[4] c.: ill.; 4°
EDIT16-CNCE 58132
Nome dell'autore nell'explicit. Titolo da c. [1r]. Titolo uniforme: *Rappresentazione di Abramo e Isacco*. Stampata probabilmente da Damiano e Giacomo Filippo Turlino; per il tipografo e la data cfr. Sandal 1999, n. 137. Cfr. anche Cioni 1961, p. 66, n. 8. V. c. [1r] e c. [4v].

[838]
BIBBIA/(tr.) MALERBI, NICOLÒ
Biblia in lingua materna vltimamente theologice & moral postille & figure alli luochi congrui situade, et summarii de le materie precedenti tutti li suoi capitoli, aggionti etiam li suoi ordinatissimi repertorii, & infinite altre dechiarationi utilissime & necessarie a tutti coloro: iquali desiderano hauer perfetta cognitione de le sacre litere, cosa noua, ne mai per li tempi passati con simel ordine per altri fatta.
Venezia, 1535 (Venezia, Bernardino Bindoni, 1535).
[10], 386 c.: ill.; fol.
A¹⁰ b-z⁸ &⁸ [con]⁸ [rum]⁸ A-M⁸ N¹⁰ O-Z⁸

EDIT16-CNCE 5760, Barbieri 25 e tav. A11
Contiene apocrifi: *Preghiera di Manasse*; *Esdra* II (III); extracanonici: *Legenda di sancto Ioseph*. V. fr.

[839]
BIBBIA/(tr.) MALERBI, NICOLÒ
La Biblia volgare nella quale si contengono i sacri libri del uecchio, & nuouo testamento de la fede di Giesu Christo, signore et redentor nostro: tradotta fidelmente dal latino, tutta historiada, & con li summarii de tutti li capituli, glose, & repertorii, posti con ordine alli suoi luochi, nuouamente con diligentia corretta & ristampata.
Venezia, [Ottaviano Scoto <2>], 1535 (Venezia, Bernardino Bindoni, 1535).
[10], 386 c.: ill.; fol.
A¹⁰ b-z⁸ &⁸ ɔ⁸ ℞⁸ A-M⁸ N¹⁰ O-Z⁸
EDIT16-CNCE 5761, Barbieri 26 e tav. A12
Contiene apocrifi: *Preghiera di Manasse*; *Esdra* II (III); extracanonici: *Legenda di Sancto Ioseph*. Marca degli eredi di Ottaviano Scoto sul frontespizio: per la data, l'edizione si può attribuire a Ottaviano Scoto <2>, cfr. Barbieri 26. V. fr.

[840]
[CASTELLANI, CASTELLANO]
La rapresentatione della Resurrectione di Christo nuouamente composta.
[Firenze, ca 1535].
[8] c.: ill. ; 4°
EDIT16-CNCE 71221, SBN-IT\ICCU\CFIE\031470
Per l'autore cfr. Ponte, p. 65. EDIT16 non attribuisce il testo di questa edizione, ma l'explicit (cfr. Cioni 1961, p. 168, n. 3: *... lor celesti honori*) consente di attribuirlo a Castellani. Titolo uniforme: *Rappresentazione della resurrezione di Gesù Cristo*. SBN indica come tipografo Bernardo Zucchetta, con rinvio a Periti 2003A, R21, e come data "[dopo il 1517]", desunta "dall'analisi tipologica".

[841]
CONFRATERNITA DEL SS. ROSARIO <NAPOLI>
Psalterio ouero Rosario della gloriosa vergine Maria: con li suoi misterij. Nouamente impresso.
(Venezia, Francesco Bindoni <1> e Maffeo Pasini, VI.1535).
[22] c.: ill.; 8°
EDIT16-CNCE 15462
V. fr.

[842]
CRISPOLTI, TULLIO
De la Aue Maria & del Credo, & dimonstrare in qual cosa debbiamo hauer fede in Dio.

REPERTORIO CA 1462-1650

Venezia, Stefano Nicolini da Sabbio, 1535.
[31] c.; 8°
EDIT16-CNCE 14261
V. fr.

[843]
FORESTI, GIACOMO FILIPPO
*Il supplemento volgare de tutte le croniche del mondo.
Intitulato Supplemento delli supplimenti, qual tratta sotto
breuita, ogni historia dal principio del mondo, fino al .1535.
Prima composto per lo eccellente Iacobo Philippo heremita-
no, & dopoi [!] con le ultime gionte ampliato. Nouamente
con somma diligentia tutto recorretto, & historiato.*
Venezia, [Ottaviano Scoto <2>], 1535 (Venezia,
Bernardino Bindoni, 8.II.1535).
[12], 392 [i.e. 393], [1] c.: ill.; fol.
+-2+⁶ +a⁴ +b-+z⁸ a-2c⁸ 2d⁴
EDIT16-CNCE 66381
Marca di Ottaviano Scoto <2> sul frontespizio. V. fr.

[844]
FORESTI, GIACOMO FILIPPO
*Supplementum Supplementi delle Croniche del veneran-
do padre frate Iacobo Philippo, del ordine Heremitano,
primo auttore. Nouamente reuisto, vulgarizato, & historiato, & con somma diligentia corretto: con la gionta, del
M.D.XXIII. infino al M.D.XXXV.*
(Venezia, Bernardino Bindoni, 8.II.1535).
[12], 392 [i.e. 293], [1] c.: ill.; fol.
[croce]-2[croce]⁶ [croce]a⁶ [croce]b-[croce]z⁶ a-z⁸ 2A-2C⁸
2D⁴
EDIT16-CNCE 19470
V. fr.

[845]
PIETRO DA LUCCA
*Arte del ben pensare e contemplare la passione del nostro
Signore Iesu Christo con vno singulare trattato dello imitare
de Christo di nouo corretta & historiata.*
1535 (Venezia, Luigi Torti, VI.1535).
135, [1] c.: ill.; 8°
A-R⁸
EDIT16-CNCE 34879
Per l'autore cfr. Sander 5698/3.

[846]
PSEUDO-BONAVENTURA
*Meditationi deuotissime di santo Bonauentura cardinale
fondate sopra la passione del Nostro Signore Iesu Christo.
Nouamente hystoriate: & in lingua toscha corrette.*
Brescia, Lodovico Britannico <1>, 1535 (Brescia, Lodovico
Britannico <1>, X.1535).

[64] c.: ill.; 8°
A-H⁸
SBN-IT\ICCU\VEAE\134356
Titolo uniforme: *Meditationes vitae Christi* [italiano].

[847]
ROSIGLIA, MARCO
*La conuersione de santa Maria Maddalena, e la vita di
Lazzaro e de Martha, in ottaua rima historiata. Composta
per maestro Marco Rasilia da Foligno, opera diuotissima,
nouamente stampata.*
(Venezia, Luigi Torti, 1535).
[44] c.: ill.; 8°
A-E⁸ F⁴ (ultima c. bianca)
EDIT16-CNCE 79950
V. fr.

[848]
SAVONAROLA, GIROLAMO
*Espositione del reuerendo padre frate Hieronymo Sauonarola
da Ferrara dell'ordine de Frati Predicatori, sopra il psalmo
Miserere mei Deus. Con molte altre sue opere come nella sequente tauola veder si potrano.*
[Venezia, Giovanni Padovano e Venturino Ruffinelli],
1535 (Venezia, Tommaso Ballarino, 1535).
135 [i.e. 136] c.; 8°
2A-2R⁸
EDIT16-CNCE 30410
Contiene anche, dello stesso autore, come elencato sul
verso del frontespizio: *Trattato o vero Espositione sopra il
psalmo In te Domine speravi. Espositione sopra il psalmo
Qui regis Israel intende. Quattro espositioni sopra il Pater
Noster. Dialogo della verità prophetica. Dialogo intitolato solatio del mio viagio.* Marca di Giovanni Padovano e
Venturino Ruffinelli sul frontespizio. Cfr. Scapecchi 1998,
n. 128. V. fr.

1536

[849]
ALBERTO DA CASTELLO
Rosario della gloriosa Vergine Maria.
Venezia, Vittore Ravani e compagni, 1536.
252, [4] c.: ill.; 8°
A-2I⁸
EDIT16-CNCE 746
Nome dell'autore nelle epistole iniziali.

[850]
ANONIMA

La miraculosa conuersione de sancta Maria Magdalena. E la vita de Lazaro e Martha historiata. Extrata dal texto euangelico con alchune diuote e charitatiue meditationi nouamente stampata.
Brescia, Lodovico Britannico <1>, 1536 (Brescia, Lodovico Britannico <1>, X.1536).
[88] c.: ill.; 8°
A-L⁸ (c. A2 segnata A1)
EDIT16-CNCE 57784
Titolo uniforme: *Leggenda di Lazzaro, Marta e Maddalena*. Incipit a c. A1r (i.e. A2r): *In lo nome de la sancta trinitade incomenza la miracolosa legenda de le dilette spose e care hospite de Christo Martha e Magdalena*. V. fr.

[851]
ANONIMA
Il Salmista secondo la Bibia, il qual fece il propheta Dauid: con le virtude i detti Salmi: appropriati alla salute dillanima, e dil corpo, e per lo accrescimento dilla sostanza di questo mondo. Con la sua tauola per ordine de i Salmi per poter trouar ogni cosa piu facilmente.
(Venezia, Pietro Nicolini da Sabbio, a istanza di Guglielmo da Fontaneto, IV.1536).
104 c.; 8°
A-N⁸
EDIT16-CNCE 66333
Diversa trascrizione del titolo in Barbieri 2018a, p. 92.

[852]
ANONIMA/[BELCARI, FEO]
La festa della annuntiatione di nostra donna. Con aggiunta di due capitoli.
([Firenze], a istanza di Francesco Benvenuto, 1536).
[4] c.; 4°
a⁴
EDIT16-CNCE 54417, SBN-IT\ICCU\CFIE\033196
Testo con inserti da Feo Belcari, cfr. Newbigin 1996, I, p. 27 e 42. Titolo da c. a1r, dove si legge l'incipit: *Voi excellenti & nobili auditori*. Titolo uniforme: *Rappresentazione dell'annunciazione di Maria Vergine*. Titoli dei ternali a c. [a4v]: *Ternale a Maria Vergine*; *Ternale alli angeli beati*. Stampata probabilmente da Bernardo Zucchetta; cfr. Cioni 1961, p. 229, n. 6; Testaverde-Evangelista, 514. V. ed.

[853]
ANTONINO (SANTO)
Confessione generale de sancto Antonino arciuescouo de Firenze.
1536.
[4] c.: ill.; 8°
EDIT16-CNCE 2026, SBN-IT\ICCU\CNCE\002026

Titolo da c. A1r, dove si legge l'incipit: *In nomine patri 7 filii 7 spiritus santi amen.* | *Io infelice 7 misero peccatore*. Nei cataloghi la data non è indicata come proveniente dal colophon, cioè tra parentesi tonde, ma non si legge in c. A1r. V. c. A1r.

[854]
ANTONINO (SANTO)
Opera di santo Antonino arciuescouo fiorentino, vtilissima & necessaria alla instruttione delli sacerdoti, & di qualunque deuota persona laquale desidera sapere bene confessarsi delli suoi peccati.
1536 (Venezia, Lucantonio Giunta <1>, VIII.1536).
89 [1] c.; 4°
A-X⁴Y⁶
EDIT16-CNCE 2028, SBN-IT\ICCU\CNCE\002028
Titolo uniforme: *Confessionale: Curam illius habe* [italiano], cfr. SBN. V. fr.

[855]
ANTONINO (SANTO)
Opera di santo Antonino arciuescouo fiorentino vtilissima et necessaria alla instruttione delli sacerdoti idioti.
Venezia, Melchiorre Sessa <1>, 1536 (Venezia, Stefano Nicolini da Sabbio, a istanza di Melchiorre Sessa <1>, VII.1536).
120 c.; 8°
A-P⁸
EDIT16-CNCE 2029
Titolo uniforme: *Confessionale: Curam illius habe* [italiano], dalla dicitura del titolo simile ad altre edizioni.

[856]
ANTONINO (SANTO)
Opera di santo Antonino arciuescouo fiorentino vtilissima et necessaria alla instruttione delli sacerdoti idioti.
Venezia, Stefano Nicolini da Sabbio, 1536 (Venezia, Stefano Nicolini da Sabbio, VII.1536).
120 c.; 8°
A-P⁸
SBN-IT\ICCU\PUVE\015281
Titolo uniforme: *Confessionale: Curam illius habe* [italiano], dalla dicitura del titolo simile ad altre edizioni.

[857]
ARETINO, PIETRO
La passione di Giesu con due canzoni, vna alla Vergine, et l'altra al Christianissimo. Composte per messer Pietro Aretino. Ristampate nuouamente per Francesco Marcolini da Forlì.
[Venezia], Francesco Marcolini, 1535 (Venezia, Francesco Marcolini, I.1536).

[38] c.: ill.; 4°
A-H⁴ I⁶
EDIT16-CNCE 2375
Non contiene le canzoni annunciate nel titolo. V. fr.

[858]
ARETINO, PIETRO
I sette salmi de la penitentia di Dauid. Composti per messer Pietro Aretino, & ristampati nuouamente per Francesco Marcolini da Forlì.
[Venezia], Francesco Marcolini, 1536 (Venezia, Francesco Marcolini, I.1536).
[48] c.: ill.; 4°
A-M⁴
EDIT16-CNCE 2383
V. fr.

[859]
ARETINO, PIETRO
I tre libri della humanita di Christo. di .m. Pietro Aretino.
1536 (Parma, Antonio Viotti, 1536).
[214] c.: ill.; 8°
A⁶ B-Z⁸ AA-DD⁸ (ultima c. bianca)
EDIT16-CNCE 2384
V. fr.

[860]
BELCARI, FEO
La rappresentatione de Abraam et Isac.
[1536?].
[4] c.; 4°
A⁴
EDIT16-CNCE 4815
Titolo uniforme: *Rappresentazione di Abramo e Isacco.*

[861]
[BELCARI, FEO]
La rappresentazione di Abraam, et Isac suo figliuolo.
[1536?].
[4] c.: ill.; 4°
A⁴
EDIT16-CNCE 75570, SBN-IT\ICCU\CFIE\033182
Per l'autore e la data cfr. Cioni 1961, p. 67, n. 11; Testaverde-Evangelista, 501. Titolo da c. A1r. Titolo uniforme: *Rappresentazione di Abramo e Isacco.* Come per l'edizione EDIT16-CNCE 75571 (vedi 430), EDIT16 indica: "Stampata probabilmente a Firenze" rinviando per il luogo e la data a Sander 6110. V. ed.

[862]
BRUCIOLI, ANTONIO

La cantica di Salomo, tradotta dalla ebraica verita in lingua toscana, & con nuouo commento dichiarata per Antonio Brucioli.
Venezia, 1536 (Venezia, Bartolomeo Zanetti <1>, 1536).
[40] c.; 4°
a-k⁴
EDIT16-CNCE 5926

[863]
BRUCIOLI, ANTONIO
L'Ecclesiasto di Salomo, tradotto dalla ebraica verita in lingua toscana, & con nuouo commento dichiarato. Per Antonio Brucioli.
Venezia, 1536 (Venezia, Bartolomeo Zanetti <1>, 1536).
[50] c.; 4°
π² A-M⁴
EDIT16-CNCE 5924
V. fr.

[864]
DANTE, ALIGHIERI/LANDINO, CRISTOFORO
Comedia del diuino poeta Danthe Alighieri, con la dotta & leggiadra spositione di Christophoro Landino: con somma diligentia & accuratissimo studio nuouamente corretta, & emendata: da infiniti errori purgata, ac etiandio di vtilissime postille ornata. Aggiuntaui di nuouo vna copiosissima tauola, nella quale si contengono le storie, fauole, sententie, & le cose memorabili & degne di annotatione che in tutta l'opera si ritrouano.
Venezia, a istanza di Giovanni Giolito De Ferrari <1>, 1536 (Venezia, Bernardino Stagnino, 1536).
[28], 440 c.: ill.; 4°
2†¹² 2A-2B⁸ A-Z⁸ &⁸, ²2A-2Z⁸ 2&⁸ 2[cum]⁸ 2[rum]⁸ ²A-E⁸
EDIT16-CNCE 1162
A c. 440r il *Pater noster* e l'*Ave Maria.* V. fr.

[865]
JACOBUS DE VORAGINE/(tr.) MALERBI, NICOLÒ
Legendario di santi volgare historiato: nuouamente reuisto & con summa diligentia castigado.
Venezia, 1535 (Venezia, Bernardino Bindoni, 1536).
220 c.: ill.; fol.
A⁸(-a8) b-z⁸ &⁸ [con]⁸ [rum]⁸ A-B⁶
EDIT16-CNCE 23126
Nome dell'autore e del traduttore nel colophon. Titolo uniforme: *Legenda aurea sanctorum* [italiano].

[866]
NUOVO TESTAMENTO/(tr.) ZACCARIA DA FIRENZE
Il Nuouo Testamento tradotto in lingua toscana nuouamente corretto dal r. padre fra Zaccheria da Firenze de l'ordine de Predicatori. Con la tauola con laquale si posson trouare

l'Epistole & gli Euangelii che per tutto l'anno si dicono nelle messe.
Venezia, 1536 (Venezia, Lucantonio Giunta <1>, IV.1536).
[16], 383, [1] c.: ill.; 8°
a-b⁸ A-Y⁸ 2A-2E⁸ 2F⁴ 2G-3C⁸ 3D⁴ (c. 3D4 bianca)
EDIT16-CNCE 5940, Barbieri 27 e tav. A13
V. fr.

1537

[867]

ANONIMA
El giudicio generale in octaua rima: con un capitolo che dice. Surgite dormienti peccatori.
[Firenze], (a istanza di Francesco Benvenuto, 1537).
[6] c.: ill.; 4°
a⁶
EDIT16-CNCE 32704
Titolo da c. a1r. Titolo uniforme: *Storia del giudizio universale.* Incipit a c. a1r: *O sancta Trinita solo uno Dio | senza principio & senza fine siete.* Cfr. Cioni 1963, p. 254, n. 4.
V. ed.

[868]

ANONIMA
Historia come Lazaro Martha e Magdalena morto che fu el padre e la madre loro abandonorno tutto el loro stato, e molti lor beni, che haueuano et per amor di Jhesu Christo distribuirono, e predicando el suo nome glorioso e santo molta gente conuertiuano. Taliter che li perfidi et obstinati giudei secretamente gli messono in una barchetta senza armeggi, e con poca vituaglia per viuere credendo vituperosamente anegar douessino. Ma per gratia del bon Jhesu el mare li condusse nel porto di Marsilia in Prouenza, doue per Dio gratia el re e la regina con tutti i popoli conuertirno [...].
(Perugia, Luca Bini, 10.VI.1537).
[6] c.: ill.; 4°
A⁴
EDIT16-CNCE 63666
Titolo uniforme: *Storia dei ss. Maria Maddalena, Lazzaro e Marta.* Cfr. Cioni 1963, p. 200, n. 5.

[869]

ANONIMA
Lamento del peccator.
(Brescia, Lodovico Britannico, 1537).
[4] c.: ill.; 8°
A⁴
EDIT16-CNCE 80223
Titolo dall'occhietto a c. [A1r]. Incipit a c. [A1v]: *A laude de lo eterno creatore | trinita santa vno solo idio.* V. ed.

[870]

ARETINO, PIETRO
I sette salmi della penitentia di David.
(Firenze, Antonio Mazzocchi e Niccolò Gucci, 1537).
[48] c.: ill.; 8°
A-F⁸ (ultima c. bianca)
EDIT16-CNCE 2386
V. fr.

[871]

BERNARDINO DA FELTRE
Confessione generale del beato frate Bernardino da Feltre molto vtilissima.
(Cesena, Costantino Raverio, 2.III.1537).
[8] c.; 8°
pigreco⁸
EDIT16-CNCE 5482

[872]

BRUCIOLI, ANTONIO
Libro di Iesaia propheta, tradotto dalla ebraica uerita, in lingua italiana, & con nuouo commento dichiarato per Antonio Brucioli.
Venezia, 1537 (Venezia, Bartolomeo Zanetti <1>, 1537).
[2], 237 [i.e. 239], [1] c.; 4°
pi² A-3O⁴
EDIT16-CNCE 5930
V. fr.

[873]

ENSELMINO DA MONTEBELLUNA
Pianto della Vergine Maria.
Milano, Giovanni Antonio Borgo, 1537.
8°
EDIT16-CNCE 58264
Titolo uniforme: *Il pianto della Vergine Maria.*

[874]

[HONORIUS AUGUSTODUNENSIS]
Il libro del maestro, e discepolo, chiamato Lucidario, nequale [!] si dichiara molte belle sentenze, e gran dubii dilla sacra scrittura. Nouamente ricorretto, e stampato.
1537 (Venezia, Pietro Nicolini da Sabbio, 1537).
[56] c.; 8°
EDIT16-CNCE 64327
Titolo uniforme: *Lucidarius* [italiano]. V. fr.

[875]

[HONORIUS AUGUSTODUNENSIS]
Libro del maestro & del discipolo chiamato el Lucidario nel quale se deschiara molte sententie de la sacra scrittura:

nouamente reuisto: & da molti errori espurgato: & in lingua toscha ridotto.
(Venezia, Giovanni Andrea Valvassori, 1537).
[56] c.: ill.; 8°
A-G⁸
Edit16-CNCE 62702
Titolo uniforme: *Lucidarius* [italiano].

[876]
PITTORIO, LODOVICO
Dominicale et Santuario doue si contiene vna dolce et morale espositione sopra li Euangelii, & spesso etiam sopra le Pistole che corrono per tutto l'anno nelle messe de tutte le domeniche, & altre feste per la santa madre Chiesia comandate, & di quelle di nostra donna, & di santo Antonio abbate, & di santo Sebastiano, di san Georgio, di san Maurelio, di santa Anna, di santo Ludouico re, del di de morti, di santa Catherina martyre, della Zobia santa & Venerdi santo: & nel fine del Santuario gli sonno quattro vtilissimi Sermoni, il primo circa la confessione, il secondo circa la compontione di peccati, il tertio circa la communione, & il quarto circa il contento della morte con desiderio di passare di questa vita. Et dapoi gli sonno sette bellissime & saluberrime meditationi sopra sette parte del Pater nostro. Et e opera cosi facile, ioconda & salutare, che ogni famiglia doue sia chi sappia leggere, la douerebbe hauere in casa per conforto & salute delle anime. Et chi leggera o vdira, cognoscera ch'io non mento, & remara certo piu che satisfatto, & consolato.
1537 (Venezia, Bernardino Bindoni, 23.II.1537).
126, [2] c.: ill.; fol.
a-u⁶ x⁸
Edit16-CNCE 23130
V. fr.

[877]
PITTORIO, LODOVICO
Homiliario quadragesimale fondato de parolla in parolla sopra le Pistole, et Vangelii si come corrono ogni giorno nell'anno: secondo l'ordine della santa Romana Chiesa. Composto per Lodouico Pittorio, da Ferrara. Nouamente stampato, et diligentemente corretto.
Venezia, 1537 (Venezia, Bernardino Bindoni, 1537).
116 c.: ill.; fol.
a-i⁶ k⁸ l-t⁶
Edit16-CNCE 23129
V. fr.

[878]
PSEUDO-BONAVENTURA
Le diuote meditationi fondate sopra la passione del nostro signore Iesu Christo.
Venezia, Francesco Bindoni <1> e Maffeo Pasini, 1537.

[52] c.: ill.; 8°
Edit16-CNCE 23320
Titolo uniforme: *Meditationes vitae Christi* [italiano].

[879]
PSEUDO-BONAVENTURA
Meditationi deuotissime di santo Bonauentura cardinale fondate sopra la passione del nostro signore Iesu Christo. Nouamente hystoriate: & in lingua tosca corrette.
(Venezia, Francesco Bindoni <1> e Maffeo Pasini, III.1537).
[64] c.: ill.; 8°
A-H⁸ (ultima c. bianca)
Edit16-CNCE 64009
Titolo uniforme: *Meditationes vitae Christi* [italiano].

[880]
SALMI E ECCLESIASTE/(tr.) POZZO, GIOVANNI FRANCESCO DA
Nouissima traslatione de gli Psalmi Dauitici dall'hebreo nella nostra uolgar lingua, con brieue & christianissima espositione, aggiuntoui lo Ecclesiaste di Salomone.
Venezia, 1537 (Venezia, Bartolomeo Zanetti <1>, a istanza di Iacopo Rimbotti, II.1536).
[166] c.; 4°
±A⁴ B-O⁸ P¹⁰ Q¹² ²A-E⁸ E⁴
Edit16-CNCE 5841, Barbieri 28 e tav. A14
Nome del traduttore nella dedica a c. A2r. Var. B: altra emissione, con fasc. A ricomposto con nuovo titolo, di Edit16-CNCE 5844, vedi 1107. V. fr.

1538

[881]
ACETI DE' PORTI, SERAFINO
Breue dichiaratione sopra l'Apocalipse de Gioanni [...].
(Milano, Francesco Cantalupo e Innocenzo Cicognara, 16.XI.1538).
79 c.; 12°
Edit16-CNCE 178

[882]
ANONIMA
Fioretto della Bibbia.
[ca 1538].
96 c.: ill.; 8°
Sander 6769; Sandal 1988, n. 74, p. 59; Barbieri 2002A, p. 44
Titolo uniforme: *Fiore novello estratto dalla Bibbia.*

[883]

ANONIMA

La rappresentatione della natiuita di Christo.

([Firenze], a istanza di Francesco Benvenuto, 1538).

[6] c.: ill.; 4°

A⁶

EDIT16-CNCE 61628, SBN-IT\ICCU\CFIE\032950

Titolo uniforme: *Rappresentazione di Gesù Cristo: la natività*. Stampato probabilmente da Bernardo Zucchetta, cfr. Cioni 1961, p. 148, n. 5; Testaverde-Evangelista, 212. V. ed.

[884]

ANTONINO (SANTO)

Opera di santo Antonino arciuescouo fiorentino vtilissima et necessaria alla instruttione delli sacerdoti idioti.

Venezia, [Melchiorre Sessa <1>], 1538 (Venezia, Stefano Nicolini da Sabbio, a istanza di Melchiorre Sessa <1>, VII.1538).

120 c.; 8°

A-P⁸

EDIT16-CNCE 2031

Titolo uniforme: *Confessionale: Curam illius habe* [italiano], dalla dicitura del titolo simile ad altre edizioni.

[885]

ARETINO, PIETRO

Il Genesi di m. Pietro Aretino con la visione di Noe ne la quale vede i misterii del Testamento Vecchio e del Nuouo, diuiso in tre libri.

1538 (Venezia, Francesco Marcolini, 1538).

240 p.: ill.; 8° (vari errori nella paginazione)

A-Z⁴ AA-GG⁴

EDIT16-CNCE 2392

V. fr.

[886]

ARETINO, PIETRO

I quattro libri de la humanità di Christo. Di m. Pietro Aretino. Nouamente stampata.

1538 (Venezia, Francesco Marcolini, VIII.1538).

119, [1] c.: ill.; 8° (c. 26 numerata 28, c. 28 numerata 26)

A-P⁸

EDIT16-CNCE 2398

V. fr.

[887]

BERNARDINO DA FELTRE

Confessione generale del beato frate Bernardino da Feltre molto vtilissima.

[Venezia, Guglielmo da Fontaneto, 1538].

[8] c.; 8°

A⁸

EDIT16-CNCE 77007

[888]

BIBBIA/(tr.) MARMOCHINO, SANTI

La Bibia nuouamente tradotta dalla hebraica verita in lingua thoscana per maestro Santi Marmochino fiorentino dell'ordine de Predicatori della prouincia romana, colle chroniche de tempi della scrittura, coll'auttorita degli historiographi gentili, con alcune espositioni, & punti pertinenti al testo, co nomi hebrei posti in margine come si harebbono à pronuntiare. Co sommarij a ogni capitolo. Con tre ordeni di tauole. Et molte cose vtilissime, & degne di memoria, come nella sequente epistola vederai. Aggiuntoui il terzo libro de Machabei non piu tradotto in volgare.

Venezia, 1538 (Venezia, Eredi di Lucantonio Giunta <1>, IV.1538).

[14], 352, 85, [1] c.: ill.; 2°

†⁸ 2 †⁶ a-z⁸ A-2K⁸ 2L⁶ (c. 2L6 bianca)

EDIT16-CNCE 5762, Barbieri 29 e tav. A15

Contiene apocrifi: *Preghiera di Manasse*; *Esdra* III e IV; *Maccabei* III. V. fr.

[889]

BIBBIA/(tr.) BRUCIOLI, ANTONIO

La Biblia quale contiene i sacri libri del Vecchio Testamento, tradotti da la hebraica uerita in lingua toscana per Antonio Brucioli, aggiuntiui duoi libri di Esdra, et piu capitoli in Daniel, et in Ester, nuouamente trouati, et il terzo libro de Machabei. Co diuini libri del Nuouo Testamento di Christo Giesu signore, et saluatore nostro. Tradotti dal greco pel medesimo. Con due tauole l'una delle quali mostra i luoghi doue sieno i libri, et l'altra dichiara quello che particolarmente si contiene in ciascun libro. Con le concordantie del uecchio, et Nuovo Testamento.

Venezia, 1538 (Venezia, Francesco Bindoni <1> e Maffeo Pasini, VII.1538).

2 v.; 4°

SBN-IT\ICCU\CNCE\005763, Barbieri 30 e tav. A16 (vol. 1)

1:

[8], 466 c.

†⁸ A-3L⁸ 3M¹⁰

Contiene apocrifi: *Preghiera di Manasse*; *Esdra* III e IV; *Maccabei* III. V. fr.

2:

Il Nuovo Testamento di Christo Giesu Signore et Salvatore nostro, di greco nuouamente tradotto in lingua toscana per Antonio Brucioli. Con due tauole, l'una delle quali mostra i luoghi doue sieno i libri, & l'altra dichiara quello che particularmente si contiene in ciascun libro. Con le concordantie del uecchio, et nuovo testamento.

(Venezia, Francesco Bindoni <1> e Maffeo Pasini, VII.1538).

[6], 117, [1], [47] c.

2†⁶ ²2A-²2O⁸ ²2P⁶

Dopo il titolo si legge: *Predicate l'evangelio a' ogni creatura, quello che credera, et sara battezato, sara saluo. Marco XVI.* V. fr.

[890]

BRUCIOLI, ANTONIO

Compendio di tutte l'orationi de Santi Padri [...] et tradotte in lingua toscana. Per Antonio Brucioli.

1538 (Venezia, Bartolomeo Zanetti <1>).

[8], 80 c.; 16°

a⁸ A-K⁸

EDIT16-CNCE 68738

[891]

CONFRATERNITA DEL SS. ROSARIO <NAPOLI>

Psalterio o vero Rosario de la gloriosa vergine Maria: con li suoi mysterij: 7 indulgentie: nouamente impresso.

(Venezia, Giovanni Andrea Valvassori e fratelli, 4.VIII.1538).

[24] c.: ill.; 8°

A-C⁸ (errori di segnatura nel fasc. C)

EDIT16-CNCE 79812

V. fr.

[892]

EPISTOLE E VANGELI/(tr.) BRUCIOLI, ANTONIO

Epistole lettioni & euangeli che si leggono in tutto l'anno, tradotti in lingua toscana per Antonio Brucioli.

Venezia, Bartolomeo Zanetti <1>, 1538.

1 vol.

SBN-IT\ICCU\USME\025049

[893]

[HONORIUS AUGUSTODUNENSIS]

Libro del maestro 7 del discipolo: nel quale se dechiara la scrittura di molte sentetie: intitulato Lucidario. Nouamente reuisto e da molti errori espurgato: 7 in lingua toscha ridutto.

(Milano, Giovanni Antonio Borgo, 1538).

[52] c.; 8°

A-G⁸

EDIT16-CNCE 79819

Titolo uniforme: *Lucidarius* [italiano]. V. fr.

[894]

NUOVO TESTAMENTO/(tr.) BRUCIOLI, ANTONIO

Il Nuovo Testamento, di greco nuouamente tradotto in lingua toscana, per Antonio Brucioli, con bellissime prefationi, al reuerendiss. s. Hercule Gonsaga, cardinale di Mantoua.

Antwerpen, Johannes Grapheus, 1538.

[328] c.; 8°

A-Z⁸ &⁸ a-r⁸ (c. &7-8, r8 bianche)

EDIT16-CNCE 5941, Barbieri 31 e tav. A17

V. fr.

[895]

SAVONAROLA, GIROLAMO

Espositione del reuerendo padre frate Hieronymo Sauonarola, sopra il psalmo Miserere mei Deus. Con molte altre sue opere come nella sequente tauola veder si potrano.

Venezia, [Giovanni Padovano e Venturino Ruffinelli], Bernardino Stagnino <1>, 1538 (Venezia, Bernardino Stagnino <1>, 1538).

136 c.: ill.; 8°

2A-2R⁸

EDIT16-CNCE 33758, SBN-IT\ICCU\FERE\001236

Contiene anche, dello stesso autore, come elencato sul verso del frontespizio: *Trattato: o vero Espositione sopra il Psalmo In te domine speraui. Espositione sopra il Psalmo, Miserere mei Deus; Espositione sopra il Psalmo, Qui regis Israel intende [...]; Quatro espositioni sopra il Pater noster [...]; Dialogo de la Verita Prophetica; Dialogo intitolato Solatio del mio viagio.* Marca di Giovanni Padovano e Venturino Ruffinelli sul frontespizio. Cfr. Scapecchi 1998, n. 129. V. fr.

[896]

SAVONAROLA, GIROLAMO

Espositione della figura di Gedeone del p. fra Girolamo da Ferrara. Nel .M.CCCC.XCIIII. adi .IIII. di marzo. In S. Reparata.

(Bologna, Giovanni Antonio Benedetti <2>, 1538).

[12] c.; 4°

A-C⁴

EDIT16-CNCE 53825

Cfr. Scapecchi 1998, n. 170. V. fr.

[897]

SAVONAROLA, GIROLAMO

Espositione della figura di Gedeone del r. p. fra Hieronymo Sauonarola da Ferrara in tre prediche nuouamente ritrouate & giamai pel passato impresse.

(Lyon, Jacques Moderne, 18.VII.1538).

[18] c.: ill.; 4°

A-D⁴ E²

EDIT16-CNCE 78670

[898]

TOLOMEI, CHERUBINO

*Opera intitolata Il fascicolo della mirrhata, redentrice, &
salutifera, humanita di Christo. Nouamente, in terze rime
raccolto per d. Cherubino Tolomeo, detto De gli Assassini, di
Ferrara. Can. Reg. Lat. Del MDXXXVIII.*

(Ferrara, Francesco Rossi <2>, 10.V.1538).

[168] c.; 4°

A-Z⁴ Aa-Tt⁴

EDIT16-CNCE 64434

1539

[899]

ALBERTO DA CASTELLO

Rosario della gloriosa Vergine Maria.

(Venezia, Vittore Ravani e compagni, IV.1539).

252, [4] c.: ill.; 8°

A-2I⁸

EDIT16-CNCE 747

Nome dell'autore a c. A2r.

[900]

ANONIMA

Epistola della dominica.

[Italia?, non dopo il 1539].

[4] c.: ill.; 8°

A⁴

EDIT16-CNCE 69431

La scheda *online* dell'esemplare conservato presso la
Biblioteca Colombina di Siviglia [14-2-8(6)] indica che
si tratta di un testo poetico e che a c. [4v] si legge l'inizio del vangelo di san Giovanni. Probabilmente si tratta dello stesso testo che nelle edizioni EDIT16-CNCE
18166 e 59795 e nell'edizione rappresentata dall'esemplare conservato presso la Bayerische Staatsbibliothek (Rar.
1032#Beibd.9), vedi 391, 390 e 729. Considerata all'epoca
un apocrifo, cfr. Barbieri 2003. Data dall'anno di morte di
H. Colon, nella cui raccolta compare questa edizione; cfr.
Wagner-Carrera, *Introduzione*.

[901]

ANONIMA

*Esortatione fatta a tutti i sudditi de la maesta cesarea, con-
tra francesi, e turchi, ne la qual si espone il salmo tertio, cioè
Domine quid.*

[non prima del 1539].

[16] c.; 8°

A-D⁴

EDIT16-CNCE 40349

Probabilmente pubblicato in Italia. Data dall'anno di
morte dell'imperatrice Elisabetta, moglie di Carlo V, cui
si fa riferimento nel testo a c. A4v.

[902]

ANONIMA

*Espositione utilima [!] sopra il Pater noster, con duoi deu-
otissimi trattati, uno in che modo Dio esaudisce le orationi
nostre, laltro di penitentia.*

Venezia, 1539.

[56] c.; 16°

EDIT16-CNCE 18295, SBN-IT\ICCU\CNCE\018295

[903]

ANONIMA

*Oratione sopra il Pater Noster, et per dimandar l'amore di
Dio.*

Verona, Antonio Putelletto, [tra il 1539 e il 1547] (Verona,
Antonio Putelletto).

[4] c.; 8°

EDIT16-CNCE 57542

Data dall'attività del tipografo.

[904]

ANONIMA

*Il Salmista di Dauid secondo la Bibia, con la lor vertu ap-
propriata per la salute de l'anima, e dil corpo, & per lo accrescimento della sostantia di questo mondo, nuouamente
ampliato, e corretto. Con la tauola de tutti li salmi posta per
ordine.*

Venezia, 1539 (Venezia, Brandino Scoto e Ottaviano Scoto
<2>, 1539).

176 c.; 16°

A-Y⁸

EDIT16-CNCE 5890

[905]

ANONIMA

*Il Salmista: secondo la Bibia, il qual fece il propheta Dauid:
con le virtu de i detti Salmi: appropriati alla salute dillanima, e dil corpo, e per lo accrescimento dilla sostanza di questo
mondo. Con la tauola per ordine de i Salmi per poter trouar
ogni cosa piu facilmente. Nuouamente ampliato, ricorretto,
e ristampato.*

1539 (Venezia, Niccolò Zoppino, I.1539).

[8], 136 c.: ill.; 12°

A-M¹²

EDIT16-CNCE 5842

V. fr.

[906]

ANTONINO (SANTO)

Opera composta in vulgare da santo Antonino arciuescouo fiorentino vtilissima et necessaria alla instruttione delli idioti circa la cura delle anime.

Roma, Valerio Dorico e Luigi Dorico, 28.VII.1539.

109 [7] c.; 8°

A-O8 P4 (p. 3v-4v bianche)

EDIT16-CNCE 2032

Titolo uniforme: *Confessionale: Curam illius habe* [italiano], dalla dicitura del titolo simile ad altre edizioni.

[907]

ANTONINO (SANTO)

Opera di santo Antonino arciuescouo fiorentino, vtilissima & necessaria alla instruttione delli sacerdoti, & di qualunque deuota persona laquale desidera sapere viuere christianamente, [...] Dopo tutte le altre impressioni diligentemente riuista: & in molti luochi corretta. Con vna breue instruttione per li sacerdoti curati.

(Venezia, Stefano Nicolini da Sabbio, 1539).

141, [11] c.: ill.; 4°

a-t8 (c. a2 e a4 segnate rispettivamente A2 e A4)

EDIT16-CNCE 2033, SBN-IT\ICCU\CNCE\002033

Titolo uniforme: *Confessionale: Curam illius habe* [italiano], cfr. SBN.

[908]

ARETINO, PIETRO

Il Genesi di m. Pietro Aretino con la visione di Noe ne la quale vede i misterii del Testamento Vecchio e del Nuouo, diuiso in tre libri.

1539.

239, [1] p.; 8°

A-P8

EDIT16-CNCE 2405

V. fr.

[909]

ARETINO, PIETRO

Il Genesi di m. Pietro Aretino con la visione di Noe ne la quale vede i misterii del Testamento Vecchio e del Nuouo. Diuiso in tre libri. Nuouamente impressa.

1539 (Venezia, Luigi Torti, 1539).

120 c.: ill.; 8° (c. 82 numerata 62)

A-P8

EDIT16-CNCE 2406

Var.: nel titolo di un esemplare manca "Nuouamente impressa", cfr. Boillet, p. 683-684. V. fr.

[910]

ARETINO, PIETRO

Il Genesi di m. Pietro Aretino con la visione di Noè ne la quale vede i misterii del Testamento Vecchio e del Nuouo, diuiso in tre libri.

1539 (Venezia, Francesco Marcolini, 1539).

240 p.: ill.; 8° (vari errori nella paginazione)

A-Z4 AA-GG4

EDIT16-CNCE 2407

V. fr.

[911]

ARETINO, PIETRO

Il Genesi di m. Pietro Aretino con la visione di Noè, nellaquale vedè i misterii del Testamento Vecchio, e del Nuovo, diuiso in tre libri.

1539.

222, [2] p.: ill.; 8° (p. 172 numerata 182, p. 176 numerata 186)

A-O8 (c. O8 bianca)

EDIT16-CNCE 2404

V. fr.

[912]

ARETINO, PIETRO

La passione di Giesu con due canzoni, vna alla Vergine, et l'altra al christianissimo.

(1539).

[48] c.: ill.; 8°

A-F8

EDIT16-CNCE 2414

V. fr.

[913]

ARETINO, PIETRO

I quattro libri de [!] *humanita di Christo di m. Pietro Aretino, nuouamente stampata.*

1539.

119, [1] c.: ill.; 8° (vari errori nella numer. delle c.)

A-P8

EDIT16-CNCE 2415

V. fr.

[914]

ARETINO, PIETRO

I quattro libri de la humanita di Christo. Di m. Pietro Aretino. Nouamente stampata.

1539 (Venezia, Francesco Marcolini, VIII.1539).

119, [1] c.: ill.; 8° (c. 26 numerata 28, c. 28 numerata 26)

A-P8

EDIT16-CNCE 2417

V. fr.

[915]
Aretino, Pietro
I quattro libri de la humanita di Christo. Di m. Pietro Aretino. Nouamente stampata.
1539.
119, [1] c.: ill.; 8º (vari errori nella numer. delle c.)
A-P⁸
Edit16-CNCE 75837
V. fr.

[916]
Aretino, Pietro
I quattro libri de la humanita di Christo di m. Pietro Aretino. Nouamente stampati.
1539.
131 c.: ill.; 8º (c. 46 numerata 36, c. 84 numerata 4)
A-Q⁸ R⁴ (manca l'ultima c.)
Edit16-CNCE 2416
V. fr.

[917]
Aretino, Pietro
I sette salmi de la penitentia di Dauid. Composti per messer Pietro Aretino, e ristampati nuouamente per Francesco Marcolini.
1539 (Venezia, Francesco Marcolini, 1539).
47, [1] c.: ill.; 8º (c. 3 numerata 5)
A-F⁸
Edit16-CNCE 2419
V. fr.

[918]
Aretino, Pietro
La vita di Maria Vergine di messer Pietro Aretino.
(Venezia, Francesco Marcolini, X.1539).
155, [1] c.: ill.; 8º
A-Z⁴ AA-QQ⁴
Edit16-CNCE 2420, SBN-IT\ICCU\CFIE\001512
A c. 57r, libro secondo con proprio frontespizio illustrato; a c. [105]r, libro terzo con proprio frontespizio illustrato; cfr. Marini, p. 615-621: p. 616.

[919]
Aretino, Pietro
La vita di Maria vergine di messer Pietro Aretino. Nuouamente corretta e ristampata.
[non prima del 1539].
[147] c.: ill.; 8º
A-S⁸ T⁴
Edit16-CNCE 2423, SBN-IT\ICCU\CFIE\001513
Esiste altra edizione ricomposta, cfr. Edit16-CNCE 2424, vedi 920; cfr. Marini, p. 625-627 e p. 668. V. fr.

[920]
Aretino, Pietro
La vita di Maria vergine di messer Pietro Aretino. Nuouamente corretta e ristampata.
[non prima del 1539].
[147] c.: ill.; 8º
A-S⁸ T⁴
Edit16-CNCE 2424, SBN-IT\ICCU\CFIE\001513
Esiste altra emissione ricomposta, cfr. Edit16-CNCE 2423, vedi 919; cfr. Marini, p. 627-629 e p. 668. V. fr.

[921]
Bibbia/(tr.) Brucioli, Antonio
La Biblia quale contiene i sacri libri del Vecchio Testamento, tradotti da la hebraica uerita in lingua toscana per Antonio Brucioli, aggiuntiui duoi libri di Esdra, & piu capitoli in Daniel, & in Ester, nuouamente trouati, & il terzo libro de Machabei. Co diuini libri del Nuouo Testamento di Christo Giesu Signore, & Saluatore nostro. Tradotti dal greco pel medesimo. Con due tauole l'una delle quali mostra i luoghi doue sieno i libri, & l'altra dichiara quello che particolarmente si contiene in ciascuno libro. Con le concordantie del Nuouo & Vecchio Testamento.
Venezia, [Federico Torresano], 1539.
2 vol.; 4º
Edit16-CNCE 5764, Barbieri 32 e tav. A18
Marca di Federico Torresano sul frontespizio.
1:
[4], 459, [1] c.
π⁴ A-3K⁸ 3L¹²
Al titolo segue in caratteri ebraici solo consonantici il versetto 23 del salmo 118 (*Dal Signore proviene ciò, esso è un prodigio ai nostri occhi*). Contiene apocrifi: *Preghiera di Manasse*; *Esdra* III e IV; *Maccabei* III. V. fr.
2:
Il Nuovo Testamento di Christo Giesu Signore et Saluatore nostro. Di greco nuouamente tradotto in lingua toscana, per Antonio Brucioli. Con uno summario à ogni Euangelio & Epistola, nel quale brieuemente si dichiara quello che in ciascuno Euangelio & Epistola si contiene con una tauola che mostra i luoghi doue sieno i libri, con le concordantie del uecchio, & nuovo Testamento.
Venezia, 1539 (Venezia, Bartolomeo Zanetti <1>, VIII.1539).
[4], 116 c.
π⁴ 2A-2O⁸ 2P⁸
Dopo il titolo si legge: *Predicate l'Euangelio à ogni creatura, quello che crederra, & sara battezato, sara saluo. Marco. XVI.* V. fr.

[922]
Crispolti, Tullio

Alcune cose sopra la passione del saluatore nostro Iesu Christo raccolte per Tullio Crispoldo da Riete.
Venezia, Stefano Nicolini da Sabbio, 1539 (Venezia, Stefano Nicolini da Sabbio).
[122] c.: ill.; 8°
A-O⁸ P¹⁰
EDIT16-CNCE 14262

[923]
CRISPOLTI, TULLIO
Historia della passione del saluator nostro Iesu Christo ridutta di tutti quattro li Euangelisti in uno ordine per Tullio Crispoldo da Riete.
(Verona, Antonio Putelletto, VI.1539).
[16] c.; 8°
A-B⁸
EDIT16-CNCE 70879
Descrizione su esemplare acefalo.

[924]
EPISTOLE E VANGELI/(tr.) ANONIMA
Epistole: Euangelij: 7 Lettioni di propheti: 7 passij volgari: in lingua toscha tradoti: 7 nouamente stampati: con la sua tauola.
1539 (Brescia, Lodovico Britannico <1>, 31.VIII.1539).
176 c.: ill.; 8°
EDIT16-CNCE 11351
V. fr.

[925]
EPISTOLE E VANGELI/(tr.) BRUCIOLI, ANTONIO
Epistole: Lettioni: 7 Euangelij: che si leggono in tutto lanno: tradotti in lingua tosca per Antonio Brucioli. Nuouamente ristampati: 7 corretti.
1539 (Venezia, Niccolò Zoppino, XI.1539).
134 [i.e. 140], [4] c.: ill.; 8°
A-S⁸
EDIT16-CNCE 11352
V. fr.

[926]
[HONORIUS AUGUSTODUNENSIS]
Opera noua chiamata Lucidario nella quale si dichiara li pochi difficili della scrittura sacra [...] Nuouamente venuta in luce [...].
Roma, Antonio Blado, 1539.
A-M c.: ill.; 32°
EDIT16-CNCE 24180
Titolo uniforme: *Lucidarius* [italiano].

[927]
NUOVO TESTAMENTO/(tr.) BRUCIOLI, ANTONIO

Il Nuovo Testamento di Christo Giesu Signore et Saluatore nostro, di greco nuouamente tradotto in lingua toscana, per Antonio Brucioli. Con la tauola con laquale si possono trouare le Epistole et gli Euangelij che per tutto l'anno si dicono nelle messe.
1539 (Venezia, Francesco Bindoni <1> e Maffeo Pasini, VII.1539).
2 pt ([24], 295, [1]; 213, [19] c.); 16°
[croce]-3[croce]⁸ a-20⁸; A-2D⁸ *-2*⁸ (c. 2°, 2D7-8 bianche)
EDIT16-CNCE 5942, Barbieri 33 e tav. A19
Dopo il titolo si legge: *Predicate l'Euangelio à ogni creatura, quello che credera, et sara battezato, sara saluo. Marco. XVI.* V. fr.

[928]
NUOVO TESTAMENTO/(tr.) BRUCIOLI, ANTONIO
Il Nuouo Testamento di Christo Giesu Signore & Saluatore nostro. Di greco tradotto in lingua toscana. per Antonio Brucioli.
[Venezia?, dopo 1539, forse 1541-1544].
[8]...: ill.; 16°
+⁸ ...
BL 1011.a.1*, Barbieri 38 e tav. A24.
V. fr.

[929]
PICO DELLA MIRANDOLA, GIOVANNI
Espositione deuotissima del signore Giouanni Pico della Mirandola sopra il Pater nostro.
1539 (Venezia, 1539).
15, [1] c.; 12°
EDIT16-CNCE 70582
V. fr.

[930]
SALVATORINO, GIOVANNI GIACOMO
Thesoro de Sacra Scrittura di Gioan. Giac. Saluatorino sopra rime del Petrarcha.
(Venezia, Comin da Trino) [non prima del 1539].
[128] c.: ill.; 8°
A-Q⁸
EDIT16-CNCE 24512, SBN-IT\ICCU\VEAE\009484
Data dall'attività del tipografo. SBN rimanda anche a Adams che indica come data [ca 1555]. V. fr.

[931]
SAVONAROLA, GIROLAMO/(tr.) GIANNOTTI, GIROLAMO/(ed.) BRUCIOLI, ANTONIO
Prediche del reuerendo padre fra Girolamo Sauonarola da Ferrara, sopra il salmo Quam bonus Israel Deus, predicate in Firenze, in Santa Maria del Fiore in vno aduento, nel .M.CCCCXCIII. dal medesimo poi in latina lingua raccol-

te. *Et da fra Girolamo Giannoti da Pistoia in lingua volgare tradotte. Et da molti eccellentissimi huomini diligentemente reuiste & emendate, & in lingua toscha impresse.*
1539 (Venezia, Brandino Scoto e Ottaviano Scoto <2>, 16.III.1539).
[8], 302, [2] c.: ill.; 8°
+⁸ A-2P⁸
EDIT16-CNCE 31389, SBN-IT\ICCU\BVEE\010631
Cfr. Scapecchi 1998, n. 157. V. fr.

[932]
SAVONAROLA, GIROLAMO/(ed.) BRUCIOLI, ANTONIO/ (ed.) VIOLI, LORENZO
Prediche del reuerendo padre fra Ieronimo da Ferrara per tutto l'anno nuouamente con somma diligentia ricorrette.
Venezia, 1539 (Venezia, Brandino Scoto e Ottaviano Scoto <2>, 1.III.1539).
[4], 401, [3] c.: ill.; 8°
+⁴ A-3D⁸ 3E⁴ (c. F2 segnata erroneamente E2)
SBN-IT\ICCU\RMLE\002320
A cura di Antonio Brucioli (dedica a c. +3r-v) e Lorenzo Violi (proemio a c. +4r-v). Var. B: sul frontespizio si riscontra una variazione nel titolo: "ricorretto" invece di "ricorrette". Cfr. Scapecchi 1998, n. 192. V. ed.

[933]
SAVONAROLA, GIROLAMO/(ed.) BETTINI, LUCA/(ed.) BRASAVOLA, GIOVANNI/(ed.) VIOLI, LORENZO
Le prediche dil reuerendo frate Hieronimo Sauonarola sopra li salmi & molte altre notabilissime materie: a qualunque predicatore vtilissime: nuouamente reuiste & con ogni diligentia corette.
Venezia, 1539 (Venezia, Bernardino Bindoni, 1539).
[8], 133 [i.e. 222], [2] c.: ill.; 8°
[croce greca]⁸ a-z⁸ &⁸ [con]⁸ [rum]⁸ A-B⁸ (c. [croce greca]8, 2B7, 8 bianche)
EDIT16-CNCE 47752, SBN-IT\ICCU\BVEE\017373
A cura di Luca Bettini (proemio a c. [croce greca]2r-3r), di Giovanni Brasavola (dedica a c. [croce greca]4r-v) e di Lorenzo Violi (c. [croce greca]5r-v). Colophon a c. B3v. Cfr. Scapecchi 1998, n. 168. V. ed.

[934]
SAVONAROLA, GIROLAMO/(ed.) VIOLI, LORENZO
Prediche quadragesimale del reuerendo frate Ieronimo Sauonarola da Ferrara, sopra Amos propheta, sopra Zacharia propheta: & parte etiam sopra li Euangelii occorrenti, & molti Psalmi di Dauid: utilissime à cadauno predicatore, & fedel christiano. Nouissimamente con ogni diligentia corrette.
Venezia, 1539 (Venezia, Ottaviano Scoto <2>).
[8], 492 [i.e. 488] c.; 8°

[1]⁸ a-z⁸ &⁸ [con]⁸ [rum]⁸ 2a-2z⁸ 2&⁸ 2[con]⁸ 2[rum]⁸ 3a-3i⁸
EDIT16-CNCE 33403, SBN-IT\ICCU\BVEE\013710
A cura di Lorenzo Violi, il cui nome compare nella prefazione. Var. B: a c. [1]8v titolo corrente del fasc. 3h: *Do.della ottaua di Pasqua. De uerbis Ioannis.* Var. C: bianche le c. n1v e n8r; a c. n8v è presente lo stesso testo di c. o1r. Cfr. Scapecchi 1998, n. 178. V. fr.

[935]
SOVARO, FRANCESCO
De la christiade di Francesco Souaro napolitano parte prima.
(Napoli, Mattia Cancer, 4.III.1539).
126 c.; fol.
A-X⁶
EDIT16-CNCE 23661
Non risulta una seconda parte, cfr. Faini, p. 599. V. fr.

1540

[936]
ANONIMA
Uno asai utile, benche breue trattato dechiaratiuo di tre principal cose spirituali, che di necessita della salute, ogni fedel christiano e obligato sapere, cioe li dodeci articoli della fede, l'oration dominicale, et li diece comandamenti della legge di Dio.
Venezia, 1540 (Venezia, 1540).
[48] c.; 16°
EDIT16-CNCE 72580

[937]
ANONIMA
La miraculosa conuersione de santa Maria Maddalena, e la vita de Lazzaro, e Martha, estratta dal testo euangelico. Con alcune diuote, caritatiue meditatione.
1471 [i.e. ca 1540], (Milano, Giovanni Antonio Borgo).
[80] c.; 8°
EDIT16-CNCE 58039
Titolo uniforme: *Leggenda di Lazzaro, Marta e Maddalena.* Per la data cfr. Sandal 1988, n. 120, p. 74.

[938]
ANONIMA
Opera noua contemplatiua per ogni fidel christiano laquale tratta de le figure del testamento vecchio: le quale figure sonno verificate nel testamento nuouo: con le sue expositione: et con el detto de li propheti sopra esse figure: sicome legendo trouerete: et nota che ciaschuna figura del testamento nuouo trouereti dua dil testamento vecchio: le quale sonno affigura-

te da quella dil nuouo et sempre quella del nuouo sara posta nel meggio di quelle dua dil vecchio: cosa bellissima da intendere a chi se dilectano de la sacra scriptura: nouamente stampata.
(Venezia, Giovanni Andrea Valvassori), [ca 1540].
[64] c.: ill.; 8°
A-H⁸
EDIT16-CNCE 39368
Per la data cfr. Adams, II, p. 308, n. 229. V. fr.

[939]
ANONIMA
[La rappresentazione di Aman].
[Siena, Tipografo non determinato, ca 1540].
[16] c.: ill.; 4°
Cfr. Cioni 1961, p. 306, n. 1.

[940]
ANONIMA
Rosario della gloriosa sempre Vergine Maria con gli suoi misteri & indulgentie nuouamente con nuoue figure: e belle ristampato.
1540 (Venezia, Niccolò Zoppino, II.1540).
[24] c.: ill.; 8°
EDIT16-CNCE 53058
V. fr.

[941]
ANONIMA
Il Salterio secondo la bibbia: de salmi di Dauid: 7 degli altri santi profeti. Con le virtu di quegli appropriate alla salute dellanima 7 del corpo: 7 conseruatione 7 accrescimento de beni spirituali 7 temporali: 7 altri mirabili effeti. Con la tauola de numeri de psal. nouamente con diligentia corretto 7 ampliato.
1540 (Venezia, Eredi di Lucantonio Giunta <1>, II.1540).
[12], 131, [1] c.: ill.; 16°
[croce]¹² A-L¹²
EDIT16-CNCE 61061
V. fr.

[942]
ANONIMA
Il sermone del nostro Signore Iesu Christo a li suoi discipoli nel monte: con alcuni belli ammaestramenti 7 ditti del santo Euangelio: 7 il Credo: 7 lo Pater nostro: 7 laue Maria: 7 la Benedittione: necessarij ad ogni deuoto 7 fidelissimo christiano: 7 massime a li putti che vanno a la scola di san Giouan in Polo 7 a san giouan Euangelista da li frati minori di san Francesco nominati ++.
Venezia, Stefano Nicolini da Sabbio (Stefano Nicolini da Sabbio, 1540).

[8] c.: ill.; 8°
EDIT16-CNCE 76837
L'ultima parola è cancellata a penna sul frontespizio consultato. V. fr.

[943]
ARETINO, PIETRO
La passione di Giesu composta per m. Pietro Aretino. Ristampata nuouamente per Francesco Marcolini.
[Venezia], Francesco Marcolini, 1539 (Venezia, Francesco Marcolini, IV.1540).
35, [1] c.: ill.; 8°
A-D⁸ E⁴
EDIT16-CNCE 2413
V. fr.

[944]
ARETINO, PIETRO
I quattro libri de la humanita di Christo, di m. Pietro Aretino, nouamente stampata.
1540.
104 c.: ill.; 8° (c. 56 numerata 65, c. 61 numerata 63, c. 63 numerata 61)
A-N⁸
EDIT16-CNCE 2432
Stampa attribuita a Francesco Marcolini, cfr. Servolini, n. 9. V. fr.

[945]
ARETINO, PIETRO
La vita di Maria uergine, di Messer Pietro Aretino.
1540.
[160] c.: ill.; 8°
A-V⁸
EDIT16-CNCE 2433, SBN-IT\ICCU\CNCE\002433
Titolo trascritto da Marini, p. 622.

[946]
BRUCIOLI, ANTONIO
I sacrosanti libri del Vecchio Testamento, tradotti dalla ebraica uerita in lingua italiana, & con breue & catholico commento dichiarati. Per Antonio Brucioli. Tomo primo nel quale si contengono il Genesi. L'Esodo. Il Leuitico. I Numeri. Il Deuteronomio. Iosua. I Giudici. Ruth. I Re. Il Paralipomenon. Esdra. Ester.
(Venezia, Bartolomeo Zanetti <1>, X.1540).
7 vol.; fol.
EDIT16-CNCE 5765, SBN-IT\ICCU\CNCE\005765
Prima edizione della traduzione dell'Antico Testamento di Antonio Brucioli accompagnata dal suo sommento, la quale include solo i libri compresi nel canone ebraico; la prima edizione completa dell'intera Bibbia tradot-

ta e commentata da Brucioli viene stampata dai fratelli Brucioli tra il 1542 e il 1547 (cfr. EDIT16-CNCE 5768, vedi 978, 1014, 1015, 1062 e 1080.); cfr. Lumini, n. 104. Cfr. Essling 154.

1:

[1540?].

[4], 265 [i.e. 268] c.

π⁴ a-z⁶ &⁶ 2a-2v⁶ 2x⁴

SBN-IT\ICCU\CFIE\001673

Data da quella del volume terzo. V. fr.

2:

Tomo secondo de sacrosanti libri del Vecchio Testamento, tradotti dalla ebraica uerita in lingua italiana, & con pio & catolico commento dichiarati. Per Antonio Brucioli. Contengonsi in questo secondo tomo. Iob. I Psalmi. i Prouerbii. lo Ecclesiasto, & la Cantica.

[1540?].

[4], 150 c.

π⁴ A-Z⁶ &⁶ [con]⁶

SBN-IT\ICCU\CFIE\001674

Data da quella del volume terzo. V. fr.

3:

Tomo terzo de sacrosanti libri del Vecchio Testamento, tradotti dalla ebraica uerita in lingua italiana, & con breue & catholico commento dichiarati. Per Antonio Brucioli. Contengonsi in questo terzo tomo. Iesaia. Ieremia. Iehezchel [!]. Daniel. Osea. Ioel. Amos. Obdia. Iona. Micha. Nauu. Habacuch Zephania. Haggeo. Zecharia. Malachia.

(Venezia, Bartolomeo Zanetti <1>, X.1540).

[6], 241 [i.e. 235], [1] c.

π⁶ A-Z⁶ 2A-2P⁶ 2Q⁸

SBN-IT\ICCU\CFIE\001675

La traduzione e il commento dei libri del Nuovo Testamento si trovano nell'edizione completa della Bibbia stampata dai fratelli Brucioli tra il 1542 e il 1547, cfr. EDIT16-CNCE 5768, vedi 978, 1014, 1015, 1062 e 1080. V. fr.

[947]

ENSELMINO DA MONTEBELLUNA
Pianto della Madona.

(Milano, Giovanni Antonio Borgo), [ca 1540].

EDIT16-CNCE 58034

Titolo uniforme: *Il pianto della Vergine Maria.* Per la data cfr. Sandal 1988, n. 110, p. 71.

[948]

FILELFO, FRANCESCO
Vita di S. Gio. Battista.

(Milano, Giovanni Antonio Borgo), [ca 1540].

EDIT16-CNCE 58033

Per la data cfr. Sandal 1988, n. 111, p. 71.

[949]

FORESTI, GIACOMO FILIPPO
Supplemento delle croniche del reuerendo padre frate Iacopo Philippo da Bergamo dell'ordine de gli Heremitani primo auttore di quello, nouamente reuisto, uulgarizato, corretto, & emendato con somma diligentia secondo il uero testo latino della ultima impressione fatta à Parigi. Et appresso l'additione delle cose piu memorabili accadute ò fatte per l'uniuerso mondo infino à tutto l'anno. MDXXXIX.

Venezia, 1540 (Venezia, Bernardino Bindoni, 7.V.1540).

[14], 389, [1] c.; fol.

+⁸ 2+⁶ A-3B⁸ 3C⁶

EDIT16-CNCE 19471, SBN-IT\ICCU\BVEE\016304

Var. B.: testo diverso nelle ultime due carte e data del colophon: "1540. adi. 29. di maggio"; l'ultima carta numerata: CCCXL; cornice xilografica sul frontespizio, senza marca. V. fr.

[950]

FORESTI, GIACOMO FILIPPO
Supplemento delle croniche del reuerendo padre frate Iacopo Philippo da Bergamo dell'ordine de gli Heremitani primo auttore di quello, nouamente reuisto, uulgarizato, corretto, & emendato con somma diligentia, secondo il uero testo latino della ultima impressione fatta a Parigi. Et appresso l'additione delle cose piu memorabili accadute ò fatte per l uniuerso [!] mondo infino à tutto l'anno. MDXXXIX.

[Venezia, Melchiorre Sessa <1>] (Venezia, Bernardino Bindoni, 7.V.1540).

[14], 389, [1] c.; fol.

+⁸ 2+⁶ A-3B⁸ 3C⁶

EDIT16-CNCE 67984

V. fr.

[951]

[LUTHER, MARTIN]/MORATO, FULVIO PELLEGRINO
La dichiaratione de i dieci comandamenti: dil Credo e dil Pater noster: con una breue annotatione del uiuere christiano, per Erasmo Roterodamo, vtile, e necessaria a ciascuno fedele christiano. Historiata. Opera nuoua dilla dichiaratione dil nome di Giesu mirabile. Composta per Peregrino Moretto mantoano, e ferrarese, non piu stampata. Da mihi bibere dilla Samaritana. Composta per il sopradetto peregrino. Similemente non piu stampata.

1540 (Venezia, Niccolò Zoppino, I.1540).

[36] c.: ill.; 4°

A-D⁸ E⁴

EDIT16-CNCE 72096, SBN-IT\ICCU\UM1E\018016

Opera falsamente attribuita a Erasmo, cfr. Seidel Menchi. Cfr. Baldacchini, n. 407. V. fr.

[952]

Nuovo Testamento/(tr.) Brucioli, Antonio
Il Nuovo Testamento di Christo Giesu signore & saluatore nostro. Di greco tradotto in lingua toscana, per Antonio Brucioli.
(Venezia, Bartolomeo Zanetti <1>, 1540).
2 pt ([12], 260; 187, [1] c.); 8°
π⁸ 2i⁸ a-zv &⁸ A-H⁸ I⁸; 2a-2z⁸ 2&⁸ (c. 2&8 bianca)
Edit16-CNCE 5943, Barbieri 34

[953]

Pulci, Bernardo
Rapresentatione del angiolo Raphaello.
Bologna, Bartolomeo Bonardo e Marcantonio Grossi, per Iacopo di Bastiano, [tra il 1540 e il 1545].
[10] c.: ill.; 4°
A⁶ B⁴
Edit16-CNCE 62330
Per l'autore cfr. Cioni 1961, p. 255. Titolo uniforme: *Rappresentazione dell'angelo Raffaello e Tobia.* Data dall'attività della società tipografica. Cfr. Cioni 1961, p. 256, n. 6 (con data "[d. 1560?]").

[954]

Savonarola, Girolamo/(ed.) Brucioli, Antonio/(ed.) Violi, Lorenzo
Prediche del reuerendo padre fra Gieronimo da Ferrara per tutto l'anno nuouamente con somma diligentia ricorrette.
Venezia, [Brandino Scoto e Ottaviano Scoto <2>], 1540 (Venezia, Giovanni Antonio Volpini, 1.VI.1540).
[4], 401, [3] c.: ill.; 8°
+⁴ A- 3D⁸ 3E⁴
Edit16-CNCE 38074
A cura di Antonio Brucioli (dedica a c. [croce greca]3r-v) e Lorenzo Violi (proemio a c. [croce greca]4r-v). Var. B: "ricorretto" in luogo di "ricorrette" nel titolo. Var. C: non presenta una carta numerata 13 per errori di numerazione nel fasc. B. Cfr. Scapecchi 1998, n. 193. V. ed. (var. B).

[955]

Savonarola, Girolamo/(ed.) Brasavola, Giovanni/(ed.) Violi, Lorenzo
Prediche del reuerendo padre frate Gieronimo Sauonarola de l'ordine di san Domenico dell'osseruantia di Toscana sopra l'Esodo. Et questi salmi. In exitu Israel. Qui habitat. In domino confido. Qui confidunt in domino. Quam dilecta tabernacula. Con vna esortatione fatta al popolo fiorentino. Con tre prediche sopra la historia di Gedeone, nuouamente aggiunte a questo volume.
Venezia, [Brandino Scoto e Ottaviano Scoto <2>], 1540 (Venezia, Giovanni Antonio Volpini 2.III.1540).
[8], 307, [1] c.: ill.; 8°

[croce]⁸ A-2P⁸ 2Q⁴ (ultima c. bianca)
Edit16-CNCE 38080
A cura di Lorenzo Violi (proemio a c. [croce]2r-[croce]3r.) e Giovanni Brasavola (dedica a c. [croce]3r-[croce]4r.). Cfr. Giovannozzi, p. 211; Ridolfi 1939, p. 65; Scapecchi 1998, n. 211. V. fr.

1541

[956]

Aceti de' Porti, Serafino
Breue dichiaratione sopra l'Apocalipse di Gioanni, doue si proua esser venuto il precursor de antichristo, et avicinarsi la percossa da lui predetta nel sesto sigillo, opra a fideli utilissima.
Venezia, Comin da Trino, 1541.
64 c.; 16°
Edit16-CNCE 181

[957]

Alberto da Castello
Rosario della gloriosa Vergine Maria.
(Venezia, Vittore Ravani e compagni, X.1541).
252, [4] c.: ill.; 8°
A-2I⁸
Edit16-CNCE 748
Nome dell'autore a c. 4r.

[958]

Anonima
Libro chiamato Infantia Saluatoris, nel quale si contiene la vita, miracoli, e passione di Giesu Christo, e la creatione de Adamo, e molte cose, come legendo intenderai.
1541 (Roma, Valerio Dorico e Luigi Dorico, 1541).
[120] c.: ill.; 8°
Edit16-CNCE 56253
Titolo uniforme: *Vita di Gesù Cristo e della Vergine Maria.* Cfr. Cioni 1963, p. 27, n. 1.

[959]

Aretino, Pietro
Il Genesi di m. Pietro Aretino con la visione di Noè, nellaquale vede i misterij del Testamento Vecchio, e del Nouo, diuiso in tre libri.
Venezia, 1541.
[112] c.: ill.; 8° (ultima c. bianca)
A-O⁸
Edit16-CNCE 2437
V. fr.

[960]

ANTONINO (SANTO)

Opera di santo Antonino arciuescouo fiorentino, vtilissima et necessaria alla instruttione de i sacerdoti, & di qualunque altra persona, laquale desidera sapere viuere christianamente, & confessarsi bene delli suoi peccati. Con vna breue instruttione per i sacerdoti curiati.

(Venezia, Giovanni Antonio Nicolini da Sabbio, a istanza di Melchiorre Sessa <1>, VI.1541).

107, [7] p.; 8°

A-I⁸ K¹⁰

EDIT16-CNCE 2034

Titolo uniforme: *Confessionale: Curam illius habe* [italiano]. V. fr.

[961]

BIBBIA/(tr.) BRUCIOLI, ANTONIO

La Biblia la quale in se contiene i sacrosanti libri del Vecchio & Nuouo Testamento, i quali ti apporto christianissimo lettore, nuouamente tradotti da la hebraica & greca uerità in lingua toscana. Per Antonio Brucioli. Con le concordantie di tutta essa scrittura santa. Et con due tauole l'una delle quali mostra i luoghi & l'ordine di quella, & l'altra dichiara tutte le materie che si trattono in essa, rimettendo à suoi luoghi i lettori. Cosa nuoua, & vtilissima à tutti i christiani.

Venezia, 1541 (Venezia, Francesco Brucioli e fratelli, VIII.1541).

[2], 376, 102 c.; 2°

π² a- z⁶ A-2Q⁶ 2R⁴ 2a-r⁶

EDIT16-CNCE 5766, Barbieri 35 e tav. A21

V. fr.

[962]

BIBBIA/(tr.) MALERBI, NICOLÒ

Biblia vvlgare nouamente stampata, et coreta, con le sue figure alli luochi congrui situade, & sumarii de le materie precedenti a tutti i suoi capitoli, aggionti etiam i suoi ordinatissimi repertorii, & infinite altre dechiarationi utilissime & necessarie a tutti color, iquali desiderano hauer perfetta cognitione de le sacre littere, cosa nuoua, ne mai per i tempi passati con tale ordine per altri fatta.

Venezia, 1541 (Venezia, Bernardino Bindoni, 1.VI.1541).

[4], 208 [i.e. 200], 196, [9] c.: ill.; fol.

A⁴ b-z⁸ &⁸ [con]⁸ [rum]⁸ A¹⁰ B-Z⁸ 2A-2B¹⁰

EDIT16-CNCE 5767, SBN-IT\ICCU\BVEE\004486, Barbieri 36 e tav. A22

Nome del traduttore nell'intitolazione. Contiene apocrifi: *Preghiera di Manasse*; *Esdra* II (III); extracanonici: *Legenda de sancto Ioseph*. Varianti negli esemplari (non repertoriate) osservate sul frontespizio: "eet [!] coreta", "et coreta", "et corretta". V. fr.

[963]

CALLISTO DA PIACENZA

Expositione di Ageo propheta, nel Domo de Mantua predicata per il reuerendo padre don Callisto Placentino canonico regulare Lateranense, & predicatore apostolico.

(Pavia, Giovanni Maria Simonetta, 1541).

[84] c.; 8°

a-k⁸ l⁴

EDIT16-CNCE 8502

V. fr.

[964]

LIPPOMANO, LUIGI

Espositioni volgare [!] del reueren. m. Luigi Lippomanno vescouo di Modone, et coadiutore di Bergamo, sopra il Simbolo apostolico cioe il Credo, sopra il Pater nostro, & sopra i dua precetti della charita, nelle quali tre cose consiste cio che si dee dal bon christiano credere, desiderare, & operare in questo mondo. Opera catholica & vtilissima ad ogni christiano.

Venezia, Girolamo Scoto, 1541.

80, [2], 81-195, [1] c.; 4°

A-V⁴ [croce]² X-2Z⁴, ²2A-2C⁴

EDIT16-CNCE 31665

V. fr.

[965]

LIPPOMANO, LUIGI

Sermoni del r.do coadiutore di Bergamo sopra tutte le principali feste dell'anno. Opera degna et vtile ad ogni christiano.

[Roma, Antonio Blado], 1541.

208 [i.e. 203], [1] c.; 4°

A-2B⁸ 2C⁴

EDIT16-CNCE 24526

Nome dell'autore nella dedica. Per il tipografo cfr. Fumagalli-Belli-Vaccaro, III, n. 1487. V. fr.

[966]

NUOVO TESTAMENTO/(tr.) BRUCIOLI, ANTONIO

Il Nuouo Testamento di Christo Giesu Signore et Saluatore nostro. Di greco tradotto in lingua Toscana. Per Antonio Brucioli.

1541 (Venezia, Bernardino Bindoni, 1541).

2 pt ([16], 210 [i.e. 320]; 222 [i.e. 232] p.); 16°

†-2†⁸ A-2R⁸; 3A-4F⁸

EDIT16-CNCE 5944, Barbieri 37 e tav. A23

Titolo dalla trascrizione diplomatica in Barbieri 37. Pt 2: *Epistole di san Paulo apostolo, dal greco tradotte in lingua toscana, et nuouamente riuiste, 7 ricorrette, per Antonio Bruccioli.* V. fr.

[967]

OCHINO, BERNARDINO

*Prediche del reuerendo padre frate Bernardino Occhino se-
nese generale dell'Ordine di frati capuzzini, predicate nella
inclita citta di Vinegia, del MDXXXIX.*
Venezia, 1541 (Venezia, Francesco Bindoni <1> & Maffeo
Pasini, XII.1541).
83, [1] c.; 8°
A-K⁸ L⁴
Edit16-CNCE 72380

[968]
OCHINO, BERNARDINO
*Prediche noue predicate dal reuerendo padre frate
Bernardino Occhino senese, generale dell'Ordine di frati capuzzini nella inclita città di Vinegia: del MDXXXIX che fu
la prima la domenica di passione. La seconda il martedi. La
terza il venerdi. La quarta il sabato dopo la detta domenica
di passione, auanti la domenica dell'oliuo. La quinta il lunedi santo. La sesta il giouedi santo. La settima il lunedi di
Pasqua. La ottaua il di della Maddalena. La nona il di di
S. Nicolo alli scolari in Perugia. Nuouamente date in luce, e
con grandissima diligenza stampate.*
1541 (Venezia, Niccolò Zoppino, V.1541).
83, [1] c.; 8°
A-K⁸ L⁴ (c. L4 bianca)
Edit16-CNCE 72382

[969]
OCHINO, BERNARDINO
*Prediche, predicate dal r. padre frate Bernardino da Siena
dell'ordine de frati capuccini, Ristampate nouamente, et
giontoui vnaltra predicha.*
1541 (Venezia, Bernardino Viani <1>, 16.III.1541).
SBN-IT\ICCU\NAPE\030852
Descrizione basata su esemplare in fotocopia.

[970]
PIETRO DA LUCCA
*La arte del ben pensare e contemplare la passione del nostro
signore Iesu Christo, con vno singolare Trattato de imitar
Christo. Di nuouo corretta, & historiata.*
1541 (Venezia, Bernardino Bindoni, 1541).
132 [i.e. 135, 1] c.: ill.; 8°
A-R⁸
Edit16-CNCE 23161
V. fr.

[971]
PITTORIO, LODOVICO
*Dominicale et Santuario doue si contiene vna dolce et morale
espositione sopra gli euangelii, & spesso etiam sopra le pistole
che corrono per tutto lanno in le messe de tutte le domeniche,
& altre feste per la santa madre Giesia commandate, & di*

*quelle di nostra donna, & di santo Antonio abbate, di santo
Sebastiano, di san Georgio, di san Maurelio, di santa Anna,
di santo Ludouico re, del di de morti, di santa Catherina
martire, de la Zobia santa & Venerdi santo: & nel fine del
Santuario gli sono quattro utilissimi sermoni, il primo circa
la confessione, il secondo circa la compontione di peccati, il
terzo circa la communione, & il quarto circa il contento de
la morte con desiderio di passare di questa uita. Et dapoi gli
sono sette bellissime & saluberrime meditationi sopra sette
parti del Pater nostro. Et e opera cosi facile, ioconda & salutare, che ogni famiglia doue sia chi sappia leggere, la douerebbe hauere in casa per conforto & salute dele anime. Et chi
legera o udira, cognoscera chio non mento, & remarra certo
piu che satisfatto, & consolato.*
1541, (Venezia, Francesco Bindoni <1> e Maffeo Pasini,
24.VII.1541).
126, [2] c.; fol.
A-X⁶ (ultima c. bianca)
Edit16-CNCE 23351
V. fr.

[972]
PITTORIO, LODOVICO
*Homiliario quadragesimale fondato de parola in parola so-
pra l'Epistole, & Euangelii, si come corrono ogni giorno nel
anno, secondo l'ordine della Santa Romana Chiesia: composto per Ludouico Pittorio da Ferrara.*
[Brescia], Lodovico Britannico <1>, 1541.
2 pt; 4°
Edit16-CNCE 23249
Alcuni esemplari senza la parte 2.
1:
160 c.; 4°
A-V⁸
SBN-IT\ICCU\PUVE\009968
2:
*Dominicale et Santuario doue, si contiene vna dolce, & mo-
rale espositione sopra gli Euangelii, & spesso anchora sopra
le Epistole, che correno per tutto l'anno nelle messe di tutte
le dominiche, & altre feste per la santa madre Chiesia commandate, & di quelle de la Madonna, & di santo Antonio
abbate, & di santo Sebastiano, di san Georgio, di san
Maurelio, di santa Anna, di santo Ludouico re di Francia,
del di de morti, di santa Catherina martyre, della Zobia
santa, & Venerdi santo, & nel fine del Santuario gli sono
quattro vtilissimi Sermoni, il primo circa la confessione,
il secondo circa la compuntione di peccati, il tertio circa la
communione, & il quarto circa il dispreggio della morte, con
desiderio di passare di questa uita. Et dapoi gli sono sette
bellissime, & saluberrime meditationi sopra sette parte del
Pater nostro. Et e opera cosi facile, iocunda, & salutare, che
ogni famiglia doue sia chi sappia leggere, la douerebbe hauer*

in casa per conforto, & salute delle anime. Et chi legera, o vdira, cognoscera, che io non mento, & remarra certo piu che satisfatto, & consolato.

(Lodovico Britannico <1>, 1541).

176 c.; 4o

a-y⁸

SBN-IT\ICCU\PUVE\009969

Nome dell'autore nella dedica della parte 2. V. fr.

[973]

PITTORIO, LODOVICO

Omiliario quadragesimale fondato de verbum ad verbum su le Epistole et Euangelii si come corrono ogni di secondo lordine de la sancta Romana Giesia. Nuouamente stampato.

1541 (Venezia, Francesco Bindoni <1> e Maffeo Pasini, 1541).

120 c.: ill.; fol.

a-u⁶

EDIT16-CNCE 23352

V. fr.

[974]

SAVONAROLA, GIROLAMO/(ed.) BETTINI, LUCA

Prediche di frate Gieronimo da Ferrara sopra Ezechiel.

[Venezia, Brandino Scoto e Ottaviano Scoto <2>], 1541 (Venezia, Giovanni Antonio Volpini, 1541).

331 [i.e. 333], [3] c.: ill.; 8o (molti errori nella numer.)

A-2T⁸ (c. T7-8 bianche)

EDIT16-CNCE 38081

Nome del curatore nel proemio a c. A2r-v. Marca degli Scoto all'interno dell'illustrazione sul frontespizio. Var. B: titolo parzialmente ricomposto: *Prediche di frate Gieronimo da Ferrara sopra Ezechiel.* Cfr. Scapecchi 1998, n. 201. V. ed. (var. A).

1542

[975]

ANDREASI, MARSILIO

Trattato diuoto et vtilissimo della diuina misericordia raccolto da diuerse autorita delle scritture sacre, & da altri trattati d'alcuni catholici dottori di latino in volgare, per frate Marsilio Andreasio mantouano dell'ordine carmelitano d'osseruanza.

Brescia, Lodovico Britannico <1>, 1542 (Brescia, Lodovico Britannico <1>, IX.1542).

58 c.; 8o

A-G⁸ H⁴

EDIT16-CNCE 1706

V. fr.

[976]

ANTONINO (SANTO)

Opera di santo Antonino arciuescouo fiorentino, vtilissima & necessaria alla instruttione delli sacerdoti, & di qualunque deuota persona laquale desidera sapere viuere christianamente, & confessarsi bene delli suoi peccati. Con vna breue instruttione per li sacerdoti curati.

Venezia, 1542 (Venezia, Francesco Bindoni <1> e Maffeo Pasini, 1542).

105 [7] c.; 8o

A-O⁸

EDIT16-CNCE 2035, SBN-IT\ICCU\BVEE\014051

Titolo uniforme: *Confessionale: Curam illius habe* [italiano], cfr. SBN. V. fr.

[977]

BERNARDINO DA FELTRE

Confessione del beato frate Bernardino da Feltre nuouamente stampata.

(Brescia, Lodovico Britannico <1>, 1542].

[8] c.; 8o

EDIT16-CNCE 5483

[978]

BRUCIOLI, ANTONIO

Commento di Antonio Brucioli in tutti i sacrosanti libri del Vecchio, & Nuovo Testamento, dalla hebraica uerita, & fonte greco per esso tradotti in lingua toscana, al solo Iddio honore, et gloria.

Venezia, [Alessandro Brucioli e fratelli], 1542-1547 (Venezia, per Alessandro Brucioli e fratelli, per Francesco Brucioli e fratelli, 1542-1546).

7 vol.; fol.

EDIT16-CNCE 5768, SBN-IT\ICCU\TO0E\005993

Testo definitivo della traduzione della Bibbia di Antonio Brucioli e testo del suo commento; prima edizione completa dell'intera Bibbia tradotta e commentata da Antonio Brucioli; i vol. 1-3 sono datati 1546 (cfr. SBN-IT\ICCU\CFIE\001672, IT\ICCU\TO0E\005995 e IT\ICCU\TO0E\005996, vedi 1062); cfr. Lumini, n. 77. Marca di Alessandro Brucioli e fratelli su ogni frontespizio. V. fr.

4:

Nuouo commento di Antonio Brucioli ne diuini et celesti libri euangelici. Secondo Mattheo Marco Luca et Giouanni. De sacrosanti libri della uecchia, & nuoua scrittura, & dottrina christiana. Tomo quarto.

Venezia, [Alessandro Brucioli e fratelli], 1542 (Venezia, Francesco Brucioli e fratelli, 1542).

[2], 234 c.

π² A-2Q⁶

SBN-IT\ICCU\CFIE\001677

Dopo il titolo si legge: *Predicate l'euangelio à ogni creatura quello che crederra, & sia battezzato, sara saluo. Marco. xyi.* V. fr.

5:
Nuouo commento di Antonio Brucioli nel libro de Fatti degli apostoli, et nel libro della Reuelatione di san Giouanni. De sacrosanti libri della uecchia, & nuoua scrittura, & santa dottrina christiana. Tomo quinto.
Venezia, [Alessandro Brucioli e fratelli], 1542 (Venezia, Francesco Brucioli e fratelli, 1542).
[2], 92 c.
π² A-O⁶ P⁸ (c. K1 segnata per errore k)
SBN-IT\ICCU\VEAE\008601
Dopo il titolo si legge: *Predicate l'euangelio à ogni creatura, quello che crederra, & sia battezzato, sara saluo. Marco. xyi.* Il vol. 5 ha una seconda emissione o differente edizione nel 1547 (1546), cfr. SBN-IT\ICCU\CFIE\001678, vedi 1080. I vol. 6-7 sono datati 1544, cfr. SBN-IT\ICCU\CFIE\001679 e IT\ICCU\CFIE\001680, vedi 1014 e 1015. V. fr.

[979]
BRUCIOLI, ANTONIO
Pia espositione ne dieci precetti, nel symbolo apostolico, & nella oratione dominica, [...].
Venezia, 1542 (Venezia, Francesco Brucioli e fratelli, 1542).
[2], 68 [i.e. 80] c.; 8° (diversi errori nella numer. delle c.)
[pigreco]² A-I⁸ K⁶
EDIT16-CNCE 7630, SBN-IT\ICCU\CNCE\007630

[980]
CRISPOLTI, TULLIO
Alcune cose sopra la passione del saluatore nostro Iesu Christo raccolte per Tullio Crispoldo da Riete et reuiste & corrette per il medemo, et stampate di sua permissione.
Verona, Antonio Putelletto, 1542 (Verona, Antonio Putelletto, 1542).
[120] c: ill; 8°
A-P⁸
EDIT16-CNCE 13780

[981]
IOANNES CHRYSOSTOMUS /(trad.) CURIONE, CELIO SECONDO /PICO DELLA MIRANDOLA, GIOVANNI / (trad.) CURIONE, CELIO SECONDO
Operette veramente diuote et christiane. Di S. Giouanni Chrisostomo. Del pregare Iddio, sermoni .2. da Coelio secondo Curione in uulgar lingua tradotti. Et la oration del nostro Signore Giesu Christo, chiamata il pater noster, con la espositione del signor Giouanni Pico principe della Mirandola tradotto dal medemo. Et nel fine una nuoua oratione in rima cosa non meno elegante che dotta et pia.

[prima del 1542?].
[64] c.; 16°
a-h⁸ (c. h7, 8 bianche)
SBN-IT\ICCU\SIPE\008441
Pubblicato presumibilmente prima della fuga di Curione dall'Italia. Cfr. Prosperi, p. 166.

[982]
JACOBUS DE VORAGINE/[(tr.) MALERBI, NICOLÒ]
Legendario vulgare doue si contiene la Uita de tutti i Santi nuouamente stampate: [...] con le sue figure [...].
Venezia, Bernardino Bindoni, 1542.
[2], 222 p.; fol.
EDIT16-CNCE 51870
Nome dell'autore a c. 1. Titolo uniforme: *Legenda aurea sanctorum* [italiano].

[983]
NUOVO TESTAMENTO/(tr.) ZACCARIA DA FIRENZE
Il Nuouo Testamento tradotto in lingua toscana dal r. padre fra Zaccheria da Firenze de l'ordine de Predicatori de s. Marco di Firenze. Con la tauola con laquale si posson trouare l'Epistole & gli Euangelii che per tutto l'anno si dicono nelle messe.
Venezia, 1542 (Venezia, Eredi di Lucantonio Giunta <1>, IV.1542).
[16], 383, [1] c.: ill.; 8°
a-b⁸ A-Y⁸ 2A-2E⁸ 2F⁴ 2G-3C⁸ 3D⁴ (c. 3D4 bianca)
EDIT16-CNCE 5945, Barbieri 39 e tav. A25
V. fr.

1543

[984]
ANONIMA
La historia di Susanna moglie di Giouacchino, laquale fu accusata a torto da due falsi uecchi, et la sententia tornò sopra di loro.
([Firenze], Giovanni Benvenuto, 1543).
[4] c.: ill.; 4°
A⁴
EDIT16-CNCE 22885
Titolo da c. A1r, dove si legge l'incipit: *Chi si diletta nuoue cose udire.* Titolo uniforme: *Storia di Susanna e Daniello.* Cfr. Cioni 1963, p. 244, n. 5. V. c. A1r.

[985]
ANTONINO (SANTO)
Confessionale di santo Antonino arciuescouo de Firenze del ordine di predicatori.

Venezia, Giovanni Padovano, 1543 (Venezia, Giovanni Padovano, 1543).

78 [2] c.; 8°

A-K⁸

EDIT16-CNCE 2036

Titolo uniforme: *Confessionale: Omnis mortalium cura* [italiano], dalla dicitura del titolo simile ad altre edizioni.

[986]

BRUCIOLI, ANTONIO

Pia espositione di Antonio Brucioli ne dieci precetti, nel simbolo apostolico, & nella oratione domenica, doue si ha quello che comandi Iddio quello che si debba credere. Et come si debbe orare.

Venezia, 1543 (Venezia, Francesco Brucioli e fratelli, 1543).

72 c.; 8°

a-i⁸

BL 1018.i.21

Titolo dalla riproduzione in Peter-Gilmont, I, p. 117.

[987]

[DATI, GIULIANO/BERNARDO DI ANTONIO/ PARTICAPPA, MARIANO]

La representatione del nostro signor Iesu Christo laqual se representata nel Coliseo di Roma il Uenerdi Santo con la sua santissima resurrectione hystoriata.

(Venezia, Francesco Bindoni e Maffeo Pasini, XII.1543).

48 c.: ill; 8°

A-F⁸

Cioni 1961, p. 160, n. 15

Titolo uniforme: *Rappresentazione della passione di Cristo.*

[988]

EPISTOLE E VANGELI/(tr.) ANONIMA

Epistole, euangelij et lettio [...].

(Venezia, Giovanni Andrea Valvasori e Florio Valvassori, 4.I.1543).

EDIT16-CNCE CNCE 61252

[989]

EPISTOLE E VANGELI/(tr.) BRUCIOLI, ANTONIO

Epistole, lettioni et euangeli che si leggono in tutto l'anno, tradotti in lingua tosca per Antonio Brucioli.

(Venezia, Venturino Ruffinelli, V.1543).

132, [4] c.; 8°

A-R⁸

EDIT16-CNCE 11353

[990]

GREGORIUS I (PAPA)/(tr.) ANONIMA

Omelie di santo Gregorio papa sopra li Euangelii. Nuouamente stampate, historiate, & in lingua tosca ridotte, & con somma diligentia corrette.

Venezia, 1543 (Venezia, Francesco Bindoni <1> e Maffeo Pasini, VI.1543).

192 c.: ill.; 8°

A-2A⁸

EDIT16-CNCE 21719

V. fr.

[991]

GRIMALDI ROBBIO, PELLEGRO

Contemplatione di messer Pelegro de Grimaldi Robio sopra il salmo centesimo (secondo [!], secondo il computo de latini) nellaquale si contiene la espositione di esso salmo ordinata per modo, che ne dalle tradottioni latine, ne dal testo hebraico si diparte. Et alcuni luoghi della sacra scrittura iquali erano per l'adietro da molti stimati difficili & oscuri, vi si fanno facili, & chiari ciascuno. Et vi si da oltr'accio piena risposta a Lutherani nel fatto della fede: & delle opere. Et tutto cio che dal principio alla fin vi si dice, si proua per la Sacra scrittura: ma per non fastidire il lettore i luoghi delle proue si son notati nel margine.

(Genova, Antonio Bellone, 1543).

[88] c.; 8°

EDIT16-CNCE 32098, SBN-IT\ICCU\NAPE\041590

V. fr.

[992]

GRIMALDI ROBBIO, PELLEGRO

Epistola di messer Pelegro de Grimaldi robio, scritta a messer Hermanno de Nobili, nellaquale egli risponde a pieno agli argomenti di quegli heretici, iquali non vogliono, che si habbia ricorso alle intercessioni de santi. E vi pone il modo, nel quale vi si ha da ricorrere. E nel fin poi fa con duo essempij della sacra scrittura conoscere la grandissima stima, che si dee fare delle reliquie de santi. Ma prima che a queste cose ne venga, egli spiega il suo parere a messer Hermanno, (il qual par che ne lhauesse richiesto) sopra di non so qual trattatello.

(Genova, Antonio Bellone, 1543).

[20] c.: ill.; 8°

EDIT16-CNCE 32099

V. fr.

[993]

[HONORIUS AUGUSTODUNENSIS]

Libro del maestro e del discepolo nel quale se dechiara molte sententie de la scrittura: intitolato Lucidario. Nouamente reuisto & da molti errori espurgato: & in lingua thosca ridutto.

(Venezia, Francesco Bindoni <1> e Maffeo Pasini, 10.III.1543).

[56] c.: ill.; 8°
A-G[8]
EDIT16-CNCE 50812
Titolo uniforme: *Lucidarius* [italiano]. V. fr.

[994]
[LUTHER, MARTIN]
La dechiaratione de li dieci commandamenti, del Credo, del Pater nostro, con vna breue annotatione del viuere christiano per Erasmo Roterodamo vtile & necessaria a ciascuno fedele christiano.
(Venezia, Bernardino Viani <1>, 1543).
[48] c.: ill.; 16°
EDIT16-CNCE 40044
Opera falsamente attribuita a Erasmo, cfr. Seidel Menchi. V. fr.

[995]
OCHINO, BERNARDINO
Sermones Bernardini Ochini, Senensis. Ioan. 5. Quomodo vos potestis credere, qui gloriam abinvicem accipitis, et gloriam que à solo Deo est, non queritis? [italiano].
Genève, [Jean Gérard], 3.XI.1543.
[128] c.; 8°
a-q[8] (c. q8 bianca)
EDIT16-CNCE 71713, SBN-IT\ICCU\PUVE\016369
Per il tipografo cfr. Bingen, n. 502.

[996]
OCHINO, BERNARDINO
Sermones Bernardini Ochini, senensis. Ioan. 12. Nisi granum frumenti cadens in terram mortuum fuerit, ipsum solum manet: si autem mortuum fuerit, multum fructum affert [italiano].
[Genève, Jean Gérard], 25.I.1543.
[80] c.; 8°
a-k[8]
EDIT16-CNCE 62503, SBN-IT\ICCU\PUVE\016365
Per il luogo e il tipografo cfr. Bingen, n. 503.

[997]
OCHINO, BERNARDINO
Sermones Bernardini Ochini, Senensis. Matt. 11. Omnis qui confitebitur me coram hominibus, confitebor et ego eum coram patre meo qui est caelis est [italiano].
[Genève, Jean Gérard], 1543.
[136] c.; 8°
A-R[8]
EDIT16-CNCE 71846, SBN-IT\ICCU\PUVE\016370
Per il luogo e il tipografo cfr. Bingen, n. 504.

[998]
OCHINO, BERNARDINO
Sermones Bernardini Ochini senensis. 2. Thess. 2. Dominus Jesus interficiet antichristum spiritu oris sui: et destruet illustratione adventus sui [italiano].
[Genève, Jean Gérard], 1543.
[64] c.; 8°
a-h[8]
EDIT16-CNCE 71847, SBN-IT\ICCU\PUVE\016371
Per il luogo e il tipografo cfr. Bingen, n. 505.

[999]
PANCOTTO, GIACOMO
I diuini precetti, dell'angelo à Moise diuinamente dati, e per il verbo incarnato Giesu figliuolo di Dio apertissimamente dichiarati: et dalla Chiesa santa catholica approuati, e confirmati: per il v.p. frate Giacopo di Melfitto dell'Ordine di Capuccini. [...] Nouamente dati in luce, e castigati.
(Venezia, Giovanni Antonio e Pietro Nicolini da Sabbio, XII.1543).
[8], 173 [i.e. 165], [3] c.: ill.; 16°
a-y[8] (c. 57-64 omesse nella numer.)
EDIT16-CNCE 77270

[1000]
PANFILO, GANIMEDE
Pianto al Crocefisso dai versi del Petrarca di Ganimede Pamphilo da Sanseuerino.
[Roma, Antonio Blado, non prima del 1543].
[6] c.; 4°
A[4] B[2]
EDIT16-CNCE 24540
Per il tipografo cfr. Fumagalli-Belli-Vaccaro, I, n. 1127. Per la data cfr. Minieri Riccio, p. 252.

[1001]
PANFILO, GANIMEDE
Trascorsi et descrittione breue sopra le cose del Testamento Nouo in terza rima: colligatici a tutti i terzetti uersi di Virgilio accommodati alla rima, et alla materia. Operetta de Ganimede Pamphilo da San Seuerino [...].
Venezia [Giovanni Battista Pocatela], 1543.
18 c.; 8°
EDIT16-CNCE 49073

[1002]
PICO DELLA MIRANDOLA, GIOVANNI
Expositione del Pater nostro secondo el conte Giouanni Pico de la Mirandola.
(Firenze, Antonio Mazzocchi e Niccolò Gucci, 1543).
[16] c.; 8°
A-B[8]

EDIT16-CNCE 53756
V. fr.

[1003]
PIETRO DA LUCCA
Arte del ben pensare e contemplare la passione del nostro Signore Giesu Christo: Con vno singular Trattato dello imitar di Christo: di nuouo corretta & historiata.
1543 (Venezia, Francesco Bindoni <1> e Maffeo Pasini, 1543).
128 c.: ill.; 8°
A-Q⁸
EDIT16-CNCE 72954

[1004]
PLATINA (IL) (SACCHI, BARTOLOMEO)
Il Platina Delle vite et fatti di tutti i sommi pontefici romani, cominciando da Christo infino a Sisto quarto. Con la giunta di tutti gli altri pontefici, infino a Paulo terzo pontefice massimo.
Venezia, 1543 (Venezia, Michele Tramezzino <1>, 1543).
243 c.; 4°
EDIT16-CNCE 35117
V. fr.

[1005]
POLIDORO, VIRGILIO/(tr.) LAURO, PIETRO
Polydoro Virgilio di Vrbino, De la origine e de gl'inuentori de le leggi. Costumi, scientie, arti, et di tutto quello che a l'humano uso conuiensi, con la espositione dil Pater nostro: ogni cosa di latino in volgar tradotto da Pietro Lauro modonese, con la tauola di cio che si contiene ne l'opera.
Venezia, Gabriele Giolito De Ferrari, 1543 (Venezia, Gabriele Giolito De Ferrari, 1543).
[8], 229, [3] c.; 8°
A⁸ A-2E⁸ 2F⁸ (c. 2F7 bianca)
EDIT16-CNCE 26014
V. fr.

[1006]
SAVONAROLA, GIROLAMO
Predica dello amore diuino sopra la passione del Nostro Signore Iesù Christo, composta dal reuer. padre frate Hieronimo Sauonarola da Ferrara dell'Ordine de frati predicatori.
(Siena, Niccolò Gucci, 1543).
[20] c.: ill.; 8°
a-b⁸ c⁴
EDIT16-CNCE 73447
Cfr. Scapecchi 1998, n. 202.

[1007]
SAVONAROLA, GIROLAMO/(ed.) BETTINI, LUCA/(ed.) BRASAVOLA, GIOVANNI/(ed.) VIOLI, LORENZO
Le prediche dil reuerendo padre frate Hieronimo Sauonarola da Ferrara, sopra li Salmi, & molte altre notabilissime materie, a qualunque predicatore dil verbo diuino vtilissime, nuouamente riuiste & con ogni diligentia corrette.
Venezia, Andrea Arrivabene, 1543 (Venezia, Bernardino Viani <1>, 1543).
[8], 133 [i.e. 224] c.: ill.; 8°
[croce]⁸, A-2E⁸ (c. 2E7, 2E8 bianche)
EDIT16-CNCE 29482, SBN-IT\ICCU\FERE\001228
A cura di Luca Bettina (proemio a c. [croce]2r-v), Giovanni Brasavola (dedica a c. [croce]4r-v) e Lorenzo Violi (proemio a c. [croce]5r-v). Cfr. Ridolfi 1539, 20; Scapecchi 1998, n. 169. V. fr.

[1008]
SAVONAROLA, GIROLAMO/(ed.) VIOLI, LORENZO
Prediche quadragesimali del reuerendo p.f. Ieronimo Sauonarola da Ferrara: sopra Amos propheta: & sopra Zacharia: & parte sopra li euangelii occorrenti: & molti psalmi di Dauid: utilissime a cadauno predicatore & fidel chrstiano [!]. Nouissimamente con diligentia corrette.
Venezia, a istanza di Tommaso Botietta, 1543 (Venezia, Venturino Ruffinelli, 1543).
[4], 505 [i.e. 507], [1] c.; 8°
[croce]⁴ a-z⁸ &⁸ [con]⁸ [rum]⁸ 2a-2z⁸ 2&⁸ 2[con]⁸ 2[rum]⁸ 3a-3l⁸ 3m⁴ (ultima c. bianca)
EDIT16-CNCE 27090
Nome del curatore nel proemio a c. [croce]1v-[croce]2r.
Var B.: 1544 (1544). Cfr. Scapecchi 1998, n. 179. V. fr.

1544

[1009]
AMULIO, NATALINO
Prima parte del Nouo Testamento, ne laqual si contengono i quattro euangelisti, in uno, cioe Vita, passione, et resurretione, di Iesu Christo nostro Saluatore.
Venezia, al segno della Speranza, 1544 (Venezia, Bernardino Bindoni, 1544).
[8], 144, 30 c.: ill.; 12°
*⁸ A-O¹² P⁶
EDIT16-CNCE 78550, SBN-IT\ICCU\UTOE\674437
Come l'edizione EDIT16-CNCE 5988 (vedi 1010) con diversa composizione del fasc. *, cfr. Barbieri 2015, p. 200-201, 208. V. fr.

[1010]
AMULIO, NATALINO

Vita, passione, et resurrettione di Iesu Christo nostro Saluatore.

Venezia, al segno de la Speranza, 1544 (Venezia, Bernardino Bindoni, 1544).

[8], 144, 30 c.: ill.; 12°

*8 A-O12 P6

EDIT16-CNCE 5988, SBN-IT\ICCU\CNCE\005988

Nome dell'autore nella lettera ai lettori a c. *2r. Contiene alla fine apocrifi: *Vangelo di Nicodemo* (cioè *Atti di Pilato* e *Discesa di Cristo all'Inferno*), corrispondenza fra re Abgar di Edessa e Gesù Cristo, cfr. Barbieri 2015, p. 204-205 (descrizione dell'edizione *ibid.*, p. 207-209). V. fr.

[1011]

ANONIMA

Comenzano le virtu de tutti psalmi secondo autorita de molti santi: liquali se dicano devotamente.

Brescia, Lodovico Britannico <1>, 1564 [i.e. 1544] (Brescia, Lodovico Britannico <1>, 1544).

[16] c.: ill.; 8°

A-B8

EDIT16-CNCE 58299

Titolo dalla trascrizione diplomatica in Barbieri 2013, p. 21. Titolo uniforme: *Virtutes psalmorum* [italiano].

[1012]

ANONIMA

Rappresentatione della reina Hester.

[Firenze], (Giovanni Benvenuto, 1544).

[10] c.: ill.; 4°

A6 B4

EDIT16-CNCE 61687, SBN-IT\ICCU\CFIE\033057

Titolo uniforme: *Rappresentazione di Ester regina*. Cfr. Testaverde-Evangelista, 402. V. ed.

[1013]

ANTONINO (SANTO)

Opera di santo Antonino arciuescouo di Fiorenza, utile et necessaria alla institutione delli sacerdoti, & di qualunque deuota persona che desideri saper viuere christianamente, & confessarsi bene delli suoi peccati. Con una breue institutione per gli sacerdoti curati.

Venezia, [Melchiorre Sessa <1>] (Venezia, Melchiorre Sessa <1>, 1544).

105, [7] c.; 8°

A-O8

EDIT16-CNCE 2037

Titolo uniforme: *Confessionale: Curam illius habe* [italiano], dalla dicitura del titolo simile ad altre edizioni. V. fr.

[1014]

BRUCIOLI, ANTONIO

Nuouo commento di Antonio Brucioli. In tutte le celesti, et diuine epistole di san Paulo. De sacrosanti libri della vecchia, et nuoua Scrittura, & dottrina christiana, dal medesimo tradotti dalla uerita hebraica, & fonte greco, in lingua toscana. Tomo sesto.

Venezia, [Alessandro Brucioli e fratelli], 1544 (Venezia, Francesco Brucioli e fratelli, 1544).

[2], 250 c.; fol.

π2 A-Z6 a-s6 t4

EDIT16-CNCE 5768, SBN-IT\ICCU\CFIE\001679

Dopo il titolo si legge: *Predicate lo euangelio a ogni creatura quello che crederra, & sia battezato sara saluo. Marco. xyi.* Fa parte della prima edizione completa dell'intera Bibbia tradotta e commentata da Antonio Brucioli (cfr. Lumini, n. 77): vol. 1-3 datati 1546, cfr. SBN-IT\ICCU\CFIE\001672, IT\ICCU\TO0E\005995 e IT\ICCU\TO0E\005996, vedi 1062; vol. 4 datato 1542, cfr. SBN-IT\ICCU\CFIE\001677, vedi 978; vol. 5 datato 1542 con una seconda emissione o differente edizione datata 1547 (1546), cfr. SBN-IT\ICCU\VEAE\008601 e IT\ICCU\CFIE\001678, vedi 978 e 1080; vol. 7 datato 1544, cfr. SBN-IT\ICCU\CFIE\001680, vedi 1015. V. fr.

[1015]

BRUCIOLI, ANTONIO

Nuouo commento di Antonio Brucioli. Nelle canonice epistole, di san Iacopo, san Pietro, san Giouanni, et san Iuda. De sacrosanti libri della vecchia, et nuoua Scrittura, & dottrina christiana, dal medesimo tradotti dalla uerita hebraica, & fonte greco, in lingua toscana. Tomo settimo.

Venezia, [Alessandro Brucioli e fratelli], 1544 (Venezia, Francesco Brucioli e fratelli, 1544).

[2], 48 c.; fol.

π2 A-H6

EDIT16-CNCE 5768, SBN-IT\ICCU\CFIE\001680

Dopo il titolo si legge: *Predicate lo euangelio a ogni creatura quello che crederra, & sia battezzato sara saluo. Marco. xyi.* Fa parte della prima edizione completa dell'intera Bibbia tradotta e commentata da Antonio Brucioli (cfr. Lumini, n. 77): vol. 1-3 datati 1546, cfr. SBN-IT\ICCU\CFIE\001672, IT\ICCU\TO0E\005995 e IT\ICCU\TO0E\005996, vedi 1062; vol. 4 datato 1542, cfr. SBN-IT\ICCU\CFIE\001677, vedi 978; vol. 5 datato 1542 con una seconda emissione o differente edizione datata 1547 (1546), cfr. SBN-IT\ICCU\VEAE\008601 e IT\ICCU\CFIE\001678, vedi 978 e 1080; vol. 6 datato 1544, cfr. SBN-IT\ICCU\CFIE\001679, vedi 1014. V. fr.

[1016]

BRUCIOLI, ANTONIO

I Psalmi di David tradotti dalla hebraica uerita, & con breui proemi dichiarati per Antonio Brucioli.

Venezia, 1544 (Venezia, Francesco Brucioli e fratelli, 1544).
[6], 203, [i.e. 193], [1] c.; 16°
[*]⁶ A-Z.AA⁸ BB²
EDIT16-CNCE 5843, Barbieri 40 e tav. A40
V. fr.

[1017]
CONFRATERNITA DEL SS. ROSARIO <NAPOLI>
Psalterio ouero Rosario della gloriosa vergine Maria. Con gli suoi mysterii, & indulgentie. Nouamente impresso.
(Venezia, Alessandro Viani), [dopo il 1544].
[24] c.: ill.; 8°
EDIT16-CNCE 79813
V. fr.

[1018]
DEL BENE, GIOVANNI
La resurrettione, et ascensione, del nostro Signor Iesu Christo. Trattata piamente in sei canti, per il r.d. Gioanni del Bene veronese. Con altre rime diuote de diuerse sorti, & di tutte le solennita del anno. Del medesimo.
Venezia, al segno de la Speranza, [non prima del 1544].
152 c.; 8°
A-T⁸
EDIT16-CNCE 36665
Data dall'attività della tipografia. V. fr.

[1019]
EPISTOLE E VANGELI/(tr.) ANONIMA
Epistole con euangeli volgari.
(Milano, Giovanni Antonio Borgo, 1544).
EDIT16-CNCE 58251

[1020]
EPISTOLE E VANGELI/(tr.) ANONIMA
Epistole: euangelij: lectioni: & passij per tutto lo anno in lingua Italiana historiati. Nuouamente reuisti: & con somma diligentia corretti.
(Venezia, Francesco Bindoni <1> e Maffeo Pasini, III.1544).
136 c.: ill.; 8°
A-R⁸
EDIT16-CNCE 61251

[1021]
EPISTOLE E VANGELI/(tr.) ANONIMA
Epistole, euangelij, lettioni, et passij per tutto lo anno in lingua italiana hystoriati. Nuouamente reuisti: & con somma diligentia corretti.
Brescia, Damiano Turlino, 1544.
152 c.: ill.; 8°

A-T⁸
EDIT16-CNCE 11354

[1022]
EPISTOLE E VANGELI/(tr.) ANONIMA
Epistole lettioni, et euangelii, che si leggono tutto l'anno [...].
Venezia, Bernardino Bindoni, 1544.
1 v.; 8°
EDIT16-CNCE 61256

[1023]
IOSEPHUS FLAVIUS/(tr.) LAURO, PIETRO
Giosefo De l'antichita giudaiche. Tradotto in italiano per m. Pietro Lauro modonese.
Venezia, Vincenzo Valgrisi, 1544.
2 vol.; 8°
EDIT16-CNCE 36091
1:
[24], 294, [1] c.; 8°
*-3*⁸ a-z⁸ A-O⁸ (c. 3*7,8 bianche, c. O8 mancante)
SBN-IT\ICCU\TO0E\036775
V. fr.
2:
Li .X. vltimi libri di Giosefo De le antichita giudaiche.
Venezia, Vincenzo Valgrisi, 1544.
286, [2] c.
a-z⁸ A-N⁸ (ultima c. bianca)
SBN-IT\ICCU\TO0E\036776
V. fr.

[1024]
IOSEPHUS FLAVIUS/(tr.) LAURO, PIETRO
Giosefo De l'antichita giudaiche. Tradotto in italiano per m. Pietro Lauro modonese.
Venezia, [al segno del Laocoonte, non prima del 1544] (Venezia, [al segno del Laocoonte]).
2 v.; 8°
EDIT16-CNCE 45074
1:
[24], 294, [1] c.
*-3*⁸ a-z⁸ A-O⁸ (c. 3*7, 8 bianche, c. O8 mancante)
SBN-IT\ICCU\PUVE\012947
2:
Li X. vltimi libri di Giosefo De le antihita [!] giudaiche.
Venezia, al segno del Laocoonte, [non prima del 1544].
286, [2] c.
a-z⁸ A-N⁸
SBN-IT\ICCU\BVEE\040753
Copiata linea per linea dall'edizione di Vincenzo Valgrisi del 1544, cfr. EDIT16-CNCE 36091, vedi 1023. V. fr.

[1025]

Nuovo Testamento/(tr.) Brucioli, Antonio
Il Nuovo Testamento di Giesu Christo Saulatore [!] *nostro, di greco tradotto in uulgare italiano. Per Antonio Brucioli.*
Venezia, 1544 (Venezia, Francesco Brucioli e fratelli, 1544).
2 pt (340; 240 c.); 16°
A-Z⁸ a-t⁸ u⁴; 2a-2z⁸ 2&⁸ 2A-2F⁸
EDIT16-CNCE 5946, Barbieri 41 e tav. A27
V. fr.

[1026]

Petrarca, Francesco
Il primo Trionfo di m. Francesco Petrarcha trasmutato nella passione del saluator nostro Iesu Christo, con un sonetto della Madonna.
(Modena, a istanza di Francesco da Urbino) [1544?].
[4] c.: ill.; 8°
A⁴
EDIT16-CNCE 72997, SBN-IT\ICCU\MODE\041693
Opera attribuita ai Gadaldini del Cinquecento, attivi dal 1544, cfr. Vicini, p. 513.

[1027]

Rosiglia, Marco
La conuersione de santa Maria Madalena, e la uita de Lazaro e de Marta, in ottaua rima historiata. Composta per maestro Marco Rasilia da Foligno, opera deuotissima, nuouamente stampata.
[Non dopo il 1544].
52 c.: ill.; 8°
A-F⁸ G⁴
EDIT16-CNCE 77623
Descrizione basata su esemplare mutilo di colophon. Stampata presumibilmente da Niccolò Zoppino; per il tipografo e la data cfr. Baldacchini, n. 437. Si tratta forse, anche se il formato è diverso, dell'edizione descritta in Cioni 1963, p. 203, n. 9 ("Venezia, sec. XVI, 4°. cc.? esemplare mutilo della Marciana"). Questa edizione è pure rappresentata da un esemplare mutilo conservato presso la stessa biblioteca. V. fr.

[1028]

Savonarola, Girolamo/(ed.) Stefano da Codiponte
Prediche del reu. p.f. Hieronimo Sauonaruola dell'ordine de predicatori sopra alquanti salmi & sopra Aggeo profeta fatte del mese di nouembre, & dicembre l'anno Mcccclxxxxiiii. raccolte dalla sua uiua uoce da frate Stefano da Co di ponte suo discepolo. Nuouamente uenute in luce.
1544 (Venezia, Bernardino Bindoni, 1544).
[8], 185 [i.e. 186], 2 c.; 8° (ripetuta nella numer. c. 185)

a⁸ A-Z⁸ 2A⁴ (c. a2 segnata A2)
EDIT16-CNCE 23181
Cfr. Scapecchi 1998, n. 161. V. fr.

[1029]

Savonarola, Girolamo/(trad.) Giannotti, Girolamo/(ed.) Brucioli, Antonio
Prediche del reuerendo padre fra Girolamo Sauonarola da Ferrara, sopra il salmo Quam bonus Israel Deus, predicate in Firenze, in santa Maria del Fiore in uno aduento, nel .1493. dal medesimo poi in latina lingua raccolte. Et da fra Girolamo Giannoti da Pistoia in lingua uolgare tradotte. Et da molti eccellentissimi huomini diligentemente reuiste & emendate, & in lingua toscha impresse.
[Venezia, Brandino Scoto e Ottaviano Scoto <2>], 1544 (Venezia, Bernardino Bindoni, 1544).
[8], 302, [2] c.: ill.; 8°
a⁸ A-2P⁸
EDIT16-CNCE 23378
Nome del curatore nell'epistola dedicatoria. Cfr. Scapecchi 1998, n. 158. V. fr.

[1030]

Savonarola, Girolamo/(ed.) Violi, Lorenzo
Prediche quadragesimali del reue. p.f. Ireonimo [!] *Sauonarola da Ferrara, sopra Amos propheta, & sopra Zacharia, & parte sopra li Euangelii occorrenti, & molti psalmi di Dauid, utilissime a cadauno predicatore & fidel christiano. Nouissimamente con diligentia corrette.*
Venezia, [Brandino Scoto e Ottaviano Scoto <2>], per Luigi Torti, 1544 (Venezia, Luigi Torti, 1544).
[4], 505 [i.e. 499], [1] c.: ill.; 8°
[ast]⁴ A-3Q⁸ 3R⁴
EDIT16-CNCE 34921
Nome del curatore nella prefazione e nell'epistola al lettore. Cfr. Scapecchi 1998, n. 181. V. fr.

[1031]

Savonarola, Girolamo/(ed.) Violi, Lorenzo
Prediche quadragesimali del reuerendo p.f. Ieronimo Sauonarola da Ferrara: sopra Amos propheta: & sopra Zacharia: & parte sopra li Euangelii occorrenti: & molti psalmi di Dauid: utilissime a cadauno predicatore & fidel christiano. Nouissimamente con diligentia corrette.
Venezia, a istanza di Tommaso Botietta, 1544 (Venezia, Venturino Ruffinelli, 1544).
[4], 505 [i.e. 507] c.: ill.; 8°
[croce]⁴ a-z⁸ [&]⁸ [con]⁸ [rum]⁸ 2a-2z⁸ 2[&]⁸ 2[con]⁸ 2[rum]⁸ 3a-3l⁸ 3m⁴
EDIT16-CNCE 27091
Nome del curatore nella prefazione e nell'epistola al lettore. Cfr. Scapecchi 1998, n. 180. V. fr.

1545

[1032]

ALBERTO DA CASTELLO
Rosario della gloriosa vergine Maria.
(Venezia, Eredi di Pietro Ravani e compagni, III.1545).
252, [4] c.: ill.; 8°
A-2I⁸
EDIT16-CNCE 749
V. fr.

[1033]

ANONIMA
Opera noua sopra la nontiatione de la Madonna, & natiuita di Christo.
(Perugia, Andrea Bresciano), [ca 1545].
[4] c.; 4°
A⁴
EDIT16-CNCE 63320
Titolo uniforme: *Storia dell'Annunciazione.* Per la data cfr. Cioni 1963, p. 67, n. 2 (edizione stampata con i caratteri di Girolamo Cartolari).

[1034]

ANONIMA
Opera noua sopra la nuntiatione della Madonna et natiuità di Christo.
[Perugia, Andrea Bresciano, ca 1545].
[4] c.: ill.; 8°
A⁴
EDIT16-CNCE 71834
Titolo uniforme: *Storia dell'Annunciazione.* Per il luogo, il tipografo e la data cfr. Cioni 1963, p. 67, n. 3 (edizione stampata con i caratteri di Girolamo Cartolari).

[1035]

ANONIMA
La rapresentatione de la natiuita di Christo.
([Firenze], Noferi Bindi, 1545).
[6] c.: ill.; 4°
a⁶
EDIT16-CNCE 52751, SBN-IT\ICCU\CFIE\033074
Titolo uniforme: *Rappresentazione di Gesù Cristo: la natività.* Cfr. Cioni 1961, p. 148, n. 6; Testaverde-Evangelista, 378. V. ed.

[1036]

ARETINO, PIETRO
Il Genesi di m. Pietro Aretino con la visione di Noe ne la quale vede i misterii del Testamento Vecchio e del Nuouo. Diuiso in tre libri.
1545 (Venezia, 1545).

120 c.: ill.; 8° (vari errori nella numer. delle c.)
A-P⁸
EDIT16-CNCE 2455
V. fr.

[1037]

ARETINO, PIETRO
La passione di Giesu composta per m. Pietro Aretino. Ristampata nuouamente.
Venezia, 1545.
35, [1] c.: ill.; 8° (c. 35 numerata 3)
A-D⁸ E⁴
EDIT16-CNCE 2456
V. fr.

[1038]

ARETINO, PIETRO
I quatro libri de la humanita di Christo di m. Pietro Aretino. Nouamente stampata.
Venezia, VI.1545.
119, [1] c.: ill.; 8°
A-P⁸ (c. P8 bianca)
Conconi, n. 71, p. 219-220

[1039]

ARETINO, PIETRO
I quattro libri de la humanita di Christo di m. Pietro Aretino. Nuouamente stampata.
1545.
120 c.: ill.; 8° (vari errori nella numer. delle c.)
A-P⁸
EDIT16-CNCE 2457
V. fr.

[1040]

ARETINO, PIETRO
I sette salmi della penitentia di Dauid.
[non prima del 1545].
53 [i.e. 52] c.: ill.; 8° (c. 43-44 omesse nella numer. e c. 47 ripetuto)
A-F⁸ G⁴
EDIT16-CNCE 2425
Il testo deriva da quello dell'edizione datata 1545 censita EDIT16-CNCE 2458, vedi 1041, cfr. Boillet, p. 710-711.
V. fr.

[1041]

ARETINO, PIETRO
I sette salmi della penitentia di Dauid.
1545.
47, [1] c.: ill.; 8°
A-F⁸ (ultima c. bianca)

EDIT16-CNCE 2458
V. fr.

[1042]
ARETINO, PIETRO
I sette salmi della penitentia di Dauid.
1545.
74 [i.e. 47], [1] c.: ill.; 8° (c. 15 numerata 1, c. 27 numerata 16, c. 47 numerata 74)
A-F⁸ (ultima c. bianca)
EDIT16-CNCE 2459
Stampata probabilmente a Venezia cfr. *IA*, I, 2, p. 93. V. fr.

[1043]
ARETINO, PIETRO
La vita di Maria vergine di messer Pietro Aretino. Nuouamente corretta e ristampata.
1545.
[148] c.: ill.; 8°
A-S⁸ T⁴
EDIT16-CNCE 2461
Titolo e descrizione fisica sulla base di Marini, p. 623-625.

[1044]
[BELCARI, FEO]
La rapresentatione di Abraam et di Ysaac.
(Siena, Francesco Nardi, a istanza di Giovanni Landi, XI.1545).
[4] c.: ill.; 4°
A⁴
EDIT16-CNCE 42738
Per l'autore cfr. Cioni 1961, p. 67, n. 12. Titolo da c. A1r.
Titolo uniforme: *Rappresentazione di Abramo e Isacco.* V. c. A1r.

[1045]
BIBBIA/(tr.) MARMOCHINO, SANTI/rivista da ANONIMI DEGLI EREDI GIUNTA
La Bibia tradotta in lingua toscana, di lingua hebrea, quanto al testamento vecchio, & di lingua greca quanto al nuouo, oltra le precedenti stampe, di nuouo riueduta, corretta, et emendata da molti errori, & mutati alquanti vocaboli non rettamente tradotti, & limati con diligentia secondo il commune parlar consueto a tempi nostri, seguendo la propria verita. Et accio l'opera sia piu perfetta quanto alla disputa di Iob co suoi amici, & quanto a tutti e salmi di Dauid quali per altri sono tradotti in prosa, sono stati nuouamente translatati in versi volgari misurati, secondo che furon composti da proprii auttori, per modo poetico o uero prophetico, secondo che in quel tempo era consueto. Il che sara molto piu intelleggibile & diletteuole a lettori, massime osseruando il semplice & commune stilo della santa et diuina scrittura.

Venezia, 1545 (Venezia, Eredi di Lucantonio Giunta <1>, VI.1545).
[10], 437, [1] c.: ill.; 2°
[croce]¹⁰ A-2V⁸ 2X-2Y⁶ 3A-3E⁸ 3F⁶ 3G-3I⁸ 3K-3L⁶
EDIT16-CNCE 5769, Barbieri 42 e tav. A28
Var. B: frontespizio ricomposto datato 1546, cfr. EDIT16-CNCE 5771, vedi 1059. Contiene apocrifi: *Preghiera di Manasse*; *Esdra* III e IV; *Maccabei* III. V. fr.

[1046]
CALVIN, JEAN
Catechismo cio e Formulario per ammaestrare i fanciulli ne la religione christiana.
[Genève], 1545.
44 c.; 8°
A-E⁸ F⁴
EDIT16-CNCE 8610
Per il luogo cfr. Bingen, n. 168a.

[1047]
CLEMENTINO, CAMILLO
Espositione del Pater nostro secondo più degni & approuati auttori, nuouamente tradotta in lingua volgare, per Camillo Clementino.
Roma, Antonio Blado, 1545.
56 c.: ill.; 4°
A-O⁴
EDIT16-CNCE 13911
V. fr.

[1048]
[HONORIUS AUGUSTODUNENSIS]
Libro del maestro 7 del discepolo: nelquale se dechiara la scrittura di molte sentetie: intitulato Lucidario nouamente reuisto e da molti errori espurgato: 7 in lingua toscha ridutto.
[ca 1545].
[56] c.: ill.; 8°
EDIT16-CNCE 80176
Titolo uniforme: *Lucidarius* [italiano]. Presumibilmente stampata a Venezia da Francesco Bindoni il vecchio e Maffeo Pasini, come si ricava dall'analisi del materiale tipografico. V. fr.

[1049]
LIPPOMANO, LUIGI
Espositioni volgare [!] *del reueren. m. Luigi Lippomanno vescouo di Modone* [...] *sopra il simbolo apostolico cioe il Credo, sopra il Pater nostro, & sopra i dua precetti della charita* [...].
Venezia, Girolamo Scoto, 1545 (Venezia, Girolamo Scoto, 1545).
234 c.; 8°

EDIT16-CNCE 31695

[1050]
[LUTHER, MARTIN]
Prefatione del reuerendiss. cardinal di santa Chiesa. M. Federigo Fregoso nella pistola di san Paolo à romani.
Venezia, [Andrea Arrivabene], 1545 (Venezia, Comin da Trino, 1545).
31, [1] c.; 16°
A-D⁸
EDIT16-CNCE 70024
Opera falsamente attribuita a Federico Fregoso, cfr. Seidel Menchi. Marca di Andrea Arrivabene sul frontespizio.

[1051]
NUOVO TESTAMENTO/(tr.) ANONIMO DELLA SPERANZA
Prima parte del Nouo Testamento, ne laqual si contengono i quattro euangelisti, cioe. Mattheo, Marco, Luca & Giouanne.
Venezia, al segno della Speranza, 1545.
2 vol.: ill.; 12°
EDIT16-CNCE 5947, SBN-IT\ICCU\CNCE\005947, Barbieri 43
1:
[6], 180 c.: ill.
[ast]⁶ A-P¹²
SBN-IT\ICCU\CFIE\031509, Barbieri 43 e tav. A29
V. fr.
2:
Seconda parte del nuouo Testamento, ne laquale si contengono gli Atti ouer Fatti de gli Apostoli. L'epistole di. s. Paulo, l'epistola di. s. Iacomo. Le doe di. s. Pietro. Le tre di. s. Giouanne, et vna di. s. Iuda. L'apocalipse ouer Reuelatione di. s. Giouanne.
Venezia, al Segno della speranza, 1545.
216 c.; 12°
2A-2S¹²
SBN-IT\ICCU\CFIE\031508, Barbieri 43
Revisione anonima della traduzione di Antonio Brucioli, cfr. Barbieri 43. Altra emissione con frontespizio ricomposto e data 1546, cfr. Barbieri 46, vedi 1066. V. fr.

[1052]
OCHINO, BERNARDINO
Expositione di Bernardino Ochino di Siena, sopra la Epistola di s. Paulo alli romani.
[Genève, Jean Gérard], 1545.
282 [i.e. 272] p.; 8°
A-R⁸
EDIT16-CNCE 7632
Per il luogo e il tipografo cfr. Bingen, n. 508. Var. B: *Expositione sopra la epistola di s. Paulo alli romani.* La va-

riante senza il nome dell'autore è stata erroneamente attribuita ad Antonio Brucioli, cfr. Mazzuchelli, II/4, p. 2147. V. fr.

[1053]
OCHINO, BERNARDINO
La terza parte delle prediche di M. Bernardino Occhino, non mai piu stampate, nelle quali si tratta della fede, Speranza & Carità, tanto divinamente, quanto si possi ogni pio christiano desiderare, a utilità di quelli i quali cercano intendere la verità dell'Evangelio. Con la sua Tavola.
[Basel, ca 1545].
2 pt in 1 vol.; 8°
AAA-ZZZ⁸; Aaaa-YYyy⁸
Swissbib 317979485
Le parti sono la terza e la quarta dell'opera.

[1054]
PSEUDO-BONAVENTURA
Meditationi deuotissime di santo Bonauentura cardinale fondate sopra la passione del nostro Signore Iesu Christo nouamente historiate & in lingua tosca corrette.
(Venezia, Giovanni Andrea Valvassori e Florio Valvassori), [non dopo il 1545].
63, [1] c.: ill.; 8°
EDIT16-CNCE 39653
Titolo uniforme: *Meditationes vitae Christi* [italiano]. Data dall'attività dei tipografi. V. fr.

[1055]
SAVONAROLA, GIROLAMO
Prediche sopra Iob del r.p.f. Hieronimo Sauonarola da Ferrara. Fatte in Firenze l'anno. 1494. nuouamente uenute in luce. Con una lettera mandata a suo padre, quando entrò nella Religione.
Venezia, Niccolò Bascarini, 1545.
[4], 416 c.; 8°
[croce greca]⁴ A-3F⁸
EDIT16-CNCE 31655
Cfr. Scapecchi 1998, n. 171. V. fr.

1546

[1056]
ANONIMA
Sette allegrezze della Madonna [...].
Genova, Antonio Bellone, 1546.
EDIT16-CNCE 54874

[1057]

ANTONINO (SANTO)

Opera di santo Antonino arciuescouo fiorentino, vtilissima et necessaria alla instruttione delli sacerdoti, & di qualunque deuota persona laquale desidera sapere viuere christianamente, & confessarsi bene delli suoi peccati. Con vna breue instruttione per li sacerdoti curati.

Venezia, 1546 (Venezia, Francesco Bindoni <1> e Maffeo Pasini, III, 1546).

105, [7] c.; 8°

A-O⁸

EDIT16-CNCE 2038

Titolo uniforme: *Confessionale: Curam illius habe* [italiano], dalla dicitura del titolo simile ad altre edizioni.

[1058]

[BELCARI, FEO]

La rappresentatione di Abraam, & Isaac suo figliuolo.

(Firenze, 1546).

[4] c.; 4°

EDIT16-CNCE 42741

Per l'autore cfr. Accademici Crusca, p. LIII. Titolo uniforme: *Rappresentazione di Abramo e Isacco.*

[1059]

BIBBIA/(tr.) MARMOCHINO, SANTI/rivista da ANONIMI DEGLI EREDI GIUNTA

La Bibbia tradotta in lingua toscana, di lingua hebrea, per il reuerendo maestro Santi Marmochini fiorentino dell'ordine de predicatori, con molte cose vtilissime, & degne di memoria, come nella seguente epistola vederai. Aggiuntoui il terzo libro de Macchabei non piu tradotto in lingua volgare. Oltra le precedenti stampe, di nuouo riueduta, corretta, & emendata dall'hebreo, quanto al testamento vecchio, & dal greco, quanto al nuouo: & mutati molti vocaboli non bene tradotti, & limati, seguendo la propria verita. Et accio l'opera sia piu perfetta quanto alla disputa di Iobbe co suoi amici, & quanto a tutti i salmi di Dauitte, quali per altri sono stati tradotti in prosa, nuouamente sono traslatati in versi volgari misurati, secondo che furon composti da proprii auttori, per modo poetico o vero profetico, secondo che in quel tempo era consueto. Il che sara molto piu intelligibile et diletteuole a lettori, massime osseruando il semplice et comune stilo della santa & diuina scrittura.

Venezia, 1546 (Venezia, Eredi di Lucantonio Giunta <1>, VI.1545).

[10], 437, [1] c.; ill.; fol.

[croce]¹⁰ A-2V⁸ 2ZX-2Y⁶ 3A-3E⁸ 3F⁶ 3G-3I⁸ 3K-3L⁶

EDIT16-CNCE 5771, Barbieri 45 e tav. A31

Contiene apocrifi: *Preghiera di Manasse*; *Esdra* III e IV; *Maccabei* III. Altra emissione, con frontespizio ricompo-

sto, dell'edizione del 1545, cfr. EDIT16-CNCE 5769, vedi 1045. V. fr.

[1060]

BIBBIA/(tr.) MALERBI, NICOLÒ

Biblia vulgare nuouamente stampata, et corretta con le sue figure, alli luochi congrui situade, & sumarij de le materie precedenti a tutti i suoi capitoli aggionti etiam i suoi ordinatissimi repertorij, & infinite altre dechiarationi vtilissime & necessarie a tutti color, iquali desiderano hauer perfetta cognitione de le sacre littere cosa nuoua, ne mai per i tempi passati con tale ordine per altri fatta.

Venezia, Bernardino Bindoni, 1546 (Venezia, Bernardino Bindoni, 1546).

[4], 208 [i.e. 200], 196, [10] c.: ill.; fol.

a⁴ b-z⁸ &⁸ ɔ⁸ R⁸, A¹⁰ B-Z⁸ AA-BB¹⁰

EDIT16-CNCE 5770, Barbieri 44 e tav. A30

Contiene apocrifi: *Preghiera di Manasse*; *Esdra* II (III); extracanonici: *Legenda de sancto Ioseph.*

[1061]

BORDONI, GIROLAMO

Legenda et vita de santa Marta.

Roma, Valerio Dorico e Luigi Dorico, 1546.

[38] c.; 4°

EDIT16-CNCE 7076

Errore di EDIT16 che dà come voce di autorità: Bordoni, Iacopo. Cfr. Mazzuchelli, II/3, p. 1706; Zarri, p. 463; Barberi, p. 135.

[1062]

BRUCIOLI, ANTONIO

Commento di Antonio Brucioli. In tutti i sacrosanti libri del Vecchio, & Nuovo Testamento, dalla hebraica uerita, & fonte greco per esso tradotti in lingua toscana, al solo Iddio honore, et gloria. Tomo primo nelquale si contengono Il Genesi L'Esodo Il Leuitico I Numeri Iosua I Giudicii Ruth I Re Il Paralipomenon Esdra et Ester.

Venezia, [Alessandro Brucioli e fratelli], 1542-1547 (Venezia, per Alessandro Brucioli e fratelli, per Francesco Brucioli e fratelli, 1542-1546).

7 vol.; fol.

EDIT16-CNCE 5768, SBN-IT\ICCU\TO0E\005993

Prima edizione completa dell'intera Bibbia tradotta e commentata da Antonio Brucioli, cfr. Lumini, n. 77. Marca di Alessandro Brucioli e fratelli su ogni frontespizio.

1:

Venezia, [Alessandro Brucioli e fratelli], 1546.

[2], 295 [i.e. 302] c.

π² A-Z⁶ a-2c⁶ 2d⁸

SBN-IT\ICCU\CFIE\001672

A c. π2r-v: dedicatoria di Antonio Brucioli a Caterina de' Medici. Var. B: a c. π2r-v: dedicatoria a Renata di Francia, cfr. Paitoni, 5, p. 31. V. fr.

2:

Commento di Antonio Brucioli. In tutti i sacrosanti libri del uecchio, & Nuovo Testamento, dalla hebraica uerita, & fonte greco per esso tradotti in lingua toscana. Al solo Iddio honore, et gloria. Tomo secondo nelquale si contengono Iob I Psalmi I Prouerbi L'Ecclesiasto La Cantica.

Venezia, [Alessandro Brucioli e fratelli], 1546.

[2], 168 c.

π² A-2B⁶ 2c-2e⁶

SBN-IT\ICCU\TO0E\005995

V. fr.

3:

Commento di Antonio Brucioli. In tutti i sacrosanti libri del Vecchio, & Nuovo Testamento, dalla hebraica uerita, & fonte greco per esso tradotti in lingua toscana. Al solo Iddio honore, et gloria. Tomo terzo nelquale si contengono. Esaia. Ieremia. Ezechiel. Daniel. Osea. Ioel. Amos. Obdia. Iona. Micha. Nauu. Abacuch. Zephania. Haggeo. Zacheria. Malachia.

Venezia, [Alessandro Brucioli e fratelli], 1546 (Venezia, Alessandro Brucioli e fratelli, 1546).

[2], 244 c.

π² a-z⁶ A-R⁶ S⁴

SBN-IT\ICCU\TO0E\005996

Vol. 4 datato 1542, cfr. SBN-IT\ICCU\CFIE\001677, vedi 978; vol. 5 datato 1542 con una seconda emissione o differente edizione datata 1546 (1547), cfr. SBN-IT\ICCU\VEAE\008601 e IT\ICCU\CFIE\001678, vedi 1080; vol. 6-7 datati 1544, cfr. SBN-IT\ICCU\CFIE\001679 e IT\ICCU\CFIE\001680, vedi 1014 e 1015. V. fr.

[1063]

EPISTOLE E VANGELI/(tr.) ANONIMA

Epistole et Euangeli et Letioni volgari in lingua toscana nuouamente ricorretti.

(Firenze, [Bernardo Giunta <1>], 1546).

[1], 95 c.: ill.; fol.

A-I⁸ K-N⁶

EDIT16-CNCE 11355

Marca di Bernardo Giunta <1> nel colophon. Cfr. Sander 2568 e 2583. V. fr.

[1064]

EPISTOLE E VANGELI/(tr.) ANONIMA

Lettioni, Epistole, et Euangeli, che si dicono tutto l'anno, latine & uulgare per piu commodita di ogniuno. Con un ordine facilissimo a trouar di di in di ogni lettione, ò epistola,

ouer'euangelio. Ne lequal molte ne sono state aggionte, che mai per adietro ne le altre impressione, sono state stampate.

Venezia, al segno della Speranza, 1546.

[8], 256 c.; 8°

EDIT16-CNCE 11356

V. fr.

[1065]

LAMPUGNANI, GIOVANNI AMBROGIO

Nella partenza che fece Giesu dalla matre per andare alla morte. Con diecceotto sonetti sopra ciò ch'egli di giorno in giorno operò ne gli vltimi suoi di santi, & piu maraueglinosi.

(Milano, Giovanni Antonio Borgo), [ca 1546].

[20] c.; 8°

EDIT16-CNCE 58107

Per la data cfr. Sandal 1988, n. 184, p. 93. V. fr.

[1066]

NUOVO TESTAMENTO/(tr.) ANONIMO DELLA SPERANZA

Prima parte del Nouo Testamento ne laqual si contengono i quattro euangelisti, cioè Mattheo, Marco, Luca, & Giouanne.

Venezia, al segno della Speranza, 1546.

2 pt ([6] 180; 216 c.); 12°

*⁶ A-P¹²; AA-SS¹²

Barbieri 46 e tav. A32, BL 3022.a.38

Pt 2: *Seconda parte del nuouo Testamento, ne la quale si contengono gli Atti over Fatti de gli Apostoli. L'epistole di s. Paulo, l'epistola di s. Iacomo. Le doe di s. Pietro. Le tre di s. Giouanne et una di s. Iuda. L'apocalipse over Reuelatione di s. Giouanne.* Venezia, Al segno della Speranza, 1545. Altra emissione col primo frontespizio ricomposto rispetto all'edizione EDIT16-CNCE 5947, vedi 1051. V. fr.

[1067]

OCHINO, BERNARDINO

Espositione di messer Bernardino Ochino sopra la epistola di Paulo ài Galati.

1546.

40 c.

A-E⁸

SBN-IT\ICCU\NAPE\030875

V. fr.

[1068]

PITTORIO, LODOVICO

Homiliario ouero espositione di Ludouico pittorio da Ferrara, sopra le Epistole, & Euangelij, per tutta la quadragesima, & ne le dominiche di tutto l'anno, & anchora ne le feste de molti santi. Et alcuni sermoni, & meditationi, & altre cose deuote, del medesimo. Opera veramente vtile, & molto necessaria a ogni fidel christiano.

Venezia, al segno della Speranza, 1546.
557 [i.e. 558], [2] c.; 8°
A-3R⁸
EDIT16-CNCE 32982
V. fr.

[1069]
PULCI, BERNARDO
Rapresentatione del angiol Raphaello.
(Firenze, 1546).
[10] c.: ill.; 4°
A⁶ B⁴
EDIT16-CNCE 52750, SBN-IT\ICCU\CFIE\032948
Per l'autore cfr. Cioni 1961, p. 255. Titolo uniforme:
Rappresentazione dell'angelo Raffaello e Tobia. Cfr. Cioni
1961, p. 255, n. 3; Testaverde-Evangelista, 360. V. fr.

[1070]
ROSIGLIA, MARCO
*La conuersione de santa Maria Maddalena, e la vita di
Lazzaro, e di Martha, in ottaua rima, historiata. Composta
per maestro Marco Rasilia da Foligno, opera deuotissima.
Nuouamente con somma diligentia stampata e corretta.
Aggiontoui il Pater noster l'Aue Maria volgare, & il Credo
esposto in terzetti, con vno priego deuotissimo a Maria vergi-
ne per impetrar gratia essendo infermo.*
1546 (Venezia, Giovanni Padovano, 1546).
[39] c.: ill.; ?
A-E⁸ (ultima c. bianca)
Bayerische Staatsbibliothek, P.o.it. 512#Beibd.1
V. fr.

[1071]
SAVONAROLA, GIROLAMO
*Del r.p.f. Hieronimo Sauonarola Nella prima epistola di san
Giouanni, & altri luoghi della sacra scrittura Sermoni 19 di
marauiglioso artificio ad infocarne nell'amor di Iesu Christo.*
Venezia, al segno della Speranza, 1546.
III, [1] c.; 8°
A-O⁸ (ultima c. bianca)
SBN-IT\ICCU\PUVE\010152
Cfr. Scapecchi 1998, n. 155.

1547

[1072]
ANONIMA
*La rapresentatione della distruttione di Saul et del pianto
di Dauit.*
(Firenze, Zenobio Tosi, V.1547).
[8] c.: ill.; 4°

A⁸
EDIT16-CNCE 61869, SBN-IT\ICCU\CFIE\033009
Titolo uniforme: *Rappresentazione di Saul e Davide.* Cfr.
Cioni 1961, p. 276, n. 2; Testaverde-Evangelista, 244 e 475.

[1073]
ANONIMA
La rapresentatione della reina Hester.
(Firenze, Zenobio Tosi, 1547).
[10] c.; 4°
A⁴ B⁶
EDIT16-CNCE 61945
Titolo uniforme: *Rappresentazione di Ester regina.* Cfr.
Cioni 1961, p. 127, n. 4.

[1074]
ANONIMA
La rapresentatione di santo Giouanni dicollato.
(Firenze, 1547).
[6] c.; 4°
A⁶
EDIT16-CNCE 54232
Titolo uniforme: *Rappresentazione di s. Giovanni Battista
decollato.* Var. B: nel colophon la data è erroneamente
scritta: "MDXI VII". Cfr. Cioni 1961, p. 189, n. 3. V. fr.

[1075]
ANONIMA
La rapresentatione di Susanna.
(Siena, Francesco Nardi, a istanza di Giovanni Landi,
11.V.1547).
[4] c.: ill.; 4°
A⁴
EDIT16-CNCE 62394, SBN-IT\ICCU\CFIE\033165
Titolo uniforme: *Rappresentazione di s. Susanna.* A c. A4v
la data è erroneamente scritta: "MDXXVXII". Cfr. Cioni
1961, 286, p. 3; Testaverde-Evangelista, 485. V. ed.

[1076]
ANONIMA
*Il Salmista secondo la Bibia: ilquale fece il propheta Dauid:
con le vertu de i detti salmi appropriate alla salute di lani-
ma: e dil corpo: 7 per lo accrescimento dilla sostanza di que-
sto mondo. Con la sua tauola per ordine de i Salmi per poter
trouar ogni cosa piu facilmente.*
1547 (Venezia, Francesco Bindoni <1> e Maffeo Pasini,
X.1547).
A-N⁸
EDIT16-CNCE 5893, SBN-IT\ICCU\CNCE\005893
Cfr. Barbieri 2018a, p. 95-96. V. fr.

[1077]

ARETINO, PIETRO

I quattro libri della humanita di Christo di m. Pietro Aretino.

Venezia, Giovanni Andrea Valvassori, 1547 (Venezia, Giovanni Andrea Valvassori, 1547).

112 c.: ill.; 8° (vari errori nella numer. delle c.)

A-O⁸

EDIT16-CNCE 2467

V. fr.

[1078]

BIBBIA/(tr.) BRUCIOLI, ANTONIO

La Biblia la quale in se contiene i sacrosanti libri del Vecchio & Nuouo Testamento, i quali ti apporto christianissimo lettore, tradotti da la hebraica & greca uerita in lingua toscana, nuouamente corretta & con ogni diligentia stampata. Con le concordantie di tutta essa scrittura santa, et li summari de ciascun capitolo. Et con due tauole l'una delle quali mostra i luoghi & l'ordine di quella, & l'altra dichiara tutte le materie che si trattono in essa, rimettendo à suoi luoghi i lettori. Cosa nuoua, & utilissima à tutti i christiani.

Venezia, Girolamo Scoto, 1547 (Venezia, Girolamo Scoto, 1547).

[4], 459, [1], 116 c.; 4°

π⁴ A-3K⁸ 3L¹² Aa-Oo⁸ Pp⁴ (c. 3L12 bianca)

EDIT16-CNCE 5772, Barbieri 47 e tav. A33

Nome del traduttore a c. Pp4r. Contiene apocrifi: *Preghiera di Manasse*; *Esdra* III e IV; *Maccabei* III; testi extracanonici: *Somma di tutta la Sacra Scrittura*. V. fr.

[1079]

BRUCIOLI, ANTONIO

Epistola di Antonio Brucioli. Nella quale, con la sola autorita della scrittura santa si proua, contro alla ostinatione degli Ebrei Christo essere il uero Messia, predetto dalla legge, da psalmi, & da propheti.

Venezia, 1547 (Venezia, Alessandro Brucioli e fratelli, 1547).

24 c.; 8°

A-C⁸

EDIT16-CNCE 7633

V. fr.

[1080]

BRUCIOLI, ANTONIO

Nuouo commento di Antonio Brucioli. Nel libro de Fatti de gli apostoli, et nel libro della Reuelatione di san Giouanni. De sacrosanti libri della uecchia, & nuoua scrittura, & santa dottrina christiana. Tomo quinto.

Venezia, [Francesco Brucioli e fratelli], 1547 (Venezia, Alessandro Brucioli e fratelli, 1546).

[2], 65, [1] c.; fol.

π² A-L⁶ (c. L6 bianca)

EDIT16-CNCE 5768, SBN-IT\ICCU\CFIE\001678

Dopo il titolo si legge: *Predicate l'euangelio à ogni creatura, quello che crederra, & sia battezzato, sara saluo. Marco. xyi.* Marca di Francesco Brucioli e fratelli sul frontespizio. Il volume è la seconda emissione o differente edizione dell'edizione datata 1542, cfr. SBN-IT\ICCU\VEAE\008601, vedi 978. Fa parte della prima edizione completa dell'intera Bibbia tradotta e commentata da Brucioli (cfr. Lumini, n. 77): vol. 1-3 datati 1546, cfr. SBN-IT\ICCU\CFIE\001672, IT\ICCU\TO0E\005995 e IT\ICCU\TO0E\005996, vedi 1062. Vol. 4 datato 1542, cfr. SBN-IT\ICCU\CFIE\001677, vedi 978; vol. 6-7 datati 1544, cfr. SBN-IT\ICCU\CFIE\001679 e IT\ICCU\CFIE\001680, vedi 1014 e 1015. V. fr.

[1081]

BRUCIOLI, ANTONIO

Pia espositione ne dieci precetti, nel simbolo apostolico, & nella oratione domenica.

Venezia, Alessandro Brucioli e fratelli, 1547.

56 c.; 8°

EDIT16-CNCE 7634

[1082]

COLLENUCCIO, PANDOLFO

Comedia dilettosa raccolta nel Vecchio Testamento. Nuouamente ristampata, nellaquale si ragiona de Iacob, et de Ioseph, composta dal magnifico caualiero & dottore, messere Pandolpho Collenutio da Pesaro, ad instantia dello illustriss. & eccellentissimo signor duca Hercole de Ferrara, in terza rima historiata.

Venezia, Luigi Torti, a istanza di Giacomino Candiotto, 1547 (Venezia, Luigi Torti, 1547).

[72] c.: ill.; 8°

A-I⁸

EDIT16-CNCE 14864

V. fr.

[1083]

COLLENUCCIO, PANDOLFO

Comedia dilettttosa [!] raccolta nel Vecchio Testamento. Nuouamente ristampata, nellaquale si ragiona de Iacob, et de Ioseph, composta dal magnifico caualiero & dottore, messere Pandolpho Collenutio da Pesaro, ad instantia dello illustriss. & eccellentissimo signor duca Hercole de Ferrara, in terza rima historiata.

Venezia, 1547 (Venezia, Luigi Torti, 1547).

[74] c.; 8°

A-H⁸ I¹⁰

EDIT16-CNCE 14863

V. fr.

[1084]
GRAZIANO, GIULIO CORNELIO
Le lode di Maria Vergine di Giulio Gratiano da Conegliano.
Venezia, 1547 (Venezia, Bartolomeo Imperatore, a istanza dell'autore).
[48] c.: ill.; 8°
EDIT16-CNCE 37823
V. fr.

[1085]
[HONORIUS AUGUSTODUNENSIS]
Libro del maestro & del didiscipolo [!] *chiamato el Lucidario nel quale se deschiara molte sentenie de la sacra scrittura, nouamente reuisto & da molti errori espurgato, & in lingua Toscha ridotto.*
(Venezia, Giovanni Andrea Valvassori, 16.VI.1547).
[56] c.: ill.; 8°
A-G⁸
EDIT16-CNCE 62701
Titolo uniforme: *Lucidarius* [italiano].

[1086]
NUOVO TESTAMENTO/(tr.) BRUCIOLI, ANTONIO
Il Nuouo Testamento di Giesu Christo, Saluatore nostro, di greco tradotto in uulgare italiano. Per Antonio Brucioli.
Venezia, 1547 (Venezia, Alessandro Brucioli e fratelli, 1547).
311 [i.e. 308] c.; 8°
A-Z⁸ a-p⁸ q⁴
EDIT16-CNCE 5949, Barbieri 48 e tav. A34
V. fr.

[1087]
NUOVO TESTAMENTO/(tr.) BRUCIOLI, ANTONIO
Il Nuouo Testamento di Giesu Christo Saluatore nostro, di greco tradotto in uulgare italiano, per Antonio Brucioli.
Lyon, Guillaume Rouillé, 1547 (Lyon, Philibert Rollet e Barthélemy Frein, 1547).
2 pt (550, [2]; 374, [26] p.): ill.; 16°
a-z⁸ A-L⁸ M⁴; 2a-2z⁸ 2&⁸ 2A⁸
EDIT16-CNCE 71595, Barbieri 49 e tav. A35
V. fr.

[1088]
NUOVO TESTAMENTO/(tr.) BRUCIOLI, ANTONIO
Il Nuouo Testamento di Giesu Christo Saluatore nostro, di greco tradotto in uulgare italiano, per Antonio Brucioli.
Lyon, Guillaume Gazeau, 1547 (Lyon, Philibert Rollet e Barthélemy Frein, 1547).
2 pt (550, [2]; 374, [26] p.): ill.; 16°
a-z⁸ A-L⁸ M⁴; 2a-2z⁸ 2&⁸ 2A⁸
EDIT16-CNCE 5948, Barbieri 50 e tav. A36
Pt 2: *Epistole di s. Paolo apostolo, dal greco tradotte in lingua toscana, & nuouamente riuiste & ricorrette.* V. fr.

[1089]
PITTORIO, LODOVICO
I Salmi di Dauid per Lodouico Pittorio da Ferrara moralmente in forma di Omeliario col latino all'incontro dechiarati, & di sentenia in sentenia uolgarizati. Iquali non solamente à persone illiterate, ma etiamdio à literati & dotti, saranno molto utili, & di grandissima consolatione.
Venezia, al segno della Speranza, 1547.
[8], 370, [2] c.; 8°
a⁸ A-2Z⁸ 3A⁴
EDIT16-CNCE 5892
Le c. a4r-a8v contengono: *Operetta di s. Athanasio di greco in uolgare nuouamente tradotta, doue si narrano le uirtu de i Salmi* [...]. V. fr.

[1090]
PSEUDO-BONAVENTURA
Meditationi deuotissime di santo Bonauentura cardinale fondate sopra la passione del nostro Signore Iesu Christo. Nouamente hystoriate, e in lingua toscha corrette.
Venezia, Francesco Bindoni <1> e Maffeo Pasini, 1547.
63, [1] p.; 24°
EDIT16-CNCE 23465
Titolo uniforme: *Meditationes vitae Christi* [italiano].

[1091]
SAVONAROLA, GIROLAMO/(tr.) ?
Del r.p.f. Hieronimo Sauonarola nella prima epistola di san Giouanni, & altri luoghi della sacra scrittura, sermoni XIX di marauiglioso artificio ad infocarne nell'amor di Iesu Christo, nouamente di latino in uolgare tradotti.
Venezia, al segno della Speranza, 1547.
103, [1] c.; 8°
A-N⁸ (ultima c. bianca, c. B2 erroneamente segnata B)
EDIT16-CNCE 32998
Cfr. Scapecchi 1998, n. 154. V. fr.

[1092]
STANCARO, FRANCESCO
Ispositione de la epistola canonica di S. Giacobo vescouo di Gierusaleme, pia, dotta & diligente: ornata de molti luoghi comuni a utilita grande de la chiesa catholica, & massime de presenti tempi. Per Francesco Stancaro mantoano.
Basel, 1547.
284, [4] p.; 8°
a-s⁸
EDIT16-CNCE 47929

[1093]

TOMITANO, BERNARDINO

Espositione letterale del testo di Mattheo Euangelista, di m. Bernardin Tomitano.

Venezia, Giovanni Griffio <1>, 1547 (Venezia, Giovanni Griffio <1>, 1547).

4, 149, [1] c.; 4°

a⁴ A-Z⁴ 2A-2N⁴ 2O⁶ (c. E2 segnata D2, c. 2O6 bianca)

EDIT16-CNCE 35332

Si tratta di una traduzione delle parafrasi erasmiane, cfr. Forner, p. 428.

1548

[1094]

ALBERTO DA CASTELLO

Rosario della gloriosa Vergine Maria.

Venezia, Eredi di Pietro Ravani e compagni, 1548.

252, [4] c.: ill.; 8°

A-2I⁸

EDIT16-CNCE 750

[1095]

ANTONINO (SANTO)

Espositione di santo Antonino arciuescouo di Firenze sopra i dieci comandamenti, & sopra il Credo. Et molte altre cose, le qual appertengono ad ogni christiano.

Venezia, al segno della Speranza, 1548.

[32] c.; 16°

A-D⁸

EDIT16-CNCE 2039, SBN-IT\ICCU\CNCE\002039 e IT\ICCU\SIPE\008427

[1096]

ANTONINO (SANTO)

Opera di santo Antonino Arciuescouo Fiorentino, vtilissima & necessaria alla instruttione delli sacerdoti & di qualunque deuota persona laquale desidera sapere viuere christianamente, & confessarsi bene delle suoi peccati. Con una breue instruttione per li sacerdoti curati.

(Venezia, Pietro de Nicolini da Sabio, a istanza di Melchiorre Sessa <1>, III.1548).

105, [7] c.; 8°

A-O⁸

EDIT16-CNCE 2040

Titolo uniforme: *Confessionale: Curam illius habe* [italiano], dalla dicitura del titolo simile ad altre edizioni.

[1097]

BIBBIA/(ed.) ANONIMA

Indice delle materie piu occorrenti del nuouo & uecchio testamento. Vn'altro indice da trouar le lettioni, epistole & euangelij, che si leggono tutto l'anno nelle messe. Vn'altro anchora, per saper quello che si legga del nuouo testamento alle messe.

Venezia, al segno della Speranza, 1548.

[60] c.; 12°

A-E¹² (c. E11 e E12 bianche)

EDIT16-CNCE 56970

[1098]

CASTELLANI, CASTELLANO

Cominciano euangelii della quadragesima composti in uersi per me Castellano di Pierozo Castellani dottore fiorentino, ad laude & gloria dello altissimo i Dio [!].

(Firenze, Lorenzo Peri, II.1548).

[26] c.: ill.; 4°

A-B⁸ C¹⁰

EDIT16-CNCE 9940

Titolo da c. [A1r]. V. c. [A1r].

[1099]

FILICAIA, LODOVICO

La vita del nostro Saluatore Iesu Christo, ouero sacra storia euangelica tradotta non solo di latino in uolgare, ma etiam in uerso per dare materia al lettore di piu suauemente correre el frutto necessario alla uita di ciascuno fedel christiano dallo euangelico arboro, per me inutile seruo di Christo frate Lodouico da filicaia da firenze frate capuccino.

(Venezia, Niccolò Bascarini, 1548).

[76] c.: ill.; 4°

A-T⁴

EDIT16-CNCE 19016

V. fr.

[1100]

[HONORIUS AUGUSTODUNENSIS]

Libro del maestro & del discepolo: nel quale se dechiara molte sententie de la scritura intitulato Lucidario. Nouamente reuisto & da molti errori espurgato: & in lingua toscha ridutto.

(Venezia, Francesco Bindoni <1> e Maffeo Pasini, 26.I.1548).

[56] c.: ill.; 8°

A-G⁸

EDIT16-CNCE 74179

Titolo uniforme: *Lucidarius* [italiano].

[1101]

JACOBUS DE VORAGINE/[(tr.) MALERBI, NICOLÒ]

Legendario Vulgare dove si contiene la vita de tutti li Sancti de la Sancta Chiesia approbati [...]. *Nuouamente stampato & con summa diligentia corretto.*
Venezia, Francesco Bindoni <1> e Maffeo Pasini, 1548 (Venezia, Francesco Bindoni <1> Maffeo Pasini, VI.1548).
220 c.: ill.; fol.
EDIT16-CNCE 23470
Titolo uniforme: *Legenda aurea sanctorum* [italiano].

[1102]

NUOVO TESTAMENTO/(tr.) ?
Il Nuouo testamento di Iesu Christo nostro Signore Latino & volgare diligentemente tradoto dal testo greco, & conferito con molte altre traduttioni volgari & latine, le traduttioni corrispondenti l'una a l'altra, & partite per versetti.
Lyon, Guillaume Rouillé, 1548.
559 [8] c.: ill.; 12°
a-z⁸ A-Z⁸ 2a-2f⁸ 2g⁴ *⁸ (c. *8 mancante)
SBN-IT\ICCU\RLZE\002946

[1103]

NUOVO TESTAMENTO/(tr.) BRUCIOLI, ANTONIO/ ANONIMO DELLA SPERANZA
Prima parte del Nuouo Testamento ne laqual si contengono i quattro euangelisti, cioè Mattheo, Marco, Luca, & Giouanne, con tre indici ouer tauole, come in esso ueder si potranno.
Venezia, al segno della Speranza, 1548.
2 pt (206 [i.e. 216]; 252, [20]) c.; 16°
A-2D⁸; 2A-3L⁸
EDIT16-CNCE 5950, Barbieri 52 e tav. A38
Pt 2, a c. 2A1r: *Seconda parte del Nuouo Testamento nella quale si contengono gli Atti ouer Fatti de gli Apostoli. Le epistole di S. Paulo. L'epistola di .S. Iacomo. Le due di .S. Pietro. Le tre di .S. Giouanne & una di .S. Iuda. L'apocalipse ouer Reuelatione di .S. Giouanne.* Revisione anonima della traduzione di Antonio Brucioli, cfr. Barbieri 52. V. fr.

[1104]

PANCOTTO, GIACOMO
I Divini precetti dall'angelo à Moise diuinamente dati, e per il Verbo incarnato Giesu figliuolo di Dio apertissimamente dichiarati [...] *per il v. p. frate Giacopo di Melsitto dell'ordine dei Capuccini di San Francesco* [...].
(Venezia, Pietro Nicolini da Sabbio, 1548).
126, [2] c.; 16°
A-Q⁸
SBN-IT\ICCU\RMLE\013968

[1105]

PITTORIO, LODOVICO
Dominicale et santuario di Lodouico Pittorio da Ferrara, doue si contiene una dolce & morale esposizione sopra li Euangelii, & spesso etiam sopra le Pistole che corrono per tutto lanno in le messe di tutte le domeniche, & altre feste per la santa madre Giesia commandate, [...] *& nel fine del Santuario gli sono quattro utilissimi sermoni,* [...]. *Et da poi gli sono sette bellissime & saluberrime meditationi sopra le sette parti del Pater nostro.* [...] *Nuouamente ristampato, & con summa diligentia corretto.*
Venezia, Francesco Bindoni <1> e Maffeo Pasini, 1548 (Venezia, Francesco Bindoni <1> e Maffeo Pasini, 8.X.1548).
126, [2] c.; fol.
A-V⁶ X⁸
EDIT16-CNCE 47441

[1106]

PITTORIO, LODOVICO
Omeliario ouero Espositione di Lodouico Pittorio da Ferrara, sopra le Epistole, & Euangelii, per tutta la quaresima, & ne le domeniche di tutto l'anno, & anchora ne le festiuita di molti santi. Con alcuni sermoni, e meditationi, & altre cose deuotissime. Opera veramente così vtile come necessaria a ogni fidelissimo seruo di Giesu Christo. Nuouamente con ogni diligentia corretta.
Venezia, Francesco Bindoni <1> e Maffeo Pasini, 1548 (Venezia, Francesco Bindoni <1> e Maffeo Pasini, 1548).
120 c.; fol.
a-u⁶
EDIT16-CNCE 23474

[1107]

SALMI E ECCLESIASTE/(tr.) POZZO, GIOVAN FRANCESCO DA
Salmi di David dall'ebraica alla nostra comune volgar lingua con gran diligentia giudicio, & elegante secondo il senso tradotti. Con li suoi argomenti che merauigliosamente in picciol somma aprono il vero sentimento di ciascun di loro. Vi e anchora aggiunto lo Ecclesiaste di Salomone, & al fine vna brieve ispositione di molti vocaboli oscuri & modi di parlar hebrei.
Venezia, [Andrea Arrivabene], 1548 (Venezia, Bartolomeo Zanetti <1>, a istanza di Iacopo Rimbotti, II.1536).
[166] c.: ill.; 4°
A⁴ B-O⁸ P¹⁰ Q¹². ² A-D⁸ E⁴ (c. P10 bianca)
EDIT16-CNCE 5844, Barbieri 51 e tav. A37
Marca di Andrea Arrivabene sul frontespizio. Altra emissione, con fasc. A completamente ricomposto, dell'edizione del 1537 (1536) dal titolo *Nouissima traslazione de gli Psalmi Dauitici*, cfr. EDIT16-CNCE 5841, vedi 880. Barbieri 1992, p. 313 segnala anche un'edizione ricordata da Jacobson Schutte, p. 86: *Salmi di Dauid ridotti in varie*

canzoni con l'argomento per ciascun salmo da Bonauentura Gonzaga da Reggio conuentaule di S. Francesco con priuilegio MDLVIII, s.l., s.t., s.a. V. fr.

[1108]
SAVONAROLA, GIROLAMO
Espositione del r.p. frate Hieronimo Sauonarola, sopra il salmo Miserere mei Deus, et sopra il salmo In te Domine speraui, & Qui regis Israel intende. Dialogo del medesimo della verita prophetica, & alcune altre opere come nella seguente tauola ueder si potranno.
Venezia, al segno della Speranza, 1548.
159, [1] c.; 8°
A-V⁸ (ultima c. bianca)
EDIT16-CNCE 33005
Sul verso del frontespizio elenco delle opere contenute. Var. B: spostamento del carattere a c. A2r; c. N2 e N4 erroneamente segnate N e N3. Var. C: spostamento del carattere a c. A2r. Cfr. Giovannozzi, 126, Scapecchi 1998, n. 126. V. fr.

1549

[1109]
ANONIMA
La hystoria di sancta Maria Magdalena & Lazaro & Martha.
[Firenze, prima del 1550].
[4] c.: ill.; 4°
EDIT16-CNCE 23045
Titolo uniforme: *Storia dei ss. Maria Maddalena, Lazzaro e Marta.* Per il luogo e la data cfr. Cioni 1963, p. 200, n. 6.

[1110]
CRISPOLTI, TULLIO
Alcune cose et breui meditationi sopra li comandamenti di nostro signor Dio, sopra il Paternostro, & sopra il Credo. [...] Per Tullio Crispoldo da Riete.
Roma, Stefano Nicolini da Sabbio, 1549.
[10] c.; 8°
A¹⁰
EDIT16-CNCE 13782

[1111]
[CURIONE, CELIO SECONDO]
1.Thessalon.5. Orate continoamente, rendete gratie in ogni cosa.
(Basel, Jakob Kündig, 1549).
[8] c.; 8°
A⁸
EDIT16-CNCE 71921, SBN-IT\ICCU\NAPE\024447

Si tratta di un esemplare di una serie di circa 12 piccoli trattati, composti per la maggior parte dal Vergerio e da altri riformatori (stampati a Basel tra il 1549 e il 1550). La prima orazione è il *Pater noster* in italiano. V. ed.

[1112]
[DATI, GIULIANO/ BERNARDO DI ANTONIO/ PARTICAPPA, MARIANO]
[*La Rappresentazione della passione del Nostro Signore Gesu Cristo (...)*].
(Venezia, Agostino Bindoni, 1549).
[48] c.: ill.; 8°
A-C¹⁶
EDIT16-CNCE 78968, SBN-IT\ICCU\UM1E\027016
Per gli autori cfr. Cioni 1961, p. 156; SBN rimanda alla voce di G. Curcio e P. Farenga nel *DBI*, v. 33, 1987, p. 32. Titolo uniforme: *Rappresentazione della passione di Cristo.* Descrizione da esemplare mutilo del frontespizio e della c. A3.

[1113]
DEL BENE, GIOVANNI
Passione del nostro Signor Iesu Christo, esposta per uia de utili e deuoti discorsi, per Gioanni dal Bene veronese.
Venezia, al segno della Speranza, 1549.
170, [2] c.; 8°
EDIT16-CNCE 36818
V. fr.

[1114]
FILICAIA, LODOVICO
Gli Atti de gli apostoli secondo san Luca, tradotti in lingua volgare: in terza rima, la vita anchora et morte de dodici apostoli di Iesu in quarta rima: per dar materia a quelli che si dilettano del uerso, accio che lascino le buggie & fauole, & che si esercitano piu utilmente, per il reuerendo frate Lodouico de Filicaria da Firenze frate di santo Francesco capuccino.
Venezia, al segno della Speranza, 1549.
75, [1] c.; 4°
A-I⁸ K⁴ (c. K4 bianca)
EDIT16-CNCE 19017
V. fr.

[1115]
GIULIO DA MILANO
Esortatione alli dispersi per Italia, di Giulio da Milano. Vie aggionta una meditatione sopra del Pater Noster.
Trento, 1549.
[15] c.; 8°
EDIT16-CNCE 70837
Stampata probabilmente a Poschiavo, cfr. *ESTeR*, n. 10292.

[1116]

[HONORIUS AUGUSTODUNENSIS]
Libro del maestro e del discipulo ec.
Venezia, Manfredo da Monferrato, 1549.
8°
Argelati, vol. I, p. 29 nota
Titolo uniforme: *Lucidarius* [italiano].

[1117]

IOSEPHUS, FLAVIUS/(tr.) LAURO, PIETRO
Giosefo De l'antichità giudaiche. Tradotto in italiano per m. Pietro Lauro modenese.
Venezia, Baldassarre Costantini, 1549.
2 vol.; 8°
EDIT16-CNCE 25092
1:
[24], 306, [8] c.
[ast]-3[ast]⁸ a-z⁸ A-P⁸ Q⁴ (ultima c. bianca)
SBN-IT\ICCU\ANAE\002784
V. fr.
2:
Li X vltimi libri di Giosefo de le antichità giudaiche.
Venezia, Baldassarre Costantini, 1549.
298, [2] c.; 8°
a-z⁸ A-O⁸ P⁴
SBN-IT\ICCU\UBOE\034608

[1118]

LEGA, DOMENICO
Morte di Cristo tragedia di Giouan Domenico di Lega napoletano: detto nella amicitia de gli Incogniti: Parthenio Incognito.
Napoli, Giovanni Paolo Suganappo, 1549.
[48] c.; 4°
A-M⁴
EDIT16-CNCE 50472

[1119]

NUOVO TESTAMENTO/(tr.) BRUCIOLI, ANTONIO
Nuouo Testamento di Giesu Christo Saluatore nostro, reuisto nuouamente con gran diligentia: & ornato di molte figure di nuouo aggiunte. Tradotto di graeco in vulgare italiano, per Antonio Brucioli.
Lyon, Guillaume Rouillé, 1549 (Lyon, Philibert Rollet e Barthélemy Frein, 1549).
503, [1], 333; [27] p.: ill.; 16°
a-z⁸ A-H⁸ I⁴ 2a-2x⁸; ²A⁸ ²B⁴
EDIT16-CNCE 60592, Barbieri 53 e tav. A39
Pt 2: *Epistole di san Paulo apostolo* [...]. Var. B: sul frontespizio anno di stampa 1550 (cfr. Barbieri 54). V. fr.

[1120]

VERGERIO, PIETRO PAOLO (IL GIOVANE)
Instruttione christiana.
Poschiavo, Dolfino Landolfi, 1549.
[20] c.; 8°
a-b⁸ ²a⁴
EDIT16-CNCE 72142
Per l'autore cfr. Hubert, p. 21.

1550

[1121]

ANONIMA
La festa di Nabucdonasor [!] *re di Babillonia.*
[Firenze, ca 1550].
[8] c.: ill.; 4°
EDIT16-CNCE 18889
Titolo da c. [1r], dove si legge l'incipit: *Dio di Abram Disac & di Iachob.* Titolo uniforme: *Rappresentazione di Nabuccodonosor.* Per il luogo e la data cfr. Cioni 1961, p. 243, n. 2 (indicata come edizione di 10 carte). V. c. [1r].

[1122]

ANONIMA
La historia di santa Maria Maddalena et Lazzero et Marta.
[Firenze?, 1550?].
[4] c.: ill.; 4°
A⁴
BL 11426.c.59
Titolo da c. [A1r]. Titolo uniforme: *Storia dei ss. Maria Maddalena, Lazzaro e Marta.* Incipit a c. [A1r]: *Celestiale gloria e buon consiglio | o sommo Dio o vera trinitae.* V. ed.

[1123]

ANONIMA
La historia di Susanna, moglie di Giouacchino, la quale a torto fu accusata di adulterio da dua tristi vecchi, e poi per miracolo Dio [!] *fu liberata, e loro furno lapidati dal popolo. Nuouamente ristampata.*
[Firenze, 1550?].
[4] c.: ill.; 4°
A⁴
EDIT16-CNCE 79410
Titolo da c. A1r, dove si legge l'incipit: *Chi si diletta nuoue cose vdire.* Titolo uniforme: *Storia di Susanna e Daniello.* Per il luogo e la data cfr. *STCBL*, p. 652. V. c. A1r.

[1124]

ANONIMA
Hystoria di Lazaro Martha et Magdalena.
[1550?].

[4] c.: ill.; 4°
EDIT16-CNCE 22636
Titolo uniforme: *Storia dei ss. Maria Maddalena, Lazzaro e Marta*. Stampata probabilmente a Firenze; per il luogo e la data cfr. Cioni 1963, p. 200, n. 7. V. fr.

[1125]
ANONIMA
Narratione dell'anuntiatione di Nostra. Donna. E della natiuità di Iesu Christo con l'Aue Maria e la Salue. Regina esposta.
[Firenze, ca 1550].
[6] c.: ill.; 8°
EDIT16-CNCE 61320
Titolo uniforme: *Storia dell'Annunciazione*. Per il luogo e la data cfr. Cioni 1963, p. 67. n. 1. V. fr.

[1126]
ANONIMA
La natiuita de Christo: come gli pastori e gli magi andorono a offerire: e de la crudelta del re Herode.
(Venezia, Agostino Bindoni), [ca 1550].
[4] c.: ill.; 4°
EDIT16-CNCE 79787
Titolo da c. [1r]. Titolo uniforme: *Storia della natività di Gesù*. Incipit a c. [1r]: *O Creator che ogni cosa creasti*. Explicit a c. [4v]: *Di far festa triompho gaudio & gloria*. V. c. [1r] e [4v].

[1127]
ANONIMA
Opera noua sopra la natiuita di Iesu Christo, con un bellissimo capitolo.
[Firenze, 1550].
[4] c.: ill.; 8°
EDIT16-CNCE 61322
Titolo da c. [1r]. Titolo uniforme: *Storia della natività di Gesù*. Incipit a c. [1r]: *Laudata e ringratiata sempre sia*. Explicit a c. [3v] (da Cioni): *E faccia 'l peccator di gratia degno. Amen*. A c. [3v] (da Cioni): *IL CAPITOLO | (Q)Vesto e quel uerbo dell'eterno Padre*. Explicit del capitolo a c. [4v]: *A posseder' il Regno delli eletti. Amen*. Per il luogo e la data cfr. Cioni 1963, p. 25, n. II.1 ("[1550?]"). V. c. [1r] e [4v].

[1128]
ANONIMA
Il prego deuotissimo di s. Iob. Il quale ti esorta con infiniti modi à penitenza, la quale è tanto grata à Dio.
(Firenze, alle scalee di Badia), [non prima del 1550].
[4] c.: ill.; 8°
EDIT16-CNCE 63513
Data dall'attività della tipografia. V. fr.

[1129]
ANONIMA
Questa sie la historia del Iudicio universale del mondo.
[Firenze, 1550].
[4] c.: ill.; 4°
EDIT16-CNCE 76440
Titolo a c. [1r]. Titolo uniforme: *Storia del giudizio universale*. Incipit a c. [1r]: *O sancta trinita vno solo idio | Senza principio 7 senza fine sete*. A c. [4v]: *Saluto dela nostra Dona*. Per il luogo e la data cfr. Cioni 1963, p. 255, n. 6. V. c. [1r] e [4v].

[1130]
ANONIMA
Questa sie la historia del iudicio uniuersale del mondo et come Christo uignera a iudicare li uiui et morti al di del iudicio.
[Firenze, 1550].
[4] c.: ill.; 4°
EDIT16-CNCE 63688
Titolo a c. [1r]. Titolo uniforme: *Storia del giudizio universale*. Incipit a c. [1r]: *O sancta trinita uno solo idio | Senza principio & senza fine sete*. A c. [4v]: *Saluto de la nostra Dona*. Per il luogo e la data cfr. Cioni 1963, p. 255, n. 5. V. c. [1r] e [4v].

[1131]
ANONIMA
La rappresentatione e festa di Iosef figliuolo di Iacob. Nuouamente ristampata.
Firenze, alle scalee di Badia, [non prima del 1550].
[10] c.; 4°
A¹⁰
EDIT16-CNCE 62041, SBN-IT\ICCU\CFIE\032943
Titolo uniforme: *Rappresentazione di Giuseppe*. Cfr. Testaverde-Evangelista, 209. V. ed.

[1132]
ANONIMA
La rapresentatione: e festa di Josef figliuolo di Jacob. Nuouamente ristampata.
Firenze, [ca 1550].
[10] c.: ill.; 4°
A¹⁰
EDIT16-CNCE 62160
Titolo uniforme: *Rappresentazione di Giuseppe*. Cfr. Cioni 1961, p. 202, n. 4.

[1133]
ANONIMA
Il Salmista di Dauid secondo la Bibia, con la lor uertu appropriata per la salute de l'anima, e dil corpo, & per lo accresci-

mento dela sostanza di questo mondo, nuouamente ampliato, e corretto. Con la tauola de tutti li salmi posta per ordine.
Venezia, Girolamo Scoto, 1549 (Venezia, Girolamo Scoto, 1550).
165 [i.e. 175] c.; 16°
A-Y⁸ (c. Y8 mancante)
EDIT16-CNCE 52480
Titolo dalla trascrizione diplomatica di Barbieri 2018a, p. 96.

[1134]
ANONIMA
Le sette allegrezze della Madonna. Nuovamente stampate.
[ca. 1550].
[4] c.: ill.; ?
A⁴
Bayerische Staatsbibliothek, L.germ. 158 m#Beibd.2
Incipit a c. A1v: *Ave Maria vergine gloriosa | Piu che ogni altra donna tu sei beata.* V. fr.

[1135]
ANONIMA/[ROSIGLIA, MARCO]
Comincia la devotissima conversione di Santa Maria Maddalena compartita in sei capitoli.
Venezia, 1550.
8°
BL 239.b.14
Per l'autore, che deduciamo dall'incipit del testo indicato nella scheda (*Nuovo effetto d'amor*), cfr. Cioni 1963, p. 203 ("Testo di Autore ignoto del sec. XVI, fondato – ma abbreviatissimo – su quello del Rosiglia"). Titolo dall'intitolazione (esemplare mutilo di frontespizio). Potrebbe trattarsi dell'edizione EDIT16-CNCE 63668, vedi 1163.

[1136]
[BELCARI, FEO]
La rapresentation di Abraam et di Isacc.
([Firenze], Iacopo di Bastiano), [ca 1550].
[4] c.; 4°
EDIT16-CNCE 61684
Per l'autore, il luogo e la data cfr. Cioni 1961, p. 67, n. 13. Titolo uniforme: *Rappresentazione di Abramo e Isacco.*

[1137]
[CASTELLANI, CASTELLANO]
Rapresentatione del nostro Signore Iesu Christo quando disputo nel Tempio.
(Firenze), [ca 1550].
[6] c.: ill.; 4°
A⁶
EDIT16-CNCE 54163, SBN-IT\ICCU\CFIE\033078
Per l'autore cfr. Ponte, p. 65. Titolo uniforme: *Rappresentazione della disputa di Gesù Cristo al tempio.*

Cfr. Cioni 1961, p. 154, n. 1; Testaverde-Evangelista, 383. V. ed.

[1138]
[CASTELLANI, CASTELLANO]
Rapresentatione della resurettione di Christo nuouamenre composta.
(Firenze), [ca 1550].
[8] c.: ill.; 4°
A-B⁴
EDIT16-CNCE 61685
Per l'autore cfr. Ponte, p. 65. Titolo uniforme: *Rappresentazione della resurrezione di Gesù Cristo.* Per la data cfr. Cioni 1961, p. 168, n. 4 (explicit: *& dona lor celesti honori*).

[1139]
[CICERCHIA, NICCOLÒ]/PULCI, BERNARDO
La passione del nostro signore Giesu Christo. In ottaua rima. Et il pianto della Maddalena. Composto da Bernardo Pulci fiorentino. Nuouamente ricorretta, & ristampata.
[Firenze, 1550].
[16] c.: ill.; 4°
EDIT16-CNCE 63256
Niccolò Cicerchia è autore de *La passione* (cfr. Cioni 1963, p. 29), Bernardo Pulci del *Pianto*. Titolo uniforme: *La passione di Gesù Cristo.* Per il luogo e la data cfr. Cioni 1963, p. 37, n. 6 (con data "d. 1550"; forse la stessa edizione che EDIT16-CNCE 63253, cfr. Cioni 1963, p. 37, n. 5, vedi 1276).

[1140]
CURIONE, CELIO SECONDO
Una familiare et paterna institutione della christiana religione, di M. Celio Secondo Curione, piu copiosa, et piu chiara che la latina del medesimo, con certe altre cose pie [...].
Basel, [Johann Oporinus, 1550?].
[104] c.; 8°
A-N⁸
EDIT16-CNCE 71920
Per il tipografo e la data cfr. STCBL, p. 206. Contiene le *Pie orationi*, senza però il *Pater noster*, e una sezione di *Rime spirituali* che include un sonetto sopra il salmo 13, un capitolo in terza rima sopra il salmo 2, e due canzoni sopra i salmi 1 e 146. V. ed.

[1141]
DATI, GIULIANO/ BERNARDO DI ANTONIO/ PARTICAPPA, MARIANO
La representatione del nostro signor Giesu Christo. La quale se representa nel Colliseo di Roma il uenerdi santo con la sua santissisima [!] resurrettione historiata.

(Milano, Valerio Meda e Girolamo Meda), [non prima del 1550].

[44] c.: ill.; 8°

A-B⁴ C⁶

EDIT16-CNCE 39004

Nomi degli autori nel colophon. Titolo uniforme: *Rappresentazione della passione di Cristo*. Data dall'attività dei tipografi. V. fr.

[1142]

EPISTOLE E VANGELI/(tr.) ANONIMA

Epistole, euangeli, lettioni [et] *passio per tutto lo anno in lingua italiana hystoriati. Nuouamente reuisti et con somma diligentia corretti.*

Venezia, Agostino Bindoni, 1550.

134 p.; 8°

EDIT16-CNCE 61249

[1143]

EPISTOLE E VANGELI/(tr.) ANONIMA

Epistole, euangelij, lettioni & passij per tutto lanno in lingua italiana, historiati. Nuouamente reuisti, & con somma diligentia corretti.

(Milano, Eredi di Vincenzo Meda, a istanza di Matteo Besozzi, 1550).

150, [2] c.: ill.; 8°

EDIT16 CNCE 78384

[1144]

EPISTOLE E VANGELI/(tr.) ANONIMA

Lettioni, epistole, et Euangeli, che si dicono tutto l'anno, latine & vulgare per piu commodita di ogniuno. Con un ordine facilissimo a trouar di di in di in ogni lettione, o epistola, ouero euangelio. Nel qual molte ne sono state aggionte, che mai per adietro ne le altre impressioni, sono state stampate.

Venezia, al segno della Speranza, 1550.

1 vol.

SBN-IT\ICCU\MILE\011527

[1145]

EUSEBIUS CAESARIENSIS/(tr.) ANONIMA

Eusebio Pamphilo Della preparatione euangelica.

(Venezia, Michele Tramezzino <1>, 1550).

[8], 275, [1] c.; 8°

[ast]⁸ A-2K L¹²

EDIT16-CNCE 18383

V. fr.

[1146]

GIORGIO SICULO

Espositione di Georgio Sicolo seruo fedele di Iesu Christo nel nono, decimo, & vndecimo capo della epistola di san Paolo alli romani.

Bologna, Anselmo Giaccarelli, 1550.

32 c.; 8°

A-D⁸

EDIT16-CNCE 36408

[1147]

PITTORIO, LODOVICO

Dominicale et Santuario di Lodouico Pittorio da Ferrara, doue si contiene vna dolce & morale espositione sopra gli Euangelii [...]. Nuouamente ristampato, & con somma diligentia corretto.

Venezia, 1550 (Venezia, Giovanni Padovano, 1550).

122 c.; fol.

A-T⁶ V⁸

EDIT16-CNCE 27870

[1148]

PITTORIO, LODOVICO

Omeliario ouero espositione di Lodouico Pittorio da Ferrara, sopra le epistole, & Euangelii, per tutta la Quaresima, & ne le domeniche di tutto l'anno, & anchora ne le festiuita di molti Santi. Nouamente con ogni diligentia corretta.

Venezia, 1550 (Venezia, Giovanni Padovano, 1550).

112 c.; fol.

a-s⁶ t⁴

EDIT16-CNCE 27873

[1149]

PULCI, ANTONIA

La rappresentatione del figliuol prodigo nuouamente stampata. Composta per mona Antonia di Bernardo Pulci.

[Firenze, 1550?].

6 c.: ill.; 4°

a⁶

EDIT16-CNCE 50657

Titolo uniforme: *Rappresentazione del figliol prodigo*. Per il luogo e la data cfr. Cioni 1961, p. 138, n. 1. V. fr.

[1150]

ROSELLI, ALESSANDRO

La rappresentatione di Sansone composta per Lessandro Roselli.

[Firenze, ca 1550].

[8] c.: ill.; 4°

A⁸

EDIT16-CNCE 62247

Per il luogo e la data cfr. Cioni 1961, p. 274, n. 1. Titolo uniforme: *Rappresentazione di Sansone*.

[1151]

VERGERIO, PIETRO PAOLO (IL GIOVANE)

Breuissimo discorso in stanze, sopra i dieci comandamenti di Dio, & l'oratione insegnataci da Giesu Christo, & il simbolo detto de gli apostoli con una semplice intelligentia.

[Basel], Jakob Kündig, 1550.

[8] c.; 8°

A[8]

EDIT16-CNCE 72249

Per l'autore cfr. Hubert, p. 230. Esiste altra edizione ricomposta, cfr. EDIT16-CNCE 79314, vedi 1152.

[1152]

VERGERIO, PIETRO PAOLO (IL GIOVANE)

Breuissimo discorso in stanze, sopra i dieci comandamenti di Dio, & l'oratione insegnataci da Giesu Christo, & il simbolo detto de gli apostoli con una semplice intelligentia.

[Basel], Jakob Kündig, 1550.

[8] c.; 8°

A[8]

EDIT16-CNCE 79314

Per l'autore cfr. Hubert, p. 230. Esiste altra edizione ricomposta, cfr. EDIT16-CNCE 72249, vedi 1151.

[1153]

VERGERIO, GIOVANNI BATTISTA

Espositione et paraphrasi sopra il salmo CXIX. Beati immaculati in uia. Di m. Gio. Battista Vergerio reuerend. uescouo di Pola.

[1550].

[60] c.; 8°

EDIT16-CNCE 72338

Stampata presumibilmente a Basilea da Jakob Kündig, cfr. Pierce, p. 228; data in calce al testo.

DOPO IL 1550

[1154]

ANONIMA

Giudicio generale qual tratta della fine del mondo, quando il nostro Signor Iesu Christo venira a giudicare gli buoni, & li rei. Con la venuta de Antechristo. Nouamente ristampata.

(Modena), [dopo il 1550].

[6] c.: ill.; 4°

A[6]

EDIT16-CNCE 63691

Titolo da c. [A1r] (descrizione basata su esemplare parzialmente mutilo dell'intitolazione, completata con Cioni). Titolo uniforme: *Storia del giudizio universale*. Incipit a

c. [A1r]: *A te ricorro eterno Creatore, | Che gratia presti al debil intelletto.* Per la data cfr. Cioni 1963, p. 256, n. 9. V. fr.

[1155]

ANONIMA

Historia de i santi deuotissimi Pietro e Paolo apostoli di Christo, & con il loro martirio, & morte.

[Venezia, dopo il 1550].

[4] c.; 4°

A[4]

EDIT16-CNCE 22554

Titolo uniforme: *Storia dei ss. Pietro e Paolo*. Per il luogo e la data cfr. Cioni 1963, p. 215, n. 2.

[1156]

ANONIMA

La historia di santa Maria Magdalena et Lazero et Marta.

[Firenze, dopo il 1550].

[4] c.: ill.; 4°

EDIT16-CNCE 22859

Titolo da c. [1r]. Titolo uniforme: *Storia dei ss. Maria Maddalena, Lazzaro e Marta*. Incipit a c. [1r]: *Celestiale gloria e buon consiglio | o sommo Dio o vera trinitae.* Per il luogo cfr. Cioni 1963, p. 201, n. 8. V. c. [1r].

[1157]

ANONIMA

La historia di Susanna, moglie di Giouacchino, la quale a torto fu accusata di adulterio da due tristi vecchi, e poi per miracolo di Dio fu liberata, e loro furno lapidati dal popolo. Nuouamente ristampata.

[Dopo il 1550].

[4] c.: ill.; 4°

A[4]

EDIT16-CNCE 73802

Titolo da c. A1r, dove si legge l'incipit: *Chi si diletta nuoue cose vdire.* Titolo uniforme: *Storia di Susanna e Daniello*. Data dal confronto con altra edizione che presenta identici elementi iconografici. V. c. A1r.

[1158]

ANONIMA

La istoria di Susanna, moglie di Giouacchino, la quale a torto fu accusata di adulterio da dua tristi uecchi, e poi per miracolo di Dio lei fu liberata, e loro furno lapidati dal popolo. Nuouamente ristampata.

[Firenze, dopo il 1550].

[4] c.: ill.; 4°

A[4]

EDIT16-CNCE 54294

Titolo da c. A1r, dove si legge l'incipit: *Chi si diletta nuoue cose udire*. Titolo uniforme: *Storia di Susanna e Daniello*. Per il luogo e la data cfr. Cioni 1963, p. 244, n. 6. V. c. A1r.

[1159]

ANONIMA
Questo e il Iudicio generale che tratta de la fine del mondo quando Iesu xristo uenira e iudicar i boni e rei.
[Firenze, dopo il 1550].
[4] c.: ill.; 4°
EDIT16-CNCE 63690
Titolo uniforme: *Storia del giudizio universale*. Incipit a c. [1r] (da Cioni): *(A) Te ricorro eterno creatore | che grā presti al debile intellecto*; segue altro testo con incipit (da Cioni): *(O) Santa trinita solo un dio | senza principio 7 senza fine sete*. Per il luogo e la data cfr. Cioni 1963, p. 255, n. 8.

[1160]

ANONIMA
La rappresentatione di Iudith hebrea.
(Firenze, alle scalee di Badia), [dopo il 1550 ca].
[8] c.: ill.; 4°
A⁸
EDIT16-CNCE 61903, SBN-IT\ICCU\CFIE\032872
Titolo uniforme: *Rappresentazione di Giuditta ebrea*. Per la data cfr. Cioni 1961, p. 198, n. 2; Testaverde-Evangelista, 175 e 621. V. ed.

[1161]

ANONIMA
La rappresentazione della regina Hester.
(Firenze, alle scalee di Badia), [dopo il 1550].
[10] c.: ill.; 4°
A¹⁰
EDIT16-CNCE 61620, SBN-IT\ICCU\CFIE\032933
Titolo uniforme: *Rappresentazione di Ester regina*. Per la data cfr. Cioni 1961, p. 127, n. 5; Testaverde-Evangelista, 129. V. ed.

[1162]

ANONIMA
Vita et morte di san Giouanni Batista. Nuouamente ristampata.
[Firenze, dopo il 1550].
[4] c.; 4°
EDIT16-CNCE 63604
Titolo uniforme: *Storia di s. Giovanni Battista*. Per il luogo e la data cfr. Cioni 1963, p. 160-161, n. 5 ("fine sec. XVI").

[1163]

ANONIMA/[ROSIGLIA, MARCO]
La conuersione di santa Maria Maddalena.

[Dopo il 1550].
[12] c.: ill.; 8°
A¹² (ultima c. bianca)
EDIT16-CNCE 63668, SBN-IT\ICCU\CNCE\013201
EDIT16 attribuisce il testo a Marco Rosiglia, ma l'incipit e l'explicit sono gli stessi del "Testo di Autore ignoto del sec. XVI, fondato – ma abbreviatissimo – su quello del Rosiglia", cfr. Cioni 1963, p. 203. Titolo dall'occhietto (la *e* finale di *conuersione* è quasi tutta cancellata, SBN trascrive: *conversion.*). A c. [2r] (da Cioni): *(N) Vuouo effetto d'amor, nuoua facella*. Explicit (carta non segnata nella riproduzione fornita da EDIT16): *cerca ch'el dice assai bene lo Euangelo*. Stampata probabilmente a Firenze; per il luogo e la data cfr. Cioni 1963, p. 203, n. 1. SBN indica: "Probabilmente stampato in Italia. Databile al secolo XVI per le caratteristiche tipografiche", con rinvio a Matteucci, p. 75, n. 38. V. occhietto.

[1164]

[CICERCHIA, NICCOLÒ]/PULCI, BERNARDO
La passione del nostro Signore Giesu Christo. In ottaua rima. Et il pianto della Maddalena, composto da Bernardo Pulci fiorentino. Nuouamente ricorretta, & ristampata.
Firenze, alle scalee di Badia, [dopo il 1550].
[18] c.: ill.; 4°
EDIT16-CNCE 75240, SBN-IT\ICCU\CNCE\075240
Niccolò Cicerchia è autore de *La passione* (cfr. Cioni 1963, p. 29), Bernardo Pulci del *Pianto*. Titolo uniforme: *La passione di Gesù Cristo*. Data dall'attività della tipografia. V. fr.

[1165]

[DATI, GIULIANO/ BERNARDO DI ANTONIO/ PARTICAPPA, MARIANO]
Rappresentatione della passione del nostro Signore Iesu Christo, la quale si rappresenta il Venerdì santo nel Coliseo in Roma. Nuouamente con le figure ristampata.
[Firenze, dopo il 1550].
[14] c.: ill.; 4°
A-B⁴ C⁶
EDIT16-CNCE 16066, SBN-IT\ICCU\VEAE\011617
Per gli autori cfr. Cioni 1961, p. 156. Titolo uniforme: *Rappresentazione della passione di Cristo*. Per il luogo e la data cfr. Cioni 1961, p. 161, n. 16; Testaverde-Evangelista, 387. V. ed.

1551

[1166]

ALBERTO DA CASTELLO

Rosario della gloriosa Vergine Maria.
(Venezia, Eredi di Pietro Ravani e compagni, VII.1551).
252, [4] c.: ill.; 8°
A-2I⁸
Edit16-CNCE 751
Nome dell'autore a c. A2r e A3r. V. fr.

[1167]
Anonima
Le sette allegrezze della Madonna.
(Firenze, 1551).
[4] c.: ill.; 8°
Edit16-CNCE 61312
Incipit a c. [1]r: *Ave Maria vergine gloriosa | piu che ogni altra donna sete beata.* V. fr.

[1168]
Antonino (santo)
Opera di Santo Antonino Arciuescouo fiorentino, da lui medesimo composta in uolgare, utilissima & necessaria alla instruttione delli sacerdoti, & di qualunque altra persona, laquale desidera sapere uiuere christianamente, & confessarsi bene de gli suoi peccati. Nuouamente ristampata, & da infiniti errori emendata, [...].
Venezia, 1551 (Venezia, Domenico Giglio, a istanza di Melchiorre Sessa <1>, 1551).
88, [8], c.; 8°
A-M⁸ (ultima c. bianca)
Edit16-CNCE 2041, SBN-IT\ICCU\TO0E\020059
Titolo uniforme: *Confessionale: Curam illius habe* [italiano], dalla dicitura del titolo simile ad altre edizioni.

[1169]
Antonino (santo)
Opera di santo Antonino arciuescouo fiorentino, utilissima, & necessaria alla instruttione delli sacerdoti, & di qualunque deuota persona la quale desidera sapere uiuere christianamente, & confessarsi bene delli suoi peccati. Con una breue instruttione per li sacerdoti curati.
Venezia, Francesco Bindoni <1> e Maffeo Pasini, 1551 (Venezia, Francesco Bindoni <1> e Maffeo Pasini, X.1551).
105, [7] c.; 8°
A-O⁸
Edit16-CNCE 2042, SBN-IT\ICCU\PUVE\015991
Titolo uniforme: *Confessionale: Curam illius habe* [italiano], dalla dicitura del titolo simile ad altre edizioni. Nell'avviso al lettore a c. O2v si accenna ad una precedente edizione dell'opera "tutta confusa e incorretta" per cui si aggiunge una nuova tavola delle materie.

[1170]
Aretino, Pietro

Al beatissimo Giulio Terzo, papa com'il II. ammirando il Genesi l'Humanita di Christo, & i Salmi. Opere di m. Pietro Aretino del sacrosanto Monte humil germe, & per diuina gratia huomo libero.
Venezia, Eredi di Aldo Manuzio <1> [i.e. Paolo Manuzio]
(Venezia, Eredi di Aldo Manuzio <1> [i.e. Paolo Manuzio], 1551).
[4], 80, 82, 33 [i.e. 31], [1] c.; 4°
†⁴ A⁴ B-K⁸ L⁴ 2A-K⁸ L² 3A⁴ B-D⁸ E⁴
Edit16-CNCE 2475
Il volume contenente le *Vite* della Vergine, di santa Caterina d'Alessandria e di san Tommaso d'Aquino dell'Aretino è pubblicato dallo stesso tipografo nel 1552, cfr. Edit16-CNCE 2479, vedi 1193. V. fr.

[1171]
Bibbia/(tr.) [Brucioli, Antonio]
La Biblia laquale in se contiene i sacrosanti libri, del Vecchio & Nuouo Testamento, iquali ti apporto christianissimo lettore, tradotti da la hebraica & greca uerita in lingua toscana, nuouamente corretta & con ogni diligentia ristampata. Con le concordantie di tutta essa scrittura santa, et li summari di ciascun capitolo. Et con due tauole l'una delle quali mostra i luoghi et l'ordine di quella, et l'altra dichiara tutte le materie che si trattano in essa, rimettendo à suoi luoghi i lettori. Cosa nuoua, et utilissima à tutti i christiani.
Venezia, Domenico Giglio, 1551 (Venezia, Domenico Giglio, 1551).
[4], 399, [1], 101, [1] c.; 4°
†⁴ A-3D⁸ a-m⁸ n⁶
Edit16-CNCE 5773, SBN-IT\ICCU\BVEE\016543
Barbieri 55 e tav. A40
Per il traduttore cfr. Spini, p. 145, n. 15, e Barbieri 61. SBN indica un'altra emissione con data 1552 sul frontespizio, cfr. Barbieri 61, vedi 1195. Contiene apocrifi: *Preghiera di Manasse*; *Esdra* III e IV; *Maccabei* III; extracanonici: *Somma di tutta la sacra scrittura.* V. fr.

[1172]
Callisto da Piacenza
[*Dichiaratione dil Vangelo di s. Giouan. da don Calisto da Piacenza can. reg. predi. aposto. All'illustre s. il s. Stephano Grimaldo, huomo da tutte le parti osseruandissimo*].
(Piacenza, Giovanni Muzio e Bernardino Locheta, 1551-1553).
2 vol.: ill.; 8°
Edit16-CNCE 8506, SBN-IT\ICCU\RMLE\000169
1:
(Piacenza, Giovanni Muzio e Bernardino Locheta, 1551).
[4], 375, [1] c.: ill.; 8°
[fiore]⁴ A-3A⁸
SBN-IT\ICCU\RMLE\003243

Titolo dall'intitolazione a c. [fiore]2r (preceduta da carta con illustrazione a piena pagina). Il secondo volume è del 1553, cfr. SBN-IT\ICCU\RMLE\003244, vedi 1218. V. ed.

[1173]
CALVIN, JEAN/(tr.) GALLO, GIULIO DOMENICO
Catechismo, cio è formulario per amaestrare i fanciulli nella christiana religione: fatto in modo di dialogo: oue il ministro della chiesa dimanda, e'l fanciullo risponde. Composto in latino & francese per M. Gioanni Caluino. & tradotto fedelmente in italiano per G. Domenico Gallo caramagnese.
Genève, Adam Rivery e Jean Rivery, 1551.
150, [2] p.; 8°
A-I⁸ K⁴
EDIT16-CNCE 8611
Var. B: "Per Adamo & Giouanni Riueriz, frategli. 1551". V. fr. (var. B).

[1174]
[CICERCHIA, NICCOLÒ]/PULCI, BERNARDO
La passione del nostro Signore Iesu Christo, et il pianto della Magdalena nouamente ristampata & reuista.
(Bologna, Bartolomeo Bonardo, a istanza di Santi Ceserini, 1551).
[20] c.: ill.; 4°
a-b⁸ c⁴ (c. a2 segnata A2)
EDIT16-CNCE 14562
Niccolò Cicerchia è autore de *La passione* (cfr. Cioni 1963, p. 29), Bernardo Pulci del *Pianto* (nome dell'autore a c. 4r). Titolo da c. [a1r]. Titolo uniforme: *La passione di Gesù Cristo.* Incipit (a c. [a1r]): *O Increata Maiesta di Dio.* A c. [c4r]: *Bernardo Pulci, di Maria Magdalena.* V. ed.

[1175]
CONTARINI, ANTONIO MARIA
Il trattato della vita, passione, & resurrettione di Christo per Antonio Contareno. A consolatione delle persone diuote in ottaua rima ridotto, & nouamente uenuto in luce.
[Venezia], al segno del Diamante, 1551.
63 c.: ill.; 8°
A-H⁸
EDIT16-CNCE 15345
V. fr.

[1176]
DEL BENE, GIOVANNI
Passione del nostro Signor Iesu Christo, esposta per uia de utili & deuoti discorsi, per il reuerendo don Giouanni del Bene veronese.
Venezia, al segno della Speranza, 1551.
288 c.; 16°

EDIT16-CNCE 36820
V. fr.

[1177]
DONZELLINI, CORNELIO
Le dotte e pie parafrasi, sopra le pistole di Paolo à Romani Galati ed Ebrei: non mai piu vedute in luce. Di m. Gian. Francesco Virginio bresciano.
Lyon, 1551.
286, [2] p.; 16°
A-S⁸
EDIT16-CNCE 46337
Per l'autore cfr. Del Col, p. 138-142. Stampata da Jean Frellon <2> o da Philibert Rollet; per il tipografo cfr. Bingen, n. 237. V. fr.

[1178]
EPISTOLE E VANGELI/(tr.) ANONIMA
Lettioni, Epistole, et Euangeli, che si dicono tutto l'anno, latine & uulgare per piu commodita di ogniuno. Con un ordine facilissimo a trouar di di in di di ogni lettione, ò epistola, ouero euangelio. Ne lequal molte ne sono state aggionte, che mai per adietro ne le altre impressioni, sono state stampate.
Venezia, al segno della Speranza, 1551.
[8], 280 c.; 8°
[asterisco]⁸ A-M⁸
EDIT16-CNCE 11359
V. fr.

[1179]
JACOBUS DE VORAGINE/(tr.) MALERBI, NICOLÒ
Legendario vulgare doue si contiene la vita de tutti li sancti da la Sancta Chiesia approbati. Nuouamente stampato, & con summa diligentia corretto. Con le sue figure a tutti li suoi capitoli, & molte dechiarationi utilissime a quelli liquali desiderano hauer cognitione de la vita de li sancti. Con una tauola per ordine di mese in mese doue con facilita si potra trouare la vita di essi sancti secondo che la sancta Romana Chiesia ne fa commemoratione. Cosa nuoua ne piu a li tempi passati con tale ordine per altri impressa.
Venezia, Francesco Bindoni <1> e Maffeo Pasini, 1551 (Venezia, Francesco Bindoni <1> e Maffeo Pasini, IV.1551).
220 c.: ill.; 12°
a-ry⁸ A-B⁶
EDIT16-CNCE 52794
Titolo uniforme: *Legenda aurea sanctorum* [italiano]. V. fr.

[1180]
MUSSO, CORNELIO

Predica de le allegrezze del christiano fatta dal reueren. monsignor Cornelio vescouo de Bitonto, sopra l'Euangelio dei due discepoli, ch'andauano in Emaus.
(Roma, Valerio Dorico e Luigi Dorico, 1551).
27, [1] c.: ill.; 4°
A-G⁴
EDIT16-CNCE 52511

[1181]
NUOVO TESTAMENTO/(tr.) BRUCIOLI, ANTONIO
Il Nouo Testamento del figliuolo di Dio Saluatore nostro Giesu Christo. Con tre tauole commode & vtilissime.
Venezia, Francesco Rocca, 1551 (Venezia, Francesco Rocca, 1551).
2 pt ([32], 295, [1]; 207, [1] c.); 16°
πa-d⁸ a-2o⁸ A-Z⁸ &⁸ [con]⁸ [rum]⁸
EDIT16-CNCE 5952, Barbieri 58 e tav. A43
A c. A1r altro frontespizio: *Epistole di s. Paolo di s. Giacopo di s. Giouanni di s. Pietro & di s. Giuda. Apostoli di Giesu Christo.* Barbieri indica: "Venezia, Francesco [e Pietro] Rocca, dopo il 12 gennaio 1551". V. fr.

[1182]
NUOVO TESTAMENTO/(tr.) TEOFILO, MASSIMO
Il Nuouo ed eterno Testamento di Giesu Christo. Nuouamente da l'original fonte greca, con ogni diligenza in toscano tradotto. Per Massimo Theofilo fiorentino.
Lyon, [Jean Frellon], 1551.
2 pt ([16], 636, [4]; 494, [2] p.); 16°
[ast]⁸ 2[ast]⁸ a-b⁸ ²a-z⁸; A-R⁸ 2a-2z⁸ 2A-2H⁸ (c. R8 bianca)
EDIT16-CNCE 5953, Barbieri 60 e tav. A45
Marca con falcone "Post tenebras spero Lucem" sul frontespizio, cfr. Barbieri 60 (n. 2). Contiene anche a c. 2a1r: *L'epistole di S. Paolo apostolo [...] L'epistole canoniche [...] E la riuelazione di San Giouanni teologo.* Attribuzione incerta al tipografo Jean Frellon basata su materiale tipografico, cfr. NUC, 55, p. 632 e Barbieri 60 (n. 1). Altra emissione con frontespizio e c. *8 ricomposti: *Il Nuouo Testamento di Giesu Christo nostro signore, nuouamente riueduto e ricoreto [...]*, Lyon, Sébastien Honorat, 1565, cfr. EDIT16-CNCE 5962, vedi 1466. V. fr.

[1183]
NUOVO TESTAMENTO/(tr.) BRUCIOLI, ANTONIO/ANONIMO DELLA SPERANZA
Il Nuouo Testamento di Giesu Christo, Signore et Saluator nostro. Con tre tauole commode & molto utilissime.
[Venezia], Giovanni Griffio <1>, 1551.
2 pt (306; 199, [17] c.): ill.; 16°
A-Z⁸ Aa-Pp⁸, aa-zz⁸ aaa-ddd⁸
EDIT16-CNCE 5954, Barbieri 57 e tav. A42

Revisione anonima della traduzione di Antonio Brucioli. V. fr.

[1184]
NUOVO TESTAMENTO/(tr.) ANONIMO DELLA SPERANZA
Prima parte del Nuovo Testamento nellaqual si contengono i quattro Euangelisti, cioè Mattheo, Marco, Luca, & Giouanne, con tre indici ouer tauole, come in esso ueder si potranno.
Venezia, al segno della Speranza, 1551.
430, [18] c.; 24°
A-Z Aa-Zz Aaa-Kkk⁸
EDIT16-CNCE 50248, Barbieri 59 e tav A44
L'edizione manca di un secondo frontespizio per indicare l'inizio della seconda parte. A c. 220v riporta "il fine della prima parte, seguita la seconda". A c. 221r iniziano le lettere paoline. V. fr.

[1185]
NUOVO TESTAMENTO/(tr.) ANONIMO DELLA SPERANZA
Il sacrosanto Testamento Nuouo con l'Epistole de gli apostoli. Con tre utilissime tauole delle cose piu notabili, che in tutto il libro si contengono.
Venezia, Domenico Giglio, 1551.
2 pt (216; 252, [20] c.): ill.; 16°
A-2D⁸, a-2l⁸
EDIT16-CNCE 5955, Barbieri 56 e tav. A41
A c. a1r altro frontespizio: *Gli Atti degli apostoli; con l'Epistole di S. Paolo, & gli altri apostoli; et l'Apocalisse, ouero Reuelatione, di san Giouanni.* V. fr.

[1186]
POLIDORO, VIRGILIO
Polidoro Virgilio d'Vrbino De l'origine e de gl'inuentori de le leggi, costumi, scientie, arti, & di tutto quello che a l'humano uso conuiensi, con la espositione del Pater nostro: ogni cosa di latino in volgar tradotto, con la tavola di ciò che si contiene ne l'opera.
Venezia, Gabriele Giolito De Ferrari e fratelli, 1550 (Venezia, Gabriele Giolito De Ferrari e fratelli, 1551).
239, [5] p.; 8°
A-2G⁸ [asterisco]⁴
EDIT16-CNCE 27008

[1187]
PORZIO, SIMONE/GELLI, GIOVANNI BATTISTA
Modo di orare christianamente con la espositione del Pater noster, fatta da m. Simone Portio napoletano. Tradotto in lingua fiorentina, da Giouam Batista Gelli.
Firenze, [Lorenzo Torrentino], 1551.
100 p.; 8°
A-F⁸ G²

EDIT16-CNCE 34590
V. fr.

[1188]
PSEUDO-BONAVENTURA
Meditationi deuotissime de santo Bonauentura cardinale fondate sopra la passione del nostro Signore Iesu Christo nouamente historiate: & in lingua toscha corrette.
Brescia, Lodovico Britannico <1>, 1551 (Brescia, Lodovico Britannico <1>, 1551).
[52] c.: ill.; 8°
EDIT16-CNCE 23257
Titolo uniforme: *Meditationes vitae Christi* [italiano].
V. fr.

[1189]
ROSELLO, LUCIO PAOLO
Considerationi deuote intorno alla vita e passione di Christo, applicando ogni atto da lui operato a muouere l'anima ad amare Iddio, raccolte da Lucio Paolo Rosello da diuersi santi dottori. Aggiuntoui alcuni pietosi essercitij, che vagliono a trasformare l'huomo in Dio.
Venezia, 1551 (Venezia, Comin da Trino, 1551).
III, [1] c.: ill.; 8°
A-O⁸
EDIT16-CNCE 47632

[1190]
SCARDEONE, BERNARDINO
Naue euangelica esposta per la religione dal reuerendo sacerdote Bernardino Scardeone padouano.
(Venezia, Giovanni Andrea Valvassori, 1551).
83, [1] c.: ill.; 8°.
A-K⁸ L⁴ (c. L4 bianca)
EDIT16-CNCE 39434

[1191]
TEOFILO, MASSIMO
Le semenze dell'intelligenza del Nuouo Testamento per Massimo Theofilo fiorentino composte e adunate, con la loro tavola dietro. L'Apologia del medesimo sopra la sua tradozzione. Con un sommario di tutta la scrittura sacra, domandato "Christo fine de la legge".
Lyon, 1551.
287, [49] p.; 16°
a-x⁸
EDIT16-CNCE 46334
Stampata da Jean Frellon <2> o da Philibert Rollet; per il tipografo cfr. Bingen, n. 659.

1552

[1192]
ANONIMA
Fioretto di tutta la Bibia hystoriato, & di nouo in lingua tosca corretto con certe predicationi, tutto tratto dal testamento vecchio cominciando da la creatione del mondo infino alla natiuita di Iesu Christo.
(Venezia, Giovanni Andrea Valvassori, 1552).
83, [5] c.: ill.; 8°
A-L⁸
EDIT16-CNCE 63881
V. fr.

[1193]
ARETINO, PIETRO
A la somma bonta di Giulio III. pontefice al par del II. inuittiss. La uita di Maria uergine, di Caterina santa, & di Tomaso aquinate, beato. Compositioni di m. Pietro Aretino Del Monte eccelso diuoto, & per diuina gratia huomo libero.
Venezia, Eredi di Aldo Manuzio <1> [i.e. Paolo Manuzio] (Venezia, Eredi di Aldo Manuzio <1> [i.e. Paolo Manuzio], 1552).
[4], 105, [1], 76, 70, [2] c.; 4°
[croce]⁴ A-N⁸ O², A-I⁸ K⁴, a-i⁸
EDIT16-CNCE 2479
Questo volume fa seguito a quello contenente il *Genesi*, l'*Umanità di Cristo* e i *Sette salmi della penitenzia di David* dell'Aretino, stampato dallo stesso tipografo nel 1551, cfr. EDIT16-CNCE 2475, vedi 1170. V. fr.

[1194]
BERNARDUS CLARAEVALLENSIS/(tr.) GIOVANNI DA TOSSIGNANO
Sermoni volgari, del deuoto dottore, santo Bernardo, sopra le solennita di tutto l'anno.
Venezia, al segno della Speranza, 1552.
[8], 440 c.; 8°
A-Z⁸ Aa-Zz⁸ Aaa-Iii⁸
EDIT16-CNCE 76232, SBN-IT\ICCU\LO1E\037770
Per il nome del traduttore, SBN rinvia alla scheda IT\ICCU\BVEE\001621 (edizione stampata dallo stesso tipografo nel 1558, vedi 1309). Titolo uniforme: *Sermones de tempore et de sanctis* [italiano].

[1195]
BIBBIA/(tr.) [BRUCIOLI, ANTONIO]
[*Bibbia*].
Venezia, Domenico Giglio, 1552.
[4], 399, [1], 101, [1] c.; 4°
†⁴ A-3D⁸ a-m⁸ n⁶
Barbieri 61

Questa edizione, di cui non si conoscono esemplari ma di cui attesta Tommaso De Luca, dovrebbe essere un'emissione con mutato anno di stampa dell'edizione EDIT16-CNCE 5773, vedi 1171.

[1196]

EPISTOLE E VANGELI/(tr.) BRUCIOLI, ANTONIO
Epistole, lettioni et euangeli di tutte le dominiche dell'anno [...] tradotte di greco in volgare italiano [...] per Antonio Bruccioli.
Venezia, Alessandro Brucioli e fratelli, 1552.
1 vol.
SBN-IT\ICCU\MILE\003959

[1197]

EPISTOLE E VANGELI/(tr.) ANONIMA
Epistole, lettioni, et euangelii, che si leggono in tutto l'anno, tradotte in lingua toscana.
Genova, Antonio Bellone, 1552.
[4], 110 c.: ill.; 4°
EDIT16-CNCE 54888

[1198]

LANDO, ORTENSIO
Dialogo di m. Hortensio Lando, nel quale si ragiona della consolatione, & utilità, che si gusta leggendo la Sacra Scrittura. Trattasi etiandio dell'ordine, che tener si dee nel leggerle, & mostrasi essere le Sacre lettere di uera eloquenza, & di uaria dottrina alle pagane superiori.
Venezia, Andrea Arrivabene, 1552 (Venezia, Comin da Trino, 1552).
[4], 71, [1] c.; 8°
[ast]⁴ A-I⁸ (c. I8 bianca)
EDIT16-CNCE 29525
V. fr.

[1199]

LIPPOMANO, LUIGI
Espositioni volgare [!] del reueren. m. Luigi Lippomano vescouo di Verona sopra il Simbolo apostolico, cioe il Credo, sopra il Pater nostro, & sopra i dua precetti della charita, nelle quali tre cose consiste cio che si dee dal bon christiano credere, desiderare, & operare in questo mondo. Opera catholica & utilissima ad ogni christiano.
Venezia, Girolamo Scoto, 1552 (Venezia, Girolamo Scoto, 1552).
199 [1] 'c.; 8°
EDIT16-CNCE 31867
V. fr.

[1200]

MESSIO, GIROLAMO

Gli miracolosi discorsi, et prouerbii: con boni essempii, et pronostici veri dil reuerendo m. Hieronymo Messio prothonotario apostolico, & familiare del reuerendissimo & illustrissimo cardinale Crescentio legato del sacro & santo Concilio tridentino, & maxime delle uirtude & li miracoli delli Psalmi del sancto Psalterio dauitico. Esperimentati si come leggendo tu lettore detti discorsi intenderai redrezzati alla santita de papa Iulio tertio. Et delle grandezze, et raggione, di quello hauera a essere, e si hauera à fare per questo terminato capitanio de Dio il beato Carlo Quinto alto imperatore, conseruatore della cristiana gente uniuersale, & persecutore de tutti quelli che uengono è sonno uenuti contra la sancta fede de Christo & la sua Sancta Sedia Apostolica, che sempre in eternum stara, rezera, & regnara.
(Mantova, Venturino Ruffinelli, 1552).
51, [1] p.: ill.; 4°
A-N⁴
EDIT16-CNCE 71508
V. fr.

[1201]

MUSSO, CORNELIO
Predica del reuerendo monsignor Cornelio, vescouo di Bitonto. Fatta in Trento nella chiesa de' Tedeschi, presente tutto'l sacro concilio & molti de protestanti il di XXIIII. di marzo, che era il mezzo di Quaresima, & la vigilia dell'Annuntiata, l'anno del Signore MDLII. Sopra l'euangelio & l'epistola della feria. Surgens Iesus de synagoga introiuit in domum Simonis. Bonas facite uias uestras & studia uestra.
Venezia, Andrea Arrivabene, 1552 (Venezia, Giovanni Griffio <1>, 1552).
34 c.; 4°
A-G⁴ H⁶
EDIT16-CNCE 54033
V. fr.

[1202]

NUOVO TESTAMENTO/(tr.) BRUCIOLI, ANTONIO
Il Nuouo Testamento di Giesu Christo Saluatore nostro, nuouamente dall'original fonte greco in lingua toscana tradotto.
Lyon, Guillaume Rouillé, 1552 (Lyon, Philibert Rollet).
552; 374, [32] p.: ill.; 16°
a-L⁸ M⁴ 2a-2z⁸ A⁴*-3*⁸
EDIT16-CNCE 5956, SBN-IT\ICCU\CNCE\005956, Barbieri 62 e tav. A46
A c. 2a1r: *Epistole di san Paulo apostolo [...] Epistole canonice [...] Reuelatione di s. Giouanni.* Barbieri descrive un'edizione in due volumi, il secondo con [34] pagine finali. Altra emissione con data 1553, cfr. Barbieri 64, vedi 1223.
V. fr.

[1203]

PITTORIO, LODOVICO

Homiliario ouero espositione di Ludouico Pittorio da Ferrara, sopra le epistole, et euangelij, per tuuta [!] la quaresima, et ne le dominiche di tutto l'anno, et anchora ne le feste de molti santi. Et alcuni sermoni, & meditationi, & altre cose deuote, del medesimo. Opera veramente vtile, & molto necessaria a ogni fidel christiano.

Venezia, Comin da Trino, 1552.

500 [i.e. 502], [2] c.; 8°

A-3R⁸

EDIT16-CNCE 24689

[1204]

SANNAZZARO, IACOPO/MONOSINI, FRANCESCO

Il parto della Vergine del Sanazaro napolitano di latino tradotto in uersi sciolti uolgari, per Francesco Monosini da Prato Vecchio. Con il lamento a gli huomini de la morte di Christo nostro Signore.

Venezia, 1552 (Venezia, Bartolomeo Imperatore, 1552).

[66] c.; 12°

A-E¹² F⁶

EDIT16-CNCE 49199

V. fr.

[1205]

TABÒ, ANTONIO/DRAGO, PIETRO

Pio e' deuotto libro de sermoni in terza rima fatti al popolo in diuersi giorni de lanno composti per Antonio Tabo, nobile albinganese, con vna deuotissima laude, a Maria Vergine, & vna oratione da fare a Dio in persona de tutti i fideli nei tempi de l'afflitioni. Agiontoui vna breue espositione dil reuerendo prete Pietro Dragho sopra' ciascadun sermone [...].

Genova, 1552 (Genova, Antonio Bellone, 1552).

[78] c.; 8°

A-I⁸ K⁶

EDIT16-CNCE 54895, SBN-IT\ICCU\MODE\048865

Titolo da SBN. V. fr.

[1206]

VERGERIO, PIER PAOLO (IL GIOVANE)

Accusatione contra i papisti. Che hanno imbrattata, & falsificata la sacrosanta Scrittura, & maestà della Bibbia. Del Vergerio.

Poschiavo, [Dolfino Landolfi], V.1552.

EDIT16 CNCE 72104

Per l'autore e il tipografo cfr. Cavazza, p. 62. V. ed.

[1207]

VICOMANO, JACOPO

Tragedia cristiana.

Camerino, Antonio Gioioso, 1552.

4°

Quadrio, IV, p. 269.

Tratta della passione di Cristo.

1553

[1208]

ACETI DE' PORTI, SERAFINO

Trattato della resurrettione, et ascensione del nostro Signor Giesu Cristo benedetto, con la misione dello Spirito Santo, estrate dall'Euangelio, & raccolte da diuersi autori catolici, & cristianissimi. Tradotte in volgare, per don Serafino da Bologna canonico regolare.

Venezia, Paolo Gherardo, 1553 (Venezia, Giovanni Maria Bonelli <1>, 1553).

[4], 187, [3] c.: ill.; 8°

a⁴ A-Z⁸ 2A⁴

EDIT16-CNCE 25768

V. fr.

[1209]

ANONIMA

La deuota rapresentatione di Ioseph figliuolo di Iacob. Nuouamente stampata.

(Firenze, XI.1553).

[10] c.: ill.; 4°

A-B⁴ C²

EDIT16-CNCE 73746

Titolo uniforme: *Rappresentazione di Giuseppe.* Cfr. Cioni 1961, p. 202, n. 5. V. fr.

[1210]

ANONIMA

La natiuita di Christo: come i pastori e magi andorono a offerire, e de la crudelta del re Herode.

(Firenze, 1553).

[4] c.: ill.; 4°

A⁴

EDIT16-CNCE 54230

Titolo uniforme: *Storia della natività di Gesù.* Cfr. Cioni 1963, p. 25, n. I.1 (testo dall'incipit: *O Creator che ogni cosa creasti*).

[1211]

ANONIMA

Officio della gloriosa vergine maria, latino & volgare, per commodità de quelli che desiderano d'intendere quello che dicono.

Venezia, al segno della Speranza, 1553.

[10], 120 c.; ?

Bayerische Staatsbibliothek, BV001505867

V. fr.

[1212]

ANONIMA

La rappresentatione di Iudith hebrea.

Firenze, 1553.

[8] c.; 4°

EDIT16-CNCE 62154

Titolo uniforme: *Rappresentazione di Giuditta ebrea.* Cfr. Cioni 1961, p. 198, n. 3.

[1213]

ANONIMA

Rappresentatione quando Abram caccio Aghar sua ancilla & Ismael suo figgliuolo [!].

Firenze, 1553.

[12] c.: ill.; 4°

EDIT16-CNCE 61799

Titolo uniforme: *Rappresentazione di Abramo e Agar.* Cfr. Cioni 1961, p. 72, n. 3.

[1214]

ANONIMA

La rappresentatione 7 istoria di Susanna. Di nuouo ristampata.

(Firenze, XII.1553).

[4] c: ill.; 4°

A⁴

EDIT16-CNCE 61981, SBN-IT\ICCU\CFIE\033026

Titolo da c. A1r. Titolo uniforme: *Rappresentazione di s. Susanna.* Cfr. Cioni 1961, p. 286, n. 4; Testaverde-Evangelista, 253 e 723. Inclusa anche con lettera d'ordine F nel primo libro della "Raccolta giuntina", 1555, cfr. EDIT16-CNCE 53303, vedi 1254. V. ed.

[1215]

ANONIMA

Il Salmista secondo la Bibia ilquale fece il propheta Dauid con le vertu de i detti Salmi appropriate alla salute de la-nima: e dil corpo: 7 per lo accrescimento dilla sostanza di questo mondo. Con la sua tauola per ordine dei salmi per poter trouar ogni cosa piu facilmente.

1553 (Venezia, Francesco Bindoni <1>, 1553).

104 c.: ill.; 8°

A-N⁸

EDIT16-CNCE 5895, SBN-IT\ICCU\CNCE\005895

Titolo dalla trascrizione diplomatica di Barbieri 2018a, p. 97.

[1216]

[BELCARI, FEO]

La rappresentatione di Abraam, & Isaac suo figliuolo.

(Firenze, 1553).

[4] c.: ill.; 4°

A⁴

EDIT16-CNCE 42743

Per l'autore cfr. Cioni 1961, p. 68, n. 14. Titolo uniforme: *Rappresentazione di Abramo e Isacco.* Inclusa anche con lettera d'ordine B nel primo libro della "Raccolta giuntina", 1555, cfr. EDIT16-CNCE 53303, vedi 1254. V. ed.

[1217]

BIBBIA/(tr.) MALERBI, NICOLÒ

Bibia volgare la quale in se contiene i sacrosanti libri del Vecchio, et Nuouo Testamento, i quali ti apporto christianissimo lettore, tradotti da la hebraica, et greca verita in nostra lingua, con le figure, & summarii à ciascun capo, et con due tauole, l'una delle quali mostra i luoghi, & l'ordine di quelli, & l'altra dichiara tutte le materie che si trattano in essi, rimettendo à suoi luoghi i lettori. Novamente corretta et con ogni diligentia stampata, a commodo, et utile di christiani lettori.

Venezia, 1553 (Venezia, Aurelio Pinzi, 1553).

409, [1] c.: ill.; 2°

a⁴ b-z⁸ &⁸ [con]⁸ [rum]⁸ A¹⁰ B-Z⁸ 2A-2B¹⁰

EDIT16-CNCE 5774, Barbieri 63 e tav. A47

Contiene apocrifi: *Preghiera di Manasse; Esdra* II (III); extracanonici: *Somma di tutta la Sacra Scrittura; Legenda di sancto Ioseph.* V. fr.

[1218]

CALLISTO DA PIACENZA

Dichiaratione dil Vangelo di s. Giouan. dal reuerendo padre don Calisto da Piacenza can. reg. predi. aposto. Parte seconda.

(Piacenza, Giovanni Muzio e Bernardino Locheta, 1553).

[4], 282 [i.e. 284] c.: ill.; 8°

[fiore]⁴ A-2M⁸ 2N⁴

SBN-IT\ICCU\RMLE\003244

Titolo dall'intitolazione a c. [fiore]2r (preceduta da carta con illustrazione a piena pagina). Il primo volume è del 1551, cfr. SBN-IT\ICCU\RMLE\003243, vedi 1172. V. ed.

[1219]

COLOMBANO (FRANCESCANO)/(tr.) PILLI, NICCOLÒ

Vita e miracoli del glorioso san Ioseph sposo de la Vergine Maria madre de Iesu. Laqual oration fu composta dal reuerendo padre frate Colombano dell'ordine di santo Francesco di osseruantia del mille cinquecento e noue. Fu volgarizata per el Pillo da Pistoia.

(Venezia, Agostino Bindoni, 1553).

[4] c.; 8°

A⁴

EDIT16-CNCE 14894

[1220]

EPISTOLE E VANGELI/(tr.) ANONIMA
Epistole, lettioni, et euangeli secondo le messe de la romana corte. Sonovi aggionte molte cose tolte nel messale. Con la tauola, la quale dimostra quello, che per tutto l'anno si legge.
Venezia, Francesco Rocca, 1553.
1 vol.
EDIT16-CNCE 61254

[1221]

FORESTI, GIACOMO FILIPPO
Supplementum supplementi delle croniche del venerando padre frate Iacobo Philippo, dell'ordine Heremitano primo auttore: nouamente reuisto, vulgarizzato, & historiato, & con somma diligentia corretto: con la gionta vltima del M.D.XL. insino al M.D.LII.
(Venezia, Bartolomeo Imperatore e Francesco Imperatore, 1553).
[14], 419, [1] c.: ill.; fol.
[ast]⁸ 2[ast]⁶ A⁶ B-C⁸ D¹⁰ E-3F⁸ 3G⁴
EDIT16-CNCE 19472
Var. B: la c. XIII è correttamente numerata. V. fr.

[1222]

MUSSO, CORNELIO
Predica del reuerendo monsignor Cornelio vescouo di Bitonto. Fatta in Padoua nella chiesa del Santo l'ottaua di Pasqua dell'anno MDLIII sopra l'Euangelio corrente. Nellaquale si tratta gran parte della giustificatione, & della remissione dei peccati. Pax vobis. Iustificati pacem habemus. Quorum remiseritis peccata, &c.
Venezia, Andrea Arrivabene, 1553.
38 c.; 4°
EDIT16-CNCE 73869
V. fr.

[1223]

NUOVO TESTAMENTO/(tr.) BRUCIOLI, ANTONIO
Il Nuouo Testamento di Giesu Christo Saluatore nostro, nuouamente dall'original fonte greco in lingua toscana tradotto.
Lyon, Guillaume Rouillé, 1553 (Lyon, Philibert Rollet).
2 vol.; 552; 374, [34] p.: ill.; 16o
a-L⁸ M⁴ 2a-2z⁸ A⁴ *-3*8
Barbieri 64 e tav. A48
Altra emissione dell'edizione datata 1552, EDIT16-CNCE 5956, SBN-IT\ICCU\CNCE\005956, Barbieri 62, vedi 1202.

[1224]

PITTORIO, LODOVICO

Homiliario quadragesimale fondato de parola in parola sopra tutte l'Epistole, & Euangelii, si come corrono ogni giorno, per tutto l'anno: secondo l'ordine della Santa Romana Chiesia, composto per m. Lodouico Pittorio da Ferrara. Nuouamente restampato & corretto, con la diuisione delle Epistole, & Euangelii, che ne gli altri non erano, & adornato di bellissime figure.
Brescia, Lodovico Britannico <1>, 1553 ([Brescia], Lodovico Britannico <1>, 1553).
2 vol.: ill.; 4°
EDIT16-CNCE 58372, SBN-IT\ICCU\VEAE\009653
1:
160 c.: ill.; 4°
A-V⁸
SBN-IT\ICCU\VEAE\009654
2:
Parte seconda delle homelie del religioso e dotttissimo [!] messer Lodouico Pittorio di Ferrara, sopra li Euangelij & Epistole, quali si legono nelli giorni festiui per tutto l'anno, si de santi come nelle domeniche. secondo l'osseruanza della chiesa Romana. Apresso gli sono gionti alcuni sermoni della Confessione, della contritione di peccati, della Santa Communione, & del dispretio della morte, con alcune sante meditationi sopra lo Pater noster. [...].
Brescia, Lodovico Britannico <1>, 1553 (Ludovico Britannico <1>, 1553).
175, [1] c.: ill.; 4°(c. 23 numer. per errore 25)
A-C⁸ d-i⁸ K⁸ l-y⁸ (fasc. a-c⁸ segnati per errore A-C⁸; c. B3 segnata A3)
SBN-IT\ICCU\VEAE\009655

1554

[1225]

ANONIMA
La rappresentatione di Iudith hebrea. Nuouamente Ristampata.
(Firenze, I.1554).
[8] c.: ill.; 4°
A⁸
EDIT16-CNCE 46842, SBN-IT\ICCU\CFIE\031185
Titolo uniforme: *Rappresentazione di Giuditta ebrea.* Cfr. Cioni 1961, p. 198, n. 4; Testaverde-Evangelista, 435 e 727. Inclusa anche con lettera d'ordine I nel primo libro della "Raccolta giuntina", 1555, cfr. EDIT16-CNCE 53303, vedi 1254. V. fr.

[1226]

ANONIMA
La rappresentatione di Lazero ricco et di Lazero pouero, di nuouo ristampata.

(Firenze, I.1554).

[4] c.: ill.; 4°

A⁴

EDIT16-CNCE 52727, SBN-IT\ICCU\VEAE\011628

Titolo uniforme: *Rappresentazione di Lazzaro ricco e Lazzaro povero*. Cfr. Cioni 1961, p. 219, n. 2; Testaverde-Evangelista, 728. Inclusa anche con lettera d'ordine H nel primo libro della "Raccolta giuntina", 1555, cfr. EDIT16-CNCE 53303, vedi 1254. V. fr.

[1227]

ANONIMA

La rappresentatione di Salamone.

(Firenze, I.1554).

[4] c.: ill.; 4°

A⁴

EDIT16-CNCE 52719, SBN-IT\ICCU\CFIE\031176

Titolo uniforme: *Rappresentazione di Salomone*. Cfr. Cioni 1961, p. 271, n. 3. Cioni indica come tipografo: "[Giunti?]" e SBN gli eredi di Bernardo Giunta <1>. Inclusa anche con lettera d'ordine D nel primo libro della "Raccolta giuntina", 1555, cfr. EDIT16-CNCE 53303, vedi 1254. V. ed.

[1228]

ANONIMA

La rappresentatione di Abel 7 di Caino: nuouamente uenuta in luce.

(Firenze, II.1554).

[4] c.: ill.; 4°

A⁴

EDIT16-CNCE 52870, SBN-IT\ICCU\CFIE\032694

Titolo uniforme: *Rappresentazione di Abel e di Caino*. Stampata probabilmente dai Giunta, cfr. Cioni 1961, p. 63, n. 1; Testaverde-Evangelista, 83. Inclusa con lettera d'ordine O nel primo libro della "Raccolta giuntina", 1555, cfr. EDIT16-CNCE 53303, vedi 1254. V. ed.

[1229]

ANONIMA/[BELCARI, FEO]

La representatione: 7 festa della Annuntiatione di nostra Donna. Et con una giunta di dua belli capitoli.

(Firenze, I.1554).

[4] c.: ill.; 4°

[*]⁴

EDIT16-CNCE 61874

Testo con inserti da Feo Belcari, cfr. Newbigin 1996, I, p. 27 e 42. Titolo uniforme: *Rappresentazione dell'annunciazione di Maria Vergine*. Incipit a c. [*1v]: *Voi excellenti & nobili auditori*. Titoli dei ternali a c. [*4v]: *Ternale a Maria uirgine*; *Ternale alli angeli beati*. Cfr. Cioni 1961, p. 229, n. 7. Inclusa anche con lettera d'ordine A nel primo

libro della "Raccolta giuntina", 1555, cfr. EDIT16-CNCE 53303, vedi 1254. V. ed.

[1230]

CARACCIOLO, ROBERTO

Prediche di fra Roberto volgare, nuouamente corrette secondo li Euangelij.

Venezia, Bartolomeo Imperatore e Francesco Imperatore 1554 (Venezia, Bartolomeo Imperatore e Francesco Imperatore, 1554).

152 c.; 8°

A-T⁸

EDIT16-CNCE 9328

Titolo uniforme: *Sermones quadragesimales* [italiano]. V. fr.

[1231]

[CASTELLANI, CASTELLANO]

La rapresentatione d'vn stupendo miracolo di santa Maria Maddalena. Nuouamente stampata.

Firenze, [Giunti], XI.1554.

[10] c.: ill.; 4°

A⁶ B⁴

EDIT16-CNCE 52876, SBN-IT\ICCU\CFIE\032909 e IT\ICCU\CFIE\033388

Per l'autore cfr. Ponte, p. 66. Titolo uniforme: *Rappresentazione di s. Maria Maddalena. Miracolo*. Stampata dai Giunti, cfr. Cioni 1961, p. 239, n. 2; Testaverde-Evangelista, 194 e 729. A c. [B2r]: *Il Salmo del Miserere in tertia rima*. Inclusa con lettera d'ordine LL nel primo libro della "Raccolta giuntina", 1555, cfr. EDIT16-CNCE 53303, vedi 1254. V. ed.

[1232]

[CASTELLANI, CASTELLANO]

La rapresentatione della conuersione di santa Maria Maddalena. Nuouamente posta in luce.

Firenze, 1554.

[14] c.: ill.; 4°

A⁸ B⁶

Per l'autore cfr. Ponte, p. 65. Titolo uniforme: *Rappresentazione di s. Maria Maddalena. La conversione*. Cfr. Cioni 1961, p. 235, n. 1.

[1233]

CASTELLANI, CASTELLANO

La rapresentatione di santo Tomaso apostolo. Composta per m. Castellano Castellani. Nuouamente ristampata.

(Firenze, VII.1554).

[12] c.: ill.; 4°

A⁸ B⁴

EDIT16-CNCE 9942

Cfr. Cioni 1961, p. 292, n. 2 (non segnalata come inclusa nella "Raccolta giuntina" contrariamente all'edizione indicata alla scheda n. 3 corrispondente a EDIT16-CNCE 9943, vedi 1258). Inclusa anche con lettere d'ordine FF nel primo libro della "Raccolta giuntina", 1555, cfr. EDIT16-CNCE 53303, vedi 1254. V. ed.

[1234]
COLLENUCCIO, PANDOLFO
Comedia. Dilettosa raccolta nel Vecchio Testamento, nouamente ristampata, nellaquale si ragiona de Iacob, & de Ioseph. Composta per el magnifico caualliero, & dottore, messer Pandolpho Collenutio. Ad instantia dello illustrissimo, & eccellentissimo signor don Hercole, duca di Ferrara. In terza rima, historiata.
1553 (Venezia, Matteo Pagano, 1554).
[74] c.: ill.; 8°
A-H⁸ I¹⁰
EDIT16-CNCE 14865
V. fr.

[1235]
COLLENUCCIO, PANDOLFO
Comedia. Dilettosa raccolta nel Vecchio Testamento, nouamente ristampata, nellaquale si ragiona de Iacob, & de Ioseph. Composta per el magnifico caualliero, & dottore, messer Pandolpho Collenutio. Ad instantia dello illustrissimo, & eccellentissimo signor don Hercole, duca di Ferrara. In terza rima, historiata.
1554 (Venezia, Matteo Pagano, 1554).
[74] c.: ill.; 8°
A-H⁸ I¹⁰
EDIT16-CNCE 12780
V. fr.

[1236]
EPISTOLE E VANGELI/(tr.) ANONIMA
Lettioni, Epistole et Euangeli, che si dicono tutto l'anno alla messa, in lingua italiana.
Milano, Valerio Meda e Girolamo Meda, [1554?] (Milano, Valerio Meda e Girolamo Meda).
130, [2] c.: ill.; 8°
EDIT16-CNCE 58230
Per la data cfr. Sandal 1988, p. 126. V. fr.

[1237]
ERASMUS ROTERODAMUS/(tr.) DOMENICHI, LODOVICO/PICO DELLA MIRANDOLA, GIOVANNI/(tr.) LAPINI, EUFROSINO
Il paragone della vergine, et del martire, e vna oratione d'Erasmo Roterodamo a Giesu Christo, tradoti per m. Lodovico Domenichi. Con una dichiaratione sopra il Pater

nostro del s. Giouanni Pico della Mirandola, tradotta per Frosino Lapino; opere non meno vtili, che diletteuoli, et pie.
Firenze, Lorenzo Torrentino, 1554 (Firenze, Lorenzo Torrentino, X.1554).
[16], 93, [3] p.: ill; 8°
EDIT16-CNCE 18242
V. fr.

[1238]
FORESTI, GIACOMO FILIPPO
Croniche vniuersale del reuerendo padre frate Giacopo Filippo da Bergamo heremitano. Cominciando dal principio della creatione del mondo, fino all'anno di tempi suoi, con vtile, & comodissimo ordine nuouamente raccolte, & mandate in luce. Aggiontoui sommariamente le cose notabili, da tutti gli historici antiqui, & moderni descritte. Et principalmente quello, che da i nostri tempi hanno scritto, monsignor Giouio, il reuerendissimo Bembo, il Carione, & m. Marcho Guazzo; accadute per tutto il mondo, insino alla creatione del serenissimo principe Francesco Veniero, al presente inclitto duce di Venetia. Con la tauola amplissima de tutte le cose notabili, contenute nell'opera.
Venezia, [Pietro Boselli], 1554 (Venezia, Girolamo Calepino, 1554).
[20], 622 c.; 4°
+-2+⁸ 3+⁴ A-3Z⁸ 4a-4e⁸ 4f⁴ 4g-4i⁸ 4k²
EDIT16-CNCE 19473
Marca di Pietro Boselli sul frontespizio. V. fr.

[1239]
JACOBUS DE VORAGINE/(tr.) MALERBI, NICOLÒ
Legendario volgare, il quale in se contiene la vita de tutti li santi, da la santa Chiesia approbati, di nuouo ordinato, et con non mediocre faticha da infiniti errori purgato, con le figure, & summarij a ciascun capo, per commodo, & facilita de tutti li deuoti lettori, & con ogni diligentia ristampato. Con la sua tauola, la qual insegna de mese in mese ritrouar le festiuita de tutti li santi, et la loro vita, con tanto ordine quanto desiderar si possa.
Venezia, [Aurelio Pinzi], 1554.
220 c.: ill.; fol.
a-z⁸ &⁸ [o sottolineato]⁸ [R tagliato]⁸ A-B⁶
EDIT16-CNCE 52988
Titolo uniforme: *Legenda aurea sanctorum* [italiano].
Marca di Aurelio Pinzi sul frontespizio. V. fr.

[1240]
LIPPOMANO, LUIGI
Espositioni volgare [!] *del reueren. m. Luigi Lippomano vescouo di Verona sopra il simbolo apostolico, cioe il Credo, sopra il Pater nostro, & sopra i dua precetti della charita, nelle quali cose consiste cio che si dee dal bon christiano credere,*

desiderare, & operare in questo mondo. *Opera catholica & utilissima ad ogni christiano.*
Venezia, Girolamo Scoto, 1554 (Venezia, Girolamo Scoto, 1554).
199, [1] c.; 8°
A-2B⁸
EDIT16-CNCE 31934
V. ed.

[1241]
MARAFFI, DAMIANO
Figure del Vecchio Testamento con versi toscani, per Damian Maraffi nuouamente composti, illustrate.
Lyon, Jean de Tournes <1>, 1554.
[136] c.: ill.; 8°
A-R⁸
EDIT16-CNCE 34983, SBN-IT\ICCU\BVEE\016757
Altra edizione, stampata nello stesso anno dallo stesso tipografo, con identica composizione tipografica del solo fasc. A e con fasc. R di 4 carte, cfr. SBN-IT\ICCU\PBEE\008364, vedi 1242.

[1242]
MARAFFI, DAMIANO
Figure del vecchio testamento, con versi toscani, per Damian Maraffi nuouamente composti, illustrate.
Lyon, Jean de Tournes <1>, 1554.
[132] c.: ill.; 8°
A-Q⁸ R⁴
SBN-IT\ICCU\PBEE\008364
Altra edizione, stampata nello stesso anno dallo stesso tipografo, con identica composizione tipografica del solo fasc. A e con fasc. R di 8 carte, cfr. EDIT16-CNCE 34983, vedi 1241.

[1243]
MARAFFI, DAMIANO
Figure del Nuouo Testamento, illustrate da versi vulgari italiani.
Lyon, Jean de Tournes <1>, 1554.
[52] c.: ill.; 8°
A-F⁸ G⁴
EDIT16-CNCE 34989
Nome dell'autore nella dedica.

[1244]
PERETTI, FELICE (SISTO V PAPA)
Predica sopra il non men difficil che misterioso Vangelo della settuagesima predicata li stesso di nella chiesa di san Lorenzo di Napoli dal r. patre fra Felice peretti da Montalto.
[Napoli, Cilio Alifano], 1554.
[22] c.; 8°

a-b⁸ c⁶
EDIT16-CNCE 50577
Il tipografo si ricava dal materiale tipografico.

[1245]
[PULCI, BERNARDO]
La rapresentatione del angelo Rafaello 7 Tobbia. Di nuouo ristampata.
(Firenze, V.1554).
[10] c.: ill.; 4°
A⁶ B⁴
EDIT16-CNCE 50665, SBN-IT\ICCU\CFIE\032995
Per l'autore cfr. Cioni 1961, p. 255. Titolo da c. [A1r]. Titolo uniforme: *Rappresentazione dell'angelo Raffaello e Tobia.* Cfr. Cioni 1961, p. 255, n. 4; Testaverde-Evangelista, 233. Var. B: inclusa con lettera d'ordine Z nel primo libro della "Raccolta giuntina", 1555, cfr. EDIT16-CNCE 53303, vedi 1254. V. fr.

[1246]
ROSELLI, ALESSANDRO
La rappresentatione di Sansone composta per Alessandro Roselli nuouamente ristampata.
(Firenze, XII.1554).
[10] c.: ill.; 4°
EDIT16-CNCE 52730
Inclusa anche con lettera d'ordine K nel primo libro della "Raccolta giuntina", 1555, cfr. EDIT16-CNCE 53303, vedi 1254. Cfr. Cioni 1961, p. 274, n. 2. Titolo uniforme: *Rappresentazione di Sansone.* V. fr.

[1247]
ROSELLI, ALESSANDRO
La rappresentatione di Sansone, composta per Alessandro Roselli. Nuouamente stampata.
(Venezia, Matteo Pagano), [fra il 1554 e il 1562].
[24] c.; 8°
A-C⁸
EDIT16-CNCE 47630
Date estreme basate su elementi storico-tipografici. Titolo uniforme: *Rappresentazione di Sansone.*

[1248]
SALMI/(tr.) ANONIMA/CALVIN, JEAN/(tr.) ?
XX. Salmi di David, tradotti in rime volgari italiane, secondo la verità del testo hebreo, col cantico di Simeone, e i dieci comandamenti de la Legge: ogni cosa insieme col canto. Segue poi la Forma de l'orationi ecclesiastiche, col modo d'amministrare i sacramenti, etc. secondo, che s'usa ne le buone chiese. Appresso segue un Catechismo per ammaestrare i fanciulli ne la vera e sincera dottrina christiana.
[Genève], Jean Crespin, 1554.

3 pt; 8°
EDIT16-CNCE 71715

1555

[1249]
ANONIMA
Fioretti delle croniche del mondo, con la dichiaratione di molte cose notabili del Testamento uecchio, & nuouo insin' alli tempi presenti. Con la dichiaratione della origine delle piu notabili città di tutta l'Italia.
A istanza di Niccolò Ciciliano, 1555.
[8] c.; 8°
EDIT16-CNCE 60347
Si ignora il luogo di attività del tipografo. V. fr.

[1250]
ANONIMA
La miracolosa conuersione de santa Maria Maddalena, & la uita de Lazzaro & Martha. Con alcune deuote, & caritatiue meditationi, di nuouo ristampata.
Milano, Valerio Meda e Girolamo Meda, [ca 1555] (Milano, Valerio Meda e Girolamo Meda).
[72] c.; 8°
EDIT16-CNCE 58240
Titolo uniforme: *Leggenda di Lazzaro, Marta e Maddalena.* Per la data cfr. Sandal 1988, p. 131. V. fr.

[1251]
ANONIMA
La rappresentatione 7 festa di Iosef figliuolo di Iacob.
[Dopo il 1555].
[10] c.; 4°
A⁴ B⁶ (c. B1 mancante)
EDIT16-CNCE 77108, SBN-IT\ICCU\CFIE\033098
Titolo uniforme: *Rappresentazione di Giuseppe.* Cfr. Cioni 1961, p. 202, n. 6; Testaverde-Evangelista, 431. V. ed.

[1252]
ANONIMA
Ill Salmista di Dauid secondo la Bibia, con la lor uirtu appropriata per la salute dell'anima et del corpo, et per lo accrescimento della sostantia di questo mondo, nuouamente ampliato & corretto. Con la tauola de tutti i salmi posta per ordine.
Venezia, al segno della Speranza, 1555.
176 c.; 32°
π⁸ (?) A-Y⁸
EDIT16-CNCE 5896
Titolo dalla trascrizione diplomatica di Barbieri 2018a, p. 98.

[1253]
ANONIMA
Vita et morte di san Giouanni Battista.
Firenze, 1555.
[42] c.; 4°
a-k⁴ l²
EDIT16-CNCE 48312
Titolo uniforme: *Storia di s. Giovanni Battista.* Stampata probabilmente da Lorenzo Torrentino come si ricava dal privilegio a c. L2v.

[1254]
ANONIMA/VARIA
Il primo libro di rappresentationi et feste. Di diuersi santi & sante del Testamento Vecchio, & Nuouo, composte da diuersi auttori, nuouamente ricorrette & ristampate: fra lequali ue ne sono di molte non piu uenute in luce. Con vna tauola di tutto quello, che nel presente libro si contiene.
Firenze, 1555 (Firenze, Eredi di Bernardo Giunta <1>, 1555).
[5] c. + 38 pt; 4°
EDIT16-CNCE 53303
Le prime cinque carte contengono frontespizio generale, avviso ai lettori e indice del primo volume della "Raccolta giuntina". Le 38 parti contengono testi stampati da vari tipografi fiorentini del XVI secolo raccolti dai Giunta, cfr. Cioni 1961, p. 24. V. fr.

[1255]
ANTONINO (SANTO)
Opera di santo Antonino arciuescouo fiorentino, da lui medesimo composta in uolgare, utilissima, & necessaria alla instruttione delli sacerdoti, & di qualunque altra persona laquale desidera sapere uincere christianamente, & confessarsi bene de gli suoi peccati. Nuouamente ristampata & da infiniti errori emendata. Con vna breue instruttione per li sacerdoti curati.
Venezia, [Melchiorre Sessa <1>], 1555 (Venezia, Domenico Giglio, a istanza di Melchiorre Sessa <1>, 1555).
88, [8] c.; 8°
A-M⁸
EDIT16-CNCE 2043, SBN-IT\ICCU\BVEE\014046
Titolo uniforme: *Confessionale: Curam illius habe* [italiano], cfr. SBN. V. fr.

[1256]
[CASTELLANI, CASTELLANO]
La rappresentatione della conuersione di santa Maria Maddalena.
Firenze, alle scalee di Badia, [dopo il 1555].
[12] c.: ill.; 4°
A¹²

EDIT16-CNCE 9945, SBN-IT\ICCU\CNCE\009945
Per l'autore cfr. Ponte, p. 65. Titolo uniforme:
Rappresentazione di s. Maria Maddalena. La conversione.
SBN segnala che alcuni esemplari recano sul frontespizio:
La rappresentazione [...], e nel colophon: *In Firenze, alla
Badia.* Cfr. Cioni 1961, p. 236, n. 3 (EDIT16 rinvia erronea-
mente a Cioni 1961, p. 236, n. 2).

[1257]
[CASTELLANI, CASTELLANO]
*La rapresentatione della conuersione di santa Maria
Maddalena. Nuouamente posta in luce.*
1555 (Firenze, 1554).
[14] c.: ill.; 4°
A⁸ B⁶
EDIT16-CNCE 52877, SBN-IT\ICCU\CFIE\033108 e
IT\ICCU\CFIE\032901
Per l'autore cfr. Ponte, p. 65. Titolo uniforme:
Rappresentazione di s. Maria Maddalena. La conversione.
Cfr. Cioni 1961, p. 236, n. 2; Testaverde-Evangelista, 443.
Inclusa con lettere d'ordine NN nel primo libro della
"Raccolta giuntina", 1555, cfr. EDIT16-CNCE 53303, vedi
1254. La scheda SBN-IT\ICCU\CFIE\032901 rinvia an-
che a Testaverde-Evangelista, 189, che indica che l'edizione
fa parte del secondo libro della "Raccolta giuntina", 1560
(cfr. EDIT16-CNCE 53304, vedi 1351), con lettere d'ordine MM (var. B). V. fr (var. A).

[1258]
CASTELLANI, CASTELLANO
*La rapresentatione di santo Tomaso apostolo. Composta per
m. Castellano Castellani. Nuouamente ristampata.*
(Firenze, VII.1555).
[12] c.: ill.; 4°
A⁸ B⁴
EDIT16-CNCE 9943, SBN-IT\ICCU\CNCE\009943
Cfr. Cioni 1961, p. 292, n. 3 (indicata come inclusa nella
"Raccolta giuntina" ma con lettere d'ordine EE errate);
Testaverde-Evangelista, 731. Inclusa con lettere d'ordi-
ne FF nel primo libro della "Raccolta giuntina", 1555, cfr.
EDIT16-CNCE 53303, vedi 1254. V. fr.

[1259]
COLLENUCCIO, PANDOLFO
*Comedia dilettosa raccolta nel Vecchio Testamento, nuo-
uamente ristampata, nella quale si ragiona de Iacob, & de
Ioseph. Composta per [...] Pandolpho Collenutio.*
Venezia, Matteo Pagano, [1555?].
[74] c.: ill.; 8°
A-H⁸ I¹⁰
EDIT16-CNCE 14866

[1260]
DONZELLINI, CORNELIO
*Le dotte e pie parafrasi, sopra l'Epistole di s. Paolo à Romani
Galati ed Ebrei: non mai piu vedute in luce. Di m. Giouan
Francesco Virginio bresciano.*
[Genève], Giovanni Luigi Pascale, 1555.
168, 16 c.; 16°
A-X⁸ A-B⁸
EDIT16-CNCE 60636
Per l'autore cfr. Del Col, n. 4, p. 138-142. V. fr.

[1261]
LIPPOMANO, LUIGI
*Sermoni del reuerendo Luigi Lipomano vescouo di Verona,
sopra tutte le principali feste dell'anno. Opera degna et vtile
ad ogni christiano.*
Venezia, al segno della Speranza, 1555.
279, [1] c.; 8°
A-2M⁸ (c. 2M8 bianca)
EDIT16-CNCE 33182

[1262]
MUSSO, CORNELIO
*Prediche del reuerendissimo mons. Cornelio vescouo di
Bitonto fatte in diuersi tempi & in diuersi luoghi. Nelle qua-
li si contengono molti santi, et euangelici precetti, non meno
vtili, che necessari alla interior fabrica dell'huomo christia-
no. Con la tauola nel fine.*
Venezia, Gabriele Giolito De Ferrari e fratelli, 1555
(Venezia, Gabriele Giolito De Ferrari e fratelli, 1554).
[8], 614, [28] p.; 8°
*⁴ A-2P⁸ 2Q⁴ 2R⁸ 2S⁴ T¹
EDIT16-CNCE 54803
V. fr.

[1263]
NUOVO TESTAMENTO/(tr.) ANONIMO DEL CRESPIN
*Del Nuouo Testamento di Iesu Christo nostro signore, nuo-
ua, e fedel traduttione dal testo greco in lingua volgare italiana: diligentemente conferita con molte altre traduttioni, e
volgari, e latine: & insieme pura e semplicemente tessuta con
quella maggior chiarezza e facilita di parlare, ch'era possibile: fuggendo sempre (quanto però la qualità di tale Scrittura,
e la natura de le cose che vi si contengono, poteua comportare)
ogni durezza & oscurità, e sopra tutto ogni vana & indegna
affettatione d'importuni e mal conuenienti toscanismi.*
[Genève], Jean Crespin, [15]55.
769, [31] p.; 8°
A-Z⁸ a-z⁸ 2A-2D⁸
EDIT16-CNCE 5957, Barbieri 65 e tav. A 49
Data sul frontespizio: "LV". V. fr.

[1264]

NUOVO TESTAMENTO/(tr. it.) ANONIMO DEL CRESPIN/
(tr. fr.) ETIENNE, ROBERT

Del Nuovo Testamento di Iesu Christo nostro Signore, nuoua, e fedel traduttione dal testo greco in lingua volgare italiana: diligentemente conferita con molte altre traduttioni e volgari, e latine: & insieme pura e semplicemente tessuta con quella maggior chiarezza e facilità di parlare, ch'era possibile: fuggendo sempre (quanto però la qualità di tale Scrittura, e la natura de le cose che vi si contengono, poteva comportare) ogni durezza & oscurità e sopra tutto ogni vana & indegna affettatione d'importuni e mal conuenienti toscanismi. Stampata di nuouo in compagnia d'vn altra buona traduttione in lingua francese: & amendue partite per versetti.
[Genève], Giovanni Luigi Pascale, 1555.
2 pt ([8], 342; 240, [10]) c.; 8°
*⁸ a-z⁸ A-T⁸ V⁶; Aa² Bb-Zz⁸ Aaa-Iii⁸
EDIT16-CNCE 5958, Barbieri 66 e tav. A50
A c. Aa1r altro frontespizio: *L'Epistole di san Paulo Apostolo. L'Epistole catoliche di s. Iacopo, di s. Pietro, e di s. Giouanni. L'Apocalisse (cioe la Riuelatione) di s. Giouanni.* Edizione bilingue francese italiano. V. fr.

[1265]

PICO DELLA MIRANDOLA, GIOVANNI/(tr.) BUONAGRAZIA, ANTONIO/(tr.) DELLA BARBA, POMPEO

Le sette sposizioni del s. Giouanni Pico de la Mirandola intitolate Heptaplo, sopra i sei giorni del Genesi. Tradotte in lingua toscana da m. Antonio Buonagrazia canonico di Pescia. e da m. Pompeo de la Barba raccolte in breui somme con una pistola del medesimo al decano di Lucca che è l'epilogo di tutta l'opera.
Pescia, 1555 (Pescia, Lorenzo Torrentino, 1555).
158, [2] p.; 4°
A-K⁸
EDIT16-CNCE 34708
Var. B: In Pescia: [Lorenzo Torrentino], 1555 (Stampato in Fiorenza: appresso Lorenzo Torrentino stampator ducale, 1555). Var. C: 158 [i.e. 154], [2] p.; il primo fascicolo, per errori di imposizioni, risulta di 6 anziché di 8 carte, e privo del testo delle c. A3v, A4r, A5v, A6r. Var. D: la c. 13 è erroneamente numerata 31. V. fr.

[1266]

RINGHIERI, INNOCENZIO

Il Psaltero di Dauide in ottaua rima, tradotto per m. Innocentio Ringhieri [...].
(Bologna, Pellegrino Bonardo) [1555?].
463, [17] p.; 8°
A⁴ B-2F⁸ 2G⁴ 2H⁸
EDIT16-CNCE 5845

Pubblicato tra il 1555 e il 1556, durante il vicelegato di Lorenzo Lanci, che ne autorizzò la stampa, come risulta dal colophon a c. 2H7r, cfr. anche *STCBL*, p. 99 e Lumini, n. 170. Var. B: corretti gli errori di imposizione delle pagine del fasc. B.

[1267]

SPATARI, PELLEGRINO

Orationi tratte da' Salmi di Dauid. Tradotte da Pellegrino Spathari.
Pesaro, Bartolomeo Cesano, 1555.
26 c.: ill.; 8°
EDIT16-CNCE 5855

[1268]

ZOPPIO, GIROLAMO

Del nascimento di Cristo libri tre di Gieronimo Zoppio, ouero Dal Buono.
Bologna, Anselmo Giaccarelli, 1555 (Bologna, Anselmo Giaccarelli, 1555).
56 c.; 4°
A-O⁴
EDIT16-CNCE 25788

1556

[1269]

ALBERTO DA CASTELLO

Rosario della gloriosa Vergine Maria.
Venezia, Eredi di Pietro Ravani e compagni, XI.1556.
253, [3] c.: ill.; 8°
A-2I⁸
EDIT16-CNCE 752
Nome dell'autore nell'imprimatur a c. 3.

[1270]

AMULIO, NATALINO

Adunatione dei quattro evangelisti, in uno, cioè vita, passione, & resurrettione di Iesu Christo. Con una breue espositione molto utile et necessaria ad ogni fidel christiano.
Venezia, al segno della Speranza, 1556.
[6], 250 c.; 12°
EDIT16-CNCE 5990, SBN-IT\ICCU\CNCE\005990
Nome dell'autore nella dedica. Cfr. Barbieri 2015, p. 209-210.

[1271]

ANONIMA

La rappresentatione di Abraam e di Sarra sua moglie: nella quale si contiene la buona uita di Isaach lor figliuolo, e la

mala creanza d'Ismael figliuolo di Aghar sua ancilla e come furono cacciati. Nuouamente ristampata.

(Firenze, IX.1556).

[12] c.: ill.; 4°

A⁸ B⁴ (c. B4 bianca)

EDIT16-CNCE 53227

Titolo uniforme: *Rappresentazione di Abramo e Agar*. Cfr. Cioni 1961, p. 72, n. 4; Testaverde-Evangelista, 311. Inclusa con lettere d'ordine Pp nel secondo libro della "Raccolta Giuntina", 1560, cfr. EDIT16-CNCE 53304, vedi 1351. V. ed.

[1272]

ANTONINO (SANTO)

Espositione di Santo Antonino arciuescouo di Fiorenza. Sopra i dieci comandamenti, & sopra il Credo. Et molte altre cose le qual appartengono ad ogni christiano. Con vna, breue institutione del viuere christiano, & dell'vdir della messa.

Venezia, al segno della Speranza, 1556.

32 c.; 16°

EDIT16-CNCE 41309

Titolo uniforme: *Esposizione sopra i dieci comandamenti et sopra il credo.*

[1273]

ANTONINO (SANTO)

Opera di santo Antonino arciuescouo fiorentino vtilissima, & necessaria alla instruttione delli sacerdoti, & di qualunque deuota persona la quale desidera saper viuere christianamente, & confessarsi bene delli suoi peccati. Con vna breue instruttione per li sacerdoti curati.

(Venezia, Francesco Bindoni <1>, 1556).

153, [11] p.; 8°

A-I⁸ K¹⁰

EDIT16-CNCE 2044, SBN-IT\ICCU\VIAE\018386

Titolo uniforme: *Confessionale: Curam illius habe* [italiano], dalla dicitura del titolo simile ad altre edizioni. V. fr.

[1274]

ANTONINO (SANTO)

Opera di santo Antonino arciuescouo fiorentino vtilissima, & necessaria alla instruttione delli sacerdoti, & di qualunque deuota persona la quale desidera saper viuere christianamente, & confessarsi bene delli suoi peccati. Con vna breue instruttione per li sacerdoti curati.

(Venezia, Agostino Bindoni, 1556).

105, [7] p.: ill.; 8°

A-O⁸

EDIT16-CNCE 2045, SBN-IT\ICCU\CNCE\002045

Titolo uniforme: *Confessionale: Curam illius habe* [italiano], dalla dicitura del titolo simile ad altre edizioni. V. fr.

[1275]

[BELCARI, FEO]

La rapresentatione di Abraam & Isaac suo figliolo.

(Firenze, IX.1556).

[12] c. : ill. ; 4°

EDIT16-CNCE 61686

Per l'autore cfr. Cioni 1961, p. 68, n. 15. Titolo uniforme: *Rappresentazione di Abramo e Isacco.*

[1276]

[CICERCHIA, NICCOLÒ]/ PULCI, BERNARDO

La passione del nostro signore Giesu Christo, in ottaua rima. Et il pianto della Maddalena [...] nuouamente ricorretta e ristampata.

[Firenze, 1556].

[16] c.: ill.; 4°

EDIT16-CNCE 63253

Niccolò Cicerchia è autore de *La passione* (cfr. Cioni 1963, p. 29), Bernardo Pulci del *Pianto*. Titolo uniforme: *La passione di Gesù Cristo*. Per il luogo e la data cfr. Cioni 1963, p. 37, n. 5 ("Firenze [Tipografo non identificato 1556]"); forse uguale a EDIT16-CNCE 63256, descritta da Cioni 1963, p. 37, n. 6, vedi 1139).

[1277]

[CICERCHIA, NICCOLÒ]/PULCI, BERNARDO

La passione. Del nostro signore Giesu Christo: in ottaua rima. Et il pianto della Maddalena composto da Bernardo Pulci fioretino [!]. Nuouamente ricorretta e ristampata.

(Firenze, X.1556).

[20] c.: ill.; 4°

A-B⁸ C⁴

EDIT16-CNCE 65650, SBN-IT\ICCU\VEAE\011814

Niccolò Cicerchia è autore de *La passione* (cfr. Cioni 1963, p. 29), Bernardo Pulci del *Pianto*. Titolo uniforme: *La passione di Gesù Cristo.*

[1278]

COLONNA, VITTORIA

Pianto della marchesa di Pescara sopra la passione di Christo. Oratione della medesima, sopra l'Aue Maria. Oratione fatta il Venerdi santo, sopra la passione di Christo.

Venezia, [Paolo Manuzio], 1556.

28 c.; 8°

A-C⁸ D⁴

EDIT16-CNCE 12836

Marca di Paolo Manuzio sul frontespizio. V. fr.

[1279]

GUEVARA, ANTONIO DE/(tr.) ULLOA, ALFONSO DE/ (ed.) NANNINI, REMIGIO/(tr.) LAURO, PIETRO

La prima parte del libro chiamato Monte Caluario. Doue si trattano tutti i sacratissimi misteri auuenuti in questo Monte insino alla morte di Christo. Composto dall'illus. s. don Antonio di Gueuara. Tradotto di lingua ispaniola nell'italiana dal s. Alfonso di Uglioa. Nuouamente corretto, et reuisto da m. Remigio Fiorentino.
Venezia, Gabriele Giolito De Ferrari e fratelli, 1556.
2 vol.; 8°
SBN-IT\ICCU\TO0E\009671
1:
[64], 291 p.; 8°
[ast]-4[ast]⁸ A-2N⁸ 2O⁴
EDIT16-CNCE 22194, SBN-IT\ICCU\UM1E\014432
V. fr.
2:
La seconda parte del libro chiamato Monte Caluario, che espone le sette parole, che disse Christo in sù la croce. Composto dall'illustre sig. don Antonio di Gueuara, vescouo di Modognetto. Tradotto nuouamente di spagnuolo in italiano per m. Pietro Lauro. Con tre tauole, la prima è de' capitoli, la seconda delle autorità, figure & profetie, esposte dall'autore, & la terza delle cose notabili, che in tutta l'opera si contengono.
Venezia, Gabriele Giolito De Ferrari e fratelli, 1556.
[39], 240, 440 p.
*-2*8⁸ 3*⁶ a-p⁸ A-2D⁸, 2D⁴
EDIT16-CNCE 22195, SBN-IT\ICCU\TO0E\009672
V. fr.

[1280]
[LUTHER, MARTIN]
I dieci commandamenti dati da Dio, nel monte Sinai. Dechiarati in volgare ad utilità et commodo di ciascheduno fedele christiano. La dechiaratione del Credo diuiso in tre parte, secondo le tre persone de la santissima Trinità. Il Pater noster insegnato dal nostro Signor misser Giesù Christo: con la dechiaratione delle sette dimande in quello contenute.
(Venezia, Agostino Bindoni, 1556).
[24] c.: ill.; 8°
A-C⁸
EDIT16-CNCE 70020, SBN-IT\ICCU\CFIE\047110
Opera falsamente attribuita a Erasmo, cfr. Seidel Menchi.

[1281]
NUOVO TESTAMENTO/(tr.) TEOFILO, MASSIMO
Il Nuovo ed eterno Testamento di Giesu Christo.
Lyon, Jean de Tournes <1>, e Guillaume Gazeau, 1556.
500, [4], 377, [7] p.: ill.; 16°
a-2h⁸ 2i⁴ A-Z⁸ ²2a⁸ (c. 2i4-5 bianche)
EDIT16-CNCE 5959, Barbieri 67 e tav. A51
Nome del traduttore nella prefazione, pt 2, p. 377. V. fr.

[1282]
PANCOTTO, GIACOMO
I diuini precetti dall'angelo a Moise diuinamente dati, e per il verbo incarnato Giesu figliuolo di Dio apertissimamente dichiarati e dalla Chiesa santa catholica approbati, e confirmati: per il v.p. frate Iacopo di Melfitto dell'Ordine di capuccini di san Francesco nella sacra theologia professore senza alcuna oppenione humana compilati: tanto alli predicatori, come a tutti i fideli capaci di ragione vtilissimi, e necessarij. Nuoamente dati in luce, e castigati.
Venezia (Venezia, Comin da Trino, 1556).
126, [2] p.; 24°
A-Q⁸
EDIT16-CNCE 24716, SBN-IT\ICCU\UM1E\015861
SBN indica un format 16° (con lievi varianti grafiche nella trascrizione del titolo: *dall'Angelo à Moise, nell'ordine, à tutti*).

[1283]
PITTORIO, LODOVICO
I Salmi di Dauid per Lodouico Pittorio da Ferrara, moralmente in forma di omelie dechiarati, & di sententia in sententia volgarizati. Iquali non solamente à persone illiterate, ma etiamdio à literati & dotti, saranno molto utili, & di grandissima consolatione.
Venezia, al segno della Speranza, 1556.
[8], 396, [4] c.; 8°
[asterisco]⁸ A-3D⁸
EDIT16-CNCE 5897
V. fr.

[1284]
SANPEDRO, JERONIMO DE/(tr.) ULLOA, ALFONSO DE
Militia celeste del pie della rosa fragrante nella qual si trattano le vite & prodezze de gli illustrissimi patriarchi & principi del popolo hebreo con la esposition delle auttorita et figure della Bibbia composta in lingua hispagnuola dal s. Hieronymo san Pietro & nuouamente tradotta in volgar dal signor Alfonso de Vlloa hispano [...].
Venezia, Giovanni Battista Sessa <2> e Melchiorre Sessa <2>, 1556 (Venezia, Comin da Trino).
[8], 345, [3] c.; 8°
*⁸ A-2V⁸ 2X⁴
EDIT16-CNCE 49654

[1285]
SAVONAROLA, GIROLAMO
Alcuni sermoni deuoti di f. Ieronimo Sauonarola sopra il principio de la Cantica, & altri luoghi de la sacra scrittura.
Venezia, al segno della Speranza, 1556.
80, [24] c.; 8°
A-K⁸ a-c⁸

EDIT16-CNCE 53824

Contiene da c. a1r a c. c8v: *Sermone del reuerendo* [...] *Ieronymo da Ferrara, fatto ai suoi frati ne la uigilia di Natale, sopra la natiuita del nostro Signore Iesu Christo.* Cfr. Scapecchi 1998, n. 151 e 214. V. fr.

[1286]

SAVONAROLA, GIROLAMO

Del r.p.f. Hieronimo Sauonarola nella prima Epistola di san Giouanni, & altri luoghi della sacra scrittura sermoni XIX di marauiglioso artificio ad infocarne nell'amor di Iesu Christo.

Venezia, al segno della Speranza, 1556.

III, [1] c.; 8°

A-O⁸ (c. O8 bianca)

EDIT16-CNCE 62050

Cfr. Scapecchi 1998, n. 155. V. fr.

[1287]

SAVONAROLA, GIROLAMO

Deuoti discorsi di f. Ieronimo Sauonarola, sopra alcuni detti de la sacra scrittura, cauati da i suoi sermoni latini & uulgari, sopra il principio de la Cantica.

Venezia, al segno de la Speranza, 1556.

[48] c.; 8°

A-C⁸, a-c⁸ (c. C8 bianca)

EDIT16-CNCE 49203

Contiene da c. a1r a c. c8v: *Sermone del reuerendo padre frate Ieronymo da Ferrara, fatto a i suoi frati ne la uigilia di Natale, sopra la natiuita del nostro signore Iesu Christo.* Cfr. Scapecchi 1998, n. 152 e 214. V. fr.

1557

[1288]

ANONIMA

Contemplatione di tutta la vita, et passione del nostro Signore Iesu Christo.

Venezia, Giovanni Ostaus e Pietro Valgrisi, 1557.

103 p.; 8°

EDIT16-CNCE 15357

V. fr.

[1289]

ANONIMA

Giardinetto di cose spirituali doue si contiene. La santa Croce uolgare il pater nostro uolgare. Li dodeci articoli della fede [...].

(Venezia, Domenico De Franceschi), [tra il 1557 e il 1575].

[6] c.; 12°

EDIT16-CNCE 20941

Data dall'attività del tipografo.

[1290]

ANONIMA

La istoria et oratione di santo Stefano protomartire. Quale fu eletto diacono dalli apostoli e come fu lapidato da giudei nuouamente ristampata.

(Firenze, III.1557).

[2] c.; 4°

EDIT16-CNCE 63682

[1291]

ANONIMA

Il Salmista di Dauid secondo la Bibia, con la lor vertu appropriata per la salute dellanima, 7 del corpo, 7 per lo accrescimento della sostanza di questo mondo, nuouamente ampliato, 7 diligentemente corretto. Con la tauola di tutti li salmi posta per ordine. Aggiunta nel fine l'oratione di S. Agostino.

(Venezia, Eredi di Pietro Ravani e compagni, 1557).

173, [3] c.: ill.; 8°

A-Y⁸

EDIT16-CNCE 5898, SBN-IT\ICCU\CNCE\005898

V. fr.

[1292]

ANTONINO (SANTO)

Opera di s. Antonino arciuescouo fiorentino, da lui medesimo composta in volgare, vtilissima, & necessaria alla instruttione de i sacerdoti, et di qualunque altra persona, laquale desidera sapere viuere christianamente, & confessarsi bene de i suoi peccati. Con vna breue instruttione, per i sacerdoti curati. Di nuouo ristampata, & da infiniti errori emendata.

Venezia, [non prima del 1557] (Venezia, Domenico Nicolini da Sabbio).

153, [6] p.; 8°

A-K⁸ L²

EDIT16-CNCE 2046, SBN-IT\ICCU\CNCE\002046

Titolo uniforme: *Confessionale: Curam illius habe*, dalla dicitura del titolo simile ad altre edizioni. Var. B: diversa impronta. Data dall'attività del tipografo. V. fr.

[1293]

ANTONINO (SANTO)

Opera di s. Antonino arciuescouo fiorentino, da lui medesimo composta in volgare, vtilissima, & necessaria alla instruttione de i sacerdoti, et di qualunque altra persona, laquale desidera sapere viuere christianamente, & confessarsi bene de i suoi peccati. Con vna breue instruttione, per i sacerdoti curati. Di nuouo ristampata, & da infiniti errori emendata.

Venezia, [Domenico Nicolini da Sabbio, non prima del 1557].

153, [7] p.; 8°
A-K⁸
EDIT16-CNCE 2047, SBN-IT\ICCU\LO1E\004894
Titolo uniforme: *Confessionale: Curam illius habe* [italiano], cfr. SBN. Marca di Domenico Nicolini da Sabbio sul frontespizio. Data dall'attività del tipografo. V. fr.

[1294]
ANTONINO (SANTO)
Opera di santo Antonino arciuescouo fiorentino, da lui medesimo composta in uolgare, utilissima, & necessaria alla instruttione de li sacerdoti, & di qualunque altra persona, la quale desidera sapere uiuere christianamente, & confessarsi bene de gli suoi peccati. Con vna breue instruttione, per li sacerdoti curati. Nuouamente ristampata & da infiniti emendata.
Venezia, Francesco Bindoni <1>, 1557 (Venezia, Francesco Bindoni <1>, 1556).
153, [11] p.; 8°
A-I⁸ K¹⁰
EDIT16-CNCE 2048, SBN-IT\ICCU\VIAE\018386
Titolo uniforme: *Confessionale: Curam illius habe* [italiano], dalla dicitura del titolo simile ad altre edizioni.

[1295]
BELCARI, FEO/BENCI, TOMMASO
La rapresentatione diuota di san Giouanni Batista, quando ando nel diserto.
(Firenze, 1557).
[4] c.: ill.; 4°
A⁴
EDIT16-CNCE 4820
Testo di Feo Belcari preceduto da 16 stanze di Tommaso Benci, cfr. c. [A1v]. Titolo uniforme: *Rappresentazione di s. Giovanni Battista nel diserto.* Cfr. Cioni 1961, p. 185-186, n. 4; Testaverde-Evangelista, 161 e 520. Inclusa con lettere d'ordine Rr nel secondo libro della "Raccolta Giuntina", 1560, cfr. EDIT16-CNCE 53304, vedi 1351. V. ed.

[1296]
COLONNA, VITTORIA/VARCHI, BENEDETTO
Pianto della marchesa di Pescara sopra la passione di Christo. Oratione della medesima sopra l'Aue Maria. Sermone di m. Benedetto Varchi recitato alla croce il uenerdi santo. Meditatione d'vn diuotiss. huomo sopra la passione di Christo. Capitolo della detta s. marchesa del trionfo di Christo.
Bologna, Antonio Manuzio, 1557.
53, [3] p.; 8°
A-C⁸ D⁴(c. D4 bianca)
EDIT16-CNCE 12837
V. fr.

[1297]
GUEVARA, ANTONIO DE/(tr.) ULLOA, ALFONSO DE/(tr.) LAURO, PIETRO
La prima parte del libro chiamato monte Caluario, doue si trattano tutti i sacratissimi misterij auenuti in questo monte insino alla morte di Christo. Composto dal sig. don Antonio di Guevara [...] Tradotto di lingua hispanuola nell'italiana dal s. Alfonso di Ugloà [...].
Pesaro, Bartolomeo Cesano, 1557 (Pesaro, Bartolomeo Cesano, 1557).
2 vol.: 8°
EDIT16-CNCE 22201, SBN-IT\ICCU\UM1E\025564
1:
[24], 267 c.
a⁸a⁸[con]⁸ a-2k⁸ 2l⁴
SBN-IT\ICCU\UM1E\025566
2:
La seconda parte del libro chiamato Monte Caluario, delle sette parole, che disse Christo in su la croce. Composto dal sig. don Antonio di Gueuara [...] Tradotto di spagnuolo in italiano per m. Pietro Lauro. Di nuouo corretto, & ristampato. Con tre tauole diuerse.
[16], 294 c.
a-b⁸ A-2N⁸ 2O⁶
SBN-IT\ICCU\UM1E\025567

[1298]
GUEVARA, ANTONIO DE/(tr.) ULLOA, ALFONSO DE
La prima parte del Monte Calvario. Dove si trattano tutti i sacratissimi misteri auenuti in questo Monte infino alla morte di Christo. Tradotto di lingua spagnuola nell'italiana, dal signor Alfonso di Vglioa.
Venezia, Gabriele Giolito De Ferrari, 1557.
[32], 291, [1] c.; 8°
[ast]-4[ast]⁸A-2N⁸ 2O⁴
EDIT16-CNCE 22202

[1299]
GUEVARA, ANTONIO DE/(tr.) LAURO, PIETRO
La seconda parte del libro chiamato Monte Caluario, che espone le sette parole, che disse Christo in su la croce. Composto dall'illustre sig. Don Antonio di Gueuara, vescovo di Mondognetto. Tradotto di spagnuolo in italiano, per m. Pietro Lauro.
Venezia, Gabriele Giolito De Ferrari, 1557.
[44], 680 p.; 8°
*-2*⁸ 3*⁶ A-2T⁸ 2V⁴
EDIT16-CNCE 22204, SBN-IT\ICCU\VIAE\005722
Titolo da SBN.

[1300]
VISDOMINI, FRANCESCO

Il Cantico di Zaccaria, padre di San Giouanni. Predicato, et esposto dal padre Franceschino Visdomini, da Ferrara. In Sant'Apostolo di Roma, nel dì XXVIII di giugno MDLVI.
Venezia, [Andrea Arrivabene], 1557.
[16] c.; 8°
A-D[4]
EDIT16-CNCE 29691
Marca di Andrea Arrivabene sul frontespizio.

[1301]
VISDOMINI, FRANCESCO
Laetatus sum in his etc. Il salmo di Dauid CXXI esposto nello annontiare la pace seguita fra la santità di n.s. & la maestà del re catolico; predicato nella famosa chiesa di san Petronio in Bologna, dal padre Franceschino Visdomini da Ferrara, il di XXVI di settembre 1557.
Venezia, Andrea Arrivabene, 1557.
18, [2] c.; 8°
A-E[4]
EDIT16-CNCE 54065

[1302]
VISDOMINI, FRANCESCO
Predica sopra il Cantico di Zacharia padre di santo Giouanni Battista. Predicato et esposto, dal reuerendo padre f. Franceschino Visdomini da Ferrara. In Santo Apostolo di Roma. Nel di 28. di giugno 1556.
Perugia, Andrea Bresciano, 1557 (Perugia, Andrea Bresciano, 1557).
[16] c.: ill.; 8°
A-D[4](c. D4 bianca)
EDIT16-CNCE 67831

1558

[1303]
ANONIMA
La epistola della santa domenica. Con vna oratione della creation del cielo & della terra & lo in principio.
Bologna, Alessandro Benacci, [non prima del 1558].
[4] c.; 8°
A[4]
EDIT16-CNCE 18167
Data dall'attività del tipografo.

[1304]
ANONIMA
La rapresentatione della regina Hester. Nuouamente ristampata.
(Firenze, 1558).
[10] c.: ill.; 4°

A[10]
EDIT16-CNCE 52765, SBN-IT\ICCU\CFIE\032935
Titolo uniforme: *Rappresentazione di Ester regina.* Var. B: sul frontespizio presenta le lettere d'ordine Tt. Cfr. Cioni 1961, p. 128, n. 6; Testaverde-Evangelista, 201. Inclusa anche con lettere d'ordine Vu nel secondo libro della "Raccolta Giuntina", 1560, cfr. EDIT16-CNCE 53304, vedi 1351. V. fr.

[1305]
ANONIMA
La rapresentatione di Nabucdonosor re di Babillonia. Nuouamente ristampata.
(Firenze, 1558).
[8] c.: ill.; 4°
A[8]
EDIT16-CNCE 53229, SBN-IT\ICCU\CFIE\032949
Titolo uniforme: *Rappresentazione di Nabuccodonosor.* Cfr. Cioni 1961, p. 243, n. 3; Testaverde-Evangelista, 211 e 449. Inclusa anche con lettere d'ordine Ss nel secondo libro della "Raccolta Giuntina", 1560, cfr. EDIT16-CNCE 53304, vedi 1351. V. ed.

[1306]
ANTONINO (SANTO)
Opera. Di santo Antonino arciuescouo fiorentino, da lui medesimo composta in uolgare, utilissima, & necessaria alla instruttione de li sacerdoti, & di qualunque altra persona, la quale desidera sapere viuere christianamente, et confessarsi bene de gli suoi peccati. Con vna breue instruttione, per li sacerdoti curati. Nuouamente ristampata & da infiniti errori emendata.
Venezia, Francesco Bindoni <1>, 1558 (Venezia, Francesco Bindoni <1>, 1556).
153, [11] p.; 8°
EDIT16-CNCE 77355, SBN-IT\ICCU\CNCE\077355
Titolo uniforme: *Confessionale: Curam illius habe* [italiano], dalla dicitura del titolo simile ad altre edizioni. V. fr.

[1307]
ANTONINO (SANTO)
Opera di santo Antonino arciuescouo fiorentino, da lui medesimo composta in volgare, vtilissima, & necessaria alla instruttione de li sacerdoti, & di qualunque altra persona, la quale desidera sapere viuere christianamente, & confessarsi bene de li suoi peccati. Con vna breue instruttione, per li sacerdoti curati. Nuouamente ristampata & da infiniti errori emendata.
Venezia, [Comin da Trino], 1558.
153, [7] p.; 8°
A-K[8]
EDIT16-CNCE 2051, SBN-IT\ICCU\TO0E\017486

Titolo uniforme: *Confessionale: Curam illius habe* [italiano], dalla dicitura del titolo simile ad altre edizioni. Marca di Comin da Trino sul frontespizio. V. fr.

[1308]
ANTONINO (SANTO)
Opera di santo Antonino arcivescouo fiorentino, vtilissima et necessaria alla instruttione de i sacerdoti, & di qualunque altra persona, la quale desidera uiuere christianamente: et il modo di confessarsi bene di tutti i suoi peccati. Con vna breue instruttione per i sacerdoti curiati. Tutta di nuouo riformata.
Venezia, Francesco Bindoni <2>, 1558.
153, [11] p.; 8°
A-I⁸ K¹⁰
EDIT16-CNCE 2049, SBN-IT\ICCU\RAVE\002401
Titolo uniforme: *Confessionale: Curam illius habe* [italiano], dalla dicitura del titolo simile ad altre edizioni.

[1309]
BERNARDUS CLARAEVALLENSIS/(tr.) GIOVANNI DA TOSSIGNANO
Sermoni volgari, del deuoto dottore, santo Bernardo, sopra le solennita di tutto l'anno.
Venezia, al segno della Speranza, 1558.
[8], 440 c.; 8°
π⁸ A-3I⁸
EDIT16-CNCE 5505, SBN-IT\ICCU\BVEE\001621
Nome del traduttore nella prefazione. Titolo uniforme: *Sermones de tempore et de sanctis* [italiano]. V. fr.

[1310]
BIBBIA /(tr.) MALERBI, NICOLÒ
Biblia volgare laqual in se contiene i sacrosanti libri del Vecchio, et Nuouo Testamento, i quali ti apporto, christianissimo lettore, tradotti dalla hebraica, & greca verita in nostra lingua, con le figure, & summarii a ciascun capo, et con due tauole, l'una delle quali mostra i luoghi, & l'ordine di quelli, & l'altra dichiara tutte le materie che si trattano in essi, rimettendo a suoi luoghi i lettori. Nuouamente corretta, et con ogni diligentia stampata, à commodo, & utile de i christiani lettori.
Venezia, [Domenico Farri], 1558 (Venezia, 1558).
412 [i.e. 404, 9] c.: ill.; fol.
a⁴ b-z⁸ A-R⁸ S⁶ T-2D⁸ 2E-2F¹⁰
EDIT16-CNCE 5775, Barbieri 68 e tav. A52
Nome del traduttore nell'intitolazione. Contiene apocrifi: *Preghiera di Manasse*; *Esdra* II (III); extracanonici: *Somma di tutta la Sacra Scrittura*; *Legenda de sancto Ioseph*. Per il tipografo cfr. Barbieri 68. V. fr.

[1311]
BONELLO, RAFFAELE
Discorso della vera beatitudine sopra le parole dell'Apocalisse, Beati mortui, qui in Domino moriuntur, del magnifico m. Raffaello Bonello da Berletta.
Venezia, Giovanni Andrea Valvassori, 1558.
24 c.; 8°
A-C⁸
EDIT16-CNCE 6946, SBN-IT\ICCU\CNCE\006946
Titolo da SBN.

[1312]
[CASTELLANI, CASTELLANO]
Rappresentatione della conuersione di santa Maria Maddalena. Nuouamente posta in luce.
(Perugia, Andrea Bresciano, 1558).
12 c.: ill.; 4°
EDIT16-CNCE 62261
Per l'autore cfr. Ponte, p. 65. Titolo uniforme: *Rappresentazione di s. Maria Maddalena. La conversione.* Cfr. Cioni 1961, p. 236, n. 4. V. fr.

[1313]
DEDALO, FORTUNATO
Nabucodonossor re di Babbilonia. Tragedia.
1558.
Quadrio, III.1, p. 69.

[1314]
NUOVO TESTAMENTO/(tr.) [ANONIMO DEL CRESPIN?]
L'epistole di san Paulo apostolo. L'epistole cattoliche di S. Iacopo, di S. Pietro e di S. Giouanni. L'Apocalisse (cioè, la Riuelatione) di S. Giouanni.
Lyon, Guillaume Rouillé, 1558.
326-559, [7] c.; 12°
aa-zz⁸ Aa-Ff⁸ Gg⁴ ast⁸
SBN-IT\ICCU\PBEE\008504
Questa edizione probabilmente segue la seconda parte dell'edizione EDIT16-CNCE 5960, Barbieri 69, vedi 1315.

[1315]
NUOVO TESTAMENTO/(tr.) ANONIMO DEL CRESPIN
Il Nuouo Testamento di Iesu Christo nostro Signore, latino & volgare, diligentemente tradotto dal testo greco, & conferito con molte altre traduttioni volgari & latine, le traduttioni corrispondenti l'vna à l'altra, & partite per versetti.
Lyon, Guillaume Rouillé, 1558.
2 pt (559, [9] c.); 16°
a-z⁸ A-R⁸ S⁴ 2a-2z⁸ 2A-2F⁸ 2G⁴ *⁸ (c. 2G4 e *8 bianche)
EDIT16-CNCE 5960, Barbieri 69 e tav. A53
A c. 2a1r altro frontespizio con cornice: *L'Epistole di san Paulo apostolo. L'Epistole catoliche di S. Iacopo, di S. Pietro*

e di S. Giouanni. L'Apocalisse (cioé la Reuelatione) di S. Giouanni. Edizione bilingue latino-italiano, il testo latino è di Erasmo da Rotterdam. V. fr.

[1316]
PALLANTIERI, GIROLAMO
La parabola della vigna, data à coltiuare a villani maluagi, essempio euangelico di Girolamo Pallantieri. All'illustriss. et eccellentiss. signor Giacomo Buoncompagni, marchese di Vignola.
Bologna, Alessandro Benacci, [non prima del 1558].
[4] c.; 4°
A⁴
EDIT16-CNCE 76445
Data dall'attività del tipografo. V. fr.

[1317]
PITTORIO, LODOVICO
Dominicale et santuario di Lodouico Pittorio da Ferrara, doue si contiene vna dolce, et morale espositione sopra li Euangelij, & etiam sopra le Epistole che corrono per tutto l'anno, in le messe di tutte le Dominiche, & altre feste [...] & nel fine del Santuario gli sono quattro vtilissimi sermoni, il primo circa la confessione, il secondo circa la compontione di peccati, il terzo circa la comunione, & il quarto circa il contempto della morte. Dapoi gli sono sette bellissime, et saluberrime meditationi sopra sette parti del pater nostro. Et e opera cosi facile, ioconda & salutare, che ogni famiglia doue sia chi sappia leggere, la douerebbe hauere in casa per conforto, & salute de le anime. Nouamente ristampato, & con somma diligentia corretto.
Venezia, [Aurelio Pinzi], 1558.
90 c.; fol.
AA-PP⁶
EDIT16-CNCE 49190, SBN-IT\ICCU\MODE\018042
Titolo da SBN. Marca di Aurelio Pinzi sul frontespizio.

[1318]
PITTORIO, LODOVICO
Homiliario ouero espositione di Ludouico Pittorio da Ferrara, sopra le Epistole, et Euangelii, per tutta la quadragesima et ne le dominiche di tutto l'anno, et anchora ne le feste de molti santi. Et alcuni sermoni, et meditationi et altre cose deuote del medesimo. Opera veramente vtile et molto necessaria a ogni fidel christiano [...].
Venezia, al segno della Speranza, 1558.
101 [i.e. 501], [33] c.; 8°
A-2Y⁸ 2Z⁶, 3A-3X⁸ (c. 3X7-8 bianche)
EDIT16-CNCE 33224

[1319]
PITTORIO, LODOVICO

Omeliario ouero Espositione di Lodouico Pittorio, da Ferrara, sopra le epistole, et euangelii, correnti per tutta la quaresima, et ne le dominiche di tutto l'anno. Et anchora ne le festiuita di molti santi. Con alcuni Sermoni, e Meditationi, vtili, e necessarij, alli fideli e deuoti di Christo. Opera veramente da esser letta, e osseruata da tutti che desiderano viuer sotto li comandamenti del Omnipotente Iddio. Nouamente con ogni diligentia corretta.
Venezia, 1558.
87, [1] c.; fol.
A-O⁶ P⁴
EDIT16-CNCE 49169

[1320]
PSEUDO-BONAVENTURA
Il deuoto et pio misterio de l'humana redentione. Composto per santo Bonauentura cardinale, a salute delli serui di Giesu Christo. Nouamente ristampato, & di belle figure adornato.
Venezia, Pietro Boselli, 1558 (Venezia, Pietro Boselli, 1558).
86 c.: ill.; 16°
A-L⁸
EDIT16-CNCE 27077
Titolo uniforme: *Meditationes vitae Christi* [italiano]. V. fr.

1559

[1321]
ALBERTO DA CASTELLO
Rosario de la gloriosa vergine Maria.
(Venezia, Giovanni Varisco e compagni, 1559).
252, [4] c.: ill.; 8°
A-2I⁸
EDIT16-CNCE 753
Nome dell'autore a c. A2r. V. fr.

[1322]
ANONIMA
Vna breuiss.a et semplicissima espositione delli dieci comandamenti di Dio: della oratione insegnataci da Giesu Christo, e del Simbolo detto de gli apostoli.
1559.
16 p.; 8°
A⁸
EDIT16-CNCE 72342
V. fr.

[1323]
ANONIMA
La rappresentatione del Spirito Santo. Di nuouo ristampata.
(Firenze, 1559).

[4] c.: ill.; 4°
A⁴
EDIT16-CNCE 62374
Titolo uniforme: *Rappresentazione dello Spirito santo. Miracolo*. V. ed.

[1324]
ANONIMA
La rappresentatione di Judith hebrea.
Firenze, 1559.
4°
EDIT16-CNCE 62156
Titolo uniforme: *Rappresentazione di Giuditta ebrea*. Cfr. Cioni 1961, p. 198, n. 5.

[1325]
ANONIMA
La rapresentatione della distruttione di Saul: & del pianto di Dauit. Nuouamente ristampata.
(Firenze, 1559).
[8] c.: ill.; 4°
A⁸
EDIT16-CNCE 52776, SBN-IT\ICCU\VEAE\011755
Titolo uniforme: *Rappresentazione di Saul e Davide.* Cfr. Cioni 1961, p. 276, n. 3; Testaverde-Evangelista, 476. Inclusa anche con lettere d'ordine EEe nel secondo libro della "Raccolta Giuntina", 1560, cfr. EDIT16-CNCE 53304, vedi 1351. V. ed.

[1326]
ANONIMA
La rapresentatione della natiuita di Christo. Nuouamente ristampata.
(Firenze, 1559).
[6] c.: ill.; 4°
A⁶
EDIT16-CNCE 53236, SBN-IT\ICCU\CFIE\033075
Titolo uniforme: *Rappresentazione di Gesù Cristo: la natività*. Cfr. Cioni 1961, p. 148, n. 8; Testaverde-Evangelista, 379. Inclusa con lettere d'ordine DDd nel secondo libro della "Raccolta Giuntina", 1560, cfr. EDIT16-CNCE 53304, vedi 1351. V. fr.

[1327]
ANONIMA
La rapresentatione della purificatione di nostra Donna: che si fa per la festa di santa Maria della candellaia. Nuouamente ristampata.
(Firenze, 1559).
[4] c.: ill.; 4°
[*]⁴
EDIT16-CNCE 52935

Titolo uniforme: *Rappresentazione della purificazione della Madonna*. Cfr. Cioni 1961, p. 233, n. 2. Inclusa con lettere d'ordine Aa nel secondo libro della "Raccolta Giuntina", 1560, cfr. EDIT16-CNCE 53304, vedi 1351. V. ed.

[1328]
ANTONINO (SANTO)
Esposi [...] Antonino arciues. di fiorenza, sopra i dieci comandamenti, & sopra il Credo. Et molte altre cose le qual appartengono ad ogni christiano. Con vna breue institutione del viuer christiano, & dell'udir della messa.
Venezia, Tipografia del Monastero delle Convertite, 1559.
30, [2] c.; 12°
EDIT16-CNCE 70475
Titolo uniforme: *Esposizione sopra i dieci comandamenti et sopra il credo*. V. fr.

[1329]
ANTONINO (SANTO)
Opera di santo Antonino arciuescouo fiorentino, da lui medesimo composta in volgare, vtilissima, & necessaria alla instruttione de li sacerdoti, & di qualunque altra persona, laquale desidera sapere viuere christianamente, & confessarsi bene de li suoi peccati. Con vna breue instruttione, per li sacerdoti curati. Nuouamente ristampata & da infiniti emendata.
Venezia, 1558 (Venezia, Comin da Trino, 1559).
153, [7] p.; 8°
A-K⁸
EDIT16-CNCE 2050, SBN-IT\ICCU\SBSE\00430
Titolo uniforme: *Confessionale: Curam illius habe* [italiano], dalla dicitura del titolo simile ad altre edizioni. V. fr.

[1330]
ANTONINO (SANTO)
Opera di santo Antonino arciuescouo fiorentino, vtilissima et necessaria alla instruttione de i sacerdoti & di qualunque altra persona laquale desidera uiuere christianamente, et il modo di confessarsi bene di tutti i suoi peccati. Con vna breue instruttione, per i sacerdoti curiati. Tutta di nuouo riformata.
Venezia, Francesco Bindoni <2>, 1559.
153, [10] p.; 8°
A-I⁸ K¹⁰
EDIT16-CNCE 2052, SBN-IT\ICCU\CNCE\002052
Titolo uniforme: *Confessionale: Curam illius habe* [italiano], dalla dicitura del titolo simile ad altre edizioni. V. fr.

[1331]
ANTONINO (SANTO)
Opera di Santo Antonino arciuescovo fiorentino, vtilissima et necessaria alla instruttione de i sacerdoti et di qualunque

altra persona, laquale desidera uiuere christianamente: et il modo di confessarsi bene di tutti i suoi peccati, con una breue instruttione per i sacerdoti curiati [...].
Venezia, Francesco Lorenzini, 1559.
87, [1] c.; 8°
A-L⁸
EDIT16-CNCE 2053, SBN-IT\ICCU\TO0E\022526
Titolo uniforme: *Confessionale: Curam illius habe* [italiano], dalla dicitura del titolo simile ad altre edizioni.

[1332]
BOCCHI, ALESSANDRO
Vn deuoto ragionamento dell'anima con Gesù Christo crocifisso, & una deuotissima contemplatione sopra il psalmo Quam dilecta tabernacula tua Domine.
Bologna, Alessandro Benacci e compagni, [non prima del 1559].
[14] c.: ill.; 4°
EDIT16-CNCE 6487

[1333]
[CASTELLANI, CASTELLANO]
La rappresentatione della resurrettione di Iesu Christo. Nuouamente ristampata.
(Firenze, 1559).
[10] c.: ill.; 4°
A⁴B⁶
EDIT16-CNCE 53239, SBN-IT\ICCU\CFIE\032998
Per l'autore cfr. Ponte, p. 65. Titolo uniforme: *Rappresentazione della resurezione di Gesù Cristo.* Cfr. Cioni 1961, p. 168, n. 6; Testaverde-Evangelista, 235 e 392. Inclusa con lettere d'ordine GGg nel secondo libro della "Raccolta giuntina", 1560, cfr. EDIT16-CNCE 53304, vedi 1351. V. ed.

[1334]
[CASTELLANI, CASTELLANO]
La rapresentatione del nostro Signore Iesu Christo quando disputò nel Tempio. Nuouamente ristampata.
(Firenze, [Giunta], 1559).
[6] c.: ill.; 4°
A⁸
EDIT16-CNCE 53235, SBN-IT\ICCU\VEAE\011616
Per l'autore cfr. Ponte, p. 65. Titolo uniforme: *Rappresentazione della disputa di Gesù Cristo al tempio.* Stampata dai Giunti, cfr. Cioni 1961, p. 154, n. 2; Testaverde-Evangelista, 206 e 384. Inclusa con lettere d'ordine CCc nel secondo libro della "Raccolta Giuntina", 1560, cfr. EDIT16-CNCE 53304, vedi 1351. V. fr.

[1335]
CRISPOLTI, TULLIO

Considerationi, et auertimenti spirituali di m. Tullio Chrispoldo d'Ariete, sopra la passione di nostro Signore Giesu Christo non piu vedute.
(Modena, Cornelio Gadaldini <1>, 1559).
[4], 144, [4] c.; 8°
A-T⁸
EDIT16-CNCE 14267
V. fr.

[1336]
[DATI, GIULIANO/BERNARDO DI ANTONIO/PARTICAPPA, MARIANO]
La rappresentatione della passione del nostro Signor Iesu Christo, quale si rappresenta il Venerdi santo nel Coliseo in Roma. Nuouamente con le figure ristampata.
(Firenze, 1559).
[14] c.: ill.; 4°
A-B⁴ C⁶
EDIT16-CNCE 16067, SBN-IT\ICCU\CFIE\033099
Per gli autori cfr. Cioni 1961, p. 156. Titolo uniforme: *Rappresentazione della passione di Gesù Cristo.* Cfr. Cioni 1961, p. 161, n. 17; Testaverde-Evangelista, 390. Inclusa con lettere d'ordine FFf nel secondo libro della "Raccolta Giuntina", 1560, cfr. EDIT16-CNCE 53304, vedi 1351. V. ed.

[1337]
FEDINI, TEOFILO
Breue discorso sopra l'oratione dominicale del r.p.f. Theofilo Fedini fiorentino dell'Ordine de predicatori.
Lyon, Sébastien Honorat 1559 (Lyon, Jean Fradin, 1559).
236 [i.e. 206], [2] p.; 8°
a-n⁸
EDIT16-CNCE 40286

[1338]
FERRARO, GIOVANNI PIETRO
Opera nuoua historiata della diuinita et humanita di Christo di nuouo venuta in luce.
Milano, [Benedetto Pellizzoni], 1559 (Milano, Innocenzo Cicognara, a istanza di Benedetto Pellizzoni, 25.II.1558).
48 c.: ill.; fol.
A-F⁸
EDIT16-CNCE 40952
Nome dell'autore nella dedica. Marca di Benedetto Pellizzoni sul frontespizio. V. fr.

[1339]
MARAFFI, DAMIANO
Figure del Nuouo Testamento, illustrate da versi vulgari italiani.
Lyon, Jean de Tournes <1>, 1559.

[52] c.: ill.; 8°
A-F⁸ G⁴
EDIT16-CNCE 35004
Nome dell'autore nella dedica. V. fr.

1560

[1340]
AMBROSIUS (SANTO)/(tr.) CATTANI DA DIACCETO,
FRANCESCO
L'Essamerone di s. Ambruogio vescouo di Milano. Tradotto in volgar fiorentino per lo reuerend. m. Francesco Cattani da Diacceto canonico di Firenze et proton. apostolico.
Firenze, Lorenzo Torrentino, 1560.
[24], 455, [9] p.; 8°
a⁸ b⁴ A-2F⁸
EDIT16-CNCE 1520
V. fr.

[1341]
ANONIMA
Giuditio vniuersale o vero finale.
[ca 1560].
[6] c.: ill.; 4°
A⁶
EDIT16-CNCE 49249
Titolo uniforme: *Storia del giudizio universale.* Per la data cfr. Cioni 1963, p. 255, n. 7 (con luogo: "Venezia?"; EDIT16 indica: "Stampata probabilmente a Firenze", rinviando erroneamente a Cioni). Incipit a c. [A1v] (da Cioni): *(A) Te ricorro eterno creatore | che gratia presti al debil' intelletto.* Esistono altre due edizioni, con la medesima silografia sul frontespizio, stampate linea per linea, cfr. EDIT16-CNCE 75435 e 75436, vedi 1342 e 1343. V. fr.

[1342]
ANONIMA
Giuditio vniuersale o vero finale.
[ca 1560].
[6] c.: ill.; 4°
A⁶
EDIT16-CNCE 75435
Titolo uniforme: *Storia del giudizio universale.* Per la data cfr. Cioni 1963, p. 255, n. 7 (con luogo: "Venezia?"; EDIT16 indica: "Stampata probabilmente a Firenze", rinviando erroneamente a Cioni). Incipit a c. [A1v] (da Cioni): *(A) Te ricorro eterno creatore | che gratia presti al debil' intelletto.* Esistono altre due edizioni, con la medesima silografia sul frontespizio, stampate linea per linea, cfr. EDIT16-CNCE 49249 e 75436, vedi 1341 e 1343. V. fr.

[1343]
ANONIMA
Giuditio vniuersale o vero finale.
[ca 1560].
[6] c.: ill.; 4°
A⁶
EDIT16-CNCE 75436
Titolo uniforme: *Storia del giudizio universale.* Per la data cfr. Cioni 1963, p. 255, n. 7 (con luogo: "Venezia?"; EDIT16 indica: "Stampata probabilmente a Firenze", rinviando erroneamente a Cioni). Incipit a c. [A1v] (da Cioni): *(A) Te ricorro eterno creatore | che gratia presti al debil' intelletto.* Esistono altre due edizioni, con la medesima silografia sul frontespizio, stampate linea per linea, cfr. EDIT16-CNCE 49249 e 75435, vedi 1341 e 1342. V. fr.

[1344]
ANONIMA
La historia di Susanna moglie di Giouacchino, la quale a torto fu accusata di adulterio da dua tristi vecchi, e poi per miracolo Dio [!] fu liberata, e loro furno lapidati dal popolo.
[Firenze, 1560?].
[4] c.: ill.; 4°
A⁴
EDIT16-CNCE 79410
Titolo da c. A1r. Titolo uniforme: *Storia di Susanna e Daniello.* Incipit a c. A1r: *Chi si diletta nuoue cose udire.* Stampata a Firenze; per il luogo e la data cfr. *STCBL*, p. 652. V. ed.

[1345]
ANONIMA
La rappresentatione di Iudith hebrea.
[Firenze, 1560?].
[8] c.: ill.; 4°
A⁸
EDIT16-CNCE 61575, SBN-IT\ICCU\CFIE\032873
Titolo uniforme: *Rappresentazione di Giuditta ebrea.* Cfr. Testaverde-Evangelista, 176 e 620. Stampata a Firenze; per il luogo e la data cfr. *STCBL*, p. 362. V. ed.

[1346]
ANONIMA
La rappresentatione, e festa di Iosef figliuolo di Iacob. Nuouamente ristampata.
[Firenze, dopo il 1560?].
[10] c.: ill.; 4°
A¹⁰
EDIT16-CNCE 62043
Titolo uniforme: *Rappresentazione di Giuseppe.* Stampata a Firenze; per il luogo e la data cfr. Cioni 1961, p. 203, n. 7.

[1347]

ANONIMA

La rapresentatione, & istoria di Susanna di nuouo ristam-pata.

(Firenze, Paolo Bigio), [1560?].

[4] c.: ill.; 4°

A⁴

EDIT16-CNCE 79389

Titolo uniforme: *Rappresentazione di s. Susanna.* Per la data cfr. *STCBL*, p. 653. V. ed.

[1348]

ANONIMA

Il Salmista di Dauid secondo la Bibia con le virtù de i detti salmi, appropriate alla salute dell'anima, & del corpo.

1560.

[18], 382 p.: ill.; 12°

[pigreco]⁸ A-2A⁸

EDIT16-CNCE 5899

V. fr.

[1349]

ANONIMA

La storia di Susana moglie di Giouacchino. La quale a torto fu accusata di adulterio da due tristi vecchi, e poi per mi-racolo di Dio fu liberata, e loro furno lapidati dal popolo. Nuouamente ristampata.

(Firenze, alle scalee di Badia) [1560?].

[4] c.: ill.; 4°

A⁴

EDIT16-CNCE 79411

Titolo da c. A1r. Titolo uniforme: *Storia di Susanna e Daniello.* Incipit a c. A1r: *Chi si diletta nuoue cose udire.* Per la data cfr. *STCBL*, p. 653. V. ed.

[1350]

ANONIMA

La vita et morte di san Giouanni Battista. Di nuouo ristam-pata.

[ca 1560].

[4] c.; 4°

EDIT16-CNCE 63603

Titolo uniforme: *Storia di s. Giovanni Battista.* Stampata probabilmente a Firenze; per il luogo e la data cfr. Cioni 1963, p. 160, n. 4.

[1351]

ANONIMA/VARIA

Il secondo libro di feste et rappresentationi di diuersi santi & sante del Testamento Vecchio, & Nuouo, composte da diuersi auttori, nuouamente ricorrette & ristampate: fra lequali ue

ne sono di molte non piu uenute in luce. Con vna tauola di tutto quello, che nel presente libro si contiene.

Firenze, [Eredi di Bernardo Giunta <1>], 1560.

[5] c. + 34 fasc.: ill.; 4°

EDIT16-CNCE 53304

Le prime cinque carte contengono frontespizio gene-rale, avviso ai lettori e indice del secondo volume della "Raccolta giuntina". Le 34 parti contengono testi stampa-ti da vari tipografi fiorentini del XVI secolo raccolti dai Giunta, cfr. Cioni 1961, p. 24. V. fr.

[1352]

[BELCARI, FEO]

La rappresentazione di Abraam, et Isaac suo figliuolo.

[1560?].

[4] c.: ill.; 4°

A⁴

EDIT16-CNCE 77474

Titolo da c. A1r. Titolo uniforme: *Rappresentazione di Abramo e Isacco.* Stampata presumibilmente a Firenze; per la data cfr. *STCBL*, p. 2. V. c. A1r e [A4v].

[1353]

CALVIN, JEAN

Il catechismo, cioe Formulario per instruire et ammaestrare i fanciulli ne la vera e pura dottrina christiana.

[Genève?], Giovanni Battista Pineroli, 1560.

[83] c.; 16°

EDIT16-CNCE 8615

[1354]

EPISTOLE E VANGELI/(tr.) ANONIMA

Epistole Euangeli et Lettioni, che si dicono in tutto l'anno, tradotti in lingua toscana, con due tauole necessarie: vna da trouare gli Euangelii e le Epistole: che corrono tutto lanno: l'altra che serue per calendario, e mostra tutte le feste coman-date con lo euangelio & la epistola che corre quel giorno. Nuouamente ristampati.

Firenze, Eredi di Bernardo Giunta <1>, 1560 (Firenze, Eredi di Bernardo Giunta <1>, 1559).

[4], 89 c.: ill.; fol.

+⁴ A-P⁶

EDIT16-CNCE 11360

V. fr.

[1355]

EPISTOLE E VANGELI/(tr.) ANONIMA

Epistole lettioni, et euangeli, che si leggono tutto l'anno, la-tine et volgari, per piu comodita di ciascuno. Ne le quali glie ne sono aggionte molte, cauate dal missale, & che ne le altre impressioni non erano.

Venezia, al segno della Speranza, 1560.

388 c.; 8°

A-3B⁸ 3C⁴

EDIT16-CNCE 11361

[1356]

FIDELE, PAOLO

Colletto della Scrittura vecchia, per ilquale si proua la chia-rezza della santa fede christiana. Composto da Paulo Fidele conuerso da Recanati. l'anno MDLX.

(Pesaro, Eredi di Bartolomeo Cesano, 1560).

[28] c.; 8°

A-C⁸ D⁴

EDIT16-CNCE 18957

V. fr.

[1357]

IOSEPHUS, FLAVIUS/(tr.) LAURO, PIETRO

Giosefo Delle antichita giudaiche. Tradotto in italiano per m. Pietro Lauro modenese.

Venezia, Francesco Lorenzini, 1560.

2 vol.; 8°

EDIT16-CNCE 35715, SBN-IT\ICCU\CFIE\031592

1:

[24], 306, [2] c.; 8°

a-c⁸ A-2P⁸ Q⁴ (ultime due c. bianche)

SBN-IT\ICCU\VEAE\008406

V. fr.

2:

298, [2] c.

a-2o⁸ 2p⁴ (ultime due c. bianche)

SBN-IT\ICCU\CFIE\031593

[1358]

NUOVO TESTAMENTO/(tr.) ANONIMO DEL TODESCO

Il Nuovo Testamento di Iesu Christo nostro Signore, nuoua-mente riueduto e ricorretto secondo la verità del testo greco, e di molte & vtili annotationi illustrato.

[Genève], Fabio Todesco, 1560.

[8], 848, [i.e. 856], [34] p.; 8°

[ast]⁴ A-Z⁸ 2A-2B² 2C⁴ 2D-2Z⁸ 3A-3G⁸ 3H⁴ 3I¹² 3K¹⁰ (ul-tima c. bianca)

EDIT16-CNCE 5961, Barbieri 70 e tav. A54

V. fr.

[1359]

PHILO ALEXANDRINUS/(tr.) BALLINO, GIULIO

La vita di Mosè, composta da Filon Giudeo in lingua greca, e tradotta da Giulio Ballino in volgare italiana.

Venezia, Niccolò Bevilacqua, 1560.

[8], 211, [5] p.; 4°

*⁴ A-2D⁴ (c. 2D4 bianca)

EDIT16-CNCE 33457

[1360]

PLATINA (IL) (SACCHI, BARTOLOMEO)

Platina Delle vite de' pontefici, nelle quali si descriuono le vite di tutti loro, e sommariamente tutte le guerre, et altre cose notabili fatte nel mondo da Christo infino al dì d'hoggi. Tradotto di latino in lingua volgare, & nuouamente ristam-pato, ettutto ricorretto, et ampliato.

Venezia, Francesco Lorenzini, 1560.

426, [2] c.; 8° (diversi errori nella numer. delle c.)

a⁴ B-2Z⁸ 2A-2G⁸ 2H⁴ (ultima c. bianca)

EDIT16-CNCE 35723

[1361]

RANGONE, ERCOLE

I sette salmi della penitenza di Dauid, tradotti dall'illust. sign. conte Hercole Rangone di latino in uolgare con l'argo-mento a ciascun' salmo.

Modena (Modena, Eredi di Cornelio Gadaldini <1>), [non prima del 1560].

[26] c.; 8°

A⁸(A1+[chi]²) B-C⁸

EDIT16-CNCE 5856

Data dall'attività dei tipografi. V. fr.

[1362]

SALMI/(tr.) ANONIMA

Sessanta Salmi di David tradotti in rime volgari italiane, secondo la verità del testo ebreo, con Cantico di Simeone e i Dieci Comandamenti della Legge: ogni cosa insieme col canto.

[Genève], Giovanni Battista Pineroli, 1560.

[104] c.; 16°

EDIT16-CNCE 5857

Titolo dalla scheda di DigiVatLib.

[1363]

SERNIGI, RAFFAELLA DE'

La rapresentatione di Moise quando i Dio [!] gli dette le leg-gie in sul monte Synai.

([Firenze], a istanza di Giuseppe di Pietro da Treviso), [ca 1560].

[8] c.: ill.; 4°

A-B⁴

EDIT16-CNCE 52857, SBN-IT\ICCU\CFIE\033122

Nome dell'autore a c. B3v. Per la data cfr. Cioni, p. 242, n. 1; Testaverde-Evangelista, 447. V. ed.

[1364]

TANSILLO, LUIGI

Le lagrime di S. Pietro. Del reuerendissimo Cardinal de Pucci.

[ca 1560].

[8] c.: ill.; 4°
A⁸
SBN-IT\ICCU\VEAE\129395
Poemetto di Luigi Tansillo, la cui composizione inizia nel 1539, cfr. Melzi, II, p. 385. L'opera fu pubblicata anche in coda all'edizione *Il secondo libro dell'Eneida di Virgilio* [...], Venezia, Rampazetto, 1560.

[1365]

Zonaras, Iohannes/(tr.) Marco, Emilio
Historia di Giouanni Zonara, primo consigliero, et capitano della guardia imperiale di Costantinopoli, diuisa in tre parti. Nella prima si tratta delle cose de gli Hebrei dal principio del mondo insino alla ruina di Gierusalem: nella seconda dell'origine de' Romani insino all'imperio del gran Costantino: nella terza de' fatti di tutti gl'imperadori dal gran Costantino insino alla morte di Alesso Comneno. Onde si apprende vera notizia delle cose piu memorabili auuenute in spatio di 6626. anni. Nuouamente tradotta dal greco, per Marco Emilio fiorentino. Con le sue tauole copiosissime.
Venezia, Ludovico Avanzi, 1560 (Venezia, Ludovico Avanzi, 1560).
[52], 192, 263, [1], 261, [3] p.; 4°
[ast]-3[ast]⁸ 4[ast]² A-M⁸, 2A-2Q⁸ 2R⁴, 3A-3Q⁸ 3R⁴ (c. 3R4 bianca)
Edit16-CNCE 29941
V. fr.

1561

[1366]

Alberto da Castello
Rosario della gloriosa Vergine Maria.
(Venezia, Giovanni Varisco e compagni, 1561).
252, [4] c.: ill.; 8°
A-2I⁸
Edit16-CNCE 754
Nome dell'autore nella prefazione a c. A4r.

[1367]

Anonima
Oratione del angiol Raffaello.
(Bologna, Alessandro Benacci, 1561).
[4] c.: ill.; 8°
Edit16-CNCE 63418

[1368]

Anonima
La virtu delli psalmi & il gran frutto de quelli che con fede, & deuotione li diranno a laude del Signor Dio.
Brescia, 1561 (Brescia, Damiano Turlino).

[6] c.: ill.; 8°
A⁶ (c. A6 bianca)
Edit16-CNCE 70921
Titolo uniforme: *Virtutes psalmorum* [italiano]. A c. A2r, *Virtu di psalmi. Questi sono le virtu appropriate alli psalmi del psalterio a chi deuotamente e con gra(n) deuotione e fede li legera domandando gratia a dio.* Cfr. Barbieri 2013, p. 23.

[1369]

Antonino (santo)
Opera di santo Antonino arciuescouo fiorentino, da lui medesimo composta in uolgare, utilissima et necessaria alla instruttione de i sacerdoti, & di qualunque altra persona, laquale sia desiderosa sapere uiuere christianamente: et il modo di confessarsi bene di tutti i suoi peccati. Con una breue instruttione, per i sacerdoti curati. Tutta di nuouo riformata.
Venezia, Francesco Bindoni <2>, 1561.
153, [10] p.; 8°
A-I⁸ K¹⁰
Edit16-CNCE 2055, SBN-IT\ICCU\CNCE\002055
Titolo uniforme: *Confessionale: Curam illius habe* [italiano], dalla dicitura del titolo simile ad altre edizioni. V. fr.

[1370]

Antonino (santo)
Opera di santo Antonino arciuescouo fiorentino, da lui medesimo composta in uolgare, vtilissima, et necessaria alla instruttione de sacerdoti, & di qualunque altra persona, laquale sia desiderosa saper uiuere christianamente. Et il modo di confessarsi bene di tutti i suoi peccati. Con una brieue instruttione per gli sacerdoti curati, tutta di nuouo riformata.
Venezia, Giovanni Griffio <1>, 1561.
137 [i.e. 153], [7] p.; 8° (p. 145-153 erroneamente numerate 129-137)
A-K⁸
Edit16-CNCE 2056, SBN-IT\ICCU\CNCE\002056
Titolo uniforme: *Confessionale: Curam illius habe* [italiano], cfr. SBN.

[1371]

Calvin, Jean/(tr.) ?
Breue e risoluto trattato de la cena del Signore composto da m. Gio. Cal. e tradotto nuouamente in lingua volgare italiana.
[Genève], François Duron, 1561.
109, [3] p.; 16°
A-G⁸ (c. G8 bianca)
Edit16-CNCE 71703

[1372]

[Castellani, Castellano]

Rappresentatione della conuersione di s. Maria Maddalena. Nuouamente posta in luce.
1561 (Firenze, alle scalee di Badia, 1561).
[12] c.: ill.; 4°
A-C⁴
EDIT16-CNCE 61590, SBN-IT\ICCU\CFIE\032906
Per l'autore cfr. Ponte, p. 65. Titolo uniforme: *Rappresentazione di s. Maria Maddalena. La conversione.* Cfr. Cioni 1961, p. 236, n. 5; Testaverde-Evangelista, 192. V. ed.

[1373]
CASTELLANI, CASTELLANO
Rapresentatione di s. Tomaso apostolo, composta per m. Castellano Castellani nuouamente ristampata.
(Firenze, alla Badia, a istanza di Paolo Bigio, 1561).
[10] c.: ill.; 4°
A-B⁴ C²
EDIT16-CNCE 9949, SBN-IT\ICCU\CNCE\009949
EDIT16 indica un'edizione di 12 carte. Cfr. Cioni 1961, p. 292, n. 4; Testaverde-Evangelista, 487. V. ed.

[1374]
CHAVES, PEDRO DE/(tr.) TORRES, GIOVANNI GIROLAMO
La conuersione, confessione, et penitentia di santa Maria Maddalena del reuer. p. f. Pietro di Ciaues, tradotta da lingua spagnuola in italiana per Gio. Hieronimo Torres. Alla ill.ma. sig.ra. donna Giulia Gonzaga.
Napoli, Giovanni Maria Scoto, 1561.
[12], 184 c.; 8°
[croce]⁸ 2[croce]⁴ A-Z⁸ (c. 2[croce]4 bianca)
EDIT16-CNCE 11005, SBN-IT\ICCU\RMSE\060436 e IT\ICCU\BVEE\017383
La seconda scheda SBN indica come luogo Venezia, pur offrendo la copia digitalizzata dell'esemplare conservato nella Biblioteca Casanatense di Roma, il cui frontespizio recita: "Napoli". V. fr.

[1375]
COLONNA, VITTORIA
Pianto della marchesa di Pescara, sopra la passione di Christo.
Venezia, [Paolo Manuzio], 1561.
24 c.; 8°
EDIT16-CNCE 12840

[1376]
DOLCE, LODOVICO
La vita di Giuseppe, discritta in ottaua rima da m. Lodovico Dolce.
Venezia, Gabriele Giolito De Ferrari, 1561.

43, [1] c.: ill.; 4°
A-L⁴
EDIT16-CNCE 17375
V. fr.

[1377]
LOARTE, GASPAR DE
Meditationi della passione di Nostro Sig: Del reuer. p. dottor Loarte della Compagnia di Iesu. Di nuouo reuiste, et ristampate con agiunta d'altre meditationi.
[15..].
93, [3] p.: ill.; 8°
A-F⁸
EDIT16-CNCE 70987
L'edizione, non datata, si colloca all'altezza della prima opera con data di stampa dell'autore.

[1378]
MINTURNO, ANTONIO SEBASTIANO
Del s. Antonio Sebastiano Minturno vescouo d'Vgento Canzoni sopra i Salmi.
Napoli, Giovanni Maria Scoto, 1561 (Napoli, Giovanni Maria Scoto, 1561).
2 pt ([2], 54 [i.e. 53], [3]; [1], 21, [8]); 4°
A-N⁴ O⁶; A-F⁴ G⁶
EDIT16-CNCE 31418
Frontespizio della pt 2: *Del s. Antonio Sebastiano Minturno vescouo d'Vgento sonetti tolti dalla Scrittura, e da' detti de santi padri*, Napoli, Giovanni Maria Scoto, 1561. Testo in latino e italiano. V. fr.

[1379]
NACCHIANTE, GIACOMO
Narratione pia, dotta, et catolica del salmo, Qui habitat, fatta dal r.p. monsignor Iacobo Nachianti vescouo di Chioggia, per modo di lettione al suo popolo.
Venezia, Gabriele Giolito De Ferrari, 1561.
[16], 308 p.; 8°
[ast]⁸ A-S⁸ T¹⁰
EDIT16-CNCE 26324
V. fr.

[1380]
OCHINO, BERNARDINO
Il Catechismo, o vero Institutione christiana di m. Bernardino Ochino da Siena, in forma di dialogo. Interlocutori, il Ministro, et Illuminato. Non mai piu per l'adietro stampato.
Basel, [Pietro Perna], 1561.
[4], 313, [7] p.; 8°
[pi greco]² A-V⁶ (c. V8 bianca)
EDIT16-CNCE 34286

Per il tipografo cfr. Perini, p. 430, n. 54.

[1381]

PITTORIO, LODOVICO
Homiliario quadragesimale fondato de parola in parola sopra tutte l'Epistole, & Euangeli, si come corrono ogni giorno, per tutto l'anno: secondo l'ordine della santa Romana Chiesa. Composto per m. Lodouico Pittorio da Ferrara. Nouamente ristampato, e da molti errori corretto, con le diuisioni delle Epistole & Euangeli, che per inanti mancauano, adornato anco di figure acconcie ai luochi suoi.
Brescia, Lodovico Britannico <1>, 1561 (Lodovico Britannico <1>, 1561).
2 vol.: ill.; 4°
EDIT16-CNCE 23262, SBN-IT\ICCU\CAME\000996
1:
[160] c. (errori nella numer. delle c.)
A-V⁸
SBN-IT\ICCU\CAME\000999
V. fr.
2:
Parte seconda delle Homelie del religioso e dotttissimo messer Lodouico Pittorio di Ferrara, sopra li Euangelij & Epistole, quali si legono nelli giorni festiui per tutto l'anno, si de Santi come delle Dominiche. secondo l'osseruanza della chiesa Romana. Apresso vi sono gionti alcuni sermoni della Confessione, della contritione di peccati, della Santa Communione, & del dispretio della morte, con alcune sante meditationi sopra l'oratione Dominicale. Opera degna per ciascuna persona Christiana, tanto huomo come donna, qual brami de intender la via della sua salute, & inviarsi per quella.
Brescia, Lodovico Britannico <1>, 1561.
174, [2] c.: ill.; 4° (la c. 8 non cartulata, la c. 108 segnata erroneamente 180)
A-B⁸ c-y⁸ (c. k3 e k4 segnate K3 e K4, la c. o2 segnata a2)
SBN-IT\ICCU\CAME\001000
La scheda SBN-IT\ICCU\RMLE\023636 descrive le due parti riunite in un solo volume.

[1382]

PSEUDO-BONAVENTURA
Deuote meditationi et pio misterio di S. Bonauentura.
Venezia, Francesco Lorenzini, 1561.
109 c.; 24°
EDIT16-CNCE 61110
Titolo uniforme: *Meditationes vitae Christi* [italiano].

[1383]

TAULER, JOHANNES/ ESCH, NICOLAAS VAN/(tr.)
STROZZI, ALESSANDRO
Meditationi pie, et diuote di m. Giouanni Taulero. Sopra la vita, et passione di Giesu Christo. Tradotte in volgar fiorentino dal r.m. Alessandro Strozzi, gentilhuomo, & proposto di Firenze, appresso alcuni essercitij non men cattolici, che dotti, di m. Niccolò Eschio, tradotte per lo medesimo.
Firenze, Eredi di Bernardo Giunta <1>, 1561 (Firenze, Eredi di Bernardo Giunta <1>, 1561).
[8], 544 [i.e. 534], [2] p.; 8°
*⁴ A-2K⁸ 2L⁴
EDIT16-CNCE 28248
V. fr.

[1384]

VISDOMINI, FRANCESCO/VITALI, VITALE
Il vero sugetto delle prediche del reuerendo padre fra Franceschino Visdomini da Ferrara sopra li sette salmi penetentiali di Dauid: et di alcune altre diuote espositioni, vdite per me Vital de Iacomo di Vitali dalla sua viua voce, & poste in ottaua rima nell'anno 1553, & 54 in Venetia.
Venezia, Domenico Nicolini da Sabbio, a istanza di Vitale Vitali, 1561.
[10], 159, [1] c.; 8°
[asterisco]⁸ 2[croce]² A-V⁸ (c. V8 bianca)
EDIT16-CNCE 31631
V. fr.

1562

[1385]

ACETI DE' PORTI, SERAFINO
Il paradiso di delitie spirituali che contiene la vita della Madonna, estratta dal santo Euangelio, & da diuersi santi autori, per don Serafino da Bologna canonico regolare. Con molti documenti, & instruttioni spirituali, & altre orationi diuote, & vtilissime all'anime nostre.
Bologna, Giovanni Rossi, 1562 (Bologna, Anselmo Giaccarelli, 1562).
[16], 423, [1] p.: ill.; 4°
†⁸ A-2C⁸ 2D⁴
EDIT16-CNCE 29011
V. fr.

[1386]

ANONIMA
La rappresentatione del re Salamone delle sententie che egli dette per quelle due donne che haueuano amazzato vn suo figliuolo.
(Firenze, a istanza di Paolo Bigio, 1562).
[4] c.: ill.; 4°
A⁴
EDIT16-CNCE 62366

Titolo uniforme: *Rappresentazione di Salomone*. Cfr. Cioni 1961, p. 271, n. 4. V. fr.

[1387]
ANONIMA
Rime spirituali racolte dala Sacra Scrittura. Lequali contengono il fondamento della santa fede christiana, la creatione del mondo, & la passione del N.S. Giesu Christo. Et un sonetto sopra il giudicio vniuersale.
(Padova, Lorenzo Pasquato), [tra il 1562 e il 1600].
[8] c.: ill.; 8°
A⁸
SBN-IT\ICCU\SIPE\025417
Data dall'attività del tipografo a Padova. V. fr.

[1388]
ANTONINO (SANTO)
Opera di Santo Antonino arciuescouo fiorentino. Da lui medesimo composta in vulgare. Vtilissima et necessaria al viuer christiano. Con il modo di confessarsi bene tutti i suoi peccati. Et vna brieue instruttione per gli sacerdoti curati. Tutta di nuouo riformata.
Venezia, Girolamo Scoto, 1562.
144 [5] p.; 12°
A-M¹²
SBN-IT\ICCU\RMLE\011889
Titolo uniforme: *Confessionale: Curam illius habe* [italiano], dalla dicitura del titolo simile ad altre edizioni.

[1389]
ANTONINO (SANTO)
Opera di santo Antonino arciuescouo fiorentino, da lui medesimo composta in vulgare vtilissima et necessaria alla instruttione de sacerdoti, et di qualunque altra persona, laquale sia desiderosa saper viuere christianamente. Ei [!] il modo di confessarsi bene di tutti i suoi peccati. Con vna brieue instruttione per gli Sacerdoti curati. Tutta di nuouo riformata.
Venezia, Francesco Lorenzini, 1562.
137 [i.e. 153], [7] p.; 8°
A-K⁸
EDIT16-CNCE 2058, SBN-IT\ICCU\CNCE\002058
Titolo da SBN. Titolo uniforme: *Confessionale: Curam illius habe* [italiano], dalla dicitura del titolo simile ad altre edizioni.

[1390]
ANTONINO (SANTO)
Opera vtilissima et necessaria al viuer christiano. Con il modo di confessarsi bene tutti i suoi peccati. Et vna breue instruttione per gli sacerdoti curati. Tutta di nuouo riformata.
Venezia, Girolamo Scoto, 1562 (Venezia, Girolamo Scoto, 1562).

144 [6] p.; 12°
A-M¹² N⁶ (ultima c. bianca)
EDIT16-CNCE 2057, SBN-IT\ICCU\CNCE\002057
Titolo uniforme: *Confessionale: Curam illius habe* [italiano], dalla dicitura del titolo simile ad altre edizioni.
EDIT16 descrive un'edizione di 139 c. priva di colophon.

[1391]
[BELCARI, FEO]
La rapresentatione di Abraam, & di Isaac suo figliolo.
(Firenze, a istanza di Paolo Bigio, 1562).
[6] c.: ill.; 4°
A⁶
EDIT16-CNCE 61689, SBN-IT\ICCU\CFIE\033185
Per l'autore cfr. Cioni 1961, p. 68, n. 16; Testaverde-Evangelista, 503. Titolo uniforme: *Rappresentazione di Abramo e Isacco*.

[1392]
BIBBIA /(tr.) RUSTICI, FILIPPO
La Bibia, che si chiama il vecchio Testamento, nuouamente tradutto in lingua volgare secondo la verità del testo hebreo, con molte & vtili annotationi e figure e carte per piu ampia dichiaratione di molti luoghi, edificii, e supputationi. Quanto al nuouo Testamento è stato riueduto e ricorretto secondo la verità del testo greco, e di molte & vtili annotationi illustrato, con vna semplice dichiaratione sopra l'Apocalisse.
[Genève], François Duron, 1562.
[6], 465 [i.e. 467], [1], 110, [18], [2] c.: ill.; 4°
π a⁶ a-z⁴ A-Z⁴ 2a-2g⁴ 2h⁶ 2i-2z⁴ 2A-2Z⁴ 3a-3z⁴ 3&⁶ ²A-2I⁴ (c. 3&6 bianca)
EDIT16-CNCE 5776, SBN-IT\ICCU\CNCE\005776, Barbieri 71 e tav. A54
Revisione della traduzione di Antonio Brucioli condotta sia sul testo del Marmochino sia soprattutto sul testo francese dell'Olivetano. Per il luogo cfr. Chaix-Dufour-Moeckli, p. 50. Var. B: cfr. EDIT16-CNCE 5776, Barbieri 72, vedi 1393. Contiene apocrifi: *Preghiera di Manasse*; *Esdra III e IV*; extracanonici: *La somma di tutto quello che c'insegna la Sacra Scrittura*. V. fr.

[1393]
BIBBIA/(tr.) RUSTICI, FILIPPO
La Bibia, che si chiama il vecchio Testamento, nuouamente tradutto in lingua volgare secondo la verità del testo hebreo, con molte & vtili annotationi e figure e carte per più ampia dichiaratione di molti luoghi, edificii, e supputationi. Quanto al nuouo Testamento è stato riueduto e ricorretto secondo la verità del testo greco, e di molte & vtili annotationi illustrato, con vna semplice dichiaratione sopra l'Apocalisse.
[Genève], François Duron, 1562.
2 pt ([6] 466 [ma 468]; 100 [18] c.; 4°

a⁶ a-z A-Z aa-gg⁴ hh⁶ ii-zz AA-ZZ aaa-zzz⁴ &&&⁶, A-Z Aa-Bb⁴ Ee³⁺⁴ Ff-Ii⁴

EDIT16-CNCE 5776, Barbieri 72, Lumini 86

Seconda emissione dell'edizione precedente: il Nuovo Testamento è stampato sulle c. A1-BB4, seguite dalla Tavola sulle c. 2E3-2I4, uno stadio diverso essendo privo di Tavola, cfr. Barbieri 1992, p. 359-360, e Lumini, p. 96. Cfr. anche EDIT16-CNCE 5776, Barbieri 72, vedi 1392. Contiene apocrifi: *Preghiera di Manasse*; *Esdra* III e IV; extracanonici: *La somma di tutto quello che c'insegna la Sacra Scrittura*.

[1394]

CHAVES, PEDRO DE/(tr.) TORRES, GIOVANNI GIROLAMO

La conversione, confessione, et penitentia di santa Maria Maddalena, tradotta di lingua spagnuola in italiana, stampata in Bologna ad instantia & a benefitio de i putti del Hospitale de la Maddalena & S. Honorio.

Bologna, Alessandro Benacci (Bologna, Alessandro Benacci, 1562).

[16], 193, [7] c.: ill.; 8°

croce-2croce⁸ A-2B⁸ (c. 2B7-8 bianche)

EDIT16-CNCE 15129

Nome dell'autore a c. A1r.

[1395]

CHAVES, PEDRO DE/(tr.) TORRES, GIOVANNI GIROLAMO

La conuersione, confessione, et penitentia di Santa Maria Maddalena, tradotta di lingua spagnuola in italiana, per Gio. Hieronimo Torres, & nuouamente stampata.

Bologna, Alessandro Benacci (Bologna, Alessandro Benacci, 1562).

[16], 193, [7] c.: ill.; 8°

croce-2croce⁸ A-2B⁸

EDIT16-CNCE 72720, SBN-IT\ICCU\VIAE\018388

Nome dell'autore a c. A1r. Edizione simultanea di CNCE 15129. Si differenzia per il frontespizio e la dedica: *alla molto magnifica & honorata matrona, madonna Isabella Grimani*.

[1396]

COLONNA, VITTORIA

Pianto della marchesa di Pescara, sopra la passione di Christo, con una oratione della medesima, sopra l'Aue Maria. Oratione fatta il Venerdi santo, sopra la passione di Christo.

Venezia, Gabriele Giolito De Ferrari, 1562.

70, [2] p.: ill.; 12°

A-C¹²

EDIT16-CNCE 14918

V. fr.

[1397]

DEL BENE, GIOVANNI

Passione del nostro signor Giesu Christo, esposta per via de vtili et deuoti discorsi, per il reuerendo don Giouanni del Bene veronese.

Napoli, Giovanni Maria Scoto, 1562 (Napoli, Giovanni Maria Scoto, 1562).

321, [39] c.; 16°

A-2Y⁸ (c. 2Y6-8 bianche)

EDIT16-CNCE 16382

[1398]

DEL BENE, GIOVANNI

Passione del nostro Signore Iesu Christo. Esposta per via de vtili, & deuoti discorsi, per il reuerendo don Giouanni del Bene veronese.

Venezia, al segno della Speranza, 1562.

167, [1] c.; 8°

A-X⁸

EDIT16-CNCE 16383

V. fr.

[1399]

DEL BENE, GIOVANNI

Sermoni ouer homelie deuote del reuer. m. Giouanni Del Bene veronese sopra gli Euangelij di tutto l'anno, secondo l'ordine della santa madre Chiesa, vtili ad ogni fedel christiano.

Venezia, al segno della Speranza, 1562.

[8], 440 c.; 8°

[asterisco]⁸ A-3I⁸

EDIT16-CNCE 16384

V. fr.

[1400]

DEL BENE, GIOVANNI

Sermoni, ouero Homelie deuote del reuerendo m. Giouanni Del Bene veronese sopra gli Euangelii di tutto l'anno, secondo l'ordine della santa madre Chiesa, vtili ad ogni fedel christiano.

Venezia, al segno della Speranza, 1562.

[4], 323 [ma 327], [1] c.; 4°

[asterisco]⁴ A-4N⁴

EDIT16-CNCE 36827

V. fr.

[1401]

DONI, ANTON FRANCESCO

Dichiaratione del Doni, sopra il XIII. cap. dell'Apocalisse: contro a gli heretici, con modi non mai piu intesi da huomo

viuente: che cosa sieno la naue di san Pietro, la Chiesa roma-
na, il Concilio di Trento, la destra della naue, la sinistra, la
rete, & i .153. pesci dell'Euangelio di s. Giouanni; & cioche
significhino: con altre intelligenze della Sacra Scrittura, se-
condo i cabalisti.
Venezia, Gabriele Giolito De Ferrari, 1562.
27, [1] p.; 4°
A-C⁴ D²
EDIT16-CNCE 17706
V. fr.

[1402]

FIAMMA, GABRIELE
Della parafrasi poetica del reuerendo d. Gabriel Fiamma,
sopra Salmi libro primo.
[non prima del 1562].
226 p.: ill.; 4°
A-2D⁴ 2E⁶
EDIT16-CNCE 77982
Titolo dall'intitolazione. V. intitolazione.

[1403]

FIDELE, PAOLO
Colletto della Scrittura vecchia, per il quale si proua la chia-
rezza della santa fede christiana. Composto da Paulo Fidele
conuerso da Recanati. l'anno MDLX.
(Pesaro, Eredi di Bartolomeo Cesano, 1562).
[28] c.; 8°
A-C⁸ D⁴
EDIT16-CNCE 18958
V. fr.

[1404]

FILIPPI, MARCO, DETTO IL FUNESTO
Vita di santa Catherina vergine, e martire; nuouamente
composta, per Marco Filippi, detto il Funesto. Et appresso,
vna operetta di sonetti, e canzoni spirituali, con alcune stan-
ze della Magdalena à Christo; del medesimo autore.
Palermo, 1562 (Palermo, Giovanni Matteo Mayda, 1562).
[8], 200 c.: ill.; 8°
*⁸ A-2B⁸
EDIT16-CNCE 19022
A c.XIr altro frontespizio: *Rime spirituali, et alcune stanze*
della Magdalena a Christo. V. fr.

[1405]

GUEVARA, ANTONIO DE/(tr.) ULLOA, ALFONSO DE
La prima parte del monte Caluario, doue si trattano tutti
i sacratissimi misterij auenuti in questo monte insino alla
morte di Christo. Composto dall'illustre [...] Antonio di
Gueuara [...] Tradotto dallo spagnuolo, per il s. Alfonso d'V-
glioa.

Venezia, Gabriele Giolito De Ferrari, 1562.
[56], 501, [2] p.; 8°
[ast]-3[ast]⁸ A-2H⁸ 2I⁴
EDIT16-CNCE 22238

[1406]

GUEVARA, ANTONIO DE/(tr.) LAURO, PIETRO
La seconda parte del Monte Caluario, che espone le sette pa-
role, che disse Christo in su la croce. Composto dall'illustre s.
don Antonio di Gueuara, vescouo di Mondogneto. Tradotto
dallo spagnuolo, per m. Pietro Lauro; con le postille nel mar-
gine.
Venezia, Gabriele Giolito De Ferrari, 1562.
[40], 543 [i.e. 567], [1] p.; 8°
[ast]-2[ast]⁸ 3[ast]⁴ A-2M⁸ 2N⁴
EDIT16-CNCE 26404
Var. B: 1568, cfr. EDIT16-CNCE 22253, vedi 1545. V. fr.

[1407]

JACOBUS DE VORAGINE/(tr.) MALERBI, NICOLÒ
[*Leggendario delle vite de santi composto da Iacopo de*
Voragine e tradotto in volgare da Nicolò Manerbi].
(Venezia, Girolamo Scoto, 1562).
+ 842 [i.e. 846], [2] p.; 4°
+ A⁸ B-2F⁴ 2G-3X⁸
EDIT16-CNCE 45044
Titolo uniforme: *Legenda aurea sanctorum* [italiano].

[1408]

LAPINI, EUFROSINO
Esposizione non meno vtile che dotta sopra l'orazione del
Signore tratta dal Concilio coloniese dal r.m. Frosino Lapini
accademico fiorentino.
Firenze, Lorenzo Torrentino, 1562.
98, [2] c.; 8°
A-M⁸ N⁴
EDIT16-CNCE 45486
V. fr.

[1409]

LUTHER, MARTIN/(tr.) ?
Catechismo picciolo di Martin Luthero, verso dal latino in
lingua italiana, per gli fanciugli [...].
Tübingen, [Ulrich Morhart <1>], 1562.
[34] c.; 12°
EDIT16-CNCE 71939
Per il tipografo cfr. Bezzel, VD16 L 5274.

[1410]

PANCOTTO, GIACOMO
I diuini precetti dell'angelo a Moise diuinamente dati e per
il verbo incarnato Giesu figliuol di Dio apertissimamente

dichiarati e dalla Chiesa santa catholica approbati & confirmati per il v. p. frate Giacopo di Melfitto dell'Ordine di capuccini di s. Francesco nella sacra theologia professore senza alcuna oppinione humana compilati: tanto alli predicatori, come a tutti i fideli capaci di ragione vtilissimi, e necessarij. Nuoamente dati in luce, & castigati.
Venezia, Francesco Lorenzini, 1562.
126, [2] p.; 16°
A-Q⁴
EDIT16-CNCE 35794, SBN-IT\ICCU\UM1E\015357
SBN indica un formato 16° (con lievi varianti grafiche nella trascrizione del titolo: dall'Angelo à Moise, nell'ordine, à tutti).

[1411]
PANCOTTO, GIACOMO
I diuini precetti dell'angelo a Moise diuinamente dati [...] per il V.P. frate Giacopo di Melfitto dell'ordine de' Cappuccini [...] compilati [...] Nuoamente ristampati, & corretti [...].
(Venezia, Domenico Nicolini da Sabbio, 1562).
127 c.; 16°
EDIT16-CNCE 74699

[1412]
PSEUDO-BONAVENTURA
Il deuoto et pio misterio de l'humana redentione. Composto per san Bonauentura cardinale.
Venezia, Girolamo Scoto, 1562.
72 c.; 12°
A-F¹²
EDIT16-CNCE 61109
Titolo uniforme: Meditationes vitae Christi [italiano].

[1413]
[PULCI, BERNARDO]
Rappresentatione dell'agnolo Raffaello, & di Tobia nuoamente ristampata.
(Firenze, a istanza di Paolo Bigio, 1562).
[12] c.: ill.; 4°
EDIT16-CNCE 62323
Per l'autore cfr. Cioni 1961, p. 255. Titolo da c. [A1r].
Titolo uniforme: Rappresentazione dell'angelo Raffaello e Tobia. V. ed.

[1414]
SALMI/(tr.) BRUCIOLI, ANTONIO
I Salmi di Dauid tradotti dalla lingua hebrea nella italiana. Diuisi in cinque parti.
Paris, Martin Le Jeune, 15.V.1562.
[6], 113, [1] c.; 12°
*⁶ A-O⁸ P⁴
EDIT16-CNCE 5846, Barbieri 73 e tav. A56

Traduzione rivista da Antonio Brucioli; f. *IV: "Acheué d'imprimé ce quinzième de May 1562", cfr. Barbieri 1992, p. 361. V. fr.

[1415]
TARCAGNOTA, GIOVANNI
Delle historie del mondo di m. Gio. Tarchagnota, lequali con tutta quella particolarità, che bisogna, contengono quanto dal principio del mondo fino à tempi nostri è successo, cauate da' piu degni, e piu graui auttori, che habbiano ò nella lingua greca, ò nella latina scritto. Parte prima.
Venezia, Michele Tramezzino, 1562 (Venezia, Michele Tramezzino, 1562).
4 vol.; 4°
EDIT16-CNCE 35372
V. fr.
I.1:
[30], 390 c.
a-c⁸ d⁶ A-3B⁸ 3C⁶ (c. a2 segnata A2)
SBN-IT\ICCU\UBOE\097436
I.2:
Delle historie del mondo di m. Gio. Tarchagnota, lequali con tutta quella particolarità, che bisogna, contengono quanto dal principio del mondo fino à tempi nostri è successo, cauate da' piu degni, e piu graui auttori, che habbiano ò nella lingua greca, ò nella latina scritto. Parte seconda.
Venezia, Michele Tramezzino, 1562 (Venezia, Michele Tramezzino, 1561).
[1], 391-876, [2] c.
π¹ 3D-5S⁸ (ultime due c. bianche)
SBN-IT\ICCU\RMLE\006972
I successivi volumi non contengono storie bibliche. V. fr.

[1416]
TAULER, JOHANNES/ESCH, NICOLAAS VAN/(tr.) STROZZI, ALESSANDRO
Meditationi pie, et diuote di m. Giouanni Taulero. Con la vita, & passione di Giesu Christo. Tradotte in volgar fiorentino dal r.m. Alessandro Strozzi, gentil'huomo, & proposto di Firenze, appresso alcuni essercitii [...] di m. Nicolo Eschio, tradotte per lo medesimo.
Venezia, a istanza degli Eredi di Bernardo Giunta <1>, 1562 (Venezia, a istanza degli Eredi di Bernardo Giunta <1>, 1562).
[8], 335 [i.e. 337], [1] c.; 16°
†⁸ A-2V⁸ (c. †8 bianca)
EDIT16-CNCE 55512

[1417]
VALERIO DA BOLOGNA
Rappresentazione dell'amarissima e lagrimevole passione del nostro Redentore Giesù Cristo in ottava rima per il re-

verendo padre e maestro Valerio da Bologna de l'Ordine di frati eremitani di santo Agostino.
Trino, Giovanni Francesco Giolito De Ferrari, 1562 (Trino, Giovanni Francesco Giolito De Ferrari, 1562).
59, [1] c.: ill.; 8°
EDIT16-CNCE 59123

1563

[1418]
ACETI DE' PORTI, SERAFINO
Nouo paradiso di delitie spirituali, nel quale si contiene la vita del salvator nostro Giesu Christo. Con alcune bellissime instruttioni, documenti, & orationi della Madonna, & d'altri santi vtilissime alle anime. Raccolto dal r.p. don Serafino da Bologna canonico regolare.
Bologna, Giovanni Rossi, 1563 (Bologna, Giovanni Rossi, 1563).
[32], 368 p.; 4°
a-b⁸ A-Z⁸
EDIT16-CNCE 47794

[1419]
ANONIMA
Giardinetto di cose spirituale doue si contiene. La santa Croce volgare, il Pater nostro volgare li dodeci articoli della fede [...].
(Foligno, Agostino Colaldi, appresso Vincenzo Cantagalli), [tra il 1563 e il 1567].
[6] c.; 12°
EDIT16-CNCE 20942
Per la data cfr. Faloci Pulignani, p. 166.

[1420]
ANTONINO (SANTO)
Opera di S. Antonino arciuescouo fiorentino, da lui medesimo composta in volgare, vtilissima & necessaria alla instruttione de i sacerdoti, & di qualunque altra persona, laquale desidera sapere viuere christianamente, & confessarsi bene de i suoi peccati. Con vna breue instruttione, per i sacerdoti curati. Di nuouo ristampata et da infiniti errori emendata.
(Venezia, Giovanni Varisco e compagni, 1563).
65, [11] p.; 8°
A-L⁸
EDIT16-CNCE 2060, SBN-IT\ICCU\CNCE\002060
Titolo uniforme: *Confessionale: Curam illius habe* [italiano], dalla dicitura del titolo simile ad altre edizioni. V. fr.

[1421]
CATTANI DA DIACCETO, FRANCESCO

L'essamerone del reuerendo m. Francesco Cattani da Diacceto patrizio, & canonico fiorentino & prothon. apostol.
Firenze, Lorenzo Torrentino, 1563.
[4], 180, [4] c.; 4°
†⁴ A-2Z⁴
EDIT16-CNCE 10329
Opera originale di Francesco Cattani da Diacceto, che ha anche tradotto l'omonima opera di s. Ambrogio. V. fr.

[1422]
COLONNA, VITTORIA
Pianto della marchesa di Pescara, sopra la passione di Christo, con una oratione della medesima, sopra l'Aue Maria. Oratione fatta il Venerdi santo, sopra la passione di Christo.
Venezia, Gabriele Giolito De Ferrari, 1563.
70 p.: ill.; 12°
EDIT16-CNCE 14919
V. fr.

[1423]
DENIS LE CHARTREUX/(tr.) CAZZULI, GIOVANNI ANTONIO
Trattato del diuino Dionisio certosino che insegna il modo, che debbono tenere i scolari per facilmente imparare e ben gouernarsi con Dio; & un Dialogo tra Giesu & un uecchio, con una ispositione sopra i dieci comandamenti dell'istesso dottore tradoti di latino in uolgare, riueduti & corretti per il r.m. Giouann'Antonio Cazzuli sacerdote milanese, & altre belle cose pertinenti alla fede christiana come si fa mentione nell'epistola eshortatoria. Dottrina utile & necessaria non solo a gioueni poco eruditi, ma anco ad ogni persona perita & dotta.
Milano, Valerio Meda e fratelli, 1563.
136 [i.e. 144] c.; 8°
A-D⁸ E⁴ F⁸ G-K⁴ L-P⁸ Q⁴ R-V⁸ X⁴ 2X⁴
EDIT16-CNCE 16765

[1424]
FERRARO, GIOVANNI PIETRO
Opera noua historiata della diuinita, et humanita di Christo di nuouo venuta in luce.
Milano, Benedetto Pellizzoni, 1563 (Milano, Vincenzo Girardoni, a istanza di Benedetto Pellizzoni, 1563).
48 c.: ill.; fol.
A-F⁸
EDIT16-CNCE 68671

[1425]
GUEVARA, ANTONIO DE/(tr.) MAURO, LUCIO
Del Monte Caluario composto dall'illustre signor don Antonio di Gueuara, vescovo di Mondognedo, predicatore,

chronista, e consigliero di sua maestà; nel qual libro tutti i misterij del Monte Caluario si trattano, da che fu Christo da Pilato condennato à morte, fin che fu da Gioseppe, e da Nicodemo posto nel sepolcro, parte prima. Tradotta pur hora in buona lingua uolgare dal Mauro; e riposti in margine fedelmente i luoghi della scrittura citati dall'autore, & corretti molti & molti luoghi ch'erano male allegati; con le sue tauole necessarie.*
Venezia, Vincenzo Valgrisi, 1563.
2 vol.; 8°
EDIT16-CNCE 22240, SBN-IT\ICCU\RLZE\003320
EDIT16 indica come formato 16°.
1:
[16], 530, [14] p.; 8°
a⁸ A-Z⁸ a-l⁸
SBN-IT\ICCU\RLZE\003321
V. fr.
2:
La seconda parte del Monte Calvario del Mondognedo: nel quale si ragiona delle sette parole, che Christo su l'altare della croce disse; [...].
625, [21] p.; 8°
A-2R⁸ 2S⁴
SBN-IT\ICCU\RLZE\003322

[1426]
JACOBUS DE VORAGINE/(tr.) MALERBI, NICOLÒ
Legendario volgare il quale in se contiene la vita de tutti li santi, dalla Santa Chiesa approbati, di nuouo ordinato & con diligentia reuisto & da molti errori purgato [...].
Venezia, [Aurelio Pinzi], 1563.
199, [1] c.: ill.; fol.
a-z⁸ &⁸ A⁸
EDIT16-CNCE 34841
Titolo uniforme: *Legenda aurea sanctorum* [italiano].
Marca di Aurelio Pinzi sul frontespizio.

[1427]
MORELLI, PIETRO MARTIRE
Trenta contemplazioni delle pene dell'inferno della passione del Signore e della gloria celeste.
Vercelli, 1563.
EDIT16-CNCE 59156

[1428]
PLATINA (IL) (SACCHI, BARTOLOMEO)/PANVINIO, ONOFRIO/(tr.) FAUNO, LUCIO
La historia di Battista Platina delle vite de' pontefici, dal Saluatore nostro fino a Paolo II. Piu assai corretta, che fosse mai; con le uite de gli altri pontefici sequenti fino a Pio IIII. scritte dal p.f. Honofrio Panuinio da Verona. La quale opera tutta è di uarie annotationi del medesimo Panuinio illustra-

ta. Hora ultimamente in miglior forma, e lingua, che prima, nella nostra uolgare fauella da Lucio Fauno tradotta.
(Venezia, Michele Tramezzino <1>, 1563).
[20], 374, [14] c.; 4°
a-b⁸ c⁴ A-3B⁸ 3C⁸ (c. 3A7 e 3A8 bianche)
EDIT16-CNCE 3538 , SBN-IT\ICCU\RMLE\008391
Altro colophon, uguale a quello finale, a c. 3A6v.

[1429]
TAULER, JOHANNES/ ESCH, NICOLAAS VAN/(tr.) STROZZI, ALESSANDRO
Meditationi pie, et diuote di m. Giouanni Taulero sopra la vita, et passione di Giesu Christo. Tradotte in volgar fiorentino dal r.m. Alessandro Strozzi gentilhuomo et proposto di Firenze. Appresso alcuni essercitij non men cattolici, che dotti, di m. Niccolò Eschio, tradotte per lo medesimo.
Firenze, Eredi di Bernardo Giunta <1>, 1563.
[8], 544, [4] p.; 8°
EDIT16-CNCE 55522

[1430]
URSINUS, ZACHARIAS
Instruttione christiana.
[1563].
68 p.; 12°
A-H⁴ I²
EDIT16-CNCE 72346
Traduzione italiana del *Catechismus oder Christlicher Underricht*, edito a Heildelberg nel 1563, cfr. Ricca, p. 9; Pierce, p. 221; cfr. anche Ricca, p. 16-17.

1564

[1431]
ALBERTO DA CASTELLO
Rosario della gloriosa vergine Maria.
(Venezia, Giovanni Varisco e compagni, 1564).
252, [4] c.: ill.; 8°
A-2I⁸
EDIT16-CNCE 755
V. fr.

[1432]
ANONIMA
La legenda della natiuita del nostro signor Iesu Christo, secondo che gli pastori lo andorno adorare, & secondo che li tre magi gli venne ad offerire. Con la grandissima crudelta di re Herode.
(Venezia, Francesco da Salò <2> e compagni), [tra il 1564 e il 1574].
[4] c.: ill.; 4°

EDIT16-CNCE 63246
Titolo uniforme: *Storia della natività di Gesù*. Explicit a c. [4v]: *e in questo mondo pace, e vittoria | nell'altro la tua santa, e vera gloria*. Cfr. Cioni 1963, p. 25, n. I.2. Cioni indica che si tratta del testo dall'incipit: *O Creator che ogni cosa creasti*; ma in un'altra edizione che ha l'incipit indicato da Cioni l'explicit è diverso (cfr. EDIT16-CNCE 79787, vedi 1126), mentre in un'altra edizione dallo stesso explicit che si legge qui (cfr. EDIT16-CNCE 79599, vedi 756) non si legge l'incipit indicato da Cioni. Data dall'attività del tipografo. V. fr. e c. [4v].

[1433]
ANTONINO (SANTO)
Opera di santo Antonio arciuescovo fiorentino, de lui medesimo composta in vulgare, vtilissima, et necessaria alla instruttione de' sacerdoti, et di qualunque altra persona, laquale sia desiderosa saper viuere christianamente. Et il modo di confessarsi bene di tutti i suoi peccati. Con vna brieue instruttione per gli sacerdoti curati. Tutta di nuovo riformata.
Venezia, Girolamo Cavalcalupo, 1564.
169, [13] c.; 16°
A-Y⁸ Z⁶
EDIT16-CNCE 2061, SBN-IT\ICCU\CNCE\002061
Titolo uniforme: *Confessionale: Curam illius habe* [italiano], dalla dicitura del titolo simile ad altre edizioni.

[1434]
BALBANI, NICCOLÒ
Due sermoni fatti nel tempo che si celebra la santa cena del Signore. Il primo sopra'l decimo capo dell'Epistola a gli Hebrei [...]. Il secondo sopra'l quarto capo dell'Epistola a gli Efesi [...].
[Genève], Olivier Fordrin, 1564.
64 p.; 8°
a-d⁸
EDIT16-CNCE 71589
Per l'autore cfr. la voce di C. Ginzburg in *DBI*, vol. 5, 1963, p. 338.

[1435]
BARTOLINI, LEONE
Essercitio spirituale per ogni giorno di Quaresima. Sopra la passione, & morte di Giesu Christo. Di don Leone Bartolini.
Bologna, Giovanni Rossi, [1564?].
153, [3] p.: ill.; 12°
A-F¹² G⁶
EDIT16-CNCE 4317
Data dalla dedica. V. fr.

[1436]
BARTOLINI, LEONE

Essercitio spirituale per ogni giorno di Quaresima sopra la passione, et morte di Giesu Christo S.N. di don Leone Bartolini.
Bologna, Giovanni Rossi, 1564.
[95] c.; 12°
A-H¹²
EDIT16-CNCE 4318

[1437]
BATTIFERRI AMMANNATI, LAURA
I sette salmi penitentiali del santissimo profeta Dauit tradotti in lingua toscana da Madonna Laura Battiferra Degli Ammannati, con gli argomenti sopra ciascuno di essi, composti dalla medesima, insieme con alcuni suoi sonetti spirituali.
Firenze, Eredi di Bernardo Giunta <1>, 1564 (Firenze, Eredi di Bernardo Giunta <1>, 1564).
43, [9] p.; 4°
A-E⁴ F⁶
EDIT16-CNCE 5858

[1438]
BERNARDINO DA FELTRE
Confessione generale del beato frate Bernardino da Feltre molto vtilissima.
Venezia, Francesco da Salò e compagni, [tra il 1564 e il 1574].
[8] c.; 8°
A⁸
EDIT16-CNCE 5485, SBN-IT\ICCU\RMLE\039549, IT\ICCU\CNCE\005485
Data dall'attività dei tipografi.

[1439]
CATECHISMO/(tr.) FIGLIUCCI, FELICE
Catechismo, cioè Istruttione secondo il decreto del Concilio di Trento, a' parochi, publicato per commandamento del santiss. s.n. papa Pio V. et tradotto poi per ordine di sua santità in lingua volgare. Dal r.p.f. Alesso Figliucci, de l'ordine de' Predicatori.
Venezia, Giorgio Angelieri, [non prima del 1564].
[16], 578, [22] p.; 8°
[croce]⁸, A-2O⁸ 2P⁴
EDIT16-CNCE 12054
Alesso (anche Alessio) Figliucci è il nome in religione di Felice Figliucci, domenicano. V. fr.

[1440]
COLLENUCCIO, PANDOLFO
Ioseph, comedia di M. Pandolfo Collenucci, caualiere, et dottor pesarese, tratta del Testamento Vecchio, & spiegata da lui in terza rima, ad instantia d'Hercole primo duca di

Ferrara, nuouamente ristampata, & con molta diligentia corretta.
Venezia, 1564.
[74] c.: ill.; 8°
A-H⁸ I¹⁰
EDIT16-CNCE 12784

[1441]
[DATI, GIULIANO/BERNARDO DI ANTONIO/ PARTICAPPA, MATTEO]
La representation de la passione del nostro Signore Iesu Christo secondo che si recita, & representa la dignissima compagnia del confalone di Roma il Venere santo nel Coliseo. Con le sue figure lequale con piu feruentia si puo contemplare gli dolorosi mysterij della sua passione. Aggiuntoui la sua resurrettione.
(Venezia, Francesco Di Leno, 1564).
[48] c.; ill.; 8°
EDIT16-CNCE 62019
Per gli autori cfr. Cioni 1961, p. 156. Titolo uniforme: *Rappresentazione della passione di Cristo.* Cfr. Cioni 1961, p. 161, n. 19 (descritta erroneamente "Firenze, De Leno, 1564", anche se come EDIT16 sulla base dell'esemplare conservato presso la British Library). V. fr.

[1442]
EPISTOLE E VANGELI/(tr.) ANONIMA
Epistole euangeli et lettioni, che si dicono in tutto l'anno, alla messa. Tradotte in lingua Toscana, con due tauole [...]. Nuouamente ristampate.
Venezia, 1564 (Venezia, 1564).
[4], 78 c.: ill.; fol.
[*]⁴ A-N⁶
EDIT16-CNCE 65519

[1443]
GUEVARA, ANTONIO DE/(tr.) ULLOA, ALFONSO DE
La prima parte del Monte Calvario, doue si trattano tutti i sacratissimi misterij auuenuti in questo monte in fin'alla morte di Christo. Composto dall'illustre signor Don'Antonio di Guevara tradotto dallo spagnuolo per Alfonso d'Uglia.
Venezia, Gabriele Giolito De Ferrari, 1564.
[56], 501, [3] p.; 8°
[ast]-3[ast]⁸ 4[ast]⁴ A-2H⁸ 2I⁴
EDIT16-CNCE 22244

[1444]
IOSEPHUS, FLAVIUS/ (tr.) LAURO, PIETRO
Giosefo Delle antichità Giudaiche parte prima. Tradotto in italiano per m. Pietro Lauro modonese.
Venezia, Giovanni Bonadio, 1564 (Venezia, Giovanni Bonadio, 1564).

2 vol.; 8°
EDIT16-CNCE 25913
1:
[24], 306, [2] c.
a-c⁸ A-2P⁸ 2Q⁴ (c. c7-8, 2Q4 bianche)
SBN-IT\ICCU\UBOE\034932
Var. B: sul frontespizio la data si presenta: "MDLIIII".
2:
Giosefo. Delle antichita giudaiche. Parte seconda. Tradotto in italiano per m. Pietro Lauro Modenese.
Venezia, Giovanni Bonadio, 1564 (Venezia, Giovanni Bonadio, 1564).
298, [2] c.
3A-4O⁸ 4P⁴ (c. 4P4 bianca)
EDIT16-CNCE 25913
V. fr.

[1445]
LUTHER, MARTIN/(tr.) ANTONIO DALMATA/CONSUL, STEPHAN
Espositione nel salmo li habbi misericordia di me Signore. Et nel salmo CXXX Dal profondo gridai à te Signore, di Martino Lutero, pur hora tradotti di latino in lingua italiana. Reuisti & correti con diligenza per Antonio Dalmata, & Stephano Istriano.
Tübingen, [Ulrich Morhart <1>], 1564.
[1], 213 c.; 8°
EDIT16-CNCE 71943
Per il tipografo cfr. Bezzel, VD16 L 4539.

[1446]
SACCHETTI, CESARE
La gloriosa e trionfante vittoria donata dal grande Iddio al popolo hebreo per mezzo di Giuditta sua fidelissima serua. Con la giunta della vita di santo Christoforo martire rappresentationi nuouamente composte per Cesare Sacchetti bolognese, e date in luce.
1564 (Bologna, Alessandro Benacci, 1564).
120 p.; 8°
A-H⁴ I²
EDIT16-CNCE 62438

[1447]
SALMI/(tr.) ANONIMA
Sessanta Salmi di David tradotti in rime volgari italiane, secondo la verità del testo hebreo, col Cantico di Simeone, e i dieci comandamenti de la legge. Ogni cosa insieme col canto.
[Genève], Giovanni Battista Pineroli, 1564.
[191], 51 [i.e. 41], [1] c.; 16°
EDIT16-CNCE 71662

[1448]

SIMEONI, GABRIELE

Figure de la Biblia, illustrate de stanze tuscane, per Gabriel Symeoni.

Lyon, Guillaume Rouillé, 1564.

[148] c.: ill.; 16°

EDIT16-CNCE 30183

V. fr.

[1449]

UBERTINO DA CASALE/(tr.) LORENZO DA FOIANO

Il quarto libro del r.p. Vbertino da Casale frate del Ordine minore, chiamato Arbor de la vita de Iesu Christo crocefisso. Nel quale dottrinamente si tratta de la passione, morte, sepoltura, resurrettione & ascensione de Christo, con l'emissione del spirito santo & assuntione de la gloriosa Vergine, nuouamente tradotto in volgare & messo in luce.

(Foligno, Agostino Colaldi appresso Vincenzo Cantagalli, 20.V.1564).

[8], 143, [1] c.: ill.; 4°

†⁴ A-Z⁴ a-o⁴

EDIT16-CNCE 24278

Nome del traduttore nella prefazione.

[1450]

VIVES, JUAN LUIS/(tr.) NAZARI, GIOVANNI PIETRO

Discorso per contemplar la passione di Giesu Christo nostro Signore. Tradotto dal sig. Gio. Pietro Nazaro gentilhuomo et accademico cremonese. Opera spirituale, vtiliss. ad ogni diuoto christiano.

Cremona, Vincenzo Conti, 1564 (Cremona, Vincenzo Conti, 1564).

55, [1] p.; 8°

A-C⁸ D⁴

EDIT16-CNCE 76931

Nome dell'autore nella dedica a c. A3r. V. fr.

[1451]

ZONARAS, IOHANNES/(tr.) DOLCE, LODOVICO

Historie di Giouanni Zonara monaco, diligentissimo scrittore greco, dal cominciamento del mondo insino all'imperadore Alessio Conneno. Diuise in tre libri, tradotte nella volgar lingua da m. Lodouico Dolce con vna tauola delle cose che in esse si contengono separatamente per ciascuna parte.

Venezia, Gabriele Giolito De Ferrari, 1564.

3 pt ([16], 259, [1]; [16], 291, [1]; [16], 261 [3] p.: ill.); 4°

*⁴, χ*⁴(-1) *5.6 A-P⁸ Q¹⁰; *⁴, χ*⁴(-1) *5.6 2A-2R⁸ 2S 2Q; *⁴, χ*⁴(-1) *5.6 3A-3Q⁸ 3R⁴

EDIT16-CNCE 48583, SBN-IT\ICCU\LIAE\000947

Edizione reimmessa con ricomposizione del frontespizio, dei preliminari e di parte degli indici nel 1570, 1571 e 1572

(cfr. Bongi II, p. 195); cfr. SBN-IT\ICCU\BVEE\018800, vedi 1628. Var. B: 1565.

[1452]

ZONARAS, IOHANNES/(tr.) DOLCE, LODOVICO

Historie di Giouanni Zonara monaco, diligentissimo scrittore Greco; dal cominciamento del mondo insino all'imperadore Alessio Conneno: diuise in tre libri, tradotte nella volgar lingua da m. Lodouico Dolce: con vna tauola delle cose, che in esse si contengono, separatamente per ciascuna parte.

Venezia, Gabriele Giolito De Ferrari, 1564 (Venezia, Ludovico Avanzi, 1560).

3 pt ([52], 192; 263, [1]; 261, [3] p.); 4°

*-3*⁸ 4*² A-M⁸; 2A-2Q⁸ 2R⁴; 3A-3Q⁸ 3R⁴ (3R4 bianca)

SBN-IT\ICCU\LO1E\029858

1565

[1453]

ANONIMA

La deuota rapresentatione de Ioseph figliuolo di Iacob. Nuouamente stampata.

(Firenze, a istanza di Santi Ceserini, 1565).

[10] c.: ill.; 4°

A¹⁰

EDIT16-CNCE 49638

Titolo uniforme: *Rappresentazione di Giuseppe.* Cfr. Cioni 1961, p. 203, n. 8; Testaverde-Evangelista, 198. V. ed.

[1454]

ANONIMA

La rapresentazione dell'annunziazione della gloriosa Vergine. Recitata in Firenze il di. x. di marzo 1565. Nella chiesa di Santo Spirito.

Firenze, [Eredi di Lorenzo Torrentino], 1565 (Firenze, a istanza di Alessandro Ceccherelli, 1565).

19, [1] p.: ill.; 4°

A-B⁴ C²

EDIT16-CNCE 42745, SBN-IT\ICCU\CFIE\032711

"Testo di Autore ignoto fiorentino del sec. XVI, tutto diverso da quello di Feo Belcari", cfr. Cioni 1961, p. 232, n. 1. Cfr. anche Testaverde-Evangelista, 535. Marca degli Eredi di Lorenzo Torrentino sul frontespizio. V. ed.

[1455]

ANTONINO (SANTO)

Confessionale di s. Antonino arciuescouo fiorentino. Da lui composto in uolgare, per instruttion de' sacerdoti [...] Di nuouo riformato & ristampato.

Venezia, Giorgio Cavalli, 1565.

169, [15] c.; 16°

REPERTORIO CA 1462-1650

A-Z⁸ (bianche c. Z7-8)
EDIT16-CNCE 2062, SBN-IT\ICCU\CNCE\002062
Titolo uniforme: *Confessionale: Curam illius habe* [italiano], dalla dicitura del titolo simile ad altre edizioni.

[1456]
ANTONINO (SANTO)
Opera di s. Antonino arciuescouo fiorentino. Da lui medesimo composta in volgare, vtilissima, & necessaria alla instruttione de i sacerdoti, & di qualunque altra persona, laquale desidera sapere viuere christianamente, & confessarsi bene de i suoi peccati. Con vna breue instruttione, per i sacerdoti curati. Di nuouo ristampata, & da infiniti errori emendata.
Venezia, Francesco Rampazetto <1> ([Venezia], Francesco Rampazetto <1>, 1565).
137 [i.e. 153, 7] p.; 8°
A-K⁸
EDIT16-CNCE 2065, SBN-IT\ICCU\NAPE\020531
Titolo uniforme: *Confessionale: Curam illius habe* [italiano], cfr. SBN. V. fr.

[1457]
BUONRICCIO, ANGELICO
Le christiane et diuote parafrasi sopra tutte l'epistole canonice. Del reuerendo don Angelico Buonriccio venetiano canonico regolare, della congregatione del Saluatore [...].
Venezia, Andrea Arrivabene, 1565.
[3], 1-177, [2], 181-232, [i.e. 229, 2] c.; 4°
[ast]⁴ a-z⁴ A-V⁴ X⁶ [chi]¹ Z-2L⁴ 2M⁶ (c. [ast4] mancante, c. X6 e 2M6 bianche)
SBN-IT\ICCU\VIAE\025967

[1458]
CALLISTO DA PIACENZA
Trattato della meditatione della croce, composto dal r.p. don Calisto da Piacenza, predicatore eccellentissimo, dell'ordine de' Canonici Regolari. Nel qual dottissimamente si ragiona della virtù, & efficacia di Giesù Christo crocifisso, nell'anima di colui che lo contempla.
Venezia, Comin da Trino, 1565.
[8], 85, [1] c.; 8°
[croce]⁸ A-L⁸
EDIT16-CNCE 8508
V. fr.

[1459]
CANISIUS, PETRUS/(tr.) DOVIZI, ANGELO
Catechismo catholico, molto necessario per ben ammaestrare la giouentù in questi nostri tempi, composto pel r.p. Pietro Canisio dottor theologo della compagnia di Giesu, & tradotto in lingua italiana per il p. Angelo Douitij della medesima compagnia.

(Venezia, Michele Tramezzino <1>, 1565).
[8], 32 c.; 12°
*⁸ A-D⁸ (c. *8 bianca)
EDIT16-CNCE 56248

[1460]
EPISTOLE E VANGELI/(tr.) ANONIMA
Epistole Euangeli et Lettioni, che si dicono in tutto l'anno, alla messa. Tradotte in lingua toscana, con due tauole necessarie: una da trouare gli Euangeli, et le Epistole: che corrono tutto lanno. L'altra, che serue per calendario, e mostra tutte le feste comandate con lo euangelio, & la epistola, che corre quel giorno. Nuouamente ristampate.
Venezia, 1565 (1564).
[4], 78 c.: ill.; fol.
[asterisco]⁴ A-N⁶
EDIT16-CNCE 11363
Per i probabili tipografi, Eredi di Lucantonio Giunta, cfr. Camerini, I, 1442. V. fr.

[1461]
EPISTOLE E VANGELI/(tr.) ANONIMA
Epistole euangeli et lettioni, che si dicono in tutto l'anno nella messa. Tradotte in lingua thoscana; per beneficio di chi volentieri accolga la parola di Dio. Con la tauola necessaria da trouar gli euangeli, et l'epistole, che corrono tutto l'anno.
Venezia, Giorgio Cavalli, 1565.
[12], 535, [5] p.; 12°
EDIT16-CNCE 61247

[1462]
EPISTOLE E VANGELI/(tr.) ANONIMA
Epistole Lettioni, et Euangeli, che si leggono tutto l'anno, latine, et volgari, per piu comodità di ciascuno. Ne lequali glie ne sono aggionte molte, cauate dal Missale, & che ne le altre impressioni non erano.
Venezia, Francesco Lorenzini, 1565.
[7], 303 c.; 8°
EDIT16-CNCE 11364
V. fr.

[1463]
FEDINI, TEOFILO
Institutione del huomo christiano. Trattata sopra l'espositione del salmo 118. Del reuerendo p.f. Teofilo Fedini fiorentino dell'Ordine de predicatori.
Firenze, Giorgio Marescotti, 1565 (Firenze, Eredi di Lorenzo Torrentino e compagni, 1565).
14, [10], 17-1127 [i.e. 1126], [18] p.; 8°
A⁸ a⁴ B-2Z⁸ a-2b⁸ 2c⁴
EDIT16-CNCE 18684

[1464]

IOSEPHUS, FLAVIUS/(tr.) LAURO, PIETRO
Giosefo. Delle antichità Giudaiche. Parte seconda. Tradotto in italiano per m. Pietro Lauro modonese.
Venezia, Francesco Lorenzini, 1565.
298 c., [2]; 8°
a-20⁸ 2p⁴ (c. 2p3-2p4 bianche)
EDIT16-CNCE 62800, SBN-IT\ICCU\PUVE\012610 e IT\ICCU\PUVE\012613
EDIT16 registra solo questo secondo volume; SBN parla di 2 vol. ma non dà indicazioni per il primo. Potrebbe trattarsi di una seconda impressione, con mutata data, dell'edizione 1560, a cui corrisponde precisamente, cfr. EDIT16-CNCE 35715, SBN-IT\ICCU\CFIE\031592, vedi 1357.

[1465]

JACOBUS DE VORAGINE/(tr.) MALERBI, NICOLÒ
[*Le vite de tutti li santi, raccolte & tradotte di latino in buona lingua uolgare toscana per il reuerendo d. Nicolo Manerbio vinitiano dell'ordine camaldulense, abbate di Santo Matthia di Murano, del legendario de santi latino di f. Iacopo de Voragine*].
(Venezia, Stefano Zazzera, 1565).
[4], 402 c.: ill.; 4°
EDIT16-CNCE 52956
Titolo dall'intitolazione. Titolo uniforme: *Legenda aurea sanctorum* [italiano].

[1466]

NUOVO TESTAMENTO/(tr.) TEOFILO, MASSIMO
Il Nuouo Testamento di Giesu Christo nostro Signore, nuouamente riueduto e ricoreto secondo la verita del testo greco, aguntoui [!] *vna Espositione sopra le Pistole di s. Paulo à Romani, Galati, è agli Ebrei, con vna intelligenza di alcuni vocaboli sparsi nel nuouo Testamento, vtile e necessaria.*
Lyon, Sébastien Honorat, 1565.
[32], 32, 636, [4], 494, [2] p.; 16°
*-2*⁸ a-b⁸ ²a-R⁸, 2a-2H⁸ (c. R8 bianca)
EDIT16-CNCE 5962, Barbieri 74 e tav. A57
Per il traduttore cfr. Barbieri 74. Nuova emissione, con frontespizio e c. *8 ricomposti, dell'edizione *Il Nuouo ed eterno Testamento di Giesu Christo* [...], Lyon, [Jean Frellon], 1551, cfr. EDIT16-CNCE 5953, vedi 1182; sono aggiunti inoltre due fascicoli preliminari (a-b). V. fr.

[1467]

PITTORIO, LODOVICO
Homiliario quadragesimale di m. Lodouico Pittorio da Ferrara. Fondato di parola in parola sopra tutte le epistole & Euangeli, che corrono ogni giorno, per tutto l'anno, secondo l'ordine della Santa Romana Chiesa. Con le diuisioni delle epistole & Euangeli, che inanzi mancauano. Nuouamente ristampato, & da molti errori corretto.
Venezia, Francesco Lorenzini, 1565.
2 vol.: ill.; 4°
EDIT16-CNCE 39748, SBN-IT\ICCU\UMCE\020758
1:
121, [1] c.
A-O⁸ P¹⁰
SBN-IT\ICCU\UMCE\020759
2:
Homiliario del religioso, e dottissimo M. Lodouico Pittorio da Ferrara: parte seconda, sopra li Euangelii, et Epistole, quali si leggono nelli giorni festiui per tutto l'anno, si de santi come delle domeniche, secondo l'osseruanza della Chiesa Romana [...].
Venezia, Francesco Lorenzini, 1565.
34 [i.e. 134] c.; 4°
A-Q⁸ R⁶
SBN-IT\ICCU\UMCE\020760

[1468]

SIMEONI, GABRIELE
Figure de la Biblia, illustrate de stanze tuscane, per Gabriel Symeoni.
Lyon, Guillaume Rouillé, 1565.
[148] c.: ill.; 8°
A-S⁸ T⁴
EDIT16-CNCE 30188
V. fr.

[1469]

STRATTA, NICCOLÒ
Il rosario della Madonna Santissima.
Torino, 1565.
EDIT16-CNCE 59526

[1470]

VISDOMINI, FRANCESCO
Discorsi morali sopra gli Euangeli correnti dalla domenica di settuagesima, fino all'ottaua di Pasqua. Del padre Franceschino Visdomini da Ferrara.
Venezia, [Niccolò Bevilacqua], Giovanni Battista Bozzola <1>, 1565 (Venezia, Giovanni Battista Bozzola <1>, 1565).
[4], 185, [1] c.; 4°
a⁴ A-Y⁸ Z⁶ 2A⁴
EDIT16-CNCE 27143
Marca di Niccolò Bevilacqua sul frontespizio. V. fr.

[1471]

VISDOMINI, FRANCESCO

REPERTORIO CA 1462-1650

Discorsi morali sopra gli Euangeli correnti. Dalla domenica di settuagesima, fino alla ottaua di Pasqua. Del padre Franceschino Visdomini da Ferrara.
Venezia, Domenico Farri, 1565 (Venezia, Domenico Farri, 1565).
[8], 255, [1] c.; 8°
a⁴ A-2I⁸
EDIT16-CNCE 37972

1566

[1472]
ALBERTO DA CASTELLO
Rosario de la gloriosa Vergine Maria.
Venezia, Giovanni Varisco e compagni, 1566.
252, [4] c.: ill.; 8°
A-2I⁸
EDIT16-CNCE 756
Nome dell'autore nella prefazione a c. A4r.

[1473]
ANONIMA/[BELCARI, FEO]
La rapresentatione et festa della Annuntiatione di nostra Donna. Con una aggiunta di dua belli capitoli, nuouamente ristampata.
Firenze, 1566.
[4] c.: ill.; 4°
A⁴
EDIT16-CNCE 4822, SBN-IT\ICCU\VEAE\138891
Testo con inserti da Feo Belcari, cfr. Newbigin 1996, I, p. 27 e 42. Titolo da SBN. Titolo uniforme: *Rappresentazione dell'annunciazione di Maria Vergine*, dalla dicitura del titolo simile ad altre edizioni.

[1474]
ANTONINO (SANTO)
Confessionale di s. Antonino, arciuescouo fiorentino, da lui composto in volgare, per intruttion de' Sacerdoti, & di chi vuol viuer christianamente: di nuouo riformato & ristampato.
Venezia, Girolamo Scoto, 1566.
329, [23] p.; 16°
A-Y⁸
EDIT16-CNCE 2067, SBN-IT\ICCU\CNCE\002067
Titolo uniforme: *Confessionale: Curam illius habe* [italiano]? V. fr.

[1475]
ANTONINO (SANTO)
Opera di s. Antonino arciuescouo fiorentino. Da lui medesimo composta in volgare, vtilissima, & necessaria alla instrut-

tione de i sacerdoti, & di qualunque altra persona, laquale desidera sapere viuere christianamente, & confessarsi bene i suoi peccati. Con vna breue instruttione, per i sacerdoti curati. Di nuouo ristampata, & da infiniti errori emendata.
Firenze, Eredi di Lorenzo Torrentino e Carlo Pettinari, 1565 (Firenze, Eredi di Lorenzo Torrentino e Carlo Pettinari, 1566).
226 [i.e. 228], [12] p.; 8° (ripete nella numer. le p. 223-224)
A-P⁸ (c. P8 bianca)
EDIT16-CNCE 2064, SBN-IT\ICCU\BVEE\014100
Titolo uniforme: *Confessionale: Curam illius habe* [italiano], cfr. SBN. V. fr.

[1476]
ANTONINO (SANTO)
Opera di S. Antonino arciuescouo fiorentino. Da lui medesimo composta in volgare, vtilissima, & necessaria alla instruttione de i sacerdoti, & di qualunque altra persona, laquale desidera sapere viuere christianamente, & confessarsi bene de i suoi peccati. Con vna breue instruttione, per i sacerdoti curati. Di nuouo ristampata, & da infiniti errori emendata.
(Venezia, Giovanni Varisco e compagni, 1566).
165 [11] p.; 8°
A-L⁸
SBN-IT\ICCU\PUVE\016000
Titolo uniforme: *Confessionale: Curam illius habe* [italiano], cfr. SBN.

[1477]
ANTONINO (SANTO)
Confessionale di santo Antonino arciuescovo fiorentino, vtilissima & necessaria all'instruttione de' sacerdoti, & di qualunque altra persona, laquale desidera viuere christianamente: et il modo di confessarsi bene tutti i suoi peccati. Con vna breue instruttione per i sacerdoti curiali. Tutta di nuouo riformata.
Venezia, Girolamo Scoto, 1566 (Girolamo Scoto, 1566).
147, [13] p.: ill.; 8°
A-K⁸
EDIT16-CNCE 2066, SBN-IT\ICCU\CNCE\002066
Titolo uniforme: *Confessionale: Omnis mortalium cura* [italiano], cfr. SBN (la dicitura del titolo è però simile ad altre edizioni del confessionale *Curam illius habe*).

[1478]
BATTIFERRI AMMANNATI, LAURA
I sette salmi penitentiali del santissimo profeta Dauit tradotti in lingua toscana, da Laura Battiferra Degl'Ammannati con gli argomenti sopra ciascuno di essi, composti dalla medesima; insieme con alcuni suoi sonetti spirituali.

Firenze, Eredi di Bernardo Giunta <1>, 1566 (Firenze, Eredi di Bernardo Giunta <1>, 1566).
43, [9] p.; 4°
A-E⁴ F⁶
EDIT16-CNCE 5861

[1479]
[BELCARI, FEO]
La rappresentatione e festa di Abraam et d'Isaac suo figliuo-
lo.
(Firenze, presso l'Arcivescovado, 1566).
[4] c.: ill.; 4°
EDIT16-CNCE 61691
Per l'autore cfr. Cioni 1961, p. 68, n. 17. Titolo uniforme: *Rappresentazione di Abramo e Isacco.*

[1480]
BIBBIA/(tr.) MALERBI, NICOLÒ
Bibbia volgare. La quale contiene in se tutti i libri del Vecchio
& Nuouo testamento: con li sommarij di tutti li capitoli, &
con due tauole, l'vna de lequali mostra i luoghi, & l'ordine
di quelli; & l'altra dischiara tutte le materie che si trattano
in essi: nuouamente riscontrata con la latina autentica, con
licentia della s. Inquisitione ristampata, & da molti errori
con ogni diligentia corretta.
Venezia, Girolamo Scoto, 1566.
[8], 712, [16] p.: ill.; fol.
*⁴ A-2Y⁸ 2Z⁴
EDIT16-CNCE 5778, Barbieri 76 e tav. A59
Nome del traduttore a c. *2r. Contiene apocrifi: *Preghiera*
di Manasse; *Esdra* II (III); extracanonici: *Somma di tut-*
ta la Sacra Scrittura. Esiste una variante datata 1567, cfr.
Barbieri 78, vedi 1505. V. fr.

[1481]
BIBBIA/(tr.) MALERBI, NICOLÒ
Bibia volgare, laquale in se contiene i sacrosanti libri del
Vecchio et Nuouo Testamento; ornata di figure; et con i som-
marij a ciascun capitolo: con due tauole; l'vna dell'ordine
de' libri; & l'altra de' soggetti de' capitoli. Con licentia de'
superiori nuouamente stampata, & diligentemente corretta.
Venezia, Andrea Muschio, 1566 (Venezia, Andrea
Muschio, 1566).
[24], 652 c.: ill.; 4°
†-3†⁸ A-3R⁸ 3S¹² 4A-4R⁸ (c. 3S12 bianca)
EDIT16-CNCE 5777, Barbieri 75 e tav. A58
Nome del traduttore a c. †3r. Edizione stampata dopo il 6
marzo 1566, cfr. Barbieri 75. Contiene apocrifi: *Preghiera*
di Manasse; *Esdra* II (III); extracanonici: *Legenda de san-*
cto Ioseph. V. fr.

[1482]
CALVIN, JEAN
Il catechismo di messer Giouan. Caluino. Con vna brieue
dichiaratione & allegatione delle autorita della Santa
Scrittura, e con vn brieue sommario di quella dottrina che
si crede sotto il papato.
[Genève], Giovanni Battista Pineroli, 1566.
[384] c.; 16°
A-B⁸ a-2z⁸
EDIT16-CNCE 8617
V. fr.

[1483]
CASSINOTTO, AGOSTINO
Dimostratione spirituale ritratte dal Vecchio, e Nuouo
Testamento: nelle quali si racontano molte historie sante
della Bibia, quali lette, daranno non poca allegrezza spi-
rituale. Nuouamente composte dal semplice frate Agostino
Cassinotto, dell'Ordine agostiniano osseruantissimo, di
Santa Maria di Consolazione di Genoua.
Mondovì, 1566 (Mondovì, Tipografia Torrentiniana,
1.X.1566).
368 p.; 8°
A-Z⁸
EDIT16-CNCE 72705

[1484]
CASTRUCCI, RAFFAELLO
Dell'humanita del figliuol di Dio libri 3. Doue si contiene
l'armonia, et consonanza delle figure, & profetie del vec-
chio Testamento dimostrate adempiute in Giesu Christo nel
nuouo, per don Raffaello Castrucci monaco della Badia di
Fiorenza, [...] Con vn trattato del sacramento dell'Eucari-
stia, fatto dal medesimo. Nuouamente posti in luce.
Firenze, Eredi di Bernardo Giunta <1>, 1566 (Firenze,
Eredi di Bernardo Giunta <1>, 1566).
2 pt ([32], 542, [2]; 68, [4] p.); 8°
*⁸ A-2M⁸; a-d⁸ e⁴ (c. 2M8 bianca)
EDIT16-CNCE 10217, SBN-IT\ICCU\LIAE\001800
Titolo da SBN.

[1485]
CATECHISMO/(tr.) FIGLIUCCI, FELICE
Catechismo, cioe Istruttione secondo il decreto del Concilio
di Trento, à parochi, publicato per comandamento del san-
tiss. s.n. papa Pio V. et tradotto poi per ordine di s. santità in
lingua volgare. Dal reuerendo padre frate Alesso Figliucci, de
l'ordine de' Predicatori.
Roma, [Paolo Manuzio], 1566.
606 [i.e. 608], [32] p.; 8°
A-2P⁸ a-b⁸
EDIT16-CNCE 12056

Alesso (anche Alessio) Figliucci è il nome in religione di Felice Figliucci, domenicano. Marca di Paolo Manuzio sul frontespizio. V. fr.

[1486]
[DATI, GIULIANO/BERNARDO DI ANTONIO/ PARTICAPPA, MARIANO]
La representatio[ne] della passione del nostro Signore Giesu Christo, secondo che si recita, et representa da la dignissima compagnia del Confallone di Roma el venere santo, nel Colliseo. Con la sua resurrettione.
(Venezia, Domenico De Franceschi, 1566).
[48] c.: ill.; 8°
A-C⁸
EDIT16-CNCE 16068
Per gli autori cfr. Cioni 1961, p. 156. Titolo uniforme: *Rappresentazione della passione di Cristo.* Cfr. Cioni 1961, p. 161, n. 18. V. fr.

[1487]
DEL BENE, GIOVANNI
Passione del nostro signore Giesu Christo. Esposta per via de vtili, et deuoti discorsi, per il reuerendo don Giouanni del Bene Veronese. Nouamente ricoretto, & ristampato.
Venezia, [Luigi Giglio], appresso Francesco Franceschini e Giuseppe Mantelli, 1566.
176 c.; 8°
A-Y⁸
EDIT16-CNCE 16385
Marca di Luigi Giglio sul frontespizio.

[1488]
DEL BENE, GIOVANNI
Sermoni, ouero Homelie deuote del reuer. m. Giouanni del Bene veronese, sopra gli Euancelii [!] di tutto l'anno. Secondo l'ordine della santa madre Chiesa, vtili ad ogni fedel Christiano.
Venezia, al segno della Speranza, (1566).
[8], 440 c.; 8°
*⁸ A-3⁸
EDIT16-CNCE 16386
V. fr.

[1489]
EPISTOLE E VANGELI/(tr.) ANONIMA
Epistole euangeli et lettioni, che si dicono in tutto l'anno nella messa. Tradotte in lingua toscana, per beneficio di chi uolentieri ascolta la parola di Dio.
Venezia, Niccolò Bevilacqua, 1566.
523, [5] p.: ill.; 12°
A-Y¹²
EDIT16-CNCE 61248

[1490]
EPISTOLE E VANGELI/ (TR.) CATTANI DA DIACCETO, FRANCESCO
Epistole, lezzioni et uangeli, che si leggono in tutto l'anno alla messa. Nuovamente tradotti in volgare fiorentino dal reverendo Francesco Cattani da Diacceto.
Firenze, Eredi di Bernardo Giunta <1>, 1566.
[10], 178 c.; fol.
EDIT16-CNCE 11365

[1491]
EPISTOLE E VANGELI/ (TR.) CATTANI DA DIACCETO, FRANCESCO
Pistole, lezzioni et vangeli, che si leggono in tutto l'anno alla messa, secondo la consuetudine della Sagrosanta Romana Chiesa. Nuouamente tradotti in volgare fiorentino dal Reuerendo M. Francesco de Cattani da Diacceto [...]. Con aggiunta d'alcune messe & festiue & uotiue, non piu impresse in questa lingua. Alla serenissima Giovanna d'Austria [...].
Firenze, Eredi di Bernardo Giunta <1>, 1566 (Firenze, Eredi di Bernardo Giunta <1>, 1565).
[20], 177, [1] p.: ill.; fol.
[croce]⁶ [asterisco]⁴ A-P⁶
EDIT16-CNCE 65547

[1492]
FEDINI, TEOFILO
Institutione del huomo christiano. Trattata sopra l'espositione del salmo 118. Del reuerendo p.f. Teofilo Fedini fiorentino de l'Ordine de Predicatori.
Firenze, Giorgio Marescotti, 1566 (Firenze, Eredi di Lorenzo Torrentino e compagni, 1565).
14, [10], 17-1127 [i.e. 1126], [18] p.; 8°
A⁸ a⁴ B-2Z⁸ a-2b⁸ 2c⁴
EDIT16-CNCE 40288
V. fr.

[1493]
GONZAGA, BONAVENTURA
Ragionamenti del reuerendo padre frate Bonauentura Gonzaghi da Reggio conuent. di s. Francesco sopra i sette peccati mortali, & sopra i sette salmi penitentiali del rè Dauid ridotti in sette canzoni, & parafrasticati dal medesimo.
Venezia, Gabriele Giolito De Ferrari, 1566.
[24], 134 [i.e. 138], [2] p.: ill.; 4°
*⁴-3*⁴ A-Q⁴ R⁶
EDIT16-CNCE 21433
V. fr.

[1494]
JACOBUS DE VORAGINE/(tr.) MALERBI, NICOLÒ

Legendario delle vite de tutti li santi approbati da la S. Romana Chiesa, tradotto in buona lingua volgare, commune et toscana, et nuouamente coretto, & con ogni diligentia ornato di copiosi sommari [...]. Composto in latino dal Voragine, & già tradoto in volgare dal reuerendo don Nicolo Manerbio [...]. Con la tauola tanto delle feste occorrenti per tutto l'anno, quanto delle cose notabili [...].
Venezia, Girolamo Scoto, 1566.
[4], 479, [3] p.; fol.
EDIT16-CNCE 54155
Titolo uniforme: *Legenda aurea sanctorum* [italiano].

[1495]
NUOVO TESTAMENTO/(tr.) ANONIMO DELLA SPERANZA
Prima parte del Nuouo Testamento, nellaqual si contengono i quattro Euangelisti, cioè Mattheo, Marco, Luca, & Giouanne. Con tre indici, ouer tauole, come in esso veder si potranno. Nuouamente ristampato, & con somma diligentia raueduto, et emendato.
Venezia, 1566 (Venezia, Bartolomeo Rubini, 1566).
457, [23] c.: ill.; 16°
A-3O⁸ (c. 3O8 bianca)
EDIT16-CNCE 5963, Barbieri 77 e tav. A60
V. fr.

[1496]
PITTORIO, LODOVICO
Homiliario quadragesimale di m. Lodouico Pittorio da Ferrara: fondato di parola in parola sopra tutte l'Epistole & Euangeli, [...]. Con le diuisioni delle Epistole & Euangeli, che per inanzi mancauano. Nuouamente ristampato, & da molti errori coretto.
Venezia, Girolamo Scoto, 1566 (Venezia, Girolamo Scoto, 1566).
286, [2] p.; fol.
A-S⁸
EDIT16-CNCE 70167

[1497]
PONCELLI, SISTO
Canti deuotissimi nella sacra historia della passione, sepoltura, resurrettione, et ascensione del saluator nostro Giesu Christo. E dell'eccellentia de la beatitudine. Composti dal p. Sisto Poncello lettore da Carauonica, dell'Ordine de frati predicatori.
Milano, Valerio Meda e Girolamo Meda, 1566 (Milano, Valerio Meda e Girolamo Meda, 1566).
183, [1] c.; 8°
A-Z⁸
EDIT16-CNCE 30525

[1498]
SALMI/(tr.) ANONIMA
Sessanta Salmi di Dauid, tradotti in rime volgari italiane, secondo la verità del testo hebreo, col Cantico di Simeone, e i dieci comandamenti de la Legge. Ogni cosa insieme col canto.
[Genève], Giovanni Battista Pineroli, 1566.
[404], 41, [1] p.; 16°
a-2e⁸
EDIT16-CNCE 5859
V. fr.

[1499]
SCHOTER, MICHAEL
I sette salmi penitentiali, tradotti dal testo ebraico, da Michele Scotero. All illustrissima & eccellentissima duchessa d'Vrbino.
Brescia, Giovanni Battista Bozzola <1>, 1566.
[44] c.; 16°
A-B¹²
EDIT16-CNCE 5860
V. fr.

[1500]
VISDOMINI, FRANCESCO
Discorsi morali sopra gli Euangeli correnti dalla domenica di settuagesima, fina [!] alla ottaua di Pasqua. Del padre Franceschino Visdomini da Ferrara.
Venezia, Andrea Muschio, 1566 (Venezia, Andrea Muschio, 1566).
[6], 255, [1] c.; 8°
a⁶ A-2I⁸
EDIT16-CNCE 31360
V. fr.

1567

[1501]
ALBERTO DA CASTELLO
Rosario della gloriosa Vergine Maria.
Venezia, Peter Liechtenstein, 1567.
252, [4] c.: ill.; 8°
A-2I⁸
EDIT16-CNCE 757
Nome dell'autore a c. 2r.

[1502]
ANONIMA

Il diuotissimo lamento della gloriosa Madre di Cristo sempre Vergine Maria. In ottaua rima nuouamente ricorretto, et ristampato.
Perugia, Pietro Giacomo Petrucci, [non prima del 1567].
[2] c.; 4°
EDIT16-CNCE 38607
Data dall'attività del tipografo.

[1503]
ANONIMA
La historia di sancta Maria Magdalena et Lazaro et Marta.
(Firenze, presso l'Arcivescovado, 1567).
[4] c.: ill.; 4°
A⁴
EDIT16-CNCE 22860
Titolo uniforme: *Storia dei ss. Maria Maddalena, Lazzaro e Marta.* Incipit a c. A1r (da Cioni): *(C) Elestiale gloria et buon consiglio.* Cfr. Cioni 1963, p. 201, n. 9.

[1504]
ANTONINO (SANTO)
Opera di s. Antonino arciuescouo fiorentino. Da lui medesimo composta in volgare, vtilissima, & necessaria alla instruttione de i sacerdoti, & di qualunque altra persona, laquale desidera sapere viuere christianamente, & confessarsi bene de i suoi peccati. Con vna breue instruttione, per i sacerdoti curati. Di nuouo ristampata, & da infiniti errori emendata.
Venezia, Eredi di Melchiorre Sessa <1>, 1567 (Venezia, Eredi di Melchiorre Sessa <1>, 1567).
178, [12] c.; 16°
EDIT16-CNCE 2071
Titolo uniforme: *Confessionale: Curam illius habe* [italiano]. Nel colophon la data è erroneamente stampata: "MDVII". V. fr.

[1505]
BIBBIA/(tr.) MALERBI, NICOLÒ
Bibbia volgare: laquale contiene in se tutti i libri del Vecchio & Nuouo testamento: con li sommarij di tutti li capitoli, & con due tauole, l'vna de lequali mostra i luoghi & l'ordine di quelli; & l'altra dischiara tutte le materie che si trattano in essi: nuouamente riscontrata con la latina autentica, con licentia della s. Inquisitione ristampata, & da molti errori con ogni diligentia corretta.
Venezia, Girolamo Scoto, 1567.
[8], 712, [16] p.: ill.; fol.
*⁴ A-Y⁸ 2Z⁴
EDIT16-CNCE 5778, Barbieri 78 e tav. A61
Contiene apocrifi: *Preghiera di Manasse*; *Esdra* II (III); extracanonici: *Somma di tutta la S. Scrittura.* Variante dell'edizione datata 1566, cfr. Barbieri 76, vedi 1480. V. fr.

[1506]
BIBBIA/(tr.) MALERBI, NICOLÒ
Bibbia volgare: la quale contiene in se tutti i libri del Vecchio & Nuouo testamento: con li sommarij di tutti li capitoli, & con due tauole, l'vna de le quali mostra i luoghi & l'ordine di quelli; & l'altra dischiara tutte le materie che si trattano in essi: nuouamente riscontrata con la latina autentica, con licentia della S. Inquisitione ristampata, & da molti errori con ogni diligentia corretta.
Venezia, Girolamo Scoto, 1567.
[8], 712, [16] p.: ill.; fol.
*⁴ A-2Y⁸ 2Z⁴
EDIT16-CNCE 5779, Barbieri 79
Contiene apocrifi: *Preghiera di Manasse*; *Esdra* II (III). Emissione simile a Barbieri 76 e 78, vedi 1480 e 1505, ma priva della *Somma di tutta la S. Scrittura*, eliminata non alterando la distribuzione tipografica del restante materiale. Le pagine iniziali sono state ricomposte.

[1507]
BONFIGLI, NICCOLÒ
Discorso del r. padre fra Nicolò Aurifico senese carmelitano. Nel quale si mostra con ragioni, & autorità, sì delle Scritture Sacre, sì anco di molti dottori santi greci, & latini, quanto sia conueniente anzi necessario piangere, meditando l'acerbissima passione del Saluator nostro Giesu Christo. Vi si mostra ancora qual sia il uero modo di contemplar piamente un tanto misterio.
Venezia, Gabriele Giolito De Ferrari, 1567.
107, [1] p.; 12°
EDIT16-CNCE 6961
V. fr.

[1508]
CASSINOTTO, AGOSTINO
Rappresentationi spirituali tratte dal Vecchio e Nuouo Testamento. Composte da Frate Agostino Cassinoto.
Mondovì, Tipografia Torrentiniana, 1567 (1566).
368 p.; 8°
A-Z⁸
EDIT16-CNCE 9888

[1509]
CATECHISMO/(tr.) FIGLIUCCI, FELICE
Catechismo, cioe Istruttione, secondo il decreto del Concilio di Trento, a' parochi, publicato per comandamento del santiss. s. n. papa Pio V. et tradotto poi per ordine di s. santità in lingua volgare. Dal r.p.f. Alesso Figliucci, de l'ordine de' Predicatori.
Roma, [Paolo Manuzio], 1567.
606, [34] p.; 8°
A-2P⁸ a-b⁸ (c. 2P8 bianca)

EDIT16-CNCE 12059, SBN-IT\ICCU\UM1E\000033
Alesso (anche Alessio) Figliucci è il nome in religione di
Felice Figliucci, domenicano. Marca di Paolo Manuzio sul
frontespizio. V. fr.

[1510]
CATECHISMO/(tr.) FIGLIUCCI, FELICE
*Catechismo, cioe Istruttione secondo il decreto del Concilio
di Trento, a' parochi, publicato per comandamento del san-
tiss. s. n. papa Pio V. & tradotto poi per ordine di s. santità
in lingua volgare. Dal r.p.f. Alesso Figliucci, de l'ordine de'
Predicatori.*
Venezia, Aldo Manuzio <2>, 1567.
[8], 519, [17] p.; 8°
*⁴ A-2Z⁴ 2a-x⁴
EDIT16-CNCE 12060
Alesso (anche Alessio) Figliucci è il nome in religione di
Felice Figliucci, domenicano. V. fr.

[1511]
EPISTOLE E VANGELI/(tr.) NANNINI, REMIGIO
*Epistole, et Euagelii [!], che si leggono tutto l'anno alla mes-
sa, secondo l'uso della santa Romana Chiesa. Nuouamente
tradotti in lingua toscana, dal r.p.m. Remigio Fiorentino,
dell'ordine de' Predicatori. Con alcune annotationi morali
a ciascheduna epistola et euangelio, fatte dal medesimo. Con
due tauole, vna da ritrouar l'Epistole, et Euangelii, et l'altra
delle cose piu notabili.*
Venezia, Gabriele Giolito De Ferrari, 1567.
[32], 527, [1] p.: ill.; 4°
a-d⁴ A-2K⁸
EDIT16-CNCE 11366
V. fr.

[1512]
FEDINI, TEOFILO
*Discorsi spirituali, sopra il giardino de peccatori: nella espo-
sizione de sette salmi penitentiali, composti dal r.p. fra Teofilo
Fedini fiorentino dell'ordine de Predicatori. Doue si tratta
della vera penitenza christiana, e del modo del conuertirsi a
Dio, con due tauole, una de' capi principali, l'altra delle cose
piu notabili contenute nella presente opera.*
Venezia, Gabriele Giolito De Ferrari, 1567.
[28], 372 p.: ill.; 4°
[asterisco]⁴ 2[asterisco]⁴ 3[asterisco]⁶ A-2Y⁴ 2Z⁶
EDIT16-CNCE 18685
V. fr.

[1513]
FOLENGO, TEOFILO
*La humanità del figliuolo di Dio in ottaua rima, per Theofilo
Folengo mantoano.*

Venezia, Matteo Boselli, 1567.
[20], 205, [3] c.: ill.; 8°
a-b⁸ c⁴ A-2C⁸ (c. c4 e 2C7-8 bianche)
EDIT16-CNCE 19376
Cfr. Gatti Ravedati, p. 63.

[1514]
GONZAGA, BONAVENTURA
*Ragionamenti del reuerendo padre frate Bonauentura
Gonzaghi da Reggio conuent. di s. Francesco sopra i sette pec-
cati mortali, & sopra i sette salmi penitentiali del rè Dauid
ridotti in sette canzoni, & parafrasticati dal medesimo.*
Venezia, Gabriele Giolito De Ferrari, 1567.
[24], 134 [i.e. 138], [2] p.: ill.; 4°
*-3*⁴ A-Q⁴ R⁶
EDIT16-CNCE 21434
V. fr.

[1515]
JACOBUS DE VORAGINE/(tr.) MALERBI, NICOLÒ
*Legendario delle vite di tutti li santi approbati da la S.
Romana Chiesa, tradotto in buona lingua vulgare com-
mune, et toscana: et nuouamente corretta, & con ogni dili-
genza ornato di copiosi sommarii, [...]. Composto in latino
da Voragine, & già tradotto in vulgare dal Reuerendo Don
Nicolo Manerbio riscontrato con il latino autentico & in
molti luoghi reintegrato & illustrato, & hora da infiniti er-
rori castigato, & con ogni diligenza corretto. [...].*
Venezia, 1567 (Venezia, Stefano Zazzera, 1567).
[4], 380 c.: ill.; 4°
A⁴ A-3A⁸ 3B⁴
EDIT16-CNCE 39228
Titolo uniforme: *Legenda aurea sanctorum* [italiano].

[1516]
MUZIO, GIROLAMO
*La beata Vergine incoronata del Mutio iustinopolitano. In
questo volume si contiene la vita della gloriosa Vergine ma-
dre del Signore insieme con la historia di dodici altre beate
vergini.*
Pesaro, Girolamo Concordia, 1567.
230, [2] p.; 4°
A-G⁴ H⁸ I-2D⁴ 2E⁶
EDIT16-CNCE 24966
Var. B e C: diversa composizione del primo fascicolo. V. fr.

[1517]
PITTORIO, LODOVICO
*Homiliario quadragesimale di m. Lodouico Pittorio da
Ferrara. Fondato di parola in parola sopra tutte l'Epistole &
Euangeli, [...] con le diuisioni delle Epistole & Euangeli, che*

REPERTORIO CA 1462-1650

per inanzi mancauano. Nouamente ristampato & da molti errori corretto.
Venezia, Girolamo Scoto, 1567 (Venezia, Girolamo Scoto, 1566).
286, [2] p.; fol.
A-S⁸
EDIT16-CNCE 32319

[1518]
PRECONIO, OTTAVIANO
Meditatione del peccatore ridotto a guisa del figliol prodigo à misero e calamitoso stato il quale ricerca contritione per vigore della passione di Christo afflitto & morto per gli peccati suoi. Composta per lo ill. & reverendissimo f. Ottaviano Precone arcivescovo della f.c. di Palermo.
Napoli, Giovanni De Boy, 1567 (Napoli, 11.VIII.1567).
84, [4] c.; 8°
EDIT16-CNCE 50524

1568

[1519]
ALFANO, ANTONINO
La battaglia celeste tra Michele, e Lucifero. Di Antonino Alfano gentil'huomo palermitano.
Palermo, Giovanni Matteo Mayda, 1568.
[3], 62, [i.e. 63], [6] c.; 8°
A-I⁸
EDIT16-CNCE 1129
V. fr.

[1520]
ANONIMA
Commedia spirituale di Cleofas et Luca.
Firenze, 1568.
[12] c.: ill.; 8°
A¹² (ultima c. bianca)
EDIT16-CNCE 14980
Opera falsamente attribuita a Domenico Tregiani. Titolo uniforme: *Commedia spirituale di Cleofas e Luca.* Cfr. Cioni 1961, p. 310, n. 1 (citata da catalogo e descritta come formato 4°).

[1521]
ANONIMA
La rappresentatione di Abel 7 di Caino nuouamente venuta in luce.
(Firenze, IX.1568).
[4] c.: ill.; 4°
A⁴
EDIT16-CNCE 61666

Titolo uniforme: *Rappresentazione di Abel e di Caino.* Cfr. Cioni 1961, p. 64, n. 2; Testaverde-Evangelista, 348. V. ed.

[1522]
ANONIMA
La rappresentatione di Iudith hebrea. Nuouamente ristampata.
(Firenze, alle scalee di Badia, 1568).
[8] c.: ill.; 4°
A⁸
EDIT16-CNCE 30096, SBN-IT\ICCU\CFIE\033304
Titolo uniforme: *Rappresentazione di Giuditta ebrea.* Cfr. Cioni 1961, p. 198, n. 6; Testaverde-Evangelista, 617. V. ed.

[1523]
ANONIMA
La rappresentatione di Lazero riccho et di Lazero pouero, di nuouo ristampata.
(Firenze, IX.1568).
[4] c.: ill.; 4°
A⁴
EDIT16-CNCE 52786
Titolo uniforme: *Rappresentazione di Lazzaro ricco e Lazzaro povero.* Cfr. Cioni 1961, p. 219, n. 3; Testaverde-Evangelista, 437. V. ed.

[1524]
ANONIMA
La rappresentatione di santo Giouanni dicollato.
(Firenze, Bartolomeo Anichini, 1568).
[6] c.: ill.; 4°
A⁶ (ultima c. bianca)
EDIT16-CNCE 62102
Titolo uniforme: *Rappresentazione di s. Giovanni Battista decollato.* Cfr. Cioni 1961, p. 189, n. 4.

[1525]
ANONIMA
La rapresentatione et festa della natiuita di Christo.
(Firenze, 1568).
[6] c.: ill.; 4°
EDIT16-CNCE 62005
Titolo uniforme: *Rappresentazione di Gesù Cristo: la natività.* Cfr. Cioni 1961, p. 148, n. 9. V. fr.

[1526]
ANONIMA/[BELCARI, FEO]
La rapresentatione & festa della annuntiatione di nostra Donna. Con una agionta di dua belli capitoli.
Firenze, 1568.
[4] c.: ill.; 4°
EDIT16-CNCE 4823

Titolo uniforme: *Rappresentazione dell'annunciazione di Maria Vergine*, dalla dicitura del titolo simile ad altre edizioni.

[1527]
ANTONINO (SANTO)

Opera di s. Antonino arciuescouo fiorentino. Da lui medesimo composta in uolgare, utilissima, & necessaria alla instruttione de i sacerdoti, & di qualunque altra persona, laquale desidera saper uiuere christianamente, & confessarsi bene de i suoi peccati. Con vna breue instruttione, per i sacerdoti curati. Di nuouo ristampata, & da infiniti errori emendata.

Venezia, Giorgio Cavalli, 1568 (Venezia, Giorgio Cavalli, 1568).

137 [i.e. 153], [15] p.; 8°

A-K⁸ L⁴

EDIT16-CNCE 2073, SBN-IT\ICCU\CNCE\002073

Titolo uniforme: *Confessionale: Curam illius habe* [italiano], dalla dicitura del titolo simile ad altre edizioni. V. fr.

[1528]
ANTONINO (SANTO)

Opera di s. Antonino arciuescouo fiorentino. Da lui medesimo composta in uolgare, utilissima, & necessaria alla instruttione de i sacerdoti, & di qualunque altra persona, la quale desidera saper uiuere christianamente, & confessarsi bene de i suoi peccati. Con una breue instruttione, per i sacerdoti curati. Di nuouo ristampata, & da infiniti errori emendata.

Venezia, Giorgio Cavalli, 1568 (Venezia, Giorgio Cavalli, 1568).

178, [13] c.; 16°

EDIT16-CNCE 2074, SBN-IT\ICCU\TO0E\020286

Titolo uniforme: *Confessionale: Curam illius habe* [italiano], dalla dicitura del titolo simile ad altre edizioni. V. fr.

[1529]
ANTONINO (SANTO)

Opera di s. Antonino arciuescouo fiorentino. Da lui medesimo composta in volgare, vtilissima, & necessaria alla instruttione de i sacerdoti, & di qualunque altra persona, laquale desidera sapere viuere christianamente, & confessarsi bene de i suoi peccati. Con vna breue instruttione, per i sacerdoti curati. Di nuouo ristampata, et da infiniti errori emendata.

Venezia, Eredi di Melchiorrre Sessa <1>, 1568 (Venezia, Eredi di Melchiorrre Sessa <1>, 1568).

156, [8] p.; 8°

EDIT16-CNCE 2075

Titolo uniforme: *Confessionale: Curam illius habe* [italiano], dalla dicitura del titolo simile ad altre edizioni. V. fr.

[1530]
ANTONINO (SANTO)

Opera di s. Antonino arciuescouo fiorentino. Da lui medesimo composta in volgare, vtilissima, & necessaria alla instruttione de i sacerdoti, & di qualunque altra persona, laquale desidera sapere viuere christianamente, & confessarsi bene de i suoi peccati. Con vna breue instruttione, per i sacerdoti curati. Di nuouo ristampata, et da infiniti errori emendata.

Venezia, Eredi di Melchiorrre Sessa <1>, 1568 (Venezia, Eredi di Melchiorrre Sessa <1>, 1568).

137 [i.e. 153], [7] p.; 8° (errori di numer.: dopo c. 144 riprende da c. 129)

A-K⁸

EDIT16-CNCE 2077

Titolo uniforme: *Confessionale: Curam illius habe* [italiano, dalla dicitura del titolo simile ad altre edizioni]. V. fr.

[1531]
ARNIGIO, BARTOLOMEO

I sette salmi della penitentia del gran propheta Dauid spiegati in canzoni secondo i sensi da m. Bartolomeo Arnigio academico bresciano. Et appresso la prima parte delle sue spiritali [!] *& sacre rime.*

Brescia, Francesco Marchetti e Pietro Maria Marchetti (Brescia, Vincenzo Sabbio, a istanza di Francesco Marchetti e Pietro Maria Marchetti, 1568).

[4], 49, [3] c.; 8°

A-G⁸

EDIT16-CNCE 5864

V. fr.

[1532]
AUGUSTINUS, AURELIUS ET ALII/(tr.) FLORIMONTE, GALEAZZO

Varii sermoni di s. Agostino et d'altri catholici et antichi dottori. Ne' quali trattandosi diuerse materie sopra diuersi luoghi della sacra scrittura del vecchio & nuovo testamento; si contiene dottrina & precetti salutiferi ad ogni buon christiano, desideroso di viuere puramente fra le persone, & della salute dell'anima sua. Messi insieme et fatti volgari da monsig. Galeazzo Vescovo di Sessa. Con due tauole, l'vna de sermoni & l'altra delle cose piu notabili.

Venezia, Francesco Sansovino, 1568 (Venezia, Francesco Sansovino, 1568).

[16], 224 c.; 4°

[ast]⁸ 2[ast]⁸ A-2E⁸

EDIT16-CNCE 3430

V. fr.

[1533]
[BELCARI, FEO]

La rappresentatione di Abraam. Et Isaac suo figliuolo.

(Firenze, 1568).

[4] c.: ill.; 4°

A⁴

EDIT16-CNCE 61781, SBN-IT\ICCU\CFIE\033186

Per l'autore cfr. Cioni 1961, p. 68, n. 18; Testaverde-Evangelista, 504. Titolo da c. A1r. Titolo uniforme: *Rappresentazione di Abramo e Isacco*. V. ed.

[1534]

BUONRICCIO, ANGELICO

Le pie, et christiane parafrasi sopra l'Euangelio di san Matteo, et di san Giouanni, del r. padre don Angelico Buonriccio vinetiano, canonico regolare della Congregatione di San Saluatore. Con la tauola che dimostra gl'Euangelii correnti di tutto l'anno. E questo è il duodecimo fiore della nostra Ghirlanda spirituale.

Venezia, Gabriele Giolito De Ferrari, 1568.

2 vol.: ill.; 4°

EDIT16-CNCE 7875, SBN-IT\ICCU\CNCE\007875

1:

[20], 340 p.; 4°

[ast]¹⁰ A-X⁸ Y²

SBN-IT/ICCU/SIPE/015752

V. fr.

2:

Le pie, et christiane parafrasi sopra l'Euangelio di san Giouanni. Del r. padre don Angelico Buonriccio vinetiano, canonico regolare della Congregatione di San Salvatore.

Venezia, Gabriele Giolito De Ferrari, 1568.

[12], 272 p.; 4°

A⁶ B-S⁸

SBN-IT\ICCU\SIPE\015751 e IT\ICCU\VEAE\124026

V. fr.

[1535]

[CASTELLANI, CASTELLANO]

La rappresentatione d'vno stupendo miracolo di santa Maria Maddalena. Nuouamente ristampata.

(Firenze, Bartolomeo Anichini, 1568).

[12] c.: ill.; 4°

A⁸ B⁴

EDIT16-CNCE 61825, SBN-IT\ICCU\CFIE\033110

Per l'autore cfr. Ponte, p. 66. Titolo uniforme: *Rappresentazione di s. Maria Maddalena. Miracolo*. A c. B3r: *Il Salmo del Miserere in terza rima*. Cfr. Cioni 1961, p. 239, n. 3; Testaverde-Evangelista, 444. V. ed.

[1536]

CATECHISMO/(tr.) FIGLIUCCI, FELICE

Catechismo, cioe Istruttione, secondo il decreto del Concilio di Trento, a' parochi, publicato per comandamento del santiss. s.n. papa Pio 5. & tradotto poi per ordine di S. Santità

in lingua volgare dal reuerendo padre frate Alesso Figliucci, de l'ordine de' Predicatori.

Venezia, Aldo Manuzio <2>, 1568.

608, [32] p.; 8°

A-2P⁸ a-b⁸

EDIT16-CNCE 12063, SBN-IT\ICCU\CNCE\012063

Alesso (anche Alessio) Figliucci è il nome in religione di Felice Figliucci, domenicano.

[1537]

CATTANEO, CORNELIO

I sette salmi penitentiali. Tradotti da Cornelio Cattaneo, canonico regular del Signor Saluatore. Con gli argomenti à ciacsuno di essi. Insieme con alcune sue rime spirituali. Alla molto magnifica, & nobilissima signora, la signora Portia Elefantuccia Felicina, gentildonna bolognese.

Modena, [1568?] (Modena, Eredi di Cornelio Gadaldini <1>).

58, [2] c.; 8°

A-G⁸ H⁴ (c. H4 bianca)

EDIT16-CNCE 50232

Data dal testo. V. fr.

[1538]

CATTANI DA DIACCETO, FRANCESCO

Prima parte della vita et fatti del nostro Sign. Giesu Christo Saluatore et ricomperatore vniuersale di tutti noi. Del reuer. & magnifico m. Francesco de Cattani da Diacceto gentil'huomo & canonico di Firenze & proton. apostolico. All'illustriss. et reuerendiss. monsig. Michele Bonello cardin. Alessandrino.

Firenze, Stamperia di S.A.S. <Firenze>, 1568 (Firenze, Eredi di Lorenzo Torrentini e Carlo Pettinari, 1568).

2 vol.; 4°

EDIT16-CNCE 10331, SBN-IT\ICCU\UM1E\020736

1:

[8], 398, [6]; 4°

*⁴ π a⁴ B-Y⁴ Z² 2A-2Z⁴ a-e⁴

SBN-IT\ICCU\UM1E\020737

Il secondo volume è del 1569, cfr. SBN-IT\ICCU\UM1E\020738, vedi 1570. V. fr.

[1539]

CRISPOLTI, TULLIO

La quinta parte de' discorsi spirituali, di M. Tullio Crispoldo da Rieti, ne quali si tratta di tutti i misterij della passione di Giesu Christo.

Venezia, Gabriele Giolito De Ferrari, 1568.

[24], 280 p.: ill.; 12°

[asterisco]¹² A-L¹² M⁶

EDIT16-CNCE 14270

[1540]
DEL BENE, GIOVANNI
Sermoni, ouero homelie deuote del reuer. m. Giouanni Del Bene, veronese, sopra gli Euangelii di tutto l'anno. Secondo l'ordine della santa madre Chiesa, utili ad ogni fedel christiano.
Venezia, Giorgio Cavalli, 1568 (1568).
[8], 440 c.; 8°
[asterisco]⁸ A-2Z⁸ Aaa-Iii⁸
EDIT16-CNCE 16387
V. fr.

[1541]
EPISTOLE E VANGELI/(tr.) ANONIMA
Epistole et euangelii tanto del domenicale et feriale quanto de proprio et commune di santi corretti, & a faciliore intelligentia de laici uulgarizati, & historiati.
Torino, Martino Cravotto, 1568 (Torino, Martino Cravotto, 25.XI.1568).
102, [2] c.; 4°
EDIT16-CNCE 11367

[1542]
EPISTOLE E VANGELI/(tr.) ANONIMA
Epistole, euangeli, et lettioni che si dicono in tutto l'anno nella messa, tradotte in lingua toscana [...].
Venezia, Johann Criegher, 1568.
263 p.; 4°
SBN-IT\ICCU\MILE\003957

[1543]
FONTANA, GIOVANNI BATTISTA/CERRI, GIUSEPPE
Vita di Maria vergine regina del Cielo. Opra di Gio: Battista Fontana veronese. Con alcuni versi di Ioseppe Cerri da Trento.
[1568?].
[32] c.: ill.; 8°
A-D⁸ (c. A4 segnata D4)
EDIT16-CNCE 19436
Stampata presumibilmente a Venezia. Data dalla dedica.
V. fr.

[1544]
GONZAGA, BONAVENTURA
Salmi di Dauid ridotti in varie canzoni con l'argomento per ciascun salmo, da Bonauentura Gonzaga da Reggio conuentuale di S. Francesco.
1568 (Padova, [Lorenzo Pasquato]).
[12], 109, [3] p.; 8°
*⁶ A-G⁸
EDIT16-CNCE 5862
Marca di Lorenzo Pasquato a c. G8r. V. fr.

[1545]
GUEVARA, ANTONIO DE/(tr.) LAURO, PIETRO
La seconda parte del Monte Caluario. Che espone le sette parole, che disse Christo in su la croce. Composto dall'illustre s. don Antonio di Gueuara, vescouo di Mondognetto. Tradotto dallo spagnuolo, per m. Pietro Lauro; con le postille nel margine.
Venezia, Gabriele Giolito De Ferrari, 1568.
[40], 543 [i.e. 567], [1] p.; 8°
EDIT16-CNCE 22253
V. fr.

[1546]
JACOBUS DE VORAGINE/(tr.) MALERBI, NICOLÒ
Legendario delle vite di tutti li santi approbati de la S. Romana Chiesa. Tradotto in buona lingua vulgare dal Rev. Don Nicolò Manerbio.
Venezia, 1568 (Venezia, Stefano Zazzera, 1567).
[4], 380 c.: ill.; 4°
A⁴ A-3A⁸ 3B⁴
EDIT16-CNCE 39232, SBN-IT\ICCU\CERE\019907
Titolo uniforme: *Legenda aurea sanctorum* [italiano].

[1547]
LIPPOMANO, LUIGI
Espositioni volgari, del reuerendissimo monsignor Luigi Lippomano vescouo di Verona. Sopra il simbolo apostolico, cioè il Credo, sopra il Pater nostro, & sopra i duoi precetti della carità. Nelle quali tre cose consiste, ciò che si debbe dal buon christiano credere, desiderare & operare in questo mondo. Opera catholica & utilissima ad ogni christiano.
Venezia, 1568 (Venezia, Stefano Zazzera, 1568).
203, [1] c.; 8°
A-Z⁸ AA-BB⁸ CC⁴
EDIT16-CNCE 39235
Var. B: nel colophon denominazione del tipografo diversa (senza "de Monopoli"). V. fr.

[1548]
LIPPOMANO, LUIGI
Espositioni volgari, del reuerendissimo monsignor Luigi Lippomano vescouo di Verona. Sopra il Simbolo apostolico, cioè il Credo, sopra il Pater nostro, & sopra i duoi precetti della carità.
Venezia, Girolamo Scoto, 1568 (Venezia, Girolamo Scoto, 1568).
212 c.; 8°
A-Z⁸ Aa-Cc⁸ Dd⁴
EDIT16-CNCE 32339

[1549]
LUIS DE GRANADA/(tr.) LAURO, PIETRO

Deuotissime meditationi per i giorni della settimana tanto per la mattina come per la sera. Composte dal r.p.f. Luigi di Granata dell'Ordine de' padri predicatori [...] Nuouamente tradotta da Pietro Lauro modonese [...] Questo è il terzo fiore della nostra Ghirlanda spirituale.
Venezia, Gabriele Giolito De Ferrari, 1568.
[34], 429, [3] p.: ill.; 12°
EDIT16-CNCE 58891

[1550]
LUIS DE GRANADA/(tr.) LAURO, PIETRO
Deuotissime meditationi per i giorni della settimana tanto per la mattina come per la sera del r.p.f. Luigi di Granata dell'Ordine di san Domenico. Nelle quali si contemplano i principali misteri della salute nostra. Nuouamente tradotte di spagnuolo in italiano da m. Pietro Lauro modonese. Con due tauole, una de' capitoli l'altra delle cose più notabili. E questo è il terzo fiore della nostra Ghirlanda spirituale.
Venezia, Gabriele Giolito De Ferrari, 1568.
[20], 214, [2] p.: ill.; 4°
[ast]¹⁰ A-N⁸O⁴
EDIT16-CNCE 26634

[1551]
PITTORIO, LODOVICO
Homiliario quadragesimale di m. Lodouico Pittorio da Ferrara fondato di parola in parola sopra tutte l'Epistole & Euangeli che corrono ogni giorno, per tutto l'anno, secondo l'ordine della Romana Chiesa. Con le diuisioni delle Epistole & Euangeli, che per inanzi mancauano. Nuouamente ristampato da molti errori corretto e da bellissima figure adornato.
Venezia, Johann Criegher, 1568.
[4], 155 [i.e. 255], [1] c.: ill.; 4°
[alfa]⁴ A-2I⁸
EDIT16-CNCE 25205, SBN-IT\ICCU\UM1E\002781 e IT\ICCU\ANAE\013645
A c. 121 altro frontespizio: *Delle homelie di M. Lodouico Pittorio da Ferrara, parte seconda. Sopra gli Euangelij, & Epistole, che si leggono ne' giorni festiui di tutto l'anno, si de' santi, comme delle domeniche, secondo l'ordine della Chiesa Romana. Appresso vi sono aggiunti alcuni sermoni della confessione de' peccati, della santa communione, é del dispregio della morte: con alcune diuote meditationi sopra l'oratione dominicale. Di nuouo ristampata, e da infiniti errori corretta*; Venezia, Johann Criegher, 1568. Cfr. anche SBN-IT\ICCU\ANAE\013644, vedi 1552 (in due volumi stampati nel 1568 e nel 1570 da due diversi tipografi). V. ed.

[1552]
PITTORIO, LODOVICO

Homiliario quadragesimale di M. Lodouico Pittorio da Ferrara. Fondato di parola in parola sopra tutte l'Epistole & Euangeli, che corrono ogni giorno, per tutto l'anno, secondo l'ordine della Romana Chiesa. Con le diuisioni delle Epistole & Euangeli, che per inanzi mancauano. Nuouamente ristampato, da molti errori corretto, & da bellissime figure adornato.
Venezia, Johann Criegher, 1568.
2 vol.: ill.; 4°
SBN-IT\ICCU\ANAE\013644
1:
[4], 120 c.; 4°
[alfa]⁴ A-P⁸
SBN-IT\ICCU\ANAE\013645
Il secondo volume è stampato dagli eredi di Melchiorre Sessa <1> nel 1570, cfr. SBN-IT\ICCU\ANAE\013646, vedi 1623.

[1553]
PONCELLI, SISTO
Le sacre historie de l'Antico Testamento dal principio di Giosuè insin'al fine del quarto libro de' Re, con discorsi molto vtili à instruttion d'ogni fedele. Descritte in ottaua rima dal r.p.f. Sisto Poncello da Carauonica, lettore, de l'Ordine de' frati predicatori.
Padova, Lorenzo Pasquato, 1568.
[8], 192 c.; 4°
[stella]⁴ [croce]⁴ A-K⁴ L-2F⁸
EDIT16-CNCE 32997

[1554]
VARIA/(trad.) RUSPAGGIARI, DOMENICO
Essercitio et ammaestramento del buon christiano: doue si tratta de gli articoli della fede, de' dieci precetti della legge, dell'oratione, della confessione, & della communione: tratto da diuersi auttori spagnuoli, per commun beneficio dell'anime, & nella nostra lingua ridotto, per m. Alfonso Ruspagiari da Reggio. Con due tauole, una de capitoli l'altra delle cose piu notabili. E questo è il decimo fiore della nostra ghirlanda spirituale.
Venezia, Gabriele Giolito di Ferrari, 1568.
[20], 165, [3] p.; 4°
[ast]¹⁰ A-X⁴
EDIT16-CNCE 26652, SBN-IT\ICCU\RMLE\001398
Var. B: 1569. I cap. 24-35 sono dedicati ai dieci comandamenti, i cap. 41-49 al *Pater noster*. V. fr.

[1555]
VARIA/(ed.) TURCHI, FRANCESCO
Salmi penitentiali, di diuersi eccellenti autori. Con alcune rime spirituali, di diuersi illust. cardinali; di reuerendissimi vescoui, & d'altre persone ecclesiastiche. Scelti dal reueren-

do p. Francesco da Triuigi carmelitano. Alla illustre signora Laura Pola de' Bresciani.
Venezia, Gabriele Giolito De Ferrari, 1568.
[24], 203, [1] p.: ill.; 12°
*¹²A-H¹² I⁶
EDIT16-CNCE 5863
Gli autori sono Antonio Minturno, Bonaventura Gonzaga, Laura Battiferri Ammanati, Luigi Alamanni, Pietro Orsilago e Francesco Turchi. V. fr.

[1556]
ZANCHI, GIROLAMO
III prediche sopra il cap. degli Atti degli Apostoli.
Genève, 1568.
EDIT16-CNCE 71910

1569

[1557]
ALBERTO DA CASTELLO
Rosario della gloriosa Vergine Maria.
Venezia, Peter Liechtenstein, 1569.
252, [4] c.: ill.; 8°
A-2I⁸
EDIT16-CNCE 758
Nome dell'autore a c. 2r.

[1558]
ALBERTO DA CASTELLO
Rosario della gloriosa Vergine Maria.
(Venezia, Giovanni Varisco e compagni, 1569).
252, [4] c.: ill.; 8°
A-2I⁸
SBN-IT\ICCU\PBEE\008445

[1559]
AMARONI, CRISTOFORO
Oratione del r.p.m. Christofaro Amaroni senese, del ordine Eremitano: di s. Agustino, sopra il salmo XXIX. di Dauid, per ringratiare il giustiss. & clementiss. Iddio, della miracolosa, & felice vittoria dei cattolici, contra gl'heretici di Francia: fatta in Monte Pulciano il di della processione alla chiesia di S. Maria.
Perugia, Andrea Bresciano, 1569.
[18] c.; 4°
A-C⁴ D⁶
EDIT16-CNCE 1479
V. fr.

[1560]
ANONIMA

La deuota rappresentatione di Ioseph figliuolo di Iacob. Nuouamente ristampata.
Firenze, alle scalee di Badia, 1569.
[10] c.: ill.; 4°
EDIT16-CNCE 52048
Titolo uniforme: Rappresentazione di Giuseppe. Cfr. Cioni 1961, p. 203, n. 9. V. fr.

[1561]
ANONIMA
La rappresentatione e festa di Josef figliuolo di Jacob.
Firenze, 1569.
10 c.; 8°
Wolfenbüttel, Herzog August Bibliothek, 12.2 3th. (16)
Titolo uniforme: Rappresentazione di Giuseppe.

[1562]
ANONIMA
La vita et morte di san Giouanni Batista di nuouo ristampata & ricorretta.
Firenze, 1569 (Firenze, nel Garbo).
83, [1] p.; 4°
A-K⁴ L²
EDIT16-CNCE 74329
Titolo uniforme: Storia di s. Giovanni Battista. V. fr.

[1563]
ANTONINO (SANTO)
Opera di s. Antonino arciuescouo fiorentino, da lui medesimo composta in volgare, vtilissima, & necessaria alla instruttione de i sacerdoti, & di qualunque altra persona, laquale desidera sapere viuere christianamente, & confessarsi bene de' suoi peccati. Con vna breue instruttione, per i sacerdoti curati: di nuouo ristampata, & da infiniti errori emendata.
Venezia (Venezia, Giovanni Varisco, 1569).
165 [11] p.; 8°
A-L⁸
EDIT16-CNCE 2078, SBN-IT\ICCU\UBOE\004771
Titolo uniforme: Confessionale: Curam illius habe [italiano], cfr. SBN. V. fr.

[1564]
ANTONINO (SANTO)/LAPINI, EUFROSINO
Specchio di conscientia. Opera di s. Antonino arciuescouo di Fiorenza. Vtilissima ad ogni fidel christiano, e particolarmente a ogni curato. Con la Vita di quello fatta dal r.m. Frosino Lapini.
Firenze, Bartolomeo Sermartelli <1>, 1569.
84, 243 [i.e. 245], [16] p.; 12°
a-c¹² d⁶, A-L¹² (c. L¹² mancante)
EDIT16-CNCE 2079

Titolo uniforme: *Confessionale: Omnis mortalium cura* [italiano]. V. fr.

[1565]
AVEZZANO, SEBASTIANO
Discorsi predicabili, del r.p. Sebastiano Auezzano da Cesena carmelitano. Sopra alcuni passi della Sacra Scrittura, iquali si leggono fra l'anno nella santa Chiesa. Con tre prediche. I. Della santissima incarnatione. II. Della natiuità. III. Della resurrettione di n. Signore.
Venezia, Giovanni Andrea Valvassori, 1569.
[4], 305, [3] c.; 8º
[croce]⁴ 2[croce]² A-2P⁸ 2Q²
EDIT16-CNCE 3530
V. fr.

[1566]
BELCARI, FEO/BENCI, TOMMASO
La rappresentatione diuota di santo Giouanni Batista, quando andò nel diserto.
(Firenze, a istanza di Bartolomeo Anichini, 1569).
[4] c.: ill.; 4º
A⁴
EDIT16-CNCE 4824
Testo di Feo Belcari preceduto da 16 stanze di Tommaso Benci, cfr. c. [A4v]. Titolo uniforme: *Rappresentazione di s. Giovanni Battista nel diserto.* Cfr. Cioni 1961, p. 186, n. 5.
V. ed.

[1567]
BUONRICCIO, ANGELICO
Le pie, et christiane parafrasi sopra l'Euangelio di san Matteo, et di san Giouanni, del r. padre don Angelico Buonriccio vinetiano, canonico regolare della Congregatione di San Salvatore. Con la tauola che dimostra gleuangelii correnti di tutto l'anno. E questo è il duodecimo fiore della nostra Ghirlanda spirituale.
Venezia, Gabriele Giolito De Ferrari, 1569.
2 pt ([20], 340); ([12], 272): ill.; 4º
[asterisco]¹⁰ A-X⁸ Y²: A⁶ B-S⁸
EDIT16-CNCE 7876
V. fr.

[1568]
CANDIDO, SERAFINO
La diuota rappresentatione del miracoloso natal di Giesu Christo figliuol d'Iddio, e Signor nostro, con l'adoration de' pastori. Piamente composta da Serafino Candido da Monte Reale in versi sciolti parte, e parte in rime tra libere, e regolate, alla serenissima madama Margarita d'Austria.
Pesaro, Girolamo Concordia, 1569.
[26] c.; 4º

A-E⁴ F⁶
EDIT16-CNCE 8881
V. fr.

[1569]
CATECHISMO/(tr.) FIGLIUCCI, FELICE
Catechismo, cioè Istruttione, secondo il decreto del Concilio di Trento a' parochi, pubblicato per commandamento del papa Pio V. et tradotto poi per ordine di sua santità in lingua volgare dal reuerendo padre Alesso Figliucci dell'ordine dei Predicatori.
Venezia, Aldo Manuzio <2>, 1569.
608, [24] p.; 8º
A-Z⁸ 2A-2P⁸ a⁸ b⁴
EDIT16-CNCE 12064
Alesso (anche Alessio) Figliucci è il nome in religione di Felice Figliucci, domenicano.

[1570]
CATTANI DA DIACCETO, FRANCESCO
La seconda parte della vita et fatti del nostro Sig: Giesu Christo Saluatore et ricomperatore vniuersale di tutti noi. Del Reuer. & magnifico m. Francesco de Cattani da Diacceto gentil'huomo et canonico di Firenze & proton. apostolico. All'illustriss. et reuerendiss. monsig. Michele Bonello cardin. Alessandrino.
Firenze, Stamperia di S.A.S. <Firenze>, 1569 (Firenze, per gli Eredi di Lorenzo Torrentino e Carlo Pettinari, 1568).
[8], 483, [7] p.; 4º
a⁴ A-3P⁴
EDIT16-CNCE 10331, SBN-IT\ICCU\UM1E\020738
Il primo volume è del 1568, cfr. SBN-IT\ICCU\UM1E\020737, vedi 1538. V. fr.

[1571]
CONFRATERNITA DEL SS. ROSARIO <NAPOLI>
Psalterio ouero Rosario della gloriosa Vergine Maria. Con i suoi mysterij, & indulgentie, di nuouo con diligentia ristampato.
(Venezia, Domenico De Franceschi, 1569).
[24] c.: ill.; 12º
A-C⁸
EDIT16-CNCE 65654

[1572]
DOMENICO DA RIMINI
Alcuni salmi, e canzoni di Dauide profeta, tradotti dall'hebreo in lingua volgare, e parafresati con l'argomento, e somma che contengono. Del padre frate Domenico d'Arimino, dell'Ordine di San Domenico.
Modena, Paolo Gadaldini e fratelli, [1569].
54, [2] c.: ill.; 8º

A-G⁸ (c. G8 bianca)
EDIT16-CNCE 5865, SBN-IT\ICCU\CNCE\005865
Data dalla dedica a c. A2. V. fr.

[1573]

EPISTOLE E VANGELI/(tr.) ANONIMA
Epistole euangeli, lettioni, et passio per tutto l'anno, in lingua italiana historiati.
Venezia, Alessandro Viani, [non dopo il 1569].
136 c.: ill.; 8°
EDIT16-CNCE 11368

[1574]

EPISTOLE E VANGELI/(tr.) ANONIMA
Epistole, Euangelii et Lettioni, che si dicono in tutto l'anno nella messa. Tradotte in lingua toscana. Con la tauola necessaria da trouar gli Euangeli, & l'Epistole.
Venezia, Johann Criegher, 1569.
263, [1] p.: ill.; 4°
A-2K⁴
EDIT16-CNCE 11369
V. fr.

[1575]

EPISTOLE E VANGELI/(tr.) ANONIMA
Epistole, euangelii et lettioni, che si dicono in tutto l'anno nella messa. Tradotte in lingua toscana. Con la tauola necessaria da trouar gli euangelii, & l'epistole.
Venezia, Johann Criegher, 1569.
523, [5] p.: ill.; 12°
A-Y¹² (c. Y11-12 bianche)
EDIT16-CNCE 11370, SBN-IT\ICCU\CNCE\011370
Titolo da SBN.

[1576]

EPISTOLE E VANGELI/(tr.) NANNINI, REMIGIO
Epistole, et euangeli, che si leggono tutto l'anno alla messa, secondo l'uso della Santa Romana Chiesa. Nuouamente tradotti in lingua toscana, dal r.p.m. Remigio Fiorentino, dell'ordine de' predicatori, con alcune annotationi morali a' ciascheduna epistola et euangelio, fatte dal medesimo. Con due tauole, [...].
Venezia, Gabriele Giolito De Ferrari, 1569.
[32], 527, [1] p.: ill.; 4° (errori nella numer.)
a-d⁴ A-2K⁸
EDIT16-CNCE 11371

[1577]

GIOVANNI   DA   L'AQUILA/BORGARUCCI,
BORGARUCCIO
Prediche per tutta Quaresima, et per alcune principali feste dell'anno. Con alcuni sermoni, fatti parte à religiosi, parte à

secolari. Con vn breue compendio di confessione. Et con alcune lettere spirituali à diuersi amici, et in diuersi soggetti, di molto profitto, à coloro che disiderano darsi al culto diuino. Composte et date in luce dal r.p. fra Giouanni Aquilano da S. Demetrio, dell'Osseruanza minoritana. Nuouamente stampate, & con molta diligenza riuiste, & corrette, dall'eccel. m. Borgaruccio Borgarucci. Con la tauola de' sommarij, che nell'opera si contengono.
Venezia, 1569 (Venezia, Egidio Regazzola e Domenico Cavalcalupo, a istanza di Bartolomeo Rubini, 1569).
[16], 646, [2] p.; 4°
[asterisco]⁸ A-2R⁸ 2S⁴
EDIT16-CNCE 21089
V. fr.

[1578]

GIOVANNI   DA   L'AQUILA/BORGARUCCI,
BORGARUCCIO
Prediche per tutta la Quaresima, et per alcune principali feste dell'anno [...] composte et date in luce dal R.P. Fra Giouanni Aquilano da S. Demetrio, dell'Osseruanza Vliuoritana. Nuouamente stampate & con molta diligenza riuiste & corrette, dall'eccel. M. Borgaruccio Borgarucci.
Venezia, Domenico Nicolini da Sabio, 1569 ([Venezia], Egidio Regazzola e Domenico Cavalcalupo, a istanza di Bartolomeo Rubini).
[16], 646 p.; 4°
[ast]⁸A-2R⁸2S⁴
EDIT16-CNCE 31687

[1579]

LAPINI, EUFROSINO
Il Rosario della gloriosa Vergine. Riueduto et insieme ornato d'altre diuozioni. Del reuerendo m. Frosino Lapini.
Firenze, Bartolomeo Sermartelli <1>, 1569 (Firenze, Bartolomeo Sermartelli <1>, 1569).
81, [3] c.; 12°
EDIT16-CNCE 75422
V. fr.

[1580]

LUIS DE GRANADA/(tr.) LAURO, PIETRO
Deuotissime meditationi per i giorni della settimana tanto per la mattina come per la sera. Del r.p.f. Luigi di Granata dell'Ordine di san Domenico. Nelle quali si contemplano i principali misteri della salute nostra. Nuouamente tradotte di spagnuolo in italiano da m. Pietro Lauro modonese [...] E questo è il terzo fiore della nostra Ghirlanda spirituale.
Venezia, Gabriele Giolito De Ferrari, 1569.
[20], 214, [2] p.: ill.; 4°
EDIT16-CNCE 54952

REPERTORIO CA 1462-1650

[1581]

LUIS DE GRANADA/(tr.) LAURO, PIETRO

Devotissime meditationi per i giorni della settimana tanto per la mattina come per la sera. Composte dal R.P.F. Luigi di Granata [...] Nelle quali si contemplano i principali misteri della salute nostra. Nuouamente tradotte da Pietro Lauro modonese. Con due tavole una de' capitoli, l'altra delle cose notabili. Questo è il terzo fiore della nostra ghirlanda spirituale.

Venezia, Gabriele Giolito De Ferrari, 1569.

[36], 429 [3] p.: ill.; 12°

*¹² 2*⁶ A-S¹²

SBN-IT\ICCU\PBEE\012721

[1582]

PITTORIO, LODOVICO

Homiliario quadragesimale di m. Lodouico Pittorio da Ferrara. Fondato di parola in parola sopra tutte l'Epistole & Euangeli, che corrono ogni giorno, per tutto l'anno, secondo l'ordine della Chiesa Romana. Con le diuisioni delle Epistole et Euangeli, che per inanzi mancauano. Nuouamente ristampato, da molti errori corretto, & di bellissime figure adornato.

Venezia, Johann Criegher, 1569.

[8], 171, [5], 173-360 p.: ill.; fol.

[asterisco]⁴ A-K⁸ L⁶ M-Z⁸

EDIT16-CNCE 25206

A c. M1r altro frontespizio: *Delle homelie di m. Lodouico Pittorio da Ferrara. Parte seconda. Sopra gli Euangelii, et Epistole, che si leggono ne' giorni festiui di tutto l'anno, sì de' santi, come delle dominiche, secondo l'ordine della Chiesa Romana. Appresso vi sono aggiunti alcuni sermoni della confessione, della contritione de' peccati, della santa communione, & del dispregio della morte: con alcune diuote meditationi sopra l'oratione dominicale.* V. fr.

[1583]

PSEUDO-BONAVENTURA

Meditation [!] diuotissime di tutta la vita del nostro Signor Iesu Christo.

Milano, Valerio Meda e Girolamo Meda, 1569.

77, [3] c.; 16°

EDIT16-CNCE 30531

Titolo uniforme: *Meditationes vitae Christi* [italiano].

[1584]

SCALVO, BARTOLOMEO

*Le meditationi del Rosario della gloriosissima Maria vergine. Nelle quali si contengono li piu segnalati mysterij della vita d'essa beatissima Madre, et del suo unigenito figliuolo Giesu Christo; della acerbissima passione; della gloriosa re-*surrettione, et ascensione sua in cielo; con altre contemplationi consolatorie d'ogni anima christiana.*

Milano, Pacifico Da Ponte, 1569.

[8], 172, [4] p.: ill.; 4°

3[asterisco]⁴ a-y⁴

EDIT16-CNCE 53865

Nome dell'autore nella dedica. V. fr.

[1585]

SOLERO, PIETRO

Apologia catolica, di f. Pietro Solero da Quintiano, dell'ordine predicatorio, inquisitore di Pauia. Contra la diabolica espositione dell'Aue Maria, & heretica confessione della fede, di Hieronimo da Crema.

Pavia, Girolamo Bartoli, 1569.

58, [2] c.; 8°

EDIT16-CNCE 62038

V. fr.

[1586]

VARIA/(ed.) TURCHI, FRANCESCO

Salmi penitenziali, di diuersi eccellenti autori. Con alcune rime spirituali [...] Scelti dal reuerendo p. Francesco da Triuigi carmelitano [...].

Venezia, Gabriele Giolito De Ferrari, 1569.

[24], 203, [1] p.: ill.; 12°

EDIT16-CNCE 5866

Gli autori sono Antonio Minturno, Bonaventura Gonzaga, Laura Battiferri Ammanati, Luigi Alamanni, Pietro Orsilago e Francesco Turchi.

[1587]

VERGILIO DI CASTEL FRANCO

Breue espositione sopra il Padre nostro, con vno breuissimo trattato della preparatione del cuore prima che l'huomo vada alla oratione, per l'humil seruo di Iesu Christo composto, f. Vergilio di Castello Franco del ordine di Minimi di santo Francesco di Paula.

Campagna, Giovanni Domenico Nibbio e Giovanni Francesco Scaglione, 1569.

[6], 176, [2] p.; 12°

EDIT16-CNCE 31605

1570

[1588]

ALTAN, ALESSANDRO

Il capo venereo d'una nuoua interpretatione sopra il poema dauidico, figurato con dicisette homelie al numero de i sacri Salmi.

[1570?].

160 + p.; 4°
EDIT16-CNCE 1250
Titolo manoscritto dall'autore; il testo si interrompe a p. 160. Stampata probabilmente a Firenze dagli eredi di Lorenzo Torrentino.

[1589]
ANONIMA
Giudizio vniversale ouero finale.
(Firenze, alle scalee di Badia), [tra il 1570 e il 1580].
[6] c.: ill.; 4°
A⁶
EDIT16-CNCE 63693
Titolo uniforme: *Storia del giudizio universale.* Per la data cfr. Cioni 1963, p. 256, n. 10. V. fr.

[1590]
ANONIMA
La istoria di Susanna. Moglie di Giouacchino, la quale a torto fu accusata di adulterio da dua tristi vecchi. E poi per miracolo di Dio poi fu liberata, e loro furno lapidati dal popolo. Nuouamente ristampata.
(Firenze, a istanza di Carlino Saltamacchie, 1570).
[4] c.: ill.; 4°
A⁴
EDIT16-CNCE 79409
Titolo da c. [A1r]. Titolo uniforme: *Storia di Susanna e Daniello.* Incipit a c. [A1r]: *Chi si diletta nuoue cose vdire.* V. ed.

[1591]
ANONIMA
La rappresentazione della reina Hester.
(Firenze, 1570).
[10] c.: ill.; 4°
EDIT16-CNCE 61949
Titolo uniforme: *Rappresentazione di Ester regina.* Cfr. Cioni 1961, p. 128, n. 7.

[1592]
ANONIMA
La rappresentatione di Aman. Nuovamente ristampata, & ricorretta.
[1570?].
[16] c.: ill.; 4°
A-D⁴
EDIT16-CNCE 53298
Stampata probabilmente a Firenze; per il luogo e la data cfr. *STCBL*, p. 323. Cfr. anche Cioni 1961, p. 306, n. 2 (con data "d. 1550"); Testaverde-Evangelista, 363. Inclusa anche con lettera d'ordine NNN nel terzo libro della "Raccolta giuntina", 1578, cfr. EDIT16-CNCE 53305, vedi 1838.

[1593]
ANONIMA
La rappresentatione et festa di Iosef figliuolo di Iacob. Nuouamente ristampata.
(Firenze, alle scalee di Badia), [dopo il 1570?].
[10] c.: ill.; 4°
A¹⁰
Cioni 1961, p. 203, n. 10
Altra edizione molto simile, vedi 1594. Titolo uniforme: *Rappresentazione di Giuseppe.*

[1594]
ANONIMA
La rapresentazione e festa di Iosef figliuolo di Iacob. Nuouamente ristampata.
(Firenze, alle scalee di Badia), [dopo il 1570].
[10] c.: ill.; 4°
A¹⁰
EDIT16-CNCE 62065, SBN-IT\ICCU\CFIE\032875
Cfr. Testaverde-Evangelista, 210. Altra edizione molto simile, vedi 1593. EDIT16 associa questa edizione a quella segnalata da Cioni 1961, p. 203, n. 10. Titolo uniforme: *Rappresentazione di Giuseppe.* V. ed.

[1595]
ANONIMA
La santissima passione di nostro Signore Giesu Christo. Con la resurrettione, recitata in Roma dalla venerabile Compagnia del Confalone nel luogo consueto, detto il Coliseo.
(Roma, Giovanni Gigliotti) [tra il 1570 e il 1586].
[56] c.: ill.; 8°
A-G⁸
EDIT16-CNCE 60393
Data dall'attività del tipografo. V. fr.

[1596]
ANONIMA/ROSIGLIA, MARCO
La conuersione di santa Maria Maddalena composta per Marco Rosilia da Foligno, opera deuotissima.
[1570?].
[8] c.; 8°
EDIT16-CNCE 15130
Per l'autore ("Testo di Autore ignoto del sec. XVI, fondato – ma abbreviatissimo – su quello del Rosiglia", divulgato dalla seconda edizione con il nome del Rosiglia), cfr. Cioni 1963, p. 203-204. Stampata probabilmente a Perugia; per il luogo e la data cfr. Cioni 1963, p. 204, n. 2.

[1597]
BATTIFERRI AMMANNATI, LAURA

I sette salmi penitentiali del santissimo profeta Dauit tradotti in lingua toscana da madama Laura Battiferra degli Ammanati. Con gli argomenti sopra ciascuno di essi, composti dalla medesima, insieme con alcuni suoi sonetti spirituali.
Firenze, Filippo Giunta <2> e fratelli, 1570 (Firenze, Filippo Giunta <2> e fratelli, 1570).
43, [9] p.; 4°
A-E⁴ F⁶
EDIT16-CNCE 5867

[1598]
[BELCARI, FEO]
La rappresentazione di Abraam, et Isaac suo figliuolo. Nuouamente ristampata.
[1570?].
[4] c. ill; 4°
A⁴
EDIT16-CNCE 72820
Titolo da c. A1r. Titolo uniforme: *Rappresentazione di Abramo e Isacco.* Stampata presumibilmente a Firenze; per la data cfr. *STCBL*, p. 2. V. c. A1r e [A4v].

[1599]
BUONRICCIO, ANGELICO
Le christiane et diuote parafrasi sopra tutte l'epistole di s. Paolo et le canoniche del reuerendo don Angelico Buonriccio Venetiano, canonico regolare, della congregatione del Saluatore.
Venezia, Giordano Ziletti <1> e compagni, 1570.
[4], 43, [1], 92, 85-88, 93-177, [5], 181-232, [2] c.; 4° (si ripetono le p. 85-88)
[ast]⁴ A-L⁴ a-z⁴ A-V⁴ X⁶ [croce]⁴ Z-2L⁴ 2M⁶ (c. X6, 2M6 bianche)
EDIT16-CNCE 7877, SBN-IT\ICCU\CNCE\007877

[1600]
[CASTELLANI, CASTELLANO]
La rappresentazione della conuersione di santa Maria Maddalena.
Firenze, Matteo Galassi, 1570.
4°
EDIT16-CNCE 62263
Per l'autore cfr. Ponte, p. 65. Titolo uniforme: *Rappresentazione di s. Maria Maddalena. La conversione.* Cfr. Cioni 1961, p. 236, n. 6 e 8.

[1601]
[CASTELLANI, CASTELLANO]
La rappresentazione della conuersione di santa Maria Maddalena.
(Firenze, alle scalee di Badia), [1570?].
[12] c.: ill.; 4°

A¹²
EDIT16-CNCE 79394
Per l'autore cfr. Ponte, p. 65. Titolo uniforme: *Rappresentazione di s. Maria Maddalena. La conversione.* Per la data cfr. *STCBL*, p. 423. V. fr.

[1602]
[CASTELLANI, CASTELLANO]
La rappresentazione della resurrettione di nostro Signore Giesu Christo.
[Firenze, 1570?].
[8] c.: ill.; 4°
A⁸ (c. A3 e A4 segnate B3 e B4)
EDIT16-CNCE 54161 e 62348, SBN-IT\ICCU\CFIE\032904
Per l'autore cfr. Ponte, p. 65. Titolo uniforme: *Rappresentazione della resurrezione di Gesù Cristo.* EDIT16-CNCE 62348 data "[15..]" con rinvio a Colomb de Batines, p. 51, mentre EDIT16-CNCE 54161 data "[1580?]" con rinvio a *STCBL*, p. 351, ma si tratta della stessa edizione, descritta in SBN con data "[1570?]" con rinvio a Cioni. Cfr. Cioni 1961, p. 168, n. 7 (con segnatura A-B⁴); Testaverde-Evangelista, 339 e 679. V. ed.

[1603]
CATTANI DA DIACCETO, FRANCESCO
La vita dell'immaculata et gloriosissima sempre vergine santa Maria madre di Dio et Signor nostro Giesu Christo. Del reuerendiss. monsig. Francesco de Cattani da Diacceto, eletto vescouo di Fiesole. Al serenissimo signore il s. Cosimo de Medici gran duca di Toscana.
Firenze, Bartolomeo Sermartelli <1>, 1570 (Firenze, Bartolomeo Sermartelli <1>, 1570).
[8], 260, [4] p.; 4°
*⁴ A-2K⁴
EDIT16-CNCE 10332
V. fr.

[1604]
CRISPOLTI, TULLIO
Auuertimenti spirituali di m. Tullio Crispoldo da Rieti sopra la passione del nostro Signore Giesu Christo: ne' quali partitamente si espongono tutti i sacri misteri della passione del Signore, appartenenti, cosi all'instruttione, come alla salute dell'anime de' fedeli.
Venezia, Gabriele Giolito De Ferrari, 1570.
[24], 393, [3] p.: ill.; 12°
*¹² A-Q¹² R⁶
EDIT16-CNCE 13792
V. fr.

[1605]

FILIPPI, MARCO, DETTO IL FUNESTO
Vita di santa Caterina vergine, e martire; composta da Marco Filippi, detto il Funesto, con una raccolta di sonetti, e canzoni spirituali, & di alcune stanze della Maddalena à Christo del medesimo autore.
Venezia, Domenico Guerra e Giovanni Battista Guerra, a istanza di Lorenzo Pegolo, 1570.
[8], 160 c.; 8°
EDIT16-CNCE 58799
V. fr.

[1606]

EPISTOLE E VANGELI/(tr.) ANONIMA
Epistole Lettioni, et Euangeli, che si leggono tutto l'anno alla messa, latine, & uolgari, per piu comodità di ciascuno. Con la tauola necessaria da trouare le Epistole & gli Euangeli che corrono giorno per giorno.
Venezia, Eredi di Melchiorre Sessa <1>, 1570.
759 p.: ill.; 8°
EDIT16-CNCE 11374
V. fr.

[1607]

EPISTOLE E VANGELI/(tr.) ANONIMA/LUDOLPH VON SACHSEN/(tr.) LIONI, CRISOSTOMO
Epistole et Euangelii, che si leggono in tutto l'anno alla messa, secondo l'vso della s. Romana Chiesa. Con alcune pie et diuote annotationi tratte per il r.p. don Crisostomo Lioni monaco toscano, dalle scritture di Landolfo di Sassonia, il quale scriuendo la vita di Giesu Christo espone gli Euangelij. Con due tauole necessarie, vna di trouar gli Euangelij & l'Epistole che corrono alla giornata l'altra che serue per calendario per trouar le feste principali di tutto l'anno.
Venezia, Giacomo Sansovino, 1570.
[4], 154 c.: ill.; fol.
A-2P⁴ 2Q²
EDIT16-CNCE 11372
V. fr.

[1608]

EPISTOLE E VANGELI/(tr.) NANNINI, REMIGIO
Epistole, et euangelii, che si leggono tutto l'anno alla messa, secondo l'uso della Santa Romana Chiesa. Nuouamente tradotti in lingua toscana, dal r.p.m. Remigio Fiorentino, dell'ordine de' Predicatori. Con alcune annotationi morali a ciascheduna epistola et euangelio, fatte dal medesimo. Con due tauole, [...].
Venezia, Gabriele Giolito De Ferrari, 1570.
[32], 527, [1] p.: ill.; 4°
a-d⁴ A-2K⁸
EDIT16-CNCE 11373, SBN-IT\ICCU\CNCE\011373

Titolo da SBN.

[1609]

FERENTILLI, AGOSTINO/PHILO ALEXANDRINUS/(tr.) FERENTILLI, AGOSTINO
Discorso uniuersale di m. Agostino Ferentilli. Nelquale, discorrendosi per le sei età, e le quattro monarchie; si raccontano tutte l'historie, & l'origine di tutti gl'imperij, regni, & nationi, cominciando dal principio del mondo, sino all'anno MDLXIX. Nel fine delquale si mostra con diligente calcolo de' tempi, quanto habbia da durare il presente secolo, seguitando in ciò l'opinione di Elia Rabino, & di Lattantio Firmiano. Aggiuntaui La creation del mondo, descritta da Filone Hebreo, & tradotta dal medesimo Ferentilli.
Venezia, Gabriele Giolito De Ferrari, 1570.
2 pt ([16], 244; [56]) p.: ill.; 4°
[ast]⁴ 2[ast]⁴ A-P⁸ Q²; a⁴ b-d⁸ E-P²
EDIT16-CNCE 18737, SBN-IT\ICCU\BVEE\011553
A c. a1r altro frontespizio: *La creation del mondo descritta da Filone Hebreo, et tradotta da m. Agostino Ferentilli. Aggiuntoui vn discorso vniuersale: nelquale si raccontano l'historie di tutte l'età, imperij, regni, & nationi, cominciando dal principio del mondo, fino all'anno, MDLXIX. Composto dal medesimo Ferentilli.* V. fr.

[1610]

GIACCARI, VINCENZO
Specchio della vita christiana, col modo di riformar se stesso secondo la forma del sacro Euangelio. Con vna diuota espositione, & contemplatione sopra il Pater noster. Et vn breue trattato della sustanza, & reggimento del Monte della pietà. Composto da m. Vincenzo da Lugo. Nuouamente stampato, et con somma diligenza corretto.
Venezia, Bernardo Giunta <2>, 1570 (Venezia, Bernardo Giunta <2>, 1570).
[4], 239, [1] c.; 8°
a⁴ A-2D⁸ 2E⁴ 2F-2G⁸ 2H⁴
EDIT16-CNCE 20874

[1611]

GUEVARA, ANTONIO DE/(tr.) ULLOA, ALFONSO DE/ LAURO PIETRO/FELIPE DE LA TORRE
Prima parte del Monte Caluario, composto dall'illustre sig. d. Antonio di Gueuara, vescouo di Mondognedo, predicatore, & cronista, e del Consiglio di sua maestà. Tratta l'autore in questo libro tutti i misterij del Monte Caluario, da che Christo fu da Pilato condannato alla morte, fin che da Giuseppe, e Nicodemo fu messo nel sepolcro. Tradotto da m. Alfonso Vlloa, & illustrato dal dottor Filippo della Torre. Con due tauole, vna de' Capitoli, & l'altra delle auttorità della Scrittura sacra, che vi si espongono.
Venezia, [Bolognino Zaltieri], 1570.

EDIT16-CNCE 22258 e 22260

1:

[8], 323, [7] p.; 4°

*⁴ *⁴ A-Z⁴ X²

EDIT16-CNCE 22258

Marca di Bolognino Zaltieri sul frontespizio. V. fr.

2:

Seconda parte del Monte Caluario, composto dall'illustre signore don Antonio di Gueuara, vescouo di Mondognedo, predicatore, & cronista, e del Consiglio di sua maestà. Che tratta delle sette parole che Christo nostro Salvatore su la santissima croce disse. Tradotto da m. Pietro Lauro, & illustrato dal dottor Filippo della Torre. Con due tauole, vna de' capitoli, & l'altra delle auttorità della Scrittura sacra, che vi si espongono.

Venezia, [Bolognino Zaltieri], 1570.

[14], 374 p.; 4°

*⁴ *⁴ A-Z⁸ 2A⁴

EDIT16-CNCE 22260

Marca di Bolognino Zaltieri sul frontespizio. V. fr.

[1612]

GUEVARA, ANTONIO DE/(tr.) ULLOA, ALFONSO DE/ (tr.) BUONFIGLI, NICOLÒ AURIFICO/(tr.) LAURO, PIETRO

La prima parte del Monte Caluario. Nellaquale si trattano tutti i sacratissimi misterij auenuti in questo monte infino alla morte di Christo. Composto dall'illustre s. don Antonio di Gueuara, predicatore, cronista, & consigliere, della cesarea maestà. Tradotto di lingua spagnuola nell'italiana, dal s. Alfonso d'Vglioà spagnuolo. Nuouamente riueduto, et riscontrato con lo spagnuolo dal r.p.f. Nicolo Aurifico Buonfigli, senese, carmelitano. Et aggiontoui vn discorso dell'istesso p. nelquale si ragiona delle laudi del Monte Caluario, con dichiaratione di tutti i misteri, che furono fatti in esso, cose necessarie à uolere perfettamente intendere questo libro.

Venezia, Gabriele Giolito De Ferrari, 1570.

2 vol.; 4°

EDIT16-CNCE 22259

1:

[72], 363, [1] p.; 4°

[ast]⁴ 2[ast]-2[ast]⁸ 3[ast]⁶ a¹⁰ A-Y⁸ z¹⁰

SBN-IT/ICCU/TO0E/003728

V. fr.

2:

La seconda parte del Monte Caluario, oue s'espongono le sette parole, che disse Christo su la croce composto dall'illustre s. don Antonio di Gueuara. Tradotto di lingua spagnuola nell'italiana per m. Pietro Lauro. Nuouamente riueduto et riscontrato con lo spagnolo dal r.p.f. Nicolo Aurifico Bonfiglio.

Venezia, Gabriele Giolito De Ferrari, 1570.

[32], 416 p. 4°

[ast]-2[aste]⁸ A-2C⁸

SBN-IT\ICCU\CERE\019524

[1613]

JACOBUS DE VORAGINE/(tr.) MALERBI, NICOLÒ

Legendario delle vite de' santi composto in latino per il r.f. Iacopo de Voragine & tradotto in volgare per il r.d. Nicolò Manerbio vinitiano; nel qual s'è posti gli sommarii innanzi la vita di tutti li santi & sonui aggionte in margine molte cose sententiose, utili & necessarie alla vita spirituale.

Venezia, Andrea Muschio, 1570.

[8], 728 p.: ill.; 4°

EDIT16-CNCE 69635

Titolo uniforme: *Legenda aurea sanctorum* [italiano].

[1614]

LOARTE, GASPAR DE

Instruttione et auisi, per meditare la passione di Christo nostro redentore; con alcune meditationi di essa. Per il p. Gaspar Loarte [...].

Roma, Tipografia del Collegio Romano, 1570.

[47] c.: ill.; 8°

A-C⁸ D⁶ [E-F⁸⁺¹] (c. D6 bianca)

EDIT16-CNCE 63193

[1615]

LUDOLPH VON SACHSEN/(tr.) SANSONIVO, FRANCESCO

Vita di Giesu Christo nostro Redentore scritta da Landolfo di Sassonia dell'Ordine certosino. Et di nuouo tradotta da m. Francesco Sansouino. Nella quale con pia et santa dottrina si espongono con facilità gli Euangelij che corrono in tutto l'anno secondo le sentenze de santi & piu approuati dottori. & con piu diuote meditationi et orationi conformi all'Euangelio. Opera non meno necessaria a predicatori et parrocchiani, i quali nelle feste principali dichiarano l'Euangelio à popoli loro, che ad ogni altro christiano che desideri uiuer secondo la santa fede cattolica. Con le tauole de Vangeli correnti per tutto l'anno & delle cose notabili, & de capi principali poste à loro luoghi.

Venezia, Giacomo Sansovino, 1570 (Venezia, Giacomo Sansovino, 1570).

[16], 465, [1] c.: ill.; fol.

†-4†⁴ A-3N⁴ a-3k⁴3l⁶

EDIT16-CNCE 31136

V. fr.

[1616]

LUIS DE GRANADA/(tr.) LAURO, PIETRO

Deuotissime meditationi per i giorni della settimana, tanto per la mattina come per la sera. Composte dal r.p.f. Luigi di Granata dell'Ordine de' Padri Predicatori. Nelle quali si contemplano i principali misteri della salute nostra.

Nuouamente tradotte da Pietro Lauro modonese. Con due tauole una de' capitoli, l'altra delle cose notabili. E questo è il terzo fiore della nostra Ghirlanda Spirituale.

Venezia, Gabriele Giolito De Ferrari, 1570.

[36], 429 [3] p.: ill.; 12°

*¹² 2*⁶ A-S¹²

EDIT16-CNCE 63167

V. fr.

[1617]

LUIS DE GRANADA

Devotissime meditationi per i giorni della settimana, tanto per la mattina, come per la sera. Composte dal R.P.F. Luigi di Granata [....] Stampate con nuoua gionta.

Parma, Seth Viotti, 1570.

[12], 282 c.; 12°

[croce]¹² A-Z¹² Aa⁶

SBN-IT\ICCU\RMSE\106657

[1618]

NAZARI, GIOVANNI BATTISTA

Discorso della futura et sperata vittoria contra il turcho. Estratto da i sacri profeti, & da alcune profetie, prodigij, & pronostici: & di nuouo dato in luce. Per Gio. Battista Nazarri bresciano.

Modena, Paolo Gadaldini e fratelli, 1570.

[8] c.; 4°

A-B⁴

EDIT16-CNCE 78781

V. fr.

[1619]

NAZARI, GIOVANNI BATTISTA

Discorso della futura et sperata vittoria contra il turco; estratto da i sacri profeti, et da altre profetie, prodigij, et pronostici: & di nuouo dato in luce; per Gio. Battista Nazari bresciano.

Venezia, Sigismondo Bordogna, 1570 (Venezia).

[16] c.: ill.; 4°

A-D⁴

EDIT16-CNCE 26855

[1620]

PAGANI, ANTONIO

Le rime spirituali di f. Antonio Pagani vinitiano, minore oss. Nelle quali si contengono quattro trionfi, che tutti i profondi misteri di Christo, et le degne lode de' beati narrano. Et ui è aggiunto il giardin morale, che di uarie diletteuoli, et gioueuoli materie tratta. Con le loro tauole.

Venezia, Bolognino Zaltieri, 1570.

[24], 357, [3] p.: ill.; 4°

a-b⁴ χa⁴ A-2Y⁴ (c. 2Y4 bianca)

EDIT16-CNCE 38239

V. fr.

[1621]

PANCOTTO, GIACOMO

I diuini precetti. Dell'angelo a Moise diuinamente dati, & per il uerbo incarnato di Christo apertamente dichiarati. Et dalla s. Chiesa catholica confermati. Per il r.p.f. Giacopo di Melfitto dell'ordine de Capuccini di san Francesco teologo compilati. Necessari tanto a predicatori quanto à tutti i fedeli. Di nuouo ristampati, riueduti & corretti.

Venezia, Eredi di Melchiorre Sessa <1>, 1570 (Venezia, Eredi di Melchiorre Sessa <1>, 1570).

127, [1] c.; 16°

A-Q⁸

EDIT16-CNCE 47213

V. fr.

[1622]

PHILO ALEXANDRINUS/(tr.) FERENTILLI, AGOSTINO/ FERENTILLI, AGOSTINO

La creation del mondo descritta da Filone Hebreo, et tradotta da m. Agostino Ferentilli. Aggiuntoui vn discorso vniuersale: nel quale si raccontano l'historie di tutte l'eta, imperij, regni, & nationi, cominciando dal principio del mondo, fino all'anno, MDLXIX composto dal medesimo Ferentilli.

Venezia, Gabriele Giolito De Ferrari, 1570.

244 p.: ill.; 4°

a⁴ b-d⁸ E-P² 2/2

SBN-IT\ICCU\TO0E\126573

[1623]

PITTORIO, LODOVICO

Delle homelie di M. Lodouico Pittorio da Ferrara, parte seconda, sopra gli euangeli, & epistole, che si leggono ne' giorni festiui di tutto l'anno, [...] Appresso vi sono aggiunti alcuni sermoni della confessione, della contritione de' peccati, [...] Di nuouo ristampata, e da infiniti errori corretta.

Venezia, Eredi di Melchiorre Sessa <1>, 1570.

[1], 122-155 [i.e. 255], [1] c.: ill.; 4°

Q-Z⁸ 2A-2I⁸ (c. 2I8 bianca)

SBN-IT\ICCU\ANAE\013646

Fa parte dell'*Homiliario* del 1568, cfr. SBN-IT\ICCU\ ANAE\013644, vedi 1552.

[1624]

PITTORIO, LODOVICO

Homiliario quadragesimale di m. Lodouico Pittorio da Ferrara. Fondato di parola in parola sopra tutte l'Epistole & Euangeli, che corrono ogni giorno, per tutto l'anno, secondo l'ordine della Romana Chiesa. Con le diuisioni delle Epistole & Euangeli, che per inanzi mancauano.

Nouamente ristampato, da molti errori corretto, & di bellissime figure adornato.
Venezia, Eredi di Melchiorre Sessa <1>, 1570.
[4], 255, [1] c.: ill.; 4°
A-2I⁸
EDIT16-CNCE 30207, SBN-IT\ICCU\TO0E\029996

[1625]
[PULCI, BERNARDO]
La rappresentazione dell'angelo Raffaello: e di Tobbia.
Firenze, alle scalee di Badia, [dopo il 1570].
[10] c.: ill.; 4°
A¹⁰
EDIT16-CNCE 61633, SBN-IT\ICCU\CFIE\032991
Per l'autore cfr. Cioni 1961, p. 255. Titolo uniforme: *Rappresentazione dell'angelo Raffaello e Tobia*. Cfr. Cioni 1961, p. 256, n. 7 (con data "[d. 1570?]"); Testaverde-Evangelista, 231. V. ed.

[1626]
SIMEONI, GABRIELE
Figure del Nuouo Testamento, illustrate da versi vulgari italiani.
Lyon, Guillaume Rouillé, 1570.
[84] c.: ill.; 8°
EDIT16-CNCE 30194
Nome dell'autore nell'epistola dedicatoria. V. fr.

[1627]
TURCHI, FRANCESCO
Hore della gloriosa Vergine Maria regina de' cieli. Tradotte semplicemente in versi sciolti dal r.p. Francesco da Triuigi carmelitano.
Venezia, Gabriele Giolito De Ferrari, 1570.
[60], 441, [1] p.: ill.; 12°
EDIT16-CNCE 26758
Contiene tre salmi tradotti: 8, 18, 25. V. fr.

[1628]
ZONARAS, IOHANNES/(tr.) DOLCE, LODOVICO/ FERENTILLI, AGOSTINO
La prima parte dell'historie di Giouanni Zonara, consigliere supremo, & capitano dell'imperial guardia di Costantinopoli; nella quale, cominciandosi dal principio della creation del mondo, & discorrendosi per tutte l'historie de gli Hebrei, si uien fino alla destrution di Gierusalem. Tradotta da m. Lodouico Dolce, et nuouamente ristampata, & riscontrata co' testi greci, & migliorata da m. Agostino Ferentilli. Con una copiosa tauola di tutte le materie & casi notabili, che si contengono ne la presente opera. E questa è la prima parte dell'historie degl'imperatori greci.
Venezia, Gabriele Giolito De Ferrari, 1570.

3 pt ([18], 259, [1]; [18], 291, [1]; [24], 261, [3] p.): ill.; 4°
*⁴, χ*⁴ (-1) *5.6 A-P⁸ Q¹⁰; *⁴, χ*⁴ (-1) *5.6 2A-2R⁸ 2S 2Q; *⁴ 2*⁸ 3A-3Q⁸ 3R⁴
EDIT16-CNCE 26761, SBN-IT\ICCU\UM1E\035892 e IT\ICCU\BVEE\018800
La scheda SBN-IT\ICCU\UM1E\035892 rimanda a EDIT16-CNCE 26761 e descrive la presenza delle stesse marche (in particolare Z539 "in fine ai v. 2 e 3"), mentre la scheda SBN-IT\ICCU\BVEE\018800 descrive un'edizione dalle stesse impronte ma con una diversa marca alla fine (A123 "in fine") e indica: "Altra emissione con nuovi front. e preliminari dell'ed. di Giolito del 1564, cfr. Bongi II, p. 195. Var. B: 1571. Var. C: 1572. Var. D: 1570 con frontespizi interni datati 1565". La var. B (1571) dovrebbe corrispondere all'edizione EDIT16-CNCE 58584, SBN-IT\ICCU\URBE\002368, vedi 1661; la var. C (1572) dovrebbe corrispondere all'edizione EDIT16-CNCE 26891, senza riscontro in SBN e senza scheda indipendente in questo repertorio. La seconda e la terza parte riguardano la storia dei romani e oltre. V. fr.

1571

[1629]
ANONIMA
Commedia spirituale di Cleofas 7 Luca.
(Siena, alla Loggia del papa), [non prima del 1571].
[12] c.: ill.; 8°
A¹²
EDIT16-CNCE 14981
Opera falsamente attribuita a Domenico Tregiani. Titolo uniforme: *Commedia spirituale di Cleofas e Luca*. Data dall'attività del tipografo. Cfr. Cioni 1961, p. 311, n. 4 (citata da catalogo, con data "[d. 1600?]" e formato 4°). V. fr.

[1630]
ANONIMA
Dechiaratione di vn salmo fatto sopra la felicissima vittoria de l'armata christiana, con una barcelletta in lingua venitiana, & un sonetto alla bergamasca posto nel fine, nuouamente posto in luce.
[1571].
[4] c.; 8°
EDIT16-CNCE 64402
Per la data cfr. Rhodes 1995-1996, n. 10.

[1631]
ANONIMA
Dechiaratione di vn salmo fatto sopra la felicissima vittoria de l'armata christiana; con una barzelletta, & un sonetto nuouamente stampato.

[1571].
[4] c.; 8°
EDIT16-CNCE 64321
Data dal testo.

[1632]
ANONIMA
Giuditio vniversale, o vero finale.
(Siena, alla Loggia del papa), [non prima del 1571].
[6] c.; 4°
EDIT16-CNCE 52021
Titolo uniforme: *Storia del giudizio universale.* Data dall'attività del tipografo.

[1633]
ANONIMA
Historia de santi deuotissimi Pietro, e Paulo apostoli di Giesu Cristo, con il loro martirio, e morte. Et come furono trouati li loro beatissimi corpi in vn pozzo.
(Siena, alla Loggia del papa), [non prima del 1571].
[4] c.: ill.; 8°
[p greco]⁴
EDIT16-CNCE 51709, SBN-IT\ICCU\RMLE\009337
Titolo sa SBN. Titolo uniforme: *Storia dei ss. Pietro e Paolo.* Data dall'attività del tipografo. Cfr. Cioni 1963, p. 216, n. 4 (con data "[d. 1600]").

[1634]
ANONIMA
La rappresentatione dello Spirito Santo.
(Siena, alla Loggia del papa, [non prima del 1571]).
[4] c.: ill.; 4°
A⁴
EDIT16-CNCE, SBN-IT\ICCU\UM1E\024175
Titolo uniforme: *Rappresentazione dello Spirito santo. Miracolo.* Data dall'attività del tipografo.

[1635]
ANONIMA
La rappresentatione di santo Giouanni dicollato.
(Firenze, a istanza di Iacopo Chiti, 1571).
[12] c.: ill.; 4°
EDIT16-CNCE 62103
Titolo uniforme: *Rappresentazione di s. Giovanni Battista decollato.* Cfr. Cioni 1961, p. 189, n. 5.

[1636]
ANONIMA
La rappresentatione di Salamone. Aggiuntoui nel fine, quello che ci mancaua, e di nuouo corretta.
(Siena, alla Loggia del papa) [non prima del 1571].
[4] c.: ill.; 4°

A⁴
EDIT16-CNCE 68303
Titolo uniforme: *Rappresentazione di Salomone.* Data dall'attività del tipografo.

[1637]
ANONIMA
Il Salterio secondo la Bibbia de i Salmi di David, et de gli altri santi profeti. Con le virtu di quelli, appropriate alla salute dell'anima & del corpo, & conseruatione & accrescimento de i beni spirituali & temporali, & altri mirabili effetti.
Venezia, al segno della Speranza, 1571.
[16], 160 c.; 32°
a-b⁸ A-V⁸
EDIT16-CNCE 5900, SBN-IT\ICCU\CNCE\005900
Titolo da SBN.

[1638]
ANTONINO (SANTO)
Confessione generale, che insegna ad ogni fedel christiano ridursi a mente li suoi peccati veniali, & mortali, Ridutti breuemente, & facilissimamente per l'arciuescouo Antonino da Firenze.
Roma, Giovanni Gigliotti, 1571.
[4] c.; 8°
EDIT16-CNCE 2080

[1639]
BENEDETTI, ROCCO
Christiana meditatione sopra la Donna vestita di sole descritta da san Giouanni nella duodecima reuelatione.
Venezia, Grazioso Percacino, 1571.
[16] c.; 4°
A-D⁴
EDIT16-CNCE 5178

[1640]
BRASCHINI, GIOVANNI ANTONIO
Meditationi pie intorno all'oratione dominicale & alla salutatione angelica. Del R.P.F. Giouanni Antonio Faenzino dell'ordine M.C.
Firenze, Giorgio Marescotti, 1571.
126, [2] p.; 12°
A-E¹² F⁴
EDIT16-CNCE 41493

[1641]
CAMILLO, GIULIO
Sermoni della cena di nostro Signore Giesu Cristo, composto dall'eccellente signore Giulio Camillo gentill'huomo firentino [!].
Parma, Seth Viotti, 1571.

54 c.; 12°
A-D¹² E⁴
EDIT16-CNCE 8723
V. fr.

[1642]
[CASTELLANI, CASTELLANO]
La rappresentatione della conuersione di santa Maria Maddalena. Nuouamente ristampata.
Firenze, 1571 (Firenze, Iacopo Chiti).
[16] c.: ill.; 4°
A-B⁸ (c. B8 bianca)
EDIT16-CNCE 61824, SBN-IT\ICCU\VEAE\011644
Per l'autore cfr. Ponte, p. 65. Titolo uniforme: *Rappresentazione di s. Maria Maddalena. La conversione.* Cfr. Cioni 1961, p. 236, n. 7. V. ed.

[1643]
CATECHISMO/(tr.) FIGLIUCCI, FELICE
Catechismo, cioe Istruttione secondo il decreto del concilio di Trento, a' parochi, publicato per comandamento del santissimo s.n. papa Pio 5. & tradotto poi per ordine di s. santità in lingua uolgare dal reuerendo padre fratre Alesso Figliucci, de l'ordine de' predicatori.
Venezia, Aldo Manuzio <2>, 1571.
608, [24] p.; 8°
A-2P⁸ a⁸ b⁴
EDIT16-CNCE 12068, SBN-IT\ICCU\UM1E\003133
Alesso (anche Alessio) Figliucci è il nome in religione di Felice Figliucci, domenicano.

[1644]
CATECHISMO/(tr.) FIGLIUCCI, FELICE
Catechismo cioe Istruttione secondo il decreto del Concilio di Trento, a' parochi, publicato per comandamento del ss.s.n. papa Pio V. et tradotto poi per ordine di s. santità in lingua volgare. Dal reuerendo padre frate Alesso Figliucci, de l'ordine de' Predicatori.
Roma, [Stamperia del Popolo Romano], 1571.
[16], 578, [22] p.; 8°
EDIT16-CNCE 12069, SBN-IT\ICCU\BVEE\020302
Alesso (anche Alessio) Figliucci è il nome in religione di Felice Figliucci, domenicano. SBN descrive un'edizione di 606, [34] p. con segnatura A-2P⁸ a-b⁸ (2P8 bianca). V. fr.

[1645]
DEL BENE, GIOVANNI
Sermoni, ouero Homelie deuote del r.m. Giouanni Del Bene veronese, sopra gli Euangelii di tutto l'anno. Secondo l'ordine della santa madre Chiesa: vtili ad ogni fedel christiana.
Venezia, Giorgio Angelieri, 1570 (Venezia, Giorgio Angelieri, 1571).

[8], 440 c.; 8°
*⁸ A-3I⁸
EDIT16-CNCE 16388
V. fr.

[1646]
DOLCE, LODOVICO/RINALDI, GUGLIELMO
Giornale delle historie del mondo, delle cose degne di memoria di giorno in giorno occorse dal principio del mondo sino a' suoi tempi, di m. Lodouico Dolce. Riueduto, corretto, & ampliato da Guglielmo Rinaldi.
Venezia, 1571.
[14], 464, [96] p.; 8°
(⁸ a-f⁸ A-2F⁸
EDIT16-CNCE 38653
V. fr.

[1647]
ECCLESIASTE/(tr.) ANONIMA/(ed.) POMI, DAVID DE' *Qohelet. L'Ecclesiaste di Salomone nuouamente dal testo hebreo tradotto & secondo il uero senso nel uolgar idioma dichiarato dall'eccellente phisico m. Dauid de' pomi hebreo. Opera non più venuta in luce, & a tutti vtilissima.*
Venezia, Giordano Ziletti <1> e compagni, 1571.
[8], 42, [2] c.; 8°
I⁸ A-E⁸ F⁴
EDIT16-CNCE 5922, Barbieri 81 e tav. A63
Stampata dopo il 15 settembre 1571, cf. Barbieri 81. V. fr.

[1648]
FIAMMA, GABRIELE
De' discorsi del r.d. Gabriel Fiamma, canonico regolare lateranense, sopra l'epistole, e' vangeli di tutto l'anno, parte prima: doue breuemente si tocca quel, che si appartiene all'intelligenza de' libri sacri, et all'emendation de' costumi.
Venezia, Francesco De Franceschi <senese>, 1571.
[8], 263, [1] c.; 4°
*⁴ **⁴ A-Z⁴ Aa-Zz⁴ Aaa-Vvv⁴
EDIT16-CNCE 18909

[1649]
[FIAMMA, GABRIELE]
Parafrasi poetica sopra alcuni salmi di Dauid profeta, molto accommodate per render gratie à Dio della vittoria donata al Christianesmo contra Turchi, accioche le nostre allegrezze sieno ueramente christiane, e grate a sua Diuina Maestà.
Venezia, [Giovanni Antonio Bertano], Niccolò Bevilacqua, 1571.
[8] p.; 4°
A⁴
EDIT16-CNCE 42145, SBN-IT\ICCU\VEAE\121010

Per l'autore cfr. la voce di G. Pistilli in *DBI*, vol. 47, 1997, p. 331. Marca di Giovanni Antonio Bertano sul frontespizio. V. fr.

[1650]

[FIAMMA, GABRIELE]
Parafrasi poetica sopra alcuni salmi di Dauid profeta, molto accommodate per render gratie della uittoria donata al Christianesimo contra turchi acciocche le nostre allegrezze sieno ueramente christiane, e grate a sua Divina Maesta.
Venezia, Giorgio Angelieri, [1571].
[4] c.; 4°
A⁴
EDIT16-CNCE 5868, SBN-IT\ICCU\CNCE\005868
Per l'autore cfr. la voce di G. Pistilli in *DBI*, vol. 47, 1997, p. 331. Titolo da SBN. Stampata presumibilmente nel 1571, cfr. Göllner, n. 1454.

[1651]

GARDI, IACOPO
Historia diuina, de l'vno, e l'altro mondo. Del r.p. don Iacopo Gardi fiorentino, monaco della Badia di Firenze, e Congregazione Casinense. Al serenissimo Cosimo de' Medici, gran duca di Toscana.
Firenze, Giorgio Marescotti, 1571 (Firenze, Bartolomeo Sermartelli <1>, 1571).
[48], 541, [3] p.; 4°
a-3a⁸ A-2L⁸
EDIT16-CNCE 20399
Var. B: Firenze, Bartolomeo Sermartelli <1>, 1571 (Firenze, Bartolomeo Sermartelli <1>, 1571) e marca di Sermartelli sul frontespizio, cfr. EDIT16-CNCE 59772, vedi 1652. V. fr.

[1652]

GARDI, IACOPO
Historia diuina, de l'vno, e l'altro mondo. Del r.p. don Iacopo Gardi fiorentino, monaco della Badia di Firenze, e Congregazione Casinense. Al serenissimo Cosimo de' Medici, gran duca di Toscana.
Firenze, Bartolomeo Sermartelli <1>, 1571 (Firenze, Bartolomeo Sermartelli <1>, 1571).
[48], 541, [3] p.; 4°
a-3a⁸ A-2L⁸
EDIT16-CNCE 59772
V. fr.

[1653]

JACOBUS DE VORAGINE/(tr.) MALERBI, NICOLÒ
Legendario delle vite de' santi: composto dal r.f. Giacopo di Voragine, & tradotto già per il r.d. Nicolo Manerbio venetiano. Hora nuouamente ristampato, corretto, & quasi che

tradotto, & di vaghe figure ornato. Co' sommarij inanti la vita di ciascun santo.
Venezia, Domenico Guerra e Giovanni Battista Guerra, 1571.
[8], 584 p.: ill.; fol.
*⁴ A-Z⁸ 2A⁶ 2B-2G⁸ 2H⁶ 2I⁸ 2K-2M⁶ 2N⁸ 2O⁶
EDIT16-CNCE 36004
Titolo uniforme: *Legenda aurea sanctorum* [italiano].
V. fr.

[1654]

JACOBUS DE VORAGINE/(tr.) MALERBI, NICOLÒ
Legendario delle vite de santi, composto in latino per il R.mo padre fra Iacobo de Voragine [...] et tradotto in volgare per il R.P. Don Nicolò Manerbio venetiano. Et di nuouo reuisto & emendato diligentemente: ornato ancora di bellissime figure, lequali come in vn specchio rapresentano la vita di ciascun santo: con la tauola de ciascuna legenda, preposta per ordine d'alfabeto.
Venezia, Girolamo Polo, 1571.
[4], 240 c.: ill.; fol.
*⁴ A-T⁸ V-X⁶ Y-2E⁸ 2F-2G⁶ 2H⁸
EDIT16-CNCE 35401
Titolo uniforme: *Legenda aurea sanctorum* [italiano].

[1655]

LOARTE, GASPAR DE
Instruttione et auertimenti per meditare la passione di Christo nostro redentore con alcune meditationi intorno ad essa. Raccolti per lo r.p. Gasparo Loarte dottor theologo della Compagnia di Gesù. Ristampato & corretto con alcune altre meditationi aggionte di nuouo dal medesimo auttore.
Roma, 1571.
230, [10] p.: ill.; 16°
A-P⁸
EDIT16-CNCE 71305

[1656]

LUIGINI, MARCANTONIO
Espositione dell'XI. et XII. cap. del IIII. lib. d'Esdra: sopra gli accidenti passati, presenti, & futuri della Reuolutione del grande, & tremendo imperio dell'Aquila: quarta, & vltima monarchia nel mondo. Nuouamente composta per l'eccellentiss. m. Marco Antonio Louisino vdinese, in filosofia, medicina, & in altre arti, & scienze dottore.
Venezia, Matteo Boselli, 1571.
[4], 92, [12] c.: ill.; 4°
[croce]⁴ A-Z⁴ a-c⁴
EDIT16-CNCE 27062
V. fr.

REPERTORIO CA 1462-1650

[1657]
PITTORIO, LODOVICO
Homiliario quadragesimale, di M. Lodouico Pittorio da Ferrara. Fondato di parola in parola sopra tutte l'Episto-le & Euangeli, che corrono ogni giorno, per tutto l'anno secondo l'ordine della Romana Chiesa. Con le diuisioni delle Epistole et Euangeli, che per innanzi mancauano. Nuouamente ristampato, de molti errori corretto, et di bellissime figure adornato.
Venezia, Andrea Muschio, 1571.
[4], 255, [1] c.: ill.; 4°
a⁴ A-2I⁸ (c. 2I8 bianca)
EDIT16-CNCE 31387

[1658]
PULCI, BERNARDO
La rappresentatione dell'angelo Raffaello e di Tobia.
Siena, alla Loggia del papa, [non prima del 1571].
[10] c.: ill.; 4°
EDIT16-CNCE 68725
Per l'autore cfr. Cioni 1961, p. 255. Titolo uniforme: *Rappresentazione dell'angelo Raffaello e Tobia.* Data dall'attività del tipografo.

[1659]
ROSELLI, ALESSANDRO
La rappresentatione di Sansone composta per Alessandro Roselli. Nuouamente ristampata.
(Firenze, 1571).
[10] c.: ill.; 4°
A⁴ B⁶
EDIT16-CNCE 59691
Alcuni esemplari presentano la lettera K sul frontespizio. Cfr. Cioni 1961, p. 274, n. 3. Titolo uniforme: *Rappresentazione di Sansone.*

[1660]
SALMI/(tr.) ANONIMA/(tr.) [BRUCIOLI, ANTONIO]
I Salmi di Dauid, tradotti dalla lingua hebrea nella italiana. Diuisi in cinque parti. Di nuouo ricorretti & emendati.
Paris, Jean Charron <1>, 1571 (Paris, Jean Charron <1>, 1571).
232, [12] c.: ill.; 16°
A-2G⁸ 2H⁴
EDIT16-CNCE 71664, Barbieri 80 e tav. A62
Revisione della traduzione di Antonio Brucioli, cfr. Barbieri 1992, p. 373. V. fr.

[1661]
ZONARAS, IOHANNES/(tr.) DOLCE, LODOVICO/ FERENTILLI, AGOSTINO

La prima parte dell'historie di Giouanni Zonara, consigliere supremo, & capitano dell'imperial guardia di Costantinopoli; nella quale, cominciandosi dal principio della creation del mondo, & discorrendosi per tutte l'historie de gli Hebrei, si uien fino alla destruttion di Gierusalem. Tradotta da m. Lodouico Dolce, et nuouamente ristampata, & riscontrata co' testi greci, & migliorata da m. Agostino Ferentilli. Con vna copiosa tauola di tutte le materie & casi notabili, che si contengono nella presente opera. E questa è la prima parte dell'historie degl'imperatori greci.
Venezia, Gabriele Giolito De Ferrari, 1571.
3 vol.; 4°
EDIT16-CNCE 58584, SBN-IT\ICCU\URBE\002368
1:
[18], 259 p.: 4°
Cfr. anche le edizioni del 1564 e del 1570 EDIT16-CNCE 48583 e 26761, vedi 1451 e 1628. La seconda e la terza parte riguardano la storia dei romani e oltre. V. fr.

1572

[1662]
ALBERTO DA CASTELLO
Rosario della gloriosa Vergine Maria.
(Venezia, Giovanni Andrea Valvassori, 1572).
260, [4] c.: ill.; 12°
A-Y¹²
EDIT16-CNCE 65114
Nome dell'autore a c. A3r.

[1663]
ALBERTO DA CASTELLO
Rosario della gloriosa Vergine Maria. Di nuouo stampato, con nuoue & bellissime figure adornato.
(Venezia, Domenico De Franceschi, 1572).
256 [1], [i.e. 256] c.: ill.; 8°
A-2I⁸ (c. 2H8 mancante)
EDIT16-CNCE 72654
Nome dell'autore nell'approvazione a c. A3r.

[1664]
ANONIMA
Orationi divotissime, accomodate alli misteri della vita di Giesu Christo.
Venezia, 1572.
1 c.: ill.; 12°
Swissbib 022151672

[1665]
ANONIMA

Psalterio, ouuero Rosario de la gloriosa Vergine Maria [...].
Milano, Valerio Meda e Girolamo Meda, 1572.
12°
Quadrio, II, p. 418

[1666]
ANONIMA
La rappresentazione della natiuita di Christo. Nuouamente stampata.
Siena, [Luca Bonetti], 1572.
[6] c.: ill.; 4°
EDIT16-CNCE 62006
Titolo uniforme: *Rappresentazione di Gesù Cristo: la natività*. Per il tipografo cfr. Cioni 1961, p. 150, n. 11.

[1667]
ANONIMA
La rapresentatione del re Salamone delle sententie che egli dette per quelle due donne che haueuano amazzato vn suo figliuolo.
(Firenze, a istanza di Iacopo Chiti, 1572).
[4] c.: ill.; 4°
A⁴
EDIT16-CNCE 52764, SBN-IT\ICCU\CFIE\033154
Titolo uniforme: *Rappresentazione di Salomone*. Cfr. Cioni 1961, p. 272, n. 5; Testaverde-Evangelista, 474 e 684. V. ed.

[1668]
ANONIMA
La rapresentatione della natiuita di Christo. Nuouamente stampata.
(Firenze, a istanza di Iacopo Chiti, 1572).
[6] c.: ill.; 4°
A⁴ B²
EDIT16-CNCE 61683, SBN-IT\ICCU\CFIE\033076
Titolo uniforme: *Rappresentazione di Gesù Cristo: la natività*. Cfr. Cioni 1961, p. 148, n. 10; Testaverde-Evangelista, 380. V. ed.

[1669]
ANONIMA
La rapresentatione & historia di Susanna. Di nuouo ristampata.
(Siena, [Luca Bonetti], 1572).
[4] c.; 4°
EDIT16-CNCE 52787
Titolo uniforme: *Rappresentazione di s. Susanna*. Per il tipografo cfr. Cioni 1961, p. 286, n. 6.

[1670]
ANONIMA

La rapresentatione & istoria di Susanna di nuouo ristampata.
(Firenze, a istanza di Iacopo Chiti, 1572).
[4] c.: ill.; 4°
A⁴
EDIT16-CNCE 61942, SBN-IT\ICCU\CFIE\033389
Titolo da c. A1r. Titolo uniforme: *Rappresentazione di s. Susanna*. Cfr. Cioni, p. 286, n. 5; Testaverde-Evangelista, 701. V. ed.

[1671]
ANONIMA/[BELCARI, FEO]
La rapresentatione: 7 festa della annuntiatione di nostra donna. Con vna aggiunta di due belli capitoli.
(Siena, 1572).
[4] c.: ill.; 4°
A⁴
EDIT16-CNCE 42748, SBN-IT\ICCU\CFIE\033198
Testo con inserti da Feo Belcari, cfr. Newbigin 1996, I, p. 27 e 42. Titolo uniforme: *Rappresentazione dell'annunciazione di Maria Vergine*. Incipit a c. [A1v]: *Voi eccellenti & nobili auditori*. Titoli dei ternali a c. [A4v]: *Ternale a Maria Vergine*; *Ternale alli angeli beati*. Cfr. Cioni 1961, p. 229, n. 9; Testaverde-Evangelista, 517. V. ed.

[1672]
ANONIMA/[BELCARI, FEO]
La rapresentatione: & festa della annuntiatione di nostra Donna. Con vna aggiunta di due belli capitoli.
(Firenze, a istanza di Iacopo Chiti, 1572).
[4] c.: ill.; 4°
A⁴
EDIT16-CNCE 51828, SBN-IT\ICCU\VEAE\011647
Titolo uniforme: *Rappresentazione dell'annunciazione di Maria Vergine*. Incipit a c. [A1v]: *Voi eccellenti e nobili auditori*. Titoli dei ternali a c. [A4v]: *Ternale a Maria Vergine*; *Ternale alli angeli beati*. Cfr. Cioni 1961, p. 229, n. 8; Testaverde-Evangelista, 516. V. ed.

[1673]
AUGUSTINUS, AURELIUS/(tr.) CASTRUCCI, RAFFAELLO/CASTRUCCI, RAFFAELLO
Libro terzo di vari sermoni di santo Agostino et altri cattolici et antichi dottori, vtili all'intelligenza spirituale della sacra scrittura. Raccolti insieme, e fatti volgari da d. Raffaello Castrucci monaco della Badia di Firenze, ad imitazione del reuerendiss. monsignore Galeazo vescouo di Sessa. Con alcune homelie dell'autore non prima date in luce.
Firenze, Eredi di Bernardo Giunta <1>, 1572 (Firenze, Bartolomeo Sermartelli <1>, 1572).
[16], 611, [46] p.; 4°
*⁸ A-4M⁴ 4N⁶

EDIT16-CNCE 3441

La maggior parte dei sermoni sono di Agostino, ma ve ne sono alcuni di altri Padri (Giovanni Crisostomo, Origene, Cipriano, Fulgenzio, Ambrogio, Bernardo) e del Castrucci. V. fr.

[1674]

AUGUSTINUS, AURELIUS/(tr.) CASTRUCCI, RAFFAELLO/CASTRUCCI, RAFFAELLO

Libro terzo di vari sermoni di santo Agostino et altri cattolici et antichi dottori, vtili all'intelligenza spirituale della sacra scrittura. Raccolti insieme, e fatti volgari da d. Raffaello Castrucci monaco della badia di Firenze [...] Con alcune homelie dell'autore non prima date in luce.

Firenze, Bartolomeo Sermartelli <1>, 1572 (Firenze, Bartolomeo Sermartelli <1>, 1572).

[16], 611, [47] p.; 4°

*8 A-4M⁴ 4N⁶

EDIT16-CNCE 3440

La maggior parte dei sermoni sono di Agostino, ma ve ne sono alcuni di altri Padri (Giovanni Crisostomo, Origene, Cipriano, Fulgenzio, Ambrogio, Bernardo) e del Castrucci.

[1675]

BALLIANO, GIOVANNI BATTISTA

Espositione sopra l'Euangelio di san Marco. Con le auttorita della Sacra Scrittura. Et con la interpretatione de' nomi Hebrei, Caldei, & Greci. Nuouamente tradotto da m. Gio. Maria Balliano [...] Parte prima [...].

Venezia, Francesco Ziletti, 1572.

[16], 167, [9] p.; 8°

*8 A-l⁸ (ultima c. bianca)

EDIT16-CNCE 4050, SBN-IT\ICCU\CNCE\004050

Titolo da SBN.

[1676]

BELCARI, FEO/BENCI, TOMMASO

La rappresentatione diuota di santo Giouanni Batista, quando andò nel diserto.

Firenze, Iacopo Chiti, 1572.

[4] c.: ill.; 4°

EDIT16-CNCE 62093

Testo di Feo Belcari preceduto da 16 stanze di Tommaso Benci, cfr. Cioni 1961, p. 185. Titolo uniforme: *Rappresentazione di s. Giovanni Battista nel diserto.* Cfr. Cioni 1961, p. 186, n. 6.

[1677]

BELCARI, FEO/BENCI, TOMMASO

La rappresentatione di santo Giouanni Battista quando andò nel diserto.

(Siena, [Luca Bonetti], 1572).

[4] c.: ill.; 4°

A⁴

EDIT16-CNCE 4826

Testo di Feo Belcari preceduto da 16 stanze di Tommaso Benci, cfr. c. [A1v]. Titolo uniforme: *Rappresentazione di s. Giovanni Battista nel diserto.* Per il tipografo cfr. Cioni 1961, p. 186, n. 7; Testaverde-Evangelista, 521. V. ed.

[1678]

BUCCHIO, GEREMIA

Esposizione sopra il salmo di Dauid, Deus Deus meus, respice in me, & Domine quis habitabit in tabernaculo tuo, del reuerendo theologo frate Hieremia Bucchio da Vdine minoritano conuentuale. Alla serenissima regina Giouanna d'Austria gran principessa di Toscana.

Firenze, Bartolomeo Sermartelli <1>, 1572 (Firenze, Bartolomeo Sermartelli <1>, 1572).

[8], 223, [1] p.; 4°

*4 A-2E⁴

EDIT16-CNCE 7759

V. fr.

[1679]

BUELLI, DOMENICO

I sette salmi penitentiali tradotti et esposti per il r.p.f. Domenico Buelli, dell'Ordine de Predicatori general inquisitor di Nouara. All'illustriss. & reuerendiss. mons. Gio. Paolo Chiesa cardinal amplissimo.

Novara, Francesco Sesalli, 1572.

[24], 317, [1] p.; 8°

π⁸ b⁴ A-V⁸

EDIT16-CNCE 5870

V. fr.

[1680]

CASTELLANI, CASTELLANO

Rappresentatione della cena et passione di Christo, correpta di nuouo con l'aggiunta di alquante stanze, composta per messer Castellano Castellani.

Firenze, Iacopo Chiti, 1572.

[8] c.: ill.; 4°

EDIT16-CNCE 62018

Cfr. Cioni 1961, p. 156, n. 3.

[1681]

[CASTELLANI, CASTELLANO]

La rappresentatione della resuretione di Iesu Christo. Nuouamente ristampata.

(Firenze, a istanza di Iacopo Chiti, 1572).

[8] c.: ill.; 4°

A-B⁴ (c. B8 mancante)

EDIT16-CNCE 51757, SBN-IT\ICCU\CFIE\032999
Per l'autore cfr. Ponte, p. 65. Titolo uniforme:
Rappresentazione della resurrezione di Gesù Cristo. Cfr.
Cioni 1961, p. 168, n. 8 (che trascrive "Resurretione");
Testaverde-Evangelista, 236 e 677. Inclusa anche con
lettere d'ordine GGg nel secondo libro della "Raccolta
Giuntina", 1560, cfr. EDIT16-CNCE 53304, vedi 1351. V. fr.

[1682]

CIGNI, SILVESTRO
*Sermoni predicabili sopra gli Euangeli domenicali, e festiui
di tutto l'anno, secondo i quattro sentimenti della Sacra
Scrittura, del r. don Siluestro Cigno vicentino, diuisi in due
parti. Con la tauola nel fine di tutti i sermoni. Et un trattato
del Purgatorio, & de suffragi per l'anime de morti.*
Venezia, Giorgio Angelieri, 1572 (Venezia, Giorgio
Angelieri, 1572).
[4], 138, 121, [1], 10 c.: ill.; 4°
a⁴ A-2K⁴ 2L⁶ a-2f⁴ 2g⁶ 2h-2k⁴ (c. 2k4 bianca)
EDIT16-CNCE 12539
A c. a1r. altro frontespizio: *Trattato del purgatorio et
de' suffragi, che si fanno per l'anime de' morti. Del r. don
Silvestro Cigno vicentino. Nel quale, con molte chiare auttorità, & efficaci ragioni, cauate dalla Sacra Scrittura, &
da' Santi Dottori, viuacemente si confutano l'openioni de'
moderni heretici.* V. fr.

[1683]

DOLCE, LODOVICO/RINALDI, GUGLIELMO
*Giornale delle historie del mondo, delle cose degne di memo-
ria di giorno in giorno occorse dal principio del mondo sino
a' suoi tempi, di m. Lodouico Dolce. Riueduto, corretto, &
ampliato da Guglielmo Rinaldi.*
Venezia, Damiano Zenaro, 1572.
[112], 464, [2] p.; 8°
(⁸, a-f⁸, A-2F⁸ (c. (7 bianca, c. EE3 segnata per errore 3EE,
c. FF1 non è segnata)
EDIT16-CNCE 17407
V. fr.

[1684]

EPISTOLE E VANGELI/(tr.) ANONIMA
*Epistole, et euangeli, che si dicono tutto l'anno nella messa,
tradotte in lingua toscana.*
Venezia, Francesco Ziletti, 1572.
1 vol.
SBN-IT\ICCU\MILE\003958
Edizione conservata in 8 microfiche alla Biblioteca di
Storia e della documentazione storica dell'Università de-
gli studi di Milano. Cfr. EDIT16-CNCE 11375, vedi 1736.

[1685]

EPISTOLE E VANGELI /(tr.) ANONIMA
*Epistole, et euangeli, che si dicono tutto l'anno nella messa.
Tradotte in lingua toscana. Novamente corette, et riformate.*
Venezia, 1572.
320 p.; 16°
SBN-IT\ICCU\MILE\003955
Edizione conservata in 9 microfiche alla Biblioteca di
Storia e della documentazione storica dell'Università de-
gli studi di Milano.

[1686]

FERENTILLI, AGOSTINO/PHILO ALEXANDRINUS/(tr.)
FERENTILLI, AGOSTINO
*Discorso vniuersale di m. Agostino Ferentilli. Nel quale di-
scorrendosi per le sei età & le quattro monarchie; si raccontano tutte l'historie, & l'origine di tutti gl'imperij, regni, &
nationi, cominciando dal principio del mondo, fino all'anno
MDLXIX. Nel fine del quale si mostra con diligente cal-
colo de' tempi, quanto habbia da durare il presente secolo,
seguitando in ciò l'opinione di Elia Rabino, & di Lattantio
Firmiano. Aggiuntaui La creazione del mondo, descritta da
Filone Hebreo, & tradotta dal medesimo Ferentilli.*
Venezia, Gabriele Giolito De Ferrari, 1572.
2 pt ([16], 231, [1]; [56]) p.: ill.; 4°
[ast]⁴ 2[ast]⁴ A-O⁸ P⁴; a⁴ b-d⁸
EDIT16-CNCE 18740, SBN-IT\ICCU\BVEE\011555
Edizione copiata linea per linea da quella del 1570, cfr.
EDIT16-CNCE 18737, vedi 1609. Segue la parte 2 con altro frontespizio: *La creazione del mondo, descritta da Filone
Hebreo, et tradotta da m. Agostino Ferentilli. Aggiuntoui vn
discorso vniuersale: nel quale si raccontano l'historie di tutte
l'età, imperij, regni, & nationi, cominciando dal principio
del mondo, fino all'anno, MDLXIX. Composto dal medesimo Ferentilli.* Venezia, Gabriele Giolito De Ferrari, 1572.
V. fr.

[1687]

FORZANINI, GIOVANNI PAOLO
*Canzone nella natiuità di nostro signor Giesù Christo. Nella
allegrezza della vittoria hauuta contra turchi. Del p.f. Gio.
Paolo Forzanini da Castegnedolo giesuato bresciano.*
Venezia, Domenico Farri, 1572.
[4] c.; 4°
A⁴
EDIT16-CNCE 19587

[1688]

LUIS DE GRANADA
*Deuotissime meditationi per i giorni della settimana, tanto
per la mattina come per la sera. Composte dal r.p.f. Luigi di*

Granata dell'Ordine de' predicatori. Ristampata con nuoua gionta.
Parma, Seth Viotti, 1572.
[12], 282 c.: ill.; 12°
[croce]¹² A-Z¹² 2A⁶
EDIT16-CNCE 39112

[1689]
LUIS DE GRANADA/(tr.) LAURO, PIETRO
Deuotissime meditationi per i giorni della settimana tanto per la mattina come per la sera. Del r. padre fra Luigi di Granata dell'Ordine di San Domenico: nelle quali si contemplano i principali misteri della salute nostra. Tradotte di spagnuolo in italiano da m. Pietro Lauro modonese. A' cui nuouamente oltre la diligente correttione son aggiunte l'autorità della Sacra Scrittura. Con due tauole, vna de' capitoli l'altra delle cose più notabili. Questo è il quarto fiore della nostra Ghirlanda spirituale.
Venezia, Gabriele Giolito De Ferrari, 1572.
[36], 429, [3] p.: ill.; 4°
*¹²*⁶ A-S¹²
EDIT16-CNCE 64056
V. fr.

[1690]
LUIS DE GRANADA/(tr.) LAURO, PIETRO
Deuotissime meditationi per i giorni della settimana tanto per la mattina come per la sera. Del r. padre fra Luigi di Granata dell'Ordine di San Domenico: nelle quali si contemplano i principali misteri della salute nostra. Tradotte di spagnuolo in italiano da m. Pietro Lauro modonese. A' cui nuouamente oltre la diligente correttione son aggiunte l'autorità della Sacra Scrittura. Con due tauole, vna de' capitoli l'altra delle cose più notabili. Questo è il quarto fiore della nostra Ghirlanda spirituale.
Venezia, Gabriele Giolito De Ferrari, 1572.
[20], 214, [2] p.: ill.; 4°
*¹⁰ A-N⁸ O⁴
EDIT16-CNCE 26776
V. fr.

[1691]
PHILO ALEXANDRINUS/(tr.) FERENTILLI, AGOSTINO/ FERENTILLI, AGOSTINO
La creatione del mondo descritta da Filone Hebreo, et tradotta da M. Agostino Ferentilli. Aggiuntovi vn discorso vniuersale: nel quale si raccontano l'historie di tutte l'età, imperij, regni, & nationi, cominciando dal principio del mondo, fino all'anno, 1569. Composto dal medesimo Ferentilli.
Venezia, Gabriele Giolito De Ferrari, 1572.
[56], 231 p: ill.; 4°
SBN-IT\ICCU\UM1E\020568

[1692]
PLATINA (IL) (SACCHI, BARTOLOMEO)/(tr.) ?
Platina Delle vite de pontefici, nelle quali si descriuono le uite di tutti loro, per fino à papa Pio quinto, & sommariamente tutte le guerre, et altre cose notabili fatte nel mondo da Christo insino al di d'hoggi. Tradotto di latino in lingua volgare & nuouamente ristampato, & tutto ricorretto, & ampliato.
Venezia, Giacomo Leoncini, 1572 (Venezia, Giacomo Leoncini, 1572).
1-3, 8-426, [30] c.; 8°
A⁴ B-3G⁸ 3H⁴ [fiore]-3[fiore]⁸ 4a⁴
EDIT16-CNCE 35551
V. fr.

[1693]
PSEUDO-BONAVENTURA
Le deuote, & pie meditationi di s. Bonauentura cardinale sopra il misterio dell'humana redentione. Nuouamente con somma diligentia ristampata, & ricorretta, & di varie figure adornata.
Venezia, Giovanni Antonio Bertano, 1572.
187, [5] p.: ill.; 16°
A-M⁸
EDIT16-CNCE 65728
Titolo uniforme: *Meditationes vitae Christi* [italiano].

[1694]
PULCI, ANTONIA
Rapresentatione del figliuol prodigo nuouamente stampata. Composta per mona Antonia di Bernardo Pulci.
(Firenze, a istanza di Iacopo Chiti, 1572).
6 c.; 4°
A⁴ B²
EDIT16-CNCE 61484
Titolo uniforme: *Rappresentazione del figliol prodigo.* Cfr. Cioni 1961, p. 138, n. 2; Testaverde-Evangelista, 413. V. ed.

[1695]
SANNAZARO, IACOPO/(tr.) GALLARATI, GIOVANNI ANTONIO AZIO
Lamento di Christo del Sannazaro tradotto da monsig. Antonio de gli Actij Gallarato. Et dedicato alla illustrissima Sig. Anna Morona Stampa prima marchesa di Soncino.
Milano, Pacifico Da Ponte, 1572.
[8] c.; 8°
A⁸ (ultime due c. bianche)
EDIT16-CNCE 50062, SBN-IT\ICCU\MILE\053363

[1696]
TAULER, JOHANNES/(tr.) STROZZI, ALESSANDRO/ ESCH, NICOLAAS

Meditationi pie, et diuote di m. Giouanni Taulero. Sopra la vita, et passione di Giesu Christo. Tradotte in volgar fiorentino dal reuerendiss. monsig. Alessandro Strozzi, gentil'huomo fiorentino, & vescouo di Volterra. Appresso alcuni esercitij non men cattolici, che dotti di m. Niccolò Eschio, tradotti per lo medesimo.

Firenze, Eredi di Bernardo Giunta <1>, 1572 (Firenze, Eredi di Bernardo Giunta <1>, 1572).

[8], 614 [i.e. 584], [8] p.: ill.; 12°

*⁴ A-2A⁶ 2B⁸

EDIT16-CNCE 48048

V. fr.

[1697]

VARIA/(ed.) TURCHI, FRANCESCO

Salmi penitentiali, di diuersi eccellenti autori. Con alcune rime spirituali, di diuersi illust. cardinali di reuerendissimi vescoui, & d'altre persone ecclesiastiche; scelti dal reuerendo p. Francesco da Triuigi carmelitano. Nuouamente da lui corretti et ristampati.

Venezia, Gabriele Giolito De Ferrari, 1572.

[24], 204 p.: ill.; 12°

*¹² A-H¹² I⁶

EDIT16-CNCE 5869

Gli autori sono Antonio Minturno, Bonaventura Gonzaga, Laura Battiferri Ammanati, Luigi Alamanni, Pietro Orsilago e Francesco Turchi.

1573

[1698]

ALBERTO DA CASTELLO

Rosario della gloriosa Vergine Maria. Di nuouo stampato; con noue & belle figure adornato.

(Venezia, Domenico De Franceschi, 1573).

260, [4] c.: ill.; 12°

A-Y¹²

EDIT16-CNCE 760, SBN-IT\ICCU\CNCE\000760

Nome dell'autore a c. A3r. Titolo in SBN: *noue* trascritto *nuoue*.

[1699]

ALBERTO DA CASTELLO

Rosario della gloriosa vergine Maria. Di nuouo stampato, con nuoue & bellissime figure adornato.

(Venezia, Domenico De Franceschi, 1573).

[256] c.: ill.; 8°

A-Y¹²

EDIT16-CNCE 759, SBN-IT\ICCU\CNCE\000759

Nome dell'autore a c. A4r. V. fr.

[1700]

ALCAINI, GIUSEPPE

Meditationi del r.p.f. Iosef Alcaino veneto dell'Ord. de Pred. Sopra il salmo Miserere mei, & In te Domine speraui, con l'espositione del Pater noster, del Credo, & de' dieci precetti, per modo di contemplatione: doue s'impara con molta facilità a fuggir le tentationi diaboliche, & hauere speranza nella gran misericordia di Dio. Con la tauola delle cose piu notabili contenute nella presente opera.

Venezia, Eredi di Melchiorre Sessa <1>, 1573 (Venezia, Eredi di Melchiorre Sessa <1>, 1573).

[12], 148, [2] c.: ill.; 12°

[croce]¹² A-M¹² N⁶

EDIT16-CNCE 828

V. fr.

[1701]

ANONIMA

Comedia spirituale di Cleofas et Luca.

Firenze, 1573 (Firenze, nel Garbo, 1573).

[12] c.; 8°

A¹² (ultima c. bianca)

EDIT16-CNCE 14949, SBN-IT\ICCU\CNCE\014949

Opera falsamente attribuita a Domenico Tregiani. Titolo uniforme: *Commedia spirituale di Cleofas e Luca.* Cfr. Cioni 1961, p. 310, n. 2. V. fr.

[1702]

ANONIMA

La rappresentatione del Spirito Santo.

(Firenze, 1573).

[4] c.: ill.; 4°

EDIT16-CNCE 62375

Titolo uniforme: *Rappresentazione dello Spirito santo. Miracolo.*

[1703]

ANONIMA

La rappresentatione del Spirito Santo.

(Siena, [Luca Bonetti], 1573).

[4] c.: ill.; 4°

A⁴

EDIT16-CNCE 62376

Titolo uniforme: *Rappresentazione dello Spirito santo. Miracolo.* Per il tipografo cfr. Cioni 1961, p. 278, n. 5.

[1704]

ANONIMA

La rappresentatione di Abraam e di Sarra sua moglie: nella quale si contiene la buona vita di Isaac lor figliuolo, e la mala creanza d'Ismael figliuolo di Aghar sua ancilla e come furono cacciati: Nuouamente ristampata e prima per an-

nuntiatione è vn padre con due figlioli vn buono et vn cattiuo per esempio vniuersale de padri e de figliuoli.
(Siena, [Luca Bonetti], 1573).
[12] c.: ill.; 4°
Edit16-CNCE 61800
Titolo uniforme: *Rappresentazione di Abramo e Agar*. Per il tipografo cfr. Cioni 1961, p. 73, n. 5.

[1705]
Anonima [Alberto da Castello?]
Rosario della gloriosa vergine Maria. Di nuouo stampato, con nuoue & belle figure adornato.
(Venezia, Domenico De Franceschi, 1573).
256 c.; 8°
Edit16-CNCE 27401
Si tratta probabilmente del *Rosario* di Alberto da Castello per la dicitura del titolo simile alle altre edizioni. V. fr.

[1706]
Antonino (santo)/(ed.) Turchi, Francesco
Somma Antonina, composta volgarmente da S. Antonino arciuescouo di Fiorenza, nella quale s'istruiscono i confessori e i sacerdoti, con tutte quelle persone che desiderano uiuere christianamente. Di nuouo [...] corretta, & illustrata [...] dal r. p. Francesco da Treuigi [...].
Venezia, Domenico e Giovanni Battista Guerra, 1573.
[24], 287, [1] p.: ill.; 12°
[croce]12 A-M12
Edit16-CNCE 2083
Titolo uniforme: *Confessionale: Curam illius habe* [italiano], da altre edizioni della *Somma antonina* curata da Francesco Turchi.

[1707]
Besozzi, Giovanni Pietro
Discorsi intorno alla vita di san Paolo apostolo. Confermati per lo piu co'l testimonio delle sue Epistole, et de gli Atti de gli apostoli. Di don Gio. Pietro Besozzo chierico regolare di San Paolo decollato.
Milano, Paolo Gottardo Da Ponte, 1573.
[14], 247, [3] c.; 4°
[ast]4 2[ast]4 3[ast]6 A-3Q4 χ2
Edit16-CNCE 5628
V. fr.

[1708]
Braschini, Giovanni Antonio
Oratione fatta dal popolo milanese sopra il salmo decimonono, nella quale si prega per l'essaltatione della santa chiesa cattolica romana, & per il serenissimo cattolico. Accomodata e predicata dal reuerendo fra Gio. Antonio faentino.

Milano, Pacifico Da Ponte, 1573 (Milano, Pacifico Da Ponte, 1573).
[12] c.; 12°
A12
Edit16-CNCE 41495

[1709]
Bucchio, Geremia
Esposizione sopra l'orazione di Gieremia profeta, et sopra il Cantico di Zaccheria. Del reuerendo theologo frate Gieremia Bucchio da Vdine dell'Ordine Minore Conuentuale. Al serenissimo d. Francesco Medici gran principe di Toscana.
Firenze, Bartolomeo Sermartelli <1>, 1573 (Firenze, Bartolomeo Sermartelli <1>, 1573).
2 vol.; 4°
Edit16-CNCE 7760, SBN-IT\ICCU\RMLE\000161
1:
[8], 119, [13] p.
[croce]4 A-P4 Q6 (c. [croce]4 bianca)
SBN-IT\ICCU\BVEE\021127
V. fr.
2:
Esposizione sopra il Cantico di Zaccheria, Benedictus Dominus Deus Israel, etc. Del reuerendo theologo frate Gieremia Bucchio da Vdine, dell'ordine Minore Conuentuale.
160, [16] p.
a-y4
SBN-IT\ICCU\RMLE\002988
V. fr.

[1710]
Buratelli, Gabriele
Prediche del r.p. Gabriel Buratelli anconitano dottor teologo, dell'Ord. Eremitano di Santo Agostino, sopra i sette salmi penitentiali di Dauid profeta, accomodate à gli Euangelij quadragesimali secondo l'uso della S.R. Chiesa. Opera vtilissima à predicatori, & ascoltatori della parola d'Iddio. Con due tauole: l'una delle prediche; l'altra delle cose piu notabili.
Venezia, Francesco Bindoni <2> e Gaspare Bindoni <1> e fratelli, 1573 (Venezia, Francesco Bindoni <2> e Gaspare Bindoni <1> e fratelli, 1573).
[12], 484 c.; 4°
a4 *8 A-3O8 3P4
Edit16-CNCE 7911
V. fr.

[1711]
Catechismo/(tr.) Figliucci, Felice
Catechismo, cioe Istruttione secondo il decreto del Concilio di Trento, a' parochi, publicato per comandamento del santiss.

s.n. papa Pio V. & tradotto poi per ordine di s. santità in lingua uolgare. Dal reuerendo padre frate Alesso Figliucci, de l'ordine de' Predicatori.
Venezia, Aldo Manuzio <2>, 1573.
606, [26] p.; 8°
A-2P⁸ a⁸ B⁴
EDIT16-CNCE 12074, SBN-IT\ICCU\CNCE\012074
Alesso (anche Alessio) Figliucci è il nome in religione di Felice Figliucci, domenicano. V. fr.

[1712]
CATECHISMO/(tr.) FIGLIUCCI, FELICE
Catechismo, cioe Istruttione secondo il decreto del Concilio di Trento, a' parochi, publicato per comandamento del santiss. s.n. papa Pio 5. & tradoto poi per ordine di s. Santita in lingua uolgare dal reuerendo padre frate Alesso Figliucci, de l'ordine de' predicatori.
Venezia, Aldo Manuzio <2>, 1573.
570, [38] p.; 8°
A-2P⁸ (ultima c. bianca)
SBN-IT\ICCU\VIAE\011054
Alesso (anche Alessio) Figliucci è il nome in religione di Felice Figliucci, domenicano.

[1713]
CONFRATERNITA DEL SS. ROSARIO
[*Rosario della gloriosiss. Vergine*].
(Venezia, Cristoforo Zanetti), [non prima del 1573].
[16], 341, [3] p.: ill.; 8°
EDIT16-CNCE 52385
L'anno di stampa si desume dal documento finale datato: "Die ultima Martij MDLXXIII".

[1714]
D'ANGELO, BARTOLOMEO
Rosario della gloriosa Vergine Maria, con discorsi non più visti in luce, & con l'indulgenze di tutti li giorni dell'anno. E l'agiontione del breue del s. n. Gregorio XIII della istitutione della festa del Rosario per la prima dominica di ottobre. Per il r.p.f. Bartolomeo d'Angelo di Nap. dell'ordine di S. Domenico [...].
Napoli, Orazio Salviani, 1573.
120 p.: ill.; 12°
A-E¹²
EDIT16-CNCE 15962, SBN-IT\ICCU\RMLE\014001
Titolo ricostruito unendo le informazioni di EDIT16 e di SBN.

[1715]
DURANTE, CASTORE/PALLANTIERI, GIROLAMO

Del parto della Vergine libri tre di m. Castore Durante da Gualdo ad imitatione del Sanazaro con gli argomenti di m. Ieronimo Pallantieri.
Roma, Giovanni Battista Cavalieri, 1573 (Viterbo, Agostino Colaldi, 1573).
[8], 88 p.: ill.; 4°
[pigreco]⁸ A-L⁴ (c. [pigreco]5 bianca)
EDIT16-CNCE 17922
Var. B: primo fascicolo di 4 carte (cfr. Rhodes 1963, n. 15) senza ritratto di Gregorio XIII. Var. C: fasc. [pigreco]4 ricomposto. V. fr.

[1716]
ERRI, PELLEGRINO DEGLI
I Salmi di Dauid tradotti con bellissimo e dottissimo stile dalla lingua ebrea, nella latina e volgare, dal s. Pellegrin Heri modonese. E dal medesimo con molta dottrina e pietà dichiarati. Vtili à tutti coloro che christianamente si dilettano di si bella e santa lettione. Con tre tauole, l'una de' Salmi latini e volgari; l'altra delle cose notabili contenute nell'espositione; e la terza dell'ordine che si tiene nella S. Rom. Chiesa nel dir i Salmi nell'Officio giorno per giorno.
Venezia, Giordano Ziletti <1>, 1573 (Venezia, Pietro Deuchino, 1573).
[36], 486, [2] p.; 4°
a-c⁴ d⁶ A-3P⁴
EDIT16-CNCE 5848
V. fr.

[1717]
FERENTILLI, AGOSTINO/PHILO ALEXANDRINUS/(tr.) FERENTILLI, AGOSTINO
Discorso vniuersale di m. Agostino Ferentilli. Nel quale discorrendosi per le sei età & le quattro monarchie; si raccontano tutte l'historie, & l'origine di tutti gl'imperij, regni, & nationi, cominciando dal principio del mondo, fino all'anno MDLXIX. Nel fine del quale si mostra con diligente calcolo de' tempi, quanto habbia da durare il presente secolo, seguitando in ciò l'opinione di Elia Rabino, & di Lattantio Firmiano. Aggiuntaui La creatione del mondo, descritta da Filone Hebreo, & tradotta dal medesimo Ferentilli.
Venezia, Gabriele Giolito De Ferrari, 1573.
2 pt ([16], 231, [1]; [56]) p.: ill.; 4°
[ast]⁴ 2[ast]⁴ A-O⁸ P⁴; a⁴b-d⁸
EDIT16-CNCE 18741, SBN-IT\ICCU\BVEE\011559
Edizione copiata linea per linea da quella del 1572. Cfr. EDIT16-CNCE 18740, SBN-IT\ICCU\BVEE\011555, vedi 1686. A c. a1r altro frontespizio: *La creatione del mondo, descritta da Filone Hebreo, et tradotta da m. Agostino Ferentilli. Aggiuntoui vn discorso vniuersale: nel quale si raccontano l'historie di tutte l'età, imperij, regni, & nationi, cominciando dal principio del mondo, sino all'anno,*

MDLXIX. Composto dal medesimo Ferentilli. Venezia, Gabriele Giolito De Ferrari, 1573. V. fr.

[1718]

FILIPPI, MARCO, DETTO IL FUNESTO
Vita di Santa Caterina vergine, e martire; composta da Marco Filippi, detto il Funesto, con una raccolta di sonetti, e canzoni spirituali, & di alcune stanze della Maddalena à Christo; del medesimo autore.
Venezia, Domenico Guerra e Giovanni Battista Guerra, a istanza di Lorenzo Pegolo, 1573.
[8], 198 [i.e. 200] c.; 8°
+⁸ A-2A⁸ 2B⁶
EDIT16-CNCE 19023
A c. XIr altro frontespizio: *Rime spirituali, et alcune stanze della Maddalena a Christo, composte per Marco Filippi* [...].
V. fr.

[1719]

LOARTE, GASPAR DE
Instruttione, et auertimenti, per meditare la passione di Cristo nostro redentore. Con alcune meditazioni intorno ad essa. Raccolti per il r.p. Gasparo Loarte [...] *Stampati, et correti con alcune altre meditationi aggionte di nuouo dal medesimo auttore.*
Venezia, Cristoforo Zanetti, 1573 (Venezia, Cristoforo Zanetti, 1573).
93, [3] c.: ill.; 16°
A-M⁸
EDIT16-CNCE 70973

[1720]

LUDOLPH VON SACHSEN/(tr.) SANSOVINO, FRANCESCO
Vita di Giesu Christo nostro Redentore scritta da Landolfo di Sassonia dell'Ordine Certosino. Et fatta volgare da m. Francesco Sansouino. Nella quale con pia, et santa dottrina, si espongono con facilità gli Euangelij che corrono in tutto l'anno secondo le sentenze de santi, & de più approuati dottori. & con molte diuote meditationi & orationi conformi all'Euangelio. Opera non meno necessaria a predicatori et parrocchiani, i quali nelle feste principali dichiarano l'E-uangelio a popoli loro, che ad ogni christiano che desideri di viuer secondo la santa fede cattolica. Con le tauole de vange-li correnti per tutto l'anno, & delle cose notabili, & de capi principali poste a loro luoghi.
Venezia, 1573 (Venezia, [Francesco Sansovino], Enea De Alaris, 1573).
[16], 465, [1] c.: ill.; fol.
EDIT16-CNCE 27015
Marca di Francesco Sansovino nel colophon. V. fr.

[1721]

LUIS DE GRANADA/(ed.) GIANETTI, ANDREA
Rosario della sacratiss. vergine Maria madre di Dio nostra signora. Dall'opere del reu. p.f. Luigi di Granata dell'Ordine de Predicatori raccolto per il r.p.f. Andrea Gianeti da Salò dottore theologo dell'istesso ord. e provinciale di Terra Santa.
(Roma, Giuseppe De Angelis, 1573).
[12], 276 p.: ill.; 4°
A⁴ A² B-2M⁴ 2N²
EDIT16-CNCE 27080
V. fr.

[1722]

MARESCOTTI, BARTOLOMEO
I sette salmi penitenziali del santissimo profeta Dauitte in lingua volgare dichiarati da m. Bartolommeo Mariscotti. Con gli argomenti innanzi, & alcune annotazioni dopo la dichiarazione di ciascun salmo.
Firenze, Giorgio Marescotti, 1573.
[8], 175, [1] p.; 8°
[foglia] ⁴ A-K⁸ L-M⁴
EDIT16-CNCE 55349
V. fr.

[1723]

PHILO ALEXANDRINUS/(tr.) FERENTILLI, AGOSTINO/FERENTILLI, AGOSTINO
La creazione del mondo descritta da Filone Hebreo, et tradotta da m. Agostino Ferentilli. Aggiuntoui vn discorso vniuersale: nel quale si raccontano l'historie di tutte l'età, imperij, regni, & nationi, cominciando dal principio del mondo, fino all'anno, MDLXIX composto dal medesimo Ferentilli.
Venezia, Gabriele Giolito De Ferrari, 1573.
[64], 231, [1]: ill.; 4°
*⁴ a⁴ b-d⁸ A-O² P⁴
SBN-IT\ICCU\LO1E\029870

[1724]

PITTORIO, LODOVICO
Omiliario di Lodouico Pittorio ferrarese, sopra tutti i Salmi di Dauid latini, & volgari, a espressa vtilita di ciascheduna persona studiosa, & catholica, con la tauola, doue si puol in ogni occasione trouar la dechiarazione di qualunque salmo, ouero cantico.
Venezia, Cristoforo Zanetti, 1573 (Venezia, Cristoforo Zanetti, 1573).
[8], 345, [3] c.; 8°
a⁸ A-2U⁸ X⁴
EDIT16-CNCE 38529
V. fr.

[1725]

PULCI, ANTONIA
Rapresentatione del figliuol prodigo nuouamente stampata. Composta per mona Antonia di Bernardo Pulci.
Siena, [Luca Bonetti], 1573.
[6] c.: ill.; 4°
a⁶
EDIT16-CNCE 61996
Titolo uniforme: *Rappresentazione del figliol prodigo*. Per il tipografo cfr. Cioni 1961, p. 138, n. 3.

[1726]

SALMI/(tr.) ANONIMA/(tr.) [BRUCIOLI, ANTONIO]
I Salmi di Dauid tradotti dalla lingua hebrea nella italiana. Diuisi in cinque parti. Di nuouo ricorretti & emendati.
Paris, Pierre L'Huillier, 1573.
[320] c.; 32°
A-2R⁸
EDIT16-CNCE 5847, Barbieri 82 e tav. A64
Revisione della traduzione di Antonio Brucioli, cfr. Barbieri 82 e Lumini, p. 166. V. fr.

[1727]

SALMI/(tr.) ANONIMA
Sessanta salmi di Dauid tradotti in rime volgari italiane, secondo la verità del testo hebreo, col Cantico di Simeone, e i dieci comandamenti de la Legge. Ogni cosa insieme col canto.
[Genève], Giovanni Battista Pineroli, 1573.
[202] c.; 16°
EDIT16-CNCE 71665

[1728]

TARCAGNOTA, GIOVANNI
Delle historie del mondo di m. Gio. Tarchagnota, lequali con tutta quella particolarita, che bisogna, contengono quanto dal principio del mondo fino à tempi nostri è successo. Cauate da piu degni, e piu graui auttori, che habbiano ò nella lingua greca, ò nella latina scritto. Parte prima.
Venezia, Michele Tramezzino <1>, 1573 (Venezia, Michele Tramezzino <1>, 1572).
3 vol.; 4°
EDIT16-CNCE 35447, SBN-IT\ICCU\UBOE\125046
1:
[30], 390, [2], 391-876, [2] c.; 4°
a-c⁸ d⁶ A-3B⁸ 3C⁶, χ² 3D-5S⁸ (c. 5S7-8 bianche; d3 e Y4 erroneamente segnate d2 e T4)
SBN-IT\ICCU\UBOE\000195
Tra le c. 390 e 391 altro frontespizio: *Delle historie del mondo di m. Gio. Tarchagnota, lequali con tutta quella particolarità, che bisogna, contengono quanto dal principio del mondo fino à tempi nostri è successo, cauate da piu degni, e*

piu graui auttori, che habbiano ò nella lingua greca, ò nella latina scritto. Volume secondo della parte prima. Venezia, Michele Tramezzino <1>, 1573. La seconda e la terza parte non contengono storie bibliche. V. fr.

[1729]

TAULER, JOHANNES/(tr.) SCOTTI, GASPARE
Essercitii diuotissimi sopra la passione di n.s. Giesu Christo del p.p.f. Giouanni Taulerio, dell'Ordine di S. Domenico, theologo profondissimo, & nella uia spirituale illuminatissimo; nuouamente tradotti dal latino in italiano, per don Gasparo da Piacenza, canonico regolare lateranense. Et questo è il sesto frutto del nostro Albero Spirituale.
Venezia, Gabriele Giolito De Ferrari, 1573.
[32], 476, [4] p.; 12°
*¹² 2*⁴ A-V¹²
EDIT16-CNCE 74526

[1730]

VIDA, GIROLAMO/(tr.) LAMI, ALESSANDRO
Della christiade del reverendiss. mons. m. Gieronimo Vida vescovo d'Alba libro primo. Tradotto per Alessandro Lami di Federigo nobile cremonese.
Cremona (Cremona, Cristoforo Draconi, 1573).
24 c.; 8°
EDIT16-CNCE 70284

[1731]

WILD, JOHANN/(tr.) RAZZI, SILVANO
Historia della passione di nostro Sign. Giesu Christo, predicata & scritta latinamente da Giouanni Fero: et di nuouo dal padre don Siluano Razzi, camaldolense, tradotta in lingua toscana, e diuisa in capitoli.
Firenze, Eredi di Bernardo Giunta <1>, 1573 (Firenze, Eredi di Bernardo Giunta <1>, 1573).
[16], 613, [11] p.: ill.; 8°
*⁸ A-2Q⁸ (bianca la c. finale 2Q8)
EDIT16-CNCE 28432
Il nome latino di Wild era Joannes Ferus. V. fr.

1574

[1732]

BESOZZI, GIOVANNI PIETRO
Discorsi intorno alla vita di san Paolo apostolo. Confermati per lo piu co'l testimonio delle sue Epistole, et de gli Atti de gli apostoli. Di don Gio. Pietro Besozzo chierico regolare di San Paolo decollato.
Milano, Paolo Gottardo Da Ponte, 1574.
[14], 247, [3] c.; 4°

[ast]-2[ast]⁴ 3[ast]⁶ A-3Q⁴ 3R² (c. 3[ast]3 segnata erroneamente 4[ast]3)
EDIT16-CNCE 5629
V. fr.

[1733]
BURATELLI, GABRIELE
Prediche del r.p. Gabriel Buratelli anconitano dottor teologo, dell'Ord. Eremitano di Santo Agostino, sopra i sette salmi penitentiali di Dauid profeta, accomodate à gli Euangelij quadragesimali secondo l'uso della S.R. Chiesa. Opera vtilissima a' predicatori, & ascoltatori della parola d'Iddio. Con due tauole: l'una delle prediche; l'altra delle cose piu notabili.
Venezia, Francesco Bindoni <2> e Gaspare Bindoni <1> e fratelli, 1574 (Venezia, Francesco Bindoni <2> e Gaspare Bindoni <1> e fratelli, 1573).
[12], 484 c.; 4°
A⁴ *⁸ A-3O⁸ PPP⁴
EDIT16-CNCE 7912
V. fr.

[1734]
CATECHISMO/(tr.) FIGLIUCCI, FELICE
Catechismo, cioè Istruttione secondo il decreto del Concilio di Trento, a' parochi, publicato per commandamento del santiss. s.n. papa Pio V. Et tradotto poi per ordine di s. santità in lingua volgare dal r.p.f. Alesso Figliucci, de l'ordine de' Predicatori. Con due tauole nel fine, l'vna delle cose notabili, l'altra delle rubriche.
Venezia, Giacomo Antonio Somasco e Giulio Somasco, 1574.
560 [i.e. 570], [38] p.; 8°
A-2P⁸
EDIT16-CNCE 12078
Alesso (anche Alessio) Figliucci è il nome in religione di Felice Figliucci, domenicano. V. fr.

[1735]
CATECHISMO/(tr.) FIGLIUCCI, FELICE
Catechismo, cioè Istruttione secondo il decreto del Concilio di Trento, a' parochi. Publicato per comandamento del santiss. s.n. papa Pio V. Et tradotto poi per ordine di sua santità in lingua volgare. Dal reuerendo padre frate Alesso Figliucci, dell'ordine de' Predicatori.
Venezia, Girolamo Polo, 1574 (Venezia, Girolamo Polo, 1574).
546, [30] p.; 8° (omesse nella numer. le p. 305-308)
A-2N⁸
EDIT16-CNCE 12079, SBN-IT\ICCU\CNCE\012079
Alesso (anche Alessio) Figliucci è il nome in religione di Felice Figliucci, domenicano. V. fr.

[1736]
EPISTOLE E VANGELI/(tr.) ANONIMA
Epistole et euangelii che si dicono tutto l'anno alla messa. Tradotte in lingua toscana.
Venezia, Francesco Ziletti, 1572 e ristampate in Brescia, Giacomo Britannico <2>, 1574.
339, [5] p.: ill.; 8°
EDIT16-CNCE 11375
Cfr. SBN-IT\ICCU\MILE\003958, vedi 1684.

[1737]
EPISTOLE E VANGELI/(tr.) ANONIMA
Epistole et euangeli, che si dicono tutto l'anno nella messa. Tradotte in lingua toscana. Nuouamente corrette, & riformate secondo il messale romano: stampato d'ordine del Santo Concilio di Trento. Con calendario, tauola, & altre cose necessarie, si per commodita de pij lettori, come per ornamento dell'opera.
Venezia, Francesco Ziletti, 1574 (Venezia, Francesco Ziletti, 1574).
[24], 522, [i.e. 622], [2] p.; 12°
*¹² A-2C¹²
EDIT16-CNCE 61245, SBN-IT\ICCU\MILE\011529

[1738]
FERENTILLI, AGOSTINO/PHILO ALEXANDRINUS/(tr.)
FERENTILLI, AGOSTINO
Discorso vniuersale di m. Agostino Ferentilli. Nel quale discorrendosi per le sei età & le quattro monarchie; si raccontano tutte l'historie, & l'origine di tutti gl'imperij, regni, & nationi, cominciando dal principio del mondo, fino all'anno MDLXIX. Nel fine del quale si mostra con diligente calcolo de' tempi, quanto habbia da durare il presente secolo, seguitando in ciò l'opinione di Elia Rabino, & di Lattantio Firmiano. Aggiuntaui La creazione del mondo, descritta da Filone Hebreo, & tradotta dal medesimo Ferentilli.
Venezia, Gabriele Giolito De Ferrari, 1574.
2 pt ([16], 231, [1]; [56] p.): ill.; 4°
*-2*⁴ A-8⁴ P⁴; a⁴ b-d⁸
EDIT16-CNCE 18742
A c. a1r altro frontespizio: *La creazione del mondo, descritta da Filone Hebreo, et tradotta da m. Agostino Ferentilli. Aggiuntoui vn discorso vniuersale: nel quale si raccontano l'historie di tutte l'età, imperij, regni, & nationi, cominciando dal principio del mondo, fino all'anno, MDLXIX. Composto dal medesimo Ferentilli.* Venezia, Gabriele Giolito De Ferrari, 1574. V. fr.

[1739]
FIAMMA, GABRIELE
De' discorsi del r.d. Gabriel Fiamma, canonico regolare lateranense, sopra l'epistole, e' vangeli di tutto l'anno. Parte

prima. Doue breuemente si tocca quel, che si appartiene all'intelligenza de' libri sacri, et all'emendation de' costumi.
Venezia, Francesco De Franceschi <senese>, 1574.
[8], 263, [1] c.; 4°
*8 A-2K8 (c. 2K8 bianca)
EDIT16-CNCE 18911

[1740]
IOSEPHUS, FLAVIUS/(tr.) LAURO, PIETRO
Giosefo Flauio historico, Delle antichità & guerre giudaiche. Nuouamente raccolte tutte insieme, & da molti errori emendate, & con molta diligenza stampate. Aggiuntoui due tauole, vna de' capitoli, & l'altra delle cose notabili, acciò il lettore facilmente possi ritrouar i luoghi da lui desiderati.
Venezia, Giacomo Vidali, 1574.
3 v.; 4°
EDIT16-CNCE 38598, SBN-IT\ICCU\RMLE\025070
Per il traduttore cfr. Graesse, III, 483.
1:
[8], 159, [1] c.
(asterisco)8 a-u8 (c. u8 bianca)
SBN-IT\ICCU\RMLE\025070
V. fr.
2:
Li dieci vltimi libri di Giosefo de le antichità giudaiche. Seconda parte.
Venezia, Giacomo Vidali, 1574.
156 c.
A-T8 V4
SBN-IT\ICCU\RMLE\025070
Il terzo libro riguarda le guerre giudaiche. V. fr.

[1741]
LANTANA, BARTOLOMEO
Delle prediche, ouero Sermoni del reu. p.f. Bartolomeo Lantana di Garduno, teologo carmelitano, osseruante delle prouincie, parte prima. Laquale comincia dalla prima domenica dell'Auuento, & finisce à quella della Quinquagesima.
Venezia, Domenico Guerra e Giovanni Battista Guerra, 1574.
3 pt ([24], 117, [3]; [12], 298 [i.e. 300]; [8], 181, [3] p.): ill.; 4°
a-c4 A-G8 H4; *6 2A-2S8 2T6; **4 3A-3L8 3M4
EDIT16-CNCE 36047
A c. *1r altro frontespizio: *Delle prediche, ouero Sermoni del reu. p.f. Bartolomeo Lantana di Garduno, teologo carmelitano, osseruante delle prouincie, parte seconda. Laquale comincia il primo giorno dell'Auuento, & finisce la terza festa di Pasqua.* Venezia, Domenico Guerra e Giovanni Battista Guerra, 1574. A c. **1r altro frontespizio: *Delle prediche, ouero Sermoni del reu. p.f. Bartolomeo Lantana di Garduno, teologo carmelitano, osseruante delle prouin-*

cie, parte terza. Laquale comincia dalla prima domenica dopo Pasqua, & finisce à quella dell'Auuento. Venezia, Domenico Guerra e Giovanni Battista Guerra, 1574. V. fr.

[1742]
LOARTE, GASPAR DE
Trattato della continua memoria che si deue hauere della sacra passione di Christo redentore nostro, con sette meditationi, che si possono dire secondo le sette hore canoniche, per meditare ciò che il medesimo Signore patì in ciascuna di quelle.
Genova, Cristoforo Bellone, 1574.
26 c.; 8°
EDIT16-CNCE 55042

[1743]
LUIS DE GRANADA/(ed.) GIANETTI, ANDREA
Rosario della sacratissima Vergine Maria madre di Dio, nostra signora; dall'opere del r.p. Luigi di Granata dell'ordine de predicatori; raccolto per il r.p.f. Andrea Gianetti da Salò dottore theologo dell'istesso Ordine, & prouinciale di Terra Santa. Con la confirmatione di Pio Quinto, & institutione della festa di n.s. papa Gregorio XIII.
Venezia, Cristoforo Zanetti, 1574.
384 p.; 12°
A-Q12
EDIT16-CNCE 80151
V. fr.

[1744]
LUIS DE GRANADA/(ed.) GIANETTI, ANDREA
Rosario della sacratissima vergine Maria madre di Dio, nostra signora; dall'opere del r.p.f. Luigi di Granata dell'Ordine de' predicatori; raccolto per il r.p.f. Andrea Gianetti da Salò, dottore theologo dell'istesso Ordine, & prouinciale di Terra Santa. Con la confirmatione di Pio V. & institutione della festa da n.s. papa Gregorio XIII.
Venezia, Eredi di Luigi Valvassori, 1574.
384 p.; 12°
EDIT16-CNCE 40133

[1745]
LUIS DE GRANADA/(ed.) GIANETTI, ANDREA
Rosario della sacratissima vergine Maria madre di Dio nostra signora; dall'opere del r.p.f. Luigi di Granata [...] raccolto per il reuer. P.F. Andrea Gianetti da Salò [...] Con la confirmatione di Pio 5. & institutione della festa da N.S. Papa Gregorio 13.
Venezia, Eredi di Luigi Valvassori, 1574 (Venezia, Eredi di Luigi Valvassori, 1574).
[16], 342, [2] p.
*8 A-X8 Y4 (c. Y4 bianca)
SBN-IT\ICCU\UM1E\030729

[1746]

LUIS DE GRANADA/(ed.) GIANETTI, ANDREA
Rosario della sacratissima verg. Maria madre di Dio nostra Signora; dall'opere del reuer. p. F. Luigi di Granata dell'ordine de Predicatori. Raccolto per il r.p.f. Andrea Gianetti da Salo [...].
(Venezia, Pietro De Franceschi, 1574).
168 c.: ill.; 8°
A-X[8]
EDIT16-CNCE 29260, SBN-IT\ICCU\VIAE\018625

[1747]

MALOMBRA, BARTOLOMEO
Vtili, et diuote meditationi sopra la vita, et morte di nostro Signore, di m. Bartolomeo Malombra: al molto magnifico suo signore osseruandiss. il sig. Antonio Milledonne dignissimo secretario dell'eccelso Conseglio di Diece.
Venezia, [Domenico Guerra e Giovanni Battista Guerra], Giovanni Antonio Bindoni, 1574.
[8] c.; 4°
[A]-B[4]
EDIT16-CNCE 60767
Marca di Domenico Guerra e Giovanni Battista Guerra sul frontespizio. V. fr.

[1748]

MEDUNA, BARTOLOMEO
Vita della gloriosa vergine Maria madre di Dio, regina de i Cieli, con l'humanità del redentor del mondo Giesu Christo nostro Signore del R.P.F. Bartolomeo Meduna conuentuale di s. Francesco.
Venezia, Gabriele Giolito De Ferrari, 1574.
[8], 150, [2] p.: ill.; 4°
EDIT16-CNCE 26907

[1749]

PHILO ALEXANDRINUS/(tr.) ZINI, PIETRO FRANCESCO
Ritratto del vero et perfetto gentil'huomo, espresso in greco da Filone Ebreo nella vita di Giuseppe patriarca: et fatto volgare da m. Pierfrancesco Zino canonico di Verona.
Venezia, Bolognino Zaltieri, 1574 (Venezia, Cristoforo Zanetti, 1574).
66 c.; 12°
A-E[12] F[6]
EDIT16-CNCE 50667

[1750]

PITTORIO, LODOVICO/ (ed.) TURCHI, FRANCESCO
Delle homelie di Lodouico Pittorio da Ferrara. Parte prima. Nella quale si espongono tutti gli Euangeli, & Epistole, che si leggono nel tempo della Quaresima, secondo l'ordine della Santa Romana Chiesa. Nuouamente ridotta in miglior lin-

gua et arricchita con le allegationi delle autorità, della Santa Scrittura per il reuer. p. Francesco da Triuigi, carmelitano.
Venezia, Francesco Ziletti, 1574 (Venezia, Francesco Ziletti, 1574).
[4], 254, [2] c.: ill.; 4°
[ast.][4] A-2I[8] (c. 2I8 bianca)
EDIT16-CNCE 40019, SBN-IT\ICCU\RMLE\012747
A c. 121 altro frontespizio: *Delle homelie di m. Lodovico Pittorio da Ferrara, sopra gli Evangeli, et Epistole, [...] Parte seconda.* Colophon alla fine delle pt 1 e 2.

[1751]

SIMEONI, GABRIELE
Figure del Nuouo Testamento, illustrate di bellissime stanze volgari da Gabriel Simeoni. Nuouamente ristampate, & con diligenza corrette.
Venezia, [Altobello Salicato], Eredi di Niccolò Bevilacqua e Compagni, 1574.
[60] c.: ill.; 8°
A-G[8] H[4]
EDIT16-CNCE 48485
Marca di Altobello Salicato sul frontespizio. V. fr.

[1752]

TAULER, JOHANNES/SCOTTI, GASPARE
Essercitii diuotissimi sopra la passione di N.S. Giesu Christo del r.p.f. Giouanni Taulerio, dell'Ordine di S. Domenico, theologo profondissimo, & nella uia spirituale illuminatissimo; nuouamente tradotti dal latino in italiano, per don Gasparo da Piacenza, canonico regolare lateranense. Et questo è il sesto frutto del nostro Albero spirituale.
Venezia, Gabriele Giolito De Ferrari, 1574.
[32], 477, [3] p.: ill.; 12°
EDIT16-CNCE 54971
V. fr.

[1753]

TROIANO, GIROLAMO
Stanze alla gloriosa Vergine di Girolamo Troiano, all'illustrissimo Sig. Giouanni Cheueliner, [...].
Venezia, 1574.
[12] c.; 4°
A-C[4]
EDIT16-CNCE 62268, SBN-IT\ICCU\RMLE\034826

[1754]

VECCHI, GERMANO
Lagrime penitentiali composte in sette canzoni a imitatione de' sette salmi penitentiali di Dauid profeta; del reuerendo d. Germano Vecchi da Vdine monaco camaldulense.
Venezia, Giacomo Simbeni, 1574.
[20] c.; 4°

A-E⁴

EDIT16-CNCE 31572

1575

[1755]

ALBERTO DA CASTELLO

Rosario della gloriosa Vergine Maria. Di nuouo stampato, con nuoue & bellissime figure adornato.

(Venezia, Domenico De Franceschi, 1575).

[256] c.: ill..; 8° (si alternano gruppi di c. numerate a c. non numerate)

A-2I⁸

EDIT16-CNCE 76173

[1756]

ANONIMA

Comedia spirituale di Cleofas, et Luca nuouamente ristampata.

Firenze, 1575.

[6] c.: ill.; 4°

I⁴ K²

EDIT16-CNCE 12869, SBN-IT\ICCU\CNCE\012869

Opera falsamente attribuita a Domenico Tregiani. Titolo uniforme: *Commedia spirituale di Cleofas e Luca.* Cfr. Cioni 1961, p. 311, n. 3. Inclusa con lettere d'ordine SSS nel terzo libro della "Raccolta giuntina", 1578, cfr. EDIT16-CNCE 53305, vedi 1838. V. fr.

[1757]

ANONIMA

Pie et deuote considerationi del santiss. rosario: doue s'impara cosa sia rosario, & psalterio, quanto alla lettera, & quanto al spirito. [...] opera, & fatica uscita dalla uirtuosa & religiosa casa di s. Domenico in Modona.

Modena (Modena, Paolo Gadaldini), [1575].

[4], 49, [15] c.: ill.; 8°

A-H⁸ I⁴

EDIT16-CNCE 73188, SBN-IT\ICCU\RMLE\012666

EDIT16 trae come data dal testo: "[1573?]". SBN specifica: "A c. H5v data 1575 nel testo".

[1758]

ANONIMA

Psalterio per putti principianti con la dottrina christiana aggionta.

Bologna, Alessandro Benacci, 1575.

[16] c.: ill.; 4°

A-B⁸

EDIT16-CNCE 77329

V. fr.

[1759]

ANONIMA

La rappresentatione del Spirito Santo.

(Siena, [Luca Bonetti], [1575?]).

[4] c.: ill.; 4°

A⁴

EDIT16-CNCE 54162, SBN-IT\ICCU\CFIE\033376

Titolo dall'occhietto a c. [A1r]. Titolo uniforme: *Rappresentazione dello Spirito santo. Miracolo.* Per il tipografo cfr. STCBL, p. 330. Cfr. Testaverde-Evangelista, 694. V. c. [A1r].

[1760]

ANONIMA

Rime spirituali raccolte dalla Sacra Scrittura. le quali contengono il fondamento della santa fede christiana la creatione del mondo, et la vita, e passione di nostro Signor G. Christo.

Bologna e ristampate in Siena, 1575.

[2] c.; 12°

EDIT16-CNCE 63519

Si tratta di un riassunto del Genesi e della vita di Gesù in 47 ottave.

[1761]

ANTONINO (SANTO)/(ed.) TURCHI, FRANCESCO

Somma antonina, composta volgarmente da s. Antonino arciuescouo di Fiorenza. Nella quale s'instruiscono i confessori, e i sacerdoti, curati, con tutte quelle persone, che desiderano viuere christianamente. Di nuouo con molto studio, & diligenza corretta, & illustrata di argomenti, di tauole & di figure de' parentadi, spirituale, legale & carnale, secondo la determinatione del sacrosanto Concilio di Trento, & d'altre cose necessarie alla sua perfettione. Dal r.p. Francesco da Treuigi carmelitano.

Venezia, Domenico Guerra e Giovanni Battista Guerra, 1575.

[24], 287, [1] p.; 12°

†¹² A-M¹²

EDIT16-CNCE 2084, SBN-IT\ICCU\TO0E\017084

Titolo uniforme: *Confessionale. Curam illius* habe [italiano], cfr. SBN. V. fr.

[1762]

ARTURO, LATTANZIO

Predica delle nozze euangeliche fatta nella citta di Terranoua celebrandosi il sacro Sinodo metropolitano di Reggio la seconda domenica di ottobre sopra l'Euangelio corrente. Dal r.p. fra Lattantio Arturo di Cropani di Calauria dell'Ordine mi. con. di s. Francesco theologo ordinario del reuerendissimo monsignore Marcello Sirleto vescouo di Squillace. 1574.

Napoli, Orazio Salviani, 1575 (Napoli, Orazio Salviani, 1575).

20 c.; 4°

A-E⁴

EDIT16-CNCE 3242

V. fr.

[1763]

AVERONI, VALENTINO

Discorsi sopra l'oratione domenicale del molto r.p. don Valentino Aueroni di Fiorenza, monaco dell'Ordine di Vall'Ombrosa, & al presente abate di San Michele di Passignano.

Firenze, Giorgio Marescotti, 1575.

[12], 420, [2] p.; 4°

a⁶ A-2P⁴ 2Q⁶ χ2Q⁴ 2R-3E⁴ 3F⁴ (c. 2Q1 mancante)

EDIT16-CNCE 3511

V. fr.

[1764]

BAGLIONI, DOMENICO

Fuga di Christo in Egitto doue si mostra quanto Giesu Christo habbia patito per i peccatori da ch'ei venne al mondo, in ciascun tempo. Opera molto catholica & dotta. Composta per il molto reuer. P.F. Domenico Baglioni perugino, [...].

Perugia, 1575 (Perugia, Giovanni Bernardino Rastelli, 1575).

[12], 182, [1] c.: ill.; 8°

[croce]¹² A-Z⁸

EDIT16-CNCE 3876, SBN-IT\ICCU\BVEE\018447

[1765]

[BELCARI, FEO]

La rappresentatione e festa di Abraam 7 di Isac suo figliuolo.

(Siena), [Luca Bonetti], [dopo il 1575].

[4] c. ; 4°

[1]⁴

EDIT16-CNCE 77249

Titolo da c. [1r]. Titolo uniforme: *Rappresentazione di Abramo e Isacco*. V. c. [1r] e [4r].

[1766]

BELCARI, FEO

La representazione di Abraam, et Isaac.

Venezia, Alessandro Vecchi, [1575?].

4°

BL 11426f3

Titolo uniforme: *Rappresentazione di Abramo e Isacco*.

[1767]

BESOZZI, GIOVAN PIETRO

Discorsi intorno alla vita della beata Maria Maddalena, & le sue marauigliose virtù & gratie: di don Giouan Pietro

Besozzo, chierico regolare della Congregatione di S. Paolo decolato.

Venezia, Giorgio Angelieri, 1575.

76, [2] c.; 8°

A-I⁸ K⁶

EDIT16-CNCE 5630

V. fr.

[1768]

CARUSO, FRANCESCO

Predica fatta nel primo giorno di Quaresima dal r.p. fra Francesco Caruso da Bisaccia, theologo, dell'Ordine Minore Conuentuale. Alla presenza dell'ill. donna Vittoria de Spes e del signor Scipione Follero. All'illustrissima signora donna Beatrice Follera.

Napoli, Giuseppe Cacchi, 1575 (Napoli, Giuseppe Cacchi, 1575).

[4], 26 c.; 4°

A-G⁴ H²

EDIT16-CNCE 9769

V. fr.

[1769]

CATECHISMO/(tr.) FIGLIUCCI, FELICE

Catechismo, cioè Istruttione secondo il decreto del Concilio di Trento, à parochi, publicato per comandamento del santiss. s. n. papa Pio V, & tradotto poi per ordine di s. santità in lingua volgare dal reuerendo padre frate Alesso Figliucci, dell'ordine de' Predicatori.

Venezia, Aldo Manuzio <2>, 1575.

601, [35] p.; 8°

A-2R⁸ (c. 2R7 e 2R8 bianche)

EDIT16-CNCE 12082

Alesso (anche Alessio) Figliucci è il nome in religione di Felice Figliucci, domenicano.

[1770]

CIGNI, SILVESTRO

Sermoni predicabili sopra gli Euangeli domenicali, e festiui di tutto l'anno, secondo i quattro sentimenti della Sacra Scrittura, del r.d. Siluestro Cigno vicentino, diuisi in due parti. Con la tauola nel fine di tutti i sermoni, & vn Trattato del purgatorio, & de' suffragi per l'anime de' morti.

Venezia, Giorgio Angelieri, 1575 (Venezia, Giorgio Angelieri, 1575).

[4], 140, 127, [1], 10, [2] c.; 4°

πa⁴ A-O⁴ P-2A⁸ 2B⁴ a-r⁸ s⁴

EDIT16-CNCE 12540

V. fr.

[1771]

CLEMENTE, PIETRO

Istoria di quando Lucifero fu discacciato dal paradiso, con la creazione di Adamo ed Eva e il diluvio universale.

Palermo, 1575.

EDIT16-CNCE 56805

[1772]

CRISPOLTI, TULLIO

Alcune cose sopra la passione del saluator nostro Giesù Christo. Raccolte per m. Tullio Crispoldo da Riete. Con l'historia della pass. ridotta da tutti quattro gl'euangelisti in vno ordine, dal medesimo.

Venezia, Bolognino Zaltieri, 1575.

[24], 345, [3] p.: ill.; 12°

a¹² A-O¹² P⁶ (ultima c. bianca)

EDIT16-CNCE 13794, SBN-IT\ICCU\CNCE\013794

A p. 283 altro frontespizio: *Historia della passione del salvator nostro Giesu Christo, ridotta di tutti quattro gli evangelisti.*

[1773]

CROCE, GIULIO CESARE

Rime compassioneuoli, pietose, e diuote sopra la passione, morte, e resurrezione del nostro Signore Giesu Cristo. Composte con bell'artifizio da Giulio Cesare Croce bolognese, ad imitazione del primo Canto dell'Ariosto.

Firenze, alle scalee di Badia, [dopo il 1575].

[4] c.: ill.; 4°

A⁴

EDIT16-CNCE 14298

V. fr.

[1774]

CROCE, GIULIO CESARE

Rime compassioneuoli, pietose, e diuote sopra la passione, morte, e resurrezione del nostro Signore Giesu Cristo. Composte con bellissimo artifizio da Giulio Cesare Croce bolognese, ad imitazione del primo Canto dell'Ariosto.

Firenze, alle scalee di Badia, [dopo il 1575].

[4] c.: ill.; 4°

A⁴

EDIT16-CNCE 75966

V. fr.

[1775]

EPISTOLE E VANGELI/(tr.) NANNINI, REMIGIO

Epistole, et euangelii, che si leggono tutto l'anno, alla messa, secondo l'uso della Santa Romana Chiesa, ridotti all'ordine del messale nuouo. Tradoti in lingua toscana, dal r.p.m. Remigio Fiorentino, dell' Ordine de' predicatori. Con alcune annotazioni morali del medesimo, a ciascheduna epistola et euangelio, nuouamente accresciute: con l'aggiunta ancora di quattro discorsi, cioè, del digiuno, della inuocation de' santi, dell'uso dell'immagini, et della veneration delle reliquie loro; vtili & necessarii a chi fosse desideroso d'intendere le sante vsanze della Santa Romana Chiesa. Con due tauole, una da ritrouar l'epistole et euangelii, et l'altra delle cose più notabili.

Venezia, Gabriele Giolito De Ferrari, 1575 (Venezia, Gabriele Giolito De Ferrari).

[32], 683, [1] p.: ill.; 4°

a-d⁴ A-2T⁸ 2V⁶

EDIT16-CNCE 26913

[1776]

FAZELLO, GIROLAMO

Prima parte delle prediche quadragesimali di f. Girolamo Fazello, palermitano, dottore theologo, dell'ordine de predicatori. All'altezza del serenissimo s. don Giouanni d'Austria.

(Palermo, Giovanni Matteo Mayda, 1575).

[6], 220 c.; 4°

+⁴ 2+² A-3I⁴

EDIT16-CNCE 18658

V. fr.

[1777]

FERENTILLI, AGOSTINO/PHILO ALEXANDRINUS/(tr.) FERENTILLI, AGOSTINO

Discorso vniuersale di m. Agostino Ferentilli, nelquale discorrendosi per le sei età, & le quattro monarchie; si raccontano tutte l'historie, & l'origine di tutti gl'imperij, regni, & nationi; cominciando dal principio del mondo, fino all'anno MDLXIX. Nel fine del quale si mostra con diligente calcolo de' tempi, quanto habbia da durare il presente secolo, seguitando in ciò l'opinione di Elia Rabino, & di Lattantio Firmiano. Aggiuntaui La creazione del mondo, descritta da Filone Hebreo, et tradotta dal medesimo Ferentilli.

Venezia, Gabriele Giolito De Ferrari, 1575 (Venezia, Gabriele Giolito De Ferrari).

2 pt [16], 231, [1]; [56] p.): ill.; 4°

*-2*⁴ A-O⁸ P⁴: a⁴ b-d⁸

EDIT16-CNCE 18744, SBN-IT\ICCU\PARE\054925, SBN-IT\ICCU\RMLE\004523 e SBN-IT\ICCU\RMLE\004530

A c. a1r altro frontespizio: *La creazione del mondo, descritta da Filone Hebreo, et tradotta da m. Agostino Ferentilli, aggiuntoui vn discorso vniuersale. Nel quale si raccontano l'historie di tutte l'età, imperij, regni, & nationi; cominciando dal principio del mondo, fino all'anno. MDLXIX. Composto dal medesimo Ferentilli.* Venezia, Gabriele Giolito De Ferrari, 1575. V. fr.

[1778]

GUEVARA, ANTONIO DE/(tr.) ULLOA, ALFONSO/ LAURO, PIETRO

La prima parte del Monte Caluario. Doue si trattano tutti i sacratissimi misteri auuenuti in questo Monte fino alla morte di Christo. Composto dall'illustre signor don Antonio di Gueuarra, frate dell'ordine di S. Francesco, & vescouo di Mondognetto. Tradotto dallo spagnuolo per il s. Alfonso Vlloa.
Venezia, Egidio Regazzola, 1575.
2 vol. [48], 480 p.; 8°
+⁸ 2+⁸ 3+⁸ A-2G⁸
EDIT16-CNCE 38195
V. fr.
2:
La seconda parte del Monte Caluario. Che espone le sette parole, che disse Christo in su la croce. Composto dall'illustre signor don Antonio di Gueuarra, frate dell'ordine di S. Francesco, & vescouo di Mondognetto. Tradotto dallo spagnuolo per m. Pietro Lauro.
Venezia, Egidio Regazzola, 1575.
[32], 544 p.; 8°
†⁸ 2†⁸ A-2L⁸
EDIT16-CNCE 38195
V. fr.

[1779]
LOARTE, GASPAR DE
Instruttione et auuertimenti per meditare la Passione di Christo nostro Redentore. Con alcune meditationi intorno ad essa. Raccolti per il r.p. Gaspar Loarte dottor theologo della Compagnia di Giesu [...].
Milano, Pacifico Da Ponte, 1575.
[6], 228, [6] p.: ill.; 12°
EDIT16-CNCE 68487

[1780]
JACOBUS DE VORAGINE/(tr.) MALERBI, NICOLÒ
Legendario delle vite de'santi: composto dal r.f. Giacomo di Voragine dell'ordine de' Predicatori, & tradotto già per il r.d. Nicolò Manerbio [...].
Venezia, Andrea Muschio, 1575.
[8], 579 p.; fol.
EDIT16-CNCE 52716
Titolo uniforme: *Legenda aurea sanctorum* [italiano].

[1781]
LUDOLPH VON SACHSEN/(tr.) TOMMASO DI SAN GIOVANNI PAOLO
Orationi deuote commodate al senso de gli Euangelii, della Quaresima. Cominciando dal primo giorno d'essa per infino al terzo di di Pasqua; [...] composte per il venerabile religioso Landolfo Certosino, [...] et di nuouo poste in luce per F. Thomaso de San Zuane Paolo.
Venezia, Giacomo Vidali, 1575.

30, [2] c.; 24°
A-D⁸ (c. D8 bianca)
EDIT16-CNCE 66692

[1782]
LUDOLPH VON SACHSEN/(tr.) SANSOVINO, FRANCESCO
Vita di Giesu Christo nostro redentore, scritta da Landolfo di Sassonia dell'Ordine certosino. Et fatta volgare da m. Francesco Sansouino.
Venezia, 1575 (Giacomo Sansovino).
[16], 464 [i.e. 465], [1] c.; fol.
EDIT16-CNCE 31149

[1783]
LUIS DE GRANADA/(ed.) GIANETTI, ANDREA
Rosario della sacratissima vergine Maria madre di Dio, nostra signora; dall'opere del r.p.f. Luigi di Granata dell'ordine de' Predicatori; raccolto per il r.p.f. Andrea Gianetti da Salò, dottore theologo dell'istesso ordine, & prouinciale di Terra Santa. Con la confirmatione di Pio V. & institutione della festa da n.s. papa Gregorio XIII.
Brescia, Vincenzo Sabbio, 1575 (Brescia, Vincenzo Sabbio, 1575).
[5], 175 c.: ill.; 8°
EDIT16-CNCE 60367
V. fr.

[1784]
PANCOTTO, GIACOMO
I diuini precetti dell'angelo a Moise diuinamente dati, & per il verbo incarnato di Christo apertamente dichiarati. Et dalla s. Chiesa catholica confermati. Per il r.p.f. Giacopo di Melfitto [...] compilati [...] Di nuouo ristampati riueduti & corretti.
Venezia, 1575 (Venezia, Cristoforo Zanetti, 1575).
127, [1] c.; 16°
A-Q⁸
EDIT16-CNCE 49553

[1785]
PHILO ALEXANDRINUS/(tr.) ZINI, PIETRO FRANCESCO/ GREGORIUS NYSSENUS/(tr.) LIPPOMANO, LUIGI
Il ritratto del vero et perfetto gentil'huomo, espresso da Filone Hebreo nella vita di Giuseppe patriarca: et fatto volgare da m. Pier Francesco Zino canonico di Verona. La forma del perfetto christiano descritta da s. Gregorio vescouo Nisseno fratello del grande Basilio.
Venezia, Francesco Rampazetto <1> (Venezia, Francesco Rampazetto <1>, 1575).
63, [1] c.; 8°
A-H⁸
EDIT16-CNCE 53092

A c. F2r altro frontespizio: *La forma del perfetto huomo christiano, descritta da s. Gregorio vescouo Nisseno, ad Olimpio Monaco.* In Venetia; opera tradotta da Luigi Lippomano che ne firma la prefazione. V. fr. e c. F2r.

[1786]
PIACI, FELICE
Rosario della sacratissima Madre Vergine, nostra piissima signora con le imagini, dichiarationi, & contemplationi de' suoi sacri misteri, con alcune affettuose orationi alla Madonna, per qualunque misterio, con una profonda instrutione, & molti degni auuertimenti circa l'istesso, et con le sue rarissime indulgenze, & altri segnalatissimi doni spirituali, ridotto in questa bellezza, & gratia, dal r.p. Felice Piaci da Colorno, professore di sacra theologia, dell'Ordine de' predicatori.
(Milano, Valerio Meda, 1575).
[90] c.; 12°
A-G¹² H⁶
EDIT16-CNCE 60250

[1787]
PUGLISI, GIROLAMO
Il giudizio universale, poema in lingua siciliana.
Palermo, Giovanni Matteo Mayda, 1575.
EDIT16-CNCE 57430

[1788]
SANNAZARO, JACOPO/(tr.) VISDOMINI, EUGENIO
Il parto della Vergine di m. Giacomo Sannazaro. Fatto in ottaua rima per Eugenio Visdomini nell'Academia de' signori Innominati di Parma Il Roco. [...].
Parma, Seth Viotti, 1575.
76 c.; 12°
A⁶ B-G¹²
SBN-IT\ICCU\UM1E\011872

[1789]
ZARRABINI, ONOFRIO
Homelie quadragesimali, lequali cominciano dal primo giorno di Quaresima, et durano fino al terzo di Pasqua. Del r.d. Onofrio Zarrabini da Cutignuola, canonico regolare della Congregatione del Saluatore. Prima parte.
Venezia, Giordano Ziletti <1>, 1575.
2 vol.; 4°
EDIT16-CNCE 41292, SBN-IT\ICCU\RMLE\012328
1:
[12], 247, [1] c.
a-c⁴ A-2H⁸(c. 2H8 bianca)
SBN-IT\ICCU\TO0E\033995
V. fr.
2:

Seconda parte delle homelie quadragesimali, che cominciano dal venerdi dopo la terza domenica di Quaresima, & durano fino al terzo giorno di Pasqua. Del r.d. Onofrio Zarrabini da Cutignuola, canonico regolare della Congregatione del Saluatore. Seconda parte.
[10], 267, [1] c.
2a⁴ 2b⁶ 2A-3K⁸ 3L⁴
Venezia, Giordano Ziletti <1>, 1575.
SBN-IT\ICCU\TO0E\033996
V. fr.

1576

[1790]
ALBERTO DA CASTELLO
Rosario della gloriosa Vergine Maria.
Venezia, Pietro De Franceschi e nipoti, 1576.
260, [4] c.; ill. 12°
A-Y¹²
EDIT16-CNCE 761

[1791]
ALBERTO DA CASTELLO
Rosario della sacratissima et gloriosa vergine Maria. Con le stationi, & indulgentie delle chiese di Roma per tutto l'anno. Di nuouo ristampato; & di bellissime figure ornato.
Venezia, Eredi di Luigi Valvassori e Giovanni Domenico Micheli, 1576.
260, [3] c.; 12°
A-Y¹²
EDIT16-CNCE 75767
V. fr.

[1792]
ANONIMA
La historia e oratione di santo Stefano protomartire. Quale fu eletto [!] *diacono dalli apostoli, e come fu lapidato da Giudei. Nuouamente ristampata.*
(Firenze, a istanza di John Wolf, 1576).
[2] c.: ill.; 4°
[1]²
EDIT16-CNCE 22894
Cfr. Cioni 1963, p. 224, n. 3; Testaverde-Evangelista, 181. Inclusa con lettere d'ordine Hhhh nel terzo libro della "Raccolta giuntina", 1578, cfr. EDIT16-CNCE 53305, vedi 1838. V. ed.

[1793]
ANONIMA
Noue deprecationi ouero Centone, de Salmi di Dauid, et da quelli estratte, nel proprio ordine salmistico latino, come sono

state dal profeta descritte; & quelle poi à satisfattione del pio lettore tradotte in uolgare. Con altre orationi diuote.
Venezia, Giacomo Simbeni, 1576.
118, [2] p.; 8°
A-G⁸ H⁴
EDIT16-CNCE 31576
V. fr.

[1794]
ANONIMA
La rapresentatione del re Salomone delle sententie [...].
Firenze, 1576.
[4] c.: ill.; 4°
EDIT16-CNCE 62368
Titolo uniforme: *Rappresentazione di Salomone.* Cfr. Cioni 1961, p. 272, n. 6.

[1795]
ANONIMA
La rapresentatione 7 festa della natiuita di Christo.
Siena, [Luca Bonetti] (Siena, 1576).
[6] c.: ill.; 4°
EDIT16-CNCE 79380
Titolo uniforme: *Rappresentazione di Gesù Cristo: la natività.* Per il tipografo cfr. *STCBL*, p. 351. V. fr.

[1796]
BESOZZI, GIOVANNI PIETRO
Discorsi intorno alla vita di san Paolo apostolo. Confermati per il più co'l testimonio delle sue Epistole, & delli Atti delli apostoli. Di don Giouan Pietro Besozzo, chierico regolare di S. Paolo decollato. Nuouamente dall'autore riueduti, corretti, & di molti discorsi accresciuti.
Brescia, Giacomo Turlino e Policreto Turlino, 1576 (Brescia, Giacomo Turlino e Policreto Turlino, 1576).
[20], 253, [1] c.; 8°
A⁸ a-b⁸ B-2I⁸ 2K⁶
EDIT16-CNCE 5631
V. fr.

[1797]
CATECHISMO/(tr.) FIGLIUCCI, FELICE
Catechismo, cioe Istruttione, secondo il decreto del Concilio di Trento, a' parochi, publicato per commandamento del santiss. s. n. papa Pio V. & tradotto poi per ordine di s. santita in lingua uolgare dal reuerendo frate Alesso Figliucci, de l'ordine de' predicato.
Venezia, Aldo Manuzio <2>, 1576.
[16], 632, [24] p.: ill.; 8°
*⁸ A-2S⁸ (c. 2S7r-8v bianche)
EDIT16-CNCE 12084, SBN-IT\ICCU\CNCE\012084

Alesso (anche Alessio) Figliucci è il nome in religione di Felice Figliucci, domenicano.

[1798]
D'ANGELO, BARTOLOMEO
Rosario della gloriosa vergine Maria, di nuouo dato in luce con alcuni discorsi, & l'indulgenze per tutti i giorni dell'anno. Per il r.p.f. Bartolomeo d'Angelo di Napoli, predicator dell'ordine di S. Domenico.
Firenze, Bartolomeo Sermartelli <1>, 1576.
[6], 92, [4] p.; 12°
*⁶ A-D¹²
EDIT16-CNCE 37270
V. fr.

[1799]
DEL BENE, GIOVANNI
Sermoni, ouero Homelie deuote del r.m. Giouanni Del Bene veronese, sopra gli Euangeli di tutto l'anno. Secondo l'ordine della santa madre Chiesa, vtili ad ogni fedel christiano.
Venezia, Giovanni Antonio Bertano, 1576 (Venezia, Giovanni Antonio Bertano).
[8], 440 c.; 8°
*⁸ A-3I⁸
EDIT16-CNCE 16389
V. fr.

[1800]
EPISTOLE E VANGELI/(tr.) ANONIMA
Epistole, et Euangelii, che si dicono tutto l'anno alla messa. Tradotte in lingua toscana. Nuouamente corrette, & riformate secondo il Messale Romano, stampato d'ordine del santo Concilio di Trento.
Venezia, Francesco Ziletti, 1576.
[24], 621 p.: ill.; 12°
EDIT16-CNCE 11376

[1801]
EPISTOLE E VANGELI/(tr.) NANNINI, REMIGIO
Epistole, et Euangelii, che si leggono tutto l'anno alla messa, secondo l'uso della santa Romana Chiesa, ridotti all'ordine del Messale nuouo. Tradotti in lingua toscana, dal r.p.m. Remigio Fiorentino, dell'Ordine de' Predicatori. Con alcune annotationi morali del medesimo, à ciascheduna epistola, et euangelio, nuouamente accresciute: con l'aggiunta ancora di quattro discorsi, cioè, del digiuno: della inuocation de' santi: dell'uso dell'imagini: & della veneration delle reliquie loro: utili & necessarij à chi fosse desideroso d'intendere le sante usanze della santa Romana Chiesa. Con due tauole, vna da ritrouar l'Epistole et Euangelii, et l'altra delle cose piu notabili.

Venezia, Gabriele Giolito De Ferrari, 1576 (Venezia, Gabriele Giolito De Ferrari).
[32], 683, [1] p.: ill.; 4°
a-d⁴ A-2T⁸ 2V⁶
EDIT16-CNCE 26925
V. fr.

[1802]
FEDINI, TEOFILO
Institutione dell'huomo christiano tradotta sopra l'esposizione del salmo 118.
Firenze, Giorgio Marescotti, [1576].
EDIT16-CNCE 55376
Per la data cfr. Delfiol, p. 186.

[1803]
FIAMMA, GABRIELE
Sei prediche del r.d. Gabriel Fiamma, canonico regolare lateranense, in lode della beata Vergine, sopra l'Euangelio di s. Luca, Missus est Angelus Gabriel. Predicate in Napoli, nella chiesa dell'Annunciata, i sabbati di Quaresima, l'anno 1573. Ai molto illustri, & eccellenti signori, li signori VI. della piazza di Capuana, & sig. mastri dell'Annunciata.
Venezia, Francesco De Franceschi <senese>, 1576.
[8], 303, [1] p.; 4°
*⁴ A-2P⁴ (2P4 bianca)
EDIT16-CNCE 18914
V. fr.

[1804]
LANDSBERG, JOHANN/(tr.) ?
Essercitii spirituali di Giouanni Giusto Lanspergio certosino, cauati da vn suo deuotissimo trattato, intitolato, Faretra del diuino amore; ne i quali si contengono alcune breui, deuote, & affettuose meditationi intorno alla vita, passione, morte, & resurrettione del nostro Signor Iesu Christo, & della gloriosa vergine Maria sua madre. Distinti in rosarij, et altre orationi piene di spirito, et deuotione. Nuouamente tradotti di latino in volgare.
Venezia, Domenico Fossano, 1576.
[8], 159, [1] c.: ill.; 12°
+⁸ A-M¹² O¹² P⁴
EDIT16-CNCE 45482

[1805]
LOARTE, GASPAR DE
Instruttione et auuertimenti per meditare i misterij del rosario, della santissima vergine Maria. Raccolti per il R.P. Gasparo Loarte [...] Stampata d'ordine di [...] cardinal Paleotti vescouo di Bologna.
Bologna, Alessandro Benacci, 1576 (1576).
121, [5] c.: ill.; 12°

A-K¹² L⁶ (c. L5 e L6 bianche)
SBN-IT\ICCU\SIPE\024480

[1806]
LOARTE, GASPAR DE
Instruttione per meditare la passione di Giesu Chritto [!] nostro Redentore. Con alcun'altre meditationi di nuouo aggiunte intorno alla detta passione, raccolte per lo r.p. Gasparo Loarte dottor theologo della Compagnia di Giesu. Et per ordine di monsig. illustriss. card. Paleotti vescouo di Bologna ristampate.
Bologna, Giovanni Rossi, 1576 (Bologna, Giovanni Rossi, 1576).
169, [11] p.: ill.; 12°
A-G¹², H⁶
EDIT16-CNCE 75184
V. fr.

[1807]
LOARTE, GASPAR DE
Trattato della continua memoria, che si deue hauere della sacra passione di Christo redentore nostro, con sette meditationi, che si possono dire secondo le sette hore canoniche, per meditare ciò che il medesimo Signore patì in ciascuna di quelle hore. Composte per il r.p. Gaspar Loarte dottor theologo della Compagnia di Gesù.
Venezia, Gabriele Giolito De Ferrari, 1576.
48 c.: il.; 12°
EDIT16-CNCE 54975

[1808]
LUDOLPH VON SACHSEN/(tr.) SANSOVINO, FRANCESCO
Vita di Giesu Christo nostro Redentore scritta da Landolfo di Sassonia dell'Ordine certosino, et fatta volgare da m. Francesco Sansouino. Nella quale con pia, et santa dottrina, si espongono con facilità gli Euangelij che corrono in tutto l'anno secondo le sentenze de santi, & de piu approuati dottori, & con molte diuote meditationi & orationi conformi all'Euangelio. Opera non meno necessaria a predicatori et parrochiani, i quali nelle feste principali dichiarano l'Euangelio a popoli loro, che ad ogni christiano che desideri di uiuer secondo la santa fede cattolica. Con le tauole de Vangeli correnti per tutto l'anno, & delle cose notabili, & de capi principali poste a loro luoghi.
Venezia, 1576 (Venezia, Giacomo Sansovino, 1576).
[16], 464 [i.e. 465], [1] c.: ill.; fol.
croce⁴-3croci⁴ 2croce⁴ A-2Z⁴ 2A-2N⁴ a-2z⁴ 3a-3k⁴ 3l⁶
EDIT16-CNCE 31166
V. fr.

[1809]
LUIS DE GRANADA/(tr.) LAURO, PIETRO

Deuotissime meditationi per i giorni della settimana, tanto per la mattina, come per la sera. Composte dal r.p.f. Luigi di Granata dell'Ordine de' Predicatori. Nelle quali si contemplano i principali misteri della salute nostra. Nuouamente tradotte per m. Pietro Lauro modonese [...] E questo è il quarto fiore della nostra Ghirlanda spirituale.

Venezia, Gabriele Giolito De Ferrari, 1576 (Venezia, Gabriele Giolito De Ferrari).

[36], 429, [1] p.: ill.; 12°

EDIT16-CNCE 26917

[1810]

LUIS DE GRANADA/(tr.) BUONFANTI, PIETRO

Meditationi molto deuote, sopra alcuni passi, et misteri della vita del nostro Saluatore, & particolarmente della sua santa natiuità, per fino alla sua gloriosa ascensione. Composte per il r.p. fra Luigi di Granata dell'ordine di S. Domenico. Tradotte di spagnuolo in italiano dal r.m. Pietro Buonfanti da Bibbiena. Con due tauole; cioè, de' capitoli, & delle cose notabili. Et questo è il nono fiore della nostra Ghirlanda spirituale, del Granata.

Venezia, Gabriele Giolito De Ferrari, 1576.

[20], 267, [1] p.: ill.; 4°

*10 A-Q8 R6

EDIT16-CNCE 26918

V. fr.

[1811]

LUIS DE GRANADA/(ed.) GIANETTI, ANDREA

Rosario della sacratissima Vergine Maria [...] Raccolto dalle opere del reuerendo P. F. Luigi di Granata dell'Ordine de' Predicatori, per il reuerendo padre f. Andrea Gianetti da Salo [...].

(Roma, Giuseppe De Angelis, 1576).

[4], 176 [i.e. 276] p.: ill.; 4°

EDIT16-CNCE 78575, SBN-IT\ICCU\UFEE\013870

Cfr. Ascarelli, p. 116.

[1812]

NUOVO TESTAMENTO/(tr.) RUSTICI, FILIPPO

Il Nuouo Testamento di Giesu Christo nostro Signore.

[Genève], Giovanni Battista Pineroli, 1576.

400 c.; 8°

a-3d8

EDIT16-CNCE 5964, Barbieri 83 e tav. A65

Per il luogo di stampa cfr. Chaix-Dufour-Moeckli, p. 86.

V. fr.

[1813]

PERROT, FRANÇOIS

Perle elette di Francesco Perrotto, cauate da quel tesoro infinito di CL. salmi di David. Diuise in tre parti et noue canti.

[Genève], Jean de Laon <1>, 1576.

[80] c.; 8°

EDIT16-CNCE 71696

1577

[1814]

ANONIMA

Dimostratione de gli passi sopra la Scrittura, in diffensione della fede di Christo vero Messia contra gli hebrei.

(Venezia, Giovanni Francesco Romulo, 1577).

[12] c.; 12°

A12

EDIT16-CNCE 39354

V. fr.

[1815]

ANONIMA

Fiori del giardinetto detto il sole. Nel quale si contiene molte deuotissime orationi. Raccolte da diuerse compositioni spirituali. Con vna salutatione alle cinque piaghe del nostro Signor Giesu Christo. Con la sua tauola di quello, che nell'operetta si contiene.

(Venezia, al segno della Regina, 1577).

53, [3] c.: ill. ; 12°

A-D12 E8

EDIT16-CNCE 19172

[1816]

BARTOLINI, LEONE

Essercitio spirituale sopra la passione, e morte di Giesu Christo Signor nostro. Di don Leone Bartolini. Aggiontoui li ponti da contemplarsi nell'hore tanto di notte, quanto di giorno.

Roma, Eredi di Antonio Blado, 1577 (Roma, Eredi di Antonio Blado).

94 p.; 12°

EDIT16-CNCE 68862

V. fr.

[1817]

BRACCETTO, MICHELE

Trattato di m. Michiel Bracetto sopra il salmo di Dauid Miserere mei Deus. Al valoroso et illustre caualiere il signor Pietro Montalbano.

Padova, Lorenzo Pasquato, 1577.

40 c.; 4°

EDIT16-CNCE 7380

V. fr.

[1818]

COLONNA, GIORGIO

Canzone spirituale scudo d'ogni trauaglio. Composta sopra il salmo, In te Domine speraui. Di G. C. V.

Venezia, 1577.

[4] c.; 4°

EDIT16-CNCE 48609

[1819]

EPISTOLE E VANGELI/(tr.) ANONIMA

Epistole, et euangeli, che si dicono tutto l'anno nella messa. Tradotte in lingua toscana. Nuouamente corrette, & riformate secondo il Messale Romano, stampato d'ordine del santo Concilio di Trento.

Venezia, Orazio Gobbi, 1577.

[24], 659 p.: ill.; 12°

EDIT16-CNCE 11377

[1820]

FERENTILLI, AGOSTINO/PHILO ALEXANDRINUS/(tr.) FERENTILLI, AGOSTINO

Discorso vniuersale di m. Agostino Ferentilli. Di nuouo ristampato. Nelquale discorrendosi per le sei età, & le quattro monarchie; si raccontano tutte l'historie, & l'origine di tutti gl'imperij, regni, & nationi; incominciando dal principio del mondo, fino all'anno MDLXIX. Et per maggior intelligenza vi è aggiunto il calcolo de' tempi, & i nomi delle persone piu illustri, che uissero à quel tempo in diuerse professioni. Et nel fine è vn discorso del medesimo autore, intorno alla creatione del mondo, e de gl'huomini illustri insino all'istesso tempo MDLXIX. Nuouamente reuista, & espurgata da' superiori, & con loro licenza ristampata.

Venezia, Gabriele Giolito De Ferrari, 1577.

2 pt ([16], 231, [1]; [56]) p.: ill.; 4°

[ast]⁴ 2[ast] ⁴ A-O⁸ P⁴; a⁴ b-d⁸

EDIT16-CNCE 18745

È l'edizione del 1573, con la sostituzione del frontespizio e dell'ultima carta della pt 1 (e le carte corrispondenti), dove la previsione della durata del mondo è stata sostituita dall'"Errata" per censura ecclesiastica. Var. B: ricomposizione parziale della pt 1. A c. a1r altro frontespizio: *La creatione del mondo, descritta da Mosè, dichiarata da Filone Hebreo: tradotta da m. Agostino Ferentilli, et nuouamente ristampata. Aggiuntoui vn discorso vniuersale: nelquale si raccontano l'historie di tutte l'età, regni, & nationi, cominciando dal principio del mondo, sino all'anno MDLXIX. Composto dal medesimo Ferentilli, & di nuouo ristampato.* Venezia, Gabriele Giolito De Ferrari, 1577. V. fr.

[1821]

GARZADORI GRAZIANI, FRANCESCO

Della oratione dominicale, et salutatione angelica. Breue interpretatione [...].

Vicenza, Giorgio Angelieri, 1577.

12 c.; 8°

A⁶

EDIT16-CNCE 29090

[1822]

LOMBARDELLI, ORAZIO

Due sermoni sopra la passion di nostro Sig. Giesu Christo l'vno de' frutti, de' modi, e de' segni di ben contemplarla, l'altro del reggimento de luoghi pij, particolarmente Compagnie di Secolari. Composti da Orazio Lombardelli senese.

Firenze, Giorgio Marescotti, 1577.

40, [2] c.: ill.; 12°

A-C¹² D⁶ (c. D5-6 bianche)

EDIT16-CNCE 74386

A c. C4r altro frontespizio: *Del reggimento de' luoghi pii, particularmente Compagnie de Secolari. Parte seconda. Sermone d'Orazio Lombardelli senese, sopra la passione del N.S. Giesu Christo.* V. fr.

[1823]

LUIS DE GRANADA/(tr.) LAURO, PIETRO

Deuotissime meditationi per i giorni della settimana tanto per la mattina, come per la sera del r. padre f. Luigi di Granata, dell'Ordine di san Domenico, nelle quali si contemplano i principali misteri della salute nostra. Tradotte di spagnuolo in italiano, da m. Pietro Lauro modonese. [...] Questo è il quarto fiore della nostra Ghirlanda spirituale.

Venezia, Gabriele Giolito De Ferrari, 1577.

[20], 214, [2] p.: ill.; 4°

EDIT16-CNCE 26926

[1824]

LUIS DE GRANADA/(tr.) BUONFANTI, PIETRO

Meditationi molto deuote, sopra alcuni passi, et misteri della vita del nostro Saluatore, & particolarmente della sua santa natiuità, per fino alla sua gloriosa ascensione. Composte per il r.p. fra Luigi di Granata dell'ordine di S. Domenico. Tradotte di spagnuolo in italiano, dal r.m. Pietro Buonfanti da Bibbiena. Con due tauole, l'vna de' capitoli, et l'altra delle cose notabili. Et questo è il nono fiore della nostra Ghirlanda spirituale, del Granata.

Venezia, Gabriele Giolito De Ferrari, 1577.

[20], 267, [1] p.: ill.; 4°

*¹⁰ A-Q⁸ R⁶

EDIT16-CNCE 52932

Var. B: data sul frontespizio 1578. V. fr.

[1825]

LUIS DE GRANADA/(tr.) BUONFANTI, PIETRO

Meditationi molto diuote, sopra alcuni passi, et misteri della vita del n. Saluatore, et particolarmente della sua s. Natiuità, per fino alla sua gloriosa ascensione. Del r.p.f. Luigi di Granata, dell'Ordine di san Domenico. Tradotto di spagnuolo in italiano, dal r.m. Pietro Buonfanti da Bibiena.
Venezia, Gabriele Giolito De Ferrari, 1577 (Venezia, Gabriele Giolito De Ferrari).
[48], 527, [1] p.: ill.; 12°
EDIT16-CNCE 26928

[1826]

LUIS DE GRANADA/(ed.) GIANETTI, ANDREA
Rosario della sacratissima vergine Maria madre di Dio, nostra signora. Dall'opere del r.p.f. Luigi di Granada de l'Ordine de' predicatori raccolto per il r.p.f. Andrea Gianetti da Salò [...] Con la confirmatione di Pio V & institutione della stessa da n.s. papa Gregorio XIII.
Venezia, Giovanni Varisco e compagni, 1577 (Venezia, Giovanni Varisco e compagni, 1577).
342, [6] p.: ill.; 12°
A-O¹² P⁶
EDIT16-CNCE 53312

[1827]

LUIS DE GRANADA/(ed.) GIANETTI, ANDREA
Rosario figurato della sacratissima vergine Maria madre di Dio nostra auocata dall'opere del reu. p.f. Luigi di Granata dell'Ordine de Predicatori raccolto per il r.p.f. Andrea Gianetti da Salò dottore theologo dell'istesso ord. et prouinciale di Terra Santa. De nuouo ristampato et con alquante belle figure de varie inuentioni dalle prime variato.
Giovanni Battista Cavalieri e Lorenzo Oderico, 1577 (Roma, Giuseppe De Angelis, 1576).
[12], 176 p. [i.e. 276]: ill.; 4°
A⁴ 2A² B-2M⁴ 2N²
EDIT16-CNCE 41981
V. fr.

[1828]

MARAFFI, DAMIANO
Figure del Nuouo Testamento, illustrate da versi vulgari italiani.
Lyon, Jean de Tournes <2>, 1577.
[52] c.: ill.; 8°
EDIT16-CNCE 71684
Nome dell'autore nella lettera dedicatoria.

[1829]

RAZZI, SILVANO
La vita di Maria vergine, e di san Giouanni Batista. Scritta dal padre don Siluano Razzi, monaco camaldolense. E nuouamente data in luce.

Firenze, Eredi di Bernardo Giunta <1>, 1577 (Firenze, Eredi di Bernardo Giunta <1>, 1577).
[8], 250, [2] p.; 4°
*⁴ A-2H⁴ 2I²
EDIT16-CNCE 28468
V. fr.

[1830]

ROSIGLIA, MARCO
La conuersione di S. Maria Maddalena e la vita di Lazzaro, e di Martha in ottaua rima historiata.
(Perugia, Andrea Bresciano, 1577).
44 c.: ill.; 8°
A-E⁸ F⁴
SBN-IT\ICCU\URBE\042881

[1831]

SIMEONI, GABRIELE
Figure de la Biblia, illustrate de stanze tuscane, per Gabriel Simeoni.
Lyon, Guillaume Rouillé, 1577.
[148] c.: ill.; 8°
A-S⁸ T⁴ (c. T4 bianca)
EDIT16-CNCE 30200

1578

[1832]

ALBERTO DA CASTELLO
Rosario della gloriosa vergine Maria.
Venezia, Giovanni Varisco e compagni, 1578.
252, [4] c.: ill.; 8°
EDIT16-CNCE 762
V. fr.

[1833]

ALBERTO DA CASTELLO
Rosario della gloriosa Vergine Maria. Con le stationi et indulgentie delle chiese di Roma per tutto l'anno.
(Venezia, Eredi di Luigi Valvassori e Giovanni Domenico Micheli, 1578).
256 c.; 8°
EDIT16-CNCE 40138

[1834]

ANONIMA
Giuditio vniuersale ouero finale qual tratta della fine del mondo, & quando il nostro Signor Giesu Christo venirà à giudicare i viui & i morti. Con la venuta de Antechristo, nuouamente con ogni diligentia ristampato.
Perugia, Pietro Giacomo Petrucci, 1578.

[6] c.: ill.; 4°
EDIT16-CNCE 63692
Titolo uniforme: *Storia del giudizio universale*. Incipit a c. [A1v]: *A te ricorro eterno creatore | che gratia presti al debil' intelletto.* Cfr. Cioni 1963, p. 256, n. 11. V. fr.

[1835]
ANONIMA
La rappresentazione di Aman. Nuovamente ristampata, & ricorretta.
[Firenze, Tipografo non identificato, 1578].
[16] c.: ill; 4°
A-D⁴
SBN-IT\ICCU\VEAE\087878
Cfr. Cioni 1961, p. 306, n. 3. V. fr.

[1836]
ANONIMA
Le sette allegrezze della Madonna.
Siena, 1578.
[4] c.: ill.; 8°
A⁴
EDIT16-CNCE 63548
V. fr.

[1837]
ANONIMA
Vita di Maria Vergine.
Mantova, Francesco Osanna, 1578.
8°
EDIT16-CNCE 55469

[1838]
ANONIMA/VARIA
Il terzo libro di feste, rappresentationi, et comedie spirituali, di diuersi santi, e sante, del Testamento vecchio, & nuouo, composte da diuersi autori. Nuouamente poste insieme, e parte non piu stampate. Aggiuntoui nel fine vna scelta di laude spirituali. Con la tauola di quel che nell'opera si contiene.
Firenze, [Eredi di Bernardo Giunta <1>], 1578.
[4] c. + 30 pt; 4°
EDIT16-CNCE 53305
Le [4] c. contengono frontespizio generale, avviso ai lettori e indice del terzo volume della "Raccolta giuntina". Le 30 parti contengono testi stampati da vari tipografi fiorentini del XVI secolo raccolti dai Giunta. Cfr. Cioni 1961, p. 25-31. V. fr.

[1839]
ANTONINO (SANTO)
Opera vtilissima et necessaria alla instruttione de i sacerdoti.

Venezia, Eredi di Melchiorre Sessa <1>, 1578 (Venezia, Eredi di Francesco Rampazetto <1>, 1578).
136 [i.e. 152], [8] p.; 8° (errori nella numer. delle p.)
A-K⁸
EDIT16-CNCE 2085
Titolo uniforme: *Confessionale: Curam illius habe* [italiano], dalla dicitura del titolo simile ad altre edizioni.

[1840]
BARTOLINI, LEONE
Essercitio spirituale per ogni giorno di Quaresima, sopra la passione, & morte di N.S. Giesu Christo. Di don Leone Bartolini.
Parma, Seth Viotti, 1578.
53 c.: ill.; 12°
A-D¹² E⁶
EDIT16-CNCE 4319
V. fr.

[1841]
CANISIUS, PETRUS/[(tr.) DOVIZI, ANGELO?]
Catechismo catolico necessarijssimo in questi tempi alla instruttione della giouentù. Composto dal r.m. Pietro Canisio dottore theologo della Compagnia di Giesu, & tradotto di lingua latina nell'italiana.
Torino, 1578.
72 p.; 12°
A-C¹²
EDIT16-CNCE 58835, SBN-IT\ICCU\RMLE\033809
V. fr.

[1842]
[DATI, GIULIANO/BERNARDO DI ANTONIO/PARTICAPPA, MARIANO]
Rappresentatione della passione del N.S. Giesu Christo. Secondo che si recita dalla dignissima Compagnia del Confalone di Roma, il Venerdi Santo nel Coliseo.
Bologna, Fausto Bonardo, a istanza di Giorgio Ian, [non prima del 1578].
[30] c.: ill.; 12°
A-B¹² C⁶
EDIT16-CNCE 39005
Per gli autori cfr. Cioni 1961, p. 156. Titolo uniforme: *Rappresentazione della passione di Cristo.* Data dall'attività del tipografo. V. fr.

[1843]
[DATI, GIULIANO/BERNARDO DI ANTONIO/PARTICAPPA, MARIANO]
La representatione della passione del nostro Signore Giesu Christo. Secondo che si recita, et representa dalla dignissima compagnia del Confalone di Roma, il Venerdi Santo, nel

Coliseo, con la sua santissima resurrettione. Et con la gionta di alcune Stantie fatte sopra li misterij della santissima Passione. Nuouamente stampata.

(Venezia, Pietro Falcon, 1578).

[40] c.: ill.; 8°

A-B¹⁶ C⁸

Edit16-CNCE 66925

Per gli autori cfr. Cioni 1961, p. 156. Titolo uniforme: *Rappresentazione della passione di Cristo.*

[1844]

Epistole e Vangeli/(tr.) Anonima

Epistole lettioni, et euangeli, che si leggono tutto l'anno alla messa, latine et uolgari [...] Nouamente corrette, et riformate secondo il messale romano; stampato d'ordine del santo Concilio di Trento.

Venezia, Giovanni Maria Leni, 1578.

797 p.: ill.; 8°

A-3D⁸ (c. 3D8 bianca)

Edit16-CNCE 11378

[1845]

Epistole e Vangeli/(tr.) Cattani Da Diacceto, Francesco

Pistole, lezzioni, et vangeli, che si leggono in tutto l'anno alla messa, secondo la consuetudine della Sagrosanta Romana Chiesa conforme al Messale riformato di papa Pio quinto. Tradotti in volgar fiorentino dal reuerendo m. Francesco de' Cattani da Diacceto, gentil'huomo, e canonico di Firenze, & proton. apostolico: hoggi vescouo di Fiesole, et da lui riueduti, e ricorretti. Alla serenissima Giouanna d'Austria regina nata d'Vngheria et Boemia, gran duchessa di Toscana. Co'l calendario, e tauola delle feste mobili.

Firenze, Eredi di Bernardo Giunta <1>, 1578 (Firenze, Eredi di Bernardo Giunta <1>, 1578).

[20], 187, [1] p.: ill.; 2°

Edit16-CNCE 11379, SBN-IT\ICCU\CNCE\011379

V. fr. e colophon.

[1846]

Epistole e Vangeli/(tr.) Cattani Da Diacceto, Francesco

Pistole, lezzioni, et vangeli, che si leggono in tutto l'anno alla messa, secondo la consuetudine della Sagrosanta Romana Chiesa, conforme al messale riformato da papa Pio Quinto. Tradotti in volgar fiorentino dal reuer. m. Francesco de' Cattani da Diacceto [...] et da lui nuouamente riuisti, e ricorretti.

Firenze, Eredi di Bernardo Giunta <1>, 1578 (Firenze, Eredi di Bernardo Giunta <1>, 1578).

[20], 409, [1] p.; 8°

+⁸ A-2C⁸ (ultima bianca)

SBN-IT\ICCU\UMCE\012402

[1847]

Ferentilli, Agostino/Philo Alexandrinus/(tr.)
Ferentilli, Agostino

Discorso vniuersale di m. Agostino Ferentilli. Di nuouo ristampato. Nelquale discorrendosi per le sei età, & le quattro monarchie; si raccontano tutte l'historie, & l'origine di tutti gl'imperij, regni, & nationi; incominciando dal principio del mondo, fino all'anno MDLXIX. Et per maggior intelligenza vi è aggiunto il calcolo de' tempi, & i nomi delle persone piu illustri, che uissero à quel tempo in diuerse professioni. Et nel fine vn discorso del medesimo autore, intorno alla creatione del mondo, e de gl'huomini illustri insino all'istesso tempo MDLXIX. Nuouamente reuista, & espurgata da' superiori, & con loro licenza ristampata.

Venezia, Gabriele Giolito De Ferrari, 1578.

2 pt ([16], 231, [1]; [56] p.): ill.; 4°

(ast)-2(ast)⁴ A-O⁸ P⁴; a⁴ b-d⁸

Edit16-CNCE 18746, SBN-IT\ICCU\TO0E\002205

A c. a1T altro frontespizio: *La creatione del mondo, descritta da Mosè, dichiarata da Filone Hebreo: tradotta da m. Agostino Ferentilli, et nuouamente ristampata. Aggiuntoui vn discorso vniuersale: nelquale si raccontano tutte l'historie di tutte l'età, regni, & nationi, cominciando dal principio del mondo, fino all'anno MDLXIX. Composto dal medesimo Ferentilli, & di nuouo ristampato. Venezia, Gabriele Giolito De Ferrari, 1578.* V. fr.

[1848]

Filauro, Giovanni Battista

[*Della passione, morte e resurrezione di Gesù Cristo*].

(L'Aquila, Giuseppe Cacchi, 1578).

c. +15-103: ill.; 12°

Edit16-CNCE 37215

Nome dell'autore nel testo. Per il titolo cfr. la voce di R. Contarino in *DBI*, vol. 47, 1997, p. 612-613.

[1849]

Filippi, Marco, detto il Funesto

Vita di santa Caterina vergine, e martire; composta in ottaua rima da Marco Filippi, detto il Funesto. Aggiuntoui di nuouo gli argomenti, et le figure appropriate ad ogni canto. Con vna raccolta di sonetti, e canzoni spirituali, & di alcune stanze della Maddalena a Christo del medesimo autore.

Venezia, Domenico Guerra e Giovanni Battista Guerra, a istanza di Lorenzo Pegolo, 1578.

[8], 206 [i.e. 208] c.: ill.; 8°

[croce]⁸ A-Z⁸ 2a-2c⁸

Edit16-CNCE 41561

A c. Y1r altro frontespizio (visto): *Rime spirituali, et alcune stanze della Maddalena a Christo. Composte per Marco Filippi, detto il Funesto, stando prigione.*

[1850]

FOLENGO, TEOFILO
Della vita di Christo libri dieci. Ne' quali, discorrendosi intorno le profetie dell'auuenimento di lui, si arriua alla salute della humana generatione, laquale egli ricuperò dalla morte con la morte propria. Ornati di molte, & vaghe figure per abbellimento dell'opera, & sodisfattione di coloro, che si dilettono di cosi vtile, & fruttuosa fatica. Di Teofilo Folengo.
Venezia, Domenico Guerra e Giovanni Battista Guerra, 1578.
[20], 205, [3] c.: ill.; 8°
a-b⁸ c⁴ A-2C⁸ (c. c4, 2C7-8 bianche)
EDIT16-CNCE 42932
V. fr.

[1851]

GARZADORI GRAZIANI, FRANCESCO
Della oratione dominicale, et salutatione angelica [...] di Francesco Gratiano di Garzatori.
Vicenza, Giorgio Angelieri, 1578.
12 c.; 8°
A-C⁸
EDIT16-CNCE 53307

[1852]

JACOBUS DE VORAGINE/(tr.) MALERBI, NICOLÒ
Leggendario delle vite de' santi: composto dal r.f. Giacobo di Voragine [...] tradotto già per il r.d. Niccolo Malerbio [...].
Venezia, Domenico Guerra e Giovanni Battista Guerra, 1578.
[16], 815, [1] p.; 4°
[croce]⁸ A-3E⁸
EDIT16-CNCE 51589
Titolo uniforme: *Legenda aurea sanctorum* [italiano].

[1853]

LUIS DE GRANADA/(tr.) LAURO, PIETRO
Deuotissime meditationi per i giorni della settimana tanto per la mattina, come per la sera. Del r. padre f. Luigi di Granata, dell'Ordine di s. Domenico, nelle quali si contemplano i principali misteri della salute nostra. Tradotte di spagnuolo in italiano, da Pietro Lauro modonese, a cui nuouamente, oltre la diligente correttione, sono aggiunte l'autorità latine della sacra scrittura. Con due tauole, vna dei capitoli, et l'altra delle cose più notabili. Questo è il quarto fiore della nostra Ghirlanda spirituale.
Venezia, Gabriele Giolito De Ferrari, 1578 (Venezia, Gabriele Giolito De Ferrari).

[20], 214, [2] p.: ill.; 4°
*¹⁰ A-N⁸ O⁴
EDIT16-CNCE 26938

[1854]

LUIS DE GRANADA/(tr.) BUONFANTI, PIETRO
Meditationi molto deuote, sopra alcuni passi, et misteri della vita del nostro Saluatore, & particolarmente della sua santa natiuità, per fino alla sua gloriosa ascensione. Composte per il r.p. fra Luigi di Granata dell'ordine di S. Domenico. Tradotte di spagnuolo in italiano, dal r.m. Pietro Buonfanti da Bibbiena. Con due tauole, l'vna de' capitoli, et l'altra delle cose notabili. Et questo è il nono fiore della nostra Ghirlanda spirituale, del Granata.
Venezia, Gabriele Giolito De Ferrari, 1578.
[18], 267, [1] p.; 4°
*¹⁰ A-Q⁸ R⁶
EDIT16-CNCE 26939
V. fr.

[1855]

LUIS DE GRANADA/(tr.) BUONFANTI, PIETRO
Meditationi molto diuote, sopra alcuni passi, et misteri della uita del n. Saluatore, & particolarmente della sua s. natiuità, per fino alla sua gloriosa ascensione. Del r.p.f. Luigi di Granata, dell'ordine di San Domenico. Tradotto di spagnuolo in italiano, dal r. m. Pietro Buonfanti da Bibiena. Con l'autorità della Sacra Scrittura. Et con due tauole, l'una de i capitoli, l'altra delle cose notabili. Et questo è il nono fiore, della nostra Ghirlanda spirituale.
Venezia, Gabriele Giolito De Ferrari, 1578.
[48], 527, [1] p.; 12°
a-b¹² A-Y¹²
EDIT16-CNCE 75671
V. fr.

[1856]

LUIS DE GRANADA/(ed.) GIANETTI, ANDREA
Rosario figurato della sacratissima vergine Maria madre di Dio nostra auocata dall'opere del reu. p.f. Luigi di Granata dell'Ordine de Predicatori raccolto per il r.p.f. Andrea Gianetti da Salò dottore theologo dell'istesso ord. et prouinciale di Terra Santa. De nuouo ristampato et con alquante belle figure de varie inuentioni dalle prime variato.
Venezia, Giovanni Varisco e compagni, 1578 (Venezia, Giovanni Varisco e compagni, 1578).
[12], 276 p.: ill.; 4°
π-A⁴ A² B-2M⁴ 2N² A²
EDIT16-CNCE 40731
V. fr.

[1857]
PHILO ALEXANDRINUS/(tr.) FERENTILLI, AGOSTINO/
FERENTILLI, AGOSTINO
La creatione del mondo descritta da Filone Hebreo, et tradotta da m. Agostino Ferentilli. Aggiuntoui vn discorso vniuersale: nel quale si raccontano l'historie di tutte l'età, imperij, regni, & nationi, cominciando dal principio del mondo, fino all'anno, MDLXIX composto dal medesimo Ferentilli.
Venezia, Gabriele Giolito De Ferrari, 1578.
52 p.; 22 cm
SBN-IT\ICCU\LO1E\024178

[1858]
PIACI, FELICE
Rosario della sacratissima Madre Vergine, nostra piissima Signora, con le imagini, dichiarationi, contemplationi, & affettuose orationi per qualunque misterio, con vna piena instruttione circa l'istesso, & con le sue rarissime indulgenze, & altri segnalatissimi doni spirituali. Ridotto in questa bellezza, & gratia dal r.p. Felice Piaci da Colorno, professore di sacra teologia, dell'Ord. de' Predicatori.
Bologna, Giovanni Rossi, 1578.
169, [11] p.: ill.; 12°
A-G¹² H⁶
EDIT16-CNCE 47389

[1859]
PITTORIO, LODOVICO/(ed.) TURCHI, FRANCESCO
Delle homelie di m. Lodouico Pittorio da Ferrara, parte prima. Nella quale si espongono tutti gli Euangeli, & Epistole, che si leggono nel tempo della Quaresima, secondo l'ordine della santa Romana Chiesa. Nuouamente ridotta in miglior lingua,& arricchita con le allegationi delle autorita della santa scrittura, per il reuer. p. Francesco da Treuigi, carmelitano.
Venezia, [Giovanni Varisco], 1578.
2 pt ([4], 255 c.); 4°
[fiore]⁴ A-2I⁸
EDIT16-CNCE 40738
A c. 121 un frontespizio introduce la seconda parte. Marca di Giovanni Varisco sul frontespizio.

[1860]
PITTORIO, LODOVICO
Homiliario quadragesimale di m. Lodouico Pittorio da Ferrara, fondato di parola in parola sopra tutte l'Epistole & Euangeli, che corrono ogni giorno per tutto l'anno, secondo l'ordine della Chiesa Romana. Con le diuisioni delle Epistole & Euangeli, che per innanzi mancauano. Nuouamente ristampato, da molti errori corretto, & di bellissime figure adornato.

Venezia, Altobello Salicato, 1578.
2 vol.: ill.; fol.
EDIT16-CNCE 30532
1:
[8], 171, [1] p.
[croce]⁴ A-K⁸ L⁶
SBN-IT\ICCU\BVEE\014267
V. fr.
2:
Delle homelie di M. Lodouico Pittorio da Ferrara, parte secunda. Sopra gli Euangelii, et Epistole, che si leggono ne' giorni festiui di tutto l'anno, sì de' santi, come delle domeniche, secondo l'ordine della Chiesa Romana. Appresso vi sono aggiunti alcuni sermoni della confessione, della contritione de' peccati, della santa communione, & del dispregio della morte; con alcune diuote meditationi sopra l'oratione dominicale. Di nuouo ristampata, & da infiniti errori corretta.
Venezia, Altobello Salicato, 1578.
[4], 173-360 p.
M-Z⁸
SBN-IT\ICCU\BVEE\014269
V. fr.

[1861]
PITTORIO, LODOVICO/(ed.) TRANQUILLO, PAOLO
Li sette salmi penitentiali, moralmente in forma d'omeliario con il latino, & sua dechiaratione, et di sentenza in sentenza volgarizati da Lodouico Pittorio da Ferrara. Raccolti dal r.p.f. Paolo Tranquillo da Monte Granaro, de' Minori Conuentuali. Con la gionta d'altr'orationi. Con vn sonetto dell'incarnatione di n. Sig. Giesu Christo.
Fermo, Astolfo Grandi, 1578.
48 c.; 12°
A-H⁶
EDIT16-CNCE 5911
V. fr.

[1862]
PLATINA (IL) (SACCHI, BARTOLOMEO)
Platina Delle vite de pontefici. Oue si descriuono le vite di tutti loro, per fino à papa Gregorio XIII. Et sommariamente tutte le guerre, & altre cose notabili fatte nel mondo da Christo insino al dì d'oggi. Tradotto di latino in lingua volgare & nouamente ristampato, & tutto ricorretto, & ampliato.
Venezia, Giovanni Picchi e fratelli, 1578 (Venezia, Eredi di Francesco Rampazetto <1>, a istanza di Giovanni Picchi e fratelli, 1578).
426 [i.e. 422], [34] c.: ill.; 8° (salto nella numer. delle p. da c. 3 a c. 8)
A⁴ B-3G⁸ 3H⁴ *-3*⁸ 4a⁰
EDIT16-CNCE 34637

V. fr.

[1863]
PSEUDO-BONAVENTURA
*Le deuote, & pie meditationi di s. Bonauentura cardinale
sopra il misterio della humana redentione. Nuouamente con
somma diligentia ristampata, & ricorretta, & di varie figure
adornata.*
Venezia, Giovanni Antonio Bertano, 1578.
187, [5] p.: ill.; 16°
A-M⁸
EDIT16-CNCE 32874
Titolo uniforme: *Meditationes vitae Christi* [italiano].

[1864]
ROSIGLIA, MARCO
*La conuersione di s. Maria Maddalena, e la vita di Lazzaro,
e di Martha in ottaua rima historiata. Composta per m.
Marco Rasiglia da Fuligno, opera diuotissima.*
(Perugia, Andrea Bresciano, 1578).
[44] c.: ill.; 8°
A-E⁸ F⁴
EDIT16-CNCE 76464, SBN-IT\ICCU\URBE\042881

[1865]
ROSIGLIA, MARCO/FAUSTINO, PIETRO SAUL
*La conuersione di S. Maria Madalena et la vita di Lazaro,
e di Marta, in ottaua rima, composta per Marco Rasilia da
Folignio: opera deuotissima. Et aggiuntoui di nuouo il Pater
noster, & l'Aue Maria volgare, & il Credo esposto in terza
rima [...].*
(Perugia, Pietro Giacomo Petrucci, 1578).
[40] c.: ill.; 8°
A-E⁸ (ultime due c. bianche)
EDIT16-CNCE 73039, SBN-IT\ICCU\UM1E\017432
Il terzo capitolo è continuato da Pietro Saul Faustino,
come si deduce da c. C5r.

[1866]
SALMI/(tr.) ANONIMA
*Sessanta Salmi di Dauid, tradotti in rime volgari italiane
secondo la verità del testo hebreo, col Cantico di Simeone e i
dieci Comandamenti della legge: ogni cosa insieme col canto.*
[Genève], Giovanni Battista Pineroli, 1578.
[192] c.; 12°
A-Z⁸ 2A⁸
EDIT16-CNCE 5871

[1867]
SANNAZARO, JACOPO/(tr.) DELLA PORTA, CESARE
*Il primo libro del Parto della Vergine di Giacomo Sannazaro
tradotto per Cesare Dalla Porta [...].*

Cremona, Cristoforo Draconi, 1578.
[20] c.; 8°
A-B⁸ C⁴
EDIT16-CNCE 49744

[1868]
SCALVO, BARTOLOMEO
*Meditationi deuotissime sopra la vera vite Christo, nuoua-
mente da m. Bartolomeo Scaluo formate nel trattato latino
De passione Domini del deuoto s. Bernardo; con alcuni ec-
citamenti all'anima christiana alla cognitione & emenda-
tione propria, all'amore di Christo, & alla cognitione della
dignita del stato virginale.*
Venezia, Pietro Deuchino, 1578 (Venezia, Pietro
Deuchino, 1578).
[8], 143, [1] c.: ill.; 8°
[croce]⁸ A-S⁸
EDIT16-CNCE 30726

[1869]
SERNIGI, RAFFAELLA DE'
*La rapresentatione di Moise quando i Dio [!] gli dette le leg-
gi. In sul monte Synai. Nuouamente ristampata.*
[Firenze, 1578?].
[8] c.: ill.; 4°
A-B⁴
EDIT16-CNCE 53345, SBN-IT\ICCU\VEAE\095696
Nome dell'autrice a c. B3v. EDIT16 data "[1550?]" con rin-
vio a *STCBL*, p. 622. SBN rinvia a Cioni 1961, p. 242, n. 2;
Testaverde-Evangelista, 197 e 448. Inclusa con lettera d'or-
dine GGG nel terzo libro della "Raccolta giuntina", 1578,
cfr. EDIT16-CNCE 53305, vedi 1838. V. ed.

[1870]
TASSO, ERCOLE
*Espositione della oratione di Christo. Detta altramente do-
minicale, di Hercole Tasso. Seguendo pero esso la mente del
diuino Giouan Pico Mirandolano [...].*
Venezia, Domenico Guerra e Giovanni Battista Guerra,
1578.
[4], 25, [1] c.; 12°
A-B¹² C⁶
EDIT16-CNCE 67506

1579

[1871]
ALBERTO DA CASTELLO
*Rosario della gloriosa vergine Maria. Di nuouo stampato,
con nuoue & belle figure adornato.*
(Venezia, al segno della Regina, 1579).

REPERTORIO CA 1462-1650

252, [c] c.; ill. 8°
EDIT16-CNCE 763
V. fr.

[1872]
ANONIMA
Breue compendio della dottrina christiana. Publicata, &
data in luce nuouamente in Firenze. Per ordine di monsig.
reuerendiss. Arciuescouo di detta citta.
Firenze, Bartolomeo Sermartelli <1>, 1579.
[12], 90, [6] p.; 12°
A⁶ A-D¹²
EDIT16-CNCE 7534, SBN-IT\ICCU\VEAE\138924

[1873]
ANONIMA
[*Catechismo*].
Milano, Pacifico Da Ponte, 1579.
35, [1] p.; 8°
EDIT16-CNCE 76249

[1874]
ANONIMA
Lauda di san Giouanni Battista. Cantasi come, Conosco
ben che pel peccato mio.
Firenze, 1579.
[1] c.: ill.; 1/2
EDIT16-CNCE 79628
V. fr.

[1875]
ANONIMA
La rappresentatione dello Spirito Santo.
(Siena, [Luca Bonetti], 1579).
[4] c.: ill.; 4°
A⁴
EDIT16-CNCE 50584, SBN-IT\ICCU\CFIE\032916
Per il tipografo cfr. Cioni 1961, p. 278, n. 6; Testaverde-
Evangelista, 341 e 692. V. ed.

[1876]
ANTONINO (SANTO)/(ed.) TURCHI, FRANCESCO
Somma Antonina, composta volgarmente da s. Antonino ar-
ciuescouo di Fiorenza. Nellaquale s'instruiscono i confessori,
e i sacerdoti curati, con tutte quelle persone, che desiderano
viuere christianamente. Di nuouo con molto studio, & di-
ligenza corretta, & illustrata di argomenti, di tauole & di
figure de' parentadi, spirituale, legale & carnale, secondo la
determinatione del sacrosanto Concilio di Trento, & d'al-
tre cose necessarie alla sua perfettione. Dal r.p. Francesco da
Treuigi carmelitano.
Venezia, Domenico Farri, 1579.

[24], 300 p.: ill.; 12°
†¹² A-M¹² N⁶
EDIT16-CNCE 2086
Titolo uniforme: *Confessionale: Curam illius habe* [ita-
liano], da altre edizioni della *Somma antonina* curata da
Francesco Turchi. V. fr.

[1877]
BARDI, GIROLAMO
Sommario chronologico, nel quale dalla creatione di Adamo
fino all'anno MDLXXVIII. di Christo. Breuemente si rac-
conta la origine di tutte le genti, il principio di tutte le mo-
narchie, di tutti i regni, republiche, & principati, la salu-
tifera Incarnatione di Christo, con la successione de sommi
pontefici romani. La creatione di sei patriarchi, le congrega-
tioni de i religiosi, le militie de caualieri, i concilij vniuersali,
& nationali, le heresie, i scismi, congiure, le paci, rebelioni,
guerre, & prodigij, la denominatione di tutti li huomini in
ogni professione illustri. Con la particolar narratione del-
le dette cose successe d'anno in anno nel mondo. Fatto da
Girolamo Bardi fiorentino, monaco camaldolese.
Venezia, Lucantonio Giunta <2>, 1579 (Venezia,
Lucantonio Giunta <2>, 1579).
[50] c.; 2°
EDIT16-CNCE 4187
Alcuni esemplari hanno al posto del front. una prova di
stampa con data in numeri arabi. V. fr.

[1878]
[BELCARI, FEO]
La rappresentatione e festa di Abraam 7 di Isac suo figliuolo.
(Siena, [Luca Bonetti], 1579).
[4] c.: ill.; 4°
A⁴
EDIT16-CNCE 52863, SBN-IT\ICCU\CFIE\033188
Per l'autore e il tipografo cfr. Cioni 1961, p. 68, n. 19;
Testaverde-Evangelista, 506. Titolo da c. [A1r]. Titolo
uniforme: *Rappresentazione di Abramo e Isacco*. V. ed.

[1879]
[BELCARI, FEO]
La rapresentatione e festa di Abraam et di Isaac suo figliuolo.
(Siena, [Luca Bonetti], 1579).
[4] c.: ill.; 4°
A⁴
EDIT16-CNCE 42750, SBN-IT\ICCU\CFIE\033187
Per l'autore e il tipografo cfr. Cioni 1961, p. 68, n. 19;
Testaverde-Evangelista, 505. Titolo da c. [A1r]. Titolo uni-
forme: *Rappresentazione di Abramo e Isacco*. V. ed.

[1880]
BELCARI, FEO/BENCI, TOMMASO

La rappresentatione di san Giouanni Battista quando ando nel deserto.

Siena, [Luca Bonetti], 1579.

[4] c.: ill.; 4°

A⁴

EDIT16-CNCE 4827

Testo di Feo Belcari preceduto da 16 stanze di Tommaso Benci, cfr. c. [A1v]. Titolo uniforme: *Rappresentazione di s. Giovanni Battista nel diserto.* Cfr. Testaverde-Evangelista, 522. V. ed.

[1881]

BRASCHINI, GIOVAN ANTONIO

Meditationi pie intorno all'oratione dominicale. Et alla salutatione angelica del r.p.f. Giouan'Antonio faenzino dell'ordine M.C.

Verona, Sebastiano Dalle Donne e Giovanni Dalle Donne, 1579.

131, [1] p.; 12°

EDIT16-CNCE 57319

V. fr.

[1882]

CANISIUS, PETRUS/(tr.) DOVIZI, ANGELO

Catechismo catholico molto necessario per ben ammaestrare la giouentu in questi nostri tempi, composto pel R.P. Pietro Canisio dottor theologo, della compagnia di Giesu. Et tradotto in lingua italiana per il P. Angelo Douitij della medesima compagnia.

Bergamo, Comino Ventura, 1579.

[6], 36 c.; 12°

A¹⁸ B-C¹²

EDIT16-CNCE 59300, SBN-IT\ICCU\LO1E\004895

In calce al frontespizio: *Di ordine di Monsignor Reuerendis. Vescouo di Bergomo.*

[1883]

CATECHISMO/(tr.) FIGLIUCCI, FELICE

Catechismo, cioè Istruttione secondo il precetto del Concilio di Trento. A' parochi, publicato per commandamento del santiss. s.n. papa Pio V. Et tradotto poi per ordine di s. santità in lingua volgare dal r.p.f. Alesso Figliucci dell'ordine de' Predicatori. Con due tavole del fine, l'vna delle cose notabili, l'altra delle rubriche.

Venezia, Giovanni Battista Somasco, 1579.

570, [34] p.: ill.; 8°

EDIT16-CNCE 12087

Alesso (anche Alessio) Figliucci è il nome in religione di Felice Figliucci, domenicano. V. fr.

[1884]

EPISTOLE E VANGELI/(tr.) ANONIMA

Epistole et euangeli, che si dicono tutto l'anno nella messa. Tradotte in lingua toscana. Nuouamente corrette, & riformate secondo il messale romano, stampato d'ordine del Santo Concilio di Trento, et ornate di nuoue et bellissime figure.

Venezia, Domenico Guerra e Giovanni Battista Guerra, 1579.

720, [4] p.: ill.; 16°

EDIT16-CNCE 11380, SBN-IT\ICCU\MILE\007191

[1885]

EUSTACHIO, GIOVANNI PAOLO

Sacro settenario raccolto dalle Sante scritture, per Giouan Paolo Eustachio Nolano, già hebreo, hor christiano, professor della lingua santa, & studioso delle sacre lettere. Aggiontaui vna ispositione delle cerimonie sacre, vsate nel'aprir della Porta Santa, ne l'anno del Santissimo Giubileo.

Napoli, Giovanni Giacomo Carlino per Orazio Salviani, 1579 (Napoli, Giovanni Giacomo Carlino per Orazio Salviani, 1579).

43, [5] p.; 8°

A-C⁸

EDIT16-CNCE 18389

[1886]

FIAMMA, GABRIELE

Sei prediche del r.d. Gabriel Fiamma, canonico regolare lateranense, in lode della beata Vergine, sopra l'Euangelo di s. Luca, Missus est Angelus Gabriel. Predicate in Napoli, nella chiesa dell'Annunciata, i sabbati di Quaresima, l'anno 1573. Ai molto illustri, & eccellenti signori, li signori VI. della piazza di Capuana, & mastri dell'Annunciata.

Venezia, Francesco De Franceschi <senese>, 1579.

472 p.; 4°

A-2F⁸ 2G⁴

EDIT16-CNCE 18917, SBN-IT\ICCU\TO0E\077961

V. fr.

[1887]

FOGLIETTA, MARCO

Specchio di passione. Trattato del molto reueren. fra Marco Foglietta della citta d'Alatro, dell'Ordine Hyerosolimitano del priorato di Roma, dottor di leggi, & della sacra theologia deuoto professore. Raccolto da diuersi santi padri & altri autori contemplatiui, approuato con molte figure, profetie, & detti del Vecchio, & Nuouo Testamento.

Napoli, Giovanni Giacomo Carlino per Orazio Salviani, 1579 (Napoli, Giovanni Giacomo Carlino per Orazio Salviani, 1579).

107 [i.e. 99], [1] p.: ill.; 4°

A-L⁴ M⁶

EDIT16-CNCE 19308

V. fr.

[1888]

LANTANA, BARTOLOMEO/RADULPHUS ARDENS/(tr.)
TURCHI, FRANCESCO

La prima parte delle Prediche del r.p.f. Bartolomeo Lantana, teologo carmelitano: nuouamente ristampate, corrette, & accresciute d'vn libro nuouo di sermoni sopra gli Euangeli propri, & communi de' santi, che si leggono nelle messe solenni, & feriali di tutto l'anno, di Randolfo Ardente, tradotti di latino in volgare dal r.p. Francesco da Treuigi dell'istesso ordine.

Venezia, Domenico Guerra e Giovanni Battista Guerra, 1579.

4 pt ([24], 117, [3]; [12], 298; [8], 181, [3]; [24], 269, [3] p.): ill.; 4°

a-c⁸ A-G⁸ H⁴; a⁶ 2A-2S⁸ 2T⁶; a⁴ 3A-3L⁸ 3M⁴ (c. 3m4 bianca); πa⁴ a⁸ A4 B-R⁸ S⁴ (c. S4 bianca)

EDIT16-CNCE 36073, SBN-IT\ICCU\RMLE\005261

A c. a1r altro frontespizio: *La seconda parte delle Prediche del r.p.f. Bartolomeo Lantana, teologo carmelitano: nuouamente ristampate, corrette, & accresciute d'vn libro nuouo di sermoni sopra gli Euangeli propri, & communi de' santi, che si leggono nelle messe solenni, & feriali di tutto l'anno, di Randolfo Ardente, tradotti di latino in volgare dal r.p. Francesco da Treuigi dell'istesso ordine.* Venezia, Domenico Guerra e Giovanni Battista Guerra, 1579. A c. a1r (della terza parte) altro frontespizio: *La terza parte delle Prediche del r.p.f. Bartolomeo Lantana, teologo carmelitano: nuouamente ristampate, corrette, & accresciute d'vn libro nuouo di sermoni sopra gli Euangeli propri, & communi de' santi, che si leggono nelle messe solenni, & feriali di tutto l'anno, di Randolfo Ardente, tradotti di latino in volgare dal r.p. Francesco da Treuigi dell'istesso ordine.* Venezia, Domenico Guerra e Giovanni Battista Guerra, 1579. A c. πa1r altro frontespizio: *Sermoni sopra gli Euangeli propri, & communi dei santi, che si leggono nelle messe solenni, & feriali di tutto l'anno: composti già cinquecento anni dall'eccellente, & pio teologo Randolfo Ardente: predicatore eloquentissimo di Guglielmo quarto, duca di Guascogna: et nuouamente tradotti di latino in volgare dal r.p. Francesco da Triuigi dell'Ordine Carmelitano.* Venezia, Domenico Guerra e Giovanni Battista Guerra, 1579. V. fr.

[1889]

LUIS DE GRANADA/(tr.) LAURO, PIETRO

Deuotissime meditationi per i giorni della settimana [...] del r. padre f. Luigi di Granata dell'ordine di S. Domenico [...] Tradotte di spagnuolo in italiano da m. Pietro Lauro [...] a' cui nuouamente [...] sono aggiunte l'autorità Latine della sacra Scrittura. Con due tauole [...] Questo è il quarto Fiore della nostra Ghirlanda spirituale [...].

Venezia, Gabriele Giolito De Ferrari <2>, 1579.
[20], 214, [2] c.: ill.; 4°
[stella]¹⁰ A-N⁸ O⁴
SBN-IT\ICCU\VEAE\122958

[1890]

MARCELLINO, EVANGELISTA

Breue espositione del salmo LXVII. di Dauid, Exurgat Deus. Con la traslatione letterale in versi. Del r.p.f. Euangelista Marcellino, dell'ordine de' Minori Osseruanti.

Camerino, Girolamo Stringario e Eredi di Antonio Gioioso, 1579.
[2], 116, [14] p.; 12°
A-E¹² F⁶
EDIT16-CNCE 25982
V. fr.

[1891]

MARCELLINO, EVANGELISTA

Le cinque meditationi sopra i cinque giorni della creatione del mondo. Del r.p.f. Euangelista Marcellino, dell'ordine de' Minori Osseruanti.

Camerino, Eredi di Antonio Gioioso e Girolamo Stringario, 1579.
[6], 96 p.; 12°
A-D¹² E⁶ (c. E4-6 bianche)
EDIT16-CNCE 25984
V. fr.

[1892]

MARCELLINO, EVANGELISTA

Lettioni sopra Giona profeta. Del r.p.f. Euangelista Marcellino dell'Ordine dei Minori Osseruanti.

Bologna, Alessandro Benacci, 1579.
240, [12] p.; 12°
A-K¹²
EDIT16-CNCE 65050

[1893]

MUSSO, CORNELIO

Il quarto libro delle prediche del Reuerendissimo Mons. Cornelio Musso, vescovo di Bitonto. Con due tauole [...] Di nuouo poste in luce [...].

Torino, [Francesco Lorenzini], presso gli eredi di Niccolò Bevilacqua, 1579.
[24], 352 p.; 4°
a-b⁴ A-Y⁸
SBN-IT\ICCU\TO0E\000619   e   IT\ICCU\TO0E\000619

[1894]

MUSSO, CORNELIO

Il quarto libro delle prediche del reuerendissimo mons. Cornelio Musso, vescouo di Bitonto. Con due tauole, l'vna de' capitoli, l'altra delle cose piu notabili. Di nuouo poste in luce; e messoui le lor materie per alfabetto, con le postille nel margine [...].

Venezia, Giolito de Ferrari, Giovanni <2> e Giolito de Ferrari Giovanni Paolo, 1579 ([Venezia, Giolito de Ferrari]).

[28], 398, [2] p.: ill.; 4°

a-b⁴ c⁶ A-2B⁸

SBN-IT\ICCU\TO0E\077377 e IT\ICCU\RMLE\017194.

Variante B: la data riportata sul frontespizio è: 1580.

[1895]

MUSSO, CORNELIO

Il quarto libro delle prediche del reuerendiss. mons. Cornelio Musso, vescouo di Bitonto. Con due tauole, l'vna de' capitoli, l'altra delle cose più notabili. Di nuouo poste in luce, e messoui le lor materie per alfabetto, con le postille nel margine, l'autorità della Sacra Scrittura; & con molta diligenza corrette, per beneficio de gli studiosi. All'illustriss. Et eccellentiss. S. Ottaviano Farnese, duca di Parma, e di Piacenza, et confaloniero di S. Chiesa.

Venezia, Giolito De Ferrari, Giovanni <2> e Giolito De Ferrari, Giovanni Paolo, 1579.

[32], 551, [1] p.: ill.; 8°

a-b⁸ A-2L⁸ 2M⁴

SBN-IT\ICCU\RMLE\053171

V. fr.

[1896]

PELLEGRINI, FEDERICO

Discorso spirituale sopra il Miserere del r.p.m. Federico Pellegrini minor conuentuale. Altre volte da lui esplicato nella collegiale di S. Petronio. Con la tauola di tutte le cose contenute in esso. All'illustrissima signora Cecilia Boncompagni de' Bargellini.

Bologna, Giovanni Rossi, 1579.

[12], 563, [45] p.; 8°

†⁶ A-2P⁸ (le c. †5-6 numerate 1)

EDIT16-CNCE 29239

A c. 2K1-2N2r (p. 513): *Oratione di Dauide sopra il Miserere del r.p.m. Federico Pellegrini minore conuentuale. All'ill.mo et eccellent.mo signor Girolamo Boncompagni.* V. fr.

[1897]

PITTORIO, LODOVICO/(ed.) TURCHI, FRANCESCO

Delle homelie di m. Lodouico Pittorio da Ferrara. Parte prima. Nella quale si espongono tutti gl'Euangeli, & Epistole, che si leggono nel tempo della Quaresima, secondo l'ordine della santa Romana Chiesa. Nouamente ridotta in miglior

lingua, & arricchita con le allegationi delle autorità della santa scrittura, per il r.p. Francesco da Treuigi, carmelitano.

Venezia, [Giovanni Varisco e Paganino Paganini <2>], 1580 (Venezia, [Giovanni Maria Leni], 1579).

2 pt ([4], 254, [2] c. complessive): ill.; 4°

*+ A-2I⁸ (c. P8 bianca)

EDIT16-CNCE 40761

A c. 121 altro frontespizio: *Delle homelie [...] parte seconda. Nuovamente ristampate [...].* Venezia, [Giovanni Maria Leni], 1580. Marca di Giovanni Varisco e Paganino Paganini <2> sul frontespizio e di Giovanni Maria Leni a c. 121 e nel colophon. V. fr.

[1898]

[PULCI, ANTONIA]

La rapresentatione del figliuol prodigo. Nuouamente ristampata.

Siena, [Luca Bonetti], 1579.

6 c.: ill.; 4°

A⁶

EDIT16-CNCE 61500

Per l'autrice cfr. Cioni 1961, p. 138. Per il tipografo cfr. Cioni 1961, p. 140, n. 4; Testaverde-Evangelista, 589. Titolo uniforme: *Rappresentazione del figliol prodigo.* V. ed.

[1899]

PULCI, ANTONIA

La rapresentatione del figliuol prodigo. Nuouamente ristampata, et composta per madonna Antonia di Bernardo Pulci.

Viterbo, [Agostino Colaldi], 1579.

[12] c.; 12°

EDIT16-CNCE 57127

Titolo uniforme: *Rappresentazione del figliol prodigo.* Per il tipografo cfr. Carosi, n. 29.

[1900]

[PULCI, BERNARDO]

La rapresentatione de lAgnolo Raffaello: 7 di Tobbia.

Siena, [Luca Bonetti], 1579.

[10] c.: ill.; 4°

A¹⁰

EDIT16-CNCE 62197, SBN-IT\ICCU\CFIE\032947

Per l'autore cfr. Cioni 1961, p. 255. Titolo uniforme: *Rappresentazione dell'angelo Raffaello e Tobia.* Per il tipografo cfr. Cioni 1961, p. 256, n. 8. Cfr. anche Testaverde-Evangelista, 359. V. ed.

[1901]

SANSOVINO, FRANCESCO

Cronologia del mondo di M. Francesco Sansouino divisa in tre libri. Nel primo de' quali s'abbraccia, tutto quello ch'è auuenuto cosi in tempo di pace come di guerra fino all'anno

presente. Nel secondo si contiene vn Catalogo de Regni, & delle Signorie, che sono state & che sono, con le discendenze & con le cose fatte da loro di tempo in tempo. Nel terzo, si tratta l'origine d'alquante Case illustri d'Italia, co successi de gli huomini eccellenti di quelle, & con le dipendenze fra loro per via delle donne. Con tre tauole accomodate per ritrouar le materie di ciascun libro con facilità.
Venezia, Giacomo Sansovino, 1579.
[4], 187 [i.e. 287], [25] c.; 4° (numerosi errori di paginazione; al posto della c. 268 è impressa la 195 e al posto della 269 la 198)
*⁴ A-3Z⁴ Aaaa-Cccc⁴ Dddd² A-F⁴
SBN-IT\ICCU\MODE\024001

[1902]
SCANELLO, CRISTOFORO
Rime spirituali, nelle quali si contiene le pietose lagrime, che fece san Pietro, doppo l'hauer negato il suo Signore. Con due sonetti, uno dell'incarnatione, & l'altro della passione di n.s. G. Christo. Poste in luce da Cristophoro cieco da Forlì.
Perugia e ristampate in Siena, 1579.
[8] c.: ill.; 8°
A⁸
EDIT16-CNCE 63547

[1903]
TRIBESCO, GIACOMO
Trattato dell'imitatione di Giesu Christo nostro Signore. Del r.p. don Giacomo Tribesco bresciano, canonico regolare lateranense. Nel quale con breuita s'esplica tutte le principali attioni sue, conforme alli sacri Euangelij. Con vn ragionamento dell'amor di Dio molto vtile al christiano. Aggiontoui due tauole, l'vna delli capi dell'opera. Et l'altra delle materie, che in quella si contengono.
Bologna, Giovanni Rossi, 1579.
[32], 383, [1] p.: ill.; 8°
[croce latina]-[croce latina]⁸ A-2A⁸
EDIT16-CNCE 48160

1580

[1904]
ANDROZZI, FULVIO
Opere spirituali, del r.p. Fuluio Androtio. Della Compagnia di Giesu. Diuise in tre parti. Prima parte, della meditatione della vita, & morte del nostro Saluatore Giesu Christo. Seconda parte. Della frequentia della communione. Terza parte. Dello stato lodeuole delle vedoue, vtili a ogni sorte di persone, che desiderano viuere spiritualmente.
Venezia, Francesco Ziletti, 1580.
3 vol.; 12°

EDIT16-CNCE 1736, SBN-IT\ICCU\CNCE\001736
1:
[6], 65, [1] c.
a⁶ A-E¹² F⁶
Venezia, [Francesco Ziletti], 1580.
SBN-IT\ICCU\UBOE\079136
Marca di Francesco Ziletti sul frontespizio.

[1905]
ANONIMA
Giudizio vniuersale o vero finale.
[Firenze, ca 1580].
[6] c.: ill.; 4°
EDIT16-CNCE 46900
Titolo uniforme: *Storia del giudizio universale.* Per il luogo e la data cfr. Cioni 1963, p. 256, n. 12. V. fr.

[1906]
ANONIMA
Historia de' santi deuotissimi Pietro, e Paulo apostoli di Christo, con il loro martirio, et morte.
[ca 1580].
[4] c.; 8°
A⁴
EDIT16-CNCE 22594
Titolo uniforme: *Storia dei ss. Pietro e Paolo.* Stampata presumibilmente a Firenze; per il luogo e la data cfr. Cioni 1963, p. 215, n. 3.

[1907]
ANONIMA
Historia di sancta Maria Magdalena et Lazaro et Marta.
[Firenze, ca 1580].
[4] c.; 4°
EDIT16-CNCE 22862
Titolo uniforme: *Storia dei ss. Maria Maddalena, Lazaro e Marta.* Incipit a c. A1v (da Cioni): *(C) Elestiale gloria, e buon consiglio | ò sommo Dio, ò uera trinitade.* Per il luogo e la data cfr. Cioni 1963, p. 201, n. 10.

[1908]
ANONIMA
Lamento vecchio della Nostra Donna: sopra della passione di christo.
(Firenze, Matteo Galassi, 1580).
[2] c.: ill.; 4°
[*]²
EDIT16-CNCE 80566
Esemplare conservato presso la British Library (11426.c.58). Titolo uniforme: *Lamento della Vergine Maria.* Incipit a c. [*1r]: *Aue Regina inmaculata e santa.* A c. [*2v]: *Lauda della gloriosa Vergine Maria; Sonetto; Sonetto.* V. ed.

[1909]

ANONIMA

Ponti della passione del nostro Sign. Giesu Christo incominciando dalla prima hora del Giouedi sera, fino alla prima del Venerdi santo.

Cremona, Cristoforo Draconi, a istanza di Pietro Zenaro, 1580.

[8] c.; 8°

A⁸ (c. A8 bianca)

EDIT16-CNCE 74983

V. fr.

[1910]

ANONIMA

La rappresentatione di Abraam: 7 di Sarra sua moglie. Nellaquale si contiene la buona vita di Isac lor figliuolo: et la mala creanza d'Ismael figliuolo di Aghar sua ancilla: et come furono cacciati. E prima per annuntiatione è vn padre con due figliuoli, vn buono, e vn cattiuo. Per esempio vniuersale de' padri, e de' figliuoli.

(Siena), [1580?].

[12] c.: ill.; 4°

A⁸ B⁴

EDIT16-CNCE 52630, SBN-IT\ICCU\CFIE\032698

Titolo uniforme: *Rappresentazione di Abramo e Agar*. Per il tipografo e la data cfr. *STCBL*, p. 2. SBN indica l'edizione come stampata probabilmente da Luca Bonetti nel 1590 ca, cfr. Cioni 1961, p. 73, n. 8. Cfr. anche Testaverde-Evangelista, 87. V. ed.

[1911]

ANONIMA

La rappresentatione di Iudith Hebrea.

Siena, [Luca Bonetti, tra il 1580 e il 1590 ca].

[8] c.: ill.; 4°

A⁸

EDIT16-CNCE 61576, SBN-IT\ICCU\CFIE\032874

Titolo uniforme: *Rappresentazione di Giuditta ebrea*. Per il tipografo e la data cfr. Cioni 1961, p. 198, n. 7; Testaverde-Evangelista, 177. EDIT16 indica "[1590?]" con rinvio a *STCBL*, p. 362. V. ed.

[1912]

ANONIMA

La rappresentatione di Lazero ricco: 7 di Lazero pouero.

Siena, [1580?] (Siena, alla Loggia del papa).

[4] c.: ill.; 4°

EDIT16-CNCE 79400

Titolo uniforme: *Rappresentazione di Lazzaro ricco e Lazzaro povero*. Stampata probabilmente da Luca Bonetti; per la data e il tipografo cfr. *STCBL*, p. 373. V. fr.

[1913]

ANONIMA

La rappresentatione di san Giouanni decollato.

[Siena, Luca Bonetti, 1580?] (Siena).

6 c.: ill.; 4°

EDIT16-CNCE 79401

Titolo uniforme: *Rappresentazione di s. Giovanni Battista decollato*. Per la data e il tipografo cfr. *STCBL*, p. 358. Cfr. Cioni 1961, p. 190, n. 7. V. fr.

[1914]

ANONIMA

La rapresentatione della purificatione di nostra Donna: che si fa per la festa di Santa Maria. Alli due di febbraio.

Siena, [Luca Bonetti, 1580?] (Siena).

[4] c.: ill.; 4°

A⁴

EDIT16-CNCE 54165, SBN-IT\ICCU\CFIE\032979

Titolo uniforme: *Rappresentazione della purificazione della Madonna*. Per il tipografo e la data cfr. *STCBL*, p. 422; Cioni 1961, p. 233, n. 3; Testaverde-Evangelista, 229 e 665. V. ed.

[1915]

ANONIMA/[BELCARI, FEO]

La rappresentatione della annuntiatione di nostra Donna. Con vna aggiunta di due capitoli bellissimi.

Siena, [Luca Bonetti, ca 1580].

[4] c.: ill.; 4°

A⁴ (segnatura scritta Aii e Aiii)

EDIT16-CNCE 52704

Testo con inserti da Feo Belcari, cfr. Newbigin 1996, I, p. 27 e 42. Titolo uniforme: *Rappresentazione dell'annunciazione di Maria Vergine*. Incipit a c. [A1v]: *Voi eccellenti & nobili auditori*. Titoli dei ternali a c. [A4v]: *Ternale à Maria Verg.*; *Ternale alli angeli beati*. Cfr. Testaverde-Evangelista, 511. V. ed.

[1916]

ANONIMA/[BELCARI, FEO]

La rappresentatione della annuntiatione di nostra Donna. Con vna aggiunta di due capitoli bellissimi.

Siena, [1580?].

[4] c.: ill.; 4°

A⁴ (segnatura scritta A2 e A3)

EDIT16-CNCE 51833, SBN-IT\ICCU\CFIE\032710

Testo con inserti da Feo Belcari, cfr. Newbigin 1996, I, p. 27 e 42. Titolo uniforme: *Rappresentazione dell'annunciazione di Maria Vergine*. Incipit a c. [A1v]: *Voi eccellenti, & nobili auditori*. Titoli dei ternali a c. [A4v]: *Ternale à Maria Verg.*; *Ternale alli angeli beati*. Cfr. Cioni, 1961, p. 229, n. 10. V. ed.

REPERTORIO CA 1462-1650

[1917]
BELCARI, FEO/BENCI, TOMMASO
La rappresentatione di san Giouanni Battista quando ando nel deserto.
(Siena), [Luca Bonetti, tra il 1580 e il 1590].
[4] c.: ill.; 4°
A⁴
EDIT16-CNCE 4828
Testo di Feo Belcari preceduto da 16 stanze di Tommaso Benci, cfr. c. [A1v]. Titolo uniforme: *Rappresentazione di s. Giovanni Battista nel diserto.* Per il tipografo e la data cfr. Cioni 1961, p. 186, n. 8. V. fr. e c. [A1v].

[1918]
CATECHISMO/(tr.) FIGLIUCCI, FELICE
Catechismo, cioè Istruttione secondo il precetto del Concilio di Trento, a' parochi, publicato per commandamento del santiss. s.n. papa Pio V. Et tradotto poi per ordine di s. santità in lingua volgare dal r.p.f. Alesso Figliucci, dell'ordine de' Predicatori. Con due tauole nel fine l'vna delle cose notabili, l'altra delle rubriche.
Venezia, Giovanni Battista Somasco, 1580.
560 [i.e. 570], [35] p.: ill.; 8°
A-2P⁸
EDIT16-CNCE 12089
Alesso (anche Alessio) Figliucci è il nome in religione di Felice Figliucci, domenicano. V. fr.

[1919]
CIATI, PAOLO
Rosario della beatissima Vergine Maria, che contiene in se XV misterij. Di m. Paolo Ciati da Pistoia.
Firenze, Bartolomeo Sermartelli <1>, 1580.
[6] c.; 12°
EDIT16-CNCE 14546

[1920]
CIGNI, SILVESTRO
Sermoni predicabili sopra gli Euangeli domenicali, e festiui di tutto l'anno, secondo i quattro sentimenti della Sacra Scrittura, del r.d. Siluestro Cigno, diuisi in due parti, con la tauola nel fine de' sermoni; & un Trattato del purgatorio, & de' suffragi per l'anime de' morti. Impressione terza.
Venezia, Giorgio Angelieri, 1580.
[4], 140, 127, [1], 10 c.: ill.; 4°
a⁴ A-O⁴ P-2A⁸ 2B⁴ a-r⁸ s⁴ (ultime due c. bianche)
EDIT16-CNCE 12541
A c. 1r altro frontespizio: *Trattato del Purgatorio, et de' suffragi, che si fanno per l'anime de' morti. Del r.d. Silvestro Cigno vicentino: nel quale, con molte chiare auttorità, & efficaci ragioni, cauate dalla Sacra Scrittura, & da' santi*

dottori, viuacemente si confutano l'openioni de' moderni heretici. Venezia, Giorgio Angelieri, 1580. V. fr.

[1921]
DE POPOLI, VITTOR
Il Piouano cioe sedici sermoni composti da messer Vittor de Popoli piouano di san Germano sopra'l catechismo romano.
1580.
413, [3] p.; 12°
A-2C⁸ (c. 2C8 bianca)
EDIT16-CNCE 47284
V. fr.

[1922]
FIAMMA, GABRIELE
De' discorsi del r.d. Gabriel Fiamma. Canonico regolare lateranense, sopra l'Epistole, e' Vangeli di tutto l'anno. Parte prima. Doue breuemente si tocca quel, che si appartiene all'intelligenza de' libri sacri, & all'emendation de' costumi.
Venezia, Francesco De Franceschi <senese>, 1580.
[8], 315, [1] c.; 8°
*⁸ A-2Q⁸ 2R⁴
EDIT16-CNCE 18918
V. fr.

[1923]
FILIPPI, MARCO, DETTO IL FUNESTO
Vita di santa Caterina vergine, e martire; composta in ottaua rima da Marco Filippi, detto il Funesto. Aggiuntoui di nuouo gli argomenti, & le figure appropriate ad ogni canto. Con vna raccolta di sonetti, e canzoni spirituali, & di alcune stanze della Maddalena à Christo del medesimo autore.
Venezia, Domenico Guerra e Giovanni Battista Guerra, a istanza di Lorenzo Pegolo, 1580.
[8], 175 [i.e. 176], [32] c.: ill.; 8°
†⁸ A-Z⁸ 2a-2c⁸
EDIT16-CNCE 19024
A c. X1r altro frontespizio: *Rime spirituali, et alcune stanze della Maddalena a Christo, composte per Marco Filippi, detto il funesto, stando prigione.* Venezia, Domenico Guerra e Giovanni Battista Guerra, a istanza di Lorenzo Pegolo, 1580. V. fr.

[1924]
FRANCESCO DA SIENA
Sommario delle contemplationi che si deuen fare da chi diuotamente dirà la corona della gloriosa vergine Maria tradotto dalla grand'opera del r.f. Francesco dell'Ordine de' servi anticamente stampata. Con i gran misterij che si contengono in questo modo di fare oratione. Per le quali si ascende di terra in cielo con facilissima scala figurata per

quella del s. patriarca Giacob di sessantatre scaloni, & sette alloggiamenti di riposo, che sono le sessantatre Aue Marie, & sette Paternostri che in essa corona si contengono. Fra li quali scaloni & tabernacoli vi si comprende ancora il numero, e misterij del santo rosario con molta deuotione.

Siena, 1580.

71, [1] p.; 4°

Edit16-CNCE 46253

[1925]

IOSEPHUS, FLAVIUS/(tr.) BALDELLI, FRANCESCO
Di Flavio Giuseppe, Dell'antichità de' Giudei. Libri XX. tradotti nouamente per m. Francesco Baldelli. Doue s'hà piena notitia di quasi tutto il Testamento uecchio; e di tutte l'historie descritte da Mosè nel Genesi.

Venezia, Giovanni Giolito De Ferrari <2> e Giovanni Paolo Giolito De Ferrari, 1580.

[36], 987, [1] p.; 4°

a⁸ b¹⁰ A-3P⁸ 3Q⁶

Edit16-CNCE 27409

V. fr.

[1926]

JACOBUS DE VORAGINE/(tr.) MALERBI, NICOLÒ
Legendario delle vite de' santi: composto dal r.f. Giacobo di Voragine dell'ordine de' Predicatori, & tradotto già per il r.d. Nicolò Manerbio. Nuouamente ridotto a miglior lingua, riformato, purgato da molte cose souerchie, arricchito de' sommarij, di vaghe figure ornato, & ristampato. Con l'aggiunta de' giorni ne' quali si celebrano le feste de' santi, & doue si riposano i corpi, & le reliquie loro. Con la sua tauola.

Venezia, Domenico Guerra e Giovanni Battista Guerra, 1580.

[8], 551, [1] p.: ill.; fol.

a⁴ A-Z⁸ Aa-Ll⁸ Mm⁴

Edit16-CNCE 37455

Titolo uniforme: *Legenda aurea sanctorum* [italiano].
V. fr.

[1927]

LUIS DE GRANADA
Deuotissime meditationi per i giorni della settimana, [...] composte dal r.p.f. Luigi di Granata, dell'Ordine de' predicatori. Ristampate con nuoua gionta.

Parma, Erasmo Viotti, 1580.

431 [i.e. 432] p.; 12°

A-S¹²

Edit16-CNCE 38909

[1928]

LUIS DE GRANADA/(tr.) CAMILLI, CAMILLO

Le opere del r.p.f. Luigi di Granata dell'Ordine de' predicatori, nuouamente da lui stesso emendate, accresciute & quasi formate di nuouo; et tradotte dalla lingua spagnuola nella nostra italiana [...].

Venezia, Giorgio Angelieri, 1580.

4 vol.; 4°

Edit16-CNCE 36365

4:
Meditationi molto deuote, sopra alcuni passi, et misterii principali della vita del nostro Saluatore: & in particolare della sua santa pueritia, passione, resurrettione, & gloriosa ascensione. Nuouamente tradotte dalla lingua spagnuola nella nostra italiana da Camillo Camilli.

Venezia, Giorgio Angelieri, 1580.

[8], 115, [1]; 4°

a⁸ a-o⁸ p⁴ (ultima c. bianca)

SBN-IT\ICCU\TO0E\055783

I primi tre volumi trattano della conversione, devozione e perfezione. V. fr.

[1929]

LUIS DE GRANADA/(tr.) TARSIA, GIOVANNI MARIA
Prediche del r.p.f. Luigi di Granata dell'Ordine de' Predicatori. Sopra tutte le domeniche dell'Auuento, & altre domeniche, sino alla Quaresima: et sopra le festiuità di Natale, Circoncisione, & Epifania. Gli Euangeli de lequali sono esposti con diuerso ordine, acciò il lettore, di quel che più gli aggradirà, si possa seruire. Parte prima. Nuouamente di latino in lingua volgare tradotte dal r.m. Gio. Maria Tarsia fiorentino. Con due tauole copiosissime: l'vna de' sommarij di esse prediche, & l'altra delle cose più notabili.

Venezia, Antonio Ferrari, 1580 (Venezia, Antonio Ferrari, 1580).

3 vol.; 4°

Edit16-CNCE 40050

1:
Venezia, Antonio Ferrari, 1580.

[8], 234 c.

[croce]⁸ A-2F⁸ 2G²

SBN-IT\ICCU\PUVE\010711

V. fr.

2:
Prediche del r.p.f. Luigi di Granata dell'Ordine de' Predicatori. Sopra tutte le domeniche, quarta e sesta feria di Quaresima, sino alla domenica di Risurrettione. Gli Euangeli de le quali sono esposti con diuerso ordine, acciò il lettore, di quel che più gli aggradirà, si possa seruire. Parte seconda. Nuouamente di latino in lingua volgare tradotte dal r.m. Gio. Maria Tarsia fiorentino. Con due tauole copiosissime: l'vna de' sommarij di esse prediche, & l'altra delle cose più notabili.

Venezia, Antonio Ferrari, 1580 (Venezia, Antonio Ferrari, 1580).

358 [i.e. 362], [8] c.; 4°

A-2Y⁸ [2]Z² a⁸

SBN-IT\ICCU\PUVE\010712

V. fr.

3:

Prediche del r.p.f. Luigi di Granata dell'Ordine de' Predicatori. Cominciando dalla domenica della Resurrettione con tutte le domeniche, & feste mobili fino alla festa del Corpo di Christo. Gli Euangeli de lequali sono esposti con diuerso ordine, acciò il lettore, di quel che più gli aggradirà, si possa seruire. Parte terza. Nuouamente di latino in lingua volgare tradotte dal r.m. Gio. Maria Tarsia fiorentino. Con due tauole copiosissime: l'vna de' sommarij di esse prediche, & l'altra delle cose più notabili.

Venezia, Antonio Ferrari, 1580 (Venezia, Antonio Ferrari, 1580).

7, [5], 289, [1] c.

a⁸ 2a⁴ A-2N⁸ 2O²

SBN-IT\ICCU\RMLE\012569

V. fr.

[1930]
LUIS DE GRANADA/(tr.) TARSIA, GIOVANNI MARIA
Prediche del r.p.f. Luigi di Granata diuise in quattro parti, di latino in lingua volgare tradotte dal r.m. Gio. Maria Tarsia [...].

Venezia, Antonio Ferrari, 1580.

3 vol.; 4°

SBN-IT\ICCU\TO0E\015903

1:

[16], 234 c.

(croce)⁸ A⁸ A-2F⁸ 2G²

SBN-IT\ICCU\RMLE\012716

2:

358 [i.e. 362], [8] c. (ripetute nella numer. le c. 343-344 e 355-356)

A-2Y⁸ Z² a⁸

SBN-IT\ICCU\TO0E\015904

3:

[12], 289, [1] c.

a⁸ 2a⁴ A-2N⁸ 2O²

SBN-IT\ICCU\TO0E\023465

Secondo il titolo l'opera sarebbe in quattro parti, ma risultano solo tre volumi.

[1931]
MEDUNA, BARTOLOMEO
Vita della gloriosa vergine Maria madre di Dio regina dei cieli. Con l'humanita del redentor del mondo Giesu Christo,

nostro Signore. Del r.p.f. Bartolomeo Meduna conuentuale di s. Francesco.

Venezia, Giovanni Giolito De Ferrari <2> e Giovanni Paolo Giolito De Ferrari, 1580.

[8], 150, [2] p.: ill.; 4°

[stella]⁴ A-L⁸ k⁴

EDIT16-CNCE 27413

[1932]
MUSSO, CORNELIO
Il quarto libro delle prediche del reuerendiss. mons. Cornelio Musso vescouo di Bitonto. Al quale novamente habbiamo aggiunto in questa terza edizione la vita dell'autore, tratta da gli Elogij de gli huomini illustri in lettere del r. signor Paolo Regio. Con due tauole, l'vna de' capitoli l'altra delle cose più notabili. E messovi le lor materie per alfabeto, con le postille nel margine, l'autorità della S. Scrittura; & con diligenza corrette, per beneficio de gli studiosi.

Napoli, Orazio Salviani, 1580.

[48], 509, [3] p.: ill.; 8°

[croce]-[3croci]⁸ A-2I⁸

SBN-IT\ICCU\TO0E\020516

V. fr.

[1933]
MUSSO, CORNELIO
Il quarto libro delle prediche del reuerendiss. mons. Cornelio Musso vescouo di Bitonto. Con due tauole, l'vna de' capitoli l'altra delle cose più notabili. Di nvovo poste in luce, e messovi le lor materie per alfabetto, con le postille nel margine, l'autorità della Sacra Scrittura; & con molta diligenza corrette, per beneficio de gli studiosi. All'illustriss. et eccellentiss. S. Ottaviano Farnese, duca di Parma, e di Piacenza, et confaloniero di S. Chiesa.

Venezia, Giolito de Ferrari, 1580.

[32], 551, [1] p.: ill.; 8°

a-b⁸ A-2L⁸ 2M⁴

SBN-IT\ICCU\UM1E\007073   e   IT\ICCU\MODE\018586

Var. B: in fine fregio xilogr. al posto della marca. V. fr.

[1934]
[PULCI, ANTONIA]
La rapresentatione del figliuol prodigo nuouamente ristampata.

Siena, [Luca Bonetti, ca 1580].

[6] c.: ill.; 4°

A⁶

EDIT16-CNCE 61554, SBN-IT\ICCU\CFIE\032840

Per l'autrice cfr. Cioni 1961, p. 138. Per il tipografo e la data cfr. *STCBL* 541. Cfr. anche Cioni 1961, p. 140, n. 8 ("[Luca

Bonetti? c. 1590?]"); Testaverde-Evangelista, 154. Titolo uniforme: *Rappresentazione del figliol prodigo*. V. ed.

[1935]
PULCI, BERNARDO
La rappresentatione del Agnolo Raffaello, e di Tobbia.
[Firenze, ca 1580].
[10] c.: ill.; 4°
A¹⁰
EDIT16-CNCE 62326, SBN-IT\ICCU\CFIE\032994
Per l'autore cfr. Cioni 1961, p. 255. Titolo uniforme: *Rappresentazione dell'angelo Raffaello e Tobia*. Per il luogo cfr. Cioni 1961, p. 256, n. 9 (con data "[c. 1580?]"); Testaverde-Evangelista, 232.

[1936]
PULCI, BERNARDO
La rappresentatione della annuntiatione di nostra Donna. Con vna aggiunta di due capitoli bellissimi.
Siena, [Luca Bonetti, ca 1580].
[4] c.: ill.; 4°
A⁴
EDIT16-CNCE 52704
EDIT16 indica: "Stampata da Luca Bonetti" rinviando erroneamente a Cioni 1961, p. 229, che descrive l'edizione EDIT16-CNCE 51833, vedi 1916.

[1937]
SANSOVINO, FRANCESCO
Cronologia del mondo di m. Francesco Sansouino diuisa in tre libri. Nel primo de' quali s'abbraccia, tutto quello ch'è auuenuto cosi in tempo di pace come di guerra fino all'anno presente. Nel secondo, si contiene vn Catalogo de regni, & delle signorie, che sono state & che sono, con le discendenze & con le cose fatte da loro di tempo in tempo. Nel terzo, si tratta l'origine di cinquanta case illustri d'Italia, co [!] soccessi de gli huomini erccellenti di quelle, & con le dipendenze & parentele fra loro. Con tre tauole accommodate per ritrouar facilmente le materie di ciascun libro.
Venezia, Giacomo Sansovino, 1580.
[4], 302, [i.e. 301], [25] c.; 4°
*⁴ A-X⁴ Y² Z⁴ 2A-4E⁴ 4F⁸ ²A-F⁴
EDIT16-CNCE 31174
V. fr.

[1938]
SCANELLO, CRISTOFORO
Noue rime spirituali, nelle quali si contiene un deuoto capitolo al crocifisso, & quattro sonetti il primo al sacramento, il secondo del tremendo giudizio uniuersale, il terzo al crocifisso, il quarto alli eletti suoi. Con una elezia della passione di Giesu nostro Signore. Per Christofano Scanello, detto il Cieco da Forli, posta in luce.
(L'Aquila, Giuseppe Cacchi, 1580).
[4] c.; 8°
A⁴
EDIT16-CNCE 74796

[1939]
TARCAGNOTA, GIOVANNI
Delle historie del mondo di m. Gio. Tarchagnota, lequali contengono quanto dal principio del mondo fino a tempi nostri è successo. Cauate da piu degni, e più graui auttori, che habbiano o nella lingua greca, o nella latina scritto. Con la giunta del quinto volume, nuouamente posto in luce. Parte prima.
Venezia, Eredi di Francesco Tramezzino e Eredi di Michele Tramezzino <1> (Venezia, Eredi di Francesco Tramezzino e Eredi di Michele Tramezzino <1>, 1580).
5 vol.; 4°
EDIT16-CNCE 35072, SBN-IT\ICCU\TO0E\014438
I.I:
Venezia, Eredi di Francesco Tramezzino e Eredi di Michele Tramezzino <1>.
[30], 390 c.
a-c⁸ d⁶ A-3B⁸ 3C⁶
SBN-IT\ICCU\PUVE\009404
I.2:
Delle historie del mondo di m. Gio. Tarchagnota, lequali contengono quanto dal principio del mondo fino à tempi nostri è successo. Cauate da piu degni, e più graui auttori, che habbiano ò nella lingua greca, ò nella latina scritto. Con la giunta del quinto volume, nuouamente posto in luce. Volume secondo della prima parte.
Venezia, Eredi di Francesco Tramezzino e Eredi di Michele Tramezzino <1>.
[2], 393-876, [2] c.
3D-5S⁸ (c. 5S7-8 bianche)
SBN-IT\ICCU\PUVE\009550
Le successive parti non contengono storie bibliche.

1581

[1940]
ALONSO DE OROZCO/(tr.) TIMOTEO DA BAGNO
Delle opere spirituali del dottissimo, & diuotissimo p.f. Alonso d'Orosco dell'Ordine di S. Agostino, predicatore, & confessore della catolica maestà. Libro secondo. Chiamato Giardino d'oratione. Con una dichiaratione del Pater noster. Nuouamente fatto di spagnuolo italiano, per il r.d. Timoteo Nofreschi da Bagno, monaco camaldolese.

Venezia, Domenico Guerra e Giovanni Battista Guerra, 1581.

[16], 203, [1] p.; 4°

a⁸ A-M⁸ N⁶

SBN-IT\ICCU\RMLE\005802

Gli altri volumi trattano delle pratiche dell'esame di coscienza (vol. I), della contemplazione (vol. III) e dell'amor santo (vol. IV). V. fr.

[1941]

ALONSO DE OROZCO/(tr.) TIMOTEO DA BAGNO

Delle opere spirituali del dottissimo, & diuotissimo p.f. Alonso d'Orosco dell'Ordine di S. Agostino, predicatore, & confessore della catolica maestà. Libro quinto. Chiamato Regola della vita christiana. Col reggimento dell'anima, l instruttione christiana, & la vita di Christo. Nuouamente fatto di spagnuolo italiano, per il r.d. Timoteo Nofreschi da Bagno, monaco camaldolese.

Venezia, Domenico Guerra e Giovanni Battista Guerra, 1581.

[16], 135, [1] p.; 4°

a⁸ A-H⁸ I⁴

SBN-IT\ICCU\RMLE\005808

Gli altri volumi sono come indicato nella scheda dell'edizione SBN-IT\ICCU\RMLE\005802, vedi 1940. V. fr.

[1942]

ALONSO DE OROZCO/(tr.) TIMOTEO DA BAGNO

Delle opere spirituali del dottissimo, & diuotissimo p.f. Alonso d'Orosco dell'Ordine di S. Agostino, predicatore, & confessore della catolica maestà. Libro sesto. Chiamato Sponsalitio spirituale, con la gratitudine christiana, & la passione di Christo. Nuouamente fatto di spagnuolo italiano, per il r.d. Timoteo Nofreschi da Bagno, monaco camaldolese.

Venezia, Domenico Guerra e Giovanni Battista Guerra, 1581.

[12], 80 p.; 4°

a⁶ A-E⁸

SBN-IT\ICCU\RMLE\005811

Gli altri volumi sono come indicato nella scheda dell'edizione SBN-IT\ICCU\RMLE\005802, vedi 1940. V. fr.

[1943]

ANDROZZI, FULVIO

Opere spirituali, diuise in tre parti.

Napoli, Giovanni Battista Cappelli, 1580 (1581).

252, [8] c.; 12°

EDIT16-CNCE 1735

[1944]

ANONIMA

Comedia spirituale di Cleofas 7 Luca.

(Siena, 1581).

[12] c.; 8°

A¹²

EDIT16-CNCE 14950, SBN-IT\ICCU\BVEE\028718 e IT\ICCU\CNCE\014950

Opera falsamente attribuita a Domenico Tregiani (in NUC, vol. 117, p. 218, cfr. SBN). Titolo uniforme: *Commedia spirituale di Cleofas e Luca.* La scheda SBN-IT\ICCU\CNCE\014950 descrive un'edizione dalla stessa impronta ma in 12°. V. ed.

[1945]

ANONIMA

Espositione del Vangelo che corre la terza dominica dell'Aduento fatta da monsig. arciprete della cathedrale.

Bergamo, Comino Ventura, 1581.

[20] c.; 4°

a⁴ A-D⁴ (c. D4 bianca)

EDIT16-CNCE 18294

V. fr.

[1946]

ANONIMA

La rappresentatione di Abraam: et di Sarra sua moglie. Nella quale si contiene la buona vita di Isac lor figliuolo: et la mala creanza d'Ismael figliuolo di Aghar sua ancilla: et come furono cacciati.

(Siena, Luca Bonetti, 1581).

[12] c.: ill.; 4°

A⁸ B⁴

EDIT16-CNCE 52642, SBN-IT\ICCU\CFIE\032815

Titolo uniforme: *Rappresentazione di Abramo e Agar.* Per il tipografo cfr. Cioni 1961, p. 73, n. 6; Testaverde-Evangelista, 312. V. ed.

[1947]

ANONIMA

La rappresentatione di Lazero ricco: 7 di Lazero pouero.

(Siena, [Luca Bonetti], alla Loggia del papa, 1581).

[4] c.: ill.; 4°

A⁴

EDIT16-CNCE 52688, SBN-IT\ICCU\CFIE\033309

Titolo uniforme: *Rappresentazione di Lazzaro ricco e Lazzaro povero.* Per il tipografo cfr. Cioni 1961, p. 219, n. 4. Cfr. anche Testaverde-Evangelista, 622. V. ed.

[1948]

ANONIMA

La rappresentatione di Salomone.

(Siena, [Luca Bonetti], 1581).

[4] c.: ill.; 4°

A⁴
EDIT16-CNCE 52594, SBN-IT\ICCU\CFIE\033363
Titolo uniforme: *Rappresentazione di Salomone*. Per il tipografo cfr. Cioni 1961, p. 272, n. 7; Testaverde-Evangelista, 685. V. ed.

[1949]
ANONIMA
La rappresentatione di san Giouanni decollato.
(Siena, [Luca Bonetti], 1581).
[6] c.: ill.; 4°
A⁶
EDIT16-CNCE 52691
Titolo uniforme: *Rappresentazione di s. Giovanni Battista decollato*. Per il tipografo cfr. Cioni 1961, p. 190, n. 6.

[1950]
ANONIMA
La rappresentatione 7 festa di Ioseph figliuolo di Iacob.
(Siena, [Luca Bonetti], 1581).
[12] c.: ill.; 4°
A⁴ B⁶
EDIT16-CNCE 61898
Titolo uniforme: *Rappresentazione di Giuseppe*. Per il tipografo cfr. Cioni 1961, p. 203, n. 11; Testaverde-Evangelista, 614. V. ed.

[1951]
ANONIMA
La rappresentazione di Lazero ricco et di Lazero pouero. Di nuouo ristampata.
(Firenze, Battista Pagolini, 1581).
[4] c.: ill.; 4°
A⁴
EDIT16-CNCE 79381
Titolo uniforme: *Rappresentazione di Lazzaro ricco e Lazzaro povero*. V. ed.

[1952]
ANONIMA/[BELCARI, FEO]
La rapresentatione della annuntiatione di nostra donna. Con vna aggiunta di due capitoli bellissimi.
(Firenze, Lorenzo Arnesi, 1581).
[4] c. ill.; 4°
EDIT16-CNCE 62244
Testo con inserti da Feo Belcari, cfr. Newbigin 1996, I, p. 27 e 42. Titolo uniforme: *Rappresentazione dell'annunciazione di Maria Vergine*. Cfr. Cioni 1961, p. 230, n. 11.

[1953]
ARCHIROTA, ALESSANDRO

Discorsi sopra diuersi luoghi della Sacra Scrittura. Sì del vecchio come del nuouo Testamento. Del reuerendo p. don Alessandro Archirota monaco oliuetano. All'illustriss. e reuerendiss. cardinal Borromeo. Parte prima.
Firenze, Bartolommeo Sermartelli <1>, 1581 (Firenze, Bartolommeo Sermartelli <1>, 1581).
[16], 596, [2] p.; 8°
*⁸ A-2O⁸ 2P⁴
EDIT16-CNCE 2326
V. fr.

[1954]
AVILA, JUAN DE/(tr.) CAMILLI, CAMILLO
Trattato spirituale sopra il verso, Audi filia, del salmo, Eructauit cor meum. Del r.p.m. Auila predicatore nella Andalogia, doue si tratta del modo di udire Dio, & fuggire i linguaggi del mondo, della carne, & del demonio. Nuouamente tradotto dalla lingua spagnuola, nella italiana per Camillo Camilli.
Venezia, Francesco Ziletti, 1581.
[6], 156, [6] c.; 4°
*⁶ A-2Q⁴ 2R⁶ (c. R6 bianca)
EDIT16-CNCE 3564
V. fr.

[1955]
BALLIANO, GIOVANNI MARIA
L'espositione dell'oratione dominicale et il breue modo di fare oratione.
Venezia, Francesco Ziletti, 1581.
21, [3] c.; 8°
EDIT16-CNCE 4051

[1956]
BARDI, GIROLAMO
Chronologia vniuersale parte prima, nella quale della creatione di Adamo fino all'anno MDLXXXI. di Christo nostro Sig. breuemente si racconta la origine di tutte le genti, il principio di tutte le monarchie, di tutti i regni, republiche, & principati, la salutifera incarnatione di Christo, con la successione de sommi pontifici romani. La creatione di patriarchi, le congregationi dei religiosi, le militie de caualieri, i concilij uniuersali, & nationali, le heresie, i scismi, le congiure, paci, rebellioni, guerre, & prodigij, la denominatione di tutti gli huomini in ogni professione illustri. Con la particolar narratione delle dette cose successe d'anno, in anno, nel mondo. Fatta da Girolamo Bardi fiorentino.
Venezia, Lucantonio Giunta <2>, 1581.
4 vol.; fol.
EDIT16-CNCE 4188, SBN-IT\ICCU\RMLE\004839
I:
Venezia, Lucantonio Giunta <2>, 1581.

[6], 64 c.; fol.

[croce] + 2[croce]² A-Q⁴

SBN-IT\ICCU\RMLE\004840

V. fr.

2:

Della chronologia vniuersale parte seconda. Nellaquale dalla creatione del mondo, fino alla natiuità di Christo nostro Signore. Breuemente si racconta il principio, & la origine di tutti i regni, republiche, & principati. Le congiure, rebellioni, guerre, paci, & prodigij; e la denominatione di tutti gli huomini in ogni professione illustri. Con la particolar narratione delle dette cose successe d'anno in anno nel mondo. Fatta da Girolamo Bardi fiorentino m.c.

Venezia, Lucantonio Giunta <2>, 1581.

[2] c., 7 p., 8-270 c.; fol.

π² A-3T⁴ 3V⁶

SBN-IT\ICCU\RMLE\004841

V. fr.

3:

Della chronologia vniuersale parte terza. Nellaquale dalla salutifera incarnatione di Christo N. Sig. fino all'anno C∞XCIV [!]. *Breuemente si racconta la natiuità, vita, e passione di Christo, con la successione de' sommi pontefici romani. I successi & la diuisione dell'Imperio Romano; il principio di molti regni, republiche, & principati; la creatione de patriarchi; alcune delle congregationi de i religiosi; parte delle militie de caualieri, i concilij vniuersali, & nationali; le heresie, i scismi, le congiure, paci, rebellioni, guerre, & prodigii, e la denominatione di tutti gli huomini in ogni professione illustri. Con la particolar narratione delle dette cose successe d'anno in anno nel mondo. Fatta da Girolamo Bardi fiorentino m.c.*

Venezia, Lucantonio Giunta <2>, 1581.

264 c.; fol.

A-3V⁴

SBN-IT\ICCU\RMLE\004842

Il vol. 4 va "dall'anno 994. di Christo N. Signore fino al 1580". V. fr.

[1957]

BARDI, GIROLAMO

Sommario ouero età del mondo chronologiche, nelle quali dalla creatione di Adamo, fino all'anno MDLXXXI. di Christo. Breuemente si racconta la origine di tutte le genti, il principio di tutte le monarchie, di tutti i regni, repubbliche, & principati. La salutifera Incarnatione di Christo, con la successione de' sommi pontefici romani, la creatione de' patriarchi, le congregationi de i religiosi, le militie de caualieri, i concilij vniuersali, & nationali, le heresie, i schismi, le congiure, paci, rebellioni, guerre, & prodigij la denominatione di tutti gli huomini in ogni professione illustri. Con la parti-

colar narratione delle dette cose successe d'anno in anno, nel mondo. Fatto da Girolamo Bardi fiorentino. Prima parte.

Venezia, Lucantonio Giunta <2>, 1581.

4 v.; 4°

EDIT16-CNCE 4190, SBN-IT\ICCU\UFIE\002498

1:

[8], 343, [1] p. (var. B: la p. 240 numerata per errore 340)

[croce greca]⁴ A-2V⁴

SBN-IT\ICCU\VEAE\008169

V. fr.

2: *Sommario ouero età del mondo chronologiche, nelle quali dalla incarnatione di Christo fino all'anno MXCVI. Breuemente si racconta la origine di tutti i regni, republiche, & principati. La creatione de' patriarchi, le congregationi de i religiosi, le militie de caualieri, i concilij vniuersali, & nationali, le heresie, i schismi, le congiure, paci, rebellioni, guerre, & prodigij la denominatione di tutti gli huomini in ogni professione illustri. Con la particolar narratione delle dette cose successe d'anno in anno, nel mondo. Fatte da Girolamo Bardi fiorentino. Seconda parte.*

Venezia, Lucantonio Giunta <2>, 1581.

[8], 376 p. (p. 257, 260, 261 e 264 numerate erroneamente 247, 250, 251 e 254)

2[croce greca]⁴ a-3a⁴

SBN-IT\ICCU\VEAE\008170

Il vol. 3 va "dall'anno 1096. di Christo nostro signore, fino all'anno 1581", il vol. 4 "dall'anno 1494. di Christo nostro signore fino all'anno 1581". V. fr.

[1958]

DEL BENE, GIOVANNI/(ed.) DEL BENE, NICOLÒ

Sermoni, ouero Homelie deuote del reuerendo m. Giouanni Del Bene, veronese, sopra gli Euangelii di tutto l'anno. Secondo l'ordine della s. madre Chiesa, vtili ad ogni fedel christiano. Nouamente corretto, & ristampato.

Venezia, Florino Franceschini, 1581 (Venezia, Florino Franceschini e Pietro Pagani).

[8], 440 c.; 8°

†⁸ A-3I⁸

EDIT16-CNCE 16390

Nome del curatore: Nicolò Del Bene, come figura nella prefazione. Var. B: per le c. A-3H⁸ è stata utilizzata l'edizione: In Venezia, Giorgio Angelieri, 1570, cfr. EDIT16-CNCE 16388, vedi 1645. V. fr.

[1959]

EPISTOLE E VANGELI/(tr.) ANONIMA

Epistole, et euangeli, che si leggono tutto l'anno alla messa [...] Nuoamente [!] *corrette & riformate secondo il messale romano.*

Venezia, Altobello Salicato, 1581.

[6], 108 c.: ill.; fol.

EDIT16-CNCE 11381

[1960]
EPISTOLE E VANGELI/(tr.) ANONIMA
Epistole Lettioni, et Euangelii; che si leggono tutto l'anno alla messa: latine, & uolgari, per più comodità di ciascuno. Nouamente corrette, & riformate secondo il Messale romano; stampato d'ordine del santo Concilio di Trento. Con la tauola necessaria da trouare le Epistole, & gli Euangeli che corrono giorno per giorno.
Venezia, Eredi di Melchiorre Sessa <1>, 1581 (Venezia, Giovanni Maria Leni, 1581).
797, [3] p.: ill.; 8°
EDIT16-CNCE 11382
V. fr.

[1961]
EPISTOLE E VANGELI/(tr.) ANONIMA
Epistole lettioni, et euangelii, che si leggono tutto l'anno alla messa, latine & volgari per piu comodita di ciascuno. Nouamente corrette, et riformate secondo il messale romano; stampato d'ordine del santo Concilio di Trento: Con la tauola necessaria da trouare le Epistole & gli Euangeli che corrono giorno per giorno.
Venezia, Giovanni Maria Leni, 1581.
1 vol.
SBN-IT\ICCU\MILE\011496

[1962]
FIAMMA, GABRIELE
Le vite de' santi, descritte dal r.p.d. Gabriel Fiamma, canonico regolare lateranen. abbate della carità di Venetia: diuise in XII. libri; fra' quali sono sparsi piu discorsi intorno alla vita di Christo: con le annotationi sopra ciascuna d'esse, che espugnano, & conuincono le heresie, e' rei costumi de' moderni tempi. Et contien questo primo volume le vite de' santi, assegnati a' mesi di genaio, & febraio. Al santissimo Gregorio XIII. pont. massimo.
Venezia, Eredi di Pietro Deuchino, 1581 (Venezia, Eredi di Pietro Deuchino, 1581).
2 vol.; fol.
EDIT16-CNCE 18919
1:
[4], 241, [1], 21 [i.e. 19], [1] c.: ill.
[fiore]⁴ A-2Q⁴ 2R-2S⁴ a-b⁶ c-d⁴
SBN-IT\ICCU\UBOE\067417
Il secondo volume, stampato da altri tipografi, è del 1583, cfr. SBN-IT\ICCU\UBOE\067419, vedi 2025. V. fr.

[1963]
GAMBERINI, GIOVANNI DOMENICO

Rime spirituali sopra il santissimo rosario della gloriosa Vergine. Di Giouan Domenico Gamberini, detto il Poetin pastore. Alli deuoti di Maria Vergine.
Milano, Giacomo Piccaglia, 1581.
[8] c.: ill.; 4°
A⁸
EDIT16-CNCE 34449, SBN-IT\ICCU\LO1E\010927
La scheda SBN indica come formato 8°.

[1964]
IOSEPHUS, FLAVIUS
Giosefo Flauio historico delle antichità & guerre giudaiche, nuouamente raccolte tutte insieme & da molti errori emendate, & con molta diligenza stampate. Aggiuntoui due tauole, una de' capitoli, & l'altra delle cose notabili, acciò il lettore facilmente possi ritrouar i luoghi da lui desiderati.
Venezia, Fabio Zoppini e Agostino Zoppini, 1581.
3 vol.; 4°
[8], 153, [1] c.; 4°
(ast)⁸ a⁸ B⁸ c-i⁸ K⁸ l-t⁸ u² (c. u2 bianca)
EDIT16-CNCE 40769
2:
Li dieci vltimi libri di Gioseffo Flauio historico, huomo clarissimo Delle antichità giudaiche. Seconda parte.
Venezia, Fabio Zoppini e Agostino Zoppini, 1581.
151, [1] c.; 4°
A-T⁸ (c. T8 bianca)
SBN-IT\ICCU\TO0E\014715
Il terzo volume riguarda le guerre giudaiche. V. fr.

[1965]
IOSEPHUS, FLAVIUS/(tr.) BALDELLI, FRANCESCO
Di Flauio Giuseppe, dell'antichità de' Giudei. Libri XX. tradotti nouamente per m. Francesco Baldelli. Doue s'hà piena notitia di quasi tutto il Testamento uecchio; e di tutte l'historie descritte da Mosè nel Genesi.
Venezia, Giovanni Giolito De Ferrari <2> e Giovanni Paolo Giolito De Ferrari, 1581.
[36], 987, [1] p.; 4°
a-b¹⁰ A-3P⁸ 3Q⁶
EDIT16-CNCE 27546
V. fr.

[1966]
JACOBUS DE VORAGINE/(tr.) MALERBI, NICCOLÒ
Legendario delle vite de' santi. Composto dal r.p.f. Giacobo di Voragine dell' Ordine de' predicatori. Et tradotto già per il r.d. Nicolo Manerbio. Nuouamente ridotto a miglior lingua, riformato, purgato da molte cose souerchie, arricchito de' sommarij, di vaghe figure ornato, & ristampato. Con l'aggiunta di calendario, lunario, & feste mobili, di tauola,

& de' giorni ne' quali si celebrano le feste de' santi, & doue riposano i corpi, & reliquie loro.

Venezia, Orazio Gobbi, 1581.

[16], 728 [i.e. 720]+ p.: ill.; 4°

[croce]⁸ A-2Y⁸ (c. F3 erroneamente segnata E3, c. K3 erroneamente segnata H4)

SBN-IT\ICCU\SIPE\025266

V. fr.

[1967]

LUIS DE GRANADA/(tr.) TARSIA, GIOVANNI MARIA

Prediche del r.p.f. Luigi di Granata dell'Ordine de' predicatori. Diuise in tre parti: la prima delle quali è sopra le domeniche dell'Auuento, et altre domeniche sino alla Quaresima, et sopra la festiuità di Natale, Circoncisione, et Epifania, la seconda è sopra le domeniche, quarte e seste ferie di Quaresima, sino alla domenica di Resurrettione, la terza e dalla Resurrettione sino alla festa del Corpo di Christo. Nuouamente di latino in lingua volgare tradotte dal r.m. Gio. Maria Tarsia fiorentino. Con due tauole copiosissime: l'vna de' sommarii di esse prediche, et l'altra delle cose più notabili.

Venezia, Antonio Ferrari, 1581.

3 vol.; 4°

EDIT16-CNCE 40057

1:

[8], 234 c.

[croce latina]⁸ A-2F⁸ 2G²

Non risultano altri volumi.

[1968]

LUIS DE GRANADA/(tr.) CAMILLI, CAMILLO

Trattato secondo dell'aggiunta del Memoriale della vita christiana del r.p.f. Luigi di Granata dell'Ordine de' Predicatori. Nel quale si pongono molte deuotissime meditationi sopra alcuni passi, & misterii principali della vita del nostro Saluatore: & in particolare della sua santa pueritia, passione, resurrettione, & gloriosa ascensione. Nuouamente tradoto dalla lingua spagnuola per Camillo Camilli. Con due tauole: una de i capitoli, & l'altra delle cose piu notabili.

Venezia, Giorgio Angelieri, 1581.

[12], 226, [2] c.: ill.; 12°

(¹² A-T¹² (c. S11-12, T11-12 bianche)

EDIT16-CNCE 28937

Il primo volume non tratta materia biblica. V. fr.

[1969]

LUDOLPH VON SACHSEN/(tr.) SANSOVINO, FRANCESCO

Vita di Giesu Christo nostro redentore, scritta, da Landolfo di Sassonia, dell'ordine Certosino, et fatta volgare da m. Francesco Sansouino. Nella quale con pia, et santa dottrina, si espongono con facilità gli Euangelij che corrono in tutto

l'anno, secondo le sentenze de santi, & approuati dottori, & con molte diuote meditationi, & orationi, conformi all'Euangelio. Opera non meno necessaria a predicatori, & parrochiani, i quali nelle feste principali dichiarano l'Euangelio a popoli loro, che ad ogni christiano che desideri di viuere secondo la santa fede catholica. Con le tauole de gli Euangelii correnti in tutto l'anno, & delle cose notabili, & de capi principali, poste a loro luoghi. Di nuouo riueduta, corretta, et in molti luoghi ampliata, & dichiarata dal medesimo Sansouino.

Venezia, Altobello Salicato, 1581.

2 vol. ([20], 252; 243, [1] c.): ill.; fol.

a⁸ b-c⁶ A-2H⁸ 2I⁴, ²A-2F⁸ 2G-2H⁶ (ultima c. bianca)

EDIT16-CNCE 30538

V. fr.

[1970]

MARCELLINO, EVANGELISTA

Lettioni sopra Giona profeta fatte in Roma nella chiesa di San Lorenzo in Damaso dal r.p.f. Euangelista Marcellino dell'ordine de' Minori osseruanti.

Camerino, Eredi di Antonio Gioioso e Girolamo Stringario, 1581.

200, [24] p.; 8°

A-M⁸ N⁴ O¹²

EDIT16-CNCE 25987

V. fr.

[1971]

MEDUNA, BARTOLOMEO

Vita della gloriosa vergine Maria madre di Dio regina de i cieli. Con l'humanità del redentor del mondo Giesu Christo, nostro Signore. Del r.p.f. Bartolomeo Meduna, conuentuale di s. Francesco.

Venezia, Giovanni Giolito De Ferrari <2> e Giovanni Paolo Giolito De Ferrari, 1581.

[8], 150, [2] p.: ill.; 4°

*⁴ A-I⁸ K⁴

EDIT16-CNCE 27551

[1972]

PSEUDO-BONAVENTURA

Le deuote, & pie meditationi di s. Bonauentura cardinale. Sopra il misterio dell'humana redentione. Nuouamente con somma diligentia ristampata, & ricoretta, & di varie figure adornata.

Venezia, Domenico Cavalcalupo, 1581.

187, [5] p.: ill.; 12°

A-M⁸

EDIT16-CNCE 65209

Titolo uniforme: *Meditationes vitae Christi* [italiano].

[1973]
PULCI, BERNARDO
La rappresentatione del Agnolo Raffaello, e di Tobbia.
(Firenze, Matteo Galassi, 1581).
[10] c.: ill.; 4°
EDIT16-CNCE 62327
Per l'autore cfr. Cioni 1961, p. 255. Titolo uniforme: *Rappresentazione dell'angelo Raffaello e Tobia.* Cfr. Cioni 1961, p. 256, n. 10.

[1974]
SALMI/(tr.) PERROT, FRANÇOIS
Settantacinque salmi di Dauid tradotti in lingua volgare italiana, e accomodati al canto de i francesi per Francesco Perrotto.
[Genève], Jacques Berjon, 1581.
[96] c.; 8°
¶⁴ A-L⁸ M⁴
EDIT16-CNCE 5872

[1975]
SARDO, OTTAVIANO
Indegno pianto et mala morte di Giuda composti per Octauiano Sardo.
Palermo, Eredi di Giovanni Matteo Mayda e Giovanni Pietro Sartoia, 1581.
EDIT16-CNCE 57475

[1976]
SAULI, ALESSANDRO
Dottrina del catechismo romano, a modo più semplice et facile ridotta, dal reuerendiss. Monsig. Alessandro Sauli, vescovo d'Aleria: nuouamente d'ordine del [...] monsig. Ippolito Rossi, vescouo di Pauia [...] data in luce. Con i somarij a suoi luoghi, & con la tauola per trouar con facilità tutto ciò, che nell'opera si contiene.
Pavia, Girolamo Bartoli, 1581.
[12], 218 [i.e. 212] c.; 8° (saltate nella numer. le c. 73-78)
[croce]⁸ [asterisco]⁴ A-2C⁸ 2D⁴
SBN-IT\ICCU\SIPE\025286

[1977]
SAULI, ALESSANDRO
Dottrina del catechismo romano, ridotta a modo piu simplice, & facile. Dal reuerendissimo monsign. Alessandro vescovo d'Aleria, per vso del suo clero.
Pavia, 1581.
[4], 218 [i.e. 212] c. ; 8°
[croce]⁴ A-2C⁸ 2D⁴ (p. 73 erroneamente numerata 79)
EDIT16-CNCE 1019, SBN-IT\ICCU\CNCE\001019
V. fr.

[1978]
STABILI, ANTONIO
Rosario. della gloriosa. vergine Maria. Ordinato per il r.p.f. Antonino Stabili, di S. Angelo a Fasanella, dell'Ordine di S. Domenico. Con l'indulgenze, gratie, & immunita concesse da molti sommi pontefici alla Compagnia. Con agiontione di molte contemplationi, & orationi, mai piu poste in luce.
Ancona, Francesco Salvioni, 1581 (Ancona, Francesco Salvioni, 1581).
72 [i.e. 84] c.: ill.; 12°
A-G¹² (manca il fasc. E, mentre la paginazione non presenta lacune)
EDIT16-CNCE 57490
V. fr.

[1979]
ZOIOSO, BENEDETTO
Rosario, della grande imperatrice de' Cieli, Maria Vergine sacratissima. In tre parti distinto, racolto dal R.P.M. Benedetto Zoioso [...] Con la s. Messa, & altre diuote lodi de l'istessa [...].
Venezia, a istanza della Confraternita del SS. Rosario, [dopo 5.V.1581].
84 c.: ill.; 12°
BL C.107.df.52
La responsabilità editoriale si ricava dalla c. 81 con altro frontespizio: *Indulgentie nuouamente concesse da N.S.P. Sixto Quinto. Alla veneranda Confraternità del Santissimo Rosario.*

1582

[1980]
AGNIFILO, AMICO/MASSONIO, SALVATORE
La seruitù di Giuseppe tolta dal Genesi et tradotta in ottaua rima dal s. Amico Cardinali dell'Aquila [...] academico fortunato. Con gli argomenti dell'eccellente [...] m. Saluatore Massonio dell'Aquila, [...].
L'Aquila, Giorgio Dagano e compagni, 1582.
[4], 240 p.; 8°
[pigreco]² A-K¹²
EDIT16-CNCE 439, SBN-IT\ICCU\CNCE\000439
Titolo da SBN.

[1981]
ANONIMA
Meditationi sopra le corone di nostro signore Giesu Christo, e della gloriosa vergine Maria.
Firenze, Giorgio Marescotti, 1582.
40 p.; 12°

A^{12} B^8
EDIT16-CNCE 55611

[1982]
ANONIMA
La rappresentatione 7 festa della natiuita di Christo.
(Siena, 1582).
[6] c.: ill.; 4°
A^6
EDIT16-CNCE 52646, SBN-IT\ICCU\CFIE\033332
Titolo uniforme: *Rappresentazione di Gesù Cristo: la nati-vità*. Stampata probabilmente da Luca Bonetti, cfr. Cioni 1961, p. 150, n. 12; Testaverde-Evangelista, 645. V. ed.

[1983]
ANONIMA
La rappresentatione della purificatione di nostra Donna: che si fa per la festa di Santa Maria alli due di febbraio.
(Siena, [Luca Bonetti], 1582).
[4] c.: ill.; 4°
A^4
EDIT16-CNCE 52692, SBN-IT\ICCU\CFIE\033366
Titolo uniforme: *Rappresentazione della purificazione del-la Madonna*. Per il tipografo cfr. Cioni 1961, p. 233, n. 4; Testaverde-Evangelista, 663. V. ed.

[1984]
ANONIMA
La rapresentatione 7 historia di Susanna di nuouo ristam-pata.
(Siena, [Luca Bonetti], 1582).
[4] c.: ill.; 4°
A^4
EDIT16-CNCE 61943, SBN-IT\ICCU\CFIE\033390
Titolo da c. A1r. Titolo uniforme: *Rappresentazione di s. Susanna*. Per il tipografo cfr. Cioni 1961, p. 286, n. 7; Testaverde-Evangelista, 702. V. ed.

[1985]
ANONIMA
Regole delli veri amatori di n.s. Giesù Christo, et medita-tioni della sua santissima passione con alcune considerationi per tutti i giorni della settimana circa la cognitione di se stes-si, et un modo di ben confessarsi et di meditar la santissima communione, per poter degnamente riceverla. Aggiontovi alcune letanie del Signore et della Madonna. Raccolte da diversi approbati autori et utili ad ogni fedel christiano.
Macerata, Sebastiano Martellini, 1582.
96 p.; 12°
A-D^{12}
EDIT16-CNCE 55381

[1986]
ANTONINO (SANTO)/(ed.) TURCHI, FRANCESCO
Somma Antonina, composta volgarmente da s. Antonino ar-ciuescouo di Fiorenza. Nella quale s'instruiscono i confessori, e i sacerdoti curati, con tutte quelle persone, che desiderano viuere christianamente. Di nuouo con molto studio, & di-ligenza corretta, & illustrata di argomenti, di tauole, & di figure de' parentadi, spirituale, legale, & cardinale, secondo la determinatione del sacrosanto Concilio di Trento, & d'al-tre cose necessarie alla sua perfettione. Dal r.p. Francesco da Treuigi carmelitano.
Venezia, Eredi di Melchiorre Sessa <1>, 1582.
[24], 300 p.; 12°
†^{12} A-M^{12} N^6
EDIT16-CNCE 2088
Titolo uniforme: *Confessionale: Curam illius habe* [ita-liano], da altre edizioni della *Somma antonina* curata da Francesco Turchi. V. fr.

[1987]
BENEDETTI, ROCCO
Pia disgressione sopra la cantica della b. Vergine, di m. Rocco di Benedetti notaro veneto.
Venezia, Andrea Muschio, 1582.
[8] c.: ill.; 4°
A-B^4 (c. B4 bianca)
EDIT16-CNCE 5194

[1988]
CAMILLI, CAMILLO
Le lagrime di s. Maria Maddalena del sig. Camillo Camilli.
Venezia, Giorgio Angelieri, 1582.
[6] c.; 4°
EDIT16-CNCE 8697

[1989]
CAPACCIO, GIULIO CESARE
Delle prediche quadragesimali di Giulio Cesare Capaccio, professor della sacra teologia. Parte prima.
Napoli, Orazio Salviani, 1581 (Napoli, Orazio Salviani, 1582).
[48], 509 [i.e. 511], [1] p.: ill.; 8°
[croce]-3[croce]^8 A-2I^8
EDIT16-CNCE 9057, SBN-IT\ICCU\TO0E\009440
Var. B: data sul frontespizio: 1582, cfr. *Edizioni XVI*, vol. III, n. 1035-1036. V. fr.

[1990]
CAPACCIO, GIULIO CESARE
Delle prediche quadragesimali di Giulio Cesare Capaccio. Parte prima.

Napoli, Orazio Salviani, 1582 (Napoli, Orazio Salviani, 1582).
[48], 509, [3] p.; 8°
[croce]-3[croce]⁸ A-2I⁸
EDIT16-CNCE 9058, SBN-IT\ICCU\CNCE\009058

[1991]
CAPILLA, ANDRÉS
Delle meditationi del b.r.fr. Andrea Capiglia certosino. Sopra gl'Euangelii dell'anno. Parte seconda. Che contiene le meditationi sopra gli euangelij delle ferie della Quadragesima.
Brescia, Policreto Turlino <1>, [non prima del 1582].
[12], 368, [2] p.; 12°
A-P¹² Q⁶
EDIT16-CNCE 9108
Per la data cfr. Ascarelli-Menato, p. 171-172. V. fr.

[1992]
CATECHISMO/(tr.) FIGLIUCCI, FELICE
Catechismo, cioe' Istruttione secondo il decreto del Concilio di Trento, a' parochi, publicato per commandamento del santiss. s.n. papa Pio V. Et tradotto poi per ordine di sua sant. in lingua uolg. dal r.p.f. Alesso Figliucci, dell'ord. de' Predicatori.
Venezia, Aldo Manuzio <2>, 1582.
601, [35] p.; 8°
†⁸ A-2O⁸ 2P⁴ (2P4 bianca)
EDIT16-CNCE 12091
Alesso (anche Alessio) Figliucci è il nome in religione di Felice Figliucci, domenicano.

[1993]
CIATI, PAOLO
Rosario della beatissima Vergine Maria, che contiene in se XV misterii.
Firenze, Bartolomeo Sermartelli <1>, 1582.
[6] c.; 16°
A⁶
EDIT16-CNCE 14547

[1994]
D'ANGELO, BARTOLOMEO
Rosario della gloriosa vergine Maria, con alcuni discorsi, & l'indulgenze per tutti i giorni dell'anno per il r.p.f. Bartolomeo d'Angelo di Napoli, dell'ordine di S. Domenico.
Firenze, Bartolomeo Sermartelli <1>, 1582.
92, [4] p.: ill.; 12°
A-D¹²
EDIT16-CNCE 15968
V. fr.

[1995]
[DATI, GIULIANO/BERNARDO DI ANTONIO/PARTICAPPA MARIANO]
La rapresentatione della passione del nostro Signore Giesu Christo, con la sua resurressione.
(Venezia e ristampata in Siena, [Luca Bonetti], 1582).
[48] c.: ill.; 8°
A-F⁸
EDIT16-CNCE 51170, SBN-IT\ICCU\CFIE\032811
Titolo uniforme: *Rappresentazione della passione di Cristo.*
Per gli autori e il tipografo cfr. Cioni 1961, p. 156 e p. 161, n. 20; Testaverde-Evangelista, 309. V. ed.

[1996]
EPISTOLE E VANGELI/(tr.) ANONIMA
Epistole, et euangeli, che si dicono tutto l'anno nella messa. Tradotte in lingua toscana. Nuouamente corrette, & riformate secondo il Messale romano, stampato in ordine del s. Concilio di Trento.
Venezia, Altobello Salicato, 1582.
[32], 720 [i.e. 700], [1] p.: ill.; 16° (omesse nella numer. le p. 641-660)
†-2†⁸ A-2X⁸ (ultima c. bianca)
EDIT16-CNCE 11383

[1997]
EPISTOLE E VANGELI/(tr.) NANNINI, REMIGIO
Epistole, et Euangelii, che si leggono tutto l'anno alla messa, secondo l'uso della Santa Romana Chiesa, ridotti all'ordine del messal nuouo. Tradotti in lingua Toscana, dal r.p.m. Remigio Fiorentino [...] Con alcune annotationi morali del medesimo, a ciascheduna Epistola, et Euangelio, nuouamente accresciute: con l'aggiunta ancora di quattro discorsi [...] Con due tauole [...].
Venezia, Giovanni Giolito De Ferrari <2> e Giovanni Paolo Giolito De Ferrari, 1582 (Venezia, Giovanni Giolito De Ferrari <2> e Giovanni Paolo Giolito De Ferrari, 1582).
[36], 683, [1] p.: ill.; 4°
a-c⁴ d⁶ A-2T⁸ 2V⁶
EDIT16-CNCE 27569, SBN-IT\ICCU\PUVE\015005
Titolo da SBN. Var. B: data sul frontespizio 1583, cfr. EDIT16-CNCE 27584, vedi 2023.

[1998]
EPISTOLE E VANGELI/(tr.) NANNINI, REMIGIO
Epistole, et Euangelii, che si leggono tutto l'anno alla messa, secondo l'uso della santa Romana Chiesa, ridotti all'ordine del Messale nuouo. Tradotti in lingua toscana, dal r.p.m. Remigio Fiorentino, dell'ordine de' Predicatori. Con alcune annotationi morali del medesimo, a' ciascheduna epistola, & euangelio, nuouamente accresciute. Con l'aggiunta ancora di quattro discorsi, cioè, del digiuno: della inuocation de'

santi: dell'vso dell'imagini: & della veneration delle reliquie loro: vtili & necessarij à chi fosse desideroso d'intendere le sante vsanze della santa Romana Chiesa. Con due tauole, vna da ritrouar l'Epistole & Euangelij, & l'altra delle cose piu notabili.

Torino, Francesco Lorenzini, 1582 (Torino, 1582).

[24], 474 p.: ill.; fol.

[ast.]¹² A-Z⁸ Aa-Ff⁸ Gg⁶

EDIT16-CNCE 11384

V. fr.

[1999]

FILAURO, GIOVANNI BATTISTA/(ed.) MASSONIO, SALVATORE

La passione et resurrettione santissima di Giesu Christo. Da m. Gio. Battista Filauro, dell'Aquila fatta in rima. Et da m. Saluatore Massonio. data in luce.

L'Aquila, Giuseppe Cacchi, 1582 (L'Aquila, Giuseppe Cacchi, 1580).

[12], 25-16 [i.e. 216], [2] p.: ill.; 12°

EDIT16-CNCE 50861

V. fr.

[2000]

FILIARCHI, COSIMO

Espositione de salmi de tre notturni dell'Officio della beata Vergine. Esposti e letti nel duomo di Firenze l'anno 1582 dal m.r.m. Cosimo Filiarco pistorese canonico & teologo fiorentino. All'illustriss. & reuerendiss. monsig. il sig. cardinale Alessandrino.

Firenze, Giorgio Marescotti, 1582 (Firenza, Giorgio Marescotti, 1582).

[16], 534, [26] p.: ill.; 8°

a⁸ A-2M⁸ (c. a8 bianca)

EDIT16-CNCE 19007

Var. B: nel colophon la data è 1583. V. fr.

[2001]

IOSEPHUS, FLAVIUS/(tr.) BALDELLI, FRANCESCO

Di Flauio Giuseppe, Dell'antichità de' Giudei. Libri XX. tradotti nouamente per m. Francesco Baldelli. Doue s'hà piena notitia di quasi tutto il Testamento uecchio; e di tutte l'historie descritte da Mosè nel Genesi.

Venezia, Giovanni Giolito De Ferrari <2> e Giovanni Paolo Giolito De Ferrari, 1582.

[36], 987, [1] p.; 4°

a⁸ b¹⁰ A-3P⁸ Q⁶

EDIT16-CNCE 27561

V. fr.

[2002]

JACOBUS DE VORAGINE/(tr.) MALERBI, NICOLÒ

Legendario delle vite de' santi. Composto dal r.p.f. Giacobo di Voragine dell'Ordine de' predicatori, et tradotto già per il r.d. Nicolo Manerbio. Nuouamente ridotto a miglior lingua, riformato, purgato da molte cose souerchie, arricchito de' sommarij, di vaghe figure ornato, & ristampato. Con l'aggiunta di calendario, lunario, et feste mobili, di tauola, et de' giorni ne'quali si celebrano le feste de' santi, et doue riposano i corpi, et reliquie loro.

Venezia, Orazio Gobbi, 1582 (Venezia, Orazio Gobbi, 1582).

[16], 815, [1] p.: ill.; 4°

EDIT16-CNCE 54227

Titolo uniforme: *Legenda aurea sanctorum* [italiano].

[2003]

LUDOLPH VON SACHSEN/(tr.) SANSOVINO, FRANCESCO

Orationi diuotissime di Landolfo di Sassonia, cauate dal suo libro intitolato Vita di Cristo, tradotto da m. Francesco Sansouino. Le quali sono accomodate alli misteri di nostro Signore.

Venezia, 1582.

[12], 135, [9] c.: ill.; 12°

a¹² b⁶ A-M¹² (c. M12 bianca)

EDIT16-CNCE 45673

[2004]

LUIS DE GRANADA/(tr.) LAURO, PIETRO

Deuotissime meditationi per i giorni della settimana, tanto per la mattina, quanto per la sera. Composte dal r.p.f. Luigi di Granata [...] Nuouamente tradotte per m. Pietro Lauro modonese & aggiunteui le auttorità latine della sacra scrittura [...].

Venezia, Giovanni Giolito De Ferrari <2> e Giovanni Paolo Giolito De Ferrari, 1582 (Venezia, Giovanni Giolito De Ferrari <2> e Giovanni Paolo Giolito De Ferrari, 1581).

467, [1] c.: ill.; 12°

A-V¹² X⁶

EDIT16-CNCE 63168

[2005]

LUIS DE GRANADA/(tr.) PORCACCHI, GIOVANNI BATTISTA

Deuotissime meditationi per li giorni della settimana & per altro tempo [...] Nuouamente tradotte dalla lingua spagnuola per Gio. Battista Porcacchi [...].

Venezia, Giorgio Angelieri, 1582.

[12], 341, [1] c.: ill.; 12°

EDIT16-CNCE 28947

[2006]

LUIS DE GRANADA/(ed.) GIANETTI, ANDREA

Rosario della sacratissima vergine Maria madre di Dio, nostra signora. Dalle opere del r.p. Luigi di Granata de l'Ordine de predicatori raccolto per il r.p.f. Andrea Gianetti da Salò, dottore theologo dello stesso Ordine, et prouinciale di Terra Santa. Nuouamente ristampato, e di molte vaghe figure ornato et abbellito.
Venezia, Giovanni Varisco e compagni (Venezia, Giovanni Varisco e compagni, 1582).
276, [4] p.: ill.; 4°
[croce]⁴ A-R⁸ S⁴
EDIT16-CNCE 40790

[2007]
LUIS DE GRANADA/(ed.) GIANETTI, ANDREA
Rosario della gloriosa vergine Maria raccolto dall'opere del r.p.f Luigi di Granata per il r.p.f. Andrea Gianneti da Salò dottore theologo dell'ordine de' Predicatori, et prouinciale di Terra Santa.
Venezia, Giovanni Varisco e Girolamo Franzini, 1582 (Venezia, Giovanni Varisco e compagni, 1582).
[8], 276, [4] p.: ill.; 8°
[croce]⁴ A-R⁸ S⁴
EDIT16-CNCE 73274
V. fr.

[2008]
LUIS DE GRANADA/(tr.) CAMILLI, CAMILLO
Tutte le opere del r.p.f. Luigi di Granata dell'Ordine de' Predicatori, vltimamente da lui stesso emendate, accresciute, & quasi formate di nuouo. Tradotte dalla lingua spagnuola, nella nostra italiana. Con l'aggiunta di molte annotationi, & d'una prattica del viuer christiano. Impressione terza.
Venezia, Giorgio Angelieri, 1582.
5 vol.: ill.; 4°
EDIT16-CNCE 28954
V. fr.
4:
Trattato secondo dell'aggiunta del Memoriale della vita christiana, del r.p.f. Luigi di Granata dell'Ordine de' Predicatori: nel quale si pongono molte deuotissime meditationi sopra alcuni passi, & misterij principali della vita del nostro Saluatore: & in particolare della sua santa pueritia, passione, resurrettione, & gloriosa ascensione. Tradotto dalla lingua spagnola per Camillo Camilli. Con due tauole, vna de' capitoli, & l'altra delle cose notabili. Questo è il quarto frutto di questo Giardino.
Venezia, Giorgio Angelieri, 1582.
[8], 115, [1] c.: ill.; 4°
a⁸ a-o⁸ p⁴ (c. p4 bianca)
SBN-IT\ICCU\UBOE\044125
Gli altri volumi trattano della conversione e devozione.
V. fr.

[2009]
MALOMBRA, BARTOLOMEO
Lagrime della Maddalena, a gli illustrissimi Soranzi, di Bartolomeo Malombra.
Venezia, Domenico Guerra e Giovanni Battista Guerra, 1582.
[4] c.: ill.; 4°
A⁴
EDIT16-CNCE 37479
V. fr.

[2010]
MASSONIO, SALVATORE
La gloria di Susanna fatta in verso sciolto da m. Saluatore Massonio aquilano. Rappresentata nell'Aquila dagli Academici Fortunati nella Chiesa di S. Maria di Picenza, nel giorno della santissima Trinità.
L'Aquila, Giorgio Dagano e compagni, 1582.
70, [2] p.; 12°
A-C¹²
EDIT16-CNCE 57917

[2011]
MODERATA FONTE (DAL POZZO ZORZI, MODESTA)
La passione di Christo descritta in ottaua rima da Moderata Fonte. Con una canzone nell'istesso soggetto della medesima.
Venezia, Domenico Guerra e Giovanni Battista Guerra, 1582.
54 p.; ill.; 12°
A-B⁸ C¹⁰
EDIT16-CNCE 15891

[2012]
PITTORIO, LODOVICO /(ed.) TURCHI, FRANCESCO
Delle homelie di m. Lodouico Pittorio da Ferrara. Parte prima. Nella quale si espongono tutti gl Euangeli, & Epistole, che si leggono nel tempo della Quaresima, secondo l'ordine della santa Romana Chiesa. Nuouamente ridotta in miglior lingua, & arricchita con le allegationi delle autorità della Santa Scrittura. Per il r.p. Francesco da Treuigi, carmelitano.
Torino, [Eredi di Niccolò Bevilacqua], Francesco Lorenzini, 1581 (Torino, 1582).
2 pt ([4], 119, [1]; [2], 123-254, [2] c.): ill.; 4°
*⁴ A-P⁸; Q-2I⁸ (c. P8 e 2I8 bianche)
EDIT16-CNCE 35706
A c. Q1 altro frontespizio: *Delle homelie di m. Lodouico Pittorio da Ferrara, sopra gli Euangeli, et Epistole, che si leggono ne' giorni festiui di tutto l'anno, sì de' santi, come delle domeniche, [...] Parte seconda.* Marca degli Eredi di Niccolò Bevilacqua sul frontespizio. V. fr.

[2013]
SANSOVINO, FRANCESCO
Cronologia del mondo, di m. Francesco Sansouino, diuisa in due libri. Nel primo de' quali s'abbraccia tutto quello, che è auuenuto cosi in tempo di pace, come di guerra, dal principio del mondo, fino all'anno presente 1582. Et nel secondo, si contiene vn catalogo de regni, & delle signorie, che sono state, & che sono, con le discendenze, & con le cose fatte da loro di tempo in tempo per dichiaratione di molte historie. Con le tauole accommodate per ritrouar facilmente le materie di ciascun libro.
Venezia, Altobello Salicato, 1582.
[14], 189, [1] c.; 4°
*⁸ 2*⁶ A-Z⁸ 2A⁶
EDIT16-CNCE 30545
V. fr.

[2014]
TARSIA, GIOVANNI MARIA
La monarchia della Vergine, e della sua corona di dodici stelle, per via dellequali si contemplano tutti i misteri del santissimo, & diuinissimo Rosario. Composta dal r.m. Gioanmaria Tarsia fiorentino. Hora nuouamente data in luce. Con le sue tauole de' capitoli, & delle cose notabili.
Venezia, Antonio Ferrari, 1582 (Venezia, Antonio Ferrari, 1581).
[8], 408, [16] c.: ill.; 8°
a⁸ A-3G⁸ (c. G2 e G4 segnate F2 e F4; ultime due c. bianche)
EDIT16-CNCE 47967
V. fr.

1583

[2015]
AGNIFILO, AMICO
Il caso di Lucifero in ottaua rima, del signor Amico Cardinali Aquilano abbate di S. Giouanni di Collimento [...].
L'Aquila, Giorgio Dagano e compagni, 1582 (L'Aquila, Giorgio Dagano e compagni, 1583).
47, [1] p.; 12°
A-B¹²
EDIT16-CNCE 65080
Poema derivato in gran parte dal Genesi.

[2016]
ALBERTO DA CASTELLO
Rosario della gloriosa vergine Maria. Di nuouo ristampato. Con nuoue & belle figure adornato.
Venezia, 1583.
260, [4] c.: ill.; 12°

EDIT16-CNCE 764
La data è erroneamente stampata: MDLXXXLIII. V. fr.

[2017]
ANONIMA
La rappresentatione et festa di Josef figliuolo di Jacob.
Venezia, Eredi di Luigi Valvassori, 1583.
[10] c.; 4°
EDIT16-CNCE 62167
Titolo uniforme: *Rappresentazione di Giuseppe*. Cfr. Cioni 1961, p. 203, n. 13.

[2018]
ANONIMA
La rappresentazione et festa di Iosef figliuolo di Iacob. Nuouamente ristampata.
(Firenze, Battista Pagolini, 1583).
[10] c.: ill.; 4°
EDIT16-CNCE 62165
Titolo uniforme: *Rappresentazione di Giuseppe*. Cfr. Cioni 1961, p. 203, n. 12. V. fr.

[2019]
ANONIMA
I sette salmi penitenziali, in ottaua rima. Cauati dal giardinetto, detto il sole.
Orvieto, Rosato Tintinnassi, 1583.
54, [2] p.: ill.; 8°
A-C⁸D⁴
EDIT16-CNCE 5873, SBN-IT\ICCU\CNCE\005873

[2020]
BONELLO, RAFFAELE
I quindici misterii del santissimo rosario, in tre canzoni, di Rafaele Bonello da Barletta. Con altre rime spirituali dell'istesso autore.
Venezia, Domenico Guerra e Giovanni Battista Guerra, 1583.
51, [1] p.: ill.; 4°
A-B⁸ C¹⁰
EDIT16-CNCE 6949

[2021]
CANISIUS, PETRUS/(tr.) DOVIZI, ANGELO
Catechismo catholico molto necessario per ben ammaestrare la giouentu in questi nostri tempi, composto pel reuer. p. Pietro Canisio [...] Et tradotto in lingua italiana per il p. Angelo Douitij della medesima compagnia.
Bergamo, Comino Ventura, 1583.
16 c.; 8°
A¹⁰
EDIT16-CNCE 59301, SBN-IT\ICCU\LO1E\035300

In calce al frontespizio: *Di ordine di Monsign. Reuerendiss. Vescouo di Bergomo.*

[2022]
CASTIGLIONE, ANGELO
La prima parte delle homelie del rever. padre f. Angelo Castiglione per le domeniche, et tutte le feste principali dell'anno.
Milano, Pacifico Da Ponte e Giacomo Piccaglia, 1583 (Milano, Giacomo Piccaglia, 1583).
2 vol.; 4°
EDIT16-CNCE 10051, SBN-IT\ICCU\CNCE\010051
1:
[8], 360 p.
*⁴ A-2Y⁴
SBN-IT\ICCU\MILE\052678
Il secondo volume è del 1584, cfr. SBN-IT\ICCU\BIAE\001340, vedi 2059.

[2023]
EPISTOLE E VANGELI/(tr.) NANNINI, REMIGIO
Epistole et euangelii che si leggono tutto l'anno alla messa, secondo l'uso della Santa Romana Chiesa, ridotti all'ordine del messal nuouo, tradotti in lingua toscana dal r.p. Remigio Fiorentino, dell'Ordine de' predicatori. Con alcune annotationi morali del medesimo a ciescheduna epistola, et euangelio, nuouamente accresciute, con l'aggiunta ancora di quattro discorsi cioè del digiuno, della inuocation de' santi, dell'uso dell'imagini, et della ueneration delle reliquie loro [...] Con due tauole [...].
Venezia, Giovanni Giolito De Ferrari <2> e Giovanni Paolo Giolito De Ferrari, 1583 (Venezia, Giovanni Giolito De Ferrari <2> e Giovanni Paolo Giolito De Ferrari, 1582).
[36], 683, [1] p.: ill.; 4°
a-c⁴ d⁶ A-2T⁸ 2V⁶ (c. K4 segnata k4)
EDIT16-CNCE 27584

[2024]
EPISTOLE E VANGELI/(tr.) CATTANI DA DIACCETO, FRANCESCO
Pistole, lezzioni et Vangeli. Che si leggono in tutto l'anno, alla Messa, secondo la riforma del nuouo Messale. Tradotti in volgar Fiorentino dal reuerendo M. Francesco Cattani da Diacceto, gentil'huomo, & canonico di Firenze, & protonotario apostolico. Hoggi vescouo di Fiesole.
Firenze, Bartolomeo Sermartelli <1>, 1583.
[16], 328 p.: ill.; 8°
EDIT16-CNCE 11385

[2025]
FIAMMA, GABRIELE

Seconda parte delle vite de santi, descritte dal r.p.d. Gabriel Fiamma, canonico regolare lateranen. abbate della Carità di Venetia: divise in XII. Libri: fra' quali sono sparsi piu discorsi intorno alla vita di Christo: con le annotationi sopra ciascuna d'esse, che espugnano, & conuincono le heresie, e' rei costumi de' moderni tempi. Et contien questo secondo volume le vite de' santi, assegnati a' mesi di Marzo, & Aprile. Al catolico et potentissimo re Filippo.
Venezia, Francesco De Franceschi <senese>, 1583 (Venezia, Paolo Zanfretti, 1583).
[4], 256 [i.e. 255], [1] c.: ill.; fol.
[ast]⁴ A-2R⁶ 2S-2X⁴
EDIT16-CNCE 18919, SBN-IT\ICCU\UBOE\067419
Il primo volume è del 1581, cfr. SBN-IT\ICCU\UBOE\067417, vedi 1962. V. fr.

[2026]
FIAMMA, GABRIELE
Sei prediche del r.d. Gabriel Fiamma, canonico regolare lateranense, in lode della beata Vergine, sopra l'euangelo di san Luca, Missus est angelus Gabriel. Predicate in Napoli, nella Chiesa dell'Annunciata, i sabbati di quaresima, l'anno 1573.
Venezia, Francesco De Franceschi <senese>, 1583.
396, [4] p.; 8°
A-2B⁸ (c. 2B8 bianca)
EDIT16-CNCE 18920

[2027]
FILIARCHI, COSIMO
Espositione de salmi de tre notturni dell'Officio della beata Vergine. Esposti e letti nel Duomo di Firenze l'anno 1582 dal m.r.m. Cosimo Filiarco pistorese canonico & teologo fiorentino. All'illustriss. & reuerendiss. monsig. il sig. cardinale Alessandrino.
Firenze, Giorgio Marescotti, 1583 (Firenze, Giorgio Marescotti, 1583).
[16], 534, [26] p.: ill.; 8°
a⁸ A-2M⁸ (c. a8 bianca)
EDIT16-CNCE 19009, SBN IT\ICCU\RMLE\001391
Var. B: In Firenze: appresso Giorgio Marescotti, 1582 (In Fiorenza: nella stamperia di Giorgio Marescotti, 1582). Var. C: (In Fiorenza: nella stamperia di Giorgio Marescotti, 1583). V. fr.

[2028]
GESUALDO, FILIPPO
Memoriale della passione di Cristo et della compassione di Maria Vergine raccolta da fra Philippo Gesualdo [...].
Palermo, Giovanni Francesco Carrara, 1583.
EDIT16-CNCE 56988
Cfr. BEPA.

[2029]
GIUSTINIANI, GIROLAMO
Iephte tragedia del signor Gironimo Giustiniano. All'illustre signor Giulio Pallauicino.
Parma, Eredi di Seth Viotti, 1583.
59, [5] p.; 8°
A-D⁸ (c. D7, D8 bianche)
EDIT16-CNCE 21367
V. fr.

[2030]
IOSEPHUS, FLAVIUS /(tr.) BALDELLI, FRANCESCO
Di Flauio Giuseppe Dell'antichità de' Giudei. Libri XX. tradotti nouamente per m. Francesco Baldelli. Doue s'ha piena notitia di quasi tutto il Testamento uecchio; e di tutte l'historie descritte da Mosè nel Genesi.
Venezia, Giovanni Giolito De Ferrari <2> e Giovanni Paolo Giolito De Ferrari, 1583.
[36], 987, [1] p.; 4°
a-b⁸ A-3P⁸ Q⁶
EDIT16-CNCE 27573

[2031]
JACOBUS DE VORAGINE/(tr.) MALERBI, NICOLÒ
Legendario delle vite de' santi: composto da R. F. Giacobo di Voragine dell'ordine de' Predicatori, & tradotto già per il R. D. Nicolò Manerbio. Nuouamente ridotto a miglior lingua, riformato, purgato da molte cose [...] Con l'aggiunta de' giorni ne' qual [...].
Venezia, Domenico Guerra e Giovanni Battista Guerra, 1583.
[4], 557 p.: ill.; 4°
A-2L⁸ 2M⁴
SBN-IT\ICCU\PBEE\009698
Titolo uniforme: *Legenda aurea sanctorum* [italiano].

[2032]
JACOBUS DE VORAGINE/(tr.) MALERBI, NICOLÒ
Legendario delle vite de' santi: composto dal R.F. Giacobo di Voragine dell'Ordine de' Predicatori, & tradotto già per il R.D. Nicolò Manerbio. Nuouamente ridotto a migliore lingua, riformato, purgato di molte cose soverchie [...].
Venezia, Domenico Guerra e Giovanni Battista Guerra, 1583.
[14], 814 p.; 4°
EDIT16-CNCE 37495
Titolo uniforme: *Legenda aurea sanctorum* [italiano].

[2033]
LOARTE, GASPAR DE
Instruttione et auertimenti, per meditare i misterii del Rosario della santissima Vergine madre. Raccolti per il

reuerendo padre Gasparo Loarte dottor theologo della Compagnia di Giesù.
Venezia, Giacomo Bericchia e Giacomo Torneri, 1583.
83, [1] c.: ill.; 12°
EDIT16-CNCE 71891
V. fr.

[2034]
LOARTE, GASPAR DE/AVILA, JUAN DE
Instruttione, et auuertimenti, per meditare la passion di Christo nostro redentore. Con alcune meditationi intorno ad essa. Raccolti per il R.P. Gaspero Loarte [...] stampati, & corretti con alcune altre meditationi del medesimo auttore. Aggiuntoui [...] un trattato sopra l'amor di Dio, del p. maestro Auila predicatore.
Brescia, Policreto Turlino <1>, 1583.
97, [3] c.: ill.; 12°
A-H¹² I⁴
EDIT16-CNCE 76517

[2035]
LOARTE, GASPAR DE
Trattato della continua memoria che si debbe hauere della sacra passione di Christo redentor nostro. Con sette meditationi ouer orationi, che si possono dire secondo le sette hore canoniche. [...] Composto per il r. p. Gaspar Loarte dottor theologo, della Compagnia di Giesu.
Brescia, Vincenzo Sabbio, 1583.
35, [1] p.: ill.; 12°
A¹⁸
SBN-IT\ICCU\RMLE\037847

[2036]
MARCELLINO, EVANGELISTA
Sermoni quindici. Sopra il salmo centonoue. Fatti a gli Hebrei di Roma. Dal r.p.f. Euangelista Marcellino dell'Ordine de' Minori osseruanti.
Firenze, Giorgio Marescotti, 1583 (Firenze, Giorgio Marescotti, 1583).
[36], 185, [7] p.; 8°
A¹² B⁶ A-H¹² (c. B6, H11, H12 bianche)
EDIT16-CNCE 29022
V. fr.

[2037]
MELCHIORI, FRANCESCO
Pie meditationi per tutti li giorni della settimana, et alcune lodi a Giesù nostro Signore, & alla sua diletta madre Maria, con le diuote letanie del Signore, & della Madonna.
Venezia, Domenico Guerra e Giovanni Battista Guerra, 1583.
[16] c.: ill.; 8°

a-b[8]
EDIT16-CNCE 37497
V. fr.

[2038]

NOBILI, FLAMINIO
I sette salmi penitentiali con vna breue, et chiara spositione, secondo quel sentimento, che conuiene ad vn penitente, senza allontanarsi dal letterale. Del signor Flaminio Nobili.
Venezia, Domenico Nicolini da Sabbio, 1583.
16 c.: ill.; 4°
A-D[4]
EDIT16-CNCE 5874
V. fr.

[2039]

OSUNA, FRANCESCO DE/(tr.) MONETA, FRANCESCO
Dello abecedario spirituale, che tratta delle circostanze della santissima passione di Christo, parte prima. Composto per l'eccellente teologo f. Francesco di Ossuna, dell'ordine di S. Francesco. Et nouamente tradotto di spagnuolo in italiano da m. Francesco Moneta da gli Orci Nuoui. Ilquale per essere pieno di vaghissimi concetti, & ricco di dolcissimi sensi spirituali, può essere così utile a' predicatori, come fruttuoso alle deuote persone.
Venezia, Francesco Ziletti, 1583.
[24], 240 c.; 4°
a-f[4] A-3O[4] (c. 4f bianca)
EDIT16-CNCE 19794
V. fr.

[2040]

PITTORIO, LODOVICO/(ed.) TURCHI, FRANCESCO
Delle homelie di m. Lodouico Pittorio da Ferrara. Parte prima. Nella quale si espongono tutti gl'Euangeli, & Epistole, che si leggono nel tempo della Quaresima, secondo l'ordine della Santa Romana Chiesa. Nouamente ridotta in miglior lingua, & arricchita con le allegationi delle autorità della Santa Scrittura, Per il r.p. Francesco da Treuigi carmelitano.
Venezia, Fabio Zoppini e Agostino Zoppini, 1583 (Venezia, Fabio Zoppini e Agostino Zoppini, 1583).
2 pt ([4], 119, [1]; [2], 123-254, [1] c.): ill.; 4°
[paragrafo][4] A-P[8]; Q-2I[8] (c. P8 e 2I8 bianche)
EDIT16-CNCE 40823, SBN-IT\ICCU\RMLE\023642
A c. Q1r altro frontespizio: *Delle homelie di m. Lodouico Pittorio da Ferrara, sopra gli Euangeli, et Epistole, che si leggono ne' giorni festiui di tutto l'anno, sì de' santi, come delle domeniche, [...] Parte seconda.*

[2041]

PLATINA (IL) (SACCHI, BARTOLOMEO)/(tr.) ?

Platina Delle vite de' pontefici, oue si descrivono le vite di tutti loro, per fino à papa Gregorio XIII. Et sommariamente tutte le guerre, & altre cose notabili fatte nel mondo da Christo, infino al dì d'hoggi. Tradotto di latino in lingua volgare, & nouamente ristampato, & tutto ricorretto, & ampliato.
Venezia, Domenico Farri, 1583 (Venezia, Domenico Farri, 1583).
459 [i.e. 467], [1] c.; 8°
A-3M[8] 3N[4]
EDIT16-CNCE 47447

[2042]

[PULCI, ANTONIA]
La rapresentatione del figliuol prodigo. Nuouamente ristampata.
(Firenze, Battista Pagolini, 1583).
[10] c.: ill.; 4°
A[10]
EDIT16-CNCE 61997
Per l'autrice cfr. Cioni 1961, p. 138. Titolo uniforme: *Rappresentazione del figliol prodigo.* Cfr. Cioni 1961, p. 140, n. 5.

[2043]

RAZZI, SERAFINO
Rosario della gloriosissima Vergine madre di Dio, Maria, auuocata di tutti i peccatori penitenti. Composto nuouamente in ottaua rima con alcune annotationi in prosa. Dal r.p.f. Serafino Razzi, dell'Ordine de' predicatori, e provincia romana.
Firenze, Bartolomeo Sermartelli <1>, 1583.
[16], 181, [3] p.; 8°
[croce][8] A-L[8] M[4]
EDIT16-CNCE 33712

[2044]

SALMI/(tr.) ANONIMA
I Salmi di Dauid, tradotti dalla lingua hebrea nella italiana. Diuisi in cinque parti. Di nuouo ricorretti & emendati.
[Paris], [Jean Charron <1>?], 1583.
[128] c.: ill.; 8°
EDIT16-CNCE 5849, Barbieri 84 e tav. A66.
Per il tipografo cfr. Barbieri 84. V. fr.

[2045]

SCALVO, BARTOLOMEO
Meditationi del Rosario della gloriosa Maria vergine nuouamente ristampate con figure à ciascuna meditatione accommodate.
(Venezia, Domenico Guerra e Giovanni Battista Guerra, 1583).

[12], 399 [i.e. 397], [67] p.; 24°
A-2G⁸ (c. 2G8 bianca)
Edit16-CNCE 37500
V. fr.

[2046]
SOCCI, PERETANO
La istoria di Giudetta ebrea composta in ottaua rima per il Soci Peretano. Nuouamente stampata.
(Firenze, Giovanni Baleni, 1583).
[4] c.; 4°
A⁴
Edit16-CNCE 80460
Esemplare conservato presso la British Library (11426.c.82). V. fr.

[2047]
STABILI, ANTONIO
Fascicolo delle vanità giudaiche, composto per il r.p.f. Antonino Stabili da S. Angelo a Fasanella, dell'Ordine de' Predicatori. Giornate sedici, nelle quali si discorre sopra la Scrittura vecchia, & noua; et si proua la venuta del vero Messia Christo, Giesù, Signore, & Redentor nostro. Con due tauole, l'una de gl'autori citati nell'opera; l'altra de gl'argomenti in ciascuna giornata.
Ancona, Francesco Salvioni, 1583 (Ancona, Francesco Salvioni, 1583).
319, [1] c; 8°
+⁸ A-Z⁸ Aa-Qq⁸
Edit16-CNCE 34218
V. fr.

[2048]
VENEZIA, ORAZIO
Meditationi, instruttioni, prieghi, et litanie per l'oratione delle Quarant'hore. Agiontoui i sette salmi, officio, letanie, capitoli, & indulgentie della Compagnia del Santissimo nome di Dio. Ristampate e corrette dal s. Horatio Venetia v.i.d. & proth. apost. à beneficio di deuoti, che in tal essercitio si dilettano.
Napoli, Orazio Salviani e Cesare Cesari, 1583.
[4], 116 p.: ill.; 12°
†², A-D¹², E¹⁰
Edit16-CNCE 50341

1584

[2049]
ANONIMA
La annunciatione della Madonna. Con li deuoti saluti che faceua santo Bernardo alla Vergine Maria.

(Venezia, Giovanni Andrea Valvassori, 1584).
8 c.: ill.; 8°
A⁴
Edit16-CNCE 1951
Titolo uniforme: *Storia dell'Annunciazione.* Cfr. Cioni 1963, p. 68, n. 4.

[2050]
ANONIMA
Compendio della dottrina christiana, secondo l'ordine del catechismo romano.
Torino, Giovanni Battista Ratteri, 1584.
[20] c.; 8°
Edit16-CNCE 15036

[2051]
ANONIMA
La rappresentazione della natiuita di Christo. Nuouamente ristampata.
(Firenze, Giovanni Baleni, 1584).
[6] c.: ill.; 4°
A⁶
Edit16-CNCE 61907, SBN-IT\ICCU\CFIE\033333
Titolo uniforme: *Rappresentazione di Gesù Cristo: la natività.* Cfr. Cioni, p. 150, n. 13; Testaverde-Evangelista, 64.
V. ed.

[2052]
BOTERO, GIOVANNI
La prima parte dell'Auuento ambrosiano, la qual contiene le prediche sopra gli Euangelij dominicali, che corrono anche alla romana; ma in varij tempi. Del d. Giouanni Botero piamontese. All'illustriss. et reuerendiss. monsig. Agostino Valerio, cardinal di Verona.
Milano, Francesco Tini e Eredi di Simone Tini, 1584 (Milano, Michele Tini, a istanza di Francesco Tini e Eredi di Simone Tini, 1584).
[16], 364 p.; 8°
[croce]⁸ A-Z⁸
Edit16-CNCE 7261
V. fr.

[2053]
BUONRICCIO, ANGELICO
Dichiaratione de i sacri salmi di Dauid re e profeta del r.p.d. Angelico Buonriccio canonico regolare della congregazione di s. Saluatore. Opera pia & diuota, & ad ogni fedel christiano vtilissima. Nuouamente posta in luce.
Venezia, Giovanni Battista Somasco, 1584.
[10], 324 c.; 4°
[croce]⁴ 2[croce]⁶ A-4M⁴
Edit16-CNCE 7878

[2054]
CALDERARI, CESARE
Concetti scritturali intorno al Miserere, del reuer. d. Cesare Calderari da Vicenza canonico regolare later. spiegati in XXXIII lettioni [...] Con l'applicazione di molte feste correnti, massimamente di tutto l'aduento [...].
Napoli, Orazio Salviani e Cesare Cesari, 1584.
503, [25] p.: ill.; 8°
A-2K⁸
EDIT16-CNCE 8356, SBN-IT\ICCU\CNCE\008356

[2055]
CAMILLO, CAMILLI
Le lagrime di s. Maria Maddalena, del sig. Camillo Camilli.
Firenze e ristampate in Siena, 1584.
[8] c.; ill.; 8°
EDIT16-CNCE 8700
V. fr.

[2056]
CAPACCIO, GIULIO CESARE
Delle prediche quadragesimali di Giulio Cesare Capaccio professor della sacra teologia. Parte prima. Nuouamente corrette in questa seconda impressione. Con la sua tauola delle cose notabili.
Venezia, Fabio Zoppini e Agostino Zoppini, 1584 (Venezia, Fabio Zoppini e Agostino Zoppini, 1584).
[46], 509, [1] p.; 8°
[croce]⁴ 3[croce]⁶ A-2I⁸
EDIT16-CNCE 9059
V. fr.

[2057]
[CASTELLANI, CASTELLANO]
La rappresentazione del figliuol prodigo.
(Firenze, Giovanni Baleni, 1584).
[6] c.: ill.; 4°
EDIT16-CNCE 62001
Per l'autore cfr. Cioni 1961, p. 142, n. 2.

[2058]
CASTIGLIONE, ANGELO
Homelie del Reuerendo padre f. Angelo Castiglione per le domeniche, et tutte le feste principali dell'anno. Parte prima. Dal giorno di Natale, insino al venerdì santo.
Milano, Pacifico Da Ponte, 1584 (Milano, Giacomo Piccaglia, 1583).
3 vol.; 4°
EDIT16-CNCE 10052, SBN-IT\ICCU\CNCE\010052
1:
[8], 360 p.; 4°
†⁴ A-2Y⁴

SBN-IT\ICCU\UM1E\011795
Il secondo volume è datato 1585 (1584) e il terzo 1585, cfr. SBN-IT\ICCU\UM1E\011796 e IT\ICCU\UM1E\011797, vedi 2096.

[2059]
CASTIGLIONE, ANGELO
La seconda parte delle homelie del rever. padre f. Angelo Castiglione per le domeniche, et tutte le feste principali dell'anno. Dalla Pasqua sino alla domenica duodecima dopo l'ottava della Pentecoste.
Milano, Pacifico Da Ponte, 1584 (Milano, Pacifico Da Ponte, 1584).
[4], 493 p.; 4°
π² A-3Q⁴
EDIT16-CNCE 10051, SBN-IT\ICCU\BIAE\001340
Il primo volume è del 1583, cfr. SBN-IT\ICCU\MILE\052678, vedi 2022.

[2060]
CATTANI DA DIACCETO, FRANCESCO
La vita dell'immaculata et gloriosissima sempre vergine santa Maria madre di Dio et Signor nostro Giesu Christo. Del reuerendissimo monsig. Francesco de Cattani da Diacceto vescouo di Fiesole. Al serenissimo signore il s. Cosimo de' Medici granduca di Toscana.
Firenze, Bartolomeo Sermartelli <1>, 1584 (Firenze, Bartolomeo Sermartelli <1>, 1584).
244 [i.e. 260], [4] p.; 4°
A-Q⁸ R⁴
EDIT16-CNCE 10335
Cfr. anche SBN-IT\ICCU\CFIE\007834, vedi 3024.

[2061]
DELLA PORTA, CESARE
Stanze sopra i quindeci misteri del santissimo Rosario. Di Cesare Porta cremonese.
Cremona, Barucino Zanni, 1584.
[8] c.: ill.; 8°
A⁸
EDIT16-CNCE 37020
V. fr.

[2062]
EPISTOLE E VANGELI/(tr.) ANONIMA
Epistole, et Euangelii che si dicono tutto l'anno nella Messa, tradotte in lingua Toscana. Nouamente corrette, et riformate secondo il Messale Romano, stampato d'ordine del santo Concilio di Trento. Con calendario, tauola, et altre cose necessarie, si per commodita de' pij lettori, come per ornamento dell'opera.

Venezia, Fabio Zoppini e Agostino Zoppini, 1584 (Venezia, Eredi di Francesco Rampazetto <1>, 1583).
[12], 279, [1] p.: ill.; 4°
a-d⁴ A-2K⁸
EDIT16-CNCE 45506

[2063]
EPISTOLE E VANGELI/(tr.) NANNINI, REMIGIO
Epistole, et Euangelii, che si leggono tutto l'anno alla messa, secondo l'uso della santa Romana Chiesa, ridotti all'ordine del messal nuouo. Tradotti in lingua toscana, dal r.p.m. Remigio Fiorentino dell'Ordine de' Predicatori. Con alcune annotationi morali del medesimo, à ciascheduna epistola, et euangelio, nuouamente accresciute: con l'aggiunta ancora di quattro discorsi, cioè, del digiuno: della inuocation de' santi: dell'vso dell'imagini: & della veneration delle reliquie loro: utili & necessarij à chi fosse desideroso d'intendere le sante usanze della santa Romana Chiesa. Con due tauole, vna da ritrouar l'Epistole, et Euangelii, et l'altra delle cose piu notabili.
Venezia, Giovanni Giolito De Ferrari <2> e Giovanni Paolo Giolito De Ferrari, 1584 (Venezia, Giovanni Giolito De Ferrari <2> e Giovanni Paolo Giolito De Ferrari, 1582).
[36], 683, [1] p.: ill.; 4°
a-c⁴ d⁶ A-2T⁸ 2V⁶ (c. K4 segnata k4)
EDIT16-CNCE 27604
V. fr.

[2064]
EPISTOLE E VANGELI/(tr.) ANONIMA
Epistole, lettioni, et Euangelii; che si leggono tutto l'anno alla messa, latine, & volgari, per più commodità di ciascuno. Nouamente ricorrette, & riformate secondo il Messale romano; stampato d'ordine del s. Concilio di Trento. Con la tauola necessaria da trouare le Epistole, & gli Euangeli, che corrono giorno per giorno.
Venezia, Fabio Zoppini e Agostino Zoppini, 1584 (Venezia, Fabio Zoppini e Agostino Zoppini, 1584).
695, [1] p.: ill.; 8°
EDIT16-CNCE 78248
V. fr.

[2065]
FIAMMA, GABRIELE
De' discorsi del reueren.mo don Gabriel Fiamma, vescouo di Chioggia, sopra l'epistole, e vangeli di tutto l'anno; parte prima. Doue breuemente si tocca quel, che si appartiene all'intelligenza de' libri sacri, et all'emendation de' costumi.
Venezia, Francesco De Franceschi <senese>, 1584.
[8], 251, [1] c.; 8°
[fiore]⁸ A-2H⁸ I⁴
EDIT16-CNCE 18921

[2066]
FIAMMA, GABRIELE
Sei prediche del reueren.mo don Gabriel Fiamma, vescouo di Chioggia, in lode della b. Vergine, sopra l'Euangelio di s. Luca, Missus est angelus Gabriel. Predicate in Napoli, nella chiesa dell'Annunciata, i sabbati di Quaresima, l'anno 1573. Ai molto illustri, & eccellenti signori, li signori V.I. della piazza di Capuana, & sig. mastri dell'Annunciata.
Venezia, Francesco De Franceschi <senese>, 1584.
396, [4] p.; 8°
EDIT16-CNCE 18923
V. fr.

[2067]
FILIPPI, MARCO, DETTO IL FUNESTO
Vita di s. Caterina vergine, e martire; composta da Marco Filippi, detto il Funesto. Aggiuntoui di nuouo gli argomenti ad ogni canto. Con vna raccolta di sonetti, e canzoni spirituali, & di alcune stanze della Maddalena à Christo del medesimo autore.
Venezia, Pietro Dusinelli, 1584.
[8], 200 c.: ill.; 8°
+⁸ A-z⁸ aa-bb⁸
EDIT16-CNCE 19026
A c. X2r altro frontespizio: *Rime spirituali, et alcune stanze della Maddalena a Christo, composte per Marco Filippi [...].*

[2068]
GAGLIARDI, ACHILLE
Catechismo della fede cattolica, con vn compendio per fanciulli. Composto dal r.p. Achille Gagliardi della Compagnia di Giesu, per commissione dell'illustriss. et reuerendissimo monsig. il cardinale di Santa Prassede.
Milano, Michele Tini, 1584 (Milano, Michele Tini, 1584).
[8], 104, [4] p.; 4°
†⁴ A-M⁴ N⁶
EDIT16-CNCE 20125, SBN-IT\ICCU\BVEE\009033
Var. B: "In Milano, ad instanza di Pietro Tini libraro al segno del Giglio". V. fr.

[2069]
JACOBUS DE VORAGINE/(tr.) MALERBI, NICOLÒ
Leggendario delle vite de' santi. Composto dal r.p.f. Giacobo di Voragine, [...] tradotto già per il R.D. Nicolo Manerbio. Nuouamente ridotto a miglior lingua, riformato, purgato da molte cose souerchie, arricchito de' sommarij, di vaghe figure ornato, e ristampato. Con l'aggiunta di calendario, lunario, & feste mobili, [...].
Venezia, Alessandro Griffio, 1584.
[16], 726, [2] p.: ill.; 4°
EDIT16-CNCE 34771

Titolo uniforme: *Legenda aurea sanctorum* [italiano].

[2070]
MANOLESSO, EMILIO MARIA
Sermone sopra la natiuità del Redentor nostro Giesu Christo. Composto dall'eccellentissimo signor Emilio Maria Manolesso dottor de leggi ciuili & canoniche, e delle arti, & sacra teologia, caualliere historico, & primo lettore publico di legge.
Venezia, Marcantonio Zaltieri, a istanza di Marco Desiderati, 1584.
26 c.; 8°
A-C⁸ D²
EDIT16-CNCE 78106
V. fr.

[2071]
MARCELLINO, EVANGELISTA
Lettioni dodici sopra Abachuch profeta del r.p.f. Euangelista Marcellino dell'Ordine minore di san Francesco.
Firenze, Giorgio Marescotti, 1584.
[24], 195, [1] p.; 12°
a¹² A-H¹² I²
EDIT16-CNCE 29041

[2072]
PAROLI, GIOVANNI MARIA/DELLA PORTA, CESARE
Pianto di s.to Pietro di Gio. Maria Parolo cremonese.
Cremona, Cristoforo Draconi, 1584 (Cremona, Cristoforo Draconi, 1584).
[20] c.: ill.; 4°
A-E⁴
EDIT16-CNCE 50078
A c. C4 altro frontespizio: *Stanze sopra i quindici misteri del s.mo rosario di m. Cesare Della Porta cremonese.*

[2073]
PIACI, FELICE
Rosario della sacratissima Madre Vergine nostra pijssima signora: con le imagini, dichiarationi & contemplationi de' suoi sacri misteri [...] ridotto in questa bellezza & gratia dal r.p. Felice Piaci da Colorno [...].
Brescia, Vincenzo Sabbio, 1584.
[66] c.: ill.; 12°
EDIT16-CNCE 73393

[2074]
PSEUDO-BONAVENTURA
Le deuote, & pie meditationi di s. Bonauentura [...] sopra il misterio dell'humana redentione. Nuouamente con somma diligentia ristampata, & ricorretta, & di varie figure adornata.

Venezia, Giacomo Bendolo, 1584.
187, [1] p.: ill.; 16°
EDIT16-CNCE 32580
Titolo uniforme: *Meditationes vitae Christi* [italiano].

[2075]
[PULCI, ANTONIA]
La rappresentazione del figliuol prodigo.
(Firenze, Giovanni Baleni, 1584).
[6] c.: ill.; 4°
A⁶
EDIT16-CNCE 61501
Per l'autrice cfr. Cioni 1961, p. 138. Titolo uniforme: *Rappresentazione del figliol prodigo.* Presenza del numero d'ordine [croce latina] sul frontespizio. Cfr. Cioni 1961, p. 140, n. 6; Testaverde-Evangelista, 590. V. ed.

[2076]
RIDOLFI, PIETRO
Discorso intorno alle sette parole di Christo in croce, del r.p. maestro Pietro Ridolfi da Tossignano dell'Ordine Minore Conuentouale. Fatto in Monaco la feria VI. nella Passione, con vna tauola delle cose notabili.
Venezia, Francesco De Franceschi <senese>, 1584.
15, [1] c.: ill.; 4°
a-b⁸
EDIT16-CNCE 28162
V. fr.

[2077]
SANPEDRO, JERONIMO DE/(tr.) ULLOA, ALFONSO DE
Militia celeste del pie della rosa fragante [!]*: nella qual si trattano le vite, & prodezze de gl'ill.mi patriarchi, & principi del popolo hebreo: con la espositione delle auttorità, & figure della Bibbia. Del sig. Hieronimo S. Pietro. Nuouamente tradotta dalla lingua spagnuola dal signor Alfonso de Ulloa.*
Venezia, Eredi di Melchiorre Sessa <1>, 1584.
[8], 345, [3] c.; in 8°
(fiore)⁸ A-2V⁸ 2X⁴
EDIT16-CNCE 30490
Var. B: sul frontespizio marca U116; varia il secondo gruppo dell'impronta. V. fr.

[2078]
SEBASTIANO DA FABRIANO
Rosario della gloriosa vergine Maria, con le sue pie contemplationi, ordini, capitoli, & stationi di Roma. Composto dal r.p. don Sebastiano da Fabriano, monaco camaldolese. Et aggiuntoui le diuote meditationi per tutti li giorni della settimana; con alcune lodi a Giesu N.S. & alla sua diletta madre Maria.

REPERTORIO CA 1462-1650

Venezia, Domenico Guerra e Giovanni Battista Guerra, 1584.
2 pt ([40]; [16]): ill.; 8°
A-E⁸, a-b⁸
EDIT16-CNCE 67131
V. fr.

[2079]
SPADONI, REGINALDO
Mistico tempio del rosario con fiori, & frutti alla gloriosa Vergine Maria madre di Dio, con ghirlande de beati, dedicato da f. Reginaldo Spadoni, dell'ordine de' Predicatori [...].
Venezia, Eredi di Melchiorre Sessa <1>, 1584 (Venezia, Domenico Nicolini da Sabbio, 1584).
[12], 288 c.: ill.; 8°
*¹² A-2N⁸
EDIT16-CNCE 30497

[2080]
SPADONI, REGINALDO
Mistico tempio del rosario con fiori, & frutti alla gloriosa Vergine Maria madre di Dio, con ghirlande de' beati, dedicato da F. Reginaldo Spadoni, dell'ordine de' Predicatori, nuouamente posto in luce, & con bellissime figure del nuouo, & vecchio testamento, adornato.
Venezia, Domenico Nicolini da Sabbio, a istanza di Pietro Tomaso De Maria, 1584.
[12], 288 c.: ill.; in 8°
[ast]¹² A-2M⁸
EDIT16-CNCE 48498

[2081]
TANSILLO, LUIGI/(ed.) VERDIZZOTTI, GIOVANNI MARIA
[*Le lagrime di san Piero del signor Luigi Tansillo*].
[1584?].
[12] c. ; 12°
EDIT16-CNCE 78405
Titolo da c. A3r. Data, luogo e curatore dalla dedica.
V. c. A3r.

[2082]
TAULER, JOHANNES/(tr.) STROZZI, ALESSANDRO/ ESCH, NICOLAAS VAN
Meditationi pie et diuote sopra la vita, et passione di n.s. Giesu Christo. Tradotte di latino in volgare dal reueren. mons. Alessandro Strozzi gentil'huomo fiorentino e vescouo di Volterra. Con alcuni esercitii non meno cattolici, che dotti di m. Nicolò Eschio, tradotti dal medesimo.
Venezia, Domenico Imberti, 1584.
[12], 560, [4] p.: ill.; 12°
*⁶ A-Z¹² 2A⁶

EDIT16-CNCE 37793

1585

[2083]
ALBERTO DA CASTELLO
Rosario della gloriosa Vergine Maria.
Venezia, Compagnia degli Uniti, 1585.
251 [i.e. 252], [3] c.: ill.; 8°
A-2I⁸
EDIT16-CNCE 765
Var. B.: terzo gruppo dell'impronta rilevato da esemplare mutilo.

[2084]
ALBERTO DA CASTELLO
Rosario della gloriosa Vergine Maria. Di nuouo stampato, con nuoue & belle figure adornato.
(Venezia, Giovanni Varisco, 1585).
[256] c.: ill.; 8°
A-2I⁸
EDIT16-CNCE 41226
Nome dell'autore nella prefazione.

[2085]
ANONIMA
Giardinetto di cose spirituali doue si contiene, la santa Croce, per imparare i figliuoli. Il Pater nostro volgare. Inuocatione a Maria Vergine. I dodeci articoli della fede. I dieci comandamenti della lege. Le tre virtù theologiche. Le sette opere della misericordia corporale. Le sette opere della misericordia spirituale. I sette peccati mortali, con le sette virtù poste da Dio, in diffesa di quelli. Sonetti variati per accostumare li figliuoli.
Venezia, al segno della Regina, 1585.
[4] c.; 8°
A⁴
EDIT16-CNCE 20943

[2086]
ANONIMA
Giudizio vniuersale o vero finale.
(Firenze, Giovanni Baleni, 1585).
[6] c.: ill.; 4°
EDIT16-CNCE 79800
V. fr.

[2087]
ANONIMA
La pazzia del christiano. Et altre rime spirituali in lode della b. Vergine. Con alcune stanze sopra la passione di N.S.
Macerata, Sebastiano Martellini, 1585.

[4] c.: ill.; 8°

A⁴

EDIT16-CNCE 55387

V. fr.

[2088]

ANONIMA

La rappresentatione e festa di Iosef figliuolo di Iacob. Nuouamente ristampata.

(Firenze, Giovanni Baleni, 1585).

[10] c.: ill.; 4°

A¹⁰

EDIT16-CNCE 61900

Titolo uniforme: *Rappresentazione di Giuseppe*. Cfr. Cioni 1961, p. 204, n. 14; Testaverde-Evangelista, 615. V. ed.

[2089]

ANONIMA

La rappresentatione 7 historia di Susanna.

(Siena) [Luca Bonetti, 1585?].

[4] c.: ill.; 4°

A⁴

EDIT16-CNCE 61965, SBN-IT\ICCU\CFIE\033023

Titolo da c. A1r. Titolo uniforme: *Rappresentazione di s. Susanna*. Per il tipografo e la data cfr. *STCBL*, p. 653. Cfr. Testaverde-Evangelista, 252. Esiste altra edizione ricomposta linea per linea con c. A1r privo di righe a stampa e diverso angelo, cfr. EDIT16-CNCE 75492, vedi 2732. V. ed.

[2090]

ANONIMA

La rappresentazione del re Salamone delle sentenzie che egli dette per quelle due donne che haueuano ammazzato vn loro figliuolo.

Firenze, Giovanni Baleni, 1585.

[4] c.: ill.; 4°

EDIT16-CNCE 62369

Titolo uniforme: *Rappresentazione di Salomone*. Presenza del numero d'ordine 2 sul frontespizio. Cfr. Cioni 1961, p. 272, n. 8. V. fr.

[2091]

[BELCARI, FEO]

La rappresentatione di Abraam, et Isaac suo figliuolo.

(Firenze, Giovanni Baleni, 1585).

[4] c.: ill.; 4°

A⁴

EDIT16-CNCE 61784, SBN-IT\ICCU\CFIE\033189

Per l'autore cfr. Cioni 1961, p. 68, n. 20; Testaverde-Evangelista, 507. Titolo da c. A1r. Titolo uniforme: *Rappresentazione di Abramo e Isacco*. V. c. A1r e [A4v].

[2092]

BELCARI, FEO

La rappresentatione di san Giouanni Battista quando ando nel deserto.

Siena, 1585.

[4] c. : ill. ; 4°

EDIT16-CNCE 52652

V. fr.

[2093]

BELCARI, FEO

La rappresentatione di san Giouanni Battista quando ando nel deserto.

Firenze, Giovanni Baleni, 1585.

[4] c. : ill. ; 4°

EDIT16-CNCE 62094

Cfr. Cioni 1961, p. 186, n. 9 (edizione indicata come dubbia).

[2094]

CALDERARI, CESARE

Concetti scritturali intorno al Miserere, del reuer. d. Cesare Calderari da Vicenza canonico regolare later. spiegati in XXXIII. lettioni, le quali furono lette dall'istesso nel sacro tempio della Nontiata di Napoli l'anno M.D.LXXXIII. Con l'applicatione di molte feste correnti, massimamente di tutto l'Aduento, con due vtilissime tauole, l'vna de i luoghi esposti della sacra Scrittura, l'altra delle cose più notabili.

Napoli, Orazio Salviani e Cesare Cesari, 1585.

503, [25] p.: ill.; 8°

A-Kk⁸

EDIT16-CNCE 8357, SBN-IT\ICCU\CNCE\008357

V. fr.

[2095]

CAMPIGLIA, MADDALENA

Discorso. Sopra l'annonciatione della beata Vergine, et la incarnatione del s.n. Giesu Christo.

Vicenza, Perin e Giorgio Greco, 1585.

[12], 88, [14] p.; 4°

[croce]⁶ A-N⁴

EDIT16-CNCE 8836

[2096]

CASTIGLIONE, ANGELO

Homelie del Reuerendo padre f. Angelo Castiglione per le domeniche, et tutte le feste principali dell'anno.

Milano, Pacifico Da Ponte, 1584-1585.

3 vol.; 4°

EDIT16-CNCE 10052, SBN-IT\ICCU\CNCE\010052

Il primo volume è datato 1584 (1583), vedi SBN-IT\ICCU\UM1E\011795, vedi 2058.

2:

Parte seconda. Dalla Pasqua sino alla Domenica duodecima dopò l'ottaua della Pentecoste.
Milano, Pacifico Da Ponte, 1585 (Milano, Pacifico Da Ponte, 1584).
[4], 493, [3] p.; 4°
π² A-3Q⁴ (ultima c. bianca)
SBN-IT\ICCU\UM1E\011796
3:
Parte terza. Dalla decima terza domenica dopo la Pentecoste, sino alla Natività del Signore.
Milano, Pacifico Da Ponte, 1585.
[4], 394 p.; 4°
†² A-3C⁴3D²
SBN-IT\ICCU\UM1E\011797

[2097]
CONFRATERNITA DEL SS. ROSARIO <FERRARA>
Rosario della gloriosa vergine Maria. Con le sue rare indulgentie gratie, & priuilegij, con quindici breui meditationi sopra li quindeci misterij sacratissimi, con vna instruttione, & molti degni auuertimenti circa esso sacratissimo Rosario, con le stationi di Roma, & le loro indulgenze, concesse da molti sommi pontefici à quelli che lo reciteranno, et con due breui amplissimi modernamente concessi à sua perpetua essaltatione.
Ferrara, Vittorio Baldini, 1585.
36 c.: ill.; 12°
A-C¹²
EDIT16-CNCE 15459
V. fr.

[2098]
D'ANGELO, BARTOLOMEO
Rosario della gloriosa Vergine Maria. Con alcuni discorsi, et l'indulgenze per tutti i giorni dell'anno. Per il r.p.f. Bartolomeo D'Angelo di Napoli, dell'Ordine di s. Domenico.
Firenze, Bartolomeo Sermartelli <1>, 1585.
96 [i.e. 120] p.: ill.; 12°
A-E¹²
EDIT16-CNCE 15974

[2099]
EPISTOLE E VANGELI/(tr.) ANONIMA
Epistole, et euangelii, che si leggono tutto l'anno alla messa. Nuouamente corrette, & riformate secondo il messale romano stampato di ordine del santo Concilio di Trento. Con calendario, tauola, & altre cose necessarie, [...].
Venezia, Altobello Salicato, 1585.
[8], 152 c.: ill.; 4°
†⁸ A-T⁸
EDIT16-CNCE 11386, SBN-IT\ICCU\BVEE\016346

[2100]
EPISTOLE E VANGELI/(tr.) ANONIMA
Epistole, et euangeli di tutto l'anno: tradotte in lingua toscana: nuouamente corrette secondo la riforma del messale romano: & di nuoue, & bellissime figure ornate. Con calendario [...] per ornamento dell'opera.
Venezia, Compagnia degli Uniti, 1585.
[12], 347, [1] p.: ill.; 4°
*⁶ A-X⁸ Y⁶
EDIT16-CNCE 53171

[2101]
EPISTOLE E VANGELI/(tr.) ANONIMA
Epistole, Euangelii, et Lettioni, che si leggono tutto l'anno alla messa. Nouamente corrette, & riformate secondo il Messale romano, stampato di ordine del santo Concilio di Trento, & di bellissime figure illustrate. Con calendario, tauola, & altre cose necessarie, sì per commodita de' pij lettori, come per ornamento dell'opera.
Venezia, Altobello Salicato, 1585.
[24], 263 c.: ill.; 24°
EDIT16-CNCE 11387
V. fr.

[2102]
ESTRADA, LUIS DE/(tr.) BUONFANTI, PIETRO
Rosario nuouo nel quale si tratta della vita, passione, e morte di Giesu Cristo, et de gaudii, e dolori di Maria Vergine; composto dal r.p.f. Luigi Estrada, & nuouamente tradotto nella lingua toscana dal r.m. Pietro Buonfanti, piouano di Bibbiena. Aggiunteui le indulgenze, che acquistano quelli, che dicono detto rosario.
Firenze, Giorgio Marescotti, 1584 (Firenze, Giorgio Marescotti, 1585).
[16], 262, [2] p.: ill.; 8°
EDIT16-CNCE 43457

[2103]
FERRARI, FRANCESCO
Le trenta contemplationi dell'inferno; della passione del Saluatore n. Giesu Christo; et della gloria celeste, per li trenta giorni del mese, conueneuolmente intitolate Stimolo di eterna salute. Raccolte dall'indegno seruo di Giesu Christo Francesco Ferrari cremonese.
Cremona, Cristoforo Draconi, 1585.
[4], 23, [1] c.; 8°
*⁴ A-C⁸
EDIT16-CNCE 40941
V. fr.

[2104]
FILIPPI, MARCO, DETTO IL FUNESTO

Vita di santa Caterina vergine, e martire; composta in ottaua rima da Marco Filippi, detto il Funesto. Aggiuntoui di nuouo gli argomenti, & le figure, appropriate ad ogni canto. Con una raccolta di sonetti, e di canzoni spirituali, & di alcune stanze della Maddalena à Christo del medesimo autore.
Venezia, Domenico Guerra e Giovanni Battista Guerra, 1585.
[8], 208 c.: ill.; 8° (errori nella numer. delle c.)
+⁸ A-Z⁸ 2a-2c⁸
EDIT16-CNCE 19027
A c. Y1r altro frontespizio: *Rime spirituali, et alcune stanze della Maddalena a Christo, composte per Marco Filippi* [...].

[2105]

GAGLIARDI, ACHILLE
Catechismo della fede catholica, con vn compendio per li fanciulli. Composto dal r.p. Achille Gagliardi della Compagnia di Iesu, et per ordine del reuerendiss. monsig. Gio. Giacomo Diedo vescouo di Crema proposto alla citta, & Diocese de Crema. Con l'indulgentie concesse a tutti quelli li quali si essercitano nelle scole della dottrina christiana.
Milano, Michele Tini, 1585 (Milano, Michele Tini, 1584).
[8], 104, [4] p.; 4°
[croce]⁴ A-M⁴ N⁶
EDIT16-CNCE 35236

[2106]

IOSEPHUS, FLAVIUS
Gioseffo Flauio historico, Delle antichità & guerre giudaiche. Nuouamente raccolte tutte insieme, & da molti errori emendate, & con molta diligenza stampate. Aggiuntoui due tauole, vna de i capitoli, & l'altra delle cose notabili, acciò il lettore facilmente possi ritruouar i luoghi da lui desiderati.
Venezia, Giacomo Cornetti, 1585.
3 vol.; 4°
EDIT16-CNCE 25039, SBN-IT\ICCU\UM1E\000624
1:
Venezia, Giacomo Cornetti, 1585.
[8], 153, [1] c.
*⁸ A-T⁸ V² (c. V2 bianca)
SBN-IT\ICCU\UM1E\000628
V. fr.
2:
I dieci vltimi libri di Gioseffo Flauio historico, huomo clarissimo Delle antichità giudaiche. Seconda parte.
Venezia, Giacomo Cornetti, 1585.
151, [1] c.
A-T⁸ (c. T8 bianca)
SBN-IT\ICCU\UM1E\000630
Il terzo volume riguarda le guerre giudaiche. V. fr.

[2107]

JACOBUS DE VORAGINE/(tr.) MALERBI, NICOLÒ
Legendario delle vite de' santi: Composto dal r.f. Giacobo di Voragine dell'ordine de' Predicatori, & tradotto gia per il r.d. Nicolo Manerbio. Nuouamente ridotto à miglior lingua, riformato, purgato, da molte cose souerchie, arricchito de' sommarij, di vaghe figure ornato, & ristampato. Con l'aggiunta de' giorni ne' quali si celebrano le feste de' santi, et doue si riposano i corpi, et le reliquie loro, con la sua tavola.
Venezia, [Domenico Guerra e Giovanni Battista Guerra], 1585.
[8], 551, [1] p.: ill.; fol.
a⁴ A-Z⁸ 2A-2L⁸ 2M⁴
EDIT16-CNCE 64357
Titolo uniforme: *Legenda aurea sanctorum* [italiano].
Marca di Domenico Guerra e Giovanni Battista Guerra sul frontespizio.

[2108]

JACOBUS DE VORAGINE/(tr.) MALERBI, NICOLÒ
Legendario delle vite de' santi: composto dal r.f. Giacobo di Voragine dell'ordine de' Predicatori, & tradotto già per il r.d. Nicolo Manerbio. Nuouamente ridotto à miglior lingua, riformato, purgato da molte cose souerchie, arricchito de' sommarij, di vaghe figure ornato, & ristampato. Con l'aggiunta di calendario, di tauola, & de' giorni ne' quali si celebrano le feste de' santi, & doue riposano i corpi, & le reliquie loro.
Venezia, Domenico Guerra e Giovanni Battista Guerra, 1585.
815+ p.; 8°
EDIT16-CNCE 54361
Titolo uniforme: *Legenda aurea sanctorum* [italiano].
V. fr.

[2109]

JACOBUS DE VORAGINE/(tr.) MALERBI, NICOLÒ
[Leggendario delle vite de' santi tradotto già di latino in volgare per [...] Nicolò Manerbio venetiano, et hora di nuouo con ogni diligentia non solamente corretto, ma quasi che tradotto].
(Venezia, Fabio Zoppini e Agostino Zoppini, 1585).
+510, [2] p.: ill.; fol.
EDIT16-CNCE 40884
Titolo dall'incipit. Titolo uniforme: *Legenda aurea sanctorum* [italiano].

[2110]

LANTANA, BARTOLOMEO/RADULPHUS ARDENS/(tr.) TURCHI, FRANCESCO
La prima parte delle Prediche del r.p.f. Bartolomeo Lantana. Nuouamente ristampate, corrette & accresciute d'vn libro

nuouo di sermoni sopra gli euangelii propri, & communi
de' santi che si leggono nelle messe solenni, & feriali di tutto
l'anno, di Randolfo Ardente, tradoti di latino in volgare
dal r.p. Francesco da Treuigi dell'istesso ordine.
Venezia, Domenico Guerra e Giovanni Battista Guerra,
1585.
4 pt in 3 vol. ([24], 117, [3]; [12], 300; [8], 181, [3]; [24],
269, [3] p.): ill.; 4°
a-c⁴ A-G⁸ H⁴; a⁶ 2A-2S⁸ 2T⁶; a⁴ 3A-3L⁸ 3M⁴ (c. 3M4 bianca); a⁴ a⁸ A-R⁸ S⁴ (c. S4 bianca)
EDIT16-CNCE 37505

[2111]

LUDOLPH VON SACHSEN/(tr.) SANSOVINO FRANCESCO
*Vita di Giesu Christo nostro Redentore, scritta da Landolfo
di Sassonia, dell'ordine Certosino, et fatta volgare da m.
Francesco Sansouino. Nella quale con pia, et santa dottrina, si espongono con facilità gli Euangelij che corrono in
tutto l'anno, secondo le sentenze de santi & approuati dottori, & con molte diuote meditationi, & orationi, conformi
all'Euangelio. Opera non meno necessaria a predicatori, &
parrochiani, i quali nelle feste principali dichiarano l'E-
uangelio a popoli loro, che ad ogni christiano che desideri di
viuere secondo la santa fede catholica. Con le tauole de gli
Euangelii correnti in tutto l'anno, & delle cose notabili, &
de capi principali poste a loro luoghi. Di nuouo riueduta,
coretta, et in molti luoghi ampliata, & dichiarata dal medesimo Sansouino.*
Venezia, Altobello Salicato, 1585.
[20], 252, 243, [1] c.: ill.; fol. (c. 238 numerata 237)
a⁸ b-c⁶ A-2H⁸ 2I⁴ <2>A-2F⁸ <2>2G-2H⁶
EDIT16-CNCE 30581
V. fr.

[2112]

LUIS DE GRANADA/ CICCARELLI ANTONIO/(ed.)
GIANETTI, ANDREA
*Rosario della sacrat. vergine Maria madre di Dio n. auocata
dall'opere del r.p.f. Luigi di Granata del Ordine de predicatori racolto per il r.p.f. Andrea Gianetti teologo, di nuouo
ristampato, et con alquante figure dalle prime variato, con
le meditationi d'Antonio Ciccarelli da Foligni dottore in teologia.*
Roma, Domenico Basa, 1585 (Roma, Domenico Basa,
1585).
[12], 223, [1] p.: ill.; 4°
A⁶ B-P⁸
EDIT16-CNCE 31480

[2113]

LUTHER, MARTIN/(tr.) SCHWEIGGER, SALOMON
*Il catechismo. Translatato della lingua todescha in la lingua
italiana. Per Salomon Sveigger allamagno Wirt. predicatore dell'euangelio in Costantinopoli.*
Tübingen, Georg Gruppenbach, 1585.
[2], 21, [1] p.; 8°
EDIT16-CNCE 71937

[2114]

MORO, MAURIZIO
*Rappresentatione del figliuolo prodigo, del reuerendo p.d.
Mauritio Moro, canonico secolare della Congregatione di S.
Giorgio d'Alega di Venetia. Nouamente dal detto in ottaua
rima composta.*
Venezia, Carlo Pipini, 1585.
[36] c.; 4°
*⁴A-H⁴
EDIT16-CNCE 54216
Stampato da Francesco de' Franceschi senese, cfr. Rhodes
1995, p. 179. V. fr.

[2115]

MUZIO, GIROLAMO
*La beata Vergine incoronata del Mutio iustinopolitano. In
questo volume si contiene la vita della gloriosa Vergine madre del Signore, insieme con la historia de dodeci altre beate
vergini.*
Milano, Michele Tini, a istanza di Francesco Tini e gli eredi di Simone Tini, 1585 (Milano, Michele Tini, a istanza di
Francesco Tini e gli eredi di Simone Tini, 1585).
230, [2] p.; 4°
A-G⁴ H⁶ I-2D⁴ 2E⁶
EDIT16-CNCE 35240

[2116]

PANIGAROLA, FRANCESCO
*Cento ragionamenti sopra la passione di nostro Signore fat-
ti in Milano dal r.p.f. Francesco Panigarola min. osser. Per
commissione, & alla presenza di mons. ill.mo Borromeo
card. di S. Prassede. Diuisi in quattro parti: delle quali la
prima contiene la cattura, e quanto auuenne nell'horto.
La seconda, il processo ecclesiastico, e quanto si fece in casa
de' pontefici. La terza, il processo secolare, e quanto occorse
in casa di Pilato. La quarta, l'essecutione della sentenza, e
quello che passò sopra il Caluario.*
Venezia, Giovanni Antonio Rampazetto, 1585 (Venezia,
Giovanni Antonio Rampazetto, 1585).
[12], 570 [i.e. 576], [4] p.: ill.; 4°
a⁶ A-2M⁸ 2N⁸ X²
EDIT16-CNCE 37656
V. fr.

[2117]

PANIGAROLA, FRANCESCO/(ed.) CASTRUCCI, PAOLO
Cento ragionamenti sopra la passione di nostro Signore.
Fatti in Milano dal r.p.f. Francesco Panigarola min. osser.
per commissione, & alla presenza di mons. ill.mo Borromeo
card. di S. Prassede. Diuisi in quattro parti: delle quali la
prima, contiene la cattura, e quanto auuenne nell'horto.
La seconda, il processo ecclesiastico, e quanto si fece in casa
de' pontefici. La terza, il processo secolare, e quanto occorse
in casa di Pilato. La quarta, l'essecutione della sentenza, e
quello che passò sopra il Caluario. Aggiunteui tre tauole, vna
de ragionamenti, e testo euangelico esposto. L'altra d'autori
citati. La terza delle cose più notabili contenute nell'opera,
raccolte, è ridutte, a comodo de' studiosi per alfabeto, dal
r.p.f. Paolo Castrucci dal Monteregale, lettore dell'ordine de
Predicatori. Al molto ill. sig. il s. Nicolò Pallauicino fu del
signor Agostino.
Genova, [Girolamo Bartoli], Antonio Orero, 1585
(Genova).
[32], 232 c.; 4°
a-d⁸ A-2F⁸ (c. 2F8 bianca)
EDIT16-CNCE 47216
Marca di Girolamo Bartoli sul frontespizio. V. fr.

[2118]

PANIGAROLA, FRANCESCO
Dichiaratione de i salmi di Dauid fatta dal reuer. padre frate
Francesco Panigarola, Minore osseruante.
Firenze, Domenico Manzani, 1585 (Firenze, Eredi di
Bernardo Giunta <1> dall'V. sino al fine, et il principio,
1585).
[8], 501, [3] p.; 8°
¶⁴ A-S⁸ V-2I⁸ 2K⁴
EDIT16-CNCE 28295 e 79140, SBN-IT\ICCU\
TOoE\014083
Inizialmente stampata da Domenico Manzani, continuata
e corredata delle parti preliminari ad opera dei Giunti, cfr.
Lumini, n. 174. Var. B (corrispondente a EDIT16-CNCE
79140): marca (A56 - V71 - Z652) invece di (V72 - Z605)
sul frontespizio.

[2119]

PANIGAROLA, FRANCESCO
Dichiaratione de i Salmi di Dauid fatta dal reuer. padre fra-
te Francesco Panigarola minore osseruante. Alla serenissima
infante la signora duchessa di Sauoia.
Firenze, Filippo Giunta <2> e Iacopo Giunta <2>, 1585
(Firenze, Filippo Giunta <2> e Iacopo Giunta <2> dall'V.
sino al fine, et il principio, 1585).
[8], 501, [3] p.; 8°
¶⁴ A-S⁸ V-2I⁸ 2K⁴
EDIT16-CNCE 28902

Marca (A56 - V71 - Z652) sul frontespizio. Altra emis-
sione reca sul frontespizio la sottoscrizione di Domenico
Manzani, cfr. EDIT16-CNCE 28295 e 79140, vedi 2118.
V. fr.

[2120]

PELLEGRINI, FEDERICO
Discorso sopra il primo salmo penitentiale. Del r.p. maestro
Federigo Pellegrini bolognese, min. conuentuale. Al santis-
simo sig. nostro Sisto Quinto. Con la tauola delle cose prin-
cipali.
Bologna, Giovanni Rossi, 1585.
[8], 771, [17] p.: ill; 4°
†⁴ A-3C⁸ 3D²
EDIT16-CNCE 29341
V. fr.

[2121]

[PULCI, ANTONIA]
La rappresentazione del figliuol prodigo.
(Firenze, Giovanni Baleni, 1585).
[6] c.; 4°
EDIT16-CNCE 61998
Per l'autrice cfr. Cioni 1961, p. 138. Titolo uniforme:
Rappresentazione del figliol prodigo. Cfr. Cioni 1961,
p. 140, n. 7. V. fr.

[2122]

RADULPHUS ARDENS/(tr.) TURCHI, FRANCESCO
Sermoni sopra gli Euangeli propri, & communi de i Santi,
che si leggono nelle messe solenni et feriali di tutto l'anno
composti già cinquecento anni dall'eccellente, & pio teologo
Randolfo Ardente [...] nuouamente tradotti di latino in vol-
gare dal reuerendo maestro Francesco da Treuigi.
Venezia, Domenico Guerra e Giovanni Battista Guerra,
1585.
[24], 272 p.; 4°
a⁴ 2a⁸ A⁴ B-R⁸ S⁴
EDIT16-CNCE 37530

[2123]

ROSANO, GENESIO
Nuovo specchio dei ricchi, sopra il vangelo dell'Epulone.
Pavia, Girolamo Bartoli, 1585.
42, [2] c.; 8°
EDIT16-CNCE 31098

[2124]

SALMI/(tr.) ANONIMA
Sessanta salmi di Dauid, tradotti in rime volgari italiane,
secondo la verità del testo Hebreo. Col Cantico di Simeone,

e i dieci Comandamenti della Legge: ogni cosa insieme col canto.

[Genève], Jérémie Des Planches, 1585.

[200] c.; 16°

a-z⁸ Aa-Bb⁸

EDIT16-CNCE 5875

[2125]

SOLINORI, SANTI

Modo et ordine che si deue tenere nell'andare alle stationi, nel tempo della quaresima, & fra l'anno. Nouamente composto dal p.f. Santi Selinori dal Monte S. Sauino professo dell'Ord. di s. Agostino. Con la dechiaratione di alcune cose nella materia dell'indulgentie, necessarie a sapersi da coloro che desiderano pigliare dette stationi, giubilei, indulgentie & perdoni con vtilità & frutto. Con li sette salmi penitentiali.

Roma, Bartolomeo Bonfadino e Tito Diani, 1585.

[14], 184 p.: ill.; 12°

A-G¹² H⁶

EDIT16-CNCE 73829

[2126]

TANSILLO, LUIGI/(ed.) ATTENDOLO, GIOVANNI BATTISTA

Le lagrime di san Pietro del signor Luigi Tansillo da Nola. Mandate in luce da Giouan Battista Attendolo [...].

Vico Equense, Giuseppe Cacchi e Giovanni Battista Cappelli, 1585 (Vico Equense, Giuseppe Cacchi, 1585).

[16], 266, [10] p.; 4°

*⁸ A-R⁸ S²

SBN-IT\ICCU\RMLE\040752

Emissione con altro materiale preliminare diverso dall'edizione EDIT16-CNCE 23732, vedi 2127. V. fr.

[2127]

TANSILLO, LUIGI/(ed.) ATTENDOLO, GIOVANNI BATTISTA

Le lagrime di san Pietro del signor Luigi Tansillo da Nola. Mandate in luce da Giouan Battista Attendolo, da Capoa. Alla ill.ma sig.ra d. Maddalena de' Rossi Carrafa, marchesana di Laino.

Vico Equense, Giovanni Battista Cappelli e Giuseppe Cacchi, 1585 (Vico Equense, Giuseppe Cacchi, 1585).

[12], 266, [14] p.: ill.; 4°

*⁶ A-R⁸ S² X²

EDIT16-CNCE 23732

Var. B: In Vico Equense, Gioseppe Cacchi & Gio. Battista Cappello, 1585.

[2128]

TARCAGNOTA, GIOVANNI/ROSEO, MAMBRINO/ DIONIGI, BARTOLOMEO

Delle istorie del mondo di m. Giouanni Tarcagnota: lequali contengono quanto dal principio del mondo è successo, fino all'anno 1513, cauate da piu degni, & piu graui autori, & che abbino nella lingua greca, ò nella latina scritto. Al gran duca di Toscana. Con l'aggiunta di m. Mambrino Roseo, & dal reuerendo m. Bartolomeo Dionigi da Fano, sino all'anno 1582. Parte prima.

Venezia, Lucantonio Giunta <2>, 1585.

5 v.; 4°

EDIT16-CNCE 27740, SBN-IT\ICCU\TO0E\005375

1:

[32], 675, [1] p.; 4°

a-b⁸ A-2S⁸ 2T¹⁰ (c. 2T10v bianca)

SBN-IT\ICCU\LIAE\006009

I successivi volumi non trattano materia biblica. V. fr.

[2129]

TASSO, FAUSTINO

Venti ragionamenti familiari sopra la venuta del Messia. Del r.p. Faustino Tasso, minore osseruante. Fatti in Napoli ad alcuni hebrei per comandamento de gl'ill.mi e r.mi vicerè, e arciuescouo: l'anno MDLXXV. Ne' quali con l'autorita di de' teologi christ. e de' rabbini hebr. si dichiarano i più importanti misterij della santiss. Trinità, & i più secreti sacramenti della venuta del Messia. Con due tauole: vna de' ragionamenti; l'altra delle materie notabili: e con l'autorità della Scrittura, e le postille nel margine. Al ser.mo duca di Mantoua, e di Monferrato.

Venezia, Giovanni Battista Somasco, 1585 (Venezia, Giovanni Antonio Rampazetto, 1585).

[24], 415, [1] p.; 4°

a⁴ b⁸ A-2C⁸

EDIT16-CNCE 32754

V. fr.

[2130]

TASSO, FAUSTINO

Venti ragionamenti familiari sopra la venuta del Messia. Del r.p. Faustino Tasso, minore osseruante. Fatti in Napoli ad alcuni hebrei per comandamento de gl'ill.mi e r.mi vicerè, e arciuescouo: l'anno MDLXXV. Ne' quali con l'autorita di de' teologi christ. e de' rabbini hebr. si dichiarano i più importanti misterij della santiss. Trinità, & i più secreti sacramenti della venuta del Messia. Con due tauole: vna de' ragionamenti; l'altra delle materie notabili: e con l'autorità della Scrittura, e le postille nel margine. Al ser.mo duca di Mantoua, e di Monferrato.

Venezia, Giovanni Antonio Rampazetto, 1585 (Venezia, Giovanni Antonio Rampazetto, 1585).

[24], 415, [1] p.; 4°

a⁴ b⁸ A-2C⁸

EDIT16-CNCE 41115

Var. B: manca la marca sul frontespizio. V. fr.

[2131]
TRIBESCO, GIACOMO
Colloquij angelici. Opera diuina dal sacro antico testamento di libro in lib. scielta. Detta colloquij angelici, vtilissima a ciascuno fidele, che brama salute, & di inuaghirsi nella cognitione di quelle antiche attioni. Del r.p. don Giacomo Tribesco [...].
Bologna, Alessandro Benacci, 1585.
[56], 602 [i.e. 592] p.; 8°
+⁶ 2+-3+⁸ 4+⁶ A-2O⁸
EDIT16-CNCE 67412

[2132]
ZAPPI, GIAMBATTISTA
Prato della filosofia spirituale doue si contiene la somma del viuer christiano. Con vn breue trattato dell'osseruanza delle feste, et d'alcuni sermoni, et espositioni sopra il cantico di Zacharia profeta, della b. Vergine, di Simeone, et di Giobbe. Opra composta nouamente da m. Giouan Battista Zappi, da Imola. Distinta in quattro parti. Con due tauole, l'vna delli sommarij, et l'altra delle cose piu notabili che nella presente opera si contengono.
Venezia, Francesco De Franceschi <senese>, 1585.
[26], 247, [1], 124, 84, 56 c.: ill.; 4°
[ast]⁶ 2[ast] ⁴a-b⁸ A-2H⁸, ²A-P⁸ Q⁴, ³A-K⁸ L⁴ ⁴A-G⁸
EDIT16-CNCE 28179
L'edizione precedente del 1577 non conteneva il commento al cantico ed era in lode di Gesù, perciò non si è considerata biblica.

[2133]
ZARRABINI, ONOFRIO
Delle prediche della Quadragesima, fino al terzo giorno di Pasqua. Del m.r.d. Onofrio Zarrabbini, da Cotignola, canonico regolare, della congregatione del Saluatore, parte prima; di nouo corretta, & accresciuta dal proprio auttore. Seconda impressione.
Venezia, Francesco Ziletti, 1585.
2 vol.; 4°
EDIT16-CNCE 40739, SBN-IT\ICCU\TO0E\000657
1:
[48], 400 p.: ill.
*⁴ a-e⁴ A-2B⁸
SBN-IT\ICCU\TO0E\000657
V. fr.
2:
Delle prediche quadragesimali del m.r.d. Onofrio Zarrabbini da Cotignola, canonico regolare della congregatione del Saluatore; parte seconda; la quale comincia nel Venerdi dopò la terza domenica di Quaresima: & finisce nel terzo

giorno di Pasqua. Accresciuta in molti luoghi dal proprio auttore, & corretta. Seconda impressione.
[32], 431, [1] p.; 4°
*⁴ a-c⁴ 2A-3D⁸
SBN-IT\ICCU\TO0E\000658
V. fr.

1586

[2134]
ANONIMA
Historia de i santi deuotissimi Pietro, e Paolo apostoli di Christo, con il loro martirio, e morte. E come furono ritrouati li loro beatissimi corpi in un pozzo.
Orvieto, [dopo il 1586].
[4] c.; 8°
A⁴
EDIT16-CNCE 22553
Titolo uniforme: *Storia dei ss. Pietro e Paolo.*

[2135]
ANONIMA
Opera noua, sopra la natiuità di Giesu Christo; con vn bellissimo capitolo. Aggiontoui di nouo gli misterij della messa, in significatione di tutta la passione di Giesu Christo.
Venezia, al segno della Regina, 1586.
[8] c.: ill.; 8°
A⁸
EDIT16-CNCE 63247
Titolo uniforme: *Storia della natiuità di Gesù.* Cfr. Cioni 1963, p. 26, n. II.2 (incipit: *Laudata e ringratiata sempre sia*). V. fr.

[2136]
ANONIMA/[BELCARI, FEO]
La representatione et festa della annunciatione della nostra Donna. Con vna aggionta di duoi bellissimi capitoli.
Venezia, al segno della Regina, 1586.
[4] c.: ill.; 4°
EDIT16-CNCE 62245
Testo con inserti da Feo Belcari, cfr. Newbigin 1996, I, p. 27 e 42. Titolo uniforme: *Rappresentazione dell'annunciazione di Maria Vergine.* Cfr. Cioni 1961, p. 230, n. 12. V. fr.

[2137]
ANTONINO (SANTO)/(ed.) TURCHI, FRANCESCO
Somma antonina, composta volgarmente da S. Antonino arciuescouo di Fiorenza. Nella quale s'instruiscono i confessori,

e i sacerdoti, curati [...] *Di nuovo* [...] *corretta, & illustrata di argomenti* [...] *dal r.p. Francesco da Treuigi carmelitano.*
Venezia, Domenico Farri, 1586.
[24], 300: ill. p.; 12°
†¹² A-M¹² N⁶
EDIT16-CNCE 2090, SBN-IT\ICCU\CNCE\002090
Titolo uniforme: *Confessionale: Curam illius habe* [italiano], da altre edizioni della *Somma antonina* curata da Francesco Turchi.

[2138]
BETTINI, ANTONIO
Espositione della dominica oratione con il modo d'orare delli r. frati Giesuati di S. Girolamo. Composta dal beato Antonio Bettini senese frate del medesimo ordine, & vescouo di Foligno. Vtilissima à ogni deuoto christiano nuouamente posta in luce.
Brescia, Vincenzo Sabbio, 1586.
[12], 177, [3] p.: ill.; 12°
A-H¹²
EDIT16- CNCE 5666
V. fr.

[2139]
BOTERO, GIOVANNI
Prediche del d. Giouanni Botero piamontese, le qual contiene sopra li Euangelij dominicali che corrono sopra l'anno [...] *Nouamente stampate, & date in luce* [...].
Milano, Francesco Tini e Eredi di Simone Tini, 1586 (Milano, Francesco Tini e Eredi di Simone Tini, 1584).
[16], 364, [4] p.; 8°
[croce]⁸ X¹ A-Z⁸ (c. X1 , Z7, Z8 bianche)
EDIT16-CNCE 7266

[2140]
BRIANI, GIOVANNI
Breui meditationi sopra il Pater noster. Per Giouanni Briani modonese.
Modena, Paolo Gadaldini, [1586].
[6], 82 c.: ill.; 8°
EDIT16-CNCE 41514
Data dalla dedica. V. fr.

[2141]
BRUNETTI, PIER GIOVANNI
Dauid sconsolato tragedia spirituale. Del r. Piergiouanni Brunetto, frate di S. Francesco osseruante.
Firenze, Giorgio Marescotti, 1586.
[16], 140, [4] p.: ill.; 8°
[*]⁸ A-I⁸
EDIT16-CNCE 7659
V. fr.

[2142]
BRUNI, VINCENZO
Meditationi sopra i misterii della passione et resurrettione di Christo N.S. Con le figure, & profetie del vecchio Testamento, & con i documenti, che da ciascun passo dell'Euangelio si cauano. Raccolte da diuersi santi padri, & da altri deuoti auttori per il padre Vincenzo Bruno, sacerdote della Compagnia di Giesu.
Venezia, Giovanni Giolito De Ferrari <2> e Giovanni Paolo Giolito De Ferrari, 1586 (Venezia, Giovanni Giolito De Ferrari <2> e Giovanni Paolo Giolito De Ferrari, 1586).
[24], 629, [7] p.: ill.; 12°
a¹² A-2C¹² 2D⁶
EDIT16-CNCE 7719
V. fr.

[2143]
BRUNI, VINCENZO
Meditationi sopra i misterii della passione et resurrettione di Christo N.S. Con le figure, & profetie del vecchio Testamento, & con i documenti, che da ciascun passo dell'Euangelio si cauano. Raccolte da diuersi santi padri, & altri deuoti auttori per il padre Vincenzo Bruno, sacerdote della Compagnia di Giesu.
Venezia, Giovanni Giolito De Ferrari <2> e Giovanni Paolo Giolito De Ferrari, 1586 (Venezia, Giovanni Giolito De Ferrari <2> e Giovanni Paolo Giolito De Ferrari, 1586).
[24], 591, [9] p.: ill.; 12°
a¹² A-2B¹² (ultima c. bianca)
EDIT16-CNCE 7720
Var. B: data nel colophon: 1587. V. fr.

[2144]
BUGATI, GASPARE
Libro et vita del beato Giobbe in pia comparatione della vita del Signor nostro per gli s. Euangeli così ordinata dal r.p.f. Gasparo Bugati di Milano del'ordine de Predicatori a consolatione de scrittorali, huomini, & donne amanti, timenti, patienti, & sempre speranti delle cose & nelle cose d'Iddio. Lettione compita per dialogo d'vn triumuirato cioè di Giouanni, Gieronimo, et Gasparo in tre libri.
Alessandria, Ercole Quinciano, 1586.
170, [10] c.; 4°
A-2Y⁴
EDIT16-CNCE 7806
V. fr.

[2145]
CAPACCIO, GIULIO CESARE
Delle prediche quadragesimali di Giulio Cesare Capaccio. Professor della sacra teologia. Parte seconda.
Napoli, Orazio Salviani, 1586.

[40], 560 p.; 8°
a-b⁸ c⁴ A-2M⁸
EDIT16-CNCE 9060
La parte prima è del 1582, cfr. EDIT16-CNCE 9057, vedi
1989. V. fr.

[2146]

CORTESE, GIULIO
*Concetti catolici ridotti in forma d'orationi, del sig. Giulio
Cortese gentil'huomo napoletano. Sopra alcune materie de
gli Euangelij correnti, diuisi in prima, & seconda parte.
Doue s'esponeno molti luoghi della sacra Scrittura. Con al-
cune lettere dedicatorie & altri discorsi spirituali.*
Napoli, Orazio Salviani, 1586.
[24], 120, 192 p.; 12°
a¹² A-D¹² F¹² 2A-H¹²
EDIT16-CNCE 13573
V. fr.

[2147]

CRISPOLTI, GIULIO
*Vna meditatione per incaminar l'huomo a far oratione men-
tale. Con vn discorso breue sopra la vita di Christo, chiama-
to regola de veri amatori del nostro Signore. Di M. Tullio
Crispoldo.*
Roma, Giacomo Ruffinelli, 1586.
48 p.; 16°
A¹⁶ B⁸
EDIT16-CNCE 65668

[2148]

FIAMMA, GABRIELE
*Le vite de' santi descritte dal r.p.d. Gabriel Fiamma, cano-
nico regolare lateranen. vescouo di Chioza. Diuise in XII.
libri fra' quali sono sparsi piu discorsi intorno alla vita di
Christo. Con le annotationi sopra ciascuna d'esse, che espugnano, & conuincono le heresie, e' rei costumi de' moderni
tempi. Et contien questo primo volume le Vite de' santi, assegnati a' mesi di genaio, & febraio. Di più si sono aggiunti
due indici copiosissimi; l'uno delle cose, che nelle vite, l'altro
di quelle, che nell'annotationi più notabili si contengono.
All'illustrissima signora, la signora Placidia Doria Spinola.*
Genova, Girolamo Bartoli, 1586.
2 vol.; fol.
EDIT16-CNCE 18924, SBN- IT\ICCU\RMLE\004429
V. fr.
1:
1, [11], 2-212 c.
A⁸ (A¹+a⁶ (a⁴+chi¹) b⁴) B-Z⁴ Aa-Cc⁸ Dd⁴
SBN-IT\ICCU\RMLE\004433
Variante B: 212 c.; A-2C⁸ 2D⁴. V. fr.
2:

*Seconda parte delle Vite de' santi, descritte dal r.p.d. Gabriel
Fiamma, canonico regolare lateranen. vescovo di Chioza.
Divise in XII. libri; fra' quali sono sparsi piu discorsi intorno
alla vita di Christo. Con le annotationi sopra ciascuna d'esse,
che espugnano, & conuincono le heresie, e' rei costumi de'
moderni tempi. Et contien questo secondo volume le Vite de'
santi, assegnati a' mesi di marzo, & aprile. Alla molto ill.
sig. la sig. Thomasina Spinola, del sig. Benedetto.*
Genova, Girolamo Bartoli, 1586 (Genova).
[4], 205, [1] c.
__⁴ A-Z⁸ Aa-Bb⁸ Cc⁶
SBN-IT\ICCU\RMLE\004434
V. fr.

[2149]

FILIPPI, MARCO, DETTO IL FUNESTO
*Rime di santa Caterina vergine, e martire; composta da
Marco Filippi, detto il Funesto. Aggiuntoui di nuouo gli
argomenti, & le figure, appropriate ad ogni canto. Con una
raccolta di sonetti, e canzoni spirituali, & di alcune stanze
della Maddalena à Christo, del medesimo autore.*
Venezia, Domenico Guerra e Giovanni Battista Guerra,
1586.
[8], 174 [i.e 184], [24] c.: ill.; 8° (errori nella numer. delle c.)
[croce]⁸ A-Z⁸ 2a-2c⁸
EDIT16-CNCE 19028
A c. Y1r altro frontespizio: *Rime spirituali, et alcune stanze
della Maddalena a Christo, composte per Marco Filippi detto il Funesto, stando prigione.* Venezia, Domenico Guerra
e Giovanni Battista Guerra, 1586, a istanza di Lorenzo
Pegolo. V. fr.

[2150]

FILUCCI, AURELIO
*Sermoni di tutte le domeniche, et principali feste dell'anno,
et delle consolationi della morte, del r.p. Aurelio Filucci da
Pesaro, dell'Ordine di s. Agostino. Con un breue discorso del
timor d'Iddio. Nelle quali con ragioni efficaci si mostra meglio esser la morte, che la vita. Con due tauole, l'una delle
domeniche, & principali feste dell'anno, l'altra delle consolationi della morte.*
Venezia, Gioacchino Brugnolo, 1586 (Venezia, Gioacchino
Brugnolo e Valerio Brugnolo e fratelli, 1586).
[16], 189, [3] p., 92 c.: ill.; 8°
(*)⁸ A-M⁸ A-L⁸ M⁴
EDIT16-CNCE 48728
V. fr.

[2151]

FILUCCI, AURELIO
*Sermoni sopra tutti gli Euangelii dominicali, festiui, &
feriali dell'anno. Del r.p.m. Aurelio Filucci da Pesaro.*

Dell'Ordine di santo Agostino. All'illustriss. & eccell. sig. d. Flauia Peretti.
Venezia, Giovanni Antonio Bertano, 1586.
[8], 188 c.; 4°
†⁸ A-N⁸ O⁴ P-2A⁸
EDIT16-CNCE 19057
V. fr.

[2152]
GARIBBI, GIACOMO
Pianto della Madonna composto dal r.p.f. Iacomo da Porto minore osseruan. Con il canto cinque voci.
Venezia, 1586.
[6] c.; 4°
EDIT16-CNCE 68326

[2153]
GARZONI, TOMMASO
Le vite delle donne illustri della Scrittura Sacra. Nuouamente descritte dal r.p.d. Tommaso Garzoni da Bagnacauallo, canonico regolare lateran. predicatore. Con l'aggionta delle vite delle donne oscure, & laide dell'vno, & l'altro Testamento; et un discorso in fine sopra la nobilta delle donne.
Venezia, Domenico Imberti, 1586.
[16], 174, [2] p.; 4°
†⁴ 2†⁴ A-Y⁴ (c. Y⁴ bianca)
EDIT16-CNCE 20463

[2154]
GROTO, LUIGI
Lo Isach. Rappresentation nova di Luigi Grotto cieco d'Hadria. Alla molto mag. & reuer. sig. suor Orsetta Pisani [...] Nuouamente posto in luce.
Venezia, Fabio Zoppini e Agostino Zoppini, 1586 (Venezia, Fabio Zoppini e Agostino Zoppini, 1586).
35, [1] c.; 8°
A-D⁸ E⁴ (c. E4 bianca)
EDIT16-CNCE 21895, SBN-IT\ICCU\RMLE\035032

[2155]
JACOBUS DE VORAGINE/ (tr.) MALERBI, NICOLÒ
Legendario delle vite de' santi: composto dal r.f. Giacobo di Voragine dell'ordine de' Predicatori tradotto già per il r.d. Nicolo Manerbio. Nuouamente ridotto à miglior lingua, riformato, purgato da molte cose souerchie, arricchito de' sommarij, di uaghe figure ornato, & ristampato. Con l'aggiunta di calendario, di tauola, & de' giorni ne' quali si celebrano le feste de' santi, & doue riposano i corpi, & le reliquie loro.
Venezia, Domenico Guerra e Giovanni Battista Guerra, 1586.
[16], 815, [1] p.: ill.; 4°

[ast]⁸ A-3E⁸
EDIT16-CNCE 37536
Titolo uniforme: Legenda aurea sanctorum [italiano].
V. fr.

[2156]
JACOBUS DE VORAGINE/ (tr.) MALERBI, NICOLÒ
Legendario delle vite de' santi: composto dal r.p.f. Giacobo da Voragine [...] tradotto gia per il r.d. Nicolo Manerbio [...] nuouamente ridotto a miglior lingua, riformato, purgato da molte cose souerchie, arricchito de' sommarij, di vaghe figure ornato, & ristampato. Con l'aggiunta di Calendario, di Tauola, et de' giorni ne' quali si celebrano le feste de' santi [...].
Venezia, Fioravante Prati, 1586.
[16], 799, [1] p.: ill.; 4°
EDIT16-CNCE 35942
Titolo uniforme: Legenda aurea sanctorum [italiano].

[2157]
LUDOLPH VON SACHSEN/ (tr.) SANSOVINO, FRANCESCO
Vita di Giesu Christo nostro Redentore, scritta da Landolfo di Sassonia, dell'Ordine Certosino, fatta volgare da m. Francesco Sansouino. Nella quale con pia, et santa dottrina, si espongono con facilità gli Euangelij che corrono in tutto l'anno, secondo le sentenze de santi, & approbati dottori, & con molte diuote meditationi, & orationi, conforme all'Euangelio. Opera non meno necessaria a predicatori, & parrochiani, i quali nelle feste principali dichiarano l'Euangelio à popoli loro, che ad ogni christiano che desideri di viuere secondo la santa fede catholica. Con le tauole de gl'Euangelii correnti in tutto l'anno & delle cose notabili, & de capi principali, poste à loro luoghi. Di nuouo stampata, riueduta, corretta, & in molti luoghi ampliata.
Ferrara, Giulio Cesare Cagnacini e fratelli, 1586 (Ferrara, Giulio Cesare Cagnacini e fratelli, 1586).
[30], 338, 328 c.; 4°
a-c⁸ d⁶ A-2T⁸ 2V², ²A-2S⁸
EDIT16-CNCE 23562
V. fr.

[2158]
MAGNANI, GIOVANNI ANTONIO
Pianto della Beata Vergine, con l'Hinno de' morti, posti in tercetti volgari, dal p.f. Gio. Antonio Magnani da Bologna dell'Ordine di S. Agostino. Alla molto mag. & illustre signora, la signora Giulia Magnani, cognata sua sempre osseruandiss.
Bologna, Giovanni Rossi, 1586.
[6] c.; 4°
A⁶
EDIT16-CNCE 78100

[2159]
MARCELLINO, EVANGELISTA
Lezzioni diciannoue sopra Rut. Del r.p.f. Vangelista Marcellino de' Minori Osseruanti.
Firenze, Giorgio Marescotti, 1586.
[24], 116 c.; 8°
[ast]-3[ast]⁸ A-O⁸ P⁴
EDIT16-CNCE 46763
V. fr.

[2160]
MATRAINI, CHIARA
Considerationi sopra i sette salmi penitentiali del gran re, & profeta Dauit, di m. Chiara Matraini.
Lucca, Vincenzo Busdraghi, 1586 (Lucca, Vincenzo Busdraghi, 1586).
100 c.: ill.; 4°
A-2B⁴ (c. B² segnata A²)
EDIT16-CNCE 23416
V. fr.

[2161]
MUSSO, CORNELIO/(ed.) MUSSO, GIUSEPPE
Delle prediche quadragesimali, del r.mo mons.or Cornelio Musso vescovo di Bitonto sopra l'Epistole & Euangeli correnti per i giorni di Quaresima. E sopra il Cantico della Vergine per li sabati. Nuouamente poste in luce. Con la vita dell'autore; & due tauole: l'vna delle prediche, & l'altra delle cose piu notabili. Prima parte. All'illustrissimo e reuerendissimo monsignore, il signor cardinal Farnese.
Venezia, Lucantonio Giunta <2>, 1586 (Venezia, Lucantonio Giunta <2>, 1586).
2 vol.: ill.; 4°
EDIT16-CNCE 27753, SBN-IT\ICCU\LIAE\000875
Nome del curatore nella dedica.
1:
Venezia, Lucantonio Giunta <2>, 1586.
[108], 605, [3] p.: ill.; 4°
[ast]-3[ast]⁴ 4[ast]² 5[ast]-6[ast]⁴ a-h⁴ A-2P⁸
SBN-IT\ICCU\LIAE\000876
2:
Delle prediche quadragesimali, del r.mo mons.or Cornelio Musso vescovo di Bitonto, sopra l'Epistole & Euangeli correnti per i giorni di Quaresima. E sopra il Cantico della Vergine per li sabati. Nuouamente poste in luce. Con due tauole: l'vna delle prediche, & l'altra delle cose piu notabili. Seconda parte.
Venezia, Lucantonio Giunta <2>, 1586 (Venezia, Lucantonio Giunta <2>, 1586).
[88], 693, [3] p.: ill.; 4°
1-11⁴ a-2u⁸ 2x⁴ (ultima c. bianca)

SBN-IT\ICCU\LIAE\000877, e IT\ICCU\NAPE\015328
V. fr.

[2162]
OROZCO, ALONSO DE
Essercitatorio spirituale; il quale consiste in due lettioni, cauate dal libro della vita del Redentor nostro, che insegnano d'hauere sempre presente nel cuore il Signore Giesu Christo. Composto dal dottissimo, & diuotissimo p.f. Alonso d'Orosco ad instantia di vna sua sorella.
Verona, Girolamo Discepolo, 1586.
66, [6] p.: ill.; 12°
A-C¹²
EDIT16-CNCE 32476
V. fr.

[2163]
PANIGAROLA, FRANCESCO
Cento ragionamenti sopra la passione di nostro Signore fatti in Milano dal r.p.f. Francesco Panigarola min. osseru. Per commissione, & alla presenza di monsig. illustriss. Borromeo cardinale di S. Prassede. Diuisi in quattro parti: delle quali la prima contiene la cattura, e quanto auuenne nell'horto. La seconda il processo ecclesiastico, e quanto si fece in casa de' pontefici. La terza, il processo seculare, e quanto occorse in casa di Pilato. La quarta, l'essecutione della sentenza, e quello che passo sopra il Caluario.
Napoli, Giovanni Giacomo Carlino, 1586.
[8], 861, [1] p.: ill.; 8°
A¹² B-3H⁸ (c. 3H⁸ bianca)
EDIT16-CNCE 23755
V. fr.

[2164]
PANIGAROLA, FRANCESCO
Dichiaratione delle lamentationi di Gieremia profeta. Fatta da frate Francesco Panigarola minore osseruante.
Roma, Giovanni Gigliotti, 1586 (Roma, Giovanni Gigliotti, 1586).
[6], 31, [1] c.: ill.; 4°
†⁶ A-H⁴ (c. †6 bianca)
EDIT16-CNCE 25958
V. fr.

[2165]
PANIGAROLA, FRANCESCO
Dichiaratione delle lamentationi di Gieremia profeta. Fatta dal r.p.f. Francesco Panigarola minore osseruante.
Verona, Girolamo Discepolo, a istanza di Marcantonio Palazzolo, 1586.
[6], 34 c.; 4°

[†]² 2†⁴ A-H⁴ I²
EDIT16-CNCE 32480
V. fr.

[2166]

PANIGAROLA, FRANCESCO
Dichiaratione delle lamentationi di Gieremia profeta. Fatta dal reuerendissimo monsignore f. Francesco Panigarola vescouo di Crispoli.
Milano, Giovanni Antonio degli Antoni <2>, 1586 (Milano, Giacomo Piccaglia, 1586).
[6], 38 c.; 4°
†⁶ A-H⁴ I⁶
EDIT16-CNCE 29177

[2167]

PANIGAROLA, FRANCESCO
Dichiaratione delle lamentationi di Gieremia profeta. Fatta dal reuerendissimo monsignore f. Francesco Panigarola vescouo di Crisopoli.
Torino, Antonio Bianchi, 1586 (Torino, Antonio Bianchi, 1586).
[8], 48 p.; 8°
†⁸ A-F⁸
EDIT16-CNCE 33977
V. fr.

[2168]

PANIGAROLA, FRANCESCO
Dichiaratione delle lamentationi di Gieremia profeta. Fatta dal r.p.f. Francesco Panigarola minore osseruante.
Verona, Girolamo Discepolo, a istanza di Marcantonio Palazzolo, 1586.
[6], 34 c.; 4°
[†]² 2†⁴ A-H⁴ I²
EDIT16-CNCE 32480
V. fr.

[2169]

PANIGAROLA, FRANCESCO
Dichiaratione de' salmi di Dauide fatta dal reu. padre F. Francesco Panigarola minore osseruante.
Mantova, Francesco Osanna, 1586 (Mantova, Francesco Osanna, 1586).
[8], 501, [3] p.; 8°
a⁴ A-2H⁸ 2I⁴
EDIT16-CNCE 27644

[2170]

PANIGAROLA, FRANCESCO
Dichiaratione de i Salmi di Dauid, fatta dal reuer. padre frate Francesco Panigarola minore osseruante. Alla serenissima infante, la signora duchessa di Sauoia.
Venezia, Fabio Zoppini e Agostino Zoppini, 1586.
[8], 501, [1] p.; 8°
*⁴ A-2H⁸ 2I⁴ (c. 2I² segnata 2K²)
EDIT16-CNCE 41019
V. fr.

[2171]

PANIGAROLA, FRANCESCO
Dichiaratione dei salmi di Dauid, fatta dal r.p.f. Francesco Panigarola [...].
Venezia, Bernardo Giunta <2>, 1586.
[8], 501, [3] p.; 8°
[*]⁴ A-2H⁸ 2I⁴
EDIT16-CNCE 78732, SBN-IT\ICCU\CAGE\041711
L'impronta è diversa rispetto all'edizione EDIT16-CNCE 28522, vedi 2178.

[2172]

PANIGAROLA, FRANCESCO
Dichiaratione de i salmi di Dauid fatta dal r.p.f. Francesco Panigarola, minore osseruante.
Venezia, Altobello Salicato, 1586.
[8], 501, [3] p.: ill.; 8°
[*]⁴ A-2H⁸ 2I⁴
EDIT16-CNCE 30600, SBN-IT\ICCU\NAPE\026766
Var. B: ricomposto il fasc. [*]⁴. SBN descrive un'edizione dalla stessa impronta della var. B dell'edizione descritta da EDIT16 e segnala un'illustrazione a c. [*]4v. V. fr.

[2173]

PANIGAROLA, FRANCESCO
Dichiaratione de i salmi di Dauid fatta dal r.p.f. Francesco Panigarola, minore osseruante.
Venezia, Altobello Salicato, 1586.
[8], 501, [3] p.: ill.; 8°
[*]⁴ A-2H⁸ 2I⁴
SBN-IT\ICCU\BVEE\020560
Var B: ricomposto il fasc. [*]⁴. L'impronta è diversa da quella dell'edizione EDIT16-CNCE 30600, SBN-IT\ICCU\NAPE\026766, vedi 2172.

[2174]

PANIGAROLA, FRANCESCO
Dichiaratione de i Salmi di Dauid, fatta dal r.p.f. Francesco Panigarola, minore osseruante. Alla sereniss. infante, la signora duchessa di Sauoia.
Venezia, Andrea Muschio, 1586.
[8], 501, [3] p.: ill.; 8°
[*]⁴ A-2H⁸ 2I⁴

EDIT16-CNCE 31401, SBN-IT\ICCU\BRIE\000353
V. fr.

[2175]
PANIGAROLA, FRANCESCO
Dichiaratione de i Salmi di Dauid, fatta dal r.p.f. Francesco Panigarola, minore osseruante. Alla sereniss. infante, la signora duchessa di Sauoia.
Venezia, Andrea Muschio, 1586.
[8], 501, [3] p.: ill.; 8°
[*]⁴ A-2H⁸ 2I⁴
SBN-IT\ICCU\PUVE\017401
L'impronta è diversa da quella dell'edizione EDIT16-CNCE 31401, SBN- IT\ICCU\BRIE\000353, vedi 2174.

[2176]
PANIGAROLA, FRANCESCO
Dichiaratione de i Salmi di Dauid, fatta dal r.p.f. Francesco Panigarola, minore osseruante: alla serenissima infante, la signora duchessa di Sauoia.
Torino, 1586 (Torino, Antonio Bianchi, a istanza di Giovanni Domenico Tarino, 1586).
[8], 458, [6] p.: ill.; 8°
[*]⁴ A-2E⁸ 2F-2G⁴
EDIT16-CNCE 33864
Var. B: In Turino, 1586 (In Turino, appresso Antonio de' Bianchi, 1586). V. fr.

[2177]
PANIGAROLA, FRANCESCO
Dichiaratione de i salmi di Dauid, fatta dal reuer. padre frate Francesco Panigarola Minore osseruante.
Venezia, Bernardo Giunta <2>, 1586.
[8], 501, [3] p.; 8°
[*]⁴ A-2H⁸ 2I⁴
EDIT16-CNCE 27757
V. fr.

[2178]
PANIGAROLA, FRANCESCO
Dichiaratione de i salmi di Dauid fatta dal r.p.f. Francesco Panigarola, Minore osseruante [...].
Venezia, Bernardo Giunta <2>, 1586.
[8], 501, [1] p.; 8°
[*]⁴ A-2H⁸ 2I⁴
EDIT16-CNCE 28522, SBN-IT\ICCU\TO0E\074111
L'impronta è diversa rispetto all'edizione EDIT16-CNCE 78732, vedi 2171.

[2179]
PITTORIO, LODOVICO

Homiliario quadragesimale di m. Lodouico Pittorio da Ferrara, fondato di parola in parola sopra tutte l'Epistole, & Euangeli, che corrono ogni giorno per tutto l'anno, secondo l'ordine della Chiesa Romana. Con le diuisioni dell'Epistole & Euangeli, che per innanzi mancauano. Nuouamente ristampato, da molti errori corretto, & di bellissime figure adornato.
Venezia, Domenico Guerra e Giovanni Battista Guerra, 1586.
2 pt ([8], 248; 249-532) p.: ill.; 4°
R-2K⁸ 2L⁶; a⁴ A-P⁸ Q⁴
EDIT16-CNCE 37540
A c. R1r altro frontespizio: *Delle homelie di m. Lodouico Pittorio da Ferrara, parte seconda. Sopra gli Euangelij, & Epistole, che si leggono ne' giorni festiui di tutto l'anno, sì de' santi, come delle domeniche, secondo l'ordine della Chiesa Romana. Appresso vi sono aggiunti alcuni sermoni della confessione, della contritione de' peccati, della santa communione, & del dispreggio della morte; con alcune diuote meditationi sora l'oratione dominicale. Di nuouo ristampata, & da infiniti errori corretta.* Venezia, Domenico Guerra e Giovanni Battista Guerra, 1586. V. fr.

[2180]
ROSANO, GENESIO
Nuouo specchio de ricchi, sopra il Vangelo dell'Epulone. Predica seconda.
Pavia, Girolamo Bartoli, 1586.
36 c.; 8°
EDIT16-CNCE 61231

[2181]
SERIPANDO, GIROLAMO/CICCARELLI, ANTONIO/(ed.)
SERIPANDO, MARCELLO
Prediche del reuerendiss. Girolamo Seripando sopra il simbolo de gli apostoli, dichiarato co simboli del concilio Niceno, & di santo Athanasio. Con meditationi sopra l'istesso simbolo apostolico fatte da Antonio Ciccarelli da Foligni [...].
Roma, Domenico Basa, 1586.
[16], 368 p.: ill.; 8°
a⁸ A-Z⁸
EDIT16-CNCE 31483
Nome del curatore nella dedica a c. a6r.

[2182]
TANSILLO, LUIGI
Lagrime di s. Pietro. Del sig. Luigi Tansillo, gentil'huomo napolitano. Di nuouo corrette, & ristampate.
Ferrara, Vittorio Baldini, 1586.
12 p.: ill.; 12°
A⁶
EDIT16-CNCE 54387

REPERTORIO CA 1462-1650

[2183]
VALVASON, ERASMO (DA)
Lagrime di s. Maria Maddalena, del sig. Erasmo delli signo-ri di Valuasone.
Ferrara, Vittorio Baldini, 1586.
24 p.: ill.; 12°
A¹²
EDIT16-CNCE 54398

[2184]
VALVASON, ERASMO (DA)
Lagrime di s. Maria Maddalena, del sig. Erasmo delli signo-ri di Valuasone.
Venezia, Domenico Guerra e Giovanni Battista Guerra, 1586.
24 p.; 12°
A¹²
EDIT16-CNCE 60489

[2185]
VELO, GIOVANNI BATTISTA DI
Tamar attione tragica di Gio. Battista de Velo. Rappresentata nella città di Vicenza dalla Compagnia Noua, l'anno M.D.LXXXVI. Al molto honorato m. Bartolomeo Bartolini. Con licenza della s. Inquisitione.
Vicenza, Agostino Dalla Noce, 1586.
[40] c.; 12°
A-B¹² C¹⁶
EDIT16-CNCE 38630
V. fr.

[2186]
VISDOMINI, FRANCESCO
Le cinque homelie consolatorie sopra il salmo nouantesi-mo di Dauid; del r.p. Franceschino Visdomini da Ferrara; dell'Ordine de' frati minori; nuouamente posta in luce, & con diligenza reuista, & corretta; con le postille a suoi luoghi, citate dal medesimo autore.
Venezia, Fioravante Prati, 1586.
[3], 33, [1] c.; 4°
(†)⁴ A-G⁴ H⁶ (c. H6 bianca)
EDIT16-CNCE 35945

[2187]
ZARRABINI, ONOFRIO
Delle materie; et de' soggetti predicabili; trattati secondo l'ordine osseruato dal beato re Dauit nel salmo; Miserere mei Deus. Dal m.r.d. Onofrio Zarrabbini da Cotignola: ca-nonico regolare della Congregatione del Saluatore; dell'Or-dine di S. Agostino. Parte prima. Che contiene libri XVI. Al beatissimo padre, et signor nostro; papa Sisto V.
Venezia, Giovanni Battista Somasco, 1586.

3 pt ([48], 399 [i.e. 397], [3]; [32], 178, [2]; 75, [1] p.: ill.; 4°
a-f⁴ A-2B⁶; a-d⁴ A-L⁸ M⁴; A-D⁸ E⁶
EDIT16-CNCE 32767
Var. B: 1587 sul frontespizio della pt 1. V. fr.

1587

[2188]
AMODIO, GIOVANNI LEONARDO
La nova historia de la gloriosa Vergine Maria del Rosario sopra li quindici misteri [...].
Palermo, [1587?].
EDIT16-CNCE 56478
Per la data cfr. BEPA, vol. I, p. 9.

[2189]
ANCARANO, GASPARE
Capitoli et canzoni spirituali sopra il Pater Noster, Aue Maria, Credo, Salue Regina, & Magnificat; & altre rime [...] Composte dal r. Messer Gasparo Ancarano da Bassano.
Venezia, Giovanni Battista Ugolino, 1587.
60 c.; 4°
A-P⁴
EDIT16-CNCE 1667, SBN-IT\ICCU\CNCE\001667
Titolo da SBN.

[2190]
ANONIMA
Diuoto et breue modo di dire il santo rosario. Con le sue contemplationi. Aggiuntoui di nuouo in principio alcuni auuertimenti, e cose da sapersi da chi è nouiccio nel rosario. Et parimente le indulgenze, che dicendolo si conseguono; e la messa di esso santissimo rosario.
Bologna, Alessandro Benacci, 1587.
52 c.; ill. 12°
A-D¹² E⁴
EDIT16-CNCE 38609

[2191]
ANONIMA
Opera noua del giudicio vniuersale si tratta della fin del mondo, cioè quando Giesu Christo verrà a giudicar i buoni, et i rei; con la venuta d'Antichristo.
(Venezia, Fabio Zoppini e Agostino Zoppini, 1587).
[8] c.; 8°
EDIT16-CNCE 63413
Titolo uniforme: *Storia del giudizio universale.*

[2192]
ANONIMA
La rappresentazione della reina Hester.

(Firenze, Giovanni Baleni, 1587).

[10] c.: ill.; 4°

A[10]

EDIT16-CNCE 53342, SBN-IT\ICCU\CFIE\033258

Titolo uniforme: *Rappresentazione di Ester regina.* Presenza del numero d'ordine 2[croce] in frontespizio. Cfr. Cioni 1961, p. 128, n. 8; Testaverde-Evangelista, 578. V. ed.

[2193]

ANONIMA

La rapresentazione di Lazzero ricco et di Lazzero pouero. Di nuouo ristampata.

(Firenze, Giovanni Baleni, 1587).

[4] c.: ill.; 4°

A[4]

EDIT16-CNCE 53296, SBN-IT\ICCU\CFIE\033310

Titolo uniforme: *Rappresentazione di Lazzaro ricco e Lazzaro povero.* Cfr. Cioni 1961, p. 219, n. 5; Testaverde-Evangelista, 623. V. ed.

[2194]

ANONIMA

La santissima passione di nostro Signore Giesu Christo. Con la ressurretione recitata in Roma, dalla venerabile Compagnia del Confalone, nel luogo consueto detto il Coliseo.

(Roma, Eredi di Giovanni Gigliotti, 1587).

[64] c.: ill.; 8°

EDIT16-CNCE 72478

[2195]

ANTONINO (SANTO)/(ed.) TURCHI, FRANCESCO

Somma antonina, composta volgarmente da S. Antonino arciuescouo di Fiorenza. Nella quale s'instruiscono i Confessori, e i sacerdoti, curati con tutte quelle persone, che desiderano viuere christianamente. Di nuovo con molto studio, & diligenza corretta, & illustrata [...] dal r.p. Francesco da Treuigi.

Venezia, Eredi di Melchiorre Sessa <1>, 1587.

[24], 300: ill. p.; 12°

†[12] A-M[12] N[6]

EDIT16-CNCE 2092, SBN-IT\ICCU\CNCE\002092

Titolo uniforme: *Confessionale: Curam illius habe* [italiano], da altre edizioni della *Somma antonina* curata da Francesco Turchi.

[2196]

ANTONINO (SANTO)/(ed.) TURCHI, FRANCESCO

Somma antonina, composta volgarmente da s. Antonino arciuescouo di Fiorenza. Nellaquale s'instruiscono i confessori, e i sacerdoti curati, con tutte quelle persone, che desiderano

viuere christianamente. Di nuovo con molto studio & diligenza corretta, & illustrata di argomenti, di tauole, & di figure de' parentadi, spirituale, legale, & carnale, secondo la determinatione del sacrosanto Concilio di Trento, & d altre [!] *cose necessarie alla sua perfettione. Dal r.p. Francesco da Treuigi carmelitano.*

Venezia, Eredi di Pietro Deuchino, 1587.

[24], 300: ill. p.; 12°

†[12] A-M[12] N[6]

EDIT16-CNCE 2091, SBN-IT\ICCU\CNCE\002091

Titolo uniforme: *Confessionale: Curam illius habe* [italiano], da altre edizioni della *Somma antonina* curata da Francesco Turchi. V. fr.

[2197]

ARCHIROTA, ALESSANDRO

Discorsi sopra gl'Euangeli delle domeniche dell'Auuento, e della Quaresima. Del r.p.d. Alessandro Archirota abate Montoliuetano all'illustrissimo e reuerendissimo cardinale Santa Seuerina.

Firenze, Bartolomeo Sermartelli <1>, 1587.

[12], 4004, [i.e. 404] c.; 8°

†[8] 2†[4] A-3D[8] 3E[4]

EDIT16-CNCE 2327

V. fr.

[2198]

AVEZZANO, SEBASTIANO

Discorsi predicabili, del r.p. Sebastiano Auezzano da Cesena carmelitano. Sopra alcuni passi della Sacra Scrittura, iquali si leggono fra l'anno nella santa Chiesa. Con tre prediche. I. Della santissima incarnatione. II. Della natiuità. III. Della resurrettione di n. Signore.

Venezia, Giovanni Antonio Bertano, 1587.

251, [1] c.; 8°

A-2H[8] 2I[4]

EDIT16-CNCE 3532

V. fr.

[2199]

BRUNI, VINCENZO

Meditationi sopra i misterii della passione et resurrettione di Christo N. S. con le figure et profetie del Vecchio Testamento, et con i documenti che da ciascun passo dell'Euangelio si cauano raccolte da diuersi santi padri et da altri diuoti autori per il padre Vincenzo Bruno, sacerdote della Compagnia di Giesù.

Genova, Girolamo Bartoli, 1587.

[24], 617, [4] p.; 12°

EDIT16-CNCE 7721

[2200]

BUCHANAN, GEORGE/(tr.) BARGAGLI, SCIPIONE

Iefte ouuer Voto tragedia di Giorgio Bucanano scozzese. Recata di latino in vulgare da Scipion Bargagli. All'illustrissima, & eccellentiss. madama, la s.d. Lucrezia d'Este principessa d'Vrbino.

Lucca, Vincenzo Busdraghi, a istanza di Giovanni Antonio Testa, 1587.

42 c.; 12°

A-C¹² D⁶

EDIT16-CNCE 7794

V. fr.

[2201]

CALDERARI, CESARE

Concetti scritturali intorno al Miserere, del reuer. d. Cesare Calderari da Vicenza canonico regolare later. Spiegati in XXXIII. lettioni, le quali furono lette dall'istesso nel sacro tempio della Nontiata di Napoli, l'anno M.D.LXXXIII. Con l'applicatione di molte feste correnti, massimamente di tutto l'Aduento, con due vtilissime tauole, l'una de i luoghi esposti della sacra Scrittura, l'altra delle cose più notabili.

Venezia, Giovanni Battista Bonfadino, 1587.

503, [25] p.; 8°

A-2K⁸

EDIT16-CNCE 8358

V. fr.

[2202]

[CASTELLANI, CASTELLANO]

La rappresentatione della conuersione di santa Maria Maddalena.

(Firenze, Giacomo Pocavanza, 1587).

[12] c.; 4°

A¹²

EDIT16-CNCE 61587, SBN-IT\ICCU\CFIE\032903

Per l'autore cfr. Ponte, p. 65. Titolo uniforme: *Rappresentazione di s. Maria Maddalena. La conversione.* Presenza del numero d'ordine 2[croce] in frontespizio. Cfr. Cioni 1961, p. 237, n. 9; Testaverde-Evangelista, 190 e 564. V. fr.

[2203]

CRISPOLTI, GIULIO

Discorso breue sopra la vita di Christo, sotto nome d'auuisi alli veri amatori del nostro Signore [...] Et nel fine alcuni buoni ricordi per religiosi.

Venezia, Domenico Guerra e Giovanni Battista Guerra, 1587.

60 p.: ill.; 12°

A-B¹² C⁶

EDIT16-CNCE 14273

[2204]

[DATI, GIULIANO/BERNARDO DI ANTONIO/PARTICAPPA, MARIANO]

Rappresentatione della passione del nostro Signore Giesu Christo. La quale si rappresenta il Venerdi Santo nel Culiseo in Roma. Nuouamente con le figure ristampata.

(Firenze, Giovanni Baleni, 1587).

[14] c.: ill.; 4°

A⁸ B⁶

EDIT16-CNCE 39006, SBN-IT\ICCU\CFIE\033344

Per gli autori cfr. Cioni 1961, p. 156. Titolo uniforme: *Rappresentazione della passione di Cristo.* Cfr. Cioni 1961, p. 161-162, n. 21; Testaverde-Evangelista, 656. V. ed.

[2205]

DIONIGI, BARTOLOMEO

Compendio historico del Vecchio, e del Nuouo Testamento: cauato dalla sacra Bibbia, da don Bartolomeo Dionigi da Fano. Nel quale si descriueno tutte le cose notabili, che successero nel popolo hebreo, dalla creatione del mondo, sino alla vltima destruttione di Ierusalem. Con la vita di Giesu Christo, Saluator del mondo, & con la disseminatione dell'Euangelio, e della sua santa fede. Et con due tauole, l'vna delli capitoli, l'altra delle cose notabili. Di nuouo ricorretto, & ristampato con gionta.

Milano, Francesco Tini e Eredi di Simone Tini, 1587 (Milano, Michele Tini, 1587).

[24], 172 c.; 4°

EDIT16-CNCE 39379

V. fr.

[2206]

DIONIGI, BARTOLOMEO

Compendio historico del Vecchio, e del Nuouo Testamento: cauato dalla sacra Bibbia, dal r.m. Bartolomeo Dionigi da Fano. Nelquale si descriuono tutte le cose notabili, che successero nel popolo hebreo, dalla creatione del mondo, sino alla vltima destruttione di Ierusalem: con la vita di Giesu Christo, Saluator del mondo, e con la disseminatione dell'Euangelo, e della sua santa fede. Con due tauole, l'vna de i capitoli, l'altra delle cose notabili.

Venezia, Valerio Bonelli, 1587 (Venezia, Valerio Bonelli, 1587).

[24], 216 c.; 4°

EDIT16-CNCE 51248

V. fr.

[2207]

EPISTOLE E VANGELI/(tr.) ANONIMA

Epistole et evangeli di tutto l'anno tradotte in lingua toscana.

Venezia, Domenico e Giovanni Battista Guerra, 1587.

[24], 623 p.: ill.
SBN-IT\ICCU\MILE\000929

[2208]

EPISTOLE E VANGELI/(tr.) NANNINI, REMIGIO
Epistole, et Euangeli, che si leggono tutto l'anno alla messa, secondo l'uso della Santa Romana Chiesa, ridotti all'ordine del messal nuouo, tradotti in lingua toscana dal r.p.m. Remigio fiorentino, dell'Ordine de' predicatori. Con alcune annotationi morali del medesimo, a' [!] *ciascheduna epistola, et euangelio, nuouamente accresciute: con l'aggiunta ancora di quattro discorsi, cioè, del digiuno, dell'inuocation de' santi, dell'vso dell'immagini, & della veneration delle reliquie loro. Col nuouo calendario de' santi instituito da n. s. papa Sisto quinto. Con due tauole; vna da ritrouar l'epistole, et euangeli, e l'altra delle cose piu notabili.*
Venezia, Giovanni Giolito De Ferrari <2> e Giovanni Paolo Giolito De Ferrari, 1587 (Venezia, Giovanni Giolito De Ferrari <2> e Giovanni Paolo Giolito De Ferrari).
[36], 683, [1] p.: ill.; 4°
a-c⁴ d⁶ A-2T⁸ 2V⁶
EDIT16-CNCE 27791, SBN-IT\ICCU\LEKE\000289
SBN segnala l'edizione EDIT16-CNCE 27799, datata 1588 (vedi 2256), come variante B di questa edizione.

[2209]

EPISTOLE E VANGELI/(tr.) ANONIMA
Epistole, et Euangeli di tutto l'anno: tradotte in lingua toscana: nuouamente corrette secondo la riforma del Messale romano: & di nuoue; & bellissime figure ornate. Con calendario, tauola, & altre cose necessarie, si per commodità de' pij lettori, come per ornamento dell'opera.
Venezia, Domenico Guerra e Giovanni Battista Guerra, 1587.
[12], 316 p.: ill.; 4°
EDIT16-CNCE 11389
V. fr.

[2210]

EPISTOLE E VANGELI/(tr.) ANONIMA
Epistole lettioni, et euangelii, che si leggono tutto l'anno alla messa, latine, & uolgari, per piu commodita di ciascuno. Nouamente secondo l'uso del Messale Romano, riformate d'ordine del Santo Concilio di Trento [...].
Venezia, Domenico Farri, 1587.
EDIT16-CNCE 61255

[2211]

EPISTOLE E VANGELI/ (tr.) CATTANI DA DIACCETO, FRANCESCO

Pistole lezioni et uangeli che si leggono in tutto l'anno alla messa [...] Tradotti in volgar fiorentino dal reuerendo Francesco Cattani da Diacceto.
Firenze, Antonio Padovani, 1587.
[16], 454 p.; 8°
EDIT16-CNCE 11390

[2212]

EPISTOLE E VANGELI/ (tr.) CATTANI DA DIACCETO, FRANCESCO
Pistole lezioni et uangeli che si leggono in tutto l'anno alla messa [...] Tradotti in volgar fiorentino dal reuerendo Francesco Cattani da Diacceto.
Firenze, Iacopo Giunta <2> e Bernardo Giunta <2>, 1587 (Antonio Padovani).
[16], 454 p.; 8°
EDIT16-CNCE 11391

[2213]

EPISTOLE E VANGELI/ (tr.) CATTANI DA DIACCETO, FRANCESCO
Pistole lezioni et uangeli che si leggono in tutto l'anno alla messa [...]. Tradotti in volgar fiorentino dal reuerendo Francesco Cattani da Diacceto.
Firenze, [Antonio Padovani], a istanza di Giuliano Bracciolini, 1587 (Antonio Padovani).
[16], 454, [2] p.; 8°
[*]⁸ A-2E⁸ F⁴ (c. 2F⁴ bianca)
SBN-IT\ICCU\CFIE\047169
Marca di Antonio Padovani sul frontespizio.

[2214]

FILUCCI, AURELIO
Sermoni sopra tutti gli Euangelii dominicali, festiui, & feriali dell'anno. Del r.p.m. Aurelio Filucci da Pesaro. Dell'ordine di santo Agostino. All'illustriss. & eccell. sig. d. Flauia Peretti.
Venezia, Giovanni Antonio Bertano, 1587.
[8], 188 c.; 4°
EDIT16-CNCE 41786

[2215]

LAPARELLI, MARCANTONIO
Delle meditazioni nella vita di Giesu Cristo. Di messer Marcantonio Laperelli nobile cortonese, e cittadin fiorentino. Parte prima. Stampate nouellamente.
Firenze, Antonio Padovani, 1587.
134 p.: ill.; 8°
EDIT16-CNCE 27770
V. fr.

[2216]

LOARTE, GASPAR
Instruttione per meditare il Rosario della Madonna. Raccolti per il r.p. Gasparo Loarte della Compagnia di Giesu.
Roma, Vincenzo Accolti, 1587.
225, [1] p.: ill.; 12°
EDIT16-CNCE 49324
V. fr.

[2217]

LUIS DE GRANADA/(tr.) BUONFANTI, PIETRO
Meditationi molto diuote, sopra alcuni passi, et misteri della vita del n. Saluatore, della sua s. natiuità, per fino alla sua gloriosa ascensione. Del r.p.f. Luigi di Granata, dell'Ordine di san Domenico. Tradutte di spagnuolo in italiano, dal r.m. Pietro Buonfanti da Bibbiena. Di nuouo rincontrate con l'esemplare spagnuolo, e corrette in molti luoghi. Con l'autorità della sacra scrittura, et con due tauole, l'vna di i capitoli, l'altra delle cose notabili. E questo è il nono fiore della nostra Ghirlanda spirituale.
Venezia, Giovanni Giolito De Ferrari <2> e Giovanni Paolo Giolito De Ferrari <2>, 1587 (Venezia, Giovanni Giolito De Ferrari <2> e Giovanni Paolo Giolito De Ferrari <2>).
[48], 522, [6] p.: ill.; 12°
a-b¹² A-Y¹²
EDIT16-CNCE 54996

[2218]

LUIS DE GRANADA/GIANETTI, ANDREA/(ed.) BEROARDI, GIROLAMO
Rosario della sacratissima vergine Maria, raccolto dall'opere del r.p.f. Luigi di Granata dell'ordine de Predicatori, con le meditationi sopra il Pater noster. E sette deuotissime orationi per ciascun giorno della settimana, per il r.p.f. Andrea Gianetti da Salò dell'istesso ordine. Et hora di nouo accresciuto, et ampliato con la giunta de' miracoli fatti dalla gloriosa Vergine, per virtù del Rosario, con tutte le bolle, & indulgenze concesse da sommi pontefici insino a n.s. Sisto Quinto alla compagnia del Rosario, adornato anco di bellissime figure di rame, & accommodato a potersi dire senza la corona per via di alcuni sententiosi versetti della Sacra Scrittura, ciascuno de' quali s'ha da accompagnare con una Aue Maria. Per il r.p.f. Girolamo Berouardi di detto ordine lettore nel conuento de SS. Giouanni, e Paolo di Venetia. Con la tauola di tutto quello, che nel libro si contiene.
Venezia, Bernardo Giunta <2>, 1587.
3 pt ([4], 140; 30 c.; 68, [4] p.): ill.; 4°
[†]⁴ A-2M⁴; A-G⁴ H²; A-I⁴
EDIT16-CNCE 28528, SBN-IT\ICCU\RMLE\013488
Frontespizi interni per ogni parte, descritti come tre vol. con tre sotto-schede in SBN. V. fr.

1:
Rosario della sac.ma vergine Maria con li miracoli bolle indulgenze molte altre cose agiunte come nel seguente foglio si vede.
Venezia, Bernardo Giunta <2>, 1587.
[4], 140 carte : ill. calcografiche ; 4°
†⁴ A-2M⁴
SBN-IT\ICCU\CFIE\016631
Altro frontespizio a c. †4v: *Rosario della sacratissima vergine Maria, raccolto dall'opere del R.P.F. Luigi di Granata [...] E sette deuotissime orationi [...] per il R.P.F. Andrea Gianetti da Salò [...]*. In Venetia, appresso Bernardo Giunti, 1587. Il secondo volume SBN-IT\ICCU\RMLE\013493) riguarda i miracoli seguiti alla devozione del Rosario. Il terzo (IT\ICCU\RMLE\013494) riguarda le bolle delle indulgenze relative. V. fr.

[2219]

LUIS DE GRANADA/GIANETTI, ANDREA
Rosario della sacr.ma vergine Maria raccolto dall'opere del r.p.f. Luigi di Granata dell'ordine de Predicatori, con le meditationi sopra il Pater noster. E sette devot.me orationi per ciascun giorno della settimana, per il r.p.f. Andrea Gianetti da Salò del istesso ordine.
[Venezia, Bernardo Giunta <2>, 1587].
[4], 140 c.: ill.; 4°
[†]⁴ A-2M⁴
SBN-IT\ICCU\RMLE\021706
Le probabili note tipografiche sono ricavate dalla dedica a c. [†]². Cfr. Camerini, I, 477 e sg.

[2220]

LUIS DE GRANADA/(tr.) CAMILLI, CAMILLO
Tutte le opere del r.p.f Luigi di Granata, dell'Ordine de' Predicatori. Nuouamente da lui stesso emendate, accresciute, & quasi formate di nuouo. Tradotte dalla lingua spagnuola nella nostra italiana. Et migliorate di molte correttioni in questa quarta impressione.
Venezia, Giorgio Angelieri, 1587.
12 vol.; ill.; 12°
4:
Trattato secondo dell'aggiunta del Memoriale della vita christiana, del r.p.f. Luigi di Granata dell'Ordine de' Predicatori, nel quale si pongono molte deuotissime meditationi sopra alcuni passi, & misteri principali della vita del nostro Saluatore: & in particolare della sua santa pueritia, passione, resurrettione, & gloriosa ascensione. Nuouamente tradotto dalla lingua spagnuola per Camillo Camilli. Con due tauole; vna de i capitoli, & l'altra delle cose piu notabili. Questo è il quarto frutto di questo Giardino.
Venezia, Giorgio Angelieri, 1587.
[8], 115, [1] c.: ill.; 12°

a8, a-o8 p4 (c. p4 bianca)
EDIT16-CNCE 63236
Questo è l'unico volume che tratta materia biblica. V. fr.

[2221]
MARCELLINO, EVANGELISTA
Lettioni sopra Tobia del r.p. Marcellino dell'Ordine de Minori Osseruanti esposte da lui in Aracœli l'anno 1586. Et al serenissimo Senato & inclito popolo romano dedicate.
Roma, Giorgio Ferrari, 1587.
[32], 248 [i.e. 238], [2] p.; 8°
†8 2†8 A-P8
EDIT16-CNCE 33976
V. fr.

[2222]
MARCELLINO, EVANGELISTA
Lezzioni diciannoue sopra Rut del r.p.f. Vangelista Marcellino de' minori osseruanti.
Firenze, Giorgio Marescotti, 1587.
[24], 116 c.; 8°
*-3*8 A-O8 P4 (c. 3*8 bianca)
EDIT16-CNCE 29082
V. fr.

[2223]
MUSSO, CORNELIO/(ed.) MUSSO, GIUSEPPE
Delle prediche quadragesimali, del r.mo mons.or Cornelio Musso vescovo di Bitonto sopra l'Epistole & Euangeli correnti per i giorni di Quaresima. E sopra il Cantico della Vergine per li sabati. Nuouamente poste in luce. Con la vita dell'autore; & due tauole: l'vna delle prediche, & l'altra delle cose piu notabili. Prima parte. All'illustrissimo e reuerendissimo monsignore, il signor cardinal Farnese.
Venezia, Lucantonio Giunta <2>, 1587 (Venezia, Lucantonio Giunta <2>, 1586).
2 vol.: ill.; 4°
EDIT16-CNCE 28047, SBN-IT\ICCU\NAPE\015306
1:
Venezia, Lucantonio Giunta <2>, 1587.
[106], 605, [3] p.
[stella]4 2[fiore]-3[fiore]4 4[ast]2 5[ast]-6[ast]4 a-h4 A-2P8
SBN-IT\ICCU\NAPE\015307
A cura di Giuseppe Musso, autore della *Vita di Cornelio Musso*, contenuta da c. 2[fiore]1r a c. 3[fiore]4v. V. fr.
2:
Delle prediche quadragesimali, del r.mo mons.or Cornelio Musso vescovo di Bitonto, sopra l'Epistole & Euangeli correnti per i giorni di Quaresima. E sopra il Cantico della Vergine per li sabati. Nuouamente poste in luce. Con due tauole: l'vna delle prediche, & l'altra delle cose notabili. Seconda parte.

Venezia, Lucantonio Giunta <2>, 1587.
[88], 693, [3] p.: ill.; 4°
1-11⁴ a-2u⁸ 2x⁴ (c. 2x4 bianca)
SBN-IT\ICCU\NAPE\015328
V. fr.

[2224]
PANIGAROLA, FRANCESCO
Cento ragionamenti sopra la passione di nostro Signore fatti in Milano dal r.p.f. Francesco Panigarola min. osseru. Per commissione, & alla presenza di monsig. illustriss. Borromeo cardinale di S. Prassede. Diuisi in quattro parti: delle quali la prima contiene la cattura, e quanto auuenne nell'horto. La seconda il processo ecclesiastico, e quanto si fece in casa de' pontefici. La terza, il processo seculare, e quanto occorse in casa di Pilato. La quarta, l'essecutione della sentenza, e quello che passo sopra il Caluario.
Napoli, Giovanni Giacomo Carlino, 1587.
[8], 861, [1] p.: ill.; 8°
A¹² B-3H⁸ (ultima c. bianca)
EDIT16-CNCE 23756
V. fr.

[2225]
PANIGAROLA, FRANCESCO
Dichiaratione de i Salmi di Dauid, fatta da monsignor reuerendiss. Panigarola, alla sereniss. infante la signora duchessa di Sauoia. Nuouamente corretta da lui stesso, con aggiunta di quattro notabilissime tauole pur fatte dal medesimo autore, la vtilità, e prattica delle quali da vna lettera posta loro immediatamente innanzi, con molta chiarezza si conoscerà.
Roma, Eredi di Giovanni Gigliotti, 1587 (Roma, Eredi di Giovanni Gigliotti, 1587).
[8], 489, [15] p., 172 [i.e. 174], [2] c.; 8°
[ast]4 A-2H8 [croce]4 a-y8
EDIT16-CNCE 25963
V. fr.

[2226]
PANIGAROLA, FRANCESCO
Dichiaratione de i Salmi di Dauid, fatta dal r.p.f. Francesco Panigarola, minore osseruante. Alla seren. infante, la signora duchessa di Sauoia.
Venezia, Giovanni Alberti, [Bernardo Basa], 1587.
[8], 501, [3] p.; 8°
†4 A-2H8 2I4
EDIT16-CNCE 23964
Marca di Bernardo Basa sul frontespizio. V. fr.

[2227]
PELLEGRINI, FEDERICO

Discorso sopra il quinto salmo penitentiale del r.p. maestro
Federigo Pellegrini bolognese minor conuentuale. Al santiss.
sig. nostro Sisto Quinto.
Bologna, Giovanni Rossi, 1587.
[16], 747, [9] p.: ill.; 4°
[croce]⁸ A-3A⁸ 3B²²
Edit16-CNCE 47323
V. fr.

[2228]

Pseudo-Bonaventura
Le deuote, et pie meditationi di s. Bonauentura cardinale.
Sopra il mistero della humana redentione. Nuouamente con
somma diligentia ristampate, & ricorrette, & di varie figure
adornate.
Venezia, Niccolò Moretti, 1587.
175, [1] p.: ill.; 16°
Edit16-CNCE 31207
Titolo uniforme: *Meditationes vitae Christi* [italiano].
V. fr.

[2229]

[Pulci, Bernardo]
La rappresentatione dell'Angiolo Raffaello.
(Firenze, Giovanni Baleni, 1587).
[10] c.: ill.; 4°
A¹⁰ (c. A10 bianca)
Edit16 CNCE 53343, SBN-IT\ICCU\CFIE\033368
Per l'autore cfr. Cioni 1961, p. 255. Titolo uniforme:
Rappresentazione dell'angelo Raffaello e Tobia. Cfr. Cioni
1961, p. 256, n. 11; Testaverde-Evangelista, 667. V. ed.

[2230]

Razzi, Serafino
[Vit]*a, e laudi* [*d*]*i santa Maria Maddalena, di san*
Lazzero, e di santa Marta, scritte dal r.p.m. Serafino Razzi
dell'ordine de' Predicatori, e della Prouincia romana.
Firenze, Bartolomeo Sermartelli <1>, 1587.
[12], 142 [i.e. 124], [2] p.; 4°
a⁶ A-C⁴ D⁴ (D3+χD4)E-P⁴ Q²
Edit16-CNCE 33884
V. fr.

[2231]

Razzi, Silvano/Ledesma, Diego de
Della scelta d'orazioni deuotissime al Signore, e alla Vergine.
Di latine fatte nuouamente volgari, con aggiunta della
Dottrina cristiana. E di nuouo ricorrette, e ristampate. Parte
prima.
Firenze, Antonio Padovani, 1587.
2 vol.: ill.; 12°
Edit16-CNCE 66859, SBN-IT\ICCU\CFIE\019408

1:
207 p.
SBN-IT\ICCU\CFIE\019411
V. fr.
2:
Dottrina cristiana brieue per insegnare in pochi giorni, e
per interrogazioni a modo di dialogo, fra il maestro, e disce-
polo. Composta da D. Ledesma, della compagnia di Giesu.
Nuouamente stampata.
Firenze, Antonio Padovani, 1587.
24 p.
SBN-IT\ICCU\CFIE\019412
Nome dell'autore nella prefazione. V. fr.

[2232]

Tansillo, Luigi/Valvason, Erasmo (da)/Grillo,
Angelo
Le lagrime di s. Pietro del sig. Luigi Tansillo; di nuouo ri-
stampate con nuoua gionta delle lagrime della Maddalena
del signor Erasmo Valuassone, et altre rime spirituali, del
molto r.d. Angelo Grillo, non piu vedute, & ora nouamente
date in luce.
Genova, Girolamo Bartoli, 1587.
[8], 178, [i.e. 168], [8] c.; 8°
a⁸ A-Y⁸
Edit16-CNCE 30875
Il fasc. Y⁸ contiene: *Capitolo al crocifisso nel Venerdi Santo*
del R.P.D. Angelo Grillo. V. fr.

[2233]

Tasso, Faustino
De' sermoni in honore della beata Vergine, sopra l'Euange-
lio, Exurgens Maria abijt in montana. E sopra il Magnificat,
anima mea Dominum. Del r.p. Faustino Tasso, de' Minori
Osseruanti, libro primo. Sermoneggiati da lui in Vinetia,
nella chiesa di S. Francesco della Vigna, doppo il vespro, tut-
te le domeniche, dalla Pentecoste, fino all'Auuento, l'anno
MDLXXXIII. Alla Serenissima Madama Lugretia [!] *da*
Este duchessa d'Vrbino.
Venezia, Giovanni Battista Somasco, 1587.
2 vol.: ill.; 4°
Edit16-CNCE 32775
V. fr.
1:
[8], 591 p.
a⁴ A-4E⁴
SBN-IT\ICCU\SIPE\006806
Il secondo volume è del 1589, cfr. SBN-IT\ICCU\
SIPE\006807, vedi 2325.

[2234]

Villagut, Alfonso

Guida e tesoro de' tribulati, parte prima. Del r.p.f. Alfonso Vilagut da Napoli, deccano & monaco dell'Ordine di S. Benedetto, della Congregatione Cassinense; altrimenti di S. Giustina di Padoa. Nella prima parte s'adducono molti vtili quesiti intorno alle cause & varij effetti delle tribulationi temporali cauati dalla sacra Scrittura, e da' santi scrittori, come si potrà vedere nel suo repertorio. Vtile sì a gli istessi tribulati secolari, e religiosi, com'a confessori, e predicatori: auenga che da questo trattato si possino cauar mirabili conforti et efficacissimi rimedij spirituali contra ogni spetie di tribulatione, dalla quale può l'huomo esser tribulato per qual si voglia cagione.
Venezia, Giovanni Battista Somasco, 1587.
3 vol.; 12°
EDIT16-CNCE 32776, SBN-IT\ICCU\RMLE\013985
1:
[12], 333, [1] c.; 12°
a¹² A-2E¹²
SBN-IT\ICCU\RMLE\030332
V. fr.
2:
Guida e tesoro de' tribulati, parte seconda.
[24], 196, [2] c.
a-b¹² A-Q¹² R⁶ (c. R5, 6 bianche)
SBN-IT\ICCU\RMLE\030333
3:
Guida e tesoro de' tribulati, parte terza.
148, [2] c.
A-M¹² N⁶ (c. N5, 6 bianche)
SBN-IT\ICCU\RMLE\030335

[2235]

ZARRABINI, ONOFRIO
De' ragionamemti [!] famigliari, vtili, breui, et facili, sopra l'Epistole, & gli Euangelij di tutte le domeniche. Parte prima. La qual contiene le domeniche correnti dalla prima dello Auuento, sino alla domenica fra l'ottaua dell'Ascensione del Signore. Et ui si accennano; per commodo delli r. parochi; le materie esplicate nel Catechismo romano; & si applicano a gli Euangelij di ciascuna domenica. Del m.r.d. Onofrio Zarrabbini da Cotignola.
Venezia, Giovanni Battista Somasco, 1587.
2 pt ([8], 158, [2]; [4], 187, [1]) p.; 4°
[croce]² A-L⁸ M⁶; [croce]⁴ A-K⁸ (c. K8 bianca)
EDIT16-CNCE 32777
A c. [croce]1r della seconda parte altro frontespizio: *De' ragionamenti famigliari, vtili, breui, et facili, del m.r.d. Onofrio Zarrabbini da Cotignola. Parte seconda. Nella quale si contengono le domeniche della Pentecoste; & vi si accennano per commodo delli r. curati le materie esplicate nel Catechismo romano; & si applicano agli Euangelij di ciascuna domenica. Con xij. breui, & facili discorsi funerali,*

del medesimo auttore. Venezia, Giovanni Battista Somasco, 1587. Var. B: impronta della pt 1: coi- a?a- o-e- mena (3) 1587 (A). Var. C: p. 13 della pt 1 non numerata e ricomposizione parziale del primo fascicolo della pt 1. V. fr.

1588

[2236]

ANCARANO, GASPARE
Nouo rosario della gloriosissima vergine Maria, con quindeci sonetti in esposition delli quindeci Pater nostri; & 150. ottaue rime: per le 150. Aue Marie per le pie contemplationi delli quindeci misterij, et vn'horticello spirituale, ripieno di fiori, & frutti celesti in lode del Signore, & della beata Vergine, con le deuote meditationi per tutti li giorni della settimana. Alla santità di n.s. papa Sisto Quinto. Del r.m. Gasparo Ancarano da Bassano.
Venezia, Bernardo Giunta <2>, 1588 (Venezia, Bernardo Giunta <2>, 1588).
[20], 80 c.: ill.; 4°
a⁸ b-d⁴ A-V⁴
EDIT16-CNCE 1669
V. fr.

[2237]

ANCARANO, GASPARE
Sette salmi penitentiali latini, & volgari, in ottaua rima. All'illustrissimo et reueren. monsig. Stefano Bonuccio, cardinale dignissimo di santa Chiesa. Composti dal r.m. Gasparo Ancarano, da Bassano.
Venezia, Giovanni Battista Ugolino, 1588.
[6], 22 [i.e. 24], [2] c.; 8°
†⁶ A-C⁸ D²
EDIT16-CNCE 5907
V. fr.

[2238]

ANONIMA
La historia di santa Maria Maddalena, 7 Lazzero, 7 Marta.
(Firenze, Giovanni Baleni, 1588).
[4] c.: ill.; 4°
A⁴
EDIT16-CNCE 22863
Titolo da c. A1r. Titolo uniforme: *Storia dei ss. Maria Maddalena, Lazzaro e Marta.* Incipit a c. A1r: *Celestiale gloria & buon consiglio | ò sommo Dio ò vera Trinitae.* Cfr. Cioni 1963, p. 201, n. 11. V. ed.

[2239]

ANONIMA

La orazione di santo Michele arcangelo et li dieci comandamenti di Dio, el Credo, & la orazione dell'angelo Raffaello.
(Firenze, Lorenzo Arnesi, 1588).
[4] c.: ill.; 8°
EDIT16-CNCE 61293
V. fr.

[2240]
ANTICO, LORENZO
Gioiello della vita di Christo, e della b. Vergine ridotta in forma d'Oratione, a maggior vtilità de' fedeli. Per d. Lorenzo Antico [...].
Padova, Paolo Meietti, 1588 (Padova, Paolo Meietti, 1588).
[12], 216 c.; 12°
A¹² A-S¹²
EDIT16-CNCE 1977, SBN-IT\ICCU\CNCE\001977

[2241]
ARCHIROTA, ALESSANDRO
Discorsi sopra gl'Euangeli dalla domenica delle Palme a tutto il giorno della Pentecoste. Del reuerendo padre don Alessandro Archirota abate Mont'olivetano. Parte terza.
Firenze, Bartolomeo Sermartelli <1>, 1588.
[10], 342 c.; 8°
†¹⁰ A-2T⁸ 2V⁶
EDIT16-CNCE 2328
La prima parte sono i *Discorsi* sulla Scrittura del 1581, cfr. EDIT16-CNCE 2326, vedi 1953, la seconda presumibilmente quelli sui Vangeli dell'Avvento e della Quaresima del 1587, cfr. EDIT16-CNCE 2327, vedi 2197.

[2242]
BORRELLI, CAMILLO
Discorso cattolico et apologia historica cauata dal Vecchio, e Nuouo Testamento, & ornata de diuerse historie, composta dal eccellente dottor Camillo Borrello. Sopra vn giudicio fatto intorno a quella sentenza di Pilato che li anni passati fu trouata nell'Aquila città d'Abruzzo. Opera veramente vtile, nella quale si descriuono diuersi concetti notabili si di teologia, come anco d'historie, e d'annali, oue con molte autorità, e sentenze de scrittori approbati si scuopre se detta sentenza è vera, ò nò. Drizzata alla santità di n.s. Sisto V. sommo pontefice. Con la tauola delle materie principali & cose più notabili, ch'in essa si contengono.
Napoli, Orazio Salviani, 1588.
[28], 144, [2] p.; 4°
a-c⁴ d² A-S⁴ χ¹
EDIT16-CNCE 7165
V. fr.

[2243]
BRACCESCHI, GIOVANNI

Ritratto dell'effigie, bellezza, vita, costumi, miracoli, morte, e resurrezzione del S.N. Giesu Christo. Da diuersi antichi autori, per il r.p.f. Gio: Batt. Bracc. fior. Nuouamente aggiunto al libro de gli splendori della Quaresima, dal medesimo autore dato in luce.
Camerino, [1588?].
22, [2] p.: ill.; 12°
A¹²
EDIT16-CNCE 39676
Stampata probabilmente da Francesco Gioioso. Data della prefazione: 1588. V. fr.

[2244]
BRUNI, VINCENZO
Delle meditationi sopra i principali misteri di tutta la vita di Christo n. Sig. Parte prima. Con le figure, & profetie del Vecchio Testamento, & con i documenti, che dall'Euangelio si cauano. Raccolte da diuersi s. padri, e da altri autori, per il r.p. Vincenzo Bruno, sacerdote della Compagnia di Giesu.
Venezia, Giovanni Giolito De Ferrari <2> e Giovanni Paolo Giolito De Ferrari, 1588.
[24], 624 p.: ill.; 12°
[ast]¹² A-2C¹²
EDIT16-CNCE 7722
Il secondo volume con la seconda parte è stampata da Giovanni Paolo Giolito De Ferrari e nipoti nel 1592, cfr. EDIT16-CNCE 7730, vedi 2440. V. fr.

[2245]
BRUNI, VINCENZO
Meditationi sopra i misterii della passione, et resurrettione di Christo N. S.
Como, Girolamo Frova, 1588.
[14], 569, [5] p.; 12°
EDIT16-CNCE 7723

[2246]
BRUNI, VINCENZO
Meditationi sopra i misterii della passione, et resurrettione di Christo N.S. Con le figure, & profetie del vecchio Testamento, & con i documenti, che da ciascun passo dell'Euangelio si cauano. Raccolte da diuersi santi padri, & da altri deuoti autori per il padre Vincenzo Bruno, sacerdote della Compagnia di Giesu.
Venezia, Giovanni Giolito De Ferrari <2> e Giovanni Paolo Giolito De Ferrari, 1588.
[24], 551, [1] p.: ill.; 12°
a¹² A-Z¹²
EDIT16-CNCE 7724, SBN-IT\ICCU\CNCE\007724
Var. B: data di pubblicazione 1589. V. fr.

[2247]

CALDERARI, CESARE

Concetti scritturali intorno al Miserere, del r.d. Cesare Calderari [...] spiegati in 33. lettioni, le quali furono lette dall'istesso nel s. tempio della Nontiata di Napoli, l'anno 1583. Con l'applicatione di molte feste correnti, massimamente di tutto l'Aduento, con due vtilissime tauole, [...].

Venezia, Giovanni Fiorina, 1588.

503, [25] p.; 8°

A-Z⁸ Aa-Kk⁸

EDIT16-CNCE 8359

[2248]

CALDERARI, CESARE

Concetti scritturali intorno al Miserere, del r.d. Cesare Calderari da Vicenza canon. regolare lateranense; spiegati in XXXIII. lettioni, le quali furono lette dall'istesso nel s. tempio della Nontiata di Napoli, l'anno M.D.LXXXIII. Con l'applicatione di molte feste correnti, massimamente di tutto l'Aduento, con due vtilissime tauole, l'vna de i luoghi esposti della sacra Scrittura, l'altra delle cose più notabili.

Venezia, Giovanni Battista Bonfadino, 1588.

503, [21] p.; 8°

A-2I⁸ 2K⁶

EDIT16-CNCE 8361

V. fr.

[2249]

CALDERARI, CESARE

Concetti scritturali intorno al Miserere, del r.d. Cesare Calderari da Vicenza canonico regolare later. Spiegati in XXXIII. lettioni, le quali furono lette dall'istesso nel sacro tempio della Nontiata di Napoli, l'anno M.D.LXXXIII. Con l'applicatione di molte feste correnti, massimamente di tutto l'Aduento, con due vtilissime tauole, l'vna de i luoghi esposti della sacra Scrittura: l'altra delle cose più notabili. Nuouamente ristampati, & con ogni sorte di diligenza ricorretti.

Venezia, Giovanni Battista Bonfadino, 1588.

622, [26] p.; 12°

A-2D¹²

EDIT16-CNCE 8360

V. fr.

[2250]

CRESCI, PIETRO

Sonetti quadragesimali di Pietro Cresci anconitano. All'illustr.mo & reu.mo monsig. il signor Carlo Conti vescovo d'Ancona et di humana &c.

Venezia, Domenico Guerra e Giovanni Battista Guerra, 1588.

[8], 16 di tav., [2] p.: ill.; 4°

a⁴ A-C⁸ (c. a4 e C8 bianche)

EDIT16-CNCE 14231

[2251]

DEL BENE, BERNARDO/(ed.) DEL BENE, PIERO

Alcuni salmi di Dauid, tradotti in versi. Et altre rime spirituali. Di mons. Bernardo Del-Bene [!] vesc. di Nismes. Dedicate a mons. illustriss. Morosini, vesc. di Brescia, & nuntio di S. S.ta.

Paris, [1588?].

[4], 23 [i.e. 19], [1] c.: ill.; 8°

A-F⁴ (c. F⁴ bianca)

EDIT16-CNCE 5876

Nome del curatore a c. A2v. Data dalla dedicatoria a c. A3v. V. fr.

[2252]

DIONIGI, BARTOLOMEO

Compendio historico del Vecchio, e del Nuouo Testamento, cauato dalla sacra Bibbia, dal r.m. Bartolomeo Dionigi da Fano. Nel quale si descriuono tutte le cose notabili, che successero nel popolo hebreo, dalla creatione del mondo, sino alla vltima destruttione di Ierusalem. Con la vita di Giesu Christo, saluator del mondo, e con la disseminatione dell'euangelo, e della sua santa fede. Con due tauole, l'vna de i capitoli, l'altra delle cose notabili.

Torino, [Eredi di Niccolò Bevilacqua], 1588 (Torino, Antonio Bianchi, 1588).

[22], 194 c.; 4°

†-2†⁸ 3†⁸ A-Z⁸ 2A¹⁰

EDIT16-CNCE 17239

Marca degli Eredi di Niccolò Bevilacqua sul frontespizio.

[2253]

DIONIGI, BARTOLOMEO

Compendio historico del Vecchio, e del Nuouo Testamento: cauato dalla sacra Bibbia, dal r.m. Bartolomeo Dionigi da Fano. Nelquale si descriueno tutte le cose notabili, che successero nel popolo hebreo, dalla creatione del mondo, sino all'vltima destruttione di Ierusalem. Con la vita di Giesu Christo, Saluator del mondo, e con la disseminatione dell'Euangelo, e della sua santa fede. Con due tauole, l'vna de i capitoli, l'altra delle cose notabili.

Venezia, Eredi di Valerio Bonelli, 1588 (Venezia, Eredi di Valerio Bonelli, 1588).

[24], 216 c.; 4°

†-3†⁸ A-2D⁸

EDIT16-CNCE 17240, SBN-IT\ICCU\BVEE\015129

Altra emissione ha data nel colophon 1589 e parti del testo ricomposte, cfr. EDIT16-CNCE 66073, vedi 2303. V. fr.

[2254]

DIONIGI, BARTOLOMEO

Compendio historico, del Vecchio, & del Nuouo Testamento. Cauato dalla sacra Bibbia, dal r.m.d. Bartolomeo Dionigi da Fano. Nelquale si descriuono tutte le cose notabili, che successero nel popolo hebreo, dalla creation del mondo, sin'all'vltima destruttion di Gierusalemme. Con la vita di Giesu Christo, Saluator del mondo: & con la diuolgation del santo Vangelo, & della sua santa fede. Con due tauole, l'vna de' capitoli, l'altra delle cose notabili. Di nuouo ricorretto, et ristampato.

Mantova, Francesco Osanna, 1588 (Mantova, Francesco Osanna).

[28], 343 p.; 4°

EDIT16-CNCE 39380

V. fr.

[2255]

EPISTOLE E VANGELI/(tr.) ANONIMA

Epistole, et Euangelii, che si leggono tutto l'anno alla messa; nouamente corrette, & riformate secondo il Messale romano, stampato di ordine del santo Concilio di Trento, & di bellissime figure illustrate. Con calendario, tauola, & altre cose necessarie, sì per commodità de' pii lettori, come per ornamento dell'opera.

Venezia, Altobello Salicato, 1588.

[8], 132 c.: ill.; 4°

†⁸ A-Q⁸ R⁴

EDIT16-CNCE 11392

V. fr.

[2256]

EPISTOLE E VANGELI/(tr.) NANNINI, REMIGIO

Epistole et Euangeli che si leggono tutto l'anno alla messa, secondo l'uso della Santa Romana Chiesa, ridotto all'ordine del messal nuouo. Tradotti in lingua toscana dal r.p.m. Remigio fiorentino, dell'Ordine de' predicatori. Con alcune annotationi morali del medesimo a ciascheduna epistola et Euangelio, nuouamente accresciute, con l'aggiunta ancora di quattro discorsi, cioè del Digiuno, dell'Inuocation de' santi, dell'Vso dell'imagini, et della Veneration delle reliquie loro. Col nuouo calendario de' santi instituito da n.s. papa Sisto quinto. Con due tauole, [...].

Venezia, Giovanni Giolito De Ferrari <2> e Giovanni Paolo Giolito De Ferrari, 1588.

[36], 683, [1] p. : ill. ; 4°

EDIT16-CNCE 27799, SBN-IT\ICCU\LEKE\000289

Per SBN è la variante B dell'edizione EDIT16-CNCE 27791, vedi 2208.

[2257]

ESTRADA, LUIS (DE)/(tr.) ANONIMA

Rosario della Madonna, et sommario della vita di Christo. Composto per il padre fra Luigi di Strada, rettore del Collegio di S. Bernardo, nell'Vniuersità d'Alcalà di Henares. Tradotto dalla lingua spagnuola nell'italiana.

Roma, Domenico Basa, 1588 (Roma, Domenico Basa).

372 p.: ill.; 12°

A-P¹² Q⁶

EDIT16-CNCE 18341

V. fr.

[2258]

FAZELLO, GIROLAMO

Prima parte delle prediche quadragesimali di f. Girolamo Fazello palermitano, dottore theologo, dell'ord. de' Predicatori.

Genova, Girolamo Bartoli, 1588 (Genova, Girolamo Bartoli, 1588).

[6], 220 c.; 4°

+⁴ 2+² A-3I⁴

EDIT16-CNCE 40257

V. fr.

[2259]

FILIPPI, MARCO, DETTO IL FUNESTO

Vita di s. Caterina vergine, e martire; composta in ottaua rima da Marco Filippi detto il Funesto. Aggiuntoui di nuouo gli argomenti, & le figure, appropriate ad ogni canto. Con vna raccolta di sonetti, e canzoni spirituali, & di alcune stanze della Maddalena à Christo del medesimo autore.

Venezia, Domenico Guerra e Giovanni Battista Guerra, 1588.

270, [90] p.: ill.; 12°

A-P¹²

EDIT16-CNCE 19029

Le p. [90] contengono con proprio frontespizio: *Rime spirituali e alcune stanze della Maddalena a Christo del medesimo autore.* V. fr.

[2260]

GARIBBI, GIACOMO

Lachrime della Madonna composte, da f. Iacomo del Porto min. osseru.

Napoli e ristampate in Perugia, Andrea Bresciano, a istanza di Claudio Roncali, 1588.

[4] c.; ill.; 8°

A⁴

Edit16-CNCE 20405

V. fr.

[2261]

GARZADORI GRAZIANI, FRANCESCO

Della oratione dominicale, salutatione angelica, simbolo apostolico, & trattato della penitenza. Breue interpretatione. Di Francesco Gratiano di Garzatori canonico vicentino.
Vicenza, Perin e Tommaso Brunelli, 1588.
47, [1] p.; 8°
A-C⁸
EDIT16-CNCE 34138

[2262]
GARZONI, TOMMASO
Le vite delle donne illustri della Scrittura sacra. Nuouamente descritte dal r.p.d. Tomaso Garzoni da Bagnacauallo, canonico regolare lateran. predicatore. Con l'aggionta delle vite delle donne oscure, & laide dell'vno, & l'altro Testamento; et un discorso in fine sopra la nobiltà delle donne. Alla serenis. sig. Ducchssa [!] di Ferrara madama Margarita Estense Gonzaga.
Venezia, Giovanni Domenico Imberti, 1588.
[16], 174, [2] p.; 4°
+-2+⁴ A-Y⁴ (c. +¹v, Y⁴ bianche)
EDIT16-CNCE 20468
V. fr.

[2263]
GRILLO, GIULIO CESARE
Misteri del santissimo rosario in ottaua rima con alcuni sonetti e capitoli spirituali composti da don Giulio Cesare Grillo salernitano [...].
Roma, Tito Diani e Paolo Diani, [1588].
[4], 46 [i.e. 40] p.; 4°
†² A-E⁴
EDIT16-CNCE 32181
Data dalla dedica a c. †²v.

[2264]
JACOBUS DE VORAGINE/(tr.) MALERBI, NICOLÒ
Legendario delle vite de' santi; composto dal r.p.f. Giacobo di Voragine dell'Ordine de' Predicatori, & tradotto già per r.d. Nicolò Manerbio venetiano. Aggiuntoui di nuouo molte legende, & accomodata ad ogni giorno la vita di alcun santo. Con la tauola delle legende; & di uaghe figure ornato, & con somma diligenza corretto, & ristampato.
Venezia, Fioravante Prati, 1588.
[16], 866, [2] p.: ill.; 4°
a⁸ A-Z⁸ 2A-2Z⁸ 3A-3G⁸ H¹⁰
Bibliotheks Verbund Bayern BV001734947
Titolo uniforme: *Legenda aurea sanctorum* [italiano].
V. fr.

[2265]
JACOBUS DE VORAGINE/(tr.) MALERBI, NICOLÒ

Legendario delle vite de' santi composto dal r.p.f. Giacobo di Voragine & tradotto già per Nicolò Manerbio. Nuouamente ridotto a miglior lingua riformato, purgato [...] arricchito [...] ornato & ristampato.
Venezia, Fioravante Prati, 1588.
[8], 547, [1] p.; fol.
a⁴ A-2k⁸ 2L¹⁰
EDIT16-CNCE 72094
Titolo uniforme: *Legenda aurea sanctorum* [italiano].

[2266]
LANCI, CORNELIO
Rappresentatione della natiuità del n.s. G. Christo, tratta da sacri theologi: dal sig. caualier Cornelio Lanci.
Urbino, Bartolomeo Ragusi, 1588 (Urbino).
[8], 21, [3] c.: ill.; 8°
A-B⁸ (c. B8v bianca)
EDIT16-CNCE 49280
Cfr. Testaverde-Evangelista, 303. V. ed.

[2267]
LOARTE, GASPAR
Trattato della continua memoria che si debbe hauere della sacra passione di Christo redentor nostro. Con sette meditationi ouer orationi, che si possono dire secondo le sette hore canoniche [...]. Composto per il r. p. Gaspar Loarte dottor theologo, della Compagnia di Giesu.
Brescia, Vincenzo Sabbio, 1588.
35, [1] p.: ill.; 12°
A¹⁸
EDIT16-CNCE 68060

[2268]
LUIS DE GRANADA/(tr.) BUONFANTI, PIETRO
Meditationi molto diuote, sopra alcuni passi, et misteri della vita del n. Saluatore, dalla sua s. natiuità, per fino alla sua gloriosa ascensione. Del r.p.f. Luigi di Granata, dell'ordine di san Domenico. Tradutte di spagnuolo in italiano, dal r.m. Pietro Buonfanti da Bibbiena. Di nuouo rincontrate con l'essemplar spagnuolo, e corrette in molti luoghi. Con l'autorità della Sacra Scrittura, et con due tauole, l'una de i capitoli, l'altra delle cose notabili. E questo è il nono fiore della nostra Ghirlanda spirituale.
Venezia, Giovanni Giolito De Ferrari <2> e Giovanni Paolo Giolito De Ferrari, 1588 (Venezia, Giovanni Giolito De Ferrari <2> e Giovanni Paolo Giolito De Ferrari).
[48], 522, [2] p.; 12°
EDIT16-CNCE 71892
V. fr.

[2269]
LUTHER, MARTIN/(tr.) ?

Catechismo picciolo di Martin Luthero, verso dal latino in lingua italiana, per gli fanciugli.

1588.

32, [4] c.; 24°

A-C¹² (c. C9-12 bianche)

EDIT16-CNCE 72312

Stampata probabilmente a Tubinga da Georg Gruppenbach; per il tipografo cfr. Pierce, p. 223.

[2270]

MARCELLINO, EVANGELISTA

Lettioni sopra Daniele profeta del r.p.f. Vangelista Marcellino de Min. Osseruanti. Fatte in Roma, in Araceli, l'anno MDLXXXV. Nuouamente poste in luce. Con vna predica del Venerdi santo, fatta nell'arciuescouado di Napoli, l'anno MDLXXXVI.

Venezia, Lucantonio Giunta <2>, 1588 (Venezia, Lucantonio Giunta <2>, 1588).

[40], 520 p.: ill.; 8°

†⁸ 2†⁸ 3†⁴ A-2I⁸ 2K⁴

EDIT16-CNCE 28054

V. fr.

[2271]

MUSSO, CORNELIO

Delle prediche quadragesimali. Del r.mo mons.or Cornelio Musso vescovo di Bitonto. Sopra l'Epistole & Euangeli correnti per i giorni di Quaresima. E sopra il Cantico della Vergine per li sabati. Seconda editione. Con la vita dell'autore; & due tauole: l'una delle prediche, & l'altra delle cose piu notabili. Prima parte. Con aggiunta di tre prediche non più stampate. All'illustrissimo e reuerendissimo monsignore, il signor cardinal Farnese.

Venezia, Lucantonio Giunta <2>, 1588 (Venezia, Lucantonio Giunta <2>, 1587).

2 vol.: ill.; 4°

EDIT16-CNCE 28059

1:

[108], 605, [3] p.: ill.; 4°

[ast.]-3[ast.]⁴ 4[ast.]² 5[ast.]-6[ast.]⁴ a-h⁴ A-2-P⁸

SBN-IT\ICCU\CAGE\035016

Esiste altra edizione ricomposta linea per linea (EDIT16-CNCE 75265), vedi 2272. V. fr.

2:

Delle prediche quadragesimali. Del r.mo mons.or Cornelio Musso vescovo di Bitonto. Sopra l'Epistole & Euangeli correnti per i giorni di Quaresima. E sopra il Cantico della Vergine per li sabati. Editione seconda. Con due tauole: l'una delle prediche, & l'altra delle cose piu notabili. Seconda parte.

Venezia, Lucantonio Giunta <2>, 1588 (Venezia, Lucantonio Giunta <2>, 1588).

[88], 693, [3] p.

1-11⁴ a-2v⁸ 2x⁴ (c. 2x4 bianca)

SBN-IT\ICCU\UM1E\000921

V. fr.

[2272]

MUSSO, CORNELIO

Delle prediche quadragesimali. Del r.mo mons.or Cornelio Musso vescovo di Bitonto. Sopra l'Epistole & Euangeli correnti per i giorni di Quaresima. E sopra il Cantico della Vergine per li sabati. Seconda editione. Con la vita dell'autore; & due tauole: l'una delle prediche, & l'altra delle cose piu notabili. Prima parte. Con aggiunta di tre prediche non più stampate. All'illustrissimo e reuerendissimo monsignore, il signor cardinal Farnese.

Venezia, Lucantonio Giunta <2>, 1588 (Venezia, Lucantonio Giunta <2>, 1587).

[108], 605, [3] p.; 4°

EDIT16-CNCE 75265

Cfr. EDIT16-CNCE 28059, SBN-IT\ICCU\CAGE\035016, vedi 2271. V. fr.

[2273]

MUSSO, CORNELIO/(ed.) ROTA, ISIDORO

Lettioni di monsignor Cornelio Musso fatte in Roma ne' sabbati d'una Quadragesima, sopra il Salmo 129. Deprofundis, &c. Con somma diligenza considerate, & rivedute dal p.f. Isidoro Rota, et da lui arricchite d'innumerabili autorita a luochi suoi nel margine poste: oltre l'altre postille delle cose piu notabili. Con la tavola; Et con gli argomenti ad ogni lettione.

Venezia, Giovanni De Gara, 1588.

[32], 124 c.: ill.; 4°

a-d⁴ A-2H⁴

EDIT16-CNCE 72907

[2274]

MUSSO, CORNELIO

Prediche del reuer.mo monsig.or Cornelio Musso vescouo di Bitonto. Per li due primi giorni di Pasqua, & per il martedi dopo la iiij. domenica di Quaresima. Nuouamente poste in luce. Con due tauole, vna de' sommarij, & l'altra delle cose più notabili.

Venezia, Lucantonio Giunta <2>, 1588 (Venezia, Lucantonio Giunta <2>, 1588).

[8], 46, [2] p.: ill.; 4°

*⁴ A-F⁴

EDIT16-CNCE 28063

V. fr.

[2275]

PANIGAROLA, FRANCESCO

Dichiaratione de i salmi di Dauid fatta dal r.p.f. Francesco Panigarola, Minore osseruante [...].
Venezia, Domenico Farri, 1588.
[8], 501, [3] p.; 16°
*⁴ A-2H⁸ 2I⁴
EDIT16-CNCE 38858

[2276]
PANIGAROLA, FRANCESCO/(ed.) MAGENI, GIOVANNI BATTISTA
Dichiaratione de i Salmi di Dauid fatta dal r.p.f. Francesco Panigarola, minore osseruante. Alla sereniss. infante, la signora duchessa di Sauoia.
Bergamo, Comino Ventura, 1588.
[16], 648 [i.e. 626], [6] p.: ill.; 8°
a⁸ A-R¹⁸ S¹⁰
EDIT16-CNCE 38189
Nome del curatore a c. a4v. V. fr.

[2277]
PANIGAROLA, FRANCESCO
Dichiaratione de i Salmi di Dauid, fatta dal r.p.f. Francesco Panigarola, minore osseruante. Alla sereniss. infante, la signora duchessa di Sauoia.
Venezia, Andrea Muschio, 1588.
[8], 422, [2] p.: ill.; 8°
*⁴ A-2C⁸ 2D⁴
EDIT16-CNCE 31408
V. fr.

[2278]
PANIGAROLA, FRANCESCO
I sette salmi penitentiali, fatti volgari dal reuer. p.f. Francesco Panigarola [...] Col calendario gregoriano.
Venezia, Bernardo Giunta <2>, 1588.
[17], 124, [1] c.: ill.; 24°
EDIT16-CNCE 28531

[2279]
PICCA, GREGORIO
Horologio spirituale di vintiquattro christiane meditazioni, distinto in quattro libri pieni di varij concetti delle sacre lettere non men vaghi che vtili al christiano, di Gregorio Picca.
Roma, Stamperia del Popolo Romano, appresso Giorgio Ferrari, 1588.
[18], 238, [14] c.: ill.; 12°
†¹² 2†⁶ A-X¹² (c. X¹¹⁻¹² bianche)
EDIT16-CNCE 47393

[2280]
RAZZI, SILVANO

Vita della gloriosa vergine Maria. Scritta dal padre don Siluano Razzi monaco camaldolense. Nouamente ristampata.
Venezia, Giacomo Vincenzi, 1588.
[16], 268 p.: ill.; 8°
†⁸ A-R⁸
EDIT16-CNCE 51758
V. fr.

[2281]
ROSELLI, ALESSANDRO
La rappresentazione di Sansone composta per Lessandro Roselli. Nuouamente ristampata.
(Firenze, Giovanni Baleni, 1588).
[10] c.: ill.; 4°
A¹⁰
EDIT16-CNCE 62246
Titolo uniforme: *Rappresentazione di Sansone.* Cfr. Cioni 1961, p. 275, n. 4.

[2282]
SALMI/(tr.) BRUCIOLI, ANTONIO
I Salmi di Dauid tradotti dalla lingua hebrea nella italiana. Diuisi in cinque parti. Di nuouo ricorretti & emendati.
Paris, Jamet Mettayer, 1588.
245, [4] c.; 16°
A-2G⁸
EDIT16-CNCE 5850
Revisione della traduzione di Antonio Brucioli, cfr. Barbieri 85, tav. A67, Lumini, n. 177. V. fr.

[2283]
SANNAZARO, JACOPO/ (tr.) GIOLITO DE' FERRARI, GIOVANNI
Del parto della Vergine del Sanazaro libri tre, tradotti in versi toscani da Giovanni Giolito de' Ferrari. Al ser.mo sig.r don Vincenzo Gonzaga, duca di Mantoua, e di Monferrato, &c.
Venezia, Giovanni Giolito De Ferrari <2> e Giovanni Paolo Giolito De Ferrari, 1588.
[74] c.: ill.; 4°
π⁴ A-R⁴ S²
EDIT16-CNCE 27801
V. fr.

[2284]
SILVESTRANI BRENZONE, CRISTOFORO
Predica del dolore et spasimo di Maria Vergine veggendo Christo crucifisso et morto. Sopra quelle parole di Symeone. Et tuam ipsius animam pertransibit gladius, vt reuelentur ex multis cordibus cogitationes, fatta dal M.R.P. maestro Christophoro Siluestrani Brenzone carmelita regente nello studio di Padoa.

Verona, Sebastiano Dalle Donne e Camillo Franceschini, 1588 (Verona, Sebastiano Dalle Donne e Camillo Franceschini, 1588).
[4], 36 c.; 4°
A-K⁴
EDIT16-CNCE 25626

[2285]
SIMEONI, GABRIELE
Figure del Nuouo Testamento, illustrate da versi vulgari italiani.
Lyon, Guillaume Rouillé, 1588.
[84] c.: ill.; 8°
A-K⁸ L⁴
EDIT16-CNCE 47826

[2286]
SPADONI, REGINALDO
Rosario della gloriosa vergine Maria. Composto dal r.p.f. Reginaldo dell'Ordine de' Predicatori.
Perugia, Andrea Bresciano, 1588.
[8] c.; 8°
A⁴
EDIT16-CNCE 63550

[2287]
STRATTA, NICCOLÒ
Compendio dell'Ordine & regole del santissimo rosario della Gloriosa Vergine raccolto da diversi auttori per r.p. fra Nicolò Strata di Torino dell'Ordine de' predicatori; con le infinite indulg. & figure della Sacra Scrittura appropriate a ogni misterio; con due sorti di contemplationi, orationi, mistici, fiori, frutti & miracoli d'essa Beata Vergine; con l'aggionta della bolla di nostro sig. Sisto papa quinto; et la forma dell'assolutione generale qual far si deue alli fratelli & sorelle della compagnia d'esso. Rosario nell'articolo della morte.
Torino, Giovanni Michele Cavalleri e fratelli, 1588.
191, [1] c.: ill.; 8°
A-2D⁸
EDIT16-CNCE 23996

[2288]
TANSILLO, LUIGI/VALVASON, ERASMO (DA)/GRILLO, ANGELO
Le lagrime di s. Pietro del sig. Luigi Tansillo, di nuovo ristampate con nuoua gionta delle lagrime della Maddalena del sig. Erasmo Valuassone, et altre rime spirituali, del molto r.d. Angelo Grillo, non più vedute, & ora nouamente date in luce.
Carmagnola, Marcantonio Bellone, 1588.
[8], 178, [8] c.; 8°
A⁸, A-Y⁸

EDIT16-CNCE 32164

1589

[2289]
ANONIMA
La rappresentazione di Iudith hebrea.
(Firenze, Giovanni Baleni, 1589).
[8] c.: ill.; 4°
A⁸
EDIT16-CNCE 30091, SBN-IT\ICCU\CFIE\033305
Titolo uniforme: *Rappresentazione di Giuditta ebrea.* Cfr. Cioni 1961, p. 198, n. 8; Testaverde-Evangelista, 618. V. ed.

[2290]
ANONIMA
La rappresentazione quando Abram cacciò Aghar sua ancilla, & Ismael suo figliuolo.
(Firenze, Giovanni Baleni, 1589).
[8] c.: ill.; 4°
A⁸
EDIT16-CNCE 61650, SBN-IT\ICCU\CFIE\032820
Titolo uniforme: *Rappresentazione di Abramo e Agar.* Cfr. Cioni 1961, p. 73, n. 7; Testaverde-Evangelista, 313 e 351. V. ed.

[2291]
ANONIMA/(ed.) FARAONIO, EUSEBIO
L'Ave Maria, et la sequenza de' morti con vna deuota dichiaratione volgare in ottaua rima, già da incerto autore composta. & hora di nuouo corretta, e riformata dal r.p.f. Euseb. Faraonio, de frati di san Girolamo, della cong. del b. Pietro da Pisa. Con vna pia essortatione al ben viuer christiano dell'istesso padre Faraonio.
Verona, Sebastiano Dalle Donne, 1589.
[16] c.: ill.; 8°
A-B⁸
EDIT16-CNCE 3499

[2292]
ANONIMA/(ed.) FARAONIO, EUSEBIO
L'Ave Maria, et la sequenza de' morti con vna deuota dichiaratione volgare in ottaua rima, già da incerto autore composta, et hora di nuouo corretta, e riformata dal r.p.f. Eusebio Faraonio, de' Frati di san Girolamo, della cong. del b. Pietro da Pisa. Con vna pia essortatione al ben viuer christiano, dell'istesso padre Faraonio.
Mantova, Francesco Osanna, 1589.
[16] c.; 8°
A-B⁸ (c. B8 bianca)
Wien, Österreichische Nationalbibliothek *38.Y.101

V. fr.

[2293]

[BELCARI, FEO]

La rappresentatione e festa di Abraam et di Isac suo figliuolo.
(Siena, [Luca Bonetti], 1589).
[4] c.: ill.; 4°
A⁴
EDIT16-CNCE 42751
Per l'autore e il tipografo cfr. Cioni 1961, p. 68, n. 21
("et" trascritto "&" nel titolo). Titolo uniforme:
Rappresentazione di Abramo e Isacco.

[2294]

[BELCARI, FEO]

La rappresentazione di Abraam, et Isac suo figliuolo.
(Firenze, Giovanni Baleni, 1589).
[4] c.: ill.; 4°
A⁴
EDIT16-CNCE 61786, SBN-IT\ICCU\CFIE\033190
Per l'autore SBN rinvia a Cioni 1961, p. 68, n. 20, scheda
che corrisponde però all'edizione EDIT16-CNCE 61784,
vedi 2091. Questa edizione è censita invece in Cioni 1961,
p. 70, n. 22 (come informazione tratta da De Batines).
SBN rinvia anche a Testaverde-Evangelista, 508. Titolo
uniforme: *Rappresentazione di Abramo e Isacco.*

[2295]

BELCARI, FEO/BENCI, TOMMASO

*La rappresentazione di san Giouanni Batista quando andò
nel diserto.*
(Firenze, Giovanni Baleni, 1589).
[4] c.; 4°
A⁴
EDIT16-CNCE 4829
Testo di Feo Belcari preceduto da 16 stanze di Tommaso
Benci. Titolo uniforme: *Rappresentazione di s. Giovanni
Battista nel diserto.* Cfr. Cioni 1961, p. 186, n. 10.

[2296]

BRUNI, VINCENZO

*Delle meditationi sopra i principali misterii di tutta la vita
di Christo N. Sig. Parte prima. Con le figure, & profetie del
Vecchio Testamento, & con i documenti; che dall'Euangelio
si cauano. Raccolte da diversi s. padri, e da altri autori, per
il r.p. Vincenzo Bruno, sacerdote della Compagnia di Giesu.*
Venezia, Giovanni Giolito De Ferrari <2> e Giovanni
Paolo Giolito De Ferrari, 1589.
[24], 624 p.: ill.; 12°
[ast]¹² [croce]² A-2C¹²
EDIT16-CNCE 7725

Il secondo volume con la seconda parte è stampata da
Giovanni Paolo Giolito De Ferrari e nipoti nel 1592, cfr.
EDIT16-CNCE 7730, vedi 2440. V. fr.

[2297]

BRUNI, VINCENZO

*Delle meditationi sopra i principali misterii di tutta la vita
di Christo N. Sig. Parte prima con le figure, & profetie del
Vecchio Testamento, & con i documenti; che dall'Euangelio
si cauano. Raccolte da diuersi s. padri, e da altri autori, per
il r.p. Vincenzo Bruno, sacerdote della Compagnia di Giesu.*
Pavia, Girolamo Bartoli, 1589.
[24], 772 p.; 12°
EDIT16-CNCE 7727
La prima e la seconda parte sono stampate a Genova dagli
eredi di Girolamo Bartoli nel 1592, cfr. EDIT16-CNCE
7731, vedi 2439. V. fr.

[2298]

BRUNI, VINCENZO

*Meditationi sopra i misterii della Passione et Resurrettione
di Christo N.S. Con le figure, & profetie del vecchio
Testamento, & con i documenti, che da ciacun passo dell'E-
uangelio si causano. Raccolte da diuersi Santi Padri et da
altri diuoti autori per il Padre Vincenzo Bruno, sacerdote
della Compagnia di Giesu.*
Genova, Girolamo Bartoli, 1589.
[24], 617, [5] p.; 12°
EDIT16-CNCE 7726

[2299]

CALDERARI, CESARE

*Concetti scritturali intorno al Miserere del r.d. Cesare
Calderari da Vicenza canonico regolare lat. spiegati in
XXXIII lettioni: le quali furono lette dall'istesso nel s. tempio della Nont. di Napoli l'anno 1583. Con l'applicatione
di molte feste correnti massimamente di tutto l'adveto; di
nuovo aggiuntovi il Trofeo della Croce del medesimo autore:
con due utilissime tavole, l'una de i luoghi esposti della sacra
scrittura: l'altra delle cose più notabili.*
Venezia, Giovanni Battista Bonfadino, 1589.
669, [27] p.: ill.; 12°
A-2F¹²
EDIT16-CNCE 8363
Nome del curatore nella prefazione. V. fr.

[2300]

CALDERARI, CESARE

*Concetti scritturali intorno al Miserere. Del r.d. Cesare
Calderari [...] Di nuouo aggiuntoui il Trofeo della croce.*
Venezia, Giovanni Fiorina, 1589.
669, [24] p.: ill.; 12°

EDIT16-CNCE 8364

[2301]
CECCHI, GIOVANNI MARIA
L'esaltazione della croce con i suoi intermedi, ridotta in atto rappresentatiuo da Giouanmaria Cecchi cittadin fiorentino. Recitata in Firenze da' giouani della Compagnia di San Giouanni Vangelista, con l'occasione delle nozze de' serenissimi gran duchi di Toscana.
Firenze, Bartolomeo Sermartelli <1>, 1589.
7, [1], 148 p.; 8°
+⁴ A-I⁸ K²
EDIT16-CNCE 10646
A p. 115: descrizione dell'apparato e degl'intermedi fatti per la *Storia dell'esaltazione della croce*. V. fr.

[2302]
COSTER, FRANÇOIS/(tr.) CAMILLI, CAMILLO
Di tutta l'historia della passion del Signore, meditationi cinquanta, del r. p. Francesco Costero [...]. Tradotte in lingua thoscana da Camillo Camilli.
Venezia, Francesco de' Franceschi <senese>, 1589.
[12], 192 [i.e. 190] c.: ill.; 12°
a¹² A-Q¹² (Q11-12 bianche)
EDIT16-CNCE 14032

[2303]
DIONIGI, BARTOLOMEO
Compendio historico del Vecchio, e del Nuouo Testamento: cauato dalla Sacra Bibbia, dal r.m. Bartolomeo Dionigi da Fano. Nel quale si descriueno tutte le cose notabili, che successero nel popolo hebreo, [...] con la vita di Giesu Christo, Saluator del mondo, e con la disseminatione dell'Euangelo, e della sua santa fede. Con due tauole, l'vna de i capitoli, l'altra delle cose notabili.
Venezia, Eredi di Valerio Bonelli, 1588 (Venezia, Eredi di Valerio Bonelli, 1589).
[24], 216 c.; 4°
+-3+⁸ A-2D⁸
EDIT16-CNCE 66073, SBN-IT\ICCU\PUVE\014951
Altra emissione dell'edizione EDIT16-CNCE 17240, vedi 2253.

[2304]
EPISTOLE E VANGELI/(tr.) ANONIMA
Epistole, et Euangeli di tutto l'anno: tradotte in lingua toscana.
Venezia, Domenico e Giovanni Battista Guerra, 1589.
[24], 623 [i.e. 621], [3] p.: ill.; 12° (omesse nella numer. le p. 433-434)
(ast)¹² A-2C¹² (ultima c. bianca)
EDIT16-CNCE 11393

V. fr.

[2305]
EPISTOLE E VANGELI/(tr.) ANONIMA
Epistole, et Euangeli di tutto l'anno: tradotte in lingua Toscana. Nuouamente corrette secondo la riforma del Messale Romano, & di nuoue, & bellissime figure ornate. Con calendario, tavola, & altre cose necessarie, si per comodita de' pij lettori, come per ornamento dell'opera.
Venezia, Domenico Guerra e Giovanni Battista Guerra, 1589.
[12], 316 p.: ill.; 4° (la p. 312 segnata 112)
(ast)⁶ A-T⁸ V⁶
EDIT16-CNCE 66371
V. fr.

[2306]
EPISTOLE E VANGELI/(tr.) NANNINI, REMIGIO
Epistole, et Euangeli, che si leggono tutto l'anno alla messa, secondo l'uso della santa romana Chiesa, ridotti all'ordine del Messal nuouo. Tradotti in lingua toscana, dal r.p.m. Remigio Fiorentino, dell'Ordine de' Predicatori. Con alcune annotationi morali del medesimo, a' ciascheduna Epistola, et Euangelio, nuouamente accresciute: con l'aggiunta ancora di quattro discorsi, cioè, del digiuno, dell'inuocation de' santi, dell'vso dell'imagini, & della veneration delle reliquie loro. Col nuouo calendario de' santi instituito da n.s. papa Sisto Quinto. Con due tauole, vna da ritrovar l'epistole, et euangeli, e l'altra delle cose piu notabili.
Venezia, Giovanni Giolito De Ferrari <2> e Giovanni Paolo Giolito De Ferrari, 1589 (Venezia, Giovanni Giolito De Ferrari <2> e Giovanni Paolo Giolito De Ferrari).
[36], 683, [1] p.: ill.; 4°
a-c⁴ d⁶ A-2T⁸ 2V⁶
EDIT16-CNCE 73471
V. fr.

[2307]
EPISTOLE E VANGELI/(tr.) ANONIMA
Epistole lettioni, et Euangelii; che si leggono tutto l'anno alla messa; latine, & volgari, per più commodità di ciascuno. Nouamente secondo l'uso del Messale romano, riformate d'ordine del s. Concilio di Trento, e per commissione di Pio V. publicate, ristampate, e con somma diligenza corrette. Con la tauola necessaria da trouare le Epistole, & gli Euangeli che corrono di giorno in giorno.
Venezia, [Bernardo Basa] appresso Giovanni Alberti, 1589 (Venezia, [Bernardo Basa] appresso Giovanni Alberti, 1589).
[4], 797 p.: ill.; 8°
EDIT16-CNCE 11394
V. fr.

[2308]

FEDELI PICCOLOMINI, FRANCESCO
Compendio di quanto sia successo dopo il peccare del nostro primo padre Adamo, per la salute de l'humana generatione sino a la fine de secoli, & de la eterna gloria; in versi sciolti diuiso in tre parti. Di Francesco Piccol'huomini Fideli da Pesaro, professore in sacra theologia rettore della parrocchiale Chiesa di Visina in Hystria.
Pesaro, Girolamo Concordia, 1589 (Pesaro, Girolamo Concordia, 1589).
[6], 92, [2] c.; 4°
[croce]⁴ [croce]² A-Z⁴ 2A²
EDIT16-CNCE 40267

[2309]

FILUCCI, AURELIO
Sermoni sopra tutti gli Euangelii dominicali, festiui, & feriali dell'anno. Del r.p.m. Aurelio Filucci da Pesaro. Dell'ordine di santo Agostino. All'illustriss. & eccel. sig. d. Flauia Peretti.
Venezia, Giovanni Antonio Bertano, 1589.
[8], 188 c.; 4°
+⁸ A-N⁸ O⁴ P-2A⁸
EDIT16-CNCE 19058
V. fr.

[2310]

GESUALDO, FILIPPO
Memoriale della passione di Christo, e della compassione di Maria vergine. Raccolto da f. Filippo Gesualdo, minor conuentoale.
(Palermo, Giovanni Antonio De Franceschi, 1589).
[54] c.: ill.; 12°
A-D¹² E⁶
EDIT16-CNCE 20726
V. fr.

[2311]

GOZZE, NICCOLÒ VITO DI
Discorsi della penitenza, sopra i sette salmi penitentiali di Dauid. Di m. Nicolò Vito di Gozze, gentil'huomo raguseo. Ne' quali, oltre à la piena cognitione della salutifera penitenza, si confutano alcune opinioni de gli heretici; & particolarmente in materia della predestinatione. Con la tauola delle cose notabili. Alla santità di n.s. papa Sisto V.
Venezia, Aldo Manuzio <2>, 1589.
[16], 479, [21] p.: ill.; 8°
*⁸ A-2H⁸ 2I² (c. 2I² bianca)
EDIT16-CNCE 21503
V. fr.

[2312]

LOARTE, GASPAR
Trattato della continua memoria, che si dee hauere della sacra passion di Christo redentor nostro. Con sette meditationi, ouero orationi, che si possono dire, secondo le sette hore canoniche. [...] Composto per il r. p. Gaspar Loarte dottor theologo, della Compagnia di Giesu.
Venezia, Giovanni Giolito De Ferrari <2> e Giovanni Paolo Giolito De Ferrari, 1589.
48 p.: ill.; 12°
A-B¹²
EDIT16-CNCE 78969

[2313]

LUDOLPH VON SACHSEN/(tr.) SANSOVINO, FRANCESCO
Vita di Giesu Christo nostro Redentore, scritta da Landolfo di Sassonia, dell'ordine Certosino, et fatta volgare da m. Francesco Sansouino. Nella quale con pia, et santa dottrina, si espongono con facilità gli Euangelij che corrono in tutto l'anno, secondo le sentenze de santi & approuati dottori, & con molte diuote meditationi, & orationi, conformi all'Euangelio. Opera non meno necessaria a predicatori, & parrochiani, i quali nelle feste principali dichiarano l'Euangelio a' popoli loro, che ad ogni christiano che desideri di viuere secondo la santa fede catolica. Con le tauole degli Euangelii correnti in tutto l'anno, & delle cose notabili, & de capi principali; poste a loro luoghi. Di nuouo riueduta, corretta, et in molti luoghi ampliata, & dichiarata; & di nuoue figure adornata.
Venezia, Altobello Salicato, 1589.
2 pt ([20], 252; 243, [1] c.): ill.; 2°
a⁸ b-c⁶ A-2H⁸ 2I⁴; <2>A-2F⁸ <2>2G-2H⁶
EDIT16-CNCE 30638
Titolo della pt 2: *Vita di Giesu Christo nostro salvatore, [...] Parte seconda*. V. fr.

[2314]

LUIS DE GRANADA/(tr.) PORCACCHI, GIOVANNI BATTISTA
Deuotissime meditationi per li giorni della settimana & per altro tempo, del r.p.f. Luigi di Granata, dell'Ordine dei predicatori. Nelle quali si tratta della consideratione de' principali misteri della nostra fede. Vltimamente dall'auttor medesimo emendate, accresciute & quasi formate di nuouo. Nuouamente tradotte dalla lingua spagnuola per Gio. Battista Porcacchi.
Venezia, Giorgio Angelieri, 1589.
[12], 275, [1] c.: ill.; 12°
a¹² A-Z¹²
EDIT16-CNCE 45678

[2315]

LUIS DE GRANADA/(tr.) BUONFANTI, PIETRO

Meditationi molto diuote, sopra alcuni passi et misteri della vita del n. Saluatore, [...] del r.p.f. Luigi di Granata, dell'ordine di S. Domenico, tradutte di spagnuolo in italiano dal r.m. Pietro Buonfanti da Bibbiena. Di nuouo rincontrate con l'essemplar spagnuolo e corrette in molti luoghi [...].

Venezia, Giovanni Giolito De Ferrari <2> e Giovanni Paolo Giolito De Ferrari, 1589.

[48], 522, [6] p.: ill.; 12°

a-b¹² A-Y¹²

EDIT16-CNCE 72875

[2316]

MARCELLINO, EVANGELISTA

Annotationi sopra il Libro de' Giudici del r.p. fra Vangelista Marcellino de' Minori osseruanti. Cauate dalle lettioni da lui lette in Roma in Araceli l'anno 1587. Nuouamente poste in luce.

Venezia, [Lucantonio Giunta <2>], 1589 (Venezia, [Lucantonio Giunta <2>], 1589).

[48], 554, [6] p.: ill.; 8°

a-c⁸ A-2M⁸ (ultime due c. bianche).

EDIT16-CNCE 40700

Var. B: In Venetia, nella stamperia de' Giunti, 1589 (In Vinetia, [Lucantonio Giunta il giovane], 1589), cfr. EDIT16 CNCE-65051. V. fr.

[2317]

MASCARDI, NICCOLÒ

Catechismo romano ridotto in discorsi, dall'ill. et reuerendissimo monsignor Nicolao Mascardo, vescouo di Mariana, & Accia. Diuiso in quattro parti, delle quali la prima contiene il simbolo apostolico, la seconda il decalogo, la terza i santi sacramenti, la quarta l'oration dominicale.

Genova, Girolamo Bartoli, 1589.

[16], 297, [3] p.; 4°

[pigreco]A-B⁴ A-2N⁴ 2O⁶ (errore a c. 2O6r)

EDIT16-CNCE 30878

[2318]

MORO, MAURIZIO

Lacrime di Maria Maddalena, del r.p.d. Mauritio Moro canonico secolare della Congregatione di S. Giorgio d'Alga di Venetia.

Vicenza, Agostino Dalla Noce, 1589.

[16] c.; 4°

A⁸ B-C⁴

EDIT16-CNCE 65437

[2319]

PIZZA, VITO

Sermoni predicabili sopra il celebre salmo, Miserere mei Deus del profeta Dauid, deuotissimi, & al christiano vtilissimi, con vna meditatione nel fine di ciascun di quelli, fatta à Christo crucifisso, et nel fine posto vn fruttuoso sermone della misericordia diuina, composti da fra Vito Pizza di Chiaramonte siciliano, dell'Ordine del serafico s. Francesco di minori conuentuali, dottor in filosofia, & sacra theologia. Con due tauole, vna de' sermoni, & l'altra delle materie principali.

Messina, Fausto Bufalini, 1589.

[16], 582, [2] p.; 4°

[croce]⁸ A-2N⁸ 2O⁴

EDIT16-CNCE 23596

V. fr.

[2320]

PLOTI, GIOVANNI ANDREA

Giuditta rappresentata di Gio. Andrea Ploti da Modona.

Piacenza, Giovanni Bazachi, 1589 (Piacenza, Giovanni Bazachi, 1589).

[16], 120 p.; 8°

[croce]⁸ A-F⁸ G¹²

EDIT16-CNCE 54420

V. fr.

[2321]

SCACCIOTTI, RUFFINO

Corona della Madonna del r.p.f. Ruffino Scacciotti da Raccuia, minore osseruante, nella quale in ventisette lettioni con varij, & alti concetti esponendosi la Salutatione angelica, vi s'interpone con bellissima occasione l'espositione della Magnificat, delle altre parole della Vergine, et della Salue Regina: & si confutano anche molte heresie. Con vna copiosissima tauola delle cose notabili.

Napoli, Orazio Salviani, 1589 (Napoli, Orazio Salviani, 1589).

[48], 586 [i.e. 584] p.: ill.; 4° (omesse nella numer. le c. 353-354)

§⁴ †-5†⁴ A-4D⁴

EDIT16-CNCE 30892

V. fr.

[2322]

SILVESTRANI BRENZONE, CRISTOFORO

Discorso breuissimo sopra quelle parole di Solomone. Praebe fili mi cor tuum mihi: in cui l'huomo si dispone donare il cuore a Iddio fatte dal r. padre Christoforo Siluestrani Carmelita.

Verona, Girolamo Discepolo, 1589.

[6] c.; 4°

A⁶ (c. A6 bianca)

EDIT16-CNCE 58404

[2323]

TANSILLO, LUIGI

Le lacrime di s. Pietro del s. Luigi Tansillo gentil'huomo napolitano. Di nuouo corretto, et ristampato.

Milano, Leonardo Da Ponte, 1589.

[12] c.: ill.; 4°

A - C⁴ (ultima c. bianca)

EDIT16-CNCE 49409

V. fr.

[2324]

TANSILLO, LUIGI/VALVASON, ERASMO (DA)/ GUARGUANTI, ORAZIO

Le lagrime di S. Pietro del signor Luigi Tansillo; con le lagrime della Maddalena del signor Erasmo da Valuassone, di nuouo ristampate, & agiuntoui l'eccellenze della gloriosa Vergine Maria del s. Horatio Guarguante da Soncino.

Venezia, Giacomo Vincenzi, [1589?].

[4], 190 [i.e. 180] c.; 8°

†⁴ A-Y⁸ Z⁴

EDIT16-CNCE 38842

Data dalla dedica a c. [3]. V. fr.

[2325]

TASSO, FAUSTINO

De' sermoni in honore della beata Vergine, sopra l'Euangelio, Exurgens Maria abiit in montana. E sopra il Magnificat anima mea Dominum. Del r.p. Faustino Tasso, de' Minori Osseruanti, libro secondo. Sermoneggiati da lui in Vinetia, nella Chiesa di S. Francesco della Vigna doppo il vespro, tutte le domeniche, dalla Pentecoste, fino all'Auuento, l'anno MDLXXXIII. Alla serenissima madama Leonora d'Austria duchessa di Mantoua.

Venezia, Giovanni Battista Somasco, 2589 [i.e. 1589].

[8], 614, p.

[†]⁴ A-2Q⁸

EDIT16-CNCE 32775, SBN-IT\ICCU\SIPE\006807

Il primo volume è del 1587, cfr. SBN-IT\ICCU\ SIPE\006806, vedi 2233. V. fr.

[2326]

VILLEGAS SELVAGO, ALONSO DE/(tr.) TIMOTEO DA BAGNO

Vita di Giesù Christo unigenito figliuol di Dio, Redentore, e Signor Nostro. Raccolta dagli euangelisti per Alfonso di Villegas di Toledo et nuouamente con diligenza tradotta di spagnuolo in lingua italiana, per Timotheo da Bagno.

Mantova, Francesco Osanna, 1589.

[8], 204 p.; 4°

EDIT16-CNCE 55582

1590

[2327]

ADRICHEM, CHRISTIAAN VAN/(tr.) TOCCOLO, PIER FRANCESCO

Breue descrittione della città di Gierusalemme, come a punto si ritrouaua nell'eta' di Christo. Et di tutti i luoghi, [...] aggiuntaui vna topografica descrittione, [...]. Composta da Christiano Adricomico Delfo. Et poi tradotta di latino in volgare dal sig. Pier Francesco Toccolo nobile veronese.

Verona, Marcantonio Palazzolo, 1590.

[12], 204 p.; 8°

A-N⁸ O⁴

EDIT16-CNCE 297

[2328]

ANONIMA

Historia di s. Pietro, e s. Paolo, et come furono trouati gli loro beatissimi corpi in vn pozzo.

(Treviso, Aurelio Reghettini), [non prima del 1590].

[4] c.: ill.; 8°

A⁴

EDIT16-CNCE 52428

Titolo uniforme: *Storia dei ss. Pietro e Paolo*. Data dall'anno in cui inizia l'attività del tipografo a Treviso. Cioni segnala un'edizione "Treviso, Righettini [d. 1650]", cfr. Cioni 1963, p. 216, n. 5. V. fr.

[2329]

ANONIMA

Letanie della vita, et passione del nostro Sig. Giesu Christo. Aggiuntoui le litanie della beatissima vergine Maria cauate dalla Scrittura, & disposte secondo l'ordine della sua santissima vita. Di nuouo composte, & stampate con altre orationi deuote. Ad istanza della Congregatione della immaculata Concettione della beatissima vergine Maria, che stà nel Collegio della Compagnia di Giesu, di Napoli.

Napoli, Orazio Salviani, 1590.

93, [3] p.: ill.; 12°

A-D¹²

EDIT16-CNCE 70982

V. fr.

[2330]

ANONIMA

La rappresentatione della reina Ester.

Siena, [Luca Bonetti, 1590?].

[10] c.: ill.; 4°

A⁴ B⁶

EDIT16-CNCE 79386

Titolo uniforme: *Rappresentazione di Ester regina*. Per il tipografo e la data cfr. *STCBL*, p. 237. V. ed.

[2331]
ANONIMA

La rappresentatione di Lazaro ricco: 7 di Lazaro pouero.

Siena, [1590?] (Siena, alla Loggia del papa).

[4] c.: ill.; 4°

A⁴

EDIT16-CNCE 79388

Titolo uniforme: *Rappresentazione di Lazzaro ricco e Lazzaro povero.* Stampata probabilmente da Luca Bonetti; per il tipografo e la data cfr. *STCBL*, p. 373. V. ed.

[2332]
ANONIMA

La rappresentatione di san Giouanni decollato.

Siena, [Luca Bonetti, 1590?].

[6] c.: ill.; 4°

A⁶

EDIT16-CNCE 52632

Titolo uniforme: *Rappresentazione di san Giovanni Battista decollato.* Per la data e il tipografo cfr. Cioni 1961, p. 190, n. 7 (con data "[ca 1590|1600]"). Cfr. anche *STCBL*, p. 358. V. fr.

[2333]
ANONIMA

La rappresentatione et festa della natiuità di Christo.

Siena, [Luca Bonetti, ca 1590] (Siena).

[6] c.; 4°

EDIT16-CNCE 52631

Titolo uniforme: *Rappresentazione di Gesù Cristo: la natività.* Per il tipografo e la data cfr. Cioni 1961, p. 150, n. 15.

[2334]
ANONIMA

La rappresentazione 7 festa di Iosef figliuolo di Iacob. Nuouamente ristampata.

Firenze, Giovanni Baleni, 1590.

[10] c.: ill.; 4°

A¹⁰

EDIT16-CNCE 30093

Titolo uniforme: *Rappresentazione di Giuseppe.* Presenza del numero d'ordine 2[croce] in frontespizio. Cfr. Cioni 1961, p. 204, n. 15. V. ed.

[2335]
ANONIMA

La rappresentatione et istoria di Susanna.

Firenze, Giovanni Baleni, [1590?].

[4] c.: ill.; 4°

A⁴

EDIT 16-CNCE 79385

Titolo da c. A1r. Titolo uniforme: *Rappresentazione di s. Susanna.* Per la data cfr. *STCBL*, p. 653. V. ed.

[2336]
ANONIMA

La rapresentatione della distruttione di Saul, & del pianto di Dauit.

Siena, [Luca Bonetti], alla Loggia del papa, [tra il 1590 e il 1600].

4°

EDIT16-CNCE 62372

Titolo uniforme: *Rappresentazione di Saul e Davide.* Per il tipografo cfr. Cioni 1961, p. 276, n. 4.

[2337]
ANONIMA

La rappresentatione della reina Ester.

Siena, [Luca Bonetti, ca 1590].

[10] c.: ill.; 4°

A⁴ B⁶

EDIT16-CNCE 61886, SBN-IT\ICCU\CFIE\033261

Titolo uniforme: *Rappresentazione di Ester regina.* Per il tipografo e la data cfr. Cioni 1961, p. 128, n. 9; Testaverde-Evangelista, 580. V. ed.

[2338]
ANONIMA/VARIA

Il terzo libro di feste et rappresentationi di diuersi santi & sante del Testamento Vecchio & Nuouo, composte da diuersi auttori, nuouamente ricorrette: fra lequali ue ne sono di molte non piu uenute in luce. Con una tauola di tutto quello, che nel presente libro si contiene.

Firenze, 1590.

[2] c.; 4°

EDIT16-CNCE 54882

Fascicolo introduttivo di una raccolta di sacre rappresentazioni non identificata, conservata alla biblioteca del Museo Pezzoli, Milano. V. fr.

[2339]
[BELCARI, FEO]

La rappresentatione de Abraam, et de Isaac.

(Venezia, al segno della Regina, 1590).

[4] c.: ill.; 4°

A⁴

EDIT16-CNCE 4830, SBN-IT\ICCU\CNCE\004830

SBN indica come tipografo Francesco De Franceschi <senese>.

[2340]
BRUNI, VINCENZO

Meditationi sopra i misterii della passione, et resurrettione di Christo N. S. con le figure, et le profetie del Vecchio Testamento et con i documenti che da ciascun passo dell'Evangelio si cavano. Raccolte da diversi santi padri, et da altri autori.

Venezia, Giovanni Giolito De Ferrari <2> e Giovanni Paolo Giolito De Ferrari, 1590.

[21], 504 p.: ill.; 12°

Edit16-CNCE 7728

[2341]

CALDERARI, CESARE

Concetti scritturali intorno al Miserere. Del reu. d. Cesare Calderari da Vicenza canonico regolare later. Spiegati in XXXIII. lettioni, le quali furno lette dall'istesso nel Sacro Tempio della Nontiata di Napoli, l'anno M.D.LXXXIII. Con due vtilissime tauole, l'vna de i luoghi esposti della sacra Scrittura, l'altra delle cose piu notabili. Aggiuntoui di nuouo il Trofeo della Croce del medesimo autore.

Pavia, Andrea Viani, 1590.

542 [i.e. 538], [22] p.; 8° (errori nella numer. delle p. del fasc. iniziale)

A⁶ B-2M⁸ 2N²

SBN-IT\ICCU\TO0E\023432

Impronta diversa rispetto alla scheda dell'edizione Edit16-CNCE 8365, vedi 2342. V. fr.

[2342]

CALDERARI, CESARE

Concetti scritturali intorno al Miserere. Del reu. d. Cesare Calderari da Vicenza canonico regolare later. Spiegati in XXXIII. lettioni, le quali furno lette dall'istesso nel sacro tempio della Nontiata di Napoli, l'anno M.D.LXXXIII. Con due vtilissime tauole, l'vna de i luoghi esposti della sacra Scrittura, l'altra delle cose più notabili. Agiuntoui di nuouo il Trofeo della croce del medesimo autore.

Pavia, Andrea Viani, 1590.

542 [i.e. 538], [21] p.; 8°

Edit16-CNCE 8365, SBN-IT\ICCU\CNCE\008365

Var. B: 1591. V. fr.

[2343]

CALDERARI, CESARE

Concetti scritturali intorno al Miserere. Del reu. d. Cesare Calderari da Vicenza [...] spiegati in 33. lettioni, le quali furno lette dall'istesso nel sacro tempio della Nontiata di Napoli, l'anno 1583. Con due vtilissime tauole, [...]. Agiuntoui di nuouo il Trofeo della croce del medesimo autore.

Pavia, Andrea Viani, 1590.

542, [22] p.; 8°

A⁶ B-2M⁸ 2N²

Edit16-CNCE 8370, SBN-IT\ICCU\BVEE\016018

L'edizione censita da Edit16 è datata 1590 con la stessa impronta dell'edizione SBN datata 1590 con var. B datata 1591.

[2344]

CALDERARI, CESARE

Concetti scritturali intorno al Miserere. Del r.d. Cesare Calderari da Vicenza canon. regolare lateranense; spiegati in XXXIII lettioni [...] aggiuntoui di nuouo il Trofeo della croce dello stesso auttore.

Venezia, Giovanni Battista Bonfadino, 1590 (Venezia, Giovanni Battista Bonfadino, 1590).

[16], 550, [26] p.; 8°

a⁸ A-2N⁸ (ultime tre c. bianche).

Edit16-CNCE 8366

[2345]

CALDERARI, CESARE

Concetti scritturali intorno al Miserere. Del r.d. Cesare Calderari [...] Aggiuntoui di nuouo il Trofeo della croce.

Venezia, Giovanni Fiorina, 1590 (Venezia, Giovanni Battista Bonfadino, 1590).

[16], 550, [26] p. ; 8°

a⁸ A-2N⁸ (ultime tre c. bianche)

Edit16-CNCE 8367

[2346]

CALDERARI, CESARE

Concetti scritturali intorno al Miserere. Del r.d. Cesare Calderari da Vicenza canon. regolare lateranense; spiegati in XXXIII. lettioni. Le quali furono lette dall'istesso nel S. Tempio della Nontiata di Napoli, l'anno 1583. Con l'applicatione di molte feste correnti, con le sue figure, massimamente di tutto l'Auuento. Con due vtilissime tauole, l'vna de i luoghi esposti della sacra Scrittura, l'altra delle cose più notabili. Aggiuntoui di nuouo il Trofeo della croce dello stesso auttore.

Venezia, Marcantonio Zaltieri, 1590 (Venezia, Giovanni Battista Bonfadino, 1590).

[16], 550, [20] p.; 8°

a⁸ A-2N⁸

Edit16-CNCE 8368

V. fr.

[2347]

CALDERARI, CESARE

Concetti scritturali intorno al miserere mei agiuntoui di nuouo il Trofeo della Croce del medesimo autore: con due utilissime Tauole, l'una dei luoghi esposti della Sacra Scrittura, l'altra delle cose piu notabili del Reu. Cesare Calderari

da Vicenza Canonico Regolare Lateranense. Spiegati in
XXXIII Lettioni.
Pavia, Andrea Viani, (1590).
[10], 11-542, [21] p.; 8°
A⁶, B-Z⁸, Aa-Mm⁸, Nn²
SBN-IT\ICCU\RLZE\033867

[2348]

[CASTELLANI, CASTELLANO]

*La rappresentatione del nostro Signore Jesu Christo quando
disputo nel tempio tra dottori, nuovamente ristampata.*
Siena, [Luca Bonetti, 1590?].
[6] c.: ill.; 4°
A⁶
EDIT16-CNCE 54164, SBN-IT\ICCU\CFIE\033095
Per l'autore cfr. Ponte, p. 65. Titolo uniforme:
Rappresentazione della disputa di Gesù Cristo al tempio. Per
il tipografo e la data cfr. Cioni 1961, p. 154, n. 3; Testaverde-
Evangelista, 205 (esistono altre due edizioni ricomposte
linea linea, con variazioni nell'impronta, cfr. SBN-IT\
ICCU\RMLE\037469 e IT\ICCU\CFIE\033096, vedi
2349 e 2350).

[2349]

[CASTELLANI, CASTELLANO]

*La rappresentatione del nostro Signore Jesu Christo quando
disputo nel tempio tra dottori, nuovamente ristampata.*
Siena, [Luca Bonetti, 1590?].
[6] c.: ill.; 4°
A⁶
EDIT16-CNCE 75420, SBN-IT\ICCU\RMLE\037469
Per l'autore cfr. Ponte, p. 65. Titolo uniforme:
Rappresentazione della disputa di Gesù Cristo al tempio.
Per il tipografo e la data cfr. Cioni 1961, p. 154, n. 3 (esi-
stono altre due edizioni ricomposte linea linea, con varia-
zioni nell'impronta, cfr. SBN-IT\ICCU\CFIE\033095 e
IT\ICCU\CFIE\033096, vedi 2348 e 2350).

[2350]

[CASTELLANI, CASTELLANO]

*La rappresentatione del nostro Signore Jesu Christo quando
disputo nel Tempio tra dottori: nuouamente ristampata.*
Siena, [Luca Bonetti, 1590?].
[6] c.: ill.; 4°
A⁶
EDIT16-CNCE 75421, SBN-IT\ICCU\CFIE\033096
Per l'autore cfr. Ponte, p. 65. Titolo uniforme:
Rappresentazione della disputa di Gesù Cristo al tempio. Per
il tipografo e la data cfr. Cioni 1961, p. 154, n. 3; Testaverde-
Evangelista, 382 (esistono altre due edizioni ricomposte
linea linea, con variazioni nell'impronta, cfr. SBN-IT\

ICCU\RMLE\037469 e IT\ICCU\CFIE\033095, vedi
2349 e 2348). V. ed.

[2351]

[CASTELLANI, CASTELLANO]

*La rappresentatione della conuersione di santa Maria
Maddalena.*
Siena, [Luca Bonetti, ca 1590?].
[12] c.: ill.; 4°
A-B⁶ (nell'es. visto errori nella segnatura)
EDIT16-CNCE 52659, SBN-IT\ICCU\CFIE\033248
Per l'autore cfr. Ponte, p. 65. Titolo uniforme:
Rappresentazione di s. Maria Maddalena. La conversione.
Cfr. Cioni 1961, p. 237, n. 10; Testaverde-Evangelista, 566.
V. ed.

[2352]

CESARI, AGOSTINO

*Li sette salmi penitentiali di David in verso heroico, con spi-
rituali concetti ridotti per Agostino Cesareo.*
Milano, Giacomo Piccaglia e Graziadio Ferioli, 1590.
[34] c.: ill.; 4°
A-G⁴ H⁶
EDIT16-CNCE 5877

[2353]

COMANINI, GREGORIO

*De gli affetti della mistica theologia tratti dalla Cantica di
Salomone, & sparsi di varie guise di poesie [...]. Composti, et
nuouamente mandati in luce dal r.p.d. Gregorio Comanini
mantouano canonico regolare lateranense. Parte prima diuisa in due libri.*
Mantova, Francesco Osanna, 1590 (Mantova, Francesco
Osanna, 1590).
[36], 227, [1] p.; 8°
[pigreco]-a⁸ a⁸ b² A-O⁸ P²
EDIT16-CNCE 75512
Var. B: In Mantoua, per Francesco Osanna, stampator ducale 1590 (In Mantoua, per Francesco Osanna, stampator
ducale, 1591).

[2354]

COMANINI, GREGORIO

*De gli affetti della mistica theologia tratti dalla Cantica di
Salomone, et sparsi di varie guise di poesie. Ne' quali fauellandosi continuamente con Dio, & ispiegandosi i desiderij
d [!] vn'anima innamorata della diuina bellezza, s'eccita
marauigliosamente lo spirito alla diuotione. Composti, et
nuouamente mandati in luce dal r.p.d. Gregorio Comanini
mantouano canonico regolare lateranense. Parte prima
diuisa in due libri. Allill.mo [!] et ecc.mo sign. don Ferrando
Gonzaga principe di Molfetta, duca d'Ariano, &c.*

Venezia, Giovanni Battista Somasco, 1590.
[40], 222, [2] p.; 4°
a-b⁸ c⁴ A-G⁸ H⁶ I-N⁸ O¹⁰
EDIT16-CNCE 12853
V. fr.

[2355]
DAVILA, FERDINANDO
Annotationi sopra gli euangelii delle domeniche dell'Aduento, et festa del Natale del Signore. Con un breue, & preuio discorso de i misterij dello stesso Aduento. Del r.p.f. Ferdinando d'Auila minore osseruante.
Venezia, Francesco De Franceschi <senese>, 1590.
144 p.; 8°
A-I⁸
EDIT16-CNCE 3560

[2356]
DIONIGI, BARTOLOMEO
Compendio historico del Vecchio, e del Nuouo Testamento: cauato dalla sacra Bibbia, dal r.m. Bartolomeo Dionigi da Fano. Nelquale si descriuono tutte le cose notabili, che successero nel popolo hebreo, dalla creatione del mondo, sino all'vltima destruttione di Ierusalem: con la vita di Giesu Christo, Saluator del mondo, e con la disseminatione dell'Euangelo, e della sua santa fede. Con due tauole, l'vna de' capitoli, l'altra delle cose notabili.
Torino, [eredi di Niccolò Bevilacqua], 1590 (Torino, Antonio Bianchi, 1590).
[22], 194 c.; 4°
EDIT16-CNCE 17242
V. fr.

[2357]
DIONIGI, BARTOLOMEO
Compendio historico del Vecchio, & del Nuouo Testamento: cauato dalla sacra Bibbia, dal reuerendo m. Bartholomeo Dionigi da Fano. Nelquale si descriuono tutte le cose notabili, che successero nel popolo hebreo, dalla creatione del mondo, sino alla vltima destruttione di Ierusalem. Con la vita di Giesu Christo, Saluator del mondo, e con la disseminatione dell'Euangelo, e della sua santa fede. Con due tauole, l'vna de i capitoli, l'altra delle cose notabili.
Venezia, Eredi di Valerio Bonelli (Venezia, Eredi di Valerio Bonelli, 1590).
[24], 216 c.; 4°
[croce]-3[croce]⁸ A-2D⁸
EDIT16-CNCE 51163
V. fr.

[2358]
EPISTOLE E VANGELI/(tr.) NANNINI, REMIGIO/ CANISIUS, PETRUS/(tr.) CAMILLI, CAMILLO/LUIS DE GRANADA
Epistole et euangeli, che si leggono tutto l'anno alla messa, secondo l'vso della Santa Romana Chiesa, & ordine del messale riformato, tradotti in lingua toscana dal r.p.m. Remigio fiorentino, dell'Ordine de' predicatori, con alcune annotationi morali del medesimo. Aggiuntoui alcuni sommari, fatti latini dal r.p. Pietro Canisio della Compagnia di Giesu' & tradotti in volgare da Camillo Camilli. Con alquanti sermoni sopra l'oratione, digiuno & elemosina, cauati dall' opere del r.p.f. Luigi di Granata [...].
Venezia, Giorgio Angelieri, 1590 (Venezia, Giorgio Angelieri, 1590).
2 pt [28], 622 p., 36 c.: ill.; 4°
a⁸ b⁶ A-2Q⁸ (manca 2Q⁸) A-D⁸ E⁴
EDIT16-CNCE 28994
Titolo della pt 2: *Sermoni sopra l'oratione, digiuno, & elemosina, necessarij ad ogni fedel christiano.*

[2359]
EPISTOLE E VANGELI/(tr.) NANNINI, REMIGIO
Epistole, et Euangeli, che si leggono tutto l'anno alla messa, secondo l'vso della santa romana Chiesa, ridotti all'ordine del Messal nuouo. Tradotti in lingua toscana dal r.p.m. Remigio fiorentino, dell'Ordine de' Predicatori. Con alcune annotationi morali del medesimo à ciascheduna epistola, et euangelo, con l'aggiunta di molte altre annotationi nuoue, che non erano nelle prime, & ancora di quattro discorsi, cioè del digiuno, dell'inuocation de' santi, dell'uso dell'imagini, & della veneratione delle reliquie loro. Col nuouo calendario de' santi instituito da n. sig. papa Sisto Quinto. Con due tauole, vna da ritrouar l'Epistole, & Euangeli, & l'altra delle cose più notabili.
Venezia, Giovanni Giolito De Ferrari <2> e Giovanni Paolo Giolito De Ferrari, 1590 (Venezia, Giovanni Giolito De Ferrari <2> e Giovanni Paolo Giolito De Ferrari).
[32], 683, [1] p.: ill.; 4°
[a]⁴ b² c⁴ d⁶ A-2T⁸ 2V⁶
EDIT16-CNCE 27817
V. fr.

[2360]
FIAMMA, GABRIELE
Prediche del reuerendo don Gabriel Fiamma canonico regolare lateranense. Fatte in vari tempi, in vari luoghi, & intorno a vari soggeti. Tomo primo. Nelle quali si contengono molti ricordi, vtili, & necessari per far profitto nella vita spirituale, & per fuggir gli errori di questi tempi. Nuouamente ristampate con le postille, con le auttorità ne' margini, e con la tauola.

Venezia, Francesco De Franceschi <senese>, 1590.
[8], 324, [20] c.; 8°
a⁸ A-2V⁸ (c. 2V8 bianca)
EDIT16-CNCE 18925

[2361]
FIAMMA, GABRIELE
Prediche del reuerendo don Gabriel Fiamma, canonico regolare lateranense; fatte in vari tempi, in vari luoghi, & intorno à vari soggetti: tomo primo. Nelle quali si contengono molti ricordi vtili, & necessari, per far profitto nella vita spirituale, & per fuggir gli errori di questi tempi. Nuouamente ristampate con le postile, con le auttorità ne' margini, e con la tauola.
Torino, Giovanni Michele Cavalleri e Giovanni Francesco Cavalleri, 1590.
2 vol.; 4°
EDIT16-CNCE 18926
1:
[2], 292, [20] p. (le p. 289-292 numerate erroneamente 189-192)
A⁸ (A1+χ1) B-T⁸ X⁴
SBN-IT\ICCU\TO0E\033746
Var. B: [2], 192 [i.e. 292], [20] p. V. fr.
2:
Sei prediche del reuer. d. Gabriel Fiamma canonico regolare lateranense, in lode della b. Vergine, sopra l'Euangelio di santo Luca. Missus est angelus Gabriel. Tomo secondo. Predicate in Napoli, nella chiesa dell'Annonciata, i sabbati di Quaresima l'anno 1573. A i molto illustri, & eccell. signori li sig. vi. della piazza di Capuana, & sig. mastri dell'Annonciata.
Torino, Giovanni Michele Cavalleri e Giovanni Francesco Cavalleri, 1590.
214, [2] p.
A-N⁸ O⁴
SBN-IT\ICCU\TO0E\033747

[2362]
GAMBERINI, GIOVANNI DOMENICO
Rime spirituali sopra il Santiss. Rosario della gloriosa Vergine Maria. Di Giovan Domenico Gamberini, detto il Poetin pastore.
Brescia, Vincenzo Sabbio, 1590.
[8] c.; 8°
A⁸
EDIT16-CNCE 20345

[2363]
GRILLO, ANGELO/MORIGIA, PAOLO
Capitolo et discorso nel venerdi santo, fatto dal molto reu. p. don Angelo Grillo et di nuovo ristampato con una gionta
nel Venerdì Santo & una meditatione fatta dal r.p.f. Paolo Moriggia milanese del'ordine di Giesuati di San Gieronimo.
Milano, Leonardo Da Ponte, 1590.
[14] c.; 4°
EDIT16-CNCE 68426

[2364]
JACOBUS DE VORAGINE/(tr.) MALERBI, NICOLÒ
Legendario delle vite de' santi composto dal r.p.f. Giacobo di Voragine dell'Ordine de' Predicatori, & tradotto già per r.d. Nicolò Manerbio venetiano. Aggiuntoui di nuouo molte legende, & accomodata ad ogni giorno la vita di alcuno santo. Con la tauola delle legende; & di uaghe figure ornato, & con somma diligenza corretto, & ristampato.
Venezia, Fioravante Prati, 1590.
[16], 861, [3] p.: ill.; 4°
[-]⁸A-Z⁸ 2A-2Z⁸ 3A-3H⁸
Pagnotta, p. 137-138
Titolo uniforme: *Legenda aurea sanctorum* [italiano].

[2365]
LANDO, BIAGIO LAURO
La rappresentatione di s. Gio. Battista. Nuouamente composta con diuerse rime, da m. Biaso Lauro Lando dell'Amatrice. Rappresentata in detta terra nella piazza del santissimo Crocifisso nell'anno 1586.
Orvieto, Antonio Colaldi, 1590.
[8] c.: ill.; 4°
EDIT16-CNCE 55630

[2366]
LOARTE, GASPAR DE
Trattato della continua memoria che si deue hauere della sacra passione di Christo redentore nostro, con sette meditationi, che si possono dire secondo le sette hore canoniche, per meditare ciò che il medesimo Signore patì in ciascuna di quelle.
Venezia, Giolito De Ferrari, Giovanni <2> e Giolito De Ferrari, Giovanni Paolo, 1590.
12°
EDIT16-CNCE 55008

[2367]
MARCELLINO, EVANGELISTA/(ed.) CONTI, ZACCARIA
Fascetto di mirra, nel quale si contengono due prediche della preparatione alla passione del nostro signor Giesu Cristo con quella di essa passione; fatte dal m.r.p. Vangelista Marcellino predicator apostolico, dell'Ordine de minori osseruanti in Venetia nella chiesa di s. Francesco della Vigna la settimana santa l'anno 1589. Raccolte e mandate in luce nuouamente da don Zaccaria Conti cittadino vinitiano.
Venezia, Antonio Braida, 1590 (Venezia, Antonio Braida).
72 c.; 8°

A-I[8]

EDIT16-CNCE 50948

[2368]

MAREOTTI, TREBAZIO

Discorsi spirituali sopra l'oratione dominicale, vtilissimi a' tutti i deuoti christiani, del m.r.p.f. Trebatio Mareotti dalla Penna, dell'Ordine di s. Francesco conuentuale, dottor theologo, & predicatore delle serenissime aa. di Sauoia. Letti nella chiesa di s. Francesco di Bologna la Quaresima del M.D.LXXXVIIII. Con due tauole, l'vna delli discorsi; l'altra delle cose più notabili. Al fine postoui il Pater Noster, che soleua dire il serafico padre san Francesco.

Torino, Antonio Bianchi, 1590.

[12], 228, [1] c., [1] c. di tav.: ill.; 4°

(secondo SBN-IT\ICCU\TO0E\133388)

†-3†[4] A-3L[4]

EDIT16-CNCE 33980, SBN-IT\ICCU\BVEE\005628 e IT\ICCU\TO0E\133388

V. fr.

[2369]

MATRAINI, CHIARA/MOZZAGRUGNO, GIUSEPPE

Breue discorso sopra la vita e laude della beatiss. verg. e madre del figliuol di Dio. Di m. Chiara Matraini, gentildonna luchese, con alcune Annotationi nel fine, del r. don Giuseppe Mozzagrugno napoletano, canonico regulare del Saluatore.

Lucca, Vincenzo Busdraghi, 1590.

[16], 108 p.: ill.; 4°

[ast][4] 2[ast][4] A-M[4] N[6]

EDIT16-CNCE 55745

Le *Annotazioni* alle c. M[4]r-N[6]v. V. fr.

[2370]

MICÒN, JOHANNES

Il rosario ouero salterio del santiss. nome di Giesu composto per il molto r.p. maestro f. Giouanni Micone da Valenza de l'Ordine de' predicatori della prouincia d'Aragona. Tradotto di lingua latina nella toscana. Di nuouo dato in luce.

Firenze, Filippo Giunta <2>, 1590.

32, [4] p.: ill.; 16°

EDIT16-CNCE 55454

[2371]

MILIANI, CRISOSTOMO

Sommario historico raccolto dalla Sacra Bibbia, dal Flauio, da Egesippo, et da altri scrittori, e di belle, e varie figure ornato, del sig. Chrisostomo Miliani: [...]. Con la vita, passione, morte, e risurrettione di Christo nostro Saluatore.

Bergamo, Comino Ventura, 1590.

[24], 335, [1], 191, [1] p.: ill.; 4°

π-a[4] a[8] A-X[8] 2A-M[8]

EDIT16-CNCE 38201

[2372]

MUSSO, CORNELIO

Prediche sopra il Simbolo degli apostoli, le due dilettioni, di Dio, e del prossimo, il sacro Decalogo, & la passione di nostro Signor Giesu Christo, descritta da s. Giouanni Euangelista. Del r.mo Mon.or Cornelio Musso vescouo di Bitonto. Predicate in Roma la Quaresima l'anno MDXLII. nella chiesa di S. Lorenzo in Damaso, sotto il pontificato di Paolo terzo. Nellequali, copiosamente si dichiara quanto si appartiene alla istitutione christiana. Non piu stampate.

Venezia, Lucantonio Giunta <2>, 1590.

[80], 631,[1] p.: ill.; 4°

[stella][4] a-i[4]A-2Q[8] 2R[4]

EDIT16-CNCE 28150

Var. B: ricomposizione del primo fascicolo. V. fr.

[2373]

NOBILI, FLAMINIO

I sette salmi penitentiali con una breue, et chiara spositione, secondo quel sentimento, che conuiene ad un penitente, senza allontanarsi dal letterale. I salmi della compieta [...] Meditatione sopra il Magnificat [...] del sig. Flaminio Nobili.

Vercelli, Francesco Bonati, 1590 (Vercelli, Francesco Bonati).

[4], 52 p.: ill.; 4°

+[2] A-F[4] G[2]

SBN-IT\ICCU\PUVE\015510

Con diversa impronta rispetto all'edizione EDIT16-CNCE 5878, vedi 2374;

[2374]

NOBILI, FLAMINIO

I sette salmi penitentiali con vna breue, et chiara spositione, secondo quel sentimento, che conuiene ad vn penitente, senza allontanarsi dal letterale. I salmi della compieta appropriate à chi doppo le occupationi, & distrattioni del giorno riducendosi la sera al suo segreto si risegna tutto nelle mani del Signore. Meditatione sopra il Magnificat accommodata à chi si vuole comunicare, ò altrimente stà ad orare dauanti al santissimo sagramento. Del signor Flaminio Nobili. Con priuilegio. Alla illustrissima signora madama di Raconigi.

Vercelli, Francesco Bonati, 1590 (Vercelli, Francesco Bonati).

[8], 52 p.: ill.; 4°

†[4]A-F[4]G[2] (c. †4 bianca)

EDIT16-CNCE 5878

Cfr. anche SBN-IT\ICCU\PUVE\015510, vedi 2373. V. fr.

[2375]

PADOVANI, GIOVANNI

Breue trattato del vero dì della Passione di nostro signore; composto per il reuerendo m. don Giouanni Padouanio rettore della chiesa di Santa Margarita di Verona.

Verona, Girolamo Discepolo, 1590.

[6] c.; 4°

A⁶

EDIT16-CNCE 58423

[2376]

PANIGAROLA, FRANCESCO/(ed.) CASTRUCCI, PAOLO

Cento ragionamenti sopra la passione di nostro Signore. Fatti in Milano dal molto illust. & reu. Francesco Panigarola hora vescouo d'Aste. Diuisi in quattro parti: delle quali la prima, contiene la cattura, e quanto auuenne nell'horto. La seconda, il processo ecclesiastico, e quanto si fece in casa de' pontefici. La terza, il processo secolare, e quanto occorse in casa di Pilato. La quarta, l'essecutione della sentenza, e quello che passò sopra il Caluario. Aggiuntui tre tauole, vna de ragionamenti, e testo euangelico esposto, l'altra d'autori citati. La terza delle cose più notabili contenute nell'opera, raccolte, è ridutte, a comodo de' studiosi per alfabeto, dal r.p.f. Paolo Castrucci dal Monteregale, lettore dell'ordine de Predicatori.

Genova, Girolamo Bartoli, 1590 (Genova).

[32], 232 c.; 4°

a-d⁸ A-Z⁸ 2A-2E⁸ 2F⁶

EDIT16-CNCE 30888

V. fr.

[2377]

PANIGAROLA, FRANCESCO

Dichiaratione de i Salmi di Dauid fatta dal r.p.f. Francesco Panigarola, minore osseruante.

Venezia, Marcantonio Zaltieri, 1590.

[8], 422, [2] p.; 8°

[croce]⁴ A-2C⁸ 2D⁴

EDIT16-CNCE 38341

[2378]

PANIGAROLA, FRANCESCO

Salmi penitentiali dichiarati da monsignor reuerendissimo Panigarola. A la molto illustre sig. Anna Visconte Panigarola.

Roma, Eredi di Giovanni Gigliotti, 1590.

128 p.: ill.; 16°

A-H⁸

EDIT16-CNCE 25967

V. fr.

[2379]

PERONI, MARIANO

Rime spirituali della uita, e gesti di Cristo, d'alcuni santi, feste principali, e domeniche dell'anno. Composte per reuer. d. Mariano Perone theologo siciliano, del Castro Reale.

Messina, Fausto Bufalini, 1590.

181, [1] p.; 8°

EDIT16-CNCE 23599

[2380]

PITTORIO, LODOVICO

Homiliario quadragesimale di m. Lodouico Pittorio da Ferrara, fondato di parola in parola sopra tutte l'Epistole, et Euangeli, che corrono ogni giorno per tutto l'anno, secondo l'ordine della Chiesa Romana [...]. Nuouamente ristampato, da molti errori corretto, et di bellissime figure adornato.

Venezia, Giacomo Cornetti, 1590.

[8], 532 [i.e. 528] p.: ill.; 4° (numerosi errori di paginazione)

a⁴ A-P⁸ Q⁴ R-2K⁸ 2L⁴

EDIT16-CNCE 25075

A c. R1 altro frontespizio: *Delle homelie di m. Lodouico Pittorio da Ferrara, parte seconda. Sopra gli Euangelij [...].*

[2381]

PLATINA (IL) (SACCHI, BARTOLOMEO)/PANVINIO, ONOFRIO

Battista Platina Delle vite de' pontefici dal Saluator del mondo Giesu Christo sino a Paolo II. Con l'aggionta delle vite de gli altri pontefici, da Sisto Quarto sino a Sisto Quinto, scritte da Honofrio Panuinio, e da diuersi altri authori, come al suo luoco si vede. Nuouamente con somma diligenza ristampate e corrette.

Venezia, Girolamo Polo, 1590.

574, [2] c.; 8°

A-4C⁸

EDIT16-CNCE 35485

V. fr.

[2382]

POLICRETI, GIUSEPPE

Capitolo a Giesu Christo. Del m.r.p.m. Gioseppe Policreti. Dedicato al m.r. sig. mio osseruandiss. il p.f. Francesco Cicogna prior meritiss. di S. Francesco di Treuigi.

Treviso, Angelo Mazzolini, 1590.

3, [1] c.; 4°

A⁴

EDIT16-CNCE 57246

Cfr. Contò, p. 149, n. 16. V. fr.

[2383]

PSEUDO-BONAVENTURA

Le deuote, & pie meditationi di s. Bonauentura cardinale sopra il misterio dell'humana redentione. Nuouamente con

somma diligentia ristampate, & ricorrete, & di varie figure adornate.
Venezia, Domenico Imberti, 1590.
187, [5] p.: ill.; 16°
A-M⁸
Edit16-CNCE 46831
Titolo uniforme: *Meditationes vitae Christi* [italiano].
V. fr.

[2384]
[PULCI, BERNARDO]
La rappresentatione de l Agnolo Raffaello: 7 di Tobbia.
Siena, [Luca Bonetti, ca 1590].
[10] c.: ill.; 4°
A¹⁰
Edit16-CNCE 62328, SBN-IT\ICCU\CFIE\033380
Per l'autore cfr. Cioni 1961, p. 255. Titolo uniforme: *Rappresentazione dell'angelo Raffaello e Tobia.* Per il tipografo e la data cfr. Cioni 1961, p. 258, n. 12. Cfr. anche Testaverde-Evangelista, 671. V. ed.

[2385]
RAZZI, SILVANO
Vita di Maria vergine, e di san Giouanni Batista. Scritta dal padre abate don Siluano Razzi, camaldolense. E da lui di nuouo riuista, & ampliata.
Firenze, Filippo Giunta <2>, 1590 (Firenze, Filippo Giunta <2>, 1590).
[8], 347 [i.e. 247], [1] p.; 4°
[ast]⁴ A-P⁸ Q⁴
Edit16-CNCE 28812
Var. B: data del colophon: (Firenze, Filippo Giunta, 1591).
V. fr.

[2386]
ROSELLI, ALESSANDRO
[*Rappresentazione di Sansone*].
Venezia, Pagan, [ca 1590?].
24 c.: ill.; 8°
A-C⁸
Cioni, p. 275, n. 5
Il titolo è quello uniforme. Edizione non più ritrovabile, forse corrispondente all'edizione Edit16-CNCE 47630, vedi 1247.

[2387]
ROSINI, PIETRO ANTONIO
Vita di Giobbe in versi e alcune altre cose.
Quadrio, IV, p. 177
L'edizione, non datata, si colloca all'altezza della prima opera con data di stampa dell'autore.

[2388]
ROSSETTI, PROSPERO
Giglio dell'angelica Salutazione, consecrato alla sereniss. ma christiana, principessa di Loreno, e gran duchessa di Toscana: dal r.p. maest. Prospero Rossetti fiorentino, dell'ordine de' Servi, pubblico lettore di metafisica e di Scrittura sacra, nello Studio di Pisa. Di nuouo dato in luce.
Firenze, Filippo Giunta <2>, 1590.
[8], 121, [7] p.; 4°
Edit16-CNCE 28813
V. fr.

[2389]
SCACCIOTTI, RUFFINO
Corona della Madonna del r.p.f. Ruffino Scacciotti da Raccuia, minore osseruante, nella quale in ventisette lettioni con varij, & alti concetti esponendosi la Salutatione angelica, vi s'interpone con bellissima occasione l'espositione della Magnificat, delle altre parole della Vergine, et della Salue Regina: & si confutano anche molte heresie. Con vna copiosissima tauola delle cose notabili.
Napoli, Orazio Salviani, 1590 (Napoli, Orazio Salviani, 1589).
[48], 586 [i.e. 584] p.: ill.; 4°
[par]⁴ [croce]-5[croce]⁴ A-4D⁴
Edit16-CNCE 30906
V. fr.

[2390]
SILVESTRANI BRENZONE, CRISTOFORO
All'illustrissima sig. Camilla Peretti Lettioni sopra s. Paolo a' Romani del m.r.p.f. Christoforo Siluestrani Brenzone dottore in teologia, esplicate in Siena nella chiesa de' Carmeni essendo reggente, vtili à lettori, predicatori, & diuoti.
Verona, Girolamo Discepolo, 1590 (Napoli, Orazio Salviani e Cesare Cesari, 1583).
[12], 185 [i.e. 187], [5] p.: ill.; 4°
A⁶ B-2B⁴ (c. 2B e 2B2 numerate 185)
Edit16-CNCE 32621, SBN-IT\ICCU\VIAE\019008
V. fr.

[2391]
TASSO, FAUSTINO
Parafrase sopra i sette salmi penitentiali. Del r.p. Faustino Tasso minore osseruante. Con gli argomenti nel principio de tutti i salmi, & vna diuotissima oratione nel fine, per chieder gratia a Dio di fuggir i sette vitij capitali, & acquistar le sette virtù contrarie ad essi vitij.
Venezia, Domenico Farri, 1590.
46, [2] c.: ill.; 12° (ultime [2] c. bianca l'una e bianca o mancante l'altra)
A-D¹²

EDIT16-CNCE 38945
V. ed.

[2392]
VALVASON, ERASMO (DA)
Angeleida del sig. Erasmo di Valuasone. Al serenissimo principe Pasqual Cicogna, et alla illustrissima sig. di Venetia.
Venezia, Giovanni Battista Somasco, 1590.
[4], 64 c.; 4°
a⁴ A-Q⁴
EDIT16-CNCE 32785
V. fr.

[2393]
VALVASON, ERASMO (DA)
Lacrime di s. Maria Maddalena, del sign. Erasmo delli signori di Valuasone. Di nuouo reuiste, et corrette, per il sig. Carlo Marno gentil'huomo piacentino.
Milano, Leonardo Da Ponte, 1590.
[6], 26 p.; 4°
A-D⁴
EDIT16-CNCE 68428

[2394]
ZANETTI, BONIFACIO
Capitolo alla b. Vergine di Bonifacio Zanetti, bidello de' sig. Academici Cospiranti; consecrato all'immortalità della m. mag.ca & ill. sig. la sig. Lodouica Sugana [...].
Treviso, Angelo Mazzolini, 1590.
[4] c.; 4°
A⁴
EDIT16-CNCE 57267

1591

[2395]
ANDROZZI, FULVIO
Meditationi della passione di N.S. Giesu Christo, composte dal r.p. Fuluio Androtio della Compagnia di Giesu. Nouamente con diligenza corrette, & ristampate.
Roma, Domenico Basa, 1591.
88, [5] p.; 18°
EDIT16-CNCE 1743
V. fr.

[2396]
ANDROZZI, FULVIO
Meditationi della passione di nostro signor Giesu Christo. Composte dal r. p. Fuluio Androtio della Compagnia di Giesù. Nouamente composte, & corrette, & ristampate.
Verona, Sebastiano Dalle Donne, 1591.

45 [i.e. 47], [1] p.; 12°
EDIT16-CNCE 58452
Cfr. Carpanè-Menato, vol. 2, p. 399-400, n. 409.

[2397]
ANONIMA
Compendio della dottrina christiana. Doue si contiene quel che ogn'uno è obbligato a saper per saluarsi. Con un breue modo di far oratione matina e sera.
Como, Girolamo Frova, 1591.
[7] c.: ill.; 16°
EDIT16-CNCE 15037, SBN-IT\ICCU\CNCE\015037

[2398]
ANONIMA
La rappresentazione della natiuita di Christo.
(Firenze, Giovanni Baleni, 1591).
[6] c.: ill.; 4°
A⁶
EDIT16-CNCE 62013, SBN-IT\ICCU\CNCE\062013
Titolo uniforme: *Rappresentazione di Gesù Cristo: la natività.* Presenza del numero d'ordine 2[croce] sul frontespizio. Var. B: manca l'indicazione di edizione sul frontespizio. V. ed.

[2399]
ARRIVABENE, ULISSE
Breue discorso soura l'Aue Maria. D'Ulisse Arrivabene proton. apostolico, & arciprete di Canneto. Alla serenissima signora la sig. Leonara Medici Gonzaga duchessa di Mantoua, & di Monserrato, &c. signora, & patrona mia colendiss.
Mantova, Francesco Osanna, 1591.
78, [4] p.; 4°
A-K⁴ (c. K4 bianca)
EDIT16-CNCE 3159
V. fr.

[2400]
BRUNI, VINCENZO
Delle meditationi sopra i principali misterii di tutta la vita di Christo N. Sig. Parte prima.
Venezia, Giovanni Paolo Giolito De Ferrari e nipoti, 1591.
2 vol.: ill.; 12°
EDIT16-CNCE 7730
1:
[24], 556 p.: ill. 12°
[ast]¹² A-Z¹² 2A²
Il secondo volume con la seconda parte è stampata da Giovanni Paolo Giolito De Ferrari e nipoti nel 1592, cfr. EDIT16-CNCE 7730, vedi 2440.

[2401]

BRUNI, VINCENZO

Meditationi sopra i misterii della passione, et resurrettione di Christo N.S. Con le figure, & profetie del vecchio Testamento, & con i Documenti, che da ciascun passo dell'Euangelio si cauano. Raccolte da diuersi Santi Padri et da altri deuoti Autori per il padre Vincenzo Bruno, Sacerdote della Compagnia di Giesu Di nuouo corrette, & in quest'vltima impressione ampliate in molti luoghi.

Venezia, Giovanni Paolo Giolito De Ferrari e nipoti, 1591.

[24], 504 p.: ill.; 12°

a^{12} A-X^{12}

EDIT16-CNCE 7729

[2402]

CAMPANA, CESARE

Dell'historie del mondo descritte dal sig. Cesare Campana, libri quattro. Ne' quali si narra distintamente, & con diligenza, quanto è occorso d'anno in anno dall'edificatione di Roma, fin'à gli anni del mondo 3361. Con un'apologia dell'ordine tenuto ne gli anni; & d'altre cose di maggior dubbio. Né si è tralasciata una summa di tutte le monete antiche ridotte al ualor de gli scudi d'oro, con tanta chiarezza, che potrà ciascuno ridurre ogni quantità all'equiualente di qual si uoglia moneta.

Venezia, Giorgio Angelieri, 1591.

2 pt ([24], 288 p.; 18 c.); 4°

π^2 a^6 b^4 A-S^{8}: A-B^8 C^2

EDIT16-CNCE 8759, SBN-IT\ICCU\TO0E\001544

Seconda parte con proprio frontespizio: *Apologia intorno all'ordine tenuto ne gli anni, & nell'altre cose di maggior dubbio, descritta dal sig.r Cesare Campana, con vn'ordine breuissimo, di ridur qual si voglia summa di monete antiche, à valor equiualente di scudi d'oro.* In Venetia, appresso Giorgio Angelieri, 1591. V. fr.

[2403]

[CASTELLANI, CASTELLANO]

La rappresentazione del figliuol prodigo.

(Firenze, Giovanni Baleni, 1591).

[6] c.: ill.; 4°

EDIT16-CNCE 53284

Per l'autore cfr. Cioni 1961, p. 142, n. 3 (anche p. 140, n. 9). V. fr.

[2404]

[CICERCHIA, NICCOLÒ]/PULCI, BERNARDO

La passione del nostro Signore Giesu Christo, in ottaua rima. Et il pianto della Maddalena, composto da Bernardo Pulci fiorentino. Nuouamente ricoretta e ristampata.

(Firenze, Giovanni Baleni, 1591).

[20] c.: ill.; 4°

A-B^8 C^4

EDIT16-CNCE 14563, SBN-IT\ICCU\CNCE\014563

Niccolò Cicerchia è autore de *La passione* (cfr. Cioni 1963, p. 29), Bernardo Pulci del *Pianto.* Titolo uniforme: *La passione di Gesù Cristo.* Incipit a c. [A1v]: *O Increta Maestà di Dio.* A c. [C3v]: *Bernardo Pulci, di Maria Maddalena.* Cfr. Testaverde-Evangelista, 657. V. ed.

[2405]

COMANINI, GREGORIO

De gli affetti della mistica theologia tratti dalla Cantica di Salomone, & sparsi di varie guise di poesie. Ne' quali fauellandosi continuamente con Dio & ispiegiandosi i desiderij d'vn'anima innamorata della diuina bellezza, s'eccita marauigliosamente lo spirito alla diuotione. Composti, et nuouamente mandati in luce dal r.p.d. Gregorio Comanini mantouano canonico regolare lateranense. Parte prima diuisa in due libri.

Mantova, Francesco Osanna, 1591 (Mantova, Francesco Osanna, 1591).

[36], 227, [1] p.; 8°

[pigreco]^8 a^8 b^2 A-O^8 P^2

EDIT16-CNCE 14930

Questa edizione corrisponde alla variante B (con data 1591 sul front.) dell'edizione SBN-IT\ICCU\CNCE\014930. V. fr.

[2406]

CORNAZZANO, ANTONIO

Vita diuotissima della gloriosa, & sempre vergine Maria composta [...] dall'eccellentiss. poeta Antonio Cornazzano.

Treviso, Aurelio Reghettini, 1591.

[4], 49, [3] c.: ill.; 8°

[croce]^4 A-F^8 G^4

EDIT16-CNCE 15288

[2407]

COSTER, FRANÇOIS/(tr.) CAMILLI, CAMILLO

Della vita et delle laudi della Vergine madre di Dio. Meditationi cinquanta del r.p. Francesco Costero tradotte dalla lingua latina nell'italiana da Camillo Camilli.

Venezia, Francesco De Franceschi <senese>, 1591.

[6], 281 c.; 12°

a^6 A-Z^{12} 2A^6 (c. 2A^6 bianca)

EDIT16-CNCE 13648

A c. 232r altro frontespizio: *Sette meditazioni sopra il cantico Salue Regina.* In Venetia, appresso Francesco Franceschi, 1590.

[2408]

CRISTOFORO DA VERRUCCHIO

Compendio di cento meditationi sacre, sopra tutta la vita,
e la passione sì del Signore, come della Madonna, e sopra
tutti gli altri essercitij della vita spirituale. Raccolto dal
r.p.f. Christoforo Verucchino dell'ordine de' frati Minori
Cappuccini. Aggiunteui in questa ultima impressione le me-
ditationi della passione di n.s. Giesù Christo distribuite per i
sette giorni della settimana dall'istesso authore.
Venezia, Niccolò Misserini, 1591.
[40], 725, [3] p.: ill.; 32°
EDIT16-CNCE 50085

[2409]
EPISTOLE E VANGELI/(tr.) NANNINI, REMIGIO
Epistole et Euangeli di tutto l'anno che si leggono alle messe.
Venezia, Domenico Guerra e Giovanni Battista Guerra,
1591.
1 vol.
EDIT16-CNCE 61246

[2410]
EPISTOLE E VANGELI/(tr.) NANNINI, REMIGIO
Epistole et Euangeli, di tutto l'anno: che si leggono alle mes-
se, secondo l'vso della santa romana Chiesa, & ordine del
Messale riformato. Tradotti in lingua toscana dal r.p.m.
Remigio fiorentino dell'ordine de' Predicatori. Con il calen-
dario de' santi; & la tauola de' giorni, che si leggono l'Epi-
stole, & Euangeli.
Venezia, Giovanni Battista Porta, 1591.
[16], 264, 47 [2], p.
a⁸ A-Q⁸ R⁴ Aa-Cc⁸
SBN-IT\ICCU\MILE\003956
V. fr.

[2411]
EPISTOLE E VANGELI/(tr.) NANNINI, REMIGIO
Epistole et Euangeli di tutto l'anno tradotte in lingua toscana
dal R.P.M. Remigio Fiorentino, dell'ordine de' Predicatori.
Venezia, Guerra, 1591.
[12], 324 c.: ill.; 12°
a¹² A-2D¹²
SBN-IT\ICCU\CERE\051938

[2412]
EPISTOLE E VANGELI/(tr.) NANNINI, REMIGIO
Epistole et euangeli, latini, & uolgari, che si leggono tutto
l'anno alle messe, secondo l'vso della santa romana Chiesa,
& ordine del Messale riformato. Tradotti in lingua toscana
dal r.p.m. Remigio fiorentino dell'Ordine de' Predicatori.
Con il calendario de' santi; & la tauola de' giorni, che si
leggono l'Epistole, & Euangeli.
Venezia, Giorgio Angelieri, 1591.
[8], 186 c., 100, 80 p.: ill.; 4°

EDIT16-CNCE 11395
V. fr.

[2413]
FAGGI, GIOVANNI BATTISTA/LUIS DE GRANADA
Corona pretiosa de la Madonna, fatta di cinquanta misteri
de la vita di Giesu Christo [...] composta da Gio. Battista
Faggi col'aiuto dele opere del p. Granata.
Roma, Eredi di Giovanni Gigliotti, 1591.
[16], 51 p.; 12°
EDIT16-CNCE 70124

[2414]
FIAMMA, GABRIELE
Sei prediche del r.d. Gabriel Fiamma, canonico regolare la-
teranense. In lode della beata Vergine, sopra l'Euangelo di s.
Luca, Missus est Angelus Gabriel. Predicate in Napoli, nella
chiesa dell'Annunciata, i sabbati di Quaresima, l'anno 1573.
A i molto illustri, & eccellenti signori, li sign. VI. della piaz-
za di Capuana, & signori mastri dell'Annunciata.
Venezia, Francesco De Franceschi <senese>, 1591.
216 c.; 8°
A-2D⁸
EDIT16-CNCE 18928
V. fr.

[2415]
GIOVANNI BATTISTA DA PESARO
Rime spirituali, diuise in due parti. La prima sopra l'Aue
Maria, e'l Pater noster, nel qual anco si fa mentione di s.
Ignatio, e sopra altre cose diuote in laude di s. Domenico,
& di s. Francesco. La seconda sopra la vita, e morte di N.S.
Giesu Christo. Nouamente composte dal reuerendo padre
scalzo frà Giouan Battista da Pesaro. Opera molto vtile, &
diletteuole.
Venezia, Paolo Ugolino, 1591.
64 c.: ill.; 8°
A-H⁸
EDIT16-CNCE 35659
V. fr.

[2416]
ILARIONE DA GENOVA
Delle prediche quadragesimali, del molto r.p.d. Hilarione
monaco cassinese. Vtili à predicatori, curati, padri di fami-
glia, & altri, che vogliono sapere per se, & insegnar ad altri
la vera via di salute. Parte prima. Nella quale si tratta delle
qualità, che con la diuina gratia debbe procurarsi chiunque
vuole per quanto porta la sua conditione esser perfetto chri-
stiano.
Torino, [Eredi di Niccolò Bevilacqua], 1591.
3 pt; 4°

EDIT16-CNCE 69736
V. fr.

[2417]
JEPES, RODRIGO DE/(tr.) ANONIMA
Noua descrittione di Terra Santa. Doue si descriuono luoghi di essa, nominati nella Scrittura sacra, pertinenti all'istoria della vita e morte di Christo. Con vn trattato della peregrinatione di esso Saluator nostro, dal dì che nacque, fin che salì al cielo; ponendo con diligenza l'anno, il mese, e'l giorno. Opera vtilissima à tutti i contemplatiui. Del reuer. p. fr. Rodrigo de Iepes. Tradotta di spagnuolo in italiano. Con due tauole; una di cose più notabili, l'altra de i luoghi.
Venezia, [Giacomo Bendolo], 1591.
[8], 224 c.: ill.; 12°
a⁸ χ¹ A-S¹² T⁸
EDIT16-CNCE 50313
V. fr.

[2418]
LOARTE, GASPAR
Trattato della continua memoria, che si dee havere della Sacra Passion di Christo, Redentor nostro: Con sette meditationi [...] secondo le sette hore canoniche [...].
Venezia, Giolito, 1591.
48 p.

Worldcat, 644258053

[2419]
NOBILI, FLAMINIO
Meditatione sopra il Pater noster et l'Aue Maria. Del sig. Flaminio Nobili.
Vercelli, Francesco Bonati, 1591 (Vercelli, Francesco Bonati, 1591).
[4], 128 p.; 8°
π² A-H⁸
EDIT16-CNCE 59157
V. fr.

[2420]
PANIGAROLA, FRANCESCO
Prediche di monsig. reuer.mo Panigarola vescouo d'Asti. Fatte da lui spezzatamente, e fuor de' tempi quadragesimali in varii luoghi et a varie occasioni più illustri.
Asti, Virgilio Giangrandi, 1591.
[4], 357 [i.e. 356] c.; 4°
a⁴ A-Z⁴ 2A-3K⁸
EDIT16-CNCE 70160

[2421]
PANIGAROLA, FRANCESCO

Prediche di monsig. reuer.mo Panigarola vescouo d'Asti. Fatte da lui spezzatamente, e fuor de' tempi quadragesimali in varii luoghi et a varie occasioni più illustri.
Asti, Virgilio Giangrandi, a istanza di Giovanni Domenico Tarino, 1591.
[4], 357 [i.e. 356] c.; 4°
a⁴ A-Z⁴ 2A-3K⁸
EDIT16-CNCE 25803

[2422]
PELLEGRINI, FEDERICO
Conuersione del peccatore ouero riforma della mala vita dell'huomo: del r.p. maestro Federico Pellegrini bolognese minor conuentuale; diuisa in due parti. Opera, nellaquale dichiarando l'autore i Salmi Penitentiali, vi sparge molta sacra dottrina, e la riempie d'infiniti concetti, di dottrina scholastica, di senso literale, di dogmi, di contemplationi, d'orationi, di meditationi, di essercitationi, e d'altri essercitij spirituali, cauati da santi dottori, da sacri theologi, e da altri pij, e cattolici autori: vtilissima ad ogni persona, che desidera acquistarsi la vita eterna: e necessaria ad ogni religioso, per i molti casi di conscienza, che per essa sono sparsi. Con priuilegio. Parte prima.
Venezia, Anteo Viotti e Barezzo Barezzi, 1591.
2 vol.; 4°
EDIT16-CNCE 40095
1:
[8], 771, [17] p.
a⁴ A-3C⁸ 3D²
SBN-IT\ICCU\RMLE\012593
V. fr.
2:
Conuersione del peccatore; ouero Riforma della mala vita dell'huomo: del r.p. maestro Federico Pellegrini bolognese minor conuentuale; diuisa in due parti. Opera, nella quale dichiarando l'autore i Salmi Penitentiali, vi sparge molta sacra dottrina, e la riempie d'infiniti concetti, di dottrina scholastica, di senso literale, di dogmi, di contemplationi, d'orationi, di meditationi, di essercitationi, e d'altri essercitij spirituali, cauati da santi dottori, da sacri theologi, e da altri pij, e cattolici autori: vtilissima ad ogni persona, che desidera acquistarsi la vita eterna: e necessaria ad ogni religioso, per i molti casi di conscienza, che per essa sono sparsi. Con priuilegio. Parte seconda.
Venezia, Barezzo Barezzi, 1591.
[12], 747, [9] p.
a⁴,² a² A-3A⁸ 3B²
EDIT16-CNCE 75607
V. fr.

[2423]
RAZZI, SILVANO

La corona del Signore, o vero, somma del sacrosanto Euangelio, e vita di Giesu Christo, in forma d'orazioni. Del r.p. abate don Silvano Razzi, camaldolense. A prò di coloro massimamente, i quali dicono essa corona del Signore.
Firenze, Michelangelo Sermartelli, 1591.
[24], 261, [3] p.; 12°
EDIT16-CNCE 66843
V. fr.

[2424]
ROCCIO, NICOLÒ
Ragionamento nella concettione di n. Signora sopra le parole della cantica Veni columba mea in foraminibus petrae nel cui giorno venne la nuoua in Milano che l'illustriss. car. Nicolo Sfondrati era creato papa fatto doppio [!] *'l vespro in S. Gio. in Conca dal r.p. Nicolò Roccio* [...].
Milano, Giacomo Piccaglia e Graziadio Ferioli, 1591.
[6] c.; 4°
EDIT16-CNCE 68483

[2425]
SILVESTRANI BRENZONE, CRISTOFORO
Lettioni sopra S. Paolo a' Romani del m.r.p.f. Christoforo Syluestrani Brenzone dottore in theologia, esplicate in Siena essendo reggente; di nuovo ristampate dal medesimo autore. Al serenissimo Francesco Maria duca d'Vrbino.
Verona, Girolamo Discepolo, 1591 (Napoli, Orazio Salviani e Cesare Cesari, 1583).
[12], 185 [i.e. 187], [5] p.: ill.; 4° (p. 184-185 ripetute)
A⁶ B-2B⁴
EDIT16-CNCE 33442, SBN-IT\ICCU\RMLE\001872
Var. B: 1590. V. fr.

[2426]
SILVESTRANI BRENZONE, CRISTOFORO
Lettioni sopra S. Paolo a' Romani del M.R.P.F. Christoforo Sylvestrani Benzone [!] *dottore in teologia, esplicate in Siena essendo Reggente. Di nuovo ristampate dal medesimo autore.*
Verona, Girolamo Discepolo, 1591.
[12], 185 [i.e. 187], [5] p.; 4° (20 cm) (p. 184-185 ripetute)
SBN-IT\ICCU\RLZE\014549
Legato con: *Lettioni sopra l'oratione domenicale* [...] *del P. Giambelli.* Segn: A⁶, B-Z⁴, Aa-Bb⁴.

[2427]
TARCAGNOTA, GIOVANNI/DIONIGI, BARTOLOMEO/ ROSEO, MAMBRINO
Delle istorie del mondo di m. Giouanni Tarcagnota. Le quali contengono quanto dal principio del mondo e successo, sino all'anno 1513, cauate da piu degni, & piu graui autori & che habbino nella lingua greca, o nella latina scritto. Al Gran Duca di Toscana. Con l'aggiunta di m. Mambrino Roseo, &

dal reuerendo m. Bartolomeo Dionigi da Fano, sino all'anno 1582. Parte prima.
Venezia, Francesco De Franceschi <senese>, 1591-1592.
4 vol.; 4°
SBN-IT\ICCU\UM1E\012103
1:
[32], 675, [1] p.
a-b⁴ A-2S⁸ 2T¹⁰
SBN-IT\ICCU\UM1E\012104
I successivi volumi non contengono storie bibliche. V. fr.

[2428]
TASSO, FAUSTINO
Parafrase sopra i sette salmi penitentiali. Del r.p. Faustino Tasso minore osseruante. Con gli argomenti nel principio de tutti i salmi, & una diuotissima oratione nel fine, per ottenir gratia di fuggir i peccati mortali. Con sette essercitij spirituali, aggiunti di nuouo dal medesimo autore, per essercitarsi nelle sette virtù, opposte a i sette vitij capitali. All'illustris. & rever. Cardinal Moresini. Vescovo di Brescia, & al suo diletto popolo.
Venezia, Domenico Farri, 1591 (Venezia, Domenico Farri, 1591).
71, [1] c.: ill.; 12°
A-F¹²
EDIT16-CNCE 38967
V. fr.

1592

[2429]
ADRICHEM,   CHRISTIAAN   VAN/ARRIVABENE, LODOVICO
Breue descrittione della città di Gierusalemme, come à punto si ritrouaua nell'età di Christo, & di tutti i luoghi quali furono nobilitati per la passione sua, e de' suoi santi, con vna dichiaratione de' passi principali nell'historie occorrenti, vtile non solo à' Christiani, ma necessaria à chi espone la sacra scrittura. Et una carta in rame, che rappresenta il vero ritratto di essa città. Composta da Christiano Adricomico delfo. Aggiontovi di nuouo vn trattato del m. ill. s. Lodovico Arrivabene dottor theologo bolognese, toccante le parti piu essenziali di terra santa.
Verona, Marcantonio Palazzolo, 1592.
2 vol.; 8°
[32], 192; 104 p.
[ast]⁸ a⁸ A-M⁸; A-F⁸ G⁴
EDIT16-CNCE 298
Titolo parte 2: *Dialogo delle cose piu illustri di terra santa, il quale contiene l'vltimo viaggio solito a farsi da' pellegrini*

[...] *composto dal molto illustre sig. Lodouico Arriuabene.*
V. fr.

[2430]
ALBARELLA, VINCENZO
Corona della Madonna. Nuouamente composta in rime.
Milano, Graziadio Ferioli, 1592.
[15] c.; 8°
EDIT16-CNCE 631

[2431]
ANONIMA
Il devoto pianto della gloriosa Vergine, et altre canzonette spirituali a 3 voci, composte da diversi eccellenti musici.
Roma, [Simone Verovio], 1592.
EDIT16-CNCE 43267

[2432]
ANONIMA
Espositione, del Pater nostro vtile breue o epilogata fatta in vulgare, a benefitio publico e comune vtilita de tutti i fideli christiani.
Perugia, Pietro Paolo Orlando, 1592.
1 manifesto, atl.
EDIT16-CNCE 40317

[2433]
ANONIMA
Espositione, o meditatione, che faceua il padre san Francesco sopra il Pater Nostro, raccolta e ordinata da vn padre theologo del suo ordine a deuotione benefitio publico, e vtilità della christiana religione.
Perugia, Pietro Paolo Orlando, 1592.
1 manifesto, atl.
EDIT16-CNCE 40318

[2434]
ANONIMA
Meditationi della passione del nostro sig. Giesu Christo. Diuise per li sette giorni della settimana; con la corona della gloriosa Vergine Maria.
Verona, Girolamo Discepolo, 1592 (Verona, Girolamo Discepolo, a istanza di Paolo Vicentini, 1592).
[16] c.; 8°
EDIT16-CNCE 58509

[2435]
ANONIMA
La rappresentazione della natiuita di Christo. Nuouamente ristampata.
(Firenze, Giovanni Baleni, 1592).
6 c.: ill.; 4°

A⁶
Cioni 1961, p. 150, n. 14
Titolo uniforme: *Rappresentazione di Gesù Cristo: la natività.*

[2436]
ANONIMA
La rappresentazione di Lazzero ricco, e di Lazzero pouero. Di nuouo ristampata.
(Firenze, Giovanni Baleni, 1592).
[4] c.: ill.; 4°
A⁴
EDIT16-CNCE 61904, SBN-IT\ICCU\CFIE\033311
Titolo uniforme: *Rappresentazione di Lazzaro ricco e Lazzaro povero.* Cfr. Cioni 1961, p. 220, n. 6; Testaverde-Evangelista, 624. V. ed.

[2437]
ANTONINO (SANTO)/(ed.) TURCHI, FRANCESCO
Somma antonina, composta volgarmente da s. Antonino arciuescouo di Fiorenza. Nella quale s'instruiscono i confessori, e i sacerdoti, curati con tutte quelle persone, che desiderano viuere christianamente. Di nuovo con molto studio et diligenza corretta, & illustrata [...] dal r.p. Francesco da Treuigi carmelitano.
Venezia, Giovanni Battista Bonfadino, 1592.
[24], 300: ill. p.; 12°
†¹² A-M¹² N⁶
EDIT16-CNCE 2094, SBN-IT\ICCU\CNCE\002094
Titolo uniforme: *Confessionale: Curam illius habe* [italiano], da altre edizioni della *Somma antonina* curata da Francesco Turchi.

[2438]
ANTONINO (SANTO)/(ed.) TURCHI, FRANCESCO
Somma antonina, composta volgarmente da s. Antonino arciuescouo [...] Di nuovo con molto studio corretta, & illustrata [...] dal r.p. Francesco da Treuigi [...].
Venezia, Giovanni Fiorina, 1592.
[24], 300: ill. p.; 12°
†¹² A-M¹² N⁶
EDIT16-CNCE 2093, SBN-IT\ICCU\CNCE\002093
Titolo uniforme: *Confessionale: Curam illius habe* [italiano], da altre edizioni della *Somma antonina* curata da Francesco Turchi.

[2439]
BRUNI, VINCENZO
Delle meditationi sopra i principali misterii della vita, et passione di Christo n. Sig. Parte prima [...]. Raccolte da diuersi S. Padri, e da altri Autori, per il padre Vincenzo Bruno della Compagnia di Giesu.

Genova, Girolamo Bartoli, 1592.
2 vol.: ill.; 12°
EDIT16-CNCE 7731, SBN-IT\ICCU\CNCE\007731
2:
Delle meditationi sopra i principali misterii della vita, et passione di Christo n. Sig. Parte seconda [...].
Genova, Eredi di Girolamo Bartoli, 1592.

[2440]
BRUNI, VINCENZO
Delle meditationi sopra i principali misterii di tutta la vita di Christo n. Sig. Parte seconda. Con le figure, & profetie del vecchio Testamento, & con i documenti, che dall'Euangelio si cauano. Raccolte da diuersi s. padri, e da altri autori, per il r. padre Vincenzo Bruno, sacerdote della Compagnia di Giesù. Et adornate d'alcune figure, corrispondenti alle meditationi.
Venezia, Giovanni Paolo Giolito De Ferrari e nipoti, 1592.
785, [7]: ill.; 12°
A-2K¹²
EDIT16-CNCE 7730
Il primo volume con la prima parte è del 1591, cfr. EDIT16-CNCE 7730, vedi 2400. Vi sono altre due edizioni del primo volume, stampate da Giovanni Giolito de Ferrari <2> e Giovanni Paolo Giolito De Ferrari, datate 1588, cfr. EDIT16-CNCE 7722, vedi 2245, e 1589, cfr. EDIT16-CNCE 7725, vedi 2296.

[2441]
CALDERARI, CESARE
Concetti scritturali intorno al Miserere. Del r.d. Cesare Calderari da Vicenza canonico regolare lat. Spiegati in XXXIII. lettioni, le quali furono lette dall'istesso nel s. tempio della Nont. di Napoli, l'anno 1583. Con l'applicatione di molte feste correnti, massimamente di tutto l'Aduento, di nuouo aggiuntoui il Trofeo della croce del medesimo Autore, con due vtilissime Tauole, l'vna de i luoghi esposti della sacra Scrittura: l'altra delle cose più notabili.
Venezia, Giovanni Fiorina, 1592.
669, [24] p.; 12°
a¹² A-2E¹² (ultima c. bianca)
EDIT16-CNCE 52702
Il *Trofeo della croce* inizia a c. 2C1. V. fr.

[2442]
CALDERARI, CESARE
Concetti scritturali intorno al Miserere. Del r.d. Cesare Calderari [...] Di nuouo aggiuntoui il Trofeo della croce del medesimo autore, con due vtilissime tauole, [...].
Venezia, Giovanni Battista Bonfadino, 1592.
669, [27] p.: ill.; 12°
a¹² A-2E¹²

EDIT16-CNCE 8371
Il *Trofeo della Croce* a p. 625-669.

[2443]
CRISTOFORO DA VERRUCCHIO
Compendio di cento meditationi sacre, sopra tutta la uita, e passione sì del Signore, come della Madonna [...]. Raccolto dal r.p.f. Christoforo Verucchino [...].
Venezia, Niccolò Misserini, 1592.
[48], 882 p.: ill.; 12°
EDIT16-CNCE 14279

[2444]
CRISTOFORO DA VERRUCCHIO
Essercitii d'anima. Raccolti da' ss. padri, predicati in diuerse città d'Italia. Dal r.p.f. Christoforo Veruchino dell'Ord. de' Frati Minori Capuccini. Stampati ad instanza de gli stessi ascoltanti. Ne' quali, oltra molti concetti scritturali, meditationi, varie historie ecclesiastiche, s'insegnano diuotissimi modi di contemplar i misteri della s. messa, il Pater, l'Aue Maria, il Credo, i Sette Salmi, il Rosario, le corone, e gli offici del Signore, e della Madonna, d'essaminar la conscienza, pianger i peccati, ben confessarsi, e communicarsi, santificar le feste, stare attenti all'oration vocale, far la mentale, e star raccolti con Dio il giorno, e la notte. Con cinque tauole copiosissime.
Venezia, Giovanni Guerigli, 1592.
[36], 24 c., 25-1020 p.; 12°
a-c¹² +12 A-2T¹² 2V⁶
EDIT16-CNCE 14280, SBN-IT\ICCU\RMLE\001396
Tra le p. 360 e 361 altro frontespizio: *Essercitii d'anima. Raccolti da' ss. padri, predicati in diuerse città d'Italia. Dal r.p.f. Christoforo Verucchino dell'Ord. de' Frati Minori Capuccini. Stampati ad instanza de gli stessi ascoltanti. Volume secondo della prima parte.* Venezia, Giovanni Guerigli, 1592. Var. B: il fasc. [chi]2 inserito tra i fasc. P12 e Q12 contenente altro frontespizio datato 1593, che riporta *Volume secondo della prima parte* e lettera ai lettori che volessero utilizzare questo fascicolo per far suddividere l'opera in due parti dalla legatura. V. fr.

[2445]
DOMENICHI, GIOVANNI BATTISTA
Sermoni sopra le sette parole che disse Christo S.N. in croce, con un sermone nel fine sopra il santiss. misterio della Messa. Fatti nella chiesa di Santa Maria del Vado di Ferrara dal r.p.d. Gio. Battista Domenichi ferrarese priore, per l'otatione [!] delle 40 hore la domenica delle palme. Et per la medesima occasione anco vn sermone sopra la condennatione di Giesu Christo alla morte della croce, fatto nel vescouato il martedì di passione; alla presenza del sereniss. sig. duca Alfonso l'anno MDXCI.

Ferrara, Benedetto Mammarello, 1592 (Ferrara, Benedetto Mammarello, 1592).

[2], 50 [i.e. 53], [1] c.: ill.; 4°

(ast)² A-N⁴ O²

EDIT16-CNCE 17545

[2446]

DU BARTAS, GUILLAUME (DE SALLUSTE)/(tr.) GUISONE, FERRANTE

La diuina settimana tradotta di rima francese in verso sciolto italiano.

Tours, Jamet Mettayer, 1592.

[6], 152 c.; 12°

EDIT16-CNCE 71672

[2447]

FAZELLO, GIROLAMO

Prima parte delle prediche quadragesimali, del r.p.f. Girolamo Fazello palermitano, dottore theologo dell'Ordine de' Predicatori. Con somma diligenza in questa seconda impressione corrette, e stampate.

Venezia, Domenico Guerra e Giovanni Battista Guerra, a istanza di Giovanni Francesco Carrara, 1592.

2 vol.: ill.; [8], 440, [2] p.; [8], 418, [2] p.: ill.; 4°

a⁴ A-2D⁸ 2E⁴; a⁴ A-3E⁴ 3F⁶ (ultima c. bianca)

EDIT16-CNCE 18659

Titolo seconda parte: *Seconda parte delle prediche quadragesimali, del r.p.f. Girolamo Fazello palermitano, dottore theologo dell'ordine de' Predicatori. Con somma diligenza nuouamente corrette, e stampate.* V. fr.

[2448]

FILIPPI, MARCO, DETTO IL FUNESTO

Vita di santa Caterina vergine, e martire; composta in ottaua rima da Marco Filippi, detto il Funesto. Aggiuntoui di nuouo gli argomenti, & le figure, appropriate ad ogni canto. Con vna raccolta di sonetti, e canzoni spirituali, & di alcune stanze della Maddalena à Christo, del medesimo autore.

Venezia, Domenico Guerra e Giovanni Battista Guerra, 1592.

[8], 174 [i.e. 184], [24] c.; 8°

*⁸ A-Z⁸ 2a-2c⁸

EDIT16-CNCE 19030, SBN-IT\ICCU\CNCE\019030

A c. Y1r altro frontespizio: *Rime spirituali, et alcune stanze della Maddalena a Christo. Composte per Marco Filippi* [...]. In Venetia, appresso i Guerra, 1592. V. fr.

[2449]

GALLIERO, NICCOLÒ

Modo di esplicare gli Euangeli dominicali, et de' santi di tutto l'anno, con l'applicatione del Catechismo romano. Modo di insegnare la dottrina christiana. Vfficio del predicatore.

Vscito in luce per opra di Nicolò Gallerio, già vicario generale dell'illustriss. cardinal Boromeo nell'arciuescouato di Milano; & hora canonico della catedrale di Padoua. Et hor ristampato d'ordine del reuerendiss. monsignor Ardicino Biandrà vicario generale di Napoli per vso della città è diocesi di Napoli.

Napoli, Giuseppe Cacchi, 1592 (Napoli, Giuseppe Cacchi, 1592).

[4], 156, [2] c.; 4°

EDIT16-CNCE 23536

V. fr.

[2450]

GALLIERO, NICCOLÒ

Modo di esplicare gli euangelii dominicali, et de' santi di tutto l'anno, con l'applicatione del catechismo romano. Modo di insegnare la dottrina christiana. Ufficio del predicatore. Uscito in luce per opra di Nicolò Gallerio, già vicario generale dell'illustriss. cardinal Boromeo nell'arciuescouato di Milano [...] *Et or ristampato d'ordine del molto illustre & reuerendiss. monsignor Giovanni Fontana, vescouo di Ferrara, per vso della sua diocese.*

Ferrara, Benedetto Mammarello, 1592.

[8], 169 [i.e. 171], [21] c.; 8° (ripetute nella paginazione le c. 55-56)

[ast]⁸ A-Z⁸ &⁸

SBN-IT\ICCU\CERE\052050

[2451]

GALLIERO, NICCOLÒ

Modo di esplicare gli Euangelii dominicali. Et de' Santi di tutto l'anno, con l'applicatione del catechismo romano. Et di insegnare la dottrina christiana. Vfficio del predicatore. Vscito in luce per opra del molto reuer. monsig. Nicolò Gallerio, già vicario generale del cardinal Boromeo di buo. me. nell'arciuescouato di Milano; & hora canonico della catedrale di Padoua. Ristampato d'ordine di monsig. Spetiano, vescouo di Cremona, per vso della sua diocese.

Cremona, Giovanni Battista Pellizzari, 1592.

[8], 169, [21] c.; 8°

EDIT16-CNCE 68938

V. fr.

[2452]

GALLIERO, NICCOLÒ/(tr.) MONCELLI, GIROLAMO

Modo di esplicare gli euangelii dominicali et de' santi di tutto l'anno con l'applicatione del catechismo romano. Modo di insegnare la dottrina christiana. Ufficio del predicatore. Uscito in luce per opra di Nicolò Gallerio già vicario generale dell'illustris. cardinal Boromeo nell'arciuescouato di Milano; & hora canonico della catedrale di Padoua; tradotto in lingua italiana da Girolamo Moncelli dottor di leggi.

Ferrara, Benedetto Mammarello, 1592.
[8], 169, [21] c.; 8°
[ast]⁸ A-Z⁸ &⁸
EDIT16-CNCE 35906, SBN-IT\ICCU\CERE\042478

[2453]

GALLIERO, NICCOLÒ
Modo di esplicare gli Euangelii dominicali, et de' santi di tutto l'anno, con l'applicatione del Catechismo romano. Modo di insegnare la dottrina christiana. Vfficio del predicatore. Vscito in luce per opra di Nicolò Gallerio, già vicario generale dell'illustriss. cardinal Boromeo nell'arciescouato di Milano; & hora canonico della catedrale di Padoua. Et or ristampato d'ordine del molto illustre & reuerendiss. monsignor Cesar Speciano, vescouo di Cremona, per uso della sua diocese.
Ferrara, Benedetto Mammarello, 1592.
[8], 169 [i.e. 171], [21] c.; 8° (ripetute nella numer. le c. 55-56)
[ast]⁸ A-Z⁸ &⁸
EDIT16-CNCE 75532, SBN-IT\ICCU\LO1E\037528
V. fr.

[2454]

JACOBUS DE VORAGINE/(tr.) MALERBI, NICOLÒ
Legendario delle vite de' santi; composto dal r.p.f. Giacobo di Voragine dell'Ordine de' Predicatori, & tradotto già per il r.d. Nicolo Manerbio venetiano. Aggiuntoui di nuouo molte legende, & accommodata ad ogni giorno la uita di alcun santo. Con la tauola delle legende, & di vaghe figure ornato, e con somma diligenza corretto, & ristampato.
Venezia, Matteo Valentini, 1592.
[16], 861, [3] p.: ill.; 4°
a⁸ A-3H⁸
Pagnotta, p. 137
Titolo uniforme: *Legenda aurea sanctorum* [italiano].

[2455]

LANTANA, BARTOLOMEO/RADULPHUS ARDENS/(tr.) TURCHI, FRANCESCO
La prima parte delle Prediche del r.p.f. Bartolomeo Lantana, teologo carmelitano: nuouamente ristampate, corrette, & accresciute d'un libro nuouo di sermoni sopra gli Euangeli propri, et communi de' santi, che si leggono nelle messe solenni, & feriali di tutto l'anno, di Randolfo Ardente, tradotti di latino in volgare dal r. maestro Francesco da Treuigi dall' istesso ordine.
Venezia, Domenico Guerra e Giovanni Battista Guerra, 1592.
3 vol.: ill.; 4°
EDIT16-CNCE 37570
1:
[24], 117, [3] p.

a-c⁴ A-G⁸ H⁴
SBN-IT\ICCU\BIAE\001336
V. fr.
2:
[12], 300 p.
a⁶ 2A-2S⁸ 2T⁶
SBN-IT\ICCU\BIAE\001337
3:
2 pt ([8], 181, [3]; [24], 269, [3]) p.
a⁴ 3A-3L⁸ 3M⁴; a⁴ 2a⁸ a⁴ B-R⁸ S⁴
SBN-IT\ICCU\BIAE\001338
A c. a1r della pt 2: *Sermoni sopra gli Euangeli propri, & communi de i santi* [...].

[2456]

MANZANO, SCIPIONE DI
Le lagrime della penitenza di Dauid, dell'illustre s. Scipione di Manzano, [...].
Venezia, Altobello Salicato, 1592.
52 p.; 4°
A-E⁴ F⁶
EDIT16-CNCE 30647

[2457]

MAZZOLINI, SILVESTRO/CAMILLI, CAMILLO
Vita della serafica, e feruentissima amatrice di Giesu Christo saluatore s. Maria Maddalena. Scritta gia dal r.p.f. Saluetro da Prierio dell'ordine di San Domenico, e ora di nuouo mandata in luce dal r.p.m. Serafino Razzi dell'istesso ordine. Con le lagrime della medesima santa Maria Maddalena cantate da m. Cammillo Cammilli.
Firenze, Michelangelo Sermartelli, 1592.
[8], 86, [2] p.: ill.; 8°
EDIT16-CNCE 79541
Contiene con proprio frontespizio: *Le lagrime di s. Maria Maddalena del sig. Cammillo Cammilli.* V. ed.

[2458]

MODERATA FONTE (DAL POZZO ZORZI, MODESTA)
La resurretione di Giesu Christo nostro Signore, che segue alla Santissima Passione descritta in ottaua rima da Moderata Fonte.
Venezia, Giovanni Domenico Imberti, 1592.
[30] c.: ill.; 4°
+⁴ A-F⁴ G²
EDIT16-CNCE 15893

[2459]

MORIGIA, PAOLO
Sommario chronologico del r.p.f. Paolo Morigia milanese dell'Ordine de' Giesuati di s. Girolamo: il quale, diuiso in cinque libri, brieuemente contiene il 1° la vita di nostro Sig.

Giesu Christo, il martirio de gli apostoli, e le persecutioni c'hebbero i christiani da' tiranni. Il 2° l'heresie seminate nella s. Chiesa, co'l nome de gli heresiarchi. Il 3° li sacri concilij generali, con li conciliabuli, e sinodi. Il 4° l'origine di tutte le religioni, & anco le militari. Il 5° li prodigij auuenuti dal nascimento di Christo Saluator del mondo, fino al presente anno MDXCII.

Bergamo, Comino Ventura, 1592.

[8], 130, [2] p.: ill.; 4°

A⁴ A-G⁸ H¹⁰ (c. H10 bianca)

EDIT16-CNCE 38288

V. fr.

[2460]

MUSSO, CORNELIO

Delle prediche quadragesimali del r.mo mons.or Cornelio Musso vescouo di Bitonto, sopra l'Epistole & Euangeli correnti, per i giorni di Quaresima, e per li due primi giorni di Pasqua. E sopra il Cantico di Maria Vergine per li sabbati. Con la vita dell'autore, et due tauole l'una delle prediche, l'altra delle cose piu notabili. Aggiuntoui di nuouo in questa terza editione, vna terza tauola delle autorità della sacra scrittura, dall'istesso autore citate, e dichiarate. Prima parte. All'illustrissimo e reverendissimo monsignore, il signor cardinal Farnese.

Venezia, Lucantonio Giunta <2>, 1592 (Venezia, Lucantonio Giunta <2>, 1592).

2 vol.: ill.; 4°

EDIT16-CNCE 28161

1:

[116], 605, [3] p.; 4° (p. 240 e 295 erroneamente numerate 140 e 293)

[ast]⁴ 2[croce]-3[croce]⁴ 4[croce]² 5[croce]-6[croce]⁴ a-i⁴ A-2P⁸ (c. 2P8 bianca)

SBN-IT\ICCU\NAPE\015167

2:

Delle prediche quadragesimali del r.mo mons.or Cornelio Musso vescouo di Bitonto, sopra l'Epistole & Euangeli correnti, per i giorni di Quaresima, e per li due primi giorni di Pasqua: e sopra il Cantico di Maria Vergine per li sabbati. Con la vita dell'autore, et due tauole, l'una delle prediche, l'altra delle cose piu notabili. Aggiuntoui di nuouo in questa terza editione, vna terza tauola delle autorità della sacra scrittura, dall'istesso autore citate, e dichiarate. Seconda parte.

Venezia, Lucantonio Giunta <2>, 1592 (Venezia, Lucantonio Giunta <2>, 1592).

[96], 727, [1] p.; 4° (alla p. 216 -o4v- seguono 12 p. numerate 216 2°-216 13°-o5r-o1ov-)

1-12⁴, a-n⁸ o¹⁴ p-2y⁸ 2z⁴ (c. 12/4 bianca)

SBN-IT\ICCU\NAPE\015170

Variante del secondo volume [106], 727, [1] p.; 4°; 1-11⁸, A-N⁸ O⁶ P-Z⁸ 2a-2y⁸ 2z⁴ (SBN-IT\ICCU\CERE\050338).

V. fr.

[2461]

MUSSO, CORNELIO/(tr.) MAURO, IACOPO

Vita di Maria Vergine madre di Christo discritta da monsignor Cornelio Musso vescouo di Bitonto; ripiena di molte belle sante considerationi e meditationi, nella qual si dichiarano alcune cose importanti della sacra scrittura. Tradotta nella nostra lingua italiana dal signor Giacomo Mauro.

Napoli, Giuseppe Cacchi, 1592 (Napoli, Giuseppe Cacchi, 1592).

[8], 89, [3] p.; 4°

A-M⁴ N² (bianca N²)

EDIT16-CNCE 47043

[2462]

NOBILI, FLAMINIO

I sette salmi penitentiali con vna breue, et chiara spositione, secondo quel sentimento, che conuiene ad vn penitente, senza allontanarsi dal letterale. I salmi della compieta appropriati à chi doppo le occupationi, & distrattioni del giorno riducendosi la sera al suo segreto si risegna tutto nelle mani del Signore. Meditatione sopra il Magnificat accomodata à chi si vuol communicare, o altrimente stà ad orare dauanti al santissimo sagramento. Del sig. Flaminio Nobili. Con priuilegio. Alla illustrissima signora madama di Raconigi.

Vercelli, Francesco Bonati, 1592 (Vercelli, Francesco Bonati).

[8], 52 p.; 4°

EDIT16-CNCE 51726

V. fr.

[2463]

ORAFI, GIOVANNI

Breve dichiaratione dell'oratione del Pater Noster di Giovanni Orafi di Lucca.

Roma, Paolino Arnolfini, 1592.

58, [2] p.; 8°

A-D⁸ (c. D7-8 bianche)

SBN-IT\ICCU\CFIE\041088

V. fr.

[2464]

PANIGAROLA, FRANCESCO

Cento ragionamenti sopra la passione di n. Signore, fatti in Milano da monsig. reuer. Panigarola vescouo d'Asti, per commissione, & alla presenza di mons. illustriss. Borromeo cardinal di S. Prassede. Diuisi in quattro parti [...].

Venezia, Francesco De Franceschi <senese>, 1592 (Venezia, Pietro Dusinelli, 1592).

[48], 1049 [i.e. 1051], [5] p.; 8° (p. 532-533 ripetute nella numer.)
a-c⁸ A-3V⁸ (c. 3V7-8 bianche)
Edit16-CNCE 28525

[2465]
PANIGAROLA, FRANCESCO
Prediche di monsignor r.mo Panigarola vescouo d'Asti. Fatte da lui spezzatamente, & fuor de' tempi quadragesimali, in varij luoghi, & à varie occasioni più illustri. Con tre tauole, vna delle prediche, l'altra delle cose notabili, che in esse si contengano, la terza de i luoghi della scrittura esposti. Al molt'ill. e reuer. sig. mio osseruandiss. il sig. Gio. Battista Doria, del fù sig. Pier Fransesco.
Genova, Eredi di Girolamo Bartoli, 1592 (Genova, 1592).
[48], 412 [i.e. 414], [2] p.; 4° (ripetute nella numer. le p. 94 e 95)
a⁴ A-E⁴ A-2C⁸
Edit16-CNCE 31143
V. fr.

[2466]
PANIGAROLA, FRANCESCO/ROTA, ISIDORO
Prediche di monsig. reuer.mo Panigarola vescouo d'Asti. Fatte da lui straordinariamente, e fuor de' tempi quadragesimali. In varii luoghi, et à varie occasioni più illustri. Postillate dal r.p.f. Isidoro Rota venetiano de' Minori Osseruanti, & con maggior vtilità à lettori ordinate. Con la tauola delle cose più notabili.
Venezia, Giovanni Battista Ciotti, 1592.
[8], 304, [24] c.; 8°
a⁸ A-2S⁸
Edit16-CNCE 24196
Altra emissione, totalmente ricomposta con impronta: ino: lii- fea-elde (3) 1592 (R), cfr. Edit16-CNCE 74273, vedi 2467. V. fr.

[2467]
PANIGAROLA, FRANCESCO/ROTA, ISIDORO
Prediche di monsig. reuer.mo Panigarola vescouo d'Asti. Fatte da lui straordinariamente, e fuor de' tempi quadragesimali. In varii luoghi, et à varie occasioni più illustri. Postillate dal r.p.f. Isidoro Rota venetiano de' Minori Osseruanti, & con maggior vtilità à lettori ordinate. Con la tauola delle cose più notabili.
Venezia, Giovanni Battista Ciotti, 1592.
[8], 304, [24] c.; 8°
a⁸ A-2S⁸
Edit16-CNCE 74273
Cfr. l'edizione Edit16-CNCE 24196, vedi 2466. V. fr.

[2468]
PASCALI, GIULIO CESARE
De' sacri Salmi di Dauidde, dall'hebreo tradotti, poetica et religiosissima parafrase, pel signor Givlio Cesare Paschali.
Genève, Jacob Stoer, 1592.
2 pt ([36], 437, [11]; 90, [6]) p.; 16°
*-2*⁸ 3*² a-2e⁸; A-F⁸ (c. 2e8 e F8 bianche)
Edit16-CNCE 5851
Titolo del vol. 2: *Rime spirituali dell'istesso signor Giulio Cesare Paschali, a' cui è dietro aggiunto il primo canto del suo vniuerso.*

[2469]
PASCOLI, GABRIELE
Lamento pietoso di Maria sempre vergine, nel partir che fa Christo Giesu da lei per andar alla morte, e come da lui fu consolata, e benedetta, in ottaua rima. Opera nuoua del reu. d. Gabriel Pascoli da Rauena canonico lateranense predicatore.
[Pavia], Eredi di Girolamo Bartoli, 1592.
[4], 16 p.; 8°
[pigreco]² A⁸
Edit16-CNCE 78736

[2470]
PÉRION, JOACHIM/(tr.) DIONIGI, BARTOLOMEO
Vita e fatti di Giesu Christo salvatore del mondo, della gloriosa Vergine Maria, di san Giovanni Battista, di s. Paolo e dei dodeci apostoli, del r.p. Gioachino Perionio [...] Tradotte nuouamente dalla lingua latina nell'italiana dal rever. m. Bartholomeo Dionigi da Fano [...].
Venezia, Giovanni Guerigli, 1592.
[28], 356 p.: ill.; 4°
Edit16-CNCE 60189
Variante B datata 1593.

[2471]
PIETRO DA LUCCA
Arte del ben pensare, e meditare la passione del nostro signor Giesu Christo. Et insieme un breve Trattato dell'imitar Christo. La dottrina del ben morire. Trenta documenti del viuere spirituale. E l'auree Regole della uita, e della secreta theologia. Del r.p. don Pietro da Lucca [...].
Venezia, Francesco De Franceschi <senese>, 1592.
[6], 311 [i.e. 312] c.; 8°
a⁸ A-2Q⁸
Edit16-CNCE 28530

[2472]
PLATINA (IL) (SACCHI, BARTOLOMEO)/PANVINIO, ONOFRIO/(tr.) FAUNO, LUCIO/CICCARELLI,

ANTONIO/ PANVINIO, ONOFRIO/(tr.) DIONIGI, BARTOLOMEO/DIONIGI, BARTOLOMEO
Historia di Battista Platina cremonese, delle vite de i sommi pontefici, dal Saluator nostro insino à Paolo II. Illustrata con l'annotationi del p.f. Honofrio Panuinio da Verona, & insieme dal medesimo supplita, con le vite de i seguenti, pontefici sino à Pio Quarto. Nella volgar fauella da Lucio Fauno tradotta. Allaquale si sono anche aggiunte in questa vltima impressione, le vite de gli altri papi, sino à Clemente VIII scritte dal signor Antonio Ciccarelli da Fuligno. Ornata nuouamente di bellissimi ritratti di tutti essi pontefici dal naturale. Et aggiuntoui hora la Cronologia ecclesiastica del Panuinio, tradotta in italiano, & ampliata dal r.m. Bartholomeo Dionigi da Fano; accioche piu commodamente possi il lettore saper la serie, & ordine de i tempi, cosi de' papi, & altri prelati ecclesiastici, come de gli imperadori romani, e d'altre cose all'historia appartenenti.
Venezia, Bernardo Basa e Barezzo Barezzi, 1592.
2 pt ([28], 418; [104]) p.: ill.; 4°
?⁴ b-d⁸ A-3F⁸ 3G²; a⁸ A-M⁸
EDIT16-CNCE 47449
La pt 2 contiene: *La Cronologia ecclesiastica del reuer. p.f. Onofrio Panvinio veronese, frate eremitano di santo Agostino; dall'imperio di C. Giulio Cesare dittatore, sino all'imperator Cesare Massimiliano II. d'Austria, pio, felice, perpetuo Augusto. Tradotta nuouamente dalla lingua latina nell'italiana, supplita, & ampliata dall'anno MDLXVI fino al MDXCII. Dal r. m. Bartholomeo Dionigi da Fano.*
Var. B: pt 2: [14], 192 p. V. fr.

[2473]
PSEUDO-BONAVENTURA
Meditationi diuotissime di tutta la vita del nostro Signor Giesu Christo secondo san Bonauentura. Di nuouo reuista, & corretta, & di belle figure adornata.
Venezia, Domenico Imberti, 1592.
145 [i.e. 151], [1] c.: ill.; 16° (c. 151 erroneamente numerata 145)
A-T⁸
EDIT16-CNCE 46848
Titolo uniforme: *Meditationes vitae Christi* [italiano]. V. fr.

[2474]
RADULPHUS ARDENS/(tr.) TURCHI, FRANCESCO
Sermoni sopra gli Euangeli propri, & communi de i santi, che si leggono nelle messe solenni et feriali di tutto l'anno: composti già cinquecento anni dall'eccellente, & pio teologo Randolfo Ardente: [...] et nuouamente tradotti di latino in volgare dal reuerendo maestro Francesco da Treuigi [...].
Venezia, Domenico Guerra e Giovanni Battista Guerra, 1592.

[22], 269, [3] p.: ill.; 4°
SBN-IT\ICCU\UMCE\035961

[2475]
TANSILLO, LUIGI/VALVASON, ERASMO (DA)/ GUARGUANTI, ORAZIO
Le lagrime di san Pietro del signor Luigi Tansillo; con le Lagrime della Maddalena del signor Erasmo da Valuasone, di nuouo ristampate, et aggiuntoui l'Eccellenze della gloriosa Vergine Maria, del signor Horatio Guarguante da Soncino.
Venezia, Simone Cornetti e fratelli, 1592.
[4], 190 [i.e. 180] c.; 8° (omesse nella numer. le c. 153-162)
†⁴ A-Y⁸ Z⁴
EDIT16-CNCE 25081
V. fr.

[2476]
TARCAGNOTA, GIOVANNI/ROSEO, MAMBRINO/ DIONIGI, BARTOLOMEO
Delle istorie del mondo di m. Giouanni Tarcagnota. Lequali contengono quanto dal principio del mondo è successo, sino all'anno 1513, cauate da più degni & più graui autori, & che habbino nella lingua greca, ò nella latina scritto. Al gran duca di Toscana. Con l'aggiunta di m. Mambrino Roseo, & del reuerendo m. Bartolomeo Dionigi da Fano, sino all'anno 1582. Parte prima.
Venezia, Lucantonio Giunta <2>, 1592.
5 vol.; 4°
EDIT16-CNCE 28165
1.1:
[32], 675, [1] p.
a-b⁸ A-2S⁸ 2T¹⁰
SBN-IT\ICCU\RMLE\008473
Le successive parti non contengono storie bibliche. Var. B: pubblicato da Francesco De Franceschi <senese> cfr. SBN-IT\ICCU\ANAE\019092, vedi 2477. V. fr.

[2477]
TARCAGNOTA, GIOVANNI/ROSEO, MAMBRINO/ DIONIGI, BARTOLOMEO
Delle istorie del mondo di m. Giouanni Tarcagnota. Lequali contengono quanto dal principio del mondo è successo, sino all'anno 1513, cauate da piu degni, & piu graui autori, & che habbino nella lingua greca, ò nella latina scritto. Al gran duca di Toscana. Con l'aggiunta di m. Mambrino Roseo, & dal reuerendo m. Bartolomeo Dionigi da Fano, sino all'anno 1582. Parte prima.
Venezia, Francesco De Franceschi <senese>, 1592.
5 vol.; 4°
EDIT16-CNCE 67483
1.1:

[32], 675, [1] p.

a⁸b⁸ A-2S⁸ 2T¹⁰ (c. a8 mancante)

SBN-IT\ICCU\ANAE\019092

È la variante B dell'edizione SBN-IT\ICCU\ RMLE\008473, vedi 2476. Le successive parti non contengono storie bibliche. V. fr.

[2478]

TAULER, JOHANNES/(tr.) STROZZI, ALESSANDRO/ ESCH, NICOLAAS VAN

Meditationi pie, et diuote sopra la vita et passione di n.s. Giesu Christo. Del r.p.f. Giouanni Taulero, dell'Ordine di s. Domenico. Tradotte di latino in volgare dal reueren. mons. Alessandro Strozzi gentil'huomo fiorentino, et vescouo di Volterra. Con alcuni essercitii non meno catolici, che dotti di m. Nicolò Eschio, tradotti dal medesimo.

Venezia, Giovanni Fiorina, 1592.

[12], 560, [4] p.: ill.; 12°

EDIT16-CNCE 41352

[2479]

TORTOLETTI, BARTOLOMEO

Stanze di Bartholomeo Tortelletti, sopra la concettione della b. Vergine.

Verona, Girolamo Discepolo, 1592.

[4] c.; 4°

EDIT16-CNCE 58521

V. fr.

[2480]

VEROVIO, SIMONE

Il devoto pianto della gloriosa Vergine et altre canzonette spirituali a 3 voci. Composte da diversi musici.

Roma, Collegio Nardino, 1592.

8 c.; 8°

SBN-IT\ICCU\MUS\0254243

[2481]

VERRARI, GIOVANNI

Discorso sopra la oratione del Signore di Giouanni Verrari.

Verona, Girolamo Discepolo, 1592.

[20] c.; 8°

EDIT16-CNCE 58523

V. fr.

[2482]

VILLEGAS SELVAGO, ALONSO DE/(tr.) TIMOTEO DA BAGNO

Vita, e fatti del nostro Signore Giesu Christo scritta in lingua spagnuola dal reuerendo p.f. Alfonso di Vigliega; e tradotta in toscana dal r.p. dom Timoteo da Bagno dell'Ordine camaldolense. Con la tauola de' capitoli.

Firenze, Michelangelo Sermartelli, 1592.

[12], 311 [i.e. 411], [1] p.: ill.; 8° (p. 400-411 erroneamente numerate 300-311)

πA² a⁴ A-2B⁸

EDIT16-CNCE 33935

[2483]

ZARRABINI, ONOFRIO

De' ragionamenti famigliari, vtili, breui, et facili Sopra l'Epistole & gli Euangelij di tutte le domeniche. Parte prima [...] del M. R. D. Onofrio Zarrabini da Cotignola canonico regolare.

Como, Girolamo Frova, 1592-1593.

2 vol.; 4°

EDIT16-CNCE 41628

2:

Parte seconda. Nella quale si contengono le domeniche della Pentecoste. Et vi si accennano per commodo delli r. curati le materie esplicate nel catechismo romano [...].

Como, Girolamo Frova, 1592 (Como, Girolamo Frova, 1592).

[4], 187, [1] p.; 4°

p² A-L⁸ M⁶

SBN-IT\ICCU\TO0E\021107

Volume primo datato 1593.

[2484]

ZARRABINI, ONOFRIO

Ragionamenti famigliari sopra le feste de' santi, con le vite, i trionfi, le palme, & le vittorie di quei due grandi heroi, S. Pietro, & S. Paolo. Scritte con varii et vtili discorsi. Et de' pensieri diuersi, pii, et diuoti libri vno. Del m.r.d. Onofrio Zarrabino da Cotignola.

Venezia, Matteo Valentini, 1592.

[4], 138 c.; 4°

a⁴ A-Q⁸ R¹⁰

EDIT16-CNCE 39591

1593

[2485]

ANONIMA/(ed.) BEROARDI, GIROLAMO

Breue rosario della gloriosissima vergine Maria, accomodato a potersi dire senza la corona per via d'alcuni sententiosi versetti della Sacra Scrittura, ciaschedun de quali s'ha da accompagnare con vna Aue Maria. Con quindeci orationi appropriate a ogni misterio. Sette orationi per li sette giorni della settimana, alla sacratissima vergine nella quale si contiene vn diuoto memoriale della sua vita. Miracoli fatti dalla gloriosa vergine per virtu del rosario [...] Per il r.p.f.

Girolamo Berouardi di detto ordine lettore nel conuento di ss. Giouanni, & Paolo di Venetia.
Venezia, Bernardo Giunta <2>, 1593.
45, [3] c.: ill.; 4°
A-M⁴
EDIT16-CNCE 72623

[2486]
ANTONINO (SANTO)
Confessione generale che insegna ad ogni fedel christiano ridursi a mente i suoi peccati mortali, et veniali [...].
Napoli, Giovanni Giacomo Carlino e Antonio Pace, 1593.
[6] c.: ill.; 12°
EDIT16-CNCE 2095

[2487]
ANTONINO (SANTO)/(ed.) TURCHI, FRANCESCO
Somma Antonina [...] corretta, & illustrata [...] dal r.p. Francesco da Treuigi [...].
Venezia, Giovanni Battista Bonfadino, 1593.
[24], 300: ill. p.; 12°
EDIT16-CNCE 2096, SBN-IT\ICCU\CNCE\002096
Titolo uniforme: *Confessionale: Curam illius habe* [italiano], da altre edizioni della *Somma antonina* curata da Francesco Turchi.

[2488]
CALDERARI, CESARE
Concetti scritturali intorno al Miserere del r.d. Cesare Calderari da Vicenza canon. regolare lateranense; spiegati in XXXIII lettioni [...] aggiuntoui di nuouo il Trofeo della croce dello stesso auttore.
Venezia, Giovanni Battista Bonfadino, 1593 (Venezia, Giovanni Battista Bonfadino, 1593).
[16], 550, [20] p.: ill.; 8°
a⁸ A-2M⁸ 2N⁶ (c. 2N6 bianca)
EDIT16-CNCE 8372

[2489]
CALDERARI, CESARE
Concetti scritturali sopra il Cantico di Maria Vergine.
Pavia, Andrea Viani, 1593.
[8], 118 c.; 8°
EDIT16-CNCE 8373

[2490]
CALDERARI, CESARE
Concetti scritturali sopra il Magnificat di Maria verg. madre di Dio. Del reuer. D. Cesare Calderari da Vicenza canonico regolare lateranense, spiegati in quattordeci lettioni. Le quali furono da lui lette in Napoli l'anno 1584. Con l'applicatione di molti Euangeli correnti, [...] Con gli argomenti alle lettioni, postille in margine, & con la tauola copiosa. [...].

Venezia, Eredi di Melchiorre Sessa <1>, 1593 (Venezia, Eredi di Melchiorre Sessa <1>, 1593).
[16], 131, [1] c.; 8°
[ast]⁸ 2[ast]⁸ A-Q⁸ R⁴
EDIT16-CNCE 8374

[2491]
CAPILLA, ANDRÈS/ (tr.) BERLINGHIERI AMOROSO
Meditationi sopra tutti gl'Euangelii dell'anno composte dal r.p.f. Andrea Capiglia tradotte dalla lingua spagnola nell'italiana da Berlinghieri Amoroso.
Brescia, Policreto Turlino, 1593.
2 vol.; 12°
EDIT16-CNCE 9110
1:
[18], 436, [2] p.
[ast]⁶ A-S¹² T⁶ (c. T6 bianca)
SBN-IT\ICCU\RAVE\072266
2:
Delle meditationi del r.p.fr. Andrea Capiglia Certosino, sopra gl'Evangelii dell'Anno. Parte seconda. Che contiene le meditationi sopra gli euangelii delle ferie della Quadragesima.
[12], 345, [3] p.
A-P¹² (ultima c. bianca)
SBN-IT\ICCU\RAVE\072268

[2492]
CRESCI, PIETRO/(ed.) D'ALESSANDRO, SANTI
Sonetti sopra tutti gli Euangelii, che si leggono la Quaresima. Secondo la dispositione de i sacri dottori di santa Chiesa. Composti per m. Pietro Cresci anc.o. Dati alla stampa per Santi d'Alessandro fiorentino, detto il Pellegrin cortese.
Bologna, Fausto Bonardo, 1593.
[12] c.; 12°
EDIT16-CNCE 53771
V. fr.

[2493]
DIONIGI, BARTOLOMEO
Compendio historico del Vecchio, & del Nuouo Testamento cauato dalla sacra Bibbia, et da altri buoni auttori, dal reuerendo m. Bartholomeo Dionigi da Fano. Nelquale si descriuono tutte le cose notabili, che successero nel popolo hebreo, dalla creatione del mondo, sino alla vltima destruttione di Ierusalem. Et la vita di Giesu Christo, saluator del mondo, nuouamente reuisto, et ornato di belle, e vaghe figure, con la disseminatione dell'euangelo, e della sua santa fede. Con due tauole, l'vna de i capitoli, l'altra delle cose notabili.
Venezia, Francesco De Franceschi <senese>, 1593 (Venezia, Francesco De Franceschi <senese>, 1593).
[22], 232 c.: ill.; 4°
[croce]-2[croce]⁸ 3[croce]⁶ A-2F⁸

EDIT16-CNCE 17243

[2494]
DOMENICHI, GIOVANNI BATTISTA
Predica della sepoltura di Giesu Christo nostro Signore, fatta nella sala maggiore della venerabile Confraternità della morte in Ferrara, dal r.p. don Gio: Battista Domenichi ferrarese canonico regolare della Congregatione del Saluatore, nel Sabbato santo dell'anno M.D.LXXXIII. Alla presenza dell'illustriss. signor conte Hercole Estense Tassoni all'hora ministro prudentissimo di essa Confraternità.
Ferrara, Benedetto Mammarello, 1593.
[4], 107, [1] p.; 4°
[ast]² A-N⁴ O²
EDIT16-CNCE 17546
V. fr.

[2495]
DU BARTAS, GUILLAUME (DE SALLUSTE)/(tr.) GUISONE, FERRANTE
La diuina settimana: cioè I sette giorni della creation del mondo. Tradotta di rima francese in verso sciolto italiano.
Venezia, Giovanni Battista Ciotti, 1593.
120 c.; 8°
A-K¹²
EDIT16-CNCE 51649
Il nome dell'autore si ricava dalla dedica. V. fr.

[2496]
DU BARTAS, GUILLAUME (DE SALLUSTE)/(tr.) GUISONE, FERRANTE
La diuina settimana; cioè, I sette giorni della creatione del mondo, del signor Guglielmo di Salusto signor di Bartas; tradotta di rima francese in verso sciolto italiano dal sig. Ferrante Guisone.
Venezia, Giovanni Battista Ciotti, 1593.
120 c.; 8°
A-K¹²
EDIT16-CNCE 17789
V. fr.

[2497]
EPISTOLE E VANGELI/(tr.) NANNINI, REMIGIO
Epistole, et Euangeli, che si leggono tutto l'anno alle Messe, secondo l'uso della S. Romana Chiesa, & ordine del Messale riformato. Tradotti in lingua toscana dal r.p.m. Remigio fiorentino, dell'Ordine de' Predicatori. Con il calendario de' santi & la tauola de' giorni che si leggono le Epistole, & Euangelij, e l'altra delle cose piu notabili.
Venezia, Giovanni Antonio Rampazetto, 1593.
[12], 264, [1] p.; 4°
a⁶ A-Q⁸ R⁴
Barbieri 2018b

[2498]
FILUCCI, AURELIO
Sermoni sopra tutti gli Euangelii dominicali, festiui, & feriali dell'anno. Del r.p.m. Aurelio Filucci da Pesaro. Dell'Ordine di santo Agostino. All'illustriss. & eccel. sig. d. Flauia Peretti.
Venezia, Giovanni Antonio Bertano, 1593.
[8], 192 [i.e 188] c.; 4°
[croce]⁸ A-N⁸ O⁴ P-2A⁸
EDIT16-CNCE 19059
V. fr.

[2499]
GERI, VINCENZO
Discorsi, ouero meditationi sopra gli Euangelii della Quaresima. Con vno auertimento, & vna oratione accommodata ad ogni Euangelio. Di Vincentio Gerio da Pistoia.
Bologna, Giovanni Rossi, 1593.
400, [2] p.; 12°
EDIT16-CNCE 29415
V. fr.

[2500]
GESUALDO, FILIPPO
Memoriale della passione di Christo [...].
Palermo, Giovanni Francesco Carrara, 1593.
EDIT16-CNCE 56989
Cfr. BEPA.

[2501]
GIAMBELLI, CIPRIANO
Lettioni sopra l'oratione domenicale del r.p. don Cipriano Giambelli da Verona canonico regolare lateranense, fatte nella chiesa episcopale di Treuigi. Con due tauole, l'vna delle sentenze dichiarate della Sacra Scrittura, l'altra delle cose più notabili. All'illustris.mo e rever.mo monsignore, il signor Francesco Cornaro vescovo di Treuigi, e chierico di Camera.
Venezia, Eredi di Melchiorre Sessa <1>, 1593 (Venezia, Girolamo Polo, 1593).
[12], 92 c.; 4°
ast⁴ a⁸ A-L⁸ M⁴
EDIT16-CNCE 20897
V. fr.

[2502]
GRILLO, ANGELO
Lagrime del penitente ad imitatione de sette salmi penitentiali di Dauide del m.r. sig. don Angelo Grillo.
Bergamo, Comino Ventura, 1593.
[4], 75, [1] p.; 8°
a² A-D⁸ E⁸
EDIT16-CNCE 36424

[2503]

GRILLO, ANGELO/VALVASON, ERASMO (DA)/TASSO, TORQUATO
Nuoua raccolta di lagrime di piu poeti illustri, all'illustriss. et ecc.mo signore Aluigi Prioli benemerito podestà di Bergamo.
Bergamo, Comino Ventura, 1593.
2 vol.: ill.; 8°
EDIT16-CNCE 38317
V. fr.

1:
Stanze del sig. Torquato Tasso per le Lagrime di Maria Vergine santissima, & di Giesu Christo nostro Signore.
Bergamo, Comino Ventura, 1593.
23, [1] p.: ill.
A⁸ B⁴ (paginazione errata della c. B1r-v)
SBN-IT\ICCU\BVEE\051207
V. fr.

2:
Raccolta di Lagrime, cioè, di Maria Maddalena. Di Maria Vergine. Del penitente.
Bergamo, Comino Ventura, 1593.
[16], 31, [17], 75, [1] p.: ill.
a⁸, A-B⁸, ²A⁸, ³A-D⁸ E⁶ (c. ²A3 segnata A4, c. ³B3 segnata A3)
SBN-IT\ICCU\BVEE\051213
La prima opera è di Erasmo da Valvason, la seconda e la terza di Angelo Grillo, come risulta dall'occhietto col quale ciascuna inizia, rispettivamente a c. a8r, ²A1r, ²A8r. V. fr.

[2504]

INCHINO, GABRIELE
Prediche del reuerendo don Gabriello Inchino, canonico regolare lateranense, sopra i quattro nouissimi; da lui predicate in alcune città d'Italia. Vtilissime ad ogni stato, grado, e conditione di persone; ma principalmente a' parochi, a' curati, & a' predicatori; che ne potranno cauare molti sermoni, e prediche sopra diuersi passi del sacro Euangelio. Con vna tauola di tutte le cose notabili, che in esse prediche si contengono. Memorare nouissima tua, & in aeternum non peccabis.
Venezia, Domenico Farri, 1593.
[16], 448 p.; 4°
†⁴-2†⁴ A-3K⁴
EDIT16-CNCE 38979
V. fr.

[2505]

LUIS DE GRANADA/(ed.) GIANETTI, ANDREA
Rosario della sacratissima vergine Maria madre di Dio, nostra signora. Dalle opere del r.p.f Luigi di Granata [...] raccolto per il r.p.f. Andrea Gianetti da Salò [...] Aggiuntoui i miracoli della Madonna, fatti per virtù del santissimo rosario.
Venezia, Eredi di Giovanni Varisco (Venezia, Eredi di Giovanni Varisco, 1593).
2 pt ([8], 276, [4]; 56 p.): ill.; 8°
[croce]⁴ A-R⁸ S⁴; a-c⁸ d⁴
EDIT16-CNCE 49891 SBN-IT\ICCU\SIPE\024350
Pt 2: *Miracoli della sacratissima Vergine Maria. Seguiti a beneficio di quelli che sono stati deuoti della Compagnia del Santissimo Rosario*, Venezia, Eredi di Giovanni Varisco (Venezia, Eredi di Giovanni Varisco, 1594). V. fr.

[2506]

MANZANO, SCIPIONE DI/(ed.) D'ALESSANDRO, SANTI
Le sette lacrime della penitenza, in ottaua rima dell'illustre signor Scipion di Manzano. Racolte da Santi d'Alessandro fiorentino detto il Pellegrin Cortese.
Cesena, 1593.
[18] c.; 12°
EDIT16-CNCE 53769

[2507]

MILIANI, CRISOSTOMO
Sommario historico del sig. Chrisostomo Miliani, raccolto dalla sacra Bibbia, dal Flauio, da Egesippo, da Beroso, da Filone, & da altri, di cose auuenute al popolo hebreo da che principiò il mondo per continuatione di quattro mila e trentanoue anni, termine dell'vltima distruttione di Gierusalemme. Con la vita di Giesu Christo vnigenito Figliuol di Dio, Redentore, e Signor nostro, tolta dal confronto di tutti quattro gli euangelisti.
Bergamo, Comino Ventura, 1593.
[16], 303, [1], 184 p.: ill.; 4°
a⁸ A-T⁸, A-L⁸ M⁴
EDIT16-CNCE 38304
V. fr.

[2508]

MONTEFUSCOLI, GIOVANNI DOMENICO/MALFITANI, LODOVICO/ROSSI, POMPILIO
Grandezze del Verbo ristrette ne' misteri del Rosario del s.r Gio: Dom.co Montefuscoli di Napoli. Con l'annotationi del r. fra Ludouico di Ciuita S. Angelo de Min. oss. Et argomenti del sig. Pompilio Rossi v.i.d. all'ill.mo. sig. Tiberio Pignatello.
Napoli, Orazio Salviani per Giovanni Giacomo Carlino e Antonio Pace, 1593 (Napoli, Giovanni Giacomo Carlino e Antonio Pace).
[12], 272 p., 6 c. di tav.: ill.; 4°
†⁶ A-2L⁴
EDIT16-CNCE 30928
V. fr.

[2509]
MORIGIA, PAOLO
Historia de' personaggi illustri religiosi diuisa in cinque libri, come nel sommario della opposta faccia appare. Del r.p.f. Paolo Morigi giesuato.
Bergamo, Comino Ventura, 1593.
[16], 344 [i.e. 348], 50, [2] p.; 4°
a-b⁴ A-2T⁴ 2V⁶, A-E⁴ F⁶
EDIT16-CNCE 38311
V. fr.

[2510]
NICOLETTI, FILIPPO
Rime spirituali soura la sollennità del Natale di nostro Signore, del reuerendo d. Filippo Nicoletti musico, & capellano del serenissimo signor duca di Ferrara.
[Ferrara], Vittorio Baldini, 1593.
[6] c.; 4°
pi greco² ([pi greco]¹+A⁴)
EDIT16-CNCE 71133

[2511]
PANIGAROLA, FRANCESCO
Dichiaratione de i Salmi di Dauid, fatta dal r.p.f. Francesco Panigarola, minore osseruante. Alla sereniss. infante, la signora duchessa di Sauoia.
Venezia, Domenico Farri, 1593.
[8], 501, [3] p.; 8°
*⁴ A-2H⁸ 2I⁴
EDIT16-CNCE 38984
V. fr.

[2512]
PÉRION, JOACHIM/(tr.) DIONIGI, BARTOLOMEO
Vita e fatti di Giesu Christo Saluator del mondo, della gloriosa Vergine Maria, di san Giouanni Battista, di S. Paolo, e de i dodeci apostoli, del r.p. Gioachino Perionio. Cauate da lui dal sacro testo euangelico, e da antichissimi et approbati libri, & authori catholici, santi, et ornati di singular dottrina. Con alcuni bellissimi discorsi ne i passi più oscuri e più difficili, che li rendono chiari, e facili. Tradotte nuouamnete dalla lingua latina all'italiana dal reuer. m. Bartholomeo Dionigi da Fano. Opera diletteuole et utilissima a chi desidera sapere, et imitare la uita del Verbo incarnato, Christo Giesù, capo universale di tutti i fedeli, e quelle dei suoi membri principali, e primi seminatori della christiana fede e religione. Con due tauole, una dei capitoli, e l'altra delle cose notabili.
Venezia, Giovanni Guerigli, 1593 (Venezia, Giovanni Guerigli, 1593).
[28], 356 p.: ill.; 4°
π⁴ a⁴ b⁶ A-2X⁴

EDIT16-CNCE 35514
Var. A: datata 1592. V. fr.

[2513]
PINELLI, LUCA
Libretto d'imagini, e brevi meditationi. Sopra la vita della sacratissima vergine Maria madre di Dio. Con l'historia ancora della sua vita, cauata fedelmente da gli antichi, e santi padri. Per il p. Luca Pinelli della Compagnia di Giesu.
Napoli, Orazio Salviani per Giovanni Giacomo Carlino e Antonio Pace, 1593.
[11], 61, [8] p.: 28: ill.; 8°
EDIT16-CNCE 50394
V. fr.

[2514]
PONZALLI, GIOVANNI
Le contemplationi spirituali de i sette di della settimana. Opera composta ad imitation della sacra Genesi. Dal reuer. prete Giouanni Ponzalli de' Giouannini piouano di San Giouanni in Petroio.
Firenze, Giorgio Marescotti, 1593.
[4], 160 c.; 8°
EDIT16-CNCE 55449
V. fr.

[2515]
RAZZI, SILVANO
Vita della gloriosa Vergine Maria. Scritta dal padre don Siluano Razzi, monaco camaldolese.
Venezia, Fabio Zoppini e Agostino Zoppini, 1593.
129, [1] p.; 8°
A-M⁸
EDIT16-CNCE 73692

[2516]
ROSACCIO, GIUSEPPE
Le sei eta del mondo. Nelle quali breuemente si tratta Della creatione del cielo, & della terra. Di Adamo, & suoi descendenti. Del diluuio, & suo tempo. Del nome delle genti, & loro origine. Delle monarchie, & quanto durarono. Della natiuità di Giesu Christo. Delle vite de' papi, imperatori, re, & altri prencipi. De' marauigliosi prodigi, & altre cose auenute fino all'anno 1593. Da Gioseppe Rosaccio in breue compendio ridotte.
Brescia, Vincenzo Sabbio, 1593.
[8], 51, [5] p.; 8°
EDIT16-CNCE 61012, SBN-IT\ICCU\CNCE\061012
V. fr.

[2517]
ROSACCIO, GIUSEPPE

Le sei eta del mondo. Nelle quali breuemente si tratta Della creatione del cielo, & della terra. Di Adamo, & suoi descendenti. Del diluuio, & suo tempo. Del nome delle genti, & loro origine. Delle monarchie, & quanto durarono. Della natiuità di Giesu Christo. Delle vite de' papi, imperatori, re, & altri prencipi. De' marauigliosi prodigi, & altre cose auenute fino all'anno 1593. Da Giuseppe Rosaccio in breue compendio ridotte.
Milano, Pacifico Da Ponte, 1593.
[6], 53, [5] p.; 8°
EDIT16-CNCE 78170
V. fr.

[2518]

SILVESTRANI BRENZONE, CRISTOFORO
Lettioni sopra il Magnificat Cantico di Maria, del m.r.p. maestro Christoforo Syluestrani carmelita dottore di teologia, lette nella città di Perugia. Al sereniss.mo prencipe Ferdinando, arciduca d'Austria, duca di Burgondia, Stiria, Carinthia, Carniola, Wittembergo, &c., conte d'Aupspurgo, &c. di Torolo, &c.
Verona, Francesco Dalle Donne, 1593 (Verona, Francesco Dalle Donne, 1593).
[16], 198, [2] p.: ill.; 4°
a-b⁴ A-2B⁴
EDIT16-CNCE 25360
V. fr.

[2519]

STASSANI, GIACOMO MARIA
Fioretti d'orationi, raccolti da diuersi luoghi della Sacra Scrittura, et essempi di n.s. Giesu Christo, et de Santi. Per il M.R.P. Giacomo Maria De Stassani Genouese; et dati in luce, ad instanza delli [!] in Christo dell'oratorio secreto di S. Siro [...].
Milano, Eredi di Girolamo Bartoli, 1593.
220, (2) c.: ill.; 12°
A-S¹² T⁶
SBN-IT\ICCU\RMLE\022199

[2520]

TASSO, TORQUATO
Stanze del s. Torquato Tasso per le Lagrime di Maria Vergine santissima, & di Giesu Christo nostro Signore.
Roma, Giorgio Ferrari, 1593.
[10] c.; 4°
A-B⁴C²
EDIT16-CNCE 48006
V. fr.

[2521]

TASSO, TORQUATO

Stanze del sig. Torquato Tasso per le lagrime di Maria Vergine santissima, & di Giesu Christo nostro Signore.
Venezia, Giorgio Angelieri, 1593.
[8] c.; 4°
A⁸ (c. A4 erroneamente segnata B4)
EDIT16-CNCE 48015
V. fr.

[2522]

TASSO, TORQUATO
Stanze del s. Torquato Tasso per le lagrime di Maria Vergine santissima, & di Giesu Christo n.s.; con aggiunta d'altri pij componimenti del medesimo autore.
Roma e ristampata in Bologna, Vittorio Benacci, [1593].
[10] c.; 16°
EDIT16-CNCE 48526
Per la data cfr. Agazzi, n. 1117.

[2523]

TASSO, TORQUATO
Stanze del s. Torquato Tasso per le lagrime di Maria vergine santissima et di Giesu Christo nostro signore.
Lucca, Vincenzo Busdraghi, 1593.
EDIT16-CNCE 55769

[2524]

TASSO, TORQUATO
Stanze del s. Torquato Tasso per le lagrime di Maria Vergine santissima, et di Giesu Christo nostro signore.
Sinigaglia, Pietro Farri, 1593.
[12] c.; 4°
A⁸ B⁴
EDIT16-CNCE 71511

[2525]

TASSO, TORQUATO
Stanze del sig. Torquato Tasso per le Lagrime di Maria Vergine santissima, et di Giesù Christo nostro Signore. Di nuouo poste in luce.
Roma e ristampata in Ferrara, Benedetto Mammarello, 1593.
[12] c.: ill.; 8°
A⁸ B⁴
EDIT16-CNCE 60554
V. fr.

[2526]

VILLEGAS SELVAGO, ALONSO DE/(tr.) ZANCHINI, GIULIO
Ritratto della vita della Madonna, del molto r.p. Alfonso Vigliega, teologo, e predicatore. Traslatato dalla lingua spagnuola nella toscana, dal caualiere fra Giulio Zanchini da Castiglionchio.

Firenze, Francesco Tosi, 1593 (Firenze, Francesco Tosi).
[4], 286, [2] p.; 4°
[ast]⁴ A-2N⁴
EDIT16-CNCE 34959, SBN-IT\ICCU\BVEE\008636
Var. B: In Firenze: per Domenico Manzani. Per SBN quella qui descritta da EDIT16 è la variante C, che ha nel colophon: (In Firenze: per Domenico Manzani). Var. D: In Firenze: per Domenico Manzani, 1593; sul frontespizio marca (Z605) del tipografo in luogo dello stemma del dedicatario. V. fr.

[2527]

VILLEGAS SELVAGO, ALONSO DE/(tr.) ZANCHINI, GIULIO
Ritratto della vita della Madonna, del molto r.p. Alfonso Vigliega, teologo, e predicatore. Traslatato dalla lingua spagnuola nella toscana, dal caualiere fra Giulio Zanchini da Castiglionchio.
Firenze, Domenico Manzani, 1593 (Firenze, Domenico Manzani).
[4], 286, [2] p.; 4°
[ast]⁴ A-2N⁴
EDIT16-CNCE 72222
Var. B: sul frontespizio marca tipografica al posto dello stemma del dedicatario.

[2528]

ZARRABINI, ONOFRIO
Parte prima. La qual contiene le domeniche correnti dalla prima dello Auuento, sino alla Domenica fra l'ottaua dell'Ascensione del Signore. [...] Con dodici breui, & facili discorsi per li mariaggi [...].
Como, Girolamo Frova, 1593.
(12), 158 p.; 4°
EDIT16-CNCE 41628, SBN-IT\ICCU\TO0E\021106
Volume primo dei *Ragionamenti famigliari, vtili, breui, et facili* [...], il cui secondo volume è datato 1592.

1594

[2529]

ALBERGONI, ELEUTERIO
Concordanza de gli Euangelii correnti nelle cinque domeniche di Quadragesima. Con il Cantico della Beata Vergine.
Milano, Pacifico Da Ponte, 1594.
[6], 104, [6] p.; 8°
A-F⁸ G¹⁰
EDIT16-CNCE 643

[2530]

ALBERTI, GIOVANNI FRANCESCO

Oloferne tragedia di Giouanfrancesco Alberti. All'illustriss. e reuerendissimo signore il sig. cardinale Alessandrino.
Ferrara, Benedetto Mammarello, 1594.
[12], 120 p.; 4°
[ast]⁶ A-G⁸ H⁴ ⁻⁴
EDIT16-CNCE 678
Var. B: ricomposti i bifoli [ast]1.6 e [ast]2.5. Var. C.: [12], 120, 8 p.; le otto pagine finali, stampate a Siena, contengono l'errata corrige. V. fr.

[2531]

AMODIO, GIOVANNI LEONARDO
La noua historia de la gloriosa Vergine Maria del Rosario. Sopra li quindici misterij, con laudi della santità di papa Pio, sì della catholica maestà il re Filippo, e principi, e signori del regno. Composta per Gio. Leonardo a' Amodio.
(Palermo e ristampata in Messina, Pietro Brea), [non prima del 1594].
[4] c.: ill.; 4°
EDIT16-CNCE 75588
Per la data cfr. Bonifacio, n. 107.

[2532]

ANGELI, NICOLA
Canto alla Santiss. Vergine di Loreto ad imitazione della Cantica di Salomone. Di Nicola de gli Angeli.
Sinigaglia, Pietro Farri, 1594.
[8] c.; 4°
EDIT16-CNCE 1777

[2533]

ANONIMA
La rappresentazione della purificazione di Nostra Donna. Che si fa per la festa di santa Maria della Candellaia. Nuouamente ristampata.
(Firenze, Giovanni Baleni, 1594).
[4] c.: ill.; 4°
A⁴
EDIT16-CNCE 61632, SBN-IT\ICCU\BVEE\032816
Titolo uniforme: *Rappresentazione della purificazione della Madonna.* Cfr. Cioni 1961, p. 233, n. 5; Testaverde-Evangelista, 230 e 664. V. fr.

[2534]

BADOER, LAURO
I sette salmi penitentiali ridotti in rime italiane dal padre Lauro Badoaro teologo del serenissimo sig. duca di Mantoua, & di Monferrato. Alla sereniss. principessa, et sig.ra madama la duchessa di Mantoua, et di Monferrato.
Mantova, Tommaso Ruffinelli, 1594.
[4], 23 p.; 8°
a² A-C⁴
EDIT16-CNCE 5879

V. fr.

[2535]

BRUNI, VINCENZO

Delle meditationi sopra i principali misterii della vita, et passione di Christo N.S. Parte terza. Con le figure, & profetie del vecchio Testamento, & con i documenti, che da ciascun passo dell'Euangelio si cauano. Raccolte da diuersi santi padri, & da altri deuoti autori per il padre Vincenzo Bruno, della Compagnia di Giesu. Di nuouo corrette, riordinate, & in quest'vltima impressione ampliate in molti luoghi.

Venezia, Giovanni Paolo Giolito De Ferrari e nipoti, 1594.

[24], 503, [1] p.; 12°

a¹² A-X¹²

SBN-IT\ICCU\RMLE\012120

La prima e la seconda parte sono del 1591-1592, cfr. EDIT16-CNCE 7730, vedi 2400 e 2440.

[2536]

BRUNI, VINCENZO

Delle meditationi sopra le sette festiuità principali della b. Vergine [...] Parte quarta. Con le profetie, & figure del vecchio Testamento, & con i documenti, che dall'Euangelio, & d'altre scritture si cauano. Composte dal r.p. Vincenzo Bruno, della Compagnia di Giesu. Ed adornate d'alcune figure, corrispondenti alle Meditationi.

Venezia, Giovanni Paolo Giolito De Ferrari e nipoti, 1594.

[24], 477, [3] p.: ill.; 12°

+ A-V¹² (c. V12 bianca)

EDIT16-CNCE 7732

Le prime tre parti sopra la vita di Cristo sono del 1591-1592, cfr. EDIT16-CNCE 7730, vedi 2400 e 2440, e del 1594, cfr. SBN-IT\ICCU\RMLE\012120, vedi 2535.

[2537]

CALDERARI, CESARE

Concetti scritturali intorno al Miserere. Del r.d. Cesare Calderari [...] spiegati in 33 lettioni. [...] Con l'applicatione di molte feste correnti, massimamente di tutto l'Auuento. Aggiuntoui di nuouo il Trofeo della croce, dello stesso auttore.

Venezia, Domenico Farri, 1594.

[16], 588, [4]; p.; 8°

a⁸ A-2O⁸

EDIT16-CNCE 8375

[2538]

CALDERARI, CESARE

Concetti scritturali sopra il Cantico di Maria vergine. Del r.p.d. Cesare Calderari da Vicenza canonico regolare lateranense, spiegati in quattordeci lettioni. Lequali furono da lui lette in Napoli l'anno 1584. Con l'applicatione di molti euangeli correnti, espositione d'assai luoghi della Scrittura, & essempi degni di ciascuno pellegrino ingegno. Con gli ar-

gomenti alle lettioni, postille in margine, & con la tauola copiosa. Al molto mag. & r. sig. Gio. Battista Samaruga.

Pavia, Andrea Viani, 1594 (Pavia, Andrea Viani, 1593).

[8], 118 c.; 8°

*⁸ A-P⁸

EDIT16-CNCE 8376

V. fr.

[2539]

CALDERARI, CESARE

Concetti scritturali sopra il Magnificat di Maria Verg. madre di Dio. Del reuer. D. Cesare Calderari.

Venezia, Eredi di Melchiorre Sessa <1>, 1594.

[16], 131 c.; 8°

EDIT16-CNCE 8377

[2540]

CALDERARI, CESARE

Concetti scritturali sopra il Magnificat di Maria verg. madre di Dio. Del reuer. d. Cesare Calderari canonico regol. lateran. spiegati in quattordici lettioni. Fatte da lui in Napoli, l'anno 1584. Con l'applicatione di molti Euangeli correnti, esposition d'assai luoghi della Scrittura, et con figure, et essempi degni di qual si uoglia pellegrino ingegno. Con gli argomenti alle lettioni, postille in margine, & con la tauola copiosa.

Mantova, Francesco Osanna, 1594.

[24], 262, [2] p.; 8°

ast⁸ 2ast⁴ A-Q⁸ R (ultima c. bianca)

EDIT16-CNCE 61190

V. fr.

[2541]

CALDERARI, CESARE

Concetti scritturali sopra il Magnificat di Maria Vergine madre di Dio. Del reueren. d. Cesare Calderari da Vicenza, canonico regolare lateranense, spiegati in quattordici lettioni. Le quali furono da lui lette in Napoli, l'anno 1584. Con l'applicatione di molti Euangeli correnti, espositione d'assai luoghi della Scrittura, & con figure, & essempi degni di ciascuno pellegrino ingegno. Con gli argomenti alle lettioni, postille in margine, & con la sua tauola copiosissima. All'honoratissimo signor Ieronimo Conestaggio.

Venezia, Eredi di Melchiorre Sessa <1>, 1594.

[8], 88 c.; 8°

A-M⁸

EDIT16-CNCE 8378

V. fr.

[2542]

CAPACCIO, GIULIO CESARE

Della selua dei concetti scritturali, di Giulio Cesare Capaccio Parte prima. ove con varii concetti, in varij discorsi spiega-

ti, infiniti luoghi della Scrittura, e particolarmente de gli Euangelij Quadragesimali si dichiarano. Al molto illustre signor Antonio Nave.

Venezia, Barezzo Barezzi e Giuseppe Pelusio, 1594.

[16], 252 c.; 4°

a-d⁸ A-3R⁸ (ultima c. bianca)

EDIT16-CNCE 9064

La seconda parte esce nel 1600, cfr. EDIT16-CNCE 9071, vedi 2745. V. fr.

[2543]

CRISTOFORO DA VERRUCCHIO

Compendio di cento meditationi sacre, sopra tutta la vita, e la Passione sì del Signore, [...] Raccolto, a requisitione di certi Superiori suoi molto reuerendi, dal R.P.F. Christoforo Verucchino dell'Ordine de' Frati Minori Capuccini.

Venezia, Niccolò Misserini, 1594 (Venezia, Niccolò Misserini, 1594).

[40], 675, [1] p.: ill.; 24°

[asterisco]-2[asterisco]¹² A-2E¹² (c. 2E11-12 bianche)

EDIT16-CNCE 14282, SBN-IT\ICCU\CNCE\014282

[2544]

DOMENICHI, GIOVANNI BATISTA/BRACCALDI, FAUSTO

Osseruationi sopra il sac. testo della santiss. passione di N.S. Conforme à i quattro euangelisti. Del molto r.p.d. Gio: Battista Domenichi ferrarese canonico regolare della Congregatione di S. Saluatore, & preuosto meritissimo di S. Marco di Reggio. Ampliate, et date in luce dal r.p.d. Fausto Braccaldi da Ferrara canonico reg. dell'istessa Congregatione. All'illustriss. et eccell.mo sig. d. Alessandro da Este.

Reggio Emilia, 1594 (Reggio Emilia, Ercoliano Bartoli).

[20], 254, [2] p.: ill.; 4°

[ast]⁴ [croce]⁶ A-Q⁸ (c. Q8 bianca)

EDIT16-CNCE 17547

V. fr.

[2545]

EPISTOLE E VANGELI/(tr.) NANNINI, REMIGIO

Epistole et Euangeli, latini, & volgari, che si leggono tutto l'anno alle messe, secondo l'vso della santa romana Chiesa, & ordine del Messale riformato. Tradotti in lingua toscana dal r.p.m. Remigio Fiorentino dell'Ordine de' Predicatori. Con il calendario de' santi; & la tauola de' giorni, che si leggono l'Epistole, & Euangeli.

Venezia, Domenico Imberti, 1594 (Venezia, Giovanni Domenico Imberti, 1594).

[16], 736, 126 p.: ill.; 8°

[croce]⁸ A-3G⁸ 3H⁶

EDIT16-CNCE 11396

[2546]

GERI, VINCENZO

Ghirlanda della gloriosissima Vergine, composta di vaghi, & varij fiori di debite lodi, pie meditationi, e diuote orationi. Raccolte da Vincenzo Geri in santi, catholici, & approuati scrittori. Con vn discorso della vita di Christo Giesu, in quella parte, che dee essere da noi imitato.

Bologna, Giovanni Rossi, 1594.

211, [3] p.; 12°.

A-I¹² (mancante c. I12, bianca c. I11)

EDIT16-CNCE 65852

V. fr.

[2547]

GRILLO, ANGELO

Lagrime del penitente ad imitatione de' Sette Salmi penitentiali di Davide.

Napoli, Nicola Antonio Stigliola, 1594.

[12], 144, [8] p.; 12°

EDIT16-CNCE 21813

[2548]

JACOBUS DE VORAGINE/(tr.) MALERBI, NICOLÒ

Legendario delle vite de' santi; composto dal r.p. Giacobo di Voragine dell'Ordine de' Predicatori. Tradotto già per il r.d. Nicolo Manerbio [...] Aggiuntoui di nuouo molte legende, & accommodate ad ogni giorno la uita di alcun santo. Con la tauola delle legende, & di vaghe figure ornato, e con somma diligenza corretto, & ristampato.

Venezia, Eredi di Giovanni Varisco, 1594.

[16], 861, [1] p.: ill.; 4°

a⁸ A-3H⁸

EDIT16-CNCE 54048

Titolo uniforme: *Legenda aurea sanctorum* [italiano].

[2549]

MARZI, GIOVANNI BATTISTA

Herodiade Tragedia del sig. Giouambattista Martii, da Città di Castello. Caualiere di Santo Stefano. Alla serenissima madama Christina di Loreno Medici. Gran duchessa di Toscana.

Firenze, Francesco Tosi, 1594.

[8], 100 p.; 8°

*⁴ A-F⁸ G²

EDIT16-CNCE 34964

V. fr.

[2550]

PELLEGRINI, FEDERICO

Discorso sopra il quinto salmo penitentiale del r.p. maestro Federico Pellegrini bolognese, minor conuentuale. Nuouamente ristampato, con la tauola delle cose principali.

Bologna, Giovanni Rossi, 1594.

[16], 747, [9] p.: ill.; 4°
EDIT16-CNCE 78673

[2551]
PINELLI, LUCA
Libretto d'imagini, e di breui meditationi sopra alcuni misterii della vita, e passione di Christo signor nostro. Composto dal p. Luca Pinelli della Compagnia di Giesu, per dare a tutti materia di meditare.
Napoli, Orazio Salviani per Giovanni Giacomo Carlino e Antonio Pace, 1594.
[6], 44 p.: ill.; 8°
EDIT16-CNCE 48423
Cfr. Manzi 1974, n. 196.

[2552]
PINELLI, LUCA
Libretto d'imagini, e di breui meditationi sopra i quattro nouissimi dell'huomo. Con alcune altre meditationi accommodate per fare entrare la persona in se stessa. Composto dal p. Luca Pinelli della Compagnia di Giesu, per aiuto di quei, che si vogliono dare alla vita spirituale.
Napoli, Orazio Salviani per Giovanni Giacomo Carlino e Antonio Pace, 1594.
[3], 25 p.: ill.; 8°
EDIT16-CNCE 48424

[2553]
PINELLI, LUCA
Libretto d'imagini, e di breui meditationi sopra i quindici misterii del rosario della sacratissima vergine Maria. Composto dal p. Luca Pinelli della Compagnia di Giesu, per aiuto de' diuoti della Madonna santissima.
Napoli, Orazio Salviani per Giovanni Giacomo Carlino e Antonio Pace, 1594.
[12], 32 p.: ill.; 8°
EDIT16-CNCE 48425

[2554]
PINELLI, LUCA
Libretto d'imagini, e brevi meditationi. Sopra la vita della sacratissima vergine Maria madre di Dio. Con l'historia ancora della sua vita, cauata fedelmente dagli antichi e santi padri. Per il p. Luca Pinelli della Compagnia di Giesu, per eccitare alla diuotione della B. Vergine, & imitatione della sua santissima vita.
Napoli, Orazio Salviani per Giovanni Giacomo Carlino e Antonio Pace, 1594.
[11], 61 p.: ill.; 8°
EDIT16-CNCE 48426

[2555]
PINELLI, LUCA
Libretto. D'imagini e di breui meditationi sopra li sette peccati capitali, e le virtu à loro contrarie. Si da ancora una breue cognitione de' vitij per fuggirli, e delle virtù per acquistarle. Composto dal p. Luca Pinelli della compagnia di Giesù.
Napoli, Nicola Antonio Stigliola, 1594 (Napoli, Nicola Antonio Stigliola, 1594).
[12], 68 p.: ill.; 8°
EDIT16-CNCE 47429
Cfr. Manzi, n. 14. V. fr.

[2556]
PLATINA (IL) (SACCHI, BARTOLOMEO)/PANVINIO, ONOFRIO/CICARELLI, ANTONIO/DIONIGI, BARTOLOMEO
Historia delle vite de i sommi pontefici, dal Saluator nostro sino a Clemente VIII. Scritta da Battista Platina cremonese, dal p.f. Onofrio Panuinio da Verona, & da Antonio Cicarelli da Fuligno. Illustrata con l'annotationi del Panuinio, nelle uite descritte dal Platina, & con la Cronologia ecclesiastica dell'istesso, tradotta in lingua italiana, & ampliata dal r.m. Bartolomeo Dionigi da Fano. Ornata nuouamente di bellissimi ritratti di tutti essi pontefici dal naturale. Et in questa vltima impressione arrichita co i nomi, cognomi, patrie, e titoli di tutti quei cardinali, de i quali se n'ha potuto hauer cognitione, raccolti dal sodetto Dionigi dall'opere del Panuinio, e da gli atti della Cancellaria apostolica. Con tre fedeli e copiose tauole, vna de i papi, l'altra de i cardinali, & la terza fatta nuouamente di tutte le cose notabili che nell'opera si contengono.
Venezia, Bernardo Basa, 1594.
2 pt ([40], 339, [1] c.; [16], 192 p.): ill.; 4°
†⁴ b-e⁴ f⁶ a-b⁴ c⁶ A-Z⁸ 2A-2T⁸ 2V⁴; a⁸ A-M⁸ (c. 2V⁴ (pt 1) e a⁸ (pt 2) bianche)
EDIT16-CNCE 31471
Pt 2: *La cronologia ecclesiastica del reuer. p.f. Onofrio Panuinio veronese [...] dall'imperio di C. Giulio Cesare dittatore, sino all'imperator Cesare Massimiliano II d'Austria [...].* V. fr. (pt 1).

[2557]
RAZZI, SILVANO
Vita della gloriosa Vergine Maria. Scritta dal p.d. Siluano Razzi monaco camaldolense. Nouamente ristampata, & ricorretta.
Torino, Giovanni Michele Cavalleri e Giovanni Francesco Cavalleri, 1594 (Torino, Giovanni Michele Cavalleri e Giovanni Francesco Cavalleri).
370, [2] p.: ill.; 12°
A-P¹² Q⁶
EDIT16-CNCE 66949
V. fr.

[2558]
ROCCA, ANGELO
Sette settenarii intorno alle sette petitioni dell'orat. domenicale raccolti dalla Scrittura sacra, con la dottrina de' dottori di s. Chiesa & d'altri scrittori antichi, da f. Angelo Rocca da Camerino, dottor' in theologia, dell'Ordine Eremitano di s. Agostino. Alla ill.ma & ec.ma sig.ra la sig.ra d. Flauia Peretta Orsina duchessa di Bracciano.
Roma, Guglielmo Facciotti, 1594.
32 p.: ill.; 8°
A-B⁸
EDIT16-CNCE 47618
V. fr.

[2559]
ROCCA, ANGELO
Spositione intorno all'orat. domenicale raccolta da' più famosi scrittori antichi & moderni che in ciò hanno scritto fin'hora, da F. Angelo Rocca da Camerino, dottor' in theologia dell'ordine Eremitano di S. Agostino. Alla illustrissima, & eccellentissima signora la signora donna Flauia Peretta Orsina duchessa di Bracciano.
Roma, Guglielmo Facciotti, 1594 (Roma, Guglielmo Facciotti, 1594).
[16], 178, [14] p.: ill.; 8°
πA⁸ A-M⁸
EDIT16-CNCE 47617, SBN-IT\ICCU\BVEE\010913
V. fr.

[2560]
ROSACCIO, GIUSEPPE
Le sei eta del mondo di Gioseppe Rosaccio. Con breuità descritte. Cioè Della creation del cielo, & della terra. Di Adamo, & suoi descendenti. Del diluuio, & suo tempo. Del nome delle genti, & loro origine. Delle monarchie, & quanto durarono. Della natiuità di Christo, et sua morte. Delle vite de i papi, & altri prencipi; con tutto quello che e successo sino all'anno 1593.
[Venezia, Francesco Bariletti], Bologna, Giovanni Rossi, 1594.
63, [1] p.; 8°
A-D⁸
EDIT16-CNCE 69311, SBN-IT\ICCU\VIAE\014952
V. fr.

[2561]
ROSACCIO, GIUSEPPE
Le sei eta del mondo, nelle quali breuemente si tratta della creation del cielo, & della terra [...] da Gioseppe Rosaccio in breue compendio ridotte.
Ferrara, Vittorio Baldini, 1594.
63, [1] p.; 8°

A-D⁸
EDIT16-CNCE 54364

[2562]
ROSACCIO, GIUSEPPE
Le sei eta del mondo. Nelle quali breuemente si tratta della creation del cielo, & della terra. Di Adamo, & suoi descendenti. Del diluuio, & suo tempo. [...]. Delle vite de' papi, imperatori, re, & altri prencipi; con tutto quello e successo fino all'anno 1593.
Bologna, ristampata in Firenze, Francesco Tosi, 1594.
43, [5] p.: ill.; 8°
A-C⁸
EDIT16-CNCE 53722

[2563]
TASSO, TORQUATO
Stanze del s. Torquato Tasso per le lagrime di Maria vergine beatissima & di Gesu Christo n.s. Con l'aggiunta d'altri pij componimenti del medesimo autore.
Roma, Guglielmo Facciotti, 1594.
[12] c.; 12°
EDIT16-CNCE 71494

[2564]
TASSO, TORQUATO
Stanze del sig. Torquato Tasso per le lagrime di Maria Vergine beatissima, & di Giesu Christo nostro signore.
Mantova, Francesco Osanna, 1594.
[12] c.; 4°
EDIT16-CNCE 60766

[2565]
TEDESCHI, PIETRO VINCENZO
Meditationi sopra alcuni misterii piu principali della vita di n. Sig. cioè della sua natiuità, passione, morte e resurrettione massime nella quaresima, vtilissime ad ogni persona spirituale, e cauate dalla Sacra Scrittura con altre diuote orationi, & con le littanie del santis. Sacramento da d. Pietro Vincenzo Todeschi siciliano di Troina d. theologo.
Roma, Guglielmo Facciotti, [1594?].
107 [i.e. 119], [1] p.; 12°
EDIT16-CNCE 55131
Data dalla dedica, cfr. anche Ceresa, n. 33.

[2566]
ZAPPULLO, MICHELE
Sommario della vita del n. Saluator Giesu Christo, per ordine de luoghi, e tempi. Raccolto dalli quattro Euangelii, & altri autori cattolici. Per Michel Zappullo, dottor delle leggi. Con vn discorso sopra il nome di Giesù, & vna general cronologia della creation del mondo in sino alla sua natiuità, battesmo, e passione.

Napoli, Nicola Antonio Stigliola, [1594?].
[32], 267, [1] p.: ill.; 12°
A-M¹² N⁶
EDIT16-CNCE 55514
Data dalla dedica. V. fr.

1595

[2567]
AGOSTINI, AGOSTINO/(ed.) FAGGIUOLO, GIROLAMO/
PANIGAROLA, FRANCESCO
I sette salmi penitentiali imitati in rime dall'eccellentiss.
dott. Agostino Agostini. Et i sette salmi della misericordia,
latini, raccolti dal Salmista dal sig. Girolamo Fagiolo, co'l
lor volgare di mons.r. vesc. Panigarola, ornati di figure in
rame.
Antwerpen, [non prima del 1595].
[96], 33-126, [2] p.: ill.; 16°
*-2*⁸ A-K⁸ (ultima c. bianca)
SBN-IT\ICCU\PARE\049769
Le note tipografiche si presentano: In Anuersa: secundo
l'exemplare di Venetia, appresso Girolamo Porro, 1595
(Secundo l'exemplare in Venetia: appresso Girolamo
Porro, 1593). Altra emissione reca sul front.: In Cologna.
V. fr.

[2568]
AGOSTINI, AGOSTINO/(ed.) FAGGIUOLO, GIROLAMO/
PANIGAROLA, FRANCESCO
I sette salmi penitentiali imitati in rime dall'eccellentiss.
dott. Agostino Agostini. Et i sette salmi della misericordia,
latini, raccolti dal sig. Girolamo Fagiolo co'l lor volgare tolto
da i salmi di mons.r. vesco. Panigarola.
Venezia, Girolamo Porro, 1595 (Venezia, Girolamo Porro,
1592).
[48], 33-76 c.; 16°
a¹⁶ A-K⁸
EDIT16-CNCE 50303, SBN-IT\ICCU\VEAE\124624
A c. E6r inizia con proprio frontespizio: *Septem psalmi*
misericordiarum Dei.

[2569]
ANDROZZI, FULVIO
Meditationi della passione di N.S. Giesu Christo composte
dal reuer. p. Fuluio Androtio della Compagnia di Giesu;
nouamente con diligenza corrette & ristampate.
Venezia, Bernardo Basa, [1595?].
123, [5] p.; 32°
EDIT16-CNCE 60729
L'impronta è datata 1595.

[2570]
ANONIMA
Fior di virtu historiato, et utilissimo a fanciulli, & a ogni
fedel christiano. Aggiontoui di nuouo vn capitolo in rima
alla gloriosissima vergine Maria. Di nuouo ristampato, &
ricorretto, & di bellissime figure adornato.
Venezia, Giovanni Griffio <2>, 1595.
92, [4] p.: ill.; 8°
A-C¹⁶
SBN-IT\ICCU\RMLE\039464
V. fr.

[2571]
ANONIMA
Fior di virtu historiato, et vtilissimo a fanciulli, & a ogni
fedel christiano. Aggiuntoui di nuouo vn capitolo in rima
alla gloriosissima vergine Maria. Di nuouo ristampato, &
ricorretto et di bellissime figure adornato.
Venezia, Domenico Imberti, 1595 (Venezia, Domenico
Imberti, 1595).
92, [4] p.: ill.; 8°
EDIT16-CNCE 41885
V. fr.

[2572]
ANONIMA
La rappresentatione del Spirito Santo.
(Firenze, [Giovanni Baleni], 1595).
[4] c.: ill.; 4°
A⁴
EDIT16-CNCE 62010, SBN-IT\ICCU\CFIE\033375
Titolo uniforme: *Rappresentazione dello Spirito santo.*
Miracolo. Per il tipografo, cfr. Cioni 1961, p. 279, n. 7;
Testaverde-Evangeslita, 693.

[2573]
ANONIMA
La rappresentatione della regina Hester.
(Firenze, 1595).
[10] c.: ill.; 4°
A¹⁰
EDIT16-CNCE 61622, SBN-IT\ICCU\CFIE\032940
Titolo uniforme: *Rappresentazione di Ester regina.* SBN
indica: "Stampata da Giovanni Baleni", rinviando errone-
amente a Cioni 1961, p. 128, n. 10 e Testaverde-Evangelista,
202. Il titolo e il colophon tascritti da Cioni corrispondo-
no all'edizione EDIT16-CNCE 61951, vedi 2574. V. ed.

[2574]
ANONIMA
La rappresentatione della reina Hester.
(Firenze, Giovanni Baleni, 1595).
[10] c.: ill.; 4°

A[10]

EDIT16-CNCE 61951

Titolo uniforme: *Rappresentazione di Ester regina*. Cfr. Cioni 1961, p. 128, n. 10; Testaverde-Evangelista, 202.

[2575]

ANONIMA

La rappresentazione di Iudith hebaea [!].

(Firenze, 1595).

[8] c.: ill.; 4°

EDIT16-CNCE 46910

Titolo uniforme: *Rappresentazione di Giuditta ebrea*. Cfr. Cioni 1961, p. 200, n. 9. V. fr.

[2576]

BENASSAI, GIOVANNI MARIA

Rappresentazione di santa Maria Maddalena.

(Aquila, Lepido Faci, 1595).

121, [7] p.; 8°

A-H[8]

EDIT16-CNCE 57923, SBN-IT\ICCU\UM1E\027062

[2577]

BESOZZI, OTTAVIANO

Essercitii spirituali per meditare sopra gli Euangeli correnti dell'Auuento, Quaresima, domeniche, & de' santi di tutto l'anno, secondo il rito della santa Chiesa romana. Composti dal r.d. Ottauiano Besozzo, sacerdote milanese.

Bergamo, Comino Ventura, 1595.

[16], 311 p.; 8°

a[8] A-T[8] V[4]

EDIT16-CNCE 5641

V. fr.

[2578]

BRANDI, GIOVANNI ANTONIO

Rosario di Maria Vergine santissima. Poema sacro del r.p.f. Gio. Antonio Brandi, salemitano, theologo: della Religione de' Padri Tertiarij regolari di san Francesco, detti in Sicilia Padri Scalzi.

Palermo, Giovanni Francesco Carrara, 1595.

218, [22] c.: ill.; 8°

A-Z[8] Aa-Gg[8]

EDIT16-CNCE 7440

V. fr.

[2579]

BRUNI, VINCENZO

Delle meditationi sopra i principali misterii della vita, et passione di Christo N.S. Parte prima. Con le figure, & profetie del vecchio Testamento, & con i documenti, che da ciascun passo dell'Euangelio si cauano. Raccolte da diuersi santi padri, & da altri deuoti autori per il padre Vicenzo Bruno, del-

la Compagnia di Giesu. Di nuouo corrette, riordinate, & in quest'vltima impressione ampliate in molti luoghi.

Venezia, Giovanni Paolo Giolito De Ferrari e nipoti, 1595.

2 vol.: ill.; 12°

EDIT16-CNCE 7733

1:

[24], 612 p.

ast[12] A-2B[12] 2C[6]

SBN-IT\ICCU\LO1E\037333

V. fr.

2:

724, [8] p.

A-2G[12] 2H[6]

SBN-IT\ICCU\UMCE\019607

[2580]

CALDERARI, CESARE

Concetti scritturali sopra il Magnificat di Maria Verg. madre di Dio. Del r.d. Cesare Calderari da Vicenza [...] Con ogni diligentia corretti, in questa terza impressione.

Venezia, Eredi di Melchiorre Sessa <1>, 1595 (Venezia, Girolamo Polo, 1595).

[8], 110, [2] c.; 8°

[croce][8] A-O[8]

EDIT16-CNCE 8379

[2581]

CAPECE, ISABELLA/(ed.) COLAPAGANO, PIETRO

Consolatione dell'anima oue si contengono pie, e deuote meditationi composte dalla sig. Isabella Capece raccolte, e registrati col testo della Scrittura. E poste in luce dal reu. d. Pietro Colapagano sacristano di Santa Maria Maggiore di Napoli suo confessore. Diuise in quattro libri. Ne' quali si tratta della passione; e resurrettione del Signore, e de' quindici misterij della santissima concettione della Madonna, e di alcuni Euangelij moralmente esposti, oue si leggono molte cose vtili per salute dell'animo. Con due tauole vna de i capitoli, e l'altra delle cose più notabili.

Napoli, Giovanni Giacomo Carlino e Antonio Pace, 1595.

[36], 274, 248 p.; 8°

A[4] a-b[4] c[6] A-2L[4] 2M[2] 2A-2H[4]

EDIT16-CNCE 9078

Cfr. Zarri, scheda 572, p. 473. V. fr.

[2582]

CAPECE, ISABELLA/(ed.) COLAPAGANO, PIETRO

Consolatione dell'anima oue si contengono pie, e deuote meditationi composte dalla sig. Isabella Capece. raccolti, e registrati col testo della Scrittura. E poste in luce dal reu. d. Pietro Colapagano [...] Diuise in quattro libri [...] Con due tauole una dei capitoli, e l'altra delle cose piu notabili.

Napoli, Giovanni Giacomo Carlino e Antonio Pace, 1595.

[36], 275, [1], , 240 p.: ill.; 8°
A⁴ a-b⁴ c⁶ A-2L⁴ 2M² A-2g⁴
SBN-IT\ICCU\BRIE\016807

[2583]

CAPILLA, ANDRÈS
Delle meditationi sopra tutti gli Euangelii dell'anno, parte prima; composte dal r.p.f. Andrea Capiglia monaco certosino. Nouamente ristampate, & corrette.
Verona, Francesco Dalle Donne, 1595.
2 pt; 12°
EDIT16-CNCE 9111
1:
[18], 386 [i.e. 436], [2] p.: ill.
*⁶ A-S¹² T⁶ (ultima c. bianca)
SBN-IT\ICCU\BVEE\064081
Vol. 1: var. A: dedica datata 15 giugno 1595; var. B: dedica datata 14 giugno 1595. V. fr.
2:
Delle meditationi del reuer. P.F. Andrea Capiglia certosino, sopra gl'Euangelij dell'anno. Parte seconda. Che contiene le meditationi sopra gli Euangelij delle ferie della Quadragesima.
Verona, Francesco Dalle Donne, 1595.
[12], 345 [i.e. 339], [1] p. (omesse nella numer. le p. 325-330)
A-O¹² P⁸
SBN-IT\ICCU\BVEE\064080

[2584]

CAPILLA, ANDRÈS/(tr.) BERLINGHIERI AMOROSO
Meditationi sopra tutti gli Euangelii dell'anno composte dal r.p.f. Andrea Capiglia tradotte dalla lingua spagnola nella italiana dal s. Berlinghieri Amoroso.
Brescia, Policreto Turlino (Brescia, Policreto Turlino, 1595).
2 vol.; 12°
EDIT16-CNCE 9112
1:
[18], 436, [2] p.
[fiore]⁶ A-S¹² T⁶ (c. T6 bianca)
SBN-IT\ICCU\CERE\051493
2:
[12], 345, [3] p.
A-P¹² (verso dell'ultima p. bianco)
SBN-IT\ICCU\TO0E\126243

[2585]

CATECHISMO/(tr.) FIGLIUCCI, FELICE
Catechismo cioè Istruttione secondo il decreto del Concilio di Trento [...] tradotto [...] in lingua volgare dal r.p.f. Alesso Figliucci, de l'ordine de' Predicatori.
Venezia, Niccolò Polo, 1595 (Venezia, Niccolò Polo, 1595).
[16], 621, [27] p.; 8°
[croce]⁸ A-2R⁸ 2S⁴
EDIT16-CNCE 120105
Alesso (anche Alessio) Figliucci è il nome in religione di Felice Figliucci, domenicano. V. fr.

[2586]

CISNEROS, GARCIA DE/(tr.) ZANCHINI, GIULIO
Esercitatorio della vita spirituale che contiene eserciziij della via purgatiua, illuminatiua, e vnitiua: e della vita passione, e morte del Saluator nostro Giesu Cristo. Con vn'aggiunta di tutti i pij affetti, che si sogliono hauere nella orazione. Opera del r.p. Grazia Cisneros abate del monasterio della Madonna di Monserrato. Tradotta dalla lingua spagnuola, dal caualiere fra Giulio Zanchini da Castiglionchio.
Firenze, Eredi di Iacopo Giunta <2>, 1595 (Firenze, Eredi di Iacopo Giunta <2>, 1595).
108 c.; 12°
A-I¹²
EDIT16-CNCE 40682
V. fr.

[2587]

CRISTOFORO DA VERRUCCHIO
Compendio di cento meditazioni sacre, sopra tutta la vita, e la passione sì del Signore come della Madonna [...] Raccolto dal r.p. fra Christoforo Verucchino [...].
Piacenza, Giovanni Bazachi, 1595 (Piacenza, Giovanni Bazachi, 1595).
[36], 692, [2] p.; 12°
a⁶ b¹² A-Z¹² Aa-Ee¹² Ff⁶
EDIT16-CNCE 49789

[2588]

DEL BENE, GIOVANNI
I diuoti, e pii discorsi sopra la passione di Nostro Signore fatti dal r. don Giouanni Del Bene veronese. Per meditare gli altissimi misteri della nostra redentione. Historiati di nuouo, et da molti errori della prima impressione purgati.
Bergamo, Comino Ventura, 1595.
[6], 210 c.: ill.; 12°
a⁶ A-R¹² S⁶
EDIT16-CNCE 16391

[2589]

DELLA PORTA, CESARE
Stanze sopra i quindeci misteri del santissimo Rosario. Di Cesare Porta cremonese.
Cremona, Barucino Zanni, 1595.
[8] c.: ill.; 8°
A⁸
EDIT16-CNCE 37020

V. fr.

[2590]
DU BARTAS, GUILLAUME (DE SALLUSTE)/(tr.)
GUISONE, FERRANTE
La diuina settimana; cioe, i sette giorni della creation del mondo, del signor Guglielmo di Salusto signor di Bartas; tradotta di rima francese in verso sciolto italiano. Dal sig. Ferrante Guisone. Aggiuntoui di nuouo le figure intagliate in rame di Christoforo Paulini.
Venezia, Giovanni Battista Ciotti, 1595.
133 [i.e. 129], [1] c.: ill.; 12°
A⁸ B-L¹² M²(-M2) (c. M2 bianca).
EDIT16-CNCE 17790

[2591]
MARTINENGO, LUCILIO
Della vita di nostra santiss. signora, la gloriosa Vergine Maria. In sacro poema ridotta: dell'illustre, et r.d. Lucillo Martinenghi [...] delli M. illustri sig. conti di Barco [...] monaco Casinense. [...].
Brescia, Policreto Turlino (Brescia, Policreto Turlino, 1595).
[16], 248, [8] p.: ill.; 4°
[ast]⁸ A-P⁸ Q⁴ R⁴ (ultima p. bianca)
EDIT16-CNCE 35634

[2592]
MARTINI, GIOVANNI SIMONE
Rappresentatione della presentatione di n. Signore Iesu Christo al Tempio. Fatta da Io: Simone Martini da Todi.
Siena, [Giovanni Baleni, 1595?].
[8] c.: ill.; 4°
A-B⁴
EDIT16-CNCE 52572
Data dalla dedicatoria. Per il tipografo, cfr. Cioni 1961, p. 152, n. 2. V. fr.

[2593]
MARULIC, MARKO/(tr.) ALCAINI, GIUSEPPE
Dell'humiltà, et della gloria di Christo; libri tre. Composti da Marco Marulo da Spalato. Il primo euangelico, il secondo profetico, & il terzo glorioso. Tradotti di latino in volgare dal r.p.f. Gioseffo Alchaini, dell'Ordine de' Predicatori. Opera diletteuole, & fruttuosa ad ogni fidel christiano. Con due tauole, vna de' capitoli, l'altra delle cose più notabili.
Venezia, Fioravante Prati, 1595.
[16], 260 p.; 8°
EDIT16-CNCE 35955
V. fr.

[2594]
NICOLETTI, FILIPPO

Rime spirituali soura la morte del figliuol di Dio: del r.d. Filippo Nicoletti musico, & capellano del sereniss. sig. duca di Ferrara.
Venezia, Giovanni Angelieri, 1595.
[6] c.; 4°
A⁶
EDIT16-CNCE 75539

[2595]
ORSILAGO, PIETRO
I sette salmi penitenziali tradotti in volgare dall'eccellente sig. Pietro Orsilago.
Venezia, Riccardo Amadino, 1595.
[6] c.; 16°
EDIT16-CNCE 5880

[2596]
PANIGAROLA, FRANCESCO
Cento ragionamenti sopra la passione di N. Signore. Fatti in Milano da monsig. reuer. Panigarola vescouo d'Asti per commissione, & alla presenza di mons. illustriss. Borromeo cardinal di S. Prassede. Diuisi in quattro parti: dellequali la prima contiene la cattura, e quanto auuene nell'horto. La seconda, il processo ecclesiastico, e quanto si fece in casa de' Pontefici. La terza, il processo secolare, e quanto occorse in casa di Pilato. La quarta, l'essecutione della sentenza, e quello che passò sopra il Caluario.
Venezia, Pietro Dusinelli, 1595.
[48], 684 [i.e. 704] p.; 8°
a-c⁸ A-2X⁸
EDIT16-CNCE 76698
V. fr.

[2597]
PANIGAROLA, FRANCESCO
Specchio di guerra di f. Francesco Panigarola vescouo d'Asti. Al sereniss. Carlo Emanuele duca di Sauoia &c.
Bergamo, [Comino Ventura], a istanza di Pietro Martire Locarno, 1595.
[48], 227, [45] c.: ill.; 4°
[pi greco]⁴ a-e⁸ f⁴ A-2E⁸ 2F⁴ (c. f4 e 2F4 bianche)
SBN-IT\ICCU\ANAE\011661   e   IT\ICCU\BVEE\012143
V. fr.

[2598]
PORRO, ALESSIO
Concetto scritturale del m.r.p.m. Alessio Porri theologo romano, & bolognese, predicatore egregio, padre grauissimo, & nell'Accademia de gl'Innominati detto l'Academico Stabile. Intorno alla sentenza di Salomone vanitas vanitatum, & omnia vanitas. Ecc. I. spiegato dallo stesso padre leggendo

ogni giorno festiuo nel sacro tempio del Carmino di Parma l'anno 1594.
Parma, Erasmo Viotti, 1595.
[42] p.; 4°
EDIT16-CNCE 77365

[2599]
ROSACCIO, GIUSEPPE
Le sei eta del mondo di Gioseppe Rosaccio, con breuità descritte. Della creation del cielo, & della terra. Di Adamo, & suoi descendenti. Del diluuio, & suo tempo. Del nome delle genti, & loro origine. Delle monarchie, & quanto durarono. Della natiuità di Christo, et sua morte. Delle vite de' papi, & altri prencipi, con tutto quello e successo fino all'anno, 1595.
Venezia, 1595.
43, [5] p.: ill.; 8°
A-C⁸
EDIT16-CNCE 50312
V. fr.

[2600]
TANSILLO, LUIGI/VALVASON, ERASMO (DA)/ GUARGUANTI, ORAZIO
Le lagrime di san Pietro del signor Luigi Tansillo. Con le Lagrime della Maddalena del signor Erasmo da Valvasone. Di nuouo ristampate, et aggiuntoui l'Eccellenze della gloriosa Vergine Maria del signor Horatio Guarguante da Soncino.
Venezia, [Giovanni Battista Porta], 1595.
[4], 190 [i.e. 180] c.; 8° (omesse nella numer. le c. 153-162)
†⁴ A-Y⁸ Z⁴
EDIT16-CNCE 35830
V. fr.

[2601]
TURINI BUFALINI, FRANCESCA
Rime spirituali sopra i misterii del santissimo Rosario, di Francesca Turina Bufalina.
Roma, Domenico Gigliotti, 1595.
[8], 172 p.; 4°
*⁴ A-V⁴ X⁶
EDIT16-CNCE 25885
V. fr.

[2602]
VILLEGAS SELVAGO, ALONSO DE/(tr.) TIMOTEO DA BAGNO
Nuouo legendario della vita, e fatti di N.S. Giesu Christo, e di tutti i Santi; delli quali celebra la festa, e recita l'officio la santa Chiesa catholica, conforme al Breuiario romano riformato; insieme con le vite di molti altri santi, che non sono nel calendario di detto Breuiario; con molte autorità, & figure della sacra Scrittura, accommode à proposito del-
le vite de' santi. Raccolto da graui, & approbati autori, & dato in luce per auanti in lingua spagnuola, sotto titolo di Flos Sanctorum, per Alfonso di Villegas di Toledo, teologo e predicatore. E nuouamente con diligentia tradotto di spagnuolo in lingua italiana, per d. Timoteo da Bagno monaco camaldolese. Aggiuntovi in questa vltima editione le vite, e fatti d'alcuni santi, e beati, & in particolare di s. Diego, e s. Giacinto, nuouamente canonizati.
Genova, Eredi di Girolamo Bartoli, 1595.
2 pt; 4°
A¹⁰ A-2C⁸ 2D¹⁰ (ultima c. bianca)
EDIT16-CNCE 77285
2: *Legendario delle vite de' santi, detti estrauaganti. Raccolto da graui, et approbati autori per Alfonso di Villegas di Toledo, teologo e predicatore. Nuouamente con diligentia tradotto di spagnuolo in lingua italiana, per don Timoteo da Bagno monaco camaldolese. In Genoua: per gli heredi di Girolamo Bartoli, 1595. V. fr.*

[2603]
VILLEGAS SELVAGO, ALONSO DE/(tr.) TIMOTEO DA BAGNO
Nuouo leggendario della vita, e fatti di N.S. Giesu Christo, e di tutti i Santi. Delli quali celebra la festa, e recita l'officio la santa Chiesa catholica, conforme al Breuiario romano riformato. Insieme con le vite di molti altri santi, che non sono nel calendario di detto Breuiario. Con molte autorità, & figure della sacra Scrittura, accommodate à proposito delle vite de' santi; Raccolto da graui, & approbati autori, & dato in luce per auanti in lingua spagnuola, sotto titolo di Flos Sanctorum, per Alfonso di Villegas di Toledo, teologo, e predicatore. E nuouamente con diligentia tradotto di spagnuolo in lingua italiana, per d. Timoteo da Bagno monaco camaldolese. Aggiuntovi in questa vltima editione le vite, e fatti d'alcuni santi, e beati, lequali nell'altre si desiderauano.
Venezia, Domenico Guerra e Giovanni Battista Guerra, 1595.
[24], 830 [i.e. 834, 2] p.: ill.; fol. (ripetute nella numer. le p. 753-756)
a⁸ b⁴ A-3A⁸, 3A5², 3B-3F⁸
EDIT16-CNCE 37582
V. fr.

[2604]
VILLEGAS SELVAGO, ALONSO DE/(tr.) TIMOTEO DA BAGNO
Nuouo leggendario della vita, e fatti di N.S. Giesù Christo, e di tutti i santi [...] Raccolto da graui [...] autori, & dato in luce [...] in lingua spagnuola [...] tradotto [...] in lingua italiana per d. Timoteo da Bagno [...] Aggiuntoui in questa ultima editione le vite, e fatti d'alcuni santi e beati [...].
Como, Girolamo Frova, 1595.

[24], 832, [2] p.: ill.; fol.
Edit16-CNCE 49740

[2605]

Villegas Selvago, Alonso de/(tr.) Timoteo da Bagno
Nuouo leggendario della vita, e fatti di N.S. Giesu Christo, e di tutti i santi [...] Raccolto da graui, & approbati autori, & dato in luce per auanti in lingua spagnuola, sotto titolo di Flos Sanctorum, per Alfonso di Villegas di Toledo, [...] E nuouamente con diligentia tradotto di spagnuolo in lingua italiana, per d. Timoteo da Bagno [...] Aggiuntoui in questa vltima editione le vite, e fatti d'alcuni santi e beati, [...].
Venezia, Domenico Guerra e Giovanni Battista Guerra, 1595.
[40], 1158 [i.e. 1160], [2] p.: ill.; 4° (omesse nella numer. le p. da 956 a 961 comprese)
a-b⁸ c⁴ A-3N⁸ 3O⁸(-8) 3P-4C⁸ 4D⁴ (c. 3O6v. bianca)
SBN-IT\ICCU\LIGE\002128

1596

[2606]

Adrichem, Christiaan van
Breue descrittione della città di Gierusalemme, come a punto si ritrouaua nell'eta' di Christo. Et di tutti i luoghi, quali furono nobilitati per la passione sua, e de' suoi santi. Con vna dichiaratione de' passi principali nell'historie occorrenti vtile non solo a' Christiani, ma necessaria a chi espone la sacra scrittura [...] composta da Christiano Adricomico Delfo.
Verona, Girolamo Discepolo, a istanza di Andrea Palazzolo, 1596.
[32], 192 p.; 8°
a⁸ a⁸ A-M⁸
Edit16-CNCE 301

[2607]

Amodio, Giovanni Leonardo
La noua historia de la gloriosa Vergine Maria del Rosario. Sopra li quindici misterii, con laudi della santità di papa Pio, sì della catholica maestà del re Filippo, e prencipi, e signori del regno. Composto per Giouan Leonardo d'Amodio.
Palermo e ristampato in Messina, Pietro Brea, 1596.
[4] c.: ill.; 4°
Edit16-CNCE 1637

[2608]

Androzzi, Fulvio
Opere spirituali, del r.p. Fuluio Androtio, della Compagnia di Giesu, diuise in tre parti. Nelle quali si tratta della meditazione della vita, & morte di nostro Saluator Giesu

Christo. Della frequenza della communione. Et dello stato lodeuole delle vedoue. Vtili à tutte le persone, che desiderano viuere spiritualmente.
Venezia, Domenico Imberti, 1596.
3 pt; 12°
Edit16-CNCE 1747; SBN- IT\ICCU\LIGE\000596
1:
Opere spirituali, del r.p. Fuluio Androtio, della Compagnia di Giesu, diuise in tre parti. Nelle quali si tratta della meditazione della vita [...].
Venezia, Domenico Imberti, 1596.
[6] c., 71, [1] c. (dalla c. B1r errori nella numer.)
A-D¹² E¹² (-E1) F¹²
SBN-IT\ICCU\LIGE\000597
I successivi volumi non trattano materia biblica.

[2609]

Angelo Michele da Bologna
Rime spirituali sopra la passione, et morte del nostro Signor Giesu Christo.
Genova, Eredi di Gerolamo Bartoli, 1596.
[6] c.; 4°
Edit16-CNCE 1871

[2610]

Bembo, Francesco
I sette sonetti penitentiali del clarissimo signor Francesco Bembo.
Mantova, Francesco Osanna, 1596.
[4] c.; 4°
Edit16-CNCE 4984
V. fr.

[2611]

Bozi, Paolo
Rappresentatione del giudicio vniuersale di Paolo Bozzi. Dedicata all'illustrissimo, & reuerendiss. monsignor Marco Cornaro vescouo di Padoua.
Verona, Girolamo Discepolo, 1596.
[8], 116 p.; 4°
+⁴ A-O⁴ P²
Edit16-CNCE 7366, SBN-IT\ICCU\CNCE\007366
Edit16 indica [7], 116 p. Var. B: diversi errori di paginazione nel fasc. B, manca la p. 13 erroneamente numerata 15. V. fr.

[2612]

Bruni, Vincenzo
Delle meditationi sopra le sette festiuita principali della B. Vergine le quali celebra, la Chiesa, et sopra il commune de' Santi. Quarta parte. Composte dal r.p. Vincenzo Bruno [...].
Genova, Eredi di Girolamo Bartoli, 1596.
[24], 448, [6]: ill.; 8°

EDIT16-CNCE 7734
Le prime due parti sopra la vita di Cristo sono del 1589 e
1592, cfr. EDIT16-CNCE 7727 e 7731, vedi 2297 e 2439; di
questi tipografi non si riscontra la terza parte.

[2613]
CAPILLA, ANDRÈS/(tr.) BERLINGHIERI AMOROSO
*Meditationi sopra tutti gli Euangelii dell'anno composte dal
r.p.f. Andrea Capiglia [...] e tradotte dalla lingua spagnola
nella italiana, dal s. Berlinghieri Amoroso.*
Brescia, Compagnia Bresciana, 1596.
2 vol.; 12°
EDIT16-CNCE 9113

[2614]
CAPILLA, ANDRÈS/(tr.) ?
*Terza parte del libro dell'oratione, doue si contengono le me-
ditationi sopra gli Euangelij delle feste principali de' santi.
Composta dal r.p.f. Andrea Capiglia certosino. Tradotta di
spagnuolo in italiano.*
Venezia, Policreto Turlino (Venezia, Policreto Turlino,
1596).
[6], 260, [4] c.: ill.; 12°
[ast]⁶ A-X¹² Y-Z⁶ (c. Z5 e Z6 bianche)
EDIT16-CNCE 9114
V. fr.

[2615]
CRISTOFORO DA VERRUCCHIO
*Compendio di cento meditationi sacre, sopra tutta la vita,
e la passione sì del Signore, come della Madonna, è sopra
tutti gli altri essercitij della vita spirituale. Raccolto dal
r.p.f. Christoforo Vercchino [!] dell'Ordine de' Frati Minori
Cappuccini. Aggiunteui in questa vltima impressione le me-
ditationi della passione di N.S. Gesù Christo, distribuite per
i sette giorni della settimana, dell'istesso authore.*
Venezia, Niccolò Misserini, 1596 (Venezia, Niccolò
Misserini, 1596).
[34], 721, [1] p.: ill; 12°
A-2H¹², 2I⁶
EDIT16-CNCE 13801
V. fr.

[2616]
GAGLIARDI, ACHILLE
*Catechismo della fede cattolica, con vn compendio per fan-
ciulli. Composto dal r.p. Achille Gagliardi della Compagnia
di Giesù, per commissione dell'illustriss. & reuerendissimo
monsignor il cardinale di Santa Prassede.*
Cremona, Barucino Zanni, a istanza di Pietro Zenaro,
1596.
142, [2] p.; 8°
A-I⁸

EDIT16-CNCE 39220, SBN-IT\ICCU\LO1E\007732
Il cardinale di Santa Prassede è Carlo Borromeo. V. fr.

[2617]
GALLETTI, ENEA
*Narrazione della vita di N.S. Giesu Cristo in ottaua rima di
Enea Galletti. I due primi canti, come per saggio e principij
di tutte l'altre ottaue: A.S.M.C.S.C.*
Roma, Domenico Basa, 1596.
80 p.; 8°
EDIT16-CNCE 20233
V. fr.

[2618]
INCHINO, GABRIELE
*Prediche sopra i quattro nouissimi, del r. don Gabriello
Inchino, canonico regolare lateranense. Vtilissime ad ogni
stato, grado, e conditioni d'huomini, per l'infiniti documenti, & ammaestramenti spirituali; e per li molti concetti
scritturali, e d'ogni scientia, & professione, che contengono:
et gioueuolissime a' parochi, e curati, che ne ponno cauar
molti sermoni da fare a' suoi popoli, sopra diuersi passi de gli
Euangelij dell'anno. In questa seconda impressione dall'autore emendate, e riformate in molte cose. All'illust.mo e reu-
er.mo monsig.re il signor Marco Cornaro, vescovo di Padova.*
Venezia, Domenico e Giovanni Battista Guerra, 1596.
[20], 432 p.: ill.; 4°
a⁴ [croce]⁶ A-3H⁴
EDIT16-CNCE 37583
V. fr.

[2619]
JACOBUS DE VORAGINE/(tr.) MALERBI, NICOLÒ
*Legendario delle vite de' santi; composto dal r.p.f. Giacobo
di Voragine dell' Ordine de' Predicatori, tradotto già per il
r.d. Nicolò Manerbio venetiano. Aggiuntoui di nuouo molte
legende, & accommodata ad ogni giorno la vita di alcno [!]
santo. Con la tauola delle legende; et di vaghe figure ornato,
e con somma diligenza corretto, & ristampato.*
Venezia, [Fioravante Prati], 1596 (Venezia, Giovanni
Battista Porta, 1596).
[16], 861, [3] p.: ill.; 4°
EDIT16-CNCE 51597
Titolo uniforme: *Legenda aurea sanctorum* [italiano].
Marca di Fioravante Prati sul frontespizio. V. fr.

[2620]
MARULIC, MARKO/(tr.) ALCAINI, GIUSEPPE
*Dell'humiltà, et della gloria di Christo; libri tre. Composti
da Marco Marulo da Spalato. Il primo euangelico, il secondo
profetico, & il terzo glorioso. Tradotti di latino in volgare dal
r.p.f. Gioseffo Alchaini, dell'Ordine de' Predicatori. Opera*

diletteuole, & fruttuosa ad ogni fidel christiano. Con due tauole, vna de' capitoli, l'altra delle cose più notabili.

Venezia, Fioravante Prati, 1596.

[16], 260 p.; 4°

π² a² b⁶ A-Z⁴ 2A-2H⁴ 2I⁶ (c. π2 e b6 bianche)

EDIT16-CNCE 36012

V. fr.

[2621]

MELORO, GIACOMO

Prediche di materie altissime, e delle laudi di tre gloriosissimi santi, nelle quali, con mirabile inuentione, s'espongono tre salmi, e con tale espositione, s'ordiscono le lor vite, con noui, e scelti concetti, & salutiferi documenti, fatte in varij lochi, e tempi dal molto reuerendo signor don Giacomo Meloro dottor teologo. Con la tauola delle cose più notabili, e con l'auttorità delle scritture sacre notate nelle margini.

Napoli, Giovanni Gacomo Carlino e Antonio Pace, 1596 (Napoli, Giovanni Gacomo Carlino e Antonio Pace, 1596).

[4], 223, [13] p.; 4°

a² A-O⁸ P⁶

EDIT16-CNCE 23764

Var. B: in calce al frontespizio: *Si vende tre carlini il libro sciolto.* V. fr.

[2622]

MUSSO, CORNELIO

Delle prediche quadragesimali del reuerendiss. mons. Cornelio Musso vescouo di Bitonto, sopra l'Epistole & Euangeli correnti, per i giorni di Quaresima, e per li due primi giorni di Pasqua. E sopra il Cantico di Maria vergine per li sabbati. Con la vita dell'auttore, et due tauole l'vna delle prediche, l'altra delle cose più notabili. Aggiuntoui di nuouo una terza tauola delle auttorità della sacra scrittura, dall'istesso auttore citate, e dichiarate. Prima parte. All'illustrissimo e reuerendissimo monsignore, il sig. cardinal Farnese.

Venezia, Lucantonio Giunta <2>, 1596 (Venezia, Lucantonio Giunta <2>, 1596).

2 vol.: ill.; 4°

EDIT16-CNCE 34124

1:

[116], 605, [3] p.

[croce]-3[croce]⁴ 4[croce]² 5[croce]-6[croce]⁴ a-i⁴ A-2P⁸

SBN-IT\ICCU\PUVE\010419

V. fr.

2:

Delle prediche quadragesimali del reuerendiss. mons. Cornelio Musso vescouo di Bitonto, sopra l'Epistole & Euangeli correnti, per i giorni di Quaresima, e per li due primi giorni di Pasqua. E sopra il Cantico di Maria vergine, per li sabbati. Con la vita dell'auttore, et due tauole l'vna delle

prediche, l'altra delle cose più notabili. Aggiuntoui di nuouo una terza tauola delle auttorità della sacra scrittura, dall'istesso auttore citate, e dichiarate. Seconda parte.

[96], 727 [i.e. 739], [1] p.

1-12⁴ A-N⁸ O¹⁴ P-Z⁸ 2A-2Y⁸ 2Z⁴ (c. 12/4 bianca)

SBN-IT\ICCU\PUVE\010420

V. fr.

[2623]

NUOVO TESTAMENTO/(tr.) ANONIMO DEL TODESCO

Il Nuouo Testamento di Iesu Christo nostro Signore nuouamente riueduto e ricorretto secondo la verità del testo greco, e di molte & vtili annotationi illustrato.

Genève, Eredi di Eustache Vignon, 1596.

[8], 856, [32] p.; 8°

*⁴ A-Z.Aa-Zz.Aaa-Iii⁸ Kkk⁴

EDIT16-CNCE 5966, Barbieri 87 e tav. A70

Traduzione con le note di Nicolas des Gallars. Titolo dalla trascrizione diplomatica in Barbieri, segnatura da Barbieri. È la var. B dell'edizione EDIT16-CNCE 5965, Barbieri 86 e tav. A69.

[2624]

NUOVO TESTAMENTO/(tr.) ANONIMA

Il Nuovo Testamento di Iesu Christo nostro signore, nuouamente riueduto e ricorretto secondo la verità del testo greco, & di molte & vtili annotationi illustrato.

[Genève], Eredi d'Eustache Vignon, 1596.

[8], 856, [32] p.; 8°

*⁴ A-Z.Aa-Zz.Aaa-Iii⁸ Kkk⁴

EDIT16-CNCE 5965, Barbieri 86 e tav. A69

Traduzione con le note di Nicolas des Gallars. Titolo dalla trascrizione diplomatica in Barbieri; segnatura da Barbieri. Var. B: cfr. EDIT16-CNCE 5966, Barbieri 87 e tav. A70.

[2625]

PANIGAROLA, FRANCESCO

Dichiaratione de i Salmi di Dauid, fatta dal r.p.f. Francesco Panigarola, minore osseruante alla sereniss. infante, la signora duchessa di Sauoia.

Venezia, Giovanni Battista Porta, 1596.

[8], 501, [3] p.: ill.; 8°

EDIT16-CNCE 35833

[2626]

PANIGAROLA, FRANCESCO

[Quaresimale].

[1596?].

[110], 550 p.; 8°

EDIT16-CNCE 51069

Il titolo, l'autore e la data si ricavano dall'epistola dedicatoria.

[2627]

PANIGAROLA, FRANCESCO/ROTA, IDISORO

Prediche di monsig. reuer.mo Panigarola vescouo d'Asti. Fatte da lui straordinariamente, e fuor de' tempi quadragesimali. In varij luochi, & à varie occasioni più illustri. Postillate dal r.p.f. Isidoro Rota [...] Con la tavola delle cose più notabili.

Venezia, Giovanni Battista Ciotti, 1596.

[8], 304, [24] c.; 8°

a⁸ A-2S⁸

SBN-IT\ICCU\RMLE\012751

[2628]

PANIGAROLA, FRANCESCO/ROTA, IDISORO

Prediche di monsig. reuer.mo Panigarola vescouo d'Asti. Fatte da lui straordinariamente, e fuor de' tempi quadragesimali. In varij luochi, & à varie occasioni più illustri. Postillate dal r.p.f. Isidoro Rota venetiano de' Minori Osseruanti, & con maggior vtilità à lettori ordinate. Con la tauola delle cose più notabili.

Venezia, Giovanni Battista Ciotti, 1596.

[8], 304, [24] c.; 8°

a⁸ A-2S⁸

EDIT16-CNCE 24216

V. fr.

[2629]

PANIGAROLA, FRANCESCO/CAVOTI, GIOVANNI BATTISTA

Prediche sopra gl'Euangelii di Quaresima del reuerendissimo monsignor Panigarola vescouo d'Asti dell'Ordine di san Francesco de' Minori Osseruanti, predicate da lui in San Pietro di Roma l'anno 1577. Con aggiunta di noue prediche; cioe sei sopra i sabbati, e tre sopra le feste di Resurrettione del r.p.f. Gio: Battista Cauoto di Melfe, del medesimo ordine. Postillate dall'istesso con la tauola delle cose notabili. Prima parte.

Roma, Stefano Paolini <2>, 1596 (Roma, Stefano Paolini <2>, 1596).

2 vol.; 4°

EDIT16-CNCE 28376

1:

[8], 395, [81] p.

a⁴ A-3C⁴ 3D² 3E-3O⁴

SBN-IT\ICCU\TO0E\021671

Var. B: χ¹ A³ C⁴ 3D² 3O⁴. V. fr.

2:

Prediche sopra gl'Euangelii di Quaresima del reuerendissimo monsignor Panigarola vescouo d'Asti dell'Ordine di san Francesco de' Minori Osseruanti, predicate da lui in San Pietro di Roma l'anno 1577. Con aggiunta di noue prediche; cioe sei sopra i sabbati, e tre sopra le feste di Resurrettione del r.p.f. Gio: Battista Cauoto di Melfe, del medesimo or-

dine. Postillate dall'istesso con la tauola delle cose notabili. Seconda parte.

Roma, Stefano Paolini <2>, 1596 (Roma, Stefano Paolini <2>, 1596).

[4], 339, [105] p.

p² A-T⁴ V⁶ X-2T⁴ a-n⁴

SBN-IT\ICCU\TO0E\021672

V. fr.

[2630]

[PULCI, BERNARDO]

La rappresentazione dell'Angiolo Raffaello.

(Firenze, Giovanni Baleni, 1596).

[10] c.: ill.; 4°

A¹⁰

EDIT16-CNCE 50583, SBN-IT\ICCU\CFIE\032996

Per l'autore cfr. Cioni 1961, p. 255. Titolo uniforme: *Rappresentazione dell'angelo Raffaello e Tobia.* Cfr. Cioni 1961, p. 258, n. 13; Testaverde-Evangelista, 234 e 668. V. ed.

[2631]

[PULCI, BERNARDO]

La rappresentatione dell'Angiolo Raffaello.

(Firenze, Lorenzo Arnesi, 1596).

[10] c.: ill.; 4°

A¹⁰ (manca c. A10)

EDIT16-CNCE 62183, SBN-IT\ICCU\CFIE\033378

Per l'autore cfr. Cioni 1961, p. 255. Titolo uniforme: *Rappresentazione dell'angelo Raffaello e Tobia.* Cfr. Cioni 1961, p. 258, n. 14; Testaverde-Evangelista, 669.

[2632]

ROSACCIO, GIUSEPPE

Le sei eta del mondo, cioe della creatione del cielo & della terra, di Adamo, & suoi descendenti, del diluuio, & suo tempo, del nome delle genti, & loro origine, delle monarchie, e quanto tempo durarono, della natiuita di Christo, & sua morte, delle vite de' papi, & altri principi; con tutto quello e successo fino all'anno 1596, con breuita descritte da Gioseppe Rosaccio.

Brescia, Vincenzo Sabbio, 1596.

46, [2] p.: ill.; 8°

A¹⁶-B⁸

EDIT16-CNCE 70004

[2633]

ROSACCIO, GIUSEPPE

Le sei eta del mondo, da Gioseppe Rosaccio con breuità descritte. Cioè della creatione del cielo, & della terra. Di Adamo, & suoi descendenti. Del diluuio, & suo tempo. Del nome delle genti, & lor origine. Delle monarchie, e quanto tempo durarono. Della natiuità di Christo, & sua morte. Delle vite de' papi, & altri prencipi; con tutto quel è successo sin'all [!] anno 1596.

Milano, Graziadio Ferioli, 1596.
46, [2] p.; 16°
A^16-B^6
Edit16-CNCE 61465

[2634]
Silvestrani Brenzone, Cristoforo
Lettioni nel salmo Super flumina Babylonis di f. Christoforo Siluestrani carmelita dottore teologo. Alla santità di n. sig. papa Clemente Ottavo.
Verona, Pietro Diserolo, 1596.
[12], 195, [1] p.: ill.; 4°
[croce]^6 A-Z^4 2A^6
Edit16-CNCE 33756
V. fr.

[2635]
Tasso, Torquato
Stanze del s. Torquato Tasso per le lagrime di Maria vergine beatissima, & di Giesu Christo n.s.; con aggiunta d'altri pij componimenti del medesimo autore.
Roma, Guglielmo Facciotti, 1596.
[12] c.; 12°
A^12
Edit16-CNCE 55231

1597

[2636]
Anonima
La rappresentazione della natiuita di Christo. Nuouamente ristampata.
(Firenze, Giovanni Baleni, 1597).
[6] c.: ill.; 4°
A^6
Edit16-CNCE 62014
Titolo uniforme: *Rappresentazione di Gesù Cristo: la natività.* Cfr. Cioni 1961, p. 150, n. 16.

[2637]
Anonima
La rappresentazione e festa di Iosef figliuolo di Iacob. Nuouamente ristampata.
Firenze, Giovanni Baleni, 1597.
[10] c.: ill.; 4°
Edit16-CNCE 62163
Titolo uniforme: *Rappresentazione di Giuseppe.* Cfr. Cioni 1961, p. 204, n. 16. V. fr.

[2638]
Bergomelli, Zaccaria

Lagrime del peccatore nei sette salmi della penitenza di Dauidde da f. Zacharia Bergomelli d'Albino, carmelitano, bacilliere di s. theol. e lettore nel lor conuento di Bergamo, vouamente [!] a commodo de penitenti, attiui, e contemplatiui stillate, e poste in luce.
Bergamo, Comino Ventura, 1597.
[8], 72 c.; 8°
a^8 A-I^8
Edit16-CNCE 5453
V. fr.

[2639]
Bruni, Vincenzo
Delle meditationi sopra le sette festiuità principali della b. Vergine, le quali celebra la Chiesa, et sopra il commune de' santi, parte quarta. Con le profetie, & figure del vecchio Testamento, & con i documenti, che dall'Euangelio, & d'altre scritture si cauano. Composte dal r.p. Vincenzo Bruno, della Compagnia di Giesu. Di nuouo riuedute, & in questa seconda edittione ricorrette.
Venezia, Giovanni Paolo Giolito De Ferrari e nipoti, 1597.
[24], 477, [3] p.: ill.; 12°
+^12 A-V^12
Edit16-CNCE 7735
Le prime tre parti sopra la vita di Cristo sono del 1591-1592, cfr. Edit16-CNCE 7730, vedi 2400 e 2440, e del 1594, cfr. SBN-IT\ICCU\RMLE\012120, vedi 2535. Vedasi anche la precedente edizione della quarta parte nel 1594, cfr. Edit16-CNCE 7732, vedi 2536.

[2640]
Camilli, Camillo
Le lagrime di santa Maria Maddalena. Del signor Camillo Camilli.
Perugia e ristampato in Palermo, [Giovanni Battista Maringo?], 1597.
[6] c.; 12°
A^6
Edit16-CNCE 8704

[2641]
Cristoforo da Verrucchio
Compendio di cento meditationi sacre sopra la uita, e la passione sì del Signore come della Madonna. Raccolto dal r.p.f. Christoforo Verucchino dell'Ordine de' Frati Minori Capuccini. Aggiunteui in questa ultima impressione le meditationi della passione di n.s. Giesù Christo distribuite per i sette giorni della settimana dall'istesso authore.
Venezia, Niccolò Misserini, 1597.
[34], 721, [1] p.: ill.; 12°
A-2H^12 2I^6
Edit16-CNCE 14283

[2642]

CRISTOFORO DA VERRUCCHIO

Compendio di cento meditationi sacre, sopra tutta la vita, e la passione sì del Signore, come della Madonna, e sopra tutti gli altri essercitij della vita spirituale. Raccolto dal r.p.f. Christoforo Verucchino dell'ordine de' frati minori cappuccini. Aggiunteui in questa vltima impressione le meditationi della passione di n.s. Giesu Christo, distribuite per i sette giorni della settimana dall'istesso autore.

Piacenza, Giovanni Bazachi, 1597 (Piacenza, Giovanni Bazachi, 1597).

[36], 729, [1] p.: ill.; 12°

a⁶ b¹² A-2G¹² 2H⁶ (c. 2H6 bianca)

EDIT16-CNCE 13803

[2643]

EPISTOLE E VANGELI/(tr.) NANNINI, REMIGIO/CANISIUS, PETRUS/CAMILLI, CAMILLO/LUIS DE GRANADA

Epistole, et Euangeli, che si leggono tutto l'anno alle messe, secondo l'vso della s. rom. Chiesa, & ordine del Messale riformato. Tradotti in lingua toscana dal r.p.m. Remigio fiorentino dell'Ordine de' Predicatori, con alcune annotationi morali del medesimo. Aggiuntoui alcuni sommari, fatti latini dal r.p. Pietro Canisio della Compagnia di Giesù: & tradotti in volgare da Camillo Camilli. Con alquanti sermoni sopra l'oratione, digiuno, & elemosina, cauati dall'opere del r.p.f. Luigi di Granata. Iquali si possono da ogni curato, secondo l'occasione, applicare à tutte le Epistole, & Euangeli, che corrono tutto l'anno. Con periuilegio. Con il calendario de' santi; & con due tauole: vna de' giorni, che si leggono l'Epistole, & Euangeli: l'altra delle cose più notabili.

Venezia, Giorgio Angelieri, 1597.

2 pt ([32], 483, [1], 76 p.; 36, [2] c.): ill.; 4°

a-b⁸ A-Y⁸ Z⁶ 2A-2G⁸ 2H⁴ 3A-3D⁸ 3E⁶; A-D⁸ E⁶

EDIT16-CNCE 29052

Pt 2: *Sermoni sopra l'oratione, digiuno, & elemosina, necessarij ad ogni fedel christiano; & particolarmente ad ogni curato; i quali si possono applicare, secondo l'occasione, à tutte l'Epistole, & Euangeli, che corrono le domeniche, & altre feste dell'anno alle messe. Cauati dall'opere del r.p.f. Luigi di Granata. V. fr. (pt 1 e 2)*

[2644]

FERNO, VITTORE

Vaga, et fruttuosa rappresentatione della statua di Nabuchodonosor re adombrata di varij, & diuersi concetti scritturali dal r.p.f. Vittore Ferno da Grazzano minorita osseruante. Con la tauola delle auttorita della Sacra Scrittura, & indice copiosissimo delle cose memorabili.

Alessandria, Ercole Quinciano, 1597 (Alessandria, Ercole Quinciano, 1.VII.1597).

[32], 134, [2] c.; 8°

(croce)-4(croce)⁸ A-R⁸

EDIT16-CNCE 18770

[2645]

FILIPPI, MARCO, DETTO IL FUNESTO

Vita di santa Caterina vergine, e martire; composta in ottaua rima da Marco Filippi, detto il Funesto. Aggiuntoui di nuouo gli argomenti ad ogni canto. Con vna raccolta di sonetti e canzoni spirituali, & di alcune stanze della Maddalena à Christo, del medesimo autore.

Venezia, Lucio Spineda, 1597.

[8], 162, [42] c.: ill.; 8°

†⁸ A-2B⁸ 2C⁴

EDIT16-CNCE 41563

A c. X3 altro frontespizio: *Rime spirituali, et alcune stanze della Maddalena a Christo. Composte per Marco Filippi [...]. V. fr.*

[2646]

FILIPPI, MARCO, DETTO IL FUNESTO

Vita di santa Caterina vergine, e martire; composta in ottaua rima da Marco Filippi, detto il Funesto. Aggiuntoui di nuouo gli argomenti, & le figure, appropriate ad ogni canto. Con vna raccolta di sonetti, e canzoni spirituali, & di alcune stanze della Maddalena à Christo, del medesimo autore.

Venezia, Domenico Guerra e Giovanni Battista Guerra, 1597.

[8], 168, [40] c.; 8°

EDIT16-CNCE 19031

A c. Y1r altro frontespizio: *Rime spirituali, et alcune stanze della Maddalena a Christo. Composte per Marco Filippi [...]. V. fr.*

[2647]

GESUALDO, FILIPPO/CONFRATERNITA DI SAN BERNARDINO <BOLOGNA>

Officio delli quindici gradi della passione di Christo, e della compassione di Maria vergine. Raccolto da r.mo p.f. Filippo Gesualdo, generale dell'ordine minore conu. Et da lui instituito nell'oratorio della Confraternità di s. Bernardino di Bologna.

Bologna, Giovanni Battista Bellagamba, 1597 (Giovanni Battista Bellagamba).

24 p.; 24°

EDIT16-CNCE 15643

V. fr.

[2648]

GIAMBELLI, CIPRIANO

Espositione sopra l'oratione domenicale del r.p. don Cipriano Giambelli da Verona cano. reg. Lateranense. Accomodata in più lettioni, fatte nella chiesa episcopale di Treuigi. Con due

tauole, l'vna delle sentenze dichiarate dalla Sacra Scrittura, l'altra delle cose piu notabili.
Venezia, Giovanni Battista Sessa <2> e Giovanni Bernardo Sessa, 1597 (Venezia, Girolamo Polo, 1593).
[12], 92 c.; 4°
ast⁴ a⁸ A-L⁸ M⁴
EDIT16-CNCE 20900

[2649]
GIOVANNINI, ANGELO/SANNAZARO, IACOPO
Lettioni di m. Angelo Giouannini da Cingoli. Sopra i versi latini del Sanazaro nella passione di nostro Signore Giesu Christo. Opera non meno bella, che vtile, e profitteuole per coloro, che christianamente volendo viuere, desiderano di caminare per la via della salute.
Iesi, Pietro Farri, 1597.
[4], 77 [i.e. 78], [2] c.; 4°
A-X⁴
EDIT16-CNCE 21131
Var. B: diversa marca sul frontespizio. V. fr.

[2650]
LEONI, GIOVANNI BATTISTA
Meditatione sopra la santissima croce di Giesu Christo nostro sig. Di Gio. Battista Leoni.
Venezia, Andrea Muschio, 1597.
[8] c.; 4°
A-B⁴
EDIT16-CNCE 31416

[2651]
MELORO, GIACOMO
Prediche di materie altissime, e delle laudi di tre gloriosissimi santi, nelle quali, con mirabile inuentione, s'espongono tre salmi, e con tale espositione, s'ordiscono le lor vite, con noui, e scelti concetti, & salutiferi documenti, fatte in varij lochi, e tempi dal molto reuerendo signor don Giacomo Meloro dottor teologo. Con la tauola delle cose più notabili, e con l'auttorità delle scritture sacre notate nelle margini.
Napoli, Giovanni Giacomo Carlino e Antonio Pace, 1597 (Giovanni Giacomo Carlino e Antonio Pace, 1596).
[4], 223, [13] p.; 4°
EDIT16-CNCE 64411
V. fr.

[2652]
PANIGAROLA, FRANCESCO
Cento ragionamenti sopra la passione di n. Signore, fatti in Milano da monsig. reuer. Panigarola vescouo d'Asti per commissione, & alla presenza di mons. illustriss. Borromeo cardinal di S. Prassede. Diuisi in quattro parti: dellequali la prima contiene la cattura, e quanto auenne nell'horto. La seconda, il processo ecclesiastico, e quanto si fece in case

de' pontefici. La terza, il processo secolare, e quanto occorse in casa di Pilato. La quarta, l'essecutione della sentenza, e quello che passò sopra il Caluario.
Venezia, Pietro Dusinelli, 1597.
[48], 684 [i.e. 704] p.; 8° (ripetute le p. 669-684)
a-c⁸ A-2X⁸
EDIT16-CNCE 35315
V. fr.

[2653]
PANIGAROLA, FRANCESCO
Delle prediche quadragesimali del reuerendiss. monsig. Panigarola vescouo d'Asti [...] predicate da lui in San Pietro in Roma l'anno 1577. Con l'aggiunta di noue prediche [...].
Venezia, Roberto Meietti <1>, 1597.
[4], 538, [2] p.; 4°
π² A-2K⁸ 2L⁶ (ultima c. bianca)
SBN-IT\ICCU\TO0E\034005

[2654]
PANIGAROLA, FRANCESCO
Prediche quadragesimali del reuerendiss. monsig. Panigarola vescouo d'Asti dell'Ordine di san Francesco de' Minori Osseruanti, predicate da lui in San Pietro di Roma l'anno 1577. Con aggionta di noue discorsi del medesimo, sopra le sette parole di Christo Pater ignosce, &c. Con la tauola copiosissima delle cose notabili.
Venezia, Roberto Meietti <1>, 1597.
2 pt ([120], 538, [2]; [4], 40) p.: ill.; 4° (errori nella numer. delle p.)
†⁴ a-g⁸ A-2K⁸ 2L⁶; †⁴ A-E⁴ (c. 2L6 bianca)
EDIT16-CNCE 30952
2 pt: *Discorsi del reverendiss. monsignor Panigarola vescovo d'Asti, sopra le sette parole di Christo, dette in croce; Pater ignosce, &c. Nuovamente stampati, & posti in luce*, Venezia, Roberto Meietti, 1597. V. fr.

[2655]
PANIGAROLA, FRANCESCO/CAVOTI, GIOVANNI BATTISTA
Prediche sopra gli Euangelij di Quaresima del reuerendiss. monsig. Panigarola vescouo d'Asti, dell'Ordine di s. Francesco de' Minori Osser. Predicate da lui in S. Pietro di Roma l'anno 1577. Con aggionta di noue prediche, cioè sei sopra i sabbati, e tre sopra le feste di resurrettione del r.p.f. Gio. Batista Cauoto del Melfe, del medesimo Ordine. Postillate dall'istesso, con la tauola delle cose notabili. Parte prima.
Venezia, Domenico Farri, 1597.
2 vol.: ill.; 8°
Edit16-CNCE 39202
1:
[120], 430, [2] p.

[ast]⁸ a-f⁸ g⁴ A-2D⁸ (c. 2D8 bianca, c. Cc1 segnata per errore C)
SBN-IT\ICCU\TO0E\023459
V. fr.

2:

Prediche sopra gli Euangelij di Quaresima del reuerendiss. monsig. Panigarola vescouo d'Asti, dell'Ordine di s. Francesco de' Minori Osser. Predicate da lui in S. Pietro di Roma l'anno 1577. Con aggionta di noue prediche, cioè sei sopra i sabbati, e tre sopra le feste di resurrettione del r.p.f. Gio. Batista Cauoto del Melfe, del medesimo Ordine. Postillate dall'istesso, con la tauola delle cose notabili. Parte seconda.

Venezia, Domenico Farri, 1597.
[132], 403, [1] p.
A-G⁸ H¹⁰ a-2a⁸ b¹⁰ (c. d2, d4 segnate per errore D2,D4)
SBN-IT\ICCU\TO0E\023461
V. fr.

[2656]

PASSERO, FELICE/CORBELLINI, AURELIO
Lacrimose rime nella passione e morte del Signore. Di don Felice Passero [...] Con gli argomenti d'Aurelio Corbellini [...].
Pavia, Andrea Viani, 1597.
191, [1] p.; 12°
A-H¹²
EDIT16-CNCE 53620

[2657]

PIZZA, VITO
Sermoni predicabili sopra il celebre salmo, Miserere mei Deus del profeta Dauid, deuotissimi, & al christiano vtilissimi, con una meditatione nel fine di ciascun di quelli, fatta à Christo crucifisso, et nel fine posto vn fruttuoso sermone della misericordia diuina, composti da fra Vito Pizza di Chiaramonte siciliano, dell'Ordine del serafico s. Francesco di minori conuentuali, dottor in filosofia, & sacra theologia. Con due tauole, vna de' sermoni & l'altra delle materie principali.
Messina, Eredi di Fausto Bufalini, 1597.
[16], 582, [2] p.; 4°
†⁸ A-2N⁸ 2O⁴
EDIT16-CNCE 23366
V. fr.

[2658]

RAZZI, SILVANO
Vita di Maria vergine, e di san Giouanni Batista. Scritta dal padre abate don Siluano Razzi camaldolense. E da lui di nuouo riuista, & ampliata.
Firenze, Filippo Giunta <2>, 1597 (Firenze, Filippo Giunta <2>, 1596).

[8], 347 [i.e. 247], [1] p.; 4°
[ast]⁴ A-P⁸ Q⁴
EDIT16-CNCE 28856
V. fr.

[2659]

ROCCA, GIROLAMO
Delle homilie sopra i sette salmi penitentiali, composte dal Reuer. P. Fra Girolamo Rocca genouese dell'Ordine minore conuentuale, maestro in sacra teologia, metafisico publico di Bologna, e teologo dell'ill.mo et r.mo Monsig. cardinale Pinelli. Recitate dall'istesso nella Chiesa di san Luigi de' Francesi in Roma. Libro primo.
Mantova, Francesco Osanna, 1597 (Mantova, Francesco Osanna, 1597).
[4], 112 p.; 4°
EDIT16-CNCE 75572

[2660]

ROSACCIO, GIUSEPPE
Le sei età del mondo di Giuseppe Rosaccio con brevità descritte cioè della creation del cielo et della terra, di Adamo et suoi descendenti, del diluuio et suo tempo, del nome delle genti e loro origine, della natiuità di Christo et sua morte, delle vite de i papi et altri principi, con tutto quello successo fino all'anno MDXCVII.
Venezia, 1597.
46, [2] p.: ill.; 8°
A¹⁶-B⁸
EDIT16-CNCE 50322

[2661]

ROSCO, GIROLAMO
Homilie sopra i sette salmi penitenziali in sette libri et in homilie cinque per ogni salmo.
Mantova, Francesco Osanna, 1597.
8°
EDIT16-CNCE 55662

[2662]

STASSANI, GIACOMO MARIA
Trattato breue, et vtile delle lagrime virtuose, e dell'amaro pianto, e compassioneuole lamento delle B.V. Maria, sopra la passione, e morte di Christo suo figliuolo. Raccolto dalle meditationi d'alcuni pij, e deuoti auttori, per lo r.p. don Giac. Maria Stassani de' Chierici Reg. della Congregatione di Somasca, e datp in luce à commune utilità de' fedeli christiani.
Milano, Eredi di Pacifico Da Ponte, 1597.
[16], 206, [10] p.: ill.; 8°
A⁸ A-M⁸ N¹²
EDIT16-CNCE 80238
V. ed.

[2663]

TANSILLO, LUIGI

Le pietose lagrime che fece s. Pietro doppo d'hauer negato il suo Signore. Del sig. Luigi Tansillo.

Palermo, Stamperia Nuova, appresso Giovanni Battista Maringo, 1597.

[6] c.; 12°

A⁶

EDIT16-CNCE 74539

V. fr.

[2664]

TASSO, TORQUATO

Canzone del s. Torquato Tasso. In meditattione della passione del N.S. Giesu Christo. Fatta il Venerdi Santo al Mont'Oliueto di Firenze.

Firenze, Giovanni Antonio Caneo, a istanza di Giuliano Bacciolini, 1597.

[1], 3 c.; 4°

A⁴

EDIT16-CNCE 47989

V. fr.

[2665]

TASSO, TORQUATO

Del sig. Torquato Tasso. Le lagrime della b. Vergine, et del Signore.

Roma e ristampato in Palermo, Stamperia Nuova, 1597.

[6] c.; 12°

A⁶

EDIT16-CNCE 70145

1598

[2666]

ALBERGONI, ELEUTERIO

Tre trattati della gratitudine, et ingratitudine; dell'allegrezza delle cose, che ci portano salute; e dell'humiltà, che ce beatifica in cielo: per ispositione de tre primi versi del Cantico della Vergine, la seconda volta esposti nel Duomo di Milano in sedeci lettioni, da frà Eleuterio Albergono dottore theologo, men. con. prouintiale della prouintia di Milano. Con la concatenatione de gli Euangeli, che legge la Chiesa ambrosiana.

Milano, Eredi di Pacifico Da Ponte, 1598.

2 vol.; 8°

EDIT16-CNCE 645

1:

[16], 232 p.

A⁸ A-O⁸ P⁴

SBN-IT\ICCU\RMLE\025086

V. fr.

2:

Sermoni fatti nell'occasione delle quaranta hore, del medesimo autore.

Milano, Eredi di Pacifico Da Ponte, 1598.

[4], 64, [4] p.

A-D⁸ E⁴

SBN-IT\ICCU\RMLE\025088

V. fr.

[2667]

ANTONINO (SANTO)

Opera di S. Antonino arciuescouo fiorentino. Da lui medesimo composta in volgare, vtilissima, & necessaria alla instruttione de i sacerdoti, & di qualunque altra persona la quale desidera saper viuere christianamente, & confessarsi bene delli suoi peccati. Con vna breue instruttione, per i sacerdoti curati.

(Venezia, Pietro Nicolini da Sabbio, a istanza di Melchiorre Sessa <1>, III.1598).

105 [7] p.; 8°

A-O⁸

SBN-IT\ICCU\UM1E\000774

Titolo uniforme: *Confessionale: Curam illius habe* [italiano], dalla dicitura del titolo simile ad altre edizioni.

[2668]

BELLINTANI, MATTIA

Delli dolori di Christo sig. nostro, prediche otto, con altre quattro d'altre materie, tutte predicate nel Duomo di Milano l'anno 1597. Del r.p.f. Mattia Bellintani da Salò Capuccino.

Bergamo, Comino Ventura, 1598.

2 pt ([44], 334 [i.e. 332], [4]; 112 p.): ill.; 8° (omesse nella numer. le p. 210-211)

πa⁸ b¹² A-X⁸; a-g⁸

EDIT16-CNCE 4929

Tit. della pt 2: *Quattro prediche dell'istesso r.p.f. Mattia Bellintani cappuccino, della risurrettione. Della manifestatione di Christo risuscitato. Dell'annonciatione. Et della tentatione di Christo.* Brescia, Vincenzo Sabbio, 1598. Var. B della prima parte: frontespizio iniziale con diversa composizione tipografica, vignetta al posto della marca e verso bianco. Il titolo: *Delli dolori di Christo Sig. Nostro, prediche otto; con altre quattro d'altre materie, tutte predicate nel Duomo di Milano l'anno 1597.* V. fr.

[2669]

BONIPERTO, GIOVANNI BATTISTA

Meditationi sopra li principali misterij della vita dil Saluatore, sin'alla sua santiss. passione. Con trè diuotiss.

orationi. Composte da Gio. Battista Boniperti can. nella ca-
thed. di Nouara.
Novara, Melchiorre Perotti, 1598.
[24], 726 [i.e. 727], [5] p.; 16°
+ A-2G¹² 2H⁴
EDIT16-CNCE 7004
V. fr.

[2670]
BRUNI, VINCENZO
Delle meditationi sopra i principali misterii della vita, et
passione di Christo N.S. Parte prima. Con le figure, & profe-
tie del vecchio Testamento, & con i documenti, che da ciascun
passo dell'Euangelio si cauano. Raccolte da diuersi santi pa-
dri, & da altri deuoti autore per il padre Vincenzo Bruno,
della Compagnia di Giesù. Di nouo corrette, riordinate, &
in ques'ultima [!] impressione ampliate in molti luogi.
Venezia, Giovanni Paolo Giolito De Ferrari e nipoti, 1598.
4 vol.: ill.; 12°
EDIT16-CNCE 7736
1:
[24], 612 p.: ill.
a¹² A-2B¹² 2C⁶
SBN-IT\ICCU\PUVE\009895
V. fr.
2:
692, [4] p.
A-2F¹²
SBN-IT\ICCU\PUVE\009898
3:
[24], 503, [1] p.: ill.
a¹² A-X¹²
SBN-IT\ICCU\LO1E\025345
4:
Delle meditazioni sopra le sette festiuita principali della b.
Vergine, le quali celebra la Chiesa, et sopra il Commune de'
santi. Parte quarta [...] composte dal r.p. Vincenzo Bruno
[...] in questa terza edittione ricorrette.
Venezia, Giovanni Paolo Giolito De Ferrari e nipoti, 1598.
[24], 444 p.: ill.; 12°
a¹² A-S¹² T⁶
SBN-IT\ICCU\CERE\050446

[2671]
CALDERARI, CESARE
Concetti scritturali intorno al Miserere et il Trofeo della
Croce del r.p.d. Cesare Calderari vicentino canon. regolare
lateran. Dell'Ordine di Santo Agostino spiegati in XXXIII
lettioni. Le quali furono lette dall'istesso nel S. Tempio della
Nontiata di Napoli, l'anno 1583 [...] Di nuouo corretti.
Venezia, Marcantonio Bonibello, 1598.
[16], 534, [18] p.: ill.; 8°

a⁸ A-2L⁸ 2M⁴
EDIT16-CNCE 8380

[2672]
CAPILLA, ANDRÈS/(tr.) GRAZI, GRAZIO MARIA
Meditationi sopra gli Euangelii delle feste principali de'
santi composte dal reuer. Andrea Capiglia. Parte terza.
Nuouamente tradotta dalla lingua spagnuola dal r. monsig.
Gratia Maria Gratij.
Brescia, Compagnia Bresciana, 1598.
428, [2] p.: ill.; 12°
A-S¹²
EDIT16-CNCE 9116

[2673]
CHIABRERA, GABRIELLO
Poemetti di Gabriello Chiabrera alla serenissima mad.
Cristiana di Loreno gran duchessa di Toscana.
Firenze, Filippo Giunta <2>, 1598.
46, [2]; p.; 4°
A-F⁴ (c. F4 bianca)
EDIT16-CNCE 11084
Contiene: *La disfida di Golia, La liberazione di san*
Pietro, Il leone di David, Il diluvio, La conversione di santa
Maddalena. V. fr.

[2674]
CROCE, GIULIO CESARE
Discorsi breui, et facili sopra tutti i misterii del santiss. ro-
sario, con altre compositioni spirituali. Composti ad istanza
d'vna reuer. monaca del Corpus Domini. Per Giulio Cesare
dalla Croce.
Bologna, Eredi di Giovanni Rossi, 1598.
72 p.; 8°
A-D⁸ E⁴
EDIT16-CNCE 14412

[2675]
EPISTOLE E VANGELI/(tr.) NANNINI REMIGIO
Epistole et Euangelii che si leggono tutto l'anno alle messe,
secondo l'vso della Santa Romana Chiesa, ridotti all'ordi-
ne del messal nuouo. Tradotti in lingua toscana dal r.p.m.
Remigio fiorentino [...] Con alcune annotationi morali del
medesimo à ciascheduna epistola, et Euangelio. Con l'ag-
giunta di molte altre annotationi nuoue che non erano nelle
prime, et ancora di quattro discorsi cioè del digiuno, dell'In-
uocation de' santi, dell'vso dell'imagini et della veneratio-
ne della religione. Con il calendario de' santi, et delli santi
nuoui [...].
Venezia, Giovanni Paolo Giolito De Ferrari e nipoti, 1598
(Venezia, Giovanni Paolo Giolito De Ferrari e nipoti,
1598).

[24], 510, [2] p.: ill.; 4°
a⁸ b⁴ A-2I⁸
EDIT16-CNCE 27854

[2676]
GESUALDO, FILIPPO/CONFRATERNITA DI SAN
GHERARDO <SIENA>
*Offitio delli quindici gradi della passione di Cristo, e della
compassione di Maria ver. Raccolto dal reuerendiss. p. fra
Filippo Gesualdo, generale dell'Ord: Min: Conu: Dalla
vener. Compagnia di s. Gherardo in Siena, posto in vso, &
essercitato.*
Siena, 1598.
44, [4] p.: ill. (mus.); 8°
A-C⁸
EDIT16-CNCE 46943
V. fr.

[2677]
LAURO, GIACOMO
*Dechiaratione sopra la prima figura che e di Christo bene-
detto, con quatro figurine intorno, che lo dimostrano luce,
via, verità, & vita. Di Iacomo Lauro romano.*
(Roma, Niccolò Muzi, 1598).
[4] c.; 4°
EDIT16-CNCE 68459

[2678]
PANIGAROLA, FRANCESCO
*Prediche quadragesimali del reuerendiss. monsig. Panigarola
vescouo d'Asti. Dell'Ordine di s. Francesco de' Minori
Osseruanti, fatte da lui in Roma l'anno 1588. & recitate in
S. Pietro. Nuouamente poste in luce, e con diligenza corrette.*
Venezia, Giovanni Battista Ciotti, 1598.
[8], 208 c.; 8°
a⁸ A-2C⁸
EDIT16-CNCE 24248
V. fr.

[2679]
PANIGAROLA, FRANCESCO/CAVOTI, GIOVANNI
BATTISTA
*Prediche sopra gl'euangelii di Quaresima del reuerendiss.
monsignor Panigarola vescouo d'Asti [...] predicate da lui in
San Pietro di Roma l'anno 1577. Con aggionta di noue predi-
che; cioè sei sopra i sabbati, e tre sopra le feste di Resurrettione
del r.p.f. Gio. Battista Cauoto di Melfe, del medesimo ordine
[...] Prima parte.*
Torino, Giovanni Domenico Tarino, 1598.
2 vol.; 4°
EDIT16-CNCE 35019
1:

[60], 395 p.
[croce]⁴ A-F⁴ G² ²A-2A⁸ 2B⁶
SBN-IT\ICCU\TO0E\020766
Var. B: la tavola delle cose notabili inserita dopo il testo:
395, [60] p.; [croce]⁴ ²A-2A⁸ 2B⁶ A-F⁴ G².
2:
[68], 339 p.
π² A-H⁴ ²A-X⁸ Y²
SBN-IT\ICCU\TO0E\020767
Var. B: la tavola delle cose notabili inserita dopo il testo:
339, [68], p.; segnatura: π² ²A-X⁸ Y² A-H⁴.

[2680]
PUGLISI, GIROLAMO
*[Historia del giudicio universale in ottaua rima siciliana.
Composta per il reuerendo don Gerolamo Pugliesse dila in-
geniosa città di Noto diuisa in dodicu canti].*
[Palermo, 1598?].
[14], 350, [2] p. ; 8°
EDIT16-CNCE 50222
Titolo dall'inizio del testo (descrizione da esemplare mu-
tilo di frontespizio). Per il luogo cfr. EDIT16; per la data
cfr. BEPA, v. I, n. 312.

[2681]
RAZZI, SILVANO
*Vita della gloriosa Vergine Maria. Scritta da Siluano Razzi
monaco camaldolense.*
Venezia, Domenico Farri, 1598.
[15], 254 p.: ill.; 8°
EDIT16-CNCE 39209

[2682]
ROSACCIO, GIUSEPPE
*Le sei età del mondo, di Gioseppe Rosaccio. Con brevità
descritte. Cioè della creazione del cielo, & della terra. Di
Adamo, & suoi descendenti. Del diluuio, & suo tempo. Del
nome delle genti, & loro origine. Delle monarchie, & quanto
durarono. Della natiuità di Christo, & sua morte. Delle vite
de i papi, & altri prencipi, con tutto quello che è successo fino
all'anno 1598.*
Venezia e Bologna, Vittorio Benacci, 1598.
47, [1] p.; 8°
A¹⁶-B⁸
EDIT16-CNCE 80765
V. fr.

[2683]
ROSACCIO, GIUSEPPE
*Le sei eta del mondo, di Gioseppe Rosaccio, con breuita
descritte. Cioè della creazione del cielo, & della terra. Di*

Adamo, & suoi discendenti. [...] Delle vite de i papi, & altri principi, con tutto quello che è successo fino all'anno 1598.
Venezia, [Domenico Farri], 1598.
47, [1] p.: ill.; 8°
A¹⁶-B⁸
EDIT16-CNCE 50321
Per il tipografo cfr. Rhodes 1995, p. 226.

[2684]
STASSANI, GIACOMO MARIA
Fioretti d'orationi, racolti da diuersi luoghi della Sacra Scrittura, et essempi di n.s. Giesu Christo, & de' Santi. Per il m.r.p. Giacomomaria De' Stassani Genouese, chierico regolare della Congregatione di Somasca, e dati in luce a commune vtilita de fedeli christiani. Nuouamente stampati.
Milano, Eredi di Pacifico Da Ponte, 1598.
[24], 460, [8] p.: ill.; 12°
EDIT16-CNCE 47863

[2685]
TANSILLO, LUIGI
Le lagrime di san Pietro del signor Luigi Tansillo. Con le Lagrime della Maddalena del signor Erasmo da Valuasone, di nuouo ristampate, et aggiuntoui l'eccellenze della gloriosa vergine Maria, del signor Horatio Guargante da Soncino.
Venezia, Giovanni Battista Bonfadino, 1598.
[4], 190 [i.e. 180] c.; 8° (errori nella numer. delle c.)
+⁴ A-Y⁸ Z⁴
EDIT16-CNCE 26806
V. fr.

[2686]
TARCAGNOTA, GIOVANNI/ROSEO, MAMBRINO/ DIONIGI, BARTOLOMEO/CAMPANA, CESARE
Delle historie del mondo, di m. Giouanni Tarcagnota. Lequali contengono quanto dal principio del mondo è successo, sino all'anno 1513. cauate da più degni, & più graui autori, che habbino nella lingua greca, ò nella latina scritto. Al gran Duca di Toscana. Con l'aggiunta di m. Mambrino Roseo, & del reuerendo m. Bartolomeo Dionigi da Fano, sino all'anno 1582. Seguitata vltimamente sino à tempi nostri dal signor Cesare Campana. Parte prima.
Venezia, Lucantonio Giunta <2>, 1598.
5 vol.; 4°
EDIT16-CNCE 34164
I.I:
[32], 675, [1] p.
a-b⁸ A-2S⁸ 2T¹⁰ (c. B2, F4 e R2 erroneamente segnate C2, E4 e Q2)
SBN-IT\ICCU\LIAE\001618
I successivi volumi non trattano materia biblica. V. fr.

[2687]
TARTAGLIA, ORTENSIO
Rime spirituali sopra il Rosario della gloriosa Maria Vergine [...] Con altre appresso del medesimo autore.
L'Aquila, Lepido Faci, 1598.
8°
BL 11426.bb.4

[2688]
TIGNOSI, ANGELO FRANCESCO
Abecedario d'alcune similitudini, tolte dalla Scrittura s. et applicate a Maria vergine diuiso in XXX discorsi. Composto da fra Angel Francesco Tignosi da s. Maria. Ohè [!] Servita, minimo maestro di sacra theologia. Le quali furono da lui spiegate mentre predicò in Pauia l'anno. 1597. Opera noua & vtile a ciascuno fedel christiano, & in particolare alli diuoti della Madre di Dio. Con vna copiosissima tauola delle cose più notabili.
Milano, Agostino Tradate, 1598 (Milano, Graziadio Ferioli, 1598).
[64], 432 p.; 8°
[croce]-4[croce]⁸ A-2D⁸ (c. 2d8 bianca)
EDIT16-CNCE 35054
V. fr.

[2689]
VIRGA, GIACOMO
Historia di santo Stefano protomartire. Composta da don Iacopo Verga dottore in teologia.
Palermo, Giovanni Antonio De Franceschi, 1598.
[4], 140 p. ; 8°
EDIT16-CNCE 28979
V. fr.

[2690]
ZOPPIO, GIROLAMO/(ed.) BELLINI, BENEDETTO
Annonciatione della b. Vergine. Con la natività di Giesù Cristo. Da [...] Gieronino Zoppio nuovamente posta in luce [...] Revista et espurgata per Benedetto Bellini [...].
Stampata in Bologna, in Milano e ristampato in Venezia, 1598.
[12] c.: ill.; 12°
A¹²
SBN-IT\ICCU\RMLE\014944

1599

[2691]
ANONIMA
La rappresentatione della natiuita di Christo. Nuouamente ristampata.

(Firenze, Giovanni Baleni, 1599).
[6] c.: ill.; 4°
A⁶
EDIT16-CNCE 61908, SBN-IT\ICCU\CFIE\033336
Titolo uniforme: *Rappresentazione di Gesù Cristo: la natività*. Cfr. Cioni 1961, p. 150, n. 17; Testaverde-Evangelista, 647. V. fr.

[2692]
ANTONIO DA CASTELL'ARQUATO/(ed.) DANIELE DA PERUGIA
Lagrime di santa Maria Maddalena, composte dal r.p.f. Antonio da Castello Arquato theologo, & predicatore de' Minori Osseruanti; et date in luce da fra' Danielle da Perugia dell'istess'Ordine. All'illustriss. et reverendiss. Monsignor', il signor Horatio Spinola referendario dell'vna, e dell'altra segnatura, e vicedelegato di Bologna meritiss.
Bologna, Eredi di Giovanni Rossi, 1599.
44 p.; 4°
A-D⁴ E⁶
EDIT16-CNCE 2112
V. fr.

[2693]
[BELCARI, FEO]
Rappresentatione d'Abraam, et d'Isag.
(Venezia, Daniele Zanetti, 1599).
[4] c. : ill. ; 4°
A⁴
EDIT16-CNCE 72819
L'autore si desume dall'incipit. Titolo a c. A1r, dove si legge l'incipit: *L'Occhio si dice ch'è la prima porta.* V. c. A1r.

[2694]
BIBBIA/(ed.) HUTTER, ELIAS/(tr.) BRUCIOLI, ANTONIO ET AL.
Biblia Sacra, Ebraice, Chaldaice, Graece, Latine, Germanice, Italice, studio & labore Eliae Hutteri Germani.
Nürnberg, [Alexander Philipp Dietrich], 1599.
[8]-287-[1]-851-[1]-319 c., fol.
[*]⁴, A-U⁶, W⁶, Y-Z⁶, Aa-Zz⁶, Aaa-Zzz⁶, Aaaa-Vuuu⁶, Wvvv⁶, Xxxx-Zzzz⁸ (c. [*]4 mancante)
Barbieri 88
La variante B ha la sesta colonna in Italiano. Il titolo di Genesi datato 1598. Cfr. Darlow-Moule, II, p. 14-15. V. fr.

[2695]
CALDERARI, CESARE
Il Trofeo della croce di n.s. Giesu Christo. Con varii concetti addornato. Dal r.p.d. Cesare Calderari [...] E le lagrime della beata Vergine Maria, composte dal sig. Torquato Tasso.
Firenze, Michelangelo Sermartelli, 1599.

48 p.; 8°
A-C⁸
EDIT16-CNCE 8381, SBN-IT\ICCU\VEAE\138957
Un solo esemplare, che non contiene l'opera del Tasso e non pare mutilo, cfr. SBN.

[2696]
CARACCIOLO, IPPOLITO
Prediche del molto reuerendo d. Hippolito Caracciolo canonico regolare lateranense. Fatte da lui nelle principali citta d'Italia, & applicate a molti euangeli quadragesimali: [...] Di nuouo date in luce con vna tauola ordinatissima di tutte le cose piu notabili, che nell'opera si contengono [...].
Venezia, Giacomo Antonio Somasco, 1599.
[35], 506 [i.e. 508] p.; 4°
a-d⁴ e² A-3R⁴ 3S²
EDIT16-CNCE 9300

[2697]
CRESCI, PIETRO/(ed.) FASOLIO, CARLO
Sonetti sopra tutti gli Euangeli, che si leggono la Quaresima. Secondo la dispositione de i sacri dottori di Santa Chiesa. Reueduti da i superiori. Et raccolti da Carlo Fasolio d'Asti, detto Oratio. Consecrati all'illustriss. & reuerendiss. monsign. Enrico cardinal Gaerano dal Cresci anconitano.
Brescia, Vincenzo Sabbio, 1599.
[12] c.; 12°
EDIT16-CNCE 42390
V. fr.

[2698]
[DATI, GIULIANO/BERNARDO DI ANTONIO/MARIANO PARTICAPPA]
La rappresentazione della passione di nostro Signore Giesù Cristo.
(Firenze, Giovanni Baleni, 1599).
[14] c.: ill.; 4°
EDIT16-CNCE 62024
Per gli autori cfr. Cioni 1961, p. 156. Titolo uniforme: *Rappresentazione della passione di Cristo.* Cfr. Cioni 1961, p. 162, n. 22.

[2699]
DONGUIDI, ASCANIO
Meditationi et soliloquii. Sopra li misterii della passione di Christo nostro sig. con le applicationi proposti & orationi [...] Con il fascicolo di Mirra, della vita, passione, e morte di Christo nostro redentore. Composte dal reuer. padre don Ascanio Donguidi, canonico regolare lateranense, dell'ordine di santo Agostino.
Venezia, Niccolò Misserini, 1599.
2 pt ([24], 120; [36] p.); 24°

a¹² A-E¹²; a¹² a⁶

EDIT16-CNCE 17669

Pt 2: *Fascicolo di Mirra, nel quale son raccolti cento e cinquanta passi: della vita, passione, e morte di Christo* [...].

[2700]

DONGUIDI, ASCANIO

Sacro conuito di Christo N.S. che ha fatto all'anima fedele e diuota della sua vita, passione, morte, & resurrettione, et del suo sacratissimo corpo, diuiso in centocinquanta misterij. Perche possa con la consideratione di quelli apparecchiarsi degnamente alla santa communione. Et dopò quella trattenersi in lodare, benedire, & ringratiare la diuina bontà del benefitio riceuuto. Del reuer. padre don Ascanio Donguidi, canonico regolare lateranense, dell'ordine di s. Agostino.

Venezia, Niccolò Misserini, 1599 (Venezia, Niccolò Misserini, 1598).

[48], 360 c.; 12°

a-c¹² A-Z¹² Aa-Gg¹²

EDIT16-CNCE 17672

V. fr.

[2701]

DU BARTAS, GUILLAUME (DE SALLUSTE)/(tr.) GUISONE, FERRANTE

La Diuina settimana; cioè i sette giorni della creatione del mondo, del signor Guglielmo di Salusto signor di Bartas; tradotta di rima francese in verso sciolto italiano. Dal signor Ferrante Guisone et in questa quarta impressione ricoretta, con le sue figure adornata.

Venezia, Giovanni Battista Ciotti, 1599.

153, [i.e. 131], [1] c.: ill.; 12°

A¹⁰ B-L¹² M² (c. M2bianca)

EDIT16-CNCE 17791

V. fr.

[2702]

EPISTOLE E VANGELII/(tr.) NANNINI REMIGIO

Epistole et Euangelii, che si leggono tutto l'anno alle messe, secondo l'uso del Messal nuouo. Tradotti in uolgare dal r.p.m. Remigio fiorentino, dell'Ordine de' Predicatori. Con alcune annotationi morali del medesimo a ciascheduna Epistola, & Euangelio; da lui vltimamente ampliate. Et quatro discorsi cio è del digiuno, dell'inuocatione de santi, della veneratione delle reliquie loro, & dell'vso delle imagini. Con due tauole copiosissime.

Venezia, Giovanni Battista Galignani, 1599.

[8], 519 [i.e. 619], [13] p.: ill.; 4°

[croce]⁴ A-2Q⁸ 2R⁴

EDIT16-CNCE 37354

L'opera è "l'effetto di un accordo" tra i Giolito De Ferrari e i Galignani, come figura a c. [croce]2r, [croce]4r, cfr. Bongi, II, 463. V. fr.

[2703]

EPISTOLE E VANGELI/(tr.) NANNINI, REMIGIO/CANISIUS, PETRUS/CAMILLI, CAMILLO/LUIS DE GRANADA

Epistole et Euangeli, che si leggono tutto l'anno alle messe, secondo l'uso della s. rom. Chiesa, & ordine del Messale riformato. Tradotti in lingua toscana dal r.p.m. Remigio fiorentino dell'Ordine de' Predicatori. Con alcune annotazioni morali del medesimo. Aggiuntoui alcuni sommari, fatti latini dal r.p. Pietro Canisio della Compagnia di Giesù: & tradotti in volgare da Camillo Camilli. Con alquanti sermoni sopra l'oratione, digiuno, & elemosina, cauati dall'opere del r.p.f. Luigi di Granata. Iquali si possono da ogni curato, secondo l'occasione, applicare à tutte l'Epistole, & Euangeli, che corrono tutto l'anno. Con priuilegio. Con il calendario de' santi; & con due tauole: vna de' giorni, che si leggono l'Epistole, & Euangeli: l'altra delle cose più notabili.

Venezia, Giorgio Angelieri, 1599.

2 pt ([32], 483, [1], 76 p.; 36 c.): ill.; 4°

a-b⁸ A-2G¹⁰ 3A-3D⁸ 3E⁶; A-D⁸ E⁴

EDIT16-CNCE 29079

Seconda parte con proprio frontespizo: *Sermoni sopra l'oratione, digiuno, & elemosina necessarij ad ogni fedel christiano, & particolarmente ad ogni curato: iquali si possono applicare, secondo l'occasione, à tutte l'Epistole & Euangeli, che corrono le domeniche, & altre feste dell'anno alle messe. Cauati dall'opere del r.p.f. Luigi di Granata.* V. fr.

[2704]

GUASCO, ANNIBALE

Opera in ottava rima per la Natività del Signore, con altri componimenti spirituali ed alcuni pochi per giunta in diverse materie, con cento madrigali a due sue figliuole, tutti d'un medesimo suggetto notato in principio d'essi.

Alessandria, Ercole Quinciano, 1599 (Alessandria, Ercole Quinciano, 1599).

[12], 176 c.; 8°

[croce]¹² A-Y⁸

EDIT16-CNCE 22039

[2705]

MARCELLINO, EVANGELISTA

Lezioni sopra la Cantica del molto r.p.f. Vangelista Marcellino de Minori osseruanti. Fatte da lui in Roma l'anno 1579. E date oggi in luce dal p. fra Cosimo Sansonetti da s. Marcello suo nipote.

Firenze, Giorgio Marescotti, 1599.

[8], 451, [53] p.; 8°

a⁴ A-2H⁸ 2I⁴

EDIT16-CNCE 29315

[2706]

MORIGIA, PAOLO

La santissima vita del glorioso san Gioseppe sposo della immaculata vergine Maria madre di Dio. Con parte de' suoi eccellentissimi doni, e vertù, degni da sapersi, raccolta da molti auttori dal r.p.f. Paolo Morigi milanese de' Giesuati di san Girolamo. Con le sue letanie, & oratini, e molte dottrine gioueuoli.

Bergamo, Comino Ventura, 1599.

63, [9] p.; 16°

EDIT16-CNCE 49347

V. fr.

[2707]

MUSSO, CORNELIO

Delle prediche dell'ill.mo & r.mo mons.r Cornelio Musso vescouo di Bitonto. Fatte da lui in varii luoghi & in diuersi tempi. Le quali seruono per alcuni giorni feriali, & festiui di tutto l'anno. Parte prima. Di nuouo in questa vltima impressione reuiste, & ricorrette. Et due indici: vno delle prediche, l'altro delle cose mem.li.

Venezia, Giovanni Paolo Giolito De Ferrari e nipoti, 1599.

5 vol.: ill.; 8° e 4°

EDIT16-CNCE 47047

1:

[40], 516, [4] p.; 8°

a-b⁸ c⁴ A-2I⁸ 2K⁴

SBN-IT\ICCU\TO0E\008210

V. fr.

2:

Delle prediche dell'illustr.mo & reuerend.mo mons. Cornelio Musso, vescouo di Bitonto. Parte seconda. Di nuouo riordinate, & questa vltima editione da molti errori espurgate. Con due indici: vno delle prediche, l'altro delle cose più notabili.

Venezia, Giovanni Paolo Giolito De Ferrari e nipoti, 1599.

[40], 789, [1] p.: ill.; 8°

a-b⁸ c⁴ A-3C⁸ 3D⁴ (c. 3D4 mancante)

SBN-IT\ICCU\UM1E\000731

V. fr.

3:

Delle prediche dell'illustr.mo & reuerend.mo mons. Cornelio Musso, vescouo di Bitonto. Parte terza. Di nuouo riordinate, & questa vltima editione da molti errori espurgate. Con due indici: vno delle prediche, l'altro delle cose più notabili.

Venezia, Giovanni Paolo Giolito De Ferrari e nipoti, 1599.

[32], 567, [1] p.: ill.; 8°

a-b⁸ A-2M⁸ 2N⁴ (c. b8 bianca)

SBN-IT\ICCU\RMLE\012499

V. fr.

4:

Delle prediche dell'illustr.mo & reuerend.mo mons. Cornelio Musso, vescouo di Bitonto. Parte quarta. Di nuouo riordinate, & questa vltima editione da molti errori espurgate. Con due indici: vno delle prediche, l'altro delle cose più notabili.

Venezia, Giovanni Paolo Giolito De Ferrari e nipoti, 1599.

[28], 551 p.: ill.; 4°

a⁶ b⁸ A-2L⁸ 2M⁴

SBN-IT\ICCU\CFIE\030738

V. fr.

5:

[29], 6-160 p.: ill.; 4°

a⁴ b⁸ A-K⁸

SBN-IT\ICCU\CFIE\030739

[2708]

NUOVO TESTAMENTO/(ed.) HUTTER, ELIAS/(tr.) BRUCIOLI, ANTONIO ET AL.

Novum Testamentum Domini Nostri Iesu Christi. Syriacè Ebraicè Graecè Latinè Germanicè Bohemicè Italicè Hispanicè Gallicè Anglicè Danicè Polinicè studio et labore Eliae. Hutteri. Germani.

Nürnberg, [(vedova di?) Alexander Philipp Dietrich], dopo il 10.X.1599 e dopo il 1.VII.1600.

2 vol.; fol.

Barbieri 89; Darlow-Moule, II, p. 15-16

1:

[1]-3-[1]-195-[1]-335 (i.e. 339)-[1]-263 (i.e. 259)-[1]-335-[1] c. (prima c. bianca, le c. inframezzate sono bianche)

[-]2 *⁴, A-Z⁶, Aa⁶, Bb⁸, A-P⁶, Q⁸, A-Z⁶, Aa-Dd⁶, Ee⁸, A-X⁶, Y⁴, A-z6, a-e⁶

2:

[1]-15-[1]-19-[1]-1191-[1] o 1191 [8] c. (prima c. bianca, le c. inframezzate sono bianche)

[-]2 *⁴, **⁴, (:)4, (:)⁶, A-Z⁶, a-z⁶, Aa-Zz⁶, Aaa-Yyy⁶, Ee⁸, A-X⁶, Y⁴, A-z⁶, a-e⁶

Contiene l'*Epistola ai Laodicesi.* V. fr.

[2709]

PANIGAROLA, FRANCESCO

Dichiaratione de i Salmi di Dauid, fatta dal r.p.f. Francesco Panigarola minore osseruante.

Venezia, Eredi di Giovanni Maria Leni, 1599.

[8], 500, [4] p.: ill.; 8°

[ast]⁴ A-2H⁸ 2I⁴

EDIT16-CNCE 37943

[2710]

PANIGAROLA FRANCESCO

Prediche quadragesimali del reuerendiss. monsig. Panigarola vescouo d'Asti. Dell'Ordine di s. Francesco de' Minori

Osseruanti, fatte da lui in Roma l'anno 1588. & recitate in S. Pietro. Nuouamente poste in luce, e con diligenza corrette.
Venezia, Giovanni Battista Ciotti, 1599.
[8], 208 c.; 8°
Edit16-CNCE 36292
V. fr.

[2711]
PANIGAROLA, FRANCESCO/ROTA, ISIDORO
Prediche di monsig. reuer.mo Panigarola vescouo d'Asti. Fatte da lui straordinariamente, e fuor de' tempi quadragesimali, in varij luochi, & à varie occasioni più illustri. Postillate dal r.p.f. Isidoro Rota venetiano de' Minori Osseruanti, & con maggior vtilità à lettori ordinate. Con la tauola delle cose più notabili.
Venezia, Giovanni Battista Ciotti, 1599.
[8], 303, [25] c.; 8°
a⁸ A-2S⁸ (c. 2P8 bianca)
Edit16-CNCE 24251
V. fr.

[2712]
PÉRION, JOACHIM/(tr.) DIONIGI, BARTOLOMEO
Vita e fatti di Giesu Christo [...] della glor. Verg. Maria, di S. Giovanni Battista, di S. Paolo e de i dodeci apostoli di G. Perionio [...] tradotte dalla lingua latina nell'italiana da B. Dionigi [...].
Venezia, Giovanni Guerigli, 1599.
[44], 668 p.; 12°
Edit16-CNCE 35962

[2713]
PINELLI, LUCA
Libretto d'imagini, e di breui meditationi sopra alcuni misterii della vita, e passione di Christo Signor nostro. Composto dal p. Luca Pinelli della Compagnia di Giesù, per dare à tutti materia di meditare.
Napoli, Tarquinio Longo, 1599.
2 pt; 8°
Edit16-CNCE 68913
V. fr.

[2714]
PITTORIO, LODOVICO
Homiliario quadragesimale di m. Lodovico Pittorio da Ferrara. Prima parte. Fondato di parola in parola sopra tutte l'epistole, & euangeli, che corrono ogni giorno per tuto l'anno, secondo l'ordine della Chiesa Romana [...] Nuouamente ristampato, da molti errori corretto e di bellime figure adornato.
Venezia, Sebastiano Combi, 1599.
2 vol.; ill.; 4°

Edit16-CNCE 66636, SBN-IT\ICCU\RMSE\057121
1:
[8], 254 [i.e 253], [3] p. (p. 254 erroneamente numerata)
† A-Q⁸ (ultima c. bianca)
SBN-IT\ICCU\RMSE\057122
2:
Delle homelie di m. Lodovico Pittorio da Ferrara. Parte seconda. Sopra gli euangelij, & epistole, che si leggono ne' giorni festiui di tutto l'anno, [...] appresso vi sono aggiunti alcuni sermoni della confessione, della contritione de' peccati, [...] Di nuouo ristampata, & da infiniti errori corretta.
Venezia, Eredi di Giovanni Maria Leni, 1599.
[5], 262-530 [i.e. 534, 2] p.
R-2K⁸ 2L⁴ (ultima c. bianca)
SBN-IT\ICCU\RMSE\057123

[2715]
PITTORIO, LODOVICO
Homiliario quadragesimale di m. Lodouico Pittorio da Ferrara. Prima parte. Fondato di parola in parola sopra tutte l'Epistole, & Euangeli, che corrono ogni giorno per tutto l'anno, secondo l'ordine della Chiesa romana. Con le diuisioni dell'Epistole, & Euangeli, che per innanzi mancauano. Nuouamente ristampato, da molti errori corretto, & di bellissime figure adornato.
Venezia, Eredi di Giovanni Maria Leni, 1599.
[8], 530, [2] p.: ill.; 4°
[croce]⁴ A-2K⁸ 2L⁴ (ultima c. bianca)
Edit16-CNCE 37945
Da p. 508: *Sermoni della confessione, della contritione de' peccati, della santa Communione, & del dispreggio della morte.* V. fr.

[2716]
RINALDI, ALBRIGHETTO
Parafrasi, ouero breue dichiaratione sopra i salmi di Dauid. Di monsig. Albergheto Rinaldi nobile di Treuiso.
Treviso, Evangelista Deuchino, 1599.
[4], 268 p.; 4°
π² A-2K⁴ 2L²
Edit16-CNCE 30663

[2717]
ROSACCIO, GIUSEPPE
Le sei eta del mondo di Giuseppe Rosaccio. Con breuità descritte. Cioè della creatione del cielo, & della terra. Di Adamo, & suoi descendenti. Del diluuio, & suo tempo. Del nome delle genti, e loro origine. Delle monarchie, e quanto tempo durarono. Della natiuità di Christo, e sua morte. Delle vite de i papi, & altri prencipi, con tutto quello che e successo fino all'anno 1599.
Bologna e Firenze, Francesco Tosi, 1599.

46 p.; 8°

A-C⁸

EDIT16-CNCE 60355

V. fr.

[2718]

ROSACCIO, GIUSEPPE

Le sei eta del mondo di Gioseppe Rosaccio. Con breuità descritte. Cioè della creation del cielo, & della terra. Di Adamo, & suoi descendenti. Del diluuio, & suo tempo. Del nome delle genti, & loro origine. Delle monarchie, e quanto tempo durarono. Della natiuità di Christo, & sua morte. Delle vite dei papi, & altri prencipi, con tutto quello che e successo fino all'anno 1599.

Venezia e Bologna, Vittorio Benacci, 1599.

46, [2] p.; 8°

A-C⁸

EDIT16-CNCE 80766

V. fr.

[2719]

TANSILLO, LUIGI/VALVASON, ERASMO (DA)/ GUARGUANTE, ORAZIO

Le lagrime di S. Pietro del signor Luigi Tansillo. Con le Lagrime della Maddalena del signor Erasmo da Valuasone, di nuouo ristampate, et aggiuntoui l'Eccellenze della gloriosa Vergine Maria, del signor Horatio Guarguante da Soncino.

Venezia, Agostino Spineda, 1599.

[4], 190 [i.e. 180] c.; 8° (omesse nella numer. le c. 153-162)

[ast]⁴ A-Y⁸ Z⁴

EDIT16-CNCE 47965

[2720]

VANGELO DI MATTEO/(ed.) HUTTER, ELIAS/(tr.) BRUCIOLI, ANTONIO ET AL.

Sanctus Matthaeus, Syriacè, Ebraicè, Graecè, Latinè, Germanicè, Bohemicè, Italicè, Hispanicè, Gallicè, Anglicè, Danicè, Polinicè, ex dispositione et adornatione Eliae Hutteri Germani.

Nürnberg, [(vedova di?) Alexander Philipp Dietrich], 1599.

543, [1] p.; 4°

A-Z⁸, Aa-Ll⁸

Barbieri 90

Cfr. Darlow-Moule, II, p. 16. V. fr.

[2721]

VILLEGAS SELVAGO, ALONSO DE/(tr.) VALENTINO, GIULIO CESARE

Nuouo leggendario della vita di Maria Vergine immacolata madre di Dio et delli santi patriarchi, et profeti dell'Anti-

co Testamento et delli quali tratta, et fa mentione la Sacra Scrittura [...] Dato per auanti in luce in lingua spagnuola, sotto titolo di Flos Sanctorum seconda parte; per il reuerendo signor Alfonso de Villegas di Toledo teologo, e predicatore. Et nouamente con molto studio dalla spagnuola nella volgar lingua italiana tradotto per il reuer. don Giulio Cesare Valentino, piouano di Carpeneto [...].

Venezia, Giovanni Battista Ciotti, 1599.

[40], 796 p.: ill.; 4°

a-b⁸ c⁴ A-3C⁸ 3D⁶

EDIT16-CNCE 24253

[2722]

VIVALDI, ANTONIO

Meditationi sopra li Euangelii che tutto l'anno si leggono nella messa, & principali misterij della vita, & passione di nostro Signore. Composte dal r.p. Agostino Viualdi della Compagnia di Giesu. Respondenti alle imagini del padre Girolamo Natale della medesima Compagnia.

Roma, Luigi Zanetti, 1599.

[6], 153, [1] c., 153 c.; ill.; fol.

EDIT16-CNCE 38973

È l'ed. it. di G. Nadal. *Euangelicae historiae imagines*, Antuerpiae, 1596, in cui ad ogni ill. è stata affiancata, intercalandola, una c. con lo stesso numero, stampata solo sulla p. a fronte. Precedono il frontespizio le prime 6 c. dell'edizione di Anversa. Var. B: le c. [croce]2-5 sostituite con un bifolio [par]² con pref. e indice in italiano. Var. C: precede il frontespizio quello calcografico dell'edizione Antuerpiae, 1593. V. fr.

1600

[2723]

ALBERGONI, ELEUTERIO

Mare Theologico. Al Serenissimo Ranutio Farnese duca di Parma, e Piacenza. Predica sopra l'Euangelio di S. Gio. della Domenica in Albis recitata in Ferrara nel Capitolo Provinciale de Padri Conuent. di S. Francesco. Da fra Eleuterio Albergoni dottore teologo dell'istesso ordine.

Milano, Pacifico Da Ponte, 1600.

40 p.; 8°

A-B⁸ C⁴

EDIT16-CNCE 65099

[2724]

ANDROZZI, FULVIO

Opere spirituali, del r.p. Fuluio Androtio, della Compagnia di Giesu, diuise in tre parti. Nelle quali si tratta della meditatione della vita, & morte di nostro Saluator Giesu Christo. Della frequenza della communione. Et dello stato lodeuole delle vedoue. Vtili à tutte le persone, che desiderano vivere spiritualmente. Nuouamente con diligenza corrette, & ristampate.

Venezia, Domenico Imberti, 1600 (Venezia, Domenico Imberti, 1600).

3 vol.; 12°

EDIT16-CNCE 1748

1:

71, [1] c.: ill. (prime 6 c. non numerate, le c. 7-12 erroneamente numerate 1-6)

A-F¹²

SBN-IT\ICCU\CFIE\019168

I successivi volumi trattano della comunione e della vedovanza. V. fr.

[2725]

ANONIMA

Conversione di santa Maria Maddalena.

Orvieto, Antonio Colaldi, 1600.

EDIT16-CNCE 55693

[2726]

ANONIMA

Giudicio vniuersale, ouero finale.

(Siena), [ca 1600].

[6] c.; 4°

EDIT16-CNCE 75160

Titolo uniforme: *Storia del giudizio universale.* Stampata probabilmente da Luca Bonetti; per il tipografo e la data cfr. Cioni 1963, p. 256, n. 13. Incipit a c. [1b] (da Cioni): *A te ricorro eterno creatore.*

[2727]

ANONIMA

La historia di santa Maria Maddalena, et Lazzero, et Marta.

[Firenze, ca 1600].

[4] c.; 4°

A⁴

EDIT16-CNCE 63667

Titolo uniforme: *Storia dei ss. Maria Maddalena, Lazzaro e Marta.* EDIT16 indica: "Stampata a Firenze dalla tipografia Alle scalee di Badia", rinviando a Cioni 1963, p. 201, n. 12, il quale però indica come supposta solo la data: "Firenze, Alle scale di Badia [c. 1600]". Le schede sia di Cioni sia di EDIT16 non rinviano a repertori né esemplari noti. Si suppone quindi che non si tratti di due edizioni simili ma di una sola.

[2728]

ANONIMA

La istoria di Susanna moglie di Giouacchino, la quale a torto fu accusata di adulterio da dua tristi uecchi, e poi per miracolo di Dio lei fu liberata, e loro furno lapidati dal popolo. Nuouamente ristampata.

Firenze, alle scalee di Badia, [ca 1600].

[4] c.: ill.; 4°

A⁴

EDIT16-CNCE 63685

Titolo uniforme: *Storia di Susanna e Daniello.* Per il tipografo e la data cfr. Cioni 1963, p. 244, n. 7. Incipit a c. A1v (da Cioni): *CHI si diletta nuoue cose udire.*

[2729]

ANONIMA

Letanie al nostro sig. Giesu Christo per li suoi nomi, cauati dalla Sacra Scrittura.

Cremona, Barucino Zanni, 1600.

[8] c.; 8°

A⁸

EDIT16-CNCE 46189

[2730]

ANONIMA

Narratione dell'annuntiatione di Nostra Donna. E della natiuita di Iesu Christo. Con l'Aue Maria; e la Salue Regina esposta.

[1600].

[8] c.; 8°

EDIT16-CNCE 63321

Titolo uniforme: *Storia dell'Annunciazione.* Stampata probabilmente a Venezia; per il luogo e la data cfr. Cioni 1963, p. 68, n. 5. V. fr.

[2731]

ANONIMA

La rappresentatione et historia di Susanna.

Siena, 1600.

4°

EDIT16-CNCE 62396

Titolo uniforme: *Rappresentazione di s. Susanna.* Cfr. Cioni 1961, p. 287, n. 9 (edizione non reperita citata da Colomb de Batines).

[2732]

ANONIMA

La rappresentatione 7 historia di Susanna.

(Siena), [Luca Bonetti, ca 1600].

[4] c.; 4°

A⁴

EDIT16-CNCE 75492, SBN-IT\ICCU\CFIE\033394

Titolo da c. A1r. Titolo uniforme: *Rappresentazione di s. Susanna.* Per il tipografo e la data cfr. Cioni 1961, p. 286,

n. 8; Testaverde-Evangelista, 704. Esiste altra edizione ricomposta linea per linea con titolo sottolineato con riga a stampa, diverso angelo e altra riga a stampa dopo l'angelo a c. A1r, cfr. EDIT16-CNCE 61965, vedi 2089. V. ed.

[2733]
ANONIMA
La rappresentazione del re Salamone Delle sententie che egli dette per quelle due donne che haueuano ammazzato vn loro figliuolo.
Firenze, alle scalee di Badia, 1600.
4 c.: ill.; 4°
A⁴
EDIT16-CNCE 79383
Titolo uniforme: *Rappresentazione di Salomone*. V. ed.

[2734]
ANONIMA
La rapresentazione di Lazero ricco, e di Lazero povero.
Firenze, alle scalee di Badia, [ca 1600].
[4] c.: ill.; 4°
A⁴
EDIT16-CNCE 61817, SBN-IT\ICCU\CFIE\033313
Titolo uniforme: *Rappresentazione di Lazzaro ricco e di Lazzaro povero.* Per la data cfr. Cioni 1961, p. 220, n. 7; Testaverde-Evangelista, 626. V. ed.

[2735]
ANONIMA
La rappresentazione di Lazero ricco, e Lazero pouero.
Firenze, alle scalee di Badia, [ca 1600].
[4] c.: ill.; 4°
A⁴
EDIT16-CNCE 62204, SBN-IT\ICCU\CFIE\033104
Titolo uniforme: *Rappresentazione di Lazzaro ricco e di Lazzaro povero.* Per la data cfr. Cioni 1961, p. 220, n. 8; Testaverde-Evangelista, 436. V. ed.

[2736]
ANONIMA
[*Rappresentazione di Nabuccodonosor*].
Siena, alla Loggia del papa, [ca 1600?].
8 c.: ill.; 8°
Cioni 1961, p. 243, n. 4
Il titolo è quello uniforme.

[2737]
ANONIMA
La rapresentatione di Nabucodonosor re di Babilonia.
Siena, alla Loggia del papa, [ca 1600].
[8] c.: ill.; 4°
EDIT16-CNCE 62284

Titolo uniforme: *Rappresentazione di Nabuccodonosor.* Cfr. Cioni 1961, p. 243, n. 4.

[2738]
ANONIMA
Le sette allegrezze della Madonna.
Orvieto, [ca 1600].
8°
BL 1606/117

[2738 bis]
ANONIMA
Virtu delli cento cinquanta salmi di David con l'espositione di molti Santi Padri.
Treviso, 1500 [i.e. 1600?].
46 [i.e. 44] p.: ill.; 16° (p. 1-4 saltate nella numer.)
[a]¹⁰ [b]² [c]¹⁰
SBN-IT\ICCU\RMLE\067389
Titolo uniforme: *Virtutes psalmorum* [italiano]. L'opera compare nell'Index librorum prohibitorum del 1684. Edoardo Barbieri suggerisce: "Treviso, [Aurelio Reghettini?], 1500 (ma 1600?)", cfr. Barbieri 2013, p. 14 e 23. L'attività di Aurelio Reghettini a Treviso è datata 1590-1600.

[2739]
ANONIMA/(ed.) FILIPPINI, TOMMASO
La historia di Susanna et de due vecchi [...] Nuouamente data in luce per Tommaso Filippini.
Firenze e Orvieto, Antonio Colaldi, 1600.
[4] c.: ill.; 4°
EDIT16-CNCE 22884
Titolo uniforme: *Storia di Susanna e Daniello.* Cfr. Cioni 1963, p. 244, n. 8.

[2740]
ANONIMA/(ed.) MINICUCCI, ANGELO
Meditationi e sue applicationi: sopra la vita, passione, morte, resurretione, & ascensione del Signore. Raccolte da diuersi, e graui autori da frat'Angelo Minucci [...] Con la giunta delle letanie [...] & altre pie e deuote orationi, come appare nella sua tauola.
Roma, Guglielmo Facciotti, 1600.
155, [1] p.: ill.; 12°
EDIT16-CNCE 65445

[2741]
BALDINI, VITTORIO
Cronologia ecclesiastica. La quale contiene Le vite de i sommi pontefici da s. Pietro fino a Clemente VIII. I nomi, cognomi, & patria loro, l'anno, il mese, & il giorno della loro creatione, il tempo che regnarno, & doue morirono, le scisme, & i nomi de i scismatici, le vacanze della sede apostolica, le

vere effigie di ciascun papa, le leggi, i capitoli, & gli ordini che s'osserucano nel creare il sommo pontefice. Aggiunteui le attioni più notabili de gl'imperatori & altre cose degne di memoria. Raccolta da diversi scrittori antichi et moderni per Vittorio Baldini.

Ferrara, Stamperia Camerale, 1600.

[128] c.: ill.; 8°

A-Q⁸

SBN-IT\ICCU\CNCE\004008

V. fr.

[2742]

BERNA, ANDREA

Meditatione spirituale a Christo Signor nostro. Sopra il salmo sesto di Dauide primo de i Sette Penitentiali. Domine ne in furore tuo argua me &c. Del r.p.f. Andrea Berna Venetiano Minore Conuentuale, dottor teologo. All'illustriss. et reueren. mons. Aluigi Arciuescouo Molino. Vescouo di Treuiso.

Treviso, Evangelista Deuchino, 1600.

[12], 182, [17] p.: ill.; 4°

A⁶ B-2C⁴

EDIT16-CNCE 5460

[2743]

BUCHANAN, GEORGE/(tr.) BARGAGLI, SCIPIONE

Iefte ouuer Voto tragedia di Giorgio Bucanano scozzese. Recata di latino in vulgare. Con diligenza riueduta, e nuouamente ristampata. All'illustrissima, & eccellentiss. Madama, la s.d. Lucrezia d'Este principessa d'Urbino.

Venezia, Matteo Valentini, 1600.

15 [i.e. 36] c.; 12°

A-C¹²

EDIT16-CNCE 7795

V. fr.

[2744]

CALDERARI, CESARE

Concetti scritturali intorno al miserere. Et Il trofeo della croce. Del R.P.D. Cesare Calderari vicentino canon. regolare lateran. dell'Ordine di S. Agostino spiegati in 33. lettioni. Le quali furono lette dall'istesso nel S. Tempio della Nontiata di Napoli, l'anno 1583. Con l'applicatione di molte feste correnti, massimamente di tutto l'aduento. Di nuovo corretti.

Venezia, Lucio Spineda, 1600.

[16], 534, [18] p.: ill.; 8°

pA⁸ A-2L⁸ 2M⁴

EDIT16-CNCE 8382

[2745]

CAPACCIO, GIULIO CESARE

Della selua de concetti scritturali di Giulio Cesare Capaccio napolitano. Parte seconda. Opera vtilissima ad ogni stato di

persone, massime à predicatori. Con quattro tauole, la prima de discorsi. La seconda delli luoghi della Scrittura dichiarati in quelli. La terza delle materie trattate dall'authore. La quarta delle cose notabili.

Venezia, Sebastiano Combi, 1600.

[30], 232 c.; 4°

a-g⁴ h² A-3M⁴

EDIT16-CNCE 9071

La prima parte è stampata nel 1594, cfr. EDIT16-CNCE 9064, vedi 2542. V. fr.

[2746]

CARACCIOLO, IPPOLITO

Prediche del molto reurendo d. Hippolito Caracciolo canonico regolare lateranense. Fatte da lui nelle principali città d'Italia, & applicate a molti Euangeli quadragesimali: dalle quali possono li studiosi cauarne grandissima vtilità, e frutto non picciolo le deuote persone per viuere christianamente. Di nuouo date in luce con vna tauola ordinatissima di tutte le cose più notabili, che nell'opera si contengono.

Venezia, Giacomo Antonio Somasco, 1600.

[36], 506 [i.e. 508] p.; 4° (ripetute nella numer. le p. 335-336)

a-d⁴ e² A-3R⁴ 3S²

EDIT16-CNCE 9301

V. fr.

[2747]

[CASTELLANI, CASTELLANO]

La rappresentatione della conuersione di santa Maria Maddalena.

Siena, alla Loggia del papa, [ca 1600].

[12] c.: ill.; 4°

A⁴ B⁸

EDIT16-CNCE 54159, SBN-IT\ICCU\CFIE\032899

Per l'autore cfr. Ponte, p. 65. Titolo uniforme: *Rappresentazione di s. Maria Maddalena. La conversione.* Per la data cfr. Cioni 1961, p. 237, n. 11; Testaverde-Evangelista, 188. V. ed.

[2748]

[CASTELLANI, CASTELLANO]

La rappresentatione della resurrettione di nostro Signore Giesu Christo. Nuouamente ristampata.

(Firenze, alle scalee di Badia), [1600].

8 c.: ill. ; 4°

A-B⁴

EDIT16-CNCE 61665

Cfr. Cioni 1961, p. 169, n. 9.

[2749]

[CICERCHIA, NICCOLÒ]/PULCI, BERNARDO

La passione del nostro signore Giesu Christo in ottaua rima. Et il pianto della Maddalena composto da Bernardo Pulci.
Firenze, Zenobio Bisticci, 1600.
[20] c.: ill.; 4°
A-B⁸ C⁴
EDIT16-CNCE 14564, SBN-IT\ICCU\CNCE\014564
Niccolò Cicerchia è autore de *La passione* (cfr. Cioni 1963, p. 29), Bernardo Pulci del *Pianto*. Titolo uniforme: *La passione di Gesù Cristo*. Incipit a c. [A1v]: *O Increata Maiesta di Dio*. A c. [C3v]: *Bernardo Pulci, di Maria Maddalena*. Cfr. Testaverde-Evangelista, 658. V. ed.

[2750]
CRISTOFORO DA VERRUCCHIO
Compendio di cento meditazioni sacre, sopra tutta la uita, e la passione sì del Signore, come della Madonna, e sopra tutti gli altri essercitij della vita spirituale. Raccolto dal r.p.f. Christoforo Verruchino [...] Aggiunteui in questa vltima impressione le Meditationi della passione di N.S. Giesù Christo, [...] dell'istesso authore.
Venezia, Niccolò Misserini, 1600.
[40], 725, [3] p.: ill.; 24°
EDIT16-CNCE 14285

[2751]
CRISTOFORO DA VERRUCCHIO
Compendio di cento meditazioni sacre, sopra tutta la vita, e la passione sì del Signore, come della Madonna, e sopra tutti gli altri essercitij della vita spirituale. Raccolto dal r.p.f. Christoforo Veruchino dell'Ordine de' frati minori capuccini, aggiunteui in questa vltima impressione le meditationi della passione di N.S. Giesù Christo distribuite per i sette giorni della settimana dall'istesso authore.
Venezia, Niccolò Misserini, 1600.
[34], 721, [1] p.: ill.; 12°
EDIT16-CNCE 13804

[2752]
EPISTOLE E VANGELI/(tr.) NANNINI, REMIGIO/LUIS DE GRANADA
Epistole, et euangeli, che si leggono tutto l'anno alle messe, secondo l'uso della S. Ro. Chiesa [...] et ordine del messale riformato. Tradotti in lingua toscana dal r.p. Remigio fiorentino [...].
Venezia, e ristampato in Bologna, Eredi di Giovanni Rossi, 1600.
632, 67, [1] p.: ill.
A-C⁸ D¹⁰
EDIT16-CNCE 29597
Pubblicati con *Sermoni sopra l'oratione, digiuno, & elemosina necessarij ad ogni fedel christiano; & particolarmente ad ogni curato: i quali si possono applicare, secondo l'occasio-* ne, *a tutte l'Epistole & Euangeli, che corrono le domeniche, & altre feste dell'anno alla messe* [!]. *Cauati dall'opere del r.p.f. Luigi di Granata.*

[2753]
EPISTOLE E VANGELI/(tr.) NANNINI, REMIGIO/ CANISIUS, PETRUS/(tr.) CAMILLI, CAMILLO
Epistole et euangeli, che si leggono tutto l'anno alle messe, secondo l'uso della S.Ro. Chiesa, & ordine del messale riformato tradotti in lingua toscana dal r.p.m. Remigio fiorentino dell'Ordine de' predicatori, con alcune annotationi morali del medesimo. Aggiuntoui alcuni sommari, fatti latini dal r.p. Pietro Canisio della Compagnia di Giesu. Tradotti in volgare da Camillo Camilli [...].
Venezia, Giorgio Angelieri, 1600.
[24], 570, 84 p.; 4°
EDIT16-CNCE 29083

[2754]
GHELFUCCI, CAPOLEONE
Il Rosario della Madonna poema eroico del sig. Capoleone Ghelfucci da Città di Castello dato alle stampe da i figliuoli dopò la morte dell'autore. A diuozione dell'illustriss. signor Cintio Aldobrandini Cardinale di S. Giorgio.
Venezia, Niccolò Polo, 1600 (Venezia, Niccolò Polo, 1600).
[4], 57, [1], 75, [1], 65, [1] c.; 4°
[fiore]⁴ A-N⁴ O² P-T⁴ 2A-P⁴ Q⁶
EDIT16-CNCE 20809 e 78572
V. fr.

[2755]
GUASCO, ANNIBALE
Opera del sig. Annibal Guasco in ottaua rima, per la natiuità del Signore; con altri componimenti spirituali, & alcuni pochi per giunta, in diuerse materie, con cento madrigali a due sue figliuole, tutti d'vn medesimo soggetto, notato in principio d'essi.
Pavia, Eredi di Girolamo Bartoli, a istanza di Ottavio Bordone, 1600 (Pavia, Eredi di Girolamo Bartoli, 1600).
[12], 176 c.; 8°
+¹² A-Y⁴
EDIT16-CNCE 62675
V. fr.

[2756]
JACOBUS DE VORAGINE/(tr.) MALERBI, NICOLÒ
Legendario delle vite de' santi; composto dal r.p.f. Giacobo di Voragine dell'Ordine de' Predicatori, & tradotto già per il r.d. Nicolò Manerbio venetiano. Aggiuntoui di nuouo molte legende, & accomodata ad ogni giorno la uita di alcun santo.

Con la tauola delle legende; et di vaghe figure ornato, e con somma diligenza ricorretto.
Venezia, Fioravante Prati, 1600.
[16], 861, [1] p.: ill.; 4°
a⁸ A-3H⁸ (c. a8 e 3H8 bianche)
EDIT16-CNCE 54049
Titolo uniforme: *Legenda aurea sanctorum* [italiano].

[2757]
LUIS DE GRANADA/(ed.) GIANETTI, ANDREA
Rosario della sacratissima vergine Maria [...] *Dall'opere del r.p.f. Luigi di Granata* [...] *Raccolto, & dato in luce per il r.p.f. Andrea Gianetti da Salò* [...].
Venezia, Giacomo Vincenzi, 1600.
251, [1] p.: ill.; 24°
EDIT16-CNCE 38855

[2758]
LUIS DE GRANADA/(ed.) GIANETTI, ANDREA
Rosario della sacratissima vergine Maria madre di Dio, nostra signora. Dall' opere del r.p.f Luigi di Granata [...] *raccolto, & dato in luce per il r.p.f. Andrea Gianetti da Salò* [...].
Venezia, Giacomo Vincenzi, 1600.
[6], 251, [1] p.: ill.; 4°
[croce]⁴ (-croce4) A-P⁸ Q⁶
SBN-IT\ICCU\TO0E\157617
A c. O1r con proprio frontespizio: *Miracoli della sacratissima vergine Maria. Seguiti a beneficio di quelli che sono stati deuoti alla Compagnia del Santissimo Rosario* [...].

[2759]
MAZZARINO, GIULIO
Di Giulio Mazzarini della Compagnia di Giesu Cento discorsi su'l cinquantesimo salmo e'l suo titolo intorno al peccato alla penitenza et alla santita di Dauide.
Roma, Luigi Zanetti, 1600 (Roma, Luigi Zanetti, 1600).
2 vol.: ill.; 4°
EDIT16-CNCE 39019, SBN-IT\ICCU\BVEE\015718 e IT\ICCU\TO0E\015141
1:
[20], 981, [1] p.
+¹⁰ A-6H⁴ (c. 6H4 bianca)
SBN-IT\ICCU\UFEE\014300 e IT\ICCU\LO1E\035464
Le c. +10-2O1 contengono: *David caduto La prima parte de' Discorsi sopra il titolo del salmo cinquantesimo intorno al peccato del Rè* (dalla tavola a c. +4). Seconda parte con proprio occhietto a c. 2O2: *David dirizzato La seconda parte de' Discorsi. Nella quale trattasi d'vna parte della giustitia, e chiedesi la remissione del peccato.* Roma, appresso Luigi Zannetti, 1600 (Roma, nella stamperia di Aluigi

Zannetti, 1601). La terza parte è del 1601, cfr. SBN-IT\ICCU\MODE\029509 vedi 2805, la quarta del 1609, cfr. SBN-IT\ICCU\RAVE\038211, vedi 3073, e SBN-IT\ICCU\RLZE\014827, vedi 3074. V. fr.

[2760]
MORIGIA, PAOLO
La santissima vita del glorioso San Gioseppe sposo dell'immaculata vergine Maria madre di Dio con parte de' suoi eccellentissimi doni, e vertù degni da sapersi raccolta da molti nostri auttori dal r.p.f. Paolo Morigi milanese de' Giesuati di S. Girolamo con le sue letanie & orationi e molte dottrine gioueuoli.
Bergamo, Comino Ventura, 1600.
59, [4]; 8°
EDIT16-CNCE 77257

[2761]
MORONE, BONAVENTURA
Il mortorio di Christo tragedia spirituale.
Bergamo, [Comino Ventura], 1600.
[16], 312 p.; 4°
EDIT16-CNCE 49963

[2762]
PANIGAROLA, FRANCESCO
Prediche quadragesimali del reuerendiss. monsig. Panigarola vescouo d'Asti, dell'Ordine di san Francesco de' Minori Osseruanti, predicate da lui in San Pietro di Roma l'anno 1577. Con la tauola copiosissima delle cose notabili.
Venezia, Eredi di Melchiorre Sessa <1>, 1600.
[120], 550, [2] p.; 4°
a⁴ a-g⁸ A-2L⁸ 2M⁴
EDIT16-CNCE 37410
V. fr.

[2763]
PINELLI, LUCA
Libretto d'imagini e di breui meditationi, sopra i quattro nouissimi dell'huomo; con alcune altre meditationi, accommodate per fare entrare la persona in se stessa. Composto dal padre Luca Pinelli della Compagnia di Giesu, per aiuto di quelli, che si vogliono dare alla vita spirituale.
Brescia, Pietro Maria Marchetti, 1600.
57, [3] p.: ill.; 12°
A-B¹² C⁶ (c. C6 bianca)
EDIT16-CNCE 78834

[2764]
PINELLI, LUCA

Libretto d'imagini et meditationi sopra alcuni mist.rij della vita di Christo Sig. nostro. Composto dal r.p. Luca Pinelli della Compagnia di Giesù.
Venezia, Giovanni Battista Ciotti, 1600.
31, [1] c.: ill.; 12°
A-B¹² C⁸ (c. C8 bianca)
Edit16-CNCE 78797
V. fr.

[2765]
PINELLI, LUCA
Meditationi divotissime sopra la vita della sacratissima Vergine Maria madre di Dio. Con le sue imagini et con l'historia ancora della sua vita, cauata fedelmente dagli antichi e santi padri. Composte dal p. Luca Pinelli della compagnia di Giesu.
Brescia, Pietro Maria Marchetti, 1600.
151 [i.e. 153], [3] p.: ill.; 12°
A-F¹² G⁶
Edit16-CNCE 74710

[2766]
PINELLI, LUCA
Meditationi vtilissime, sopra i quindeci misterij del rosario della sacratissima Vergine Maria. Composte dal p. Luca Pinelli della Compagnia di Giesu, per aiuto di deuoti della Madonna santissima.
Brescia, Pietro Maria Marchetti, 1600.
95, [1] p.: ill.; 12°
A-D¹²
Edit16-CNCE 78798

[2767]
PLATINA (IL) (SACCHI, BARTOLOMEO) /PANVINIO, ONOFRIO/CICARELLI, ANTONIO/DIONIGI, BARTOLOMEO
Historia delle vite de i sommi pontefici, dal Saluator nostro sino a Clemente VIII. Scritta da Battista Platina cremonese, dal p.f. Onofrio Panuinio da Verona, & da Antonio Cicarelli da Fuligno. Illustrata con l'annotationi del Panuinio, nelle uite descritte dal Platina, & con la Cronologia ecclesiastica dell'istesso, tradotta in lingua italiana, & ampliata dal r.m. Bartolomeo Dionigi da Fano. Ornata nuouamente di bellissimi ritratti di tutti essi pontefici dal naturale. Et in questa ultima impressione arrichita co' nomi, cognomi, patrie, e titoli di tutti que' cardinali, de' quali se n'ha potuto hauer cognitione, raccolti dal soddetto Dionigi dall'opera del Panuinio, e da gli Atti della Cancellaria apostolica. Con tre fedeli, e copiose tauole, vna de' papi, l'altra de' cardinali, & la terza, fatta nuouamente di tutte le cose notabili, che nell'opera si contengono.

Venezia, Isabetta Basa, 1600 (Venezia, Daniele Zanetti, a istanza di Isabetta Basa, 1600).
2 pt ([40], 343 [i.e. 339, 1] c.; [16], 196 p.): ill.; 4°
A-e⁴ f⁸ a-b⁴ c⁶ A-2T⁸ 2V⁴; a⁸ A-M⁸ N² (c. 2V4 della pt 1 e a8 della pt 2 bianche)
Edit16-CNCE 31654
V. fr.

[2768]
PULCI, BERNARDO
Historia della santissima passione del n. sig. Giesu Christo tutta figurata. Composta per Bernardo Pulci fiorentino.
Messina, [Pietro Brea], 1600.
[8] c.: ill.; 4°
Edit16-CNCE 56682
Per il tipografo cfr. Bonifacio, p. 104, n. 106.

[2769]
ROSACCIO, GIUSEPPE
Le sei eta del mondo, cioè Della creation del cielo, & della terra. Di Adamo, & suoi descendenti. Del diluuio, & suo tempo. [...]. Di Giuseppe Rosaccio, con brevità descritte.
Roma, Antonio Facchetti, a istanza di Giovanni Facchetti, 1600.
47, [1], p.; 8°
A-C⁸
SBN-IT\ICCU\BVEE\040684

[2770]
ROSELLI, ALESSANDRO
La rappresentatione di Sansone composta per Alessandro Roselli. Nuouamente ristampata.
Siena, alla Loggia del papa [Luca Bonetti], [ca 1600].
[10] c.: ill.; 4°
Edit16-CNCE 52629
Per il tipografo e la data cfr. *STCBL*, p. 587. Cfr. Cioni 1961, p. 275, n. 6. Titolo uniforme: *Rappresentazione di Sansone.* V. fr.

[2771]
TANSILLO, LUIGI
Lagrime.
[Venezia?, 1600?].
8 c.; 8°
BL C.39.c.64.(2.)

[2772]
TASSO, TORQUATO
I primi due giorni del mondo creato, poesia sacra, del s.r Torquato Tasso dedicati al cl.mo s.r il s.r Gregorio Barbarigo.
Venezia, Giovanni Battista Ciotti, 1600.
[8], 59 p.: ill.; 4°

a⁴ A-F⁴ G⁶
EDIT16-CNCE 24261
V. fr.

[2773]
VANGELO DI SAN MARCO/(ed.) HUTTER, ELIAS/(tr.)
BRUCIOLI, ANTONIO ET AL.
*Sanctus Marcus, Syriacè, Ebraicè, Graecè, Latinè,
Germanicè, Bohemicè, Italicè, Hispanicè, Gallicè, Anglicè,
Danicè, Polinicè, ex dispositione et adornatione Eliae
Hutteri Germani.*
Nürnberg, 1600.
272 c.; 4°
A-Y⁸
Barbieri 91
Cfr. Darlow-Moule, II, p. 16-17. V. fr.

[2774]
VILLEGAS SELVAGO, ALONSO DE/(tr.) VALENTINO,
GIULIO CESARE
*Nuouo leggendario della vita di Maria Vergine immacolata
madre di Dio. Et delli santi patriarchi, & profeti dell'Antico Testamento, & delli quali tratta, & fa mentione la Sacra
Scrittura. [...] Dato per auanti in luce in lingua spagnuola,
sotto titolo di Flos Sanctorum seconda parte; per il reuerendo signor Alfonso de Villegas [...] Et nuouamente con molto
studio dalla spagnuola, nella volgar lingua italiana tradotto
per il reuer. D. Giulio Cesare Valentino, [...] Con due tauole
l'una delle vite, che si scriuono; l'altra delle auttorita della
sacra Scrittura, che l'Auttore in questa parte copiosamente
dichiara.*
Venezia, Giovanni Battista Ciotti, 1600.
[40], 796 p.: ill.; 4°
a-b⁸ c⁴ A-3C⁸ 3D⁶
EDIT16-CNCE 61914

[2775]
VILLEGAS SELVAGO, ALONSO DE/(tr.) TIMOTEO DA
BAGNO
*Nuouo leggendario della vita, e fatti di N.S. Giesu Christo, e
di tutti i santi, delli quali celebra la festa, e recita l'officio la
santa Chiesa catholica, conforme al Breuiario romano riformato. Insieme con le vite di molti altri santi, che non sono nel
calendario di detto Breuiario. Con molte autorità, et figure
della Sacra Scrittura, accommodate a proposito delle vite de'
santi. Raccolto da graui, & approbati autori, & dato in luce
per auanti in lingua spagnuola, sotto titolo di Flos sanctorum, per Alfonso di Villegas di Toledo, teologo, e predicatore.
E nuouamente con diligentia tradotto di spagnuolo in lingua italiana, per d. Timoteo da Bagno monaco camaldolese.
Aggiuntoui in questa ultima editione le vite, e fatti d'alcuni
santi e beati [...].*

Venezia, Domenico Guerra e Giovanni Battista Guerra,
1600.
[40], 1158, [2] p.; 4°
EDIT16-CNCE 53521

[16..] ([DOPO IL 1600])

[2776]
ANONIMA
[*Commedia spirituale di Cleofas e Luca*].
Siena, alla Loggia del papa, [dopo il 1600?].
4°
Cioni 1961, p. 311, n. 4
Il titolo è quello uniforme.

[2777]
ANONIMA
*Rime spirituali raccolte dalla sacra scrittura. Le quali con-
tengono il fondamento della santa fede cristiana, la creazio-
ne del mondo, et la vita, e passione di Nostro Signore Giesu
Christo.*
[16..].
[8] c.: ill.; 8°
A⁸
SBN-IT\ICCU\RMLE\039825

[2778]
ANONIMA
*La rappresentazione del re Salamone. Delle sententie che gli
dette per quelle due donne che haueuano ammazzato vn suo
figliuolo.*
Firenze, Giacinto Tosi, [dopo il 1600].
4 c.: ill.; 4°
A⁴
Cioni 1961, p. 272-274, n. 12; Testaverde-Evangelista, 241
e 687
Titolo uniforme: *Rappresentazione di Salomone.* V. ed.

[2779]
ANONIMA
[*Storia dei ss. Maria Maddalena, Lazzaro e Marta*].
Firenze, all'insegna della Testuggine, [dopo il 1600].
[4] c.: ill.; 4°
A⁴
Cioni 1963, p. 201, n. 13
Il titolo è quello uniforme.

[2780]
ANONIMA/[BELCARI, FEO]
*La rappresentatione dell'annonziazione di nostra Donna.
Con vn'aggiunta di doi capitoli bellissimi.*

(Firenze, alla Condotta), [dopo il 1600].
[4] c. : ill. ; 4°
A⁴
SBN-IT\ICCU\CFIE\033192
Titolo uniforme: *Rappresentazione dell'annunciazio-
ne di Maria Vergine*. Stampata probabilmente all'inizio
del XVII secolo, cfr. Sander, n. 6305, nota; Testaverde-
Evangelista, 510. V. ed.

[2781]
EPISTOLE E VANGELI/Luis de Granada/(tr.) Nannini,
Remigio
*Epistole et euangeli che si leggono tutto l'anno alle messe,
secondo l'vso della Santa Romana Chiesa; & ordine del
Messale nuouo. Tradotti in lingua toscana dal m.r.p.m.
Remigio Fiorentino, dell'Ordine de' Predicatori. Con le annotationi, & dichiarationi morali di molti luoghi, che in essi
si contengono, fatte dal medesimo [...].*
[dopo il 1600].
+[30], 840+ p.; 8°
[croce]⁸ 2[croce]⁸ A-3E⁸ 3F¹² (manca c. [croce]1)
SBN-IT\ICCU\MOLE\001724
A c. 3B7r: *Sermoni sopra l'oratione, digiuno, & elemosina
necessarij ad ogni fedel christiano; & particolarmente ad
ogni curato: i quali si possono applicare, secondo l'occasione,
a tutte l'Epistole & Euangeli, che corrono le domeniche, &
altre feste dell'anno alla messe. Cauati dall'opere del r.p.f.
Luigi di Granata.*

[2782]
Platina (il) (Sacchi, Bartolomeo)/Cicarelli,
Antonio/Panvinio, Onofrio
*Historia di Battista Platina delle vite de' pontefici con l'ag-
giunta del P.F. Onofrio Panvino e d'Antonio Cicarelli.*
[16-?].
[16], 407 c.: ill.; 8°
A-Z⁸ 2A-2Z⁸ 3A-3E⁸
SBN-IT\ICCU\BRIE\001910
Descrizione su testo privo di frontespizio e colophon.

[2783]
[Pulci, Bernardo]
La rappresentatione del Agnolo Raffaello, e di Tobia.
[Siena?, tipografo non identificato, dopo 1600].
[8] c.: ill; 4°
A⁸
Cioni 1961, p. 258, n. 15
Per l'autore e il tipografo cfr. Cioni 1961, p. 255. Titolo
a c. A1r. (da Cioni). Titolo uniforme: *Rappresentazione
dell'angelo Raffaello e Tobia.*

[2784]
Tasso, Torquato
*Stanze del sig. Torquato Tasso, per le lagrime di Maria ver-
gine beatissima, & di Gesu Christo nostro signore; con ag-
giunta d'altri pii componimenti del medesimo auttore.*
Milano, Pandolfo Malatesta, [16..].
[24] p.; 15 cm
SBN-IT\ICCU\LO1\0258632

[2785]
Villegas Selvago, Alonso de/(tr.) ?
*Il perfetto leggendario della vita, e fatti di N.S. Giesu Cristo
e di tutti i Santi, De' quali celebra la Festa, e recita l'Officio
la Santa Chiesa Cattolica, conforme al Breuiario Romano.
Insieme con le vite di molti altri Santi, che non sono nel
calendario [...] Raccolto da graui, & approuati Auttori:
e dato in luce dal M.R.D. Alfonso Vigliegas sotto titolo di
Flos Sanctorum, con ogni diligenza tradoto dallo spagnuolo in lingua italiana, in questa impressione arricchito delle
vite de' Santi, che sono stati canonizati, o aggiunti dalla
Santita di Nostro Signore Papa Clemente 10. Innocentio 11.
Et Alessandro 8.*
Venezia, Santo Peccori, [16..].
[24], 896 p.: ill.; 4°
a¹² A-3K⁸
SBN-IT\ICCU\FOGE\023461
Descrizione desunta da esemplare mutilo di parte del frontespizio.

[2786]
Zucchi, Bartolomeo
*Della gloriosa natività di Giesu Christo n.s. discorso di
Bartolomeo Zucchi da Monza, città imperiale.*
Milano, Tipografia Arcivescovile, [16..].
31 [1] p.; 8°
A-B⁸
SBN-IT\ICCU\MILE\052417
Stampata presumibilmente nella prima metà del sec. 17,
periodo di attività degli editori.

1601

[2787]
Affinati d'Acuto, Giacomo
*Il muto, che parla, dialogo. Oue si tratta dell'eccellenze,
e de' difetti della lingua humana, e si spiegano piu di 190.
concetti scritturali sopra il silentio; con l'applicatione de
gli Euangeli, à quali seruono, per commodo delli molto rr.
pp. predic. Opera molto vtile, à chi desidera di fauellare rettamente senz'esser biasimato. Nouamente data in luce, per*

frà Giacomo Affinati d'Acuto romano, pred. dell'Ordine de Predic. Priore del conuento delle Gratie in Padova. Con quattro copiosissime tauole.
Venezia, Marcantonio Zaltieri, 1601 (Venezia, Marcantonio Zaltieri).
[80], 444 [i.e. 446], [2] p.; 8° (ripetute nella numer. le p. 366-367)
a-e⁸ A-2E⁸
SBN-IT\ICCU\UBOE\031004
Var. B: In Venetia, per Marco Antonio Zaltieri, 1602. Il frontespizio non è ricomposto, varia solo la data. V. fr. (var. B).

[2788]

ANONIMA
La rapresentazione di Lazero ricco: et di Lazero povero.
Farnese, Niccolò Mariani, 1601.
4 c.: ill.; 4°
A⁴
Cioni 1961, p. 220, n. 9; Franchi 1988, p. 24, n. 3
Titolo uniforme: *Rappresentazione di Lazzaro ricco e Lazzaro povero.*

[2789]

ANONIMA
[Rappresentazione di s. Susanna].
Firenze, Zenobio Bisticci, 1601.
[4] c.: ill.; 4°
A⁴
Cioni 1961, p. 287, n. 11
Il titolo è quello uniforme.

[2790]

[BELCARI, FEO]
La rappresentatione e festa di Abraam et di Isac suo figliuolo.
Farnese, Niccolò Mariani, 1601.
4 c.; 4°
a⁴
Cioni 1961, p. 70, n. 24; Franchi 1988, p. 24, n. 4
Titolo uniforme: *Rappresentazione di Abramo e Isacco.*

[2791]

BELCARI, FEO/BENCI, TOMMASO
La rappresentazione di san Giouanni Batista quando andò nel diserto.
(Firenze, Zenobio Bisticci, 1601).
[4] c.: ill.; 4°
A⁴
SBN-IT\ICCU\LO1E\017280
Testo di Feo Belcari, con 16 stanze di Tommaso Benci, cfr. c. A2r. Titolo uniforme: *Rappresentazione di s.*

Giovanni Battista nel diserto. Cfr. Cioni 1961, p. 186, n. 11; Testaverde-Evangelista, 523. V. ed.

[2792]

BRANDI, GIOVANNI ANTONIO/VULLIETTI, CARLÒ
Rosario di Maria Vergine santissima: poema sacro ed eroico del r.p.m. Gio. Antonio Brandi, salernitano, [...] Con gli argomenti a ciascun Canto di Carlo Vullietti.
Roma, Carlo Vullietti, 1601.
605, [1] p.; 12°
A-2P⁸ (c. 2P8 bianca)
SBN-IT\ICCU\RMLE\029068
Cfr. Michel-Michel, I, p. 211.

[2793]

CALDERARI, CESARE/INCHINO, GABRIELE
Concetti scritturali sopra il Magnificat, di Maria vergine. Del r.d. Cesare Calderari di Vicenza, canonico regolare lateranense: Spiegati in quattordeci lettioni, da lui lette in Napoli, nella Chiesa di Santo Eligio, l'anno 1584. Degni d'ogni diuoto, virtuoso, e pellegrino ingegno. Purgati, & emendati in questa quarta impressione da molti diffetti, e mancamenti, dal r. don Gabriello Inchino, canonico regolare dello stesso ordine. Con tre tauole copiosissime; vna di tutti i soggetti, e materie, che si trattano, l'altra delle sentenze della scrittura sacra esposte, la terza di tutte le cose notabili. Al reuerendissimo p. don Giacomo di Venetia, rettor generale de' Canonici regolari Lateranensi.
Venezia, Eredi di Melchiorre Sessa <1>, 1601.
[24], 140 c.; 8°
a-c⁸ A-R⁸ S⁴
SBN-IT\ICCU\BVEE\053225
V. fr.

[2794]

CAPILLA, ANDRÈS/(tr.) ?
Delle meditationi del r.p.fr. Andrea Capiglia certosino. Sopra gl'Euangeli dell'anno. Parte prima.
Brescia, Compagnia Bresciana, 1601.
2 vol.; 12°
SBN-IT\ICCU\TO0E\128555
1:
+23-388, [4] p.
+A¹² ⁻B-Q¹² R⁴ (ultime 2 p. bianche)
SBN-IT\ICCU\TO0E\128557
2:
Parte seconda. Che contiene le meditationi sopra gli Euangeli delle feste della Quaresima.
[12], 306, [6] p.: ill.
A-N¹² (ultime 2 p. bianche)
SBN-IT\ICCU\TO0E\128559

[2795]

CAPILLA, ANDRÈS/(tr.) BERLINGHIERI, AMOROSO
Meditationi sopra tutti gli evangelii dell'anno. Composte dal r.p.f. Andrea Capiglia monaco certosino. E tradotte dalla lingua spagnuola nella italiana, dal sig. Berlinghieri Amoroso.
Brescia, Compagnia Bresciana, 1601 (Brescia, Compagnia Bresciana, 1601).
[12], 388, [8] p.; 12°
a⁶ A-Q¹² R⁶
SBN-IT\ICCU\PALE\001688

[2796]

CRISTOFORO DA VERRUCCHIO
Compendio di cento meditationi sacre, sopra tutta la vita, e la passione sì del Signore, come della Madonna, e sopra tutti gli altri essercitij della vita spirituale. Raccolto dal r.p.f. Christoforo Verucchino dell'ordine de' frati minori cappuccini. Aggiunteui in questa vltima impressione le meditationi della passione di n.s. Giesu Christo, distribuite per i sette giorni della settimana dall'istesso autore.
Piacenza, Giovanni Bazachi <1>, 1601.
729 p.; 32°
SBN-IT\ICCU\LO1E\046969

[2797]

[DATI, GIULIANO/BERNARDO DI ANTONIO/ PARTICAPPA, MARIANO]
La rappresentazione della passione del nostro Signore Giesu Christo. La quale si rappresenta il Venerdi Santo nel Culiseo in Roma. Nuouamente con le figure ristampata.
(Firenze, "Rincontro a S. Appolinari" [Zenobio Bisticci], 1601).
[14] c.: ill.; 4°
A⁸ B⁶
SBN-IT\ICCU\CFIE\032965
Per gli autori cfr. Cioni 1961, p. 156. Titolo uniforme: *Rappresentazione della passione di Cristo.* Contiene solo il testo della Passione, cfr. Cioni 1961, p. 162, n. 23; Testaverde-Evangelista, 220 e 658. V. fr.

[2798]

DU BARTAS GUILLAUME (DE SALLUSTE)/(tr.) GUISONE, FERRANTE
La diuina settimana; cioe i sette giorni della Creatione del Mondo, del signor Guglielmo di Salusto signor di Bartas; tradotta di rima francese in verso sciolto italiano. Dal signor Ferrante Guisone. Et in questa quinta impressione ricoretta, con le sue figure adornata.
Venezia, Giovanni Battista Ciotti, 1601.
126 [i.e. 129], [1] c.: ill.; 12° (c. 98, 124, 129 cartulate per errore 92, 224, 126)
SBN-IT\ICCU\VEAE\006474

[2799]

EPISTOLE E VANGELI/(tr.) NANNINI, REMIGIO/ CANISIUS, PIETRUS/(tr.) CAMILLI, CAMILLO
Epistole et Euangeli che si leggono tutto l'anno alle messe, secondo l'vso della S. Rom. Chiesa, & ordine del messale riformato. Tradotti in lingua toscana dal r.p.m. Remigio fiorentino dell'ordine de' Predicatori, con alcune annotationi morali del medesimo. Aggiuntoui alcuni sommari, fatti latini dal r.p. Pietro Canisio della Compagnia di Giesu. Tradotti in volgare da Camillo Camilli [...].
Venezia, Giorgio Angelieri, 1601.
[12], 9 c., 11-570, 84 p.: ill.; 4° (p. 565 erroneamente numerata 595)
a⁸ b⁴ A-3D⁸ 3E¹²
SBN-IT\ICCU\RAVE\073146

[2800]

FALTERI, ORAZIO
Trionfo di Cristo nella domenica delle Palme: opera spirituale, e deuota, del m.r.m. Orazio Falteri, piouano di Doccia.
Siena, Luca Bonetti, 1601.
23, [1] p.: ill.; 4°
A-C⁴
SBN-IT\ICCU\LO1E\023527
Cfr. Testaverde-Evangelista, 133. V. fr.

[2801]

FIAMMA, GABRIELE
Le vite de' santi assegnati a' quattro primi mesi dell'anno, descritte dal R.P.D. Gabriel Fiamma canonico regolare [...] Divise in quattro libri. Fra quali sono sparsi più discorsi intorno alla vita di Christo. E tre altri del Peccati [!], della Morte, e dell'Inferno. Con le annotationi sopra ciascuna d'esse, che espugnano, e conuincono l'heresie, e i rei costumi de' moderni tempi. Di più si sono aggiunte le Tavole delle Vite, e de' Discorsi, che in esse si contengono.
Genova, Giuseppe Pavoni, 1601.
[8], 1255, [5] p.; 8°
[croce]⁴ A-4I⁸ 4K⁶ (c. [croce]1v bianca)
SBN-IT\ICCU\LIGE\000768

[2802]

GIUSSANO, GIOVANNI PIETRO
Istoria euangelica ne la quale si racconta la vita, & la dottrina di Christo nostro redentore secondo ci hanno lasciato scritto i quattro Euangelisti [...] Composta da monsignor Gio. Pietro Giussani [...] Con cinque vtilissimi indici, il contenuto de' quali si troua ne la seguente facciata.
Venezia, Compagnia Minima, 1601.
[16], 652, [120] p.; 4°
†⁸ A-2R⁸ 2S⁶ a-g⁸ h⁴
SBN-IT\ICCU\TO0E\028191

[2803]

JACOBUS DE VORAGINE/(tr.) MALERBI, NICOLÒ

Legendario delle vite de'santi; composto dal r.p.f. Giacobo di Voragine dell'Ordine de' Predicatori, & tradotto giá per il r.d. Nicoló Manerbio venetiano. Aggiuntoui di nuouo molte legende, & accomodata ad ogni giorno la vita di alcun santo. Con la tauola delle legende; et di vaghe figure ornato, e con somma diligenza ricorretto.

Venezia, Fioravante Prati, 1601.

[16], 861, [1] p.: ill.; 4°

a⁸ A-3H⁸ (c. a8 e 3H8 bianche)

SBN-IT\ICCU\AQ1E\002485

[2804]

MANGIAVINI, LELIO

Affetti deprecatorii del vero penitente nella persona regia di Dauid, secondo la spirituale espositione del salmo Miserere mei Deus. Espositore d. Lelio Mangiauini bresciano [...].

Brescia, Vincenzo Sabbio, 1601.

[30], 173, [5] p.; 4°

a-c⁴ A-Z⁴

SBN-IT\ICCU\RMLE\043294

[2805]

MAZZARINO, GIULIO

Dauid ristorato. La terza parte de' discorsi su'l cinquantesimo salmo. Di Giulio Mazzarini della Compagnia di Giesù. Nella quale trattasi dell'altra parte della giustitia, che mira il bene, chiedonsi da Dio varie gratie, e fansigli diuerse proferte.

Roma, Luigi Zanetti, 1600 (Roma, Luigi Zanetti, 1601).

590, [122] p.: ill.; 4°

A-4R⁴ a-c⁴

SBN-IT\ICCU\MODE\029509

Il primo volume con le prime due parti è del 1600, cfr. SBN-IT\ICCU\UFEE\014300 e IT\ICCU\LO1E\035464, vedi 2759, la quarta parte del 1609, cfr. SBN-IT\ICCU\RAVE\038211, vedi 3073, e SBN-IT\ICCU\RLZE\014827, vedi 3074. V. fr.

[2806]

MAZZARINO, GIULIO

David di Giulio Mazzarini della compagnia di Giesu. Cento discorsi su'l cinquantesimo salmo, e'l suo titolo, intorno al peccato, alla penitenza, & alla santita di Davide. In questa seconda edizione dallo stesso autore corretti, & ampliati.

Venezia, Società veneta, 1601.

3 pt ([16], 162 p.: ill.; p. 163-550, [2]; 323, [93] p.); 4° (p. 217 e 323 pt 2 erroneamente numerate 117 e 223)

[croce]⁸ A-2L⁸ 2M⁴, a-t⁸ u¹⁰, A-E⁸ F⁶ (c. L1v, 2M4r-v, U10v bianche)

SBN-IT\ICCU\LIAE\005025

[2807]

MUSSO, CORNELIO

Prediche sopra Il simbolo de gli apostoli, Le due dilettioni, di Dio, e del prossimo, Il sacro decalogo, & la passione di nostro signor Giesu Christo, descritta da S. Giouanni Euangelista. Del r.mo mons.or Cornelio Musso vescouo di Bitonto. Predicate in Roma la Quaresima l'anno MDXLII. nella Chiesa di S. Lorenzo in Damaso, sotto il ponteficato di Paolo Terzo. Nelle quali, copiosamente si dichiara quanto si appartiene alla istitutione christiana. Seconda editione.

Venezia, Giunta, 1601.

[80], 631, [1] p.: ill.; 4°

[ast.]⁴a-i⁴ A-2K⁸ 2R⁴

SBN-IT\ICCU\NAPE\006321

[2808]

PAINI, APOLLONIO

Ragionamenti scritturali, ripieni di moralità, e di spirito, sopra il deuoto Cantico di Ezechia rè di Giuda. Ego dixi in dimidio dierum meorum. Dal r.p.m.f. Apollonio Paini seruita, nel colloquio di S. Pietro Archiepiscopale di Bologna, in quaranta lettioni spiegati. Ne' quali sono dichiarati i più notabili luoghi di tutta la Sacra Scrittura dell'vno, e dell'altro Testamento; con la dottrina de' santi padri, dottori di santa Chiesa greci, e latini, & abbelliti d'essempi de' più celebri auttori, che sin qui habbiano scritto. Con tre copiosissime tauole. L'vna delli auttori citati. L'altra de' varij soggetti, trattati secondo i mottivi di esso Cantico. La terza delle cose più notabili, che nell'opera si contengono.

Venezia, Giovanni Battista Ciotti, 1601.

[84], 420 p.; 4°

a-d⁸ e¹⁰ A-2B⁸ 2C¹⁰

SBN-IT\ICCU\UM1E\006577

V. fr.

[2809]

PANIGAROLA, FRANCESCO

Discorsi del reuerendiss. monsignor Panigarola vescouo d'Asti, sopra le sette parole di Christo dette in croce, pater ignosce, &c. Nuovamente stampati et posti in luce.

Milano, Erede di Simone Tini e Giovanni Francesco Besozzi, 1601 (Milano, Graziadio Ferioli, a istanza di Erede di Simone Tini e Giovanni Francesco Besozzi, 1601).

[8], 36 [i.e. 32] p.; 4° (errori nella numer. delle p.)

A-E⁴

SBN-IT\ICCU\VIAE\015461

Var. B: paginazione corretta [4], 36 p.

[2810]

PANIGAROLA, FRANCESCO

Prologhi del reuerendiss.mo monsignore Panigarola vescouo di Asti [...] sopra gl'Euangelij di Quaresima non piu datti in luce [...] con altro prologo fatto inanti papa Sisto Quinto di Fel. Mem.

Vercelli, Girolamo Allario e Giuseppe Ferrero, 1601.

[30] c.; 4°

[A]⁴ B-G⁴ H²

SBN-IT\ICCU\TO0E\048830

[2811]

PINELLI, LUCA

Le deuotissime meditationi sopra alcuni misterij della passione di Christo sig. n. composto dal padre Luca Pinelli, della Compagnia di Giesù. Per dare à tutti materia di meditare.

Bologna, Giovanni Battista Bellagamba, a istanza di Simone Parlasca, 1601 (Bologna, Giovanni Battista Bellagamba, a istanza di Simone Parlasca, 1601).

69, [3] p.; 12°

A-C¹² (c. C12 bianca)

SBN-IT\ICCU\UBOE\127403

Var. B: colophon privo dell'indicazione "à i due galli", indicazione dell'editore Parlasca. V. fr.

[2812]

PINELLI, LUCA

Libretto d'imagini, e di breui meditationi sopra i quindeci misterii del rosario della sacratissima vergine Maria. Composto dal p. Luca Pinelli della Compagnia di Giesu, per aiuto de' diuoti della Madonna santissima.

Napoli, Giovanni Giacomo Carlino e ristampato in Venezia, Bonifacio Ciera, a istanza di Martino Fiamengo, 1601.

44 p.: ill.; 8°

A² B-F⁴

SBN-IT\ICCU\BVEE\052231

V. fr.

[2813]

PINELLI, LUCA

Libretto d'imagini, e di breui meditationi sopra i quindeci misterii della vita, e passione di Christo Signor Nostro. Composto dal p. Luca Pinelli della Compagnia di Giesu, per dare à tutti materia di meditare.

Napoli, Tarquinio Longo e ristampato in Venezia, Bonifacio Ciera, a istanza di Martino Fiamengo, 1601.

100 p.: ill.; 4°

A² B-G⁴ H-I² L-O⁴

SBN-IT\ICCU\BVEE\052201

V. fr.

[2814]

PINELLI, LUCA

Meditationi vtilissime, sopra i quindeci misterii del Rosario della sacratissima vergine Maria. Composte dal p. Luca

Pinelli della Compagnia di Giesù per aiuto di deuoti della Madonna santissima.

Brescia, Pietro Maria Marchetti, 1601.

95 p.; 12°

SBN-IT\ICCU\CFIE\018861

V. fr.

[2815]

PINELLI, LUCA

Opere spirituali composte dal p. Luca Pinelli della Compagnia di Giesu [...] Nuouamente messe insieme, & vnitamente ristampate con vna tauola di tutte l'opere [...].

Venezia, Giovanni Battista Ciotti, 1601.

7 vol.: ill. 12°

SBN-IT\ICCU\UM1E\002143

1:

Meditationi sopra alcuni misterij della vita di Christo signor nostro. Composte dal p. Luca Pinelli della Compagnia di Giesu. [...].

Venezia, Giovanni Battista Ciotti, 1601.

[6], [24] c.

a⁶ A-B¹²

SBN-IT\ICCU\UM1E\002241

2:

Meditationi diuotissime sopra la vita della santissima Vergine Maria madre di Dio. Con l'historia della sua vita cauata fedelmente da gli antichi, e santi padri. Composte dal p. Luca Pinelli della Compagnia di Giesu [...].

Venezia, Giovanni Battista Ciotti, 1601.

119 p.

A-E¹²

SBN-IT\ICCU\UM1E\002242

4:

Meditationi vtilissime, sopra i quindeci misterij del rosario della sacratissima verg. Maria. Con le litanie della Madonna. Composte da p. luca Pinelli della Compagnia di Giesu. [...].

Venezia, Giovanni Battista Ciotti, 1601.

71 p.

A-C¹²

SBN-IT\ICCU\UM1E\002244

7:

Meditationi sopra alcuni misterij della passione di Christo sig. n. composte dal p. Luca Pinelli della Compagnia di Giesu. Per dare a tutti materia di meditare.

Venezia, Giovanni Battista Ciotti, 1601.

15, [i.e. 36] c. (errori nella numer.)

A-C¹²

SBN-IT\ICCU\UM1E\002248

Il terzo volume riguarda la comunione, il quinto i peccati capitali, il sesto inferno, purgatorio, paradiso.

[2816]
ROSACCIO, GIUSEPPE

Le sei eta del mondo, di Gioseppe Rosaccio, nelle quali si tratta breuemente Della creatione del cielo, & della terra. Di Adamo, & suoi descendenti. Del diluuio, & suo tempo. Del nome delle genti, & loro origine. [...] Di tutto quello che e successo fino all'anno 1601.

Genova, Giuseppe Pavoni, 1601 (Genova, Giuseppe Pavoni, 1601).

46, [2] p.; 8°

A-C⁸

SBN-IT\ICCU\TO0E\124426

[2817]
SALINERO, AMBROSIO

Dell'assuntione della beatissima Vergine nostra signora, libri tre, di Ambrosio Salinero gentilhuomo savonese [...].

Venezia, Compagnia Minima, 1601 (Venezia, Compagnia Minima, 1601).

[2], 39, [1] c.; 4°

π² A-K⁴ (ultima c. bianca)

SBN-IT\ICCU\UM1E\009539

Cfr. Michel-Michel, VII, p. 70.

[2818]
VILLEGAS SELVAGO, ALONSO DE/(tr.) VALENTINO, GIULIO CESARE

Nuovo leggendario della vita di Maria vergine immacolata madre di Dio, et delli santi patriarchi, & profeti dell'antico Testamento, & delli quali tratta, & fa mentione la Sacra Scrittura. Con alcune espositioni, & molte considerationi di santi, & grauissimi autori approbati, oltra quelle che sono nella Bibia espresse, con vn discorso morale in fine di ciascuna vita, à proposito, & molto pio. Si discorre sopra le sei età del mondo, & dei fatti più memorabili che in esse sono accaduti, con somma diligenza, & per modo d'historia. Opera vtilissima à predicatori, à confessori, & diletteuole ad ogni professore di lettere, & che habbi cura di anime, & finalmente ad ogni altra qualità di persone diuote, cattoliche, & christiane. Dato per auanti in luce in lingua spagnuola, sotto titolo di Flos Sanctorum seconda parte; per il reuer. Alfonso de Villegas di Toledo, teologo, e predicatore. Et nuouamente con molto studio dalla spagnuola, nella volgar lingua italiana tradotto per il reuer. d. Giulio Cesare Valentino, piouano di Carpeneto. Con due tauole, l'vna delle vite, che si scriuono, l'altra delle auttorità della Sacra Scrittura, che l'auttore in questa parte copiosamente dichiara.

Venezia, Domenico Lovisa <1>, [1601].

[24], [686]: ill.; 4°

SBN-IT\ICCU\PBEE\006520

V. fr.

[2819]
VILLEGAS SELVAGO, ALONSO DE/(tr.) VALENTINO, GIULIO CESARE

Nuovo leggendario della vita di Maria vergine immacolata madre di Dio, et delli santi patriarchi, & profeti dell'antico Testamento, & delli quali tratta, & fà mentione la Sacra Scrittura. Con alcune espositioni, & molte considerationi di santi, & grauissimi auttori approbati, oltra quelle che sono nella Bibia espresse, con vn discorso morale in fine di ciascuna vita, à proposito, & molto pio. Si discorre sopra le sei età del mondo, & dei fatti più memorabili che in esse sono accaduti, con somma diligenza, & per modo d'historia. Opera vtilissima à predicatori, à confessori, & diletteuole ad ogni professore di lettere, & che habbi cura di anime, & finalmente ad ogni altra qualità di persone diuote, cattoliche, & christiane. Dato per auanti in luce in lingua spagnuola, sotto titolo di Flos Sanctorum seconda parte; per il reuer. signor Alfonso de Villegas di Toledo, teologo, e predicatore. Et nuouamente con molto studio dalla spagnuola, nella volgar lingua italiana tradotto per il reuer. d. Giulio Cesare Valentino, piouano di Carpeneto. Con due tauole, l'vna delle vite, che si scriuono, l'altra delle auttorità della Sacra Scrittura, che l'auttore in questa parte copiosamente dichiara.

Venezia, Giovanni Battista Ciotti, 1601.

[40], 796; 4°

a-b⁸ c⁴ A-3C⁸ 3D⁶

SBN-IT\ICCU\FOGE\008609

Var. B: cambiano la data (1602) e la paginazione 34, 796 p. Var. C: 1602, [40], 796 p., ill.; 4°; a-b⁸ c⁴ A-3C⁸ 3D⁶.

V. fr. (di una variante del 1602).

1602

[2820]
AGOSTINO DA MEDOLE

Pretiosa margarita dell'espositione dell'epistole di tutte le domeniche dell'anno del R.P. frate Agostino giesuato di Medole.

Brescia, Vincenzo Sabbio, 1602.

435, [13] p.; 8°

A-2E⁸

SBN-IT\ICCU\TO0E\103338

[2821]
ANONIMA

La rappresentazione della sententia del re Salamone.

[Siena, alla Loggia del papa], 1602.

4 c.: ill.; 4°

Cioni 1961, p. 272, n. 9

Titolo uniforme: *Rappresentazione di Salomone.*

[2822]

BRUNI, VINCENZO

Delle meditationi sopra le sette festiuità principali della B. Vergine, le quali celebra la chiesa, et sopra il commune de' santi. Parte prima. [...] Composte dal r. padre Vincenzo Bruno, della Compagnia di Giesu. [...].

Milano, Eredi di Pacifico Da Ponte e Giovanni Battista Piccaglia, 1602.

4 vol.; 12°

SBN-IT\ICCU\UM1E\017628

4:

Parte quarta. Con le profezie, & figure del Vecchio Testamento, & con i documenti, che dall'Euangelio, & d'altre scritture si cauano.

Milano, Eredi di Pacifico Da Ponte e Giovanni Battista Piccaglia, 1602.

[24], 456 p.; 12°

*¹² A-T¹²

SBN-IT\ICCU\UM1E\017630

Mancano indicazioni per le prime tre parti.

[2823]

BRUNI, VINCENZO

Meditationi sopra i misterii della Passione, et Resurrettione di Christo N.S. [...] Raccolte da diuersi Santi Padri, & da altri deuoti auttori per il padre Vincenzo Bruno [...].

Milano, Erede di Pacifico Da Ponte e Giovanni Battista Piccaglia, 1602.

[14], 545, [5] p.; 12°

A-Z¹² 2A⁶

SBN-IT\ICCU\TO0E\028700

Var. B: [14], 546 [4] p.

[2824]

BRUNI, VINCENZO

Meditazioni sopra misterii della passione e resurrettione di Christo N. Signore. Con le figure & profetie del Vecchio Testamento, & con i documenti, che da ciascheduno Euangelio, & d'altre scritture si cauano. Raccolte da diuersi Santi Padri, & da altri diuoti Auttori per il padre Vincenzo Bruno, sacerdote della Compagnia di Giesu.

Genova, Giuseppe Pavoni, 1602.

[24], 617, [5] p.; 12°

[croce]¹² A-2C¹²

SBN-IT\ICCU\TO0E\150797

V. fr.

[2825]

BUELLI, DOMENICO

I sette salmi penitentiali, tradotti, & esposti per il molto reuer. padre fra Domenico Buelli, dell'ordine de' Predicatori, dottor di sacra theologia, & general inquisitor di Nouara. In questa seconda impressione augumentati, & illustrati, come nell'epistola dedicatoria si può vedere. All'illustriss. sig. conte Rinato Borromeo.

Milano, Erede di Pacifico Da Ponte e Giovanni Battista Piccaglia, 1602.

[24], 324, [4] p.: ill.; 8°

[croce di Malta]¹² A-V¹² (ultima c. bianca)

SBN-IT\ICCU\PALE\000994

V. fr.

[2826]

CHIABRERA, GABRIELLO

Narrazione della morte di s. Gio. Batista. Poemetto di Gabriello Chiabrera. Al Serenissimo gran duca di Toscana suo signore.

Firenze, Giunta, 1602.

38, [2] p.; 4°

A-E⁴ (c. E4 bianca)

SBN-IT\ICCU\BVEE\040948

V. fr.

[2827]

CRISTOFORO DA VERRUCCHIO

Compendio di cento meditationi sacre, sopra tutta la vita, e la Passione sì del Signore, come della Madonna, e sopra tutti gli altri essercitij della vita spirituale. Raccolto dal r.p.f. Christoforo Veruchino [...] Aggiunteui in questa vltima impressione le Meditationi della Passione di N.S. Giesù Christo, distribuite per i sette giorni della settimana dell'istesso autore.

Venezia, Niccolò Misserini, 1602.

[36], 708 p.: ill.; 12°

[ast.]¹² [ast.ast.]⁶ A-2F¹² 2G⁶

SBN-IT\ICCU\PALE\000446

[2828]

EPISTOLE E VANGELI /(tr.) NANNINI, REMIGIO

Epistole et Euangeli, che si leggono tutto l'anno alle messe, secondo l'uso del Messal nuouo. Tradotti in uolgare dal R.P.M. Remigio Fiorentino, dell'ordine de' Predicatori. Con alcune annotationi morali [...] a ciascheduna Epistola, & Euangelio; da lui vltimamente ampliate. Et quattro discorsi [...].

Venezia, Giovanni Battista Galignani, 1602.

[4], 619, [15], [1] p.: ill.; 4°

[†]⁴ A-2Q⁸ 2R⁴

SBN-IT\ICCU\LO1E\029771

SBN indica nell'area dei nomi, come editore, anche Giovanni Giolito De Ferrari <2> e Giovanni Paolo Giolito De Ferrari.

[2829]

EPISTOLE E VANGELI/(tr.) NANNINI, REMIGIO/
CANISIUS, PETRUS/(tr.) CAMILLI, CAMILLO
*Epistole et Euangeli, che si leggono tutto l'anno alle messe,
secondo l'uso della S. Rom. Chiesa, & ordine del messale
riformato. Tradotti in lingua toscana dal r.p.m. Remigio
Fiorentino dell'Ordine de' Predicatori. Con alcune annotationi morali del medesimo. Aggiuntoui alcuni sommari, fatti latini dal r.p. Pietro Canisio della Compagnia del Giesu'.
Tradotti in volgare da Camillo Camilli, con priuilegio, con
il calendario de' Santi, & con la tauola de' giorni, che si leggono l'epistole, & Euangelij.*
Venezia, Giorgio Angelieri, 1602.
[24], 572, 84 p.: ill.; 4°
a⁸ b⁴ A-2E⁸ 2F⁶ 2G-2N⁸ 3A-3D⁸ 3E¹⁰
SBN-IT\ICCU\RMSE\068833
V. fr.

[2830]

FIAMMA, GABRIELE
*Le vite de' santi descritte dal r.p.d. Gabriel Fiamma canoni-
co regolare lateranen. abbate della Carità di Venetia: Diuise
in quattro libri; fra' quali si trouano sparsi molti discorsi intorno à diuersi soggetti. Con le annotationi sopra ciascuna
d'esse, che espugnano, & conuincono l'heresie, e spiantano
i rei costumi de' moderni tempi. Con vna tauola copiosa di
che si tratta nelle vite, e in tutte l'annotationi per beneficio di
predicatori, curati, & altri virtuosi. Volume primo. Al santissimo Gregorio XIII pont. Massimo.*
Venezia, Domenico Farri, 1602.
2 vol.; fol.
SBN-IT\ICCU\RLZE\010962
1:
[4], 256 c.: ill.; fol.
a⁴ A-2T⁶ 2V⁴
SBN-IT\ICCU\RLZE\010963
Var. B: [10], 256 c.; a⁴ [†]⁶ A-2T⁶ 2V⁴. V. fr.
2:
*Le vite de' santi descritte dal r.p.d. Gabriel Fiamma canoni-
co regolare lateranen. abbate della Carità di Venetia: Diuise
in quattro libri; fra' quali si trouano sparsi molti discorsi intorno à diuersi soggetti. Con le annotationi sopra ciascuna
d'esse, che espugnano, & conuincono l'heresie; e spiantano
i rei costumi de' moderni tempi. Con vna tauola copiosa di
che si tratta nelle vite, e in tutte l'annotationi per beneficio di
predicatori, curati, & altri virtuosi. Volume secondo.*
Venezia, Domenico Farri, 1602.
[4], 255, [1] c.; fol. (errori di numer. nelle c. da c. 252 a
c. 255)
a⁴ A-2T⁶ 2V⁴ (c. 2V4 bianca)
SBN-IT\ICCU\RLZE\010964

Var. B: [10], 255, [1] c.; a⁴ [†]⁶ A-2T⁶ 2V⁴ (c. 2V4 bianca).
V. fr.

[2831]

FIAMMA, GABRIELE
*Le vite de' santi, descritte dal r.p.d. Gabriel Fiamma, ca-
nonico regolare lateranen. abbate della Carità di Venetia.
Diuise in tre volumi; fra' quali sono sparsi piu discorsi in-
torno alla vita di Christo: con le annotationi sopra ciascuna
d'esse, che espugnano, & conuincono l'heresie, e spiantano i
rei costumi de' moderni tempi. Volume primo. Al santissimo
Gregorio XIII pont. massimo.*
Venezia, Giovanni Antonio De Franceschi e Giacomo De
Franceschi, 1602.
3 vol.; fol.
SBN-IT\ICCU\TO0E\037703
1:
[8], 256 c.: ill.
a² [†]⁶ A-2T⁶ 2V⁴
SBN-IT\ICCU\TO0E\037704
V. fr.
3:
*Le vite de' santi, descritte dal reuer.mo monsignor Gabriel
Fiamma, canonico regolare lateranen. vescouo di Chioggia:
diuise in tre volumi; con alcune annotationi sopra le uite,
descritte in questo terzo uolume, che espugnano l'heresie, e
spiantano i rei costumi de' moderni tempi. Volume terzo.
Con due tauole; una de' santi, l'altra copiosa delle cose più
notabili, poste in queste uite, e nell'annotationi: fatte a beneficio di tutti i fedeli, e più particolamente per chi predica, &
ha cura d'anime, come nella pistola a' lettori chiaramente si
può uedere.*
Venezia, Giovanni Antonio De Franceschi e Giacomo De
Franceschi, 1602.
[6], 152 c.: ill.
a⁶ A-2A⁶ 2B⁶
SBN-IT\ICCU\TO0E\037706
Per il secondo volume cfr. EDIT16-CNCE 18919, SBN-
IT\ICCU\UBOE\067419, vedi 2025. V. fr.

[2832]

FILUCCI, AURELIO
*Sermoni di tutte le domeniche, et principali feste dell'anno,
et delle consolationi della morte, con un breue ragionamento
del timor di Dio. Del r.p. Aurelio Filucci da Pesaro, dell'Ordine di Sant'Agostino. Nouamente ristampati, aggiuntoui
cinquanta sermoni sopra il santissimo sacramento dell'altare.*
Venezia, Gioacchino Brugnolo, 1602.
[8], 159, [1] c.: ill.; 8°
a⁸ A-V⁸ (c. A8 e V8 bianche)
SBN-IT\ICCU\BVEE\029397

I cinquanta sermoni annunciati sul frontespizio in realtà non sono pubblicati in questa edizione. V. fr.

[2833]
FONSECA, CRISTOBAL DE/(tr.) ?
Trattato dell'amore di Dio, composto dal molto r.p.m.f. Christoforo Di Fonseca dell'Ordine di Sant'Agostino. Il quale oltra la dichiaratione di molti, e difficili luoghi della sacra scrittura, contiene varia & bellissima dottrina, cauata da sacri, & profani scrittori, che insieme apporta vtilità & diletto al pio & christiano lettore. Nuouamente tradotto dalla lingua spagnuola nell'italiana. Con tre tauole, l'vna d'alcuni luoghi accomodati per le dominiche & feste di tutto l'anno; & l'ultima delle cose più notabili.
Brescia, Pietro Maria Marchetti, 1602.
[16], 525, [27] p.; 8°
[ast.]⁸ A-2L⁸ 2M⁴
SBN-IT\ICCU\TO0E\040810
V. fr.

[2834]
FONSECA, CRISTOBAL DE/(tr.) ?
Trattato dell'amore di Dio, composto dal molto r.p.m.f. Christoforo di Fonseca [...] Il quale oltra la dichiaratione di molti, e difficili luoghi della Sacra Scrittura, contiene varia & bellissima dottrina, [...] Nuouamente tradotto dalla lingua spagnuola nell'italiana [...].
Brescia, Policreto Turlino <1> (Brescia, Policreto Turlino <1>, 1602).
[16], 480, [16] p.; 8°
[†]⁸ A-2H⁸
SBN-IT\ICCU\UM1E\000696

[2835]
FRANCIOTTI, CESARE
Prattiche di meditationi auanti, e doppo la s. Communione. Sopra tutti i Vangeli dell'anno. Con l'osservationi di alcuni misteri, e tempi piu solenni. Diuise in tre parti. Prima parte. Del R.P. Cesare Franciotti della congregazione de' Preti della Beatissima Vergine in Corte Landini di Lucca. Di nuovo rispampata, et accresciuta dal medesimo.
Napoli, e ristampato in Ferrara, Vittorio Baldini, 1602 (Ferrara, Vittorio Baldini, 1602).
703 [i.e. 723], [1] p.: ill.; 12° (ripetute nella numeraz. le p. 437-456)
A-2G¹² 2H²
SBN-IT\ICCU\RMLE\033539

[2836]
GHELFUCCI, CAPOLEONE
Il Rosario della Madonna, poema eroico del sig. Capoleone Ghelfucci da Citta di Castello [...].

Genova, Giuseppe Pavoni, 1602 (Genova, Giuseppe Pavoni, 1602).
[8], 391, [1]; 4°
[†]⁴ A-3C⁴
SBN-IT\ICCU\TO0E\044316

[2837]
GHELFUCCI, CAPOLEONE
Il Rosario della Madonna poema heroico del signor Capoleone Ghelfucci da Città di Castello, ricorretto, ristampato, ornato di figure, e de gl'argomenti nel principio de' canti arricchito.
Torino, Giovanni Domenico Tarino, 1602.
[4], 207, [1] c.: ill.; 4°
†⁴ A-2C⁸
SBN-IT\ICCU\TO0E\008083
V. fr.

[2838]
LANCISSI, BENEDETTO
Trionfo di pazzia di Benedetto Lancisi dal Borgo Santo Sepolcro.
Vicenza, Giorgio Greco, 1602.
18 c.; 4°
A-D⁴
SUDOC 159448638

[2839]
LOTTINI, GIOVANNI ANGELO
Giudetta sacra rappresentatione del reverendo padre Gio. Agnolo Lottini. Dell'Ordine de' Servi.
Firenze, Michelangelo Sermantelli, 1602 (Firenze, Michelagnolo Sermartelli, 1602).
124 p.; 8°
A-G⁸ H⁶
SBN-IT\ICCU\VEAE\001932
Var. B.: [4], 124 p.; A⁸ (A1+chi2) B-G⁸ H⁶. V. fr.

[2840]
MARINELLI, LUCREZIA
La vita di Maria vergine imperatrice dell'vniuerso descritta in prosa & in ottaua rima da Lucretia Marinella. Nella cui historia si narra il diuino delle bellezze, l'ammirabile delle virtudi, l'acerbo delle doglie, il sommo delle allegrezze, & il grande de gli honori di lei. Dedicata al serenissimo prencipe et all'eccelsa signoria di Vinetia. Con copiosissima tauola delle cose piu importanti, & priuilegio.
[Venezia], Barezzo Barezzi e compagni, [1602].
[8], 67, [1], 38, [2] c.: ill.; 4°
a⁸ A-R⁴, A-K⁴ (c. R4 bianca)
SBN-IT\ICCU\VEAE\002368

La data si ricava dalla dedica. Cfr. Piantanida-Diotallevi-Livraghi, n. 4628. V. fr.

[2841]
MAZZARINO, GIULIO
David di Giulio Mazarini della compagnia di Giesu. Cento discorsi su 'l cinquantesimo salmo, e 'l suo titolo, intorno al peccato, alla penitenza, & alla santita di Davide. In questa seconda edizione dallo stesso autore corretti, & ampliati.
[Venezia], Società veneta, 1602.
2 pt ([16], 161, [3], 165-550, [2] p.: ill.; [2], 323, [93] p.); 4°
†⁸ A-2L⁸ 2M⁴; a-t⁸ u¹⁰ A-E⁸ F⁶
SBN-IT\ICCU\TO0E\109691
Pubblicato con *Dauid dirizzato la seconda parte de' discorsi su 'l cinquantesimo salmo. Di Giulio Mazarini della compagnia di Giesu*, e con *Dauid ristorato la terza parte de' discorsi su 'l cinquantesimo salmo. Di Giulio Mazarini della Compagnia di Giesu.*

[2842]
PANIGAROLA, FRANCESCO
Dichiaratione dei Salmi di Dauid, fatta dal R.P.F. Francesco Panigarola, Minore osseruante. [...].
Venezia, Lucio Spineda, 1602.
[8], 501, [3] p.; 8°
[ast.]⁴ A-2H⁸ 2I⁴
SBN-IT\ICCU\TO0E\034449

[2843]
PANIGAROLA, FRANCESCO
Prolochi [!] del reuerendiss.mo monsignore Panigarola vescouo d'Asti, dell'Ordine di S. Francesco de' minori osseruanti: sopra gl'Euangelij di Quaresima non piu datti [!] in luce, quali sotto breuita dimostrano il contenuto in ciascaduna predica corrente, con altro prologo fatto inanti a papa Sisto quinto di fel. mem. [...].
Vercelli, Girolamo Allario e Giuseppe Ferrero, 1602.
[30] c.; 4°
[A]⁶ B-G⁴ H² (c. A1, A2 mancanti)
SBN-IT\ICCU\VEAE\003731
Cfr. Moranti, n. 3695.

[2844]
PINELLI, LUCA
Meditationi Vtilissime, Sopra i quindeci misterii del Rosario, della Sacratissima Vergine Maria composte dal P. Luca Pinelli della Compagnia di Gesù per aiuto di devoti della Madonna Santissima.
Milano, Erede di Pacifico Da Ponte e Giovanni Battista Piccaglia, 1602.
96 p.; 12°
A-D¹²

Bayerische StaatsBibliothek, 11243127

[2845]
REGIO, PAOLO/PINTO, CARLO
Cantici spirituali di monsig. Paolo Regio vescouo di Vico Equense, in lode di Dio. Tratti dai Salmi di David [...] con gli argomenti, et annotationi di d. Carlo Pinto [...].
Napoli, Giovanni Giacomo Carlino, 1602.
420 p.; 12°
A-R¹² S⁶
SBN-IT\ICCU\UM1E\019178

[2846]
SILVIO, PAOLO
La Madalena penitente poema heroico del reverendo padre D. Paolo Silvio napolitano [...].
Milano, Erede di Simone Tini e Giovanni Francesco Besozzi, 1602 (Milano, Pandolfo Malatesta).
130, [6] p.; 12°
A-E¹² F⁸
SBN-IT\ICCU\LO1E\002466

[2847]
VECCHI, DOMENICO
Tragicommedia spirituale in cui Abramo scaccia di casa sua Agar ed Ismaele.
Ferrara, 1602.
4°
Quadrio, III, p. 76

[2848]
VILLEGAS SELVAGO, ALONSO DE/(tr.) VALENTINO, GIULIO CESARE
Nuovo legendario della vita di Maria Vergine Immacolata Madre di Dio, et delli santi patriarchi, & profeti dell'antico Testamento, delli quali tratta, & fa mentione la Sacra Scrittura. Con alcune spositioni & molte considerationi di santi, & grauissimi auttori approbati, oltra quelle che sono nella Bibbia espresse, con vn discorso morale in fine di ciascuna vita, à proposito, & molto pio. Si discorre sopra le sei eta del mondo, & de i fatti piu memorabili, che in esse sono accaduti, con somma diligenza, & per modo d'historia. Opera vtilissima à predicatori, à confessori, & diletteuole ad ogni professore di lettere, & che habbi cura di anime, & finalmente ad ogni altra qualità di persone diuote, cattoliche, & cristiane. Dato per avanti in luce in lingua spagnuola, sotto titolo di Flos Sanctorum seconda parte; per il rever. sig. Alfonso de Villegas di Toledo, teologo, e predicatore. Et nuovamente con molto studio dalla spagnuola, nella volgar lingua italiana tradotto per il rever. d. Giulio Cesare Valentino, piouano di Carpeneto. Con due tauole, l'vua delle vite, che

si scriuono, l'altra delle auttorità della Sacra Scrittura, che l'auttore in questa parte copiosamente dichiara.

Venezia, Giovanni Battista Ciotti, 1602.

Googlebooks: <https://play.google.com/store/books/details/Nuovo_leggendario_della_vita_di_Maria_Vergine_Imma?id=_B8Av5ihcgsC&hl=it>

V. fr.

[2849]

VILLEGAS SELVAGO, ALONSO DE/(tr.) TIMOTEO DA BAGNO

Nuovo leggendario della vita, e fatti di N. S. Giesu Christo, e di tutti i santi. Delli quali celebra la festa, e recita l'officio la Santa Chiesa Catholica, conforme al Breviario Romano riformato [...] dato in luce per avanti in lingua spagnuola, sotto il titolo di Flos Sanctorum, per Alfonso di Villegas di Toledo, teologo e predicatore. E nuovamente con diligentia tradotto di spagnuolo in lingua italiana, per d. Timoteo da Bagno monaco camaldolese. aggiuntovi in quest'ultima edizione le vite.

Venezia, Domenico Guerra e Giovanni Battista Guerra, 1602.

[24], 830, [2] p.: ill.; fol.

a⁸ b⁴ A-2I⁸ 2K¹⁰ 2L-2Z⁸ 3A¹⁰ 3B-3F⁸ (diversi errori nell'indicazione della segnatura)

SBN-IT\ICCU\LIAE\005107

[2850]

VILLEGAS SELVAGO, ALONSO DE/(tr.) TIMOTEO DA BAGNO

Nuouo leggendario della vita, e fatti di N.S. Giesu Christo, e di tutti i santi, delli quali celebra la festa, e recita l'officio la santa Chiesa catholica, conforme al Breuiario romano riformato. Insieme con le vite di molti altri santi, che non sono nel calendario di detto Breuiario. Con molte autorità, & figure della Sacra Scrittura, accommodate a proposito delle vite de' santi; raccolto da graui, & approbati autori, & dato in luce per auanti in lingua spagnuola, sotto titolo di Flos sanctorum, per Alfonso di Villegas di Toledo, teologo, e predicatore. E nuouamente con diligentia tradotto di spagnuolo in lingua italiana, per d. Timoteo da Bagno monaco camaldolese. Aggiuntoui in questa ultima editione le vite, e fatti d'alcuni santi e beati [...].

Venezia, Domenico Guerra e Giovanni Battista Guerra, 1602.

[24], 830 [i.e. 834], [2] p.; 4° (ripetute nella numer. le p. 753-756)

a⁸ b⁴ A-3A⁸, ²3A5², 3B-3F⁸

SBN-IT\ICCU\RT1E\004394

[2851]

VILLEGAS SELVAGO, ALONSO DE/(tr.) VALENTINO, GIULIO CESARE

Vita della gloriosa Vergine Maria, madre del figliuol di Dio, auuocata, et signora nostra. Nella quale si descriuono insieme i misteri appartenenti alla redention humana. Composta da Alfonso Villegas di Toledo, dottor teologo, autore del Flos sanctorum, in lingua spagnola. Et tradotta nell'italiana per il r.d. Giulio Cesare Valentino.

Mantova, Francesco Osanna, 1602.

[4] c., 239 p., [1] c.: ill.; 4°

π A-P⁸ χ

SBN-IT\ICCU\LO1E\022363

[2852]

ZANARDI, MICHELE

Rosario della gloriosiss. Madre di Dio Maria, imperatrice de' cieli, e Signora nostra, raccolto da f. Michel Zanardo [...] Qual abbraccia tutti gl'altri sin'hora posti in luce.

Bergamo, Comino Ventura, 1602.

[8], 160, [1] c.: ill.; 8°

a⁴ A-V⁸

SBN-IT\ICCU\TO0E\158715

[2853]

ZUCCHI, BARTOLOMEO

Meditationi spirituali sopra la passione, e morte del Salvatore del mondo Giesù Christo S.N. Del signore Bartolomeo Zucchi gentil'huomo di Monza. Con vna deuota oratione al costato di Christo.

Venezia, Giovanni Battista Ciotti, 1602.

170 p.; 12°

SBN-IT\ICCU\CFIE\014997

V. fr.

1603

[2854]

ALBERTO DA CASTELLO

Rosario della gloriosa Vergine Maria. Di nuouo stampato, con nuoue, & belle figure adornato.

(Venezia, Girolamo Foglietti, 1603).

252 [i.e 234], [3] c.: ill.; 8° (errori di cartulazione)

SBN-IT\ICCU\UBOE\082684

Nome dell'autore a c. 3r.

[2855]

ANDROZZI, FULVIO

Opere spirituali, del r.p. Fuluio Androtio, della Compagnia di Giesu, diuise in tre parti. Nelle quali si tratta della me-

ditazione della vita, & morte del nostro Saluator Giesu Christo. Della frequenza della communione. Et de lo stato lodeuole delle vedoue. Vtile ad ogni sorte di persone, che desiderano viuere spiritualmente. Nuouamente con diligenza corrette, & ristampate.
Venezia, Giovanni Maria Fideli, 1603.
3 vol.: ill.; 12°
SBN-IT\ICCU\RAVE\022361
1:
71, [1] c. (erronea numer. delle c.)
A-F[12]
SBN-IT\ICCU\RAVE\022363
La parte seconda è sulla comunione, la terza sullo stavo vedovile.

[2856]
ANONIMA
[Rappresentazione di Giuseppe].
Firenze, alle scalee di Badia, 1603.
8 c.; 4°
Cioni 1961, p. 204, n. 17
Il titolo è quello uniforme.

[2857]
ANTONINO (SANTO)/(ed.) TURCHI, FRANCESCO
Somma antonina, composta volgarmente da S. Antonino arciuescouo di Fiorenza [...] Di nuovo con molto studio et diligenza corretta, & illustrata [...] secondo la determinazione del sacrosanto Concilio di Trento [...] dal r.p. Francesco da Treuigi carmelitano.
Venezia, Nicolò Tebaldini, 1603.
[24], 300: ill. p.; 12°
†[12] A-M[12] N[6]
SBN-IT\ICCU\TSAE\030821

[2858]
BRUNI, VINCENZO
Delle meditationi sopra i principali misterij di tutta la vita di Christo n. Signore. Con le figure, & profetie del Vecchio testamento, & con i documenti, che dall'euangelio si cauano. Raccolte da diuersi s. padri, [...] per il r.p. Vincenzo Bruno sacerdote della Compagnia di Giesu. Parte prima.
Milano, Eredi di Pacifico Da Ponte e Giovanni Battista Piccaglia, 1603.
2 vol.; 12°
SBN-IT\ICCU\UM1E\017632
1:
624 p.: ill.; 12°
A-2C[12]
SBN-IT\ICCU\UM1E\017633
2:
789, [3] p.; 12°

A-2K[12]
SBN-IT\ICCU\UM1E\017634

[2859]
CAPILLA, ANDRÈS/(tr.) BERLINGHIERI, AMOROSO
Meditationi sopra tutti gli euangelii dell'anno. Composte dal r.p.f. Andrea Capiglia monaco certosino, e tradotte dalla lingua spagnola nell'italiana dal s. Berlinghieri Amoroso e da noi in questa ultima stampa, ornate di figure a cadauno euangelio.
Brescia, Policreto Turlino <1> (Brescia, Policreto Turlino <1>, 1603).
2 vol.: ill.; 12°
SBN-IT\ICCU\PALE\000707
1:
[12], 471, [9] p.; 12°
A-V[12] X[6]
SBN-IT\ICCU\PALE\000708
2:
Delle meditationi del r.p.fr. Andrea Capiglia certosino. Sopra gl'Euangelii dell'anno. Parte seconda. Che contiene le meditationi sopra gli euangelij delle ferie della Quadragesima.
Brescia, Policreto Turlino <1>, [1603?].
[12], 368 [i.e. 358], [2] p.: ill.; 12° (p. 181 erroneamente numerata 191)
A-P[12] Q[6]
SBN-IT\ICCU\UM1E\004708
Data ricavata per congettura dalla parte prima. V. fr.

[2860]
CAPILLA, ANDRÈS/(tr.) ?
Terza parte del libro dell'Oratione, doue si contengono le meditazioni sopra gli Euangelij delle feste principali de' santi. Composta dal r.p.f. Andrea Capiglia certosino. Tradotta di spagnuolo in italiano.
Brescia, Policreto Turlino <1> (Brescia, Policreto Turlino <1>, 1603).
[6], 29 [i.e. 259], [5] c.: ill.; 12°
[ast.][6] A-X[12] Y-Z[6] (ultime tre c. bianche)
SBN-IT\ICCU\UM1E\004691

[2861]
CARACCIOLO, IPPOLITO
Prediche del reuerendo d. Hippolito Caracciolo canonico regolare lateranense. Fatte da lui nelle principali città d'Italia, & applicate à molti Euangeli quadregesimali. Dalle quali possono gli studiosi cauarne grandissima vtilità, e frutto non picciolo le deuote persone per viuere christianamente In questa seconda impressione aggiuntoui i proemij, che mancauano, & alcune prediche con vna tauola copiosissima di tutte le cose più notabili, che nell'opera si contengono.
Venezia, Giacomo Antonio Somasco, 1603.

[24], 470, [2] p.; 4°
a-c⁴ A-2F⁸ 2C⁴
SBN-IT\ICCU\CFIE\016566
Cfr. Michel-Michel, II, p. 41. V. fr.

[2862]
CROCE, GIULIO CESARE
Scala quadragesimale sopra tutt'i giorni di Quaresima fin al terzo di Pascha. Opera diuota per l'anime christiane. Di Giulio Cesare dalla Croce.
Bologna, Vittorio Benacci, 1603.
[16] c.; 8°
A-B⁸
SBN-IT\ICCU\LO1E\018818
V. fr.

[2863]
CRUDELI, ARSENIO
Dieci ragionamenti sopra le sette parole dette da Giesu Christo nostro sig. in croce. Del reuerendo padre don Arsenio Crudeli da Poppi, monaco vall'ombrosano. Fatti da lui in San Pancrazio di Fiorenza l'anno MDCI. All'illusriss. & eccellentiss. sig. la signora Flavia Peretta Orsini, duchessa di Bracciano.
Firenze, Giunta, 1603 (Firenze, Giunta, 1603).
[8], 236, [52]: ill.; 4°
*⁴ A-S⁸ (ultima c. bianca)
SBN-IT\ICCU\BVEE\046957
V. fr.

[2864]
EPISTOLE E VANGELI/(tr.) NANNINI, REMIGIO/ CANISIUS, PETRUS/(tr.) CAMILLI, CAMILLO
Epistole et Euangeli, che si leggono tutto l'anno alle messe, secondo l'vso della S. R. Chiesa, & ord. del messale riforma-to. Tradotti in lingua toscana dal r.p.m. Remigio Fiorentino [...] Aggiuntoui alcuni sommari, fatti latini dal r.p. Pietro Canisio della compagnia del Giesu. Tradotti in volgare da Camillo Camilli [...].
Venezia, Giorgio Angelieri, 1603.
[24], 572, 84 p.: ill.; 4°
a⁸ b⁴ A-2E⁸ 2F⁶ 2G-3D⁸ 3E¹⁰
SBN-IT\ICCU\UM1E\006865
Var. B: con data 1604.

[2865]
FILIPPI, MARCO, DETTO IL FUNESTO
Vita di santa Caterina vergine, e martire; composta in ot-taua rima da Marco Filippi, detto il Funesto. Aggiuntoui di nuouo gli argomenti, & le figure appropriate ad ogni canto. Con vna raccolta di sonetti e canzoni spirituali, & di alcune stanze della Maddalena à Christo, del medesimo autore.
Venezia, Domenico Farri, 1603.
163, [40] c.: ill.; 8°
[ast]⁸ A-2a⁸ 2b¹² (ultima c. bianca)
SBN-IT\ICCU\RCAE\018571
A c. X3 con proprio frontespizio: *Rime spirituali, et alcune stanze della Maddalena a Christo.*

[2866]
FRANCESCO D'ASSISI (SANTO)
Regola e testamento del P.S. Francesco. Aggiuntoui di nuo-ui gli Officij Minori del detto P.S. Francesco, de le piaghe di Christo, e della Maddalena. Con li sette salmi, et altre deu-otioni [...].
Roma, Luigi Zanetti, 1603.
144, 32, 31, 32 p.: ill.; 18°
SBN-IT\ICCU\RMLE\052469

[2867]
GHELFUCCI, CAPOLEONE
Il rosario della Madonna poema eroico del sig.r Capoleone Ghelfucci da Citta di Castello dato alle stampe da i figliuoli dopo la morte dell'autore [...] Aggiuntoui nuouamente gli ar-gumenti a ciascun canto.
Venezia, Niccolò Polo, 1603 (Venezia, Niccolò Polo, 1603).
[4], 58, 76, 45 [i.e. 65], [1], c.; 4°
[ast.]⁴ A-F⁸ G¹⁰ 2A-2I⁸ 2K⁴ 3A-3G⁸ H¹⁰ (ultima c. bianca)
SBN-IT\ICCU\UM1E\022050
Var. B: [4], 58, 76, 65, [1] c. Var. C: paginazione come var. B, ma impronta diversa. Var. D: paginazione come var. B, ma impronta diversa (anche da var. C). Cfr. Griffante, I, p. 374, n. 495.

[2868]
MANGIAVINI, LELIO
Ritratto del vero penitente nella persona regia di Dauid, se-condo la spirituale esposizione del salmo Miserere mei Deus. Espositore d. Lelio Mangiavini bresciano, & theologo aggre-gato nel Collegio di Padoua.
Brescia, Pietro Maria Marchetti, 1603.
[30], 173, [5] p.; 4°
a-c⁴ A-Z⁴
SBN-IT\ICCU\BVEE\052117
V. fr.

[2869]
MUSSO, CORNELIO
Delle prediche quadragesimali del reuerendiss. mons. Cornelio Musso vescouo di Bitonto. Sopra l'Epistole, & Euangeli correnti, per i giorni di Quaresima, e per li due primi giorni di Pasqua. E sopra il Cantico di Maria Vergine [...] Con la vita dell'autore. [...] Prima parte. [...].

Venezia, Giunta, 1603 (Venezia, Giunta, 1603).

2 vol.; 4°

SBN-IT\ICCU\UM1E\004073

1:

[116], 605, [3] p.: ill.

[croce]-3[croce]⁴ 4[croce]² 5[croce]-6[croce]⁴ a-i⁴ A-2P⁸

SBN-IT\ICCU\UM1E\004077

Var. B: In Vinetia, appresso i Giunti, 1603 (In Venetia, appresso i Giunti, 1596).

2:

[96], 727 [i.e. 739], [1] p.)

1-12⁴ A-N⁸ O¹⁴ P-2Y⁸ 2Z⁴ (c. (12)4 bianca)

SBN-IT\ICCU\UM1E\004079

Var. B: In Vinetia, appresso i Giunti, 1603 (In Venetia, appresso i Giunti, 1596).

[2870]

PINELLI, LUCA

Meditationi delle cinque piaghe, et del sangue sparso da Christo ne gli altri misterij della sua passione. Del P. Luca Pinelli di Melfi [...].

Venezia, Giovanni Battista Ciotti, 1603.

1-76, [4], 77-91, [1] p.: ill.; 12°

A-C¹² D⁴, ²D⁸ (c. D3-4 bianche; c. ²D1-4 segnate D3-6)

SBN-IT\ICCU\BVEE\050536

Costituisce la terza parte del primo volume delle *Opere spirituali* del Pinelli edite nel 1604, cfr. IT\ICCU\ BVEE\050517, vedi 2889. Segue a c. ²D1: *Breve istruttione per fare l'oratione mentale.*

[2871]

RICCETELLI, SANTE

Lettioni sopra il miserere del regio profeta David composte dal molto reverendo padre mastro Santi Riccetelli di Montereale [...] arricchite con tre tavole per maggior commodita de lettori, la prima de le materie, la seconda de versetti, sopra i quali i lettioni son fondate, la terza delle cose piu notabili, che in tutta l'opera si contengono.

Roma, Stefano Paolini <2>, 1603.

641, [13] p.; 8°

A-2S⁸

SBN-IT\ICCU\RLZE\008336

[2872]

SALMI/(tr.) PERROT, FRANÇOIS

Salmi di David tradotti in lingua volgare italiana ed accomodati al canto de i francesi; [musica di] Francesco Perrotto.

[Genève], Jean de Tournes <2>, 1603.

[32], 443 p. [5] p.; ?

[pie di mosca]-2[pie di mosca]⁸ A-Z⁸ a-e⁸ (ultime 5 c. bianche)

SBN-IT\ICCU\TO0E\080217

Contiene spartiti musicali.

[2873]

SALMI/(tr.) PERROT, FRANÇOIS

Salmi di David tradotti in lingua volgare italiana ed accomodati al canto de i francesi; [musica di] Francesco Perrotto.

[Venezia], Jean de Tournes <2>, 1603.

[16], 443 p.; 16°

SBN-IT\ICCU\MUS\0253943

In SBN Jean de Tournes <1>. Contiene spartiti musicali.

[2874]

TANSILLO, LUIGI

Le lagrime di s. Pietro del signor Luigi Tansillo, et quelle della Maddalena del signor Erasmo Valuasone; di nuouo ristampate, et aggiuntoui l'eccellenze della gloriosa vergine Maria, del signor Horatio Guarguante da Soncino.

Venezia, Nicolò Tebaldini, 1603.

190 [i.e. 186] c.: ill.; 12° (numerosi errori nella numer. delle c.)

A-P¹² Q⁶

SBN-IT\ICCU\BVEE\039593

V. fr.

[2875]

TIRABOSCHI, CORNELIO

Cantici alla Beata Vergine Madre di Dio per li Beni da lei a noi diffusi, in quelli del Re Salomone fondati.

Venezia, Giovanni Battista Ciotti, 1603.

12°

Quadrio, IV, p. 273

[2876]

VILLEGAS SELVAGO, ALONSO DE/(tr.) GRAZI, GRAZIO MARIA

Discorsi ouero Sermoni sopra gli Euangeli di tutte le dominiche dell'anno, ferie di Quaresima, et feste principali; nequali si contengono espositioni literali, dottrine morali, documenti spirituali, auisi, & esempij vtilissimi ad ogni stato di persone di Alonso di Vigliega theologo [...] nominati da lui quarta parte del Flos Sanctorum, et nuouamente tradotti di spagnuolo in italiano dal M.R.M. Gratia Maria Gratij. Con tavole, & indici copiosissimi.

Venezia, Giovanni Antonio De Franceschi e Giacomo De Franceschi, 1603.

[42], 819, [1] c.; 4°

a-k⁸ l² A-5K⁸ 5L⁴ (ultima c. bianca)

SBN-IT\ICCU\RAVE\008524 e IT\ICCU\ RLZE\034481 (esemplare mutilo, contenente le c. 553-819)

Cfr. Michel-Michel, VIII, p. 117.

1604

[2877]
ANONIMA
La rappresentatione e festa di Giosef figliuolo di Giacob.
Viterbo, Girolamo Discepolo, 1604.
24 c.: ill.; 8°
Franchi 1988, p. 32, n. 3
Titolo uniforme: *Rappresentazione di Giuseppe.*

[2878]
ANTONIO DI PORTOGALLO
Sette salmi, e lacrime confessionali del signor D. Antonio de reali di Portogallo, e là G. priore della religione gerosolimitana. Tradotti di latino in volgare.
Firenze, Cristoforo Marescotti, 1604.
[4], 25, [3] p.; 4° (errori nella numer.)
[π]² A-C⁴ [χ]²
SBN-IT\ICCU\CFIE\033630

[2879]
BACCELLINI, MATTEO/(tr.) PORTES, FILIPPO
Li sette salmi penitentiali dauidici tradotti a modo di parafrase in uersi sciolti italiani dal r.p.f. Matteo Baccellini teologo, e predicatore de' Minori Osseruanti. Dedicati all'illustrissima & eccellentissima principessa madama Caterina Gonzaga duchessa di Longauilla, e di Tutta-Villa, ec. Aggiunti li salmi penitentiali franzesi della tradottione del dottissimo signor Filippo Portes abbate di Tirone. Con vna deuota canzone infine sopra alla grotta di santa Maria Maddalena.
Paris, Philippe Du Pré, 1604.
119 p.; 12°
A-E¹²
SBN-IT\ICCU\CFIE\014099
V. fr.

[2880]
BALDI, BERNARDINO
Il diluvio universale, cantato, con nuova maniera di versi.
Pavia, Pietro Bartoli, 1604.
[10], 28 p.; 4°
Mazzucchelli, II.I, p. 122.

[2881]
CRISTOFORO DA VERRUCCHIO
Compendio di cento meditationi sacre, sopra tutta la vita, e la Passione sì del Signore, come della Madonna, e sopra tutti gli altri essercitij della vita spirituale. Raccolto dal [...] Christoforo Verucchino [...] Aggiunteui in questa vltima impressione le Meditationi della Passione di N.S. Giesù

Christo, distribuite per i sette giorni della settimana dall'istesso autore.
Venezia, Niccolò Misserini, 1604.
[36], 708 p.: ill.; 12°
[ast.]¹² [2ast.]⁶ A-Z¹² Aa-Ff¹² Gg⁴
SBN-IT\ICCU\MODE\036022

[2882]
[DATI, GIULIANO/BERNARDO DI ANTONIO/ PARTICAPPA, MARIANO]
La passione del nostro Sig. Giesu Christo. Nel modo che si recita, & rappresenta da la dignissima Compagnia del Confalon di Roma il Venerdì Santo nel Coliseo, con le figure per contemplar gli dolorosi misterij di essa passione. Aggiuntoui di nuouo la resurrettione.
Piacenza, Giovanni Bazachi <1>, 1604 (Piacenza, Giovanni Bazachi <1>, 1604).
[48] c.: ill.; 16°
A-C¹⁶
SBN-IT\ICCU\LO1E\043597
Testo identico a edizioni anteriori attribuite. Titolo uniforme: *Rappresentazione della passione di Cristo.* Descrizione basata su esemplare mutilo dell'ultima carta, probabilmente bianca. V. fr.

[2883]
EPISTOLE E VANGELI/(tr.) NANNINI, REMIGIO/ CANISIUS, PIETRUS/(tr.) CAMILLI, CAMILLO
Epistole et Euangeli che si leggono tutto l'anno alle messe, secondo l'vso della S. R. Chiesa, & ord. del messale riformato. Tradotti in lingua toscana dal r.p.m. Remigio fiorentino [...]. Aggiuntoui alcuni sommari, fatti latini dal r.p. Pietro Canisio della Compagnia di Giesu. Et tradotti in volgare da Camillo Camilli [...].
Venezia, Giorgio Angelieri, 1604.
[24] p., 8 c., p. 9-572: ill.; 4°
a⁸ b⁴ A-B⁸ C¹² D-2E⁸ 2F⁸ 2G-2N⁸ 3o-3D⁸ 3E¹⁰
SBN-IT\ICCU\RAVE\073146

[2884]
FAIANI, CURZIO
Passione di Nostro Signore Gesù Cristo rappresentata in Viterbo nella Chiesa de' Padri Serviti. Composta da Curtio Faiani viterbese, & hora posta in luce da Ottavio suo figliuolo. Con la descrittione dell'apparato, de gli habiti e de gl'intermedij apparenti. All'ill.mo & rever.mo sig. Cardinal Montalto.
Viterbo, Girolamo Discepolo, 1604.
[8], 152 [10] p.: ill.; 8°
Roma, Casanatense, coll. Comm. 381/1; Franchi 1988, p. 31-32, n. 1

[2885]

IOSEPHUS, FLAVIUS

Gioseffo Flauio historico, Delle antichita, et guerre giudaiche, diuiso in ventisette libri nelle quali s'intendono le miserie, & calamita dei Giudei [...] Aggiuntoui nuouamente ne' sette vltimi libri le dichiarazioni a tutti i capi [...].

Venezia, Alessandro Vecchi, 1604-1605.

3 vol.; 4°

SBN-IT\ICCU\TO0E\033783

1:

Venezia, Alessandro Vecchi, 1604.

[10], 140 c.: ill.

a¹²A-R⁸ S⁴ (c. a6-7 mancanti)

SBN-IT\ICCU\TO0E\033786

2:

I dieci vltimi libri di Gioseffo Flauio historico huomo clarissimo Delle antichita giudaiche. Seconda parte.

Venezia, Alessandro Vecchi, 1604.

140 c.

A-R⁸ S⁴

SBN-IT\ICCU\TO0E\033789

Il terzo volume, stampato nel 1605, contiene l'assedio di Gerusalemme posto dai romani. V. fr.

[2886]

MANSUETI, TESEO

Rosario della sacratiss. vergine Maria. Raccolto da altri Rosarii stampati, de padri del sacro Ordine de' Predicatori. Per opera del r.p.d. Teseo Mansueto da Urbino can. reg. di S. Saluatore. Alla clariss. sig. & padrona mia osseruandissima la sig. Lucretia Moceniga.

Venezia, Giovanni Battista Bertoni, 1604.

432 [i.e. 428], [4] p.: ill.; 8° (errori nella paginazione)

A-2D⁸

SBN-IT\ICCU\PALE\000114

V. fr.

[2887]

MAURIZZI, GIOVANNI BATTISTA

La Maddalena.

Napoli, Costantino Vitale, 1604.

4°

Quadrio, IV, p. 272

[2888]

PANIGAROLA, FRANCESCO

Specchio di guerra di f. Francesco Panigarola vescouo d'Asti.

Milano, Girolamo Bordone e Pietro Martire Locarno, 1604.

[72], 324 p.: ill.; 4°

a-d⁸ e⁴ A-V⁸ X²

SBN-IT\ICCU\BVEE\042850

[2889]

PINELLI, LUCA

Opere spirituali del R.P. Luca Pinelli della Compagnia di Giesu. Nuouamente accresciute dall'istesso autore, & in tre parti diuise. [...].

Venezia, Giovanni Battista Ciotti, 1604.

3 vol.; 12°

SBN-IT\ICCU\BVEE\050517

1.1:

Meditationi sopra alcuni misterij della vita di Christo Signor nostro. Composte dal P. Luca Pinelli da Melfi [...].

Venezia, Giovanni Battista Ciotti, 1604.

72 p.

A-C¹²

SBN-IT\ICCU\BVEE\050519

1.2:

Meditationi sopra alcuni misterij della passione di Christo Signor nostro. Composte dal P. Luca Pinelli da Melfi [...].

Venezia, Giovanni Battista Ciotti, 1604.

70, [2] p.

A-C¹² (ultima c. bianca)

SBN-IT\ICCU\BVEE\050522

1.5:

Meditationi diuotissime sopra la vita della Santissima Vergine Maria Madre di Dio. Con l'historia di lei, cauata fedelmente dagli antichi, e santi padri. Composte dal P. Luca Pinelli [...] Et in questa vltima impressione dall'autore emendate, aumentate, & migliorate.

Venezia, Giovanni Battista Ciotti, 1604.

131, [1] p.

A-E¹² F⁶

SBN-IT\ICCU\BVEE\050539

1.6:

Meditationi vtilissime, sopra i quendeci misterij del rosario della Sacratissima Vergine Maria. Composte dal p. Luca Pinelli [...].

Venezia, Giovanni Battista Ciotti, 1604.

69, [3] p.

A-C¹² (ultima c. bianca)

SBN-IT\ICCU\BVEE\050541   e   IT\ICCU\VIAE\006385

Le pt 4 e 7 del primo volume e i volumi secondo e terzo non trattano materia specificatamente biblica. Per la parte terza del primo volume datata 1603 cfr. IT\ICCU\BVEE\050536, vedi 2870.

[2890]

PORTA, MALATESTA

I santi innocenti tragedia di Malatesta Porta; lo spento academico ardente, e segretario dell'illustre comunità di Rimino [...].

Rimini, Giovanni Simbeni, 1604.

[8], 102, [2] p.; 8°

a⁴ A-F⁸ G⁴

SBN-IT\ICCU\RMLE\037113

[2891]

RALLI, GIOVANNI/(ed.) PETRACCI, PIETRO

Cento madrigali sopra la b. vergine Maria di Giouanni Ralli aretino. All'illustris. sig. Giorgio Cornaro. Dedicati [...].

Venezia, Giovanni Battista Ciotti, 1604.

[20], 52 p.; 12°

a¹ 40 A² B¹⁴ (c. B3 erroneamente segnata C3)

SBN-IT\ICCU\BVEE\040142

È il terzo della *Scielta di varie poesie sacre di diuersi eccellenti autori. In lode di N. Signor, & di Maria vergine, & d'altri santi.* Venezia, Giovanni Battista Ciotti, 1604-1608, cfr. SBN-IT\ICCU\BVEE\040137.

[2892]

SANNAZARO, IACOPO/(tr.) BARBÒ, GIOVANNI BATTISTA

Del parto della Vergine del Sannazaro libri tre, tradotti per l'ecc.te Messer Gio. Battista Barbo in versi sciolti [...].

Padova, Pietro Bertelli nella stamperia di Lorenzo Pasquato, 1604.

32 c.: ill.; 4°

A-H⁴

SBN-IT\ICCU\PARE\060095

[2893]

SORANZO, GIOVANNI

Dell'Adamo di Gio. Soranzo. I duo primi libri con sedici canzoni per diuersi [...].

Genova, Giuseppe Pavoni, 1604.

203, [1] p.; 12°

A-H¹² I⁶

SBN-IT\ICCU\VEAE\005902

[2894]

SPERONE, SPERONI

Della cura famigliare dialogo di messer Sperone Speroni. Con un altro suo Discorso del lattare i figliuoli dalle madri, & una espositione dell'Oratione dominicale. Alla illustriss. & eccellentiss. signora la sig. Placidia Spinola, Landi, principessa di Val di Tarro, &c.

Milano, Erede di Pacifico Da Ponte e Giovanni Battista Piccaglia, 1604.

78, [2] p.; 12°

A-C¹² D⁶ (c. D3 segnata D5; ultime 2 c. bianche)

SBN-IT\ICCU\PUVE\004686

[2895]

VILLEGAS SELVAGO, ALONSO DE/(tr.) GRAZI, GRAZIO MARIA

Discorsi ouero sermoni sopra gli Euangeli di tutte le dominiche dell'anno, ferie di Quaresima, et feste principali: [...] di Alonso di Vigliega [...] nominati da lui Quarta parte del Flos sanctorum; et nuouamente tradotti di spagnuolo in italiano dal r.m. Gratio Maria Gratii [...].

Venezia, Giovanni Antonio De Franceschi e Giacomo De Franceschi, 1604.

[34], 411, [1] c.; 4° (ultima c. bianca)

SBN-IT\ICCU\PBEE\009371

L'edizione SBN-IT\ICCU\UM1E\003819, vedi 2896, priva del volume secondo ha una diversa impronta.

[2896]

VILLEGAS SELVAGO, ALONSO DE/(tr.) GRAZI, GRAZIO MARIA

Discorsi ouero sermoni sopra gli Euangeli di tutte le dominiche dell'anno, ferie di Quaresima, et feste principali: nequali si contengono espositioni literali, dottrine morali, documenti spirituali, auisi, & esempi vtilissimi ad ogni stato di persone: di Alonso di Vigliega, theologo, et predicatore di Toledo, nominati da lui Quarta parte del Flos sanctorum; et nuouamente tradotti di spagnuolo in italiano dal r.m. Gratio Maria Gratii. Con tauole, & indici copiosissimi.

Venezia, Giovanni Antonio De Franceschi e Giacomo De Franceschi, 1604.

[34], 819, [1] c.; 4°

a-g⁴ h⁶ A-5K⁸ 5L⁴

SBN-IT\ICCU\UM1E\003819

Pubblicato con *De discorsi, ouero Sermoni sopra gli Euangeli, dalla prima domenica della Pentecoste fino all'Auuento, di Alonso di Vigliega, [...] Volume secondo* (frontespizio a c. 3F3). V. fr.

[2897]

VILLEGAS SELVAGO, ALONSO DE/(tr.) VALENTINO, GIULIO CESARE

Nuouo legendario della vita di Maria Vergine Immacolata madre di Dio, Et delli Santi Patriarchi, & Profeti dell'antico Testamento, & delli quali tratta, & fa mentione la Sacra Scrittura. [...] Dato per auanti in luce in lingua spagnuola, sotto titolo di Flos Sanctorum seconda parte per il reuer. sig. Alfonso de Villegas di Toledo [...] et nuouamente con molto studio dalla spagnuola, nella volgar lingua italiana tradotto dal reuer D. Giulio Cesare Valentino, Piouano di Carpeneto [...].

Milano, Girolamo Bordone e Pietro Martire Locarno, 1604.

[16] c., 826 p.; 8°

a-b⁸ A-3E⁸ 3F¹⁰

SBN-IT\ICCU\RCAE\015563

Swissbib 041715780 dà questi dati: [20], 434 p.; ill.; fol.

[2898]

Villegas Selvago, Alonso de/(tr.) Valentino, Giulio Cesare

Nuovo leggendario della vita di Maria Vergine Immacolata madre di Dio, et delli Santi Patriarchi, & Profeti dell'antico testamento, & delli quali tratta, & fa mentione la Sacra Scrittura [...] dato per auanti in luce in lingua Spagnuola, sotto titolo di Flos Sanctorum seconda parte; per il Reuer. Alfonso de Villegas di Toledo, Teologo, e Predicatore. Et nuouamente con molto studio dalla Spagnuola, nella volgar lingua italiana tradotto per il reuer. d. Giulio Cesare Valentino, Piouano di Carpeneto. Con due Tauole, l'una delle vite, che si scriuono, l'altra delle auttorita della sacra Scrittura, che l'Auttore in questa parte copiosamente dichiara.

Venezia, Giovanni Battista Ciotti, 1604.

[40], 780+ p.; 4°

a-b⁸ c⁴ A-3B⁸ 3C⁶

SBN-IT\ICCU\FOGE\028048

Frontespizio ricomposto rispetto alla var. B del 1602, cfr. SBN-IT\ICCU\LIAE\005107, vedi 2849.

[2899]

Villegas Selvago, Alonso de/(tr.) Valentino, Giulio Cesare

Nuouo leggendario della vita di Maria vergine, immacolata madre di Dio, et Signor nostro Giesu Christo; de i santi patriarchi, & profeti dell'antico Testamento, de i quali tratta, & fà mentione la Sacra Scrittura. Con alcune espositioni, & molte considerationi de' santi, & grauissimi auttori approuati, oltre a quelle che sono nella Bibia espresse, con vn discorso morale in fine di ciascuna vita, à proposito, & molto pio. Si discorre sopra le sei età del mondo, & dei fatti più memorabili, che in esse sono accaduti, con somma diligenza, & per modo d'historia. Opera vtilissima à predicatori, à confessori, & diletteuole ad ogni professore di lettere, & che habbia cura di anime, & finalmente ad ogni altra qualità di persone diuote, cattoliche, & christiane, per la molta dottrina, che vi si scuopre, per le varie opinioni di dottissimi huomini, & per le fruttuose risolutioni, & documenti, che in essa si contengono. Dato per auanti in luce in lingua spagnuola, sotto titolo di Flos sanctorum, seconda parte; per il reuer. sig. Alfonso de Vigliegas di Toledo, theologo, e predicatore. Et nuouamente con molto studio dalla spagnuola nella uolgar lingua italiana tradotto, per il reuer. d. Giulio Cesare Valentino, piouano di Carpeneto. Con due tauole, l'una delle vite che si scrivono, l'altra delle autorità della Sacra Scrittura, che l'auttore in questa parte copiosamente dichiara.

Venezia, Giovanni Battista Ciotti, 1604.

[36], 678 p.: ill.; fol.

a-c⁶ A-2S⁶ 2T⁸ 2V-3K⁶ 3L⁴

SBN-IT\ICCU\CFIE\007049

Var. B: [32], 678, [2] p.; [pi]² ([pi]1+a8) b⁶ A-2S⁶ 2T⁸ 2V-3K⁶ 3L⁴ (ultima c. bianca). V. fr.

[2900]

Villegas Selvago, Alonso de/(tr.) Valentino, Giulio Cesare

Nuovo leggendario della vita di Maria Vergine, Immacolata madre di Dio, et signor nostro Giesu Christo; de i Santi Patriarchi, & Profeti dell'antico testamento, & de i quali tratta, & fa mentione la Sacra Scrittura [...] Dato per auanti in luce in lingua Spagnuola, sotto titolo di Flos Sanctorum, seconda parte; per il Reuer. sig. Alfonso de Villegas di Toledo, teologo, e predicatore. Et nuouamente con molto studio dalla Spagnuola, nella volgar lingua italiana tradotto per il reuer. d. Giulio Cesare Valentino, piouano di Carpeneto. Con due tauole, l'una delle vite, che si scriuono, l'altra delle auttorita della sacra Scrittura, che l'Auttore in questa parte copiosamente dichiara.

Venezia, Giovanni Battista Ciotti, 1604.

[28], 678 p.: ill.; fol.

a⁸ b⁶ A-3K⁶ 3L⁴

SBN-IT\ICCU\URBE\044434

[2901]

Villegas Selvago, Alonso de/(tr.) Timoteo Da Bagno

Nuouo leggendario della vita, i fatti di N.S. Giesu Christo, e di tutti i santi. Delli quali celebra la festa, e recita l'officio la santa Chiesa catholica, conforme al Breuiario romano riformato. Insieme con le vite di molti altri santi, [...] Raccolto da graui, & approbati autori, & dato in luce per auanti in lingua spagnuola, sotto titolo di Flos sanctorum, per Alfonso di Villegas di Toledo, [...] E nuouamente con diligentia tradotto di spagnuolo in lingua italiana, per d. Timoteo da Bagno. Aggiuntoui in questa vltima editione le vite, e fatti d'alcuni santi e beati.

Venezia, Domenico Guerra e Giovanni Battista Guerra, 1604.

[40], 1156 p.; 4°

a-b⁸ c⁴ A-4C⁸ 4D⁴

SBN-IT\ICCU\RMSE\005124

1605

[2902]

Anonima

[La morte di Oloferne].

Serravalle di Venezia, Marco Claseri, 1605.

68 c.; 13 cm

A-E^{12} F^8
SBN-IT\ICCU\MUS\0323363
Esemplare mutilo del frontespizio. V. ed.

[2903]
BACCELLINI, MATTEO
Theatro Christiano, o vero Rime spirituali sopra alli princi-pali misteri della passione di nostro Signore Giesu Christo. Con altre rime spirituale, sopra a uarii soggetti, composte dal r.p. fra Matteo Baccellini minore osseruante. Et dedicate al il.mo. sig.r. Giouanni Zametto.
Paris, Pierre Chevalier <1>, 1605.
61 p.; 8°
SBN-IT\ICCU\CFIE\023803
V. fr.

[2904]
BOZI, PAOLO
Rappresentatione del giudicio vniuersale di Paolo Bozi.
Serravalle di Venezia, Marco Claseri, 1605.
77 c.; 12° (c. 77 numerata 78)
A-F^{12}, G^6 (c. B6 segnata B9; ultima c. bianca)
SBN-IT\ICCU\LO1E\036985

[2905]
BOZI, PAOLO
Rappresentatione del giudicio vniuersale di Paolo Bozi.
Serravalle di Venezia, Marco Claseri, 1605.
78 [i.e. 77] c.; 12° (c. 77 numerata 78)
A-F^{12} G^6 (c. B6 segnata B9; ultima c. bianca)
SBN-IT\ICCU\BVEE\023307
Impronta diversa dell'edizione SBN-IT\ICCU\ LO1E\036985, vedi 2904. È il volume 3.7 della *Corona ouero Ghirlanda di candidi gigli di virginità, e di sanguigne rose di martirij, di diuersi santi, & sante, che nell'aurora del lucidissimo giorno della vera fede di Giesu Christo fiorirono. Cioè rappresentationi delle vite, & morti loro. Raccolte nouamente da Gio. Battista Ciotti, & sortite in diuersi mazzoli, o poemi tragici diuisati, [...] Volume primo. Il catalogo delli detti mazzoli, o poemi, s'ha nella seguente facciata.* Venezia, Gio. Battista Ciotti, 1606.

[2906]
BRUNETTI, PIER GIOVANNI
Dauid sconsolato tragedia spirituale del r.p. Piergiouanni Brunetto, frate di san Francesco, osseruante.
Serravalle di Venezia, Marco Claseri, 1605.
69, [3] c.; 12°
A-F^{12} (ultime 3 c. bianche, c. A3 segnata A2)
SBN-IT\ICCU\BVEE\027465
È il vol. 3.6 della *Corona ouero Ghirlanda di candidi gigli di virginità, e di sanguigne rose di martirij, di diuersi santi, &*

sante, che nell'aurora del lucidissimo giorno della vera fede di Giesu Christo fiorirono. Cioè rappresentationi delle vite, & morti loro. Raccolte nouamente da Gio. Battista Ciotti, & sortite in diuersi mazzoli, o poemi tragici diuisati, [...] Volume primo. Il catalogo delli detti mazzoli, o poemi, s'ha nella seguente facciata. Venezia, Giovanni Battista Ciotti, 1606, cfr. SBN-IT\ICCU\BVEE\027412.V. fr.

[2907]
CALDERARI, CESARE
Concetti scritturali intorno al Miserere. Et il Trofeo della croce. Del r.p.d. Cesare Calderari vicentino canon. regolare lateran. dell'Ordine di S. Agostino spiegati in XXXIIJ lettioni. Le quali furono lette dall'istesso nel s. tempio della Nontiata di Napoli, l'anno 1583. con l'applicazione di molte feste correnti, massimamente di tutto l'Aduento. Di nuouo corretti.
Venezia, Lucio Spineda, 1605.
[16], 534, [24] p.: ill.; 8°
a^8 A-2M^8
SBN-IT\ICCU\CAGE\020294
A c. 2I1 inizia il *Trofeo della croce di N.S. Giesu Christo, con uarii concetti adornato* [...]. V. fr.

[2908]
CAMPEGGI, RIDOLFO
Le lagrime di Maria Vergine, poema eroico del s. co. Ridolfo Campeggi [...].
[sec. 17].
[32], 432, [32] p.; 12°
a^{12} b^6 A-T^{12} V^6
SBN-IT\ICCU\TO0E\089343
L'opera, non datata, si colloca all'altezza della prima opera con data di stampa dell'autore.

[2909]
CAPILLA, ANDRÈS/(tr.) BERLINGHIERI AMOROSO/(tr.) GRAZI, GRAZIO MARIA
Meditationi sopra tutti gli Euangelii dell'anno. Composte dal r.p.f. Andrea Capiglia monaco certosino. E tradotte dalla lingua spagnuola nell'italiana dal sig. Beringhieri Amoroso. Parte prima.
Venezia, Daniele Bissuccio, 1605.
3 vol.: ill.; 12°
SBN-IT\ICCU\UM1E\008574
1:
[12], 391, [5] p.
a^6 A-Q^{12} R^4 (ultime 2 c. bianche)
SBN-IT\ICCU\UM1E\008575
2:
Parte seconda. Che contiene le meditationi sopra gli Euangelij delle ferie della Quaresima.

Venezia, Daniele Bissuccio, 1605.
[4], 306, [2] p.
A⁸ B-N¹² O⁴
SBN-IT\ICCU\UM1E\008576
3:
Meditationi sopra gli Euangeli delle feste principali de' santi. Composte dal reuer. padre frate Andrea Capiglia monaco certosino. Parte terza. Tradotta dalla lingua spagnuola nella italiana dal r. monsig. Gratia Maria Gratij [...].
Venezia, Daniele Bissuccio, 1605.
428, [4] p.
A-S¹² (ultime 2 c. bianche)
SBN-IT\ICCU\UM1E\008577

[2910]
CATECHISMO/(tr.) FIGLIUCCI, FELICE
Catechismo, cioè, Istruttione secondo il decreto del Concilio di Trento, a' parochi, publicato per commandamento del santissimo [...] papa Pio V. et tradotto poi per ordine di s. santità in lingua volgare dal [...] f. Alessio Figliucci [...].
Venezia, Agostino Angelieri, 1605.
[16], 578 [30] p.: ill.; 8°
Croce⁸ A-Z⁸ Aa-Pp⁸
SBN-IT\ICCU\MODE\035558
Alessio (anche Alesso) Figliucci è il nome in religione di Felice Figliucci, domenicano.

[2911]
[DATI, GIULIANO/BERNARDO DI ANTONIO/ PARTICAPPA, MARIANO]
Rappresentazione della passione di n. s. Giesu Christo. Secondo che si recita dalla dignissima compagnia del Confallone di Roma, il Venerdi Santo nel Coliseo, con la sua santissima Resurrettione.
Napoli, Tarquinio Longo, 1605.
44 c.: ill.; 8°
A-B¹⁶ C¹²
Cioni 1961, p. 162, n. 24
Per gli autori cfr. Cioni 1961, p. 156. Titolo uniforme: *Rappresentazione della passione di Cristo.*

[2912]
EPISTOLE E VANGELI/(tr.) NANNINI, REMIGIO
Epistole et Euangeli, ridotti all'ordine del messal nuouo, che si leggono tutto l'anno alle messe, secondo l'vso della santa romana Chiesa. Tradotti in lingua toscana dal p.r.m. Remigio Fiorentino [...] Con alcune annotationi morali del medesimo a ciascheduna epistola, & Euangelo [...] Con due tavole; l'vna de' giorni che si leggono le epistole, & Euangeli: l'altra delle cose più notabili.
Venezia, eredi di Domenico Farri, 1605 (Venezia, eredi di Domenico Farri, 1605).

[24] p., 4 c., 5-14 p., c. 15-16, 17-508, [4] p.: ill.; 4°
a⁸ b⁴ A¹²(-A12) B-2H⁸ 2I⁸ (c. A12 e 2I mancanti)
SBN-IT\ICCU\FOGE\024826

[2913]
EPISTOLE E VANGELI/(tr.) NANNINI, REMIGIO
Epistole, et euangelii, che si legge tutto l'anno alle Messe, secondo l'vso della S. R. Chiesa, & ord. del Messale riform. Tradotti in lingua Toscana dal P.M. Remigio Fiorentino [...] Con alcune Annotationi Morali del medesimo. Con il calendario, & con la tauola de' giorni, che si leggono l'Epistole, & gli Euangelij [...].
Venezia, Alessandro Vecchi, 1605.
[36], 1228 [i.e. 1232], [4] p.: ill.; 12° (ripetute le p. 56-59)
a¹² b⁶ A-3E¹² 3F⁶
SBN-IT\ICCU\RMLE\034096

[2914]
FONSECA, CRISTOBAL DE/(tr.) ?
Trattato dell'amore di Dio, composto dal molto R.P.M.F. Christoforo di Fonseca [...] Il quale oltra la dichiarazione di molti, e difficili luoghi della Sacra Scrittura, contiene varia & bellissima dottrina, [...] nuouamente tradotto dalla lingua spagnuola nell'italiana [...].
Venezia, Sebastiano Combi, 1605.
8, 525, 27 p.; 8°
[ast.]⁴ A-2L⁸ 2M⁴
SBN-IT\ICCU\UBOE\003287

[2915]
GROTO, LUIGI
Isac rappresentation nuoua di Luigi Grotto cieco d'Hadria.
Serravalle di Venezia, Marco Claseri, 1605.
34, [2] c.; 12°
A-C¹² (c. C11 e 12 bianche)
SBN-IT\ICCU\VEAE\001336
È il vol. 2.6 della *Corona ouero Ghirlanda di candidi gigli di virginità, e di sanguigne rose di martirij, di diuersi santi, & sante, che nell'aurora del lucidissimo giorno della vera fede di Giesu Christo fiorirono. Cioè rappresentationi delle vite, & morti loro. Raccolte nouamente da Gio. Battista Ciotti, & sortite in diuersi mazzoli, o poemi tragici diuisati, [...] Volume primo. Il catalogo delli detti mazzoli, o poemi, s'ha nella seguente facciata.* Venezia, Giovanni Battista Ciotti, 1606, cfr. SBN-IT\ICCU\BVEE\027412. V. fr.

[2916]
GROTO, LUIGI
Isac rappresentation nuoua di Luigi Grotto cieco d'Hadria. Alla molto mag. & reu. Sig. [...] Pisani monaca di S. Lorenzo [...].
Venezia, a Sant'Anzolo all'insegna della Verità, 1605.

35, [1] c.; 12°
A-C¹²
SBN-IT\ICCU\MODE\032231

[2917]

GUEVARA, ANTONIO DE/GIOVANNINI, GIROLAMO/
(tr.) ULLOA, FRANCESCO/(tr.) LAURO, PIETRO
*La prima parte del monte Calvario, doue si trattano tutti i
sacratissimi auuenimenti in questo monte infin' alla morte di Cristo. Composto dall'illustre signor don Antonio di
Gueuara, frate dell'ordine regolare di S. Francesco, & vescouo di Mondogneto. Tradotto dallo spagnuolo, per il sig.
Alfonso d'Vglioa. Aggiontoui di nuouo vn discorso de' dolori, sopra la passion di Gesù Christo, che pati Maria verg.
santis. Composto dal molto r.p.m. Gieronimo Giovannini da
Capugnano, dell'ordine de Predicatori. Con quattro tauole, copiosissime, la prima di tutte le cose notabili, la seconda
delle auttorità, la terza, delle materie quadragesimali, & la
quarta de' capitoli.*
Venezia, Sebastiano Combi, 1605.
2 vol.; 8°
SBN-IT\ICCU\PALE\001396 e IT\ICCU\
CFIE\016101
1:
[40], 553, [7] p.
a-b⁸ c⁴ A-2M⁸
SBN-IT\ICCU\PALE\001397 e IT\ICCU\
CFIE\016102
2:
*La seconda parte del Monte Caluario, che espone le sette pa-
role, che disse Giesù Christo in sù la croce. Composto dall'illustre sig. don Antonio di Gueuara, vescouo di Mondogneto.
Tradotto di spagnuolo in italiano, per m. Pietro Lauro.
Et espurgato, & migliorato ultimamente dal m.r.p.m.
Gieronimo Giovannini da Capugnano, dell'ordine de'
Predicatori. Con tre tauole, copiosissime, la prima di tutte
le cose notabili, la seconda delle auttorità, & la terza de' ca-
pitoli.*
Venezia, Sebastiano Combi, 1605.
[24], 620, [22] p.
a⁸ b⁴ A-2Q⁸ 2R⁶
SBN-IT\ICCU\CFIE\016106
Cfr. Toda y Guell, vol. 6, p. 455. V. fr.

[2918]

LOARTE, GASPAR DE/JUAN DE AVILA
*Instruttione, et auuertimenti, per meditare la passione di
Christo nostro Redentore. Con alcune meditationi intorno
ad essa. Raccolti per il r.p. Gasparo Loarte dottor theologo
della Compagnia del Giesu. Stampati, & corretti con alcune
altre meditationi del medesimo auttore. Aggiontoui di nuo-*
uo vn Trattato sopra l'amor di Dio. Del p. maestro Auila
predicatore.
Brescia, Policreto Turlino <1>, 1605 (Brescia, Policreto
Turlino <1>, 1605).
97 p.; 12°
SBN-IT\ICCU\CFIE\016170
V. fr.

[2919]

LOTTINI, GIOVANNI ANGELO
*Giudetta sacra rappresentatione del r.p.f. Gio. Agnolo
Lottini.*
Serravalle di Venezia, Marco Claseri, 1605 (Serravalle di
Venezia, Marco Claseri, 1605).
68, [4] c.; 12°
A-F¹² (ultime 4 c. bianche)
SBN-IT\ICCU\BVEE\026359
È il vol. 2.7 della *Corona ouero Ghirlanda di candidi gigli di
virginità, e di sanguigne rose di martirij, di diuersi santi, &
sante, che nell'aurora del lucidissimo giorno della vera fede
di Giesu Christo fiorirono. Cioè rappresentationi delle vite,
& morti loro. Raccolte nouamente da Gio. Battista Ciotti,
& sortite in diuersi mazzoli, o poemi tragici diuisati, [...]
Volume primo. Il catalogo delli detti mazzoli, o poemi, s'ha
nella seguente facciata.* Venezia, Giovanni Battista Ciotti,
1606, cfr. SBN-IT\ICCU\BVEE\027412. V. fr.

[2920]

LOTTINI, GIOVANNI ANGELO
*San Giovanni sacra rappresentatione del r.p.f. Giovanni
Agnolo Lottini.*
Serravalle di Venezia, Marco Claseri, 1605.
68, [4] c.; 12°
A-F¹² (ultime 4 c. bianche, c. A4-7 non numerate)
SBN-IT\ICCU\BVEE\027456
È il vol. 3.2 della *Corona ouero Ghirlanda di candidi gigli di
virginità, e di sanguigne rose di martirij, di diuersi santi, &
sante, che nell'aurora del lucidissimo giorno della vera fede
di Giesu Christo fiorirono. Cioè rappresentationi delle vite,
& morti loro. Raccolte nouamente da Gio. Battista Ciotti,
& sortite in diuersi mazzoli, o poemi tragici diuisati, [...]
Volume primo. Il catalogo delli detti mazzoli, o poemi, s'ha
nella seguente facciata.* Venezia, Giovanni Battista Ciotti,
1606, cfr. SBN-IT\ICCU\BVEE\027412. V. fr.

[2921]

LUDOLPH VON SACHSEN/(tr.) SANSOVINO, FRANCESCO
*Vita di Giesu Christo nostro redentore, scritta da Landolfo
di Sassonia, [...] et fatta volgare da m. Francesco Sansouino.
Nella quale con pia, et santa dottrina, si espongono con facilità gli Euangeli [...] Opera non meno necessaria a predicatori, & parrocchiani, [...] Con le tauole de gli Euangeli*

correnti in tutto l'anno, [...] Di nuouo riueduta, corretta, et in molti luoghi ampliata, & dichiarata; & di nuoue figure adornata.

Venezia, Altobello Salicato, 1605.

[20], 252, 244 c.: ill.; fol.

a⁸ b-c⁶ A-2H⁸ 2I⁴ (2)A-2F⁸ (2)2G-2H⁶ (c. 2H4, (2)A1 erroneamente segnate 2H2, 2G3, ultima c. bianca)

SBN-IT\ICCU\TO0E\038591

Contiene, a partire da c. (2)A1: *Vita di Giesu Christo nostro Saluatore, cauata dalle scritture de gli Euangelisti, [...].*

[2922]

LUIS DE GRANADA/(tr.) CAMILLI, CAMILLO

Trattato secondo dell'aggiunta del Memoriale della vita christiana, del R.P.F. Luigi di Granata [...] nel quale si pongono molte deuotissime meditationi sopra alcuni passi, et misterij principali della vita di Nostro Saluatore: et in particolare della sua santa pueritia, passione, resurrettiene [!], et gloriosa ascensione. Tradotto dalla lingua spagnuola per Camillo Camilli. Con due tauole, una de' capitoli; et l'altra delle cose notabili. [...].

Venezia, Agostino Angelieri, 1605.

[8], 115, [1] c.: ill.; 4°

a⁸ a-o⁸ p⁴ (ultima c. bianca)

SBN-IT\ICCU\RMLE\022156

È il vol. 4 delle *Opere* edite nel 1605 a Venezia presso Agostino Angelieri, cfr. IT\ICCU\RMLE\022145, gli altri volumi trattano della conversione e devozione

[2923]

MORO, MAURIZIO

Rappresentatione del figliuolo prodigo, del r.p.d. Mauritio Moro, canonico secolare della Congregatione di san Giorgio d'Alega di Vinetia.

Serravalle di Venezia, Marco Claseri, 1605.

[24] c.; 12°

A-B¹² (ultime 2 c. bianche)

SBN-IT\ICCU\BVEE\027428

È il vol. 1.5 della *Corona ouero Ghirlanda di candidi gigli di virginità, e di sanguigne rose di martirij, di diuersi santi, & sante, che nell'aurora del lucidissimo giorno della vera fede di Giesu Christo fiorirono. Cioè rappresentationi delle vite, & morti loro. Raccolte nouamente da Gio. Battista Ciotti, & sortite in diuersi mazzoli, o poemi tragici diuisati, [...] Volume primo. Il catalogo delli detti mazzoli, o poemi, s'ha nella seguente facciata.* Venezia, Giovanni Battista Ciotti, 1606, cfr. SBN-IT\ICCU\BVEE\027412.

[2924]

OBICINO, BERNARDINO

Discorsi morali evangelici sopra le domeniche dell'auuento [!] et feste di S. Andrea & del mese di decembre.

Bergamo, Comino Ventura, 1605.

[12], 218, [2] p.; 4°

Swissbib 325335702

[2925]

PANIGAROLA, FRANCESCO

Prediche quadragesimali del reuerendiss. Monsig. Panigarola vescouo d'Asti. Dell'Ordine di s. Francesco de' minori Osseruanti, fatte da lui in Roma, l'anno 1588. & recitate in S. Pietro. In questa terza impressione con diligenza corrette.

Venezia, Giovanni Battista Ciotti, 1605.

[8], 208 c.; 8°

a⁸ A-2C⁸

SBN-IT\ICCU\UM1E\025562

[2926]

PANIGAROLA, FRANCESCO

Prediche quadragesimali del reuerendiss. Monsig. Panigarola vescouo d'Asti, dell'Ordine di s. Francesco de' minori osseruanti, predicate da lui in San Pietro di Roma, l'anno 1577. Con la tauola copiosissima delle cose notabili.

Venezia, Eredi di Melchiorre Sessa <2>, 1605.

[120], 550, [2] p.: ill.; 4°

a⁴ ²a-g⁸ A-2L⁸ 2M⁴ (ultima c. bianca)

SBN-IT\ICCU\UM1E\007840

[2927]

PORTA, MALATESTA

I santi innocenti tragedia di Malatesta Porta; lo Spento academico Ardente, & secretario dell'illustre communità di Rimino.

Serravalle di Venezia, Marco Claseri, 1605.

52, [2] p.; 12°

A-D¹² E⁶ (c. B3 è segnata B5, ultima c. bianca)

SBN-IT\ICCU\BVEE\023842 e IT\ICCU\LO1E\036983

È il vol. 3.1 della *Corona ouero Ghirlanda di candidi gigli di virginità, e di sanguigne rose di martirij, di diuersi santi, & sante, che nell'aurora del lucidissimo giorno della vera fede di Giesu Christo fiorirono. Cioè rappresentationi delle vite, & morti loro. Raccolte nouamente da Gio. Battista Ciotti, & sortite in diuersi mazzoli, o poemi tragici diuisati, [...] Volume primo. Il catalogo delli detti mazzoli, o poemi, s'ha nella seguente facciata,* Venezia, Giovanni Battista Ciotti, 1606, cfr. SBN-IT\ICCU\BVEE\027412. Var. B: 53, [1] c. V. fr.

[2928]

PSEUDO-BONAVENTURA

Meditationi diuotissime di S. Bonauentura cardinale, sopra il misterio dell'humana Redentione, cioè sopra la pas-

sione, et morte del nostro Sig. Giesu Christo. Nuouamente con somma diligentia stampate, ricorrette, & di varie figure adornate.

Venezia, Domenico Guerra e Giovanni Battista Guerra, 1605.

216 [8] p.: ill.; 16°

A-O⁸ (ultime 2 c. bianche)

SBN-IT\ICCU\VIAE\010768

Titolo uniforme: *Meditationes vitae Christi* [italiano].

[2929]

PSEUDO-BONAVENTURA

Meditationi diuotissime di S. Bonauentura cardinale, sopra la uita del Nostro Signore Giesu Christo. Con aggiunta di alcune altre del medesimo fatte sopra la Passione, & morte di esso N. Signore. Di nuouo reuiste, corrette, & di belle figure adornete.

Venezia, Domenico Guerra e Giovanni Battista Guerra, 1605.

164 [i.e. 166], [2] c.: ill.; 16° (errori nella numer. delle c.)

A-X⁸ (ultime 2 c. bianche)

SBN-IT\ICCU\VIAE\010767

Titolo uniforme: *Meditationes vitae Christi* [italiano].

[2930]

ROTA, SCIPIONE

Dialoghi e ragionamenti sopra l'historia di Giesu Christo ritrouato nel tempio fra dottori. Recitati in Roma l'anno 1605 la domenica fra l'ottaua dell'Epifania, nel qual giorno la Congregatione della dottrina christiana celebra la sua scelta. Composti dal reuer. Scipione Rota da Cagli [...].

Roma, Guglielmo Facciotti, 1605.

[24], 336 p.; 12°

A¹², A-O¹²

SBN-IT\ICCU\RMLE\023626

[2931]

SARACENO, FRANCESCO BERNARDINO/VALMARANA, LUIGI

Quadragesimale euangelico del molto illustre sig. Francesco Bernardino Saraceno vicentino, tratto dalle prediche del m.r.p. Luigi Valmarana della Compagnia di Giesù. All'illustriss. mio sig. colendiss. il sig. Dionigi Delfino.

Vicenza, Francesco Grossi, 1605.

[2],16 c.; 4° (c. 15 erroneamente segnata 16)

π² A-D⁴ (fasc. C segnato B)

SBN-IT\ICCU\RMLE\036022

[2932]

SILVIO, PAOLO

La Madalena penitente, poema sacro del r.p.d. Paolo Siluio. Canonico Regolare Lateranense. Al molto illustre signore il sig. Alessandro Gambalunghi.

Rimini, Giovanni Simbeni, a istanza di Matteo Cappello, 1605 (Rimini, Giovanni Simbeni, a istanza di Matteo Cappello, 1605).

69 [i.e. 67], [1] c.: ill.; 8° (c. 67 erroneamente numerata 69)

A-H⁸ I⁴ (ultima c. bianca)

SBN-IT\ICCU\VEAE\005874

[2933]

TANSILLO, LUIGI/ VALVASON, ERASMO (DA)/ GUARGNANTE, ORAZIO

Le lagrime di S. Pietro del signor Luigi Tansillo et quelle della Maddalena. Del signor Erasmo Valuasone; di nuouo ristampate et aggiuntoui l'eccellenze della gloriosa Vergine Maria, del signor Horatio Guarguante da Soncino.

Venezia, Eredi di Domenico Farri, 1605.

[1], 190, c.; 12°

¶¹ A-P¹² Q⁶

SBN-IT\ICCU\PALE\002137

[2934]

TASSO, FAUSTINO

Parafrase sorra [!] *i sette salmi penitentiali. Del R. P. Faustino Tasso [...] Con gli argomenti nel principio de tutti i Salmi & vna deuotissima oratione nel fine [...].*

Venezia, Eredi di Domenico Farri, 1605.

46, [2] c.; 12°

A-D¹²

SBN-IT\ICCU\UM1E\028266

[2935]

TIRABOSCHI, CORNELIO

Cantici alla b. Vergine madre di Dio, per li beni da lei à noi discesi in quelli del re Salomone fondati. All'illustriss. & eccellentiss. sig. d. Alfonso Pimentello, gran signore d'Errera, conte di Beneuento, vicerè, & capitano generale di sua Maestà cattolica nel Regno di Napoli Dedicati da f. Cornelio Tirabosco bresciano, dell'Ordine de' Predicatori, in sacra theologia maestro cantati.

Venezia, Giovanni Battista Ciotti, 1605.

[24], 209, [7] p.; 12°

πA¹² A-I¹² (ultime 2 c. bianche)

SBN-IT\ICCU\BVEE\040146

È il 5 vol. della *Scielta di varie poesie sacre di diuersi eccellenti autori. In lode di N. Signor, & di Maria vergine, & d'altri santi.* Venezia, Ciotti, 1604-1608, cfr. SBN-IT\ICCU\BVEE\040137. V. fr.

1606

[2936]

AFFINATI D'ACUTO, GIACOMO

Il muto, che parla, dialogo. Oue si tratta dell'eccellenze, e de' difetti della lingua humana, e si spiegano piu di 190. concetti scritturali sopra il silentio; con l'applicatione de gli Euangeli, à quali seruono, per commodo delli molto rr. pp. pred. Opera molto vtile, à chi desidera di fauellare rettamente senz'esser biasimato. Nouamente data in luce, per frà Giacomo Affinati d'Acuto romano pred. dell'Ordine de Predic. Con quattro copiosissime tauole.

Venezia, Marco Antonio Zaltieri, 1606 (Venezia, Marco Antonio Zaltieri).

[80], 444 [i.e. 446], [2] p.; 8° (errori di paginazione e p. 368-369 ripetute)

a-e⁸ A-2E⁸

SBN-IT\ICCU\TO0E\086608

V. fr.

[2937]

ALBERGONI, ELEUTERIO

Predica del modo di lodare, et essaltare Dio nella catedra sopra l'Euangelo Super cathedram Moysi sederunt Scribae, & Pharisaei, & le parole del salmo. Exaltent eum in ecclesia plebis, & in cathedra seniorum laudent eum. Di f. Eleuterio Albergoni da Milano minore conuentuale theologo del illustriss. signor cardinal Conti. Recitata nella città di Venetia, nella chiesa de Frari l'anno MDXCIII.

Roma, Stefano Paolini <2>, 1606.

27, [1] p.; 4°

A-C⁴ D²

SBN-IT\ICCU\BVEE\029930

V. fr.

[2938]

ANDROZZI, FULVIO

Opere spirituali del r.p. Fuluio Androtio, della Compagnia di Giesu, diuise in tre parti. Nelle quali si tratta della meditatione, della vita, & morte del nostro saluatore Giesu Christo [...]. Di nuouo reuiste, & con somma diligentia corrette, & ristampate.

Venezia, Lucio Spineda, 1606.

3 vol.; 16°

SBN-IT\ICCU\TO0E\027469

1:

[6], 70, [2] c.

A-F¹² (ultima c. bianca)

SBN-IT\ICCU\TO0E\027470

La parte seconda è sulla comunione, la terza sullo stavo vedovile.

[2939]

ANONIMA

La rappresentatione di Abel e di Caino.

Firenze, Giovanni Antonio Caneo e Raffaello Grossi, 1606.

[4] c.; 4°

A⁴

Cioni 1961, p. 64, n. 3

Titolo uniforme: *Rappresentatione di Abel e di Caino.*

[2940]

ANONIMA

La rappresentatione e festa di Giusef figliuolo di Giacob.

Viterbo, Girolamo Discepolo, 1606.

24 c.: ill.; 12°

Franchi 1988, p. 40, n. 7

Titolo uniforme: *Rappresentazione di Giuseppe.*

[2941]

ANONIMA

[Rappresentazione di Giuseppe].

Firenze, alle scalee di Badia, 1606.

10 c.: ill.; 4°

A¹⁰

Cioni 1961, p. 204, n. 18

Il titolo è quello uniforme.

[2942]

ANONIMA

La vita di Giusu [!] Christo, vnigenito figliuol di Dio, redentore, e Sig. nostro: raccolta da quello che di lui scrissero li quattro euangelisti, Matteo [...].

(Piacenza, Giovanni Bazachi <1>, 1606).

[16], 922 p.: ill.; fol.

a⁸ A-3K⁸ 3L¹⁰

SBN-IT\ICCU\TO0E\041993

Esemplare mutilo del frontespizio, dati tipografici ricavati dal colophon.

[2943]

[BELCARI, FEO]

[Rappresentazione di Abramo e Isacco].

Siena, alla Loggia del papa, 1606.

4 c.: ill.; ?

a⁴

Cioni 1961, p. 70, n. 25

Il titolo è quello uniforme.

[2944]

BELCARI, FEO/BENCI, TOMMASO

[Rappresentazione di s. Giovanni Battista nel deserto].

Siena, alla Loggia del papa, 1606.

REPERTORIO CA 1462-1650

4 c.: ill.; ?
A⁴
Cioni 1961, p. 188, n. 12
Il titolo è quello uniforme.

[2945]
BONAVENTURA DA BAGNOREA (SANTO)/(tr.) PINELLI,
GIOVANNI BATTISTA/ PINELLI, GIOVANNI BATTISTA
*Salmi di s. Bonauentura in lode della Vergine, volgarezzati,
e brieuemente sposti per Giovan Battista Pinello. Alla ill.ma
sig.ra Brigida Spinola, del sig.r Iacopo Doria.*
Genova, Giuseppe Pavoni, 1606 (Genova, Giuseppe
Pavoni, 1606).
[32], 373, [11] p.; 4°
+-4+⁴ A-3B⁴
SBN-IT\ICCU\TO0E\075345
V. fr.

[2946]
BRUNI, VINCENZO
*Delle meditationi sopra i principali misterij della vita, et
passione di Christo N.S. Parte prima [...] Raccolte da diuersi santi padri, [...] per il r. padre Vincenzo Bruno, [...] Di
nuouo corrette, riordinate, & di vaghe figure adornate, &
in quest'vltima impressione aggiuntoui due trattati della
confessione. [...].*
Venezia, Niccolò Misserini, 1606.
3 vol.; 12°
SBN-IT\ICCU\UM1E\004458
1:
*Parte prima. Con le figure, & profetie del vecchio testamento,
& con i documenti, che da ciascun passo dell'Euangelio si
cauano. Raccolte [...] per il r. padre Vincenzo Bruno, [...].*
Venezia, Niccolò Misserini, 1606.
[16], 557, [3] p.: ill.
a⁸ A-Y¹² Z¹⁶ (ultima c. bianca)
SBN-IT\ICCU\UM1E\004459
2:
647, [1] p.: ill.
A-2D¹²
SBN-IT\ICCU\UM1E\008561
3:
Parte terza.
450, [6] p.: ill.
A-T¹² (ultima c. bianca)
SBN-IT\ICCU\UMCE\013350

[2947]
BRUNI, VINCENZO
*Delle meditationi sopra le sette festiuità principali della b.
Vergine, le quali celebra la Chiesa, et sopra il commune de'
santi. Parte quarta. Con le profetie, & figure del vecchio*

*Testamento, & con i documenti, che dall'Euangelio, &
d'altre scritture si cauano. Composte dal r. padre Vincenzo
Bruno della Compagnia di Gesù, di nuouo rivedute et ricor-
rette, & di varie figure adornate.*
Venezia, Niccolò Misserini, 1606.
427, [4] p.; ?
A-S¹²
SBN-IT\ICCU\UM1E\004415   e   IT\ICCU\
UM1E\004416
V. fr.

[2948]
CASTELLANI, GIACOMO
*Christo nato canzone di Iacomo Castellano. Al molto ill.re
et molto r.do monsignore Tutio Onigo canonico di Treuigi.*
Vicenza, Giovanni Pietro Giovannini, 1606.
20 p.: ill.; 8°
A¹⁰
SBN-IT\ICCU\VIAE\010212
V. fr.

[2949]
CASTELLANI, GIACOMO
*Sacra triade sopra la natiuita, morte e resurrettione di
Christo. Canzoni di Iacomo Castellano. Dedicate al sereniss.
Francesco Maria Secondo dalla Rouere. Duca d'Vrbino.*
Vicenza, Giovanni Pietro Giovannini, 1606.
63, [1] p.: ill.; 4°
A-D⁶
SBN-IT\ICCU\RMLE\035872

[2950]
CRISTOFORO DA VERRUCCHIO
*Compendio di cento meditationi sacre, sopra tutta la vita,
e la passione sì del Signore, come della Madonna, e sopra
tutti gli altri essercitij della vita spirituale. Raccolto dal
r.p.f. Christophoro Verucchino dell'Ordine de' Frati Minori
Cappuccini. Aggiunteui in questa vltima impressione le
Meditationi della Passione di n. s. Giesu Christo, distribuite
per i sette giorni della settimana dell'istesso authore.*
Venezia, Niccolò Misserini, 1606.
[36], 708 p.: ill.; 12°
*¹² 2*⁶ A-2F¹² 2G⁶
SBN-IT\ICCU\NAPE\048069

[2951]
CRISTOFORO DA VERRUCCHIO
*Compendio di cento meditationi sacre, sopra tutta la vita, e
la passione sì del Signore, come della Madonna, e sopra tutti
gli altri essercitij della vita spirituale. Raccolto dal r.p. frate
Christoforo Veruccino dell'ordine de' frati minori cappuccini. Aggiunteui in questa vltima impressione le meditationi*

429

della passione di n.s. Giesu Christo, distribuite per i sette giorni della settimana dell'istesso autore.

Piacenza, Giovanni Bazachi <1>, 1606 (Piacenza, Giovanni Bazachi <1>, 1606).

[36], 729, [3] p.: ill.; 12°

a⁶ b¹² A-2G¹² 2H⁶ (ultima c. bianca)

SBN-IT\ICCU\TO0E\157245

[2952]

CROCE, GIULIO CESARE

Dichiaratione quadragesimale del sig. Giulio Cesare Croce: nella quale diuotamente si vano [!] meditando gli euangelij che corrono dal primo di quaresima sino al terzo giorna di Pascha.

Bergamo, Comino Ventura, 1606.

[56] p.: ill.; 4°

[A]⁴ B-D⁸ D² e D⁶

Newberry Library, Wing ZP 635 .V55 no. 1

[2953]

[DATI, GIULIANO/BERNARDO DI ANTONIO/ PARTICAPPA, MARIANO]

La passione del nostro Sig. Giesu Christo. Nel modo che si recita, & rappresenta dalla dignissima Compagnia del Confalon di Roma il Venerdì Santo nel Coliseo, con li figure per contemplar gli dolorosi misterij di essa Passione. Aggiuntoui di nuouo la Resurrettione.

Venezia, Alessandro Vecchi, 1606.

[47] c.: ill.; 8°

Franchi 1988, p. 40, n. 6

Testo identico a edizioni anteriori attribuite. Titolo uniforme: *Rappresentazione della passione di Cristo.*

[2954]

EPISTOLE E VANGELI/(tr.) NANNINI, REMIGIO

Epistole et Euangelii, che si leggono tutto l'anno alle Messe, secondo l'uso del Messal nuouo tradotti in volgare dal R.P.M. Remigio Fiorentino, dell'ordine de' Predicatori. Con alcune Annotationi morali del medesimo [...] Et quatro discorsi: [...] Con due tauole copiosissime.

Venezia, Giovanni Battista Galignani, 1606.

[8], 519, [i.e. 616], [16] p.: ill.; 4°

[croce]⁴ A-2Q⁸ 2R⁴

SBN-IT\ICCU\VIAE\021300

[2955]

FERDINANDI, MARCELLO

Prediche quadragesimali del p. Don Marcello Ferdinandi da Bari abate oliuetano: predicate in Napoli nella chiesa dell'Annonziata l'anno 1597. Primo tomo [...].

Venezia, Giorgio Varisco, 1606.

2 vol.: ill.; 4°

SBN-IT\ICCU\CAGE\028159

1:

[8], 559, [1] p.: ill.

[croce]⁴ A-2M⁸

SBN-IT\ICCU\CAGE\028160

2:

521, [1] p.: ill.

a-2i⁸ 2k⁶ (ultima c. bianca)

SBN-IT\ICCU\CAGE\028161

[2956]

FIAMMA, GABRIELE/ (ed.) PETRACCI, PIERO

Rime spirituali di mons. reuer.mo Gabriel Fiamma vescouo di Chioggia. Nouamente impresse con gli argomenti di Pietro Petracci.

Venezia, Giovanni Battista Ciotti, 1606.

[20], 224, [4] p.

πA¹⁰ A-I¹² K⁶

SBN-IT\ICCU\BVEE\040141

È il vol. 2 della *Scielta di varie poesie sacre di diuersi eccellenti autori. In lode di N. Signor, & di Maria vergine, & d'altri santi.* Venezia, Giovanni Battista Ciotti, 1604-1608, cfr. SBN-IT\ICCU\BVEE\040137. Contiene la traduzione dei salmi 1, 2, 3, 13, 103 (due diverse versioni), 132, 137. V. fr.

[2957]

FILUCCI, AURELIO

Sermoni di tutte le domeniche et principali feste dell'anno, et delle consolazioni della morte, del reue. p. Aurelio Filucci da Pesaro, dell'Ordine di S. Agostino. Con un breue discorso del timor d'Iddio. Con due tauole, l'una delle domeniche, & principali feste dell'anno, l'altra delle consolationi della morte. aggiuntoui in questa nuoua impressione cinquanta sermoni per il Santissimo Sacramento.

Venezia, Agostino Angelieri, 1606.

[16], 189, [3] p.: ill.; 8°

[croce]⁸, A-M⁸ (ultima c. bianca)

SBN-IT\ICCU\PALE\002395

[2958]

FRANCIOTTI, CESARE

Prattiche per auanti, e dopo la s. communione. Sopra tutti i vangeli dell'anno. [...] Diuise in tre parti [...] Prima parte. Del r.p. Cesare Franciotti. [...] Ornate nelle nostre stampe di figure, & tauole che nelle altre mancano.

Venezia, Giovanni Antonio De Franceschi e Giacomo De Franceschi, 1606.

3 vol.: ill.; 12°

SBN-IT\ICCU\RMSE\005934

1:

656, [4] p.: ill.

A-2D¹² 2E⁶

SBN-IT\ICCU\RMSE\005935
Var. B: In Venetia: appresso Sebastiano Combi, 1606; mantiene la marca di De Franceschi (Pace, con motto: *Omnem sensum exuperat*). Non risultano i vol. 2-3.

[2959]
GENOVESE, MARCO ANTONIO
Alcuni pii, e breui ricordi scelti dalla Sacra Scrittura; per i figliuoli de prencipi. Di Marc'Antonio Genoese Napolitano.
Rimini, Giovanni Simbeni, 1606.
79, [1] p.: ill.; 4°
a⁴ A-I⁴ (c. I4v bianca)
SBN-IT\ICCU\TO0E\002643
V. fr.

[2960]
GHELFUCCI, CAPOLEONE
Il rosario della Madonna poema eroico, del sign. Capoleone Ghelfucci da Citta' di Castello. Alla Ill.ma Sig.ra Contessa Olimpia Trivultia Pallauicina. Aggiuntaui noua & copiosa Tauola delle cose piu' notabili.
Milano, Girolamo Bordone, e Pietro Martire Locarno, 1606 (Milano, Girolamo Bordone e Pietro Martire Locarno, 1606).
[16], 391, [1] p.: ill.; 4°
a⁸ A-Z⁸ 2A⁸ 2B⁴
SBN-IT\ICCU\TO0E\111014

[2961]
GHELFUCCI, CAPOLEONE
Il rosario della Madonna poema eroico del sig.r Capoleone Ghelfucci da Citta di Castello dato alle stampe da i figliuoli dopo la morte dell'autore. A diuozione dell'illustriss. signor Cintio Aldobrandini [...] Agiuntoui nuouamente gli argumenti a ciascun canto.
Venezia, Niccolò Polo, 1606.
[4], 58, 76, 45 [i.e. 65], [1] c.; 4° (c. 65 erroneamente numerata 45)
[ast]⁴ A-F⁸ G¹⁰ 2A-2I⁸ 2K⁴ 3A-3G⁸ H¹⁰
SBN-IT\ICCU\VIAE\005872

[2962]
GROTO, LUIGI
[Isac, rappresentation nuova, [...] nuovamente ristampata].
Venezia, Giovanni Battista Ciotti, 1606.
12°
BL, 839a16
È il vol. 2.6, della *Corona ouero Ghirlanda di candidi gigli di virginità, e di sanguigne rose di martirij, di diuersi santi, & sante, che nell'aurora del lucidissimo giorno della vera fede di Giesu Christo fiorirono. Cioè rappresentationi delle vite, & morti loro. Raccolte nouamente da Gio. Battista*

Ciotti, & sortite in diuersi mazzoli, o poemi tragici diuisati, Venezia, Giovanni Battista Ciotti, 1606, cfr. SBN-IT\ICCU\BVEE\027412.

[2963]
MASELLI, LORENZO
Vita della beatiss.ma Vergine Madre di Dio. Nella quale si contiene quel tanto, che fin'hora si è scritto da graui autori; intorno alle gratie, bellezza, priuilegij, virtudi, antifone, orationi, [...] e grandezza di lei: et in particolare, & separatamente si pone la vita del felicissimo Sposo santo Gioseppe. Composta per il reuer. p. Lorenzo Maselli da Napoli [...] della Compagnia di Gesù.
Napoli, Giovanni Battista Sottile, a istanza di Andrea Pellegrini, 1606 (Napoli, Giovanni Battista Sottile, 1606).
[32], 877, [i.e. 875], [1] p.; 4° (omesse nella numer. le p. 301-302)
[croce]-2[croce]⁸ A-L⁸ M-Z⁴ 2A-3O⁶ 3P⁶
SBN-IT\ICCU\UM1E\006774

[2964]
OBICINO, BERNARDINO
Discorsi morali euangelici sopra le domeniche dell'Auuento, et feste di S. Andrea, & del mese di decembre. Composti dal P. F. B. Bernardino Obicino. [...].
Bergamo, Comino Ventura, 1606.
[12], 218, [2] p.: ill.; 4°
π⁶ A-N⁸ O⁶
SBN-IT\ICCU\UM1E\012711
Var. B: 1605.

[2965]
PANIGAROLA, FRANCESCO
Cento ragionamenti sopra la passione di N.S. Giesù Christo, fatti in Milano da monsig. Reuerendiss. Panigarola vescouo d'Asti, per commissione, & alla presenza del b. Carlo Borromeo cardinale di S. Prassede.
Venezia, Giacomo Vincenzi, 1606.
[36], 588 p.; 4°
a-d⁴ e² A-2N⁸ 2O⁶
SBN-IT\ICCU\RMSE\074300

[2966]
PINELLI, LUCA
Affettuose meditationi sopra i misterii della vita, & passione di Christo Signor nostro. Ornate di figure, rappresentanti al viuo il misterio di esse. Del r.p. Luca Pinelli della compagnia di Giesù. Per dare à tutti materia di meditare.
Brescia, Pietro Maria Marchetti, 1606.
137, [7] p.: ill.; 12°
A-F¹² (ultime 3 p. bianche)
SBN-IT\ICCU\RMLE\027629

V. fr.

[2967]
PINELLI, LUCA
Breui meditationi per i sette giorni della settimana. Sopra sette virtù di Christo nostro Signore per imitarle. Composte per il padre Luca Pinelli della Compagnia di Giesù.
Brescia, Pietro Maria Marchetti, 1606.
32 p.; 12°
SBN-IT\ICCU\CFIE\018870
V. fr.

[2968]
PINELLI, LUCA
Breui meditationi sopra le cinque piaghe di nostro Signore et delli altri misterij dove à sparso il sangue, sì nella vita come nella sua passione santissima. Composto dal p. Luca Pinelli, della Compagnia di Giesù.
Brescia, Pietro Maria Marchetti, 1606.
95 p.; 12°
SBN-IT\ICCU\CFIE\018853
V. fr.

[2969]
PINELLI, LUCA
Meditationi delle cinque piaghe, et del sangue sparso da Christo negli alti misterij della sua Passione. Del p. Luca Pinelli di Melfi della Compagnia di Giesu.
Venezia, Giovanni Battista Ciotti, 1606.
94 p.; 12°
A-D¹² (c. D12 bianca)
SBN-IT\ICCU\UMCE\012100
SBN lo indica come vol. 3 delle *Opere spirituali*, 1608-1612, cfr. SBN-IT\ICCU\UM1E\026553, vedi 3150.

[2970]
PINELLI, LUCA
Meditationi diuotissime, sopra la vita della sacratissima vergine Maria madre di Dio. Con le sue imagini, et con l'historia ancora della sua vita cauata fedelmente da gli antichi, & santi padri. Composte dal p. Luca Pinelli della Compagnia di Giesù, per eccitare alla diuotione della b. Vergine, & all'imitatione della sua santiss. vita.
Brescia, Pietro Maria Marchetti, 1606.
144 p.: ill.; 12°
A-F¹²
SBN-IT\ICCU\RMLE\027630
V. fr.

[2971]
PULCI, ANTONIA

La rapresentatione del figliuol prodigo nuouamente stampata.
Siena, alla Loggia del papa, 1606.
6 c.; 4°
a⁶
Cioni 1961, p. 140, n. 10
Titolo uniforme: *Rappresentazione del filgiol prodigo.*

[2972]
ROSACCIO, GIUSEPPE
Le sei età del mondo, con breuità descritte, di Gioseppe Rosaccio. Cioé dalla creation del cielo et della terra. Di Adamo, et suoi discendenti. Del diluuio, et suo tempo. Del nome delle genti, et loro origine. Delle monarchie, e quanto tempo durarono. Della natiuità di Christo, et sua morte. Delle vite de i Papi, et altri Prencipi, con tutto quello che è successo sino all'anno 1602.
Venezia, Domenico Farri, 1606.
45, [3] p.: ill.; 8°
A²⁴
SBN-IT\ICCU\UBOE\006597
Var. B: 1603.

[2973]
SILLINGARDI, GASPARO
Discorso sopra le parole di Giobe. In nidulo meo moriar, & sicut Palma multiplicabo dies meos. Nel quale si tratta della perfettione della vita regolare, scritta dall'illustriss. & reuerendiss. monsignor Gasparo Sillingardi vescouo di Modona [...].
Modena, Giovanni Maria Verdi, 1605 (Modena, Giovanni Maria Verdi, 1606).
[16], 390, [2] p.; fol.
[parag.]-2[parag.]⁴ A-2I⁶ 2K⁴
SBN-IT\ICCU\RMLE\025142

[2974]
SILVESTRANI BRENZONE, CRISTOFORO
Sermoni del M.R.P. maestro fra Christoforo Siluestrani Brenzone [...] fatti la quarta domenica nella processione dell'habito della Madonna sopra il quarto Cantico di Salomone l'anno 1606.
Pisa, Giovanni Battista Boschetti e Giovanni Fontani, 1606.
[12], 95, [1] p.: ill.; 4°
[croce]⁶ A-M⁴
SBN-IT\ICCU\UM1E\019167

[2975]
SORANZO, GIOVANNI
I duo primi libri dell'Adamo di Giovanni Soranzo.
Bergamo, Comino Ventura, 1606.

32 c., 8°

[A]-D⁸ (segnatura basata su esemplare probabilmente mutilo delle c. A4-5)

SBN-IT\ICCU\NAPE\070936

[2976]

TANSILLO, LUIGI/MARINELLA, LUCREZIA/COSTO, TOMMASO

Le lagrime di San Pietro del sig. Luigi Tansillo, cauate dal suo proprio originale. Poema sacro, et heroico, in cui si narrano i lamenti, i dolori, i digiuni, & le astinenze di Pietro, [...] Con gli argomenti, & allegorie della signora Lucretia Marinella, et con un discorso nel fine del sig. Tomaso Costo, nel quale si mostra quanto questo poema stia meglio di quello, [...].

Venezia, Barezzo Barezzi, 1606.

2 pt ([16], 151 [i.e. 155, 1]; 32 p.): ill.; 4° (errori nella numer. delle p.)

a⁸ A-I⁸ K⁶; A-B⁸

SBN-IT\ICCU\BVEE\026895

Titolo della pt 2: *Discorso del signor Tomaso Costo per lo quale si dimostra questo poema delle Lagrime di S. Pietro del Tansillo [...].*

[2977]

VARIA/(ed.) CIOTTI, GIOVANNI BATTISTA

Corona ouero Ghirlanda di candidi gigli di virginità, e di sanguigne rose di martirij, di diuersi santi, & sante, che nell'aurora del lucidissimo giorno della vera fede di Giesu Christo fiorirono. Cioè rappresentationi delle vite, & morti loro. Raccolte nouamente da Gio. Battista Ciotti, & sortite in diuersi mazzoli, o poemi tragici diuisati, [...] Volume primo. Il catalogo delli detti mazzoli, o poemi, s'ha nella seguente facciata.

Venezia, Giovanni Battista Ciotti, 1606.

3 vol.; 12°

SBN-IT\ICCU\BVEE\027412

Titolo dal frontespizio generale. Ogni volume comprende un numero variabile di opere di diversi autori. Include edizioni di: *Il figliuolo prodigo* di Maurizio Moro (1.5), cfr. SBN-IT\ICCU\BVEE\027428, vedi 2923, *Isac* di Grotto (2.6), cfr. SBN-IT\ICCU\VEAE\001336, vedi 2915, *Giudetta* di Lottini (2.7), cfr. SBN-IT\ICCU\BVEE\026359, vedi 2919, *I santi innocenti* di Porta (3.1), cfr. SBN-IT\ICCU\BVEE\023842, vedi 2927, *San Giovanni* di Lottini (3.2), cfr. SBN-IT\ICCU\BVEE\027456, vedi 2920, *David* di Brunetti (3.6), cfr. SBN-IT\ICCU\BVEE\027465, vedi 2906, *Giudizio* di Bozi (3.7), cfr. SBN-IT\ICCU\BVEE\023307, vedi 2905.

[2978]

VILLEGAS SELVAGO, ALONSO DE/(tr.) VALENTINO, GIULIO CESARE

Nuouo legendario della vita di Maria Vergine Immacolata Madre di Dio, et delli santi patriarchi, & profeti dell'Antico Testamento [...] Si discorre sopra le sei età del mondo, & de' i fatti più memorabili, che in esse sono accaduti, con somma diligenza, & per modo d'historia [...] Dato per auanti in luce in lingua spagnuola, sotto titolo di Flos Sanctorum seconda parte per il reuer. sig. Alfonso de Villegas di Toledo [...] et nuouamente con molto studio dalla spagnuola, nella volgar lingua italiana tradotto dal reuer D. Giulio Cesare Valentino, Piouano di Carpeneto [...].

Milano, 1606 (Milano, Girolamo Bordone e Pietro Martire Locarno, 1604).

[20], 434, [2] p.: ill.; fol.

A¹⁰ A-2C⁸ 2D¹⁰ (ultima c. bianca)

SBN-IT\ICCU\TO0E\038279

Var. B.: nome del tipografo anche sul frontespizio, data del frontespizio: 1604.

[2979]

VILLEGAS SELVAGO, ALONSO DE/(tr.) VALENTINO, GIULIO CESARE

Nuouo leggendario della vita di Maria vergine immacolata madre di Dio, et delli santi patriarchi, & profeti dell'antico testamento, & delli quali tratta, & fa mentione la Sacra Scrittura. [...] si discorre sopra le sei eta del mondo, & de i fatti piu memorabili che in esse sono accaduti, con somma diligenza, & per modo d'historia [...] dato per avanti in luce in lingua spagnuola, sotto titolo di Flos Sanctorum seconda parte, per il reuer. sig. Alfonso di Villegas di Toledo [...] et nouamente con molto studio dalla spagnuola, nella volgar lingua italiana tradotto per il reuer. D. Giulio Cesare Valentino, piovano di Carpeneto. Con due tauole, l'vna delle vite, che si scriuono, l'altra delle auttorita della Sacra Scrittura che l'autore in questa parte copiosamente dichiara [...].

Venezia, Giovanni Battista Ciotti, 1606.

[32], 796; 4°

a-b⁸ A-3C⁸ 3D⁶

SBN-IT\ICCU\MODE\036173

1607

[2980]

ANONIMA

La Rappresentatione e historia di Susanna.

Siena, alla Loggia del papa, 1607.

[4] c.: ill.; 4°

A⁴

Cioni 1961, p. 287, n. 12

Titolo da c. 1r (da Cioni). Titolo uniforme: *Rappresentazione di s. Susanna.*

[2981]

ANONIMA

[*Rappresentazione di Salomone*].

Venezia, Giovanni Battista Bonfadino, 1607.

4 c.; 4°

Cioni 1961, p. 272 n. 10

Il titolo è quello uniforme.

[2982]

ANONIMA

La vita & la morte di Santo Giouanni Batista.

Siena, alla Loggia del papa, 1607.

2 c.: ill.; 4°

Cioni 1963, p. 161, n. 6

Titolo da c. 1r (da Cioni). Titolo uniforme: *Storia di s. Giovanni Battista.*

[2983]

ANONIMA/(ed.) ORAZIO ?

Perla orientale sopra gli Euangeli, che si leggono la Quaresima. Secondo la dispositione dei sacri dottori di santa Chiesa. Riueduta da i superiori. Datta in luce dal seruitore vostro Oratio.

Venezia, Cremona, Verona, Bartolomeo Merlo, 1607.

[12] c.; 8°

A^{12}

SBN-IT\ICCU\BVEE\030037

V. fr.

[2984]

BIBBIA/(tr.) DIODATI, GIOVANNI

La Bibbia. Cioè i libri del Vecchio e del Nuovo Testamento. Nuovamente traslatati in lingua italiana, da Giovanni Diodati, di nation lucchese.

Genève, [Jean de Tournes <2>], 1607.

[4], 847, [1], 178, 314 [2] p.; 4°

π^2 A-B^8 C-Z^4 a-2z^4 2A-3M^4 ^{2}2A-^{2}2Y^4 ^{2}2Z^2 ^{2}3A-^{2}3Z^4 ^{3}3A-^{3}3Q^4 ^{3}3R^2 (c. 3M4v, 2Z(zZ) e 3R(rRr)2 bianche)

SBN-IT\ICCU\TO0E\001662

Contiene, con paginazione propria, a c. ^{2}2A1r: i libri apocrifi, e a c. ^{3}3A1r: i libri del Nuouo Testamento. Var. B: sul frontespizio non sono presenti né luogo né indicazione di pubblicazione. Var. C: sul frontespizio stampigliato prima della data il luogo di stampa: In Geneva. V. fr.

[2985]

[CASTELLANI, CASTELLANO]

La rappresentatione della conuersione di santa Maria Maddalena, sino alla morte, e resurressione di Lazzaro. Di nuouo con somma diligenza ricorretta.

Siena, alla Loggia del papa, 1607.

[12] c. : ill. ; 4°

A^{12}

SBN-IT\ICCU\CFIE\033243

Titolo uniforme: *Rappresentazione di s. Maria Maddalena. La conversione.* Cfr. Cioni 1961, p. 237, n. 12; Testaverde-Evangelista, 565. V. ed.

[2986]

CIBO GHISI, INNOCENZO

De' discorsi morali sopra i sette salmi penitentiali, del molto reuer.do p.re m.r fra Innocentio Cibo Ghisi de Predicatori. Tomo primo. Aggiuntovi due indici, e delle materie, e delle sentenze piu notabili. Il tutto hora, e sempre sia soggetto alla correttione, & all'obedienza della santa madre Chiesa catolica, & apostolica romana.

Venezia, Giovanni Battista Ciotti, 1607.

2 vol.; 4°

SBN-IT\ICCU\RMLE\030941

1:

28, 456, [64] p. (la p. 13 erroneamente numerata 2)

a^8 b^6 A-2E^8 2F^4 2G-K (la carta 2G1 erroneamente segnata a)

SBN-IT\ICCU\RMLE\030942

Non risulta un secondo volume. V. fr.

[2987]

CORNACCHINI, DOMENICO

Rappresentazione della natiuita di N.S. Giesu Cristo composta nuouamente da m. Domenico Cornacchini cittadino fiorentino.

Firenze, Bartolomeo Sermartelli <2>, 1607 (Firenze, Bartolomeo Sermartelli <2>, 1607).

77, [3] p.; 8°

A-E^8

SBN-IT\ICCU\BVEE\023422

V. fr.

[2988]

DIAS, FELIPPE/(tr.) FASANO, MATTIA

Mariale della sacratissima vergine Maria nel quale si contiene molte considerationi spirituali, & ponti principalissimi della s. Scrittura, sopra tutte le sue festiuità. Doue si tratta della sua uita et miracoli. Con un trattato della passione di N.S. Giesu Cristo & della solitudine di essa vergine santissima. Opera molto utile et necessaria, non solo à theologi, predicatori, confessori, ma anco ad'ogn'altra persona che facci professione di vita spirituale. Composto dal m.r.p.f. Filippo Diez dell'Ordine di s. Francesco di Salamanca predicatore apostolico. Nuouamente tradotto di spagnolo in italiano

dal r.p.f. Matthia Fasano dell'Ordine de Predicatori. Con quatro tauole, vna delle materie, due della Sacra Scrittura del Testamento vecchio, & Nouo, & la quarta delle cose più notabili, che in detta opera si contengono.
Venezia, Giunta, 1607.
[80], 651, [i.e. 655], [1] p.; 4° (p. 637-640 ripetute)
π² a-g⁴ h⁶ ²h⁴ A-4N⁴
SBN-IT\ICCU\UM1E\004172
Var. B: 1608. V. fr.

[2989]

EPISTOLE E VANGELI/(tr.) NANNINI, REMIGIO/ CANISIUS, PETRUS/(tr.) CAMILLI, CAMILLO/LUIS DE GRANADA
Epistole et euangeli, che si leggono tutto l'anno alle messe, secondo l'uso della s. r. chiesa, & ord. del messale riforma-to, tradotti in lingua toscana dal r.p.m. Remigio Fiorentino dell'ordine de' predicatori, con alcune annotationi mora-li del medesimo. Et i sommari, fatti latini dal r.p. Pietro Canisio della compagnia del Giesù tradotti in volgare da Camillo Camilli, aggiuntoui diuersi sermoni sopra l'oratio-ne, digiuno, & elemosina [...].
Venezia, Giacomo Vincenzi, 1607.
2 pt ([12], 8 c., p. 9-572, 84 p.; 36 c.): ill.; 4°
a⁸ b⁴ A-B⁸ C¹² D-2E⁸ 2F⁶ 2G-2N⁸ 3A-3D⁸ 3E¹⁰; A-D⁸ E⁴
(c. Y[1] erroneamente segnata T)
SBN-IT\ICCU\NAPE\027030
Titolo della pt 2, che segue con proprio frontespizio: *Sermoni di Luigi Granata* (In Venetia, presso Agostino Angiolieri, MDCVII).

[2990]

EPISTOLE E VANGELI/(tr.) NANNINI, REMIGIO
Epistole et Euangelii, che si leggono tutto l'anno alle Messe, secondo l'uso del Messal nuouo. Tradotti in uolgare dal r.p.m. Remigio Fiorentino, dell'ordine de' Predicatori. Con alcune annotationi morali del medesimo à ciascheduna Epistola, & Euangelio, da lui vltimamente ampliate. Et quatro discorsi: cio è del digiuno, dell'invocatione de Santi, della veneratione delle reliquie loro, & dell'vso delle imagini. Con due tauole copiosissime.
Venezia, Giovanni Battista Galignani, 1607.
[8], 519 [i.e. 616], 16 p.: ill.; 4°
†⁴ A-2Q⁸ 2R⁴
SBN-IT\ICCU\BVEE\044128
V. fr.

[2991]

FRANCIOTTI, CESARE
Il peccatore a' piedi della croce. Su'l monte Caluario. Cioè meditationi sopra la passione di Nostro Signore. Del p. Cesare Franciotti [...].

Venezia, Sebastiano Combi, 1607.
29 [i.e. 79], [5] p.; 12°
A-C¹² D⁶ (p. 79 erroneamente numerata 29)
SBN-IT\ICCU\UM1E\004468

[2992]

FRANCIOTTI, CESARE
Prattiche per auanti, e dopo la s. communione. Sopra tutti i Vangeli dell'anno. Con l'osseruationi di alcuni misteri, e tempi piu solenni. Diuise in tre parti. Prima parte. Del r. p. Cesare Franciotti. [...] Ornate nelle nostre stampe di figu-re, & tauole, che nelle altre mancano.
Venezia, Sebastiano Combi, 1607.
656, [4] p.: ill.; 12°
A-2D¹² 2E⁶
SBN-IT\ICCU\BRIE\016138 e IT\ICCU\BRIE\016136
Var. B: 1606.
3:
(Venezia, Sebastiano Combi, 1607).
[24], 547, [1] p.
a¹² A-Z¹²
SBN-IT\ICCU\BRIE\016146
Per la riedizione di tutti i vol. 1-4 nel 1610, cfr. IT\ICCU\ BRIE\016144, vedi 3108.

[2993]

GRILLO, ANGELO
Christo flagellato, et le sue essequie celebrate co'l pianto di Maria vergine, del molto r.p. abbate don Angelo Grillo.
Venezia, Bernardo Giunta <2> e Giovanni Battista Ciotti e compagni, 1607.
2 pt ([8], 97, [3]; [12], 85, [3] p.): ill. 4°
a⁴ A-F⁸ G²; a⁶ B⁴ C-G⁸ (ultima c. bianca)
SBN-IT\ICCU\VEAE\000359
Titolo della pt 2: *Essequie di Giesu Christo Nazareno*, [...].
Var. B: nella pt 1, a c. a2r, errore di stampa nell'indirizzo della dedica: "All'illtriss.mo ..."; inoltre appare scivolato in basso l'ultimo carattere al termine delle ultime due righe.
V. fr.

[2994]

JACOBUS DE VORAGINE/(tr.) MALERBI, NICOLÒ
Legendario delle vite de' santi; composto dal r.p.f. Giacobo di Voragine dell'Ordine de' Predicatori. & tradotto già per il r.d. Nicolo Manerbio venetiano. Aggiuntoui di nuouo mol-te legende, & accommodata ad ogni giorno la uita di alcun santo. Con la tauola delle legende, & di vaghe figure ornato, e con somma diligenza ricorretto.
Venezia, Niccolò Polo, 1607.
[16], 861, [3] p.: ill.; 4°
a⁸ A-3H⁸
Pagnotta, p. 141

[2995]

LUIS DE GRANADA/(tr.) CAMILLI, CAMILLO

Meditationi molto deuote sopra alcuni passi, e misterij principali della vita del n. Signor Giesu Christo. Et in particolare della sua santa pueritia, [...] Del r.p.f. Luigi di Granata dell'Ordine di San Domenico. Tradotte dalla lingua spagnuola per Camillo Camilli. [...].

Venezia, Agostino Angelieri, 1607.

[12], 226, [2] c.: ill.; 12°

[croce]¹² A-T¹² (c. S11-12, T11-12 bianche)

SBN-IT\ICCU\BA1E\002632

[2996]

MASTRILLI, GREGORIO

Discorsi del p. Gregorio Mastrilli della Compagnia di Giesu. Sopra la passione, e morte di Christo nostro redentore distinti in tre parti.

Roma, Bartolomeo Zanetti <2>, 1607 (Roma, Eredi di Luigi Zanetti, 1607).

[12], 445, [23] p.; 4°

†⁶ A-2E⁸ 2F¹⁰

SBN-IT\ICCU\TO0E\044583

V. fr.

[2997]

MAZZARINO, GIULIO

Dauid di Giulio Mazarini della Compagnia di Giesu. Cento discorsi. Su'l Cinquantesimo Salmo, e'l suo titolo, intorno al peccato, alla penitenza, & alla santità di Dauide.

Venezia, Pietro Maria Bertano, 1607.

([108], 550, [2], 323, [1] p.): ill.; 4°

[croce]⁸ A-E⁸ F⁶ [2]A-2L⁸ 2M⁴ a-t⁸ u¹⁰ (c. 2M4 bianca)

SBN-IT\ICCU\UM1E\004264

Pubblicato con *Dauid ristorato la terza parte de' discorsi su'l cinquantesimo salmo. Di Giulio Mazarini della Compagnia di Giesu. Nella quale trattasi dell'altra parte della giustitia, che mira il bene, chiedonsi da Dio varie gratie, e fansigli diuerse proferte.* V. fr.

[2998]

PIATTI, DOMIZIO

Trattato della passione del Saluatore Diuiso in sette considerationi, e varij discorsi, ne' quali si da piena, e minuta notitia de i dolori interni, & esterni, di Christo Signor nostro. Con vna breue prattica dell'oratione per meditare la stessa passione con frutto. Del r.p. Domitio Piatti, della Compagnia di Giesù.

Roma, Alfonso Ciaccone appresso Bartolomeo Zanetti <2>, 1607 (Roma, Alfonso Ciaccone appresso Bartolomeo Zanetti <2>, 1607).

[8], 429, [19] p.; 4°

[croce]⁴ A-2E⁸

SBN-IT\ICCU\UM1E\004281

V. fr.

[2999]

PITTORIO, LUIGI

Homiliario quadragesimale.

Venezia, Sebastiano Combi, 1607.

4 pt; ill.; 4°

Swissbib 045254036

[3000][ERRATUM: vedi 3003]

PLATINA (IL) (SACCHI, BARTOLOMEO)/ PANVINIO, ONOFRIO/CICCARELLI, ANTONIO/ DIONIGI, BARTOLOMEO

Historia delle vite dei sommi pontefici, dal Saluator nostro sino a Clemente 8. scritta da Battista Platina cremonese, dal P.F. Onofrio Panuinio da Verona, & da Antonio Cicarelli da Fuligno. Illustrata con l'annotationi del Panuinio, nelle vite descritte dal Platina, & con la Cronologia ecclesiastica dell'istesso, tradotta in lingua italiana, & ampliata dal r.m. Bartolomeo Dionigi da Fano. Ornata nuouamente di bellissimi ritratti di tutti essi pontefici dal naturale. Et in questa vltima impressione arrichita co i nomi, cognomi, patrie e titoli di tutti quei cardinali [...] Con tre fedeli e copiose tauole [...].

Venezia, Giunta, 1607.

2 pt ([38], 343 [i.e. 339], [1]; [8], 100 c.): ill.; 4°

[a]² b-e⁴ f⁵, a-b⁴ c⁶ A-2T⁸ 2V⁴; a⁸ A-M⁸ N⁴

SBN-IT/ICCU/VEAE/004105

Pubblicato con parte seconda: *La cronologia ecclesiastica, del R.P.F. Onofrio Panuinio veronese [...] dall'imperio di C. Giulio Cesare dittatore, sin all'imp. Cesare Massimiliano 2. d'Austria, pio, felice, perpetuo augusto. Tradotta nuouamente dalla lingua latina nell'italiana, supplita, & ampliata dal 1566. sin'a l'anno 1606 dal reuer. M. Bartholomeo Dionigi da Fano.*

[3001]

PITTORIO, LUIGI

Homiliario quadragesimale di M. Lodouico Pittorio da Ferrara. Prima parte. Fondato di parola in parola sopra tutte l'Epistole, & Euangeli, che corrono ogni giorno per tutto l'anno, secondo l'ordine della Chiesa romana. Con le diuisioni dell' Epistole, & Euangeli, che per innanzi mancauano. Appresso vi sono ancora aggiunti alcuni Sermoni della Confessione, della Contritione de' peccati, della Santa Communione, & del dispreggio della morte. Con alcune diuote Meditationi sopra l'oratione dominicale. Nuouamente ristampato, da molti errori corretto, & di bellissime figure adornato.

Venezia, Pietro Ricciardi, 1607.

4 vol.: ill.; 4°

REPERTORIO CA 1462-1650

SBN-IT\ICCU\UBOE\110355

1:

[8], 252, [4] p.

[croce]⁴ A-Q⁸

SBN-IT\ICCU\UBOE\110357

2:

Delle homelie di M. Lodouico Pittorio da Ferrara. Parte seconda. Sopra gli Euangelij, & Epistole, che si leggono nelle domeniche di tutto l'anno. Secondo l'ordine della Santa Chiesa Romana. Vi sono anco aggiunti alcuni sermoni sopra il Giouedi, & Venerdi Santo, & sopra l'Ascensione di nostro Signore. Con vna breue Espositione nella solennita del Corpo di Christo. Nuouamente ristampato, da molti errori corretto, & di bellissime figure adornato.

Venezia, Pietro Ricciardi, 1607.

[5], 262-430, [2] p.

R-2D⁸

SBN-IT\ICCU\UBOE\110362

3:

Delle homelie di M. Lodouico Pittorio da Ferrara. Parte terza. Sopra gli Euangelii, et Epistole i quali si leggono nelle feste de' santi per tutto l'anno. Secondo l'ordine, & modo che vsa la Santa Chiesa Romana. Nuouamente ristampato, da molti errori corretto, & di bellissime figure adornato.

Venezia, Pietro Ricciardi, 1607.

[3] 438-512, [2] p.: ill.; 4⁰

2E-2I⁸ (c. 2F2 erroneamente segnata H2)

SBN-IT\ICCU\UBOE\110365

4:

Sermoni di varii soggetti et vtilissimi. Di M. Lodouico Pittorio da Ferrara. Parte quarta. Ne' quali si tratta della Confessione, della Contritione de' peccati, della Santissima Communione, & del dispreggio della morte. Con alcuni Raccordi molto vtilissimi ad ogni fedel christiano. Et con vna breue Espositione, ouero Meditatione sopra il Pater noster. Nuouamente ristampati, & da molti errori corretti.

Venezia, Pietro Ricciardi, 1607.

[2], 515-553 [i.e. 557], [3] p.: ill.; 4⁰ (p. 557 erroneamente numerata 553)

2K-2M⁸

SBN-IT\ICCU\UBOE\110366

[3002]

PLATINA (IL) (SACCHI, BARTOLOMEO)/BEROARDI, GIROLAMO/PANVINIO, ONOFRIO

[*La historia di Battista Platina delle vite dei pontefici Con la giunta poi delle vite de gli altri infino a Papa Paulo Quinto: la quale comincia da Christo fino a Sisto quarto pontefice massimo*].

Venezia, [Alessandro Vecchi, 1607].

376 c.; 4⁰ (molti errori di paginazione)

A-2Y⁸ 2Z¹⁰ (c. O4 erroneamente segnata O2, c. Aa2 segnata Bb2, c. Rr4 segnata Ss4)

SBN-IT\ICCU\RLZE\032198

Esemplare mutilo del frontespizio. Contiene anche: *Le vite de' sommi pontefici scritte dal R.P.M. Girolamo Beroardi [...] aggiunte all'istoria del Platina; con l'aggiunta ancora della Cronologia ecclesiastica de pontefici romani scritta da Onofrio Panvino Veronese.* Le due parti hanno un proprio frontespizio da cui si ricavano le note tipografiche, la paginazione e la segnatura continua.

[3003]

PLATINA (IL) (SACCHI, BARTOLOMEO)/PANVINIO, ONOFRIO/CICCARELLI, ANTONIO/DIONIGI, BARTOLOMEO

Historia delle vite dei sommi pontefici, dal Saluator nostro sino a Clemente 8. scritta da Battista Platina cremonese, dal P.F. Onofrio Panuinio da Verona, & da Antonio Cicarelli da Fuligno. Illustrata con l'annotationi del Panuinio, nelle vite descritte dal Platina, & con la Cronologia ecclesiastica dell'istesso, tradotta in lingua italiana, & ampliata dal r.m. Bartolomeo Dionigi da Fano. Ornata nuouamente di bellissimi ritratti di tutti essi pontefici dal naturale. Et in questa vltima impressione arricchita co i nomi, cognomi, patrie e titoli di tutti quei cardinali [...] Con tre fedeli e copiose tauole [...].

Venezia, Giunta, 1607.

2 pt ([38], 343 [i.e. 339], [1]; [8], 100 c.): ill.; 4⁰

[a]² b-e⁴ f⁶, a-b⁴ c⁶ A-2T⁸ 2V⁴; a⁸ A-M⁸ N⁴

SBN-IT\ICCU\VEAE\004105

Pubblicato con parte seconda: *La cronologia ecclesiastica, del R.P.F. Onofrio Panuinio veronese [...] dall'imperio di C. Giulio Cesare dittatore, sin all'imp. Cesare Massimiliano 2. d'Austria, pio, felice, perpetuo augusto. Tradotta nuouamente dalla lingua latina nell'italiana, supplita, & ampliata dal 1566. sin'a l'anno 1606 dal reuer. M. Bartholomeo Dionigi da Fano.*

[3004]

POLO, GASPARO

L'assuntione di Maria Vergine.

Viterbo, Girolamo Discepolo, a istanza di Giovanni Senese, 1607.

44 p.: ill.; 8⁰

Franchi 1988, p. 43-44, n. 2

[3005]

RAMELLI, GIOVANNI

Assalonne tragedia di m. Giouanni Ramelli, da Castel del Piano. All'illustriss. e reuerendiss. monsignor Camillo Borghesi arciuescouo di Siena.

Siena, Matteo Florimi, 1607.

[10], 124, [2] p.; 12°
A-E¹² F⁸
SBN-IT\ICCU\BVEE\023131
V. fr.

[3006]
RAZZI, SILVANO
Quadragesimale, o uero Orazioni, e meditazioni per ciascun giorno di Quaresima, conformi all'Euangelio, che corre secondo la Chiesa. Del p. abate don Siluano Razzi camaldolense. Delle quali orazioni, quelle della passione, e morte del Signore possono seruire per tutto l'anno.
Firenze, alla Condotta, 1607 (Firenze, alla Condotta, 1607).
232 p.; 12°
SBN-IT\ICCU\CFIE\014938
Alla Condotta ovvero Stamperia di S.A.S. <Firenze>.
V. fr.

[3007]
RICCI, BARTOLOMEO
Considerationi sopra tutta la vita di N.S. Giesu Christo del R.P. Bartolomeo Ricci della compagnia di Giesu da Castelfidardo.
Roma, Bartolomeo Zanetti <2>, 1607.
[4], 160 c., [2] c.: ill.; 8°
†⁴ A-V⁸
SBN-IT\ICCU\UM1E\005965

[3008]
SALMI/(tr.) ANONIMA
Sessanta salmi di Dauid, tradotti in rime volgari italiane, secondo la verità del testo hebreo. Col cantico di Simeone, & i dieci comandamenti della legge: ogni cosa insieme col canto.
[Genève], Jean de Tournes <2>, 1607.
[200] c.: mus.; 16°
A-Z⁸ a-b⁸
SBN-IT\ICCU\PUVE\022430
Per il luogo di pubblicazione cfr. *CERL*, cni00021955.
V. fr.

[3009]
SILVESTRANI BRENZONE, CRISTOFORO
Lettioni, et concetti ingegnosissimi sopra il primo cantico della Cantica di Salomone. Del m.r.p.m. Christoforo Siluestrani Brenzone carmelita, dottore patauino.
Firenze, alla Condotta, 1607 (Firenze, alla Condotta, 1606).
[6], 61, [1] c.; 4°
§⁴ πA² A-P⁴ Q²
SBN-IT\ICCU\BVEE\043318

Alla Condotta ovvero Stamperia di S.A.S. <Firenze>.
V. fr.

[3010]
TASSO, TORQUATO/(ed.) INGEGNERI, ANGELO
Le sette giornate del mondo creato del S. Torquato Tasso. All'illustrissimo signore il S. Gio. Battista Vittorio nepote di N.S.
Viterbo, Girolamo Discepolo, 1607.
[12], 322, [2] p.: ill.; 8°
a-c² A-T⁸ V¹⁰
SBN-IT\ICCU\LO1E\000157
Nome del curatore nella prefazione. Var. B: a⁶ A-T⁸ V¹⁰.
V. fr.

[3011]
VAFFI, DOMENICO
La Rappresentatione et historia di Susanna [...] Nuouamente ricorretta, & ristampata.
Siena, alla Loggia del papa, 1607.
4°
BL 11426dd65

[3012]
VILLEGAS SELVAGO, ALONSO DE/(tr.) GRAZI, GRAZIO MARIA
Discorsi ouero sermoni sopra gli euangeli di tutte le domeniche dell'anno, ferie di Quaresima, et feste principali: [...] di Alonso di Vigliega, [...] nominati da lui Quarta parte del Flos sanctorum; et nuouamente tradotti di spagnuolo in italiano dal r.m. Gratia Maria Gratii.
Venezia, Giovanni Antonio De Franceschi e Giacomo De Franceschi, 1607.
2 vol.; 4°
SBN-IT\ICCU\CAGE\020284
2:
Discorsi ouero sermoni sopra gli euangeli, dalla prima domenica della Pentecoste fin'all'auuento. Di Alfonso di Vigliega [...] nominati da lui quarta parte del Flos sanctorum. Et nuouamente tradotti di spagnuolo in italiano. Dal R.M. Gratia Maria Gratii. Volume secondo.
Venezia, Giovanni Antonio De Franceschi e Giacomo De Franceschi, 1607.
[1], 346-464, 223 [1] c.; 4°
2X-3M⁸ A-E⁸
SBN-IT\ICCU\CAGE\020286
Non risulta il primo volume.

[3013]
VILLEGAS SELVAGO, ALONSO DE/(tr.) TIMOTEO DA BAGNO

Nuovo leggendario della vita e fatti di N. S. Giesu Christo a di tutti santi. Nuovam. trad. di Spagnuolo in lingua italiana per Timoteo da Bagno monaco Camaldolese.

Venezia, 1607.

4°

Swissbib 176050264

1608

[3014]

AIROLDI, PAOLO

Lettioni sopra l'oratione domenicale fatte nel Duomo di Como l'anno 1601. Dal m.r.p. maestro f. Paolo Airoldi milanese dell'Ordine de Predicatori, lettore della Scrittura sacra nella chiesa della Rosa di Milano. Per commissione, e sempre alla presenza del molto illustre, e reuerendissimo monsignore Filippo Archinti vescouo di quella città. Con vna tauola copiosa di tutte le cose più notabili, che in esse si contengono.

Milano, Eredi di Pacifico Da Ponte e Giovanni Battista Piccaglia, 1608.

[24], 202, [6] p.; 8°

[croce lat.]⁴ [croce gr.]⁸ A-N⁸ (ultima c. bianca)

SBN-IT\ICCU\UBOE\038240

V. fr.

[3015]

ALBERTO DA CASTELLO

Rosario della gloriosa Vergine Maria. Di nuouo stampato, con nuoue, & belle figure adornato.

Venezia, Pietro Bertano, 1608.

252, [4] c.: ill.; 8°

A-2I⁸ (ultima c. bianca)

SBN-IT\ICCU\TSAE\025471

Nome dell'autore a c. A2r.

[3016]

ANONIMA/[BELCARI, FEO]

La rappresentatione della annuntiatione di nostra Donna. Con vna aggiunta di due capitoli bellissimi.

Siena, alla Loggia del papa, 1608.

[4] c.: ill.; 4°

A⁴

SBN-IT\ICCU\BVEE\035015

Testo con inserti da Feo Belcari, cfr. Newbigin 1996, I, p. 27 e 42. Titolo uniforme: *Rappresentazione dell'annunciazione di Maria Vergine.* Cfr. Cioni 1961, p. 230, n. 13; Testaverde-Evangelista, 518. A c. [A4v]: *Ternale à Maria Verg.*; *Ternale alli angeli beati.* V. ed.

[3017]

ANONIMA/(ed.) FILONI, GIROLAMO

La rappresentatione, & festa di Giosef figliuolo di Giacob. Nuouamente data in luce per Girolimo Filoni.

Viterbo, [Antonio Colaldi], 1608.

8 c.: ill.; 4°

A⁸

Cioni 1961, p. 204, n. 19

Titolo uniforme: *Rappresentazione di Giuseppe.*

[3018]

ANONIMA/(ed.) FILONI, GIROLAMO

La rappresentatione, & festa di Giosef figliuolo di Giacob. Nuouamente data in luce per Girolimo Filoni.

Viterbo, Antonio Colaldi, [dopo il 1608].

8 c.: ill.; 4°

A⁸

Cioni 1961, p. 204, n. 20

Titolo uniforme: *Rappresentazione di Giuseppe.*

[3019]

[BELCARI, FEO]

La rapresentatione e festa di Abraam et Isaac suo figliuolo.

Siena, alla Loggia del papa, e ristampato in Orvieto, Colaldi, 1608.

4 c.; 4°

a⁴

Cioni 1961, p. 70, n. 26

Titolo uniforme: *Rappresentazione di Abramo e Isacco.* Considerata la data, l'editore dovrebbe essere Antonio Colaldi.

[3020]

BELCARI, FEO/BENCI, TOMMASO

[Rappresentazione di s. Giovanni Battista nel deserto].

Firenze, alle scalee di Badia, 1608.

4 c.: ill.; 4°

Cioni 1961, p. 188, n. 13

Il titolo è quello uniforme.

[3021]

CALDERARI, CESARE/(ed.) INCHINO, GABRIELE

Concetti scritturali sopra il Magnificat, di Maria vergine. Del r.d. Cesare Calderari di Vicenza, canonico regolare lateranense: spiegati in quattordeci lettioni, da lui lette in Napoli, nella chiesa di Santo Eligio, l'anno 1584. Degni d'ogni diuoto, virtuoso, e pellegrino ingegno. Purgati, & emendati in questa quinta impressione da molti diffetti, e mancamenti, dal r. don Gabriello Inchino, canonico regolare dello stesso ordine. Con tre tauole copiosissime: vna di tutti i soggetti, e materie, che si trattano: l'altra delle sentenze della Scrittura sacra esposte: la terza di tutte le cose notabili. Al

*reuerendissimo p.d. Giacomo di Venetia, rettor generale de'
Canonici Regolari Lateranensi.*
Venezia, Sessa, 1608.
[24], 140 c.; 8°
a-c⁸ A-R⁸ S⁴ (c. S1 erroneamente segnata R)
SBN-IT\ICCU\BVEE\043067
V. fr.

[3022]

CASANOVA, NICCOLÒ
*Breuissima, e morale espositione. A modo de parafrase, nelle
lettioni di Giob, che si leggono dalla S. Chiesa nell'offitio de
defonti. Di Nicolo Casanoua napolitano [...].*
Roma, Carlo Vullietti, 1608 (Roma, Carlo Vullietti, 1608).
[8], 51, [1] p.; 8°
a⁴ A-B⁸ C¹⁰
SBN-IT\ICCU\BVEE\027382
Var. B: sul frontespizio illustrazione al posto dell'insegna dei Gesuiti; le carte preliminari sono costituite da un fasc. a6; i primi due gruppi d'impronta sono diversi.

[3023]

[CASTELLANI, CASTELLANO]
*La rappresentatione della conuersione di Sᵗᵃ Maria
Maddalena sino alla morte, & resurrettione di Lazaro. Di
nuouo con somma diligentia ricorretta.*
Orvieto, Antonio Colaldi, 1608.
4°
BL 11426f66; Cioni 1961, p. 237, n. 13
Titolo uniforme: *Rappresentazione di s. Maria Maddalena.
La conuersione.* Indicazioni tipografiche precedute da:
"Stampata in Siena alla Loggia del Papa. Con licenza de'
Superiori"; cfr. anche SBN-IT\ICCU\CFIE\033243,
vedi 2985. V. ed.

[3024]

CATTANI DA DIACCETO, FRANCESCO
*La vita dell'immaculata et gloriosissima sempre vergine
santa Maria madre di Dio et Signor nostro Giesu Cristo. Del
reuerendissimo monsig. Francesco de Cattani da Diacceto
vescouo di Fiesole. Al serenissimo signore il s. Cosimo de'
Medici granduca di Toscana.*
Firenze, Bartolomeo Sermartelli <2>, 1608 (Firenze,
Bartolomeo Sermartelli <2>, 1584).
244, [i.e. 262, 2] p.; 4°
A-Q⁸ R⁴
SBN-IT\ICCU\CFIE\007834
Altra emissione dell'edizione del 1584 (cfr. EDIT16-
CNCE 10335, vedi 2060): c. A1 (frontespizio) e A2 ricomposte. V. fr.

[3025]

CHIABRERA, GABRIELLO/(ed.) GENTILE RICCIO,
PIETRO GIROLAMO
*Scielta di varie poesie sacre di diuersi eccellenti autori. In lode
di N. Signor, & di Maria vergine, & d'altri santi. Gabriello
Chiabrera. Gabriello Fiamma. Giouanni Ralli. Bartolomeo
Barco. Cornelio Tirabosco. Nicolo Negri. Con gli argomenti.*
Venezia, Bernardo Giunta <2> e Giovanni Battista Ciotti
e compagni, 1608.
71, [1]; 12°
A-C¹²
SBN-IT\ICCU\BVEE\040138
È il vol. 1 della *Scielta di varie poesie sacre di diuersi eccellenti autori. In lode di N. Signor, & di Maria vergine,
& d'altri santi.* Venezia, Giovanni Battista Ciotti, 1604-
1608, cfr. SBN-IT\ICCU\BVEE\040137. La scelta, che
contiene alcuni poemetti biblici del Chiabrera, è di Pietro
Girolamo Gentile Riccio, che firma l'epistola dedicatoria,
datata 1604. V. fr.

[3026]

CORTESE, FRANCESCO
*Giglio angelico esposto con alti sensi in sette lettioni, ne' sette
sabbati di Quaresima. Con una breue inuentione, e morale
dichiaratione del Vangelo corrente nelle seconde parti. Lette
nel MDCVI. in Foligno, e nel MDCVIII. con maggior misteri à Padova, da fra Francesco Cortese da Montefalco, teologo, e predicatore generale de Menori osseruanti. Con tre
tauole. Dell'autori citati. Dell'autorità da quali sono cauati
i concetti. E delle cose più notabili.*
Venezia, al segno della Speranza, 1608.
[20], 215, [1] p.: ill.; 4°
a⁴ b⁶ A-2D⁴
SBN-IT\ICCU\UM1E\005775
V. fr.

[3027]

DIAS, FELIPE/(tr.) FASANO, MATTIA
*Mariale della sacratissima vergine Maria nel quale si con-
tiene molte considerationi spirituali, & ponti principalissimi
della s. Scrittura, sopra tutte le sue festiuita. Doue si tratta
della sua vita et miracoli. Con vn trattato della Passione di
n. s. Giesu Christo & della solitudine di essa Vergine santissima. Opera molto vtile et necessaria, non solo a theolo-
ghi, predicatori, confessori, ma anco ad'ogn'altra persona
che facci professione di vita spirituale. Composto dal m.r.p.f.
Filippo Diez dell'ordine di San Francesco [...] predicatore
apostolico. Nuouamente tradotto di spagnolo in italiano dal
r.p.f. Matthia Fasano dell'ordine de Predicatori. Con quatro tauole, vna delle materie, due della Sacra Scrittura del
Testamento Vecchio, & Nouo, & la quarta delle cose piu notabili, che in detta opera si contengono.*

Venezia, Eredi di Lucantonio Giunta <2>, 1608.
[68], 651 [i.e. 655], [1] p.; 4° (ripetute le c. 637-640)
[pigreco]² a-g⁴ h⁶ A-4N⁴
SBN-IT\ICCU\RMSE\085507

[3028]
FONSECA, CRISTOBAL DE/(tr.) ?
Trattato dell'amore di Dio, composto dal molto r.p.m.f.
Christoforo di Fonseca dell'ordine di Sant'Agostino. Il quale
oltra la dichiaratione di molti, e difficili luoghi della Sacra
Scrittura, contiene varia & bellissima dottrina, cauata da
sacri & profani scrittori [...] nuouamente tradotto dalla lin-
gua spagnuola nell'italiana. Con tre tauole [...].
Venezia, Sebastiano Combi, 1608.
[8], 525, [27] p.; 8°
a⁴ A-2L⁸ M⁴ (c.a2 erroneamente segnata a4)
SBN-IT\ICCU\RMLE\027936

[3029]
FRANCIOTTI, CESARE
Prattiche di meditationi auanti, e doppo la s. Communione,
in honor del Signore, e della Madonna. E per altri soggetti
spirituali. Che sono come aggiuntoui alle prattiche sopra li
Euangeli di tutto l'anno. Del r. padre Cesare Franciotti. [...].
Venezia, Sebastiano Combi, 1607-1608.
2 vol.; 12°
SBN-IT\ICCU\UM1E\004465
1:
[36], 398 [i.e. 396] p.
a¹² b⁶ A-Q¹² R⁶ (omesse nella numer. le p. 361-362)
SBN-IT\ICCU\UM1E\004466
2:
Delle pratiche per auanti, e dopo la s. Communione. Sopra
i Vangeli dell'anno. Seconda parte. Volume secondo. Del
p. Cesare Franciotti [...].
Venezia, Sebastiano Combi, 1608.
[10], 416, [4] p.
A-S¹²
SBN-IT\ICCU\UM1E\004467

[3030]
GILIBERTI, VINCENZO
La città d'Iddio incarnato, descritta per don Vincenzio
Giliberto cherico regolare sopra il salmo Magnus Dominus,
oue pienamente si tratta della predestinazione, concezzione,
natiuità, vita, morte e glorificazione e di tutte le virtù, doti
& eccellenze di Maria Vergine [...].
Modena, Giuliano Cassiani, 1608 (Modena, Giuliano
Cassiani, 1608).
[12], 483, [89] p.: ill.; 4°
[paragrafo]⁶ A⁴ B-2I⁸ 2K-2R⁴ 2S² (c. 2S2v bianca)
SBN-IT\ICCU\RAVE\008264

Var. B: frontespizio stampato in nero, invece che in rosso e
nero. Cfr. Michel-Michel, IV, p. 46.

[3031]
GRILLO, ANGELO
Christo flagellato, et le sue Essequie celebrate co'l pianto di
Maria vergine, del molto r.p. abbate don Angelo Grillo. [...].
Venezia, Bernardo Giunta <2> e Giovanni Battista Ciotti
e compagni, 1608.
2 vol.: ill.; 12°
SBN-IT\ICCU\UBOE\029945
1:
91, [5] p.: ill.
A-D¹²
SBN-IT\ICCU\UBOE\029949
2:
Essequie di Giesu Christo Nazareno, signore, et redentor del
mondo, celebrate co'l pianto di Maria Vergine, Madre me-
stissima. Del molto rever. padre abbate don Angelo Grillo.
89, [7] p.
A-D¹² (c. D11 e D12 bianche)
SBN-IT\ICCU\UBOE\029952

[3032]
INDARINI, GIOVANNI PAOLO
La prudente Abigaile di Gio: Paolo Iandarini academico
Ottuso. Dedicata all'ill.mo signore Gioseppe Fontanelli.
Modena, Giovanni Maria Verdi, [1608] (Modena).
[16], 162, [2] p.; 8°
¶⁴ A-K⁸ L⁶
SBN-IT\ICCU\BVEE\023815
Data presunta di stampa, 1608, dalla prefazione. V. fr.

[3033]
IOSEPHUS, FLAVIUS
Delle antichita', et guerre giudaiche, diuiso in ventisette li-
bri. Nel 1. Si tratta della creazione del cielo, & della terra;
& dell'opera de' sei dì; & del riposo del settimo. [...] Parte
prima. Gioseffo Flauio historico.
Venezia, Alessandro Vecchi, 1608.
3 vol.; 4°
SBN-IT\ICCU\BVEE\055453
1:
[24], 366, [2]. p.: ill.
a¹² A-Z⁸ (ultima c. bianca)
SBN-IT\ICCU\BVEE\055459
2:
I dieci vltimi libri di Flauio Gioseffo historico huomo cla-
rissimo delle antichità giudaiche. Ne i quali si tratta 11.
Del tornare de i Giudei in Gierusalemme per concessione di
Ciro, & la edificatione del tempio. [...].
Venezia, Alessandro Vecchi, 1608.

296 p.: ill.
A-S⁸ T⁴
SBN-IT\ICCU\BVEE\055454
Nel terzo volume: *Si trattano delle guerre che hebbero gli Hebrei con Romani*. V. fr.

[3034]
JACOBUS DE VORAGINE/(tr.) MALERBI, NICOLÒ
Legendario delle vite de' Santi. Composto dal r.p.f. Giacobo da Varagine [...] Et tradotto per [...] Nicolò Manerbio [...] Aggiuntoui di nuouo molte legende [...] di alcun Santo. Con la tauola delle legende, & di vaghe figure ornato [...] & ristampato.
Genova, Giuseppe Pavoni, 1608 (Genova, Giuseppe Pavoni, 1604).
[16], 864, [1] p.; 4°
[croce]-2[croce]⁴ A-3H⁸
SBN-IT\ICCU\CAGE\028371

[3035]
LANTANA, BARTOLOMEO/ RADULPHUS ARDENS/ (tr.) TURCHI, FRANCESCO
La prima parte delle prediche del r.p.f. Bartolomeo Lantana; teologo carmelitano: nuouamente ristampate, corrette, & accresciute d'vn libro nuouo di Sermoni sopra gli euangeli propri, & communi de' santi [...] di Randolfo Ardente, tradotti di latino in volgare dal reuer. maestro Francesco da Treuigi, dell'istesso ordine.
Venezia, al segno della Concordia, 1608.
4 pt ([24], 117, [3], [12], 298 [8], 181, [3], [24], 269, [3] p.): ill.; 4°
a-c⁴ A-G⁸ H⁴; a⁶ 2A-2S⁸ 2T⁶; a⁴ A-L⁸ M⁴; a⁴ a⁸ A⁴ B-R⁸ S⁴ (c. M4 e S4 bianche)
SBN-IT\ICCU\PBEE\008595

[3036]
LOUIS DE BLOIS/ (tr.) ?
Pia, e diuota esplicatione della passione di Christo n.s. del r.p. abbate Lodouico Blosio, tradota nuouamente dal latino in lingua italiana da un religioso seruo di Dio [...].
Roma, Bartolomeo Zanetti <2>, a istanza di Pietro Paolo Giuliani, 1608.
[4], 335 p.: ill.; 12°
A¹⁰ B-X⁸
SBN-IT\ICCU\UM1E\001686

[3037]
MAURIZZI, GIOVANNI BATTISTA
La Maddalena.
Napoli, Costantino Vitale, 1608.
4°
Quadrio, IV, p. 272

[3038]
MURTOLA, GASPARO
Della creazione del mondo, poema sacro del sig. Gasparo Murtola. Giorni sette, canti sedici. Al sereniss. d. Carlo Emanuello Duca di Sauoia, &c.
Venezia, Evangelista Deuchino e Giovanni Battista Pulciani, 1608.
[16], 531, [1] p.: ill.; 12°
a⁸ A-Y¹² Z² (c. a8 bianca)
SBN-IT\ICCU\TO0E\008540
V. fr.

[3039]
NUOVO TESTAMENTO/(tr.) DIODATI, GIOVANNI
Il Nuovo Testamento del Signor nostro Iesu Christo tradotto da Giouanni Diodati.
[Genève, Jean de Tournes <2>], 1608.
[2], 661, [3] p.; 12°
π¹ a-z¹² A-D¹² E⁸
SBN-IT\ICCU\TO0E\043686 e IT\ICCU\VBAE\000752
Esiste altra emissione con indicazioni tipografiche: In Geneva, presso Pietro Aubert, 1608.

[3040]
PANIGAROLA, FRANCESCO
Dichiaratione de i Salmi di Dauid fatta dal R.P.F. Francesco Panigarola, Minore Osseruante [...].
Venezia, Evangelista Deuchino, 1608.
[8], 501, [3] p.; 8°
SBN-IT\ICCU\PARE\031137

[3041]
PANIGAROLA, FRANCESCO
Nuouo volume di prediche quadragesimali, non piu stampato, del rever.mo p. fra' Francesco Panigarola minore osseruante vescovo d'Asti. Da lui composte, & predicate in Roma. [...].
Milano, Agostino Tradate, 1608.
[32], 476 p.; 4°
a-b⁸ A-2F⁸ 2G⁶
SBN-IT\ICCU\TO0E\116223

[3042]
PASSERO, FELICE
L'Essamerone overo l'opra de' sei giorni.
1608.
405 p.; 32°
SBN-IT\ICCU\SBLE\003882

[3043]
PASSERO, FELICE

L'Essamerone ouero l'opra de' sei giorni poema di don Felice Passero [...] *Il Rinchiuso. All'illustriss.mo* [...] *Alessandro Peretti cardinal di Mont'alto.*
(Napoli, Giovanni Battista Sottile per Scipione Bonino, 1608).
[8], 405, [3] p.; 8°
§⁴ A-2B⁸ 2C⁴
SBN-IT\ICCU\VEAE\003451

[3044]
PINELLI, LUCA
Opere spirituali del r.p. Luca Pinelli della Compagnia di Giesu. Nuouamente accresciute dall'istesso Autore, & in quattro parti diuise.
Venezia, Bernardo Giunta <2> e Giovanni Battista Ciotti e compagni, 1608-1612.
14 vol.; 12°
SBN-IT\ICCU\UM1E\026553
1:
Meditationi sopra alcuni misteri della vita di Christo signor nostro. Composte dal p. Luca Pinelli da Melfi della Compagnia di Giesù.
Venezia, Bernardo Giunta <2> e Giovanni Battista Ciotti e compagni, 1608.
72 p.
A-C¹²
SBN-IT\ICCU\UMCE\012099
Var. B: sul verso del front. vi è il testo, stampato capovolto, della pagina segnata H1, qui non numerata, di fatto appartenente al vol. [1.7], dove invece è numerata 169. La prima riga inizia con: "conserua. Dimmi hora [...]", l'ultima: "rì vno è dopò 17. giorni [...]". Volume riedito nel 1611, cfr. SBN-IT\ICCU\UM1E\026554, vedi 3151 bis.
2:
Meditationi sopra alcuni misterii della Passione di Christo Signor nostro. Composte dal p. Luca Pinelli [...].
Venezia, Bernardo Giunta <2> e Giovanni Battista Ciotti e compagni, 1608.
70, [2] p.
A-C¹² (c. C12 bianca)
SBN-IT\ICCU\UM1E\025773
Volume riedito nel 1612, cfr. SBN-IT\ICCU\CFIE\044791, vedi 3187.
5:
Meditationi diuotissime sopra la vita della Santissima Vergine Maria madre di Dio, con l'historia di lei, cauata fedelmente da gli antichi e santi padri. Composte dal r.p. Luca Pinelli da Melfi della Compagnia di Giesù, et in quest'vltima impressione dall'autore emendate, aumentate, & migliorate.
131, [1] p.
A-E¹² F⁶

SBN-IT\ICCU\UMCE\012102
Volume riedito nel 1611, cfr. SBN-IT\ICCU\UM1E\026555, vedi 3151.
6:
Meditationi vtilissime, sopra i quendeci misterij del rosario della Sacratissima Vergine Maria. Composte da Luca Pinelli [...].
Venezia, Bernardo Giunta <2> e Giovanni Battista Ciotti e compagni, 1608.
69, [3] p.
A-C¹² (c. C12 bianca)
SBN-IT\ICCU\UMCE\012103
Il vol. 4 tratta della comunione, il 7 della penitenza; il 3, delle piaghe e la passione di Gesù, era uscito nel 1606 presso Ciotti (cfr. SBN-IT\ICCU\UMCE\012100, vedi 2969) e sarà edito ancora da Giunta e Ciotti nel 1611 (cfr. IT\ICCU\UM1E\025774, vedi 3150).

[3045]
PLATINA (IL) (SACCHI, BARTOLOMEO)/PANVINIO, ONOFRIO/BEROARDI, GIROLAMO
Historia delle vite de' sommi pontefici di Battista Platina. La quale comincia da Christo redentor nostro [...] *sino al presente Paolo 5. pont. mass. Scritte nuouamente dal r.p.f. Gieronimo Beroardi dell'ordine de' predicatori. Con la cronologia ecclesiastica, scritta da Onofrio Panuino Veronese, & tradotta nuouamente in lingua volgare dall'istesso padre. Col nome, cognome, patria, & creatione di tutti i cardinali, sino al presente giorno* [...].
Venezia, Alessandro Vecchi, 1608.
[4], 376 c.: ill.; 4° (errori nella numer.)
a⁴ A-2Y⁸ 2Z¹⁰
SBN-IT\ICCU\URBE\018995
Le *Vite* di G. Beroardi e la *Cronologia ecclesiastica* di O. Panvinio hanno frontespizi propri, datati 1607, e paginazione continua.

[3046]
PLATINA (IL) (SACCHI, BARTOLOMEO)/PANVINIO, ONOFRIO/CICARELLI, ANTONIO/DIONIGI, BARTOLOMEO/STRINGA, GIOVANNI
Historia delle vite dei sommi pontefici, dal Saluator nostro sino a Paolo V. Scritta già da Battista Platina cremonese, dal p.f. Onofrio Panuinio da Verona, & da Antonio Cicarelli da Foligno: Et hora ampliata da d. Gio. Stringa veneto delle vite di Clemente VIII. di Leone XI. & di Paolo V. Illustrata con l'annotationi del Panuinio, nelle vite descritte dal Platina, & con la Cronologia ecclesiastica dell'istesso, tradotta in lingua italiana, & ampliata dal r.m. Bartolomeo Dionigi da Fano. Ornata nuouamente di bellissimi ritratti di tutti essi pontefici dal naturale. Et in questa vltima impressione arricchita co i nomi, cognomi, patrie, e titoli di tutti quei cardi-

nali, de i quali se n'ha potuto hauer cognitione, raccolti dal sudetto Dionigi dall'opere del Panvinio, e da gli Atti della Cancellaria Apostolica. Con tre fedeli, e copiose tauole, vna de i papi, l'altra de i cardinali, & la terza fatta nuouamente di tutte le cose notabili che, nell'opera si contengono.

Venezia, Giunta, 1608 (Venezia, Giunta, 1608).

2 pt ([42], 365, [1] c.; [14], 200 p.): ill.; 4°

*⁶ b-e⁴ f⁵, ²a-b⁴ c⁶ A-2Y⁶ 2Z⁶; a⁸ A-M⁸ N⁴ (c. A8 mancante, c. 2Z8 bianca)

SBN-IT\ICCU\BVEE\055775

Pt 2: *La cronologia ecclesiastica, del r.p.f. Onofrio Panvinio* con data 1606. V. fr.

[3047]

[PULCI, BERNARDO]

[*Rappresentazione dell'angelo Raffaello e Tobia*].

Orvieto, Colaldi, 1608.

[8] c.; 4°

Cioni 1961, p. 258, n. 16

Per l'autore cfr. Cioni 1961, p. 255. Il titolo è quello uniforme. Cioni indica: "Edizione non rinvenuta".

[3048]

ROSELLI, ALESSANDRO

[*La rappresentatione di Sansone composta per Alessandro Roselli*].

Siena, [alla Loggia del papa], 1608.

[10] c.: ill.; 4°

A¹⁰

Cioni 1961, p. 275, n. 7

Titolo uniforme: *Rappresentazione di Sansone.*

[3049]

TASSO, TORQUATO

Le sette giornate del mondo creato del s. Torquato Tasso. Ristampata nouamente.

Genova, Giuseppe Pavoni, 1608.

[4], 257, [1] p.; 12°

[croce lat.]² A-K¹² L¹⁰ (ultima c. bianca)

SBN-IT\ICCU\LO1E\000434

[3050]

TASSO, TORQUATO

Le sette giornate del mondo creato. Del sig. Torquato Tasso.

Milano, Girolamo Bordone e Pietro Martire Locarni, 1608.

[24], 321, [3] p.; 12°

a¹² A-N¹² O⁶ (c. O6 bianca)

SBN-IT\ICCU\LO1E\000385

V. fr.

[3051]

TASSO, TORQUATO/(ed.) INGEGNERI, ANGELO

Le sette giornate del mondo creato, del sig. Torquato Tasso. All'illustrissimo signore il s. Gio. Battista Vittorio nepote di n.s.

Venezia, Bernardo Giunta <2> e Giovanni Battista Ciotti, 1608.

307, [5] p.: ill.; 12°

A-N¹² (ultime 4 c. bianche)

SBN-IT\ICCU\LO1E\000370

Var. B: marca (la Fama: *Micat aurea Phoebo*) sul frontespizio. V. fr.

[3052]

TASSO, TORQUATO/(ed.) INGEGNERI, ANGELO

Le sette giornate del mondo creato, del sig. Torquato Tasso. All'illustrissimo signore il s. Gio. Battista Vittorio nepote di n.s. [...].

Venezia, Bernardo Giunta <2> e Giovanni Battista Ciotti e compagni, 1608.

307, [5] p.: ill.; 12°

A-N¹² (c. N11 e N12 bianche)

SBN-IT\ICCU\PARE\027886

Var. B: ritratto di Tasso sul frontespizio, senza marca.

[3053]

TIRABOSCHI, CORNELIO/(ed.) MINERVA, PAOLO

Antitesi di lamenti in Eua. Et cantici a Maria del M.R.P. maestro F. Cornelio Tirabosco bresciano del ord.e de frati Predicatori. Data in luce per il M.R.P. fra Paulo Minerua da Bari [...].

Napoli, Tarquinio Longo, 1608.

[20], 217, [3], 227, [1] p.; 12°

[paragrafo]¹⁰ A-I¹² K², A-I¹² K⁶

SBN-IT\ICCU\VEAE\006641

Segue con proprio frontespizio: *Seconda faccia dell'Antithesi, la quale contiene dodeci Canti a Maria Vergine* [...] *del M.R. padre maestro Cornelio Tirabosco bresciano* [...].

[3054]

VARIA/(ed.) SILVESTRO DA POPPI

Seconda parte delle Rime spirituali di diuersi autori, sopra varie materie, intorno all'Incarnatione, Natiuità, Passione, e Morte di N.S et altre in lode della Madonna, e d'altri Santi. Con le seguenze [...]*, tradotte in versi volgari, raccolte da Fra Siluestro da Poppi minore osseruante.*

Firenze, Giovanni Antonio Caneo, 1608.

59, [1] c.; 4° (errori nella numer.)

A-G⁸ H⁴

SBN-IT\ICCU\UFIE\004007

[3055]

VILLEGAS SELVAGO, ALONSO DE/(tr.) GRAZI, GRAZIO MARIA

Discorsi ouero sermoni sopra gli euangelii di tutte le dome-niche dell'anno. Ferie di quaresima, et feste principali [...] Di Alonso di Vigliega [...] Quarta parte del flos sanctorum; et nuouamente tradotti di spagnuolo in italiano dal R.M. Gratia Maria Gratij [...].

Venezia, Giovanni Antonio De Franceschi e Giacomo De Franceschi, 1608.

[32], 344 c.; 4°

a-h⁴ A-2V⁸

SBN-IT\ICCU\TO0E\041706

1609

[3056]

ABELLI, CESARE ET ALIA (ed.) PARLASCA, SIMONE

Il fiore della granadiglia, ouero della passione di nostro Signore Giesù Christo; spiegato, e lodato con discorsi, e va-rie rime. All'illustrissimo, e reverendissimo signore, il signor cardinale Giustiniano, legato di Bologna.

Bologna, Bartolomeo Cochi, a istanza di Simone Parlasca, 1609 (Bologna, Bartolomeo Cochi, a istanza di Simone Parlasca, 1609).

[8], 22, [2], 42, [2] p.: ill.; 4°

A⁴ A-C⁴, <2>A-D⁴ E⁶

SBN-IT\ICCU\PUVE\006771

Opera di incerto autore attribuita a Donato Deremita, cfr. Michel-Michel, II, p. 29 e III, p. 12. Raccoglie, a cura di Simone Parlasca, nella prima parte tre discorsi del padre Antonio Canali, nella seconda poesie dedicate alla passi-flora. Altro colophon a c. C4v: In Bologna, per gl'here. di Gio. Rossi ad'instanza di Simone Parlasca, 1609. Var. B: colophon a c. C4v: In Bologna, per gl'here. di Gio. Rossi, 1609. V. fr.

[3057]

ANONIMA

La rapresentatione della purificatione di nostra Donna: che si fa la festa di Santa Maria, alli due di febbraio.

Siena, alla Loggia del papa, 1609.

[4] c.: ill.; 4°

A⁴

SBN-IT\ICCU\CFIE\033136

Titolo uniforme: *Rappresentazione della purificazione della Madonna.* Cfr. Cioni 1961, p. 233, n. 6; Testaverde-Evangelista, 464. V. ed.

[3058]

ANONIMA

La santissima passione di nostro signore Giesu Christo. Con la resurrettione. Recitata in Roma dalla venerabile compa-gnia del confalone, nel luogo consueto, detto il Coliseo.

Venezia, Altobello Salicato, 1609.

64 c.: ill.; 8°

A-H⁸

SBN-IT\ICCU\MILE\053266

[3059]

ANONIMA/(ed.) BROCCOLETTI, STEFANO

La rappresentatione et festa di Iosef figliuolo di Iacob. Data in luce per Annibale Broccoletti senese.

Firenze, alle scalee di Badia, 1609.

10 c.: ill.; 4°

A¹⁰

Cioni 1961, p. 206, n. 21

Titolo uniforme: *Rappresentazione di Giuseppe.* Cioni tra-scrive "Broccioletti".

[3060]

CAMPEGGI, RIDOLFO

Quattro pianti delle lagrime di Maria Vergine del co: Ridolfo Campeggi dedicati al molto ill.re signore il signor Nerio Dragomanni cavalliero di S.to Iago.

Bologna, Simone Parlasca, [1609] (Bologna, Bartolomeo Cochi, 1609).

[12], 153 [i.e. 143], [1] p.: ill.; 12°

[+]⁶ A-F¹²

SBN-IT\ICCU\TO0E\078796

Data ricavata dalla dedicatoria. Var. B: data espressa nel colophon.

[3061]

CASTRO, MELCHIOR DE/(tr.) CANINI, GUALTIERO

Vita, et eccellentie di Maria Vergine madre di Dio, compre-se in due libri. Nel primo, si spiegano la vita, e cronologia. [...] Raccolte con ogni verità da quello, che ne hanno scritto li santi padri; dal p. m. Melchior di Castro. Et dalla casti-gliana lingua nuouamente tradotte nell'italiana per opra di Gualtiero Canini. Nuouamente con licenza de' superiori poste in luce.

Venezia, Bernardo Giunta <2> e Giovanni Battista Ciotti e compagni, 1609 (Venezia, Bernardo Giunta <2> e Giovanni Battista Ciotti e compagni, 1609).

2 vol.; 8°

SBN-IT\ICCU\BVEE\073277

1:

[8], 81, [7] p.: ill.

a⁴ A-E⁸ F⁴

SBN-IT\ICCU\BVEE\073278

2:

Eccellentie di Maria Vergine madre di Dio, raccolte con ogni verità da quello, che n'hanno scritto li Santi Padri. Dal p. m. Melchior di Castro tradotte dalla castigliana nell'italiana lingua. Nuouamente poste in luce.
Venezia, Bernardo Giunta <2> e Giovanni Battista Ciotti e compagni, 1609 (Venezia, Bernardo Giunta <2> e Giovanni Battista Ciotti e compagni, 1609).
[8], 225 [i.e. 226], [6] p. (ripetuta nella numer. la c. 224)
a⁴ A-O⁸ P⁴ (ultima c. bianca)
SBN-IT\ICCU\BVEE\073279

[3062]
CIBO GHISI, INNOCENZO
De' discorsi morali sopra i sette Salmi penitentiali, del molto reuerendo padre maestro f. Innocentio Cibo Ghisi de' Predicatori. Tomo secondo. Hora nuouamente posto in luce. Con due indici, vno delle cose piu notabili, l'altro de' luoghi della Sacra Scrittura allegati, & esplicati.
Venezia, Bernardo Giunta <2> e Giovanni Battista Ciotti e compagni, 1609.
2 vol.
SBN-IT\ICCU\RLZE\013822   e   IT\ICCU\ BVEE\027500
2:
[80], 626 [i.e. 624] p.; 4°
A⁴ a-i⁴ A-2Q⁸ (fasc. e segnato c, c. c2 segnata b2)
SBN-IT\ICCU\BVEE\027495   e   IT\ICCU\ RLZE\013823
Il primo volume è pubblicato nel 1610, cfr. SBN-IT\ ICCU\BVEE\027483, vedi 3103. V. fr.

[3063]
COLLEONI, VALERIANO
Passione del n.s. Giesu Christo raccolta secondo l'historia da tutti quattro gli Euangelisti, dal r.p.d. Valeriano Colleoni, da Martinengo territorio di Berg. [...] e da lui predicata in Roma, nella chiesa di s. Giacobo de gl'incurabili, il mercoledi, il giouedi, e venerdi santo.
Bergamo, Comino Ventura, 1609.
[48], 308, [4] p.; 4°
A⁴ b-f⁴ A-2Q⁴ (c. f4 e 2Q4 bianche)
SBN-IT\ICCU\RMLE\025234

[3064]
[DATI, GIULIANO/BERNARDO DI ANTONIO/ PARTICAPPA, MARIANO]
La santissima passione di nostro Signore Giesu Christo. Con la sua Resurrettione. Recitata in Roma dalla venerabile compagnia del confalone, nel luogo consueto, detto il Coliseo.
Venezia, Altobello Salicato, 1609.
64 c.: ill.; 8°
A-H⁸

SBN-IT\ICCU\MILE\053266
Per gli autori cfr. Cioni 1961, p. 156. Titolo uniforme: *Rappresentazione della passione di Cristo.*

[3065]
EPISTOLE E VANGELI/(tr.) NANNINI, REMIGIO
Epistole et Euangeli che si leggono tutto l'anno alle messe, secondo l'ordine del Messal riformato. Tradotti in lingua toscana dal r.p.m. Remigio Fiorentino [...] Con le Annotationi morali del medesimo, & Quattro discorsi: [...].
Venezia, Sessa, 1609.
[16], 564 p.: ill.; 4°
a⁸ A-2M⁸ 2N²
SBN-IT\ICCU\UM1E\017972

[3066]
EPISTOLE E VANGELI/(tr.) NANNINI, REMIGIO
Epistole, et Evangelii che si leggono tutto l'anno alle messe, secondo l'vso della S. R. Chiesa, & ordine del Messale riformato. Tradotti in lingua toscana dal r.p.m. Remigio Fiorentino dell'Ordine de' Predicatori. Con alcune annotationi morali del medesimo a ciascuna epistola, & evangelio [...].
Venezia, Pietro Maldura, 1609.
[16], 894, [2] p.; 8°
(Croce)⁸ A-3K⁸ (c. 3K8 bianca)
SBN-IT\ICCU\UM1E\030195

[3067]
FALTERI, ORAZIO
Trionfo di Cristo, nella domenica delle palme: opera spirituale, e deuota, del m.r.m. Orazio Falteri, piouano di Doccia.
Siena, alla Loggia del papa, 1609.
[12] c.: ill.; 4°
A¹²
SBN-IT\ICCU\CFIE\033112
Cfr. Testaverde-Evangelista, 394.

[3068]
FONTANA, GIOVANNI
Modo di esplicare gli euangelii dominicali, et di tutte le feste de' Santi di tutto l'anno. Colla propria applicatione del catechismo romano. Hora per ordine di mons. illustriss. & reuerendiss. Giovanni Fontana vescouo di Ferrara fatto ristampare per vso del suo vescouato.
Ferrara, Vittorio Baldini, 1609.
[8], 170 [i.e. 172], [12] c.; 8° (ripetute le p. 55-56)
[croce greca]⁸ A-Y⁸ 2A⁸ (c. +8 bianca)
SBN-IT\ICCU\VIAE\020104   e   IT\ICCU\ PUVE\021309

[3069]
GALLIERO, NICCOLÒ

Modo di esplicare gli Euangelii dominicali, et di tutte le feste de' santi di tutto l'anno. Colla propria applicatione del catechismo romano. Hora per ordine di mons. Illustriss. & reuerendiss. cardinale Spinola legato di Ferrara, fatto ristampare per uso del suo arciuescouato di Genoua.
Ferrara, Vittorio, Baldini, 1609.
[8], 170, [8] c.; 8°?
[ast]⁸ A-Y⁸
Descrizione dalla riproduzione dell'esemplare conservato presso la Bayerische Staatsbibliothek (Hom. 1015 m).

[3070]
GILIBERTI, VINCENZO
L'Aio, overo Gli ammaestramenti del cristiano di don Vincentio Giliberto [...] Con soliloqui diuotissimi della passione di Cristo, del Santissimo Sacramento e delle mortificazioni. Con due tauole.
Modena, Giuliano Cassiani, 1609 (Modena, Giuliano Cassiani, 1609).
[16], 599, [33] p.; 12°
a⁸ A-2B¹² 2C⁴ 2D¹² (c. 2D11 e 2D12 bianche)
SBN-IT\ICCU\RMLE\030965

[3071]
GILIBERTI, VINCENZO
La Citta d'Iddio incarnato, descritta per d. Vincenzio Giliberto cherico regolare sopra il salmo, Magnus Dominus; oue pienamente si tratta della predestinazione, concezzione [...] di Maria vergine [...] Con cinque tauole copiose, & vtilissime [...].
Brescia, Francesco Leni, 1609.
[80], 318 [i.e. 320] p.; 4° (ripetute nella numer. le p. 127-128)
a⁴ b-e⁸ f⁴ A-V⁸ (c. f4 bianca)
SBN-IT\ICCU\UM1E\004162 e IT\ICCU\ANAE\027905
Var. B: In Brescia, per Gio. Battista, & Ant. Bozzola, 1609.
Var. C: In Brescia, Appresso Francesco Tebaldino, 1609.

[3072]
LOTTINI, GIOVANNI ANGELO
Gl'Innocenti. Sacra rappresentazione di F. Giouann'Agnolo Lottini. Dell'ordine de Serui.
Firenze, Bartolomeo Sermartelli <2> e fratelli, 1609 (Firenze, Bartolomeo Sermartelli <2> e fratelli, 1609).
115, [1] p.; 12°
A-G⁸ H²
SBN-IT\ICCU\VEAE\001935

[3073]
MAZZARINO, GIULIO
La quarta parte de' discorsi di Giulio Mazarini della Compagnia di Giesu su la conclusione del salmo Gloria Patri et Filio et Spiritui Sancto.
Roma, Bartolomeo Zanetti <2>, 1609 (Roma, Bartolomeo Zanetti <2>, 1609).
[12], 608, [64] p.: ill.; 4°
a⁶ A-2T⁸
SBN-IT\ICCU\RAVE\038211
È la quarta parte dei *Cento discorsi sul cinquantesimo salmo. Giulio Mazarini della Compagnia di Giesu*, 1600-1609, cfr. EDIT16-CNCE 39019, SBN-IT\ICCU\BVEE\015718 e IT\ICCU\TO0E\015141, vedi 2805.

[3074]
MAZZARINO, GIULIO
La quarta parte de' discorsi di Giulio Mazarini della Compagnia di Giesu su la conclusione del Salmo Gloria patri et Filio et Spiritui Sancto.
Roma, Bartolomeo Zanetti <2>, 1609.
[12], 608, [64] p.
a⁶, A-Z⁸, Aa-Zz⁸
SBN-IT\ICCU\RLZE\014827
È la quarta parte dei *Cento discorsi sul cinquantesimo salmo. Giulio Mazarini della Compagnia di Giesu*, 1600-1609, cfr. EDIT16-CNCE 39019, SBN-IT\ICCU\BVEE\015718 e IT\ICCU\TO0E\015141, vedi 2759. Si potrebbe trattare dell'edizione SBN-IT\ICCU\RAVE\038211, vedi 3073, con qualche errore nella catalogazione.

[3075]
MICO, FRANCESCO
Tobia avventurato.
Viterbo, 1609.
128 p.; 12°
Franchi 1988, p. 52, n. 7

[3076]
PASSERO, FELICE
Davide perseguitato tragedia.
Napoli, Giovanni Domenico Roncagliolo, 1609.
8°
Quadrio, III, p. 78

[3077]
PASSERO, FELICE
L'Essamerone ouero l'opra de' sei giorni poema di don Felice Passero monaco Cassinensese nell'academia de' sig. Innominati di Parma. Il Rinchiuso. All'illustriss. & rever. monsig. Alessandro Feretti cardinal Mont'alto.
Venezia, Evangelista Deuchino e Giovanni Battista Pulciani, 1609.
358, [2] p.; 12°.

A-P¹²
SBN-IT\ICCU\UBOE\021131
V. fr.

[3078]
PICCINO, GIOVANNI FRANCESCO
Ghirlanda di dodici rosari del molto reuerendo don Giouan Piccino da Lecce. Ne' quali non solo si contengono la vita, i miracoli, la passione, e la morte di Giesu Christo Nostro Signore, [...] Aggiuntiui tre rosari, [...].
Venezia, Tommaso Baglioni, 1609.
[20], 442, [2] p.: ill.; 8°
a¹⁰ A-2D⁸ 2E⁶ (c. 2E6 bianca)
SBN-IT\ICCU\RMLE\030100

[3079]
[PULCI, BERNARDO]
La rappresentatione de l'angelo Raffaello e di Tobia. Opera spirituale et da recitarsi da serui, & serue di Dio. Nono fiore.
Siena, alla Loggia del papa, e ristampato in Venezia, Alessandro Vecchi, 1609.
[10] c.; 4°
A¹⁰
SBN-IT\ICCU\NAPE\032347
Per l'autore cfr. Cioni 1961, p. 255. Titolo uniforme: *Rappresentazione dell'angelo Raffaello e Tobia.* Cfr. Cioni 1961, p. 258, n. 17.

[3080]
RICCARDI, RICCARDO
Conuersione di Santa Maria Maddalena ridotta in tragedia da Riccardo Riccardi. Con alcune stanze in lode della Vergine, del medesimo.
Firenze, Giunta, 1609.
[22] c.; 4°
π² A-E⁴
SBN-IT\ICCU\BVEE\024012
V. fr.

[3081]
SALMI/(tr.) DIODATI, GIOVANNI
I venti primi Salmi di David: Parafrazati in diversi maniere di rime italiane.
1609.
43 c.; 8°
Wolfenbüttel, Herzog August Bibliothek, M: Lk 307e

[3082]
SILVIO, PAOLO
La Madalena penitente, poema heroico del r. don Paolo Silvio canonico reg. lateranense [...].

Napoli, Giovanni Giacomo Carlino e Costantino Vitale, 1609.
[12], 179, [1] p., [1] c.: ill.; 8° (p. 100 erroneamente segnata 200)
†⁶ χ² A-L⁸
SBN-IT\ICCU\TO0E\148105

[3083]
SORANZO, GIOVANNI
Il Battista. Ouero narrazione della cagione, per la quale fù fatto morire il glorioso san Giouanni Battista. Portata in scena da Giouanni Soranzo. Alla molto reuer.da sign. Emilia Francesca Chiesa.
Milano, Pietro Martire Locarno, 1609.
157, [3] p.; 12°
A-G¹² (ultima c. bianca)
SBN-IT\ICCU\MILE\021857
V. fr.

[3084]
STASSANI, GIACOMO MARIA
Trattato breue, et vtile delle lagrime virtuose, e dell'amaro pianto, e compassioneuole lamento delle B.V. Maria, sopra la passione, e morte di Christo suo figliuolo. Raccolto dalle meditationi d'alcuni pij, e deuoti e auttori.
Milano, Eredi di Pacifico Da Ponte e Giovanni Battista Piccaglia, 1609.
425 p.: ill.; 12°
Worldcat 1078195185

[3085]
TARCAGNOTA, GIOVANNI/DIONIGI, BARTOLOMEO
Delle historie del mondo di m. Gio. Tarcagnota. Lequali contengono quanto dal principio del mondo è successo sino all anno della nostra salute MDXIII. Cauate da piu degni, e piu graui autori, che habbiano, ò nella lingua greca, ò nella latina scritto. Con l'aggiunta della quinta parte di Bartholomeo Dionigi da Fano nuouamente posta in luce. Parte prima.
Venezia, Giorgio Varisco, 1609-1610 (Venezia, Giorgio Varisco).
4 vol.; 4°
SBN-IT\ICCU\UM1E\003797
Cfr. Michel, vol. 8, p. 18.
1:
Venezia, Giorgio Varisco, 1610.
[12], 352 c.
†⁴ a⁸ A-2X⁸
SBN-IT\ICCU\UM1E\003798
I successivi volumi non trattano materia biblica. V. fr.

[3086]

TASSO, TORQUATO
Le sette giornate del mondo creato, del sig. Torquato Tasso.
All'illustrissimo signore il sig. Gio. Battista Vittorio [...].
Vinezia, Bernardo Giunta <2> e Giovanni Battista Ciotti
e compagni, 1609.
329, [19] p.: ill.; 12°
A-N¹² O¹⁸ (ultima c. bianca)
SBN-IT\ICCU\LO1E\000384

[3087]

VALDERRAMA, PEDRO DE/(tr.) GOTTARDI, EGIDIO
Il Valderrama quadragesimale et essercitij spirituali per
le domeniche di settuagesima, sessagesima, e quinquagesi-
ma, & per tutti li giorni di Quaresima; diuiso in tre parti.
Composto dal m.r.p.m. Pietro di Valderrama predicatore fa-
mosissimo dell'Ordine di s. Agostino. Et dal m.r.p.f. Egidio
Gottardi da Rimini Teologo, e Predicatore Agostiniano tra-
dotto dalla lingua Spagnuola nella nostra Italiana [...].
Venezia, Giovanni Antonio De Franceschi e Giacomo De
Franceschi, 1609.
3 vol.; 4°
SBN-IT\ICCU\CAME\001345
1:
[100], 116, 588 p.
a⁴ A⁴ a-k⁴ l² ²a-n⁴ o⁶ A-N⁴ O-Z⁸ Aa-Vv⁸ Xx²
SBN-IT\ICCU\CAME\001348
2:
570, [2] p.
A-S⁴ ²S⁴ T-V⁴ Y-Z⁴ Aa-Zz⁴ Aaa-Zzz⁴ Aaaa⁴ Bbbb⁶ (errore
nella numer. dei fasc., ultima c. bianca)
SBN-IT\ICCU\CAME\001349
3:
336 p.
A-Z⁴ Aa-Ii⁸ Kk⁴
SBN-IT\ICCU\CAME\001350

[3088]

VALDERRAMA, PEDRO DE/(tr.) GOTTARDI, EGIDIO
Il Valderrama quadragesimale et essercitij spirituali per le
domeniche di Settuagesima, Sessagesima, e Quinquagesima,
& per tutti li giorni di Quaresima; diuiso in tre parti.
Composto dal m.r.p.m. Pietro di Valderrama predicatore fa-
mosissimo dell'Ordine di s. Agostino. Et dal m.r.p.f. Egidio
Gottardi da Rimini teologo e predicatore agostiniano tradot-
to dalla lingua spagnuola nella nostra italiana. Aggiuntoui
cinque copiosissime tauole [...].
Venezia, Giovanni Antonio De Franceschi e Giacomo De
Franceschi, 1609.
3 pt ([100], 116, 588, 570, [2], 336) p.; 4°

πa⁴ χA⁴ a-k⁴ l² , ²a-n⁴ o⁶ A-N⁴ O-2V⁸ 2X² , ²A-S⁴ χS⁴ T-V⁴
Y-4A⁴ 4B⁶ , ³A-Z⁴ 2A-2I⁸ 2K⁴ (fasc. ²X omesso, c. 4B6
bianca)
SBN-IT\ICCU\UM1E\006551

[3089]

VILLEGAS SELVAGO, ALONSO DE/(tr.) GRAZI, SALUSTIO
Frutti marauigliosi et essempi miracolosi sì di N.S. Giesu
Christo, della santiss. Vergine, di santi, e d'altri cari amici
suoi; come di papi, cardinali, imperatori, re, duchi, principi,
gran personaggi, & d'huomini, ò illustri nelle virtù, o di no-
tabilissimi vitij. Disposti sotto capi, et diuisi in due volumi.
Ne' quali con bellissimo ordine, prima si narrano i detti, &
i fatti più singolari de gli antichi heroi, & de' più gloriosi
santi, & sante serue di Dio del Vecchio e Nuovo Testamento;
come anche di quelli, che hanno virtuosamente militato
nel grembo di S. Chiesa catolica, & apostolica romana. Et
dopò questi si leggono le attioni più nobili, ò più crudeli, e
spietate di tutti gli antichi, e moderni, che hanno regnato,
e vissuto ne' lacci del Demonio e de' suoi falsi idoli inferna-
li. E nel principio di ciascun capo si troua vn discorso tutto
morale, diuoto, & essemplare, che serue per introduttione
della materia, che in auello è per trattarsi. Raccolti dalla s.
Bibbia, da gli euangelisti, da' s. dottori, da celebri teologi,
da i scritti d'huomini religiosi e pij, da famosi historici, &
da altri auttori sì catolici, come gentili; dal molto r. sig. d.
Alfonso Vigliega di Toledo, teologo, e predicatore, & da lui
dato in luce nella lingua spagnuola sotto titolo di Fructus
Sanctorum, e di quinta parte del suo Flos Sanctorum: et dal
m.r. sig. d. Salustio Gratii sanese, rettore di S. Gio. Battista
di Neruesa, tradotti dalla lingua spagnuola nella nostra ita-
liana. Aggiuntoui i sommarij à ciascun essempio, & quattro
copiosissime tauole, l'una de gli auttori, l'altra de' capi, la
terza de' discorsi, e l'ultima de gli essempi, che serue per in-
dice delle cose più memorabili. Con licenza de' superiori, e
priuilegi di tutti i potentati d'Italia. Primo volume.
Venezia, Barezzo Barezzi, 1609.
2 vol.; 4°
SBN-IT\ICCU\UM1E\006559
1:
[88], 736 p.
a-b⁴ ²a⁴ b-e⁸ A-2Z⁸
SBN-IT\ICCU\UM1E\006560
V. fr.
2:
[48], 64 p., c. 65-80, p. 41-232, c. 233-288, p. 281-506 [i.e.
566], [2] p.
π² a-e⁴ f² A-E⁸ [ee]*⁸ F-O⁸ P-T⁴ V-2C⁸ ²2C-2R⁸ 2S⁴ (c. π2
e 2S4 bianche)
SBN-IT\ICCU\UM1E\006620

Il secondo volume ha lo stesso frontespizio del primo con l'omissione di "et diuisi in due volumi" e l'indicazione "secondo volume". V. fr.

1610

[3090]
ANDREINI, GIOVANNI BATTISTA
La Maddalena di Gio. Battista Andreini, fiorentino.
Venezia, Giacomo Antonio Somasco, 1610.
70 c., 12°
A-E¹² F¹⁰ (c. F10 mancante)
SBN-IT\ICCU\CFIE\040026

[3091]
ANDREINI, GIOVANNI BATTISTA
La Maddalena, poema, canti III e la Divina Visione in suggetto del B. Carlo Borromeo dello stesso, canto I.
Venezia, Giacomo Antonio Somasco, 1610.
168 p.; 13 cm
Cambridge Un. Lib., UK, Bute.296

[3092]
ANONIMA
Dottrina christiana, & sua dichiaratione, diuisa in tre parti, da insegnarsi alli putti, & putte, della città, & diocesi di Bologna. Per ordine dell'illustriss. & reueren. monsig. arciuesc. di Bologna. Nuouamente stampata, col sommario dell'indulgenze, con l'aggiunta del Pater Noster, Aue Maria, Credo volgari, & le consuete lodi spirituali. Con due tauole nel fine.
Bologna, Giovanni Battista Bellagamba, 1610.
117, [3] p.; 12°
A-E¹²
SBN-IT\ICCU\LO1E\043379

[3093]
ANONIMA
La rappresentatione di Abraam, & di Sarra sua moglie. Nella quale si contiene la buona vita di Isac lor figliuolo: et la mala creanza d'Ismael figliuolo di Aghar sua ancilla: et come da Abraam furono cacciati. Per annuntiatione, ò prologo [...] è vn padre con due figliuoli, vn buono e, vn cattiuo: per esempio vniuersale de' padri, e de figliuoli.
(Siena, alla Loggia del papa, 1610).
[12] c. : ill. ; 4°
A¹²
SBN-IT\ICCU\UM1E\024178
Titolo uniforme: *Rappresentazione di Abramo e Agar.* Cfr. Cioni 1961, p. 73, n. 9.

[3094]
ANONIMA
La rappresentatione di Juditta ebrea.
Siena, alla Loggia del papa, 1610.
[8] c.: ill.; 4°
A⁸
SBN-IT\ICCU\CFIE\033306
Titolo uniforme: *Rappresentazione di Giuditta ebrea.* Cfr. Cioni 1961, p. 200, n. 11; Testaverde-Evangelista, 619. V. ed.

[3095]
ANONIMA
La rappresentatione di Salomone. Aggiuntoui nel fine quello che ci mancaua, e di nuouo corretta.
Siena, alla Loggia del papa, [dopo 1610?].
4 c.: ill.; 4°
A⁴
Cioni 1961, p. 272, n. 11
Titolo uniforme: *Rappresentazione di Salomone.*

[3096]
ANONIMA
La rappresentazione di Lazaro ricco: 7 di Lazaro pouero.
(Siena, alla Loggia del papa, 1610).
[4] c.: ill.; 4°
A⁴
SBN-IT\ICCU\CFIE\033312
Titolo uniforme: *Rappresentazione di Lazzaro ricco e Lazzaro povero.* Cfr. Cioni 1961, p. 220, n. 11; Testaverde-Evangelista, 625. V. ed.

[3097]
ANONIMA
La rappresentazione 7 festa della natiuita di Giesu Cristo.
Siena, alla Loggia del papa, 1610.
[6] c.: ill.; 4°
A⁶
SBN-IT\ICCU\CFIE\033337
Titolo uniforme: *Rappresentazione di Gesù Cristo: la natività.* A c. [A6v]: *Verbum caro factum est de Virgine Maria.* Cfr. Cioni 1961, p. 151, n. 18; Testaverde-Evangelista, 648. V. ed.

[3098]
AVILA, JUAN DE/(tr.) CAMILLI, CAMILLO
Trattato spirituale sopra il verso Audi filia, del salmo, Eructauit cor meum. Del r.p.m. Auila predicatore nella Andalogia, doue si tratta del modo di vdire Dio, & fuggire i linguaggi del mondo, della carne, & del Demonio. Nuouamente tradotto dalla lingua spagnuola, nella italiana per Camillo Camilli.

Roma, Bartolomeo Zanetti <2>, a istanza di Pietro Paolo Giuliani, 1610 (Roma, Bartolomeo Zanetti <2>, a istanza di Pietro Paolo Giuliani, 1610).
[8], 356, [12] p.; 8°
a⁴ A-Z⁸
SBN-IT\ICCU\RLZE\010194
V. fr.

[3099]
BOTERO, GIOVANNI
La Primauera, il monte Caluario, e le feste, di monsignor Giouanni Botero, abbate di S. Michele della Chiusa, &c. Poesie piene di rarissimi concetti, e d'infinite curiosità, di nuouo corrette, & accresciute dall'autore [...].
Milano, Girolamo Bordone, 1610.
[16], 288, 231, [1] p.; 8°
[croce]⁸ A-N⁸ O⁴ P-R⁸ S¹², [2]A-N⁸ O⁴ P⁸
SBN-IT\ICCU\TO0E\005302
Contiene con proprio frontespizio a c. P1r: *Annotationi di Gio. Antonio Barroeri [...]*; con paginazione e segnatura proprie a c. [2]A1r: *Il monte Caluario [...]*; a c. [2]N2r: *Le feste di monsignor Giouanni Botero [...].* Var. B: In Milano, Girolamo Bordone, 1611.

[3100]
CAPILLUTTI, FEDERICO
Meditationi del santissimo Rosario. Per i pellegrini mentali. A fine di contemplar i misteri della vita della gran Madre di Dio. Di Federico Capilluti mantouano, dottore dell'vna e l'altra legge. Scritte in gratia della sereniss. sig. d. Maria Maddalena arciduchessa d'Austria, gran duchessa di Toscana.
Roma, Guglielmo Facciotti, 1610 (Roma, Guglielmo Facciotti, 1610).
353 p.; 12°
SBN-IT\ICCU\CFIE\019998
V. fr.

[3101]
[CASTELLANI, CASTELLANO]
Rappresentazione della conuersione di santa Maria Maddalena.
Firenze, Stefano Fantucci Tosi, [dopo il 1610].
[12] c.: ill.; 4°
A¹²
SBN-IT\ICCU\CFIE\033107
Per la data cfr. Cioni 1961, p. 237, n. 14; Testaverde-Evangelista, 441. V. ed.

[3102]
CELESTINO, ANGELO

Ragionamenti teologici, e scritturali, intorno a quel, che di Maria madre di Dio nel primo capo del suo vangelo scriue s. Luca. Fatti dal r.p.f. Angelo Celestino [...] con tre tavole.
Napoli, Giovanni Giacomo Carlino e Costantino Vitale, 1609-1610.
2 vol.: ill.; 4°
SBN-IT\ICCU\RMLE\025401
1:
[12], 575, [17] p.
[croce]⁶ A-4E⁴
SBN-IT\ICCU\RMLE\025406
2:
Seconda parte de' ragionamenti teologici, e scritturali, ne' quali con dottrina de' padri santi s'espone l'oration domenicale, e con occasione delle sue misteriose parole, altissime, e gioueuoli materie, copiosamente, con fruttuose moralita si spiegano. Fatti dal r.p.f. Angelo Celestino [...] con tre tauole in fine [...].
Napoli, Giovanni Giacomo Carlino e Costantino Vitale, 1610.
[12], 411, [25] p.: ill.; 4°
[croce]⁶, A-3H⁴ 3I²
SBN-IT\ICCU\RMLE\025409

[3103]
CIBO GHISI, INNOCENZO
De' discorsi morali sopra i sette salmi penitentiali, del molto reuerendo padre maestro f. Innocentio Cibo Ghisi, de' predicatori. Tomo primo. [...].
Venezia, Bernardo Giunta <2> e Giovanni Battista Ciotti e compagni, 1609-1610.
2 vol.; 4°
SBN-IT\ICCU\BVEE\027500
1:
De' discorsi morali sopra i sette salmi penitentiali, del molto reuerendo padre maestro F. Innocentio Cibò Ghisi [...] Tomo primo. Aggiuntoui due indici, [...].
Venezia, Bernardo Giunta <2> e Giovanni Battista Ciotti e Compagni, 1610.
[28], 384 [i.e. 388], [64] p.; 4° (ripetute nella numer. le p. 265-268)
a¹⁰ b⁴ A-Q⁸ R¹⁰ S-2D⁸ 2E-2F⁴
SBN-IT\ICCU\BVEE\027483
Il secondo volume precede nel 1609, cfr. SBN-IT\ICCU\BVEE\027495 e IT\ICCU\RLZE\013823, vedi 3062.

[3104]
CIBO GHISI, INNOCENZO
De' discorsi morali sopra i sette salmi penitentiali, del molto reuerendo padre maestro f. Innocentio Cibò Ghisi, de' Predicatori. Tomo primo. Aggiuntoui due indici, e delle materie, e delle sentenze più notabili. Il tutto hora, e sempre

sia soggetto alla correttione, & all'obedienza della s. madre Chiesa catolica, & apostolica romana.

Venezia, Bernardo Giunta <2> e Giovanni Battista Ciotti e compagni, 1610.

2 vol.; 4°; entra vol.; 4°

SBN-IT\ICCU\UM1E\007714

1:

[28], 384 [i.e. 388], [64] p. (ripetute nella numer. le p. 265-268)

a¹⁰ b⁴ A-Q⁸ R¹⁰ S-2D⁸ 2E-2F⁴

SBN-IT\ICCU\UM1E\007716

V. fr.

2:

De' discorsi morali sopra i sette salmi penitentiali, del molto reuerendo padre maestro f. Innocentio Cibo Ghisi de' Predicatori. Tomo secondo. In questa seconda impressione con somma diligentia ricorretto. Con due indici, vno delle cose piu notabili, l'altro de' luoghi della Sacra Scrittura allegati, & esplicati.

[80], 626 [i.e. 622], [2] p. (numerosi errori nella paginazione)

A⁴ a-i⁴ A-2Q⁸ (fasc. e segnato a, c. c2 segnata b2, c. i4 e Q8 bianche)

SBN-IT\ICCU\UM1E\007720

V. fr.

[3105]

DIAS, FILIPPE/(tr.) FASANO, MATTIA

Mariale della sacratissima Vergine Maria nel quale si contengono molte considerationi spirituali, [...] Composto dal molto r.p.f. Filippo Diez [...] Nuouamente tradotto di spagnolo in italiano dal r. p. f. Matthia Fasano [...].

Venezia, Giunta, 1610.

[72], 651, [1] p.; 4°

π⁴ a-h⁴ A-2S⁸ (c. a2, d2 erroneamente segnate b2, e2)

SBN-IT\ICCU\RLZE\000648

[3106]

FERDINANDI, MARCELLO

Prediche quadragesimali del p. don Marcello Ferdinandi da Bari, abbate oliuetano: predicate in Napoli nella chiesa dell'Annonziata l'anno 1597. Diuise in due tomi, con due tauole copiose, & fedeli, vna delle prediche, l'altra delle cose notabili, che nell'vno e nell'altro tomo si contengono, aggiunteui in questa seconda impressione, & poste nel principio del primo tomo. Primo tomo. All'ill.mo e r.mo sig.or cardinale di S.ta Cicilia Paolo Sfondrato.

Venezia, Giorgio Varisco, 1610.

2 vol.; 4°

SBN-IT\ICCU\UM1E\005924

1:

[28], 463, [1] p.

a⁸ b⁶ A-2F⁸

SBN-IT\ICCU\UM1E\005925

V. fr.

2:

Prediche quadragesimali del p. don Marcello Ferdinandi da Bari, abbate oliuetano: predicate in Napoli nella chiesa dell'Annonziata l'anno 1597. Con la tauola copiosa e fedele delle prediche, che in questo tomo si contengono. Secondo tomo. All'ill.mo e r.mo s.or cardinale di S.ta Cicillia Paolo Sfondrato.

Venezia, Giorgio Varisco, 1610 (Venezia, Giorgio Varisco, 1610).

[4], 352 [i.e. 442], [2] p. (ripetute nella numer. le p. 201-300 e omesse, in questa seconda sequenza, le p. 269-278)

πa², a-2d⁸ 2f⁶

SBN-IT\ICCU\RLZE\013898

V. fr.

[3107]

FERRARI, CHERUBINO

Fiori delle gratie, et delle bellezze di Maria Vergine colti nel giardino della scrittura santa dall'humile, e diuoto suo seruo f. Cherubino Ferrari da Milano carmelita. Et dedicati alla ser.ma infanta Margherita di Sauoia, prencipessa di Mantoua, & di Monferrato.

Casale, Pantaleone Goffi, 1610.

31, [1] p.; 4°

A-B⁸

SBN-IT\ICCU\TO0E\159314

[3108]

FRANCIOTTI, CESARE

Delle prattiche di meditationi per auanti e dopo la s. communione. Sopra tutti i Vangeli dell'anno. Con l'osseuationi [!] intorno ad alcuni giorni, e mestieri piu solenni. Diuise in quattro parti. Parte prima. Del r. padre Cesare Franciotti [...] Nuouamente ristampate, e di vaghe figure adornate.

Venezia, Sebastiano Combi, 1610.

3 vol.: ill.; 12°

SBN-IT\ICCU\BRIE\016144

vol. n. n.:

Il peccatore a' piedi della croce su'l monte Caluario. Cioè meditationi sopra la Passione di Nostro Signore. Del P. Cesare Franciotti [...].

Venezia, Giovanni Battista Combi, 1610.

79, [5] p.

A-C¹² D⁶

SBN-IT\ICCU\TPSE\000439

1:

656, [4] p.

A-2D¹² 2E⁶

SBN-IT\ICCU\PBEE\013754

2:

Delle prattiche di meditationi per auanti, e doppo la s. communione, in honor del Signore, e della Madonna. E per altri soggetti spirituali. Che sono come aggiontioni alle prattiche sopra li Euangeli di tutto l'anno. Diuise in quattro parti. Parte seconda. Del r. padre Cesare Franciotti.
Venezia, Sebastiano Combi, 1610.
[24], 398 p.
a¹² A-Q¹² R⁶
SBN-IT\ICCU\SBSE\000846

3:

Venezia, Sebastiano Combi, 1610.
[24], 536 [i.e. 540], [2] p.
a¹² B-2A¹² (c. 2A12 bianca)
SBN-IT\ICCU\LIGE\007420

4:

1610.
[10], 391, [5] p.
A-R¹² (ultime [5] p. bianche)
SBN-IT\ICCU\TPSE\000438

[3109]

GHELFUCCI, CAPOLEONE
Il Rosario della Madonna poema eroico del sig.r Capoleone Guelfucci da Città di Castello dato alle stampe da i figliuoli dopo la morte dell'autore [...].
Venezia, Niccolò Polo, 1610.
[16], 98 [i.e. 58], 76, 65, [1] c.; 4° (errori nella numer.)
a⁸ A-F⁸ G¹⁰ 2A-2I⁸ 2K⁴ 3A-G⁸ 3H¹⁰
SBN-IT\ICCU\UM1E\006688

[3110]

GILIBERTI, VINCENZO
Seconda parte della città d'Iddio incarnato, ouero Delle sourane eccellenze, virtù, grazie, priuilegi, doni, e lodi singulari di Maria Vergine [...] Descritte per don Vincenzio Giliberto [...] Sopra il salmo Magnus Dominus [...] Con cinque tauole copiosissime.
Modena, Giuliano Cassiani, 1610 (Modena, Giuliano Cassiani, 1610).
[8], 446 [i.e. 464], [56] p.; 4°
[croce]⁴ A-2F⁸ a-g⁴
SBN-IT\ICCU\MODE\020014

[3111]

GRILLO, ANGELO
Dell'essequie di Christo celebrate co'l pianto di Maria vergine, parte seconda. Dedicata all'illustrissima & eccellentissima signora principessa d. Orsina Peretta Sforza marchesana di Caravaggio.
Venezia, Bernardo Giunta <2> e Giovanni Battista Ciotti e compagni, 1610.

[4], 61, [3] p.; 4°
ast. A-H⁴ (ultima c bianca)
SBN-IT\ICCU\BVEE\027824
Nome dell'autore nella prefazione. V. fr.

[3112]

LUIS DE GRANADA/(tr.) PORCACCHI, GIOVANNI BATTISTA
Deuotissime meditationi per li giorni della settimana, & per altro tempo. Del R.P.F. Luigi di Granata, dell'Ordine de' Predicatori. [...] Nuouamente tradotte dalla lingua spagnuola per Gio. Battista Porcacchi.
Venezia, Giorgio Bizzardo, 1610.
[12], 311, [1] p.: ill.; 12°
a¹² A-2C¹²
SBN-IT\ICCU\URBE\044576

[3113]

MANNARINO, CATALDO ANTONIO
La Susanna tragedia sacra, di Cataldo Antonio Mannarino. Con quattro intermedij dell'historia, di Susanna Hebrea.
Venezia, Bernardo Giunta <2> e Giovanni Battista Ciotti, 1610.
240 p.; 12°
A-K¹²
SBN-IT\ICCU\BVEE\024024
I *Quattro intermedij* iniziano con proprio frontespizio, datato 1611, a c. I7 (p. 205): *Quattro intermedij sacri. Attorno la storia di Susanna del Testamento vecchio; da trasporsi alla tragedia precedente di Susanna del Testamento nuouo. Per emulatione delle due costanti Susanne. Di Cataldo Antonio Mannarino. Venezia, Bernardo Giunta <2> e Giovanni Battista Ciotti, 1611. V. fr.*

[3114]

MARINELLI, LUCREZIA
La vita di Maria Vergine imperatrice dell'vniuerso, descritta in prosa, & in ottaua rima dalla molto illustre sig. Lucretia Marinella; et hora in questa terza impressione da lei molto ampliata. [...].
Venezia, Barezzo Barezzi, 1610.
2 pt ([24], 257, [7]; [6], 76, [2]) p.: ill.; 12°
A¹² A-L¹²; A-B¹² C¹⁸
SBN-IT\ICCU\VIAE\008862
Pt 2: *La imperatrice dell'vniuerso, poema heroico della molto illustre sig. Lucretia Marinella.*

[3115]

MASELLI, LORENZO
Vita della beatiss.ma Vergine madre di Dio. Nella quale si contiene quel tanto, che sin'hora si e scritto da graui autori; intorno alle gratie, bellezza, priuilegij, virtudi, antifone,

orationi, hinni, imagini, miracoli, chiese, e grandezza di lei: et in particolare, & separatamente si pone la Vita del felicissimo sposo Santo Gioseppe. Composta per il reuer. p. Lorenzo Maselli da Napoli sacerdote teologo della Compagnia di Giesu.

Venezia, a istanza degli Eredi di Andrea Pellegrini, 1610.

[24], 691, [6] p.; 4°

a-c⁴ A-Z⁸ Aa-Vu⁸ Xx⁴ (ultima c. bianca)

SBN-IT\ICCU\NAPE\014467

[3116]

MASTRILLI, GREGORIO

Discorsi del R.P. Gregorio Mastrilli della Compagnia di Gesù. Sopra la passione, e morte di Giesu Christo nostro Redentore [...].

Brescia, Pietro Maria Marchetti, 1610.

[24], 388 p.; 4°

[croce]⁴ 2[croce]⁸ A-2A⁸ 2B² (c. V2 è segnata T2)

SBN-IT\ICCU\LO1E\005603

[3117]

MUSSO, CORNELIO

Delle prediche quadragesimali del reuerendiss. mons. Cornelio Musso vescouo di Bitonto. Sopra l'Epistole, & Euangeli correnti, per i giorni di Quaresima, e per li due primi giorni di Pasqua. E sopra il Cantico di Maria Vergine per li sabbati, con la vita dell'auttore, et con tre tauole, [...] parte prima.

Venezia, Andrea Muschio, 1610.

2 vol.; 8°

SBN-IT\ICCU\RMSE\006057

1:

Venezia, Andrea Muschio, 1610.

[128], 765, [1] p.; 8°

[croce]-3[croce]⁸ a-e⁸ A-3B⁸

SBN-IT\ICCU\URBE\044931

2:

Venezia, Andrea Muschio, 1610.

[96], 926 p.; 8°

A-F⁸ 2A-3M⁸

SBN-IT\ICCU\RMSE\006058

[3118]

OBICINO, BERNARDINO

Regno christiano. Nel quale si contengono molti trattati de nouissimi, de precetti, de sacramenti, & delle virtù, & altri soggetti più generali per vtilità, e salute del christiano, applicabili da predicarsi, secondo gli Euangeli di ciascun giorno della Quaresima, & delle feste dell'anno, composti dal r.p. fr. Bernardino Obicino reformato delli Osseruanti di s. Francesco. Opera nuova, non più uscita in luce, vtile, e fruttuosa, sì à semplici, come à dotti christiani, con tre tauole co-

piosissime. Dedicata all'illustrissimo sig. cardinal Borromeo arciuescouo di Milano.

Brescia, Giovanni Battista Bozzola <2> e Antonio Bozzola, 1610 (Brescia, Giovanni Battista Bozzola <2> e Antonio Bozzola, 1610).

[84], 576 [i.e. 574, 2] p.; 4° (omesse nella numer. le p. 381-382)

[pi greco]⁴ a-h⁴ i⁶ A-2N⁸

SBN-IT\ICCU\RAVE\008534

V. fr.

[3119]

PADIGLIA, PLACIDO

Dauid penitente lezzioni sopra il cinquantesimo salmo di Dauid. Fatte nella chiesa di S. Pietro de Maiella di Napoli l'anno 1604 dal padre don Placido Padiglia monaco theologo del ord. di S. Benedetto della Congregazione di Celestini.

Roma, Bartolomeo Zanetti <2>, 1610 (Roma, Bartolomeo Zanetti <2>, 1610).

[8], 436, [36] p.: ill.; 4°

*⁴ A-2F⁸ 2G⁴

SBN-IT\ICCU\BVEE\043108

V. fr.

[3120]

[PULCI, ANTONIA]

La rapresentatione del figliol prodigo: nuouamente ristampata.

Siena, alla Loggia del papa, 1610.

6 c.: ill.; 4°

A⁶

SBN-IT\ICCU\CFIE\033277

Per l'autrice cfr. Cioni 1961, p. 138. Titolo uniforme: Rappresentazione del filgiol prodigo. Cfr. Cioni 1961, p. 141, n. 11; Testaverde-Evangelista, 591. V. ed.

[3121]

[PULCI, BERNARDO]

La rappresentatione dell'Agnolo Raffaello: e di Tobbia.

Siena, alla Loggia del papa, 1610.

[10] c.; 4°

A¹⁰

SBN-IT\ICCU\CFIE\033379

Per l'autore cfr. Cioni 1961, p. 255. Titolo uniforme: Rappresentazione dell'angelo Raffaello e Tobia. Cfr. Cioni 1961, p. 259, n. 18 (con alcune differenze di trascrizione); Testaverde-Evangelista, 670. V. ed.

[3122]

RICCI, BARTOLOMEO

Considerationi sopra tutta la vita di N. S. Giesu Christo del R.P. Bartolomeo Ricci [...] Reuista dall'auttore e migliorata in molte cose.
Roma, Bartolomeo Zanetti <2>, 1610.
[4], 160 c.: ill.; 4°
π⁴ A-V⁸
SBN-IT\ICCU\TO0E\040251

[3123]
VAFFI, DOMENICO
La Rappresentatione et historia di Susanna [...]. Nuouamente ricorretta, & ristampata.
Milano, Pandolfo Malatesta, [ca 1610].
8°
BL 11429a53

[3124]
VALERIO DA VENEZIA
Breui e diuote meditationi intorno ai principali misteri della vita di Giesu Christo. Et vna Meditatione del giudicio vniuersale. Composte dal p.f. Valerio da Venetia capuccino. Alla sereniss. infanta Margarita di Savoia, prencipessa di Mantoua.
Venezia, Giovanni Battista Galignani, 1610.
[4], 60 c.: ill.; 4°
[croce]⁴ A-P⁴
SBN-IT\ICCU\RMLE\025170
V. fr.

[3125]
VILLEGAS SELVAGO, ALONSO DE/(tr.) BAREZZI, BAREZZO
Il vittorioso trionfo di Giesu Christo Dio, et Signor nostro; esposto con cento discorsi sopra gli Euangeli, & diuiso in due volumi. Ne' quali si racconta la cagione del nascimento, e della passione sua; si descriuono i miracolosissimi suoi gesti, la sua santa dottrina, & i suoi diuini precetti; e si narra la grandezza dell'humiltà, & dell'amore, che mostrò, sì il Redentor nostro, come la sua santissima madre. E si pongono concetti, e pensieri nuoui; essempi, e successi marauigliosi; considerationi, e contemplationi pie: onde possono i diuoti lettori cauarne importanti vtilità. Composto dal m.r. sig. d. Alfonso Vigliega di Toledo, theologo, e predicatore: da lui dato in luce in spagnuolo, sotto il sudetto titolo, e di sesta, & vltima parte del suo Flos sanctorum: Et nuouamente da Barezzo Barezzi cremonese tradotto nella lingua italiana; et da [l]ui dedicato all'ill.mo e r.mo sig.re il sig.or cardinale Farnese. Aggiunteui in questa nostra impressione tre copiosissime tauole, l'una de' discorsi, l'altra delle cose notabili, & la terza de' concetti applicati alle ferie quadragesimali, & alle domeniche, e feste de' santi di tutto l'anno. Con licenza

de' superiori e priuilegi di tutti i potentati d'Italia. Primo volume.
Venezia, Barezzo Barezzi, 1610 (Venezia, Barezzo Barezzi, 1610).
2 vol. 4°
SBN-IT\ICCU\RMLE\031194
1:
[104], 662 [i.e. 692] p.
a⁴ 3[croce]⁸ [2a]⁴ A-G⁴ H² 3a⁶ ²A-2T⁸ 2V¹⁰
SBN-IT\ICCU\RMLE\031197
2:
[2], 1037, [3] p.
[pigreco]¹ A-3T⁸
SBN-IT\ICCU\RMLE\031198

1611

[3126]
ADRICHEM, CRISTIAAN VAN
Breue descrittione della città di Gierusalemme, come à punto si ritrouaua nell'età di Christo, et di tutti i luoghi, quali furono nobilitati per la passione sua, e de' suoi santi; con vna dichiaratione de' passi principali nell'historie occorrenti, vtile non solo a' Christiani, ma necessaria à chi espone la sacra scrittura; et vna carta in rame, che rappresenta il vero ritratto di essa città. Composta da Christiano Adricomico delfo.
Trento, Simone Alberti, a istanza della Compagnia Minima, 1611.
[24], [202, i.e. 200] p.; 8° (omesse nella numer. le c. 97-98)
[ast]⁴ 2[ast]⁸ A-M⁸ N⁴
SBN-IT\ICCU\UBOE\030762
V. fr.

[3127]
ANONIMA
[*Rappresentazione di Giuseppe*].
Firenze, Pocavanza, 1611.
4°
Cioni 1961, p. 206, n. 22
Il titolo è quello uniforme.

[3128]
CAPILLA, ANDRÈS/(tr.) BERLINGHIERI AMOROSO
Meditazioni sopra tutti gli Evangelii dell'anno composte dal rever. Padre F. Andrea Capiglia, monaco Certosino; e tradotte dalla lingua spagnuola nell'italiana dal Sig. Berlinghieri Amoroso.
Venezia, Giovanni Battista Combi, 1611.
[24], 572 p.; 15 cm
Swissbib 041558553

[3129]
CIOFFI, PIETRO
Il Christo condannato tragedia dell'ampillonitano lettore Pietro Cioffi.
Ronciglione, Domenico Dominici, 1611.
153 [i.e. 143], [1] p.; 12° (omesse nella numer. le p. 121-130)
A-F¹²
SBN-IT\ICCU\BVEE\025626
V. fr.

[3130]
CRISTOFORO DA VERRUCCHIO
Compendio di cento meditationi sacre, sopra tutta la vita, e la passione sì del Signore, come della Madonna, e sopra tutti gli altri essercitij della vita spirituale. Raccolto dal R.P.F. Christoforo Verrucchino [...] Aggiunteui in questa vltima impressione le meditazioni della passione di N.S. Gesu Christo, distribuite per li sette giorni della settimana dall'istesso authore.
Venezia, Niccolò Misserini, 1611.
[36], 708 p.: ill.; 24°
*¹² 2*⁶ A-2F¹² 2G⁶ (c. *2 erroneamente segnata A2)
SBN-IT\ICCU\LIAE\004058

[3131]
CRISTOFORO DA VERRUCCHIO
Compendio di cento meditationi sacre, sopra tutta la vita, e la passione sì del Signore, come della Madonna, e sopra tutti gli altri essercitij della vita spirituale. Raccolto dal r.p.f. Christophoro Veruicchino dell'Ordine de' Frati Minori Cappuccini. Aggiunteui in questa vltima impressione le Meditationi della Passione di n. s. Giesu Christo, distribuite per i sette giorni della settimana dell'istesso authore.
Venezia, Niccolò Misserini, 1611 (Venezia, Niccolò Misserini, 1611).
[40], 725, [3]: ill.; 24°
[ast.]-2[ast.]¹² A-2G¹² (ultima c. bianca)
SBN-IT\ICCU\ANAE\021661

[3132]
EPISTOLE E VANGELI/(tr.) NANNINI, REMIGIO
Epistole et Euangelii, che si leggono tutto l'anno alle messe, secondo l'vso della S.R. Chiesa, & ordine del Messale riformato. Tradotti in lingua toscana dal molto r.p.m. Remigio fiorentino [...] Con le annotazioni morali del medesimo a ciascuna epistola [...] aggiuntoui quattro discorsi, cioè del digiuno, dell'inuocation de' santi, dell'vso dell'imagini, & della veneratione delle reliquie loro. Co'l calendario, & tauola de i giorni che si leggono le Epistole, & gli Euangelij.
Venezia, Giovanni Guerigli, 1611 (Venezia, Giovanni Guerigli, 1611).
[12], 372 p.: ill.; 4°

[croce]⁶ A-X⁸ Y¹⁰ Z⁸
SBN-IT\ICCU\UMCE\028014

[3133]
EPISTOLE E VANGELI/(tr.) NANNINI, REMIGIO
Epistole, & euangelij, che si leggono tutto l'anno alle messe, secondo luso della s.r. chiesa, & ordine del messale rifor. Tradotti in lingua toscana dal r.p.m. Remiglio Fiorentino [...] con le annotationi morali del medesimo a ciascuna epistola [...].
Venezia, Giovanni Guerigli (Venezia, Giovanni Guerigli, 1611).
[128], 1063, [1] p.: ill.; 12°
[croce]¹⁴ A-2T¹² 2X¹⁶
SBN-IT\ICCU\PBEE\014337

[3134]
GILIBERTI, VINCENZO
La Citta d'Iddio incarnato, descritta per d. Vincenzio Giliberto cherico regolare sopra il salmo, Magnus dominus; oue pienamente si tratta della predestinazione, concezzione, natiuita, vita, morte, e glorificazione; e di tutte le virtu, doti, & eccellenze di Maria vergine, con cinque tauole copiose, & utilissime [...].
Venezia, Compagnia Minima, 1611.
2 vol.; 4°
SBN-IT\ICCU\CAGE\011766
1:
[80], 286, [2] p.
a-k⁴ A-S⁸ (c. S8 bianca)
SBN-IT\ICCU\CAGE\011767
2:
Seconda parte della citta d'Iddio incarnato, ouero delle sovrane eccellenze, virtu, grazie, priuilegi, doni, e lodi singulari di Maria vergine. [...] Descritte per don Vincenzo Giliberto chierico regolare. [...].
Venezia, Compagnia Minima, 1611.
[68], 326, [2] p.
a-g⁴ h⁶ A-V⁸ X⁴
SBN-IT\ICCU\UMiE\006764

[3135]
GILIBERTI, VINCENZO
La citta d'Iddio incarnato, ouero Delle sourane eccellenze, virtù, gratie, doni, e lodi singolari di Maria vergine, e in ispecialità, del suo natale, de' nomi di lei, dell'ambasceria di Gabriello, del parto, e presentation di Giesù nel tempio, delle opere, che fece in vita, e dell'assuntione all'etterna gloria. Descritte per don Vincenzo Giliberto, [...] Sopra il salmo Magnus Dominus, & laudabilis nimis. Seconda parte. [...] Con cinque tauole copiosissime.
Brescia, Francesco Tebaldini, 1611.

[8], 359, [65] p.; 4°
[croce]⁴ A-Y⁸ Z⁴ 2A-2D⁸
SBN-IT\ICCU\UM1E\008171

[3136]

GILIBERTI, VINCENZO
*La citta d'Iddio incarnato, ouero delle sourane eccellen-
ze, virtù, gratie, priuilegi, doni, e lodi singolari di Maria
Vergine, e in ispecialità del suo Natale, de' nomi di lei,
dell'ambascieria di Gabriello, del parto, e presentation di
Giesù nel Tempio, delle opere, che fece in vita, e dell'assuntione all'eterna gloria. Descritte per don Vincenzio Giliberto,
chierico regolare. Sopra il salmo Magnus Dominus, & laudabilis nimis. Seconda parte. Oue con varie occasioni, [...]
si ragiona di S. Anna [...] Con cinque tauole copiosissime.*
Brescia, Francesco Leni, 1611.
[8], 359, [65] p.; 4°
[croce lat.]⁴ A-Y⁸ Z⁴ 2A-2D⁸
SBN-IT\ICCU\ANAE\005410

[3137]

GILIBERTI, VINCENZO
*La citta d'Iddio incarnato, ouero delle sourane eccellen-
ze, virtu, gratie, priuilegi, doni, e lodi singolari di Maria
Vergine [...] Seconda parte. Oue con varie occasioni [...] si
ragiona di S. Anna [...] e di piu santi, gloriosi cittadini, e
parti di lei. [...].*
Brescia, Francesco Tebaldini, 1611.
[72], 359, [1] p.; 4°
†⁴ 2A-2D⁸ A-Y⁸ Z⁴
SBN-IT\ICCU\UM1E\020809

[3138]

GILIBERTI, VINCENZO
*Seconda parte della citta d'Iddio incarnato, ouero delle so-
urane eccellenze, virtu, grazie, priuilegi, doni e lodi singolari
di Maria Vergine [...] descritte per don Vincenzo Giliberto
cherico regolare sopra il salmo Magnus Dominus, & laudabilis nimis [...].*
Modena, Giuliano Cassiani, 1611 (Modena, Giuliano
Cassiani, 1610).
[8], 446 [i.e. 464], [56] p.; 4° (p. 464 erroneamente numerata 446)
†⁴ A-2F⁸ a-g⁴
SBN-IT\ICCU\RMSE\063207   e   IT\ICCU\
CSAE\001429
Var. B: marca sul frontespizio e in fine, data nel colophon
1610.

[3139]

GILIBERTI, VINCENZO

*Seconda parte della citta d'Iddio incarnato, ouero delle
sourane eccellenze, virtu, grazie, priuilegi, doni, e lodi singulari di Maria vergine, [...] Descritte per don Vincenzio
Giliberto [...] sopra il salmo Magnus Dominus, & laudabilis nimis. [...] Con cinque tauole copiosissime.*
Modena, Giuliano Cassiani, 1611.
[88], 446 [i.e. 464] p.; 4° (p. 464 erroneamente numerata
446)
[croce]⁴ a-d⁸ f-g⁴ A-2F⁸
SBN-IT\ICCU\UM1E\004174

[3140]

GIORGI, SIGISMONDO
*Orationi d'vn penitente contrito, raccolte dalli Sette Salmi
Penitentiali di Dauid. Dal molto illustre signor Sigismondo
Giorgi gentil'huomo raguseo.*
Roma, Bartolomeo Zanetti <2>, 1611.
31, [1] p.; 8°
A-B⁸
SBN-IT\ICCU\PUVE\021856

[3141]

GIUSTINIANI, GIROLAMO
*Christo in passione, tragedia spirituale. Tradotta dal molto
illustre sig. Gieronimo Giustiniano gentil'huomo Genouese.*
Venezia, Bernardo Giunta <2> e Giovanni Battista Ciotti
e compagni, 1611.
[24] c.; 12°
A-B¹² (ultima c. bianca)
SBN-IT\ICCU\RMLE\037061

[3142]

GUADAGNO, GIOVANNI LORENZO
*Thesoro della dottrina di Christo N.S. diuiso in due parti.
Nel quale si contiene la dichiaratione della legge euangelica
[...] Cauata da diuersi sacri dottori, e di piu copiosa dichiaratione fatta in chiesa al popolo da un padre religioso, e dal
medesimo ridotta in forma di dialogo. Et di nuouo corretta,
& arricchita di molte cose, con le citazioni de' dottori nella
margine. Raccolta da d. Gio. Lorenzo Guadagno, [...] Con
due tauole, [...].*
Napoli, Tarquinio Longo, a istanza di Ettore Soldanelli,
1611.
[24], 599, [1] p.; 8°
a¹² A-2O⁸ 2P⁴ (c. a1 bianca)
SBN-IT\ICCU\RMLE\030097

[3143]

IOSEPHUS, FLAVIUS
*Delle antichità, e guerre giudaiche; diuiso in ventisette libri.
Nel 1. Si tratta della creazione del cielo, e della terra; e dell'o-
pera de i sei dì; e del riposo del settimo. Descrivesi la partitione*

di Giacob da Esaù, e perché Esaù è detto Edom, & la felicità di Giacob. Moisé conduce il popolo fuori di Egitto al monte Sinai. Gli Hebrei contra Cananei felicemente combattono. Giesù rovina Gerico conseruando solamente Raab, Achar è ucciso, & Aim pigliata si saccheggia. Castigo de i Palestini per haver pigliata l'Arca. David primieramente è creato re sopra una tribu, lasciato l'altro principato à i figliuoli di Saul; della guerra di Gioab con Abner, & Isboseth; e come Abner fu da Gioab a tradimento ucciso. Salomone punisce i setitiosi. Della religione di Giosafat, e la sua vittoria contra Moabiti. La guerra di Sennacherib contra Gierusalem, e la bestemmia di Raspace. Al molto illust. et eccell. sig. il signor Thadeo Tirabosco. Gioseffo Flauio historico.
Venezia, Alessandro Vecchi, 1612-1611.
3 vol.; 4°
SBN-IT\ICCU\BVEE\055467
V. fr.

2:
I dieci vltimi libri di Flauio Gioseefo [!] historico huomo clarissimo Delle antichità giudaiche. Nel 11. Del tornare de i Giudei in Gierusalemme per concessione di Ciro, & la edificatione del Tempio. 12. Dello stato de i Giudei doppo la morte di Alessandro. 13. La morte di Bacchide poiche fu vcciso Giuda. 14. Il regno di Aristobolo, et come Hircano viuea priuato. 15. Dell'auaritia di Herode, e della morte di Antigono. 16. La legge di Herode, e de' furti, e come tornò di Roma i suoi figliuoli. 17. I pessimi portamenti di Antipatro verso il padre, & altri. 18. La descrittione della Soria fatta da Cirenio al tempo della natiuità di Giesu Christo. 19. La crudeltà, et maluagità di Caio, e la congiura fatta per amazzarlo. 20. Della discordia fra Giudei, e Filadelfi, e della stola sacerdotale.
Venezia, Alessandro Vecchi, 1611.
296 p.: ill.
A-S⁸ T⁴
SBN-IT\ICCU\BVEE\055469
Il vol. 1 è del 1612, cfr. SBN-IT\ICCU\BVEE\055473, vedi 3177; nel vol. 3: Si trattano delle guerre che hebbero gli Hebrei con Romani. V. fr.

[3144]
JACOBUS DE VORAGINE/(tr.) MALERBI, NICOLÒ
Legendario delle vite de' santi; composto dal r.p.f. Giacobo di Voragine dell'Ordine de' Predicatori. & tradotto già per il r.d. Nicolo Manerbio venetiano. Aggiuntoui di nuouo molte legende, & accommodata ad ogni giorno la uita di alcun santo. Con la tauola delle legende, & di vaghe figure ornato, e con somma diligenza ricorretto.
Venezia, Niccolò Polo, 1611.
[16], 864 p.: ill.; 4°
a⁸ A-3H⁸
Pagnotta, p. 141-142

[3145]
MAZZARINO, GIULIO
De' discorsi del m. reu. p. Giulio Mazzarini della Compagnia di Giesù, sopra la conclusione del Salmo Cinquantesimo Gloria Patri, et Filio, et Spiritui Sancto, &c. Con quattro indici copiosissimi, uno de' discorsi, l'altro delle cose più notabili, vn'altro delle principali figure sparse, e spiegate ne' discorsi, e l'altro de' luoghi più notabili della Sacra Scrittura. Nuouamente stampato con licenza de' superiori, et priuilegio.
Venezia, Bernardo Giunta <2> e Giovanni Battista Ciotti e compagni, 1611.
[48], 414 p.; 4°
a-c⁸ A-2B⁸ 2C⁸ (c. 2C8 mancante)
SBN-IT\ICCU\RAVE\017177
V. fr.

[3146]
MELI, ANTONIO/(ed.) GRATI, GIROLAMO
Scala del paradiso del molto reuerendo padre fr. Antonio Meli di Crema agostiniano [...] diuisa in tre parti, e tutte piene d'alti, e profondi misteri, spiegati sotto l'interpretatione de' nomi ebraici, e de letterali, e mistici sensi. La 1. delle quali, tratta della felicità, [...] La 2. mostra i quatro gradi di essa, cioè lettione, meditatione, oratione, e contemplatione. La 3. spiega gli impedimenti, che vietano il salirla. [...] Corretta, e ridotta a buona lettione, dal R.P. Girolamo Grato di Cremona, frate della stessa congregatione. Con cinque tauole, [...].
Cremona, Marco Antonio Belpiero, 1611.
[8], 404 [i.e. 406], [42] p.; 4° (p. 223-224 ripetute)
πA⁴ A-2E⁸
SBN-IT\ICCU\BVEE\047905

[3147]
MICHELANGELO DA VENEZIA
Fascetto di mirra, nel quale si contengano quaranta meditationi sopra la passione di nostro signore, che possono seruire anco per l'oratione delle quaranta hore. Di F. Michel'Angelo da Venetia, capuccino. Parte prima.
Venezia, Marco Varisco, 1611-1613.
2 vol.; 12°
SBN-IT\ICCU\UMCE\012768
1:
[8], 328 c.
+⁸ A-2D¹² 2E⁴
SBN-IT\ICCU\UMCE\012769
Il vol. 2 è del 1613, cfr. SBN-IT\ICCU\UMCE\012770, vedi 3214.

[3148]
MORONE, BONAVENTURA

Il mortorio di Christo tragedia spirituale del R.P.F. Bonauentura Morone da Taranto de' fr. min. osseruan. reformati. Consacrata alla santissima Vergine madre di Dio sotto il titolo della Madonna dello spasimo.

Bergamo, Comino Ventura, 1611.

[12], 106, [2] c.; 32° (numerosi errori nella numer.)

a¹² A-F¹⁶ G¹²

SBN-IT\ICCU\VEAE\002844

[3149]

MORONE, BONAVENTURA

Il mortorio di Christo tragedia spirituale del R.P.F. Bonauentura Morone da Taranto de' Frati min. osseruan. reformati consegrata alla santissima Vergine Madre di Dio, sotto il titolo della Madonna dello Spasimo.

Bergamo, Comino Ventura, 1611.

[24], 312 p.; 4°

π A⁸ b⁴ A-T⁸ V⁴ (la C.π A1r. contiene errori di stampa, segue il front.)

SBN-IT\ICCU\BVEE\028879

Var. B: [16], 312 p.; pigreco⁴ b² A² A-T⁸ V⁴.

[3150]

PINELLI, LUCA

Meditationi delle cinque piaghe, et del sangue sparso da Christo negli alti misterij della sua Passione. Del p. Luca Pinelli di Melfi della Compagnia di Giesu.

Venezia, Bernardo Giunta <2> e Giovanni Battista Ciotti, 1611.

96 p.; 12°

A-D¹²

SBN-IT\ICCU\UM1E\025774

È il vol. 3 delle Opere spirituali, 1608-1612, cfr. SBN-IT\ICCU\UM1E\026553, vedi 3044.

[3151]

PINELLI, LUCA

Meditationi diuotissime sopra la vita della Santissima Vergine Maria madre di Dio, con l'historia di lei, cauata fedelmente da gli antichi, e santi padri. Composte dal p. Luca Pinelli da Melfi della Compagnia di Giesù. Et in quest'vltima impressione dall'autore emendate, aumentate, & megliorate.

Venezia, Bernardo Giunta <2> e Giovanni Battista Ciotti e compagni, 1611.

120 p.; 12°

A-E¹²

SBN-IT\ICCU\UM1E\026555

È il vol. 5 delle Opere spirituali, 1608-1612, cfr. SBN-IT\ICCU\UM1E\026553, vedi 3044.

[3151 bis]

PINELLI, LUCA

Meditationi sopra alcuni misterii della vita di Christo Signor nostro. Composte dal p. Luca Pinelli da Melfi della Compagnia di Giesù.

Venezia, Bernardo Giunta <2> e Giovanni Battista Ciotti e compagni, 1611.

72 p.; 12°

A-C¹²

SBN-IT\ICCU\UM1E\026554

È il vol. 1 delle Opere spirituali, 1608-1612, cfr. SBN-IT\ICCU\UM1E\026553, vedi 3044.

[3152]

PINELLI, LUCA

Meditationi vtilissime, sopra i quendeci misterij del rosario della Sacratissima Vergine Maria. Composte dal p. Luca Pinelli [...].

Venezia, Giovanni Battista Ciotti, 1611.

69, [3] p.; 12°

A-C¹²

SBN-IT\ICCU\VIAE\006385

[3153]

PLATINA (IL) (SACCHI, BARTOLOMEO)/PANVINIO, ONOFRIO/PORCACCHI, TOMMASO/BEROARDI, GIROLAMO

Historia delle vite de' sommi pontefici dal Saluator nostro sino a Paolo V. Scritta da Battista Platina da Cremona. F. Onofrio Panuinio veronese. Tomaso Porcacchi da Castiglione. F. Girolamo Beroardi dell'Ordine de' Predicatori. Con la Cronologia ecclesiastica del Panuinio tradotta in lingua volgare dal sopradetto p.f. Girolamo Beroardi; e tutte l'effigie de i Sommi Pontefici; col nome, cognome, patria, e creatione di tutti gli illustrissimi cardinali sino al giorno presente.

Venezia, Alessandro Vecchi, 1611.

[8], 722 [i.e. 718], [2] p.: ill.; 4° (errori nella numer. delle p.)

a⁴ A-L⁸ M⁶ N-2X⁸ 2Y¹⁰ (in alcuni esemplari c. O4 e 2C2 erroneamente segnate P4 e 2B2)

SBN-IT\ICCU\RAVE\002262

A c. 2R4 con proprio frontespizio: *Le vite de' sommi pontefici scritte dal reuer. p. maestro Girolamo Beroardi [...]*; a c. 2T3 con proprio frontespizio: *Cronologia ecclesiastica de' pontefici romani. Scritta da Onofrio Panuinio veronese [...].* V. fr.

[3154]

RICCI, RAFFAELLO

Predica fatta in S. Pietro di Roma sopra l'Euangelio corrente della prima domenica frà l'ottaua dell'Epifania dal R.P.F. Raffaello Ricci romano predicator generale de' Minori Osseruanti della prouincia di Roma l'anno 1611.

Roma, Giacomo Mascardi <1>, 1611.
16 p.; 4°
A-B⁴
SBN-IT\ICCU\UBOE\016171

[3155]
SALVETTI ACCIAUOLI, MADDALENA/(ed.)
ACCIAIUOLI, ZANOBI
Il Dauid perseguitato o vero fuggitiuo poema eroico. Della Maddalena Saluetti Acciaiuola gentildonna fiorentina. Alla sereniss. donna Maria Maddalena arciduchessa d'Austria, e gran duchessa di Toscana.
Firenze, Giovanni Antonio Caneo, 1611.
[4], 62 [i.e. 70] c.: ill.; 4° (diversi errori nella numer. delle c.)
§⁴ A-Q⁴ +?
SBN-IT\ICCU\BVEE\034972
Nome del curatore nella prefazione. V. fr.

[3156]
SOTO, ANDRÈS DE/(tr.) ?
La conuersione del buon ladrone. Opera di grande alleggerimento alle anime afflitte per la grauezza de' loro peccati, [...] Del r.p.f. Andrea di Soto [...] Tradotta dallo spagnolo nell'italiano, et dedicata all'ill.mo sir.re [!] Gio. Battista Doria.
Milano, Girolamo Bordone, 1611.
[32], 298, [2] p.; 12°
[croce]¹⁶ A-L¹² M¹⁸
SBN-IT\ICCU\BRIE\016147

[3157]
TANSILLO, LUIGI/VALVASON, ERASMO (DA)/
GUARGUANTE, ORAZIO
Le lagrime di San Pietro del signor Luigi Tansillo. Con le lagrime della Maddalena del signor Erasmo da Valuasone, di nuouo ristampate, et aggiuntoui l'eccellenze della gloriosa Vergine Maria, del signor Horatio Guargante da Soncino.
Venezia, Giorgio Bizzardo, 1611.
[4], 190 [i.e. 180] c.; 8° (errori nella numer. delle c.)
[ast.]⁴ A-Y⁸ Z⁴
SBN-IT\ICCU\RMSE\080364

[3158]
TRECCIO, DOMENICO
Cristo penoso, e moriente di f. Domenico Treccio vicentino [...].
Vicenza, Quirino Fiorini, 1611.
[8], 102, [i.e. 94], [2] p.: ill.; 4° (salto da p. 17 a p. 24)
a⁴ A-B⁴ D-N⁴ (salto del fasc. C)
SBN-IT\ICCU\VIAE\002488

[3159]
VARIA/(ed.) FIAMMA, PAOLINO
Le glorie della santa croce. Oue da molti eleuati ingegni si celebrano le grandezze, i priuilegi, & i meriti di quella; e piamente si contemplano le passioni, e tormenti di Cristo Iesù N.S. e della santiss. Vergine madre. Consecrate all'illustrissimo, e reuerendissimo signore il sig. cardinale Melini vicario de la santità di papa Paolo V. e prottetore della Congregatione Crocifera da frate Paolino Fiamma.
Venezia, Barezzo Barezzi, 1611.
[4], 46 c.: ill.; 4° (vari errori nella numer.)
a⁴ A-L⁴
SBN-IT\ICCU\BVEE\029253
A c. a3v: *Tauola de li auttori, e de la compositioni loro, contenute nella presente opera.* Gli autori sono: Angelo Grillo, Alessandro Brutti, Alessandro Gatti, Cesare Orsino, Carlo Coquinato Fagagna, Filippo Alberti, Francesco Crescimbeni, Incerto Bolognese, Incerto di Udine, Crisostomo Talenti, Girolamo Sorboli, Gioan Antonio Zancarol, Giacomo Carrata, Gioan Antonio Gromo, Girolamo Grilli, Luigi Grotto Cieco d'Adria, Luca Pastrovicchi, Marcantonio Balcianelli, Nicolo Catena, Paolo Emilio Balzani, Paolo Folchi Cavaliere, Paolo Bozi, Pietro Petracci, Torquato Tasso. V. ed.

[3160]
VILLEGAS, ALONSO DE/(tr.) VALENTINO, GIULIO CESARE
Nuovo legendario della vita di Maria Vergine Immacolata madre di Dio, Et delli Santi Patriarchi, & Profeti dell'antico Testamento, & delli quali tratta, & fa mentione la Sacra Scrittura. [...] Dato per avanti in luce in lingua spagnuola, sotto titolo di Flos Sanctorum seconda parte per il rever. sig. Alfonso de Vilegas di Toledo, teologo, e predicatore. Et nuouamente con molto studio dalla spagnuola, nella volgar lingua italiana tradotto dal rever. D. Giulio Cesare Valentino, Piovano di Carpeneto.
Piacenza, Giovanni Bazachi <1>, 1611.
[24], 823 p.; 4°
*⁸ **⁶ A-Z⁸ Aa-Zz⁸ Aaa-Eee⁸ Fff⁴
Swissbib 332819973

[3161]
VILLEGAS SELVAGO, ALONSO DE/(tr.) BAREZZI, BAREZZO
Il perfetto, e nuouo leggendario della vita, e fatti di n.s. Giesu Christo, e di tutti i santi; de' quali la Chiesa celebra la festa [...] & insieme con le vite di molti santi, detti estrauaganti. [...] Raccolto da graui, pij, & approuati autori; & dato in luce in lingua spagnola dal m.r. sig. d. Alfonso Vigliega di Toledo [...] sotto il titolo di Flos sanctorum prima parte: e dallo stesso Vigliega ampliato, [...] et hora con ogni fedeltà,

e diligenza tradotto di spagnuolo in italiano, da Barezzo Barezzi [...].

Venezia, Barezzo Barezzi (Venezia, Barezzo Barezzi, 1611).

2 pt ([20], 467, [2] c.; [12], 214 [i.e. 216] c.): ill.; 4° (errori nella numer. delle c.)

[croce]⁴ a⁸ [croce]⁸ A-K⁸ L⁶ M-2F⁸ [FF]¹ 2G-3M⁸ 3N⁶; [PAR]⁴ 2[ast]⁸ A-2D⁸ (C. 3N6 bianca)

SBN-IT\ICCU\UMCE\028003

1612

[3162]

AGOSTINO DA BISIGNANO

Lettioni spirituali sopra il Cantico della b. Vergine. Del r.p.f. Agostino da Bisignano, teologo, e predicatore dell'Ordine di Minimi. Nelle quali copiosamente a profitto dell'anime christiane, & a non poco benefitio de' deuoti predicatori, si scorgono salutifere esortationi, deuoti pensieri, & altri concetti in honore, e lode della madre di Dio. Lette da detto padre nelle Vigne di Genoua l'anno 1609.

Firenze, Giovanni Antonio Caneo, 1612 (Firenze, Giovanni Antonio Caneo, 1612).

3 pt ([30], 364; 108 [i.e. 116], [2]; 94, [2] p.); 4° (nella paginazione della pt 2 le p. 115-116 sono numerate erroneamente 107-108)

[pi greco²] [ast]⁴ 2[ast]⁴ 3[ast]⁴ [paragrafo]² A-2Y⁴ 2Z²; a-O⁴ P²; A-M⁴ (c 2[ast]4 mancante)

SBN-IT\ICCU\RAVE\013929

Pt 2: *Libro secondo delle lettioni spirituali sopra il Cantico della b. Vergine*; pt 3: *Lettione decimasesta.* (Firenze, Volcmar Timan e Lodouico Timan). V. fr.

[3163]

ANDREINI, GIOVANNI BATTISTA

La Maddalena di Gio: Batista Andreini, fiorentino. Alla serenissima Maria Maddalena arciduchessa d'Austria, gran duchessa di Toscana, dedicata.

Firenze, Eredi di Cristoforo Marescotti, 1612.

[4], 118, [2] p.; 4°

π² A-Q⁴ (c. Q4 bianca)

SBN-IT\ICCU\CFIE\026474

V. fr.

[3164]

ANDROZZI, FULVIO/(ed.) ADORNO, FRANCESCO

Opere spirituali del r.p. Fuluio Androtio. Della Compagnia di Giesu, diuise in tre parti. Nelle quali si tratta della meditatione della vita, & morte del n. saluator Giesu Christo. Della frequenza della Comunione. Et dello stato lodeuole delle vedoue [...] Di nuouo reuiste, & con somma diligenza corrette, & ristampate.

Venezia, Marcantonio Zaltieri, 1612.

3 vol.; 24°

SBN-IT\ICCU\UM1E\001085

Nome del curatore a c. A6r del vol. 1

1:

[6], 70, [2] c.

A-F¹²

SBN-IT\ICCU\UM1E\001086

I vol. 2 e 3 non trattano materia biblica.

[3165]

ANONIMA

Fior di virtu historiato vtilissimo a' fanciulli, & ad ogni fedel christiano. Aggiuntoui di nuouo vn capitolo in rima alla gloriosa Vergine Maria. Di nuouo reuisto dalla santissima Inquisitione, & con somma diligentia ristampato.

Treviso, Angelo Righettini, 1612.

92, [4] p.: ill.; 8°

A-C¹⁶

SBN-IT\ICCU\RMLE\040053

[3166]

ANONIMA

La rappresentatione della natiuita di Christo.

(Firenze, alle scalee di Badia, 1612).

[6] c.: ill.; 4°

A⁶

SBN-IT\ICCU\CFIE\032952

Titolo uniforme: *Rappresentazione di Gesù Cristo: la natività.* Cfr. Cioni 1961, p. 151, n. 19; Testaverde-Evangelista, 213. V. ed.

[3167]

ANONIMA

La rappresentatione di san Giouanni decollato.

Siena, alla Loggia del papa, 1612.

[6] c.: ill.; 4°

A⁶

SBN-IT\ICCU\CFIE\033288

Titolo uniforme: *Rappresentazione di san Giovanni Battista decollato.* Cfr. Cioni 1961, p. 190, n. 8; Testaverde-Evangelista, 603. V. ed.

[3168]

BALLOTTINO, ARCANGELO

Pietosi affetti di compassione sopra li dolori della b. v. Maria; dedicati all'illustrissimo signore, il sig. Gioan Paolo Lupi marchese di Soragna. Et vn colloquio affettuoso del pianto, ch'ella fece nella morte del suo dilettiss. figliuolo Giesù Christo; all'illustrissima signora, la signora sua madre d. Isabella marchesa Pallavicina Lupi. Raccolti dal molto reuer. p. maestro Arcangelo Ballottino da Bologna dell'Or-

dine de' Servi, priore nel conuento della miracolosissima Madonna di Reggio.

Bologna, Bartolomeo Cochi, 1612 (Bologna, Bartolomeo Cochi, 1612).

2 vol.; 8°

SBN-IT\ICCU\CFIE\020901

1:

[24], 376 p.

a¹² A-Z⁸ z⁴

SBN-IT\ICCU\CFIE\020904

V. fr.

2:

Colloquio affettuoso del pianto, che fece Maria nella morte del suo dilettissimo figliuolo Giesù Christo. All'illustrissima signora, la sig. d. Isabella marchesa Pallavicina Lupi.

Bologna, Bartolomeo Cochi, 1612 (Bologna, Bartolomeo Cochi, 1612).

110, [2] p.

A-G⁸

SBN-IT\ICCU\CFIE\020909

V. fr.

[3169]

BARTOLAIA, LODOVICO

La coronatione del re Salomone. Rapresentatione di Lodouico Bartolaia dalla Mirandola [...].

Venezia, Ambrogio Dei, 1612.

[10], 97, [1] p.; 12°

A-D¹² E⁶

SBN-IT\ICCU\MODE\032234

Var. B: sul frontespizio data di stampa 1602.

[3170]

BERLENDI, GIOVANNI PAOLO

Scala di Giacobbe applicata alle beatitudini euangeliche del r.p. Gio. Paolo Berlendi da Bergamo theologo, e predicatore agostiniano dell'osseruanza di Lombardia. Parte prima. Nella quale, con concetti morali, scritturali, e scholastici si tratta della perfettion christiana. Con quattro tauole copiose; la prima de' capitoli; la seconda de' luoghi della Scrittura; la terza delle cose notabili; la quarta delle appropriationi à' Vangeli correnti frà l'anno. All'illustrissimo signor il sig. Piero Barbarigo podestà di Brescia.

Brescia, Giovanni Battista Bozzola <2> e Antonio Bozzola, 1612 (Brescia, Giovanni Battista Bozzola <2> e Antonio Bozzola, 1612).

2 vol.; 4°

SBN-IT\ICCU\UM1E\006777

1:

Brescia, Giovanni Battista Bozzola <2> e Antonio Bozzola, 1612.

[18], 182, [2] p.; 4°

a-b⁴ c⁶ d⁴ A-L⁸ M⁴ (ultima c. bianca)

SBN-IT\ICCU\BVEE\049026, SBN-IT\ICCU\UM1E\012743

V. fr.

2:

Parte seconda. Nella quale, con concetti morali, scritturali, e scholastici si tratta della perfettion christiana. Con quattro tauole copiose.

Brescia, Giovanni Battista Bozzola <2> e Antonio Bozzola, 1612 (Brescia, Giovanni Battista Bozzola <2> e Antonio Bozzola, 1612).

[40], 275, [1] p.: ill.; 4°

a-e⁴ A-R⁸ S²

SBN-IT\ICCU\UM1E\006778

[3171]

CROCE, GIULIO CESARE

Discorsi breui, et facili sopra tutti i misterii del santiss. rosario, con altre compositioni spirituali composti ad instanza d'vna reu. monaca del Corpus Domini. Per Giulio Cesare dalla Croce. Con vna aggionta di tre orationi poste in fine d'ogni cinque misterij. Seconda impressione.

Bologna, Eredi di Giovanni Rossi, 1612.

72 p.: ill.; 8°

A-C⁸ D¹²

SBN-IT\ICCU\UBOE\077629

V. fr.

[3172]

EPISTOLE E VANGELI/(tr.) NANNINI, REMIGIO/CANISIUS, PIETRUS/LUIS DE GRANADA/(tr.) CAMILLI, CAMILLO

Epistole et euangeli, che si leggono tutto l'anno alle messe, secondo l'vso della Santa Romana Chiesa, & ordine del messale riformato. Tradotti in lingua toscana, dal R.P.M. Remigio Fiorentino [...] Et i sommari, fatti latini dal R.P. Pietro Canisio [...] Tradotti in volgare da Camillo Camili. Aggiuntoui diuersi sermoni sopra l'oratione, digiuno, & elemosina [...] Et in questa ultima impressione di molti errori espurgati.

Torino, Giovanni Antonio Seghino, 1612.

[16], 555, 80, [4] p., 36 c.; 4°

A⁸ A-2Q⁸ 2R⁶, A-D⁸ E⁴ (c. 2R6 e E4 bianche)

SBN-IT\ICCU\CAGE\028226

I sermoni hanno frontespizio proprio: *Sermoni sopra l'oratione, digiuno, et elemosina, necessarij ad ogni fedel christiano, & particolarmente ad ogni curato [...] Cauati dall'opere del R.P.F. Luigi di Granata.*

[3173]

GABRIELE DA VENEZIA

Nuouo modo di orare, et meditare, composto dal r.p.d. Gabriele Giupponi venetiano monaco camaldolense. Sopra la vita, passione, resurrettione, & ascensione del n. sig. Giesu Christo. Et ancor sopra la vita, morte, et gloria dell'immacolata vergine Maria.
Venezia, Evangelista Deuchino, 1612.
[24], 375 [i.e. 383], [1] p.; 24° (ripetute nella numer. le p. 233-240)
a¹² A-Q¹²
SBN-IT\ICCU\RMLE\029004
V. fr.

[3174]
GILIBERTI, VINCENZO
Ammaestramenti spirituali o vero Aio del cristiano di D. Vincenzio Giliberto cherico regolare: oue s'insegna il modo di far'orazione, di confessarsi, di comunicarsi, e d'ordinar l'hore. con soliloqui diuotissimi della passion di Cristo, del peccator contrito, e del santissimo sacramento. Con tre tauole copiosissime.
Modena, Giuliano Cassiani, 1612 (Modena, Giuliano Cassiani, 1612).
[24], 421, [71] p.; 12°
a¹² A-V¹² X⁶ (c. S12 bianca)
SBN-IT\ICCU\BAiE\002091

[3175]
GILIBERTI, VINCENZO
La citta d'Iddio incarnato, descritta per d. Vincenzio Giliberto chierico regolare, sopra il salmo, Magnus Dominus. Oue pienamente si tratta della predestinazione, concezzione, natiuità, vita, morte, e glorificazione; e di tutte le virtù, doti, & eccellenze di Maria Vergine, con cinque tauole copiose, & vtilissime; [...].
Venezia, Pietro Dusinelli, 1612-1615.
3 vol.; 4°
SBN-IT\ICCU\URBE\034133
1:
[80], 286, [2] p.
a-e⁸ A-S⁸ (c. e8, S8 bianche)
SBN-IT\ICCU\URBE\034134
Var. B: nel titolo "don Vincenzio" invece di "d. Vincenzio".
2:
Seconda parte della Città d'Iddio incarnato, ouero delle sovrane eccellenze virtù, grazie, priuilegi, doni, e lodi singolari di Maria vergine e in spezialità del suo natale, de' nomi di lei, dell'ambasceria di Gabriello, del parto, e presentazione, di Giesù nel tempio, delle opere, che fece in vita, dell'assunzione dell'eterna gloria. Descritte per Don Vincenzio Giliberto chierico regolare. Sopra il Salmo Magnus Dominus & laudabilis nimis. Oue con varie occasioni, o della tema proposta, o delle feste occorrenti, si ragiona di s. Anna vltima

pietra di questa gran città, e di più santi, gloriosi cittadini e parti di lei. Con cinque tauole copiosissime.
Venezia, Pietro Dusinelli, 1612.
[64], 326, [2] p.; 4°
a-d⁸ A-V⁸ X⁴
SBN-IT\ICCU\RLZE\034560
Var. B: *Seconda parte della città d'Iddio incarnato ouero delle sourane eccellenze, virtù, grazie, priuilegi, doni, e lodi singolari di Maria Vergine. Et in ispezialità del suo natale [...] descritte per don Vincenzo Giliberto [...] con cinque tauole copiosissime,* [68], 326, [2] p., 4°; a-c⁸ d¹⁰ A-V⁸ X⁴, cfr. SBN-IT\ICCU\CAGE\011766, vedi 3134. La terza parte è del 1615, cfr. SBN-IT\ICCU\BAiE\002171, vedi 3269.
V. fr.

[3176]
GUADAGNO, GIOVANNI LORENZO
Thesoro della dottrina di Christo N.S. diuiso in due parti. Nel quale si contiene la dichiarazione della legge euangelica, e de' principali misteri della nostra santa fede, delle feste solenni di Christo, della B. Vergine, e di quanto s'appartiene per instruttione della conscienza di ciascheduno, & in particolare di chi ha cura d'anime. Cauata da diuersi sacri Dottori, e di più copiosa dichiarazione fatta in Chiesa al popolo da un Padre Religioso, e dal medesimo ridotta in forma di dialogo. Et di nuouo corretta, & arricchita di molte cose, con le citazioni de' Dottori nel margine. Raccolta da D. Gio. Lorenzo Guadagno, Napolitano theologo. Con due tauole, una delle materie, e l'altra delle cose principali, che in questa opera si contengono. Alla molto Illust. Sig. Donna Maria Santacroce di Barcarzer.
Venezia, Sessa, 1612.
[12], 492, [4] p.; 8°
a⁸ A-2H⁸ (ultima c. bianca)
SBN-IT\ICCU\CAME\000725

[3177]
IOSEPHUS, FLAVIUS
Delle antichità, e guerre giudaiche; diuiso in ventisette libri. Nel I. Si tratta della creazione del cielo, e della terra; e dell'opera de i sei dì; e del riposo del settimo. Descrivesi la partitione di Giacob da Esaù, e perché Esaù è detto Edom, & la felicità di Giacob. Moisé conduce il popolo fuori di Egitto al monte Sinai. Gli Hebrei contra Cananei felicemente combattono. Giesù rovina Gerico conseruando solamente Raab, Achar è ucciso, & Aim pigliata si saccheggia. Castigo de i Palestini per haver pigliata l'Arca. David primieramente è creato re sopra una tribu, lasciato l'altro principato à i figliuoli di Saul; della guerra di Gioab con Abner, & Isboseth; e come Abner fu da Gioab a tradimento ucciso. Salomone punisce i setitiosi. Della religione di Giosafat, e la sua vittoria contra Moabiti. La guerra di Sennacherib contra Gierusalem, e la

bestemmia di Raspace. Al molto illust. Et eccell. Sig. Il signor Thadeo Tirabosco. Gioseffo Flauio historico.
Venezia, Alessandro Vecchi, 1612-1611.
3 vol.; 4°
SBN-IT\ICCU\BVEE\055467
V. fr.
1:
[24], 366, [2] p.: ill.
a¹² A-Z⁸ (ultima c. bianca)
SBN-IT\ICCU\BVEE\055473
Il volume secondo è del 1611, cfr. SBN-IT\ICCU\BVEE\055469, vedi 3143.

[3178]
MORO, MAURIZIO
La Passione di N.S. Giesu Christo d'Alberto Durero di Norimberga. Sposta in ottaua rima dal R.P.D. Mauritio Moro [...].
Venezia, Daniele Bissuccio, 1612.
[42] c.: 37: ill.; 4°
A-K⁴ L²
SBN-IT\ICCU\VEAE\003362

[3179]
MORONE, BONAVENTURA
Il mortorio di Christo tragedia spirituale del R.P.F. Bonaventura Morone da Taranto de' frati min. osser. Reformati [...].
Cremona, Giorgio Berta, 1612 (Cremona, Barucino Zanni, a istanza di Marco Antonio Belpiero, 1612).
[24], 283, [5] p.: ill.; 12°
[croce]¹² A-M¹² (c. MII-12 bianche)
SBN-IT\ICCU\BRIE\014835

[3180]
MORONE, BONAVENTURA
Il mortorio di Christo tragedia spirituale del R.P.F. Bonaventura Morone da Taranto de' frati min. osser. reformati. Consagrata alla Santissima Vergine Madre di Dio, sotto il titolo della Madonna dello Spasimo.
Cremona, Marco Antonio Belpiero, 1612 (Cremona, Baruccino Zanni, a istanza di Marco Antonio Belpiero, 1612).
[24], 283, [5] p.; 12°
[croce]¹² A-M¹² (c. MII-12 bianche)
SBN-IT\ICCU\URBE\042805

[3181]
MORONE, BONAVENTURA
Il mortorio di Christo tragedia spirituale. Del r.p.f. Bonauentura da Taranto de' Frati Min. Osseruan. Reformati.

Consagrata alla santissima Vergine madre di Dio. Sotto il titolo della Madonna dello Spasimo.
Milano, Erede di Pietro Martire Locarno e Giovanni Battista Bidelli, 1612.
[24], 240, [6] p.; 12°
†¹²A-I¹² K¹⁸
SBN-IT\ICCU\BVEE\025598
V. fr.

[3182]
MORONE, BONAVENTURA
Il mortorio di Christo tragedia spirituale; del R.P.F. Bonaventura da Taranto. De' frati Minori Osseruani [!] Reformati. Consagrata alla Santissima Vergine Madre di Dio. Sotto il titolo della Madonna dello spasimo.
Torino, Giovanni Antonio Seghino, [1612?].
[24], 246, [2] p.: ill.; 12°
croce¹² A-K¹² L⁴
SBN-IT\ICCU\TO0E\155826
La data si desume dalla dedica.

[3183]
OBICINO, BERNARDINO
Discorsi, ouero sermoni sopra gli Euangelii di tutte le domeniche dell'anno, ferie di Quaresima, & feste principali, ne' quali si contengono espositioni letterali, documenti con dottrina de santi Padri, theologia scolastica, & filosofia morale. Opera vtilissima per predicatori, curati d'anime, & altri quali fanno professione di predicare. Del r.p. Bernardino Obicino dell'Ordine de' Frati Minori dell'Osservanza Riformati. Con quattro tauole copiosissime. La prima de sermoni. La seconda delle cose notabili. La terza delle auttorità della sacra Scrittura. La quarta de sogetti applicabili alli Euangeli di ciascheduno giorno della Quaresima. Seconda parte.
Milano, Erede di Pacifico Da Ponte e Giovanni Battista Piccaglia, 1612.
[124], 820, [4] p.; 4°
[croce]⁴ a-f⁸ g¹⁰ A-3E⁸ 3F⁴ (ultima c. bianca)
SBN-IT\ICCU\UM1E\004184
Var. B: [108], 820, [4] p.; [croce]⁴ a-b⁸ c-d⁴ E-F⁸ G¹⁰ A-3E⁸ 3F⁴. Cfr. Michel-Michel, VI, p. 29. V. fr.

[3184]
OBICINO, BERNARDINO
Discorsi, ouero sermoni sopra gli Euangelii di tutte le domeniche dell'anno, ferie di quaresima, & feste principali [...] opera vtilissima per predicatori, curati d'anime, & altri quali fanno professione di predicare. Del R.P. Bernardino Obicino [...] Con quattro tavole copiosissime [...] Prima Parte.

Milano, Eredi di Pacifico Da Ponte e Giovanni Battista Piccaglia, 1612 (Brescia, Giovanni Battista Bozzola <2> e Antonio Bozzola, 1612).

[68], 786, [2] p.: 1 ill.; 4°

+⁴ a-c⁸ d⁶ A-3C⁸ 3D²

SBN-IT\ICCU\TO0E\045516

L'impronta è diversa di quella dell'edizione SBN-IT\ICCU\UM1E\004197, vedi 3185.

[3185]

OBICINO, BERNARDINO

Discorsi, ouero sermoni sopra gli euangelij di tutte le domeniche dell'anno, ferie di Quaresima, & feste principali, [...] opera vtilissima [...] del r. padre Bernardino Obicino [...] Con quattro tauole copiosissime [...] Parte prima.

Brescia, Giovanni Battista Bozzola <2> e Antonio Bozzola, 1612 (Brescia, Giovanni Battista <2> Antonio Bozzola, 1612).

[68], 786, [2] p.; 4°

[croce]⁴ a-c⁸ d⁶ A-3C⁸ 3D²

SBN-IT\ICCU\UM1E\004197

[3186]

PERSIO, ORAZIO

Il figliuol prodigo rappresentatione del dottor Horatio Persio da Matera cittadin romano. All'illustriss. sig. D. Alessandro de' Monti marchese dell'Acaia, [...].

Napoli, Giovanni Domenico Roncagliolo (Napoli, Giovanni Domenico Roncagliolo, 1612).

[6], 60 c.; 12°

a⁶ A-E¹²

SBN-IT\ICCU\BVEE\025669

[3187]

PINELLI, LUCA

Meditationi sopra alcuni misterii della passione di Christo signor nostro. Composte dal p. Luca Pinelli da Melfi della Compagnia di Giesu.

Venezia, Bernardo Giunta <2> e Giovanni Battista Ciotti e compagni, 1612.

70, [2] p.

A-C¹² (c. C11 bianca)

SBN-IT\ICCU\CFIE\044791

È il vol. 2 delle *Opere spirituali*, 1608-1612, cfr. SBN-IT\ICCU\UM1E\026553, vedi 3044.

[3188]

PLATINA (IL) (SACCHI, BARTOLOMEO)/PANVINIO, ONOFRIO/BEROARDI, GIROLAMO/PORCACCHI, TOMMASO

Historia delle vite de' sommi pontefici dal Saluator Nostro sino a Paolo 5. Scritta da Battista Platina da Cremona,

f. Onofrio Panuinio veronese, Tomaso Porcacchi da Castiglione, f. Girolamo Beroardi dell'Ordine de' predicatori. Con la Cronologia ecclesiastica del Panuinio tradotta in lingua volgare dal sopradetto p.f. Girolamo Beroardi; e tutte l'effigie de i sommi pontefici [...].

Venezia, Alessandro Vecchi, 1612.

[8], 722 [i.e. 718], [2] p.: ill.; 4° (omesse nella numer. le p. 189-192)

a⁴ A-L⁸ M⁶ N-2X⁸ 2Y¹⁰

SBN-IT\ICCU\TO0E\141454

Le vite del Beroaldi iniziano con proprio frontespizio a c. 2R4r. La *Cronologia* del Panvinio inizia con proprio frontespizio a c. 2T3r.

[3189]

RODIANI, RICCARDO

La Maddalena convertita.

Napoli, Giovanni Giacomo Carlino, 1612.

12°

Quadrio, III, p. 79

[3190]

SEGALA, ALESSIO

Corona celeste ornata di pretiosissime considerationi, overo meditationi accomodate per tutti li giorni dell'anno per contemplare i misterii della acerbissima passione del nostro salvatore [...], parte seconda.

Brescia, Pietro Maria Marchetti, 1612.

2 vol. ([46], 544; [16], 480 p.); 16 cm.

Swissbib 041498887

[3191]

SEMINO, GERONIMO

Del libro delle stationi delle quaranta hore. Parte seconda. Nella quale si contiene la passione di N. Sig. in varie orationi, & meditationi distinta. Raccolte, & date in luce dal molto R.P. Hieronimo Semino [...].

Genova, Giuseppe Pavoni, 1612 (Genova, Giuseppe Pavoni, 1612).

256, [8] p.; 12°

A-L¹²

SBN-IT\ICCU\TO0E\031524

La parte prima non tratta materia biblica, ma "orationi pertinenti al Santissimo Sacramento, et di altre deuotioni a simile luogo, e tempo spettanti".

[3192]

TORTOLETTI, BARTOLOMEO

Il giuramento tragedia sacra di Bartolomeo Tortoletti veronese. Dottore in sacra theologia.

Venezia, Evangelista Deuchino, 1612.

97, [3] p.; 12°

A-D¹² [chi greco]² (ultima c. bianca)
SBN-IT\ICCU\PARE\063149

[3193]
ZACCONI, LODOVICO
Compendio delle vite di tutti i santi descritte, non solo dal Vigliega nel lodatissimo suo Flos sanctorum; ma anco dal Voragine, Fiamma, Surio, Pietro di Natale, & altri. [...] Raccolto, & composto, per reuer. padre fra Lodouico Zacconi da Pesaro [...] Con tre copiosissime tauole [...].
Venezia, Sebastiano Combi, 1612.
[108], 758, [2] p.: ill.; 4°
[croce]⁴, a-b⁸ c¹⁰ d-e⁸ f-g⁴, A-3⁰⁸ 3B⁴ (fasc. 3B erroneamente segnato 3C, c. 3B4 bianca)
SBN-IT\ICCU\RMLE\023308

1613

[3194]
ANDREINI, GIOVANNI BATTISTA
L'Adamo sacra rappresentatione, di Gio. Battista Andreino fiorentino. Alla m.ta christ.ma di Maria de Medici reina di Francia. Dedicata.
Milano, a istanza di Girolamo Bordone, 1613.
[26], 177, [1] p., [1] c. di tav.: ill.; 4°
a-c⁴ A-X⁴ Y⁶
SBN-IT\ICCU\BVEE\039649
L'emissione successiva sarà del 1617 con altro frontespizio calcografico e priva del ritratto, cfr. SBN-IT\ICCU\RMRE\002396, vedi 3310. V. ed.

[3195]
ANONIMA
La rappresentazione di Lazaro ricco et di Lazaro pouero.
Siena e ristampato in Ronciglione, Domenico Dominici, 1613.
4 c.: ill.; 4°
A⁴
BL 11426.f.59
Titolo uniforme: *Rappresentazione di Lazzaro ricco e Lazzaro povero.* V. ed.

[3196]
ANONIMA/(ed.) FILONI, GIROLAMO
La rappresentatione e festa di Ioseffe figliuolo di Giacob. Nuouamente data in luce per Girolamo Filoni.
Stampato in Viterbo e Orvieto, e ristampato in Perugia, Vincenzo Colombara e Annibale Aluigi, 1613.
8 c.: ill.; 4°
Cioni 1961, p. 206, n. 23; Harvard, Houghton Library GEN *IC5 A100R G33.613

Titolo uniforme: *Rappresentazione di Giuseppe.*

[3197]
ANONIMA/ROSIGLIA, MARCO
La conversione di santa Maria Maddalena. Del Sig. Marco da Rasiglia da Foligno.
Viterbo, [Girolamo Discepolo], 1613.
4 c.: ill.; 4°
A⁴
Cioni 1963, p. 204, n. 3
Per l'autore cfr. Cioni 1963, p. 203 ("Testo di Autore ignoto del sec. XVI, fondato – ma abbreviatissimo – su quello del Rosiglia").

[3198]
BELCARI, FEO/BENCI, TOMMASO
La rappresentatione di san Giouanni Battista quando ando nel deserto. Aggiuntoui nel fine alcune stanze, e di nuouo ricorretta.
Siena, alla Loggia del papa, 1613.
[4] c.: ill.; 4°
A⁴
SBN-IT\ICCU\CFIE\033203
Testo di Feo Belcari preceduto da 16 stanze di Tommaso Benci, cfr. c. A1v. Titolo uniforme: *Rappresentazione di s. Giovanni Battista nel deserto.* Cfr. Cioni 1961, p. 188, n. 14; Testaverde-Evangelista, 524. V. ed.

[3199]
CASTALDO, GIULIO CESARE
Le lagrime di Giuseppe e di Nicodemo.
Napoli, Giovan Battista Gargano e Lucrezio Nucci, 1613.
12°
Quadrio, III, p. 80

[3200]
[CASTELLANI, CASTELLANO]
Rappresentazione della conuersione di santa Maria Maddalena.
Firenze, Stefano Fantucci Tosi, 1613.
[12] c.: ill.; 4°
A¹²
SBN-IT\ICCU\CFIE\032905
Titolo uniforme: *Rappresentazione di s. Maria Maddalena. La conversione.* Cfr. Cioni 1961, p. 238, n. 15; Testaverde-Evangelista, 191. V. ed.

[3201]
COMPOSTO, GIOVAN BATTISTA
La caduta di Lucifero di Giouan Battista Composto academico Otioso, detto il Fisso.
Napoli, Giovanni Giacomo Carlino, 1613.

[8], 46, [2] p.; 4°
a⁴ A-F⁴ (ultima c. bianca)
SBN-IT\ICCU\NAPE\015514
V. fr.

[3202]
COMPOSTO, GIOVAN BATTISTA
La Giuditta di Giouan Battista Composto academico Otioso, detto il Fisso. All'illustrissima, et eccellentissima signora d. Caterina Roscias, et Sandoual, contessa di Lemos, et vicereina di Napoli.
Napoli, Giovanni Giacomo Carlino, 1613.
48 p.; 4°
a-f⁴
SBN-IT\ICCU\NAPE\016035
V. fr.

[3203]
[DATI, GIULIANO/BERNARDO DI ANTONIO/ PARTICAPPA, MARIANO]
La rappresentatione della passione del nostro Signore Giesu Christo, con la sua Resurressione.
Siena-Roma-Venezia, alla loggia del papa, 1613.
48 c.: ill.; 4°
A-F⁸
Cioni 1961, p. 162, n. 25
Per gli autori cfr. Cioni 1961, p. 156. Titolo uniforme: *Rappresentazione della passione di Cristo.*

[3204]
DELLE COLOMBE, RAFFAELLO
Delle prediche sopra tutti gli Euangeli dell'anno, nelle quali con similitudini, metafore, allegorie retoriche, e considerazion particolari si dichiarano molti luoghi morali della Sacra Scrittura, ma in senso letterale. Di fra Raffaello delle Colombe dell'Ordine de' Predicatori. Con tre tauole: vna delle quali è vtilissima, che applica, e compone per ogni giorno della Quaresima vna predica intera. L'altre due delle cose notabili, e dell'autorità della Scrittura. Volume primo.
Firenze, Bartolomeo Sermartelli <2> e fratelli, 1613 (Firenze, Bartolomeo Sermartelli <2> e fratelli, 1613).
[8], 584 [i.e. 582], [50] p.; 4°
+⁴ A-4K⁴ (omesse nella numer. le p. 569-570)
SBN-IT\ICCU\RLZE\034354
È ristampato nel 1619, cfr. SBN-IT\ICCU\TO0E\028857 e IT\ICCU\UM1E\004084, vedi 3395. Per i successivi volumi, si vedano le *Prediche sopra tutti gli Euangeli dell'anno* del 1615-1627, cfr. SBN-IT\ICCU\TO0E\028855, vedi 3262.

[3205]
DU BARTAS GUILLAUME (DE SALLUSTE)/(tr.) GUISONE, FERRANTE

La diuina settimana; cioe i sette giorni della Creatione del Mondo, del signor Guglielmo di Salusto signor di Bartas; tradotta di rima francese in verso sciolto italiano. Dal signor Ferrante Guisone. Et in questa sesta impression ricoretta, con le sue figure adornata.
Venezia, Giovanni Battista Ciotti, [1613?].
122 [i.e. 129] c.; 12° (c. 9-10 ripetute nella numer., c. 69 erroneamente numerata 64)
A¹⁰ B-L¹² (c. L12 bianca)
SBN-IT\ICCU\UM1E\005095
Senza data; la si ricava dall'impronta.

[3206]
EPISTOLE E VANGELI/(tr.) NANNINI, REMIGIO
Epistole, et euangelii, che si leggono tutto l'anno alle messe, secondo l'vso della s.r. Chiesa, & ordine del messale riformato. Tradotti in lingua toscana dal r. p. m. Remigio fiorentino dell'Ordine de' Predicatori. Con alcune annotationi morali del medesimo a ciascuna epistola, & euangelio. Et con l'aggiunta di molte altre annotationi morali del medesimo a ciascuna epistola, & Euangelio, & ancora di quattro discorsi, cioe del Digiuno, dell'Inuocation de' Santi, dell'vso dell'Imagini, & della veneratione delle reliquie loro. Con il calendario, & con la tauola de i giorni, che si leggono le epistole, & gli Euangelij.
Venezia, Giovanni Antonio Giuliani, 1613.
[16], 894, [2] p.; 8°
a⁸ A¹⁶ C-3K⁸
SBN-IT\ICCU\MILE\050477

[3207]
FILUCCI, AURELIO
Sermoni di tutte le domeniche et principali feste dell'anno, et delle consolationi della morte, del reu. p. Aurelio Filucci da Pesaro [...] Aggiontoui in questa nuoua impressione cinquanta sermoni per il Santissimo Sacramento.
Venezia, Giacomo Vincenzi, 1613.
[16], 189, [3] p.: ill.; 8°
SBN-IT\ICCU\URBE\010160

[3208]
FRANCIOTTI, CESARE
Viaggio al Monte Caluario; distinto in sei settimane: doue si medita la Passione del Signore. Del r. Padre Cesare Franciotti sacerdote della Congregat. Lucchese della B. Verg. [...].
Venezia, Sebastiano Combi, 1613.
[20], 424, [22] p.: ill.; 12°
A-T¹²
SBN-IT\ICCU\UM1E\017910

[3209]
GRACIÀN, JERÒNIMO/(tr.) MANCINI, SULPICIO

Vita di s. Gioseffo gloriosissimo sposo della Madre di Dio Maria vergine, contenente in sommario, & con bellissimo ordine quante grandezze, eccellenze, & priuilegij hanno di lui sparsamente scritte i Santi Padri, & historici ecclesiastici. [...] Composta dal molto reu. maestro Girolamo Gratiano della Madre di Dio Carmelitano, della città di Valledolid. E tradotta di spagnuolo in italiano per Sulpitio Mancini. Et in questa nostra impressione aggiuntoui di nuouo l'officio di detto santo, [...].
Venezia, Pietro Maria Bertano, 1613.
[16], 262, [10] p.; 8°
[croce]⁸ A-R⁸
SBN-IT\ICCU\UM1E\004956
Parte seconda con proprio frontespizio: *Officium paruum in honorem sancti Ioseph adiectis quibusdam miraculis, & precationibus*, dello stesso autore.

[3210]
GRILLO, ANGELO
Pietosi affetti del reuerendiss. P.D. Angelo Grillo abbate cassinense. Cioè Christo penoso. [...] Lagrime del penitente. In questa vltima impressione accresciute et migliorate dal medesimo autore.
Venezia, Giovanni Battista Ciotti, 1613.
2 pt (552, [36]; 96) p.: ill.; 12°
A-2A¹² 2B⁶; A-D¹² (c. 2B6 bianca)
SBN-IT\ICCU\BVEE\039451
Pt 2: *Lagrime del penitente ad imitatione de' sette salmi penitentiali di Dauide. [...]*. In Venetia: per Euangelista Deuchino, 1613.

[3211]
GRILLO, ANGELO ET ALIA/(ed.) PATTO, ANGELICO
Canoro pianto di Maria Vergine sopra la faccia di Christo estinto: a una voce da cantar nel chitarone o altri instromenti simili: nouamente stampati. Poesia del rever.mo P. abbate Grillo; raccolta per D. Angelico Patto Academico Giustiniano; et posto in musica da diuersi auttori con un dialogo, et madregale; tramutati da l'istesso.
Venezia, Bartolomeo Magni, 1613.
1 partitura (31 p.); fol.
SBN-IT\ICCU\MUS\0236263
Madrigali composti da Angelico Patto, Bartolomeo Barbarino, Isidoro Abbondo.

[3212]
JACOBUS DE VORAGINE/(tr.) MALERBI, NICOLÒ
Legendario delle vite de i santi; composto dal r.p.f. Giacobo di Voragine dell'Ordine de' Predicatori, & tradotto già per il reuerendo d. Nicolo Manerbio venetiano. Aggiuntoui di nuouo molte legende, & accommodata ad ogni giorno la uita di alcun santo. Con la tauola delle legende, & di vaghe

figure ornato, e con somma diligenza ricorretto. Et anchora aggiuntoui di nuouo il calendario gregoriano.
Venezia, Pietro Miloco, 1613.
[16], 864 p.: ill.; 4°
+⁸A-3H⁸
Pagnotta, p. 142

[3213]
LOTTINI, GIOVANNI ANGELO
Sacrificio d'Abramo sacra rappresentazione del r.p.f. Gio. Agnolo Lottini dell'ord. de Serui da poter recitarsi in due guise, o rappresentando il sacrificio o vero non rappresentandolo.
Firenze, Zanobi Pignoni, 1613.
110, [2] p.; 8°
A-G⁸
SBN-IT\ICCU\BVEE\026025
V. fr.

[3214]
MICHELANGELO DA VENEZIA
Fascetto di mirra, nel quale si contengano quaranta meditationi sopra la passione di nostro signore, che possono seruire anco per l'oratione delle quaranta hore. Di F. Michel'Angelo da Venetia, capuccino. Parte prima.
Venezia, Marco Varisco, 1613.
2 vol.; 12°
SBN-IT\ICCU\UMCE\012768
2:
Fascetto di mirra e di vari fiori, il quale contiene molti esercitij spirituali [...].
204 c.
A-R¹²
SBN-IT\ICCU\UMCE\012770
Il vol. 1 è del 1611, cfr. SBN-IT\ICCU\UMCE\012769, vedi 3147.

[3215]
MORONE, BONAVENTURA
Il mortorio di Christo tragedia spirituale del r.p.f. Bonauentura Morone da Taranto de' Frati Min. Osser. Reformati. Consagrata alla santissima Vergine madre di Dio. Sotto il titolo della Madonna dello Spasimo.
Parma, Anteo Viotti, 1613 (Parma, Anteo Viotti, 1613).
286, [2] p.: ill.; 12°
A-M¹²
SBN-IT\ICCU\RAVE\041965
V. fr.

[3216]
MURILLO, DIEGO/(tr.) GALLETTI, TOMMASO

Il Moriglio doppio, e perfettissimo quadragesimale ripieno di singolar dottrina, ricco di pensieri curiosi e graui, & abondante di nuoui, & spiritosi concetti scritturali [...] composto dal m.r.p.f. Diego Moriglio di Saragozza [...] Nuouamente con ogni diligenza, e fedelta tradotto dalla lingua spagnuola nella fauella italiana dal signor d. Tomaso Galletti [...] Con quattro copiosissime tauole.
Venezia, Barezzo Barezzi, 1613.
[12], 510, [18] c.: ill.; 4°
a⁴ *⁴b⁴ A-3V⁸
SBN-IT\ICCU\CAGE\016734

[3217]
MUSSO, CORNELIO/(tr.) MAURO, GIACOMO
Vita di Maria Vergine madre di Christo descritta da Monsignor Cornelio Musso vescouo di Bitonto [...] Tradotta nella nostra lingua italiana, dal signor Giacomo Mauro.
Napoli, Giovanni Domenico Roncagliolo, 1613.
79, [1] p.; 8°
A-E⁸
SBN-IT\ICCU\RMLE\023152

[3218]
OBICINO, BERNARDINO
Discorsi, ouero sermoni sopra gli Euangelij di tutte le domeniche dell'anno, ferie di Quaresima, & feste principali, ne' quali si contengono espositioni letterali, documenti morali, con dottrina de santi padri, theologia scolastica, & filosofia morale. Opera utilissima per predicatori, curati d'anime, et altri quali fanno professione di predicare. Del r. padre Bernardino Obicino dell'Ordine de Frati Minori d'Osseruanza Riformati. Parte prima. Con quattro tauole copiosissime. La prima de sermoni. La seconda delle cose notabili. La terza delle auttorità della S. Scrittura. La quarta dei soggetti applicabili alli Euangelij di ciascun giorno di Quaresima.
Venezia, Giovanni Antonio Bertano, 1613.
2 vol.; 4°
SBN-IT\ICCU\UM1E\001034
1:
[4], 520, [40] p.
π² A-2I⁸ 2K⁴ a-e⁴
SBN-IT\ICCU\UM1E\001035
V. fr.

2:
Discorsi, ouero sermoni sopra gli Euangelii di tutte le domeniche dell'anno, ferie di Quaresima, & feste principali, ne' quali si contengono espositioni letterali, documenti morali, con dottrina de santi padri, theologia scolastica, & filosofia morale. Opera vtilissima per predicatori, curati d'anime, & altri quali fanno professione di predicare. Del r. padre Bernardino Obicino dell'Ordine de Frati Minori d'Osser-

uanza Riformati. Parte seconda. Con quattro tauole copiosissime. La prima de sermoni. La seconda delle cose notabili. La terza delle auttorità della S. Scrittura. La quarta de' soggetti applicabili alli Euangelij di ciascun giorno di Quaresima.
Venezia, Giovanni Antonio Bertano, 1613.
[4], 581, [79] p.
π² A-2N⁸ 2O⁴ a-h⁴ i⁶ (c. 2O4 bianca)
SBN-IT\ICCU\UM1E\001037
V. fr.

[3219]
OFFREDO, MARCO
Rime.
1613.
8°
Quadrio II, 1, p. 438
Conterrebbe i sedici canti delle Sacre Scritture.

[3220]
PANIGAROLA, FRANCESCO
Dichiaratione de i Salmi di Dauid fatta dal R.P.F. Francesco Panigarola, minore osseruante.
Venezia, Giovanni Battista Bonfadino, 1613.
[8], 501, [3] p.; 8°
[ast.]⁴ A-2H⁸ 2I⁴
SBN-IT\ICCU\UM1E\018443

[3221]
PLATINA (IL) (SACCHI, BARTOLOMEO)/CICARELLI, ANTONIO/PANVINIO, ONOFRIO/BEROARDI, GIROLAMO/STRINGA, GIOVANNI /(tr.) DIONIGI, BARTOLOMEO/(ed.) TESTA, LAURO
Historia delle vite de i sommi pontefici, dal saluator nostro sino a Paolo V. Scritta già da Battista Platina cremonese, dal p.f. Onofrio Panuinio [...] & da Antonio Cicarelli [...] Et hora ampliata da d. Gio. Stringa [...] delle vite di Clemente 8., di Leone 11. & di Paolo 5. Illustrata con le annotazioni del Panuinio, [...] e con la cronologia ecclesistica [!] dell'istesso, tradotta in lingua italiana, & ampliata dal r.m. Bartolomeo Dionigi [...] e da d. Lauro Testa. Ornata nuouamente di bellissimi ritratti [...] Et in questa ultima impressione reuista, & ricorretta dal sodetto d. Lauro Testa. Con tre fedeli, e copiose tauole, [...].
Venezia, Giunta, 1613.
2 pt ([42], 366 c.; [16], 211, [1] p.): ill.; 4°
*⁶ , b-e⁴ f⁸, a⁴ ²b⁴ c⁶ A-2Y⁸ 2Z⁸; a⁸ A-N⁸ O² (c. a8 di pt 2 bianca)
SBN-IT\ICCU\RMLE\020419
Pt 2: *La cronologia ecclesiastica, del r.p.f. Onofrio Panvinio veronese, [...].* Var. B: 1 carta di tavola ripiegata che contiene i ritratti di tutti i pontefici.

[3222]
PUENTE, LUIS DE LA /ARNAYA, NICOLAS DE/(tr.)
PUTIGNANO, TIBERIO
Compendio delle meditationi del P. Luigi de la Puente religioso della Compagnia di Giesù. Composto dal P. Nicolo' de Arnaya della medesima compagnia in lingua spagnuola. Et tradotto nell'italiano dal segretario Tiberio Putignano.
Venezia, Zaccaria Conzatti, 1613.
636 p.; 12°
A-2C¹² 2D⁶
SBN-IT\ICCU\RMSE\073799

[3223]
RAZZI, SILVANO
Vita della gloriosa Vergine Maria. scritta dal p.d. Silvano Razzi monaco camaldolense. Nuouamente ristampata, & con diligenza corretta, & di figure adornata.
Venezia, Domenico Imberti, 1613.
[16], 198, [2] p.: ill.; 8°
a⁸ A-M⁸ N⁴ (ultima c. bianca)
SBN-IT\ICCU\BVEE\074952

[3224]
RAZZI, SILVANO
Vita della gloriosa Vergine Maria. scritta dal p. Silvano Razzi monaco camaldolense. Di nuouo ristampata, & con diligenza corretta, & di bellissime figure adornata.
Venezia, Lucio Spineda, 1613.
[16], 254 p.: ill.; 8°
a⁸ A-Q⁸ (c. Q8 bianca)
SBN-IT\ICCU\UM1E\005532

[3225]
RICCETELLI, SANTE/(ed.) MARTINELLI, GIOVANNI
Vago et dilettevole giardino di varie lettioni, vtilissime ad ogni stato di persona. Di nuouo date in luce da Giouanni Martinelli, nelle quali si leggono della virtù de' sette salmi penitentiali. Della misericordia di Dio. Delle miserationi diuine. Dell'iniquità dell'huomo. Della gratia diuina. Delli misteriosi lauacri, e mondationi. Della cognitione di se stesso. Della contritione & delli frutti di essa. Della confessione sacramentaale. Della satisfatione. Del peccato originale. Della miseria humana. Della verità. Delli misterii occulti dell'Eterna Sapientia. Del sangue sacratissimo di Christo. Della penitenza christiana. Delli frutti della vera penitenza. Del vero, & eterno gaudio. Dell'humiltà christiana. Delli peccati, & remissioni di essi. Et molte altre cose curiose. All'ill.mo et eccell.mo sig. Francesco Caffarelli cognato di n.s. papa Paolo V.
Roma, Guglielmo Facciotti, 1613.
641, [15] p.; 8°
A-2S⁸

SBN-IT\ICCU\BVEE\049665
Nome dell'autore nell'intitolazione a c. A4. V. fr.

[3226]
TANSILLO, LUIGI/ VALVASON, ERASMO (DA)/ GUARGUANTE, ORAZIO
Le lagrime di S. Pietro del signor Luigi Tansillo. Con le Lagrime della Maddalena del signor Erasmo da Valuassone. Di nuouo ristampate, & aggiuntoui l'eccellenze della gloriosa Vergine Maria del Signor Horatio Guarguante da Soncino.
Venezia, Lucio Spineda, 1613.
[4], 190 c.; 8°
*⁴ A-Y⁸ Z⁴
SBN-IT\ICCU\TO0E\135461

[3227]
ZANARDI, MICHELE
Rosario della gloriosissima madre di Dio Maria, imperatrice de' cieli, e signora nostra, raccolto da f. Michel Zanardo [...] Qual'abbraccia tutti gl'altri sin'hor posti in luce; con la confirmatione delle indulgenze; aggiontoui vn nuouo modo di dire la corona del rosario [...].
Torino, Giovanni Vincenzo Cavalleri, 1613.
[8], 188, [1] p.; 12°
†⁴ A-P¹² Q⁸
SBN-IT\ICCU\TO0E\032332

[3228]
ZANONI, BERNARDINO
Libro della vita della beatiss. Vergine, et delle sue heroiche virtu, et titoli. Con alcuni dialoghi, & altre deuotioni à lei pertinenti. Composto dal p. Bernardino Zanoni da Reggio di Lombardia, della Compagnia di Giesu.
Genova, Giuseppe Pavoni, 1613 (Genova, Giuseppe Pavoni, 1613).
[12], 600, [i.e. 598, 2] p.; 12° (omesse nella numer. le p. 577-578)
A¹² a⁶ B-2B¹²
SBN-IT\ICCU\BVEE\049818
V. fr.

1614

[3229]
ANONIMA
La rappresentatione dell'istoria della regina Ester. Di nuouo ricorretta, & aggiuntoui il prologo.
Siena, alla Loggia del papa, 1614.
[10] c.: ill.; 4°
A¹⁰

SBN-IT\ICCU\CFIE\033260
Titolo uniforme: *Rappresentazione di Ester regina*. Cfr.
Cioni 1961, p. 129, n. 13; Testaverde-Evangelista, 579. V. ed.

[3230]
ANONIMA
[*Storia di Susanna e Daniello*].
Firenze, Sant'Apollinare, 1614.
4 c.: ill.; 4°
Cioni 1963, p. 244 n. 9
Il titolo è quello uniforme.

[3231]
CAMBI, BARTOLOMEO (DA SALUTIO)
*Vita dell'anima desiderosa di cauar frutto grande dalla san-tissima passione di Giesu Christo. Operetta affettuosa e com-passioneuole. Composta dal R. P. F. Bartolomeo Saluthio
[...] Con gli argomenti, e meditationi in prosa a ciascun can-to, del medesimo autore. [...].*
Venezia, Pietro Combi, 1614.
[24], 658, [14] p.: ill.; 12°
a¹² A-2E¹² (ultime 2 c. bianche)
SBN-IT\ICCU\UFIE\003823

[3232]
CAMBI, BARTOLOMEO (DA SALUTIO)
*Vita dell'anima desiderosa di cauar frutto grande dalla
sant.ma passione di Giesu Christo. Operetta affettuosa e
compassioneuole composta dal r.p.f. Bartolomeo Saluthio
minore osseruante riformato. Con gli argomenti e medita-tioni in prosa à ciascun canto del medes. autore.*
Roma, Stamperia Camerale, 1614 (Roma, Stamperia
Camerale, 1614).
[20], 642, [10] p.: ill.; 8°
[croce greca]¹⁰ A-2R⁸ 2S⁶ (ultima c. bianca)
SBN-IT\ICCU\TO0E\002981
V. fr.

[3233]
CIBO GHISI, INNOCENZO
*Discorsi morali sopra i sette salmi penitentiali del mol-to reverendo padre maestro f. Innocentio Cibò Ghisi, de'
Predicatori. Tomo primo. Aggiuntoui due indici e delle
materie, e delle sentenze più notabili. Il tutto hora e sempre
sia soggetto alla correttione, & all'obedienza della s. madre
Chiesa cattolica, & apostolica romana.*
Venezia, Giovanni Battista Ciotti, 1614.
3 vol.; 4°
SBN-IT\ICCU\UM1E\001634
1:
[80], 384 [i.e. 388] p. (ripetute nella numer. le p. 265-268)
a-e⁸ A-Q⁸ R¹⁰ S-2A⁸

SBN-IT\ICCU\UM1E\001636
2:
*Discorsi morali sopra i sette salmi penitentiali, del mol-to reverendo padre maestro f. Innocentio Cibò Ghisi de'
Predicatori, tomo secondo. In questa terza impressione con
somma diligenza ricorretto. Con due indici, uno delle cose
più notabili, l'altro de' luoghi della Sacra Scrittura allegati,
& esplicati.*
Venezia, Bernardo Giunta <2> e Giovanni Battista Ciotti
e compagni, 1614.
[76], 626 [i.e. 622], [2] p.; 4° (omesse nella numer. le
p. 289-290)
a-d⁸ e⁶ A-2Q⁸ (c. e6 e 2Q8 bianche)
SBN-IT\ICCU\UM1E\001637
Il terzo volume esce solo nel 1617 presso Damiano
Zenaro, cfr. SBN-IT\ICCU\BASE\018621 e IT\ICCU\
BVEE\048714, vedi 3322. V. fr.

[3234]
COLOMBINI, PATRIZIO
*Discorso della falsa, e della vera liberta, sopra l'euangelio del
figliuol' prodigo. Del molto reuerendo P. Patrizio Colombini
senese della Compagnia di Giesù, predicatore di S. Michele,
fatto in palazzo dell'illustriss. & eccellentiss. senato della
republica di Lucca. Il terzo sabbato di quaresima dell'anno
1614.*
Lucca, Ottaviano Guidoboni, 1614.
18, [2] p.; 4°
A⁴ B⁶
SBN-IT\ICCU\RMLE\058540

[3235]
DI GREGORIO, MAURIZIO ET ALIA
*Rosario delle Stampe di tutti i Poeti e Poetesse, Antichi e
Moderni, 500 di numero. Tomo VIII. Quadro del giardino
di tutte scienze raccolto da fra Maurizio di Gregorio dell'Or-dine de' Predicatori, di Camerata.*
Napoli, Carlino, 1614.
1-331, 1-24, 25-48 p.; 12°
Napoli, Biblioteca Vittorio Emanule II, Biblioteca
Brancacciana, 079.A.38 (non catalogato in SBN)
Le c. 1-24 contengono *Contemplationi in verso sciolto*, le
c. 25-48 *Contemplationi in prosa*.

[3236]
EPISTOLE E VANGELI/(tr.) NANNINI, REMIGIO/
CANISIUS, PETRUS/(tr.) CAMILLI, CAMILLO
*Epistole et euangeli, che si leggono tutto l'anno alle messe,
secondo l'vso della Santa Romana Chiesa, & ordine del mes-sale riformato. Tradotti in lingua toscana dal r.p.m. Remigio
Fiorentino [...] Con le annotationi morali del medesimo
[...] Aggiuntoui alcuni sommari, fatti latini dal Reuerendo*

P. Pietro Canisio [...] *Tradotti in volgare da Camillo Camilli* [...] *Et alcuni sermoni nel fine sopra l'oratione, digiuno, & elemosina.*
Venezia, Giovanni Guerigli, 1614.
[16], 559, [3], 51 p.: ill.; 4°
a⁸ A-2M⁸ A-B⁸ C¹⁰
SBN-IT\ICCU\CAGE\028225
I sermoni hanno frontespizio e paginazione propri.

[3237]

EPISTOLE E VANGELI/(tr.) NANNINI, REMIGIO/LUIS DE GRANADA
Epistole et Euangelii, che si leggono tutto l'anno alle Messe, secondo l'uso della S. Romana Chiesa; & ordine del messale riformato. Tradotti in lingua toscana dal molto r.p.m. Remigio Fiorentino, dell'Ordine de' Predicatori. Con le Annotationi morali del medesimo a ciascuna Epistola, & Euangelio, da lui nuouamente ampliate. Aggiuntoui quattro discorsi, cioè del digiuno, dell'inuocation de' santi, dell'vso dell'imagini, & della veneratione delle reliquie loro. Col calendario, & tauola de i giorni, che si leggono le Epistole, & gli Euangelij. Et alcuni sermoni nel fine sopra l'oratione, digiuno, & elemosina.
Venezia, Niccolò Misserini, 1614 (Venezia, Niccolò Miserini, 1614).
[24], 496, 44 p.: ill.; 4°
(ast.)-3(ast.)⁴ A⁸ B-3P⁴ a-e⁴ f²
SBN-IT\ICCU\TO0E\052950
Var. B.: frontespizio non calcografico stampato in nero; senza tavole; [24], 466, 44 p.; [ast]-3[ast]⁴ A-3M⁴ 3N² a-e⁴ f². V. fr.

[3238]

GILIBERTI, VINCENZO
Terza parte della citta d'Iddio incarnato del p.d. Vincenzio Giliberto cherico regolare, doue s'innalzano le torri, o gli attributi della Vergine genitrice, [...] e parimente ci si fauella della presentazione al tempio [...] e quasi di tutte le domeniche dell'Auuento, e delle feste del Signore e de' santi, che occorrono infino alla terza domenica dopo l'Epifania. Per final compimento delle lezioni intorno al tema del salmo gia impreso, Magnus Dominus, & laudabilis nimis. Con cinque tauole.
Modena, Giuliano Cassiani, 1614.
[80], 497 [i.e. 495], [1] p.; 4° (omesse dalla numer. le p. 453-454)
[croce]⁴ a-i⁴ A-2H⁸
SBN-IT\ICCU\NAPE\013149
La prima parte è 1608: SBN-IT\ICCU\RAVE\008264, vedi 3030; la seconda parte del 1610: SBN-IT\ICCU\MODE\020014, vedi 3110; altra seconda parte del 1611: SBN-IT\ICCU\RMSE\063207 e IT\

ICCU\CSAE\001429, vedi 3138, e SBN-IT\ICCU\UM1E\004174, vedi 3139.

[3239]

GUADAGNO, GIOVANNI LORENZO
Thesoro della Dottrina di Christo N. S. Diviso in due parti. Nel quale si contiene la dichiaratione della legge Evangelica, e de principali Misteri della nostra Santa Fede [...] cavata da diversi Sacri Dottori, e di piu copiosa dichiaratione fatta in Chiesa al popolo da un Padre Religioso, e dal medesimo ridotta in forma di dialogo [...] Raccolta da D. Gio. Lorenzo Guadagno, Napolitano Theologo. Con due tavole [...] opera si contendono.
Venezia, Sessa, 1614.
[18], 492 p. [4]; 16 cm
a⁸ A-2H⁸ (ultima c. bianca)
SBN-IT\ICCU\CSAE\001226

[3240]

IOSEPHUS, FLAVIUS/(tr.) LAURO, PIETRO
I dieci vltimi libri di Flauio Gioseffo historico huomo clarissimo Delle antichita giudaiche [...].
Venezia, Alessandro Vecchi, 1614.
296 p.: ill.; 4°
A-S⁸ T⁴
SBN-IT\ICCU\UM1E\021532
Viene messo in corrispondenza con l'edizione *Gioseffo Flavio historico Delle antichità e Guerre giudaiche; diviso in vintisette libri* [...] *tradotto in italiano per M. Pietro Lauro Modonese*. Venezia, Alessandro Vecchi, 1616, cfr. SBN-IT\ICCU\LO1E\021283, vedi 3295.

[3241]

JACOBUS DE VORAGINE/(tr.) MALERBI, NICOLÒ
Leggendario delle vite de i santi: composto dal r.p.f. Iacobo di Voragine, [...] tradotto per il reuerendo d. Nicolo Manerbio [...] Aggiuntoui di nuouo molte leggende, & accomodata ad ogni giorno la vita di alcun santo. Con la tavola delle leggende, & di vaghe figure ornato, & in questa nuoua impressione non solo corretto d'infiniti errori; ma ridotto alla purita della lingua conforme alle regole de' migliori auttori. Et ancora aggiuntoui di nuouo il Calendario Gregoriano.
Venezia, Pietro Miloco, 1614.
[16], 864 p.; ill.; 4°
[croce]⁸ A-3H⁸
SBN-IT\ICCU\RMLE\029206

[3242]

POGGIO, BENEDETTO
Poggio de' sermoni in tre parti diuiso, Nella prima, si contengono due Sermoni, [...], nella seconda, si contengono alcuni sermoni sopra l'epistole, [...] nella terza, vi sono dodeci

sermoni sopra il salmo miserere, [...] Nuouamente composto e dato in luce per il reuerendo Benedetto Poggio Genouese [...] con tre tauole [...] la terza delle cose più notabili.
Genova, Giuseppe Pavoni, 1614 (Genova, Giuseppe Pavoni, 1614).
[20], 658, [2] p.; 2°
a⁴ b⁶ A-4N⁴ 4O²
SBN-IT\ICCU\LIGE\005886
Cfr. Ruffini, p. 237-239.

[3243]
PONCE DE LEON, BASILIO/(tr.) CERRUTO, OTTAVIO
Discorsi nuoui sopra tutti gli Euangelij della Quaresima. Del molto reuerendo padre fra Basilio Ponce di Leone spagnuolo dell'Ordine di Sant'Agostino, lettore di sacra theologia nell'Vniuersità di Salamanca. Ne' quali si contengono espositioni letterali, opinioni, e resolutioni de' sacri dottori, dichiarationi di molte profetie; e per ogni Evangelio vi sono varii discorsi, ouero prediche. Parte prima. Opera utilissima non solo a' predicatori, ma anche ad ogni religioso, & a qualsivoglia persona christiana. Con due tauole, vna de' luoghi della Sacra Scrittura, e l'altra delle cose più notabili. Tradotti dalla lingua spagnuola nella italiana da Ottauio Cerruto da Casale di Monferrato.
Venezia, Sessa, 1614.
2 vol.: ill.; 4°
SBN-IT\ICCU\BVEE\039568
Alle c. [pi greco]3-4 di entrambi i volumi, ripetuta con identica composizione tipografica la lettera dedicatoria di Cerruto a Marino dall'Oca.
1:
[56], 654, [2] p.
π⁴ a-c⁸ A-2S⁸ (ultima c. bianca)
SBN-IT\ICCU\BVEE\039597
V. fr.
2:
[56], 738 [i.e. 758], [2] p. (p. 758 numerata 738)
π⁴ a-c⁸ A-3A⁸ 3B⁴ (c. π1 e 3B4 bianche)
SBN-IT\ICCU\UM1E\004701

[3244]
PSEUDO-BONAVENTURA
Meditationi diuotissime di S. Bonauentura cardinale. Sopra il misterio dell'humana redentione, cioe sopra la Passione, & Morte di N.S. Giesu Christo. Di nuouo reuiste, corrette, & di belle figure adornate.
Venezia, Giorgio Valentini, 1614.
106, [6] c.: ill.; 16°
A-O⁸ (ultime 2 c. bianche)
SBN-IT\ICCU\VIAE\010773
Titolo uniforme: *Meditationes vitae Christi* [italiano].
Var. B: marca (U296) sul frontespizio.

[3245]
PULCI, ANTONIA
Rappresentatione del figliuol prodigo. Nuouamente stampata. Composta per mona Antonia di Bernardo Pulci.
Firenze, Giacinto Tosi e Giovanni Battista Fantucci Tosi, alle scalee di Badia, 1614.
[6] c.: ill.; 4°
A⁶
SBN-IT\ICCU\CFIE\032841
Cfr. Cioni 1961, p. 141, n. 13; Testaverde-Evangelista, 155.
V. ed.

[3246]
RAZZI, SILVANO
Vita della gloriosa Vergine Maria. scritta dal p. d. Silvano Razzi monaco camaldolense. Nuouamente ristampata, & con diligenza corretta, & di figure adornata.
Roma, Bartolomeo Zanetti <2>, a istanza di Giovanni Senese, 1614.
156, [4] p.: ill.; 8°
A-K⁸
SBN-IT\ICCU\BVEE\075053
V. fr.

[3247]
RIBOTI, FILIPPO
Espositione dell'oratione del Signore, diuisa in quattro parti, secondo i quattro sensi della Scrittura Diuina. La prima in parte, nel senso allegorico, per tutti i fedeli. La seconda [...] Del reuerendo padre fr. Filippo Riboti, di Pancalieri predicator capuccino [...].
Torino, Luigi Pizzamiglio, 1614.
497, [5] p.; 12°
A-X¹²
SBN-IT\ICCU\TO0E\023390

[3248]
ROSACCIO, GIUSEPPE
Le Sei eta del mondo dall'eccellente cosmografo, & historico Gioseppe Rosaccio con breuità descritte. Nelle quali si tratta della creatione del cielo, e della terra. Di Adamo, & suoi descendenti. Del diluuio, e suo tempo. Del nome delle genti, e loro origine. Delle monarchie, e quanto tempo durarono. [...].
Roma, Pietro Discepolo, 1614.
44, [4] p.: ill.; 8°
A-C⁸
SBN-IT\ICCU\BVEE\073865

[3249]
VALDERRAMA, PEDRO/(tr.) GOTTARDI, EGIDIO

Il Valderrama quadragesimale diuiso in tre parti per tutti li giorni di quaresima in essercitii spirituali come ancho per le domeniche di settuagesima, sessagesima, e quinquagesima, composti dal m.r.p.m. Pietro di Valderrama [...] tradotto dal m.r.p.m. Egidio Gottardi da Rimino [...] dalla lingua spagnuola nella nostra italiana: e ricorretto di nuouo con diligentiss. correttione dallo stesso p.m. Egidio Gottardi. Arricchito da diuersi, e dottissimi padri (come dallo stesso) in questa seconda impressione di sei copiosissime tauole: [...].
Venezia, Giacomo De Franceschi, 1614.
3 vol.; 4°
SBN-IT\ICCU\UM1E\009561
1:
[120], 614, [2] p.
[par]⁴ a-o⁴ A-2P⁸ 2Q⁴ (ultima c. bianca)
SBN-IT\ICCU\UM1E\009562
2:
554, [2] p.
A-2L⁸ 2M⁶ (c. 2M6 bianca)
SBN-IT\ICCU\BA1E\013659
3:
320 p.
A-V⁸
SBN-IT\ICCU\BA1E\013660

[3250]

Zanardi, Michele
Dauide re adultero, e micidiale, ma penitente rappresentatione: fondata nelle sacre lettere, e ampiata di discorsi humani. Nella quale si scoprono molti auertimenti necessari à principi in tempo di guerra, e di pace. E come dobbiamo auertire molto bene alle frodi del demonio , e fugire le lasciuie della carne. Composta da f. Michele Zanardo.
Venezia, Antonio Turrini, 1614.
192 p.; 12°
A-H¹²
SBN-IT\ICCU\BVEE\024497
V. fr.

1615

[3251]

Abelli, Cesare
Il seno d'Abramo poemetto drammatico nella nascita di Giesu Christo di Cesare Abelli. Rappresentato in Bologna nella Chiesa de i confrati di S. Maria del Piombo l'anno 1615. [...].
Bologna, Vittorio Benacci, 1615 (Bologna, Vittorio Benacci, 1615).
40 p.; 4°
A-E⁴

SBN-IT\ICCU\UBOE\028462

[3252]

Affinati d'Acuto, Giacomo
La Gran Signora annuale mariale, nel quale conforme i vangeli de le domeniche di tutto l'anno, e delli quatragesimali sorrogate in vece delle domeniche de quel tempo, si racchiudono le grandezze, & marauiglie di essa Vergine regina dell'universo. Opera nuoua molto vtile, & necessaria à theologi, predicatori, confessori, & à qualunque persona ecclesiastica. Composta dal r. p. fra Giacomo Affinati d'Acuto dell'ordine de predicatori. Con due tauole l'vna delle prediche, e l'altra delle cose più notabili.
Napoli, Giovanni Battista Gargano e Lucrezio Nucci, 1615 (Napoli, Giovanni Battista Gargano e Lucrezio Nucci, 1614).
[8], 959 [i. e. 945], [3]: ill.; 40 (numerosi errori nella numer.)
[paragrafo]⁴ A-6C⁴ 6D² (c. Hh2 e Hhh erroneamente segnate, rispettivamente, Ii2 e Ggg)
SBN-IT/ICCU/NAPE/026156

[3253]

Affinati d'Acuto, Giacomo
Giardino fiorito della Gran Signora reina dell'vniuerso, in cui si discorre delle sue grandezze, virtù, eccellenze, dignità, e prerogatiue singulari. Spiegandosi i Vangeli dominicali di tutto l'anno, & quei de sabbati della Quadragesima. Opera nuoua molto vtile, & necessaria non solo a theologi, predicatori, confessori, & qualunque persona ecclesiastica, ma anco ad ogni sorte di persone, che desidera eccitarsi alla deuotione di questa gran Madre d'Iddio. Composta dal R.P.F. Giacomo Affinati d'Acuto predicatore dell'Ordine de Predicatori. Con due tauole copiosissime, vna delle prediche, & l'altra delle cose più notabili. Quasi flos rosarum in diebus vernis. Eccl. 50.
Napoli, Giovanni Battista Gargano e Lucrezio Nucci, 1615 (Napoli, Giovanni Battista Gargano e Lucrezio Nucci, 1614).
[8], 959 [i.e. 945], [3] p.; 4° (omesse nella numer. le p. 921-940, numerosi altri errori nella numer.)
[paragrafo]⁴ A-6C⁴ 6D² (le c. Hh2, Hhh e Yy2 erroneamente segnate Ii2, Ggg e Y2)
SBN-IT\ICCU\RMSE\005276
V. fr.

[3254]

Anonima
La rappresentatione, & historia di Susanna.
(Siena, alla Loggia del papa, 1615).
[4] c.; 4°
A⁴

SBN-IT\ICCU\CFIE\033391

Titolo da c. A1r. Titolo uniforme: *Rappresentazione di s. Susanna*. Cfr. Cioni 1961, p. 287, n. 13; Testaverde-Evangelista, 703. V. ed.

[3255]

ANONIMA

[*Rappresentazione di Giuditta ebrea*].

Firenze, alle scalee di Badia, [dopo il 1615?].

6 c.; 4°

A⁶

Cioni 1961, p. 200, n. 13

Il titolo è quello uniforme.

[3256]

BENIGNI, ANGELO

Il Venantio martire camerte, poema sacro, et heroico del molto illuste [!], et molto eccellente Sig. Angelo Benigni da Camerino [...] con l'aggiunta in fine di alcuni salmi, et hinni al molto illustre signore, il signor Capitano Venantio Matteucci da Camerino.

(Camerino, Francesco Gioioso, 1615).

[70] c.; 4°

A-S⁴ T²

SBN-IT\ICCU\ANAE\013896

[3257]

BENIGNI, ANGELO

Il Venantio martire camerte, poema sacro, & heroico del molto illustre, & molto eccellente Sig. Angelo Benigni da Camerino acad. Insensato di Perugia, & Constante di detta città. All'illustrissimo & reuerendiss. Sig. card. Caetano. Con l'aggiunta in fine di alcuni Salmi, & Hinni [...].

(Camerino, Francesco Gioioso, 1615).

[74] c.; 4°

[pigreco]² [pigreco]² B-S⁴ T²

SBN-IT\ICCU\ANAE\018182

[3258]

CEBÀ, ANSALDO

La reina Esther d'Ansaldo Cebà Astitit regina.

Genova, Giuseppe Pavoni, 1615 (Genova, Giuseppe Pavoni, 1615).

[8], 327, [9] p.; 4°

†⁴ A-2S⁴ 2T⁴ (fasc. 2T erroneamente segnato T)

SBN-IT\ICCU\TO0E\004915

Cfr. Ruffini, n. 218, e Niri, n. 183. V. fr.

[3259]

CHIZZOLA, IPPOLITO

Prediche morali sopra li Vangeli dopò la Pentecoste infin'all'Auuento. Di donn'Hippolito Chizzola canonico regolare latteranense [...].

Brescia, Francesco Tebaldini, 1615.

[16], 548, [62] p.; 8°

a⁸ A-2P⁸

SBN-IT\ICCU\UM1E\017494

Cfr. Michel-Michel, II, p. 92.

[3260]

CRISTOFORO DA VERRUCCHIO

Compendio di cento meditationi sacre, sopra tutta la vita, e la passione sì del Signore, come della Madonna, e sopra tutti gli altri essercitij della vita spirituale. Raccolto dal R.P.F. Christoforo V. [!].

Venezia, Niccolò Misserini, 1615.

[36], 708 p.: ill.; 12°

[ast.]¹² 2[ast.]⁶ A-2F¹² 2G⁶ (c. [ast.]2 erroneamente segnata A2)

SBN-IT\ICCU\PBEE\003994

[3261]

CRISTOFORO DA VERRUCCHIO

Compendio di cento meditationi sacre, sopra tutta la vita, e la passione sì del Signore, come della Madonna, e sopra tutti gli altri essercitij della vita spirituale. Raccolto dal r.p.f. Christoforo Verucchino dell'ordine de' frati minori cappuccini. Aggiunteui in questa vltima impressione le meditationi della passione di n.s. Giesu Christo, distribuite per i sette giorni della settimana dall'istesso autore.

Piacenza, Eredi di Giovanni Bazachi <1>, 1615.

[24], 729, [1] p.: ill.; 12°

a¹² b¹² A-2G¹² 2H⁶ (c. 2H6 bianca)

SBN-IT\ICCU\LIGE\000627

[3262]

DELLE COLOMBE, RAFFAELLO

Delle prediche sopra tutti gli Euangeli dell'anno. Nelle quali [...] si dichiarano molti luoghi morali della sacra scrittura [...] Di fra Raffaello delle Colombe dell'ordine dei predicatori [...] Seconda impressione nella quale oltre a i miglioramenti delle prime si sono aggiunte le prediche di tutti i misteri del Signor Giesù Cristo.

Firenze, Bartolomeo Sermartelli <2> e fratelli, 1615-1627 (Firenze, Bartolomeo Sermartelli <2> e fratelli).

4 vol.; 4°

SBN-IT\ICCU\TO0E\028855

2:

Delle Prediche di tutto l'anno. Prediche della Quaresima con esposizioni di scritture sacre [...].

Firenze, Bartolomeo Sermartelli <2> e fratelli, 1615.

[124], 700, [4] p.

a-p⁴ q² A-4T⁴ χ²
SBN-IT\ICCU\TO0E\028860
Il vol. 1 è del 1619, cfr. SBN-IT\ICCU\TO0E\028857 e
IT\ICCU\UM1E\004084, vedi 3395 (seconda impressione di SBN-IT\ICCU\RLZE\034354, vedi 3204); i successivi sono del 1622, cfr. SBN-IT\ICCU\UM1E\004089,
vedi 3494, e IT\ICCU\UM1E\033133, vedi 3494bis, e del
1627, cfr. SBN-IT\ICCU\TO0E\028866, vedi 3590.

[3263]
DELLE COLOMBE, RAFFAELLO
Prediche della Quaresima Con esposizioni di Scritture sacre,
Varieta di traslazioni, Dottrine morali, Diuerse erudizioni,
e Similitudini, di fra Raffaello Delle Colombe Domenicano,
Con Tauole copiose; Delle Scritture esposte, delle cose notabi-
li, e De' titoli di ciascuna Predica.
Firenze, Bartolomeo Sermartelli <2> e fratelli, 1615.
2 vol.; 4°
SBN-IT\ICCU\BVEE\056825
2:
Delle prediche di tutto l'anno.
Firenze, Bartolomeo Sermartelli <2> e fratelli, 1615
(Firenze, Bartolomeo Sermartelli <2> e fratelli, 1615).
[124], 700, [i.e. 704], [4] p.; 4° (errori nella numer. delle
p.)
a-p⁴ q² A-4T⁴ 4V²
SBN-IT\ICCU\BVEE\056826
Solo il vol. 2, forse una variante di SBN-IT\ICCU\
TO0E\028860, vedi 3262 (segnatura diversa per l'ultimo
fascicolo). Riedizioni delle *Prediche della Quaresima* nel
1622, cfr. SBN-IT\ICCU\UM1E\004089, vedi 3494, e
IT\ICCU\UM1E\033133, vedi 3494bis.

[3264]
DURANTE, BERNARDINO
Il decacordo magnifico in dieci discorsi. Sopra il Cantico
della Vergine del padre sacerdote d. Bernardino Durante
di Napoli theologo, rettore, & deputato della Compagnia
dell'opera dell'anime del purgatorio della medesima città.
Opera vtile à tutte persone, piena di scritturali concetti, &
sentenze de Padri, con historie, poesie, geroglifici, espositione
greca, & hebrea. Ad istantia delli signori deputati dell'istes-
sa Compagnia.
Napoli, Giovanni Giacomo Carlino, 1615.
7, [1], 19, [1], 215, [1] p.; 4°
a⁴ [croce]-2[croce]⁴ 3[croce]² A-2D⁴
SBN-IT\ICCU\UM1E\002898
V. fr.

[3265]
FRANCIOTTI, CESARE

Delle pratiche di meditationi per auanti, e dopo la santis-
sima Communione; sopra tutti i Vangeli dell'anno. Del
p. Cesare Franciotti della Congregazione della Madre di
Dio. Accresciute nuouamente dall'istesso di due parti [...]
Diuise in sei parti.
Venezia, Sebastiano Combi, 1615.
6 vol.: ill.; 12° e 18°
SBN-IT\ICCU\CAGE\009502
1:
442 p.: ill.; 12°
A-S¹² T⁶
SBN-IT\ICCU\CAGE\009506
2:
563, [1] p.: ill.; 12°
A-Z¹² 2A⁶
SBN-IT\ICCU\RMLE\034914
2:
Delle pratiche di meditationi per auanti, e dopo la s.
Communione; sopra i Vangeli dell'anno. Diuise in sei parti.
Parte seconda. Del p. Cesare Franciotti della Congregatione
Lucchese della Beatissima Vergine. [...].
Venezia, Sebastiano Combi, 1615.
826, [3] p.: ill.; 18°
A-2L¹² 2M⁶
SBN-IT\ICCU\UM1E\004261
3:
Parte terza. Che contiene le feste commandate de' santi, &
alcune di deuotione. [...] Nuouamente posta in luce. [...].
Venezia, Sebastiano Combi, 1615.
275, [1] c.; ?
A-Z¹² (c. Z12 bianca)
SBN-IT\ICCU\TO0E\147767
3:
Parte terza. Che contiene le feste commandate de' santi, &
alcune di deuotione. [...] Nuouamente posta in luce. [...].
Venezia, Sebastiano Combi, 1615.
[2], 411 c.; ?
A-2L¹² 2M⁴
SBN-IT\ICCU\UM1E\018915
4:
Aggiontioni alle pratiche sopra i Vangeli dell'anno. Che con-
tengono meditationi intorno à varij soggetti spirituali. [...]
Diuise in sei parti. Parte quarta. Del padre Cesare Franciotti
della Congregatione della Madre di Dio [...].
Venezia, Sebastiano Combi, 1615.
[18], 504, [6] p.: ill.; 18°
A-Y¹²
SBN-IT\ICCU\UM1E\004260
5:
Osseruationi intorno ai sacri misterii di tutto l'anno, appar-
tenenti al Signore, de' quali s'è fatta mentione nelle quattro
parti delle Pratiche sopra i vangeli. Parte quinta. Del padre

Cesare Franciotti della Congregatione della Madre di Dio. Nuouamente dal medesimo riuedute, & aumentate di osseruationi intorno alle feste de' santi.
Venezia, Sebastiano Combi, 1615.
[14], 605, [5] p.; ?
A-2C¹²
SBN-IT\ICCU\TO0E\085936

5:
Osseruationi intorno ai sacri misterii di tutto l'anno, appartenenti al Signore [...] Parte quinta del P. Cesare Franciotti della Congregatione della Madre di Dio. Nuouamente dal medesimo riuedute & aumentate di Osseruationi intorno alle Feste de' Santi.
Venezia, Sebastiano Combi, 1615.
396 p.; ?
A-Q¹² R⁶
SBN-IT\ICCU\NAPE\027583

6:
L'apparecchio al sacro conuito per quegli, che lo frequentano. Parte sesta. Nuouamente mandata in luce. Del p. Cesare Franciotti della Congregatione della Madre di Dio.
Venezia, Sebastiano Combi, 1615.
563, [1] p.; ?
A-Z¹² 2A¹⁰
SBN-IT\ICCU\UM1E\018916

[3266]
FRANCIOTTI, CESARE
Viaggio a' Bethlemme. Ouero meditationi della venuta del Signore nel mondo e della sua infantia; [...] Del p. Cesare Franciotti, della Congregazione della Madre di Dio [...].
Venezia, Sebastiano Combi, 1615.
432, [1] p.; 12°
A-S¹²
SBN-IT\ICCU\UM1E\017909

[3267]
FRANCUCCI, SCIPIONE
Il pentimento di Maria Maddalena poema dramatico di Scipione Francucci aretino. All'illustriss. signora Flaminia Sozzifanta Coruina.
Roma, Guglielmo Facciotti, 1615 (Roma, Guglielmo Facciotti, 1615).
[24], 236 [i.e. 234, 6] p.; 8° (omesse nella numer. le p. 145-6)
†¹²A-P⁸ (ultime 2 c. bianche)
SBN-IT\ICCU\BVEE\035883
V. fr.

[3268]
GHEZZI, MARIANO

Sermoni spirituali vtili, et necessarii per eccitare ogni fedel christiano all'oratione, & alla contemplatione della Passione, & Resurrettione di Giesu Christo; molto opportuni da recitarsi nelle confraternite ne' sacri giorni de i Venerdì di marzo, & Settimana Santa. Insieme con alcune poesie latine intorno all'istesso soggetto. Composti dal dottore Mariano Ghezzi da Sina Longa.
Ronciglione, Domenico Dominici, 1615.
[8], 108, [4] p.; 4°
A⁴ B-O⁴ P² a²
SBN-IT\ICCU\RLZE\034242

[3269]
GILIBERTI, VINCENZO
Terza parte della citta d'Iddio incarnato del p. d. Vincenzio Giliberto cherico regolare, doue s'innalzano le torri, o gli attributi sublimi della Vergine genitrice, misericordia, giustizia, innocenzia, vbbidienza, fortezza, fede, pacienza, verginita feconda, e altri si fatti: e parimente ci si fauella della presentazione al tempio, apparecchio al natale del figliuolo, circoncisione, fuga in Egitto, adorazion de' Maggi, morte vitale di lei, e sua gloriosa coronazione: e quasi di tutte le domeniche dell'Auuento, e delle feste del Signore, e de' santi, che occorrono infino alla terza domenica dopo l'Epifania. Per final compimento delle lezioni intorno a tema del salmo gia impreso, Magnus Dominus, & laudabilis nimis. Con cinque tauole copiosissime.
Venezia, Pietro Dusinelli, 1615.
[80], 497 [i.e. 495], [1] p.; 4° (omesse nella numer. le p. 453-454)
a-e⁸ A-2H⁸ (ultima p. bianca)
SBN-IT\ICCU\BA1E\002171
La prima e la seconda parte del Dusinelli escono nel 1612, cfr. SBN-IT\ICCU\URBE\034133, vedi 3175.

[3270]
GUADAGNO, GIOVANNI LORENZO
Thesoro della dottrina di Christo N.S. Diuiso in due parti. Nel quale si contiene la dichiaratione della legge Euangelica, e dè principali misteri della nostra santa fede [...] cauata da diuersi sacri dottori, e di più copiosa dichiaratione fatta in Chiesa al popolo da un padre religioso e dal medesimo ridotta in forma di dialogo. Et di nuouo corretta, & arricchita di molte cose, con le citationi dè dottori nel margine. Raccolta da D. Gio. Lorenzo Guadagno [...] Con due tauole, vna delle materie, e l'altra delle cose principali [...].
Venezia, Sessa, 1615.
[16], 492, [4] p.; 8°
a⁸ A-2H⁸ (ultima c. bianca)
SBN-IT\ICCU\BA1E\006378

[3271]
GUADAGNO, GIOVANNI LORENZO
Thesoro della dottrina di Christo N.S. diviso in due parti, nel quale si contiene la dichiaratione della legge evangelica, e de i principali misterij della nostra santa fede, delle feste [...] raccolta da d. Gio. Lorenzo Guadagno napolitano theologo.
Como, Girolamo Frova, 1615.
[16], 622, [4] p.; 15 cm.
Swissbib 039685721

[3272]
LONGO, GIOVANNI
Lettioni sopra il cantico Magnificat anima mea Dominum, sopra la concettione, e natiuita della Madonna santissima, e della nobilta dell'huomo. Composte, e predicate nell'Arciuescouato di Napoli da d. Giouanni Longo oliuetano, canonico prebendato della stessa chiesa, teologo della Corte Arciuescouale, dottore in sacra teologia, e del Collegio di quei, che fanno i dottori, uolgarmente detti Incorporati.
Napoli, Lazzaro Scoriggio, 1615.
[16], 244, [20] p.: ill.; 4°
a-b⁴ A-2K⁴ (ultima c. bianca)
SBN-IT\ICCU\CAGE\018170
V. fr.

[3273]
LORINI DEL MONTE, NICCOLÒ
Preparazione, e frutto del s.mo Natal di Cristo diuisa, in XX. Prediche[.] I Vangeli, e le Pistole, sponenti delle domeniche dell'Auuento, oue la sostanza del senso letteral dichiarata, tutto 'l resto ne santi sentimenti morali si stende. Del m.r.p.m. fra Niccolo Lorini patrizio fiorentino, teologo, e predicator generale dell'Ordine di San Domenico, predicate in Roma nella chiesa di San Giouanni dell'illustrissima nazion fiorentina l'anno 1605. e 1606. All'illustrissimo & reuerendissimo sig. il sig. cardinal Capponi legato di Bologna.
Firenze, Giovanni Donato Giunta e Bernardo Giunta e compagni, 1615.
[8], 424, [8] p.; 4° (p. 184 numerata 176)
[con]⁴ A-3H⁴
SBN-IT\ICCU\RMLE\025430
Var. B: aggiunta una c. χ1 contenente l'errata. Cfr. Camerini, p. 171, n. 353. V. fr.

[3274]
MASTRILLI, GREGORIO
Cento discorsi del p. Gregorio Mastrilli della Compagnia di Giesu, intorno alla sacra passione, e morte del nostro Redentore, & al sacrosanto sacramento dell'Eucharistia distinti in tre parti. Prima parte. Trenta discorsi intorno all'vltima cena che fece il Signore a' suoi discepoli con lauar loro i piedi, e con darli il precetto dell'amor fraterno.

Roma, Bartolomeo Zanetti <2>, 1615 (Roma, Bartolomeo Zanetti <2>, 1617).
3 vol.; 4°
SBN-IT\ICCU\UM1E\004272
1:
[16], 460, [20] p.; 4°
[stella]⁸ A-2G⁸
SBN-IT\ICCU\UM1E\004276
Var. B: il "Discorso primo" relativo a Giovanni, cap. 13, è preceduto da un bifolio segnato 2[stella] contenente tutto il relativo testo in latino; [32], 460, [20] p.; i volumi secondo e terzo sono rispettivamente del 1616 e 1617, cfr. SBN-IT\ICCU\UM1E\004277 e IT\ICCU\UM1E\007830, vedi 3296, e IT\ICCU\UM1E\004215, vedi 3337. V. fr.

[3275]
MAZZARINO, GIULIO
De ragionamenti sul sermone del Signore in monte di Giulio Mazarini [...] parte seconda. Nella quale si spiegano le quattro prime beatitudini, della pouertà, della mansuetudine, del lutto, e della fame.
Venezia, Giovanni Guerigli, 1615 (Venezia, Giovanni Guerigli, 1615).
[8], 670 [i.e. 672], [56] p.; 4° (ripetute nella numer. le p. 138-139)
†⁴ A-2T⁸ a-c⁸ d⁴
SBN-IT\ICCU\RAVE\008196
Si tratta del secondo volume della *Somma della vangelica osseruanza. Ragionamenti di Giulio Mazarini.* La parte prima è un trattato di retorica omiletica.

[3276]
MORONE, BONAVENTURA
Il mortorio di Christo tragedia spirituale. Del r.p.f. Bonaventura da Taranto de' frati min. osseruan. reformati. Consacrata alla santissima Vergine madre di Dio. Sotto il titolo della Madonna dello Spasimo.
Milano, Giovanni Battista Bidelli <1>, 1615.
[12], 246, [6] p.: ill.; 12°
†¹² A-I¹² K¹⁸ (ultime 3 c. bianche)
SBN-IT\ICCU\MILE\022183

[3277]
MORONE, BONAVENTURA
Il mortorio di Christo tragedia spirituale. Del r.p.f. Bonaventura da Taranto de' frati [...] Nuouamente ristampato, e con somma diligenza ricorretto.
Venezia, Sebastiano Combi, 1615.
[24], 246, [8] p.; 12°
+¹² A-I¹² K¹⁸
SBN-IT\ICCU\TO0E\115696

[3278]

MORONE, BONAVENTURA

Il mortorio di Christo tragedia spirituale del R.P.F. Bonaventura Morone da Taranto [...].

Parma, Anteo Viotti, 1615 (Parma, Anteo Viotti, 1615).

286, [2] p.: ill.; 12°

A-M¹²

SBN-IT\ICCU\URBE\027393

[3279][ERRATUM: vedi 3253]

AFFINATI D'ACUTO, GIACOMO

Giardino fiorito della Gran Signora reina dell'vniuerso, in cui si discorre delle sue grandezze, virtù, eccellenze, dignità, e prerogatiue singulari. Spiegandosi i Vangeli dominicali din tutto l'anno, & quei dei sabbati della Quadragesima. Opera nuoua molto vtile, & necessaria non solo a theologi, predicatori, confessori, & qualunque persona ecclesiastica, ma anco ad ogni sorte di persone, che desidera eccitarsi alla deuotione di questa gran Madre d'Iddio. Composta dal R.P.F. Giacomo Affinati d'Acuto predicatore dell'Ordine dei Predicatori. Con due tauole copiosissime, una delle prediche, et l'altra delle cose più notabili. Quasi flos rosarum in diebus vernis. Eccl. 50.

Napoli, Giovanni Battista Gargano e Lucrezio Nucci, 1615 (Napoli, Giovanni Battista Gargano e Lucrezio Nucci, 1614).

[8], 959 [i.e. 945], [3] p.; 4° (omesse nella numer. le p. 921-940, numerosi altri errori nella numer.)

[paragrafo]⁴ A-6C⁴ 6D² (le c. Hh2, Hhh e Yy2 erroneamente segnate Ii2, Ggg e Y2)

SBN-IT\ICCU\RMSE\005276

V. fr.

[3280]

PADIGLIA, PLACIDO

Dauid sperante discorsi sopra il Salmo 129. De profundis. Fatti in Firenze, l'anno 1614. dal p.d. Placido Padiglia da Napoli theologo, e predicatore dell'Ordine di s. Benedetto della Congregatione di Celestini. All'illustriss. e reuerendiss. mons. sempre colendiss. il sig. cardinal Barberino.

Firenze, Cosimo Giunta, 1615 (Firenze, Cosimo Giunta, 1615).

[8], 391, [32] p.; 4°

[fiore]⁴ A-3G⁴

SBN-IT\ICCU\UM1E\002742

Cfr. Michel-Michel, VI, p. 53. V. fr.

[3281]

VILLEGAS, SELVAGO ALONSO DE/(tr.) GRAZI, GRAZIO MARIA

Discorsi ouero sermoni sopra gli euangeli di tutte le dominiche dell'anno; ferie di quaresima, et feste principali [...] Di Alfonso di Villegas [...] Nominati da lui Quarta parte del flos sanctorum, et nuouamente tradotti di spagnuolo in italiano, dal R.M. Gratia Maria Gratii. Con tauole, & indici copiosissimi [...].

Venezia, Giacomo De Franceschi, 1615 (Venezia, Pietro Maria Bertano, 1615).

2 vol.; 4°

SBN-IT\ICCU\CAGE\027640

1:

[32], 344 c.

a-h⁴ A-2V⁸

SBN-IT\ICCU\CAGE\027643

2:

Discorsi, ouero sermoni sopra gli euangeli, dalla prima domenica della pentecoste fin'all'auuento. Di Alfonso di Villegas [...] Nominati da lui Quarta parte del flos sanctorum. Et nuouamente tradotti di spagnuolo in italiano. Dal R.M. Gratia Maria Gratii. Volume secondo.

Venezia, Giacomo De Franceschi, 1615 (Venezia, Pietro Maria Bertano, 1615).

[1], 346-464, 222 c.

2X-3M⁸, A-2D⁸ 2E⁶

SBN-IT\ICCU\CAGE\027646

1616

[3282]

ANONIMA

La rappresentatione dello Spirito santo.

(Siena, alla Loggia del papa, 1616).

[4] p.: ill.; 4°

A⁴

SBN-IT\ICCU\CFIE\033158

Titolo uniforme: *Rappresentazione dello Spirito santo. Miracolo.* Cfr. Cioni 1961, p. 279, n. 8; Testaverde-Evangelista, 478. V. ed.

[3283]

ANONIMA

La rappresentatione, 7 festa di Joseph, figliuolo di Jacob. Aggiuntoui nel fine il complimento di tutta la istoria.

(Siena, alla Loggia del papa, 1616).

[10] c.: ill.; 4°

A¹⁰

SBN-IT\ICCU\CFIE\033303

Titolo uniforme: *Rappresentazione di Giuseppe*; versione aumentata, con explicit (a c. [A10v]: *però viuendo voi con santo zelo, | sperate pur d'hauer quiete in Cielo.* Cfr. Cioni 1961, p. 206, n. 24; Testaverde-Evangelista, 616. V. ed.

[3284]

ANONIMA/ROSIGLIA, MARCO

La conversione di s. Maria Maddalena. Del Sig. Marco da Rasiglia di Foligno. Di nuouo ristampato; et aggiuntoui l'essempio de i doi debitori che nell'altre mancaua.

Viterbo e Firenze, alle scalee di Badia, 1616.

4 c.: ill.; 4°

A⁴

Cioni 1963, p. 204, n. 4

Per l'autore cfr. Cioni 1963, p. 203 ("Testo di Autore ignoto del sec. XVI, fondato – ma abbreviatissimo – su quello del Rosiglia").

[3285]

[BELCARI, FEO]

La rapresentatione et festa di Abraam et Isac suo figliuolo.

Siena, alla Loggia del papa, 1616.

4 c.; 4°

a⁴

Cioni 1961, p. 70, n. 27

Titolo uniforme: *Rappresentazione di Abramo e Isacco.*

[3286]

BRUNI, VINCENZO

Delle meditationi sopra i principali misterij della vita e della passione di Christo n.s. [...] Raccolte da diuersi santi padri, & da altri deuoti auttori, per il r.p. Vincenzo Bruno della Compagnia di Giesù. Di nuouo corrette, riordinate, & di vaghe figure adornate & in quest'vltima impressione ampliate [...].

Venezia, Niccolò Misserini, 1616.

4 vol.; 12°

SBN-IT\ICCU\CFIE\019879

La consistenza dell'opera si desume dal verso del frontespizio della parte prima; SBN non censisce il quarto volume.

1:

[16], 557, [3] p.

a⁸ A-Y¹² Z¹⁶

SBN-IT\ICCU\PALE\003011

2:

Delle meditationi sopra i principali misterij della vita e della passione di Christo N.S. Parte seconda. Con le figure et profetie del vecchio Testamento, & con i documenti, che da ciascun passo dell'Euangelio si cauano. Raccolte da diuersi santi padri, & da altri deuoti auttori, per il r.p. Vincenzo Bruno, della Compagnia di Giesù. Di nuouo corrette, riordinate, & in quest'vltima impressione ampliate in molti luoghi, & ornate di vaghe figure.

Venezia, Niccolò Misserini, 1616.

647, [1] p.: ill.

A-2D¹²

SBN-IT\ICCU\CFIE\019880

V. fr.

3:

Delle meditationi sopra i principali misterij della vita e della passione di Christo N.S. Parte terza. Con le figure et profetie del vecchio Testamento, & con i documenti, che da ciascun passo dell'Euangelio si cauano. Raccolte da diuersi santi padri, & da altri deuoti auttori, per il r.p. Vincenzo Bruno, della Compagnia di Giesù. Di nuouo corrette, riordinate, & in quest'vltima impressione ampliate in molti luoghi, & ornate di vaghe figure.

Venezia, Niccolò Misserini, 1616.

450, [6] p.: ill.

A-T¹² (ultima c. bianca)

SBN-IT\ICCU\CFIE\019882

V. fr.

[3287]

CEBÀ, ANSALDO

La reina Esther poema heroico d'Ansaldo Ceba gentil'huomo genouese. Astitit regina.

Milano, Giovanni Battista Bidelli <1>, 1616.

[24], 781, [14] p.; 12°

SBN-IT\ICCU\UM1E\003166

Cfr. Michel-Michel, II, p. 75.

[3288]

CINQUANTA, BENEDETTO

La Maddalena convertita. Rappresentatione.

Milano, Giacomo Como, 1616.

12°

Quadrio, III, p. 81

[3289]

COMITE, ORAZIO

La notte ouero Il nascimento di Christo. Poema dragmatico. Di Horatio Comite Beneventano.

Napoli, Lazzaro Scoriggio, 1616.

43, [1] p.: ill.; 12°

A¹² B¹⁰

SBN-IT\ICCU\NAPE\057868

[3290]

EPISTOLE E VANGELI/(tr.) NANNINI, REMIGIO/ CANISIUS, PIETRUS/(tr.) CAMILLI, CAMILLO/LUIS DE GRANADA

Epistole et Euangeli, che si leggono tutto l'anno alle messe, secondo l'vso della s.r. Chiesa, & ordine del Messale riformato. Tradotti in lingua toscana dal molto r.p.m. Remigio fiorentino dell'Ord. de' Predicatori. Con le annotationi morali del medesimo à ciascuna Epistola, & Euangelio, nuouamente ampliate. Aggiontoui alcuni sommarij fatti latini dal r.p. Pietro Canisio della Compagnia di Giesù, tradotti in

volgare da Camillo Camilli. Co'l calendario, & tauola de' giorni, che si leggono le Epistole, & gli Euangeli. Et alcuni sermoni nel fine sopra l'oratione, digiuno, & elemosina.
Venezia, Giovanni Guerigli, 1616.
2 pt ([16], 559, [1]; 51, [1]) p.: ill.; 4°
a⁸ A-2M⁸; A-B⁸ C¹⁰
SBN-IT\ICCU\BVEE\043861
Titolo della pt 2: *Sermoni sopra l'oratione, digiuno, et elemosina, necessarij ad ogni fedel christiano; [...] Cauati dall'opere del R.P.F. Luigi di Granata.* V. fr.

[3291]
FELICE DA MAIDA
La Maddalena penitente poemetto heroico del p.f. Felice Seruidio di Maida dell'ordine de' Minimi di san Francesco di Paula con alcune altre rime spirituali; & altre in diuerse materie del medesimo. All'illustriss. et eccellentiss. Marco Antonio Loffredo inclito prencipe di Maida. Dedicata.
Firenze, Zanobi Pignoni, 1616.
1-6, [2], 7-83, [1] p.: ill.; 4°
A⁴ (A³+chi¹) B-K⁴ L²
SBN-IT\ICCU\VEAE\005956
V. fr.

[3292]
FRANCIOTTI, CESARE
Il peccatore a' piedi della croce su'l Monte Calvario, cioe Meditazioni sopra la passione di nostro Signore del p. Cesare Franciotti. [...].
Venezia, Sebastiano Combi, 1616.
108 p.: ill.; 24°
A-D¹² E⁶
SBN-IT\ICCU\UBOE\055782

[3293]
FRANCUCCI, SCIPIONE
Il pentimento di Maria Maddalena poema dramatico di Scipione Francucci aretino. Al molto illustre sig. Fabbrizio Mormorai gentil'uomo fiorentino.
Firenze, Bartolomeo Sermartelli <2> e fratelli, 1616 (Firenze, Bartolomeo Sermartelli <2> e fratelli, 1616).
[24], 176, [4] p.; 12°
a¹² A-G¹² H⁶ (ultima c. bianca)
SBN-IT\ICCU\BVEE\025762
V. fr.

[3294]
GHELFUCCI, CAPOLEONE
Il rosario della Madonna poema eroico del sig.r Capoleone Ghelfucci da Città di Castello dato alle stampe da i figliuoli dopo la morte dell'autore. A diuozione dell'illustriss. [...]

Cintio Aldobrandini [...] Agiuntoui nuouamente gli argomenti a ciascun canto. Et la tauola delle cose notabili.
Venezia, Niccolò Polo e Alessandro Polo, 1616.
[8], 98 [i.e. 58], 76, 65, [1] c.; 4° (c. 58 numerata 98)
a⁸A-F⁸ G¹⁰ 2A-2I⁸ 2K⁴ 3A-3G⁸ 3H¹⁰ (c. a4 segnata A4, ultima c. bianca)
SBN-IT\ICCU\BVEE\039645

[3295]
IOSEPHUS, FLAVIUS/(tr.) LAURO, PIETRO
Gioseffo Flavio historico Delle Antichità, e Guerre Giudaiche; diviso in vintisette libri [...] Tradotto in italiano per M. Pietro Lauro Modonese. Nuouamente con diligenza grande ricorretto, & ristampato.
Venezia, Alessandro Vecchi, 1616.
3 vol.: ill.; 4°
SBN-IT\ICCU\LO1E\021283
1:
[24], 366, [2] p.: ill.
a¹² A-Z⁸
SBN-IT\ICCU\UM1E\021531
Il secondo volume è datato 1614, cfr. SBN-IT\ICCU\UM1E\021532, vedi 3240. Il terzo volume tratta delle guerre contro i romani.

[3296]
MASTRILLI, GREGORIO
Seconda parte intorno all'institutione del santissimo sacramento dell'Eucharistia fatta nell'vltima cena dal nostro Redentore, e del sacramento della Penitenza necessaria preparatione per quello.
Roma, Bartolomeo Zanetti <2>, 1616 (Roma, Bartolomeo Zanetti <2>, 1616).
[16], 432, [16] p.; 4°
[croce]⁸ A-2E⁸
SBN-IT\ICCU\UM1E\004277 e IT\ICCU\UM1E\007830
È la seconda parte dei *Cento discorsi* di Gregorio Mastrilli, edita nel 1615-1617, cfr. SBN-IT\ICCU\UM1E\004276, vedi 3274.

[3297]
MORONE, BONAVENTURA
Il mortorio di Christo tragedia spirituale del r.p.f. Bonauentura da Taranto [...]. Di nuouo con quella più accurata diligentia che s'è potuto, ricorretta, & ristampata.
Macerata, Pietro Salvioni, 1616 (Macerata, Pietro Salvioni, 1616).
[20], 244 p.: ill.; 12°
†¹⁰ A-I¹² K¹⁴
SBN-IT\ICCU\UM1E\021850

[3298]

MORONE, BONAVENTURA

Il mortorio di Christo tragedia spirituale. Di nuouo ricorretta, & ristampata.

Macerata, Pietro Salvioni, 1616 (Macerata, Pietro Salvioni, 1616).

[20], 244 p.; 12°

†[10] A-I[12]

SBN-IT\ICCU\BVEE\040630

Cfr. Moranti, n. 3332.

[3299]

NARDINO, ORAZIO

Corona dei sette dolori, e altrettante allegrezze del felicissimo sposo della Regina de' celi S. Gioseffo comprese nel coro della sua purissima vita. di D. Oratio Nardino canti sei [...].

Napoli, Giovanni Battista Gargano e Lucrezio Nucci, 1616.

167, [1] p.; 12°

A-G[12]

SBN-IT\ICCU\NAPE\044128

[3300]

NUTI, GIULIO

Sopra la passione, morte, et sepolcro di nostro Signor Giesù Christo.

Ferrara, Vittorio Baldini, 1616.

[4] c.: ill.; 4°

A[4] (c. A4v bianca)

SBN-IT\ICCU\UFEE\011204

Nome dell'autore dalla dedica.

[3301]

OBICINO, BERNARDINO

Euangelio di Giesu Christo dichiarato catholicamente con dottrina dalla Sacra Scrittura, de santi Padri, della theologia scolastica, e filosofia morale. Diuiso in doi parti. Sopra gl'Euangeli della Quaresima d'applicarsi per tutte le domeniche de l'anno, e feste de santi. Composto dal m.r.p.f. Bernardino Obicino de Frati Minori Osseruanti riformato. Opera vtilissima per li rr. rettori, parochi, predicatori, lettori, & ogni sorte di persone, che desiderano far profitto nella diuotione, e vita spirituale.

Brescia, Giovanni Battista Bozzola <2> e Antonio Bozzola, 1616.

[100], 503, [1], 470, [2] p.; 4°

a[6] b-e[8] f[12] A-2H[8] 2I[4], [2]A-2F[8] 2G[4]

SBN-IT\ICCU\BVEE\049416

Var. B: ricomposto il primo fasc. a[4]. V. fr.

[3302]

PANIGAROLA, FRANCESCO

Dichiaratione dei salmi di Dauid, fatta dal r. padre f. Francesco Panigarola, minore osseruante. Alla serenissima infante la signora duchessa di Sauoia.

Venezia, Comino Gallina, 1616.

[8], 419, [5] p.: ill.; 8°

[croce][4] A-2C[8] 2D[4]

SBN-IT\ICCU\BA1E\002506

[3303]

PETRELLI, EUGENIO

Nuouo concerto di rime sacre. Tutte ripiene di bellissimi, & esquisiti concetti. Composte da' più eccellenti poeti d'Italia. Sopra i principali misteri della vita, & morte di Christo nostro Signore. Et della Regina de' Cieli. Nuouamente raccolte, & date in luce dal r.d. Eugenio Petrelli venetiano.

Venezia, Antonio Pinelli <1> (Venezia, Antonio Pinelli <1>, 1616).

2 vol.; 12°

SBN-IT\ICCU\LO1E\001450

1:

Venezia, Antonio Pinelli <1>.

[12], 323, [1] p.; 12°

+[6] A-N[12] O[6]

SBN-IT\ICCU\VEAE\003940

V. fr.

2:

Nuouo concerto di rime sacre. Composte in lode de' santi, & in varij soggetti spirituali, & morali. Da' più eccellenti poeti d'Italia, così antichi, come moderni. Parte seconda. Nuouamente date in luce, & con ogni diligenza raccolte dal reuer. d. Eugenio Petrelli venetiano.

Venezia, Antonio Pinelli <1> (Venezia, Antonio Pinelli <1>, 1616).

183, [9] p.

A-H[12] (ultima c. bianca)

SBN-IT\ICCU\VEAE\003942

V. fr.

[3304]

PONCE DE LEON, BASILIO/(tr.) CERRUTO, OTTAVIO

Discorsi nuoui sopra tutti gli Euangelij della Quaresima, del molto reuerendo padre pra [!] Basilio Ponce di Leone spagnuolo, dell'Ordine di Sant'Agostino, [...] Ne' quali si contengono espositioni letterali, opinioni, e resolutioni de' sacri dottori, dichiarationi di molte profetie [...] Parte prima [...] Con due tauole, vna de' luoghi della Sacra Scrittura, e l'altra delle cose piu notabili. Tradotti dalla lingua spagnuola nella italiana da Ottavio Cerruto da Casale di Monferrato.

Venezia, Sessa, 1616.

2 vol.: ill.; 4°

SBN-IT\ICCU\VIAE\003140

1:

[56], 654, [2] p.: ill.
π⁴ a-c⁸ A-2S⁸ (ultime [2] p. bianche)
SBN-IT\ICCU\UM1E\004752
Frontespizio calcografico (col titolo che inizia: *Discorsi noui sopra tutti li* [...] e *appresso* nell'indicazione di pubblicazione) precede il frontespizio tipografico del vol. 1.
2:
[56], 758, [2] p.
π⁴ a-c⁸ A-3⁰⁸ 3B⁴ (ultima c. bianca)
SBN-IT\ICCU\VIAE\003143

[3305]
ROSELLI, ALESSANDRO
La rappresentatione di Sansone. Composta per Alessandro Roselli. Nuouamente ristampata.
Siena, alla Loggia del papa, 1616.
[10] c.: ill.; 4°
A¹⁰
SBN-IT\ICCU\CFIE\033372
Cfr. Cioni 1961, p. 275, n. 8; Testaverde-Evangelista, 690.
Titolo uniforme: *Rappresentazione di Sansone.*

[3306]
ROSIGLIA, MARCO
La conuersione di s. Maria Madalena; del sig. Marco da Rasiglia di Foligno. & aggiuntoui l'essempio de i doi debitori, che nell'altre mancaua. Di nuovo ristampata.
Viterbo e Firenze, alle scalee di Badia, 1616.
[4] c.: ill.; 4°
A⁴
SBN-IT\ICCU\CFIE\032910.
Cfr. Testaverde-Evangelista, 194.

[3307]
SALMI/(tr.) BRUCIOLI, ANTONIO
Psalmi di David. Tradutti di Latino in Italiano.
Paris, Jean Laquehay, 1616.
[2]-827-[1] p.; 8°
FRBNF 36115954

[3308]
TASSO, TORQUATO
Le sette giornate del mondo creato del sig. Torquato Tasso. All'illustris. sign. il signor Gio. Battista Vittorio nepote di n.s.
Venezia, Giovanni Battista Ciotti, 1616.
286 p.; [2], 12°
A-M¹² (ultima c. bianca)
SBN-IT\ICCU\PUVE\003447   e   IT\ICCU\LO1E\000277
V. fr.

[3309]
VILLEGAS SELVAGO, ALONSO DE/(tr.) CERRONE, PIETRO
Il trionfo del nostro Signor Giesu Christo Nel quale, in cento discorsi mirabilmente si comprendono i misteri [...] *opera sesta del m.r.m.d. Alfonso di Villegas di Toledo. Parte prima. Nuouamente tradotto dalla lingua spagnola nell'italiana dal m.r. sig. Pietro Cerrone* [...] *Con due tauole* [...].
Brescia, Bartolomeo Fontana, 1616.
2 vol.: ill.; 4°
SBN-IT\ICCU\PBEE\000533
1:
[28], 314 [i.e. 310] c.; 4° (omesse nella numer. le c. 61-64)
[ast.]² a-e⁴ f⁶ A-4K⁴ (c. 4K4 bianca)
SBN-IT\ICCU\PBEE\000534
2:
[2], 444 c.: ill.; 4°
[*]⁴ A-5T⁴
SBN-IT\ICCU\PBEE\000535

1617

[3310]
ANDREINI, GIOVANNI BATTISTA
L'Adamo sacra rapresentatione di Gio. Battista Andreini fiorentino alla M. Christ. di Maria de Medici reina di Francia. Dedicata.
Milano, a istanza di Girolamo Bordone, 1617.
[24], 177, [1] p.: ill.; 4°
a-c⁴ A-X⁴ Y⁶
SBN-IT\ICCU\RMRE\002396
Emissione successiva, con altro frontespizio calcografico e priva del ritratto, dell'edizione del 1613, cfr. SBN-IT\ICCU\BVEE\039649, vedi 3194.

[3311]
ANDREINI, GOVANNI BATTISTA
La Maddalena sacra rappresentatione di Gio Bata Andreini fiorentino all'ill.mo et eccel.mo don Alessandro Pico principe della Mirandola et.c.
Mantova, Aurelio Ossanna e Lodovico Ossanna, 1617.
[8], 238, [2] p.: ill.; 4°
†⁴ A-P⁸
SBN-IT\ICCU\TO0E\034921
Batta come abbreviazione di "Battista". V. fr.

[3312]
ANGUISSOLA, ANTONIO MARIA
La Giuditta attione scenica del conte Antonio Maria Anguissola.
Milano, Giovanni Pietro Cardi, 1617.

[14], 153, [1] p.; 24°
A-G[12]
SBN-IT\ICCU\VBAE\000800

[3313]

ANONIMA

[*La rappresentatione di san Giouanni decollato. Nuouamente ristampata*].
Firenze, 1617.
6 c.: ill.; 4°
A[6]
BL 11426.dd.101
Potrebbe essere l'edizione indicata da Cioni come segnalata da De Batines, ma non rintracciata, cfr. Cioni 1961, p. 190, n. 9. Titolo uniforme: *Rappresentazione di san Giovanni Battista decollato*.

[3314]

ANONIMA

[*Rappresentazione di Giuditta ebrea*].
Firenze, Lorenzo Arnesi, 1617.
6 c.: ill.; 4°
A[6]
Cioni 1961, p. 200, n. 12
Il titolo è quello uniforme.

[3315]

ANONIMA

La storia, di santa Maria Maddalena, e Lazzero, e Marta.
(Firenze, alle scalee di Badia per Giacinto Tosi, 1617).
[4] c.: ill.; 4°
A[4]
SBN-IT\ICCU\CFIE\032912
Cfr. Testaverde-Evangelista, 194. Titolo uniforme: *Storia dei ss. Maria Maddalena, Lazzaro e Marta*. V. ed.

[3316]

BOCCHINO PEPINO, PIETRO/COTON, PIERRE

Basilica celeste fabricata parte co' pretiosi marmi della sacra scrittura, e vite de' santi. Parte dalle materie dell'interior occupatione del r.p. Pietro Cotton [...] Per opera, e studio di Pietro Bochino Pepino.
Milano, Giovanni Battista Bidelli <1>, 1617.
[12], 298 p.: ill.; 12°
a[6] A-M[12] N[6] (c. N6 bianca)
SBN-IT\ICCU\RMLE\027941

[3317]

CAMPEGGI, RIDOLFO

Le lagrime di Maria Vergine poema heroico del sig. co: Ridolfo Campeggi nell'Academia dei Gelati il Rugginoso con gli argomenti à ciascun pianto d'incerto autore. Alla

maestà christianissima di Maria Medici regina di Francia et di Navarra.
Bologna, 1617 (Bologna, Sebastiano Bonomi, 1617).
189, [19] p., [2] c.: ill.; 4°
[A]⁴ B-2C⁴
SBN-IT\ICCU\UM1E\002249
V. fr.

[3318]

CAPACCIO, GIULIO CESARE

Selua de' concetti scritturali di Giulio Cesare Capaccio napolitano. Diuisa in doi volumi. Ne' quali con varij concetti spiegati in diuersi discorsi, infiniti luoghi della Scrittura si dichiarano, e particolarmente de gli Euangelij quadragesimali. Volume primo. Et in questa nostra impressione diligentemente da molti errori espurgata.
Venezia, Barezzo Barezzi, 1617.
2 vol.; 4°
SBN-IT\ICCU\UM1E\010141
1:
[14], 251, [1] c. (c. 146 erroneamente numerata 137)
a⁴ b[10] A-2H⁸ 2I⁴ (ultima c. bianca)
SBN-IT\ICCU\UM1E\010142
2:
Venezia, Giovanni Battista Combi, 1617.
[30], 232 c.
a-g⁴ h² A-3M⁴
SBN-IT\ICCU\UM1E\010143

[3319]

CARNETO, PIETRO

Trattato della passione di Giesu Christo. Con vn ragionamento del sacramento dell'altare. Nuouamente dato in luce dal r.p.f. Pietro Caneto lettore theologo min. osseru. della prouincia di Brescia. Con la tauola de i capitoli, che in esso si contengono.
Carpi, Girolamo Vaschieri, 1617.
272 p.; 12°
SBN-IT\ICCU\CFIE\016055
V. fr.

[3320]

CARUSIO, GIACOMO

Corona delle dodici stelle di Maria Vergine, nella qual si legge la sua natiuita, vita, morte, resurrettione, assuntione al cielo, & incoronatione; secondo il numero di dodici stelle si narrano li dodici priuilegij, gratie, bellezze, et solennita della regina del cielo. Raccolta da cattolici, e approbati auttori: per Giacomo Caruso da Castel nouo del regno di Nap. Di nuouo corretta, et ristampata per l'istesso, con l'aggionta di vintiquattro miracoli delli piu deuoti, e fruttuosi, che di Maria Vergine si leggono.

Verona, Bartolomeo Merlo, 1617.
[8], 170, [2] p.: ill.; 4°
[ast.]⁴ A-X⁴ [chi]² (c. [chi]2 bianca)
SBN-IT\ICCU\VIAE\008766

[3321]

CHIZZOLA, IPPOLITO
Prediche theologiche, & morali sopra li Vangeli di tutti i santi principali dell'anno di donn'Hippolito Chizzola canonico regolare lateranense raccolte da padri santi & da altri autori sagri antichi & moderni. Date in luce ad utilità di chiunque desideri la vita eterna. Con tauole copiosissime vna de soggetti; la seconda delle propositioni; la terza delle cose più noteuoli; la quarta dell'auttorità della santa Scrittura. All'altezza serenissima madama Margherita duchessa di Parma e Piacenza.
Brescia, Giovanni Battista Bozzola <2> e Antonio Bozzola, 1617.
[12], 494, [42] p.; 4°
a⁶ A-3X⁴
SBN-IT\ICCU\BVEE\049497
V. fr.

[3322]

CIBO GHISI, INNOCENZO
Discorsi morali sopra i sette salmi penitentiali, del molto reuerendo padre maestro f. Innocentio Cibo Ghisi de' predicatori, tomo terzo. Con tre tauole, vna de' luoghi della Sacra Scrittura, l'altra delle cose notabili, & la terza de' discorsi.
Venezia, Erede di Damiano Zenaro, 1617.
[64], 379, [1] p., 4°
a-h⁴ A-Z⁸ 2A⁶
SBN-IT\ICCU\BASE\018621   e   IT\ICCU\BVEE\048714
È il terzo volume dei *Discorsi morali sopra i sette salmi penitentiali*, il cui primo volume era del 1614, edito da Giovanni Battista Ciotti, cfr. SBN-IT\ICCU\UM1E\001634, vedi 3233. SBN-IT\ICCU\BVEE\048714 ha questi estremi tipografici: Venezia, Erede di Damiano Zenaro, 1617 (Venezia, Bartolomeo Rodella, 1617); esiste un'altra edizione copiata linea per linea, con testo ricomposto, pubblicata dallo stesso tipografo nel 1620, cfr. SBN-IT\ICCU\UM1E\001729 e IT\ICCU\BVEE\042826, vedi 3422 bis; in questa edizione sembra non siano stati pubblicati altri volumi.

[3323]

CRISTOFORO DA VERRUCCHIO
Compendio di cento meditationi sacre sopra tutta la vita, e la passione sì del Signore, come della Madonna, e sopra tutti gli altri essercitij della vita spirituale raccolto dal r. p. f. Christoforo Verucchino.

Venezia, Niccolò Misserini, 1617.
[40], 725, [3] p.; ill.; 18°
Swissbib 042269881

[3324]

DE DOMINIS, MARCO ANTONIO
Predica fatta da Monsr. Marc'Antonio de Dominis, Arcivo. di Spalato la prima domenica dell'Auuento quest' anno 1617. in Londra, nella cappella detta delli Merciari, (ch'é la chiesa degl' Italiani,) ad essa natione Italiana.
Londra, John Bill, 1617.
([2], 81, [1] p.)
Swissbib 110960807

[3325]

FERDINANDI, MARCELLO
Il Barino quadragesimale adornato di dottrina, arricchito di pensieri, & copioso di concetti, & di tutto quello, che può bramare ogni predicatore. Composto dal m.r.p.d. Marcello Ferdinandi da Bari, abbate olivetano; et predicato da lui in Napoli [...] l'anno 1597.
Venezia, Giovanni Varisco e Varisco Varisco e fratelli, 1617.
[32], 810, [2] p.; 4°
a-b⁸ A-3D⁸ 3E⁶ (c. b4 segnata c4, ultima c. bianca)
SBN-IT\ICCU\UM1E\009414

[3326]

FONSECA, CRISTOBAL DE/(tr.) GIRELLI, GIULIO
Discorsi scritturali e morali sopra gli Euangeli correnti di tutto l'anno, che seruirà per vn copioso sermonario annuale, e quaresimale, doue si contengono la vita, dottrina, miracoli, e le parabole di Giesu Christo nostro Sig. Con mirabili espositioni della Sacra Scrittura, concetti, e sentenze de' santi Padri, pensieri de dotti, e pij scrittori, che sin'al tempo d'hoggi habbino scorso le sacre carte. Del m.r.p.m.f. Christoforo Fonseca dell'Ordine di sant'Agostino, visitatore della Prouincia di Castiglia. Diuisi in tre parti; con tauole copiosissime de' capitoli, luoghi della Scrittura, materie, sentenze, e cose notabili, e delli Euangeli correnti; ed vn'altra di tutti li concetti predicabili, applicati a tutte le domeniche, e feste de santi di tutto l'anno fuori de' proprij. Di nuouo tradotti dalla lingua spagnuola nella italiana dal sig. Giulio Girelli.
Brescia, Pietro Maria Marchetti, 1617.
3 vol. 4°
SBN-IT\ICCU\UM1E\004126
1:
[60], 779, [1] p.: ill.
a⁴ b⁶ c-g⁸ [croce]¹⁰ A-3B⁸ 3C⁶
SBN-IT\ICCU\UM1E\004127
V. fr.
2:

Discorsi scritturali e morali sopra gli Euangeli correnti di tutto l'anno, che seruirà per vn copioso sermonario annuale, e quaresimale, doue si tratta della vita, e misteriosi miracoli di Giesù Christo nostro Sig. Con mirabili espositioni della Sacra Scrittura, concetti e sentenze de' santi Padri, pensieri de dotti, e pij scrittori, che sin'al tempo d'hoggi habbino scorso le sacre carte. Del m.r.p.m.f. Christoforo Fonseca dell'Ordine di s. Agostino, visitatore della Prouincia di Castiglia. Seconda parte. Con tauole copiosissime de' capitoli, luoghi della Scrittura, materie, sentenze, e cose notabili, e delli Euangeli correnti; ed vn'altra di tutti li concetti predicabili, applicati a tutte le domeniche, e feste de santi di tutto l'anno fuori de' proprij. Di nuouo tradotti dalla lingua spagnuola nella italiana dal sig. Giulio Girelli.
Brescia, Pietro Maria Marchetti, 1617.
[52], 632 [i.e. 630], [2] p. (omesse nella numer. le p. 353-354)
[croce]⁴ a-b⁸ c⁶ A-2Q⁸ 2R⁴ (c. c6, 2R4 bianche)
SBN-IT\ICCU\UM1E\004128
V. fr.

3:
Discorsi scritturali e morali sopra gli Euangeli correnti di tutto l'anno, che seruirà per vn copioso sermonario annuale, e quaresimale, doue si tratta della vita, e sententiose parabole di Giesu Christo nostro Sig. Con mirabili espositioni della Sacra Scrittura, concetti e sentenze de' santi Padri, pensieri de dotti, e pij scrittori, che sin'al tempo d'hoggi habbino scorso le sacre carte. Del m.r.p.m. f. Christoforo Fonseca dell'Ordine di s. Agostino, visitatore della Prouincia di Castiglia. Terza parte. Con tauole copiosissime de' capitoli, luoghi della Scrittura, materie, sentenze, e cose notabili, e delli Euangeli correnti; ed vn'altra di tutti li concetti predicabili, applicati a tutte le domeniche, e feste de santi di tutto l'anno fuori de' proprij. Di nuouo tradotti dalla lingua spagnuola nella italiana dal sig. Giulio Girelli.
Brescia, Pietro Maria Marchetti, 1617.
[60], 632 p.; 4°
[croce]⁴ a-b⁸ c¹⁰ A-2Q⁸ 2R⁶
SBN-IT\ICCU\UM1E\006562
V. fr.

[3327]
FRANCIOTTI, CESARE
Delle pratiche di meditationi per auanti, e dopo la santiss. Communione, sopra tutti i Vangeli dell'anno. Diuise in sei parti. Parte prima. Del p. Cesare Franciotti [...] Riuedute, & mendate dal medesimo.
Milano, Giovanni Battista Bidelli <1>, 1617.
3 vol.; 12°
SBN-IT\ICCU\LIGE\007478
2:
Milano, Giovanni Battista Bidelli <1>, 1617.

[32], 640 p.
A-T⁸
SBN-IT\ICCU\LIGE\007479
3:
Parte terza che contiene le feste commandate de' santi, & alcune di deuotione.
Milano, Giovanni Battista Bidelli <1>, 1617.
[18], 638 p.: ill.
A-S⁸
SBN-IT\ICCU\LIGE\007480
Non si ricavano informazioni sulla parte prima.

[3328]
FRANCIOTTI, CESARE
Viaggio a Bethlemme, overo, meditationi della venuta del Signore al mondo e della sua infantia distinti ne' giorni dell'avvento.
Milano, Giovanni Battista Bidelli <1>, 1617.
368 p.: ill.; 16°
Swissbib 367872226

[3329]
FRANCIOTTI, CESARE
Viaggio al monte Calvario distinto in sei settimane.
Milano, Giovanni Battista Bidelli <1>, 1617.
400 p.: ill.; 16°
Swissbib 367873397

[3330]
GILIBERTI, VINCENZO
La città d'Iddio incarnato, descritta per don Vincenzio Giliberto [...] Sopra il salmo Magnus Dominus, & laudabilis nimis. Oue pienamente si tratta delle glorie di Maria vergine [...] Con cinque tauole copiose, et vtilissime [...].
Venezia, Pietro Dusinelli, 1617.
3 vol.; 4°
SBN-IT\ICCU\RAVE\017170   e   SBN-IT\ICCU\ANAE\017508
1:
[72], 343 [i.e. 339], [5] p.
a-d⁸ e⁴ A-X⁸ Y⁴ (c. Y4 bianca)
SBN-IT\ICCU\RAVE\017171   e   IT\ICCU\ANAE\019081
A c. Y3r la *Lettera al lettore* contiene le indicazioni sul piano dell'opera.
2:
Seconda parte della città d'Iddio incarnato, ouero Delle sourane eccellenze, virtù, grazie, priuilegi, doni, e lodi singulari di Maria vergine [...].
Venezia, Pietro Dusinelli, 1617.
64, 632 [i.e. 326], [2] p. (errori nella paginazione)
2a-2d⁸ 2A-2V⁸ 2X⁴ (c. 2d8v e 2X4 bianche)

SBN-IT\ICCU\RAVE\017172

3:

Terza parte della città d'Iddio incarnato del p. d. Vincenzio Giliberto cherico regolare, doue s'innalzano le torri, o gli attributi sublimi della Vergine genitrice, misericordia, giustizia, innocenzia, vbbidienza, fortezza, fede, pacienza, verginità feconda, e altri sì fatti [...] con cinque tauole copiosissime.

Venezia, Fioravante Prati, 1617.

[80], 497 [i.e. 495], [1] p. (omesse nella numer. le p. 453-454)

a-e⁸ A-2H⁸

SBN-IT\ICCU\CAGE\009507

[3331]

GILIBERTI, VINCENZO

La città d'Iddio incarnato descritta [...] sopra il salmo Magnus Dominus & laudabilis nimis oue pienamente si tratta delle glorie di Maria vergine [...].

Venezia, Pietro Dusinelli appresso Fioravante Prati, 1617.

[72], 343 [i.e. 339], [2] p.; 4° (omesse nella numer. le p. 145-148)

a⁴ b-e⁸ A-X⁸ Y⁴

SBN-IT\ICCU\UM1E\007101

Cfr. Michel-Michel, IV, p. 46. Un unico esemplare superstite, mutilo del frontespizio e dei fasc. a-b.

[3332]

GILIBERTI, VINCENZO

Le sacre corone dell'anno ecclesiastico, tessute per d. Vincentio Giliberto cherico regolare, ove, con le prediche delle domeniche dopo la Pentecoste, s'inghirlandano le due più fertili stagioni. Con cinque tauole abbondeuolissime.

Modena, Giuliano Cassiani, 1617 (Modena, Giuliano Cassiani, 1617).

[12], 382, [50] p.: ill.; 4°

π¹ a² χ¹ A-2D⁸ (c. χ1 bianca)

SBN-IT\ICCU\BVEE\048055

Var. B: [12], 382, [50] p.; [pi greco]² a⁴ A-2D⁸ (c. [pi greco]1 bianca, frontespizio calcografico a c. [pi greco]2r).
V. fr.

[3333]

GUADAGNO, GIOVANNI LORENZO

Thesoro della dottrina di Christo N.S. diuiso in due parti. Nel quale si contiene la dichiaratione della legge euangelica, e de' principali misteri della nostra santa fede, [...] Cauata da diuersi sacri dottori, [...] Et di nuouo corretta, & arricchita di molte cose [...] Raccolta da d. Gio. Lorenzo Guadagno, napolitano [...] Con due tauole [...].

Venezia, Sessa, 1617.

[16], 536 [i.e. 504] p.; 8° (p. 113-142, 175-176 omesse nella numer.)

a⁸ A-2H⁸ 2I⁴

SBN-IT\ICCU\UM1E\020537

[3334]

MACCANTI, ORAZIO

Sermone di santa Maria Maddalena fatto da m. Orazio Maccanti dottor di legge e cittadino fiorentino e da lui recitato adì 14. di marzo 1616. in Firenze in vna Compagnia secreta corrente l'Euangelo.

Firenze, Volcmar Timan, 1617.

[8] c.; 4°

A-B⁴

SBN-IT\ICCU\CFIE\044297

V. fr.

[3335]

MAREOTTI, TREBAZIO

Asilo dell'anima orante oue con ingegnosi discorsi dichiarandosi l'oratione dominicale si addita il modo di porger a dio perfetta oratione. Opera di nuouo data in luce dal m. reuer. Trebatio Marsoti Dalla Penna franciscano theologo [...] Vi si aggiongono due tauole, vna delli Discorsi, l'altra delle materie più importanti; e vi si pone al fine il pater nostro che soleua dire il serafico padre s. Francesco.

Torino, Antonio Bianchi, a istanza di Vincenzo Somasco, 1617.

[8], 228 c.: ill.; 4°

A⁴ 3[croci]⁴ A-3L⁴

SBN-IT\ICCU\PUVE\018566

[3336]

MARINELLI, LUCREZIA

La vita di Maria Vergine imperatrice dell'vniuerso descritta in prosa, & in ottaua rima dalla molto illustre sig. Lucretia Marinella: dalla stessa ampliata, & aggiunteui Le vite de' dodeci heroi di Christo, e de' quattro euangelisti: nella cui diuota historia non solo si narra il diuino delle bellezze, l'ammirabile delle virtudi, l'acerbo delle doglie, il sommo delle allegrezze, & il grande de gli honori della madre di Dio; ma ancora gli auuenimenti marauigliosi, i martirij horrendi, i miracoli gloriosi, & le morti felici de gli istessi heroi, & euangelisti. Con la Tauola delle cose più memorabili.

Venezia, Barezzo Barezzi, 1617.

3 pt ([12], 142 [i.e. 140]; [4], 66 [i.e. 55], [1]; [2], 64 c.); 8° (numerosi errori nella numer. delle c.)

[pi greco]A⁸ a⁴ A-R⁸ S⁴; [pi greco]⁴ A-G⁸; A-H⁸ (nella pt 2 c. [pi greco]1 e G8 bianche)

SBN-IT\ICCU\PARE\063728

Pt 2: *La imperatrice dell'vniuerso poema heroico della molto illustre sig. Lucretia Marinella: in cui il nascimento, la vita, la morte & la Assontione di Lei si contiene [...]. Pt 3: Vite de' dodeci heroi di Christo, et de' quattro euangelisti; raggi fiammeggianti dell'eterno sole di giustitia; della molto illustre signora Lucretia Marinella. [...].* V. fr.

[3337]

MASTRILLI, GREGORIO

Terza parte delli discorsi del p. Gregorio Mastrilli della Compagnia di Giesu. Intorno i misterij della dolorosa passione, e gloriosa resurrettione del Saluatore: descrittici ne' quattro vltimi capi del sacro euangelio di san Giouanni.

Roma, Bartolomeo Zanetti <2>, 1617 (Roma, Bartolomeo Zanetti <2>, 1617).

[8], 512, [16] p.; 4°

[croce]⁴ A-2K⁸

SBN-IT\ICCU\UMIE\004215

Fa probabilmente parte dell'edizione del 1615-1616 pubblicata a Roma da Bartolomeo Zanetti <2>, comprendente i vol. 1 e 2. Cfr. Michel-Michel, V, p. 146.

[3338]

MORONE, BONAVENTURA/(ed.) LOLMO, ERCOLE

Il mortorio di Christo, tragedia spirituale del m.r.p.f. Bonauentura Morone da Taranto de' Minori Osseruanti Reformati; penenttentiero lateranensis, & autore della Giustina tragedia. Nuouamente in questa impressione posto gli intermedij à suoi luoghi, & accresciuto, e coretto dall'istesso.

Venezia, Giovanni Battista Combi, 1617.

[24], 264 p.: ill.; 12°

a¹² A-L¹²

SBN-IT\ICCU\BVEE\028806

V. fr.

[3339]

MURILLO, DIEGO/GALLETTI, TOMMASO/(tr.) GALLETTI, TOMMASO

Il Moriglio doppio, e perfettissimo quadragesimale ripieno di singolar dottrina, ricco di pensieri curiosi, e graui, & abondante di nuoui, & spiritosi concetti scritturali; nel qual si contengono cento prediche, [...] composto dal m.r.p.f. Diego Moriglio di Saragozza, [...] Nuouamente [...] tradotto dalla lingua spagnuola nella fauella italiana dal sig. d. Tomaso Galletti [...]; et aggionteui del medesimo le scielte Considerationi scritturali [...] Et in questa vltima impressione accresciuto d'vn Trattato del vero, et perfetto predicatore dell'istesso signor Galletti. [...].

Venezia, Barezzo Barezzi, 1617.

2 pt ([26], 510, [22] c.; [2], 38 p.); 4°

a⁸ †-4†⁴ 5†² A-3V⁸ 3X⁴; a-e⁴ (fasc. 2† erroneamente segnato †)

SBN-IT\ICCU\UMIE\004218

Cfr. Michel - Michel, V, p. 208. L'opera del Galletti è in latino.

[3340]

PANIGAROLA, FRANCESCO

Dichiaratione de i Salmi di Dauid, fatta dal r. padre F. Francesco Panigarola, minore osseruante. alla serenissima infante la signora duchessa di Sauoia.

Venezia, Giorgio Valentini, 1617.

[8], 501, [3]: ill.; 8°

[ast.]⁴ A-2H⁸ 2i⁴

SBN-IT\ICCU\PBEE\004370

[3341]

PANIGAROLA, FRANCESCO

Prediche quadragesimali del Reurendiss. Monsig. Panigarola Vescovo d'Asti, dell'Ordine di san Francesco de' Minori Osseruanti. Predicate da lui in San Pietro in Roma, l'anno 1577. Con la tauola copiosissima delle cose notabili.

Venezia, Pietro Miloco, 1617.

[112], 527, [1] p.; 4°

a-g⁸ A-2K⁸

SBN-IT\ICCU\TOoE\048632

[3342]

PIATTI, DOMIZIO

Trattato della passione del Saluatore diuiso in sette considerationi, e varij discorsi, ne' quali si da piena, e minuta notitia de i dolori interni, & esterni, di Christo signor nostro. Con vna breue prattica dell'oratione per meditare la stessa passione con frutto. Del r.p. Domitio Piatti, della Compagnia di Giesu. In questa seconda impressione reuisto, & ampliato dal medesimo auttore.

Roma, Bartolomeo Zanetti <2>, 1617 (Roma, Bartolomeo Zanetti <2>, 1617).

[16], 370, [22], 41, [7] p.; 8°

[croce greca]⁸ A-2A⁸ 2B⁴ a-c⁸ (c. c8 bianca)

SBN-IT\ICCU\UMCE\013527

Contiene anche, nei fasc. a-c, *Breue trattato dell'oratione mentale,* sempre di Domizio Piatti.

[3343]

PINELLI, LUCA

Meditationi diuotissime del p. Luca Pinelli da Melfi della Compagnia di Giesu sopra alcuni misterij. 1. La vita, 2. Passione, 3. e piaghe di Christo N.S. 4. La Vita 5. Il rosario di Maria Verg. madre di Dio. Parte prima. Di nuouo stampate, e corrette con diligenza.

Venezia, Giovanni Battista Ciotti, 1617.

2 vol.: ill.; 12°

SBN-IT\ICCU\PALE\000520

1:

[16], 72; 70; 94; 131, [1]; 69, [3] p.
†⁸ A-C¹²; A-B¹² C¹⁰; A-D¹²; A-E¹² F⁶; A-C¹²
SBN-IT\ICCU\PALE\000561
Seguono altri frontespizi: *Meditationi sopra alcuni misterij della vita di Christo; Meditationi sopra alcuni misterij della passione di christo; Meditationi delle cinque piaghe; Meditationi diuotissime sopra la vita della santissima vergine Maria; Meditationi utilissime sopra i quindici misterij.* Il secondo volume tratta dell'inferno, del paradiso e dei peccati capitali.

[3344]
[ROSELLI, ALESSANDRO]
Rappresentazione di Sansone. Nuouamente ristampata.
(Firenze, Giacinto Tosi, alle scalee di Badia, 1617).
[10] c.: ill.; 4°
A¹⁰
SBN-IT\ICCU\CFIE\033008
Per l'autore cfr. Cioni 1961, p. 275, n. 9; Testaverde-Evangelista, 691. Titolo uniforme: *Rappresentazione di Sansone*. V. ed.

[3345]
SEGALA, ALESSIO
Corona celeste ornata di pretiosissime considerationi, overo meditationi, accomodate per tutti li giorni dell'anno. [...] Parte prima. In questa ultima impressione corretta, & di vaghe figure ornata del rev. padre f. Alessio Segala da Salò [...].
Brescia, Bartolomeo Fontana, 1617.
2 vol.: ill.; 12°
SBN-IT\ICCU\UMCE\028365
1:
[48], 540 p.: ill.
a-b¹² A-Y¹² Z⁶
SBN-IT\ICCU\UMCE\028366
2:
Corona celeste ornata di pretiosissime considerationi, overo meditazioni, accomodate per tutti li giorni dell'anno. [...] Parte seconda. In questa ultima impressione corretta, & di vaghe figure ornata del rev. padre f. Alessio Segala da Salò [...].
Brescia, Bartolomeo Fontana, 1617.
[24], 552 p.: ill.
a¹² 2A-2Z¹²
SBN-IT\ICCU\PALE\003274

[3346]
SEGALA, ALESSIO
Corona celeste, ornata di pretiosissime considerationi, ouero Meditationi, accommode per tutti li giorni dell'anno, per contemplare la vita [...] Parte prima [...] del reu. padre f.

Alessio Segala [...]. In questa vltima impressione corretta, & di vaghe figure ornata.
Brescia, Pietro Maria Marchetti, 1617.
2 vol.; 12°
SBN-IT\ICCU\VIAE\021345
1:
48, 243 [i.e. 543], [1] p.: ill.
[ast]-2[ast]¹² A-Y¹² Z⁸
SBN-IT\ICCU\VIAE\021346
2:
[16], 552 p.: ill.
[ast]⁸ 2A-2Z¹²
SBN-IT\ICCU\VIAE\037030

[3347]
TARCAGNOTA, GIOVANNI/DIONIGI, BARTOLOMEO
Delle historie del mondo, di m. Gio. Tarcagnota. Lequali contengono, quanto dal principio del mondo è successo sino all'anno della nostra salute MDXIII. Cauate da più degni, e graui auttori, che habbiano, ò nella lingua greca, ò nella latina scritto. Diuise in quattro parti. Aggiuntoui la quinta parte di Bartholomeo Dionigi da Fano; laquale, ripigliando dall'anno sudetto MDXIII. contiene quanto è successo sino all'anno MDCVI. Parte prima.
Venezia, Giovanni Varisco e Varisco Varisco e fratelli, 1617 (Venezia, Giorgio Varisco).
5 vol.; 4°
SBN-IT\ICCU\PUVE\005975
1:
[12], 352 c.
a⁴ ²a⁸ A-2X⁸
SBN-IT\ICCU\PUVE\005976
Le parti successive non trattano materia biblica. V. fr.

[3348]
TURAMINI, BERNARDINO
Sacra metamorfosi, dal profano al divino amore in Maria Madalena.
Roma, Giacomo Mascardi <1>, 1617.
138, [2] p.: ill; 12°
Franchi 1988, p. 91-92, n. 2

[3349]
VALDERRAMA, PEDRO/(tr.) GOTTARDI, EGIDIO
Il Valderrama quadragesimale diuiso in tre parti, per tutti li giorni di quaresima, in essercitii spirituali, come anco per le domeniche di settuagesima, sessagesima, e quinquagesima. Composti dal m.r.p.m. Pietro di Valderrama [...] Tradotto dal m.r.p.m. Egidio Gottardi da Rimino [...].
Venezia, Giacomo De Franceschi, 1617.
3 vol.; 4°
SBN-IT\ICCU\UM1E\007841

1:
[104], 690 [i.e. 688] p. (omesse nella numer. le p. 396-397)
[par]⁴ a-f⁸ A-2V⁸
SBN-IT\ICCU\UMiE\007842
2:
568 [i.e. 560] p. (omesse nella numer. le p. 541-548)
+A-2K⁸ 2L⁴ 2M⁸ 2N⁴
SBN-IT\ICCU\UMCE\021696   e   IT\ICCU\
UMiE\034146
Var. B: prive di stampa le p. N1v, N2r, N7v e N8r.
3:
320 p.
A-V⁸
SBN-IT\ICCU\UMCE\021697

[3350]

VERALLO, CURZIO
*Corona di laudi a Maria Vergine, composta in versi lirici,
& altre poesie. Da Curtio Verallo patritio romano. Sopra li
salmi, che si leggono fra l'opere di s. Bonauentura, in lode
d'essa Vergine. All'illustrissima signora Geronima Veralla
de' Malatesti.*
Venezia, Giovanni Guerigli, 1617.
[36], 646, [2] p.: ill.; 12°
a¹² b⁶ A-2D¹² (ultima c. bianca)
SBN-IT\ICCU\VEAE\007020

1618

[3351]

ANONIMA/(ed.) FILONI, GIROLAMO
*La rapresentatione e festa di Giosef. figlivolo di Giacob.
Nouamente data in luce per Girolamo Filoni.*
Viterbo e ristampato in Orvieto, Colaldi, 1618.
15 p.: ill.; 4°
A8
Harvard, Houghton Library GEN *IC₅ A100R G33.618
Considerata la data, l'editore dovrebbe essere Antonio
Colaldi. Titolo uniforme: *Rappresentazione di Giuseppe.*

[3352]

ANSALDI, GIOVANNI ANTONIO
*La Susannide del signor Gio. Antonio Ansaldo dedicato
all'ill.mo et Reu.mo sig. cardinali Mellini.*
(Torino, Giovanni Francesco Cavalleri, 1618).
[52] c.; 8°
A-F⁸ G⁴
SBN-IT\ICCU\TO0E\078182

[3353]

BALBIANI, CAMILLO
*Ragionamenti sopra la sacra Sindone di N.S. Giesu Christo,
ne' quali si trattano molti misteri della Sua passione, morte,
sepoltura, e resurretione. Fatti da f. Camillo Balliani milanese dell'Ordine de' Predicatori, dottore di sacra theologia,
inquisitore di Torino. Diuisi in due parti.*
Torino, Luigi Pizzamiglio, 1618.
[8], 280, 8, [8] p.; 4°
†⁴ πA-2M⁴ A-B⁴ (c. †4 bianca)
SBN-IT\ICCU\BVEE\075579
Pubblicata solo la prima parte. Cfr. Michel-Michel, I,
p. 361. V. fr.

[3354]

BELCARI, FEO/BENCI, TOMMASO
*La rappresentatione di s. Giouanni Battista, il quale essendo
piccolino, e volendo andare nel deserto, chiede licenza al pa-
dre, & alla madre. E quando predica in detto deserto, com-
posta da Tomaso Benci.*
Firenze, alle scalee di Badia, 1618.
[4] c.: ill.; 4°
A⁴
SBN-IT\ICCU\CFIE\032853
Testo di Feo Belcari preceduto da 16 stanze di Tommaso
Benci. Titolo uniforme: *Rappresentazione di s. Giovanni
Battista nel diserto.* Cfr. Cioni 1961, p. 188, n. 15; Testaverde-
Evangelista, 162. V. ed.

[3355]

CALDERARI, CESARE
*Concetti scritturali intorno al Miserere, et il Trofeo della
croce. Del r.p.d. Cesare Calderari vicentino canon. regolare
lateranense, dell'Ordine di S. Agostino, spiegati da lui, in
XXXIII. lettioni con grandissimo concorso, e molto frutto
degli ascoltanti, nel santissimo tempio della Nonciata di
Napoli, l'anno 1583. Con l'applicatione di molte feste correnti, massimamente di tutto l'Auuento. Di nuouo riueduti, e
corretti con ogni maggior diligenza, & accuratezza.*
Venezia, Giacomo Sarzina <1>, 1618 (Venezia, Giacomo
Sarzina <1>, 1618).
[32], 447, [1] p.; 8°
[fiore]⁸ a⁸ A-2E⁸
SBN-IT\ICCU\BVEE\052785
V. fr.

[3356]

CAMPEGGI, RIDOLFO/PRETI, GIROLAMO
*Le lagrime di Maria vergine poema heroico del s.r co:
Ridolfo Campeggi con gli argomenti a ciascun pianto d'in-
certo autore. [...] In questa seconda impressione riueduto, et
ricorretto da infiniti errori con un discorso del sig.r Girolamo
Preti soura la poesia.*

Bologna, Eredi di Simone Parlasca (Bologna, Bartolomeo Cochi, a istanza degli Eredi di Simone Parlasca, 1618).
[2], 1-6, [34], 7-504 p.: ill.; 12°
a⁶ b¹² A-X¹²
SBN-IT\ICCU\UBOE\056142

[3357]
Caraffa, Antonio
Predica, et esortatione sopra l'avvenimento di Giesu Christo nostro signore. Fondata sopra la sacra scrittura contro l'incredulita, & cecita dell'Hebreismo. Data in luce per Antonio Caraffa [...].
Perugia, Camerino, Siena, Eredi di Matteo Florimi, 1618.
[8] c.; 4°
A⁸
SBN-IT\ICCU\UBOE\006499

[3358]
Catechismo/(tr.) Figliucci, Felice
Catechismo, cioe Istruttione secondo il decreto del Concilio di Trento, a' parochi; publicato per comandamento del santissimo s.n. papa Pio V. e tradotto poi per ordine di sua santità in lingua volgare dal r.p.f. Alessio Figliucci dell'ordine de' predicatori. Nuouamente conforme al latino [...]. Con quattro comodissime tauole.
Venezia, Giovanni Salis, 1618.
[40], 659 [29] p.: ill.; 8°
a-b⁸ c⁴ A2V⁸
SBN-IT\ICCU\UMCE\025084
Alessio (anche Alesso) Figliucci è il nome in religione di Felice Figliucci, domenicano.

[3359]
Celestino, Angelo
Aquilone del peccatore, et sua vscita dall'Egitto. Ragionamenti theologici scritturali, e morali, sopra la parabola del prodigo, tipo espresso del peccatore. Predicati in Napoli nella real chiesa di San Diego. Dal m.r.p.f. Angelo Celestino lettore di theologia, e predicator generale dell'Osseruanza di s. Francesco. Terza parte detta aquilonare. Opera piena di polite descrittioni, misteriose allegorie, metafore, simboli, e gieroglifichi, non men gioueuole, che diletteuole ad ogni persona, sì religiosa, come secolare. Con quattro tauole de' ragionamenti, de' luoghi della Scrittura, delle cose più notabili, e di varij simboli, e ben descritte somiglianze à varij soggetti appropriate. Dedicati à Christo creatore, e redentore del mondo.
Venezia, Giovanni Guerigli, 1618.
[12], 333, [19] p.; 4°
a⁶ A-2X⁴
SBN-IT\ICCU\UM1E\004194
Cfr. Michel-Michel, II, p. 77. V. fr.

[3360]
Celestino, Angelo
Austro celeste. Ragionamenti theologici scritturali, e morali, sopra l'oratione dominicale, fatti in Napoli nel celebratissimo pergamo della Vergine Annuntiata. Dal m.r.p.f. Angelo Celestino lettore di theologia, e predicator generale dell'Osservanza di s. Francesco. Quarta parte detta australe. Opera gioueuole a' predicatori, per l'inuentioni, la varietà de' pensieri, e nuoui concetti, e per le fruttuose moralità; vtile a' curati, & à tutte le persone curiose, e diuote. Con tre tauole, la prima de' ragionamenti, la seconda de' luoghi della Scrittura con diligenza esposti dall'autore per dentro l'Opera, e la terza delle cose più notabili, e degne di consideratione. Dedicati a' nobili sig. dell'illustrissime famiglie del seggio di Capuana, di quella santa casa fondatori, e successiuamente perpetui gouernatori.
Venezia, Giovanni Guerigli, 1618.
[12], 411, [25] p.; 4°
a⁶ A-3H⁴ 3I²
SBN-IT\ICCU\BVEE\080384
V. fr.

[3361]
Celestino, Angelo
Occidente di Christo ragionamenti theologici scritturali, e morali, sopra quel che di Christo crocifisso scrissero i quattro Vangelisti, da che a morte fu sententiato, fin che fù posto nel sepolcro. Fatti dal m.r.p.f. Angelo Celestino lettore di theologia, e predicator generale dell'Osseruanza di s. Francesco. Seconda parte detta occidentale. Opera che gratissima esser deue non solo a' padri predicatori per contenere in se trenta curiosissimi discorsi sopra le cose del monte Caluario. piena di varietà di dottrina, di nuoui pensieri, e d'appropriate moralità. Ma anco à tutti religiosi, curati, e diuoti di questo altissimo mistero. Con tre tauole, la prima de' ragionamenti, la seconda de' luoghi oscuri della Scrittura esposti quiui dall'autore, la terza delle cose più notabili, e degne di consideratione. Dedicati a' segnati col Tau, e diuoti contemplatori del Crocifisso.
Venezia, Giovanni Guerigli, 1618.
[12], 464 [i.e. 466], [18] p.; 4°
†⁶ A-3N⁴ 3O⁶
SBN-IT\ICCU\UM1E\004193
Var. B: Venezia, Giovanni Guerigli, 1619. Il frontespizio non è ricomposto, varia solo la data. V. fr.

[3362]
Celestino, Angelo
Oriente di Christo ragionamenti theologici scritturali, e morali, sopra l'Euangelo Missus et Angelus Gabriel ad Virginem coll'altre parole seguenti l'historia, predicati in Napoli nella real Chiesa di S. Diego. Dal m.r.p.f. Angelo Celestino

Lettore di Theologia e Predicator Generale dell'Osservanza di San Francesco. Parte prima detta Orientale. [...] Con tre tauole, la prima de' Ragionamenti, la seconda de' luoghi della Scrittura Sagra [...] e la terza delle cose più notabili. Dedicati alla istessa sempre lodata Vergine Maria. [...].
Venezia, Giovanni Guerigli, 1618.
[8], 574, [17] p.; 4°
a⁴ A-4E⁴
SBN-IT\ICCU\BVEE\080365

[3363]

CIBO GHISI, INNNOCENZO
Discorsi morali sopra i sette salmi penitentiali, del molto reuerendo padre maestro F. Innocentio Cibo Ghisi de' predicatori, tomo terzo. Con tre tauole, vna de' discorsi, l'altra de' luoghi della Sacra Scrittura, e la terza delle cose notabili.
Milano, Erede di Pacifico Da Ponte e Giovanni Battista Piccaglia, 1618 (Milano, Erede di Pacifico Da Ponte e Giovanni Battista Piccaglia, 1618).
[60], 350, [2] p.; 4°
[croce]⁴ a-b⁸ c¹⁰ A-Y⁸ (ultima c. bianca)
SBN-IT\ICCU\TO0E\055016
Di questa edizione non risultano altri volumi.

[3364]

DECIO, CLAUDIO
Il pianto della beatissima Vergine nella morte del figliolo. Di Claudio Decio. Alla sereniss. sig. principessa d. Maura Lucenia Farnese.
Roma, Andrea Fei, 1618.
36 p.; 4°
A-C⁴ D⁶
SBN-IT\ICCU\BVEE\026900
V. fr.

[3365]

DONESMONDI, IPPOLITO
Discorsi morali sopra il cantico di maria vergine gloriosissima detto il magnificat. In dodeci ragionamenti distinti. Molto utili ad ogni sorte di persone spirituali [...] per il r. p. f. Ippolito Donesmondi [...].
Venezia, Evangelista Deuchino, 1618.
[24], 286, [2] p.; 12°
a¹² A-M¹² (ultima c. bianca)
SBN-IT\ICCU\RMLE\030705

[3366]

DONESMONDI, IPPOLITO
Prediche sopra l'Aue Maria, da farsi ne i sette sabbati di Quaresima, & anco in qual si voglia giorno dell'anno, nelle quali con varietà de' discorsi, isquisitezza de' sensi particolari, concetti memorabili, & notabili essempi, si descriuono le

degne lodi della gran madre di Dio, Maria, vergine gloriosiss. Dal r.p.fr. Ippolito Donesmundi da Mantoua, lettor theologo generale de' Min. Osseru., & padre della sua Prouincia di s. Antonio composte, opera vtilissima, & necessaria à predicatori, & curati. Con tre copiosissime tauole: delli discorsi: dell'auttorità scritturali applicate alla beatiss. Vergine: & delle cose più notabili.
Verona, Giovanni Battista Marini, 1618 (Verona, Angelo Tamo, 1618).
[24], 215, [1] p.: ill.; 4°
a-c⁴ A-2D⁴
SBN-IT\ICCU\NAPE\020446
V. fr.

[3367]

FONSECA, CRISTOBAL DE/(tr.) GIRELLI, GIULIO
Discorsi scritturali e morali sopra gli Euangeli correnti di tutto l'anno, che seruiranno per vn copioso sermonario annuale, e quaresimale, doue si contengono la vita, dottrina, miracoli, e le parabole di Giesu Christo nostro Signore. Con mirabili espositioni della Sacra Scrittura, [...] Del m.r.p.m.f. Christoforo Fonseca dell'Ordine di s. Agostino, [...] Diuisi in tre parti; con tauole copiosissime [...] Di nuouo tradotti dalla lingua spagnuola nella italiana dal sig. Giulio Girelli.
Venezia, Giorgio Valentini, 1618.
3 vol.; 4°
SBN-IT\ICCU\UM1E\006563
1:
[116], 671 [i.e. 771], [1] p. (p. 769-771 erroneamente numerate 669-671)
a⁴ b-g⁸ h⁶ A-3B⁸ 3C² (c. h6 e l'ultima bianche)
SBN-IT\ICCU\UM1E\006626
2:
Discorsi scritturali e morali sopra gli Euangeli correnti di tutto l'anno, che seruiranno per vn copioso sermonario annuale, e quaresimale, doue si tratta della vita, e misteriosi miracoli di Giesu Christo nostro Signore. Con mirabili espositioni della Sacra Scrittura, concetti, e sentenze de' santi padri, pensieri de dotti, e pij scrittori, che sin'al tempo d'hoggi habbino scorso le sacre carte. Del m.r.p.m.f. Christoforo Fonseca dell'Ordine di s. Agostino, Visitatore della Prouincia di Castiglia. Seconda parte. Con tauole copiosissime de' capitoli, luoghi della Scrittura, materie, sentenze, e cose notabili, e degli Euangeli correnti; ed vn'altra di tutti li concetti predicabili, applicati a tutte le domeniche, e feste de' Santi de tutto l'anno fuori de' proprij. Di nuouo tradotti dalla lingua spagnuola nella italiana dal sig. Giulio Girelli.
Venezia, Giorgio Valentini, 1618.
[52], 632 [i.e. 630], [2] p. (diversi errori nella numer.; omesse le p. 353-354)
[croce]⁴ a-b⁸ c⁶ A-2Q⁸ 2R⁴ (c. 6 e ultima c. bianche)
SBN-IT\ICCU\UM1E\006734

V. fr.

3:

Discorsi scritturali e morali sopra gli Euangeli correnti di tutto l'anno, che seruiranno per vn copioso sermonario annuale, e quaresimale, doue si tratta della vita, e sententiose parabole di Giesu Christo nostro Signore. Con mirabili espositioni della Sacra Scrittura, concetti e sentenze de' santi padri, pensieri de dotti, e pij scrittori, che sin'al tempo d'hoggi habbino scorso le sacre carte. Del m.r.p.m.f. Christoforo Fonseca dell'Ordine di s. Agostino, visitatore della Prouincia di Castiglia. Terza parte. Con tauole copiosissime de' capitoli, luoghi della Scrittura, materie, sentenze, e cose notabili, e delli Euangeli correnti; ed vn'altra di tutti li concetti predicabili, applicati a tutte le domeniche, e feste de' Santi di tutto l'anno fuori de' proprii. Di nuouo tradotti dalla lingua spagnuola nella italiana dal sig. Giulio Girelli.

Venezia, Giorgio Valentini, 1618.

[56], 632 [i.e. 636] p. (ripetute nella numer. le p. 621-624)

[fiore]⁴ a-c⁸ A-2Q⁸ 2R⁶

SBN-IT\ICCU\UM1E\006565

V. fr.

[3368]

FRANCIOTTI, CESARE

Viaggio a' Bethlemme. Ouero Meditationi pella venuta del Signore nel mondo e della sua infantia: distinte ne' giorni dell'auuento e delle feste che seguono dopo l'Auuento, e delle feste, che seguono dopo l'Avvento. Del p. Cesare Franciotti, religioso della congregatione della Madre di Dio.

Venezia, Giovanni Battista Combi, 1618.

426, [6] p.; 18°

A-S¹²

SBN-IT\ICCU\PALE\000480

[3369]

FRANCIOTTI, CESARE/FORTINI, ANTONIO

Viaggio al Monte Caluario; distinto in sei settimane: doue si medita la Passione del Signore. Del r. padre Cesare Franciotti [...] Con l'Anima pellegrina, idilio del s. Antonio Fortini.

Venezia, Giovanni Battista Combi, 1618.

510 [i.e. 410], [22] p.: ill.; 24° (p. 410 erroneamente numerata 510)

A-S¹²

SBN-IT\ICCU\UM1E\021683

[3370]

GROSSI, ANGELO

Trattenimenti spirituali sopra il salmo centesimo sedicesimo di Angelo Grossi.

Genova, Giuseppe Pavoni, 1618.

680, [44] p.: ill.; 4°

A-2T⁸ 2V-3A⁴ 3B⁶ (c. 3B6v bianca)

SBN-IT\ICCU\BVEE\044071

V. fr.

[3371]

GUADAGNO, GIOVANNI LORENZO

Thesoro della dottrina di Christo n.s. diuiso in due parti. Nel quale si contiene la dichiarazione della legge eucaristica, e de' principali misteri della nostra santa fede, [...] Cauata da diuersi sacri dottori [...] E di nuouo corretta, & arricchita di molte cose, con le citazioni de' dottori nel margine. Raccolta da d. Gio. Lorenzo Guadagno, napolitano theologo. Con due tauole [...].

Venezia, Sessa, 1618.

[16], 536 [i.e. 504] p.; 8° (omesse nella numer. le p. 113-142 e 175-176)

a⁸ A-2H⁸ 2L⁴

SBN-IT\ICCU\UM1E\001124

[3372]

GUADAGNO, GIOVANNI LORENZO

Thesoro della dottrina di Christo n.s. diuiso in due parti. Nel quale si contiene la dichiarazione della legge euangelica, e de' principali misteri della nostra santa fede [...] Cauata da diuersi sacri dottori e di piu copiosa dichiaratione fatta in chiesa [...] raccolta da D. Gio. Lorenzo Guadagno [...] che in questa opera si contengono [...].

Venezia, Pietro Farri, 1618.

[16], 493, [3] p.; 8°

a⁸ A-2H⁸ (c. 2H8 bianca)

SBN-IT\ICCU\URBE\028814

[3373]

GUADAGNO, GIOVANNI LORENZO

Thesoro della dottrina di Christo n.s. diuiso in due parti. Nel quale si contiene la dichiarazione della legge euangelica, e de' principali misteri della nostra santa fede [...] Cauata da diuersi sacri dottori e di più copiosa dichiaratione fatta in chiesa [...] raccolta da D. Gio. Lorenzo Guadagno [...] che in questa opera si contengono [...].

Venezia, Sessa, 1618.

[16], 492, [4] p.; 8°

a⁸ A-2H⁸ (c. 2H8 bianca)

SBN-IT\ICCU\LIAE\026667

[3374]

GUADAGNO, GIOVANNI LORENZO

Thesoro della dottrina di Christo N.S. Diuiso in due parti. Nel quale si contiene la dichiaratione della legge euangelica, e de' principali misteri della nostra Santa Fede, delle feste sollenni di Christo, della B. Vergine, e di quanto s'appartiene per instruttione della conscienza di ciascheduno, & in particolare di chi hà cura d'anime. Cauata da diuersi sacri

Dottori, e di più copiosa dichiaratione fatta in chiesa al popolo da vn padre religioso, e dal medesimo ridotta in forma di dialogo. Et di nuouo corretta, & arricchita di molte cose, con le citationi de' Dottori nel margine. Raccolta da d. Gio. Lorenzo Guadagno, napolitàno theologo. Con due tauole, vna delle materie, e l'altra delle cose principali, che in questa opera si contengono. All'illustriss. & reuerendiss. monsignor vescouo di Patti.

Palermo, Francesco Ciotti (Palermo, Erasmo di Simeone, 1618).

[16], 582 [i.e. 572], [2] p.; 8° (omesse nella numer. le p. 368-379)

a⁸ A-2N⁸

SBN-IT\ICCU\PALE\001329

[3375]

JACOBUS DE VORAGINE/(tr.) MALERBI, NICOLÒ
Leggendario delle vite de i santi; composto dal R.P.F. Iacobo di Voragine dell'ordine de' predicatori, & tradotto per il reuerendo d. Nicolo Manerbio venetiano. Aggiuntoui di nuouo molte leggende [...] Et anchora aggiontoui di nuouo il Calendario gregoriano.

Venezia, Pietro Miloco, 1618.

[16], 864 p.: ill.; 4°

a⁸ A-3H⁸

SBN-IT\ICCU\UM1E\020797

[3376]

MAGNONI, FRANCESCO
La sacra notte del nascimento di Christo. Rappresentatione. Del signor Francesco Magnoni, da Sant'Angelo in Vado. Dedicata all'illustriss. & eccellentiss. signora d. Anna Maria Cesii Peretti principessa di Venafro.

Ronciglione, Eredi di Domenico Dominici e Eredi di Tommaso Guerrieri, 1618.

127 [i.e. 128], [4] p.; 12°

A-E¹² F⁶ (ripetuta nella numer. la p. 108)

SBN-IT\ICCU\BVEE\023415

V. fr.

[3377]

MARTINI, GIOVANNI SIMONE
La rappresentatione della presentatione di nostro Signor Giesu Cristo al tempio. Composta da Gio: Simone Martini da Todi.

Siena, alla Loggia del papa, 1618.

[8] c.: ill.; 4°

A⁸

SBN-IT\ICCU\CFIE\033077

Cfr. Cioni 1961, p. 152, n. 3; Testaverde-Evangelista, 381.

[3378]

MORONE, BONAVENTURA
Il Mortorio di Christo tragedia spirituale del r.p.f. Bonauentura da Taranto de' Frati Minori Osseruanti Reformati. All'illustr. & molto reuer. sig. Leonardo Mancinelli canonico di Macerata. Di nuouo ristampato, & aggiontoui gl'intermedii apparenti dell'istesso autore.

Macerata, Pietro Salvioni, 1618.

[24], 246, [6] p.: ill.; 12°

†¹² A-I¹² K¹⁸ (c. †¹² e ultime 3 c. bianche)

SBN-IT\ICCU\BVEE\053112

V. fr.

[3379]

MOZZAGRUGNO, GIUSEPPE
Giona profeta esplicato in XII. ragionamenti. Fatti in Napoli nella chiesa dello Spirito Santo. Del r.p.d. Gioseppe Mozzagrugno napolitano. Canonico regolare del Salvatore. Con due tauole, delle cose notabili, e de' luochi predicabili per la Quaresima, & altri tempi.

Treviso, Angelo Righettini, 1618.

[8], 248, [12] p.: ill.; 4°

†⁴ A-2H⁴ 2I⁶

SBN-IT\ICCU\BVEE\047439

V. fr.

[3380]

MURTOLA, GASPARO
Della creatione del mondo poema sacro dell' ecc.te theologo e dott.re di leg. sig. Gasparo Murtola secretario del sig. Duca di Savoia. Giorni sette canti ventidue di nouo accresciuti et dedicati all'ill.mo et reu.mo sig.r il sig.r card.le Borghese.

Macerata, Pietro Salvioni, 1618.

646 [648], [8] p.: ill.; 12° (ripetute nella numer. le p. 296-297)

A-2D¹² 2E⁴

SBN-IT\ICCU\UM1E\001158

V. fr.

[3381]

PETRUCCI, CARLO/(ed.) ROMANO, GIOVANNI FELICE
Modo di fare oratione da quelli, che vogliono visitare le sette chiese di Roma, per conseguire l'indulgenze, che in quelle si contengono. Raccolto dal R.M. Carolo Petrucci dottore theologo perugino. Di nuouo reuisto, & corretto secondo la chiesa nuoua di S. Pietro, e di S. Sebastiano, e l'aggiunta de i sette altari di santa Maria Maggiore. Dal R.P. Gio. Felice Romano. Con i sette salmi penitenziali e le reliquie, che in dette chiese hoggi si ritrouano. Aggiuntoui i nomi di quei che hanno edificate, ampliate, e dotate dette chiese.

Roma, Guglielmo Facciotti, 1618.

72 p.; 12°

A-C¹²
SBN-IT\ICCU\RMLE\043826

[3382]
PICHI, PIETRO
Trattato della passione e morte del Messia contra gli ebrei.
Del p.f. Pietro Pichi da Trieui dell'Ord. de Pred. maestro
della sacra theol. predicatore degli ebrei in Roma.
Roma, stamperia dello Spada, appresso Stefano Paolini
<2>, 1618.
[8], 366, [22] p.; 4°
†⁴ A-2Z⁴ a⁴ b⁶ (c. c 2Z4 bianca)
SBN-IT\ICCU\UM1E\001655
Var. B: stemma calcografico di papa Paolo V sul frontespizio. V. fr.

[3383]
RESIGHINO, GIUSEPPE
Scala del tempio di Salomone. Et modo di salire facilmente al cielo. Dat'in luce da frà Giuseppe Resighino da Casale
[...].
Milano, Girolamo Bordone, 1618.
[64], 296 p.; 8°
a-d⁸ A-S⁸ T⁴ (c. d8 bianca)
SBN-IT\ICCU\TO0E\036620

[3384]
ROSACCIO, GIUSEPPE
Le sei età del mondo dell'eccell. dottore in filosofia, e medicina, cosmografo, & historico, Gioseppe Rosaccio. Con breuità descritte, e di nuouo corrette, & ampliate. Nelle quali si tratta della creatione del cielo, [...] delle vite de' papi, [...] sino all'anno 1618.
Roma e Bologna, Bartolomeo Cochi, 1618.
55, [1] p.; 12°
A²⁸
SBN-IT\ICCU\RMRE\016935

[3385]
ROSSI, GIOVANNI BATTISTA
Meditationi sopra la passione, morte, e sepoltura, di Giesu Christo Signor nostro. Cauate da quello che ne scrissero gli euangelisti, & da i dottori, e santi padri. Diuise in cinquantatre capi: per l'essercitio spirituale, che fanno le persone religiose, & i pij, e deuoti christiani, ogni venere di tutto l'anno. Opera del r.p.d. Gio. Battista Rossi genouese, de' Chierici Reg. di Somasca.
Venezia, Giovanni Guerigli, 1618.
[8], 280, [2] p.; 4°
a⁴ A-R⁸ S⁴ χ² (c. χ2 bianca)
SBN-IT\ICCU\RMLE\031382
V. fr.

[3386]
ROSSI, LEON
La reina Ester sacra rappresentatione.
Milano, Giambattista Paganello, 1618.
12°
Quadrio, III, 1, p. 82

[3387]
TANSILLO, LUIGI/GUARGUANTE, ORAZIO/ VALVASON, ERASMO (DA)/GRILLO, ANGELO/(ed.) VINCENTI, GIACOMO
Le lagrime di s. Pietro del signor Luigi Tansillo. Aggiunteui l'eccellenze della gloriosa vergine Maria, del signor Horatio Guarguante da Soncino. In questa vltima impressione ricorrette, & da varie mende ridotte al suo pristino candore.
Venezia, Lucio Spineda, 1618.
[4], 190 [i.e. 180] c.; 8°
†⁴ A-Y⁸ Z⁴ (omesse nella numer. le c. 153-162)
SBN-IT\ICCU\BVEE\040464
Contiene anche, a c. V4r: *Lagrime di Santa Maria Maddalena* di Erasmo da Valvason; a c. Y8r: *Capitolo al Crocifisso* di Angelo Grillo. V. fr.

[3388]
TASSO, TORQUATO
Lagrime della B. Vergine, e del Signore. Di Torquato Tasso.
Roma, Giacomo Mascardi <1>, a istanza di Domenico Sforzini, 1618.
12 p.; 24°
A⁶
SBN-IT\ICCU\FERE\002720

[3389]
TIEPOLO, GIOVANNI
Le considerationi della passione di nostro Signor Giesu Christo: nelle quali si mostra il modo cosi di meditarla, come d'imitarla; di monsig. Giouanni Thiepolo primicerio di San Marco; da lui in questa seconda impressione ampliate, & accresciute di due intieri trattati. Con sei facilissime, et gioueuolissime tauole per il buon vso, & prattica di quelle. All'illustrissimo, & reuerendiss. monsignor Francesco card. Vendramino patriarcha di Vinegia.
Venezia, Giovanni Battista Bertoni, 1618 (Venezia, Alessandro Polo, 1617).
[36], 1257, [3] p.: ill.; 4°
a⁴ b⁸ c⁶ A-4I⁸ 4K⁶
SBN-IT\ICCU\UM1E\006959
V. fr.

[3390]
VENTURI, VENTURA

L'incarnatione poema sagro ed eroico composto dal molto reuerendo padre don Ventura Venturi da Siena abbate olivetano. Del quale si mandano in luce per hora li cinque primi canti per darne un saggio, & intenderne il giudiio [!] *dell'Intelligenti.*
Siena, Silvestro Marchetti, 1618.
[4], 201, [3] p.; 4°
†² A-2B⁴ 2C² (c. N2 segnata L2)
SBN-IT\ICCU\BVEE\028224
Var. B: nel titolo: [...] *li cinque primi canti per danne vn saggio.* V. fr.

[3391]
VILLEGAS SELVAGO, ALONSO DE/(tr.) CERRONE, PIETRO
Discorsi scritturali e morali sopra gli Euangeli correnti di tutto l'anno che seruirà per vn copioso sermonario annuale e quaresimale [...] *Opera sesta del m.r.m.d. Alfonso di Villegas diuisa in due parti.* [...] *Di nuouo tradotti dalla lingua spagnuola nella italiana dal m.r. sig. Pietro Cerrone.*
Brescia, Bartolomeo Fontana, 1618.
2 vol.: ill.; 4°
SBN-IT\ICCU\UM1E\006735
1:
[28], 314 [i.e. 300] c. (omesse nella numer. le p. 61-64)
[ast]² a-e⁴ f⁶ A-4K⁴ (c. 4K4 bianca)
SBN-IT\ICCU\UM1E\006838
2:
[2], 444 c.
[ast]² A-5T⁴
SBN-IT\ICCU\UM1E\006839

1619

[3392]
ANONIMA
[*Rappresentazione di Giuseppe*].
Firenze, Francesco Tosi, 1619.
10 c.: ill.; 4°
Cioni 1961, p. 206, n. 25
Il titolo è quello uniforme.

[3393]
BARONI, PAGOLO
La corona della Vergine fatta di sessantatre miracoli più celebri della Santissima Nunziata di Firenze. A gloria de Dio, e per memoria, e reuerenza di sessantatre anni, che visse la Madonna in questa vita. Tradotta di prosa in ottaua rima, da Pagolo Baroni fiorentino.
Firenze, Giovanni Antonio Caneo, 1619.
[10] c.: ill.; 4°

A¹⁰
SBN-IT\ICCU\CFIE\044606
V. fr.

[3394]
BRICCIO, GIOVANNI
La schiodatione di Christo dalla croce. Sacra rappresentatione composta per Luca de Carli della terra di Cottanello nella Sabina. All'illustriss. & reverendiss. cardinale Ludouisio.
Viterbo, 1619.
125, [3] p.: ill.; 8°
A-H⁸ (ultima c. bianca)
SBN-IT\ICCU\BVEE\026543
Luca de Carli è pseudonimo di Giovanni Briccio, cfr. Franchi 1988, p. 105-106. V. fr.

[3395]
DELLE COLOMBE, RAFFAELLO
Delle prediche sopra tutti gli euangeli dell'anno. Nelle quali con similitudini, metafore, geroglifici, e considerazioni particolari si dichiarano molti luoghi morali della Sacra Scrittura, ma in senso letterale. Di fra Raffaello delle Colombe dell'ordine de' predicatori. [...] *Seconda impressione nella quale oltre a i miglioramenti delle prime si sono aggiunte le prediche di tutti i misteri del Signor Gesù Cristo. Volume primo.*
Firenze, Bartolomeo Sermartelli <2>e fratelli, 1619 (Firenze, Bartolomeo Sermartelli <2> e fratelli, 1619).
[8], 732 [i.e. 730], [136] p.; 4° (omesse nella numer. le p. 376-377)
†⁴ a-3B⁸ 3C-3P⁴
SBN-IT\ICCU\TO0E\028857   e   IT\ICCU\UM1E\004084
È la seconda impressione di SBN-IT\ICCU\RLZE\034354, vedi 3204; i successivi volumi sono del 1615, cfr. SBN-IT/ICCU/BVEE/056826, vedi 3263, del 1622, cfr. SBN-IT\ICCU\UM1E\004089, vedi 3494, e IT\ICCU\UM1E\033133, vedi 3494bis, e del 1627, cfr. SBN-IT\ICCU\TO0E\028866, vedi 3590.

[3396]
EPISTOLE E VANGELI/(tr.) NANNINI, REMIGIO/CANISIUS, PETRUS/LUIS DE GRANADA
Epistole, et Euangeli, che si leggono tutto l'anno alle messe, secondo l'uso della santa romana Chiesa, & ordine del Messale riformato. Tradotti in lingua toscana dal m.r.p.m. Remigio Fiorentino, dell'Ordine de' Predicatori, con le annotationi morali del medesimo à ciascuna Epistola, & Euangelio, da lui nouamente ampliate. Et con i sommari del r.p. Pietro Canisio, della Compagnia di Giesu. Aggiontoui quattro discorsi, cioè del digiuno, dell'inuocation de' santi, dell'vso dell'imagini, & della venerazione delle reliquie loro. Col calendario, et tauola de i giorni, che si leggono le

Epistole, & gli Euangelij, et alcuni sermoni nel fine sopra l'o-
ratione, digiuno, & elemosina.
Brescia, Bartolomeo Fontana, 1619.
[24], 568 p.: ill.; 4°
a¹² A-2M⁸ 2N⁴
SBN-IT\ICCU\NAPE\042775
I sermoni finali sono di Luis de Granada. V. fr.

[3397]

EPISTOLE E VANGELI/(tr.) NANNINI, REMIGIO/LUIS DE
GRANADA
Epistole, et Euangeli, che si leggono tutto l'anno alle mes-
se, secondo l'vso della Santa romana Chiesa; et ordine del
messale riformato. Tradotti in lingua toscana dal m.r.p.m.
Remigio Fiorentino, dell'Ordine de' Predicatori. Con le
annotationi morali del medesimo à ciascuna epistola, &
euangelio, da lui nuouamente ampliate. Aggiuntoui quattro
discorsi, cioè, del digiuno, dell'inuocatione de' santi, dell'vso
dell'imagini, & della veneratione delle reliquie loro [...] Et
alcuni sermoni nel fine [...].
Venezia, Niccolò Misserini, 1619 (Venezia, Niccolò
Misserini, 1619).
2 pt ([24], 466 [i.e. 468]; 44 p.): ill.; 4° (p. 129 erroneamente numerata 136; ripetute nella numer. le p. 167-168)
[ast]⁸ 2[ast]⁴ A-2E⁸ 2F¹⁰ a-b⁸ c⁶
SBN-IT\ICCU\UM1E\002679
Pubblicato con *Sermoni sopra l'oratione, digiuno, et elemo-*
sina, necessarj ad ogni fedel christiano, & particolarmente ad
ogni curato [...] Cavati dall'opere del r.p.f. Luigi di Granata.

[3398]

FRANCIOTTI, CESARE
Delle pratiche di meditationi per auanti, e dopo la san-
tiss. Communione; sopra tutti i Vangeli dell'anno. Del
p. Cesare Franciotti della Congregatione della Madre di
Dio. Accresciute nuouamente dall'istesso della quarta parte,
che contiene le feste de i santi di deuotione; con alcune pra-
tiche, e soliloquij, per le orationi delle 40. hore ne' giorni del
Carneuale. Diuise in sette parti. Parte prima.
Venezia, Giovanni Battista Combi, 1618-1619 (Venezia,
Giovanni Battista Combi, 1619).
7 vol.; 12°
SBN-IT\ICCU\UM1E\005299
1:
395, [1] p.: ill.
A-Q¹² R⁶
SBN-IT\ICCU\UM1E\007147
V. fr.
2:
Delle pratiche di meditationi per auanti, e dopò la santissi-
ma Communione, sopra i Vangeli dell'anno. Parte seconda.

Del p. Cesare Franciotti della Congregatione della Madre di
Dio. Rivedute & emendate dal medesimo.
Venezia, Giovanni Battista Combi, 1619.
492 [i.e. 490], [2] p.: ill. (omesse nella numer. le p. 457-
458)
A-V¹² X⁶ (ultima c. bianca)
SBN-IT\ICCU\UM1E\007149
V. fr.
3.1:
Delle pratiche di meditationi per auanti, e dopo' la santiss.
Communione, sopra i Vangeli dell'anno; cioè Residuo della
terza parte, che contiene le feste de' santi di deuotione; diuiso
in doi volumi [...].
Venezia, Giovanni Battista Combi, 1619.
367 c.
SBN-IT\ICCU\UM1E\018917
3.2:
Delle pratiche di meditationi per auanti, e dopo' la santiss.
Communione, sopra i Vangeli dell'anno; cioe Residuo della
terza parte, che contiene le feste de' santi di deuotione; diuiso
in doi volumi [...].
Venezia, Giovanni Battista Combi, 1619.
368-647 c.
SBN-IT\ICCU\UM1E\018924
5:
Aggiontioni alle pratiche sopra i Vangeli dell'anno; che con-
tengono meditationi intorno à varij soggetti spirituali, per
auanti, e dopò la santissima Communione. Parte quinta.
Del p. Cesare Franciotti della Congregatione della Madre di
Dio. Rivedute & emendate dal medesimo.
Venezia, Giovanni Battista Combi, 1619.
324 p.
A-N¹² O⁶
SBN-IT\ICCU\BVEE\049423
V. fr.
6:
Osseruationi intorno ai sacri misterii di tutto l'anno, ap-
partenenti al Signore, de' quali s'e' fatta mentione nelle
cinque parti delle pratiche sopra i Vangeli. Parte sesta. Del
p. Cesare Franciotti della Congregatione della Madre di
Dio. Nuouamente dal medesimo riuedute, & aumentate di
osseuationi intorno alle feste de' santi.
Venezia, Giovanni Battista Combi, 1619.
422 [i.e. 420] p.
A-R¹² S⁶
SBN-IT\ICCU\BVEE\049427
Il vol. 4 tratta della devozione dei santi. V. fr.

[3399]

FRANCIOTTI, CESARE

Il peccatore a' piedi della croce su'l Monte Calvario, cioè meditationi sopra la passione di nostro Signore. Del p. Cesare Franciotti [...].
Venezia, Giovanni Battista Combi, 1619.
71, [1] p.; 12°
A-C¹²
SBN-IT\ICCU\UM1E\007160
È il vol. 3 delle *Opere spirituali.* Cfr. SBN-IT\ICCU\UM1E\007151, gli altri volumi non trattano materia biblica.

[3400]
FRANCIOTTI, CESARE
Viaggio a' Bethlemme; ouero Meditationi della venuta del Signore nel mondo, e della sua infantia: distinte ne' giorni dell'Auuento, e delle feste che seguono dopò l'Auuento: del p. Cesare Franciotti [...].
Venezia, Giovanni Battista Combi, 1619.
273, [3] p.: ill.; 12°
A-K¹² L¹⁸ (ultime 3 p. bianche)
SBN-IT\ICCU\UM1E\004322

[3401]
FRANCIOTTI, CESARE/FORTINI, ANTONIO
Viaggio al monte Caluario; distinto in sei settimane: doue si medita la Passione del Signore; del p. Cesare Franciotti della Congregatione della Madre di Dio. Con l'Anima pellegrina, idilio del signor Antonio Fortini.
Venezia, Giovanni Battista Combi, 1619.
288 p.; 12°
A-M¹²
SBN-IT\ICCU\UM1E\004315
V. fr.

[3402]
GNOCCHI, GIOVANNI BATTISTA
Fortezza spirituale, Per la meditatione, & memoria della Passione, & Morte di Giesu Christo Signor nostro [...] Autore il M. Reuer. Prete D. Gio. Battista Gnocchi Parmegiano [...].
Venezia, Salicata, 1619.
[32], 448 p.: ill.; 12°
[croce]-2[croce]⁸ A-2E⁸
SBN-IT\ICCU\RMLE\034552

[3403]
GORI, DOMENICO
Considerationi morali, intorno alla vita di Giesu Christo Saluator nostro nel quale si trattano due principali motiui, che lo condussero al mondo, cioè dell'amore, ch'ei ci portò, e dell'amore, che volse accendere in noi. Del m.r.p. maestro fra Domenico Gori dell'Ordine di san Domenico. Nuouamente ristampato con l'aggiunta d'vna terza parte.

Firenze, Pietro Cecconcelli, 1619 (Firenze, Pietro Cecconcelli, 1619).
[12], 345, [39] p.; 12°
[par.]⁶ A-Q¹² (c. Q11-12 bianche)
SBN-IT\ICCU\CFIE\019222
V. fr.

[3404]
IOSEPHUS, FLAVIUS/(tr.) LAURO, PIETRO
Gioseffo Flauio historico Delle antichità, e guerre giudaiche; diuiso in vintisette libri. Compartiti in tre parti, nella prima si tratta della creatione del mondo fino alla guerra di Senacherib, nella seconda del tornar che tenea li Giudei in Gierusalem fino alla discordia fra Giudei, e Filadelfi, nella terza delle guerre, che hebbero gli Hebrei con Romani, [...] Tradotto in italiano per m. Pietro Lauro modonese.[...] Nuouamente con diligenza ricorretto, & ristampato.
Venezia, Giovanni Alberti, 1619.
[32], 290, 272, [2], 335, [1] p.; 4°
a-b⁸ A⁴ B-T⁸ ²A-R⁸ ³A-V⁸ X⁶
SBN-IT\ICCU\UM1E\009570
Altro frontespizio a c. T6: *I dieci vltimi libri di Flauio Gioseffo [...];* e a c. R6: *Guerre giudaiche di Flauio Gioseffo.*
A c. X6v: *Correttore di tutti li vintisette libri il signor Lauro de Mileaspri approbato.* Var. B: a c. X6v: *Lauro de Milleaspri correttore delle stampe.*

[3405]
LEONE DA MODENA
L'Ester tragedia tratta dalla Sacra Scrittura. Per Leon Modena hebreo da Venetia riformata.
Venezia, Giacomo Sarzina <1>, 1619.
114, [6] p.; 12°
A-E¹² (penultima e ultima c. bianche)
SBN-IT\ICCU\BVEE\027240
Rifacimento dell'omonimo poema di Ansaldo Cebà, cfr. dedica a c. A2v.

[3406]
MAGNAVACCA, GIOVANNI BATTISTA
Corona reale ouero Vita di Maria Vergine madre d'Iddio, distinta in sessantatre meditationi, o considerationi, & fregiata di bellissime figure in rame; dal p.d. Giouanni Battista Magnauacca cremonese [...] ornata di gioie pregiatissime dell'Ambasciata celeste alla stessa beata Vergine; delle Sette parole, ch'ella disse; della Lettera, che scrisse a santo Ignatio martire; & del Culto e diuotione che se le dee [...].
Venezia, 1619 (Venezia, Barezzo Barezzi, 1619).
[16], 480, [72] p.: ill.; 4°
+⁸ A-3O⁴ a-i⁴
SBN-IT\ICCU\PUVE\019675

Le opere *L'ambasciata celeste* e *Le sette pietre preziosissime* iniziano con proprio frontespizio, datato 1618, rispettivamente a c. 3B1r e 3F3r. Var. B.: sul frontespizio: In Venetia: appresso Barezzo Barezzi, 1619.

[3407]

MANNO, AGOSTINO/(ed.) MAGGIOLI, FRANCESCO
Valle di gigli, e rose per ricreare l'anima che sta afflitta tra le spine del mondo. Doue con scambieuole varieta, hora d'honesti versi, hore di diuote prose, si conforta il cuore nella contemplatione della divina grandezza, et nel nascimento glorioso, & passione felicissima di Giesù Christo, & nelli sguardi santi dell'amor divino verso le bellezze eterne; et nelle maraviglie delle glorie della B.V. Madre di Dio. Con vn'horticello d'herbette odorifere d'alcune similitudini di varia, & vtilissima moralita. Per accendere soavemente l'anima all'acquisto di quelle virtù, che in questa vita fanno l'uomo buono, & dopo morte beato. Raccolta dalli scritti dal r.p. Agostino Manni della congragazione dell'Oratorio di Roma Posta in luce da d. Francesco Maggioli.
Roma, Guglielmo Facciotti, 1619.
441, [3] p.; ill.; 12°
A-S¹² T⁶
SBN-IT\ICCU\RMLE\027445
Alle p. 400-409: *Rappresentatione dell'Incarnatione del Figliuolo di Dio nel beato ventre di Maria Vergine* (in versi, non è indicato altro autore, si presume sia Agostino Manno). Cfr. Franchi 1988, p. 98, n. 1. V. fr.

[3408]

MASTRILLI, GREGORIO
Cento discorsi del P. Gregorio Mastrilli della compagnia di Giesu, intorno alla sacra passione, e morte, del nostro Redentore, & al sacrosanto sacramento dell'eucharistia, distinti in tre parti. Prima parte [...].
Venezia, Agostino Pasini, 1619.
3 vol.; 4°
SBN-IT\ICCU\CAGE\015192
1:
Trenta discorsi intorno all'ultima cena che fece il Signore a' suoi discepoli [...] Con due copiose tauole, l'vna de' discorsi, e l'altra delle cose memorabili.
Venezia, Agostino Pasini, 1619.
[12], 308, [20] p.
a⁶ A-U⁸ X⁴
SBN-IT\ICCU\CAGE\015198
2:
Seconda parte delli discorsi del P. Gregorio Mastrilli della Compagnia di Giesu, intorno all'institutione del Santissimo Sacramento dell'Eucharistia [...] e del sacramento della Panitenza [!] [...] con due copiose tauole, l'vna de' discorsi, e l'altra delle cose memorabili.
Venezia, Agostino Pasini, 1619.
[16], 315, [13] p.
[croce]⁸ A-V⁸ X⁴
SBN-IT\ICCU\CAGE\015201
3:
Terza parte delli discorsi del P. Gregorio Mastrilli della Compagnia di Giesu, intorno ai misteri della dolorosa Passione, e gloriosa Resurrezione del Saluatore descrittici ne' quattro vltimi capi del Sacro Euangelio di San Giouanni. Con due copiose tauole, l'vna de' discorsi, e l'altra delle cose memorabili. [...].
Venezia, Agostino Pasini, 1619.
[8], 351, [17] p.
a⁴ A-Z⁸
SBN-IT\ICCU\CAGE\015223

[3409]

MOZZAGRUGNO, GIUSEPPE
Mille introduttioni, ouero Piccioli discorsi sopra gli Euangelij di tutto l'anno. Nei quali si spiegano per ciaschedun giorno belli, varij, molti, e nuoui concetti; Opera non solo d'vtile, e gusto à predicatori e religiosi, ma anche à ciascheduno, che vuole breuemente far profitto nelle cose spirituali necessaria. Fatti in diuersi luoghi dal r.p.d. Gioseppe Mozzagrugno da Napoli, canonico regol. del Saluatore. Diuisi in quattro parti con l'aggiunta della quinta in lode di Maria Vergine.
Venezia, Vincenzo Somasco <2>, 1619.
[12], 535, [1] p.: ill.; 4°
§⁴ 2§² A-3O⁴ 3Q-3Y⁴
SBN-IT\ICCU\BVEE\050897
V. fr.

[3410]

PUENTE, LUIS DE LA/(tr.) BRACCINI, GIULIO CESARE
Meditazioni del p. Lodovico da Ponte della Compania di Giesu. Parte seconda. Nella quale si contengono i misterij della incarnazione, e infanzia di Giesù Cristo N. Sig. insin' al suo battesimo. Con alcune meditazioni sopra la vita della b. Verg. insin'al detto tempo. Tradotte dalla lingua castigliana nella toscana dal sig. Giulio Cesare Braccini.
Venezia, Bartolomeo Zanetti <2>, 1619.
232 p.
A-O⁸ P⁴ (fasc. P segnato Q)
SBN-IT\ICCU\UM1E\004361
Fa parte delle *Meditazioni del p. Lodouico da Ponte della Compagnia di Giesu* edite nel 1620 presso lo stesso editore, cfr. SBN-IT\ICCU\UM1E\004359, vedi 3444. V. fr.

[3411]

TANTARDINI, INNOCENZO
Le lodi della Beatissima Vergine Maria.
Bologna, 1619.

4°

Quadrio, IV, p. 273

[3412]

VENTURI, VENTURA

L'incarnatione poema sagro, ed eroico composto dal molto reuerendo padre don Ventura Venturi da Siena abbate olivetano.

Siena, Bernardino Florimi, 1619.

[8], 132, [2]; 12°

[croce]⁸ A-E¹² F⁸

SBN-IT\ICCU\PBEE\000318

1620

[3413]

ANONIMA

[Rappresentazione di Gesù Cristo: la natività].

Siena, alla Loggia del papa, [ca 1620?].

4°

Cioni 1961, p. 151, n. 20

Il titolo è quello uniforme.

[3414]

ANONIMA

Rappresentazione di Giosef, figliuolo di Giacob tolta dal vecchio Testamento.

Verona, 1620.

12°

Swissbib 17461165X

Titolo uniforme: *Rappresentazione di Giuseppe*.

[3415]

ANONIMA/(ed.) FRANCESCO DA CIVITELLA

La rppresentatione [!] *del nostro Signore Giesu Cristo, quando disputo nel tempio tra dottori: riueduta, e corretta da Francesco d'Anibale da Ciuitella.*

Siena, alla Loggia del papa, 1620.

[6] c.: ill.; 4°

A⁶

SBN-IT\ICCU\CFIE\033079

Tirolo uniforme: *Rappresentazione della disputa di Gesù Cristo al tempio*. A c. A5v altro frontespizio. Cfr. Cioni 1961, p. 154 n. 5; Testaverde-Evangelista, 385. V. ed.

[3416]

[BELCARI, FEO]

La rappresentazione di Abraam, et Isaac suo figliuolo.

(Firenze, Sant'Apollinare, 1620).

[4] c.: ill.; 4°

A⁴

SBN-IT\ICCU\CFIE\032696

Per l'autore cfr. Cioni 1961, p. 70, n. 28; Testaverde-Evangelista, 85 e 509. Titolo da c. A1r. Titolo uniforme: *Rappresentazione di Abramo e Isacco*. V. ed.

[3417]

BIANCHI, EUSEBIO

Il calice amaro della passion di Christo. Tragedia spirituale del R. P. D. Eusebio Bianchi romano monaco Celestino dell'Ordine di S. Benedetto.

Pesaro, Flaminio Concordia, 1620.

[16], 309, [1] p.; 8°

+⁸ A-T⁸ U⁴

SBN-IT\ICCU\VEAE\144480

Cfr. Allacci, p. 155.

[3418]

[BISCIOLA, LELIO]

Tre discorsi sopra la lettera di Baruc profeta scritta à gl'Ebrei captiui in Babilonia. Ne i quali s'applicano le maligne qualità degl'idoli, et de l'idolatria, à gl'eretici, & eresia. Conforme alle diuine traditioni, dottrina della Chiesa catolica, sacri scrittori antichi, e moderni. Concilij ed istorie. Dati in luce da d. Paolo Biscioli, dottor teologo modonese. All'illustriss. & reuerendiss. sig. monsig. Filippo Archinti vesc. di Como, e conte, &c.

Como, Baldasar Arcioni, 1620 (Como, Baldasar Arcioni).

[6], 156, [4] p.; 8°

†⁸ A-K⁸

SBN-IT\ICCU\BVEE\046356

Autore è Lelio Bisciola che firma con il nome del fratello Paolo, cfr. Backer-Sommervogel, I, p. 97. V. fr.

[3419]

CAMPEGGI, RIDOLFO

Le lagrime di Maria Vergine poema heroico del s.re co. Ridolfo Campeggi. Terza edizione riueduta.

Bologna, Pellegrino Golfarini (Bologna, Bartolomeo Cochi, a istanza di Pellegrino Golfarini, 1620).

480, [36] p.: ill.; 12°

A-X¹² Y⁶ (ultima c. bianca)

SBN-IT\ICCU\BVEE\039714 e SBN-IT\ICCU\TOoE\120162

V. fr.

[3420]

[CASTELLANI, CASTELLANO]

[Rappresentazione di s. Maria Maddalena. La conversione].

Siena, alla Loggia del papa, 1620.

[12] c.: ill.; 4°

Cioni 1961, p. 238, n. 16

Il titolo è quello uniforme.

[3421]
Celestino, Angelo

Epitalamii vangelici del Verbo encarnato sposo della chiesa, con spirito profetico composti, e cantati dalla Vergine sua benedetta madre, da Zaccheria, e da Simeone santi sacerdoti. I cantici de' quali in trenta ragionamenti scolastici, e morali qui si spiegano, dal r.p.f. Angelo Celestino [...] Con tre tauole [...].
Venezia, Giovanni Guerigli, 1620.
[16], 488, [20] p.; 4°
[croce]-2[croce]⁴ A-3Q⁴ 3R⁶
SBN-IT\ICCU\UM1E\004270

[3422]
Celestino, Angelo

Prediche di tutto l'Auuento sino a Quaresima, cosi delle domeniche, come delle feste in quel tempo occorrenti. Predicate nell'Annuntiata di Napoli, e le tre vltime fatte nell'arciuescouato di Fiorenza. Dal r.p.f. Angelo Celestino [...] Con tre tauole, la prima delle prediche, la seconda de' luoghi della Scrittura Sagra esposti nel libro dall'autore, e la terza delle cose più notabili. [...].
Venezia, Giovanni Guerigli, 1620.
[12], 576, [24] p.; 4°
[croce]⁶ A-4F⁴
SBN-IT\ICCU\UM1E\004271

[3422 bis]
Cibo Ghisi, Innocenzo

Discorsi morali sopra i sette salmi penitenziali, del molto reuerendo padre maestro f. Innocentio Cibò Ghisi de' predicatori, tomo terzo [...].
Venezia, Erede di Damiano Zenaro, 1620 (Venezia, Bartolomeo Rodella, 1620).
[64], 379 p.; 4°
a-h⁴ A-Z⁸ 2A⁶
SBN-IT\ICCU\UM1E\001729   e   IT\ICCU\BVEE\042826
Var. B: Venezia, Erede di Damiano Zenaro, 1617 (Venezia, Bartolomeo Rodella, 1617); cfr. SBN-IT\ICCU\BASE\018621 e IT\ICCU\BVEE\048714, vedi 3322. Cfr. Michel-Michel, VI, p. 96.

[3423]
Croce, Giulio Cesare

Discorsi breui, e facili, sopra i misterij. Del santiss: rosario con altre compositione spirituali. Di Giulio Cesare Croce.
Bologna, Eredi di Bartolomeo Cochi, [1620-1640].
44, [4] p.: ill.; 12°
[1]-[2]¹² (ultime 2 c. bianche)
SBN-IT\ICCU\UBOE\075102

Datata secondo gli anni di attività degli eredi di Bartolomeo Cochi. Cfr. Bruni-Campioni-Zancani, n. 123.

[3424]
Croce, Giulio Cesare

Rime compassioneuoli, & deuote sopra la passione, morte, & resurretione del n. Sig. Giesu Christo. Del gia m. Giulio Cesare Croce bolognese.
Bologna, Sebastiano Bonomi, 1620.
23, [1] p.: ill.; 12°
A¹²
SBN-IT\ICCU\UBOE\075112
V. fr.

[3425]
Croce, Giulio Cesare

Rime compassioneuoli, pietose, & deuote, sopra la passione, morte, & resurrettione del signor nostro Giesu Christo. Opera spirituale del già m. Giulio Cesare Croce bolognese.
Carpi, Girolamo Vaschieri, 1620.
[24] p.; 8°
SBN-IT\ICCU\LO1E\018820

[3426]
Croce, Giulio Cesare

Scala quadragesimale sopra tutti i giorni di Quaresima fin'al terzo di Pasqua. Opera diuota per l'anime christiane. Nuouamente ristampata.
Bologna, Firenze e Ferrara, Francesco Suzzi, 1620.
[6] c.; 12°
A⁶
SBN-IT\ICCU\UBOE\075165

[3427]
Gherardini, Alessandro

Discorsi sopra la parabola del figliuol prodigo del padre Alessandro Gherardini della Compagnia di Giesù in cinque parti diuisi. Prima parte: nella quale si dimostra la felicità de gli huomini figliuoli di Dio sotto la cura, e prouidenza di tal padre. Dedicata all'illustriss. & eccellentiss. signore, il sig. don Gomez Suarez de Figueroa, e Cordova, duca di Feria, governatore dello Stato di Milano.
Milano, Benedetto Somasco, 1620.
[60], 1-337, [1] p., c. 338-341, 342-410 [i.e. 416], [2] p.; 4° (ripetute le p. 367-368)
a-g⁴ h², A-2T⁴ 2V⁶ 2X-3E⁴ 3F² χ¹
SBN-IT\ICCU\RMLE\025298
V. fr.

[3428]
Giliberti, Vincenzo

Il torchio del purgatorio fabbricato da d. Vincenzio Giliberto cherico regolare. Su la base del Salmo Ottantesimoterzo Pro torcularibus filijs core, psalmus, quàm dilecta tabernacula tua Domine virtutum. Con cinque tauole copiosissime.
Firenze, Giovanni Donato Giunta e Bernardo Giunta, 1620.
[8], 448, [60] p.; 4°
¶⁴ A-2H⁸ 2I⁶
SBN-IT\ICCU\BVEE\048829
V. fr.

[3429]
GUADAGNO, GIOVANNI LORENZO/CANTARELLI, GUGLIELMO
Tesoro della dottrina di Christo N.S. Diuiso in due parti. Nel quale si contiene la dichiaratione della legge euangelica, e de' principali misteri della nostra Santa Fede, [...] Raccolta da D. Gio. Lorenzo Guadagno, napolitano theologo. Et aggiuntoui di nuouo la terza parte, ... Dal m.r.p. abbate Guglielmo Cantarella, dell'Ordine Camaldolese
Venezia, Sessa, 1620.
[16], 536 [i.e. 504], 58, [6], c.: ill.; 8°
a⁸ A-2H⁸ 2I⁴; A-D⁸ (c. D⁸ bianca)
SBN-IT\ICCU\PBEE\002697

[3430]
GUADAGNO, GIOVANNI LORENZO/CANTARELLI, GUGLIELMO
Tesoro della dottrina di Christo N.S. diviso in due parti nel quale si contiene la dichiaratione della legge evangelica, e de' principali misteri della nostra santa fede [...] cavata da diversi sacri dottori e di piu copiosa dichiaratione fatta in chiesa al popolo da un Padre religioso e dal medesimo ridotta in forma di dialogo. Raccolta da Gio. Lorenzo Guadagno; e aggiuntovi di nuovo la terza parte nella quale, con dotta e facile maniera, si tratta della gloria de' beati e delle pene de' miseri dannati dal M.R.P. abbate Guglielmo Cantarella dell'Ordine Camaldolese.
Venezia, Sessa, 1620.
[8], 536 [i.e. 504] p.; 8° (errori nella numer.: da p. 112 a 143 e da p. 174 a 177)
a⁸ A-2H⁸ 2I⁴
SBN-IT\ICCU\RLZE\014506
V. fr.
2:
Del tesoro della dottrina di Christo Nostro Sig. parte terza di nuovo aggiunta nella quale, con dotta e facile maniera, si mostra alli fedeli quelle beatitudini che conseguiranno osservando li precetti della dottrina; e le pene che patiranno quelli che trasgrediranno tali documenti [...] Composta dal M.R. Abbate Guglielmo Cantarella dell'Ordine Camaldolense.
[12], 58, [6] p.

a⁸ B⁸ C⁸ D⁸ (c. a2, a5, B1, C3 mancanti)
SBN-IT\ICCU\RLZE\014507

[3431]
GUADAGNO, GIOVANNI LORENZO
Thesoro della dottrina di Christo N.S. diuiso in due parti. Nel quale si contiene la dichiaratione della legge euangelica, [...] Cauata da diuersi sacri dottori, e di più copiosa dichiaratione fatta in chiesa al popolo da un padre religioso, e dal medesimo ridotta in forma di dialogo. Et di nuouo corretta, & arricchita di molte cose, con le citazioni de' dottori nel margine. Raccolta da d. Gio. Lorenzo Guadagno, [...] Con due tauole, [...].
Venezia, Giorgio Valentini, 1620.
[16], 492, [4] p.; 8°
a⁸ A-2H⁸ (ultima c. bianca)
SBN-IT\ICCU\RMLE\055449   e   IT\ICCU\RAVE\028401 (esemplare mutilo)

[3432]
GUADAGNO, GIOVANNI LORENZO
Thesoro della dottrina di Christo N.S. diuiso in due parti. Nel quale si contiene la dichiaratione della legge euangelica, e de' principali misteri della nostra santa fede, delle feste sollenni di Christo, della b. Vergine, di quanto s'appartiene per istruttione della conscienza di ciascheduno, & in particolare di chi ha cura d'anime. Cauata da diuersi sacri dottori, e di più copiosa dichiaratione fatta in chiesa al popolo da vn padre religioso, e dal medesimo ridotta in forma di dialogo. Et di nuouo corretta, & arrichita di molte cose, con le citationi de' dottori nel margine. Raccolta da d. Gio. Lorenzo Guadagno, napolitano theologo. Con due tauole, una delle materie, e l'altra delle cose principali che in questa opera si contengono.
Venezia, Pietro Farri, 1620.
[16], 493, [3] p.; 8°
a⁸ A-2H⁸ (c. 2H8 bianca)
SBN-IT\ICCU\PALE\001830
V. fr.

[3433]
IOSEPHUS, FLAVIUS/(tr.) BERNA, ANDREA
Delle antichità et guerre giudaiche, diuiso in ventisette libri [...] et con una nuova giunta di due libri, l'uno del martirio de' Macabei, et l'altro dell'antichità tra i Greci, et i Giudei Gioseffo Flauio historico; tradotto nouamente nella lingua volgare dal r. p. m. Andrea Berna [...].
Venezia, Alessandro Vecchi, 1620.
3 vol.: ill.; 4°
SBN-IT\ICCU\SBLE\015174
1:
[24], 365, [3] p.: ill.

a[12] A-Z[8]

SBN-IT\ICCU\SBLE\015175

2:

I dieci vltimi libri di Flauio Gioseffo historico huomo cla-rissimo delle antichità giudaiche nei quali si tratta 11. del tornare de i giudei in Gierusalemme per concessione di Ciro et la edificatione del tempio [...].

296 p.: ill.

A-S[8] T[4]

SBN-IT\ICCU\NAPE\003453

Nel terzo volume: *Si trattano delle guerre che hebbero gli hebrei con romani.*

[3434]

LUDOLPH VON SACHSEN/(tr.) SANSOVINO, FRANCESCO

Vita di Giesu Christo nostro Redentore scritta da Landolfo di Sassonia dell'Ordine Certosino, et fatta volgare da M. Francesco Sansouino. Nella quale con pia, et santa dottrina, si espongono con facilità gli Evangelij che corrono tutto l'an-no secondo le sentenze de santi, & approvati dottori, & con molte divote meditationi, & orationi, conformi all'Evange-lio. Opera non meno necessaria a predicatori, & parrocchia-ni, i quali nelle feste principali dichiarano l'Evangelio a po-poli loro, che ad ogni christiano che desideri di vivere secondo la santa fede catholica. Con le tavole de gli Evangelii correnti in tutto l'anno, & delle cose notabili, & de capi principali, poste a loro luoghi. Di nuouo riveduta, corretta, et in molti luoghi ampliata & [...].

Venezia, Pietro Maria Bertano, 1620.

2 pt ([56], 704; 670 p.): ill.; 4°

a[8] b[4] [croce]-2[croce][8] A-2X[8] A-2T[8] 2V[4]

SBN-IT\ICCU\UM1E\011275

V. fr.

[3435]

MORONE, BONAVENTURA/(ed.) LOLMO, ERCOLE

Il mortorio di Christo tragedia spirituale del m.r.p.f. Bonauentura Morone da Taranto de' Minori Osseruanti Reformati. [...] Nuouamente in questa impressione posto gli intermedij à suoi luoghi, & accresciuto, e coretto dall'istesso.

Venezia, Giovanni Battista Combi, 1620.

[24], 264 p.; 12°

a[12] A-L[12]

SBN-IT\ICCU\UMCE\019644

[3436]

MOZZAGRUGNO, GIUSEPPE

Agnotisia ouero La pura vittima rappresentatione della passione di Christo nostro Sig. di Gioseppe Mozzagrugno. Nuouamente data in luce.

Venezia, Alessandro Polo, 1620.

60 c.; 12°

A-E[12] (c. A2 e A11 bianche)

SBN-IT\ICCU\CFIE\004187

V. fr.

[3437]

MOZZAGRUGNO, GIUSEPPE

Applausi natalitii rappresentatione del Natale di Christo nostro Signore. Di Gioseppe Mozzagrugno. Nuouamente dati in luce.

Venezia, Alessandro Polo, 1620.

36 c.; 12°

A-C[12]

SBN-IT\ICCU\CFIE\004190

V. fr.

[3438]

MOZZAGRUGNO, GIUSEPPE

Hierotichia ouero Il sacro parto rappresentatione del natale di Christo nostro Signore. Di Gisoeppe [!] Mozzagrugno.

Venezia, Alessandro Polo, 1620.

84 c.; 12°

A-G[12]

SBN-IT\ICCU\CFIE\004176

V. fr.

[3439]

OBICINO, BERNARDINO

Discorsi ouero sermoni sopra gli Euangelii di tutte le dome-niche dell'anno, & feste principali, ne' quali si contengono espositioni letterali, mistiche, e morali, con dottrina della Sacra Scrittura, de Santi Padri, e theologia scholastica, co-piosi de molti documenti per viuere christianamente. Opera vtiliss. per predicatori, curati d'anime, & altri, quali fanno professione di predicare. Del r. padre Bernardino Obicino [...].

Brescia, Bartolomeo Fontana, 1620.

[16], 1024, 100 p.; 4°

a[8] A-3S[8], A-E[8] F[10]

SBN-IT\ICCU\UM1E\023898

[3440]

OBICINO, BERNARDINO

Il paradiso della gloria de i santi, nel quale si contengono sermoni, & trattati sopra i Vangeli per tutte le feste dell'an-no, & di communi, secondo il rito del messale romano. [...] Composti dal M.R.P. Bernardino Obicino [...].

[Brescia, 1620].

[56], 718, [1] p.; 4°

a[8] a-b[10] A-2Y[8]

SBN-IT\ICCU\UM1E\021713

Luogo e data di stampa si ricavano dalla dedica. Descrizione da esemplare mutilo.

[3441]

OBICINO, BERNARDINO

Il paradiso della gloria de i santi, nel quale si contengono sermoni, & trattati sopra i Vangeli per tutte le feste dell'anno, & di communi, secondo il rito del Messale romano, con diuote espositioni, conforme alla dottrina della Scrittura Sacra, de santi padri, theologia scolastica, & filosofia morale. Opera utilissima per li r. rettori, parochi, predicatori, & ogni sorte di persone, che desiderano far profitto della diuotione, & vita spirituale. Composti dal m.r.p. Bernardino Obicino de' Frati Minori dell'Osseruanza reformato. Con quattro tauole, delli discorsi e trattati, delle cose notabili, & dei soggetti applicabili per le domeniche di tutto l'anno, e delle ferie di Quaresima.

Brescia, Bartolomeo Fontana, 1620.

[56], 718 p.; 4°

a¹⁰ 2a⁸ b¹⁰ A-2Y⁸ (c. 2Y8 bianca)

SBN-IT\ICCU\ANAE\025971

V. fr.

[3442]

PUENTE, LUIS DE LA/ARNAYA, NICOLAS DE/(tr.) PUTIGNANO, TIBERIO

Compendio delle meditationi del p. Luigi de la Puente religioso della Comp. di Giesu. Composto dal p. Nicolo de Arnaya della medesima Comp. in lingua spagnola. Et tradotto nell'italiana dal segretario Tiberio Putignano. [...].

Roma, Bartolomeo Zanetti <2>, 1620 (Roma, Bartolomeo Zanetti <2>, 1620).

[24], 574, [2] p.: ill.; 12°

a¹² A-2A¹²

SBN-IT\ICCU\UM1E\004426

[3443]

PUENTE, LUIS DE LA/(tr.) BRACCINI, GIULIO CESARE

Meditationi del padre Lodouico da Ponte della compagnia di Giesu. Sopra i principali misteri della nostra fede; della vita, e passione del N. Sig. Giesu Christo, e della B. Vergine Maria: e de' Santi, e vangeli correnti. Con la pratica dell'oratione mentale. Diuise in sei parti. Tradotte dalla lingua castigliana nella toscana dal sig. Giulio Cesare Braccini.

Brescia, Damiano Turlino, 1620.

6 vol.; 8°

SBN-IT\ICCU\ANAE\023320

1:

112; 1-252, [4] p.: ill.

a-g⁸ A-Q⁸

SBN-IT\ICCU\ANAE\023329

Le c. a-g8 seguono il frontespizio generale dell'opera e contengono l'introduzione. A c. A1r con propria intitolazione: *Parte prima. Nella quale si contengono le meditationi de i peccati, e de i nouissimi dell'huomo [...] Tradotte dalla lingua castigliana nella toscana dal sign. Giulio Cesare Braccini.*

2:

Parte seconda. Nella quale si contengono i misterij della incarnatione, & infantia di Giesù Christo [...] insin'al suo battesimo. Con alcune meditationi sopra la vita della b. Vergine [...]. Tradotte dalla lingua castigliana nella toscana dal sig. Giulio Cesare Braccini.

Brescia, Damiano Turlino, 1620.

232 p.

A-O⁸ P⁴

SBN-IT\ICCU\ANAE\023330

3:

Parte terza. Nella quale si contengono i principali misteri della nostra santa fede; intorno alla vita, passione, miracoli, e parabole del n. sig. Giesù Christo, dal suo battesimo, insino alla fine della predicatione. Tradotte dalla lingua castigliana nella toscana dal sig. Giulio Cesare Braccini.

Brescia, Damiano Turlino, 1620.

456 p.: ill.

A-2E⁸ 2F⁴

SBN-IT\ICCU\ANAE\023331

4:

Parte quarta. Nella quale si contengono i principali misteri della nostra santa fede; intorno alla passione, e morte del nostro Signor Giesu Christo. Tradotte dalla lingua castigliana nella toscana dal sig. Giulio Cesare Braccini da Lucca.

Brescia, Damiano Turlino, 1620.

398, [2] p.: ill.

A-2B⁸

SBN-IT\ICCU\ANAE\023332

5:

Parte quinta. Nella quale si contengono i principali misteri della nostra fede; intorno alla resurrettione, ascensione, del nostro Signore Giesu Christo, & a quanto occorse a' suoi apostoli insin'alla venuta dello spirito santo, & alla promulgatione del vangelo. Tradotte dalla lingua castigliana nella toscana dal signor Giulio Cesare Braccini.

Brescia, Damiano Turlino, 1620.

[2], 7-324 p. (irregolarità nella numer. della pagine; dopo il front. la numer. inizia con p. 7)

A⁶ B-V⁸ X²

SBN-IT\ICCU\ANAE\023333

Var. B: senza data di pubblicazione sul frontespizio. Il sesto volume tratta della Trinità e dei benefici divini.

[3444]

PUENTE, LUIS DE LA/(tr.) BRACCINI, GIULIO CESARE

Meditazioni del p. Lodouico da Ponte della Compagnia di Giesu. Sopra i principali misteri della nostra fede; della vita, e passione del N.S. Giesu Cristo: e della B. Vergine Maria: [...] Con la Pratica dell'orazione mentale. Diuise in 6. par-

ti. Tradotte dalla lingua castigliana nella toscana dal sig. Giulio Cesare Braccini.
Roma, Bartolomeo Zanetti <2>, a istanza di Giovanni Paolo Gelli, 1620 (Roma, Bartolomeo Zanetti <2>, 1620).
6 vol.: ill.; 8°
SBN-IT\ICCU\UM1E\004359
Cfr. Michel-Michel, VI, p. 155.
1:
112, 252, [4] p.
a-g⁸ A-Q⁸
SBN-IT\ICCU\UM1E\004360
3:
Meditazioni del p. Lodouico da Ponte della Compagnia di Giesu. Parte terza. Nella quale si contengono i principali misteri della nostra fede; intorno alla vita, passione, miracoli, e parabole del N.Sig. Giesù Cristo, dal suo battesimo insino alla fine della predicazione. Tradotte dalla lingua castigliana nella toscana dal sig. Giulio Cesare Braccini.
Roma, Bartolomeo Zanetti <2>, 1620.
456 p.
A-2E⁸ 2F⁴
SBN-IT\ICCU\BVEE\047567
V. fr.
4:
Meditazioni del p. Lodouico da Ponte della Compagnia di Giesu. Parte quarta. Nella quale si contengono i principali misteri della nostra santa fede; intorno alla passione, e morte del Nostro Signor Giesu Cristo. Tradotte dalla lingua castigliana nella toscana dal sig. Giulio Cesare Braccini da Lucca.
Roma, Andrea Fei, a istanza di Giovanni Paolo Gelli, 1620.
398, [2] p.: ill.
A-2B⁸
SBN-IT\ICCU\BVEE\047570
V. fr.
5:
Meditazioni del p. Lodouico da Ponte della Compagnia di Giesu. Parte quinta. Nella quale si contengono i principali misteri della nostra fede; intorno alla resurrezione, ascensione, del N.S. Giesu Cristo, e a quanto occorse a suoi appost. insin'alla venuta dello Spirito Santo, e alla promulgazione del Vangelo. Tradotte dalla lingua castigliana nella toscana dal sig. Giulio Cesare Braccini da Lucca.
Roma, Bartolomeo Zanetti <2>, a istanza di Giovanni Paolo Gelli, 1620.
324 p.
A-V⁸ X²
SBN-IT\ICCU\UM1E\004362
Il secondo volume è del 1619, cfr. SBN-IT\ICCU\UM1E\004361, vedi 3410. Il sesto volume tratta della Trinità e dei benefici divini. V. fr.

[3445]

PULCI, ANTONIA
La rappresentatione del figliuol prodigo. Composta per mona Antonia di Bernardo Pulci. Nuouamente ristampata.
Firenze, Giacinto Tosi, 1620.
6 c.: ill.; 4°
A⁶
SBN-IT\ICCU\CFIE\032880
Titolo uniforme: *Rappresentazione del filgiol prodigo.*
Laude di Feo Belcari in fine. Cfr. Cioni 1961, p. 141, n. 14.
Testaverde-Evangelista, 332 e 414. V. ed.

[3446]

ROSACCIO, GIUSEPPE
Le sei età del mondo del dottor Gioseppe Rosaccio hora da il detto ampliate & corrette e con cento figure ornate a' luoghi principali. Nelle quali età si tratta delli giorni della diuina settimana, di Adamo & e suoi discendenti fino al diluuio [...]. Delle guerre & altri strani accidenti auuenuti fino all'anno presente della Creatione del mondo 5580 & della Natiuità di Christo 1620.
Venezia, Giovanni Battista Ciotti, 1620.
81, [1] p.: ill.; 8°
A-E⁸
SBN-IT\ICCU\LUAE\008933

[3447]

ROSELLI, ALESSANDRO
La rappresentazione di Sansone.
Venezia, Gerardo Imberti, 1620.
8°
Quadrio, III, p. 81
Titolo uniforme: *Rappresentazione di Sansone.*

[3448]

ROSSO, BARTOLOMEO
Oratloni, diuotioni, e preghiere da molti luoghi della Sacra Scrittura, da i salmi, e d'altre sentenze di Santa Chiesa con i nomi potentissimi di Dio. Cauate, e raccolte dal r.p.f. Bartolomeo Rosso De Pirayno, de' Minori osseruanti [...] Per iscampo, e difesa delli tuoni, e saette, che sogliono cader dal cielo nelle tempeste.
Messina, Pietro Brea, 1620.
[8], 88 p.: ill.; 8°
+⁴ B-F⁸ G⁴
SBN-IT\ICCU\PALE\003772
Cfr. Mira, II, 303; Mongitore, I, 98; Narbone, III, 352; Lipari, 86.

[3449]

SALMI/(tr.) DE DOMINIS, MARCO ANTONIO

[Salmi de David]. Ridoti in rime alla [ma]niera Inghlese, et accommodati alli toni più communi della chiesa Anglicana, per uso della chiesa Italiana.

London, T. S. [i.e. Thomas Snodham] per Ralph Rounthwaite, 1620.

31 p.; 8°

USTC 2741.5; Tomita-Tomita, 398

[3450]

SUPERBI, AGOSTINO

Decacordo scritturale concertato sopra il cantico diuino della reina de' cieli Magnificat anima mea Dominum. Di F. Agostino Superbi da Ferrara [...] Con tre tauole, vna di tutti i soggetti, e materie, che si trattano; l'altra delle cose più notabili; la terza de gli auttori citati.

Ferrara, Francesco Suzzi, 1620.

[40], 257, [3] p.; 4°

+-5+⁴ A-2H⁴ 2I⁶

SBN-IT\ICCU\UBOE\013783

[3451]

VENTURELLI, PROSPERO

Meditationi, e discorsi diuoti sopra la passione di nostro Signor Giesu Christo. [...] Composti, e raccolti per Prospero Venturelli d'Amelia.

Terni, Tommaso Guerrieri <2>, 1620.

347 [i.e. 397], [7] p.; 4° (c. 347 erroneamente segnata 397)

A-3D⁴ 3E²

SBN-IT\ICCU\UM1E\000168

[3452]

VENTURI, VENTURA

L'incarnatione poema sagro, ed eroico composto dal reu. padre don Ventura Venturi da Siena abbate Oliuetano di nuouo dal medesimo ricorretto.

Milano, Giovanni Battista Paganello, 1620 (Siena, Bernardino Florimi, 1619).

[4], 134, [2]: ill.; 12°

π² A-E¹² F⁴

SBN-IT\ICCU\MILE\051751

1621

[3453]

ANONIMA

La deuotissima rappresentazione di Ioseph figliuolo di Iacobbe. Nuovamente ristampata.

Firenze, Sermartelli, 1621.

10 c.: ill.; 4°

A⁴

Cioni 1961, p. 206, n. 26

Titolo uniforme: Rappresentazione di Giuseppe.

[3454]

ANONIMA

Espositione litterale nel 18. capo del Deuteronomio, con dodeci postille, che alludono all'ottimo gouerno dell'illustriss. sig. Giulio Giustiniani podesta di Verona.

Verona, Bartolomeo Merlo, 1621.

[4] c.; 4°

A⁴ (ultima c. bianca)

SBN-IT\ICCU\VEAE\133446

[3455]

BASILE, TEOFILO

Eroici discorsi con l'esposizioni delle Scritture sacre, simboli, ieroglifici, imprese, descrizioni, e nuoui concetti applicabili à tutti i Vangeli dell'anno e feste de santi. Oue si fauella sopra la vita di san Pietro Celestino papa V. principe, e padre de monaci celestini. Del p.d. Teofilo Basilo monaco celestino con trè tauole copiose, ed utili de' discorsi, delle Scritture esposte, e delle cose piu notabili.

Firenze, Pietro Cecconcelli 1621 (Firenze, Pietro Cecconcelli, 1621).

[52], 453 [i.e. 455, 1] p.: ill.; 4° (ripetute nella numer. le p. 382-383)

*⁶ †-5†⁴ A-3L⁴

SBN-IT\ICCU\BVEE\049031

V. fr.

[3456]

BELLINTANI, MATTIA DA SALÒ

Contemplatione delli dolori di Christo Sig. nostro, predicate nel duomo di Milano, del R.P. F. Mattia Bellintani da Salo cappuccino [...].

Milano, Antonio Como, 1621.

[4], 334 p.: ill.; 4°

[pigreco]² A-X⁸ [-2]

SBN-IT\ICCU\BASE\011921

[3457]

CARAFFA, ANTONIO

Trionfo della santa croce, sermone spirituale, sopra l'annuntiatione della beatissima Vergine. Data in luce per Antonio Caraffa romano, già rabino hebreo fatto christiano.

Pavia e Ferrara, Francesco Suzzi, 1621.

[4] c.: ill.; 8°

A⁴

SBN-IT\ICCU\UBOE\017016

[3458]

CELESTINO, ANGELO

Prediche di tutto l'auuento sino a Quaresima. Cosi delle domeniche, come delle feste in quel tempo occorrenti. Predicate nell'Annuntiata di Napoli, e le tre ultime fatte nell'arciuescouato di Fiorenza. Dal r. p. Angelo Celestino lettore di theologia, e predicator generale dell'Osseruanza di S. Francesco.
Venezia, Giovanni Guerigli, 1621.
[12], 576, [24] p.; 4°
[croce]⁶ A-4F⁴
SBN-IT\ICCU\PALE\001356

[3459]
CINQUANTA, BENEDETTO
Il ricco epulone rappresentatione spirituale. In versi sciolti. Nouamente composta dal p.f. Benedetto Cinquanta menore osseruante, academico Pacifico detto il Selvaggio, nel conuento di Santa Maria della Pace in Milano li 16. Decembre. M.DC.XX.
Milano, Pandolfo Malatesta, 17.III.1621.
179 p.; 12°
SBN-IT\ICCU\NAPE\018606
V. fr.

[3460]
CINQUE, LODOVICO
Del Giobbe santo. Rappresentatione cavata dalla Scrittura con li suoi intermedj.
Napoli, Lazzaro Scoriggio, 1621.
12°
Quadrio, III, p. 84

[3461]
CRISTOFORO DA VERRUCCHIO
Compendio di cento meditationi sacre, sopra tutta la vita, e la passione sì del Signore, come della Madonna, e sopra tutti gli altri essercitij della vita spirituale, raccolto dal r.p.f. Christoforo Verrucchino [...] Aggiuntoui in questa ultima impressione le Meditationi della passione di N.S. Giesù Christo, distribuite per i sette giorni della settimana dall'istesso auttore.
Venezia, Niccolò Misserini, 1621.
[32], 708 p.: ill.; 12°
*¹² **⁶ A-2F¹² 2G⁶
SBN-IT\ICCU\URBE\044901

[3462]
FILIPPI, MARCO, DETTO IL FUNESTO
Vita di santa Caterina vergine, e martire; composta in ottaua rima da Marco Filippi, detto il Funesto. Aggiuntoui di nuouo gli argomenti, ad ogni canto. Con vna raccolta di sonetti e di canzoni spirituali, e di alcune stanze della Maddalena à Christo, del medesimo autore. In questa vltima impressione con ogni diligenza corretta, e migliorata.

Venezia, Pietro Miloco, 1621.
[8], 162, [42] c.: ill.; 8°
[croce]⁸ A-2A⁸ 2B¹² (ultima c. bianca)
SBN-IT\ICCU\UM1E\008586
A c. X₃ con proprio frontespizio: *Rime spirituali, et alcune stanze [...].*

[3463]
GALEA, AGOSTINO
Discorsi morali sopra i quindeci misteri del Santissimo Rosario della beatissima Vergine. Molto vtili ad ogni stato di persone [...] del sig. Agostino Galea ligure di Loano [...] Con due copiosissime tauole, vna delli luoghi della Sacra Scrittura dichiarati; l'altra delle cose più notabili [...].
Alessandria, Giovanni Motti, 1621.
[8], 538, [26] p.; 4°
[croce]⁴ A-4B⁴
SBN-IT\ICCU\TO0E\037940

[3464]
GHELFUCCI, CAPOLEONE
Il rosario della Madonna poema eroico del sig.r Capoleone Ghelfucci da Citta di Castello dato alle stampe da i figliuoli dopo la morte dell'autore. [...] Agiuntoui nuouamente gli argomenti a ciascun canto, [...].
Venezia, Alessandro Polo, 1621 (Venezia, Alessandro Polo, 1621).
[8], 98 [i.e. 58], 76, 65, [1] c.; 4° (errori nella numer. della prima parte)
a⁸ A-F⁸ G¹⁰ 2A-2I⁸ 2K⁴ 3A-3G⁴ 3H¹⁰ (ultima c. bianca)
SBN-IT\ICCU\TO0E\055631

[3465]
GILIBERTI, VINCENZO
La citta d'Iddio incarnato, descritta per il reverendiss.mo p. Giliberti oggi generale de' chierici regolari, sopra il salmo, Magnus Dominus, & laudabilis nimis. Oue pienamente si tratta delle glorie di Maria vergine [...] con cinque tauole copiose, & vtilissime [...] In questa settima edizione reuista dal medesimo Autore.
Venezia, Pietro Maria Bertano, 1621.
3 vol.; 4°
SBN-IT\ICCU\TO0E\074781
1:
[80], 343, [5] p.
a-e⁸ A-X⁸ Y²
SBN-IT\ICCU\TO0E\074783
2:
Seconda parte della citta d'Iddio incarnato overo delle sovrane eccellenze, virtu, grazie, priuilegi, doni, e lodi singulari di Maria Vergine. E in spezialita del suo natale, de' nomi di lei, dell'ambasceria di Gabriello, del parto, e presentazion

di Giesu nel tempio, delle opere, che fece in vita, e dell'assunzione dell'eterna gloria. Descritte per il reverendiss.mo p. Giliberti oggi generale de' Chierici regolari, sopra il salmo, Magnus Dominus, & laudabilis nimis. Oue con varie occasioni, o della tema proposta, o delle feste occorrenti, si ragiona di Sant'Anna ultima pietra di questa gran citta, e di piu santi, gloriosi cittadini e parti di lei. Con cinque tavole copiose, et utilissime.
Venezia, Pietro Maria Bertano, 1621.
[68], 326, [2] p.
a-g⁴ h⁶ A-V⁸ X⁴ (c. h8v e X4 bianche)
SBN-IT\ICCU\NAPE\013141
3:
Terza parte della citta d'Iddio incarnato del p.d. Vincenzio Giliberto cherico regolare, doue s'innalzano le torri, o gli attributi sublimi della Vergine genitrice, [...] e parimente ci si fauella della presentazione al tempio, [...] e quasi di tutte le domeniche dell'auuento, e delle feste del Signore, e de' santi, che occorrono infino alla terza domenica dopo l'Epifania. Per final compimento delle lezioni intorno al tema del salmo già impreso, Magnus Dominus, & laudabilis nimis. Con cinque tauole copiosissime.
Venezia, Pietro Maria Bertano, 1621.
[80], 497 [i.e. 495], [1] p. (omesse nella numer. le p. 453-454)
a-e⁸ A-2H⁸
SBN-IT\ICCU\UM1E\004129
Cfr. Michel-Michel, IV, p. 46.
V. fr.

[3466]
GILIBERTI, VINCENZO
La citta d'Iddio incarnato dove pienamente si tratta delle glorie di Maria Vergine, & in particolare come ella fù predestinata, concetta, nacque, visse, morì; e fu assunta in Cielo, e ci si favella oltr'a ciò di tutte le virtù, doni, eccellenze, & attributi di lei descritta per il reverendissmo p. Giliberti oggi generale de' cherici regolari, sopra il salmo, magnus dominus, & laudabilis nimis.
Venezia, Pietro Maria Bertano, 1621.
3 vol.; 23 cm
Swissbib 02629950X

[3467]
GIORGI, FRANCESCO
La Giuditte rapresentatione spirituale di Francesco Georgio bolognese. Composta in musica dal sig. Lorenzo Righetti. Ad istanza delle molto rr. monache di S. Maria Maddalena di Bologna. Nella professione della reuerenda suor Maria Gabriela Vergilij, nel loro monastero.
Bologna, Eredi di Bartolomeo Cochi, 1621.
32 p.: ill.; 4°

A-D⁴
SBN-IT\ICCU\BVEE\074138

[3468]
GIUSTINIANI, GIULIO
Espositione litterale nel 18. capo del Deuteronomio, con dodeci postille, che alludono all'ottimo gouerno dell'illustriss. sig. Giulio Giustiniani podesta di Verona.
Verona, Bartolomeo Merlo, 1621.
[4] c.; 4°
A⁴ (ultima c. bianca)
SBN-IT\ICCU\VEAE\133446

[3469]
GUADAGNO, GIOVANNI LORENZO
Thesoro della dottrina di Christo N. S. diuiso in due parti. Nel quale si contiene la dichiarazione della legge Euangelica, e de' principali misterij della nostra santa fede, delle festi sollenni [!] di Christo, della B. Vergine, [...] Et di nuouo corretta, & arricchita di molte cose [...] Raccolta da d. Gio. Lorenzo Guadagno, napolitano theologo. [...].
Palermo, Giovanni Antonio De Franceschi, a istanza di Francesco Ciotti, 1621 (Palermo, Giovanni Antonio De Franceschi, 1621).
[16], 582, [4] p.; 8°
a⁸ A-2N⁸
SBN-IT\ICCU\UM1E\027046

[3470]
IOSEPHUS, FLAVIUS/(tr.) LAURO, PIETRO
Delle antichita, e guerre giudaiche. Diuiso i [!] vintisette libri. Compartiti in tre parti, nella prima si tratta della creazione del mondo fino alla guerra di Sennacherib, nella seconda del tornar che tenea li giudei in Gierusalem fino alla discordia tra giudei, nella terza delle guerre, che hebbero gli Hebrei con Romani [...] Gioseffo Flauio historico [...] Tradotto in italiano per M. Pietro Lauro modonese [...].
Venezia, Domenico Miloco, 1621.
3 pt ([36], 274; 258; [2], 316) p.: ill.; 4°
[ast]-2[ast]⁸ 3[ast]² A- 3G⁸ 3H²
SBN-IT\ICCU\TO0E\036245

[3471]
LONGO, FRANCESCO
Horologio spirituale, intorno alla passione di n. Sig. Giesu Christo. Composto dall'inutile seruo di Dio frate Francesco di Corigliano capuccino.
Venezia, Giovanni Battista Ciotti, 1621.
[24], 226, [20] c.; 12°
a-b¹² A-T¹² †¹² 2†⁶ (c. b12, T11-12, 2†6 bianche)
SBN-IT\ICCU\CFIE\019254
V. fr.

[3472]

MARCELLINO, EVANGELISTA

Annotationi del p.f. Euangelista Marcellino minore osseruante, sopra l'Apocalisse. Fatte da lui doppo le lettioni lette nell'istesso libro. All'illustrissimo e reuerendissimo signore padron sempre colendissimo il sig. card. Borromeo arciuescouo di Milano.

Orvieto, Bartolomeo Zanetti <2>, 1621 (Orvieto, Bartolomeo Zanetti <2>, 1621).

[16], 408, [32] p.: ill.; 8°

a⁸ A-2D⁸ 2E⁴

SBN-IT\ICCU\BVEE\043118

V. fr.

[3473]

OBICINO, BERNARDINO

Il paradiso della gloria dei santi, nel quale si contengono sermoni, & trattati sopra i Vangeli per tutte le feste dell'anno, [...] Composti dal M.R.P. Bernardino Obicino.

Venezia, Giorgio Valentini, 1621.

[60], 718 p.; 4°

[fiore]⁴ a-b⁸ c¹⁰ A-2Y⁸ (manca c. 2Y8)

SBN-IT\ICCU\RMSE\005889

Altra emissione dell'edizione SBN-IT\ICCU\BVEE\046965, vedi 3474.

[3474]

OBICINO, BERNARDINO

Il paradiso della gloria dei santi, nel quale si contengono sermoni, & trattati sopra i Vangeli per tutte le feste dell'anno, & di communi, secondo il rito del Messale romano. Con deuote espositioni, conforme alla dottrina della Scrittura Sacra, de santi padri, theologia scholastica, & filosofia morale. Opera vtilissima per li reuerendi rettori, parochi, predicatori, & ogni sorte di persone, che desiderano far profitto nella diuotione & vita spirituale. Composti dal m.r.p. Bernardino Obicino de Frati Minori dell'Osseruanza Reformato. Con quattro tauole, delli discorsi, e trattati, delle cose notabili, & de soggetti applicabili per le domeniche di tutto l'anno, e delle ferie di Quaresima. Dedicato al m.r.p.d. Thomaso Valaria da Montagnana priore meritiss. di S. Maria delle Carceri de Camaldolesi.

Venezia, Santo Grillo e fratelli, 1621.

[60], 718, [2] p.; 4°

*⁴ a-b⁸ c¹⁰ A-2Y⁸ (ultima c. bianca)

SBN-IT\ICCU\BVEE\046965

Altra emissione reca sul frontespizio la sottoscrizione di Giorgio Valentini, cfr. SBN-IT\ICCU\RMSE\005889, vedi 3473. V. fr.

[3475]

PANIGAROLA, FRANCESCO/BONAGRAZIA DA VARENA

Espositione letterale, e mistica della Cantica di Salomone memoriale, et oratorio di medicina spirituale, opere del reuerendiss. p.f. Francesco Panigarola da Milano [...] con la vita del medesimo monsignore, composta dal p. f. Bonagratia da Varena [...].

Milano, Giovanni Battista Bidelli <1>, 1621.

[32], 327, [1] p.; 8°

+-2+⁸ A-V⁸ X⁴

SBN-IT\ICCU\TO0E\048638

[3476]

PÉREZ, ANTONIO/(ed.) MENGARELLI, FILIPPO/(tr.) CROCE, SERAFINO

Nuoui Hispanici appontamenti concetti e pensieri nelle quarantaquattro prediche delle domeniche, e feste che corrono dal primo giorno di decemb. fino a l'vlt. di febr. Predicate nella città di Salamancha dal m.r.p. maestro Perez de l'ordine di S. Benedetto. Vtilissimi a predic. Curati, e studiosi de la S. Scrittura. Tradotti nella nostra lingua dal m.r.f. Serafino Croce de l'ordine di S. Agostino.

Venezia, Sessa, 1621.

[16], 330, [2] p.; 4°

a-b⁴ A-V⁸ X⁶ (ultima c. bianca)

SBN-IT\ICCU\UMCE\016982

Var. B: non stampata la cornice calcografica del frontespizio comprensiva della sottoscrizione con le indicazioni tipografiche. Altra emissione nel 1641, cfr. SBN-IT\ICCU\RMLE\016828, vedi 3887. V. fr.

[3477]

POLI, PAOLO

Rationale anzi Tesoro delle sette hore canoniche. Ricco, et abbondante, di meditazioni della passione del nostro Signor Giesù Christo. Nelle cui pie, et vivaci considerationi, ogni anima s'inebbria di diuino amore. Composto dal r.p.f. Paolo Poli da Storo trentino minore osseruante. All'illustris. sig. & prudentiss. verg. la m.r.m. suor Clelia Pia professa nel monastrio [!] di S. Bernardino in Ferrara.

Venezia, Giorgio Valentini, 1621.

[8], 248 [i.e. 238] p.; 8° (omesse nella numer. le p. 178-187)

a⁴ A-O⁸ P⁸ (c. P8 mancante)

SBN-IT\ICCU\CFIE\015653

V. fr.

[3478]

PUENTE, LUIS DE LA/(tr.) BRACCINI, GIULIO CESARE

Meditationi del padre Lodouico da Ponte della Compagnia di Giesu. Sopra i principali misteri della nostra fede; della vita, e passione del N. Signore Giesu Christo, e della B. Vergine Maria: e de' Santi, e Vangeli correnti. Con la pratica dell'oratione mentale: Diuise in sei parti. Tradotte dalla lin-

gua castigliana nella toscana dal Sig. Giulio Cesare Braccini. Con due tauole [...].
Venezia, Pietro Maria Bertano, 1621.
6 pt ([24], 162, [2]; 118, [2]; 236; 198, [2]; 161 [i.e. 159], [1]; 224 [i.e. 226], [2]) p.; 4° (p. 132-133 della pt 5 mancano; le p. 95-96 della pt 6 si ripetono)
A⁴ a⁸ A-I⁸ K¹⁰ A-G⁸ H⁴ A-O⁸ P⁶ A-M⁸ N⁴ A-K⁸ A-N⁸ O¹⁰
SBN-IT\ICCU\BVEE\055583

[3479]
PUENTE, LUIS DE LA/(tr.) BRACCINI, GIULIO CESARE
Meditationi del padre Lodouico da Ponte della compagnia di Giesu. Sopra i principali misteri della nostra fede; della vita, e passione di N. Signore Giesu Christo, e della B. Vergine Maria: e de' Santi, e vangeli correnti. Con la pratica dell'oratione mentale. Diuise in sei parti. Tradotte dalla lingua castigliana nella toscana dal sig. Giulio Cesare Braccini. Con due tauole [...].
Venezia, Pietro Maria Bertano, 1621.
[24], 118, [2], 236, 198, [2], 161, [1], 224, [2] p.; 4°
A⁴ a⁸ A-O⁸ P⁶ ²A-²M⁸ ²N⁴ ³A-³K⁸ ⁴A-⁴N⁸ ⁴O¹⁰
SBN-IT\ICCU\TO0E\033058

[3480]
PUENTE, LUIS DE LA/ARNAYA, NICOLAS DE/(tr.) PUTIGNANO, TIBERIO
Compendio delle meditationi del p. Luigi de la Puente religioso della Compagnia di Giesu. Composto dal p. Nicolo de Arnaya della medesima Compagnia in lingua spagnuola. Et tradotto nell'italiana dal segretario Tiberio Putignano.
Brescia, Bartolomeo Fontana, 1621 (Brescia, Bartolomeo Fontana, 1621).
[24], 575, [1] p.: ill.; 12°
a¹² A-2A¹²
SBN-IT\ICCU\RMLE\031958
V. fr.

[3481]
ROSIGLIA, MARCO
La conuersione di santa Maria Maddalena. Con la vita di Lazzaro, e di Marta. Composta in ottaua rima per maestro Marco Rosilia da Foligno. Nuouamente [...] stampata [...].
Venezia, Gerardo Imberti, 1621.
[44] c.: ill.; 8°
A-B¹⁶ C¹²
SBN-IT\ICCU\UM1E\013213

[3482]
ROSINI, CELSO
L'Idilliade sacra. Sacri idillij di d. Celso Lesuarte Rosini, can. reg. Later. negl'Animosi il Raffermato. De' principali misterij de la vita di N. Signore [...].

Venezia, Giovanni Battista Ciotti, 1621.
[96], 168, [8], 175-199, [3] p.: ill.; 12°
a-d¹² A-E¹² F⁶ G¹² H⁶ I¹² K⁶ (c. B12, K6 bianche)
SBN-IT\ICCU\VEAE\005342

[3483]
ROSINI, CELSO
L'Idilliade sacra. Sacri idillij di d. Celso Lesuarte Rosini [...] Negl'Animosi il Raffermato. De' principali misterij della vita di N. Signore [...].
Venezia, Giovanni Battista Ciotti, 1621.
[104], 552 p.: ill.; 12°
a-d¹² A-E¹² F⁶ G¹² H⁶ I¹² K⁶ L¹² M⁶ N-Q¹² R⁶ S-V¹² X⁶ Y-2A¹² 2B⁶ 2C¹² 2D⁶ (c. B12, K6, R6 bianche)
SBN-IT\ICCU\UBOE\029961

[3484]
ROSSI, GIOVANNI BATTISTA
Meditationi sopra la passione, morte e sepoltura, di Giesu Christo signor nostro. Cauate da quello che ne scrissero gli Euangelisti, & da i Dottori, e Santi Padri. Diuise in cinquantatre capi: [...] Opera del R.P.D. Gio. Battista Rossi genouese, de' chierici reg. di Somasca.
Venezia, Giovanni Guerigli, 1621.
[8], 280, [2] p.; 4°
a⁴ A-R⁸ S⁴ χ¹ (c. χ1v bianca)
SBN-IT\ICCU\NAPE\031701

[3485]
SALMI/(tr.) ANONIMA
Sessanta salmi di Dauid tradotti in rime volgari italiane, secondo la verità del testo hebreo. Col Cantico di Simeone, & i dieci Comandamenti della Legge: ogni cosa insieme col canto.
[Genève], Mathieu Berjon, 1621.
[216] c.: mus.; 16° (testo non paginato)
A-Z⁸ a-d⁸ (c. d8 bianca)
SBN-IT\ICCU\PUVE\022428
Per il luogo cfr. CERL, cni00009091 e cni00032931. V. fr.

[3486]
VANDINI, TOMMASO
Sermoni cinquanta cinque funerali, e dodici nozziali. Composti dal m.r.p.m. Tomaso Vandini da Bologna minore conuent. Ne quali si trattano dogmi catholici, varie materie, risolutione di molti dubbij, ispositioni de santi Concilij, e de santi padri, dichiarationi di molti testi profetici, & euangelici. Con essempij vtilissimi à curati, à predicatori, ad altri religiosi, & à secolari, che desiderano far bene à loro stessi, & ad altri, e viui e morti. Con tre utili, & copiose tauole.
Bologna, Sebastiano Bonomi, 1621.
[16], 471, [41] p.; 8°

†⁸ A-2I⁸
SBN-IT\ICCU\BVEE\037979
V. fr.

[3487]
ZAMORA, LORENZO/(tr.) FOSCARINI, PIETRO
Santuario, ouero discorsi de santi, del r.p.m.d. Lorenzo de Zamora monaco cisterciense, lettore della Scrittura sacra, nel collegio di S. Bernardo di Alcalà. Intitolato da lui Settima parte Della monarchia mistica della Chiesa, tomo primo. Doue si discorre delli santi più eminenti, che sono stati in essa; cioè di quelli, che fiorirono nell'antica legge; delli apostoli; euangelisti; e martiri. E si dichiarano li Euangelij, che nelle loro solennità si leggono. Tradotto nouamente dall'idioma spagnuolo nell'italiano, con somma diligenza, e fedeltà, da Pietro Foscarini. Con quattro tauole, l'vna de i discorsi; la seconda de i gieroglifici; la terza de i luoghi della Scrittura sacra, che in quest'opera si dichiarano; e la quarta delle cose più notabili, che in essa si contengono. Dedicato all'illustriss. e reverendiss. patriarca di Venezia, e primate della Dalmatia.
Venezia, Andrea Baba, 1621.
2 vol.; 4°
SBN-IT\ICCU\TO0E\031706
1:
[56], 782, [2] p.
[croce lat.]⁶ a-b⁴ c⁸ d⁶ A-3C⁸ (c. 3C8 bianca)
SBN-IT\ICCU\TO0E\031717
2:
Del santuario ouero discorsi de santi [...] Tomo secondo. Doue si discorre delli santi dottori; fondatori delle religioni; confessori; & vergini. E si dichiarano li Euangelij, che nelle loro solennita si leggono. [...].
Venezia, Andrea Baba, 1621.
[36], 662 [i.e. 654], [2] p.; 4° (omesse nella numer. le p. 241-248)
a⁸ b⁴ c⁶ A-C⁸ D-G⁴ H-2U⁸
SBN-IT\ICCU\LIAE\003925

1622

[3488]
ALBANI, ANGELO/(ed.) MARTINELLI, SIMONE
Lodi bellissime musicali di Maria Vergine. Composte da Angelo Albani, detto il Pastor poeta. Ad istanza di Simone Martinelli cieco. Con le lodi delli quindici misterij del rosario, per consolatione delli suoi deuoti spiriti.
Ronciglione, Lodovico Grignani e Lorenzo Lupis, 1622
[12] p. ; 12°
A⁶ (c. A6 bianca)
SBN-IT\ICCU\RML\0204804

V. fr.

[3489]
CAGNOLI, BELMONTE
Le lagrime di Santa Maria Madalena di Belmonte Cagnoli abate [...].
Venezia, Antonio Pinelli <1>, 1622.
64 p.; 8°
A-D⁸
SBN-IT\ICCU\RAVE\070205

[3490]
CINQUE, LODOVICO
Del Giobbe santo.
Napoli, Giambattista e Matteo Nucci, 1622.
12°
Quadrio, III, p. 84

[3491]
COMBONI, GIROLAMO
Prediche in lode della beata Vergine doue si tratta con inuentione di sette doni, gratie, priuilegi, e prerogatiue, che à guisa di sette colonne adornano questa mistica casa di Maria; insieme con una bellissima spositione sopra il cantico Magnificat, diuisa in dieci lettioni, come anco dieci sono li versetti d'esso Magnificat, spiegate dal r.p.f. Girolamo Comboni salodiese predicatore, theologo, e lettore di lingua santa de' Minori Oss. Riformati di S. Francesco della Prouincia di Brescia. Le quali sono gioueuoli, e diletteuoli a tutti li particolari deuoti di Maria, & anco alli rr.pp. predic., curati, e lettori per potersene seruire tutti li sabbati di Quaresima, & in altri tempi. Con tre tauole una delle materie, l'altra delle sentenze, la terza delle cose più notabili. Dedicate all'illustriss. & eccellentiss. signora donna Anna Maria Peretti, Cesis, nobilissima romana, e principessa di Venafro.
Brescia, Giovanni Battista Bozzola <2>, 1622 (Brescia, Giovanni Battista Bozzola <2>, 1622).
[40], 349, [3] p.; 4°
a-b⁸ c⁴ A-Y⁸
SBN-IT\ICCU\UM1E\002261
V. fr.

[3492]
CROCE, GIULIO CESARE
Gradi della Scala Quadragesimale sopra tutti i giorni di Quaresima, sino a il terzzo [!] di Pasqua. Opera diuota per l'anime christiane, di Giulio Cesare Croce.
Bologna, Eredi di Bartolomeo Cochi, 1622.
[8] c.: ill.; 8°
[1]⁸
SBN-IT\ICCU\UBOE\070985

[3493]

CROCE, GIULIO CESARE/(ed.) MARTINELLI, SIMONE
Rime compassioneuoli, pietose, e deuote, sopra la passione morte, e resurretione del nostro Signore Giesu Christo. Opera spirituale, del gia m. Giulio Cesare Croce bolognese. Ad istanza di Simone Martinelli.
Firenza e Ronciglione, Lodovico Grignani e Lorenzo Lupis, 1622.
[12] c.; 12°
A¹²
SBN-IT\ICCU\UBOE\075917

[3494]

DELLE COLOMBE, RAFFAELLO/SAMUELLI, FRANCESCO MARIA
Prediche della quaresima con esposizioni di Scritture sacre, varieta di traslazioni, dottrine morali, diuerse erudizioni, e similitudini, di fra Raffaello delle Colombe domenicano, con tre tauole copiose; delle Scritture esposte, delle cose notabili, e de' titoli di ciascuna predica, fatte dal r. padre f. Francescomaria Samuelli del medesimo ordine. Volume II. delle prediche di tutto l'anno. In questa vltima impressione si sono aggiunte le prediche de' sabati.
Firenze, Bartolomeo Sermartelli <2> e fratelli, 1622 (Firenze, Bartolomeo Sermartelli <2> e fratelli, 1622).
2 pt ([220], 870 [i.e. 854], [2]; [4], 271, [1]) p.; 4° (omesse nella numer. le p. 341-346 e 470-479)
[croce]⁸ A-S⁴ [ast]² a-g⁴ A-3G⁸ 3H⁴; [ast]² a-r⁸
SBN-IT\ICCU\UM1E\004089
Pt 2 con proprio frontespizio: *Prediche aggiunte a quelle della Quaresima [...].* A c. 3H4r altro colophon. Var. B: diverso il secondo gruppo dell'impronta della pt 1. Si tratta del vol. 2 delle *Prediche sopra tutti gli Euangeli dell'anno* del 1615-1627, cfr. SBN-IT\ICCU\TO0E\028855, vedi 3262. Cfr. anche SBN-IT\ICCU\UM1E\033133, vedi 3394bis. V. fr.

[3494 bis]

DELLE COLOMBE, RAFFAELE/SAMUELLI, FRANCESCO MARIA
Prediche della quaresima con esposizioni di Scritture sacre, varieta di traslazioni, dottrine morali, diuerse erudizioni, e similitudini, di fra Raffaello delle Colombe domenicano, [...] fatte dal r. padre f. Francescomaria Samuelli [...]. Volume 2. delle prediche di tutto l'anno. In questa vltima impressione si sono aggiunte le prediche de' sabati.
Firenze, Bartolomeo Sermartelli <2> e fratelli, 1622.
[160], 870 [i.e. 854], [2] p.
[croce]⁸ A-S⁴ A-3G⁸ 3H⁴
SBN-IT\ICCU\UM1E\033133
Si tratta del vol. 2 (pt 1) delle *Prediche sopra tutti gli Euangeli dell'anno* del 1615-1627, cfr. SBN-IT\ICCU\

TO0E\028855, vedi 3262; il vol. 2 (pt 2) ha anche un'edizione separata, cfr. SBN-IT\ICCU\TO0E\028863 (qui non repertoriata). Cfr. anche SBN-IT\ICCU\UM1E\004089, vedi 3494.

[3495]

FONSECA, CRISTOBAL DE/(tr.) GIRELLI, GIULIO
Discorsi scritturali e morali sopra gli Euangeli correnti di tutto l'anno, che seruiranno per vn copioso sermonario annuale, e quaresimale, doue si contengono la vita, dottrina, miracoli, e le parole di Giesu Christo nostro Signore, con mirabili espositioni della Sacra Scrittura, concetti e sentenze de' santi padri, pensieri de dotti, e pij scrittori, che sin'al tempo d'hoggi habbino scorso le sacre carte. Del m.r.p.m.f. Christoforo Fonseca dell'Ordine di s. Agostino, visitatore della Prouincia di Castiglia. Diuisi in tre parti; con tauole copiosissime de' capitoli, luoghi della Scrittura, materie, sentenze, e cose notabili, e delli Euangeli correnti; ed vn'altra di tutti li concetti predicabili, applicati à tutte le domeniche, e feste de santi di tutto l'anno fuori de' proprij. Di nuouo tradotti dalla lingua spagnuola nella italiana dal sig. Giulio Girelli. Et in questa nostra seconda impressione ristampati, & con diligenza ampliati.
Venezia, Giorgio Valentini, 1622.
3 vol.; 4°
SBN-IT\ICCU\UM1E\004118
V. fr.
1:
[112], 670 [i.e. 770], [2] p. (p. 770 erroneamente numerata 670)
a⁴ b-g⁸ h⁴ A-3A⁸ 3B¹⁰ (c. h4, 2B10 bianche)
SBN-IT\ICCU\UM1E\004121
2:
[36], 632 [i.e. 630], [2] p. (omesse le p. 353-354)
[croce]⁴ a-b⁸ c⁶ A-2Q⁸ 2R⁴ (c. c6 e 2R4 bianche)
SBN-IT\ICCU\UM1E\004123
3:
Discorsi scritturali e morali sopra gli Euangeli correnti di tutto l'anno, che seruiranno per vn copioso sermonario annuale, e quaresimale, doue si tratta la vita, e sententiose parabole di Giesu Christo nostro Signore, con mirabili espositioni della Sacra Scrittura, concetti e sentenze de' santi padri, pensieri de dotti, e pij scrittori, che sin'al tempo d'hoggi habbino scorso le sacre carte. Del m.r.p. f. Christoforo Fonseca dell'Ordine di S. Agostino, visitatore della Provincia di Castiglia. Terza parte. Con tauole copiosissime de' capitoli, luoghi della Scrittura, materie, sentenze, e cose notabili, e delli Euangeli correnti; ed vn'altra di tutti li concetti predicabili, applicati à tutte le domeniche, e feste de santi di tutto l'anno fuori de' proprij. Di nuouo tradotti dalla lingua spagnuola nella italiana dal sig. Giulio Girelli.
Venezia, 1622.

[56], 636 p.

*⁴ a-c⁸ A-2Q⁸ 2R⁶

SBN-IT\ICCU\LIAE\004717

Per la quarta parte cfr. SBN-IT\ICCU\BVEE\056450, vedi 3534. V. fr.

[3496]

FRANCIOTTI, CESARE

Delle pratiche di meditationi per auanti, e doppo la santissima communione; sopra tutt'i Vangeli dell'anno; del p. Cesare Franciotti della Religione della Madre di Dio. Accresciute nuouamente dall'istesso della quarta parte, che contiene le feste de' santi di deuotione, e di bellissime figure appropriate à i Vangeli adornate; con alcune pratiche, e soliloquij, per le rationi delle Quarant'hore ne' giorni del Carneuale. Aggiunto nell'opere di questa vltima impressione la Giovane christiana, opera non più stampata e composta dal medesimo autore. E di trè accommodatissime tauole arricchite; la prima de' giorni, che hanno pratiche, la seconda delle sentenze della Sacra Scrittura, e la terza delle cose più notabili. Diuise in sette parti: parte prima.

Venezia, Giovanni Battista Combi, 1622-1624.

7 vol.: ill.; 4°

SBN-IT\ICCU\TO0E\053457

Il primo volume è del 1624 cfr. SBN-IT\ICCU\BVEE\056450, vedi????. V. fr.

2:

Delle pratiche di meditationi per auanti, e doppo la santissima communione; sopra i Vangeli dell'anno. Parte seconda, che contiene le domeniche, che sono dall'ottaua della resurrettione del Signore, fin' all'vltima doppo la Pentecoste. Del p. Cesare Franciotti della Religione della Madre di Dio.

Venezia, Giovanni Battista Combi, 1622.

[4], 93, [1] c.: ill.

[croce]⁴ A-L⁸ M⁶ (ultima c. bianca)

SBN-IT\ICCU\BVEE\056451

V. fr.

3:

Delle pratiche di meditationi per auanti, e doppo la santissima communione; sopra i Vangeli dell'anno. Parte terza, che contiene le feste commandate de' santi, et alcune di deuotione. Del p. Cesare Franciotti della Religione della Madre di Dio.

Venezia, Giovanni Battista Combi, 1622.

[4], 92: ill.

[croce]⁴ A-L⁸ M⁴

SBN-IT\ICCU\BVEE\056452

V. fr.

4:

Delle pratiche di meditationi per auanti, e doppo la santissima communione; sopra i Vangeli dell'anno. Parte quarta,

che contiene le feste de' santi, di deuotione. Del p. Cesare Franciotti della Religione della Madre di Dio.

Venezia, Giovanni Battista Combi, 1622.

149, [1] c.: ill.

A-S⁸ T⁶

SBN-IT\ICCU\BVEE\056454

V. fr.

5:

Aggiontioni alle pratiche sopra i Vangeli dell'anno; che contengono meditationi intorno à varij soggetti spirituali, per auanti, e doppo la santissima communione. Parte quinta. Del p. Cesare Franciotti della religione della Madre di Dio.

Venezia, Giovanni Battista Combi, 1622.

[4], 61, [1] c.

†⁴ A-G⁸ H⁸ (ultima c. bianca)

SBN-IT\ICCU\TO0E\053458

V. fr.

6:

Osseruationi intorno ai sacri misterii di tutto l'anno, appartenenti al Signore, de' quali s'è fatta mentione nelle cinque parti delle Pratiche sopra i Vangeli. Parte sesta. Del p. Cesare Franciotti della Religione della Madre di Dio.

Venezia, Giovanni Battista Combi, 1622.

[4], 84 c.

†⁴ A-K⁸ L⁴

SBN-IT\ICCU\TO0E\053460

Il vol. 7 è solo sulla comunione. V. fr.

[3497]

FRANCIOTTI, CESARE

Il peccatore a piedi della croce su'l Monte Calvario; cioè meditationi sopra la passione di nostro Signore. Del p. Cesare Franciotti della Religione della Madre di Dio.

Venezia, Giovanni Battista Combi, 1622.

16 c.: ill.; 4°

A-B⁸

SBN-IT\ICCU\TO0E\053468

V. fr.

[3498]

FRANCIOTTI, CESARE

Viaggio a Bethlemme, ouero meditationi della venuta del Signore nel mondo, e della sua infantia; distinte ne' giorni dell'Auuento, e delle feste, che seguono dopo l'Auuento; del p. Cesare Franciotti della Religione della Madre di Dio.

Venezia, Giovanni Battista Combi, 1622.

52 c.: ill.; 4°

A-F⁸ G⁴

SBN-IT\ICCU\CFIE\019124

V. fr.

[3499]

FRANCIOTTI, CESARE
Viaggio al Monte Caluario; distinto in sei settimane; doue si medita la passione del Signore; del p. Cesare Franciotti della Religione della Madre di Dio.
Venezia, Giovanni Battista Combi, 1622.
56 c.: ill.; 4° (omesse c. 3-4)
A-G⁸
SBN-IT\ICCU\TO0E\053471
V. fr.

[3500]

FRANCUCCI, SCIPIONE
Il pentimento di Maria Maddalena poema dramatico di Scipione Francucci aretino. Alla serenissima arciduchessa d'Austria Maria Maddalena gran duchessa di Toscana.
Roma e Viterbo, Pietro Discepolo, 1622.
190, [2] p.: ill.; 12°
A-H¹²
SBN-IT\ICCU\BVEE\024172
V. fr.

[3501]

GHELFUCCI, CAPOLEONE
Il rosario della madonna poema eroico del sig.r Capoleone Ghelfucci da Città di Castello dato alle stampe da i figliuoli dopo la morte dell'autore. [...] Agiuntoui nuouamente gli argumenti a ciascun canto. Et la tauola delle cose notabili.
Venezia, Alessandro Polo, 1622.
[16], 98 [i.e. 58], 76, 65, [1] c.; 4° (c. 58 erroneamente numerata 98)
a⁸ A-F⁸ G¹⁰ 2A-2I⁸ 2K⁴ 3A-3G⁸ 3H¹⁰ (c. a4 segnata A4, ultima c. bianca)
SBN-IT\ICCU\UM1E\009528

[3502]

MARCELLINO, EVANGELISTA/(ed.) PERI, JACOPO
Prediche della passione, e resurrezione, di Giesu Cristo nostro Redentore. Fatte l'anno 1592. in Roma dal r.p.f. Vangelista Marcellino da Pistoia predicatore apostol. del Ord. Minor. Osseruante. Con dieci lezzioni, sopra la Magnificat. Dall'istesso composte. Date in luce dal p.f. Iacopo Peri, confessore del sereniss. g.d. di Tosc. Con la vita dell'autore.
Firenze, Pietro Cecconcelli, 1622.
357, [3] p.; 12°
A-P¹²
SBN-IT\ICCU\CFIE\019837
V. fr.

[3503]

MORONE, BONAVENTURA
Il mortorio di Christo tragedia spirituale del r.p.f. Bonauentura da Taranto de' frati minori osseruanti reformati. All'illust. & molto reuer. sig. Leonardo Mancinelli canonico di Macerata. Di nuouo ristampato, & aggiontoui gl'intermedij apparenti dell'istesso autore.
Macerata e Perugia, Eredi di Marco Naccarini, 1622.
263, [1] p.; 12°
†¹² A-K¹²
SBN-IT\ICCU\LIGE\001238

[3504]

NOTARI, COSTANTINO
Il cittadino del cielo ritratto dal salmo Domine quis habitabit in tabernaculo tuo. Opera del r.p.d. Costantino de' Notari nolano abbate di S. Maria de' Miracoli d'Andria della Comgregatione Casinense. Diuisa in trenta discorsi con tauole copiosissime.
Napoli, Domenico Maccarano, 1622.
[8], 403, [17] p.; 4°
¶⁴ A-3E⁴ 3F⁸
SBN-IT\ICCU\BVEE\050232
V. fr.

[3505]

PANIGAROLA, FRANCESCO
Dichiaratione de i salmi di Dauid fatta dal r. padre. f. Francesco Panigarola, minore osseruante. Alla serenissima infante la signora duchessa di Sauoia.
Venezia, Alessandro Polo, 1622.
[8], 319 [i.e. 419], [5] p.; 8°
a⁴ A-2C⁸ 2D⁴
SBN-IT\ICCU\VIAE\021495
V. fr.

[3506]

PLATINA (IL) (SACCHI, BARTOLOMEO)/PANVINIO ONOFRIO/BEROARDI, GIROLAMO/CICARELLI, ANTONIO/STRINGA, GIOVANNI/BZOWSKI, ABRAHAM/(tr.) TESTA, LAURO/ DIONIGI, BARTOLOMEO
Historia delle vite de' sommi pontefici dal Saluator nostro sino a Gregorio XV. Scritta già da Battista Platina cremonese, dal p.f. Onofrio Panuinio da Verona, da Antonio Cicarelli da Foligno: e da d. Giouanni Stringa venetiano, et hora ampliata dal m.r.p.f. Abramo Bzouio maestro di theologia dell'Ordine de' Predicatori delle vite di Paolo V. & di Greg. XV. Illustrata con le annotationi del Panuinio, nelle vite descritte dal Platina, e con la Cronologia ecclesiastica dell'istesso, tradotta in lingua italiana, & ampliata, dal r.m. Bartolomeo Dionigi da Fano, da d. Lauro Testa, e dal detto p.f. Abramo Bzouio. Ornata nuouamente di bellissimi ritratti di tutti i pontefici dal naturale. Arrichita coi nomi,

cognomi, patrie, e titoli di tutti quei cardinali, de' quali s'è potuto haver cognitione, raccolti per il sudetto Dionigi dall'opere del Panuinio, e da gli atti della Cancellaria apostolica. Et in questa vltima impressione con diligenza ricorretta, e da molti errori espurgata. Con tre fedeli, e copiose tauole, vna de' papi, l'altra de' cardinali, e la terza fatta nuouamente di tutte le cose notabili, che nell'opera si contengono.
Venezia, Eredi di Tommaso Giunta <2>, 1622.
2 pt ([40], 375, [1] c.; [16], 216) p.: ill.; 4°
A⁴ B-E⁸ F⁴ ²A-3A⁸; (ast)⁸ A-N⁸ O⁴ (c. 3A8 bianca)
SBN-IT\ICCU\TO0E\001819
Pt 2: *La cronologia ecclesiastica, del r.p.f. Onofrio Panuinio [...] Tradotta nuouamente dalla lingua latina nell'italiana, supplita, & ampliata dal 1566 fin'à l'anno 1606 dal reuer. m. Bartolomeo Dionigi da Fano. Dall'anno 1606 fin l'anno 1612 da d. Lauro Testa. E dall'anno 1613 fino all'an. 1622 dal m.r.d. Domenico Belli.* Cfr. Camerini, vol. 1.2, p. 347, n. 1255 e n. 1256. V. fr.

[3507]
POLICRETI, GIUSEPPE
Lachrimoso pentimento di peccator contrito. Dichiarationi, et meditationi spiritosissime, sopra i Salmi, penitentiali. Ripiene de concetti scritturali. Scielti, e nuoui. Opera deuotissima. Del p. maestro Gioseppe Policreti seruita triuigiano [...].
Treviso, Angelo Righettini, 1622.
252 p.: ill.; 12°
A-K¹² L⁶
SBN-IT\ICCU\VIAE\008000

[3508]
ROTA, SCIPIONE
Testamento di Giesu Christo Signor Nostro rogato da i quattro evangelisti. Ridotto in compendio dal rev. Scipione Rota per consolatione delli fratelli della dottrina cristiana di Roma.
Roma, Guglielmo Facciotti, 1622.
137 [7] p.; 12°
Franchi 1988, p. 124-125, n. 4

[3509]
SEGALA, ALESSIO
Arca santa nella quale si contengono i sacratissimi misteri della vita, e passione di Christo Signor nostro. Assegnandosi per ciascun misterio il sacro testo euangelico. Con alcune regole, & auuertimenti per saper ben meditare, & orare con frutto. Il tutto si è cauato da grauissimi autori. Opera del r.p.r. Alessio Segala da Salò predicatore capuccino. Di nuouo posta in luce, & di vaghe figure ornata. All'illustre, e m. reu. signore, il sig. d. Giorgio Polacco dedidata.
Venezia, Giacomo Sarzina <1>, 1622.

[16], 580, [2] p.: ill.; 12°
a⁸ A-2A¹² 2B¹² (c. 2B12 mancante, c. 2B11 bianca)
SBN-IT\ICCU\TO0E\148577
A c. 2B5 con proprio frontespizio: *Sette diuotissime meditationi sopra la vita della Madonna.* V. fr.

[3510]
TOMASI, FRANCESCO ANTONIO
Esclamatione del penitente, alla Croce, e Passione del nostro Redentore, con la Conuersione di Madalena santa in ottaua rima. Di monsignor Francesco Antonio Tomasi da Capua protonotario apostolico.
Milano, Tipografia Arcivescovile, 1622.
48 p.; 8°
A-C⁸
SBN-IT\ICCU\VEAE\006632

1623

[3511]
ALEANDRI, GIROLAMO
Le lagrime di penitenza di Girolamo Aleandro. A imitazione de' sette salmi penitenziali.
Roma, Guglielmo Facciotti, 1623.
40 p.; 8°
A-B⁸ C⁴ (c. A1 bianca)
SBN-IT\ICCU\UM1E\005605
V. fr.

[3512]
ALESSANDRO DA MONTEPULCIANO
Parte seconda. Nella quale si fà la distributione de' cento misterij della passione di Giesù Christo, [...] Composta, [...] da f. Alessandro da Monte Polciano, [...].
Bologna, Eredi di Giovanni Paolo Moscatelli, a istanza di Pellegrino Golfarini, 1623.
612 p.; 12°
A-2B¹² 2C⁶
SBN-IT\ICCU\UM1E\021653
Fa parte di: *Della spirituale congregatione del diuino amore* dello stesso autore, qui non schedato, giacché non biblico.

[3513]
CALAMAI, GIOVANNI BATTISTA
Il parto della Vergine poema eroico. Del sig.r Gio. B.a. Calamai Fiorentino alla sacra christianiss.ma real maestà della regina madre di Francia e di Navarra Maria Medici.
Firenze, Pietro Cecconcelli, 1623.
[16], 340 [i.e. 372], [4] p.; 8° (diversi errori nella numer. delle p.)
[croce]⁸ A-Y⁸ Z¹² (c. Z12 bianca)

SBN-IT\ICCU\BVEE\039015
V. fr.

[3514]

CALAMATO, ALESSANDRO

La croce di Giesu, e di Maria. O vero Discorsi scritturali sopra la passione, e compassione di Christo, e della Madonna. Doue, oltre a quello che narrano i sacri euangelisti, si contengono altre cose notabili descritte da santi padri, e da altri pij authori. Di d. Alessandro Calamato sacerdote messinese. Opera utilissima non solo a' predicatori per la varietà de' concetti; ma anco per la diuersità delle meditationi, e de' pij affetti necessaria ad ogni religiosa, e diuota persona che desidera far progresso nella via del Signore.

Messina, Pietro Brea, a istanza di Giuseppe Matarozzi, 1623.

[4], 16 c., 17-293, [1] p.; 4°

[croce]⁴ a-d⁴ A-2K⁴ 2L⁶

SBN-IT\ICCU\CFIE\018410

V. fr.

[3515]

CHIAPPE, BARTOLOMEO

Concetti scritturali. Per ordine di materie accommodati alli Euangeli della Quaressima. E nel fine alcuni ad honore di Maria vergine, di s. Gio. Battista, di s. Bartolomeo, e di s. Carlo. Vtili ad ogni sorte di persone sia per meditare, sia per predicare, raccolti parte dalli padri, e parte da grauissimi auttori. Di Bartolomeo Clappa genouese canonico, e teologo della chiesa metropolitana di Genoua, da lui nella medesima chiesa predicati.

Genova, Giuseppe Pavoni, 1623 (Genova, Giuseppe Pavoni, 1623).

[40], 859, [1] p.: ill.; 4°

†⁴ a-d⁴ A-5P⁴ 5Q²

SBN-IT\ICCU\TO0E\044367

V. fr.

[3516]

CHIZZOLA, IPPOLITO

Sagri concetti orditi et intesciuti sopra la gran tela de Vangeli domenicali di tutto l'anno, estratti per D. Hippolito Chizzvola di Brescia canonico regolare lateranense dalli profondi & limpidissimi fonti delle theologie scolastica, & positiua, & dalle scienze recondite & humane. Autorizati con padri latini et greci, [...] et con quattro tauole a beneficio di tutti i [...]. All'illustrissimo & reuerendissimo signor il signor cardinale di Cremona Desiderio Scaglia vescovo di Como.

Brescia, Giovanni Battista Bozzola <2>, 1623.

[12], 616 [i.e. 610], [62] p.: ill.; 4°

a⁶ A-2T⁸

SBN-IT\ICCU\BVEE\049210
V. fr. (ma illeggibili alcune parti).

[3517]

CRISTOFORO DA VERRUCCHIO

Compendio di cento meditationi sopra tutta la vita, e la passione sì del Signore come della Madonna, e sopra tutti gli altri essercitij della vita spirituale, raccolto dal r.p.f. Christoforo Verrucchino [...] Aggiuntoui in questa vltima impressione le Meditazioni della passione di N.S. Giesu Christo, distribuite per i sette giorni della settimana dall'istesso auttore.

Venezia, Niccolò Misserini, 1623 (Venezia, Niccolò Misserini, 1623).

[40], 725, [3] p.: ill.; 24°

*¹² **¹² A-2G¹² (ultima c. bianca)

SBN-IT\ICCU\UM1E\017142

[3518]

EPISTOLE E VANGELI/(tr.) NANNINI, REMIGIO/ CANISIUS, PETRUS/(tr.) CAMILLI, CAMILLO

Epistole et Euangeli, che si leggono tutto l'anno alle messe, secondo l'vso della S. Rom. Chiesa, & ordine del messale riformato. Tradotti in lingua Toscana dal molto r.p. m. Remigio Fiorentino dell'ord. de' Predicatori. Con le annotationi morali del medesimo a ciascuna epistola, & Euangelio, nuouamente ampliate. Con alcuni sommarij fatti latini dal r.p. Pietro Canisio della Compagnia del Giesu, tradotti in volgare da Camillo Camilli. Co'l calendario, & le tauole de' giorni, che si leggono l'epistole, & gli Euangeli, e delle feste mobili. E nel fine alcuni sermoni sopra l'oratione, digiuno, & elemosina.

Venezia, Giovanni Guerigli, 1623.

[16], 559, [1]: ill.; 4°

a⁸ A-2M⁸

SBN-IT\ICCU\PBEE\004350

[3519]

EPISTOLE E VANGELI/(tr.) NANNINI, REMIGIO/ CANISIUS, PETRUS/(tr.) CAMILLI, CAMILLO/LUIS DE GRANADA

Epistole et Euangeli, che si leggono tutto l'anno alle messe, secondo l'vso della S. Rom. Chiesa, & ordine del messale riformato. Tradotti in lingua Toscana dal molto r.p. m. Remigio Fiorentino dell'ord. de' Predicatori. Con le annotationi morali del medesimo a ciascuna epistola, & Euangelio, nuouamente ampliate. Con alcuni sommarij fatti latini dal r.p. Pietro Canisio della Compagnia del Giesu, tradotti in volgare da Camillo Camilli. Co'l calendario, & le tauole de' giorni, che si leggono l'epistole, & gli Euangeli, e delle feste mobili. E nel fine alcuni sermoni sopra l'oratione, digiuno, & elemosina.

Venezia, Giovanni Guerigli, 1623.

2 pt ([16], 559, [1]; 51, [1]) p.: ill.; 4°

a⁸ A-2M⁸; A-B⁸ C¹⁰

SBN-IT\ICCU\RCAE\015177

Titolo della pt 2: *Sermoni sopra l'oratione, digiuno, et ele-mosina, necessarij ad ogni fedel christiano; & particular-mente ad ogni curato [...] Cauati dall'opere del r.p.f. Luigi di Granata.*

[3520]

FRANCIOTTI, CESARE

Opere spirituali del r.p. Cesare Franciotti della religione del-la madre di Dio.

Venezia, Giovanni Battista Combi, [1623].

7 vol.; 24° e 18°?

SBN-IT\ICCU\UBOE\092945

La data di pubblicazione si ricava dai frontespizi particola-ri dei singoli volumi.

1:

Delle pratiche di meditationi per auanti, e doppo la santiss. communione; sopra tutt'i vangeli dell'anno; del p. Cesare Franciotti [...] Accresciuta nuouamente dall'istesso della quarta parte, che contiene le feste de' santi di deuotione [...] Parte prima.

Venezia, Giovanni Battista Combi, 1623.

624 p.: ill.; 24°

A-2C¹² (c. F5 segnata F9 e la c. Q5 segnata Q3)

SBN-IT\ICCU\UBOE\092959

2:

Delle pratiche di meditationi per auanti, e doppo la ss. communione; sopra i vangeli dell'anno, parte seconda. Del p. Cesare Franciotti [...] Che contiene le domeniche, che sono dall'ottaua della resurrettione del Signore, fin all'ultima doppo la Pentecoste.

Venezia, Giovanni Battista Combi, 1623.

825, [3] p.: ill.; 18°

A-2L¹² 2M⁶ (ultima c. bianca)

SBN-IT\ICCU\UBOE\092969

3:

Delle pratiche di meditationi per auanti, e doppo la ss. com-munione; sopra i vangeli dell'anno. Parte terza, che contiene le feste commandate de' santi, & alcune di deuotione. Del p. Cesare Franciotti [...].

Venezia, Giovanni Battista Combi, 1623.

[5], 9-411 c.: ill.; 24°

A⁸ B-2L¹² 2M⁴

SBN-IT\ICCU\UBOE\092992

5:

Aggiontioni alle pratiche sopra i vangeli dell'anno; che con-tengono meditationi intorno a varij soggetti spirituali, per avanti, e doppo la santissima communione. Parte quinta. Del p. Cesare Franciotti della religione della Madre di Dio.

Venezia, Giovanni Battista Combi, 1623.

[18], 504, [6] p.: ill.; 24°

A-Y¹² (c.Y10/12 bianche)

SBN-IT\ICCU\UBOE\093001

6:

Osseruationi intorno ai sacri ministerij di tutto l'anno, appartenenti al Signore, ne' quali s'e' fatta mentione nelle cinque parti delle pratiche sopra i vangeli. Parte sesta. Del p. Cesare Franciotti [...].

Venezia, Giovanni Battista Combi, 1623.

[14], 605, [5] p.: ill.; 24°

A-2C¹² (ultime 2 c. bianche)

SBN-IT\ICCU\UBOE\093004

Nessuna indicazione per il quarto volume. Il vol. 7 è sull'eucarestia: *L'apparecchio al sacro conuito per quegli, che lo frequentano.*

[3521]

JACOBUS DE VORAGINE/(tr.) MALERBI, NICOLÒ

Leggendario delle vite de i santi; composto dal r.p.f. Giacobo di Voragine dell'Ordine de' Predicatori; & tradotto già per il reuerendo d. Nicolo Manerbio venetiano. Aggiuntoui di nuouo molte leggende, & accommodata ad ogni giorno la uita di alcun santo. Con la tauola delle leggende, & di vaghe figure ornato, et in questa nuoua impressione non solo e cor-retto dinfiniti [!] errori; ma ridotto alla purità della lingua conforme alle regole de' migliori auttori. Et anchora aggiun-toui di nuouo il calendario gregoriano.

Venezia, Pietro Miloco, 1623.

[16], 864 p.: ill.; 4°

+⁸ A-3H⁸

Pagnotta, p. 144-145

[3522]

MORIGIA, PAOLO

La Vita santissima della gloriosa Vergine Maria Madre di Dio. Con la dichiaratione di molte figure del Testamento vecchio, appropriate alla sacratissima Vergine, con parte del-le sue eccellenti lodi. Oltre che si leggono molte degne dot-trine, e viui ammaestramenti, et essempi, tutti gioueuoli, e fruttuosi alla salute d'ogni qualità di persone. Raccolte dal reu. P.F. Paolo Moriggi milanese dell'ordine de' Giesuati di S. Girolamo.

[Roma, Giovanni Battista Rossi, 1623].

142, [2] p.: ill.; 12°

A-I⁸

SBN-IT\ICCU\MILE\054140

La data si ricava dall'impronta.

[3523]

MORO, MAURIZIO

La assontione di Maria Vergine, et altre opere in sua lode di d. Mauritio Moro venetiano, canonico secolare, di S.

Giorgio d'Alega. All'ill. & eccell. sig. Roberto Dudlei duca di Northumbria, & c. di Varuich, & Leicester dedicate.
Venezia, Varisco, 1623.
191, [1] p.; 12°
A-H¹²
SBN-IT\ICCU\BVEE\026315
V. fr.

[3524]
PUENTE, LUIS DE LA/ARNAYA, NICOLAS DE/(tr.)
PUTIGNANO, TIBERIO
Compendio delle meditationi del p. Luigi de la Puente religioso della Comp. di Giesu. Composto dal p. Nicolò de Arnaya della medesima Compagnia in lingua spagnola. Et tradotto nell'italiana dal segretario Tiberio Putignano. Et in quest'ultima impressione diligentemente corretto, con aggiunta d'una copiosissima tavola.
Milano, Giovanni Battista Bidelli <1>, 1623.
[24], 576 [i.e. 574], [2] p.; 12°
a¹² A-2A¹² (ultima c. bianca)
SBN-IT\ICCU\VIAE\041311

[3525]
RESIGHINO, GIUSEPPE
Scala del Tempio di Salomone, con la quale s'insegna il modo di salire alla perfettione christiana, et andare di rittamente al cielo, con l'esercitio delle virtù contenute ne' Salmi Graduali [...] opera [...] composta [...] da F. Gioseppe da Casale, [...].
Genova, Giuseppe Pavoni, 1623.
448 p.; 4°
FRBNF 31200188

[3526]
ROTA, SCIPIONE
Trasfiguratione di Giesu Christo in dialoghi con alcuni intermedi dedicati alla S.tà di N.S. papa Urbano ottavo assont'al pontificato il giorno di questa solennità. Composti dal r. Scipione Rota.
Roma, Guglielmo Facciotti, 1623.
[24], 240 p.; 12°
Franchi 1988, p. 135, n. 15

[3527]
SALVADORI, ANDREA
La natura al presepe, panegirico sacro d'Andrea Saluadori. Recitato all'altezze sereniss. di Toscana, il giorno del santissimo Natale. Fiori del Caluario sonetti del medesimo nella santiss. Passione. Dedicati alla principessa M. Maddalena di Toscana.
Firenze, Pietro Cecconcelli (Firenze, Pietro Cecconcelli, 1623).

2 pt ([8], 57, [3]; [8], 60, [4] p.); 4°
A-G⁴ H⁶; A-I⁴ (bianca la c. H6 della pt 1)
SBN-IT\ICCU\VEAE\005445
V. fr.

[3528]
SEGALA, ALESSIO
Corona celeste ornata di pretiosissime considerationi, ouero meditationi, accommodate per tutti li giorni dell'anno, per contemplare la vita pouerissima, i molti disagi, e le graui fatiche del nostro Saluatore; & i misterij dell'acerbissima sua passione, resurrettione, & ascensione alla patria celeste; et le rare qualità, i celesti costumi, le heroiche virtù della sua santissima Madre, & i graui dolori ch'essa patì nel corso della passione, il felice transito, l'assontione, incoronatione, et gloria di lei in Cielo. Parte seconda. Del r.p.f. Alessio Segala predicatore capuccino.
Venezia, Giacomo Sarzina <1>, 1623.
[12], 166 c.: ill.; 4°
a⁸ b⁴ A-V⁸ X⁶
SBN-IT\ICCU\BVEE\050772
Fa parte delle *Opere spirituali* del Segala, il cui vol. 1 tratta del purgatorio, il 3 delle apparizioni della Vergine, il 4 del paradiso. V. fr.

[3529]
TORSELLINI, ORAZIO/(tr.) AURELI, LODOVICO
Ristretto delle historie dalla creatione del mondo del p. Horatio Torsellino della Compagnia di Gesu dalla latina nella lingua italiana voltato da Lodouico Aurelii perugino con vn'aggiunta dell'istesso traduttore.
Perugia, Pietro Giacomo Billi, 1623 (Perugia, Pietro Giacomo Billi, 1623).
507, [25] p.; 12°
[croce]¹² A-V¹² X-Y⁶ Z²
SBN-IT\ICCU\UM1E\010455

[3530]
TURRETTINI, BÉNÉDICT
Sei homilie sopra le parole di Iesu Christo, Luc. XII. v. 5.6.&c. Non temiate coloro che possono vccidere il corpo, &c. Fatte nella Chiesa italiana raccolta in Geneua.
Genève, Pierre Aubert, 1623.
417 p.; 12°
Swissbib 423682644
Esiste altra emissione, cfr. SBN-IT\ICCU\CFIE\014346, vedi 3531.

[3531]
TURRETTINI, BÉNÉDICT

Sei homilie sopra le parole di Iesu Christo, Luc. XII. v. 5.6.&c. Non temiate coloro che possono vccidere il corpo, &c. Fatte nella chiesa italiana raccolta in Geneua.
Villa-Franca, 1623.
[8] 417 [7] p.; 12°
[ast]⁴ A-R¹² S⁸ (c. [ast]2 bianca)
SBN-IT\ICCU\CFIE\014346
Esiste altra emissione: In Genève, cfr. Swissbib 423682644, vedi 3530. V. fr.

[3532]

VILLEGAS SELVAGO, ALONSO DE/(tr.) GRAZI, GRAZIO MARIA
Discorsi, ouero sermoni sopra gli euangeli di tutte le domeniche dell'anno; ferie di quaresima, et feste principali [...] di Alfonso di Villegas [...] di Toledo. Nominati da lui quarta parte del Flos Sanctorum. Et nuouamente tradoti di spagnuolo in italiano, dal r.m. Gratia Maria Gratii [...].
Venezia, Giovanni Antonio De Franceschi, 1623.
[28], 288, 100, 184 c.; 4°
a⁴ a-f⁴ A-2N⁸ A-M⁸ N⁴ A-Z⁸
SBN-IT\ICCU\UM1E\011648

[3533]

ZAMORA, LORENZO DE/(tr.) FOSCARINI, PIETRO
Quaresimale ouero Discorsi per la Quaresima, del reu. p.m.d. Lorenzo de Zamora monaco cisterciense, lettore della Scrittura sacra nel Collegio di S. Bernardo di Alcalà; ne quali si discorre dei misteri principali, che nella Quaresima si trattano. Tradoto nouamente dall'idioma spagnolo nella lingua nostra italiana, da Pietro Foscarini, con somma diligenza, e fedeltà. Con quattro tauole; l'vna delle similitudini; la seconda de i discorsi; la terza de i luoghi della Scrittura sacra; e la quarta de le cose più notabili, che in questo libro si contengono. Dedicato al reverendiss. p.d. Attilio Brunacci fiorentino, dell'Ordine Cisterciense, abbate di Cistello.
Venezia, Andrea Baba, 1623 (Venezia, Andrea Baba, 1623).
[72], 365, [3] p.; 4°
[croce]⁴ a-h⁴ A-Z⁸
SBN-IT\ICCU\UM1E\007137
V. fr.

1624

[3534]

FRANCIOTTI, CESARE
Delle pratiche di meditationi per auanti, e doppo la santissima communione; sopra tutt'i Vangeli dell'anno; del p. Cesare Franciotti della Religione della Madre di Dio. Accresciute nuouamente dall'istesso della quarta parte, che contiene le feste de' santi di deuotione, e di bellissime figu-

re appropriate à i Vangeli adornate; con alcune pratiche, e soliloquij, per le orationi delle Quarant'hore, ne' giorni del Carnevale. Aggiunto nell'opere di questa vltima impressione la Giovane christiana, opera non più stampata e composta dal medesimo autore. E di trè accommodatissime tauole aricchite, la prima de' giorni, che hanno pratiche; la seconda delle sentenze della Sacra Scrittura; e la terza delle cose più notabili. Diuise in sette parti: parte prima.
Venezia, Giovanni Battista Combi, 1624.
[24], 74 c.: ill.; 4°
a-c⁸ A-H⁸ I¹⁰
SBN-IT\ICCU\BVEE\056450
Var. B: In Venetia, presso Gio. Battista Combi, 1623. Il frontespizio non è ricomposto, varia solo la data. Del 1624 vi è solo questo volume, gli altri volumi sono stati editi nel 1622, cfr. SBN-IT\ICCU\TO0E\053457, vedi 3496. V. fr.

[3535]

FRANCIOTTI, CESARE
Il peccatore a' piedi della croce su'l Monte Calvario, cioe Meditazioni sopra la passione di nostro Signore del p. Cesare Franciotti.
Venezia, Giovanni Battista Combi, 1624.
108 p.; 24°
A-F¹²
SBN-IT\ICCU\RLZE\024096

[3536]

GUADAGNO, GIOVANNI LORENZO/ASTOLFI, GIOVANNI FELICE
Thesoro della dottrina di Christo N.S. diuiso in due parti, che contiene la dichiaratione della legge euangelica, e de' principali misteri della nostra santa fede [...] raccolto da D. Gio. Lorenzo Guadagno, napolitano theologo. Arrichito molto in questa nostra vltima impressione, & aggiontoui la terza parte [...] composta dal R.P.D. Felice Astolfi, canonico del Saluatore. Con tre tauole, vna delle materie, & due delle cose principali, che in questa opera si contengono.
Venezia, Giovanni Antonio Giuliani, 1624.
[16], 550, [2] p.; 8°
a⁸ A-2L⁸ 2M⁴
SBN-IT\ICCU\URBE\009337

[3537]

GUADAGNO, GIOVANNI LORENZO/CANTARELLI, GUGLIELMO
Thesoro della dottrina di Christo n.s. Diuiso in tre parti [...] Cauata da diuersi sacri dottori e di più copiosa dichiaratione fatta in chiesa al popolo da vn p. religioso, in forma di dialogo. Et di nuouo corretta, & arrichita della terza parte, & di molte cose, con le allegationi de' dottori nel margine. Raccolta da d. Gio. Lorenzo Guadagno, Napolitano theo-

logo, con due tauole vna delle materie, e l'altra delle cose
principali.
Macerata, Pietro Salvioni, 1604 [i.e. 1624].
[16], 639 [i.e. 619], [5] p.: ill.; 8° (p. 225 erroneamente numerata 245)
a⁸ A-2Q⁸
SBN-IT\ICCU\UM1E\005382
La data erroneamente stampata, la dedica e la pt 3 con data
1624. La pt 3 con proprio frontespizio a c. 2O7.

[3538]
GUADAGNO, GIOVANNI LORENZO/CANTARELLI,
GUGLIELMO
*Thesoro della dottrina di Christo n.s. Diuiso in tre parti [...]
Cauata da diuersi sacri dottori e di più copiosa dichiaratione
fatta in chiesa al popolo da vn p. religioso, in forma di dialogo. Et di nuouo corretta, & arricchita della terza parte,
& di molte cose, con le allegationi de' dottori nel margine.
Raccolta da d. Gio. Lorenzo Guadagno, Napolitano theologo, con due tauole vna delle materie, e l'altra delle cose
principali [...].*
Macerata, Pietro Salvioni, 1624.
[16], 638 [i.e. 618], [4] p.: ill.; 8° (p. 225 erroneamente numerata 245 dà inizio a un salto di 20 pagine)
a⁸ A-2Q⁸
SBN-IT\ICCU\RMSE\106716
La terza parte con proprio frontespizio a p. 609 e il nome
dell'autore: Guglielmo Cantarelli.

[3539]
LUMMENE DE MARCKE, JACQUES CORNEILLE DE
*Iephte tragoedia sacra auctore R.P. Iacobo Cornelio
Lummenaeo a Marca, relig. sacerdote benedictino
Blandinien. Belga.*
Roma, Giacomo Mascardi <1>, 1624.
23, [1] p.; 8°
A¹²
SBN-IT\ICCU\RMLE\011200

[3540]
MAGNAVINO, LELIO
*Perfetta dispositione della gran donna la Vergine Maria
per lo concetto dell'unigenito di Dio nel suo sacro uentre.
Descritta dall'euangelista S. Luca [...] Et in parti distinta
da d. Lelio Magnauino Bresciano. [...].*
Venezia, Antonio Pinelli <1>, 1624.
[8], 78, [2] p.: ill.; 4°
[croce]⁴ A-K⁴ (c. K4 bianca)
SBN-IT\ICCU\RMLE\035466

[3541]
MISURACCHI, GIULIO CESARE

*Ragionamento della venuta del Messia, contra la durezza,
et ostinatione hebraica. Fatto in Venetia alla presenza loro
da me Giulio Cesare Misurachi ebreo fatto christiano, & rabino di sacra scrittura.*
Genova, Giuseppe Pavoni, 1624 (Genova, Giuseppe
Pavoni, 1624).
19, [1] p., [1] c. ill.; 4°
A⁴ B⁶
SBN-IT\ICCU\PISE\002337

[3542]
PADIGLIA, PLACIDO
*Dauid orante discorsi predicabili dell'oratione, spieganti il
versetto del Sal. 49 di Dauid, Inuoca me in die tribulationis
[...] dal p. abbate d. Placido Padiglia da Napoli [...].*
Roma, Erede di Bartolomeo Zanetti <2>, 1624.
[8], 148, [12] p.; 4°
[croce]⁴ A-K⁸
SBN-IT\ICCU\CAGE\018224

[3543]
PADIGLIA, PLACIDO
*Dauid penitente. Discorsi predicabili sopra il cinquantesi-
mo salmo di Dauid Miserere mei Deus fatti in Napoli nella
chiesa di S. Pietro a Maiella l'an.o 1604 dal p.abb.d. Placido
Padiglia da Nap.li [...].*
Napoli, Egidio Longo, 1624.
[8], 615 [i.e. 617], [47] p.; [1] c.: ill..; 4° (ripetute nella numer. le p. 463-464)
a⁴ A-4L⁴ [chi]¹⁴ 4M-4N⁴
SBN-IT\ICCU\MOLE\001745

[3544]
PERILLO, MARCO ANTONIO
*Il parto della Vergine rappresentatione sprituale. Di
Marc'Antonio Perillo napoletano l'Ingelosito academico
Incauto dedicata al r.p.f. Donato eremita dell'Ordine di
Predic.ri.*
Napoli, Secondino Roncagliolo, 1624.
[18], 138 [i.e. 136], [10] p.; 8° (omesse nella numer. le p. 131-
132)
π¹ a⁶ χ² A-B⁸ (B5+χ1) C-D⁸ (D1+2χ1) E-F⁸ (F3+3χ1) G-H⁸
I⁶
SBN-IT\ICCU\BVEE\026297
V. fr.

[3545]
PICCINI, GIOVANNI VINCENZO
*La Maddalena rauueduta rappresentatione spirituale di
Gio. Vincenzo Piccino sacerdote leccese. All'illustre signora
la sig. Agnesa Piccina.*
Venezia, Marco Ginammi, 1624.

REPERTORIO CA 1462-1650

34, [1] c.; 8°
A-D⁸ E² χ¹
SBN-IT\ICCU\BVEE\023419
V. fr.

[3546]
PICCINI, GIOVANNI VINCENZO
Il parto della Vergine. Rappresentatione sacra.
Venezia, Marco Ginammi, 1624.
8°
Quadrio, III, p. 85

[3547]
REGNARD, VALERIEN
Orationi et imagini de' principali misterii della vita et passione di N.S. Giesu XPO per udire la santa Messa date in luce per Valeriano Regnartio.
Roma, Erede di Bartolomeo Zanetti <2>, 1624.
2, 45, [4] p.: ill.; 8°
[pigreco]² A-C⁸
SBN-IT\ICCU\UM1E\018963

[3548]
TORTOLETTI, BARTOLOMEO
Gionata tragedia di Bartolomeo Tortoletti. Al serenissimo, e reverendiss. signor prencipe Mauritio cardinale di Sauoia.
Macerata, Pietro Salvioni, 1624.
123, [1] p.; 12°
A-D¹² E¹⁴
SBN-IT\ICCU\BVEE\024734
V. fr.

[3549]
ZANE, ANDREA
Lo immenso delle pene, e tormenti che pati il Figliuolo di Dio pr [!] redimere il genere humano. Raccolto da quello, che ne hanno detto gli euangelisti, e scritto i contemplatiui. Per frat'Andrea Zane [...] Con sette soliloquii sopra lo stesso [...].
Venezia, Andrea Baba, 1624.
[64], 335, [1] p.; 8°
A-D⁸ A-X⁸
SBN-IT\ICCU\UM1E\026338
A c. O1r con proprio frontespizio: *Soliloquii scritturali sopra li misteri piu principali della passione di N. S. di frat'Andrea Zane* [...]. Venezia, Francesco Baba, 1624.

[3550]
ZUCCHI, BARTOLOMEO
Della celeste dottrina dell'oratione domenicale concetti spiegati in dieci lettioni da Bartolomeo Zucchi [...].
Venezia, Pietro Dusinelli, 1624.

231, [1] p.; 8°
A-O⁸ P⁴
SBN-IT\ICCU\URBE\009743

1625

[3551]
ALBERTO DA CASTELLO
Rosario della gloriosa vergine Maria. Di nuouo stampato, con nuoue, e belle figure adornato.
Venezia, Lucio Spineda, 1625.
252, [4] c.: ill.; 8°
A-2I⁸ (ultima c. bianca)
SBN-IT\ICCU\CFIE\010857
Nome dell'autore a c. A2r. V. fr.

[3552]
BIGNAMI, INNOCENZO
Discorsi del padre f. Innocentio Bignami domenicano lettore di teologia, e di sacra scrittura, sopra il trentesimo settimo Salmo di Dauide, Domine ne in furore. Con tre tauole copiosissime, [...].
Ravenna, Pietro de' Paoli e Giovanni Battista Giovannelli, 1625.
[48], 335, [1] p.; 4°
a-f⁴ A-2T⁴
SBN-IT\ICCU\BVEE\049484

[3553]
CAMBI, BARTOLOMEO (DA SALUTIO)
Vita dell'anima desiderosa di cauar frutto grande dalla santissima passione di Giesu Christo. Operetta affettuosa e compassioneuole. Composta dal r.p.f. Bartolomeo Saluthio minore osseruante riformato. Con gli argomenti, e meditazioni in prosa à ciascun canto, del medesimo autore. Ego sum via, veritas, & vita. Nemo venit ad patrem, nisi per me. Ioan. 14. Ego veni ut vitam habeant: et abundantius habeant. Io 10.
Venezia, Giovanni Battista Combi, 1625.
694, [2] p.; 12°
A-2F¹²
SBN-IT\ICCU\TO0E\043631
Cfr. Michel-Michel, I, p. 445, n. 82. V. fr.

[3554]
CICOGNINI, JACOPO
La celeste guida, o' vero l'arcangelo Raffaello rappresentatione sacra, recitata nella venerabile Compagnia dell'arcangelo Raffaello detta la Scala. In Firenze l'anno 1623. Del sig. dottor Iacopo Cicognini a gli honorandi padri, e fratelli della medesima Compagnia.

Venezia, Bernardo Giunta <2>, 1625 (Venezia, Pietro Miloco, 1625).
[8], 119, [1] p.; 8°
A-H⁸
SBN-IT\ICCU\BVEE\023173
V. fr.

[3555]
CICOGNINI, JACOPO
Il gran natale di Christo Saluator nostro dedicato al ser.mo Ladislao principe maggiore di Pollonia, e Suezia. Del dottor Iacopo Cicognini. Accademico Inconstante.
Firenze, Giunta, 1625.
[6], 24, [2] p.; 8°
A-B⁸ (ultima p. bianca)
SBN-IT\ICCU\BVEE\023171
V. fr.

[3556]
CORBELLINI, AURELIO
L'Abigailla poemetto spirituale del P. F. Aurelio Corbellini agostiniano, nel quale con poetica arte si spiega il successo della Sacra Storia [...].
Torino, Giovanni Francesco Cavalleri e Cesare Cavalleri, 1625.
43, [5] p.; 12°
A-B¹²
SBN-IT\ICCU\TO0E\009121

[3557]
EPISTOLE E VANGELI/(tr.) NANNINI, REMIGIO/ CANISIUS, PETRUS
Epistole et evangeli che si leggono tutto l'anno alle messe, secondo l'vso della Santa Romana Chiesa, & ordine del messale riformato. Tradotti in lingua toscana dal m.r.p. Remigio Fiorentino [...] et con i sommari del r.p. Pietro Canissio [...].
Torino, fratelli Cavalleri, 1625.
[24], 572 p.: ill.; 8°
[croce]⁸ [2croci]⁴ A-2M⁸ 2N⁶
SBN-IT\ICCU\TO0E\042091

[3558]
FERDINANDI, MARCELLO/(ed.) TAGLIAPIETRA, IPPOLITO MARIA
Il Barino quadragesimale adornato di dottrina, arricchito di pensieri, copioso di concetti, e di tutto quello, che può bramare ogni predicatore; composto dal m.r.p. d. Marcello Ferdinandi da Bari, abbate oliuetano; e predicato da lui in Napoli nella chiesa dell'Annonziata l'anno 1597. Aggiunteui di nuouo in questa quarta impressione due copiosissime tauole; l'vna delle cose notabili, l'altra dell'applicatione a i Vangeli delle feste di tutto l'anno. Et in fine vn compendio,

e succinto sommario di ciascheduna predica. All'illustriss. e reuerendiss. sig. monsig. Marcantonio Cornaro primicerio di S. Marco, & abbate di Gauello.
Venezia, Varisco, 1625.
2 pt ([56], 88 c., p. 89-808; [100] p.); 4°
a-l⁴ [croce]-[3croce]⁴ A-X⁸ Y-Z¹² &¹² [con]¹² [rum]¹² 2A-3D⁸ 3E⁴; a-l⁴ m⁶
SBN-IT\ICCU\UM1E\006488
Compilatore del *Compendio* è Ippolito Maria Tagliapietra. La pt 2 con proprio frontespizio. V. fr.

[3559]
FILUCCI, AURELIO
Sermoni di tutte le domeniche et principali feste dell'anno, et delle consolationi della morte, del reu. p. Aurelio Filucci da Pesaro, dell'ordine di S. Agostino. Con un breue discorso del timor d'Iddio. Nelle quali con ragion efficaci si mostra meglio esser la morte, che la vita. [...] Aggiuntoui in questa nuoua impressione cinquanta sermoni per il santissino sacramento.
Venezia, Pietro Miloco, 1625.
[16], 189, [5], 94, [3] p.; 8°
a⁸ A-M⁸ A-N⁸
SBN-IT\ICCU\RMSE\005501

[3560]
LONGO, FRANCESCO
Horologio spirituale, ouero venti quattro meditazioni; sopra tutti i principali misteri della vita della gloriosa vergine Maria madre di Dio. Composto da fr. Francesco di Corigliano capuccino.
Roma, Guglielmo Facciotti, 1625.
2 vol.: ill.; 8°
SBN-IT\ICCU\UBOE\030514
1:
[15], 327, p.
[croce]⁸ A-Y⁸ (ultima p. bianca)
SBN-IT\ICCU\UBOE\030518
V. fr.
2:
Seconda parte dell'Horologio spirituale sopra tutti i principali misteri della Vita della gloriosa vergine Maria madre di Dio. Composto da fr. Francesco di Corigliano capuccino.
Roma, Guglielmo Facciotti, 1625 (Roma, Guglielmo Facciotti, 1625).
265, [23] p.
2A-2S⁸ (ultima p. bianca)
SBN-IT\ICCU\UBOE\030519
V. fr.

[3561]
MASTRILLI, GREGORIO

Discorsi del p. Gregorio Mastrilli della compag. di Giesu. Intorno l'eterna generatione di Christo signor nostro. Sopra l'Euangelio di san Giouanni. In principio erat verbum, & verbum erat, &c.

Messina, Giovanni Francesco Bianco e Giuseppe Matarozzi, 1625.

[8], 682 [i.e. 684], [32] p.; 8° (p. 527-528 ripetute nella numer.)

[croce]⁴ A-2T⁸ 2V⁶ a-d⁴

SBN-IT\ICCU\UMCE\015728

[3562]

MASTRILLI, GREGORIO

Discorsi del p. Gregorio Mastrilli della Compagnia di Giesu. Intorno alla temporale generatione del Signor Giesu Cristo. Sopra l'ambasciada dell'arcangelo Gabriele alla gloriosa Vergine, descritta da S. Luca nel suo primo capo.

Napoli, Lazzaro Scoriggio, 1625 (Napoli, Lazzaro Scoriggio, 1625).

[48], 567, [41] p.; 4°

[paragrafo]⁴ a-e⁴ A-2M⁸ 2N-2R⁴

SBN-IT\ICCU\CAGE\014289

Colophon a c. 2N4v.

[3563]

MEGALI, MARCELLO

Considerationi sopra gli Euangeli di tutte le domeniche dell'anno, delle feste principali di Giesù Cristo Signor nostro, e della Madonna santissima, con un soliloquio in fine di ciascuna, che comprende tutti li punti. Di d. Marcello Megali da Squilace chierico regolare.

Modena, Giuliano Cassiani, 1625.

2 vol.; 12°

SBN-IT\ICCU\CFIE\019894

1:

[12], 291, [9] p.

[croce]⁶ A-M¹² N⁶

IT\ICCU\CFIE\019895

V. fr.

2:

Considerationi sopra gli Euangeli di tutte le domeniche dell'anno, delle feste principali di Giesù Cristo Signor nostro, e della Madonna santissima. Con vn soliloquio in fine di ciascuna, che comprende tutti li punti. Di d. Marcello Megali da Squilace chierico regolare. Parte seconda.

Modena, Giuliano Cassiani, 1625.

[8], 384, [2] p.

*⁴ A-P¹² Q⁸

SBN-IT\ICCU\CFIE\019897

V. fr.

[3564]

MORONE, BONAVENTURA/(ed.) LOLMO, ERCOLE

Il mortorio di Christo, tragedia spirituale. Del m.r.p.f. Bonauentura Morone da Taranto de' Minori Osseruanti Riformati; penitentiero lateranense, & auttore della Giustina tragedia. Nouamente in questa impressione posto gli intermedij a suoi luoghi, & accresciuto, e corretto dall'istesso.

Venezia, Gerardo Imberti e Giuseppe Imberti, 1625.

[24], 264 p.; 12°

a¹² A-L¹²

SBN-IT\ICCU\RMLE\028161

Nome del curatore nella prefazione a c. a3r. V. fr.

[3565]

NICOLETTI, FILIPPO

Rime spirituali alla b. Vergine di Loreto in Roma. Con tre epigrammi latini, nella natiuita, morte, e resurrettione del Figliuolo di Dio. Del R. D. Filippo Nicoletti ferrarese [...].

Roma, Giacomo Mascardi <1>, 1625.

16 p.: ill.; 4°

A⁸

SBN-IT\ICCU\UM1E\011722

[3566]

PANIGAROLA, FRANCESCO

Sacri concetti di Monsig. Francesco Panigarola Vescouo d'Asti sopra diuersi luoghi della Scrittura. Opera lasciata da lui manuscritta [...].

Milano, Giovanni Battista Bidelli <1>, 1625.

[12], 136 p.; 2°

[pigreco]⁴ [croce]² A-R⁴

SBN-IT\ICCU\TO0E\087538

[3567]

PUENTE, LUIS DE LA/(tr.) BRACCINI, GIULIO CESARE

Meditationi del padre Lodovico da Ponte della compagnia di Giesu. Sopra i principali misteri della nostra fede; della vita, e passione del N. Sig. Giesu Christo, e della B. Vergine Maria: e de' Santi, e Vangeli correnti. Con la pratica dell'Oratione mentale. Diuise in sei parti. Tradotte dalla lingua castigliana nella toscana dal sig. Giulio Cesare Braccini.

Brescia, Damiano Turlino, 1625.

6 vol.; 8°

SBN-IT\ICCU\CAME\000418

1:

Parte prima. Nella quale si contengono le meditationi de i peccati, e de i nouissimi dell'huomo [...] Tradotte dalla lingua castigliana nella toscana dal sign. Giulio Cesare Brancini [!].

Brescia, Damiano Turlino, 1625.

112; 252, [4] p.: ill.

a-g^8; A-Q^8
SBN-IT\ICCU\CAME\000419
Le c. a-g^8 seguono il frontespizio generale dell'opera e contengono l'introduzione.

2:
Parte seconda. Nella quale si contengono i misterij della incarnatione, & infantia di Giesu Christo [...] insin'al suo battesimo. Con alcune meditationi sopra la vita della b. Vergine [...] Tradotte dalla lingua castigliana nella toscana dal sig. Giulio Cesare Braccini.
Brescia, Damiano Turlino, 1625.
232 p.
A-O^8 P^4
SBN-IT\ICCU\CAME\000420

3:
Parte terza. Nella quale si contengono i principali misteri della nostra santa fede; intorno alla vita, passione, miracoli, e parabole del n. sig. Giesu Christo, dal suo battesimo, insino alla fine della predicatione. Tradotte dalla lingua castigliana nella toscana dal sig. Giulio Cesare Braccini.
Brescia, Damiano Turlino, 1625.
456 p.: ill.
A-2E^8 2F^4
SBN-IT\ICCU\CAME\000421

4:
Parte quarta. Nella quale si contengono i principali misteri della nostra Santa Fede; intorno alla Passione, e morte del Nostro Signore Giesu Christo.
Brescia, Damiano Turlino, 1625.
398, [2] p.: ill.
A-2B^8
SBN-IT\ICCU\PBEE\006705

5:
Parta [!] quinta. Nella quale si contengono i principali misteri della nostra santa fede; intorno alla Resurrettione, Ascensione, del Nostro Signore Giesù Christo, & à quanto occorse à i suoi Apostoli infin' alla venuta dello Spirito Santo, & alla promulgatione del Vangelo. Tradotte dalla lingua castigliana nella toscana dal sig. Giulio Cesare Branccini [!].
Brescia, Damiano Turlino, 1625.
1 vol.
SBN-IT\ICCU\LO1E\055808
Il sesto volume tratta della Trinità e dei benefici divini.

[3568]
RAZZI, SILVANO
Vita della gloriosa Vergine Maria, scritta dal p. Silvano Razzi monaco [...] Nuouamente ristampata, & con diligenza corretta, & di figure adornata.
Venezia, Gerardo Imberti e Giuseppe Imberti, 1625.
[16], 207, [1] p.: ill.; 8°
a^8 A-N^8

SBN-IT\ICCU\UM1E\018817

[3569]
SANTARELLI, ANTONIO
Vita di Giesu Christo figliuolo di Dio, et di Maria sempre Vergine. Composta dal P. Antonio Santarelli della Compagnia di Giesu. [...].
Roma, Lodovico Grignani, 1625.
[16], 396, [36] p.; 8°
a^8 A-2D^8 (ultima c. bianca)
SBN-IT\ICCU\BVEE\043792

[3570]
SASSO, AMBROGIO
Il glorioso elogio della s.ma Croce con le annotationi, e discorsi vtilissimi à theologi, à predicatori, à scrituristi, à filosofi, à poeti; & ad ogni sorte di persone virtuose, e diuote di quest'alma insegna. Oue si celebrano le figure, le profetie, i profeti, e le sibille, da cui è stata predetta, et adombrata. Et s'annnouerano quei ss. martiri, che in essa sparsero il sangue. Et si raccolgono i suoi mirabili effetti, stupendi miracoli, merauigliose apparitioni, profondi misterij, & augustissimi trofei. Opera non meno profitteuole che diletteuole. Del m.r.p.f. Ambrosio Sasso bolognese, lettor generale primario di sac. theologia nella Nuntiata di Bologna, et academico Velato dell'Aquila, de Min. Osser. di S. Francesco. Con quattro tauole copiosissime.
Bologna, Girolamo Mascheroni, 1625 (Bologna, Girolamo Mascheroni e Clemente Ferroni, 1625).
[24], 734, [66] p.; 4°
[croce]-3[croce]^4 A-4Z^4 a-h^4
SBN-IT\ICCU\UM1E\002992
Var. B.: data sul frontespizio 1626. Cfr. Swissbib 32088449X, vedi 3583. V. fr.

[3571]
SEGALA, ALESSIO
Corona celeste ornata di pretiosissime considerationi, ouero Meditationi, accomodate per tutti li giorni dell'anno. Per contemplare la vita pouerissima, i molti disagi, le graui fatiche et le opere marauigliose, che Christo N. Signore hà operato per nostra salute [...] Parte prima. In questa ultima impressione corretta, & di vaghe figure ornata. Del Rev. padre f. Alessio Segala da Salò Predicatore Capuccino.
Brescia, Bartolomeo Fontana, 1625.
[48], 540 p.: ill.; 12°
a-b^{12} A-Y^{12} Z^6
SBN-IT\ICCU\FOGE\010550 e IT\ICCU\FOGE\010551

[3572]
ZAMORA, LORENZO DE/(tr.) FOSCARINI, PIETRO

Quaresimale ouero Discorsi per la Quaresima, del reu. p.m.d. Lorenzo de Zamora monaco cisterciense, lettore della Srittura sacra [...] Tradotti nuouamente dall'idioma spagnuolo nella lingua nostra italiana, da Pietro Foscarini, [...] Con quattro tauole, l'vna delle similitudini; la seconda de i discorsi; [...] In questa seconda impressione ricorretti, e megliorati.
Venezia, Andrea Baba, 1625 (Venezia, Andrea Baba, 1624).
72, 365, 3 p.; 4°
[croce]⁴ a-h⁴ A-Z⁸ (c. Z8 bianca)
SBN-IT\ICCU\LIAE\004250
Var. B: In Venetia, appresso Andrea Baba, 1625 (In Venetia, appresso Andrea Baba, 1625).

1626

[3573]
ANDROZZI, FULVIO
Opere spirituali del r.p. Fuluio Androtio, della Compagnia di Gesù, diuise in tre parti. Cioè 1. Della meditatione della vita, & morte di nostro Signore, 2. Della frequenza della Communione. 3. et dello stato lodeuole delle vedoue. Vtile ad ogni sorte di persone [...] Di nuouo reuiste e con somma diligenza corrette & ristampate.
Venezia, Lucio Spineda, 1626.
3 vol.: ill.; 12°
SBN-IT\ICCU\UMCE\031584
1:
[6], 70, [2] c.
A⁶ B-F¹²
SBN-IT\ICCU\UMCE\031952
I volumi secondo e terzo sono dedicati rispettivamente all'Eucarestia e alla vedovanza.

[3574]
BELCARI, FEO/BENCI, TOMMASO
La rappresentazione di San Giovanni Battista quando ando nel deserto. Aggiuntoui nel fine alcune stanze, e di nuouo ricorretta.
Siena, alla Loggia del papa, 1626.
4 c.: ill.; 4°
A⁴
Cioni 1961, p. 188, n. 16
Titolo uniforme: *Rappresentazione di s. Giovanni Battista nel deserto.*

[3575]
CELESTINO, ANGELO
Prediche per tutti i giorni della Quaresima, cominciando dalla domenica in quinquagesima fino a tutti li giorni di Pasqua formate con belle inuentioni, varietà di con-

cetti, e combinationi di varie scritture del vecchio, e nuovo Testamento, e dichiarationi di bellissime figure, e profetie del m.r.p.f. Angelo Celestino lettore di teologia, e predicatore generale dell'osseruanza di S. Francesco, e da lui predicate nella cattedrale di Fiorenza la seconda volta, che predicò in quel duomo. Con tre tauole. La prima de' suggetti di tutte le prediche. La seconda delle cose più notabili. E la terza de' luoghi della Scrittura, che in diuerse occasioni sono allegate, & spiegate. Vtili è necessarie a' predicatori, & qualsivoglia stato grado, e conditione di persone.
Venezia, Giovanni Guerigli, 1626.
[116], 1017 [i.e. 1019], [1] p.; 4° (ripetute nella numer. le p. 114-115)
[croce]⁴ a-f⁸ g⁶ A-3R⁸ 3S⁶ (c. g6 bianca)
SBN-IT\ICCU\UM1E\008178
V. fr.

[3576]
EPISTOLE E VANGELI/(tr.) NANNINI, REMIGIO
Epistole, et euangeli, che si leggono tutto l'anno alle messe, secondo l'vso della s. romana Chiesa; & ordine del Messale riformato. Tradotti in lingua Toscana dal R.P.M. Remigio Fiorentino, dell'Ordine de' predicatori. Con le annotationi morali del medesimo [...] Aggiuntoui quattro discorsi, [...] Col calendario, et tauola dei giorni [...] Et alcuni sermoni nel fine [...].
Venezia, Niccolò Misserini, 1626 (Venezia, Niccolò Misserini, 1626).
[24], 466 [i.e. 468], [36] p.; 4° (ripetute nella numer. le p. 167-168)
*⁸ 2*⁴ A-2E⁸ 2F¹⁰ a⁸ b¹⁰
SBN-IT\ICCU\RMSE\068952

[3577]
FRANCIOTTI, CESARE
Viaggio a' Bethlemme. Ouero Meditationi della venuta del Signore nel mondo e della sua infantia: distinte ne' giorni dell'auuento e delle feste che seguono dopo l'auuento del p. Cesare Franciotti religioso della Madre di Dio.
Venezia, Giovanni Battista Combi, 1626.
426 p.; 24°?
A-R¹² S⁹
SBN-IT\ICCU\RLZE\023946

[3578]
GALLO, GIROLAMO
Il sacro teatro di primauera di discorsi scritturali sopra gli Euangeli, che si predicano la Quaresima di fra Girolamo Gallo di Borgomanero lettore gen. di Sac. Teol. de' Min. oss. ti all'ill.mo e r.mo sig. cardinale di S.to Onofrio fratello di N.S. papa Urbano VIII.

Milano, Eredi di Pacifico Da Ponte e Giovanni Battista Piccaglia, 1626.
[36], 394, [2] p.; 8°
*8 2*10 A-2A8 2B6
SBN-IT\ICCU\LO1E\014657

[3579]
GATTI, BASSIANO/PIETRA, LELIO/DEMPSTER, THOMAS
L'addolorata Madre di Dio poema epico. di d. Bassiano Gatti, da Piacenza, monaco di S. Girolamo. Il cui soggetto sono sessantatre principali dolori di Maria vergine, conforme a i sessantatre anni, ch'ella visse fra noi. Partito in trentatre lamenti, in corrispondenza degli anni del Signore. Con gli argomenti, et annotationi del p.d. Lelio Pietra da Pavia, theologo di detta Religione, e figure in rame.
Bologna, Nicolò Tebaldini, 1626.
[25], 261 [i.e. 255], [9] p., 1 c.: ill.; 4° (errori nella numer.)
a-c4 A-2K4
SBN-IT\ICCU\PARE\059058
A p. [7-16]: *Giudizio sull'opera di Th. Dempster*; a p. [21-24] poesie latine e italiane di altri autori. Var. B: occhietto prima del frontespizio. V. fr.

[3580]
MISURACCHI, GIULIO CESARE
Ragionamento della venuta del messia. Contra la durezza, & ostinatione hebraica. Fatto alla presenza loro da me Giulio Cesare Misurachi ebreo fatto christiano, & rabino di sacra scrittura.
Modena, Giuliano Cassiani, 1626.
20 p.; 4°
A10
SBN-IT\ICCU\UBOE\017030
V. fr.

[3581]
MORO, MAURIZIO
Il consiglio di Caifa, con la partenza di Giesù dalla madre. Le trionfali insegne. Il giuditio estremo. Del r.p.d. Mauritio Moro. Dedicate al reuerendiss. padre generale della Congregatione di San Giorgio d'Alega d. Bonifacio Fremoldi.
Venezia, Lucio Spineda, [1626].
2 pt ([8], 56; 38, [2] c.); 8°
+8 A-G8; a-e8 (ultime 2 c. bianche)
SBN-IT\ICCU\VEAE\002827
Data dal frontespizio della pt 2: *Le trionfali insegne. Cioe i misteri della passione* [...]. In Venetia, appresso Lucio Spineda, 1626. Alcuni esemplari sono privi della pt 2. V. fr.

[3582]
PANIGAROLA, FRANCESCO
Gieremia dolente discorsi di mons.re reu.mo f. Francesco Panigarola minor oss.te, vescouo d'Asti fatti da lui in Roma in S. Lorenzo in Damaso.
(Bologna, Clemente Ferroni, 1626).
[8], 120 p.; 4°
A4 2A-2P4
SBN-IT\ICCU\CFIE\018203
V. fr.

[3583]
SASSO, AMBROGIO
Il glorioso elogio della s.ma Croce con le annotationi, e discorsi utilissimi à theologi, à predicatori, à scrituristi, à filosofi,à poeti [...] *Ove si celebrano le figure, le profetie, i profeti, e le sibille, da cui è stata predetta, et adombrata* [...] *Et si raccolgono i suoi mirabili effetti. Con quattro tavole copiosissime.*
Bologna, Girolamo Mascheroni, 1626 ([Bologna, Girolamo Mascheroni e] Clemente Ferroni, 1625).
[24], 734, [66] p.; ill.; 4°
Swissbib 32088449X
La scheda indica: "Nel colophon l'editore Ferroni e l'anno 1625". Si tratta probabilmente della variante B dell'edizione del 1625, cfr. SBN-IT\ICCU\UM1E\002992, vedi 3570.

[3584]
STROZZI, GIULIO
Le veglie quaresimali, ouero L'officio della santa settimana eruditamente osseruato nelle sere di quaresima dal sig. Giulio Strozzi.
Venezia, Giovanni Battista Ciotti, 1626.
211, [29] p.; 12°
A-K12
SBN-IT\ICCU\PUVE\019443

1627

[3585]
[ARETINO, PIETRO]
Parafrasi sopra i sette salmi della penitenza di David, di Parthenio Etiro.
Venezia, Marco Ginammi, 1627 (Venezia, Marco Ginammi, 1627).
202, [2] p.: ill.; 12° (ultima p. bianca)
A-H12 I6
Boillet, p. 640-642
Parthenio Etiro è anagramma di Pietro Aretino. V. fr.

[3586]

CALAMATO, ALESSANDRO

L'auuento di Christo n.s. descritto dal r.d. Alessandro Calamato messinese. E diuiso in vndeci prediche. Arricchite di varij concetti scritturali, sentenze di santi padri, historie, similitudini, moralità, & essempi. Opera vtilissima non solo a predicatori, ma ancora ad ogni stato di persone.

Messina, Giovanni Francesco Bianco, 1627.

[16], 219, [1] p.; 4°

[croce]-2[croce]⁴ A-2C⁴ 2D⁶

SBN-IT\ICCU\RAVE\035362

[3587]

CICOGNINI, IACOPO

Lagrime di Gieremia profeta. Del dott. Iacopo Cicognini accad. humorista. Dedicate all'illustriss. sig. conte Iacopo Strozzi colonello, e cameriere di sua maestà cesarea.

Firenze, Zanobi Pignoni, 1627 (Firenze, Zanobi Pignoni, 1627).

110, [2] p.; 4°

A-O⁴ (c. O4 bianca)

SBN-IT\ICCU\CFIE\004847

V. fr.

[3588]

CRISTOFORO DA VERRUCCHIO

Compendio di cento meditationi sacre sopra tutta la vita, e la passione sì del Signore come della Madonna, e sopra tutti gli altri essercij [!] della vita spirituale. Raccolto dal R. P. F. Christoforo Verrucchino dell'ordine de' Frati Minori Capuccini. Aggiuntevi in questa ultima impressione le meditationi della Passione di N. S. Giesù Christo, distribuite per li sette giorni della settimana dell'istesso autore.

Venezia, Niccolò Misserini, 1627.

[36], 708 p.: ill.; 12°

*¹²·**⁶ A-Ff¹² Gg⁶

SBN-IT\ICCU\PBEE\000359

[3589]

DELLA VALLE, FEDERIGO

Iudit, et Esther. Tragedie di Federigo Della Valle.

Milano, Eredi di Melchiorre Malatesta, 1627.

2 vol.; 4°

SBN-IT\ICCU\LO1E\013400 e IT\ICCU\NAPE\056552

1:

120 p.

A-P⁴

SBN-IT\ICCU\LO1E\013401

2:

Esther. Tragedia di Federigo Della Valle.

Milano, Eredi di Melchiorre Malatesta, 1627.

107, [1] p.; 120 p.

A-O⁴

SBN-IT\ICCU\LO1E\013403

[3590]

DELLE COLOMBE, RAFFAELLO

Dupplicato Auuento di prediche. Il primo à persone religiose. Il secondo comunemente à tutti. Del padre fra Raffaello delle Colombe domenicano. Con tre tauole copiose; delle Scritture esposte, delle cose notabili, e de' titoli di ciascuna predica. Quarto tomo delle sue Prediche.

Firenze, Bartolomeo Sermartelli <2> e fratelli, 1627.

[8], 429, [55] p.

+⁴ A-2G⁸ 2H²

SBN-IT\ICCU\TO0E\028866

È il vol. 4 delle prediche, cfr. SBN-IT\ICCU\TO0E\028855, vedi 3262; gli altri volumi sono, del 1615, cfr. SBN-IT\ICCU\TO0E\028860 e IT\ICCU\BVEE\056825, vedi 3262 e 3263, del 1619, cfr. SBN-IT\ICCU\TO0E\028857 e IT\ICCU\UM1E\004084, vedi 3395, e del 1622, cfr. SBN-IT\ICCU\UM1E\004089, vedi 3494, e IT\ICCU\UM1E\033133, vedi 3494bis.

[3591]

EPISTOLE E VANGELI/(tr.) NANNINI, REMIGIO/ CANISIUS, PETRUS/(tr.) CAMILLI, CAMILLO/LUIS DE GRANADA

Epistole et Euangeli, che si leggono tutto l'anno alle messe, secondo l'vso della S.R. Chiesa, & ordine del messale riformato. Tradotti in lingua Toscana dal molto r.p.m. Remigio Fiorentino dell'ord. de' Predicatori. Con le annotationi morali del medesimo a ciascuna epistola, & Euangelio, nuouamente ampliate. Con alcuni sommarij fatti latini dal r.p. Pietro Canisio della Compagnia del Giesu, tradotti in volgare da Camillo Camilli. Co'l calendario, & le tauole de' giorni, che si leggono l'epistola, & gli Euangeli, e delle feste mobili. E nel fine alcuni sermoni sopra l'oratione, digiuno, & elemosina.

Venezia, Giovanni Guerigli, 1627.

2 pt ([16], 559, [1]; 51, [1] p.): ill.; 4°

a⁸ A-2M⁸; A-B⁸ C¹⁰

SBN-IT\ICCU\BA1E\003066

Titolo della pt 2: *Sermoni sopra l'oratione, digiuno, et elemosina, necessarij ad ogni fedel christiano; [...] Cauati dall'opere del R.P.F. Luigi di Granata.* Var. B: [...] *Con il calendario de' santi. Aggiuntoui le tauole dell'epistole* [...].

[3592]

EPISTOLE E VANGELI/(tr.) NANNINI, REMIGIO

Epistole, et euangeli, che si leggono tutto l'anno alle messe, secondo l'vso della S. Romana Chiesa [...] tradotti in lingua toscana dal [...] Remigio Fiorentino [...] Con le annotatio-

ni morali del medesimo a ciascuna epistola [...] Aggiuntoui quattro discorsi [...] Col calendario, et tauola de i giorni [...] Et alcuni sermoni nel fine [...].
Venezia, Niccolò Misserini, 1627.
[24], 466, 34 p.: ill.; 4°
[ast]⁸ 2[ast]⁴ A-2E⁸ 2F¹⁰ a⁸ b¹⁰ (c. b10 mancante)
SBN-IT\ICCU\MODE\027721

[3593]
FRANCIOTTI, CESARE
Delle pratiche di meditationi per avanti e dopo la Santiss. Communione. Sopra i Vangeli dell'anno; [...] Diuisa in doi volumi [...] del padre Cesare Franciotti della religione della Madre di Dio.
Venezia, Giovanni Battista Combi, 1627.
vol. ?; 24°
SBN-IT\ICCU\LO1E\035018
2:
[2], 384-569 p.
Bb⁴, Cc-Vv¹² (ultime 3 c. bianche)
SBN-IT\ICCU\LO1E\035019
SBN indica "Catalogazione solo sul secondo volume". V. fr.

[3594]
FRANCIOTTI, CESARE
Il peccatore a' piedi della croce su'l Monte Calvario. Cioè meditationi sopra la Passione di Nostro Signore. Del p. Cesare Franciotti della religione della Madre di Dio.
Venezia, Giovanni Battista Combi, 1627.
71, [1] p.; 12°
A-C¹²
SBN-IT\ICCU\RAVE\072967

[3595]
FRANCIOTTI, CESARE/FORTINI, ANTONIO
Viaggio a Bethlemme, ouero meditationi della venuta del Signore nel mondo, e della sua infantia: distinte ne' giorni dell'Auuento, e delle feste, che seguono dopo l'auuento: del p. Cesare Franciotti della religione della madre di Dio.
Venezia, Giovanni Battista Combi, 1627.
273 p., [3]: ill.; 12°
A-K¹² L¹⁸ (errori nella segnatura dei fascicoli)
SBN-IT\ICCU\PALE\001107
A p. 275: *L'anima pellegrina idilio del Sig. Antonio Fortini Lucchese.* Cfr. Griffante, p. 347, n. 856. Var. B: cambia il numero delle pagine: 288 p. e la segnatura: A-M¹².

[3596]
FRANCIOTTI, CESARE/FORTINI, ANTONIO

Viaggio al monte Caluario; distinto in sei settimane. Doue si medita la passione del Signore: del p. Cesare Franciotti [...] Con l'anima pellegrina, idillio del signor Antonio Fortini.
Venezia, Giovanni Battista Combi, 1627.
288 p.: ill.; 12°
A-M¹²
SBN-IT\ICCU\PALE\001108
Cfr. Griffante, p. 347, n. 857.

[3597]
MARTINELLI, PAOLO
Discorso della vera beatitudine. Sopra le parole dello Apocalisse. Beati mortui, qui in domino moriuntur. Di don Paulo Martinello Romano nuouamente dato in luce, per utile de ogni anima deuota.
Roma, Pietro Salvioni, 1627.
48 p.: ill.; 8°
A-C⁸
SBN-IT\ICCU\RMLE\038833

[3598]
MISURACCHI, GIULIO CESARE
Ragionamento della venuta del messia, contra la durezza, & ostinatione hebraica. Fatto alla presenza loro da me Giulio Cesare Misurachi ebreo fatto christiano & rabino di sacra scrittura.
Modena, e Milano, Carlo Antonio Malatesta, 1627.
20 p.; 4°
A¹⁰
SBN-IT\ICCU\UBOE\017034

[3599]
NOVELLI, BALDO
Glorioso Auuento di Christo vero Dio nel sopra celeste seno di Maria vergine. Posto in luce dal m.r.p. Fra Baldo Nouelli teologo, lettore, predicator' generale, e padre della prouintia di S. Francesco de Min. Osseruanti. Arricchito di nuoue inuentioni, colmo de scritturali concetti, con ordine, e pellegrino stile ornato. Aggiuntiui due abondeuolissimi indici, vno di latine sentenze; e l'altro delle cose più degne.
Venezia, Giacomo Sarzina <1>, 1627.
[44], 144 p.; 4°
a-d⁴ e⁶ A-S⁴
SBN-IT\ICCU\UM1E\002154
Var. B: 1626. V. fr.

[3600]
PANIGAROLA, FRANCESCO
Dichiaratione dei salmi di Dauid fatta dal Rev.do padre fra Francesco Panigarola, minore osseruante. alla sereniss. infante la signora duchessa di Sauoia.
Venezia, Gerardo Imberti e Giuseppe Imberti, 1627.

[8], 210, [1] p.; 8°
a⁴ A-2D⁴
SBN-IT\ICCU\ANAE\021557

[3601]

PAOLI, ANTONIO/(ed.) PAOLI, GIOVANNI VINCENZO
Concetti scritturali intorno alla desiderata historia de gli stupendi miracoli della Madonna del Sasso di Casentino. [...] Del m.r.p. priore f. Antonio Paoli, e dati in luce dal r.p. lettore f. Gio. Vincenzio Paoli domenicano.
Firenze, Pietro Cecconcelli, 1627.
[16], 196, [36] p.; 8°
[par.]⁸ A-O⁸ N⁶
SBN-IT\ICCU\BVEE\053727

[3602]

PUENTE, LUIS DE LA/(tr.) BRACCINI, GIULIO CESARE
Meditationi del padre Lodovico da Ponte della Compagnia di Giesu sopra i principali misteri della nostra fede, della vita, e passione del N. Sig. Giesu Christo, e della B. Vergine Maria, e de' santi, e Vangeli correnti. Con la pratica dell'oratione mentale. Divise in sei parti. Tradotte dalla lingua castigliana nella toscana dal signor Giulio Cesare Braccini [...].
Venezia, Giovanni Guerigli, 1627.
162, [2], 118, [2], 236, 198, [2], 161, [1], 224, [2]; 4°
A⁴ a⁸ A-P⁸ A-M⁸ N⁴ A-K⁸ A-N⁸ O¹⁰ (c. A4, A1, P8 mancanti)
SBN-IT\ICCU\TO0E\146231
Var. B.: [24], 162, [2], 118, [2], 236, 198, [2], 161, [1], 224, [2]; 4°; A⁴ a⁸ A-I⁸ K¹⁰ A-G⁸ H⁴ A-O⁸ P⁶ A-M⁸ N⁴ A-K⁸ A-N⁸ O¹⁰; cambiano i gruppi 2 e 4 dell'impronta.

[3603]

PUENTE, LUIS DE LA/(tr.) BRACCINI, GIULIO CESARE
Meditationi del padre Lodouico da Ponte della compagnia di Giesu. Sopra i principali misteri della nostra fede; della vita, e passione di n. Signore Giesu Christo, e della b. vergine Maria: e de' Santi, e Vangeli correnti. Con la prattica dell'oratione mentale diuise in sei parti. Tradotte dalla lingua castigliana nella toscana dal sig. Giulio Cesare Bracini. Con due tauole, vna delle materie, e cose principali, che si contengono in questa opera: & l'altra delle meditationi, donde si traggono argomenti per le prediche, e sermoni delle domeniche, ferie, e feste di tutto l'anno per seruitio de' predicatori. Dedicate all'illustris. sig. Lucretia Grimani.
Venezia, Pietro Maria Bertano, 1627.
[24], 162, [2], 118, [2], 236, 198, [2], 161 [i.e. 159], [1], 224, [i.e. 226], [2] p.; 4° (omesse nella numer. le p. 133-134 della quinta serie; ripetute le p. 95-96 della sesta)
A⁴ a⁸ A-I⁸ K¹⁰; A-G⁸ H⁴; A-O⁸ P⁶; A-M⁸ N⁴; A-K⁸; A-N⁸ O¹⁰

SBN-IT\ICCU\RMSE\005518
V. fr.

[3604]

[PULCI, ANTONIA]
La rapresentatione del figliuol prodigo. Nuouamente ristampata.
Venezia, e Treviso, Angelo Righettini, 1627.
16 c.; 8°
a¹⁶
SBN-IT\ICCU\CFIE\033429
Per l'autrice cfr. Cioni 1961, p. 141, n. 16.

[3605]

ZANE, ANDREA
Condimenti morali per le predicationi di quaresima; cauati da gli Euangeli a quel tempo correnti, e spiegati in cinquecento concetti da frate Andrea Zane [...].
Venezia, Francesco Baba, 1627.
[24], 261, [3]; 4°
a⁸ b⁴ A-2K⁴
SBN-IT\ICCU\CAGE\019745

1628

[3606]

ANONIMA
Salmi litania, preci, et orationi, da dirsi da gli fratelli, e sacerdoti, ch'accompagnano l'afflitto alla morte.
Messina, Pietro Brea, 1628 (Messina, Pietro Brea, 1628).
24 p.: ill.; 8°
A⁸ B⁴
SBN-IT\ICCU\PALE\004083
Cfr. Lipari, 118.

[3607]

[ARETINO, PIETRO]
Dell'humanità del figliuolo di Dio libri tre di Partenio Etiro. All'ill.mo sig.re il sig.r Bertucci Valiero fò dell'illustriss. sig. Siluestro.
Venezia, Marco Ginammi, 1628.
[12], 491, [1] p.: ill.; 12° (errori nella numer. delle p.)
a⁶ A-V¹² X⁶
SBN-IT\ICCU\VEAE\121623 e IT\ICCU\PARE\022142
Partenio Etiro è anagramma di Pietro Aretino.
SBN-IT\ICCU\VEAE\121623 indica una var. B dalla stessa impronta di IT\ICCU\PARE\022142. Altra edizione ricomposta, cfr. SBN-IT\ICCU\PUVE\029052, vedi 3608. V. fr.

[3608]

[ARETINO, PIETRO]

Dell'humanità del figliuolo di Dio libri tre di Partenio Etiro. All'ill.mo sig.re il sig.r Bertucci Valiero [...].

Venezia, Marco Ginammi, 1628.

[4], 491, [1] p.: ill.; 12°

π² A-V¹² X⁶ (c. x6v bianca)

SBN-IT\ICCU\PUVE\029052

Partenio Etiro è anagramma di Pietro Aretino. Edizione ricomposta rispetto a SBN-IT\ICCU\VEAE\121623 e IT\ICCU\PARE\022142, vedi 3607. V. fr.

[3609]

[ARETINO, PIETRO]

Dello specchio delle opere di Dio. Nello stato di natura libri tre. di Partenio Etiro [...].

Venezia, Marco Ginammi, [1628].

[6], 248 c.: ill.; 18°

π² χ A-V¹² X⁸

SBN-IT\ICCU\RMLE\070540

Partenio Etiro è anagramma di Pietro Aretino. La probabile data di pubblicazione si ricava in calce alla dedica a c. χv.

[3610]

[ARETINO, PIETRO]

Dello specchio delle opere di Dio. Nello stato di natura libri tre, di Partenio Etiro. All'illustriss. signore il signor Battista Nani.

Venezia, Marco Ginammi, 1628.

[4], 248 c.: ill. ; 12°

X⁴ A-V¹², ²X⁸ (la c. dopo il front. segnata X5)

SBN-IT\ICCU\PARE\022144

Partenio Etiro è anagramma di Pietro Aretino. Var. B. con impronta: 4.4. i-ar tin- bopo (3) 1628 (A); la c. X5 presenta come ultima riga stampata: *Vite di Plutarco volg. 4.* V. fr.

[3611]

[ARETINO, PIETRO]

Parafasi sopra i sette salmi della penitenza di Dauid, di Parthenio Etiro.

Venezia, Marco Ginammi, 1627 (Venezia, Marco Ginammi, 1628).

SBN-IT\ICCU\PARE\022150

Parthenio Etiro è anagramma di Pietro Aretino. Var. B: primo fascicolo e p. 165-167 ricomposti, cfr. Boillet, p. 642-645. V. fr.

[3612]

[ARETINO, PIETRO]

Vita di Maria Vergine, descritta in tre libri da Partenio Etiro. All'ill.mo signore il sig. Gio: Grimani fò dell'illustriss. & eccellentiss. signor Antonio Caualiere, & proc.re.

Venezia, Marco Ginammi, 1628.

[12], 624 p.: ill.; 24° lungo

A⁶ A-2C¹²

SBN-IT\ICCU\VEAE\000914

Partenio Etiro è anagramma di Pietro Aretino. Titolo completato sulla base di Marini, p. 630. Cfr. Michel-Michel, I, p. 68.

[3613]

BIANCHI, LODOVICO

La Giuditta poema heroico del dottor don Ludouico Bianchi. Alla serenissima madama Margherita duchessa di Parma, e Piacenza, &tc.

Parma, Odoardo Fornovo, 1628.

192 p.: ill.; 12°

A-H¹²

SBN-IT\ICCU\PARE\047871

[3614]

CALAMATO, ALESSANDRO

Pietoso discorso sopra la dolorosa crocifissione del nostro Redentore Christo Giesu, del r.d. Alessandro Calamato.

Messina, Pietro Brea, 1628.

[4], 15, [1] p.; 4°

A⁴ B⁶ (ultima p. bianca)

SBN-IT\ICCU\PALE\003742

Cfr. Lipari, 117.

[3615]

CAPUTO, FILOCOLO

I discorsi quaresimali del r.p.m. Filocalo Caputo napolitano [...] Ne' quali si contengono molti concetti scritturali, con passi di teologia, di filosofia, di legge, e di medicina, con historie, poesie, imprese, & altre cose di molta curiosita, [...] Parte prima.

Napoli, Lazzaro Scoriggio, 1628.

2 vol.; 4°

SBN-IT\ICCU\UM1E\010620

1:

[16], 567, [1] p. (p. 564 erroneamente numerata 506)

[croce]⁸ A-2M⁸ 2N⁴

SBN-IT\ICCU\BA1E\002184

Var. B: [16], 567, [1], [50] p.; [croce]⁸ A-M⁸ N⁶ O-2M⁸ 2N⁴ a-b⁸ c¹⁰.

2:

Parte seconda.

Napoli, Lazzaro Scoriggio, 1628 (Napoli, Lazzaro Scoriggio, 1629).

[12], 569-1187, [57] p.

[par.]⁶ 2O-2R⁸ 2S⁶ 2T-4F⁸ 2a-2c⁸ 2d⁴
SBN-IT\ICCU\BA1E\002185

[3616]
CINQUANTA, BENEDETTO
Il Fariseo ed il pubblicano. Rappresentazione morale in versi sciolti.
Milano, Lantoni, 1628.
Quadrio, III, p. 81

[3617]
CINQUANTA, BENEDETTO
La nativita del Sig.re rappresentatione spirituale in uersi sciolti. Nouamente composta dal padre fra Benedetto Cinquanta teologo e predicatore generale de min.ri oss.ti fra li Accademici Pacifici detto il Seluaggio.
Milano, Carlo Lantoni, 1628.
167, [1] p.; 12°
A-G¹²
SBN-IT\ICCU\BVEE\023409
V. fr.

[3618]
COTTONE, TANCREDI/(ed.) GIANNOTTI, FRANCESCO
Tragedie dell'Accademico Nascosto raccolte da Francesco Giannotti.
Roma, Guglielmo Facciotti, 1628.
12°
Quadrio, III, 85
Tra le cinque tragedie solo due, *Sidrac Misarb* e *Abdemago* e *Davide*, sono bibliche.

[3619]
CUCCHI, SISTO
Pratiche delle meditationi principali della passione di Christo. Composte da fra Sisto Cucchi da Bergomo de min. osser. riformato, per indirizzare l'anime diuote per la vera via della perfettione e dall'istesso nouamente poste in luce.
Bergamo, Pietro Ventura, [1628].
[12], 748, [2] p.; 12°
+⁶ A-2H¹² 2I⁴
SBN-IT\ICCU\UMCE\019909
Descrizione su esemplare il cui frontespizio è parzialmente leggibile. Data dall'*imprimatur* e dalla lettera introduttiva.

[3620]
EPISTOLE E VANGELI/(tr.) NANNINI, REMIGIO/ CANISIUS, PETRUS/(tr.) CAMILLI, CAMILLO
Epistole et evangeli, che si leggono tutto l'anno alle messe, secondo l'vso della S.R. Chiesa, & ordine del Messale riformato, tradotti in lingua toscana dal molto r.p.m. Remigio

fiorentino dell'Ordine de' Predicatori. Con l'annotationi morali del medesimo a ciascheduna Epistola, & Euangelio, nuouamente ampliate. Con alcuni sommarij, fatti latini dal rever. p. Pietro Canisio della Compagnia del Gesù; tradotti in volgare da Camillo Camilli. Con il calendario de' santi. Aggiuntovi le tavole dell'Epistole, & Euangeli di tutto l'anno, & anco delle feste mobili. E nel fine alcuni sermoni sopra l'oratione, digiuno, & elemosina.
Venezia, Giovanni Guerigli, 1628.
[16], 559, [1] p.; 4°
a⁸ A-2M⁸
SBN-IT\ICCU\NAPE\041396
V. fr.

[3621]
FILIPPI, MARCO, DETTO IL FUNESTO
Vita di santa Caterina vergine, e martire; composta in ottaua rima da Marco Filippi, detto il Funesto. Aggiuntoui di nuouo gli argomenti, ad ogni canto. Con vna raccolta di sonetti e di canzoni spirituali, e di alcune stanze della Maddalena à Christo, del medesimo autore. In questa vltima impressione con ogni diligenza corretta, e migliorata.
Venezia, Giovanni Francesco Bianco, 1628.
[16] 234 [i.e. 324] [84] c.: ill.; 8°
[croce]⁸ A-2A⁸ 2B¹²
SBN-IT\ICCU\BVEE\040592
A c. X3 con proprio frontespizio: *Rime spirituali, et alcune stanze della Maddalena a Cristo.*

[3622]
GABRIELE, ANGELO
Maria vergine ritratta nei fiori del vecchio testamento poema dell'abate Angelo Gabrieli [...] Con l'aggiunta della disperazione di Giuda poemetto dell'istesso auttore.
Venezia, Eredi di Pietro Farri, 1628.
[24], 243, [45] p.; 12°
a¹² A-M¹² (c. a11-12, M10-11-12 bianche)
SBN-IT\ICCU\LIAE\003610
A c. L3r: *La disperatione di Giuda poemetto dell'illustriss. sig. abbate Angelo Gabrielli. In Venetia, 1628.*

[3623]
GALEA, AGOSTINO
Predicabili discorsi sopra il santissimo rosario della gloriosa Vergine Maria, spiegati con varii, e nuoui concetti della Sacra Scrittura, [...] Del signor Agostino Galea canonico, theologo della cathedrale d'Alessandria [...].
Torino, Eredi di Giovanni Domenico Tarino, 1628.
[8], 538 [i.e. 542], [26] p.; 4° (errori nella numer. delle p., ripetute le p. 54-55 e 477-478)
[croce]⁴ A-4B⁴
SBN-IT\ICCU\TO0E\042021

[3624]
GUADAGNO, GIOVANNI LORENZO/ASTOLFI, GIOVANNI FELICE
Tesoro della dottrina di Christo N. Sig. diuiso in due parti, che contiene la dichiaratione della legge euangelica de' principali misteri della nostra fede, e delle feste solenni di Christo, della B.V., & di quanto s'appartiene per instruttione della coscienza di ciascuno, & in particolare di chi ha cura d'anime. Raccolto da d. Gio. Lorenzo Guadagno, napoletano theologo. Arricchito molto in questa vltima impressione, & aggiuntoui la terza parte [...] composta dal r.p. d. Felice Astolfi, canonico del Salvatore. Con tre tauole [...].
Milano, Giovanni Battista Piccaglia, 1628.
[16], 526, [4] p.; 8°
*⁸ A-2K⁸
SBN-IT\ICCU\BVEE\072248

[3625]
GUADAGNO, GIOVANNI LORENZO/ASTOLFI, GIOVANNI FELICE
Thesoro della dottrina di Christo n.s., diuiso in due parti, che contiene la dichiaratione della Legge Euangelica, e de' principali misteri della nostra santa fede, e delle feste solenni di Christo, della B. Vergine [...] Raccolto da d. Gio. Lorenzo Guadagno napolitano theologo. Arricchito molto in questa nostra vltima impressione, & aggiuntoui la Terza Parte [...] composta dal r.p.d. Felice Astolfi, canonico del Saluatore. Con tre tauole, una delle materie, & due delle cose principali, che in quest'opera si contengono.
Brescia, Bartolomeo Fontana, 1628.
[16], 493, [1] p.; 8°
a⁸ A-2G⁸ 2H⁸ (c. 2H8 mancante)
SBN-IT\ICCU\RAVE\072981

[3626]
GUADAGNO, GIOVANNI LORENZO/ASTOLFI, GIOVANNI FELICE
Thesoro della dottrina di Christo n.s., diuiso in due parti, che contiene la dichiaratione della Legge Euangelica, e de' principali misteri della nostra santa fede, e delle feste solenni di Christo, della B. Vergine [...] Raccolto da d. Gio. Lorenzo Guadagno napolitano theologo. Arricchito molto in questa nostra vltima impressione, & aggiuntoui la Terza Parte [...] composta dal r.p.d. Felice Astolfi, canonico del Saluatore. Con tre tauole, una delle materie, & due delle cose principali, che in quest'opera si contengono.
Brescia, Bartolomeo Fontana, 1628.
[16], 493, [3] , 473-516, [4] p.; 8°
a⁸ A-2H⁸ 2H-2K⁸
SBN-IT\ICCU\UM1E\025864
I fasc. 2H-2K⁸ finali contengono la terza parte aggiunta.

[3627]
GUADAGNO, GIOVANNI LORENZO/ASTOLFI, GIOVANNI FELICE
Thesoro della dottrina di Christo n.s., diuiso in due parti, che contiene la dichiaratione della legge euangelica, e de' principali misteri della nostra santa fede, e delle feste solenni di Christo, della Beata Vergine [...] Raccolto da d. Gio. Lorenzo Guadagno napolitano theologo. Arricchito molto in questa nostra ultima impressione, & aggiuntoui la Terza Parte [...] composta dal r.p.d. Felice Astolfi, canonico del Saluatore. Con tre tauole, una delle materie, & due delle cose principali, che in quest'opera si contengono.
Venezia, Giovanni Antonio Giuliani, 1628.
[16], 550 p.; 8°
a-b⁸ A-2L⁸ 2M⁴ (ultima c. bianca)
SBN-IT\ICCU\UMCE\012689

[3628]
MASTRILLI, GREGORIO
Discorsi del p. Gregorio Mastrilli della compag. di Giesu. Intorno alla temporale generatione del Signor Giesu Cristo. Sopra l'ambasciada dell'arcangelo Gabriele alla gloriosa Vergine, descritta da S. Luca nel suo primo capo.
Messina, Giovanni Francesco Bianco e Giuseppe Matarozzi, 1628.
[48], 567, [65] p.; 4°
[ast.]⁴ a-e⁴ A-2M⁸ 2N-2R⁴
SBN-IT\ICCU\ANAE\018238

[3629]
MASTRILLI, GREGORIO
Discorsi del p. Gregorio Mastrilli della compag. di Giesu. Intorno l'eterna generatione di Christo signor nostro. Sopra l'Euangelio di san Giouanni. In principio erat verbum, & verbum erat, &c.
Messina, Giovanni Francesco Bianco e Giuseppe Matarozzi, 1628.
[8], 682 [i.e. 684], [32] p.; 4° (ripetute nella numer. le p. 527-528)
[croce]⁴ A-2T⁸ 2V⁶ a-d⁴
SBN-IT\ICCU\UM1E\007200

[3630]
MASTRILLI, GREGORIO
Discorsi quadragesimali del padre Gregorio Mastrilli della Compagnia di Giesù sopra le domeniche, e ferie di tutta la Quadregesima, distinti in tre libri. Terza parte.
Napoli, Lazzaro Scoriggio, 1628.
[8], 505 [i.e. 501], [19] p.; 4° (omesse nella numer. le p. 261-264)
a⁴ A-2H⁸ 2I⁴ 2K⁸ (ultima c. bianca)

SBN-IT\ICCU\FOGE\031281   e   IT\ICCU\
FOGE\031282

[3631]
MASTRILLI, GREGORIO
Discorsi quadragesimali del padre Gregorio Mastrilli della Compagnia di Giesu sopra le domeniche, e ferie di tutta la quadragesima. Distinti in tre parti.
Napoli, Egidio Longo, 1628.
3 vol.; 4°
SBN-IT\ICCU\FOGE\031276
Colophon al recto dell'ultima c. del I vol. dopo il registro.
1:
[24], 598, [18] p.
a-c⁴ A-4H⁴ (ultima p. bianca)
SBN-IT\ICCU\BASE\018572   e   SBN-IT\ICCU\
FOGE\031277
2:
[12], 524, [12] p.
a⁶ A-2K⁸ 2L⁴
SBN-IT\ICCU\BASE\018574   e   SBN-IT\ICCU\
FOGE\031279

[3632]
SALMI/(tr.) [DIODATI, GIOVANNI]
Venticinque salmi di Dauid, messi in varie rime italiane per G.D.
Lyon, 1628.
60 p.; 12°
A-B¹² C⁶
SBN-IT\ICCU\VEAE\012442
Per il traduttore Giovanni Diodati, cfr. Melzi, III, p. 202-203.

[3633]
SGHEMMA, GASPARE
Prediche sopra molti misteri di Christo, e della Vergine. Del m. r. p. Gaspare Sghemma [...].
Catania, Giovanni Rossi, 1628.
[8], 423, [89] p.; 4°
a⁴, A-3L⁴
SBN-IT\ICCU\RMLE\025549

[3634]
SGHEMMA, GASPARE
Prediche sopra molti misteri di Christo, e della Vergine. Del m.r.p. Gaspare Sghemma da Palermo [...] Poste in luce da Padri del Conuento di s. Francesco di Catania.
Catania, Giovanni Rossi, 1628 (Catania, Giovanni Rossi, 1628).
[8], 189, [1], 19, [3] p.: ill.; 4°
a⁴ A-2C⁴ 2D² (ultima c. bianca)

SBN-IT\ICCU\UM1E\006885
Cfr. Michel-Michel, VII, p. 126.

[3635]
STECCHI, GIUSEPPE
Il Natale di N. Sig. Giesu Christo. Opera scenica.
Vicenza, 1628.
58 p.; 12°
BL Voyn61

1629

[3636]
ANGUISSOLA, ANTONIO MARIA
La Giuditta attione scenica del sig. conte Antonio Maria Anguissola. Dedicata a madama sereniss. di Piacenza, e Parma, &c.
Venezia, Marco Ginammi, 1629.
[24], 124, [4] p.; 12°
†¹² A-E¹² F⁴
SBN-IT\ICCU\CFIE\000486
V. fr.

[3637]
[ARETINO, PIETRO]
Dello specchio delle opere di Dio, nello stato di natura libri tre. Di Partenio Etiro. All'illustr.mo & eccel.mo sig.re il signor Battista Nani.
Venezia, Marco Ginammi, 1629.
[4], 248 c.: ill.; 12°
[pigreco]⁴ A-V¹² X⁸
SBN-IT\ICCU\VIAE\008442
Partenio Etiro è anagramma di Pietro Aretino. V. fr.

[3638]
[ARETINO, PIETRO]
Parafrasi sopra i sette salmi della penitenza di Dauid, di Partenio Etiro.
Venezia, Marco Ginammi, 1629 (Venezia, Marco Ginammi, 1629).
202, [2] p.: ill.; 12° (ultima p. bianca)
A-H¹² I⁶
SBN-IT\ICCU\CFIE\008971
Partenio Etiro è anagramma di Pietro Aretino. V. fr.

[3639]
AVENDAÑO, CRISTOBAL DE/(tr.) ?
Sermoni dell'Auuento con le sue festiuita et santi, predicati nell'hospitale reale di Saragozza dal padre maestro f. Christofaro di Auendagno, dell'ordine della beatissima Vergine del Carmine Calzato.

Venezia, Bartolomeo Fontana, 1629.
[40], 517, [3] p.; 4°
a-e⁴ A-2I⁸ 2K⁴ (ultima c. bianca)
SBN-IT\ICCU\UMiE\006256

[3640]
[BELCARI, FEO]
[Rappresentazione di Abramo e Isacco].
Macerata, Pietro Salvioni, 1629.
Cioni 1961, p. 71, n. 29
Il titolo è quello uniforme.

[3641]
CHIZZOLA, IPPOLITO
Prediche per ciascun giorno di Quaresima, del M.R.D.
Hippolito Chizzola, Canonico Lateranense; Nè quali ol-
tre gli pellegrini concetti di Sacra Scrittura, e mirabili in-
terpretationi de' più oscuri passi; Trouasiui profondissima
Dottrina de' Santi Padri; Detti sententiosi de Filosofi, e
Poeti; E non men vaghe, che varie Historie de gli Antichi.
Arrichite insieme di quattro Tauole copiose, & vtilissime.
Nouamente ristampate, e Dedicate all'Illustre, e M.R. Sig.
D. Giouanni Poli, Degnissimo Rettore in Odolo di Val di
Sabbio.
Venezia, Varisco, a istanza di Tadio Pavoni, 1629 (Venezia,
a istanza di Tadio Pavoni, 1629).
[8], 460, [28] p.; 4°
a⁴ A-Z⁸ Aa-Dd⁸ Ee⁴ Ff-Hh⁸
SBN-IT\ICCU\CAME\010564

[3642]
CROCE, GIULIO CESARE
Rime compassioneuoli, e deuote sopra la Passione, Morte, &
Resurretione di N.S. Giesu Christo, opera spirituale di Giul.
Ces. Croce.
Bologna, Nicolò Tebaldini, 1629.
23, [1] p.: ill.; 12°
SBN-IT\ICCU\UBOE\075169

[3643]
GALLO, GIROLAMO
Il sacro teatro di primauera di discorsi scritturali ne' Vangeli
della Quaresima di fra Girolamo Gallo lettore gen. di
sac. teol.: de' Min. Oss.ti di nuouo corretto, accresciuto, e
compito colli sabbati dall'autore all'ill.mo e r.mo sig.re mon-
sig.re Cesare Monti noncio straordinario di n.s.pp. Urb.VIII
appresso la maestà del re catolico.
Milano, Eredi di Pacifico Da Ponte e Giovanni Battista
Piccaglia, 1629.
2 pt ([40], 408; 56, [2] p.); 4°
†⁸ [par.]⁸ 2[par.]⁴ A-2B⁸ 2C⁴; a-c⁸ d⁴ χ¹
SBN-IT\ICCU\PALE\000785

Pt 2: Aggiunta al quaresimale del p. fra Girolamo Gallo
de' Sabbati, che mancauano nella prima impressione. Fatta
dallo stesso autore, Milano, Eredi di Pacifico Da Ponte e
Giovanni Battista Piccaglia, 1629. V. fr.

[3644]
GALLO, GIROLAMO
Il sagro teatro di primauera de' discorsi scritturali sopra gli
Euangeli, che si predicano la Quaresima. Del molto reuer.
padre f. Girolamo Gallo di Borgomanero lettore generale di
sagra teologia de' Minori Osseruanti. Con due tauole [...].
Venezia, Eredi di Giovanni Guerigli, 1629.
[36], 394, [2] p.; 4°
a⁴ b⁸ c⁶ A-2A⁸ 2B⁶ (ultima c. bianca)
SBN-IT\ICCU\UMiE\001233

[3645]
MAURIZZI, GIOVANNI BATTISTA
Taborre di Gio. Battista Mauriccio [...] al S.mo N.S.PP. pa-
dre Urbano VIII.
Bologna, Eredi di Vittorio Benacci, [1629].
391, [1] p.: ill.; 8°
A-Z⁸ 2A¹²
SBN-IT\ICCU\UBOE\111105
Data dalla lettera dedicatoria.

[3646]
MORONE, BONAVENTURA/(ed.) LOLMO, ERCOLE
Il Mortorio di Christo, tragedia spirituale. Del m.r.p.f.
Bonauentura Morone da Taranto de' Minori Osseruanti
Reformati; penitentiero lateranense, & auttore della
Giustina tragedia. Nuouamente in questa impressione po-
stiui gli intermessi à suoi luoghi, & accresciuto, corretto
dall'istesso.
Venezia, Giovanni Battista Combi, 1629.
[24], 264 p.: ill.; 12°
a¹² A-L¹²
SBN-IT\ICCU\BVEE\022231
V. fr.

[3647]
PERILLO, MARCO ANTONIO
Novena, overo rappresentatione spirituale del mistero della
Incarnatione di N.S. da contemplarsi ne' noue giorni, prece-
denti al Natale di esso Sign. nostro. Di Marc'Antonio Perillo
Ingelosito, academico Incauto.
Napoli, Secondino Roncagliolo, 1629.
22, [2] p.; 12°
A¹² (c. A12 bianca)
SBN-IT\ICCU\UBOE\055961

[3648]

PONA, FRANCESCO

Il Christo passo tragedia sacra di Francesco Pona. Dedicata all' illustriss.mo & reverendiss.mo Monsig. Alberto Valiero vescovo di Verona, conte, &c.

Verona, Bartolomeo Merlo, 1629.

2 pt ([4], 61; 39 c.): ill.; 4°

π A⁴, A-L⁸ M¹²

SBN-IT\ICCU\BVEE\023885

A c. H6 con proprio frontespizio: *Gli inframezzi apparenti del Christo passo, dello stesso A.* In Verona, per Bartolomeo Merlo, 1627. V. fr.

[3649]

ROSSI, VITTORIO DE'

Rime spirituali composte dal sig. Gio. Vittorio de' Rossi romano nel monacato della sig. Silvia figliuola del sig. Francesco Costacci romano, hoggi suora Caterina Martire monica in Viterbo nel ven. Monasterio di S. Caterina Verg. & Mart. della religione del glorioso patriarca s. Domenico, fondatore dell'Ord. de' Predic. Dedicate all'illustrissima, & eccellentissim. Signora la signora d. Anna Colonna Barberini.

Viterbo, Agostino Discepolo, 1629.

15 [ma 31] p.: ill.; 8°

Franchi 1988, p. 164-165, n. 6

A p. 19: *Tobia dialogo recitato nel refettorio di detto monasterio.*

[3650]

VILLEGAS SELVAGO, ALONSO DE/(tr.) TIMOTEO DA BAGNO

Il perfetto leggendario della vita, e fatti di n.s. Giesu Cristo, e di tutti i santi, de' quali celebra la festa, e recita l'officio la santa chiesa cattolica, conforme al Breuiario romano riformato. Raccolte da graui, & importanti autori; & dato in luce in lingua spagnuola dal m.r.d. Alfonso Vigliega di Toledo, teologo, e predicatore; sotto il titolo di Flos Sanctorum. Et nuouamente con diligenza tradotto di spagnuolo in lingua italiana, per don Timoteo da Bagno [...]. In questa ultima impressione arricchito delle vite de santi, [...].

Venezia, Giorgio Valentini, 1629.

[40], 1184 [i.e. 1200] p.: ill.; 4° (errore di numer. delle p. del fasc. 3M)

a⁸ b¹² A-4F⁸

SBN-IT\ICCU\NAPE\021007

Frontespizio interno a c. 3M1: *Leggendario delle vite de' santi.*

1630

[3651]

ABBONDANTI, ANTONIO

La Giuditta e le rime sacre, morali, e varie d'Antonio Abbondanti da Imola accademico auuiuato detto l'Innominato, dedicate all'illustrissimo e reuerendissimo monsignor don Pierluigi Carafa [...].

Liège, Jean Ouwerx, 1630 (Liège, Jean Ouwerx, 1630).

[16], 176, [16] p., [1]: ill.; 12°

A⁸, [ch]¹, B-L⁸ M⁸ N⁸ (manca c. M8)

SBN-IT\ICCU\RMLE\027912

[3652]

ANONIMA

La rappresentatione di Lazaro ricco, e di Lazaro pouero. Nuouamente ristampata.

Treviso e Pistoia, Piero Antonio Fortunati, [ca 1630].

[4] c.: ill.; 4°

A⁴

SBN-IT\ICCU\CFIE\033315

Titolo uniforme: *Rappresentazione di Lazzaro ricco e Lazzaro povero.* Per la data cfr. Cioni 1961, p. 221, n. 13; Testaverde-Evangelista, 627. V. ed.

[3653]

ANONIMA

La rappresentatione e festa di Iosef figliuolo di Iacob. Nuouamente ristampata.

Firenze, Domenico Giraffi, [dopo 1630?].

10 c.: ill.; 4°

A¹⁰

Cioni 1961, p. 207, n. 27

Titolo uniforme: *Rappresentazione di Giuseppe.*

[3654]

ANONIMA

[Rappresentazione di Salomone].

Treviso, e Pistoia, Piero Antonio Fortunati, [1630].

[8] p.: ill.; 4° (p. 3-6 ritagliate nella parte superiore, testo mancante)

A⁴

Cioni 1961, p. 274, n. 13; Harvard Houghton Library GEN *IC5 A100R S2.645

Il titolo è quello uniforme. L'edizione, non datata, si colloca all'altezza dell'unica altra edizione stampata dal Fortunati a Treviso e Pistoia.

[3655]

[BELCARI, FEO]

Rappresentatione e festa di Abram, et Isac suo figliuolo.

(Siena e Pistoia, Piero Antonio Fortunati), [1630].

[4] c.: ill.; 4°

A⁴

SBN-IT\ICCU\CFIE\033181

Per l'autore cfr. Cioni 1961, p. 71, n. 30; Testaverde-Evangelista, 500. Titolo da c. A1r. Titolo uniforme: *Rappresentazione di Abramo e Isacco*. Data ricavata dall'impronta. V. ed.

[3656]

CALAMATO, ALESSANDRO

La croce di Giesu, e di Maria ouero Discorsi scritturali sopra la passione, e compassione di Christo, e della Madonna, [...] Del R.D. Alessandro Calamato.

Messina, Giovanni Francesco Bianco, a istanza di Giuseppe Matarozzi, 1630.

[8], 239, [1] p.; 4°

†⁴ A-2G⁴

SBN-IT\ICCU\BVEE\053086

[3657]

CALAMATO, ALESSANDRO

Delle grandezze, e prerogatiue di Maria Vergine madre d'Iddio ragionamenti 6. Per le festiuita di lei, nouena, e Sabbati di Quaresima. Del R.D. Alessandro Calamato. Con due discorsi nel fine, l'vno della lettera scritta dalla sacratissima Vergine alla citta di Messina; [...].

Messina, Pietro Brea, 1630.

[8], 151, [1] p.; 4°

+⁴, A-T⁴ (ultima p. bianca)

SBN-IT\ICCU\BVEE\050625

Cfr. Mira, I, 147; Mongitore, I, 15; Narbone, III, 405; Lipari, 127; Michel-Michel, II, p. 13.

[3658]

CAPECE, MARCANTONIO

Discorsi dell'eccellenze di Maria Vergine beatissima composti dal p. Marco Antonio Capeci napoletano teologo della Compagnia di Giesù.

Napoli, Secondino Roncagliolo, 1630.

[60] 889 [i.e. 879] [1] p.; ill.; 4° (omesse nella numer. le p. 273-282).

a-f⁴ g⁶ A-5S⁴

SBN-IT\ICCU\TO0E\028545

[3659]

CARDOSO, LORENZO

Villa regia di Maria vergine con delitiosa habitatione per l'incarnato Dio, e real' palagio guernito di gioie, e di pitture di gran pregio, in mezo à bellissimo giardino di varie piante adornato, fabricato sopra il Sal. Fundamenta eius. Descritta dal r.p.f. Lorenzo Cardoso minore osseruante riformato. Con la lettura sacra annuale nel Giardino di Milano, spiegando

le trè lettioni dell'offitio piccolo della Madonna, in omnibus requiem quaesiui &c. Et sic in Sion, &c. Quasi cedrus eccl. 24. Doue si ragiona de' priuilegi singolari di Maria vergine. Con discorsi, concetti scritturali applicabili, & applicati à tutte le feste che trà l'anno si celebrano della madre di Dio.

Venezia, Giorgio Valentini, 1630.

2 vol.; 4°

SBN-IT\ICCU\UM1E\000187

1

[48], 297 [i.e. 277], [3] p.: ill.

a⁴, ²a-e⁴ A-2M⁴ (c. 2M3v e 2M4 bianche)

SBN-IT\ICCU\UM1E\000188

V. fr.

2:

Villa regia di Maria vergine per l'incarnato Dio con real palagio guernito di gioie, e pitture di molto pregio in mezz'à bellissimo giardino, fabricato sopra il salmo 86. Fundamenta eius. Dal r.p.f. Lorenzo Cardoso lettore, e predicator generale de Min. Osseru. Rifor. Parte seconda. Dichiarando, & applicando a proposito, e lode di M.V. li sette versetti del salmo ne sabbati di Quaresima, predicati in tal tempo dall'autore prima nel Giardino di Milano, appresso nel Duomo di Fiorenza, & vltimamente in S. Zaccaria di Venetia. Aggiunteui in fine le prediche dell'Annontiatione, e purificatione della Madonna per commodo de predicatori.

Venezia, Giorgio Valentini, 1630.

[24], 164 [i.e. 160] p. (omesse nella numer. le p. 144-147)

A-C⁴, 2A-V⁴

SBN-IT\ICCU\UM1E\000189

V. fr.

[3660]

DECIO, CLAUDIO

Il pianto della beatissima Vergine nella morte del figliolo. Di Claudio Decio. Alla sereniss. Sig. principessa d. Maura Lucenia Farnese.

Roma, Lodovico Grignani, a istanza di Federico Grossi, 1630.

31, [1] p.: ill.; 8°

A¹⁶ (c. A5-8 erroneamente segnate B1-4)

SBN-IT\ICCU\RMLE\040047

[3661]

FRANCIOTTI, CESARE

Delle pratiche di meditationi per auanti, e dopo la ss. Comunione; sopra tutti i Vangeli dell'anno. Del p. Cesare Franciotti [...] Accresciute nuouamente dall'istesso della quarta parte, che contiene le feste de i santi di deuotione. [...] Diuise in sette parti. [...].

Venezia, Giovanni Battista Combi, 1630.

7 vol.: ill.; 12°

SBN-IT\ICCU\UM1E\004419

Per il piano generale dell'opera, cfr. Michel-Michel, III, p. 66.

1:
[12], 395, [1] p.: ill.
[croce]⁶ A-Q¹² R⁶
SBN-IT\ICCU\UM1E\004421

A c. [croce]1 frontespizio generale in cornice calcografica: *Opere spirituali* [...]. Frontespizio particolare a c. A1.

2:
492 [i.e. 490], [2] p.: ill. (omesse nella numer. le p. 457-458)
A-V¹² X⁶ (ultima c. bianca)
SBN-IT\ICCU\UM1E\004423

3:
Parte terza. Che contiene le feste commandate de' santi, & alcune di deuotione. Del p. Cesare Franciotti della religione della Madre. Nuovamente posta in luce.
246 c.: ill.
A-V¹² X⁶
SBN-IT\ICCU\UM1E\033171   e   IT\ICCU\UMCE\012307
Var. B: c. 246 erroneamente numerata 240.

5:
Aggiontioni alle pratiche sopra i Vangeli dell'anno, che contengono Meditationi intorno à varij soggetti spirituali, per auanti, e dopò la Santissima communione. Parte quinta [...].
324 p.
A-N¹² O⁶
SBN-IT\ICCU\UMCE\012309

6:
Osservationi intorno a i sacri misterii di tutto l'anno, appartenenti al Signore, de' quali si e' fatta mentione nelle cinque parti delle Pratiche sopra i Vangeli. Parte sesta [...].
422 p.
A-S¹²
SBN-IT\ICCU\UMCE\012310

Il vol. 4 è sul culto dei santi, il 7 sulla preparazione all'Eucarestia.

[3662]
GALLO, GIROLAMO
Il sagro teatro di primauera de' discorsi scritturali sopra gli Euangeli, che si predicano la Quaresima. Del molto reuer. padre f. Girolamo Gallo di Borgomanero lettore generale di sacra teologia de' Minori Osseruanti. Con due tauole, cioè delle cose notabili, e de' luoghi della Scrittura esplicati. All'illustriss. e reuerendiss. signor cardinale di S. Onofrio fratello di N.S. papa Urbano VIII.
Venezia, Eredi di Giovanni Guerigli, 1630.
[36], 394, [2] p.; 4°
a⁴ b⁸ c⁶ A-2A⁸ 2B⁶ (ultima c. bianca)

SBN-IT\ICCU\UM1E\004137
V. fr.

[3663]
GIACOMO DA BELGIOIOSO
Porta di Paradiso, per meditare l'acerba, e dolorosa Passione di nostro Signore Giesù Christo. Distribuita per li sette giorni di una, o di due settimane. E tre considerationi, con i documenti che da ciascuno si cauano: aggiontoui di nuouo un breue modo di praticare tutte le parti dell'oratione, & un'essercitio per acquistare l'humiltà. Raccolte dal r.p.f. Giacomo da Belgioioso.
Torino, Paolo Lazarone, 1630.
[24], 383, [1] p.: ill.; 12°
a¹² A-Q¹²
SBN-IT\ICCU\TO0E\152579

[3664]
JACOBUS DE VORAGINE/(tr.) MALERBI, NICOLÒ
Leggendario delle vite de i santi composto dal r. p. f. Iacobo di Voragine dell'Ordine de' Predicatori; & tradotto per il reuerendo d. Nicolo Manerbio Venetiano. Aggiuntoui di nuouo molte leggende, & accommodata ad ogni giorno la vita di alcun santo [...].
Venezia, Pietro Miloco, 1630.
[16], 864 p.: ill.; 8°
a⁸ A-3H⁸
SBN-IT\ICCU\VIAE\024108
Cfr. Griffante, I, p. 417.

[3665]
MASTRILLI, GREGORIO
Trenta discorsi del padre Gregorio Mastrilli della Compagnia di Giesu. Nelli quali si spiega la sacra historia del santo profeta Giona. Vivo ritratto della vita, predicatione, e passione di Giesu Christo nostro redentore.
Napoli, Egidio Longo, 1630.
[8], 440, [16] p.; 4°
a⁴ A-3L⁴ (ultima c. bianca)
SBN-IT\ICCU\CFIE\012359
V. fr.

[3666]
NISENO, DIEGO/(tr.) FOSCARINI, PIETRO
Quaresimale del r.p.f. Diego Nisseno, dell'Ordine di S. Basilio, celebratissimo predicatore di questi tempi nella Spagna. Tradotto dalla lingua spagnuola nella nostra italiana da Pietro Foscarini nobile venetiano. Dedicato al reuerendiss. P. maestro Giacom'Antonio Marchesi generale della religione fiesolana di S. Girolamo.
Venezia, Giacomo Scaglia, 1630.
[44], 530, [2] p.; 4°

a-d⁴ e⁶ A⁸ B-3S⁴ 3T⁶ (c. 3T6 bianca)
SBN-IT\ICCU\LIAE\003967
Var. B: *Quaresimale del r.p.f. Diego Nisseno, [...] Tradotto dalla lingua spagnuola nell'italiana da Pietro Foscarini. Dedicato al reuerendiss. p. m. Giacom'Antonio Marchesi generale della relig. fiesolana di S. Girolamo.* V. fr.

[3667]
PSEUDO-BONAVENTURA
Meditationi diuotissime di S. Bonauentura cardinale. Sopra tutta la vita del nostro Signore Giesu Christo. Con aggiunta d'alcune altre del medesimo fatte sopra la passione, & morte di esso nostro Signore. Di nuouo reuiste, corrette, & hora di bellissime figure adornate.
Venezia, Lucio Spineda, 1630.
2 pt (176; 101, [3] c.): ill.; 16°
A-Y⁸; A-N⁸
SBN-IT\ICCU\RMLE\026581
Titolo uniforme: *Meditationes vitae Christi* [italiano].
Pt 2: *Meditationi diuotissime di S. Bonauentura cardinale. Sopra il misterio dell'humana redentione, cioe sopra la passione, & morte di N.S. Giesu Christo.*

[3668]
PUENTE, LUIS DE/ ARNAYA, NICOLAS DE/(tr.) PUTIGNANO, TIBERIO
Compendio delle meditationi del p. Luigi de la Puente religioso della Compagnia di Giesu'. Composto dal p. Nicolo de Arnaya della medesima Compagnia in lingua spagnola. Et tradotto nell'italiana dal segretario Tiberio Putignano.
Venezia, Gerardo Imberti, 1630.
[24], 622, [2] p.: ill.; 12°
a¹² A-2C¹² (ultima c. bianca)
SBN-IT\ICCU\UM1E\015045

[3669]
QUARANTA, ANDREA
Apparato del deserto di Mosè.
Napoli, 1630.
8°
Quadrio, II.1, p. 305

[3670]
ROSELLI, ALESSANDRO
La rappresentatione di Sansone. Nuouamente ristampata, & con somma diligenza ricorretta.
Venezia, Pietro Usso, 1630.
47 p.
Toronto University 3781951
Titolo uniforme: *Rappresentazione di Sansone.*

[3671]
SGHEMMA, GASPARE
Delle prediche sopra gli Euangeli correnti nelle feste, e domeniche dell'anno. Dal giorno dell'Assonta Maria Vergine, e domenica decima della Pentecoste. Coll'Auuento di nostro Signore, e altre straordinarie. Fatte in Palermo nella chiesa di san Francesco m.r. padre fra Gaspare Sghemma [...] de' Minori Conuentuali.
Palermo, Alfonso Dell'Isola, 1630.
[8], 423 [i.e. 425], [30] p.; 4° (ripetute nella numer. le p. 291-292)
[croce]⁴ A-3L⁴
SBN-IT\ICCU\UM1E\006883

[3672]
VILLEGAS, ALONSO DE/(tr.) TIMOTEO DA BAGNO
Il nuouo, e vero leggendario della vita, e fatti di nostro Sig. Giesu Christo, e di tutti i santi. De' quali celebra la festa, e recita l'uffitio la s. chiesa catolica, conforme al breuiario romano riformato. [...] Raccolto da graui, & approuati autori; & dato in luce in lingua spagnuola dal molto reuerendo sig. d. Alfonso Vigliega di Toledo [...] sotto titolo di Flos sanctorum. Nuouamente con diligenza tradotto di spagnuolo in lingua italiana, per d. Timoteo da Bagno, monaco camaldolese. Et in questa seconda nostra impressione riordinato, con hauer posto a suoi luoghi, conforme al calendario gregoriano, le vite de' ss. estrauaganti, & altri nuouamente canonizati.
Torino, Eredi di Giovanni Domenico Tarino, 1630.
[16], 850 [i.e. 844] p.: ill.; fol. (omesse nella numer. le p. 817-822)
[croce]⁸ A-Z⁸ Aa-Zz⁸ Aaa-Fff⁸ Ggg⁶
SBN-IT\ICCU\PALE\002838

[3673]
VILLEGAS, ALONSO/(tr.) VALENTINO, GIULIO CESARE
Nuovo legendario della vita di Maria Vergine Immacolata Madre di Dio, et delli santi patriarchi & profeti dell'Antico Testamento si discorre sopra le sei eta del mondo & de' i fatti piu memorabili, che in esse sono accaduti, con somma diligenza & per modo d'historia, dato per avanti in luce in lingua spagnuola, sotto titolo di Flos Sanctorum seconda parte per il rever. sig. Alfonso de Villegas di Toledo [...] et nuouamente con molto studio dalla spagnuola, nella volgar lingua italiana tradotto per il rever. d. Giulio Cesare Valentino.
Milano, Giacomo Sarzina <1>, 1630.
[32], 794 p.: ill.; 4°
a-b⁸ A-3C⁸ 3D⁴
SBN-IT\ICCU\UMCE\016208
Var. B: [32], 296 [i.e. 796], [4] p.; a-b⁸ A-3D⁸.

[3674]
TRANQUILLO, GIOVANNI FRANCESCO

REPERTORIO CA 1462-1650

Il Natale di Nostro Signore Gesù Cristo, rappresentatione.
Messina, Giovanni Francesco Bianco, 1630.
8°
Quadrio, III, p. 77

1631

[3675]
BLASIO, LAURO
La rappresentazione di san Giovanni Battista.
Orvieto, Ruvoli, 1631.
12°
Quadrio, III, 87
Si tratta probabilmente dell'editore Rinaldo Ruuli.

[3676]
CALAMATO, ALESSANDRO
Nuoui, e fruttuosi ragionamenti sopra l'Auuento di Christo N.S. e feste correnti. Arricchiti di varii concetti, applicabili a molte ferie di Quaresima, e domeniche dell'anno. Del reu. D. Alessandro Calamato. [...].
Messina, Pietro Brea, 1631.
[8], 195, [1] p.; 4°
[croce]⁴ A-Z⁴ 2A⁶
SBN-IT\ICCU\BVEE\053084

[3677]
CERASOLI, SERAFINO
Pie meditationi sopra la passione di Christo, cauate da diuersi autori: tradotte in breuità dal R.P.D. Serafino Cerasoli da Montopoli [...] & in questa seconda impressione riuedute, & accresciute dal medemo di bellissimi, & deuoti concetti.
Foligno, Agostino Alteri, 1631.
351, [1] p.; 8°
A-Y⁸
SBN-IT\ICCU\BVEE\048608

[3678]
COREGLI, GRAZIANO
I sacri Salmi messi in rime da Gratiano Coregli, da Villafranca.
Parigi, 1631.
[174] c.; 12°
A-O¹² P⁶ (ultime [2] c. bianche)
SBN-IT\ICCU\UM1E\030608

[3679]
FRANCIOTTI, CESARE
Delle pratiche di meditazioni per auanti, e doppo la santissima Comunione. Sopra i Vangeli delle domeniche. Dalla prima domenica dell'Auuento, infino alla domenicha in Albis,

con alcune ferie della Quaresima. Del p. Cesare Franciotti della Congregazione della Madre di Dio. Aggiuntoui le Pratiche, e soliloquij, [...] Di nuouo ristampate, e ricorrette. Prima parte [...].
Firenze, Giovanni Battista Landini, 1631.
vol. ?: ill.; 12°
SBN-IT\ICCU\UM1E\013374
1:
[4], 343, [1] p.
π² A-O¹² P⁴
SBN-IT\ICCU\UM1E\013375
Rinvenuta solo la prima parte di questa emissione.

[3680]
PICO, RANUCCIO
Dauide glorioso del dottore Ranuccio Pico segretario dell'altezza ser.ma di Parma.
Roma, Erede di Bartolomeo Zanetti <2>, 1631.
[40], 520, [32] p. [1] tav.; 4°
a¹² b⁸ A-2K⁸ 2L-2N⁴ (c. 2K8 bianca)
SBN-IT\ICCU\TO0E\003797
A c. a2r.: *Vita del santissimo re, e profeta Dauide descritta in quattro libri. [...].* V. fr.

[3681]
ROMANO DA BAGNOREA
Le settimane divote ouero Contemplazioni breui per tutto l'anno, sopra la vita di Cristo, e di Maria Verg. del p. Romani da Bagnorea.
Todi, Cerquetano Cerquetani, 1631.
[12], 416 p.; 8°
[pigreco]⁶ A-2C⁸
SBN-IT\ICCU\RMSE\005411

[3682]
ROSIGLIA, MARCO
Della conuersione di santa Maria Maddalena; e della vita di Lazzaro, e Marta canti sette. Del sig. Marco Rasiglia di Foligno.
Viterbo e Macerata, Pietro Salvioni e Agostino Grisei <1>, 1631.
72 p.: ill.; 12°
A-C¹²
SBN-IT\ICCU\UM1E\013271

[3683]
SALMI/(tr.) DIODATI, GIOVANNI
I sacri salmi, messi in rime Italiane, da Giovanni Diodati.
[Genève, Pierre Aubert], 1631.
[344] p.; 12°
A-O¹², P⁶
FRBNF 36118634

BL 3433.a.11 e Yale Orbis 1971 275 danno come segnatura: A-O[12] P[4].

[3684]
TRONSARELLI, OTTAVIO
Drammi musicali.
Roma, Francesco Corbelletti, 1631 (Roma, Francesco Corbelletti, 1631).
452, [3] p.; 12°
A-T[12]
SBN-IT\ICCU\BVEE\026890
Contiene: *La figlia di Iefte* (p. 399-406); *Faraone sommerso* (p. 417-444); *L'essequie di Christo* (p. 445-452). Cfr. Franchi 1988, p. 176-180. V. fr.

1632

[3685]
BALLOTTINO, ARCANGELO
Compassioneuoli affetti dell'addolorata madre di Dio raccolti dal m.r.p. maestro Arcangelo Ballottino da Bologna dell'Ordine de Serui. Di nuouo stampati con un colloquio del pianto che ella fece nella morte del suo dilettissimo figlio Giesù Christo. Dedicati all'ill.mo sig.r Cesare Bianchetti.
Bologna, Andrea Salmincio, 1632.
[4], 376, 110, [2] p.; 24°
π[2] A-Z[8] z[4] [2]A-G[8]
SBN-IT\ICCU\PALE\000638
A c. [2]A1 con frontespizio proprio: *Colloquio affettuoso del pianto, che fece Maria nella morte del suo dilettissimo figliuolo Giesù Christo [...]*. In Bologna, per Bartolomeo Cochi, 1612.

[3686]
BIGNAMI, INNOCENZO
Discorsi per le domeniche et alcune solennità, che sono dall'Auuento alla Quaresima. Del m.r.p.f. Innocentio Bignami da Lodi.
Venezia, Turrini, 1632.
[16], 634, [70] p.; 4°
[croce lat.][8] A-2X[8] 2X[4]
SBN-IT\ICCU\UM1E\016616

[3687]
DE LEONE, MAURO ANTONIO
Corona della Madonna composta di sette stelle principali per le sue sette festiuità. Deuoto poema del clerico Mauro Antonio de Leone.
Trani, Lorenzo Valeri, 1632.
[20], 316 p.; 4°
†[4], [2]†[6], A-2P[4] 2Q[6] (c. [2]†6r bianca)

SBN-IT\ICCU\BATE\000197

[3688]
FERRARI, GREGORIO
Vita spirituale descrittaci dallo Spirito Santo nel salmo 17 e spiegata.
Milano, Filippo Ghisolfi, 1632.
475 p.; 8°
Swissbib 247291676

[3689]
MANZINI, LUIGI
Le turbolenze d'Israele seguite sotto'l gouerno di duo rè Seleuco il Filopatore, ed Antioco il Nobile. Istoria, ed osseruazioni di D. Luigi Manzini. All'eminentiss. e reverendiss. Principe il sig. card. Lorenzo Magalotti vescovo di Ferrara.
Bologna, Clemente Ferroni, 1632.
264 p., [1] c. di tav. ripieg. ill.; 4°
A-2K[4]
SBN-IT\ICCU\TO0E\038995
V. fr.

[3690]
MARINO, GIOVANNI BATTISTA
La strage degli innocenti poema del cavalier Marini all'ill.mo et ecce.mo sig.r duca d'Alva.
Napoli, Ottavio Beltrano [1632].
[16], 223, [1] p.: ill.; 8°
a[8] A-O[8]
SBN-IT\ICCU\BVEE\035251
Data dalla prefazione a c. a6r.

[3691]
[SANTI, LEONE]
Il Gigante rappresentato nel Seminario romano.
Roma, Francesco Corbelletti, 1632 (Roma, Francesco Corbelletti, a istanza di Giovan Francesco Pieri, 1632).
150, [2] p.; 12°
A-H[8] I[12]
SBN-IT\ICCU\BVEE\023553   e   IT\ICCU\MUS\0320170
Per l'autore cfr. Franchi 1988, p. 183-184. Si tratta quasi sicuramente degli eredi di Francesco Corbelletti. V. fr.

1633

[3692]
ACCARISIO, GIACOMO
Oratione della passione di Christo, recitata nell'Accademia romana da Giacomo Accarisio dottore di theologia, e qualificatore del S. Officio di Roma l'anno MDCXXXIII.

Roma, Giacomo Mascardi <1>, 1633.
11 p.; 4°
A⁶
SBN-IT\ICCU\CFIE\043423
V. fr.

[3693]
AGNELLI, SCIPIONE

Dell'interna croce della Madre di Dio di Scipione Agnello Vescouo di Casale, distinta in dodici libri, oue si contengono nouantadue copiosissimi discorsi predicabili, sopra la vita della gloriosissima Vergine, e passione di Giesù Cristo, ne' quali diffusamente si ragiona delle lodi, dignità, prerogatiue, e gratie di Maria; della sua purissima concettione, somma fortezza, allegrezze, e dolori; dell'infinita sua gloria, e delle marauiglie, che del continuo opera per salute vniuersale de' viui, e de' morti. Con quattro tauole, l'vna de' discorsi, l'altra delle cose più notabili, la terza de' luoghi della Sacra Scrittura, e l'vltima de gli auttori citati. Alla Santità di nostro signore papa Urbano Ottauo.

Venezia, Francesco Baba, 1633.
[48], 1194, [2] p.; 4°
[croce]⁴ a-e⁴ A-4B⁸ 4C-4H⁴ 4I⁶ (ultima c. bianca)
SBN-IT\ICCU\UM1E\001209
V. fr.

[3694]
[ARETINO, PIETRO]

Dell'humanita del figliuolo di Dio libri tre di Partenio Etiro. All'ill.mo sig.re il sig.r Bertucci Valiero fò dell'illustriss. sig Siluestro.

Venezia, Marco Ginammi, 1633.
[6], 471, [3] p.; 12°
A-V¹²
SBN-IT\ICCU\UM1E\015074
Partenio Etiro è anagramma di Pietro Aretino. Cfr. Michel-Michel, I, p. 67. V. fr.

[3695]
[ARETINO, PIETRO]

Vita di Maria Vergine, descritta in tre libri da Partenio Etiro. All'ill.mo signore il sig. Gio. Grimani fò dell'illustriss. signor Antonio Caualiere, & proc.re.

Venezia, Marco Ginammi, 1633.
[12], 624 p.: ill.; 12° quadrato
A⁶ A-2C¹²
SBN-IT\ICCU\CFIE\034500
Partenio Etiro è anagramma di Pietro Aretino. Titolo completato sulla base di Marini, p. 631-632.

[3696]
AVENDAÑO, CRISTOBAL/(tr.) DALLA BELLA, DOMENICO

Mariale perfettissimo delle feste ordinarie, et straordinarie della gloriosissima vergine Maria madre di Dio [...] Composto in lingua spagnola dal m.r. p.d. Cristoforo D'Avendagno Carmelitano. E trasportato nella fauella italiana dal m.r. p. d. Bartolomeo Dalla Bella Dominicano [...].

Venezia, Tomasini, 1633.
[64] c., 382 p.; 4°
[croce]⁴ a-g⁴ A-3B⁴ (ultima c. bianca)
SBN-IT\ICCU\UM1E\001347 e IT\ICCU\RLZE\017922
L'editore dovrebbe essere Cristoforo Tomasini.

[3697]
CENTINO, MAURIZIO

Prediche dell'Auuento con l'Enneade sacra di monsig. Mauritio Centino di Ascoli vescouo di Mileto consecrate all'eminenza del sig. cardin: di Ascoli.

Messina, Giovanni Francesco Bianco, 1633.
[12], 380, [8] p.; 4°
†⁶ A-3B⁴ 3C²
SBN-IT\ICCU\BVEE\050330
V. fr.

[3698]
CICOGNINI, JACOPO

Trionfo di Dauid rappresentazione sacra del dot. Iacopo Cicognini accademico Instancabile. Recitata nella venerabile Compagnia dell'arcangelo Raffaello, detta la Scala; alla presenza dell'altezze serenissime di Toscana l'anno 1628. In Fiorenza. Dedicata agli onorandi padri e fratelli di essa compagnia.

Firenze, Zanobi Pignoni, 1633.
[16], 188, [4] p.; 8°
†⁸ A-M⁸ (ultima p. bianca)
SBN-IT\ICCU\BVEE\023167
V. fr.

[3699]
CINQUANTA, BENEDETTO

Il figliol prodigo. Rappresentatione morale in versi sciolti nouamente composta dal padre f. Benedetto Cinquanta theologo, e predicatore generale de Minori Osseruanti. Nel conuento di Santa Maria della Pace. All'ill.mo & ecc.mo sig. re il sig. duca di Feria.

Milano, Giovanni Battista Malatesta, 1633.
134, [4] p.; 12°
a⁶ A-I¹² K⁶
SBN-IT\ICCU\MILE\021663

V. fr.

[3700]

FEDELE, BENEDETTO
Considerationi sopra i vangeli della quaresima appartenenti al predicatore. Del p. maestro fra Benedetto Fedele [...].
Palermo, Cirillo Decio, 1633-1635.
2 vol.; 4°
SBN-IT\ICCU\RMSE\005457
Cfr. Mira, I, 347; Mongitore, I, 102; Narbone, IV, 46.
1:
Palermo, Cirillo Decio, 1633.
[16], 618, [54] p.
†-2†⁴ A-4P⁴
SBN-IT\ICCU\RMSE\005458
Il secondo volume è edito nel 1635, cfr. SBN-IT\ICCU\RMSE\005459 e SBN-IT\ICCU\BASE\018671, vedi 3743.

[3701]

MANZINI, LUIGI
Le turbolenze d'Israele seguite sotto'l gouerno di duo rè Seleuco il Filopatore, ed Antioco il Nobile. Istoria, ed osseruazioni di D. Luigi Manzini. All'Illustrissimo sig. il sig. Gio: Francesco Loredano nobile veneto.
Venezia, Giacomo Sarzina <1>, 1633.
[8], 160 p.; 4°
a⁴ A-K⁸
SBN-IT\ICCU\BVEE\041936
V. fr.

[3702]

MARINO, GIOVANNI BATTISTA
La Strage degl'Innocenti poema del sig.r caual.r Marino con un canto della Gerusalemme distrutta con quattro canzoni del medesimo autore e con la vita di lui dal s. Giacomo Filippo Camola accademico humorista descritta. All'ill.mo sig.r Paolo Lodouico Riualdi.
Roma, a istanza di Giovanni Manelfi (Roma, Giacomo Mascardi <1>, 1633).
2 pt ([24],144, 59, [1]; 145, [1] p.); 12°
†¹² A-F¹² a-b¹² c⁶; a⁶ b⁴ A-F¹²
SBN-IT\ICCU\BVEE\041238
Il settimo canto della *Gerusalemme distrutta* inizia con proprio occhietto. V. fr.

[3703]

MARINO, GIOVANNI BATTISTA
Strage de gli Innocenti del Cav. Marino All'illustriss. sig. conte Francesco Martinengo Villagana.
Venezia, Giacomo Scaglia, 1633 (Venezia, Giacomo Scaglia, 1633).

[8], 154, 94 p.: ill.; 4°
π⁴ A-N⁸ O⁴ P-Q⁸
SBN-IT\ICCU\PUVE\000185
Contiene anche: *Della Gerusalemme distrutta*, canto settimo (c. K6r); *Inuettiua contra il vitio nefando*, canzone (c. M6r); *Scherzi del caualier Marino al poetino, con la risposta* (c. N2r); *Discorso accademico del cau. Marino* (c. O1r); *Vita del caualier Gio. Battista Marino, descritta dal caualiere Francesco Ferrari [...]* (c. P1r). Var. B: In Venetia, appresso Giacomo Scaglia. V. fr.

[3704]

MARINO, GIOVANNI BATTISTA
La strage de gli innocenti del cav.r Marini. Al ill.mo sig.r conte Francesco Pepoli co. di Castiglione Baragazza Sparvi, etc.
Bologna, Antonio Gonzali per Niccolò Tebaldini, 1633.
[4], 138 [i.e. 140], [4] p.; 12° (ripetute nella numer. le p. 119-120)
[ast]² A-F¹² (c. F12 bianca)
SBN-IT\ICCU\UBOE\069830

[3705]

NISENO, DIEGO/(tr.) SANTARELLO, EVANGELISTA
Quaresimale del reu. padre f. Diego Nisseno predicatore del monasterio di s. Basilio Magno di Madrid. [...] Tradotta dalla lingua spagnuola per il r.p.f. Euangelista Santarello [...] Con due tauole [...].
Venezia, Giunta, 1633.
[48], 545 [i.e. 539], [1] p.; 4° (ripetute nella numer. le p. 195-196, 221-222, omesse le p. 481-490)
a-c⁸ A-2K⁸ 2L⁶
SBN-IT\ICCU\UM1E\004266

[3706]

NOVELLI, BALDO
Prediche dell'avvento [...].
Venezia, Giacomo Sarzina <1>, 1633.
144 p.; 8°
Wolfenbüttel, Herzog August Bibliothek, A: 39.5 Quod. (3)

[3707]

QUERINI, GIOVANBATTISTA
Le piante dell'horto mistico di Dio ouero Prediche in lode di Maria vergine. Di monsig. Querini arciuescouo di Nixia, & Paris. Consecrate all'eminentissimo prencipe il sig. card. Francesco Barberino nepote di n.s. papa Urbano VIII.
Venezia, Giacomo Sarzina <1>, 1633.
[8], 221 p.; 4°
a⁴ A-D⁴ E-Q⁸
SBN-IT\ICCU\UM1E\001265

V. fr.

[3708]

SCAMMACCA, ORTENSIO/(ed.) LAFARINA, MARTINO
Delle tragedie sacre e morali raccolte dal signor abbate D. Martino La Farina.
Palermo, Giovanni Battista Maringo, 1632-1648.
14 vol.; 12°
SBN-IT\ICCU\BVEE\027480
Il primo volume, uscito nel 1632, non riguarda temi biblici ma agiografici.

2:
Delle tragedie sacre e morali raccolte dal signor abbate d. Martino La Farina col discorso della tragedia tomo 2.
Palermo, Giovanni Battista Maringo, 1633.
[6], 59 [i.e. 61, 1], 324 p.
[croce lat.]⁴, A-B¹² C⁶ chi¹; A-N¹² O⁶ (c. [croce lat.]⁴ mancante, c. C6r numerata 59 il verso numerato 48, c. chi1r numerata 59)
SBN-IT\ICCU\VEAE\127283
Contiene: *Il Roboamo settima tragedia sacra.*

3:
Tomo 3 delle tragedie sacre e morali raccolte, e dedicate dal signor abbate d. Martino La Farina al molto ill.e sig.re il sig.r don Mario della Valle.
Palermo, Giovanni Battista Maringo, 1633 (Palermo, Giovanni Battista Maringo, 1633).
[12], 458, [2] p.
pi greco², [quattro punti]⁴, A-E¹² F⁶ G-K¹² L⁶ M-P¹² Q⁶ R-V¹² X⁸ (c. pi greco1 bianca)
SBN-IT\ICCU\VEAE\127284
Contiene: *Il Christo risuscitato tragedia sacra.*

4:
Tomo 4 delle tragedie sacre e morali raccolte, e dedicate dal signor abbate d. Martino La Farina al molto ill.e signore il signor don Mario della Valle.
Palermo, Giovanni Battista Maringo, 1633.
[6], 362, [2] p.: ill.
†⁴ A-D¹² E⁸ F⁴ G-K¹² L⁶ M-Q¹² R⁸ (c. †4 mancante)
SBN-IT\ICCU\PALE\007021
Contiene: *Il Christo morto.*

6:
Palermo, Giovanni Battista Maringo, 1633.
[10], 123, [1], 124, 130 [i.e. 106], [2] p.: ill. (errori nella numer. delle p.)
π¹ †², A-E¹² F⁴ G-L¹² [croce ci Malta]², M-P¹² Q⁶
SBN-IT\ICCU\PALE\007024
Contiene: *La Susanna.*

7:
(Palermo, Giovanni Battista Maringo, 1633).
[8], 426, [2] p.
†⁴, A-E¹² F⁴ G⁸ H-K¹² L⁶ M-P¹² Q⁴ R⁸ S-V¹² X⁴

SBN-IT\ICCU\PALE\007026
Contiene il *Cristo nato.* I vol. 5 e 8 non riguardano materia biblica. I vol. 9 e 10 sono rispettivamente del 1639 e 1644 vedi 3835 e 3954. I vol. 11-14 non riguardano materia biblica. Cfr. Fiore-Lipari, 1512-1513; Michel, VII, 100, VIII, 235; Mira, II, 337; Mongitore, I, 294; Narbone, IV, 98; Sommervogel, VII, 684.

1634

[3709]

AGNELLI, SCIPIONE
Dell' interna croce della Madre di Dio di Scipione Agnello vescouo di Casale, distinta in dodici libri, oue si contengono nouantadue copiosissimi discorsi predicabili, sopra la vita della gloriosissima Vergine, e passione di Giesù Cristo, ne' quali si ragiona delle lodi, dignità, prerogatiue, e gratie di Maria; della sua purissima concettione, somma fortezza, allegrezze, e dolori; dell'infinita sua gloria, e delle marauiglie, che di continuo opera per salute vniuersale, de' vivi, e de' morti. Con quattro tauole, l'una de' discorsi, l'altra delle cose più notabili, la terza de' luoghi della Sacra scrittura, e l'ultima de gli autori citati. Alla santità di nostro signore papa Urbano ottavo.
Venezia, Francesco Baba, 1634.
[48], 1194, [40] p.; 4°
*⁴ a-e⁴ A-4B⁸ 4C-4H⁴ 4I⁶ a-e⁴ (c. 4I6 bianca)
SBN-IT\ICCU\UBOE\031905
V. fr.

[3710]

AVENDAÑO, CRISTOBAL/(tr.) LOREDANO, GIOVAN FRANCESCO/(tr.) CLEMENTE DA NAPOLI
Quadragesimale dell'Avendagno. Quadragesimale del molto r.p.f. Cristoforo Auendagno. Parte prima. Trapportato dalla lingua spagnola dall'illustrissimo sig. il signor Gio: Francesco Loredano. Con tre tauole copiosissime. Al molto illustre, & reuerendissimo Padre don Tomaso Valabii abbate di S. Damiano di Bologna, dell'Ord. Camaldolese.
Venezia, Giacomo Sarzina <1>, 1634.
2 vol.; 4°
SBN-IT\ICCU\UM1E\006722

1:
[56], 324 p.
π⁴ a-f⁴ A-F⁴ G-H⁸ I-Q⁴ R-T⁸ V-2I⁴ 2K⁶ (c. f4 bianca)
SBN-IT\ICCU\UM1E\006723
Il frontespizio a c. 1v, nel retro si legge: *Quadragesimale dell'Avendagno.* V. fr.

2:
Quadragesimale del molto r.p.f. Cristoforo Auendagno. Parte seconda. Trapportato dalla lingua spagnola dal

r.p.f. Clemente da Napoli, predicatore generale de' Minori Osseruanti. Con tre tauole copiosissime. Al molto illustre, & reuerendissimo padre don Tomaso Valabii abbate di S. Damiano di Bologna, dell'Ord. Camaldolese.
Venezia, Giacomo Sarzina <1>, 1634.
[40], 320 p.
a-e⁴ A-2R⁴
SBN-IT\ICCU\UM1E\006724
V. fr.

[3711]
AVENDAÑO, CRISTOBAL/(tr.) CORBELLI, NICEFORO
Santuario, ouero Discorsi predicabili sopra le feste più principali dell'anno, del m.r.p. maestro f. Christoforo d'Auendagno carmelitano calzado trasportato dalla spagnuola nella lingua italiana da d. Niceforo Corbelli. Con tavole copiosissime. Consacrato al reverendissimo p. d. Michiel'Angelo Fontana generale della Congregatione de' Canonici Regolari del Salvatore.
Venezia, Tomasini, 1634
2 vol.; 4°
SBN-IT\ICCU\UM1E\004336
Sul frontespizio visto "calzado" risulta da una sovrapposizione di carta. L'editore dovrebbe essere Cristoforo Tomasini. V. fr.
1:
[8], 406, [38] p.; 4°
[pi greco]⁴ A-2D⁸ 2E⁶
SBN-IT\ICCU\RMSE\005263
Il tipografo è probabilmente Cristoforo Tomasini. Il secondo volume è edito da Giacomo Sarzina nel 1634 (1635), cfr. SBN-IT\ICCU\UM1E\004352, vedi 3735.

[3712]
BRIGNOLE SALE, ANTON GIULIO
Maria Maddalena peccatrice, e conuertita. Descritta da Antongiulio Brignole Sale. Dedicata alla signora Maria Maddalena Durazza.
Genova, Pietro Giovanni Calenzano e Giovanni Maria Farroni, [1634].
[8], 247, [i.e. 249], [7] p.; 8° (p. 240-241 ripetute nella numer.)
π⁴ A-Q⁸ (c. π3 bianca)
SBN-IT\ICCU\UM1E\002119
L'opera, non datata, si colloca all'altezza della prima opera con data di stampa dell'autore; anche l'attività degli editori la pone negli anni '30 del secolo. V. fr.

[3713]
CALAMATO, ALESSANDRO

Nuoua selua di concetti, fondati nell'autorita della Sacra Scrittura, de' santi padri, e d'altri grauissimi dottori di s. Chiesa. [...] Del reuerendo don Alessandro Calamato. [...].
Messina, Giovanni Francesco Bianco, a istanza di Luca Francesco Matarozzi, 1634.
[12], 612 p.; 4°
[croce]⁶ A-4F⁴ 4G⁶
SBN-IT\ICCU\UM1E\003030
Var. B: arma calcografica del dedicatario, Ettore Van Achtoven, sul frontespizio. Cfr. Michel-Michel, II, p. 13.

[3714]
CERTANI, GIACOMO
La Susanna. Poema di d. Giacomo Certani [...].
Bologna, Clemente Ferroni, 1634.
[8], 208 p.; 8°
+⁴ A-N⁸
SBN-IT\ICCU\LO1E\041145

[3715]
CINQUANTA, BENEDETTO
Il fariseo et il publicano rappresentatione spirituale, utile per sapere il vero modo di fare Oratione. Nuouamente composta dal P. Fra Benedetto Cinquanta Teologo, e Predicatore generale de Menori Osseruanti. Fra gli Accademici pacifici detto il Seluaggio.
Milano, Francesco Marelli, 1634.
[2], 11-144, [4] p.; 12° (probabili errori nella numer. delle p.)
A⁸ B-G¹²
SBN-IT\ICCU\LO1E\024460

[3716]
CINQUANTA, BENEDETTO
La risurrezione di Cristo, rappresentatione.
Milano, Francesco Marelli, 1634.
12°
Quadrio, III, p. 81

[3717]
GHIRARDENGO, IPPOLITO
Duello di vita e morte nella risurrezione di Cristo. Tragicommedia spirituale.
Tortona, [Pietro] Giovanni Calenzano, 1634.
8°
Quadrio, III, I, 89

[3718]
GLIELMO, ANTONIO
Le grandezze della Santiss.ma Trinita del padre Antonio Glielmo, sacerdote della Congregatione dell'oratorio di

Napoli. Con vn poema sacro del diluuio del mondo, nel fine, del medesimo autore.
Napoli, Lazzaro Scoriggio, 1634.
2 pt ([14], 736, [2], 91, [1] p.); 4°
a-b⁸ c⁴ A-2X⁸ 2Y⁴; A-E⁸ F⁶
SBN-IT\ICCU\BA1E\002261

[3719]
MALVEZZI, VIRGINIO
Dauide perseguitato del marchese Virgilio Maluezzi [...].
Milano, Filippo Ghisolfi, a istanza di Carlo Ferrandi, 1634.
138, [6] p.; 12°
A-F¹² (ultime 3 c. bianche)
SBN-IT\ICCU\TO0E\128240

[3720]
MALVEZZI, VIRGINIO
Dauide perseguitato del marchese Virgilio Maluezzi dedicato all'illust.mo [...] Benedetto Iberti.
Venezia, Giacomo Sarzina <1>, 1634.
[8], 203, [5] p.; 12°
a⁴ A-H¹² I⁸ (ultime 2 c. bianche)
SBN-IT\ICCU\RAVE\071614

[3721]
MALVEZZI, VIRGINIO
Dauide perseguitato del marchese Virgilio Maluezzi dedicato alla cattolica maestà di Filippo IIII. il Grande.
Bologna, Giacomo Monti, 1634 (Bologna, Giacomo Monti, 1634).
[8], 153, [3] p.; 4°
π⁴ A-S⁴ T⁶ (ultima c. bianca)
SBN-IT\ICCU\TO0E\003786
Antiporta: *Il Coriolano*. V. fr.

[3722]
MANZINI, LUIGI
Le battaglie d'Israelle istoria ed osseruazioni di d. Luigi Manzini [...].
(Venezia, Giacomo Sarzina <1>, 1634).
[8], 235, [1] p.; 4°
π⁴ A-O⁸ P⁶
SBN-IT\ICCU\UM1E\008169

[3723]
MANZINI, LUIGI
Le turbolenze d'Israelle seguite sotto'l gouerno di duo rè Seleuco il filopatore, ed Antioco il nobile. Istoria, ed osseruazioni di d. Luigi Manzini [...].
Milano, Filippo Ghisolfi, a istanza di Carlo Ferrandi, 1634 (Milano, Filippo Ghisolfi, 1633).
[12], 221, [3] p.; 12°

†⁶ A-I¹² K⁶ (c. K4 e K5 mancanti)
SBN-IT\ICCU\RAVE\071481

[3724]
NISENO, DIEGO/(tr.) G.F.L.
Assonti predicabili sopra tutte le Domeniche dopò la Pentecoste. Del r.p.f. Diego Nisseno, dell' ordine di S. Basilio. Tradotti dal sig. G.F.L. Al mol. ill. e reuerendiss. padre D. Aurelio Triuisani, abb. oliuetano dedicati. Con tauole copiosissime.
Venezia, Giacomo Scaglia, 1634.
[24], 383, [1] p.; 4°
[croce]⁸ a⁴ A-2A⁸
SBN-IT\ICCU\UM1E\004246
Cfr. Michel, VI, p. 21. V. fr.

[3725]
NISENO, DIEGO/(tr.) CIALDINI, BIAGIO
Prediche sopra le domeniche dell'Auuento, dopò l'Epifania, e dopò Pasqua di resurrettione, fino alle Pentecoste. Del padre f. Diego Nisseno. Tradotte dallo spagnuolo nell'idioma italiano, dal p.d. Biasio Cialdini, canonico regolare del Saluatore, e teologo del serenissimo di Mantoua. Con tauole copiosissime de gli Assonti predicabili. All'illustrissimo, & reuerendissimo monsig. Benedetto Bragadino arciuescouo di Corfù.
Venezia, Tomasini, 1634.
[32], 527, [1] p.; 4°
[croce]⁸ 2[croce]-3[croce]⁴ A-3V⁴
SBN-IT\ICCU\UM1E\004248
L'editore dovrebbe essere Cristoforo Tomasini. Cfr. Michel, VI, p. 21. V. fr.

[3726]
NISENO, DIEGO/(tr.) FOSCARINI, PIETRO/(tr.) TENSINI, EMILIO/(tr.) G.F.L.
Quaresimale del Nisseno. Parte prima. Tradotto dalla lingua spagnuola da Pietro Foscarini [...].
Venezia, Giacomo Scaglia, 1634.
2 pt in 3 vol.; 4°
SBN-IT\ICCU\UM1E\012053
1:
[32], 455, [1] p.
a-b⁸ A-2E⁸ 2F⁴ (ultima p. bianca)
SBN-IT\ICCU\UM1E\012054
2:
Quaresimale del R.P.F. Diego Nisseno [...] Parte seconda. Che contiene le prediche per li lunedi, martedi, giouedi, e sabati di Quaresima. [...] Tradotti dal sig. G.F.L. [...].
Venezia, Giacomo Scaglia, 1634.
[16], 120 [i.e. 520] p. (p. 520 erroneamente numerata 120)
a⁸ A-Y⁸ Z⁴ 2A-K⁸

SBN-IT\ICCU\UM1E\012055

2.2:

Il compimento del quaresimale del R.P.F. Diego Nisseno predicatore dell'ordine di S. Basilio Magno. Cioè assunti predicabili [...] Trapportati dalla spagnuola, nella lingua italiana dal padre F. Emilio Tensino da Crema [...] Et hora datti in luce dal sig. G. F. L. [...] Con gl'indici necessarii. Con licenza, de superiori, et privilegio.

Venezia, Giacomo Scaglia, 1634.

[16], 520 p.

a⁸ A-Y⁸ Z⁴ 2A-2K⁸

SBN-IT\ICCU\FOGE\033419

[3727]

PAVONE, FRANCESCO

Meditatione sopra l'Aue Maria. Stampata ad instanza della Congregazione de i cherici dell'Assunta in Napoli [...] E scritta dal r.p. Francesco Pauone catanzarese [...].

Napoli, Giovanni Domenico Montanaro, 1634.

53, [3] p.; 16°

A-B⁸ C⁴ (c. C3v-4 bianche)

SBN-IT\ICCU\BA1E\012846

[3728]

TORSELLINO, ORAZIO/(tr.) AURELI, LODOVICO

Ristretto dell'historie del mondo del L. P. Torsellino della Compag.a del Gesu. volgarizzate dal sig: Lodouico Aurelij Perugino, con la nuoua agiunta per tutto l'anno 1633, con le grandezze di Roma et indice de' principi.

Perugia, a istanza di Pompilio Totti, 1634 (Roma, Giacomo Mascardi <1>, a istanza di Pompilio Totti, 1634).

[26], 574, [2] p.: ill.; 12°

π² (-π2) †¹² A-2A¹²

SBN-IT\ICCU\BRIE\000141

[3729]

TORSELLINO, ORAZIO/(tr.) AURELI, LODOVICO

Ristretto dell'historie del mondo del p. Torsellino volgarizzate dal sig. Lodouico Aurelii Perugino. Con le grandezze di Roma, et indice de' principi.

Perugia, a istanza di Pompilio Totti, 1634 (Roma, Giacomo Mascardi <1>, a istanza di Pompilio Totti, 1634).

[26], 574, [2] p.; 12°

[croce]¹² A-2A¹²

SBN-IT\ICCU\VIAE\022067

[3730]

VILLEGAS SELVAGO, ALONSO DE/(tr.) TIMOTEO DA BAGNO

Il perfetto leggendario della vita, e fatti di n.s. Giesu Christo e di tutti i santi, de' quali celebra la festa, e recita l'officio la Santa Chiesa Cattolica, conforme al Breuiario romano

riformato. Insieme con le vite di molti altri santi, che non sono nel calendario di detto breuiario [...] Raccolto da graui, & approuati autori: e dato in luce in lingua spagnuola dal m.r.d. Alfonso Vigliega [...] sotto il titolo di Flos Sanctorum e nuouamente con ogni diligenza tradotto dallo spagnuolo in lingua italiana, per don Timoteo da Bagno [...] In questa ultima impressione arricchito delle Vite de santi, che sono stati canonizati sino alla Santità di n.s. Papa Vrbano 8.

Venezia, Francesco Baba, 1634.

[24], 1196 p.: ill.; 4°

[croce]¹² A-4D⁸ 4E¹⁰

SBN-IT\ICCU\BASE\009641

1635

[3731]

ANONIMA

Le sette allegrezze della Madonna.

Firenze, e Pistoia, Fortunati, [1635?].

8°

BL 1071i21(10)

Dovrebbe trattarsi dell'editore Piero Antonio Fortunati.

[3732]

ANONIMA/(ed.) MARTINELLI, SIMONE

La rappresentatione di Giosef figliuolo di Giacob. Data in luce da Simone Martinelli fiorentino.

Viterbo, Bernardino Diotallevi, 1635.

48 p.: ill.; 12° (mancano le c. A2-11 ovvero p. 3-22)

A² B¹²

SBN-IT\ICCU\BVEE\025427

Titolo uniforme: *Rappresentazione di Giuseppe*. Esemplare mutilo, cfr. Franchi 1988, p. 210-211, n. 6. V. ed.

[3733]

[ARETINO, PIETRO]

Dello specchio delle opere di Dio, nello stato di natura libri tre. Di Partenio Etiro. All'illustr.mo & eccel.mo sig.re il signor Battista Nani.

Venezia, Marco Ginammi, 1635.

[4], 248 c.: ill.; 24°

π⁴ A-V¹² X⁸ (π1 bianca)

SBN-IT\ICCU\CFIE\019596

Partenio Etiro è anagramma di Pietro Aretino. Esistono due stati con una diversa ill. sul frontespizio, cfr. Boillet, p. 693-696. V. fr.

[3734]

[ARETINO, PIETRO]

Parafrasi sopra i sette salmi della penitenza di Dauid, di Partenio Etiro.
Venezia, Marco Ginammi, 1635 (Venezia, Marco Ginammi, 1635).
202, [2] p.: ill.; 240 lungo
A-H¹² I⁶
SBN-IT\ICCU\BVEE\068983
Partenio Etiro è anagramma di Pietro Aretino. V. fr.

[3735]
AVENDAÑO, CRISTOBAL DE/(tr.) LOREDAN, GIOVANNI FRANCESCO
Parte seconda. Trasportato dalla spagnuola nella lingua italiana dall'illustrissimo sig. Gio. Francesco Loredano. Con tre tauole copiosissime [...].
Venezia, Giacomo Sarzina <1>, 1634 (Venezia, Giacomo Sarzina <1>, 1635).
[52], 447 [i.e. 437], [3] p.; 4° (omesse nella numer. le p. 369-378)
a⁴ a-d⁴ e⁶ A-2D⁸ 2E⁴ (ultima c. bianca)
SBN-IT\ICCU\UM1E\004352
È la parte seconda dell'edizione del 1634 del *Santuario*, cfr. SBN-IT\ICCU\UM1E\004336, vedi 3711.

[3736]
AVENDAÑO, CRISTOBAL DE/(tr.) CORBELLI, NICEFORO
Santuario, ouero discorsi predicabili sopra le feste piu principali dell'anno, del m.r.p. Maestro F. Christoforo d'Avendagno; Trasportato dalla Spagnuola nella lingua Italiana da D. Niceforo Corbelli. Con tavole copiosissime; Illustrissimo Sig[nore] Gio[vanni] Francesco Loredano.
Venezia, Tomasini, 1635.
4, 406 p.; 22 cm
Swissbib 026080494
L'editore dovrebbe essere Cristoforo Tomasini. Cfr. anche SBN-IT\ICCU\UM1E\004336, vedi 3711, con diversa paginazione.

[3737]
CAPUTO, FILOCOLO
Giuditta trionfante, sacra rappresentatione di Filocalo Caputo napolitano, academico Incauto detto l'Estatico.
Napoli, Lazzaro Scoriggio, 1635.
[24], 156 p.; 12°
a¹² A-F¹² G⁶
SBN-IT\ICCU\BVEE\024743

[3738]
CERTANI, GIACOMO
L'Abraamo di D. Giacomo Certani Canonico Reg. Later. Dedicato alla molto illust. D. Angela Veli.
Bologna, Clemente Ferroni, 1635.

312 p.; 12°
A-N¹²
SBN-IT\ICCU\BVEE\041284

[3739]
CERTANI, GIACOMO
L'Abraamo di D. Giacomo Certani canonico regolare later. dedicato all'illustrissimo, e reuerendissimo mons. Serra [...].
Bologna, Clemente Ferroni, 1635.
[12], 223, [1] p.; 4°
†⁶ A-2E⁴
SBN-IT\ICCU\BVEE\042849

[3740]
CHIAPPE, BARTOLOMEO
Concetti scritturali per ordine di materie accomodati alli Euangeli delle domeniche di tutto l'anno. Raccolti da ss. padri, e da grauissimi autori, da Bartolomeo Clappa genouese, canonico, e teologo della chiesa metropolitana, e da lui nella medesima chiesa predicati.
Genova, Pietro Giovanni Calenzani e Giovanni Maria Farroni, 1635.
[20], 528 p.: ill.; 8°
(croce)⁸ †² A-2K⁸
SBN-IT\ICCU\BVEE\048377
Var. B: non reca la data sul frontespizio. V. fr.

[3741]
COLI, ALESSANDRO
Sacro fonte di lagrime a similitudine del fonte del Paradiso terrestre diuiso in quattro libri. Nelli quali sotto la figura de' quattro fiumi, [...] si ragiona. Delle lagrime di Christo, della beatissima Vergine, di quelle de' giusti, e de' penitenti. [...] Del molto reu. padre Alessandro Coli lucchese [...].
Napoli, Francesco Savio, a istanza di Domenico Vecchi, 1635.
[24], 643, [21] p.; 4°
a⁸ b⁴ A-2S⁸ 2T⁴ (ultima c. bianca)
SBN-IT\ICCU\UM1E\001835

[3742]
COPPOLA, GIOVANNI CARLO
Maria Concetta poema. Dell'abb. Gio: Carlo Coppola.
Firenze, Pietro Nesti, 1635.
[4], 200 p.: ill.; 4°
A⁶ B-2B⁴
SBN-IT\ICCU\BVEE\040477 e IT\ICCU\RMSE\086887
V. fr.

[3743]
FEDELE, BENEDETTO

Considerationi sopra i vangeli della quaresima appartenenti al predicatore. Del p. maestro fra Benedetto Fedele [...].
Palermo, Cirillo Decio, 1633-1635.
2 vol.; 4°
SBN-IT\ICCU\RMSE\005457
2:
Palermo, Girolamo Rosselli, 1635.
[12], 610, [46] p.; 4°
†⁴ †² A-4N⁴
SBN-IT\ICCU\RMSE\005459   e   IT\ICCU\
BASE\018671
Il primo volume è edito nel 1633, cfr. SBN-IT\ICCU\
RMSE\005458, vedi 3700. Cfr. Mira, I, 347; Mongitore,
I, 102; Narbone, IV, 46.

[3744]
GILIBERTI, VINCENZO
La pietosa intrecciatura della passione di Giesu e di Maria, tessuta da don Vincennzio [!] Giliberto cherico regolare. Con sette cantici su le sette parole intuonate dal Musico celeste nell'organo della croce. Con tre tauole, della Scrittura Sacra, de' cantici diuini, e delle materie piu vtili, e notabili più.
Napoli, Egidio Longo, 1635.
[12], 759, [73] p.; 4° (errori nella numer. delle p.)
a⁶ A-5M⁴
SBN-IT\ICCU\BVEE\048061
V. fr.

[3745]
LAPINI, BERNARDINO
Pianto drammatico, ouero Le lagrime di Maria, di Bernardo Lapini da Poppi, originario di Fiorenza, dottor di legge, nell'Accademia de' Nouelli il Principiante.
Firenze, Pietro Nesti, 1635.
[2], 153 [i.e. 155], [3] p.: ill.; 8° (errori nella numer. delle p.)
p¹ A-I⁸ K⁸ (c. K8 mancante)
SBN-IT\ICCU\VEAE\001508

[3746]
MALVEZZI, VIRGINIO
Il Romulo, il Tarquinio superbo, & il Davide perseguitato, opere del Signor Marchese Virgilio Malvezzi, con una lettera in dispreggio delle dignità dell'istesso Autore.
Venezia e Napoli, Ottavio Beltrano, 1635.
[10], 108, 120, 203, 21 p.; 16°
A-E⁶ A-E¹² A-H¹² I⁶ A¹¹ (c. I5v bianca, p. I6 bianca)
SBN-IT\ICCU\BRIE\001610

[3747]
NISENO, DIEGO/(tr.) CIALDINI, BIAGIO
Prediche sopra le domeniche dell'Auuento, dopo' l'Epifania, e dopò Pasqua di Resurrettione fino alle Pentecoste. Del padre fra Diego Nisseno. Tradotte dallo spagnuolo nell'idioma

italiano, dal p. d. Biasio Cialdini, Canonico Regolare del Saluatore, e teologo del serenissimo di Mantoua. Con tauole copiosissime. Al molto illustre e molto reuerendo padre D. Gio. Vincenzo Pacchioni preuosto di S. Gio. Euangelista di Brescia.
Venezia, Cristoforo Tomasini, 1635.
[28], 434, [2] p.; 4°
a⁸ b⁶ A-2D⁸ 2E² (ultima c. bianca)
SBN-IT\ICCU\UM1E\001758

[3748]
NOZZOLINI, TOLOMEO
Opere in ottaua rima del reuerendo m. Tolomeo Nozzolini, cioe Il martirio di santa Cristina, L'adorazione de' magi, La resurrezione di Lazero, Il sogno in sogno, e La Sardigna ricuperata. Di nuouo in questa terza impressione riuedute dall'autore.
Firenze, Francesco Onofri, 1635.
5 vol.; 4°
SBN-IT\ICCU\VEAE\123050
2:
L'adorazione de' magi, del reuer. M. Tolomeo Nozzolini. All'eminentiss. e reuerendiss. sig. cardinale De' Medici.
Firenze, Francesco Onofri, 1635.
40 p.
A-E⁴
SBN-IT\ICCU\VEAE\123053
3:
La resurrezione di Lazero, del reuer. M. Tolomeo Nozzolini. All'illustriss. e reuerendiss. sig. Alessandro Marzi Medici arciuescouo di Firenze.
Firenze, Francesco Onofri, 1635.
35, [1] p.: ill.
A-C⁴ D⁶ (ultima p. bianca)
SBN-IT\ICCU\VEAE\123055
Gli altri volumi non riguardano materia biblica.

[3749]
STROZZI, NICCOLÒ
Parafrasi delle lamentationi di Ieremia di Niccolò Strozzi. All'eminentiss. e Reuerendiss. Principe il sig. card. Antonio Barberini.
Roma, Lodovico Grignani, 1635.
46, [2] p.; 4°
A-C⁸ (ultima c. bianca)
SBN-IT\ICCU\BVEE\040746
V. fr.

1636

[3750]

[BELCARI, FEO]

Rappresentatione d'Abraam, et Isaac.

(Venezia e Treviso, Girolamo Righettini, 1636).

[4] c.; 4°

A⁴

SBN-IT\ICCU\VEAE\011585

Cfr. Melzi, II, p. 412; Cioni 1961, p. 71, n. 31. Titolo uniforme: *Rappresentazione di Abramo e Isacco.*

[3751]

BOLDONI, GIOVANNI NICCOLÒ

L'Annunziata drama di D. Gio. Nicolò Boldoni milanese all'emin.mo e r.mo sig.re il cardinale Antonio Barberino.

(Bologna, Erede del Benacci, 1636).

[16], 272 p.: ill.; 8°

†⁸ A-R⁸

SBN-IT\ICCU\BVEE\026259

Antiporta: *L'Annunziata del Boldoni.* V. fr.

[3752]

CERTANI, GIACOMO

L' Abraamo di D. Giacomo Certani. Dedicato all'illustre, e molto reu. signore il p.d. Donato Milcetti.

Venezia, Giacomo Sarzina <1>, 1636.

[12], 299, [1] p.; 12°

a⁶ A-M¹² N⁶ (c. a3 erroneamente segnata A5)

SBN-IT\ICCU\BVEE\053431

V. fr.

[3753]

DI RUGGIERO, TOMMASO

Lo lamento della Beata Vergine fatto sotto la croce. Capitolo funesto di D. Tomaso di Ruggiero dottor delle ll. della s. Theol. e predicatore.

Napoli, Ottavio Beltrano, 1636.

[8], 131, [1] p.; fol.

π⁴ A-L⁶ (c. L6v bianca)

SBN-IT\ICCU\NAPE\045935

[3754]

FEDELE, BENEDETTO

Quaresimale ouero considerationi sopra i Vangeli della Quaresima appartenenti al predicatore. Parte prima. Del p. maestro f. Benedetto Fedele di s. Filippo, del Terz'Ordine di s. Francesco regolare osseruante, della Prouincia di Sicilia. Con quattro copiosissime, & vtilissime tauole. Al molto illustre, & molto reuerendo signore il p. maestro f. Ludovico Maruncini, carmelitano.

Venezia, Giacomo Sarzina <1>, 1636.

2 vol.; 4°

SBN-IT\ICCU\UM1E\001660

1:

[64], 314 [i.e. 414] p. (c. 2C7v erroneamente numerata)

a-d⁸ A-2C⁸

SBN-IT\ICCU\UM1E\001661

Antiporta: *Quaresimale del padre Fedele.* Var. C: c. 2C7v numerata correttamente 414. V. fr.

2:

Quaresimale ouero considerationi sopra i Vangeli della Quaresima appartenenti al predicatore. Parte seconda. Del p. maestro f. Benedetto Fedele di s. Filippo, del Terz'Ordine di s. Francesco regolare osseruante, della Prouincia di Sicilia. Con quattro copiosissime, & vtilissime tauole. Al molto illustre, & molto reuerendo signore il p. maestro f. Ludovico Maruncini, carmelitano.

Venezia, Giacomo Sarzina <1>, 1636.

[48], 428 p.

a-c⁸ A-2C⁸

SBN-IT\ICCU\UM1E\001662

V. fr.

[3755]

GIOACHINI, CARLO ANTONIO

Pietro lagrimante affetto di deuotione di Carl'Antonio Gioachini [...].

Bologna, Clemente Ferroni, 1636.

37, [3] p.; 4°

A-E⁴ (c. E4 bianca)

SBN-IT\ICCU\UBOE\049213

[3756]

MALVEZZI, VIRGINIO

Il Davide perseguitato del marchese Virgilio Malvezzi.

Venezia, Giacomo Sarzina <1>, 1636.

214, [4] p.: ill.; 24°

SBN-IT\ICCU\SGEE\000827

[3757]

MALVEZZI, VIRGINIO

Davide perseguitato del marchese Virgilio Malvezzi dedicato all'illustriss. & reuerendiss. sig. monsig. governatore di S. Seuerino Ascanio Maffei.

Macerata, Eredi di Pietro Salvioni e Agostino Grisei, 1636.

[12], 177, [3] p.; 12°

*6 A-G¹² H⁶

SBN-IT\ICCU\MILE\010828

V. fr.

[3758]

NISENO, DIEGO/(tr.) CIALDINI, BIAGIO

L'Abraam del padre Diego Nisseno quinto tomo delle sue opere predicabili. Tradotto in italiano dal p.d. Biasio Cialdini, canonico regolare, teologo, e predicatore del serenissimo signor duca di Mantoa. Consecrato al reuerendissimo padre d. Lelio Panizzoli abbate di Candiana. Con tauole copiosissime per commodo, & vtile de' predicatori.
Venezia, Cristoforo Tomasini, 1636.
[28], 397 [i.e. 391], [9] p.; 4° (omesse nella numer. le p. 177-182)
a⁸ b⁶ A-2B⁸
SBN-IT\ICCU\UM1E\001763
V. fr.

[3759]
NISENO, DIEGO/(tr.) FOSCARINI, PIETRO/(tr.) G.F.L.
Quaresimale del r.p.d. Diego Nisseno dell'Ordine di S. Basilio, parte prima. Che contiene le prediche per li mercordì, venerdì, e domeniche di Quaresima. Tradotta da Pietro Foscarini. In quest'vltima impressione adornata di copiosissime tauole.
Venezia, Giacomo Scaglia, 1636.
2 vol.; 4°
SBN-IT\ICCU\UM1E\001790
1:
[32], 455, [1] p.
a-b⁸ A-2E⁸ 2F⁴
SBN-IT\ICCU\UM1E\001791
V. fr.
2:
Quaresimale del r.p.d. Diego Nisseno dell'Ordine di S. Basilio, parte seconda. Che contiene le prediche per li lunedì, martedì, Giovedì, e sabati di Quaresima. Tradotta dal sig. G.F.L. In quest'vltima impressione adornata di copiosissime tauole.
Venezia, Giacomo Scaglia, 1636.
[28], 471 [i.e. 463], [1] p.
a⁸ b⁶ A-2F⁸
SBN-IT\ICCU\UM1E\001792
V. fr.

[3760]
PALLAVICINO, FERRANTE
La Susanna di Ferrante Pallauicini. Libri quattro.
Venezia, Giacomo Sarzina <1>, 1636.
[8], 192 p.; 4°
a⁴ A-M⁸
SBN-IT\ICCU\CFIE\011143
V. fr.

[3761]
PUENTE, LUIS DE LA/(ed.) XIMENEZ, PEDRO

Compendio di tutte le meditazioni del p. Luigi da Ponte della Compagnia di Giesù. Raccolto dal p. Pietro Ximenez della medesima compagnia in lingua latina, et hora nuouamente tradotto nella italiana. La differenza di questo compendio dall'altro fatto dal p. Arnaia, e tradotto dal signor Tiberio Putignano, si mostra nelle lettera [!] al lettore.
Roma, Giacomo Facciotti, a istanza di Michel Legendre, 1636.
[16], 758, [26] p.; 8°
a⁸ A-3C⁸ (c. 3C8 bianca)
SBN-IT\ICCU\UM1E\005438

[3762]
PUENTE, LUIS DE LA/(tr.) BRACCINI, GIULIO CESARE
Meditationi del padre Lodouico da Ponte della Compagnia di Giesu. Sopra i principali misteri della nostra fede. [...] Con la prattica dell'oratione mentale. Diuise in sei parti. Tradotte dalla lingua castigliana nella toscana, dal sig. Giulio Cesare Bracini. Con due tauole [...].
Venezia, Guerigli, 1636.
[24], 172 [i.e. 162], [2], 118, [2], 236, 198, [2], 161 [i.e. 159], [1], 224 [i.e. 226], [2] p.: ill.; 4° (c. <2>K5 erroneamente numerata 172 invece di 162, dopo la c. <6>I2 omesse nella numer. le p. 132-135, nella settima sequenza ripetute le p. 95-96)
A⁴ a⁸, [2]A-I⁸ K¹⁰, [3]A-G⁸ H⁴, [4]A-O⁸ P⁶, [5]A-M⁸ N⁴, [6]A-K⁸, [7]A-N⁸ O¹⁰
SBN-IT\ICCU\UM1E\002653

[3763]
PUENTE, LUIS DE LA/(tr.) BRACCINI, GIULIO CESARE
Meditationi del padre Lodouico da Ponte della Compagnia di Giesù sopra i principali misteri della nostra fede, della vita, e Passione del N. Sig. Giesù Christo, e della Beata Vergine Maria e de' Santi, & Vangeli correnti. Con la prattica dell'oratione mentale. Diuise in sei parti. Tradotte dalla lingua Castigliana nella Toscana, dal sig. Giulio Cesare Bracini. Con due tauole [...].
Venezia, Giunta, 1636.
[24], 172, [2], 118, [2], 236, 198, [2], 161, [1], 224, [2] p.; 4°
A⁴ a⁸ 2A-I⁸ K¹⁰ 3A-G⁸ H⁴ 4A-O⁸ P⁶ 5A-M⁸ N⁴ 6A-K⁸ 7A-N⁸ O¹⁰
SBN-IT\ICCU\SIPE\016372

[3764]
PUENTE, LUIS DE LA/(tr.) BRACCINI, GIULIO CESARE
Meditationi del padre Lodouico da Ponte della Compagnia di Giesu, sopra i principali misteri della nostra fede, della vita, e passione del N. Sig. Giesu Christo, e della Beata Vergine Maria: e de' santi, & vangeli correnti [...] diuise in sei parti. Tradotte dalla lingua castigliana nella toscana, dal sig. Giulio Cesare Bracini [...].

Venezia, Pietro Maria Bertano, 1636.
[24], 172, [2], 118, [2], 236, 198, [2], 161, [1], 224, [2] p.; 4°
A⁴ a⁸ A-I⁸ K¹⁰ A-G⁸ H⁴ A-O⁸ P⁶ A-M⁸ N⁴ A-K⁸ A-N⁸ O¹⁰
SBN-IT\ICCU\UM1E\011564

[3765]
SCACCHI, FORTUNATO
Prima parte delle prediche e discorsi di monsig. fr. Fortunato Scacchi dell'ordine di s. Agostino [...] Nella quale si discorre sopra tutti gli Euangelij, soliti predicarsi tanto nelle domeniche, quanto nelle feste [...] Con due prediche nella publicatione, e processione del Giubileo.
Roma, Francesco Corbelletti <1>, 1636.
[16], 420, [60] p.; 4°
a⁸ A-2G⁸
SBN-IT\ICCU\UM1E\007065

1637

[3766]
AVENDAÑO, CRISTOBAL/(tr.) ?
Sermoni dell'Avvento con le sue festività et Santi, predicati nell'hospitale reale di Saragozza dal padre maestro f. Christofaro di Avendagno.
Venezia, Bartolomeo Fontana, 1637.
[40], 352 p.; 4°
Swissbib 325015759

[3767]
CALAMATO, ALESSANDRO
Nuoua selua di concetti, fondati nell'autorita della Sacra Scrittura, de' Santi Padri, e d'altri grauissimi dottori di Santa Chiesa. Applicabili a tutte le ferie di quaresima, domeniche fra l'anno, e feste correnti. Del reuerendo don Alessandro Calamato messinese. In questa seconda impressione dal medesimo autore accresciuta di varii, e bellissimi pensieri [...].
Messina, Vedova di Giovanni Francesco Bianco, 1637.
[16], 625 [i.e. 635,3] p.; 4° (dopo p. 627 la numer. continua con p. 618)
[croce lat.]-2[croce lat.]⁴ A-Z⁴ &⁴ 2A-3L⁴ 3M⁶
SBN-IT\ICCU\BA1E\001654

[3768]
CALAMATO, ALESSANDRO
Nuoua selua di concetti, fondatti nell'autorita della Sacra Scrittura, de' Santi Padri, e d'altri grauissimi Dottori di Santa Chiesa. Applicabili a tutte le ferie di quaresima [...] del r.d. Alessandro Calamato.
Venezia, Giacomo Sarzina <1>, 1637.
[32], 581, [1] p.; 4°

a-b⁴ c⁸ A-Z⁸ A-2M⁸ 2N⁸ 2O⁴ (c. 2M8 mancante)
SBN-IT\ICCU\UBOE\021498

[3769]
CALAMATO, ALESSANDRO
Nuova selva di concetti, fondati nell'autorita della Sacra Scrittura, de' Santi Padri, e d'altri gravissimi Dottori di S. Chiesa. Applicabili a tutte le ferie di Quaresima, Domeniche fra l'anno, e Feste correnti. Del Reverendo Don Alessandro Calamato Messinese. In questa seconda impressione del medesimo Autore accresciuta di varii e bellissimi pensieri, e diligentemente corretta.
Messina, Vedova di Giovanni Francesco Bianco, 1637.
[16], 612, [i.e. 512] p.
[croce] -2[croce] A-3Z⁴ A-4G⁴
SBN-IT\ICCU\CSAE\001430

[3770]
CAMMORLENGO, GIOACCHINO
Il Rosario della gloriosiss. Vergine con alcune affettuose e poetiche meditationi di d. Gioachino Cammorlengo.
Macerata, Agostino Ansovini, 1637.
55 p.: ill.; 14 cm
SBN-IT\ICCU\UMCE\035374

[3771]
DELLA PORTA, CARLO FRANCESCO
Isacco attione sacra da rappresentarsi nel Seminario romano nella distributione de' premii, che si fa nelle vacanze di questo Carneuale MDCXXXVII. Distesa in atti, e scene da Carlo Francesco Della Porta conuittore del medesimo Seminario.
Roma, Francesco Corbelletti <1>, 1637.
16 p.; 4°
A⁸
SBN-IT\ICCU\RMLE\043233   e   IT\ICCU\MUS\0033995
V. fr.

[3772]
FEDELE, BENEDETTO
Quaresimale ouero Considerationi sopra i vangeli della Quaresima appartenenti al predicatore. Parte prima. Del maestro f. Benedetto Fedele di san Filippo [...].
Venezia, Giacomo Sarzina <1>, 1637.
2 vol.; 4°
SBN-IT\ICCU\UM1E\004122
1:
[64], 414, [2] p.
a-d⁸ A-2C⁸
SBN-IT\ICCU\UM1E\004124
2:

Venezia, Giacomo Sarzina <1>, 1637.
[48], 428 [i.e. 416], [2] p. (omesse nella numer. le p. 113-116, 390-399)
a-c⁸ A-2C⁸
SBN-IT\ICCU\UM1E\004125

[3773]
LANDO, BIAGIO LAURO
La rappresentatione di san Gio. Battista nuouamente composta dal signor Biasio Lauro dell'Amatrice.
Orvieto, Rinaldo Ruuli, 1637 (Orvieto, Rinaldo Ruuli, 1637).
71, [1] p.; 12°
A-C¹²
SBN-IT\ICCU\CFIE\034229

[3774]
MANZINI, LUIGI
Vita di Tobia. Historia, e osseruazioni di d. Luigi Manzini.
Roma, Pietro Antonio Facciotti, 1637.
[16], 195, [1] p.; 4°
[croce]-2[croce]⁴ A-Z⁴ 2A⁶
SBN-IT\ICCU\TO0E\038965
Var. B: segnatura del primo fascicolo [croce]⁴. V. fr.

[3775]
MARIANI, LORENZO
Mostra di XXIV. hore euangeliche più osseruate così nella vita, e dottrina di Christo S.N. come nella sua morte, e passione, dottrinalmente, e moralmente dichiarate. Opera distinta in due libri: il primo contiene dodici hore spettanti alla prima consideratione: il secondo dodici altre spettanti alla seconda, cioè alla morte, con tre copiosissime tauole: composta dal r.p.f. Lorenzo Sordini Mariani fiorentino, predicatore generale dell'Ordine de' Predicatori, e professo nel conuento di Santa Maria Nouella di Fiorenza. Dedicata al reuerendis. padre generale dell'Ordine de' Predicatori m.f. Niccolò Ridolfi.
Firenze, Amadore Massi e Lorenzo Landi, 1637.
[28], 429, [3] p.; 4°
†-3†⁴ 4†² A-3H⁴
SBN-IT\ICCU\BVEE\051494
Di questa edizione non risultano altri volumi. V. fr.

[3776]
MARINO, GIOVANNI BATTISTA
Poesie sacre, e morali scelte dall'opere liriche del sig. cauallier Marino. Con aggiunta d'alcune altre dell'istesso autore non più stampate.
Roma, Francesco Cavalli, 1637.
[12], 232, [16] p. ; 12°
a⁶ A-K¹² L⁴ (ultima p. bianca)

SBN-IT\ICCU\UMCE\036476
Si tratta di una scelta di rime sacre del Marino disposte secondo l'anno liturgico, quindi contenente diversi episodi evangelici. Cfr. Franchi 1988, p. 220-221, n. 7. Per la seconda edizione cfr. SBN-IT\ICCU\RMLE\049807, vedi 3879.

[3777]
MARINO, GIOVANNI BATTISTA/FERRARI, FRANCESCO
Strage de gli innocenti del caualier Marino [...].
Macerata, Giuliano Carboni, a istanza di Andrea Pavese, 1637 (Macerata, Giuliano Carboni, 1637).
243, [3] p.; 8°
[croce]⁴ A-N⁸ O¹² P² chi¹
SBN-IT\ICCU\UMCE\012474
Contiene anche: *Della Gerusalemme distrutta, canto settimo* (c. I8v); *Discorso accademico del cau. Marino* (c. M1r); *Vita del caualier Gio. Battista Marino, descritta dal cavaliere Francesco Ferrari [...]* (c. N1r).

[3778]
MATA, JUAN DE/(tr.) BARRERA, CLEMENTE
Nuouo Mariale eruditissimo ouero discorsi predicabili nelle festiuità maggiori della verg. sacratissima Maria, madre di Dio. Con dodici prattiche, ò sermoni per le prime domeniche di tutti i mesi dell'anno. Del r.p.f. Giouanni di Mata predicatore generale dell'Ordine di S. Domenico. Trasportato dalla spagnuola nella lingua toscana dal p.f. Clemente Barrera da Napoli predicatore generale de' Minori Osseruanti di S. Francesco. Al molto reuerendo padre maestro Hippolito Tagliapietra prouinciale della Prouincia di S. Domenico dell'Ordine de' Predicatori.
Venezia, Giacomo Sarzina <1>, 1637.
[40], 251 [i.e. 247, 1] p.; 4° (omesse nella numer. le p. 96-97, 222-223)
π⁴ πA-D⁴, A⁴ B-Q⁸
SBN-IT\ICCU\UM1E\008239
Antiporta: *Nuouo Mariale del reuerendo padre Giouanni di Mata.* Var. B: data sul frontespizio 1638. V. fr.

[3779]
MENDOZA, FRANCISCO DE/(tr.) TEDESCHI, PAOLO
Delle prediche del p. Francesco di Mendoça diuise in due parti. Nella prima delle quali si contengono le prediche della domenica auanti l'Aduento fino a Pasqua di resurrettione, con i mercordì, e venerdì di Quaresima. E nella seconda si racchiudono vaghi, e pellegrini sermoni per le sere delle domeniche di Quaresima, e delle altre festiuità principali dell'anno. Tradotte dalla lingua spagnuola nell'italiana dal m.r.p. lettor f. Paolo Tedeschi della Mirandola de' Predicatori. Consecrate al reuerendissimo padre d. Cesare

Quadri, prouinciale della Congregatione de' Crociferi di Venetia. Con tavole copiosissime.
Venezia, Cristoforo Tomasini, 1637.
[90], 372, 104 p.; 4°
?⁴ a-d⁸ e¹⁰ A⁴ B-Z⁸ 2A⁶ ²A-N⁴
SBN-IT\ICCU\UM1E\001353
Antiporta: *Prediche del Mendoça*. V. fr.

[3780]
NISENO, DIEGO/(tr.) CIALDINI, BIAGIO
Quaresimale del reu. padre d. Diego Nisseno dell'ordine di S. Basilio, tradotto dallo spagnuolo dal m. reu. padre d. Biasio Cialdini teologo e predicatore del sereniss. duca di Mantoua. In questa nouissima impressione arricchito di nuoue prediche e concetti, che mancano nell'altre, con tauole copiosissime.
Venezia, Giunta, 1637.
[28], 800 [i.e. 796] p.; 4°
†⁸2†⁶ A-3C⁸ 3D⁸
SBN-IT\ICCU\RAVE\008552
Cfr. Michel-Michel, VI, p. 21. V. fr.

[3781]
NISENO, DIEGO/(tr.) CIALDINI, BIAGIO
Quaresimale del reu. padre d. Diego Nisseno dell'Ordine di S. Basilio. Tradotto dallo spagnuolo dal m. reu. padre d. Biasio Cialdini teologo e predicatore del sereniss. sig. duca di Mantoua. In questa nouissima impresione arricchito di nuoue prediche, e concetti, che mancano nell'altre. Con tauole copiosissime.
Venezia, Giunta, 1637.
[28], 800 p.; 4°
(1-2)croce⁴, tre croci⁶, (A-Zz)⁸, (A-Ddd)⁸
SBN-IT\ICCU\RLZE\035777

[3782]
PALLAVICINO, FERRANTE
Il Giuseppe di Ferrante Pallavicini. Tra gl'Incogniti di Venetia accademico occulto. Libri quattro.
Venezia, Cristoforo Tomasini, 1637.
[12], 348, [2] p.; 8° (ripetute nella numer. le p. 93-96)
a⁶ A-Y⁸ Z² (c. E2 e E4 erroneamente segnate H)
SBN-IT\ICCU\TO0E\007976
V. fr.

[3783]
RUOTI, MARIA CLEMENTE
Giacob patriarca azione drammatica di suor Maria Clemente Ruoti.
Pisa, Francesco Delle Dote, 1637.
87, [1] p.; 24°
π² (π1+†⁶) A-E⁸ F⁴ (c. π2 bianca)

SBN-IT\ICCU\CFIE\035821
V. fr.

[3784]
[SANTI, LEONE]
Il David rappresentato nel Seminario Rom. Di nuovo corretto, con l'aggiunta de i chori, e d'altre poesie sacre.
Roma, Francesco Corbelletti <1>, 1637.
276 p., [1] c.: ill.; 12°
A-L¹² M⁶
SBN-IT\ICCU\BVEE\026879
Per l'autore cfr. Franchi 1988, p. 219. V. fr.

[3785]
[SANTI, LEONE]
Il David, rappresentato nel Seminario Rom. di nuovo corretto con l'aggiunta dei chori e d'altre poesie sacre.
Roma, Francesco Corbelletti <1>, 1637.
276 p.; 15 cm
SBN-IT\ICCU\MUS\0020398
Per l'autore cfr. Franchi 1988, p. 219. Comprende testi di poesia per musica: *Sopra il Santissimo Sacramento dell'altare* (IT\ICCU\MIL\0805029); *Sopra il cielo della Cappella di S. Maria Maggiore fondata dalla Santità di Paolo 5* (IT\ICCU\MIL\0805030); *Epitalamio di Salomone overo dello Sposalizio del Verbo eterno con la natura Humana sopra il Salmo 44* (IT\ICCU\MIL\0805031); *Sopra la passione di Christo nostro Signore, per musica* (IT\ICCU\MUS\0020393); *Sopra la passione di Christo nostro Signore, poesia per musica* (IT\ICCU\MUS\0020394); *La vittoria, dialogo nella natività del Signore per musica* (IT\ICCU\MUS\0020395); *La gloria negli eccelsi, attione sacra per la notte del Santo Natale di Christo* (IT\ICCU\MUS\0020396); *La notte armonica del Santo Natale, nella quale si rappresenta il contenuto di quel versetto misericordia & veritas obuiaverunt [...]* (IT\ICCU\MUS\0020397). V. fr.

[3786]
SEGALA, ALESSIO
Opere spirituali, del R. P. F. Alessio Segala da Salò, predicatore capuccino. Diuise in quattro parti. Utilissime à predicatori, à confessori, à penitenti, et ad ogni stato, e condition di persone, così publiche, come priuate, per salute dell'anime, et per esatta, e perfetta cognitione di quanto si debba operar' in questa vita, per conformarsi al vero debito di buon cristiano.
[Venezia, Giacomo Sarzina <1>, 1637].
4 vol.; 12°
SBN-IT\ICCU\RMSE\090847
2:
Corona celeste, ornata di pretiosissime considerationi, ouero meditationi, accommodate per tutti li giorni dell'anno, per

contemplare la vita pouerissima, i molti disagi, e le graui fatiche del nostro Saluatore; & i misterij dell'acerbissima sua passione, resurrettione, et ascensione alla patria celeste; et le rare qualità, i celesti costumi, le heroiche virtù della sua santissima Madre, & i graui dolori, ch'essa patì nel corso della passione; il felice transito, l'assontione, incoronatione, & gloria di lei in cielo. Parte seconda. del r.p.f. Alessio Segala predicatore capuccino.
Venezia, Giacomo Sarzina <1>, 1637.
[12], 166 c.; 12º
a⁸ b⁴ A-V⁸ X⁶
SBN-IT\ICCU\RMSE\090849
Nessuna notizia sul primo volume. I volumi terzo e quarto sono su temi spirituali. V. fr.

[3787]
TASSO, TORQUATO
Le sette giornate del mondo creato, del sig. Torquato Tasso. Di nouo in questa nostra vltima impressione con somma diligenza ricorretta.
Venezia, Giovanni Antonio Misserini e Giovanni Maria Misserini, 1637.
310, [2] p.: ill.; 12º
A-N¹²
SBN-IT\ICCU\BVEE\040053   e   IT\ICCU\LO1E\000335
V. fr.

[3788]
TORSELLINI, ORAZIO/(tr.) AURELI., LODOVICO
Ristretto delle historie dalla creatione del mondo del p. H. Torsellino della Compagnia di Giesù. Volgarizzato dal sig. Lodouico Aurelii, con nuoua aggiunta del medesimo traduttore.
Roma, Vitale Mascardi, a istanza di Pompilio Totti, 1637 (Roma, Vitale Mascardi, 1637).
[24], 719, [1] p.: ill.; 12º
[croce]¹² A-2G¹²
SBN-IT\ICCU\RMLE\020949
Var. B: "a istanza di Pompilio Totti" anche nel colophon.

[3789]
VILLEGAS SELVAGO, ALONSO DE/(tr.) TIMOTEO DA BAGNO
Il perfetto leggendario della vita, e fatti di n.s. Giesù Cristo e di tutti i santi, de' quali celebra la festa, e recita l'officio la Santa Chiesa cattolica, conforme al Breuiario romano riformato. Insieme con le vite di molti altri santi, che non sono nel calendario con molte autorità [...] Raccolto da graui, & approuati autori: e dato in luce in lingua spagnuola dal m.r.d. Alfonso Vigliega [...], sotto titolo di Flos Sanctorum e nuouamente con ogni diligenza tradotto dallo spagnuolo in lingua italiana, per don Timoteo da Bagno [...]. In questa vltima impressione arricchito delle Vite de' santi, che sono stati canonizati sino alla Santità di n.s. Papa Vrbano 8.
Venezia, Francesco Baba, 1637.
[36], 704; 769-932, [2] p.: ill.; 4º
a⁶ ²a¹² A-2XL⁸; 3C-3N⁸ 3M¹⁰ 3N-4C⁸
SBN-IT\ICCU\BVEE\075444
Titolo della pt 2: *Leggendario delle vite de' Santi detti estrauaganti, raccolto da graui, & approuati auttori, per Alfonso di Villegas di Toledo, theologo, e predicatore. Nuouamente con diligenza tradotto di spagnuola in lingua italiana, per don Timoteo da Bagno, monaco camaldolese.* Venezia, Francesco Baba, 1637. Var. B: a⁶ ²a¹² A-3L⁸ 3M¹⁰ 3N-4C⁸; [36], 932, [2], 933-1150, [2] p. V. fr. (della pt 2).

[3790]
ZAMORA, LORENZO DE/(tr.) FOSCARINI, PIETRO
Mariale, ouero discorsi di Maria vergine signora nostra. Composto de gieroglifici tratti dalle diuine, & umane lettere, del r.p.m.d. Lorenzo de Zamora monaco cisterciense, lettore della Scrittura sacra, nel collegio di S. Bernardo di Alcalà. Diuiso in sei libri. Nelli due primi si discorre delle lodi, e prerogatiue di Maria vergine, dichiarandosi li Salmi 86. e 47. Nel terzo della concettione; nel quarto della natiuità; nel quinto della presentatione al tempio; nel sesto dell'annuntiatione sua santissima. Tradotto nouamente dall'idioma spagnuolo nella nostra italiana fauella da Pietro Foscarini nobile venetiano, con somma diligenza, e fedeltà. Con quattro tauole, l'una degli autori citati; la seconda de i discorsi; la terza de i luoghi della Scrittura sacra; e la quarta delle cose più notabili. Dedicato all'illustrissimo, e reuerendissimo sig. Carlo Madruccio vescovo prencipe di Trento e conte di Chiallant sig. clementissimo.
Venezia, Andrea Baba, 1637.
[68], 558, [2] p.; 4º
[pigreco]⁴ a⁸ b-e⁴ f⁶ A-K⁴ L-N⁸ O-R⁴ S-2G⁸ 2H⁴ 2I-2K⁸ 2L-Q⁴ 2R⁸ 2S⁴ 2T-2Z⁸ (ultima c. bianca)
SBN-IT\ICCU\CAGE\041544
Antiporta: *Il Mariale del Zamora.* V. fr.

1638

[3791]
ANONIMA
Argomento della Rappresentatione di Susanna recitata in musica.
Roma, Bernardino Tani, 1638.
4 c.; 4º
A⁴
SBN-IT\ICCU\MUS\0033515

Si tratta di un libretto, cfr. Franchi 1988, p. 224, n. 5.

[3792]
ANONIMA/(ed.) MARTINELLI, SIMONE
La rappresentatione di Giosef figliolo di Giacob. Data in luce da Simone Martinelli fiorentino.
Viterbo e Velletri, Alfonso dell'Isola, 1638.
48 p.: ill.; 12°
Franchi 1988, p. 229, n. 14
Titolo uniforme: *Rappresentazione di Giuseppe*. Ristampa dell'edizione di Viterbo del 1635, 48 p.: ill.; 12° (mancano le c. A2-11 ovvero p. 3-22), cfr. SBN-IT\ICCU\BVEE\025427, vedi 3732.

[3793]
AVENDAÑO, CRISTOBAL/(tr.) ?
Sermoni dell'Auuento, con le sue festiuità et santi, predicati nell'hospitale reale di Saragozza dal padre maestro f. Christofaro di Auendagno, dell'Ordine della beatissima Vergine del Carmine Calzato. Consacrati al molto illustre, e reuerendissimo padre il p.d. Silvio Stella abbate cassinense.
Venezia, Bartolomeo Fontana, 1638.
[40], 352 p.; 4°
a-b⁸ c⁴ A-Y⁸
SBN-IT\ICCU\UMCE\017251 e IT\ICCU\UM1E\006699
V. fr.

[3794]
BERDINI, VINCENZO
Centuria prima libro secondo delle questioni politiche, e morali. Con gl'oracoli della Scrittura Sacra. Del M.R.P.F. Vincentio Berdini da Sarteano [...].
Siena, Bonetti, 1638 (Siena, Bonetti, 1638).
287 p.; 4°
SBN-IT\ICCU\CFIE\020585

[3795]
CADANA, SALVATORE
Quaresimale del padre Saluatore Cadana di Torino minore osseruante di s. Francesco padre di sua Prouincia predicatore, teologo, consigliero dell'altezza reale di Savoia. Guardiano nel Convento Maggiore della Madonna in Mondovì.
Mondovì, Giovanni Gislandi e Giovanni Francesco Rossi, 1638.
[24], 335, [1] p., [1] c.: ill.; 4°
†-3†⁴ A-2T⁴
SBN-IT\ICCU\BVEE\049557
V. fr.

[3796]
CALAMATO, ALESSANDRO

Nuoua selua di concetti, fondatti nell'autorità della Sacra Scrittura, de' santi padri, e d'altri grauissimi dottori di santa chiesa. Applicabili a tutte le ferie di Quaresima, domeniche tra l'anno, e feste correnti. Del r.d. Alessandro Calamato. Et in questa terza impressione accresciuta più della terza parte dall'istesso autore.
Venezia, Giacomo Sarzina <1>, 1638.
[32], 568 [i.e. 566] p.; 4° (p. 129-130 mancano nella numer.)
a-b⁴ c⁸ A-2M⁸ 2N⁴
SBN-IT\ICCU\UM1E\001039

[3797]
[CASTELLANI, CASTELLANO]
[*Rappresentazione di s. Maria Maddalena. La conversione*].
Treviso, Girolamo Righettini, 1638.
Cioni 1961, p. 238, n. 17
Il titolo è quello uniforme. Cioni indica: "Non rinvenuta".

[3798]
COLI, ALESSANDRO
Ghirlanda virginea nella quale in discorsi predicabili si ragiona delle virtù più scelte, che spicchino nelle solennitadi della b. Vergine, con meditationi da farsi per preparationi à quelle. Aggiuntoui essercitii spirituali per i giorni della settimana. Intessuta dal r.p. Alessandro Coli lucchese religioso della Madre di Dio. Opera diletteuole per la uarietà de i concetti scelti dalla biblioteca nouissima di padri, e per l'eruditioni sì ecclesiastiche, come profane applicate a gloria della gran Madre di Dio.
Lucca, Pellegrino Bidelli, 1638.
[4], 485, [3] p.; 4°
π² A-3P⁴
SBN-IT\ICCU\TO0E\028887
V. fr.

[3799]
DI BALSAMO, GIOVANNI
La passione e morte di Christu nostru Saluaturi. Data in luci. Per Giouanni Di Balsamo di la città di Catania.
Palermo, Girolamo Rosselli, 1638 (1638).
[16] p.: ill.; 8°
A¹⁶
SBN-IT\ICCU\RMLE\045316
V. fr.

[3800]
FERRARI, FRANCESCO
Ester essaltata di Francesco Ferrari.
Bologna, Giacomo Monti, 1638.
55 p.; 12°
A-B¹² C⁴

SBN-IT\ICCU\NAPE\052585

[3801]

GALLO, GIROLAMO

Il sacro teatro di primauera di discorsi scritturali sopra tutti li vangeli della quaresima. Del padre fra Girolamo Gallo [...] Dal medesimo autore riueduto, e ricorretto, e colli sabbati a suoi luoghi.

Milano, Eredi di Pacifico Da Ponte e Giovanni Battista Piccaglia, 1638.

[32], 448 p.; 4°

[croce]⁸ 2[croce]⁸ A-2D⁸

SBN-IT\ICCU\CAGE\018570

[3802]

IOSEPHUS, FLAVIUS/(tr.) LAURO, PIETRO

Gioseffo Flauio historico Delle antichità, e guerre giudaiche; diuiso in vintisette libri. Compartiti in tre parti, nella prima si tratta della creazione del mondo [...] Tradotto in italiano per m. Pietro Lauro modonese. Aggiuntoui di nuouo le sue tauole [...].

Venezia, Guerigli, 1638.

[32], 268, 264, 333 p.; 4°

[ast]-2[ast]⁸ A-3G⁸ 3H¹⁰

SBN-IT\ICCU\VIAE\011323

Con proprio frontespizio a c. R7v: *I dieci vltimi libri di Flauio Gioseffo historico*, e a c. 2L3v: *Guerre giudaiche di Flauio Gioseffo historico* [...], entrambe: In Venetia, appresso li Guerigli, 1638. Gli editori dovrebbero essere gli eredi di Giovanni Guerigli.

[3803]

LUIS DE GRANADA/(tr.) PORCACCHI, GIOVANNI BATTISTA

Deuotissime meditationi per li giorni della settimana, & per altro tempo. Del r. p. f. Luigi di Granata, dell'Ordine de' Predicatori. [...] Ultimamente dall'author medesimo emendate, accresciute, & quasi formate di nuouo. Et per Gio. Battista Porcacchi tradotte dalla lingua spagnuola.

Venezia, Giovanni Battista Combi, 1638.

[24], 474 [i.e. 476], [4] p.: ill.; 12°

a¹² A-V¹² (c. V12 bianca)

SBN-IT\ICCU\NAPE\008503

[3804]

MANDINA, BENEDETTO

Sacro conuito ouero considerationi circa la s.ta cena del Sig.re del p.d. Benedetto Mandina de' Cherici Regolari consultore del S.to Vfficio. All'ill.ma et ecc.ma sig.ra d. Anna Carafa princip.a di Stigl.no duchessa di Medina de las Torres, e di Sabbioneta, etc. vice regina di Napoli.

Napoli, Secondino Roncagliolo, 1638.

[24], 715, [101] p.: ill.; 4°

π² πa⁴ b⁶ A-2X⁸ 2Y⁶ a-c⁴, ²a-h⁴ i⁶

SBN-IT\ICCU\UM1E\006219

Titolo dell'occhietto a c. π1: *Sacro convito del P. D. Benedetto Mandina de cherici regolari*. V. fr.

[3805]

MATA, JUAN DE/(tr.) BARRERA, CLEMENTE

Nuouo mariale eruditissimo ouero discorsi predicabili nelle festiuita maggiori della Verg. Sacratissima Maria, Madre di Dio. Con dodici Prattiche, o Sermoni per le prime domeniche di tutti i mesi dell'anno. Del R.P.F. Giovanni di Mata [...] Trasportato dalla spagnuola nella lingua Toscana dal P.F. Clemente Barrera da Napoli [...].

Venezia, Giacomo Sarzina <1>, 1638.

40, 251, 1 p.; 4° (p. 96-97 numerate 98-99, e 222-223 numerate 224-225)

π⁴ A-D⁴, ³A⁴ B-Q⁸

SBN-IT\ICCU\BVEE\054892

[3806]

MAURIZZI, GIOVANNI BATTISTA

Il Taborre di Gio. Battista Mavritio. All'illustriss. & eccellentiss. Sig. il Sig. Cavaliere Zvanne Pesaro.

Bologna, Giacomo Monti, 1638.

304 p.

*⁴ A-M¹² N⁸

SBN-IT\ICCU\UM1E\023959

[3807]

PALLAVICINO, FERRANTE

Il Sansone di Ferrante Pallauicini. Libri tre.

Venezia, Cristoforo Tomasini, 1638.

[12], 324 [i.e. 322, 2] p.; 12° (omesse nella numer. le p. 289-290)

a⁶ A-N¹² O⁶ (ultima c. bianca)

SBN-IT\ICCU\UM1E\004525

[3808]

RAINALDI, FRANCESCO/LUIS DE GRANADA

Cibo dell'anima ouero Dell'oratione mentale sopra la passione di Cristo signor nostro [...] di Giuseppe Rainaldi. Aggiuntavi in questa ultima impressione una premonitione sopra l'oratione. Cavata dal m. rev. pad. Luigi di Granata.

Perugia, Girolamo Costantini, [dopo il 1638].

372 p.; 18°

A-P¹² Q⁶

SBN-IT\ICCU\UM1E\003775

[3809]

SANTI, LEONE

Il Cristo infante. Sacra rappresentatione.

Napoli, S. Roncagliolo, 1638.
12°
Quadrio, III, 90

1639

[3810]
[AGLIARDI, BONIFACIO]
Il Mosé di Facibonio Galiardi dedicato all'illustrissimo, ed ecc. sig. Girolamo Priuli digniss. podestà di Verona.
Venezia, Cristoforo Tomasini, 1639.
261, [3] p.; 12°
A-L¹²
SBN-IT\ICCU\CFIE\018836
Facibonio Galiardi è anagramma di Bonifacio Agliardi. V. fr.

[3811]
[AGLIARDI, BONIFACIO]
Il Mose di Facibonio Galiardi. Nuovamente impresso, e ricorretto e dedicato all'Illustrissimo Signor don Diego de Quiroga Faxardo.
Chieti, Ottavio Terzani e Bortolo Pavese, 1639.
273, [1] p.; 12°
[pigreco]⁶ A-L¹²
SBN-IT\ICCU\NAPE\018418
Facibonio Galiardi è anagramma di Bonifacio Agliardi.

[3812]
ANONIMA
Argomento del Saolo. Comedia sacra latina. Recitata da gli alunni del Seminario di S. Pietro.
Roma, Manelfo Manelfi, 1639.
4 p.; 4°
Franchi 1988, p. 249, n. 3

[3813]
ANONIMA
Argomento di Naaman siro. Comedia latina recitata da gli alunni del Seminario di San Pietro.
Roma, Stamperia della Camera Apostolica, 1639.
8 p.; 4°
Franchi 1988, p. 233, n. 4

[3814]
ANONIMA
Essercitio spirituale nel quale si meditano li sette dolori sofferti dalla Beatissima Vergine Maria nella penosa vita, & acerba morte di Giesù Christo nostro Saluatore, et si pratica nelle chiese de' Padri de' Serui dell'istessa Madre di Dio in tutte le domeniche dell'anno dopo il vespro.

Bologna, Clemente Ferroni, 1639.
16 p.: ill.; 8°
A⁸
SBN-IT\ICCU\RMLE\060141

[3815]
BASSI, NAZZARIO
Li gravi tormenti del nostro signor Giesu Christo nella sua passione. Tragedia spirituale del dottore Nazzario Bassi di Velletri di bona memoria. Dedicata al molto ill.re e molto eccellente signor suo padrone osservandissimo il signor dottor Theocrito Micheletti Cavalier dell'Ordine di Christo dal sig. Marcantonio Bassi germano dell'autore.
Velletri, Alfonso dell'Isola, 1639.
181 p.: ill.; 8°
Franchi 1988, p. 233-234, n. 5

[3816]
BELLI, FRANCESCO ANTONIO/(ed.) GIOVANNI BATTISTA DI LECCE
Sermoni della passione di Christo, fatti ne i venerdi di Quaresima dal p. Giouan Francesco Belli della Compagnia di Giesu.
Lecce, Pietro Micheli, 1639.
134, [2] p.; 4°
[A]⁴ B-R⁴
SBN-IT\ICCU\NAPE\007656
Nome del curatore a c. [A2r]. V. fr.

[3817]
BIFFI, LORENZO
Il Diuino Agnello stante, et vcciso. Discorsi sopra i principali misteri della passione di N.S. Giesu Christo. Fatti delle domeniche di quaresima, e nel venerdi santo. Dal p.d. Lorenzo Biffi da Bergamo chierico regolare. [...] Dedicati all'eminentissimo Prencipe il sig. cardinal Monti arciuescouo di Milano.
Bergamo, Marco Antonio Rossi, 1639.
[16], 384, [44] p.; 4°
*⁸ A-3B⁴ a-d⁴ e⁶
SBN-IT\ICCU\BVEE\054835
Titolo dell'occhietto: *Il Divino Agnello stante, et ucciso.* Var. B: [60], 384 p.; 4°; π⁸ a-d⁴ e⁶ A-3B⁴ (le c. π5 e π6 segnate [croce greca]3 e [croce greca]4).

[3818]
CADANA, SALVATORE
Quaresimale del padre f. Saluatore Cadana di Torino min. osseruante di s. Francesco. [...] Et in questa terza impressione, dall'istesso auttore ricorretto, & ampliato con mille vaghezze. [...].
Venezia, Giacomo Sarzina <1>, 1639.

[32], 460 [i.e. 400] p.; 8° (omesse nella numer. le p. 354-413)
a⁴ b⁸ c⁴ A-2B⁸
SBN-IT\ICCU\RAVE\029837

[3819]
CADANA, SALVATORE
Quaresimale del padre f. Salvatore Cadana di Torino min. osseruante di s. Francesco padre di sua prouincia predicatore, teologo, consigliero dell'altezza di Sauoia, guardiano nel Conuento Maggiore della Madonna in Mondouì. Et in questa terza impressione, dall'istesso auttore ricorretto, & ampliato con mille vaghezze. Con due copiosissime, & vtilissime tauole. Al molto r.p. il p.f. Lorenzo Taiapietra, guardiano dignissimo de' Min. Osser. di s. Francesco dalla Vigna di Venetia.
Venezia, Giacomo Sarzina <1>, 1639.
[32], 460 p.; 4° (omesse nella numer. le p. 340-399)
a⁴ b⁸ c⁴ A-Z⁸ aa-Bb⁸
SBN-IT\ICCU\BVEE\054878
V. fr.

[3820]
CADANA, SALVATORE
Quaresimale del padre f. Saluatore Cadana di Torino min. osseruante di s. Francesco. Padre di sua Prouincia predicatore, teologo, consigliero dell'altezza reale di Sauoia. Guardiano nel Conuento Maggiore della Madonna in Mondouì. Et in questa terza impressione, dall'istesso auttore ricorretto, & ampliato con mille vaghezze. Con due copiosissime, & vtilissime tauole. Al molto r.p. il p.f. Lorenzo Taiapietra guardiano dignissimo dei Min. Oss. di s. Francesco dalla Vigna di Venetia.
Venezia, Giacomo Sarzina <1>, 1639.
[32], 460 [i.e. 400] p.; 8° (omesse nella numer. le c. 349-410)
a⁴ b⁸ c⁴ A-2B⁸
SBN-IT\ICCU\TO0E\049362
Rispetto alla precedente variano gli errori nella numerazione delle pagine. V. fr.

[3821]
CALAMATO, ALESSANDRO
L'espettatione dell'incarnato Verbo, ouero Prediche sopra le domeniche dell'Auuento, e feste correnti, arricchite di varij concetti, fondati nell'autorità della Sacra Scrittura; de' santi padri, e d'altri grauissimi dottori di santa Chiesa; del m. reu.do d. Alessandro Calamato, messinese. Opera profitteuole a' predicatori, & ad ogni stato di persone. Con l'aggiunta delle sententie scelte, latine, appropriate alle prediche di tutto l'anno; del medesimo autore.
Venezia, Giunta, 1639 (Venezia, Giunta, 1639).

[8], 405, [3] p.: ill.; 4°
[croce lat.]² A-2B⁸ 2C⁴
SBN-IT\ICCU\UM1E\002302
A c. N5r: *Sententiae selectae pro concionibus totius anni.*
V. fr.

[3822]
CARACCIOLI, GIOVANNI BATTISTA
Ragionamenti spirituali del padre don Gio. Battista Caracciolo chierico regolare sopra gli Euangelii delle domeniche. Composti particolarmente per maggior profitto de' giovani religiosi. Clemens papa VIII. In decretis pro reformatione regularium nu. 38.
Roma, Manelfo Manelfi, 1639.
[16], 648 p.: ill.; 12°
†⁸ A-2D¹²
SBN-IT\ICCU\BVEE\050879
Il frontespizio reca l'art. 38 in latino, che qui non si riporta. V. fr.

[3823]
CRISTOFORO DA VERRUCCHIO
Compendio di cento meditationi sacre, sopra tutta la vita e la Passione si del Signore, come della Madonna, e sopra tutti gl'altri essercitij della vita spirituale. Raccolto dal m.r.f. Christoforo Verrucchino [...] Aggionteui in questa vltima impressione le Meditationi della Passione di N.S. Giesu Christo, distribuite per li sette giorni della settimana dall'istesso Auttore.
Venezia, Giovanni Battista Combi, 1639.
[36], 706, [2] p.: ill.; 12°
a¹² b⁶ A-2F¹² 2G⁶
SBN-IT\ICCU\UM1E\010427

[3824]
EPISTOLE E VANGELI/(tr.) NANNINI, REMIGIO
Epistole, et Euangeli, che si leggono tutto l'anno alle messe; secondo l'vso della s. romana Chiesa, et ordine del messale riformato. Tradotti in lingua toscana, dal m.r.p. M. Remigio Fiorentino, dell'ordine dei predicatori. Con le annotationi morali a ciascuna epistola [...] Con alcuni sermoni, sopra l'oratione, digiuno, & elemosina co'l calendario; e tauola de' giorni, che si leggono l'epistole, & gli Euangelij.
Venezia, Giunta, 1639 (Venezia, Giunta, 1639).
[24], 468 p.: ill.; 4°
a¹² A-2E⁸ 2F¹⁰
SBN-IT\ICCU\UM1E\006338

[3825]
GLIELMO, ANTONIO
Il diluuio del mondo poema sacro del padre Antonio Glielmo [...].

Napoli, Roberto Mollo, 1639.
74, [2] p. 4°
A-D^8 E^6
SBN-IT\ICCU\BVEE\055226
V. fr.

[3826]
GLIELMO, ANTONIO
Le grandezze della SS.ma Trinita del padre Antonio Glielmo [...] In questa seconda impressione arricchite di tauola et di viuande con un poema sacro del diluuio del mondo nel fine del medesimo autore.
Napoli, Roberto Mollo, 1639.
[14], 18, 724, [32] p.; 4°
pigreco^2 a^8 b^6 A-Z^8 Aa-Zz^8 Aaa^8 Bbb^2
SBN-IT\ICCU\BVEE\055222

[3827]
GLIELMO, ANTONIO
Le grandezze della ss.ma Trinità del padre Antonio Glielmo sacerdote della Congregatione dell'Oratorio di Napoli. In questa seconda impressione arricchite di tauola, et di viuande con un poema sacro del diluuio del mondo nel fine del medesimo autore.
Napoli, Roberto Mollo, 1639.
2 pt ([12], 18, 724, [32]; 74, [2] p.): ill.; 4°
π^1 a^8 b^6 A-3A^8 3B^2; A-D^8 E^6
SBN-IT\ICCU\NAPE\008973
V. fr.

[3828]
LOREDANO, GIOVAN FRANCESCO
Sensi di devotione sovra i sette salmi della penitenza di Davide. Di Gio Francesco Loredano nobile veneto.
Cremona, Giacinto Belpiero, 1639.
192 p.; 12°
A-H^{12}
SBN-IT\ICCU\TO0E\160331

[3829]
LUIS DE GRANADA
Sette affettuosi ringratiamenti. A Giesu Christo nostro Signore. Ne' quali si contengono i principali Misteri della sua santissima vita, passione, e morte. Diuisi per li sette giorni della settimana, per accrescere la diuotione, & impetrare il perdono de' peccati. Estratti dall'opera del Granata.
Venezia, Gerardo Imberti, 1639.
72 p.: ill.; 24°
A-C^{12}
SBN-IT\ICCU\ANAE\013388

[3830]
MALIPIERO, FEDERICO
Il Salomone regnante. Di d. Federico Malipiero. Dedicato all'illustriss. & eccellentiss. sig. Gerolimo Lando caualliere.
Venezia, Gasparo Corradici, 1639.
[6], 150 p.; 12°
A-F^{12} G^6
SBN-IT\ICCU\VEAE\002274
V. fr.

[3831]
MORONE, BONAVENTURA/(ed.) LOLMO, ERCOLE
Il mortorio di Christo tragedia spirituale. Del m.r.p.f. Bonauentura Morone da Taranto de' Minori Osseruanti Reformati; penitentiero lateranense, & auttore della Giustina tragedia. Nuouamente in questa impressione postiui gli intermedij à suoi luoghi, & accresciuto, e corretto dall'istesso.
Venezia, Giovanni Battista Combi, 1639.
[24], 264 p.; 12°
a^{12} A-L^{12}
SBN-IT\ICCU\NAPE\005027
Nome del curatore nella prefazione. Var. B: data sul frontespizio 1629. V. fr.

[3832]
PALLAVICINO, FERRANTE
La Bersabee di Ferrante Pallauicino.
Venezia, Bertano, 1639.
[12], 132 p.; 12°
a^6 A-E^{12} F^6
SBN-IT\ICCU\TO0E\004200
V. fr.

[3833]
PSEUDO-BONAVENTURA
Meditationi diuotissime di S. Bonauentura cardinale. Sopra tutta la vita del nostro Signore Giesu Christo. Con aggiunta d'alcune altre del medesimo fatte sopra la passione, & morte di esso nostro Signore. Di nuouo reuiste, corrette, & hora di bellissime figure adornate.
Treviso, Girolamo Righettini, 1639.
135 c.: ill.; 16°
A-V^8 (c. V8 bianca)
SBN-IT\ICCU\UMCE\012054
Titolo uniforme: *Meditationes vitae Christi* [italiano].

[3834]
PORRES, FRANCISCO/(tr.) TOSI, PAOLO
Quaresimale del dottore Francesco Ignazio di Porres sopra li mercordi, venerdi, e domeniche della Quaresima. Tradotto dallo spagnolo nell'italiano idioma dal p.f. Paolo Tosi pre-

dicatore. Con tauole copiosissime. Consecrato al reuerendissimo padre maestro Alessandro Meduna nell'Ordine de' Minori Conuentuali dignissimo prouinciale.
Venezia, Cristoforo Tomasini, 1639.
[28], 396, [12] p.; 4°
a-c⁴ d² A-3C⁴ 3D2 e⁶
SBN-IT\ICCU\VEAE\004076
V. fr.

[3835]
SCAMMACCA, ORTENSIO/(ed.) LAFARINA, MARTINO
Delle tragedie sacre e morali raccolte dal signor abbate D. Martino La Farina.
Palermo, Giovanni Battista Maringo, 1632-1648, poi Nicolò Bua, 1644.
14 vol.; 12°
SBN-IT\ICCU\BVEE\027480
9:
Palermo, Girolamo Rosselli, 1639.
[8], 144, 116, [4], 156 p.; 12°
†⁴, A-F¹², ²A-E¹², ³A-E¹² ³F¹⁸ (c. E11-12 della seconda sequenza bianche)
SBN-IT\ICCU\PALE\007027
Contiene: *Il Gioseppe venduto.* Per le altre tragedie vedi 3954.

1640

[3836]
ANONIMA
Argomento del Gioseppe. Comedia sacra latina recitata dagli alunni del Seminario di S. Pietro.
Roma, Stamperia della Camera Apostolica, 1640.
12 p.; 4°
Franchi 1988, p. 238, n. 1

[3837]
BIGNAMI, INNOCENZO
Discorsi per le domeniche, et alcune solennità, che sono dalla Pentecoste fino all'Auuento del m.r.p. f. Innocentio Bignami da Lodi maestro di teologia dell'Ordine de Predicatori. Con tre tauole copiosissime. La prima de' punti prouati in ciascheduno discorso. La seconda delle Scritture singolarmente esposte. Et la terza delle cose più notabili. Al molto reuerendo padre maestro fr. Tomaso Turco metafisico nello Studio di Padoua.
Venezia, Cristoforo Tomasini, 1640.
[12], 658, [56] p; 8°
a⁶ A-4T⁴ 4V⁶
SBN-IT\ICCU\UM1E\006581
V. fr.

[3838]
BRIGNOLE SALE, ANTON GIULIO
Maria Maddalena peccatrice, e conuertita. Di Antongiulio Brignole Sale.
Venezia, Pietro Turrini, 1640.
308, [4] p.; 12°
A-N¹²
SBN-IT\ICCU\PALE\001294

[3839]
CALAMATO, ALESSANDRO
Doloroso spettacolo della passione, e morte di Christo N.S. e compassione di Maria vergine sua dilettissima madre, rappresentato al mondo per imprimerlo ne' cuori de' fedeli, dal reuerendo d. Alessandro Calamato. Opera utilissima non solo à predicatori per la varietà de' concetti, ma anco per la diuersità delle meditationi, et pij affetti, profitteuole ad ogni diuota persona. Aggiuntoui la pratica per ben morire del medesimo autore.
Venezia, Giunta, [1640].
2 pt (144; 79, [1]): ill.; 8°
A-I⁸; a-e⁸
SBN-IT\ICCU\BVEE\053834
Pt 2: *Prattica per aiutare a ben morire. Con alcuni saluteuoli ricordi, affetuose aspirazioni, e diuotissime orationi, per l'agonia della morte. Del r.d. Alessandro Calamato Messinense.* Per la data cfr. NUC, v. 89, p. 362. V. fr.

[3840]
CALAMATO, ALESSANDRO
Nuoua selua di concetti, fondati nell'autorità della Sacra Scrittura, de' santi padri, e d'altri grauissimi dottori di santa Chiesa. Applicabili a tutte le ferie di Quaresima, domeniche frà l'anno, e feste correnti. Del r.d. Alessandro Calamato messinese. Et in questa quinta impressione accresciuta più della terza parte dall'istesso autore. Al molto illustre, & reuerendissimo padre don Tomaso Valabii abbate di S. Damiano di Bologna, dell'Ord. Camaldolese.
Venezia, Giacomo Sarzina <1>, 1640.
[16], 558, [2] p.: ill.; 4°
[a]⁴ b⁴ A-2M⁸ (c. 2M8 bianca)
SBN-IT\ICCU\RAVE\016527
V. fr.

[3841]
CALAMATO, ALESSANDRO
Selva novissima di concetti, fondati nell'Autorita della Sacra Scrittura, de' Santi Padri, e d'altri grauissimi Dottori di Santa Chiesa; applicabili a tutte le Ferie di Quaresima, Domeniche fra l'anno, e Feste correnti. Del R.D. Alessandro Calamato messinese. In questa sesta impressione, dopo l'ultima di Venezia, dal medesimo Autore accresciuta [...].

Messina, Vedova di Giovanni Francesco Bianco, a istanza di Giuseppe Matarozzi, 1640.

[1], 625 [2] p., 4°

croce⁴ 2croce⁴ A-4L⁴ 4M⁶

SBN-IT\ICCU\CAME\000086

[3842]

CALAMATO, ALESSANDRO

Selua nouissima di concetti, fondati nell'autorita della sacra scrittura, de' Santi Padri, e d'altri grauissimi dottori di Santa Chiesa. Applicabili a tutte le ferie di Quaresima, domeniche fra l'anno, e feste correnti. Del reuerendo don Alessandro Calamato messinese. In questa sesta impressione, doppo l'vltima di Venetia, dal medesimo autore accresciuta [...] e diligentemente corretta.

Messina, Vedova di Giovanni Francesco Bianco, a istanza di Giuseppe Matarozzi, 1640.

[8], 604 [i.e. 606], [2] p.; 4° (ripetute le p. 505-506 nella numer.)

†⁴ A-4G⁴

SBN-IT\ICCU\BVEE\050035

[3843]

CAPILLA, ANDRÈS/(tr.) BERLGINGHIERI, AMOROSO/ (tr.) GRAZI, GRAZIO MARIA

Meditationi sopra tutti gli euangelii dell'anno composte dal reuer. padre f. Andrea Capiglia monaco certosino. E tradotte dalla lingua spagnuola nell'italiano dal signor Berlinghieri Amoroso. Nuouamente ristampate e con somma diligenza ricorrette.

Venezia, Giovanni Battista Combi, 1640.

3 vol.; 12°

SBN-IT\ICCU\RMSE\005052

1:

[24], 309, [3] p.

[croce]¹² A-N¹² (ultima c. bianca)

SBN-IT\ICCU\RMSE\005637

2:

Che contiene le meditationi sopra gli euangelij delle ferie della quadragesima.

Venezia, Giovanni Battista Combi, 1640.

262 p.

A-L¹²

SBN-IT\ICCU\RMSE\005638

3:

Meditationi sopra gli euangelii delle feste principali de' santi.

Venezia, Giovanni Battista Combi, 1640.

384 p.

A-Q¹²

SBN-IT\ICCU\RMSE\005639

Vol. 3 tradotto da Grazio Maria Grazi.

[3844]

COHEN, SAMUEL

Discorso di Samuel Coen da Pisa. In dichiaratione de alcuni versi difficili nell'Ecclesiaste, cap. 3. cauati da vn Discorso del medesimo fatto sopra li versi disdutosi [!] nell'istesso Ecclesiaste, e del libro di Giob.

Venezia, Giovanni Caleoni, 31.III.1640.

16 p.; 8°

A⁸

SBN-IT\ICCU\VIAE\036785

[3845]

CRISTOFORO DA VERRUCCHIO

Compendio di cento meditationi sacre sopra tutta la vita, e la passione sì del Signore come della Madonna, e sopra tutti gl'altri essercitij della vita spirituale. Raccolto dal r.p.f. Christoforo Verucchino dell'Ord. de' Frati minori Capuccini. Aggiuntoui in questa vltima impressione le Meditationi della Pass. di nostro Sign. Giesu Christo, distribuite per i sette giorni della settimana dell'istesso auttore.

Venezia, Giovanni Battista Combi, 1640.

725 p.: ill.; 12°

SBN-IT\ICCU\CFIE\019637

V. fr.

[3846]

GRANDI, ASCANIO/GRANDI, GIULIO CESARE

La vergine desponsata poema sacro del signor Ascanio Grandi a' diuoti lettori con gli argomenti del sig. Giulio Cesare Grandi fratello dell'autore.

Lecce, Pietro Micheli, 1639 (Lecce, Pietro Micheli, 1640).

[8], 457, [7] p.: ill.; 8°

[croce]⁴ A-2F⁸

SBN-IT\ICCU\NAPE\007581

V. fr.

[3847]

GROSSO, VALERIO

Lucerna sacra, cioe, breve sommario di prove della fede christiana per passi espressi della S. Scrittura. Per Valerio Grosso, ministro della parola di Dio nella chiesa del Villaro. "La tua parola è una lucerna a i miei piedi e un lume a i miei sentieri", Salmo. 119. 105.

Genève, Jean de Tournes <2>, 1640.

[4], 146 p.; 8°

Swissbib 293048878

[3848]

LEGGI, SERAFINO

Quadragesimale del molto reuerendo padre maestro Serafino Leggi panormitano del Terz'Ordine di san Francesco, regolare osseruante della Prouincia di Sicilia. Tomo primo, nel

quale si contengono tutti li mercordì, venerdì, e dominiche della Quadragesima; con doi sabbati, l'vno dopò le Ceneri, e l'altro dopò la Domenica di Passione. Con tre tauole necessarie. Dedicato alla gran Madre di Dio sourana regina del Paradiso.
Venezia, Giovanni Bertano, 1640-1641.
2 vol.; 4°
SBN-IT\ICCU\BA1E\002554
1:
Venezia, Giovanni Bertano, 1640.
[16], 365, [27] p.
a⁴ [croce]⁴ A-3C⁴
SBN-IT\ICCU\UM1E\001826
Il secondo volume è edito nel 1641, cfr. SBN-IT\ICCU\BVEE\046384, vedi 3877. V. fr.

[3849]
LOREDANO, GIOVANNI FRANCESCO
L'Adamo di Gio. Francesco Loredano nobile veneto.
Venezia, Giacomo Sarzina <1>, 1640.
[8], 147, [1]: ill. p.; 4°
a⁴ A-R⁴ S⁶
SBN-IT\ICCU\BVEE\041083
V. fr.

[3850]
LOREDANO, GIOVANNI FRANCESCO
L'Adamo di Gio. Francesco Loredano nobile veneto.
Venezia e Macerata, Agostino Grisei <1> e Giuseppe Piccini, [1640].
[12], 180 p.; 12°
[croce]¹² A-G¹²
SBN-IT\ICCU\RMSE\074675
Data ricavata dalla dedica.

[3851]
LOREDANO, GIOVANNI FRANCESCO
L'Adamo di Gio. Francesco Loredano nobile veneto. Al molto r.p. baciliere il p.f. Giacomo Cerchiari domenicano, regente in S. Giouanni, e Paolo.
Venezia, Giacomo Sarzina <1>, 1640.
[8], 172 p.: ill.; 4°
a⁴ A-F¹² G¹⁴
SBN-IT\ICCU\CFIE\039411
V. fr.

[3852]
MAIDALCHINI, FRANCESCO
Il merauiglioso giardino del re Salamone, ouero Mariale del santissimo Rosario di Francesco Maidalchino [...].
Venezia, Giacomo Sarzina <1>, 1640.
201, [3] p.: ill.; 12°

A-H¹² I⁶
SBN-IT\ICCU\PUVE\020276

[3853]
MALIPIERO, FEDERICO
L'Eua di Federico Malipiero. Consecrata a monsig. illustriss. reuerendissimo abbate Erizzo [...].
Venezia e Macerata, Agostino Grisei, 1640.
116, [4] p.; 12°
A-E¹² (c. E11-12 bianche)
SBN-IT\ICCU\ANAE\013392

[3854]
MALIPIERO, FEDERICO
L'Eua di Federico Malipiero. Consecrata à monsig. illustriss. reuerendissimo abbate Erizzo primocerio di S. Marco.
Venezia, Gasparo Corradici, 1640.
107, [1] p.; 12°
A-D¹² E⁶
SBN-IT\ICCU\MILE\040458
V. fr.

[3855]
MALIPIERO, FEDERICO
Il Saulo conuertito di Federico Malipiero. Consecrato à monsig. illust.mo e reuer.mo Labia chierico di camera di N.S.
Venezia, Giacomo Sarzina <1>, 1640.
143, [1] p.; 12°
A-F¹²
SBN-IT\ICCU\UM1E\001081
V. fr.

[3856]
MARINOZZI, FRANCESCO
Meditatione sopra la passione di N. Sig. Giesu Christo, con vna lode della Resurrettione. Ad instanza d'ogni spirito diuoto. Composta per Francesco Marinotio cieco.
Venezia, Verona, Ferrara, Perugia, Angelo Bartoli, 1640.
[4] c.: ill.; 8°
A⁴
SBN-IT\ICCU\UM1E\017363

[3857]
NICOLA, FELICE
Lettione accademica nel salmo duodecimo fatta alli 16 di Settembre 1638 nell'Accademia dell'illustriss. & reuerendiss. mons. Alessandro Sperelli, dal reuer. d. Felice Nicola, sacerdote di Treui, diocesi di Spoleti [...].
Roma, Francesco Cavalli, 1640.
20 p.; 16°
A¹⁰
SBN-IT\ICCU\RMLE\037634

[3858]

PALLAVICINO, FERRANTE

La Bersabee di Ferrante Pallauicino.

Venezia, Bertano, 1640.

[12], 132 p.; 12°

a⁶ A-E¹² F⁶

SBN-IT\ICCU\BVEE\039497

V. fr.

[3859]

PALONTROTTI, MELCHIORRE

All'em.mo e rev.mo sig. card. de Torres. Lettione sopra il Salmo 36. di Melchior Palontrotti. Fatta nell'Accademia di monsig. Alessandro Sperelli.

Roma, Stamperia Camerale, 1640.

12 p.; 4°

A⁶

SBN-IT\ICCU\BVEE\025474

V. fr.

[3860]

PANIGAROLA, FRANCESCO

Dichiaratione dei Salmi di Dauid fatta dal reu.do padre fra Francesco Panigarola.

Venezia, Gerardo Imberti, 1640.

[8], 319 [i.e. 419], [5] p.: ill.; 8° (p. 418-419 erroneamente numerate 318-319)

a⁴ A-2C⁸ 2D⁴

SBN-IT\ICCU\RAVE\028941

[3861]

PAOLACCI, DOMENICO

Pensieri predicabili sopra tutti gl'euangelii correnti nella quaresima. Del M.R.P. Domenico Paolacci [...].

Napoli, Roberto Mollo, 1640.

3v; 4°

SBN-IT\ICCU\URBE\008850

1:

Napoli, Roberto Mollo, 1640.

[46], 569, [51] p.

[pi greco]¹ a-d⁴ e⁶ A-4G⁴ 4H⁶

SBN-IT\ICCU\RMSE\085627

2:

Napoli, Roberto Mollo, 1640 (Napoli, Roberto Mollo, 1640).

[30], 676 [i.e. 690], [62] p.

[pi greco]¹ a-c⁴ d² A-5B⁴

SBN-IT\ICCU\URBE\026053

3:

Napoli, Francesco Girolamo Colligni, 1640 (Napoli, Francesco Girolamo Colligni, 1640).

[22], 630, [32] p.

[pi greco]¹ [croce]² a-b⁴ A-4O⁴

SBN-IT\ICCU\URBE\026054

[3862]

PINOCCI, GIOVANNI BATTISTA

Discorsi sopra la passione di Christo saluatore mandati in luce alla publica vtilita. Dal m.r.d. Gio. Battista Pinocci [...].

Lucca, Baldassarre Del Giudice, 1640.

[8], 569, [7] p.; 4°

[croce greca]⁴ A-4C⁴

SBN-IT\ICCU\LIAE\004159

[3863]

ROSSI, STEFANO

Battista il Grande, poema di Stefano Rossi di Taggia dottor fisico, e lettore publico in Pauia [...].

Pavia, Giovanni Andrea Magri, 1640.

[16], 170, [6] p.; 8°

[crocegreca]⁸ A-L⁸

SBN-IT\ICCU\PARE\063776

[3864]

SPERANDIO, DEODATO

Ragionamenti breuissimi sopra li euangeli delle domeniche, et altre feste principali dell'anno [...] composti dal R. Deodato Sperandio.

Roma, Eredi di Francesco Corbelletti <1>, 1640 (Roma, Eredi di Francesco Corbelletti <1>, 1640).

139, [1] p.; 4°

A-R⁴ S²

SBN-IT\ICCU\RMSE\105023

1641

[3865]

ALBERTO DA CASTELLO

Rosario della gloriosa Vergine Maria. Nuouamente stampato, & diligentemente ricorretto.

Venezia, Giovanni Imberti e Domenico Imberti, 1641.

184 [i.e. 186], [2] c.: ill.; 8° (diversi errori nella numer. delle c.)

A-Z⁸ 2A⁴

SBN-IT\ICCU\PALE\004231

Nome dell'autore a c. A3r.

[3866]

ANDREINI, GIOVANNI BATTISTA

L'Adamo.

Perugia, Bartoli, 1641.

12°

Quadrio, IV, p. 278

[3867]

Bibbia/(tr.) DIODATI, GIOVANNI

La sacra Bibbia, tradotta in lingua italiana, e commentata da Giouanni Diodati, di nation lucchese. Seconda editione, migliorata, ed accresciuta. Con l'aggiunta de' sacri Salmi, messi in rima per lo medesimo.

Genève, Pierre Chouët <2>, 1641.

[4], 837, [3], 331, [1], 148, 68 p., [1] c.; fol.

π² A-4A⁶, ²A-2D⁶ ²E⁴ a-l⁶ m⁸ ³A-E⁶ ³F⁴ (c. 4A6 e a1v bianche)

SBN-IT\ICCU\PUVE\008070

Antiporta calcografica: *La sacra Bibbia tradotta in lingua italiana da Giovanni Diodati. X.DC.XL.* Contiene con proprio occhietto a c. a1r: *I libri apocrifi*; a c. 2/A1r: *I sacri Salmi, messi in rime volgari.* Var. B: Geneuae: per Pietro Chouet, 1641. Var. C: data sul frontespizio 1640. Var. D: a c. a1v: *Tavola de' libri apocrifi.* Var. E: [Ginevra]: per Pietro Chouët, 1641; a c. a1v: *Tavola de' libri apocrifi.* V. fr.

[3868]

CADANA, SALVATORE

La corte per l'auuento di nostro Signore del molto reu. p.f. Saluatore Cadana di Torino. Minor osseruante di s. Francesco, predicatore preclarissimo, teologo, e consigliero dell'altezza di Sauoia. Frà prouinciali ministri di sua Prouincia padre. Con due copiosissime, & vtilissime tauole. Al molto r.p. il p. f. Lorenzo Taiapietra, guardiano dignissimo de' Minori Osser. di s. Francesco dalla Vigna di Venetia.

Venezia, Giacomo Sarzina <1>, 1641.

[24], 151, [1] p.; 4°

a⁸ b⁴ A⁴ B-I⁸ K-L⁴

SBN-IT\ICCU\UM1E\004305

Titolo dell'occhietto: *L'avvento del molto reu. p.f. Salvatore Cadana.* V. fr.

[3869]

CADANA, SALVATORE

La corte per l'auuento di Nostro Signore del molto reu. padre f. Saluatore Cadana di Torino. Minor osseruante di s. Francesco, predicatore preclarissimo, teologo, e consigliero dell'altezza reale di Sauoia, frà prouinciali ministri di sua Prouincia padre.

Torino, Eredi di Giovanni Domenico Tarino, 1641.

[28], 152 p.: ill.; 4°

[†]⁴ 2†⁴ 3†⁶ A-T⁴

SBN-IT\ICCU\BVEE\046794

Antiporta calcografica: *La corte per l'avvento di nostro Signore del m.r.p.f. Salvatore Cadana di Torino.* V. fr.

[3870]

CADANA, SALVATORE

Quaresimale del padre f. Saluatore Cadana di Torino min. osseruante di s. Francesco padre di sua Prouincia predicatore, teol. consigl. dell'altezza di Sauoia, guardiano del Conuento Maggiore della Madonna di Mondouì. Et in questa quarta impressione, dall'istesso auttore ricorretto, & ampliato con mille vaghezze. Con due copiosissime, & vtilissime tauole. Al molto r.p. il p.f. Lorenzo Taiapietra, guardiano dignissimo de' Min. Osser. di s. Francesco dalla Vigna di Venetia.

Venezia, Giacomo Sarzina <1>, 1641.

[32], 460 [i.e. 400] p.; 4° (omesse nella numer. le p. 350-409)

a⁴ b⁸ c⁴ A-2B⁴

SBN-IT\ICCU\BVEE\046367

V. fr.

[3871]

COLTELLINI, AGOSTINO

Il rosario corona poetica di Agostino Coltellini accademico apatista alla serenissima gran duchessa di Toscana.

Firenze, Amadore Massi e Lorenzo Landi, 1641.

118, [2] p.; 12°

π² (π1+A¹⁰) B-E¹² (c. A4 segnata A5)

SBN-IT\ICCU\BVEE\037661

Titolo dell'occhietto: *Il rosario corona poetica.* V. fr.

[3872]

FEDELE, BENEDETTO

Quaresimale ouero Considerationi sopra i Vangeli della Quaresima appartenenti al predicatore. Parte prima. Del p. maestro f. Benedetto Fedele di S. Filippo, del Terz'Ordine di S. Francesco regolare osseruante, della Prouincia di Sicilia. Con quattro copiosissime, & vtilissime tauole. Al molto r.p. il p.f. Lorenzo Taiapietra, guardiano dignissimo de' Min. Osser. di S. Francesco dalla Vigna di Venetia.

Venezia, Giacomo Sarzina <1>, 1641.

2 vol.; 4°

SBN-IT\ICCU\UM1E\002672

Titolo dell'occhietto: *Quaresimale del padre Fedele.* V. fr.

1:

[64], 414, [2] p.

a-d⁸ A-2C⁸ (ultima c. bianca)

SBN-IT\ICCU\UM1E\002674

2:

Quaresimale ouero Considerationi sopra i Vangeli della Quaresima appartenenti al predicatore. Parte seconda. Del p. maestro f. Benedetto Fedele di S. Filippo, del Terz'Ordine di S. Francesco regolare osseruante, della Prouincia di Sicilia. Con quattro copiosissime, & vtilissime tauole.

Venezia, Giacomo Sarzina <1>, 1641.

[48], 428 [i.e. 414], [2] p. (p. 113-116 e 390-399 mancanti)

a-c⁸ A-2C⁸

SBN-IT\ICCU\UM1E\002678
V. fr.

[3873]
FEDELE, BENEDETTO

Speculazioni morali dell'augustissimo sacramento dell'altare. Prese dal Salmo XXII. Composte dal r.p. Benedetto Fedeli siciliano di Argira dottore della sacra theologia del Terzo Ordine di s. Francesco della Regolare Osseruanza. Con quattro indici copiosissimi. All'illustrissimo, & reuerendissimo signor Vicenzo Moro abbate della Misericordia.
Venezia, Giacomo Sarzina <1>, 1641.
[68], 492 p.: ill.; 4°
a-g⁴ h⁶ A-3O⁴ 3P⁶
SBN-IT\ICCU\BVEE\055014   e   IT\ICCU\
CAGE\017210
V. fr.

[3874]
GENTILE, FRANCESCO

Le noue lettioni di Giob tradotte in rime toscane dall' v.i.d. don Francesco Gentile palermitano. All' illustrissimo signor [...] Rocco Potenzano [...] del Conseglio [...] in questo Regno di Sicilia.
Palermo, Antonio Martarello, 1641.
[4], 17, [3] p.; 4°
A-C⁴
SBN-IT\ICCU\PALE\000233
Cfr. Mira, I, 416; Mongitore, I, 215; Narbone, III, 259.

[3875]
LAURENTI, SIGISMONDO

Vita di san Paolo apostolo: cauata da gli Atti apostolici, dalle sue epistole e da altri graui autori. Ridotta in forma di cronologia, secondo [...] Baronio, e Spondano [...] dal p. d. Sigismondo Laurenti, [...].
Roma, Lodovico Grignani, 1641.
[20], 144, [12], 321, [19] p.; fol.
croce⁶ a⁴ A-L⁶, M⁸; k⁴ A-Dd⁶ Ee-Ff⁴
SBN-IT\ICCU\RLZE\024551
Segue con frontespizio, paginazione e segnatura propri: *Virtù di san Paolo Apostolo. Raccolte dal medesimo p. d. Sigismondo Laurenti.*

[3876]
LAURENTI, SIGISMONDO

Vita di san Paolo apostolo cauata da gli Atti apostolici, dalle sue Epistole, e da altri graui autori, ridotta in forma di cronologia, secondo l'eminentissimo Baronio, e Spondano, con le osseruationi di diuersi santi padri, et espositori dal p.d. Sigismondo Laurenti cremonese della Congregatione de' Chierici Regolari di San Paolo Barnabita.

Roma, Lodovico Grignani, 1641 (Roma, Lodovico Grignani, 1641).
2 pt ([20], 144, [4]; [8], 321, [19] p.): ill.; fol.
[croce]⁶ a⁴ A-L⁶ M⁸; π⁴ A-2D⁶ 2E-2F⁴ (c. M8 di pt1 bianca)
SBN-IT\ICCU\UM1E\001787   e   IT\ICCU\
RLZE\024551
Antiporta calcografica. Titolo della pt 2: *Virtu di san Paolo apostolo.* Cfr. Michel-Michel, V, p. 23. V. fr.

[3877]
LEGGI, SERAFINO

Quadragesimale del molto reuerendo padre maestro Serafino Leggi panormitano del Terz'Ordine di San Francesco, regolare osseruante della Prouincia di Sicilia. Tomo secondo. Nel quale si contengono tutti li lunedì, martedì, giouedì, con tre sabbati della Quadragesima, con due prediche di San Pietro. Con tre tauole necessarie. Dedicato ai santissimi Gioachino, & Anna genitori della sourana Monarchessa del Cielo.
Venezia, Giovanni Bertano, 1641.
[16], 413 [i.e. 415], [25] p. (ripetute nella numer. le p. 271-272)
a⁸ A-2C⁸ 2D-2F⁴
SBN-IT\ICCU\BVEE\046384
Si tratta del secondo volume, che segue il primo del 1640, cfr. SBN-IT\ICCU\UM1E\001826, vedi 3848. V. fr.

[3878]
LUCA DA ROMA

Base e fondamento per l'alto edificio della perfettione, sopra il quale con la meditatione della passione di Giesu Christo Signor nostro, [...] Si fanno tre ponti per la via purgatiua, illuminatiua, & vnitiua, aggiuntoui nel fine un breue, e diuoto modo di salutare il Signore, secondo le cinque lettere del suo santissimo nome Iesus, con alcuni atti di vn cuor contrito alle santissime cinque piaghe, et altri atti affettuosi d'amorosa volonta verso Dio, del p.f. Luca di Roma di Min. Osser.
Roma, Domenico Marciani, 1641.
[14], 292, [6] p.: ill.; 16°
A-N¹² (c. N11-12 bianche)
SBN-IT\ICCU\UM1E\001693
A c. L7r: *Breue, e diuoto modo per salutare Giesu Christo secondo le cinque lettere del suo santissimo nome Iesus. [...].* A c. L11r: *Atti da farsi da un cuor contrito alle cinque piaghe di Giesu Christo per ottenere misericordia, e remissione di suoi peccati. [...].*

[3879]
MARINO, GIOVANNI BATTISTA

Poesie sacre, e morali scelte dall'opere liriche del sig. cauallier Marino. Con aggiunta d'alcune altre dell'istesso autore non più stampate.
Roma, Francesco Cavalli, 1641.

[12], 232, [16] p. ; 12°
a⁶ A-K¹² L⁴ (c. a1 bianca)
SBN-IT\ICCU\RMLE\049807
Si tratta della seconda impressione dell'edizione del 1637,
cfr. SBN-IT\ICCU\UMCE\036476, vedi 3776, scelta di
rime sacre del Marino disposte secondo l'anno liturgico,
quindi contenente diversi episodi evangelici. Cfr. Franchi
1988, p. 220-221, n. 7.

[3880]
ONORATI, MARSILIO
*Vita di Giesu Christo redentor nostro cauata da gli euange-
listi e da quello che ne scriuono i sacri dottori copiosa di sensi
letterali e mistici, e d'altre pie considerationi da Marsilio
Honorati da Viterbo prete della Congregatione dell'Orato-
rio di Roma.*
Roma, Francesco Cavalli, 1641-1650 (Roma, Francesco
Cavalli, 1641-1650).
6 vol.; 4°
SBN-IT\ICCU\UM1E\001452   e   IT\ICCU\
RLZE\024256
1:
Roma, Francesco Cavalli, 1641 (Roma, Francesco Cavalli,
1641).
[8], 695, [69] p.
π⁴ A-5B⁴ 5C⁶
SBN-IT\ICCU\UM1E\001455   e   IT\ICCU\
RLZE\035614
Occhietto. Gli altri volumi sono datati: 1642, cfr. SBN-
IT\ICCU\UM1E\001457 e IT\ICCU\RLZE\018765,
vedi 3912; 1644, cfr. SBN-IT\ICCU\UM1E\001459, vedi
3949 bis; 1646, cfr. SBN-IT\ICCU\UM1E\002721, vedi
3992 bis; 1649, cfr. SBN-IT\ICCU\UM1E\001461, vedi
4060 bis; 1650, cfr. SBN-IT\ICCU\UM1E\001462, vedi
4088 bis. V. fr.

[3881]
PALONTROTTI, MELCHIORRE/(tr.) BALDUCCI, NICOLÒ
*Lettione sopra il salmo 49. di Melchior Palontrotti. Della
S.ma Trinita e vocatione delle genti.*
(Roma, Francesco Moneta, 1641).
[4], 3 c.; 4°
A⁴ B³
SBN-IT\ICCU\BVEE\025477
Note di pubblicazione a c. A4r. Segue, senza proprio fron-
tespizio e senza data di pubblicazione: *Parafrasi poetica
dell'istesso Salmo 49. di Dauid. Di Niccolo Balducci roma-
no.* V. fr.

[3882]
PALONTROTTI, MELCHIORRE

*Lettione V. sopra il salmo 49. di Melchior Palontrotti. Della
S.ma Trinita e vocatione delle genti. [...].*
(Roma, Francesco Moneta, 1641).
[4] c.; 4°
A⁴
SBN-IT\ICCU\RMLE\054029

[3883]
PALONTROTTI, MELCHIORRE
*Lettione VI. di Melchior Palontrotti sopra il Salmo LXXI.
Dell'amor diuino Titulus psalmi. Salomonis.*
(Roma, Manelfo Manelfi, 1641).
12 p.; 4°
A⁶
SBN-IT\ICCU\BVEE\025445
Titolo da c. A1r. A c. A5r: *Lettione VII. della Passione di
Christo Psalm. 21. Lamnatseach ngai aieleth hasciacar.
Victori super cerva aurorae. V. ed.*

[3884]
PANSA, MUZIO
*Il mondo redento tragico apparato del dottor Mutio Pansa
di citta' di Penne.*
Venezia, Eredi di Giovanni Salis, 1641.
[12], 578 [i.e. 580] p.: ill.; 12° (errori nella numer. delle p.)
a⁶ A-2A¹² 2B²
SBN-IT\ICCU\BVEE\023948
V. fr.

[3885]
PAOLACCI, DOMENICO
*Pensieri predicabili sopra tutti gl'Euangelii correnti nella
Quaresima. Del molto r. padre f. Domenico Paolacci maestro
in sacra theologia dell'Ordine de' Predicatori. Parte prima.
All'illust.mo sig. Luigi della Torre, conte di Valsasina, &c.*
Venezia, Giacomo Sarzina <1>, 1641.
3 vol.; 4°
SBN-IT\ICCU\UBOE\013439
1:
Venezia, Giacomo Sarzina, 1641.
[48], 296 p.
a⁴ b-c⁸ d⁴ A-B⁴ C-T⁸ V⁴ (c. d4v bianca)
SBN-IT\ICCU\UBOE\013442
V. fr.
2:
*Pensieri predicabili sopra tutti gl'Euangelii correnti nella
Quaresima. Del molto r. padre f. Domenico Paolacci maestro
in sacra theologia dell'Ordine de' Predicatori. Parte seconda.
All'illust.mo sig. Alvise della Torre, conte di Valsasina, &c.*
Venezia, Francesco Baba, 1641.
[20], 356, [16] p.
a⁴ b⁶ A-X⁸ Y¹⁰ Z⁸ (c. Z8v bianca)

SBN-IT\ICCU\UBOE\013445
V. fr.

3:

Pensieri predicabili sopra tutti gl'Euangelii correnti nella Quaresima. Del molto r. padre f. Domenico Paolacci maestro in sacra theologia dell'Ordine de' Predicatori. Parte terza. Al molt'illustr. e reuerendiss. Sig. Monsignore Giorgio Polacco vicario generale delle monache di Venetia.
[Venezia], Cristoforo Tomasini, [1641].
[24], 342, [2] p.
a⁸ b⁴ A-X⁸ Y⁴ (c. Y4 bianca)
SBN-IT\ICCU\UM1E\001246
V. fr.

[3886]
PASTA, GIOVANNI
Le fortune di Giuseppe. Scritte da Gio. Pasta all'emin.mo, e rev.mo signore il signor cardinale Cesare Monti, arcivescovo di Milano.
Milano, Filippo Ghisolfi, a istanza di Giovanni Battista Cerri, 1641.
[12], 156 p.; 12°
†⁶ A-F¹² G⁶
SBN-IT\ICCU\PBEE\011754
V. fr.

[3887]
PÉREZ, ANTONIO/(tr.) C[ROCE], S[ERAFINO]/(ed.)
MENGARELLI, FILIPPO
Prediche del Auuento con le sue festiuita' et Santi predicate nella citta' di Salamanca, dal m.r.p. maestro Perez. Tradotte da spagnolo in italiano, dal m.r.p. S.C. [...].
Venezia, Turrini, 1641.
[16], 330, [2] p.; 4°
a-b⁴ A-V⁸ X⁶ (ultima c. bianca)
SBN-IT\ICCU\RMLE\016828
Emissione con nuovo frontespizio e altro materiale preliminare dell'edizione Sessa del 1621, in cui si legge il nome del traduttore, cfr. SBN-IT\ICCU\UMCE\016982, vedi 3476.

[3888]
PUENTE, LUIS DE LA/(tr.) BRACCINI, GIULIO CESARE
Meditationi del padre Lodouico da Ponte della Compagnia di Giesù. Sopra i principali misteri della nostra fede, [...] Con la prattica dell'oratione mentale. Diuise in sei parti. Tradotte dalla lingua castigliana nella toscana, dal sig. Giulio Cesare Bracini. Con due tauole, vna delle materie, [...] e l'altra delle meditationi, [...].
Venezia, Guerigli, 1641.
[20], 964, [4] p.; 4°
[ast]⁴ 2[ast]⁶ A-3O⁸ 3P⁴

SBN-IT\ICCU\BVEE\034186
Gli editori dovrebbero essere gli eredi di Giovanni Guerigli.

[3889]
PUENTE, LUIS DE LA/(tr.) BRACCINI, GIULIO CESARE
Meditationi del padre Lodouico da Ponte della Compagnia di Giesu sopra i principali misteri della nostra fede, della vita, e passione del nostro Sig. Giesu Christo, e della Beata Vergine Maria, e de' Santi, & Vangeli correnti. Con la prattica dell'oratione mentale. Diuise in sei parti. Tradotte dalla lingua castigliana nella toscana, dal sig. Giulio Cesare Bracini [...].
Venezia, Bertano, 1641.
[20], 964, [4] p.; 4°
ast⁴ 2ast⁶ A-3O⁸ 3P⁴ (ultima c. bianca)
SBN-IT\ICCU\UM1E\010750

[3890]
PUENTE, LUIS DE LA /(tr.) BRACCINI, GIULIO CESARE
Meditationi del padre Lodouico da Ponte della compagnia di Giesu, sopra i principali misteri della nostra fede; della vita, e passione di N.S. Giesù Christo, e della B. Vergine Maria: e de' Santi, e Vangeli correnti. Con la prattica dell'oratione mentale. Diuse [!] in sei parti. Tradotte dalla lingua castigliana nella Toscana dal sig. Giullio Cesare Braccini.
Milano, Tipografia Arcivescovile, 1641.
6 vol.; 8°
SBN-IT\ICCU\TO0E\030507

1:

112, 252, [4] p.: ill.
[croce]² a⁴ b-g⁸ A-Q⁸
SBN-IT\ICCU\TO0E\030508
Titolo della pt 1 a p. 1 della seconda sequenza.

2:

Parte seconda nella quale si contengono i misterij dell'Incarnatione, & infantia di Giesù Christo N. Signore insin' al suo Battesimo.
Milano, Tipografia Arcivescovile, 1641.
232 p.
A-O⁸ P⁴
SBN-IT\ICCU\TO0E\030509

3:

Parte terza. Nella quale si contengono li principali misteri della nostra santa fede; intorno alla vita, passione, miracoli, e parabole del n. Sig. Giesu Christo, dal suo battesimo, insino alla fine della predicatione.
Milano, Tipografia Arcivescovile, 1641.
456 p.: ill.
A-2E⁸ 2F⁴
SBN-IT\ICCU\VIAE\037110

4:

Parte quarta. Nella quale si contengono li principali misteri della nostra santa fede; intorno alla Passione, e morte del nostro Signor Giesu Christo [...].
Milano, Tipografia Arcivescovile, 1641.
398 [2] p.: ill.
A-2B⁸
SBN-IT\ICCU\VIAE\037111
5:
Parte quinta nella quale si contengono i principali misterij della nostra fede intorno alla resurrezione [...].
Milano, Tipografia Arcivescovile, 1641.
[2] c., 7-324 p.; 8° (la paginazione inizia con p. 7 a c. A2r)
A⁶ B-V⁸ X²
SBN-IT\ICCU\BA1E\014385
Il sesto volume tratta della Trinità e dei benefici divini.

[3891]
ROSACCIO, GIUSEPPE
Le sei età del mondo dall'ecc.te cosmografo, & historico Gioseppe Rosaccio con breuità descritte. Nelle quali si tratta della creazione del cielo, & della terra. Di Adamo, e suoi discendenti fino al Diluuio. Del diluuio, e suo tempo. Delle prime habitationi della terra, e da chi prendessero il nome le Prouincie. Del nome delle genti, e loro origine. Delli primi regi, & monarchi, con profeti, & quanto vissoro [...] Con bellissime figure ornate.
Viterbo, Bernardino Diotallevi, 1641.
77, [3] p.: ill.; 8°
A-E⁸
SBN-IT\ICCU\RT1E\003812

[3892]
ROSELLI, ALESSANDRO
La rappresentazione di Sansone.
Trevigi, Girolamo Righettini, 1641.
8°
Quadrio, III, p. 81
Titolo uniforme: *Rappresentazione di Sansone.*

[3893]
SALMI/(tr.) DIODATI, GIOVANNI
I sacri salmi, messi in rime volgari da Giovanni Diodati.
[Genève?], [1641?].
66+ p.; 32 cm
Worldcat 185027887
Potrebbe trattarsi del fascicolo contenente i Salmi della traduzione della Bibbia del Diodati pubblicata lo stesso anno, cfr. SBN-IT\ICCU\PUVE\008070, vedi 3867.

[3894]
SCALABONI, LORENZO

Il magnificat cantico della beatissima Vergine Maria madre di Dio. Esposto in ottaua rima dal r.p.m. fra Lorenzo Scalaboni da Rauenna dell'ord. eremit. di S. Agostino. E vi si aggiunge la salutatione angelica con hinni, & antifone nell'officio dell'istessa santissima madre, e vergine Maria, similmente esposte.
Ravenna, Stamperia Camerale, 1641.
48 p.; 12°
A-B¹²
SBN-IT\ICCU\RAVE\072378
Cfr. Ginanni, vol. 2, p. 357.

1642

[3895]
ADIMARI, ALESSANDRO
L'Vrania o vero 50 sonetti spirituali sopra più santi, & altre diuozioni fondati & esplicati con frasi della Scrittura sacra. Opera d'Alessandro Adimari alla sereniss.a Vittoria della Rouere gran duchessa di Toscana.
Firenze, Massi e Landi, [1642].
8, 112 p.: ill.; 4°
pi greco⁴ A-O⁴
SBN-IT\ICCU\RAVE\012005
Titolo dell'occhietto: *L'Urania del signor Alessandro Adimari.* Imprimatur datato 13.IX.1641, e dedica epistolare datata 1.XI.1642. V. fr.

[3896]
ARDIZZONI, PAOLO MARIA
Meditationi della vita e passione di N.S. Giesu Christo. Operetta del p. Paolo Maria Ardizzoni de' Chierici Regolari.
Verona, Francesco Rossi, [1642].
[36], 310, [2] p.: ill.; 24°
a⁶ *¹² A-N¹² (ultima c. bianca)
SBN-IT\ICCU\BVEE\053651
Data della dedica del tipografo: 12 giugno 1642. V. fr.

[3897]
[ARETINO, PIETRO]
Vita di Maria vergine descritta in tre libri da Partenio Etiro. Al molto ill.re, & reu.mo sig.or sig. & patron col.mo monsignor Gioseffo abbate Persico canonico di Padoa.
Venezia, Giovanni Antonio Ginammi, 1642.
[12], 624 p.: ill.; 12°
a⁶ A-2C¹²
SBN-IT\ICCU\RMLE\070539
Partenio Etiro è anagramma di Pietro Aretino.

[3898]
BERDINI, VINCENZO

Historia dell'antica, e moderna Palestina, descritta in tre parti. Dal r.p.f. Vincenzo Berdini min. oss. mentre era commissario generale di Terra Santa. Nella quale si hà particolare descrittione de' luoghi più singolari del sito, qualità di essi, gouerno, costumi, guerre, riuolutioni, & altri successi notabili. Opera vtile, e necessaria non solo à professori di antichità, e d'historie, ma anco alli predicatori. Con due tauole vna de' capitoli, e l'altra delle cose più notabili. Consegrata al reuerendissimo p.f. Benigno da Genoua, commissario generale de' Min. Oss.

Venezia, Giovanni Battista Surian, 1642.

3 vol.; 4°

SBN-IT\ICCU\BVEE\045976

Titolo dell'occhietto: *Historia dell'antica, e moderna Palestina.*

1:

[16], 163, [1] p.

π² πA² (A1+b⁴), A-V⁴ X² (c. πA1 segnata A4)

SBN-IT\ICCU\BVEE\045977

Var. B: pigreco², A², b⁴, A-V⁴, X². V. fr.

2:

La Palestina antica, e moderna descritta dal p.f. Vincenzo Berdini da Sartiano fù general ministro de' Minori Osseruanti parte seconda. In cui si tratta de' misterii oprati da Christo Nostro Signore, incominciando dall'incarnatione sino all'vniuersale giudicio. Con due copiosi indici l'vno de' capitoli, e l'altro delle cose più notabili.

Venezia, Giovanni Battista Surian, 1642.

[12], 176 p.

a⁴ b² A-Y⁴

SBN-IT\ICCU\BVEE\045978

Il terzo volume è sulla Palestina come posseduta al tempo dai francescani minori osservanti. V. fr.

[3899]

BIGNAMI, INNOCENZO

Discorsi per le domeniche, et alcune solennità, che sono dall'Auuento sino alla Quaresima. Del m.r.p.f. Innocentio Bignami da Lodi maestro di theologia dell'Ordine de' Predicatori. Con tre tauole copiosissime. La prima de' punti prouati in ciascheduno discorso. La seconda delle Scritture singolarmente esposte. E la terza delle cose più notabili. Al reuerendiss. padre maestro f. Gio: Battista Seghizzi, da Martinengo, commissario generale del Santo Officio in Roma.

Venezia, Pietro Turrini e Giovanni Maria Turrini, 1642.

[16], 634, [70] p.: ill.; 4°

[croce lat.]⁸ A-2X⁸

SBN-IT\ICCU\UM1E\001325

Titolo dell'occhietto: *Discorsi per le domeniche et solennita, che sono dall'Auuento sino à Quadragesimà.* Var. B: ricomposta l'epistola dedicatoria. V. fr.

[3900]

BOLDONI, GIOVANNI NICCOLÒ

L'Annuntiata drama sacro del m.r.p.d. Gio. Nicolo Boldoni milanese. Da potersi recitare in musica. In questa nuoua editione riueduto dall'autore. Aggiuntaui vna facilita di breuemente rappresentarlo.

Spoleto, Gregorio Arnazzini, 1642.

[24], 228 p.: ill.; 12°

[croce]¹² A-I¹² K⁶

SBN-IT\ICCU\UM1E\012040

[3901]

BRANCHI, GIACINTO

La Giuditta trionfante poema eroico, di Giacinto Branchi. All'illustriss. sig. Gaspare Gherardino marchese di Scurano, Bazano & Pianzo conte di S. Polo, &.

Verona, Francesco Rossi <Verona>, 1642.

[8], 190, [2] p.; 4°

π⁴A-M⁸ (ultima c. bianca)

SBN-IT\ICCU\BVEE\026908

V. fr.

[3902]

BRIGNOLE SALE, ANTON GIULIO

Maria Maddalena peccatrice, e conuertita. Di Antongiulio Brignole Sale.

Venezia, Pietro Turrini, 1642.

308, [4] p.; 12°

A-M¹² N¹² (c. N12 mancante)

SBN-IT\ICCU\UBOE\065977

V. fr.

[3903]

BULZÉ, VALERIANO

Gierusalem destrutta da Antioco Illustre, o vero Macabeo, poema heroico di don Valeriano Bulze' del Regno di Sicilia, [...].

Venezia, Bertano, 1642.

[8], 460 p.; 12°

a⁴ A-T¹² V²

SBN-IT\ICCU\UM1E\024149

Var. B: *Gierusalem destrutta da Antioco Illustre, o vero il Macabeo, poema heroico [...].*

[3904]

CADANA, SALVATORE

Dubbii scritturali del m.to reu.do padre F. Saluatore Cadana di Torino. [...] In quattro volumi diuisi. [...].

Torino, Eredi di Giovanni Domenico Tarino, 1642.

[20], 270 [i.e. 272] p.; 4°

[par.]⁴ 2[par.]⁴ 3[par.]² A-2L⁴

SBN-IT\ICCU\BVEE\046578

L'indicazione dei volumi si riferisce ad una partizione interna.

[3905]
CERTANI, GIACOMO
L'Isaaco, e 'l Giacobbe di D. Giacomo Certani Canon. Reg. Later. [...].
Bologna, Giacomo Monti, 1642.
[16], 533, [3] p.; 12°
πA⁴, A-X¹² Y¹⁶ (c. πA4 e l'ultima bianche)
SBN-IT\ICCU\BVEE\042935

[3906]
FILIPPI, MARCO, DETTO IL FUNESTO
Vita di santa Caterina vergine e martire composta in ottaua rima da Marco Filippi, detto il Funesto. Aggiuntoui di nuouo gli argomenti ad ogni canto. Con vna raccolta di sonetti e di canzoni spirituali, e di alcune stanze della Maddalena à Christo, del medesimo autore.
Palermo, Decio Cirillo, 1642.
[8] 407 [1] p.: ill.; 8°
π⁴A-2A⁸ 2B¹²
SBN-IT\ICCU\BVEE\038635
V. fr.

[3907]
FLORI, BENVENUTO
L'euangelica parabola delle vergini prudenti e' delle stolte compositione drammatica del r.do m. Benuenuto Flori sanese.
Siena, Ercole Gori, 1642 (Siena, Ercole Gori, 1642).
197, [7] p.; 12°
†¹² B-H¹² I⁶ (nel registro il fasc. † segnato A; ultime 3 c. bianche)
SBN-IT\ICCU\BVEE\024410
V. fr.

[3908]
LOREDANO, GIOVAN FRANCESCO
Sensi di devotione sovra i sette salmi della penitenza di Davide. Di Gio Francesco Loredano nobile veneto. Nona impressione.
Venezia, Accademia degli Incogniti <Venezia>, 1512 [i.e. 1642].
139, [5] p.; 12°
A-F¹² (c. F11-12 bianche)
SBN-IT\ICCU\BA1E\015841
V. fr.

[3909]
MAIDALCHINI, FRANCESCO/CARAFA, TOMMASO
Tromba euangelica per la incarnatione del venturo Messia, del M.R. signor Francesco Maidalchino, teologo, e predicatore. Con vna predica nel fine intitolata l'ottauo Miracolo del mondo del p.f. Tomaso Caraffa dominicano per la solennità dell'angelico dottore s. Tomaso d'Aquino. Consecrato al m.r.p.m. in sacra teologia il p.f. Gabriel Dominioni de' Predicatori.
Venezia, Guglielmo Oddoni, 1642.
[16], 143, [1] p.; 4°
a-b⁴ A-S⁴
SBN-IT\ICCU\RMSE\003817 e IT\ICCU\BASE\007812
Titolo dell'occhietto: *Auuento del m.r. sig. Francesco Maidalchino.* La seconda scheda SBN descrive un esemplare con due fascicoli in meno. [16], 119, [1] p.; 4°; a-b⁴ A-P⁴. V. fr.

[3910]
MISURACCHI, GIULIO CESARE
Ragionamento della venuta del messia, contra la durezza, & ostinatione hebraica fatto alla presenza loro, da me Giulio Cesare Misurachi hebreo fatto christiano, & rabino di Sacra Scrittura.
Milano, Giovanni Battista Malatesta, [1642].
20 p.; 4°
A¹⁰
SBN-IT\ICCU\MILE\051466
Data dalla dedica.

[3911]
ONOFRI, FEDELE
Breve, vero, e devoto compendio della nascita, e vita di Christo, Maria, e suoi genitori, e di S. Gioseffe. E nascimento, vita, miracoli, e martirio delli dodici Apostoli, e di San Paolo. Raccolto da Fedele Honofri.
Firenze, Filippo Papini e Francesco Sabatini, 1642.
[82] p.; 12°
A-C¹² D⁶
SBN-IT\ICCU\URBE\042689

[3912]
ONORATI, MARSILIO
Vita di Giesu Christo redentor nostro cauata da gli euangelisti e da quello che ne scriuono i sacri dottori. Copiosa di sensi letterali, e mistici, e d'altre pie considerationi da Marsilio Honorati da Viterbo prete della Congregatione dell'Oratorio di Roma.
Roma, Francesco Moneta, 1642 (Roma, Francesco Moneta, 1642).
[4], 643 [i.e. 634], [54] p.; 4°
π² A⁴ B-2R⁸ 2S-3A⁴

SBN-IT\ICCU\UM1E\001457 e IT\ICCU\
RLZE\018765
È il vol. 2 della *Vita di Giesu Christo redentor nostro*, cfr.
SBN-IT\ICCU\UM1E\001452, vedi 3880. L'edizione
SBN-IT\ICCU\RLZE\018765 descrive un esemplare
mutilo con paginazione: [4], 643 [i.e. 634], [68 +] p. e se-
gnatura: ?² A-2Y⁸ 2Z³. V. fr.

[3913]
PALONTROTTI, MELCHIORRE
Lettione VIII sopra il salmo 84. Del trionfo d'amore. Di Melchior Palontrotti.
(Roma, Manelfo Manelfi, 1642).
12 p., 4°
A⁶
SBN-IT\ICCU\BVEE\025449
V. fr.

[3914]
PAOLETTI, AGOSTINO/APROSIO, ANGELICO
Discorsi predicabili del m.r. signor Gostantio Talpiteo da Contilmano, professore di sacra theologia, sopra le dome-niche, e feste dell'Auuento fino à Quaresima: publicati da Scipio Glareano. Con tre tavole necessarie, de gli autori ci-tati nell'opera; delle materie; & delle cose notabili. Dedicati all'illustriss. e riuerendiss. sig. monsignor Girolamo Gradenigo primicerio di Candia.
Venezia, Combi, 1642.
[40], 307 p.; 4°
a-e⁴ A-2O⁴ 2P⁶
SBN-IT\ICCU\UM1E\001228
I nomi nel titolo sono l'uno l'anagramma e l'altro lo pseu-donimo degli autori. V. fr.

[3915]
SALMI/(tr.) ANONIMA
Salmi scelti di Davide tradotti in lingua Italiana ed acco-modati alla melodia del Canto di Tedeschi e Francesi: con un piccolo Catechismo [...] per uso della chiesa italiana in Zurigo.
Zürich, 1642.
12°
Swissbib 36538495X

[3916]
TORSELLINI, ORAZIO/PERSICO, ANTONIO/(tr.)
AURELI, LODOVICO
Ristretto delle historie del mondo del p. Torsellino volga-rizate dal sig. Lodouico Aurelii perugino. Con l'aggiunta fino alli tempi presenti. All'illustrissimo signor mio il sig. Bortolomeo Zeno nobile veneto.
Venezia, Cristoforo Tomasini, 1642.

[28], 703, [39] p.; 12°
a¹⁴ A-2H¹²
SBN-IT\ICCU\UM1E\001184
Il nome di Antonio Persico compare nel testo. V. fr.

1643

[3917]
CADANA, SALVATORE
Dubbii scritturali del molto reuerendo padre f. Saluatore Cadana di Torino. Minor osseruante di S. Francesco, pre-dicatore preclarissimo, teologo, e consigliero dell'altezza di Savoia, frà prouinciali ministri di sua Prouincia padre. In quattro volumi diuisi. Tomo primo.
Venezia, Guerigli, 1643.
[8], 196 p.; 4°
*⁴ A-Z⁴ 2A⁶
SBN-IT\ICCU\UM1E\004275
L'indicazione dei volumi si riferisce ad una partizione in-terna. Gli editori dovrebbero essere gli eredi di Giovanni Guerigli. V. fr.

[3918]
CALAMATO, ALESSANDRO
L'espettatione dell'incarnato Verbo. Ouero, Prediche sopra le domeniche dell'Auuento, e feste correnti; del molto reueren-do d. Alessandro Calamato messinese. Opera profitteuole a' predicatori, & ad ogni stato di persone. Con l'aggiunta del Doloroso spettacolo della passione, e morte di Christo n. Sig. Della pratica per aiutare à ben morire, e delle sentenze scelte latine, appropriate alle Prediche di tutto l'anno, del medesi-mo autore.
Venezia, Giunta, 1643 (Venezia, Giunta, 1643).
[8], 410, [6] p.: ill.; 4°
†⁴ A-2C⁸ (ultima c. bianca)
SBN-IT\ICCU\UM1E\004451 e IT\ICCU\
TO0E\028617
Il Doloroso spettacolo della passione inizia con proprio frontespizio a c. I7r.; la *Prattica per aiutare a ben morire* a c. O7r.; le *Sentenze* a c. R5r. V. fr.

[3919]
CALAMATO, ALESSANDRO
Selua nuouissima di concetti, fondati nell'autorita della Sacra Scrittura, de' Santi Padri, e d'altri grauissimi dottori di Santa Chiesa [...] del r.d. Alessandro Calamato messinese. In questa settima impressione dal medesimo autore accre-sciuta di nuoue materie [...] e diligentemente corretta.
Venezia, Combi, 1643.
[16], 563, [1] p., [1] c.: ill.; 4°
a⁸ A-2L⁸ 2M 2N⁶

SBN-IT\ICCU\TO0E\028615

Frontespizio calcografico con ritratto dell'autore precede quello a stampa.

[3920]
CAMPEGGI, RIDOLFO

Le lagrime di Maria vergine poema heroico del s. co. Ridolfo Campeggi all'ill.mo sig.r co. Lodovico Felicini.

Bologna, Domenico Barbieri (Bologna, Domenico Barbieri, 1643).

[48], 432, [48] p.: ill.; 12°

a-b¹² A-V¹² (ultima c. bianca)

SBN-IT\ICCU\BVEE\039566

V. fr.

[3921]
CAPUTO, FILOCALO

La Maddalena pentita.

Napoli, Ettorre Cicconio, 1643.

8°

Quadrio, III, p. 89

[3922]
CARACCIOLO, GIOVANNI BATTISTA

Quaresimale parte prima, ouero ragionamenti spirituali del padre D. Gio. Battista Caracciolo chierico regolare. Sopra gli evangeli che si leggono dal mercoledi delle ceneri fino al sabato auanti la domenica quarta di quaresima. Composti per maggior profitto delle persone religiose.

Napoli, Ottavio Beltrano, 1643.

[20], 839, [1] p.; 12°

croce¹⁰ A-2M¹²

SBN-IT\ICCU\TO0E\133358

Il secondo volume è del 1644, cfr. SBN-IT\ICCU\RMSE\083819, vedi 3939.

[3923]
GLIELMO, ANTONIO

Le grandezze della santissima Trinita del padre Antonio Glielmo sacerdote della congregazione dell'Oratorio di Napoli. Quinta impressione, arricchita di tauole copiosissime, & aggiuntoui un poema sacro del Diluuio del mondo nel fine, del medesimo autore.

Venezia, Francesco Baba, 1643.

2 pt ([16], 528, [30]; 40 p.); 4°

a⁸ A-2M⁸; a-b⁸ c⁴ (c. M8 bianca)

SBN-IT\ICCU\UM1E\001268

Pt 2: *Il diluuio del mondo poema sacro.* V. fr.

[3924]
GIULIANO, GIOVANNI BATTISTA

Il parto della marauiglia, quaresimale del m.r.p.f. Giam-Battista Giuliano, preterito provinciale, e definitore dell'Ordine de' Minimi di S. Francesco di Paola, consultore del Sant'Offitio, esaminatore della Corte Arcivescovale di Napoli, e theologo dell'eminentissimo signor cardinal Savelli: scelto da tutte le Quaresime predicate da lui nelle più principali città, e ne' più rinomati pulpiti dell'Italia. Diuiso in due parti. Con le tauole de' luoghi della Scrittura, e delle cose più notabili.

Venezia, Giovanni Battista Combi, 1643.

2 pt ([48], 296; [48], 320 p.); 4°

a-c⁸ A-S⁸ T⁴; a-c⁸ A-V⁸

SBN-IT\ICCU\UM1E\001257

Occhietto della pt 2: *Del parto della marauiglia, parte seconda.* La seconda parte probabilmente è l'edizione che segue, cfr. SBN-IT\ICCU\NAPE\024798, vedi 3925. V. fr.

[3925]
GIULIANO, GIOVANNI BATTISTA

Il parto della maraviglia quaresimale del M.R.P.F. Giam-Battista Giuliano [...] scelto da tutte le quaresime predicate da lui nelle principali città, e ne' più rinomati pulpiti dell'Italia. Diviso in due parti.

Venezia, Combi, 1643.

[48], 320 p.; 4°

SBN-IT\ICCU\NAPE\024798

Probabilmente si tratta della seconda parte dell'edizione SBN-IT\ICCU\UM1E\001257, vedi 3924, anche se schedata come opera autonoma.

[3926]
GIULIANO, GIOVANNI BATTISTA

Prediche quaresimali del M.R.P.F. Gio. Batta. Giuliano preterito prouinciale, e definitore del Ordine de' minimi, di san Francesco di Paola [...]. Parte prima.

Napoli, Francesco Girolamo Colligni, 1643 (Napoli, Francesco Girolamo Colligni, 1643).

2 vol.: ill.; 4°

SBN-IT\ICCU\UM1E\006269 e IT\ICCU\CSAE\000772

1:

[12], 375 [i.e. 379], [45] p. (ripetute nella numer. le p. 366-369)

[par.]⁴ χ² A-Z⁸ 2A⁶ 2B-2F⁴ 2G²

SBN-IT\ICCU\UM1E\006270

2:

[4], 397 [i.e. 411], [53] p. (ripetute nella numer. le p. 81-84, 307-316)

†² A-2C⁸ 2D-2I⁴ (c. †2 segnata †3)

SBN-IT\ICCU\UM1E\006271

[3927]

LEGGI, SERAFINO

Auuento sacro con i santi correnti, inclusoui L'animato paradiso nell'espettatione del parto virginale. Del molto reu. p. maestro Serafino Leggi panormitano, del Terzo Ordine di S. Francesco, regolare osseruante. Parte prima. Con tre tauole necessarie.

Venezia, Giunta, 1643 (Venezia, Giunta, 1643).

2 vol.; 4°

SBN-IT\ICCU\UM1E\001310

Cfr. Michel-Michel, V, p. 27.

1:

[32], 392, [12] p.: ill.

a-b⁴ A-2A⁸ 2B⁴ 2C⁶

SBN-IT\ICCU\UM1E\001311

V. fr.

2:

Trionfi quadragesimali, stationi sacre, e sacra mensa del sole. Del molto reu. padre maestro Serafino Leggi panormitano, del Terzo Ordine di S. Francesco, regolare osseruante della Prouincia di Sicilia. Parte seconda. Con tre tauole necessarie.

Venezia, Giunta, 1643 (Venezia, Giunta, 1643).

[24], 394, [14] p.

[croce]⁸ 2[croce]⁴ A-2B⁸ 2C⁴

SBN-IT\ICCU\UM1E\001312

[3928]

LOREDANO, GIOVAN FRANCESCO

L'Adamo di Gio. Francesco Loredano nobile veneto. Settima impressione.

Venezia, Accademia degli Incogniti <Venezia>, 1643.

[4], 92 p., [1] c.; 12°

π¹ A-D¹²

SBN-IT\ICCU\BA1E\015842

[3929]

NENTE, IGNAZIO DEL

Solitudini di sacri e pietosi affetti intorno à misterj di nostro Signore Giesù Cristo, e Maria vergine opera parenetica diuisa in varj esercizj spirituali, di esortazioni, istruzioni, stimoli di compunzioni, apparati alla presenza di Dio, meditazioni, sommarj, affetti, soliloquj del molto reuer. p. maestro f. Ignazio del Nente dell'Ordine de Predicatori nel Conuento di S. Marco di Fiorenza all'eccellentissima signora duchessa Enrica Catarina di Gioiosa.

Firenze, Amadore Massi e Lorenzo Landi, 1643 (Firenze, Amadore Massi e Lorenzo Landi, 1643).

15, [1], 340 p.: ill.; 4°

[croce]⁸ A-X⁸ Y² (p. [1] è bianca)

SBN-IT\ICCU\RAVE\011877

V. fr.

[3930]

OSORIO, AUGUSTIN/(tr.) APROSIO, ANGELICO

Sermoni di tutte le domeniche, festiuita, e santi, che occorrono nell'auuento fino alla purificazione della Vergine: disposti in varie risoluzioni morali, [...] per opera del molto reuerendo padre maestro Agostino Osorio, [...] Trapportati dalla spagnola nell'italiana fauella da Oldauro Scioppio. Con tre tauole copiosissime, [...].

Venezia, Guerigli, 1643.

[40], 183, [1] p.; 4°

π⁴ a-d⁴ A-Z⁴

SBN-IT\ICCU\UM1E\007172

Il traduttore, Angelico Aprosio, è indicato sotto il nome accademico dell'Accademia degli Incogniti. Titolo dell'occhietto: *Avvento del m.r.p. maestro Agostino Osorio*. Gli editori dovrebbero essere gli eredi di Giovanni Guerigli.

[3931]

PLATINA (IL) (SACCHI, BARTOLOMEO)/CICARELLI, ANTONIO/STRINGA, GIOVANNI/DIONIGI, BARTOLOMEO/PANVINIO, ONOFRIO/TESTA, LAURO/TOMASUCCI, FRANCESCO

Battista Platina cremonese Delle vite de' pontefici dal Saluator Nostro sino a Paolo II. Accresciuto con le Historie de' papi moderni da Sisto IV. fino a Paolo V. con somma diligenza descritte da F. Onofrio Panuinio veronese, Antonio Cicarelli da Foligno, & d. Giovanni Stringa venetiano; con l'Annotationi del Panuinio, e con la Cronologia ecclesiastica dello stesso, ampliata dal r.m. Bartolomeo Dionigi da Fano, e da d. Lauro Testa; e perfettionato in questa impressione con l'aggiunta delle Vite di Gregorio XV. e di Urbano VIII. e con la creazione del viuente papa Innocentio X, oltre un supplimento di molti anni alla Cronologia dal sig. d. Francesco Tomasuccio venetiano. Con i nomi, cognomi, e patrie di tutti li cardinali, e tre copiose tauole; vna de' papi la seconda de' cardinali; e la terza delle cose notabili.

Venezia, Barezzi, 1643.

2 pt ([24], 9-912; [14], 222 p.): ill.; 4°

a-e⁸ f⁶ A-3L⁸ A-O⁸ P⁶

SBN-IT\ICCU\UM1E\001384

Titolo della pt 2: *La cronologia ecclesiastica del r.p.f. Honofrio Panvinio veronese [...].* L'editore dovrebbe essere Barezzo Barezzi, che muore nel 1643. Cfr. Michel-Michel, VI, p. 131. V. fr.

[3932]

PORRES, FRANCISCO IGNACIO/(tr.) CELAURI, GIUSEPPE

Sermoni sopra tutte le domeniche doppo la Pentecoste del padre Francesco Ignatio Porres. Tradotti dallo spagnolo nell'italiano idioma dal p. baciliere fr. Giuseppe Celauri minor conuentuale con tauole copiosissime. Consecrati al reveren-

dissimo padre maestro fr. Anselmo Oliua inquisitor generale del serenissimo Dominio Veneto.
Venezia, Cristoforo Tomasini, 1643.
[24], 378, [10] p.; 4°
a⁸ b⁴ A-B⁴ C-2A⁸ 2B¹⁰
SBN-IT\ICCU\VEAE\003988
V. fr.

[3933]
SALMI/(tr.) ANONIMA
Salmi scelti di Davide tradotti in lingua Italiana ed acco-modati alla melodia del Canto di Tedeschi e Francesi: con un piccolo Catechismo, [...] per uso della chiesa italiana in Zurigo.
[Zürich], Bodmer, 1643.
8°
Swissbib 051500957
Probabilmente l'editore è Johann Jacob Bodmer (1617-1676).

[3934]
SEGALA, ALESSIO
Opere spirituali, del r.p.f. Alessio Segala da Salò, predicatore Capuccino. [...] Aggiontoui in questa noua impressione l'Arca santa nella quale si spiegano i sacratissimi misteri della vita, e passione di Christo signor nostro. [...].
Venezia, Eredi di Giovanni Salis, 1643.
[18], 2, 1118 [i.e. 1108] p.; 4° (omesse nella numer. le p. 881-890)
a¹⁰ A-3Y⁸ 3Z¹⁰
SBN-IT\ICCU\UM1E\009435
Contiene con proprio occhietto a c. 3O1r: *Arca santa, [...]. Opera del R.P.F. Alessio Segala da Salò [...].*

1644

[3935]
ANONIMA
Argomento della Giuditta. Comedia sacra latina. Recitata da gli alunni del Seminario di S. Pietro.
Roma, Manelfo Manelfi, 1644.
4 p.; 4°
Franchi 1988, p. 255, n. 4

[3936]
BOLDONI, GIOVANNI NICCOLÒ
La saetta della passione di Giesu nel cuor di Maria discorsi del p.d. Gio. Nicolò Boldoni milanese, chier. reg. di S. Paolo all'eminentiss. e reu. sig. card. Spada.
Perugia, Eredi di Angelo Bartoli e Angelo Lorenzi, 1644.
[20], 688 p.: ill.; 4°

a-b⁴ c² A-4R⁴
SBN-IT\ICCU\UM1E\006985
Titolo dell'occhietto: *La saetta del Boldoni.* V. fr.

[3937]
CADANA, SALVATORE
Quaresimale del padre F. Saluatore Cadana di Torino min. osseruante di S. Francesco [...] Con due copiosissime, & utilissime tauole.
Venezia, Combi, 1644.
[24], 368 p.: ill.; 4°
a⁴ b⁸ A-Z⁸
SBN-IT\ICCU\CAGE\027885 e IT\ICCU\ BVEE\050006

[3938]
CALAMATO, ALESSANDRO
Selua nouissima di concetti, fondati nell'autorità della Sacra Scrittura, de' Santi Padri, e d'altri grauissimi dottori di Santa Chiesa; applicabili a' tutte le ferie di Quaresima, domeniche frà l'anno, e feste correnti. Del R.D. Alessandro Calamato messinese. In questa vltima impressione dal medesimo autore accresciuta di nuoue materie, e varij concetti, corretta, e migliorata [...].
Bologna, Carlo Zenero, 1644 (Bologna, Carlo Zenero, 1644).
[16], 550, [2] p.; 4°
a⁸ A-2L⁸ 2M⁴
SBN-IT\ICCU\BVEE\050342
Titolo dell'occhietto a c. a1: *Selva novissima di concetti del Calamato.*

[3939]
CARACCIOLO, GIOVANNI BATTISTA
Quaresimale ouero ragionamenti spirituali del padre d. Gio. Battista Caracciolo chierico regolare. Sopra gli Euangeli [...]. Composti per maggior profitto delle persone religiose in particolare delle monache.
Napoli, Ottavio Beltrano, 1644.
2 vol.; 12°
SBN-IT\ICCU\RMSE\083815
2:
[16], 871, [1] p.
a⁴ A-2N¹² 2O⁴
SBN-IT\ICCU\RMSE\083819
Il primo volume è del 1643, cfr. SBN-IT\ICCU\ TO0E\133358, vedi 3922.

[3940]
DREXEL, HIEREMIAS/(tr.) FLORI, LODOVICO
Noe il fabricator dell'arca e gouernator in quella nel tempo del diluuio descritto, e moralizzato dal r.p. Geremia

Dresselio della Compagnia di Giesu. Volgarizzato dal p. Lodouico Flori.

Roma, Hermann Scheus, 1644 (Roma, Vitale Mascardi, 1643).

[8], 614, [2] p.; 12°

†⁴ A-2B¹² 2C⁸

SBN-IT\ICCU\TO0E\008657   e   IT\ICCU\RLZE\024577

V. fr.

[3941]

FIAMMA, PAOLINO

Christo morto. Tragedia di Paolino Fiamma crocifero. Consecrata all'illust. & reu. s. Giorgio Cornaro, vescouo di Padova.

Venezia, Giovanni Antonio Giuliani, 1644.

132 p.; 12°

A-E¹² F⁶

SBN-IT\ICCU\BVEE\024271

V. fr.

[3942]

FIAMMA, PAOLINO

Christo sepolto, ouero il sepolcro glorioso. Rapresentatione deuotissima, di Paolino Fiamma crocifero. Consecrata all'illust. & reu. m. Giorgio Cornaro, vescouo di Padoua.

Venezia, Antonio Giuliani, 1644.

96 p.; 12°

A-D¹²

SBN-IT\ICCU\BVEE\024283

V. fr.

[3943]

GELOSO, GIUSEPPE

Discorsi quaresimali. Ragionamenti ne venerdi doppo desinare sopra la morte, e passione di Cristo nostro Redentore, e ne sabbati sopra i sourani lodamenti della gran Madre di Dio. Del reuerendo padre don Gioseppe Geloso palermitamo [!] de Chierici Regolari. Al reuerendiss. Signore don Giouann'Antonio Geloso abbate di San luca, decano, e primo canonico nel Duomo di Palermo, vicario generale del eminentiss. sign. don Giouanettino D'Oria. Cardinale di santa Chiesa, & arciuescouo della città di Palermo. Et al presente vicario, e visitatore generale capitolare di detta città, e sua diocese sede vacante, commissario generale della santiss. Crociata in questo regno di Sicilia, e sue isole coadiacenti. Consultore del tribunale della santa Inquisizione, e deputato del detto regno.

Palermo, Pietro Dell'Isola, 1644.

2 vol.: ill.; 4°

SBN-IT\ICCU\CFIE\016640

V. fr.

1:

Prediche del r. padre d. Gioseppe Geloso chierico regolare palermitano. Tomo primo.

56 p.

SBN-IT\ICCU\CFIE\016642

Titolo dall'antiporta. V. fr.

2:

Prediche del r. padre d. Gioseppe Geloso chierico regolare palermitano. Tomo secondo.

1014 p.

SBN-IT\ICCU\CFIE\016643

Titolo dall'antiporta. V. fr.

[3944]

GELOSO, GIUSEPPE

Discorsi quaresimali. Ragionamenti ne venerdi doppo desinare sopra la morte, e passione di Cristo nostro redentore, e ne sabbati sopra i sourani lodamenti della gran Madre di Dio. Del reuerendo padre don Gioseppe Geloso palermitano de chierici Regolari [...].

Palermo, Pietro Dell'Isola, 1644.

[28], 1043 [i.e. 1039, 1], 56 p.; 4° (omesse nella numer. le p. 465-466 e 475-476)

croce-2croci⁴ 3croci⁶ A-3Z⁴ A4-P⁶ᐟ⁴ [croce]-7[croce]⁴

SBN-IT\ICCU\RMSE\065653

[3945]

GELOSO, GIUSEPPE

Discorsi quaresimali. Ragionamenti ne venerdi doppo desinare sopra la morte, e passione di Cristo nostro Redentore, e ne sabbati sopra i sourani lodamenti della gran Madre di Dio. Del reuerendo padre don Gioseppe Geloso palermitano de chierici regolari [...].

Palermo, Pietro Dell'Isola, 1644.

2 vol.: ill.; 4°

SBN-IT\ICCU\BA1E\008224

1:

[28], 1043 [i.e. 1039], [1], 56 p. (omesse nella numer. le p. 465-466 e 475-476)

[croce]⁴ 2croce⁴ 3croce⁶ A-3Z⁴ A4-P⁶ᐟ⁴ croce-7croce⁴

SBN-IT\ICCU\BA1E\008226

Titolo dell'occhietto: *Prediche del r. padre d. Gioseppe Geloso chierico regolare palermitano. Tomo primo.*

2:

Prediche del r. padre d. Gioseppe Geloso chierico regolare palermitano. Tomo secondo.

[16], 1014 [i.e. 984] p. (omesse le p. 361-390)

†-2†⁴ A-Z⁴ A2-Z2⁴ A3-Z3⁴ A4-Z4⁴ A5-Z5⁴ †⁴ 3†-9†⁴ (per il fasc. †⁴ della prima serie la segnatura è dedotta; omessa la segnatura 2† nella seconda serie)

SBN-IT\ICCU\BA1E\008227

Titolo dall'occhietto.

[3946]

GILLIO, PIETRO

Gli cento cinquanta sacri salmi, con gli dieci commandamenti di Dio, l'oratione dominicale, il simbolo apostolico, et il cantico di Simeone. Ridutti in rime volgari italiane, nel modo, e per le cause nel proemio proposte. Da Pietro Gillio pastore della Chiesa riformata della Torre nella valle di Lucerna.

Genève, Jean di Tournes <2>, 1644.

[24], 380 [i.e. 378], [2] p.: mus.; 8°

[par.]-3[par.]⁴ A-3A⁴ 3B² (c. L₃ e L₄ erroneamente numerate 85, 86, 89, 90)

SBN-IT\ICCU\TO0E\076575

[3947]

GIOVANNI BATTISTA DI SAN MARCELLO

Cantici spirituali giocondi, e diuotissimi nella natiuita dell'amoroso bambino Giesu. Dal p.f. Gio. Battista da San Marcello guardiano [...].

Roma, Francesco Cavalli, 1644.

24 p.; 12°

A¹²

SBN-IT\ICCU\UM1E\001104

[3948]

LANCETTA, TROILO

La scena tragica d'Adamo e d'Eua estratta dalli primi tre capi della sacra genesi, et ridotta a significato morale da Troilo Lancetta Benacense [...].

Venezia, Guerigli, 1644.

[16], 70, [2] p.; 4°

π⁴ *⁴ A-I⁴ (c. I₃-4 bianche)

SBN-IT\ICCU\PUVE\001420

Gli editori dovrebbero essere gli eredi di Giovanni Guerigli.

[3949]

NOVARINI, LUIGI

Trionfo dell'amor di Dio, cioè deuotissime considerationi circa la passione, e morte di Giesù considerata in questi trè stati I. Nel concistoro della santissima Trinità sino ab eterno. II. Mentre Giesù stette nel ventre di Maria. III. In tutto il corso della vita di Giesù. Opra che con la nouità può rauiuar la diuotione, e spirito in ciascheduno, & eccitar in qualche parte tutti alla corrispondenza di si gran beneficio. Data in luce dal r.p.d. Luigi Nouarini c.r.

Verona, 1644.

232 p.; 16°

SBN-IT\ICCU\CFIE\019834

V. fr.

[3949 bis]

ONORATI, MARSILIO

Vita di Giesu Christo redentor nostro cauata da gli euangelisti e da quello che ne scriuono i sacri dottori. Copiosa di sensi letterali, e mistici, e d'altre pie considerationi da Marsilio Honorati da Viterbo prete della Congregatione dell'Oratorio di Roma.

Roma, Francesco Cavalli, 1644 (Roma, Francesco Cavalli, 1644).

[8], 664, [92] p.; 4°

π⁴ A-B⁸ C-4Z⁴ 5A²

SBN-IT\ICCU\UM1E\001459

Var. B: varia la segnatura del 1° fascicolo in a⁴. È il vol. 3 della *Vita di Giesu Christo redentor nostro*, cfr. SBN-IT\ICCU\UM1E\001452, vedi 3880. V. fr.

[3950]

PAOLACCI, DOMENICO

Pensieri predicabili per i sabbati di Quaresima, in honore di Maria vergine, del molto r. padre f. Domenico Paolacci maestro in teologia dell'Ordine de' Predicatori, e professore publico della Sagra Scrittura nell'Università di Padoua; quali sono il compimento, e quarta parte del suo Quaresimale, e seruono alle lodi di Maria per tutte le sue solennità. Aggiontoui l'Ambasciator Celeste predica per la santissima Annunciazione. Con cinque copiosissime tauole.

Venezia, Eredi di Tommaso Giunta <2> e Francesco Baba, 1644.

[56], 438, [2], 87, [1] p.; 4°

[croce]⁴ a-c⁸ A-D⁴ E-2F⁸ 2G⁴, (2)A-(2)L⁴ (c. 2G₄ bianca)

SBN-IT\ICCU\VEAE\003384

Segue con paginazione e segnature proprie: *L'Ambasciador Celeste nella Solennita della Santissima Nunziata.* Cfr. Michel-Michel, VI, p. 73. V. fr.

[3951]

PETREI, FRANCESCO

La natiuità di Christo del primicerio don Francesco Petrei. Dottor di theologia parmigiano. Dedicata a gl'illustrissimi, li signori priore, e presidenti della congregatione della Madonna Santissima della Steccata di Parma.

Parma, Mario Vigna, 1644.

205, [3] p.; 4°

A-Z⁴ Aa-Cc⁴

SBN-IT\ICCU\MILE\022065

[3952]

PUCCINELLI, GIOVANNI ALFONSO

La politica del Cielo nel sole, e nelle neui di Christo Trasfigurato, sopra le parole dell'Euangelo del secondo sab-

bato di Quaresima [...] Rappresentata [...] Dal P.D. Gio. Alfonso Puccinelli lucchese [...].
Lucca, Baldassarre Del Giudice, 1644.
16 p.: ill.; 4°
A[8]
SBN-IT\ICCU\BVEE\055158

[3953]
SALMI/(tr.) DE DOMINIS, MARCO ANTONIO
Salmi di David ridotti in rime alla maniera Inghlese, et accommodati alli toni più communi della chiesa Anglicana, per uso della chiesa Italiana.
London, M.F. [Miles Flesher] per Ralph Rounthwaite, 1644.
[3] 31 p. 12°
Tomita-Tomita, 398.
I salmi sono accompagnati da partizioni musicali. V. fr.

[3954]
SCAMMACCA, ORTENSIO/(ed.) LAFARINA, MARTINO
Delle tragedie sacre e morali raccolte dal signor abbate D. Martino La Farina.
Palermo, Giovanni Battista Maringo, 1632-1648, poi Niccolò Bua e Michele Portanova, 1644.
14 vol.; 12°
SBN-IT\ICCU\BVEE\027480
10:
Delle tragedie sacre e morali del molto reuerendo p. Hortensio Scammacca della Compagnia di Giesù lentinese. Il decimo tomo dedicato al signore don Giouanni Buon'Anno e Colonna, caualiero siracusano degnissimo d'eterna memoria e gran mecenate delle belle lettere.
Palermo, Nicolò Bua e Michele Portanova, 1644.
[16], 370, [2] p.; 12°
†[6] (†6+" †4" χ1), A[12] B-2G[6]
SBN-IT\ICCU\PALE\007028
Contiene: *Il Giovanni decollato; Il Gioseppe riconosciuto.*
Per le tragedie precedentemente edite, vedi 3708 e 3835.

1645

[3955]
ALBRICI, LUIGI
Prediche del padre Luigi Albrizio piacentino della Compagnia di Giesù predicatore di s. Santità.
Roma, Manelfo Manelfi, 1645.
[32], 672, [44] p.; 4°
[croce]-2[croce][8] A-2X[8] 2Y[6] (ultima c. bianca)
SBN-IT\ICCU\UM1E\001272
V. fr.

[3956]
ALBRICI, LUIGI
Prediche del padre Luigi Albrizio piacentino della Compagnia di Giesù predicatore di s. Santità. Al reuerend.mo padre, il p.d. Francesco Marini celebre predicatore e preposito de' Chierici Regolari Teatini.
Venezia, Eredi di Tommaso Giunta <2> e Francesco Baba, 1645.
[20], 558, [30] p.; 4°
πa[4] b[8] A-2L[8] 2M[6] a[8] b[6]
SBN-IT\ICCU\BVEE\034961
V. fr.

[3957]
ALBRICI, LUIGI
Prediche del padre Luigi Albrizio piacentino della Compagnia di Giesu predicatore di sua santita.
Roma, e Napoli, Camillo Cavallo <1>, a istanza di Pietro Agnello Porrino, 1645.
[24], 584, [40] p.; 4°
[pi greco][4] 2[paragrafo][8] A-2Q[8]
SBN-IT\ICCU\BVEE\050893
V. fr.

[3958]
ANONIMA
Affetti cauati dalla Sacra Scrittura, et in particolare da Salmi di Dauid.
Napoli, Camillo Cavallo <1>, 1645.
33, [1] p. ill.; 12°
A[12] B[6] (c. B6 mancante)
SBN-IT\ICCU\LEKE\000600

[3959]
[ARETINO, PIETRO]
Dell'humanità del figliuolo di Dio libri tre. Di Partenio Etiro. All'ill.o mio s. col.mo il sig.r Girolamo Zane.
Venezia, Marco Ginammi, 1645.
[6], 471, [3] p.: ill.; 12°
A-V[12]
SBN-IT\ICCU\CFIE\019585
Partenio Etiro è anagramma di Aretino Pietro. V. fr.

[3960]
BARBIERI, SCIPIONE DE'
Racconto della passione di Gesù Cristo. Poesia scenica di Scipione de' Barbieri.
Roma, Giacomo Mascardi <2>, 1645.
12°
Franchi 1988, p. 249, n. 3
Edizione non reperita, ma segnalata già da Allacci e Mazzucchelli, cfr. Franchi.

[3961]

BRANCHI, GIACINTO

La lussuria abbattuta in Oloferne insuperabile il vinto. Poema eroico di Giacinto Branchi.

Verona, Francesco Rossi, 1645.

[8] 190 [2] p.; 4°

π² A-M⁸ (ultima c. bianca)

SBN-IT\ICCU\TO0E\125688

[3962]

BUONVICINI, ANTONIO

Giardino di delitie dell'eterno Dio Maria sempre verg. dalle potentissime mani del supremo artefice piantato, inaffiato da gl'inesausti influssi dello Spirito Santo, e germogliante l'eterno Verbo di mortal carne vestito [...] Opera del r.d. Antonio Buonvicini da Pescia chierico regolare di S. Paolo [...].

Bologna, Giovanni Battista Ferroni, 1645.

[12], 461, [11] p.; 4°

p² a⁴ A-3N⁴

SBN-IT\ICCU\TO0E\044378

Var. B: [16], 461, [11] p.; [a]⁴ b⁴ A-3N⁴; antiporta calcografica.

[3963]

CALVO, MICHELE

Assunti sopra i Vangeli della Quaresima, del padre maestro Micheli Caluo di Scichili del Terz'Ordine di S. Francesco, regolare osseruante, della prouincia di Sicilia. Parte prima. All'illus. sig. Lancellotto Castello marchese di Capizzi.

Palermo, Nicolò Bua e Michele Portanova, 1645-1648.

2 vol.; 4°

SBN-IT\ICCU\PALE\001407

I:

[8], 606, [44] p.; 4°

[croce]-2[croce]⁴ A-4M⁴ (c. B2 erroneamente segnata A2)

SBN-IT\ICCU\NAPE\027634

Il volume secondo esce nel 1648, cfr. SBN-IT\ICCU\RMSE\081541, vedi 4025. Cfr. Fiore-Lipari, 528-538; Fugaldi, 44.1-2; Mira, I, 159; Mongitore, II, 73; Narbone, IV, 46; Sbaraglia, II, 252. V. fr.

[3964]

DREXEL, JEREMIAS/(tr.) MAGRI, DOMENICO

Il Daniello prencipe de profeti descritto & arrichito con moralità dal p. Geremia Dresselio della comp.a di Giesù. Volgarizzato dal p. Domenico Magri maltese sacerd. theolog. della cong.e dell'oratorio di Messina.

Roma, Hermann Scheus, 1645 (Roma, Vitale Mascardi, a istanza di Hermann Scheus, 1645).

[24], 689, [7] p.: ill.; 12°

†¹² A-2F¹² (c. †2 e 2F10-11-12 bianche)

SBN-IT\ICCU\TO0E\008910 e IT\ICCU\TO0E\029437

SBN-IT\ICCU\TO0E\029437 dà come primo fascicolo +¹⁰. V. fr.

[3965]

EPISTOLE E VANGELI/(tr.) NANNINI, REMIGIO

Epistole et Euangeli, che si leggono tutto l'anno alle messe, secondo l'vso della S. Romana chiesa; & ordine del messale riformato. Tradotti in lingua toscana dal m.r.p.m. Remigio Fiorentino, dell'ordine de' predicatori [...] Aggiuntoui quattro discorsi, cioe, del digiuno, dell'inuocation de' santi, dell'vso dell'imagini, & della veneratione delle reliquie loro. Col calendario [...] Et alcuni sermoni nel fine [...].

Venezia, 1645.

[32], 840 p.; 8°

[ast]-2[ast]⁸ A-3E⁸ 3F¹²

SBN-IT\ICCU\UM1E\025416

[3966]

GIOVANNI GREGORIO DI GESÙ MARIA

Lettioni sopra il passio di s. Giouanni del r.p.fr. Gio. Gregorio di Giesù Maria scalzo Agostin. da Napoli, & teol. della sac. Congr. de propag. fide. Lette nel famoso pulpito di s. Petronio di Bologna, & nel duomo di Milano [...] Parte prima dell'orto. [...].

Bologna, Carlo Zenero, 1645.

[16], 446 [i.e. 442], [14] p.; 4° (omesse nella numer. le p. 433-436)

[croce]-2[croce]⁴ A-3L⁴

SBN-IT\ICCU\UM1E\006500

La seconda e la terza parte sono edite da Giacomo Monti nel 1646 e nel 1649, cfr. SBN-IT\ICCU\UM1E\005973, vedi 3988 e SBN-IT\ICCU\UM1E\009782, vedi 4057.

[3967]

LAURO, GIUSEPPE

Madalena romita. Opera di Gioseppe De Lauro. Dedicata all'eminentiss. principe Rinaldo cardinal d'Este.

Roma, Manelfo Manelfi, 1645.

[16], 116 p.; 12°

a⁸ A-D¹² E⁶ F⁴

SBN-IT\ICCU\BVEE\025913

V. fr.

[3968]

LEGGI, SERAFINO

Riporti euangelici, dalla natiuità del Signore, insino alla ss. Trinità. Del m.r.p.m.f. Serafino Leggi panormitano del Terz'Ordine di s. Francesco regolare osseruante. All'eminentiss.mo e reu.mo sig.r card. Costacuti.

Venezia, Combi, 1645.

[8], 653, [43] p.; 4°
[ast.]⁴ A-4L⁶ 4M⁶ 4N-4Q⁴ 4R⁶
SBN-IT\ICCU\UM1E\006412
V. fr.

[3969]

LOPEZ DE ANDRADE, DIEGO/(tr.) BAREZZI, FRANCESCO

Discorsi quaresimali composti in spagnuolo dal p. maestro f. Diego Lopez d'Andrada [...] e tradotti in italiano da d. Francesco Barezzi [...] Ne' quali con isquisita dottrina s'esplicano gli Euangeli di tutti li giorni di quaresima, [...] Con tre fedeli, e copiose tauole; [...] Parte seconda.

Venezia, Barezzi, 1645.
[24], 508, [20] p.; 4°
[croce]-3[croce]⁴ A-2Z⁴ 3A-3V⁴
SBN-IT\ICCU\UM1E\017187
L'editore dovrebbe essere Francesco Barezzi, essendo Barezzo Barezzi morto nel 1643.

[3970]

LOPEZ DE ANDRADE, DIEGO/(tr.) BAREZZI, FRANCESCO

Discorsi quaresimali composti in spagnuolo dal p. maestro f. Diego Lopez d'Andrada predicatore dell'Ordine di s. Agostino, e tradotti in italiano da d. Francesco Barezzi vicario generale di Torcello; ne' quali con isquisita dottrina s'esplicano gli Euangeli di tutti li giorni di Quaresima, e si propongono a' studiosi innumerabili concetti nuoui, e degni, applicabili a qualunque materia. Con tre fedeli, e copiose tauole; vna de' capitoli; l'altra de' luoghi della Sacra Scrittura; e la terza delle cose notabili. Consecrati all'illustriss. & eccellentiss. Signora d. Olimpia Panfilii.

Venezia, Barezzi, 1645.
[28], 512, [16] p.; 4°
π⁴ a-b⁴ c² A-3V⁴
SBN-IT\ICCU\UM1E\009559
Occhietto: *Discorsi quaresimali del padre maestro f. Diego Lopez d'Andrada.* L'editore dovrebbe essere Francesco Barezzi, essendo Barezzo Barezzi morto nel 1643. V. fr.

[3971]

LOPEZ DE ANDRADE, DIEGO/(tr.) BAREZZI, FRANCESCO

Discorsi quaresimali: Ne' quali con isquisita dottrina s'esplicano gli Euangeli di tutti li giorni di Quaresima [...] Con tre fedeli, e copiose tauole; una de' capitoli; l'altra de' luoghi della Sacra Scrittura; e la terza delle cose notabili [...] composti in spagnuolo dal p. maestro F. Diego Lopez D'Andrada [...]; e tradotti in italiano da d. Francesco Barezzi.

Venezia, Barezzi, 1645.
[28], 512, [16] p.

(4 p. senza segnatura) a⁴ b⁶ A-3V⁴
SBN-IT\ICCU\RLZE\028185
L'editore dovrebbe essere Francesco Barezzi, essendo Barezzo Barezzi morto nel 1643.

[3972]

MARINO, GIOVANNI BATTISTA/FERRARI, FRANCESCO
La strage de gl'innocenti del caualier Marino. [...].
[1645 ?].
[16], 174, [2] p.; 12°
A⁸, A-G¹² H⁴
SBN-IT\ICCU\NAPE\004899
Data dalla dedica firmata Daniello Ungaretti: Roma, 18 nouembre 1645. Contiene anche: *Della Gerusalemme distrutta; Poesie sacre, e morali; Vita del caualier Gio. Battista Marino descritta dal caualier Francesco Ferrari.*

[3973]

MATRAINI, CHIARA
Vita della beatissima vergine Maria Madre, e Sposa del Figliuol di Dio. Descritta in un discorso brevemente [...].
Treviso, Righettini, 1645.
94 p.: ill.; 13 cm.
SBN-IT\ICCU\LO1E\021824

[3974]

NENTE, IGNAZIO DEL
Solitudini di sacri e pietosi affetti. Intorno a misterij sanguinosi, e gloriosi di Giesù Cristo, e di Maria. Opera parenetica divisa in varj esercizj spirituali, di esortazioni, istruzioni, stimoli di compunzioni, apparati alla presenza di Dio, affetti, soliloquj, & meditazioni del Rosario reale di M.V. del molto reuer. p. maestro f. Ignazio del Nente dell'Ordine de Predicatori del Conuento di S. Marco di Firenze.
Firenze, Amadore Massi e Lorenzo Landi, 1645.
352 p.: ill.; 4°
SBN-IT\ICCU\CFIE\012366
V. fr.

[3975]

PAOLETTI, AGOSTINO
Discorsi predicabili delle domeniche fra l'anno di f. Agostino Paoletti da Mont'Alcino dell'Ordine Eremitano di S. Agostino alias Gostantio Talpiteo. Con quattro copiosissime tauole, vna delli soggetti che si contengono ne discorsi, la seconda delli autori, la terza delle materie, la quarta delle scritture.
Venezia, Combi, 1645.
[54], 323 p. [60], 360: ill.; 4°
(a-g)⁴ (A-Z)⁴ (A-Qq)⁴ Rr⁶ +⁴ (a-e)⁴ f⁶ (A-Z)⁴ (A-Yy)⁴
SBN-IT\ICCU\RLZE\035969

[3976]

TORTOLETTI, BARTOLOMEO

Il giuramento, o' vero Il Battista santo tragedia di Bartolomeo Tortoletti.

Roma, Lodovico Grignani, 1645.

259, [1] p.; 8°

A-Q⁸ R²

SBN-IT\ICCU\BVEE\024996

V. fr.

[3977]

VENTURELLI, PROSPERO

Esercitio delli principali misterij della Passione di n.s. Giesu Christo, per tutti li giorni della settimana. Libro terzo delli colloquij di Prospero Venturelli.

Roma, Manelfo Manelfi, 1645.

143, [1] p.; 18°

A-F¹²

SBN-IT\ICCU\UM1E\007372

[3978]

VILLEGAS SELVAGO, ALONSO DE/(tr.) VALENTINO, GIULIO CESARE

Nuovo leggendario della vita di Maria Vergine Immacolata madre di Dio, et delli santi patriarchi, et profeti dell'Antico Testamento [...]: opera utilissima a' predicatori, a' confessori [...], dato per avanti in luce in lingua spagnuola, sotto titolo di Flos sanctorum seconda parte, per il reuer. sig. Alfonso di Villegas di Toledo et nuouamente con molto studio dalla spagnuola, nella volgar lingua italiana tradotto per il R.D. Giulio Cesare Valentino [...].

Venezia, Guerigli, 1645.

[26] p., 702 p.; 22 cm

SBN-IT\ICCU\BASE\001833

Gli editori dovrebbero essere gli eredi di Giovanni Guerigli.

[3979]

ZANE, ANDREA

Monotessaron testo della passione di Giesu Christo signor nostro. Tessuto con quello, che hanno scritto li quattro euangelisti. E conforme alla lettera, per via di quadruplicati pensieri, ispiegato per fra Andrea Zane, venetiano Menor Conuentoale. Parte prima.

Venezia, Guerigli, 1645.

v. ?; 4°

SBN-IT\ICCU\CFIE\018243

Gli editori dovrebbero essere gli eredi di Giovanni Guerigli.

1:

[24], 154, [2] p.

a-c⁴ A-S⁴ T⁶

SBN-IT\ICCU\CFIE\018244

Non risultano altri volumi. V. fr.

1646

[3980]

[ARETINO, PIETRO]

Parafrasi sopra i sette salmi della penitenza di Dauid. Di Partenio Etiro. Dedicata alla molto illustre signora la signora Margarita Ricci nobile maceratese.

Macerata, Filippo Camacci & Alessandro Sacchini, 1645 (Macerata, Filippo Camacci & Alessandro Sacchini, 1646).

[8], 259, [4] p. ; 12°

croce⁴ A-L¹²

SBN-IT\ICCU\UM1E\019066

Partenio Etiro è anagramma di Pietro Aretino. Titolo dell'occhietto: *Parafrasi di Partenio Etiro.* V. fr.

[3981]

CALAMATO, ALESSANDRO

Le lodi, prerogatiue, e grandezze di Maria vergine madre di Dio, e signora nostra, spiegate in otto ragionamenti dal r.d. Alessandro Calamato messinese. Applicabili a' sabbati di Quaresima, e feste della Madonna arricchiti di nuoui, e bellissimi concetti fondati nell'autorità della Sacra Scrittura de' santi padri, & altri grauissimi dottori di santa Chiesa. Utilissimi a' predicatori, & ad ogn'altra diuota persona. Con tauole copiosissime.

Venezia, Guglielmo Oddoni, 1646.

[24], 138 [2] p.; 4°

[a]-c⁴ A-R⁴ S² (ultima c. bianca)

SBN-IT\ICCU\UM1E\001321

V. fr.

[3982]

CESARI, DOMENICO

Quaresimale di Domenico Cesarii da Fossombrone dottore dell'vna, e dell'altra legge, protonotario apostolico, rettore, e canonico curato della chiesa collegiata, e parochiale di S. Michele de Leprosetti di Bologna, e nello Studio della medesima città publico professore di belle lettere. Opera nuoua, vtile, e piena d'eruditione, per le materie morali cauate dalle viscere de gli Euangelij, auttorità de i santi padri, e luochi del Sacro Testo. Con tre tauole copiosissime. All'eminentissimo, e reuerendissimo signor cardinale Falconieri degnissimo legato à latere di Bologna.

Venezia, Eredi di Tommaso Giunta <2> e Francesco Baba, 1646.

[76], 557, [3] p.; 4°

a-h⁴ i⁶ A-4A⁴ (ultima c. bianca)

SBN-IT\ICCU\BVEE\034965
V. fr.

[3983]

ENRIQUEZ, FRANCISCO/(tr.) CIALDINI, BIAGIO

Discorsi morali sopra gl'Euangelii delli mercordi' venerdi', e domeniche della Quaresima del p.f. Francesco Enriquez dell'Ordine di Santa Maria della Mercede. Portati dallo spagnuolo nell'italiano idioma dal reuerendiss.mo p. abbate Cialdini canonico regolare del Saluatore consecrato al molto reuerendo padre maestro Fulgentio Baldi priore in Santa Maria de' Serui di Venetia.

Venezia, Cristoforo Tomasini, 1646.

[16], 247, [1] p.; 4°

a⁸ A-F⁸ G-2B⁴

SBN-IT\ICCU\BVEE\050039

V. fr.

[3984]

EVANGELISTA DA MOMIGNO

Diario quadragesimale del' m.r.p.f. Euangelista da Momigno, de Minor. Oss. di s. Francesco della Prouincia di Toscana lettor' giubilato, predicatore clarissimo, e padre dell'Ordine. Tomo primo doue si contengano le prediche del' Mercoledi delle Ceneri, di tutti i uenerdi, domeniche e feste della Quadragesima, predicate dal autore in diuerse città principali. Con due tauole necessarie: vna delle prediche, l'altra delle cose più notabili.

Pistoia, Piero Antonio Fortunati, 1646.

2 vol.; 4°

SBN-IT\ICCU\UM1E\001255

I:

[16], 393, [11] p.

a⁸ A-2B⁸ C²

SBN-IT\ICCU\UM1E\001256

Antiporta: *Diario quadragesimale del' p. Momigno tomo primo.* Non risultano altri volumi. V. fr.

[3985]

FASSARI, VINCENZO

Meditationi dell'infantia, pueritia, eta prouetta di Christo Nostro Signore. Cominciando dalla Santissima Incarnatione sino alla sua predicatione. Diuise in dieci parti. Composte dal p. Vincenzo Fassari della Compagnia di Giesu [...].

Palermo, Nicolò Bua e Michele Portanova, 1646.

3 v. 12°

SBN-IT\ICCU\PALE\002829

Cfr. Michel, I, 344; Mongitore, II, 282; Narbone, III, 380; Backer-Sommervogel, III, 549.

2:

Parte seconda delle meditationi della prima dimora di Christo Nostro Signore nel ventre della SS. Vergine, dop-

po l'istante della sua Concettione. E de' varij affetti della Vergine al Santissimo Figlio, e del Figlio alla Beatissima Madre. Composte dal p. Vincenzo Fassari, della Compagnia di Giesu [...].

Palermo, Nicolò Bua e Michele Portanova, 1646.

24, 322, [2] p.

(croce)¹², A-N¹², O⁶ (ultime [2] p. bianche)

SBN-IT\ICCU\PALE\002831

Non risultano altri volumi.

[3986]

FEDELE, BENEDETTO

Prediche sopra gli Euangeli dell'Auuento, delle feste di nostro Signore, e delle domeniche, che si leggono, sino alla Quaresima. Del m.r.p.m.f. Benedetto Fedele di San Filippo, del Terzo Ordine di san Francesco regolare osseruante della Prouincia di Sicilia. Con cinque copiosissime, & vtilissime tauole; de gli auttori, che si citano; delle propositioni delle prediche; de' luoghi della Sacra Scrittura, che si ponderano; delle cose più notabili; e delle materie applicabili a' Vangeli della Quaresima.

Venezia, Eredi di Tommaso Giunta <2> e Francesco Baba, 1646.

[64], 584 p.; 4°

a-d⁸ A-2S⁸ 2O⁴

SBN-IT\ICCU\UM1E\001327

Antiporta: *Avvento del m.r.p.m.f. Benedetto Fedele.* V. fr.

[3987]

FRASSIA, GIROLAMO

La passione di Christo signor nostro. Poema drammatico di d. Girolamo Frassia.

Messina, Giacomo Mattei, 1646.

[12], 200, [2] p.; 12°

[croce]⁶ A-H⁶ I¹²

SBN-IT\ICCU\PALE\000307

Cfr. Mira, I, 369; Mongitore, I, 27; Narbone, IV, 103; Lipari, 187.

[3988]

GIOVANNI GREGORIO DI GESÙ MARIA

Lettioni sopra il Passio di s. Giouanni del r.p.fr. Gio Gregorio di Giesù Maria agostin. scalzo da Napoli, e teol. della Sac. congr. de propag. fide. Lette nel famoso pulpito di S. Petronio di Bologna [...] Parte seconda. Tribunale d'Anna [...].

Bologna, Giacomo Monti, 1646.

[20], 500 p.; 4°

a⁴ b⁶ A-3P⁴ 3Q⁶

SBN-IT\ICCU\UM1E\005973

La prima parte è edita nel 1645 da Carlo Zenero, cfr. SBN-IT\ICCU\UM1E\006500, vedi 3966. La terza parte è edita da Giacomo Monti nel 1649, cfr. SBN-IT\ICCU\UM1E\009782, vedi 4057.

[3989]
GLIELMO, ANTONIO
Li riflessi della ss.ma Trinita del padre Antonio Glielmo sacerdote della Congregatione dell'Oratorio di Napoli con vn poema sacro intitolato Il caluario laureato nel fine del medesimo autore et con le tauole delli discorsi, delle materie, e della Scrittura Sacra.
Napoli, Roberto Mollo, 1646.
2 pt ([20], 409, [27]; 54 [i.e. 52] p.): ill.; 4°
[pi greco]² a⁸ A-2C⁸ 2D⁶; a-b⁸ c¹⁰ (p. 52 della pt 2. erroneamente numerata 54)
SBN-IT\ICCU\UM1E\002736
Pubblicato con *Il Caluario laureato poema sacro del padre Antonio Glielmo sacerdote della Congregatione dell'Oratorio di Napoli.* Var. B: due fascicoli segnati 2C contenenti uno l'indice e l'altro il discorso 41; [pi greco]² a⁸ A-2B¹⁰ 2C⁸ (2C3+'2C2',2C3'',2C4'',2C5') 2D⁶. Var. C: due fascicoli segnati 2C; le p. 403-409 del fascicolo contenente il discorso 41 erroneamente numerate 383-389.

[3990]
LIRA, REGINALDO
L'arsenale di Quaresima di d. Reginaldo de Lira. Fornito di quattro copiosissimi ritrouatorij de' luoghi principali della Sacra Scrittura, delle materie predicabili, delle cose più notabili, delle descrittioni, imprese, e fauole moralizate. All'illustriss. e reuerendiss. sig. e padron colendissimo monsignor Roberto Fontana vescouo di Modona meritissimo.
Bologna, Carlo Zenero, 1646 (Bologna, Carlo Zenero, 1646).
[60], 724 [i.e. 722], [56] p.; 4° (omesse nella numer. le p. 128-129)
a-f⁴ g⁶ A-4V⁴ 4X⁶ 4Y-5E⁴ (c. 4X6 bianca)
SBN-IT\ICCU\UM1E\001264
Var. B: stemma vescovile sul frontespizio. V. fr.

[3991]
MARITATO, GIOVANNI DONATO
Le diuine corrispondenze tra l'anima orante, e Dio, cauate dal primo capitolo dell'amorosa Cantica del rè Salomone, per industria spirituale del pouero seruo del bambino Giesu il suddiacono Gio: Donato Maritato della città di Nardò, indrizzate à suor'Antonia di San Francesco monaca scalza di Santa Teresa sorella dell'autore, et dedicate all'illustriss. & reuerendiss. d. Gonsaluo de Rueda, vescouo di Gallipoli, dottore della sacra theologia, consigliero di sua maestà cattolica, & caualier dell'habito di S. Giouanni.
Lecce, Pietro Micheli e Nicola Francesco Russo, 1646.
[16], 262, [8] p.; 4°

[croce]-2[croce]⁴ A-2L⁴ (c. 2L4 bianca)
SBN-IT\ICCU\BA1E\002382
Var. B: [16], 262, [6] p.; [croce]-2[croce]⁴ A-2K⁴ 2L². V. fr.

[3992]
MARQUEZ, JUAN/(tr.) MARTINO DA SAN BERNARDO
Il gouernator christiano ritratto dalle vite di Mose', e Giosue prencipi del popolo di Dio. Del padre maestro Gio: Marquez dell'Ordine di Santo Agostino, predicatore del rè di Spagna Filippo III. E lettore di theologia nell'Università di Salamanca. Con quattro copiose tauole, vna de capitoli, l'altra delle questioni, la terza delle cose notabili per via d'alfabeto, e l'vltima delli luoghi della Sacra Scrittura. Tradotto dalla lingua spagnola nella toscana dal m.r.p. don Martino di San Bernardo monaco d'esso santo.
Napoli, Francesco Tomasi, 1646.
[12], 248, 231, [33] p.; fol.
[pie di mosca]⁶ A-2H⁴, A-2F⁴ a-d⁴
SBN-IT\ICCU\VEAE\002435
Cfr. Palau y Dulcet, VIII, p. 224, n. 152698. V. fr.

[3992 bis]
ONORATI, MARSILIO
Vita di Giesu Christo redentor nostro cauata da gli euangelisti e da quello che ne scriuono i sacri dottori. Copiosa di sensi letterali, e mistici, e d'altre pie considerationi da Marsilio Honorati da Viterbo prete della Congregatione dell'Oratorio di Roma.
Roma, Francesco Cavalli, 1646 (Roma, Francesco Cavalli, 1646).
[8], 680, [80] p.; 4°
[par.]⁴ A-5C⁴
SBN-IT\ICCU\UM1E\002721
Var. B: data del colophon 1645. È il vol. 4 della *Vita di Giesu Christo redentor nostro,* cfr. SBN -IT\ICCU\UM1E\001452, vedi 3880. V. fr.

[3993]
PACIUCHELLI, ANGELO
Lezioni morali sopra Giona profeta del p. maestro f. Angelo Paciuchelli da Montepulciano dell'Ordine de predicatori tomo primo.
Firenze, Amadore Massi, 1646.
v. ?; fol.
SBN-IT\ICCU\BRIE\015321
1:
[8], 31, [1], 696, 36 p.
a⁴ a-f² g⁴, A-4S⁴ a-e² f⁸ g²
SBN-IT\ICCU\BRIE\015323
Non risultano altri volumi.

[3994]

PAOLACCI, DOMENICO

Pensieri predicabili sopra tutti gl'Evangelii correnti nella Quaresima: Divisi in quattro parti. Del molto r. padre f. Domenico Paolacci. In questa ultima edizione compiti e perfettionati con la Quarta parte.

Venezia, Eredi di Tommaso Giunta <2> e Francesco Baba, 1646.

[36], 256, [36], 308+ p.; 4°

a-b⁸, c², A-Q⁸, a-b⁸, k², A-T⁸, k²

SBN-IT\ICCU\RLZE\023999

Esemplare mutilo: solo le prime due parti dell'opera, ciascuna con proprio frontespizio. Si tratta probabilmente della stessa edizione di SBN-IT\ICCU\TO0E\030054, vedi 3995.

[3995]

PAOLACCI, DOMENICO

Pensieri predicabili sopra tutti gl'Euangelii correnti nella Quaresima, diuisi in quattro parti. Del molto r. padre f. Domenico Paolacci [...] In questa vltima editione compiti e perfettionati con la quarta parte [...] Con tauole copiosissime.

Venezia, Eredi di Tommaso Giunta <2> e Francesco Baba, 1646.

4 vol.; 4°

SBN-IT\ICCU\TO0E\030054

1:

[36], 256 p.

a-b⁸ c² A-Q⁸

SBN-IT\ICCU\TO0E\030056

2:

[36], 308 p.

a⁴ b¹⁰ A-S⁸ T¹⁰

SBN-IT\ICCU\TO0E\030058

3:

[24], 302, [2] p.

a⁸ b⁴ A-T⁸ (ultima c. bianca)

SBN-IT\ICCU\TO0E\030061

Nella scheda SBN-IT\ICCU\TO0E\030054 non risulta il quarto volume, cfr. SBN-IT\ICCU\RLZE\023999, vedi 3994. Cfr. Michel, VI, p. 73.

[3996]

PAOLETTI, AGOSTINO

Discorsi predicabili di tutte le domeniche, e feste correnti dalla prima dell'Auuento fino a Quaresima. Del p.m.f. Agostino Paoletti da Montalcino dell'Ord. Eremitano di S. Agostino. Con quattro tauole copiose, cioè delli soggetti, che si trattano ne' Discorsi; delle materie più notabili; de' luoghi della Scrittura sacra; e de gli autori. All'eminentiss. & reuerendiss. prencipe il sig. cardinal Montalto.

Venezia, Combi, 1646.

[60], 360 p.; 4°

[croce]⁴ a-e⁴ f⁶ A-2Y⁴

SBN-IT\ICCU\UM1E\006263

V. fr.

[3997]

PROMONTORIO, NICOLÒ

Corona delle cinque sacratissime piaghe di N. Sig. Giesù Christo instituita per aver una viva memoria della sua santissima Passione per m. Nicolo Promontorio.

1646.

[12] p.: ill.; 29 cm

SBN-IT\ICCU\BVEE\089478

[3998]

RINCON, FRANCISCO

Il merito della beatiss. Verg. Maria. Spiegato in volgare con discorsi scritturali, & essaminato in latino con questioni teologiche per Cesfranco Cronein teologo ignoto.

Barcellona, Gabriel Nogue, 1646.

[8], 106, [2] p.; 4°

†⁴ A-N⁴ O²

SBN-IT\ICCU\BVEE\072126

Cesfranco Cronein è anagramma di Francisco Rincon, cfr. Palau y Dulcet, XVII, p. 15.

[3999]

ROSSOTTO, ANDREA

Giacobbe ripatriante con aplicationi historiche, morali, e politiche di d. Andrea di s. Giuseppe Rossotto di Mondoui. Monaco di S. Bernardo e priore di S. Gio Mercatello di Roma. All'altezza reale di madama Christiana di Francia duchessa di Sauoia, prencipessa di Piemonte, regina di Cipro &c.

Roma, Eredi di Corbelletti, a istanza di Giovanni Antonio Bertano, 1646.

[24], 384 p.; 12°

a¹² A-Q¹²

SBN-IT\ICCU\RMLE\026054

V. fr.

[4000]

SANTI, LEONE

Giuseppe. Tragedia.

Roma, 1646.

12°

Quadrio, III, 90

Vedi lo stesso soggetto in Santi, 1647, cfr. SBN-IT\ICCU\CAGE\021262, vedi 4016.

1647

[4001]

ANONIMA

La storia di S. Maria Maddalena, e Lazzero, e Marta.
Firenze, Piero Antonio Fortunati, 1647.
[4] c.: ill.; 4°
A⁴
SBN-IT\ICCU\VEAE\125040
Titolo uniforme: *Storia dei ss. Maria Maddalena, Lazzaro
e Marta.*

[4002]

CADANA, SALVATORE

*La corte per l'auuento di nostro Signore del molto reu.
p. f. Saluatore Cadana di Torino. Minor osseruante di S.
Francesco, [...] Con due copiosissime, & utilissime tauole.*
Venezia, Minerva <Venezia>, 1647.
[16], 151, [1] p.; 4°
a⁸ A⁴ B-K⁸
SBN-IT\ICCU\RMSE\068158

[4003]

CALVO, MICHELE

*Assunti sopra i Vangeli della Quaresima del P. M. Micheli
Caluo di Scichili [...] Al Reuerendissimo Padre, Signore,
e Padrone mio sempre Colendissimo, il Padre Don Fausto
Zerboni [...].*
Venezia, Combi, 1647.
v. ?; 4°
SBN-IT\ICCU\BVEE\056820
1:
*Parte Prima. Con quattro copiosissime Tauole, cioe, degli
Autori, degli Assunti, della Scrittura, e delle materie piu
notabili.*
Venezia, Combi, 1647.
[48], 498 [i.e. 503] p.; 4° (ripetute nella numer. le p. 291-
296)
a-c⁸ A-2H⁸ 2I⁴
SBN-IT\ICCU\BVEE\056821
Il secondo volume potrebbe essere l'edizione SBN-IT\
ICCU\BA1E\002167, vedi 4048.

[4004]

CANACCINI, PIO MARIA

*Intelligenza de gli euangelij, che nella messa la quaresima si
leggono fatta con parafrasi letterale [...] Opera necessaria à
predicatori, che desiderano sodamente appoggiare i loro ragionamenti ai Vangeli correnti [...] fatica del p. d. Pio Maria
Canaccini Sanese chierico regolare di S. Paolo.*
Torino, Eredi di Giovanni Dominico Tarino, 1647.
[30], 365, [19] p.: ill.; 4°

+⁴ 2[paragrafo]-4[paragrafo]⁴ A-3A⁴ +⁴ ++⁴
SBN-IT\ICCU\TO0E\044579

[4005]

CAUSSIN, NICOLAS/(tr.) BELLUCCI, SEBASTIANO

*La sapienza euangelica per trattenimento spirituale nel sa-
cro tempo dell'Auuento. Opera del p. Nicolo' Causino della
Compagnia di Giesù. Tradotta dalla lingua francese nell'i-
taliana da vn padre della medesima compagnia.*
Roma, Manelfo Manelfi, 1647.
[4], 176 p.; 12°
π² A-G¹² H⁴
SBN-IT\ICCU\BVEE\079065
Per il traduttore cfr. Backer-Sommervogel, I, p. 1271. V. fr.

[4006]

DELLA SALANDRA, SERAFINO

*Adamo caduto tragedia sacra del p.f. Serafino della Salandra
predicatore, lettore, e diffinitore della Prouintia riformata di
Basilicata. Dedicata al reuerendissimo padre fra Giouanni
da Napoli di tutto l'Ordine di s. Francesco ministro generale.*
Cosenza, Giambattista Moio e Francesco Rodella, 1647.
[16], 251, [1] p.; 8°
†⁸ A-P⁸ Q⁶
SBN-IT\ICCU\BVEE\026406
V. fr.

[4007]

EPISTOLE E VANGELI/(tr.) NANNINI, REMIGIO

*Epistole, et euangeli, che si leggono tutto l'anno alle messe,
secondo l'vso della S. Romana Chiesa; & ordine del messale
riformato. Tradotti in lingua toscana dal m.r.p.m. Remigio
Fiorentino [...] Con le annotazioni morali del medesimo a
ciascuna epistola, & evangelio, da lui nuouamente ampliate.
Aggiuntoui quattro discorsi [...] col calendario, et tauole dei
giorni [...] et alcuni sermoni nel fine [...].*
Venezia, Matteo Leni (Venezia, Matteo Leni, 1647).
24 , 466, 36 p.: ill.; 4° (p. 176 erroneamente numerata 476,
p. 175-176 ripetute)
a⁸ b⁴ A-2E⁸ 2F¹⁰ a⁸ b¹⁰
SBN-IT\ICCU\LIAE\001967
Dati di pubblicazione dalla scheda dell'esemplare conservato presso la Biblioteca Capitolare di Padova.

[4008]

GLIELMO, ANTONIO

*Le grandezze della santissima Trinità del padre Antonio
Glielmo sacerdote della Congregatione dell'Oratorio di
Napoli: terza impressione, arricchita di tauole copiosissime,
& aggiontoui vn Poema sacro del Diluuio del mondo nel
fine, del medesimo autore.*

Venezia, Eredi di Tommaso Giunta <2> e Francesco Baba, 1647.

2 pt ([16], 528 [i.e. 530], [30]; 40 p.); 4° (p. 515-6 ripetute nella numer.)

a⁸ A-2M⁸; a-b⁸ c⁴ (c. 2M8 bianca)

SBN-IT\ICCU\UM1E\007526

Pubblicato con *Il diluuio del mondo poema sacro del padre Antonio Glielmo*. V. fr.

[4009]

ONORATI, MARSILIO

Historia della passione resurrettione et ascensione di Giesu Christo redentor nostro cauata da gli euangelisti e da quello che ne scriuono i sacri dottori. Copiosa di sensi letterali, e mistici, e d'altre pie considerationi da Marsilio Honorati da Viterbo prete della Congregatione dell'Oratorio di Roma.

Roma, Francesco Cavalli <Roma>, 1647.

[6], 698, [62] p.; 4°

π¹ [croce]² A-5C⁴

SBN-IT\ICCU\RLZE\024257   e   IT\ICCU\ UM1E\002732

Var. B: il fasc. [croce] segnato A e ricomposto. V. fr.

[4010]

PAGANINO, GAUDENZIO

Della morte di S. Gioanni euangelista discorsi due recitati nell'Accademia Helicea di Pisa, e dedicate al serenissimo principe Leopoldo di Toscana.

Pisa, Cristofano Roncucci, 1647.

31, [1] p.; 8°

A-B⁸

SBN-IT\ICCU\BVEE\046108

Nome dell'autore nella prefazione e nel titolo corrente. V. fr.

[4011]

PALLAVICINO, FERRANTE

La Bersabee di Ferrante Pallauicino.

Venezia, Giovanni Bertano, 1647.

[12], 132 p.; 12°

a⁶ A-E¹² F⁶

SBN-IT\ICCU\BVEE\025405

V. fr.

[4012]

PAOLETTI, AGOSTINO

Discorsi predicabili delle domeniche fra l'anno di f. Agostino Paoletti [...] con quattro copiosissime tauole. Vna delli soggetti, che si contengono ne' Discorsi. La seconda delli autori. La terza delle materie. E la quarta delle scritture.

Milano, Eredi di Pacifico Da Ponte e Giovanni Battista Picaglia, a istanza di Francesco Mognaga, 1647 (Milano,

Eredi di Pacifico Da Ponte e Giovanni Battista Picaglia, 1647).

[32], 323, [1] p.; 4°

a-c⁸ d⁴ A-T⁸ V¹⁰

SBN-IT\ICCU\BA1E\010072

Var. B: Milano, Eredi di Pacifico Da Ponte e Giovanni Battista Picaglia, 1647 (Milano, Eredi di Pacifico Da Ponte e Giovanni Battista Picaglia, 1647).

[4013]

PAOLETTI, AGOSTINO

Discorsi predicabili di tutte le domeniche e feste correnti dalla prima dell'Auuento fino a Quaresima. Del p.m.f. Agostino Paoletti da Montalcino dell'Ord. Eremitano di S. Agostino. Con quattro tauole copiose, cioè delli soggetti, che si trattano ne' discorsi; delle materie più notabili; de' luoghi della Scrittura sacra; e de gli autori. All'ill. e m. reu. sig. il sig. Carlo Ghioldi theologo meritissimo della Collegiata di S. Nazaro.

Milano, Lodovico Monza, a istanza di Francesco Mognaga, 1647.

[60], 360 p.: ill.; 4°

[pi greco]⁴ a-e⁴ f⁶ A-2Y⁴

SBN-IT\ICCU\CAGE\015266

V. fr.

[4014]

PUENTE, LUIS DE LA/(tr.) BRACCINI, GIULIO CESARE

Meditationi del padre Lodouico da Ponte della Compagnia di Giesu. Parte prima. Tradotte dalla lingua castigliana nella toscana dal sig. Giulio Cesare Braccini.

Bologna, Giacomo Monti, 1647.

v. ?; 8°

SBN-IT\ICCU\TO0E\074771

2:

Parte seconda. Nella quale si contengono li misterij dell'Incarnatione & infantia di Giesù Christo N. Signore infin'al suo battesimo. Con alcune Meditationi [...].

Bologna, Giacomo Monti, 1647.

236 p.; 8°

A-O⁸ P⁶

SBN-IT\ICCU\TO0E\074772   e   IT\ICCU\ RLZE\018233

Per altri volumi cfr. SBN-IT\ICCU\RLZE\018231, vedi 4061.

[4015]

[SANTI, LEONE]

Argomento del David. Attione sacra da rappresentarsi dai chierici del Seminario Romano. Dedicato all'eminentissimo e reverendissimo signor cardinale Ginnetti protettore da chierici del medesimo seminario.

Roma, Eredi di Francesco Corbelletti, 1647.
12 p.; 4°
Franchi 1988, p. 275, n. 6
Testo di Leone Santi.

[4016]
SANTI, LEONE/(ed.) RAGGI, FERDINANDO
Argomento vniuersale e particolare del Iosef. Tragedia sacra da recitarsi dai conuittori del Seminario Romano. Dedicato all'eminentissimo, e reuerendissimo signor cardinale Giustiniano. Da Ferdinando Raggi conuittore del medesimo Seminario.
Roma, Eredi di Francesco Corbelletti <1>, 1647.
24, [8] p.; 4°
A1¹² (chi)⁴
SBN-IT\ICCU\CAGE\021262
A c. (chi)1r: *Il Iosef.* Probabile compositore Bonifacio Graziani. Cfr. Franchi 1994, I, 186, n. 56. V. fr.

[4017]
TUTORIO, GIOVANNI BATTISTA
Le corone della croce panegirici del dottor Gio. Battista Tutorio fatti in Camerino per la domenica in passione nel tempio ducale della Nuntiata, nell'esporsi il sacratiss. legno [...].
Macerata, Filippo Camacci, 1647.
[10], 109, [3] p., [1] c. di tav.; 8°
A-G⁸ H⁶ (c. H7-8 bianche)
SBN-IT\ICCU\UM1E\004920

[4018]
VILLEGAS SELVAGO, ALONSO DE/(tr.) TIMOTEO DA BAGNO
Il perfetto leggendario della vita, e fatti. Di N.S. Giesu Christo, e di tutti i santi, de' quali celebra la festa, e recita l'officio la Santa chiesa cattolica, conforme al Breuiario romano riformato. Insieme con le vite di molti altri santi, che non sono nel calendario di detto breuiario [...] Raccolto da graui, & approuati auttori, e dati in luce in lingua spagnuola dal M.R.D. Alfonso Vigliega di Toledo [...] e nuouamente con ogni diligenza tradotto [...] per Don Timoteo da Bagno Monaco camaldolese.
Venezia, Ognibene Claseri, 1647.
[24], 782, [i.e. 784] + p.; 4° (ripetuta nella numer. la p. 559)
a¹² A-3C⁸
SBN-IT\ICCU\TO0E\028767
Var. B: diverso il secondo gruppo dell'impronta.

1648

[4019]
[ANDRIES, JOSSE]
La perpetua croce ouero Passione di Giesu Christo da principio dell'incarnation sin'al fine della vita. Spiegata con quaranta imagini.
Roma, Eredi di Manelfo Manelfi, [dopo il 1648].
96 p.: ill.; 24°
A-D¹²
SBN-IT\ICCU\RMLE\012276
Per l'autore cfr. Sommervogel, coll. 707. Il termine *a quo* della data desunto dalla data della prima edizione.

[4020]
ARETINO, PIETRO
Aretino pentito, cioè parafrasi soura i sette salmi della penitenza di Dauide. Di nuouo corretto e ristampato. All'illustrissimo signor Costanzo di Siluecane, consiglier di Sua Maestà Cristianissima nel suo Consiglio di Stato; presidente nella Corte sourana delle monete; e commissario generale di detta Maestà nelle prouincie di Lione, Delfinato, Prouenza &c.
Lyon, Guillaume Barbier <1>, 1648.
190, [2] p.; 12° (p. 22 e 32 non numerate, p. 119 numerata 116; ultime 2 c. bianche)
A¹² B-P⁶
SBN-IT\ICCU\MILE\038953
V. fr.

[4021]
BELLI, PAOLO
Il sacrificio d'Abramo rappresentatione tragico-comica di Lelio Palvmbo recitata in musica & dedicata all'Illustriss. & eccellentiss. sig. d. Andrea Giustiniani Principe in Bassano castellano del Castel Sant'Angelo & nipote di n. s. Innocentio p. X.
Roma, [Lodovico Grignani], 1648.
[16] 124 p.: ill.; 4°
π² a⁶ A-P⁴ Q²
SBN-IT\ICCU\BVEE\026896
Lelio Palumbo è lo pseudonimo di Paolo Belli. Titolo dell'occhietto: *Il sacrificio d'Abramo tragicomedia.* Var. B.: *Il sacrificio d'Abramo di Lelio Palumbo.* In Roma, nella stamperia di Lodouico Grignani, 1648. V. fr.

[4022]
CALAMATO, ALESSANDRO
Quaresimale ouero Ragionamenti sopra tutti gli Euangeli della Quaresima, [...] Arricchiti di nuoui, e bellissimi concetti, [...] Del r.D. Alessandro Calamato messinese. Opera

vtiliss. à predicatori, et ad ogni stato di persone, diuiso in 2. parti. Parte prima [...].
Bologna, Carlo Zenero, 1648.
2 v: ill.; 4°
[16], 1-256, [8], 257-446, [2] p.
a⁸ A-Q⁸ [chi]⁴ R-2E⁸ (ultima c. bianca)
SBN-IT\ICCU\BVEE\048580
Occhietto a c. a1: *Quaresimale del Calamato*. Secondo occhietto a c. [chi]1: *Quaresimale del Calamato*, prima della parte seconda che inizia con proprio frontespizio a c. [chi]2: *Quaresimale ouero Ragionamenti sopra tutti gli Euangeli della Quaresima, con li sabbati delle lodi di Maria Vergine madre di Dio, e signora nostra. Arricchiti di nuoui, e bellissimi concetti, fondati nell'auttorità della Sacra Scrittura, de' santi padri, e d'altri grauissimi auttori, con le sue moralità graui, & efficaci per muouer l'affetto. Del r.d. Alessandro Calamato messinese. Opera vtilissima à predicatori, & ad ogni stato di persone, diuiso in II. parti. Parte seconda*. V. fr.

[4023]
CALAMATO, ALESSANDRO
Quaresimale ouero Ragionamenti sopra tutti gli Euangeli della Quaresima, [...] Arricchiti di nuoui, e bellissimi concetti [...]. Del R.D. Alessandro Calamato messinese. Opera vtilissima à predicatori, & ad ogni stato di persone, diuiso in II parti. Parte prima [...].
Venezia, Giovanni Giacomo Hertz, 1648.
2 vol.; 4°
SBN-IT\ICCU\TO0E\055011
1:
[16], 256 p.
a⁸ A-Q⁸
SBN-IT\ICCU\TO0E\055012
2:
[8], 257-446, [2] p.
chi⁴ R-2E⁸ (ultima c. bianca)
SBN-IT\ICCU\TO0E\055013

[4024]
CALAMATO, ALESSANDRO
Selua nuouissima di concetti, fondati nell'autorita della Sacra Scrittura, de' Santi Padri, e d'altri grauissimi dottori di Santa Chiesa [...] del r.d. Alessandro Calamato messinese. In questa ottaua impressione dal medesimo autore accresciuta di nuoue materie [...].
Venezia, Combi, 1648.
[16], 563, [1] p.; 4°
a⁸ A-2L⁸ 2M⁴ 2N⁶
SBN-IT\ICCU\CAGE\021312
Precede il frontespizio tipografico un frontespizio calcografico.

[4025]
CALVO, MICHELE
Assunti predicabili sopra l'Euangeli della Quaresima composti dal molto r.p.m. Michele Caluo [...] Parte seconda.
Palermo, Francesco Terranova e Andrea Culicchia, 1648.
[700?] p.; 4°
[croce]⁴ 2[ast]⁴ A-5B⁴
SBN-IT\ICCU\RMSE\081541
La prima parte esce nel 1645, cfr. SBN-IT\ICCU\NAPE\027634, vedi 3963.

[4026]
CAUSSIN, NICOLAS/(tr.) BELLUCCI, SEBASTIANO
La sapienza euangelica per trattenimento spirituale nel tempo della Quaresima. Del p. Nicolò Causino della Compagnia di Giesù. Tradotta dalla lingua francese nella italiana da vn padre della medesima Compagnia. Alla serenissima Vittoria Farnese d'Este duchessa di Modona, &c.
Bologna, Carlo Zenero, 1648.
[24], 424, [8] p.; 12°
a¹² A-S¹² (c. a12 e ultime 4 bianche)
SBN-IT\ICCU\CFIE\019252
Per il traduttore cfr. Backer-Sommervogel, I, col. 1271. V. fr.

[4027]
COCCIOLI, GIOVANNI BATTISTA
Auuento del padre F. Gio: Battista Coccioli academico velato, teologo, e predicatore dell'Ordine de' Minimi di San Francesco di Paola. Dedicato al molto r.p. fra Diego da Conuersano, teologo, predicatore, due volte prouinciale, visitator generale, & ora diffinitore de' Minimi nella Prouincia di Puglia.
Lecce, Pietro Micheli, 1648.
[16], 212 p.; 4°
[croce]-2[croce]⁴ A-2C⁴ 2D²
SBN-IT\ICCU\NAPE\007568
V. fr.

[4028]
EPISTOLE E VANGELI/(tr.) NANNINI, REMIGIO
Epistole, et Euangeli, che si leggono tutto l'anno alle messe secondo l'vso della S. Romana Chiesa, & l'ordine del Messale riformato. Tradotti in lingua toscana dal m. r. p. m. Remigio Fiorentino dell'Ordine de' Predicatori, con l'annotationi del medesimo a ciascuna epistola, & euangelio [...] Aggiuntoui quattro discorsi, cioè del digiuno, dell'inuocatione de' santi, dell'vso dell'immagini; & alcuni sermoni sopra l'oratione, digiuno, & elemosina [...] col calendario; et due fedelissime tauole [...].
Venezia, Barezzi, 1648 (Venezia, Barezzi, 1648).
[24], 476 p.: ill.; 4°

a^{12} A-Z^8 Aa-Ff^8 Gg^6
SBN-IT\ICCU\PALE\001761
L'editore dovrebbe essere Francesco Barezzi, essendo Barezzo Barezzi morto nel 1643. Cfr. Griffante, I, p. 208, n. 1245.

[4029]
FEDELE, BENEDETTO
Quaresimale ouero Considerationi sopra i Vangeli della Quaresima appartenenti al predicatore. Parte prima. Del p. maestro f. Benedetto Fedele di S. Filippo, del Terz'Ordine di s. Francesco regolare osseruante, della Prouincia di Sicilia. Con quattro copiosissime, & vtilissime tauole.
Venezia, Ognibene Claseri, 1648.
2 vol.; 4°
SBN-IT\ICCU\RAVE\014346
1:
[56], 361 [i.e. 359], [1] p. (omesse nella numer. le p. 301-302)
a-c^8 d^4 A-Y^8 Z^4 (c. Z4v bianca)
SBN-IT\ICCU\RAVE\014347
V. fr.
2:
[40], 374, [2] p.
a^4 b-c^8 A-Z^8 2A^4 (c. 2A4 bianca)
SBN-IT\ICCU\RAVE\014348

[4030]
FRANCIOTTI, CESARE
Delle pratiche di meditationi per auanti, e dopo la S. Comunione sopra i Vangeli dell'anno del p. Cesare Franciotti della Religione della Madre di Dio Parte prima.
Venezia, Barezzi, 1648.
7 v.: ill.; 12°
SBN-IT\ICCU\FOGE\015797
L'editore dovrebbe essere Francesco Barezzi, essendo Barezzo Barezzi morto nel 1643.
3:
Parte terza, che contiene le Feste comandate de' santi [...].
Venezia, Barezzi, 1648.
246 c.: ill.
A-V^{12} X^6
SBN-IT\ICCU\FOGE\015798
4:
Parte quarta, che contiene le Feste comandate de' santi, di deuotione [...].
Venezia, Barezzi, 1648 (Venezia, Barezzi, 1648).
353 [i.e. 357], [3] c.: ill.
A-2G^{12} (ultime 3 c. bianche)
SBN-IT\ICCU\UM1E\035016
5:

Aggiontioni alle pratiche sopra i Vangeli dell'anno che contengono meditationi intorno a varij soggetti spirituali per auanti, e dopo la santissima Communione [...] Del p. Cesare Franciotti [...] Riuedute, & emendate dal medesimo.
Venezia, Barezzi, 1648.
324 p.
A-N^{12} O^6
SBN-IT\ICCU\TO0E\145788
Il sesto volume potrebbe essere l'edizione SBN-IT\ICCU\BA1E\002136, vedi 4055.

[4031]
MAGNANI, GIAN FRANCESCO
Davide peccatore pentito scenica rappresentatione di Gio. Francesco Magnani.
Piacenza, Giovanni Bazachi <1>, 1648.
201, [3] p.; 12°
A-H^{12} I^6 (ultima c. bianca)
SBN-IT\ICCU\LO1E\025296

[4032]
MENOCHIO, GIOVANNI STEFANO
Delle stuore di Gio. Stefano Menochio della Compagnia di Giesu: tessute di varia eruditione sacra, morale e profana:[...] Parte prima.
Roma, Manelfo Manelfi, 1648-1654.
6 vol.; 4°
SBN-IT\ICCU\PARE\017923
1:
[30], 538, [14] p.
[pi greco]^1 a^8 b^6 A-3Z^4
SBN-IT\ICCU\PARE\017926
2:
[24], 590 [i.e. 592], [12] p.
[croce]^{12} A-2O^8 2P^6
SBN-IT\ICCU\PARE\017927
Il vol. 3 è del 1650 SBN-IT\ICCU\VEAE\007423, vedi 4088; il 4 del 1651 SBN-IT\ICCU\VEAE\007424; il 5 del 1652 SBN-IT\ICCU\VEAE\007425; il 6 del 1654 SBN-IT\ICCU\VEAE\007426.

[4033]
MOMIGNO, EVANGELISTA
Diario quadragesimale del m.r.p.f. Euangelista Momigno de' Minori Osseruanti di s. Francesco della Prouincia di Toscana lettor giubilato, predicatore clarissimo, e padre dell'Ordine. In cui si contiene le prediche del Mercoledì delle Ceneri, di tutti i venerdì, domeniche, e feste della Quadragesima, predicate dall'auttore in diuerse città principali. Con due tauole necessarie: vna delle prediche, l'altra delle cose più notabili.
Venezia, Turrini, 1648.
[12], 311, [5] p.: ill.; 4°

a⁶ A-T⁸ V⁶

SBN-IT\ICCU\ANAE\024660

Titolo dell'occhietto: *Diario quadragesimale del p. Momigno*. V. fr.

[4034]

NIEREMBERG, JUAN EUSEBIO/(tr.) FLORI, LODOVICO

Giesù Crocifisso libro della vita. E la cupidigia santa di gratia e di meriti. Operette del p. Gio. Eusebio Nieremberg della Compagnia di Giesù. Dallo spagnolo trasportate nell'italiano dal p. Ludouico Flori della medesima Compagnia.

Palermo, Pietro Coppola, 1648.

292, [4] p.; 16°

π² (π1+†⁶) A-E⁸ F⁴ G-T⁸

SBN-IT\ICCU\PALE\000330

Titolo dell'occhietto: *Giesù Crocifisso libro della vita.* Cfr. Sommervogel, III, 807.12; Toda y Guell, 3511.

[4034 bis]

ONORATI, MARSILIO

Historia dell'institutione del s.mo sacram.to e del sermone fatto doppo da Giesu Christo redentor nostro cauata da gli euangelisti e da quello che ne scriuono i sacri dottori. Copiosa di sensi letterali, e mistici, e d'altre pie considerationi da Marsilio Honorati da Viterbo prete della Congregatione dell'Oratorio di Roma.

Roma, Francesco Cavalli, 1648.

[6], 604, [40] p.: ill.; 4°

π¹ [croce]² A-4L⁴ 4M²

SBN-IT\ICCU\UMiE\002256

Completa la *Vita di Giesu Christo redentor nostro*, cfr. SBN-IT\ICCU\UMiE\001452, vedi 3880. V. fr.

[4035]

PACIUCHELLI, ANGELO

Lezioni morali sopra Giona profeta del p. maestro f. Angelo Paciuchelli da Montepulciano dell'Ordine de predicatori tomo primo.

Firenze, Amadore Massi, 1648-1650 (Firenze, Amadore Massi, 1648).

3 vol.; fol.

SBN-IT\ICCU\UMiE\004347

1:

[8], 696, 36, 32 p.

a⁴ A-4S⁴ a-e² f⁶ g² ²a-f⁸ g⁴

SBN-IT\ICCU\UMiE\004348

2:

[8], li, [1], 725 [i.e. 721], [3] p. (omesse nella numer. le p. 265-268)

π⁴ A⁶ B⁴ C-K² ²A-4T⁴ 4V-5A²

SBN-IT\ICCU\UMiE\004350

Precede frontespizio occhietto.

3:

[8], 555, [1], 68, [3], 556-1159, [1] p.

π⁴ A-3Z⁴ 4A² a-r² ²4A-7G⁴

SBN-IT\ICCU\UMiE\004353

Var. B.: [8], 555, [1], 68, [8], 556-1159, [1] p.; π⁴ A-3Z⁴ 4A² a-r² χ⁴ ²4A-7G⁴. Il fasc. χ contiene errata.

[4036]

PALLAVICINO, FERRANTE

La Bersabee di Ferrante Pallauicino.

Venezia, Turrini, 1648.

96 p.; 12°

A-D¹²

SBN-IT\ICCU\LIAE\002941

[4037]

PALLAVICINO, FERRANTE

Il Sansone di Ferrante Pallauicini. Libri tre.

Venezia, Francesco Valvasense, 1648.

[12], 242 [i.e. 260], [4] p.; 12° (numerosi errori nella numer.)

*⁶ A-L¹² (c. *3, segnata *2)

SBN-IT\ICCU\BVEE\039190

Titolo dell'antiporta: *Il Sansone del Pallavicino.*

[4038]

PETROBELLI, ORAZIO

L'hebreo conuinto, cioe breue raccolto d'efficacissime ragioni fondate nella Sacra Scrittura, & autorità de' rabini, con le quali si prouano i seguenti capitoli. Di Oratio Petrobelli. Di nuouo ristampato, e ricorretto da persona intendente della Sacra Scrittura.

Roma, Francesco Cavalli <Roma>, 1648.

318, [42] p.; 12°

A-P¹²

SBN-IT\ICCU\RLZE\014818

[4039]

PINOCCI, GIOVANNI BATTISTA

Discorsi sopra la passione di Christo saluatore mandati in luce alla publica vtilità. Dal m.r.d. Gio. Battista Pinocci.

Lucca, Baldassare Del Giudice, 1648.

[8], 569, [5] p.; 4°

Swissbib 043264336

[4040]

PUENTE, LUIS DE LA/(ed.) XIMENEZ, PIETRO/(tr.) PUTIGNANO, PIETRO

Compendio di tutte le meditazioni del p. Luigi da Ponte della Compagnia di Giesù. Raccolto dal P. Pietro Ximenez della medesima Comp. in lingua latina, et hora nuouamente tradotto nella italiana. La differenza di questo compen-

dio dall'altro fatto dal p. Arnaia, e tradotto dal sig. Tiberio Putignano, si mostra nella lettera al lettore.
Bologna, Carlo Zenero, 1648.
[16], 758, [26] p.: ill.; 8°
†⁸ A-3C⁸ (ultima c. bianca)
SBN-IT\ICCU\BVEE\030125
Titolo dell'antiporta a c. †1: *Compendio di tutte le meditationi del p. Luigi da Ponte della Comp.a di Giesù al reuerendissimo p. d. Gio: Alfonso Puccinelli gen. della Cong.e del Saluatore.* V. fr.

[4041]
PUENTE, LUIS DE LA/(tr.) BRACCINI, GIULIO CESARE
Meditationi del padre Lodouico da Ponte della Compagnia di Giesu. Parte prima.
Bologna, Eredi di Evangelista Dozza <1>, 1648-1649.
6 vol.; 8°
SBN-IT\ICCU\TO0E\074727
3:
Parte terza, nella quale si contengono li principali misteri della nostra santa fede; intorno alla vita, passione, miracoli, parabole del n. sig. Giesu Christo, dal suo battesimo, insino alla fine della predicatione. Tradotte dalla lingua Castigliana nella Toscana dal sig. Giulio Cesare Braccini.
Bologna, Eredi di Evangelista Dozza <1>, 1648.
451, [5] p.
A-2E⁸ 2F⁴ (c. 2F4 bianca)
SBN-IT\ICCU\BA1E\002872
4:
Parte quarta, nella quale si contengono li principali misteri della nostra santa fede; intorno alla passione, e morte del nostro Signore Giesu Christo. Tradotte dalla lingua Castigliana nella Toscana dal signor Giulio Cesare Braccini da Lucca.
Bologna, Eredi di Evangelista Dozza <1>, 1648.
389, [3] p.
A-2A⁸ 2B²
SBN-IT\ICCU\BA1E\002873
5:
Parte quinta. Nella quale si contengono i principali misterij della nostra fede; intorno alla Resurrettione, & Ascensione del N. S. Giesu Christo, [...].
Bologna, Eredi di Evangelista Dozza <1>, 1648.
116 [i.e. 316], [4] p. (p. 315-316 erroneamente numerate 115-116)
A-V⁸ (c. V7-8 bianche)
SBN-IT\ICCU\UFIE\004152
Altra emissione reca sul frontespizio la sottoscrizione di G. Monti. Nome del traduttore a c. A1r del vol. 1 e sui front. dei vol. 3-5. La parte prima è pubblicata nel 1649 dal Dozza, cfr. SBN-IT\ICCU\RLZE\018232, vedi 4061.

Non ci sono notizie della parte seconda. Il sesto volume tratta della Trinità e dei benefici divini.

[4042]
SERBELLONI, CHERUBINO
La Susanna.
1648.
Quadrio, III, 1, p. 92

[4043]
TORTOLETTI, BARTOLOMEO
Giuditta vittoriosa poema eroico di Bartolomeo Tortoletti dottore della s. Teologia alla sacra maestà cristianissima di madama Anna d'Austria di Borbon reina di Francia reggente.
Roma, Lodovico Grignani, 1648.
[20], 323, [1] p., [1], 10 c. di tav.: ill.; 4°
†¹⁰ A-V⁸ X²
SBN-IT\ICCU\BVEE\039514
Titolo dell'antiporta: *Giuditta vittoriosa.* V. fr.

1649

[4044]
AMMIRATO, SCIPIONE
Poesie spirituali di Scipione Ammirato sopra salmi e alcuni cantici. Al serenissimo granduca di Toscana.
Fir[enze], Amadore Massi, 1649.
[8], 268 p.; 4°
π⁴ A-Q⁸ R⁶
SBN-IT\ICCU\TO0E\001143
Antiporta: *Poesie del sig. Scipione Ammirato.* V. fr.

[4045]
ARIGHINO PANIZZOLO, ANTONIO
Sermoni sopra gli Vangeli delle domeniche di tutto l'anno, e d'alcune feste principali de' santi. Parte prima di monsignor Antonio Arighino Panizzolo, [...].
Brescia, Giovanni Battista Gromi, 1649.
2 vol.; 4°
SBN-IT\ICCU\UM1E\014089
Titolo delle antiporte: *Sermoni di monsig. Antonio Arighino Panizzolo.*
1:
Parte prima.
[8], 304 [i.e. 404], [12] p., [1] c. (p. 404 erroneamente numerata 304)
*⁴ A-3F⁴
SBN-IT\ICCU\MILE\053126
2:
Parte seconda.

296, [16] p., [1] c.
A-2Q⁴ (c. B2 segnata C2)
SBN-IT\ICCU\MILE\053127

[4046]

AVENDAÑO, PEDRO DE/(tr.) DALLA BELLA, BARTOLOMEO
Prediche nelle solennità di Christo n.S. di d. Pietro d'Avendagno. Tradotte dallo spagnuolo nell'italiano dal m.r.p. fra Bartolomeo dalla Bella [...] con tre copiosissime tauole [...].
Venezia, Francesco Storti <1>, 1649.
[40], 285, [3] p.: il.; 4°
[a]⁴ b-e⁴ A-2N⁴ (c. N4 bianca)
SBN-IT\ICCU\UM1E\007212

[4047]

BIGNONI, MARIO
Serafici splendori da gli opachi delle piu celebri Academie rilucenti tra l'ombre di vaghi geroglifici compartiti in concetti tratti dalle diuine lettere, contrapuntati dalle professioni humane per li giorni ordinarij di quaresima; opera scritturale, erudita, curiosa, sacra, morale, & vtile. Del p. Mario de' Bignoni [...] Con quattro tauole, [...].
Venezia, Eredi di Tommaso Giunta <2> e Francesco Baba, 1649.
[64], 472 p.; 4°
a-h⁴ A-B⁸ C-3L⁴
SBN-IT\ICCU\BVEE\049321

[4048]

CALVO, MICHELE
Assunti sopra i Vangeli della Quaresima del p.m. Michele Caluo di Scichili del Terz'Ordine di San Francesco, [...] Parte seconda. Con quattro copiosissime tauole, cioe, de gli auttori, de gli assunti, della scrittura, e delle materie piu notabili.
Venezia, Tommaso Giunta <2> e Francesco Baba, 1649.
[32], 538, [14] p.; 4°
a⁴ b⁸ c⁶ A-2L⁸ 2M⁴
SBN-IT\ICCU\BA1E\002167
Pt 1 pubblicata a Venezia da Combi nel 1647, cfr. SBN-IT\ICCU\BVEE\056821, vedi 4003. Cfr. Michel, II, p. 19.

[4049]

CALVO, MICHELE
Assunti sopra i Vangeli della Quaresima del p.m. Micheli Caluo di Scichili del Terzo Ordine di san Francesco, regolare osseruante della Prouincia di Sicilia. Parte prima. Con quattro copiosissime tauole, cioè, degli autori, degli assunti, della Scrittura, e delle materie più notabili. Al molto illustre, e molto reuerendo padre, il padre don Benedetto De Angelis,

napoletano, monaco oliuetano, e uicario in Santa Elena di Venetia.
Venezia, Combi, 1649.
[48], 498 [i.e. 504] p.; 4° (ripetute nella numer. le p. 291-296)
a-c⁸ A-2H⁸ 2I⁴
SBN-IT\ICCU\UM1E\000144
Pt 2 pubblicata a Venezia nel 1650 in edizione condivisa da Francesco Baba con Giunti e Hertz, cfr. SBN-IT\ICCU\UM1E\000145, vedi 4069. V. fr.

[4050]

CAUSSIN, NICOLAS/(tr.) BELLUCCI, SEBASTIANO
La sapienza euangelica per trattenimento spirituale nel sacro tempo dell'Auuento. Opera del p. Nicolò Causino della Compag. di Giesù. Tradotta dalla lingua francese nella italiana da vn padre della medesima Compagnia. Al molto reuerendo padre il p.f. Gio. Maria Bonomi prouinciale del Terz'Ordine di san Francesco di Bologna.
Bologna, Carlo Zenero, 1649.
168 p.; 12°
A-G¹²
SBN-IT\ICCU\BVEE\053456
Per il traduttore cfr. Becker-Sommervogel, I, col. 1271. V. fr.

[4051]

CIANGOLINI, CARLO
Hedengrafia, ouero descrittione del Paradiso terrestre del sig. Carlo Giangolino da Fano.
Messina, Giacomo Mattei, 1649 (Messina, Giacomo Mattei, 1649).
[28], 751, [17] p., [1] c.: ill.; fol.
†⁴ 2 †⁴ [par.]⁶ A-5D⁴ (c. 3Z3.4 segnate s(+++)s.)
SBN-IT\ICCU\BVEE\052253
V. fr.

[4052]

COPPOLA, GIOVANNI CARLO
Maria Concetta poema sacro dell'abbate Gio. Carlo Coppola al presente vescouo di Muro. Corretto dall'autor medesimo, e di nuouo ristampato.
Napoli, Onofrio Savio, 1649.
161 [i.e. 163], [1] p.; 4° (ripetute nella numer. le p. 127-128)
a⁴ A-S⁴ T⁶
SBN-IT\ICCU\CFIE\004630
V. fr.

[4053]

[DATI, GIULIANO/BERNARDO DI ANTONIO/ PARTICAPPA, MARIANO]

Rappresentatione della passione di nostro Signore Giesu Christo. Secondo che si recita dalla dignissima Compagnia del Confalone di Roma il Venerdì Santo nel Coliseo. Con la santissima Resurretione.
Treviso, Girolamo Righettini, 1649.
24 c.: ill.; 12°
A-C¹⁶
Cioni 1961, p. 164, n. 26
Per gli autori cfr. Cioni 1961, p. 156. Titolo uniforme: *Rappresentazione della passione di Cristo.*

[4054]

FORASTIERI, NATALE
Il celeste amante operetta spirituale con alcune compositioni morali sopra i principali Vangeli della quaresima. Del sig. Natale Forastieri. Dedicata al molto r.p. bacilliere fra Hippolito Seni agostiniano, celeberrimo predicatore nella metropoli di Rauenna l'anno DCIL.
Ravenna, Stamperia Camerale <Ravenna>, 1649.
12 p.; 4°
A⁴
SBN-IT\ICCU\RAVE\073064
Cfr. Ginanni, vol. 1, p. 268.

[4055]

FRANCIOTTI, CESARE
Osseruationi intorno ai sacri misterii di tutto l'anno, appartenenti al Signore, de' quali si e fatta mentione nelle cinque parti delle Pratiche sopra i Vangeli, del P. Cesare Franciotti della religione della Madre di Dio; [...] Parte sesta. Nuouamente dal medesimo riuedute, & aumentate di osseruationi intorno alle feste de' santi.
Venezia, Barezzi, 1649.
422 [i.e. 420] p.; 12° (omesse nella numer. le p. 337-338)
A-R¹² A⁶
SBN-IT\ICCU\BA1E\002136
È il sesto volume di *Delle pratiche di meditationi per auanti, e dopo la S. Comunione sopra i Vangeli*, i precedenti sono editi nel 1648, cfr. SBN-IT\ICCU\FOGE\015797, vedi 4030. L'editore dovrebbe essere Francesco Barezzi, essendo Barezzo Barezzi morto nel 1643.

[4056]

GELOSO, GIUSEPPE
Quaresimale ouero discorsi sopra tutti i Vangeli della Quaresima. Con i ragionamenti sopra la passione, e morte di N. Signore per i venerdi a sera e per i sabbati, sopra le lodi della gran Madre d'Iddio. Del reuerendo padre don Gioseppe Geloso palermitano de chierici regolari. Parte prima. Dedicato al reuerendissimo padre il p. maestro Vincenzo Pinieri da Montefiascone minore conuentuale di san

Francesco: nella generale Congregazione del Sant'Offizio dell'alma città di Roma consultore, e qualificatore.
Venezia, Paolo Baglioni, 1649.
2 vol.; 4°
SBN-IT\ICCU\CAGE\021062
Titolo dell'occhietto: *Quaresimale del padre Geloso.*
1:
[16], 499, [45] p.; 4°
[pigreco]⁴ [croce latina]⁴ A⁴ B-2K⁸ 2L-2N⁴
SBN-IT\ICCU\CAGE\021252
V. fr.
2:
[8], 426, [50] p.; 4°
[croce]⁴ A-2C⁸ 2D-2I⁴ 2K⁶
SBN-IT\ICCU\CAGE\021069

[4057]

GIOVANNI GREGORIO DI GESÙ MARIA
Lettioni sopra il passio di s. Giovanni del r.p.fr. Gio. Gregorio di Giesu Maria agostin. scalzo da Napoli [...] Lette nel famoso pulpito di s. Petronio di Bologna nelle quali penetra li sensi litterali, le questioni racchiuse e dall'antichità fà chiare l'Erudittioni Christiane cauate da santi greci e latini [...] Parte terza Tribunale di Caifas [...].
Bologna, Giacomo Monti, 1649.
[12], 319, 30, [1] p.: ill.; 4°
a⁴ [croce]² A-2R⁴ a-d⁴
SBN-IT\ICCU\UM1E\009782
La prima parte è edita nel 1645 da Carlo Zenero, cfr. SBN-IT\ICCU\UM1E\006500, vedi 3966. La seconda parte è edita da Giacomo Monti nel 1546, cfr. cfr. SBN-IT\ICCU\UM1E\005973, vedi 3988.

[4058]

LOREDANO, GIOVAN FRANCESCO
Sensi di deuotione soura i Sette salmi della penitenza di Dauide. Di Gio: Francesco Loredano nobile veneto.
Venezia, Guerigli, 1649.
132 p.: ill.; 12°
A-G¹² G⁶
SBN-IT\ICCU\BVEE\039173
Titolo dell'antiporta: *Sensi di deuotione del Loredano.* Gli editori dovrebbero essere gli eredi di Giovanni Guerigli.
V. fr.

[4059]

LOREDANO, GIOVAN FRANCESCO
Vita d'Alessandro terzo pontefice massimo. Di Gio. Francesco Loredano nobile veneto.
Venezia, Guerigli, 1649.
595, [1] p.: ill.; 24°
A-2B¹² (ultime 2 c. bianche)

SBN-IT\ICCU\RAVE\069790

Titolo dell'antiporta: *Dell'opere del Loredano*. Nel titolo non sono menzionate opere bibliche, ma seguono con rispettivi occhietti: *Morte del Volestain*; *Vita del caualier Marino*; *L'Adamo*; *Vita di s. Giouanni vescouo Traguriense*; *Sensi di deuotione soura i sette salmi della penitenza di Dauide*. Gli editori dovrebbero essere gli eredi di Giovanni Guerigli.

[4060]

MANZINI, LUIGI
Flegra in Betuglia. Istoria, e osseruazioni di Luigi Manzini.
Bologna, Domenico Barbieri, 1649 (Bologna, Domenico Barbieri, 1649).
[16], 230, [4] p.; 4°
p⁴ A-2F⁴ ch¹
SBN-IT\ICCU\RLZE\017346

[4060 bis]

ONORATI, MARSILIO
[*Vita di Giesu Christo redentor nostro cauata da gli euangelisti e da quello che ne scriuono i sacri dottori [...] da Marsilio Honorati da Viterbo prete della Congregatione dell'Oratorio di Roma*].
Roma, Francesco Cavalli, 1649.
[6], 723, [49] p.; 4°
π¹ A² 2A-5D⁴ 5E²
SBN-IT\ICCU\UM1E\001461
È il vol. 5 della *Vita di Giesu Christo redentor nostro*, cfr. SBN-IT\ICCU\UM1E\001452, vedi 3880.

[4061]

PUENTE, LUIS DE LA/(tr.) BRACCINI, GIULIO CESARE
Meditazioni del padre Lodouico da Ponte della Compagnia di Giesu.
Bologna, Eredi del Dozza, 1649.
2 pt; 4°
SBN-IT\ICCU\RLZE\018231
Dovrebbe trattarsi degli eredi di Evangelista Dozza.
1:
Parte prima: Meditazioni del padre Lodouico da Ponte [...] parte prima [...] Aim. r. p. e sig. osservandiss. il p. d. Daniele Granchio priore della Certosa di Bologna.
Bologna, Eredi del Dozza, 1649.
96, 256 p.
a-f⁸ A-Q⁸
SBN-IT\ICCU\RLZE\018232
Non ci sono notizie sulla seconda parte, a meno che non sia quella uscita nel 1647 a Bologna presso Giacomo Monti, cfr. SBN-IT\ICCU\TO0E\074772 e IT\ICCU\RLZE\018233, vedi 4014.

[4062]

REINA, TOMMASO
Prediche quaresimali di Tomaso Reina milanese della Compagnia di Giesu. Dedicate all'eminentiss.mo e reuerend.mo sig. cardinale Roma Parte prima.
Roma, Eredi di Francesco Corbelletti <1>, 1649.
2 v.: ill.; 4°
SBN-IT\ICCU\RMSE\003796
1:
[12], 629, [3] p.
π⁴ (π2+†²) A-4K⁴ (ultima c. bianca)
SBN-IT\ICCU\UM1E\011687   e   SBN-IT\ICCU\BASE\018585
Titolo dell'antiporta: *Oportebat praedicari in nomine eius. Luc. XXIV. Quaresimale di Tomaso Reina della Compagnia di Giesu*. Var. B: ricomposto il fasc. pgreco⁴. V. fr.
2:
Prediche quaresimali di Tomaso Reina milanese della Compagnia di Giesu. Parte seconda.
Roma, Eredi di Francesco Corbelletti <1>, 1649.
564, [52] p.
a-3z⁴ 4a⁶ ¶-5¶⁴ 6¶⁶
SBN-IT\ICCU\RMSE\003797
V. fr.

[4063]

ROSSOTTI, ANDREA
Peregrinazione de' magi.
Roma, Eredi d[i Francesco] Corbelletti [<1>], 1649.
Quadrio, II.1, p. 317

[4064]

TALON, NICOLAS/(tr.) FOZI, GIUSEPPE
La storia santa descritta in lingua francese dal P. Nicolò Talone della Comp. di Giesu', e portata nell'italiano dall'Accad. Raffinato. All'altezza serenissima del sig. principe Alfonso d'Este.
Bologna, Carlo Zenero, 1649 (Bologna, Carlo Zenero, 1649).
[24], 894, [6] p.; 12°
a¹² A-2O¹² 2P⁶
SBN-IT\ICCU\BVEE\054016
L'Accademico Raffinato è il gesuita Giuseppe Fozi. V. fr.

1650

[4065]

ALLÈ, GIROLAMO/(ed.) ZENERO, CARLO
La sconosciuta, e conosciuta sposa di Salomone, rappresentatione spirituale con gl'intramezi di Sansone, di Dauidde, & Absalonne. Opera del p. Allé all'illustrissima, e religiosis-

sima sig. e mia padrona colendiss. la signora suor Flaminia Caterina Albergati religiosa nell'illustrissimo collegio delle molto reuerende madri di S. Pietro Martire di Bologna.

Bologna, Carlo Zenero, 1650.

140 p.; 12°

A-F¹² (ultime 4 p. bianche)

SBN-IT\ICCU\MUS\0320762   e   IT\ICCU\ BVEE\024243

V. fr.

[4066]

ANONIMA

La rappresentatione della sentetia del re Salamone.

Bologna, Sarti, [ca 1650].

4°

BL 11427.f.1 (8)

Titolo uniforme: *Rappresentazione di Salomone.*

[4067]

ARIGHINO PANIZZOLO, ANTONIO

Sermoni sopra la passione di Giesu Christo redentore di monsig. Antonio Arighino Panizzolo, dott: di sagra teol: prot: apost: Preuosto di S. Agata di Brescia, consultore del Sant'Officio.

Brescia, Marco Antonio Marchetti, 1650.

[8], 228, [12] p., [1] c.; 4°

a⁴ A-2G⁴

SBN-IT\ICCU\UM1E\006554

Titolo dell'antiporta: *Sermoni di Antonio Arighini Panizzolo.* V. fr.

[4068]

BOLDONI, GIOVANNI NICCOLÒ

Settenarii sacri. Scherzi poetici musicali sopra i sette misteri delle allegrezze, eccellenze, dolori di Maria. Della età, giubili natalitij, pianti, patimenti di Giesù. Di d. Gio. Nicolò Boldoni [...].

Milano, Lodovico Monza, 1650.

[8], 304 p.; 12°

π¹ [croce]⁴ A-M¹² N⁴

SBN-IT\ICCU\TO0E\135344

Titolo dell'occhietto: *Settenari sacri del Boldoni.*

[4069]

CALVO, MICHELE

Assunti sopra i Vangeli della Quaresima del p.m. Michele Caluo di Scichili del Terz'Ordine di San Francesco, [...] Parte seconda. Con quattro copiosissime tauole, cioe, de gli auttori, de gli assunti, della Scrittura, e delle materie piu notabili.

Venezia, Tommaso Giunta <2> e Giovanni Giacomo Hertz, 1650.

[36], 538, [14] p.; 4°

a⁴ b⁸ c⁶ A-2L⁸ 2M⁴

SBN-IT\ICCU\BA1E\002166

Parte prima pubblicata a Venezia da Combi nel 1649, SBN-IT\ICCU\UM1E\000144, vedi 4049. Edizione condivisa con Francesco Baba, cfr. SBN-IT\ICCU\ UM1E\000145, vedi 4070.

[4070]

CALVO, MICHELE

Assunti sopra i Vangeli della Quaresima del p.m. Michele Caluo di Scichili del Terz'Ordine di san Francesco, regolare osseruante, della Prouincia di Sicilia. Parte seconda. Con quattro copiosissime tauole, cioè, de gli auttori, de gli assunti, della Scrittura, e delle materie più notabili.

Venezia, Francesco Baba, 1650.

[36], 538, [14] p.; 4°

a⁴ b⁸ c⁶ A-2L⁸ 2M⁴

SBN-IT\ICCU\UM1E\000145

Altra emissione reca sul frontespizio la sottoscrizione di Giunti e Hertz, cfr. SBN-IT\ICCU\BA1E\002166, vedi 4069. Parte prima pubblicata a Venezia da Combi nel 1647, cfr. Michel, II, p. 19 (cfr. SBN-IT\ICCU\ BVEE\056820, vedi 4003). V. fr.

[4071]

CANACCINI, PIO MARIA

Intelligenza de gli Euangeli che nella Messa la Quaresima si leggono, fatta con parafrasi letterale, con meditationi triplicate, conforme alli stati de' principianti, proficienti, e perfetti, e con risolutioni di casi di coscienza, che riguardano le materie, le quali nelli stessi Euangeli si trattano. [...] Fatica del P. Pio Maria Canaccini sanese [...] Seconda impressione accresciuta, e migliorata.

Torino e Bologna, Giovanni Battista Ferroni, 1650.

[8], 458, [2] p.; 4°

[pgreco]⁴ A-3K⁴ 36⁶

SBN-IT\ICCU\UM1E\021864

[4072]

CARAVAGGIO, PIETRO PAOLO

Esposizione morale fatta sopra il Salmo LIV. di Dauide da Pietro Lucio Auarapago. Con tre sonetti parimente morali.

Milano, Ramellati, [1650].

[6] c.; fol.

SBN-IT\ICCU\CFIE\005747

Pietro Lucio Avarapago è anagramma di Pietro Paolo Caravaggio. Data in base alla prima delle altre opere dell'autore. V. fr.

[4073]

COMPAGNIA DI GESÙ/CONTICINI, GIOVANNI

L'Abramo. Attione in gran parte accresciuta da' Padri della Compagnia di Giesu. Posta in musica dal signor Giovanni Conticini romano. Cantata nella chiesa del Giesu di Palermo. In occasione delle Quarant'hore di carnovale del 1650. Data in luce per commodita degli uditori dall'illustre signor don Gregorio Castello conte di San Carlo.
24 p. ; 4°
A-C⁴
Palermo, Pietro Coppola, 1650.
SBN-IT\ICCU\PA1E\000294

[4074]
COPPOLA, GIOVANNI CARLO
Maria Concetta poema sacro dell'abate Gio. Carlo Coppola al presente vescovo di Muro. Di nuovo ricorretto dall'aut. medesimo.
Napoli e Firenze, [Amadore Massi], 1650.
358, [2] p.; 12° (ultime p. erroneamente numerate)
A-P¹²
SBN-IT\ICCU\RAVE\011902
V. fr.

[4075]
DIEGO DA LEQUILE
Nouo quaresimale ripieno di pensieri, e concetti eruditi, con tutti li sabbati delle prediche di Maria N. Signora. Del molto reuerendo padre F. Diego da Lequile, minorita, [...] Con quattro copiosissime tauole. [...].
Venezia, Francesco Storti <1>, 1650.
[56], 598, [2] p.; 4°
π⁴ a⁴ b-c⁸ d⁴ A-2O⁸ 2P⁴ (ultima c. bianca)
SBN-IT\ICCU\BVEE\049640

[4076]
FRANÇOIS DE SALES
Il cantico de' cantici di Salomone misticamente dichiarato da Monsignor Francesco di Sales Vescouo di Geneua tradotto di francese in italiano.
Roma, Giovanni Pietro Colligni, 1650.
100 p.; 12°
A-D¹² E²
SBN-IT\ICCU\RMLE\054519

[4077]
GELOSO, GIUSEPPE
Santorale discorsi de sourani lodamenti di Cristo, dell'eccellenze, della Vergine; delle grandezze de santi, nelle due stagioni del verno, e della primauera dalla Chiesa solennizati [...] del R.P.D. Giuseppe Geloso [...].
Venezia, Cristoforo Tomasini, 1650.
[20], 748, [20] p.: ill.; 4° (errori nella numer.)
a⁴ b⁶ A-4Z⁴ 5A⁶ 5B-5C⁴ 5D²

SBN-IT\ICCU\CAGE\012304
Var. B: manca lo stemma calcografico del dedicatario a c. a1v.

[4078]
GIULIANO, GIOVANNI BATTISTA
Arsenale predicabile, in cui ritrouansi concetti scritturali, e morali; sentenze, & auttorita de' SS. Padri, e de' piu grauissimi scrittori antichi, e moderni, pensieri nuoui, e curiosi. Da poter applicarsi a tutti i giorni di Quaresima, domeniche frà l'anno, e qualunque festività, et alcuni discorsi intorno le prerogative di molti santi. Del m.r.p.f. Gio: Battista Giuliano Napolitano de' Minimi di s. Francesco di Paola.
Venezia, Turrini, 1650.
[8], 718 [i.e. 728] p.; 8° (ripetute nella numer. le p. 567-576)
pigreco⁴ A-H⁴ I-3C⁸ 3D⁴
SBN-IT\ICCU\BVEE\054740
Titolo dell'antiporta: *Arsenale predicabile del p. Giuliano.*
V. fr.

[4079]
GLIELMO, ANTONIO
Le grandezze della santissima Trinità del padre Antonio Glielmo sacerdote della Congregatione dell'Oratorio di Napoli. Quarta impressione, arricchita di tauole copiosissime, & aggiontoui un Poema sacro del diluuio del mondo nel fine, del medesimo autore.
Venezia, Francesco Baba, 1650.
2 pt ([16], 528 [i.e. 530], [30]; 32 p.); 4° (ripetute nella numer. p. 515-516)
a⁸ A-2M⁸; A-B⁸
SBN-IT\ICCU\RMSE\005377
A c. ²A1r altro frontespizio: *Il diluuio del mondo poema sacro del padre Antonio Glielmo sacerdote della Congregatione dell'Oratorio di Napoli.* Venezia, Francesco Baba, 1650.
Var. B: parte seconda legata prima della parte prima. Var. C: prive di stampa le p. 422-423. V. fr.

[4080]
GUADAGNI, CARLO/(tr.) BASTIANI, GIOVANNI
Stachilogia quaresimale overo scelta de concetti predicabili distinti in materie per ciascun giorno di Quaresima. Del m.r.p.d. Carlo Guadagni [...] raccolta dall'opere de ss. Padri, delli piu famosi spositori [...] Tradotta dal latino, accresciuta, e data in luce per d. Gio. Bastiani [...].
Napoli, Cesare Luciolo, 1650.
[8], 580, [16] p.; 4°
p⁴ A-3A⁴ 3B-3C² 3D-4G⁴
SBN-IT\ICCU\RMLE\018520

[4081]

LEPOREO, LODOVICO

Recitativo musicale di Lodovico Leporeo per l'Ascenzione di Giesù. L'anno Giubileo MDCL.

Roma, Giacomo Mascardi <2>, 1650.

8 p.; 8°

Franchi 1988, p. 286, n. 4

[4082]

LEPOREO, LODOVICO

Recitativo musicale di Lodovico Leporeo per la Circoncisione et Nominanza di Giesù. L'anno Giubileo MDCL.

Roma, Giacomo Mascardi <2>, 1650.

8 p.; 8°

Franchi 1988, p. 286, n. 1

[4083]

LEPOREO, LODOVICO

Recitativo musicale di Lodovico Leporeo per la Morte di Giesù. L'anno Giubileo MDCL.

Roma, Giacomo Mascardi <2>, 1650.

8 p.; 8°

Franchi 1988, p. 286, n. 2

[4084]

LEPOREO, LODOVICO

Recitativo musicale di Lodovico Leporeo per la Notte Natale di Nostro Sig. Giesu Christo. L'anno Giubileo MDCL.

Roma, Giacomo Mascardi <2>, 1650.

15 p.; 8°

Franchi 1988, p. 286, n. 7

[4085]

LEPOREO, LODOVICO

Recitativo musicale di Lodovico Leporeo per la Resurrettione di Giesù. L'anno Giubileo MDCL.

Roma, Giacomo Mascardi <2>, 1650.

8 p.; 8°

Franchi 1988, p. 286, n. 3

[4086]

LEPOREO, LODOVICO

Recitativo musicale Similitudinario di Lodovico Leporeo per lo Spirito Santo. L'anno Giubileo MDCL.

Roma, Giacomo Mascardi <2>, 1650.

8 p.; 8°

Franchi 1988, p. 286, n. 5

[4087]

LOREDANO, GIOVAN FRANCESCO/(ed.) CRASSO, NICOLÒ

L'Adamo di Gio: Francesco Loredano. Nobile veneto.

Venezia, Guerigli, 1650.

92, [4] p.: ill.; 12°

A-D¹² (ultime 2 c. bianche)

SBN-IT\ICCU\BVEE\039169

Titolo dell'antiporta: *L'Adamo del Loredano*. Gli editori dovrebbero essere gli eredi di Giovanni Guerigli. V. fr.

[4088]

MENOCHIO, GIOVANNI STEFANO

[*Le stuore di Gio. Corona tessute di varia eruditione sacra, morale e profana:[...] Parte terza*].

Roma, Manelfo Manelfi, 1650.

[20], 561, [19] p.; 4°

a¹⁰ A-4B⁴ 4C⁶

SBN-IT\ICCU\VEAE\007423

Per la parte prima e seconda cfr. SBN-IT\ICCU\PARE\017923, vedi 4032; le successive (quarta e sesta) sono edite nel 1651, 1652, 1654.

[4088 bis]

ONORATI, MARSILIO

Parte VI Vita di Giesu Christo redentor nostro cauata da gli euangelisti e da quello che ne scriuono i sacri dottori. Copiosa di sensi letterali, e mistici, e d'altre pie considerationi da Marsilio Honorati da Viterbo prete della Congregatione dell'Oratorio di Roma.

Roma, Francesco Cavalli, 1650 (Roma, Francesco Cavalli, 1650).

[6], 671, [45] p.; 4°

π¹ [croce]² A-4V⁴ 4X²

SBN-IT\ICCU\UM1E\001462

È il vol. 6 della *Vita di Giesu Christo redentor nostro*, cfr. SBN-IT\ICCU\UM1E\001452, vedi 3880. V. fr.

[4089]

ORCHI, EMANUELE

Prediche quaresimali del padre f. Emmanuele Orchi da Como predicatore capuccino dedicata al m.r.p. f. Simpliciano da Milano procuratore nella corte romana, e commissario generale della Religione cappuccina.

Venezia, Eredi di Tommaso Giunta <2> e Francesco Baba, 1650.

[8], 448, [28] p.: ill.; 4°

π⁴ A-3K⁴ a-b⁴ c⁶

SBN-IT\ICCU\UM1E\006713

Titolo dell'antiporta: *Prediche quaresimali del p.f. Emmanuele Orchi da Como predicatore capuccino*. Var. B: fascicolo in fine contenente gli errata; [pi greco]⁴ A-3K⁴ a-b⁴ c⁶ [chi]⁴(-[chi]⁴). Var. C: fasc. 20 composto da 8 c. numerate a carte (da c. 289 a c. 296). Var. D: edizione con le caratteristiche della var. C (fasc. 2O8) e della var. B (fascicolo finale con gli errata). V. fr.

[4090]

PAOLETTI, AGOSTINO

Quaresimale Con quattro tauole del P. Maestro Fra Agostino Paoletti da Montalcino dell'Ordine Eremitano del Gran Padre, Patriarca Santo Agostino.

Venezia, Tomasini, 1650.

[60], 1-668, [20] p.; 4°

a-c⁸ d⁶ A-Z⁸ Aa-Vv⁸

SBN-IT\ICCU\RLZE\034573

L'editore dovrebbe essere Cristoforo Tomasini.

[4091]

PLATINA (IL) (SACCHI, BARTOLOMEO)/PANVINIO, ONOFRIO/CICARELLI, ANTONIO/STRINGA, GIOVANNI/DIONIGI, BARTOLOMEO/TESTA, LAURO/ TOMASUCCIO, FRANCESCO

Battista Platina cremonese Delle vite de' pontefici dal Saluator Nostro sino a Paolo II. Accresciuto con le historie de' papi moderni da Sisto IV. fino a Paolo V. con somma diligenza descritte da F. Onofrio Panuinio veronese, Antonio Cicarelli da Foligno, & d. Giovanni Stringa venetiano; con l'Annotationi del Panuinio, e con la Cronologia ecclesiastica dello stesso, ampliata dal r.m. Bartolomeo Dionigi da Fano, e da d. Lauro Testa; e perfettionato in questa impressione con l'aggiunta delle Vite di Gregorio XV. e di Urbano VIII. e con la creatione del viuente papa Innocentio X, oltre un Supplimento di molti anni alla Cronologia dal sig. d. Francesco Tomasuccio venetiano. Con i nomi, cognomi, e patrie di tutti li cardinali, e tre copiose tauole; vna de' papi la seconda de' cardinali; e la terza delle cose notabili.

Venezia, Barezzi, 1650.

2 pt 19 [i.e. 91,1], 919, [1]; [14], 222 p.: ill.; 4° (diversi errori nella numer. delle p.)

a-e⁸ f⁶ A-3L⁸ 3M⁴; A-O⁸ P⁶ (diversi errori nella segnatura dei fascicoli)

SBN-IT\ICCU\UBOE\022248

A c. A1r: *La cronologia ecclesiastica del reuerendo padre F. Honofrio Panuinio [...]*. L'editore dovrebbe essere Francesco Barezzi, essendo Barezzo Barezzi morto nel 1643. V. fr.

[4092]

REINA, TOMMASO

Prediche quaresimali di Tomaso Reina milanese della Compagnia di Giesù dedicate all'eminentiss. et reuerendiss. signor cardinale Roma Parte prima.

Venezia, Giunti e Hertz, 1650.

2 vol.; 4°

SBN-IT\ICCU\BA1E\002654 e IT\ICCU\ RMSE\005508

1:

[8], 355, [1] p.

[croce lat.]⁴ A-X⁸ Y¹⁰ (c. Y10v bianca)

SBN-IT\ICCU\BA1E\002655 e IT\ICCU\ RMSE\005509

V. fr.

2:

Delle prediche quaresimali di Tomaso Reina milanese della Compagnia di Giesu. Parte seconda.

Venezia, Giunti e Hertz, 1650.

316, [36] p.

A-Y⁸ (c. Y8v bianca)

SBN-IT\ICCU\BA1E\002656 e IT\ICCU\ RMSE\005512

Il secondo volume risulta introdotto dal solo occhietto. Cfr. Griffante, p. 197.

[4093]

REINA, TOMMASO

Prediche quaresimali di Tomaso Reina milanese della Compagnia di Giesù [...] Parte prima.

Venezia, Francesco Baba, 1650.

2 vol.; 4°

SBN-IT\ICCU\TO0E\041092

1:

[8], 355, [1] p.

*4 A-X⁸ Y¹⁰

SBN-IT\ICCU\TO0E\041094

2:

Delle prediche quaresimali di Tomaso Reina milanese della Compagnia di Giesu parte seconda.

316, [36] p.

A-Y⁸

SBN-IT\ICCU\TO0E\041095

Il secondo volume risulta introdotto dal solo occhietto.

[4094]

RICHERIO, MICHELE

Considerationi della vita, et passione di N. Signore Giesu Christo, da farsi nel recitare li trentatré Pater noster della Corona dello stesso Signore. Con cinque Ricorsi della Vergine, per le cinque Aue Maria.

Torino, Giovanni Battista Ferrosino, 1650.

96 p.: ill.; 12°

A-D¹²

SBN-IT\ICCU\UM1E\026825

Nome dell'autore a c. A3r.

[4095]

SALMI/(tr.) ANONIMA

Sessanta Salmi di David tradotti in rime volgari italiane secondo la verità del testo hebreo. Col Cantico di Simeone et i dieci comandamenti della Legge. Ogni cosa insieme col canto.

Genève, Stephan Miege, 1650.
480 p.; 12°
¶⁸ 2¶² A-T¹² V² (c. V2 bianca)
SBN-IT\ICCU\MUS\0121968
Contiene da c. N11r: *Il catechismo, cioè formulario per instruire & ammaestrare i fanciulli*; a c. R11v: *Alcune pie orationi*; c. 2¶2r: *La domenica al catechismo*.

[4096]
SICA, GIROLAMO
*Pietosi colloquii della passione di Christo distinta in tre
parti, cioè nell'Horto di Gethsemani, ne I tribunali di
Gierusalemme, nel Caluario. Composti dal padre maestro
Geronimo Sica di Gifoni, della religione de' Serui di Maria,
[...].*
Napoli, Ettore Cicconio, 1650-1653.
3 vol.; 8°
SBN-IT\ICCU\UM1E\007958
1:
[16], 309, [11] p.
[pigreco]A⁸ A-V⁸
SBN-IT\ICCU\UM1E\007959
Titolo dell'occhietto: *L'horto di Gethsemani*. Il secondo
volume è del 1652 SBN-IT\ICCU\BA1E\002842, il terzo
del 1653 SBN-IT\ICCU\CAGE\048461.

[4097]
TORSELLINI, ORAZIO/(?) PERSICO, ANTONIO/(tr.)
AURELI, LODOVICO
*Ristretto delle historie del mondo del p. Torsellino volga-
rizate dal sig. Lodouico Aurelii perugino. Con l'aggiunta
fino alli tempi presenti. All'illustrissimo signor mio il sig.
Bortolomeo Zeno nobile veneto.*
Venezia, Cristoforo Tomasini, 1650.
[28], 703, [39] p.; 12°
a¹⁴ A-2H¹²
SBN-IT\ICCU\UM1E\001184
Cfr. Michel-Michel, VIIII, p. 69. V. fr.

INDICE DEI TITOLI
DI OPERE

TRADUZIONI BIBLICHE[1]
(NELL'AREA 'AUTORE' DELLE SCHEDE)

APOCALISSE 592, 613, 672

BIBBIA 5, 6, 56, 64, 95, 129, 130, 194, 229, 246, 263, 457, 500, 626, 627, 739, 795, 796, 838, 839, 888, 889, 921, 961, 962, 1045, 1059, 1060, 1078, 1097, 1171, 1195, 1217, 1310, 1392, 1393, 1480, 1481, 1505, 1506, 2694, 2984, 3867

CATECHISMO 1439, 1485, 1509, 1510, 1536, 1569, 1643, 1644, 1711, 1712, 1734, 1735, 1769, 1797, 1873, 1883, 1918, 1992, 2585, 2910, 3358

ECCLESIASTE 880, 1107, 1647

EPISTOLE E VANGELI 2, 17, 25, 28, 44, 45, 74, 83-85, 99, 100, 108, 109, 131, 149, 159, 160, 171, 202, 251, 265, 292-294, 313, 325, 343, 370, 371, 469, 484, 501, 533, 544, 549, 633, 706, 753, 797, 812, 831, 892, 924, 925, 988, 989, 1019-1022, 1063, 1064, 1142-1144, 1178, 1196, 1197, 1220, 1236, 1354, 1355, 1442, 1460-1462, 1489-1491, 1511, 1541, 1542, 1573-1576, 1606-1608, 1684, 1685, 1736, 1737, 1775, 1800, 1801, 1819, 1844-1846, 1884, 1959-1961, 1996-1998, 2023, 2024, 2062-2064, 2099-2101, 2207-2213, 2255, 2256, 2304-2307, 2358, 2359, 2409-2412, 2497, 2545, 2643, 2675, 2702, 2703, 2752, 2753, 2781, 2799, 2828, 2829, 2864, 2883, 2912, 2913, 2954, 2989, 2990, 3065, 3066, 3132, 3133, 3172, 3206, 3236, 3237, 3290, 3396, 3397, 3518, 3519, 3557, 3576, 3591, 3592, 3620, 3824, 3965, 4007, 4028

NUOVO TESTAMENTO 782, 866, 894, 927, 928, 952, 966, 983, 1025, 1051, 1066, 1086-1088, 1102, 1103, 1119, 1181-1185, 1202, 1223, 1263, 1264, 1281, 1314, 1315, 1358, 1466, 1495, 1812, 2623, 2624, 2708, 3039

PROVERBI 635, 749

SALMI 46, 725, 790, 880, 1107, 1248, 1362, 1414, 1447, 1498, 1660, 1726, 1727, 1866, 1974, 2044, 2124, 2282, 2872, 2873, 3008, 3081, 3307, 3449, 3485, 3632, 3683, 3892, 3915, 3933, 3953, 4095

VANGELO DI SAN GIOVANNI 91, 103

VANGELO DI SAN MARCO 2773

VANGELO DI SAN MATTEO 2720

TITOLI UNIFORMI DI OPERE ANONIME[2]
(NELL'AREA 'NOTE' DELLE SCHEDE[3])

Commedia spirituale di Cleofas e Luca (da EDIT16) (attribuita a Domenico Treggiani) 700, 767, 1520, 1629, 1701, 1756, 1944, 2776

Fiore novello estratto dalla Bibbia (da ISTC), 19, 20, 26, 42, 48, 49, 62, 68, 92, 104, 126, 173, 181, 241, 256, 577 (?), 622, 656, 701, 784, 882, 1192 (?)

Lamento della Vergine Maria (da ISTC) 354

Incipit[4]: *Chi uol pianger con la uergine maria*, 180

Incipit: *O Madre della nostra saluatione*, 242, 278, 354

Incipit: *Aue regina immaculata et santa o Ave regina benedecta e santa*, 278, 308, 354, 400, 401, 584, 1908

Leggenda di Lazzaro, Marta e Maddalena (da ISTC), 114, 154, 182-184, 187, 214, 224, 257, 258, 277, 307, 503, 667, 714, 850, 937, 1250

---

1 Questa categoria raggruppa le traduzioni censite in Barbieri (della Bibbia e di interi libri biblici senza commento), alle quali si sono aggiunte le raccolte liturgiche di *Epistole e Vangeli* e di salmi per canto.

2 I titoli uniformi sono presi da ISTC, EDIT16 e SBN come indicato tra parentesi. Nelle schede del repertorio, per economia di spazio, le opere scritte originalmente in latino hanno come titolo uniforme un titolo latino seguito dalla menzione "[italiano]" senza l'aggiunta di un titolo uniforme italiano che i cataloghi online riportano spesso (ma non sempre) e che scegliamo di riportare soltanto in questa sede. Si inseriscono anche le schede tratte da repertori che non usano il titolo uniforme. In questi casi il numero è seguito da (?).

3 Oppure nell'area 'Titolo' quando non si dispone di altro titolo, per cui si indica allora nell'area 'Note' "Il titolo è quello uniforme".

4 Gli incipit e gli explicit sono citati dalla prima edizione censita e le diverse versioni sono elencate nell'ordine di apparizione nel repertorio.

Rappresentazione del vitello sagginato (da EDIT16), 185

Rappresentazione dello Spirito santo. Miracolo (da SBN), 1323, 1634, 1702, 1703, 1759, 1875 (?), 2572, 3282

Rappresentazione di Abel e di Caino (da EDIT16), 1228, 1521, 2939

Rappresentazione di Abramo e Agar (da EDIT16), 587, 611, 1213, 1271, 1704, 1910, 1946, 2290, 3093

Rappresentazione di Ester regina (da EDIT16), 134, 281, 610, 1012, 1073, 1161, 1304, 1591, 2192, 2330, 2337, 2573, 2574, 3229

Rappresentazione di Gesù Cristo: la natività (da EDIT16), 134, 332, 568, 588, 883, 1035, 1326, 1525, 1668, 1795, 1982, 2051, 2135, 2333, 2398, 2435, 2636, 2691, 3097, 3166, 3413

Rappresentazione di Giuditta ebrea (da EDIT16), 409, 655, 1160, 1212, 1225, 1324, 1345, 1522, 1911, 2289, 2575, 3094, 3255, 3314

Rappresentazione di Giuseppe (da EDIT16), 134, 360, 702, 818, 1131, 1132, 1209, 1251, 1346, 1453, 1560, 1561, 1593, 1594, 1950, 2017, 2018, 2088, 2334, 2637, 2856, 2877, 2940, 2941, 3017, 3018, 3059, 3127, 3196, 3283, 3351, 3392, 3414, 3453, 3653, 3732, 3792

Rappresentazione di Lazzaro ricco e Lazzaro povero (da EDIT16), 410, 581, 1226, 1523, 1912, 1947, 1951, 2193, 2331, 2436, 2734, 2735, 2788, 3096, 3195, 3652

Rappresentazione di Nabuccodonosor (da EDIT16), 580, 1121, 1305, 2736, 2737

Rappresentazione di Salomone (da EDIT16), 361, 623, 1227, 1386, 1636, 1667, 1794, 1948, 2090, 2733, 2778, 2821, 2981, 3095, 3654, 4066

Rappresentazione di s. Giovanni Battista decollato (da SBN), 186, 479, 1074, 1524, 1635, 1913, 1949, 2332, 3167, 3313

Rappresentazione di s. Susanna (da EDIT16), 408, 411, 464, 523, 1075, 1214, 1347, 1669, 1670, 1984, 2089, 2335, 2731, 2732, 2789, 2980, 3254

Rappresentazione di Saul e Davide (da SBN) 359, 1072, 1325, 2336

Rappresentazione della purificazione della Madonna (da EDIT16), 669, 1327, 1914, 1983, 2533, 3057

Somnia Danielis [italiano] (da ISTC), 226, 397, 582, 583, 731, 732

Somnia Danielis et Joseph [italiano] tr. Simone De' Pasquali (da ISTC), 155, 216

Storia dell'Annunciazione (da EDIT16), 1033, 1034, 1125, 2049, 2730

Storia del giudizio universale (da EDIT16) 609, 1159, 1341-1343, 1589, 1632, 1834, 1905, 2086, 2191, 2726

Incipit: *(O) Santa trinita vno solo idio | sanza principio e sanza fine sete*, 393, 394, 398, 668, 867, 1129, 1130, 1159

Incipit: *A te ricorro eterno creatore | Che gratia presti al debile intellecto*, 405, 1154

Storia della natività di Gesù (da EDIT16),

Incipit: *O sumo glorioso immenso e pio* (versione detta di Paulo Fiorentino) 756

Incipit: *O creator che ogni cosa creasti*, 1126, 1210, 1432

Incipit: *Laudata e ringratiata sempre sia*, 1127, 2135

Storia dei ss. Maria Maddalena, Lazzaro e Marta (da EDIT16)

Incipit: *Celestiale gloria e buon consiglio | o sommo idio o vera trinitade*, 187, 448, 520, 567 (?), 578, 666, 730, 780, 868, 1109, 1122, 1124, 1156, 1503, 1907, 2238, 2727, 2779, 3315, 4001

Storia dei ss. Pietro e Paolo (da EDIT16), 388, 395 (?), 775, 1155, 1633, 1906, 2134, 2328

Storia di s. Giovanni Battista, (da EDIT16), 215, 310, 417-420, 1162, 1253, 1350, 1562, 2982

Storia di Susanna e Daniello (da EDIT16), 280, 521, 579, 689, 695, 777, 984, 1123, 1157, 1158, 1344, 1349, 1590, 2728, 2739, 3230

Virtutes psalmorum [italiano] (da ISTC). Poi inserite nel *Salmista (o Salterio) secondo la Bibbia* (vedi la scheda 794), 240, 282, 309, 450, 794, 818 bis, 851, 904, 905, 941, 1011, 1076, 1133, 1215, 1252, 1291, 1348, 1368, 1637, 2738 bis

Vita di Gesù Cristo e della Vergine Maria (da ISTC), 27, 50, 77, 93, 127, 145, 163, 174, 227, 243, 324, 340, 356, 585, 671, 713, 734, 735, 808, 958

Vita di s. Giovanni Battista (da ISTC), 213, 404

TITOLI UNIFORMI DI OPERE CON ATTRIBUZIONE AUTORIALE (NELL'AREA 'NOTE' DELLE SCHEDE[5])

Alighieri, Dante, *Divina commedia* (da SBN), 60, 212, 239, 323, 770, 864

Anonima/[Belcari, Feo], *Rappresentazione dell'annunciazione di Maria Vergine* (da SBN), 283, 362, 421, 569, 591, 763, 809, 852, 1229, 1473, 1526, 1671, 1672, 1915, 1916, 1917, 1952, 2136, 2780, 3016

Antonino (santo), *Confessionale: Omnis mortalium cura* [italiano] *Specchio di coscienza.* (da ISTC), 9, 10, 11, 13, 21, 32, 34, 52-54, 63, 69, 70, 115-117, 136, 146, 147, 164,165, 188-190, 217, 245, 363, 498, 499, 540, 570, 612, 715, 759, 819, 985, 1477, 1564

Antonino (santo), *Confessionale: Curam illius habe* [italiano] *Medicina dell'anima* (da ISTC), 12, 31, 33, 94, 244, 527, 539, 624, 781, 820, 854-856, 884, 906, 907, 960, 976, 1013, 1057, 1096, 1168, 1169, 1255, 1273, 1274, 1292-1294, 1306-1308, 1329-1331, 1369, 1370, 1388-1390, 1420, 1433, 1455, 1456, 1474-1476, 1504, 1527-1530,

---

5   Vedi la nota 2. Inoltre, nelle schede del repertorio, sempre per economia di spazio, si è dato il solo titolo uniforme senza ripetere il nome dell'autore né del traduttore.

TAVOLA DELLE SIGLE E ABBREVIAZIONI

1563, 1706, 1761, 1839, 1876, 1986, 2137, 2195, 2196, 2437, 2438, 2487, 2667

[Antonino (santo)], *Libretto della dottrina cristiana* (da ISTC), 21, 70, 115-117, 136, 146, 147, 217, 245, 363, 540, 570, 612

Belcari, Feo, *Rappresentazione di Abramo e Isacco* (da SBN), 137, 138, 193, 228, 286, 311, 364, 365, 428-433, 529, 593, 673, 736, 837, 860, 861, 1044, 1058, 1136, 1216, 1275, 1352, 1391, 1479, 1533, 1598, 1765, 1766, 1878, 1879, 2091, 2293, 2294, 2339, 2693, 2790, 2943, 3019, 3285, 3416, 3640, 3655, 3750

Belcari, Feo/Benci, Tommaso, *Rappresentazione di s. Giovanni Battista nel deserto* (da SBN), 530, 642, 1295, 1566, 1676, 1677, 1880, 1917, 2092, 2093, 2295, 2791, 2944, 3020, 3198, 3354, 3574

Bernardus Claraevallensis, *Sermones de tempore et de sanctis* [italiano] (da ISTC), 764, 768, 1194, 1309

Busti, Bernardino, *Tesauro spirituale.* (da ISTC), 167, 175, 195, 230, 231, 264, 628, 785

Caracciolo, Roberto, *Sermones quadragesimales* [italiano] *Le prediche di Frate Roberto* (da ISTC), 35-37, 43, 65, 72, 79-82, 105-107, 119, 140, 148, 158, 169, 218, 219, 247, 368, 369, 458, 465, 473, 505, 514, 515, 571, 720, 1230

[Castellani, Castellano], *Rappresentazione della disputa di Gesù Cristo al tempio* (da SBN), 1137, 1334, 2348-2350, 3415 (rivista da Francesco da Civitella)

[Castellani, Castellano], *Rappresentazione della resurrezione di Gesù Cristo* (da SBN)
Explicit: *fa salui & dona lor celesti honori*, 436, 840, 1138, 1333, 1602, 1681, 2748

[Castellani, Castellano], *Rappresentazione di s. Maria Maddalena. La conversione* (da SBN), 1232, 1256, 1257, 1312, 1372, 1600, 1601, 1642, 2202, 2351, 2747, 2985, 3023, 3101, 3200, 3420, 3797

[Castellani, Castellano], *Rappresentazione di s. Maria Maddalena. Miracolo* (da SBN), 614, 1231, 1535

[Cicerchia, Niccolò], *La passione di Gesù Cristo* (da ISTC), 596, 1139
Incipit: *O increata maestà di Dio*, 120-121, 170, 176, 196-197, 220, 287, 334-335, 437, 557, 1164, 1174, 1276, 1277, 2404, 2749

[Cicerchia, Niccolò], *La resurrezione del nostro Signore* (da ISTC),
Incipit: *uolendo della resurression sancta.* 122, 176, 198, 199, 467

Cornazzano, Antonio, *Vita della Vergine Maria* (da ISTC), 7, 15-16, 22-24, 38, 96, 123, 141, 200, 201, 248, 288, 289, 336, 459, 468, 630, 631, 644, 645, 660, 786, 2406

Cornazzano, Antonio, *La vita di Cristo* (da ISTC), 14, 232, 629, 632, 646, 661, 787

Cornazzano, Antonio, *Il pianto della Vergine Maria*, 73, 123, 289 (ma si tratta dell'opera di Enselmino da Montebelluna)

Dati, Giuliano – Bernardo di Antonio – Particappa, Mariano, *Rappresentazione della passione di Cristo* (da ISTC), 291, 312, 396, 439, 440, 452, 507, 532, 543, 573, 589, 597, 598, 721, 743, 752, 830, 987, 1112, 1141, 1165, 1336, 1441, 1486, 1842, 1843, 1995, 2204, 2698, 2797, 2882, 2911, 2953, 3064, 3203, 4053

Enselmino da Montebelluna, *Il pianto della Vergine Maria* (da ISTC), 57, 66, 73, 97, 98, 123, 201, 250, 289, 508, 873, 947

[Honorius Augustodunensis], *Lucidarius* [italiano] *Lucidario ovvero Dialogo del maestro e del discepolo* (da ISTC), 101, 110, 111, 203-205, 221, 233, 234, 267, 268, 295-299, 315-317, 337, 344, 345, 453, 462, 470, 488, 545, 600, 648, 722, 744, 800, 801, 874-875, 893, 926, 993, 1048, 1085, 1100, 1116

Jacobus de Voragine, *Legenda aurea sanctorum, sive Lombardica historia* [italiano] *Legendario di Sancti*, tr. Nicolò Malerbi. (da ISTC), 39, 59, 102, 132, 161, 206, 235, 236, 269, 346, 471, 475, 489, 502, 517, 546, 574, 616, 649, 662, 745, 814, 865, 982, 1001, 1179, 1239, 1407, 1426, 1465, 1494, 1515, 1546, 1613, 1653, 1654, 1780, 1852, 1926, 1966, 2002, 2031, 2032, 2069, 2107, 2108, 2109, 2155, 2156, 2264, 2265, 2364, 2454, 2548, 2619, 2756, 2803, 2994, 3034, 3144, 3212, 3241, 3375, 3521, 3664

Pseudo-Bonaventura, *Meditationes vitae Christi* [italiano] *Le deuote meditatione sopra la passione del nostro Signore* (da ISTC), 143, 445, 472, 476, 490, 491, 509, 536, 551, 559, 617, 636-637, 680, 710, 762, 789, 846, 878, 879, 1054, 1090, 1188, 1320, 1382, 1412, 1583, 1693, 1863, 1972, 2074, 2228, 2383, 2473, 2928, 2929, 3244, 3667, 3833
Explicit: *ritorno al sanctissimo corpo nel sepulchro*, 67, 87, 89, 90, 113, 124, 133, 142, 144, 152, 162, 177, 252
Explicit: *yesu cristo figliolo de dio uiuo e uero il quale sia laudato e benedecto in sempiterna secula seculorum amen*, 88
Explicit: *scripto de me nele prophetie e psalmi*, 178, 207, 208, 222, 223, 237, 238, 253, 254, 272, 273, 318, 326, 374, 375

Pseudo-Dante, *I sette salmi penitenziali* (da ISTC)
Incipit: *Signore non mi reprehendere con furore | Ne con tuoa ira de non mi corregere*, 4, 8, 51, 480
Incipit: *[S]Ignor non mi uoler nel tuo furore | ne in lira tua riprendermi o punire*, 18
Incipit: *Signor non mi riprender con furore | & non uoler corregermi con ira*, 40, 209, 274, 327, 376

Pulci, Antonia, *Rappresentazione del figliol prodigo* (da SBN) 444, 1149, 1694, 1725, 1898, 1899, 1934, 2042, 2075, 2121, 2971, 3120, 3245, 3445, 3604

Pulci, Bernardo, *Rappresentazione dell'angelo Raffaello e Tobia* (da SBN) 135, 618, 953, 1069, 1245, 1413, 1625, 1658, 1900, 1935, 1973, 2229, 2384, 2630, 2631, 2783, 3047, 3079, 3121

Roselli, Alessandro, *Rappresentazione di Sansone* (da SBN) 1150, 1246, 1247, 1659, 2281, 2386, 2770, 3048, 3305, 3344, 3447, 3670, 3892

Savonarola, Girolamo, *Esposizione sopra l'Ave Maria* (da ISTC), 322

Savonarola, Girolamo, *Expositio orationis dominicae* [italiano] (da ISTC), 275, 276, 301, 537

Savonarola, Girolamo, *Expositio in Psalmum XXX (31) "In te Domine speravi"* [italiano]. (da ISTC), 339, 349, 351, 378, 379, 1108

Savonarola, Girolamo, *Expositio in Psalmum L (51) "Miserere mei Deus"* [italiano] (da ISTC), 347, 348, 350, 380, 381, 477, 552, 848, 895

Savonarola, Girolamo, *Expositio in Psalmum LXXIX (80) "Qui regis Israel"* [italiano], (da ISTC) 319, 320, 321

Savonarola, Girolamo, *Psalmus I "Beatus Vir"* [italiano] (da ISTC), 350, 380, 381

Savonarola, Girolamo, *Operetta sopra i dieci comandamenti* (da ISTC), 302-303, 510

[Serdini da Siena, detto il Saviozzo], *Psalmi poenitentiales* [italiano]. (da ISTC)

Incipit: *Io chiamo e prego el mio eterno Dio*, 211, 255, 304-306, 478, 525, 686

TITOLI DI OPERE ANONIME
(NELL'AREA 'TITOLO' DELLE SCHEDE)

Affetti cauati dalla Sacra Scrittura 3958

Argomento del Gioseppe 3836

Argomento del Saolo 3812

Argomento della Giuditta 3935

Argomento della Rappresentatione di Susanna recitata in musica 3791

Argomento di Naaman siro 3813

L'Ave Maria, et la sequenza de' morti 2291, 2292

Breue compendio della dottrina christiana 1872

Breue rosario della gloriosissima vergine Maria 2485

Capitoli composti nouamente per la passione di nostro S. Iesu Christo 774

Capitolo del sacramento affigurato nel testamento vechio 728

Colletanio de cose noue spirituale 512, 518, 553, 566, 694

Comincia la devotissima conversione di Santa Maria Maddalena (abbreviato da *La conuersione di s. Maria Maddalena* di Marco Rosiglia) 1135, 1163, 1596, 3197, 3284

Compendio della dottrina christiana, secondo l'ordine del catechismo romano 2050, 2397

Compendio della storia dell'Antico e Nuovo Testamento 621

Contemplatione de la vita e morte del precursore de miser Iesu Christo 513

Contemplatione de Iesu in croce 519

Contemplatione di tutta la vita, et passione del nostro Signore Iesu Christo 1288

Confessione di Santa Maria Maddalena 29, 30, 47, 385

Confessione noua. Et capitolo nuouo che si canta el Venerdi Sancto cioe Popule meus quid feci tibi 386

El contrasto del nostro Signore Idio con el Dimonio (anche attribuito a Pseudo-Antonino), 422, 526, 793

Conversione di santa Maria Maddalena 2725 (potrebbe essere una versione de *La rappresentatione della conuersione di santa Maria Maddalena* di Castellani, anche per l'identità dell'editore, vedi 3023)

Corona dela Virgine Maria. Sive sete allegrezze 463 (vedi anche *Questi sono le sette allegrezze dela uergine Maria*)

Dechiaratione di vn salmo fatto sopra la felicissima vittoria 1630, 1631

La deuota oratione dell'angelo Raffaello. Co'l Pater nostro, & l'Aue Maria 387

La deuota passione di Christo 665

La deuotissima istoria de li beatissimi sancto Pietro & sancto Paulo apostoli de Christo 775

Il devoto pianto della gloriosa Vergine 2431

I dieci comandamenti della legge diuina 61

Dimostratione de gli passi sopra la Scrittura 1814

La dischiaration della santa Croce con la dischiaration del Pater noster 389

Divota meditazione in tutto il pellegrinaggio di Gesù Cristo 352

Il diuotissimo lamento della gloriosa Madre di Cristo 1502

Diuoto et breue modo di dire il santo rosario 2190

Dottrina christiana, & sua dichiaratione 3092

La epistola della dominica 353, 390, 391, 729, 900, 1303

Esortatione [...], ne la qual si espone il salmo tertio, cioè Domine quid 901

Espositione, del Pater nostro 2432

Espositione del Vangelo che corre la terza dominica 1945

Espositione litterale nel 18. capo del Deuteronomio 3454

Espositione utilima [!] *sopra il Pater* 902

Essercitio et ammaestramento del buon christiano 1554

Essercitio spirituale nel quale si meditano li sette dolori sofferti dalla Beatissima Vergine Maria 3814

Fior di virtu historiato 2570, 2571, 3165

Fioretti delle croniche del mondo 1249

Fiori del giardinetto 1815

Frotula de prouerbii de Salomon sententiose 776

Giardinetto detto il sole 392

Giardinetto di cose spirituali 1289, 1419, 2085

Le glorie della santa croce 3159

Incomenza le cinque reuelatione che hebbe sancto Iohanne euangelista. 331

TAVOLA DELLE SIGLE E ABBREVIAZIONI

Incomincia la resurrectione de Christo 396, 589 (abbinata alla *Passione* recitata dalla Compagnia del Confalone, per cui vedi Dati, Giuliano – Bernardo di Antonio – Particappa, Mariano)

Inomenza [!] *la predica che fece sancto Ioanne baptista* 750

Interpretatione della Oratione Dominica 696

La historia et oratione di santo Stefano 1290, 1792

Lamento del peccator 869

Lamento di Iesu Christo 399

Lauda di san Giouanni Battista 1874

Legenda de miser san Iob 402

Legenda di Maddalena e Marta 538

Letanie al nostro sig. Giesu Christo 2729

Letanie della vita, et passione del nostro Sig. Giesu Christo 2329

Luctus christianorum [italiano] 3

Meditationi della passione del nostro sig. Giesu Christo 2434

Meditationi e sue applicationi 2740

Meditationi sopra le corone di nostro signore Giesu Christo 1981

Modo breuissimo & utilissimo examinatorio circa la confessione, insieme con el primo capitolo di Esaia propheta uolgare 403

La morte di Oloferne 2902

Noue deprecationi ouero Centone, de Salmi di Dauid 1793

Officio della gloriosa Vergine Maria 1211

Officio della passione de misser Ihesu Christo 355

L'officio dell'angelo Raphael 449

Opera noua contemplatiua 522, 938

Oratione del angiol Raphaello. 586, 1367

La orazione di santo Michele arcangelo 2239

Oratione deuotissima di santo Mattheo 758

Oratione sopra il Pater Noster 903

Orationi divotissime, accomodate alli misteri della vita di Giesu Christo 1664

Passio Christi [italiano] 1

La passione di nostro Signore in stanze 733

La passione reducta in tragedia 697

La pazzia del christiano. Et altre rime spirituali 2087

Perla orientale sopra gli Euangeli 2983

Pie et deuote considerationi del santiss. rosario 1757

El pietoso lamento di Iesu Christo nostro redemptore 554

Ponti della passione del nostro Sign. Giesu Christo 1909

Il prego deuotissimo di s. Iob 1128

Li prieghi de sancta Veronica gloriosa 504

Il primo libro di rappresentationi et feste 1254

Psalterio, ouuero rosario de la gloriosa Vergine Maria 1665

Psalterio per putti principianti con la dottrina christiana 1758

Questi sono e septe dolori della uergine Maria 357, 548, 703

Questi sono le sette allegrezze dela uergine Maria 358, 413, 670, 778, 1056, 1134, 1167, 1836, 2738, 3731 (vedi anche *Corona dela Virgine Maria. Sive sete allegrezze*)

Questo si e el pater nostro 406

Questo e lamento die Giesu Christo nostro Redemptore 225

Questo e il lamento di Ihesu Xpo altramente chiamato il peccatore 279

Questo si e il lamento del peccatore 555

Qui se comenza questo deuoto salmo 407

La rappresentazione della passione di N.S.G.C. 712

La rappresentazione di Aman 939, 1592, 1835

La rapresentazione dell'annunziazione della gloriosa Vergine 1454

Regole delli veri amatori di n.s. Giesù Christo 1985

La representatione deli propheti, e de lo aduenimento de Christo 590

Rime spirituali raccolte dalla sacra scrittura 412, 1387, 1760, 2777

Rosario della gloriosa sempre Vergine Maria 940

Salmi litania, preci, et orationi 3606

Salmi penitentiali, di diuersi eccellenti autori 1555, 1586, 1697

La santissima passione di nostro Signore Giesu Christo. Con la resurrettione 1595, 2194, 3058 (recitata a Roma dalla Compagnia del Confalone; per la *Passione* vedi Dati, Giuliano – Bernardo di Antonio – Particappa, Mariano)

Seconda parte delle Rime spirituali di diuersi autori 3054

Il secondo libro di feste et rappresentationi di diuersi santi & sante del Testamento Vecchio, & Nuouo 1351

Le septe parole che Christo disse in sulla croce 524

Il sermone del nostro Signore Iesu Christo 942

Sermoni del parvulo misser Iesu Cristo 333

I sette salmi penitenziali, in ottaua rima. Cauati dal giardinetto, detto il sole 2019

Stanze delle Marie. In lamento della morte di Giesu Christo, 414-415, 657 (quest'ultimo testo ha titolo: *Stanze delle Marie; et la leuatione de la Croce*)

El Summario de la Santa Scrittura 779

Il terzo libro di feste, rappresentationi, et comedie spirituali 1838, 2338

Tragedia nuoua intitulata Aman 751

Vna breuiss.a et semplicissima espositione delli dieci comandamenti di Dio 1322

Uno asai utile, benche breue trattato dechiaratiuo 936

La vita di Giusu [!] *Christo, vnigenito figliuol di Dio* 2942

Vita della gloriosa vergine Maria, e di Jesu Christo, & di santo Giouanni Battista 416, 690, 735

Vita di Maria Vergine 1837

Indice dei nomi relativi alle responsabilità autoriali[1]

Abelli, Cesare 3056, 3251
Abbondanti, Antonio 3651
Abbondo, Isidoro 3211
Accarisio, Giacomo 3692
Acciaiuoli, Zanobi 3155
Accolti, Bernardo 565, 771, 772, 832
Aceti de' Porti, Serafino 881, 956, 1208, 1385, 1418
Adimari, Alessandro 3895
Adorno, Francesco 3164
Adrichem, Christiaan van 2327, 2429, 2606, 3126
Affinati d'Acuto, Giacomo 2787, 2936, 3252, 3253
Agliardi, Bonifacio 3810, 3811
Agnelli, Scipione 3693, 3709
Agnifilo, Amico 1980, 2015
Agostini, Agostino 2567, 2568
Agostino (santo): vedi Augustinus
Agostino da Bisignano 3162
Agostino da Medole 2820
Airoldi, Paolo 3014
Alamanni, Antonio 687, 726
Alamanni, Luigi 791, 792, 1555, 1586, 1697
Albani, Angelo 3488
Albarella, Vincenzo 2430
Albergoni, Eleuterio 2529, 2666, 2723, 2937
Alberti, Filippo 3159
Alberti, Giovanni Francesco 2530
Alberto da Castello 688, 693, 711, 817, 849, 899, 957, 1032, 1094, 1166, 1269, 1321, 1366, 1431, 1472, 1662, 1663, 1501, 1557, 1558, 1698, 1699, 1705, 1755, 1790, 1791, 1832, 1833, 1871, 2016, 2083, 2084, 2854, 3015, 3551, 3865
Albrici, Luigi 3955-3957
Alcaini, Giuseppe 1700, 2593, 2620
Aleandri, Girolamo 3511

Alessandri, Benedetto degli 153
Alessandro da Montepulciano 3512
Alfano, Antonino 1519
Allè, Girolamo 4065
Allegri, Francesco degli 727
Alonso de Orozco 1940-1942
Altan, Alessandro 1588
Amaroni, Cristoforo 1559
Ambrosius (Ambrogio da Milano, santo) 1340
Ammirato, Scipione 4044
Amodio, Giovanni Leonardo 2188, 2531, 2607
Amulio, Natalino 1009, 1010, 1270
Ancarano, Gaspare 2189, 2236, 2237
Andreasi, Marsilio 975
Andreini, Giovanni Battista 3090, 3091, 3163, 3194, 3310, 3311, 3866
Andries, Josse 4019
Androzzi, Fulvio 1904, 1943, 2395, 2396, 2569, 2608, 2724, 2855, 2938, 3164, 3573
Angeli, Nicola 2532
Angelo Michele da Bologna 2609
Angelon da Ferrara 773
Anguissola, Antonio Maria 3312, 3636
Anonimi degli Eredi Giunta 1045, 1059
Anonimo del Crespin 1263, 1264, 1314, 1315
Anonimo del Todesco 1358, 2623
Anonimo della Speranza 1051, 1066, 1103, 1183, 1184, 1185, 1495
Ansaldi, Giovanni Antonio 3352
Antico, Lorenzo 2240
Antonino (santo) (Pierozzi, Antonino) 156, 259, 284, 423-427, 625, 716, 810, 853, 1095, 1272, 1328, 1638, 2486, 2857
Antonio da Atri 698
Antonio da Castell'Arquato 2692
Antonio da Catarro (canterino) 420
Antonio Dalmata 1445
Antonio di Portogallo 2878
Aprosio, Angelico 3914, 3930

---

[1] Questo indice include i nomi di autori, traduttori, curatori, committenti (nelle edizioni il cui frontespizio le dichiara pubblicate ad istanza di una persona o istituzione) e compositori musicali.

INDICE DEI NOMI RELATIVI ALLE RESPONSABILITÀ AUTORIALI

Araldi, Antonio 191, 528
Archirota, Alessandro 1953, 2197, 2241
Ardizzoni, Paolo Maria 3896
Aretino, Pietro 821-823, 833-836, 857-859, 870, 885, 886,
    908-920, 943-945, 959, 1036-1043, 1077, 1170, 1193,
    3585, 3607-3012, 3637, 3638, 3694, 3695, 3733, 3734,
    3897, 3959, 3980, 4020
Arighino Panizzolo, Antonio 4045, 4067
Armellini, Girolamo 766
Arnaya, Nicolas de 3222, 3442, 3480, 3524, 3668
Arnigio, Bartolomeo 1531
Arrivabene, Lodovico 2429
Arrivabene, Pietro 541
Arrivabene, Ulisse 2399
Arturo, Lattanzio 1762
Astolfi, Giovanni Felice 3536, 3624-3627
Attavanti, Paolo 71, 78, 118, 285, 286
Attendolo, Giovanni 2126, 2127
Augustinus, Aurelius 1532, 1673, 1674
Aureli, Lodovico 3529, 3728, 3729, 3788, 3916, 4097
Avendaño, Cristobal 3639, 3696, 3710, 3711, 3735, 3736,
    3766, 3793, 4046
Averoni, Valentino 1763
Avezzano, Sebastiano 1565, 2198
Avila, Juan de 1954, 2034, 2918, 3098

Baccellini, Matteo 2879, 2903
Badoer, Lauro 2534
Baglioni, Domenico 1764
Balbani, Niccolò 1434
Balbiani, Camillo 3353
Balcianelli, Marcantonio 3159
Baldelli, Francesco 1925, 1965, 2001, 2030
Baldi, Bernardino 2880
Baldini, Vittorio 2741
Balducci, Nicolò 3881
Balliano, Giovanni Battista 1675, 1955
Ballino, Giulio 1359
Ballottino, Arcangelo 3168, 3685
Balzani, Paolo Emilio 3159
Barbarino, Bartolomeo 3211
Barbieri, Scipione de' 3960
Barbò, Giovanni Battista 2892
Barco, Bartolomeo 3025
Barezzi, Barezzo 3125, 3161
Barezzi, Francesco 3969-3971
Bardi, Girolamo 1877, 1956, 1957
Bargagli, Scipione 2200, 2743
Baroni, Pagolo 3393
Barrera, Clemente 3778, 3805
Bartolaia, Lodovico 3169
Bartolini, Leone 1435, 1436, 1816, 1840

Basile, Teofilo 3455
Bassi, Nazzario 3815
Bastiani, Giovanni 4080
Battiferri Ammannati, Laura 1437, 1478, 1555, 1586, 1597,
    1697
Bauria, Andrea 556
Belcari, Feo 191, 192, 286, 528 (vedi anche in *Indice dei
    titoli*)
Belli, Francesco Antonio 3816
Belli, Paolo (Lelio Palumbo) 4021
Bellini, Benedetto 2690
Bellintani, Mattia 2668, 3456
Bellucci, Sebastiano 4005, 4026, 4050
Bembo, Pietro 2610
Benassai, Giovanni Maria 2576
Benci, Tommaso (vedi in *Indice dei titoli*)
Benedetti, Rocco 1639, 1987
Benigni, Angelo 3256, 3257
Benivieni, Girolamo 481, 658, 699, 717
Berdini, Vincenzo 3794, 3898
Bergomelli, Zaccaria 2638
Berlendi, Giovanni Paolo 3170
Berlinghieri, Amoroso 2491, 2584, 2613, 2795, 2859, 2909,
    3128, 3843
Berna, Andrea 2742, 3433
Bernardino da Feltre 166, 434, 531, 674-676, 718, 719, 737,
    738, 871, 887, 977, 1438
Bernardino da Siena 55, 139, 157, 260, 261, 366, 435, 482
Bernardo di Antonio (vedi in *Indice dei titoli*)
Bernardo Pietro (Bernardino de' Fanciulli) 367
Bernardus Claraevallensis (Bernardo, santo) 262, 341, 451,
    764, 768, 1194, 1309
Beroardi, Girolamo 2218, 2485, 3002, 3045, 3153, 3188,
    3221, 3506
Besozzi, Giovan Pietro 1707, 1732, 1767, 1796
Besozzi, Ottaviano 2577
Bettini, Antonio 2138
Bettini, Luca, 607, 608, 685, 933, 974, 1007
Bianchi, Eusebio 3417
Bianchi, Lodovico 3613
Biffi, Lorenzo 3817
Bignami, Innocenzo 3552, 3686, 3837, 3899
Bignoni, Mario 4047
Bisciola, Lelio 3418
Biscioli, Paolo 3418
Blasio, Lauro 3675
Bocchi, Alessandro 1332
Bocchino Pepino, Pietro 3316
Boldoni, Giovanni Niccolò 3751, 3900, 3936, 4068
Bonagrazia da Varena 3475
Bonaventura da Bagnorea (santo) 128, 2945 (vedi anche
    in *Indice dei titoli*)

INDICE DEI NOMI RELATIVI ALLE RESPONSABILITÀ AUTORIALI

Bonello, Raffaele 1311, 2020

Boniperto, Giovanni Battista 2669

Bonfigli, Niccolò 1507

Bordoni, Girolamo 1061

Borgarucci, Borgaruccio 1577, 1578

Borrelli, Camillo 2242

Botero, Giovanni 2052, 2139, 3099

Bozi, Paolo 2611, 2904, 2905, 2977, 3159

Braccaldi, Fausto 2543

Bracceschi, Giovanni 2243

Braccetto, Michele 1817

Braccini, Giulio Cesare 3410, 3443, 3444, 3478, 3479, 3567, 3602, 3603, 3762-3764, 3888-3890, 4014, 4041, 4061

Branchi, Giacinto 3901, 3961

Brandi, Giovanni Antonio 2578, 2792

Brasavola, Giovanni 682, 683, 685, 933, 954, 955, 1007

Braschini, Giovanni Antonio 1640, 1708, 1881

Briani, Giovanni 2140

Briccio, Giovanni 3394

Brignole Sale, Anton Giulio 3712, 3838, 3902

Broccoletti, Stefano 3059

Brucioli, Antonio 782, 790, 796, 797, 811, 812, 824-826, 862, 863, 872, 889, 890, 893, 894, 921, 925, 927, 928, 931, 932, 946, 952, 954, 961, 966, 978, 979, 986, 989, 1014-1016, 1025, 1029, 1062, 1078-1081, 1086-1088, 1103, 1119, 1171, 1181, 1183, 1195, 1196, 1202, 1223, 1414, 1660, 1726, 2282, 2694, 2708, 2720, 2773, 3307

Brunetti, Alessandro, 595, 692, 741

Brunetti, Pier Giovanni 2141, 2906, 2977

Bruni, Vincenzo 2142, 2143, 2199, 2244-2246, 2296-2298, 2340, 2400, 2401, 2439, 2440, 2535, 2536, 2579, 2612, 2639, 2670, 2822-2824, 2858, 2946, 2947, 3286

Brutti Alessandro 3159

Bucchio, Geremia 1678, 1709

Buchanan, George 2200, 2743

Buelli, Domenico 1679, 2825

Bugati, Gaspare 2144

Bulzé, Valeriano 3903

Buonagrazia, Antonio 1265

Buonfanti, Pietro 1810, 1824, 1825, 1854, 1855, 2102, 2217, 2268, 2315

Buonfigli, Nicolò Aurifico 1612

Buonriccio, Angelico 1457, 1534, 1567, 1599, 2053

Buonvicini, Antonio 3962

Buratelli, Gabriele 1710, 1733

Busti, Bernardino (vedi in *Indice dei titoli*)

Bzowski, Abraham 3506

Cadana, Salvatore 3795, 3818-3820, 3868-3870, 3904, 3917, 3937, 4002

Cagnoli, Belmonte 3489

Calamai, Giovanni Battista 3513

Calamato, Alessandro 3514, 3586, 3614, 3656, 3657, 3676, 3713, 3767-3769, 3796, 3821, 3839-3842, 3918, 3919, 3938, 3981, 4022-4024

Calderari, Cesare 2054, 2094, 2247-2249, 2299, 2300, 2341-2347, 2441, 2442, 2488-2490, 2537-2541, 2580, 2671, 2695, 2744, 2793, 2907, 3021, 3355

Callisto da Piacenza 963, 1172, 1218, 1458

Calvin, Jean 1046, 1173, 1248, 1353, 1371, 1482

Calvo, Michele 3963, 4003, 4025, 4048, 4049, 4069, 4070

Cambi, Bartolomeo (da Salutio) 3231, 3232, 3553

Camilla Battista da Varano 168, 691

Camilli, Camillo 1928, 1954, 1968, 1988, 2008, 2055, 2220, 2302, 2358, 2407, 2457, 2640, 2643, 2703, 2753, 2799, 2829, 2864, 2883, 2922, 2989, 2995, 3098, 3172, 3236, 3290, 3518, 3519, 3591, 3620

Camillo, Giulio 1641

Cammorlengo, Gioacchino 3770

Campana, Cesare 2402, 2686

Campeggi, Ridolfo 2908, 3060, 3317, 3356, 3419, 3920

Campiglia, Maddalena 2095

Canaccini, Pio Maria 4004, 4071

Canali, Antonio 3056

Candido, Serafino 1568

Canini, Gualtiero 3061

Canisius, Petrus 1459, 1841, 1882, 2021, 2358, 2643, 2703, 2753, 2799, 2829, 2864, 2883, 2989, 3172, 3236, 3290, 3396, 3518, 3519, 3557, 3591, 3620

Cantarelli, Guglielmo 3429, 3430, 3537, 3538

Capaccio, Giulio Cesare 1989, 1990, 2056, 2145, 2542, 2745, 3318

Capece, Isabella 2581, 2582

Capece, Marcoantonio 3658

Capilla, Andrès 1991, 2491, 2583, 2584, 2613, 2614, 2672, 2794, 2795, 2859, 2860, 2909, 3128, 3843

Capillutti, Federico 3100

Caputo, Filocalo 3615, 3737, 3921

Caraccioli, Giovanni Battista 3822, 3922, 3939

Caracciolo, Ippolito 2696, 2746, 2861

Caracciolo, Roberto (vedi in *Indice dei titoli*)

Carafa, Tommaso 3909

Caraffa, Antonio 3357, 3457

Caravaggio, Pietro Paolo 4072

Cardoso, Lorenzo 3659

Carneto, Pietro 3319

Carrata, Giacomo 3159

Carusio, Giacomo 3320

Caruso, Francesco 1768

Casanova, Niccolò 3022

Casio De' Medici, Girolamo, 740

Cassinotto, Agostino 1483, 1508

Castaldo, Giulio Cesare 3199
Castellani, Castellano 466, 506, 516, 542, 572, 594, 595,
659, 692, 741, 769, 827, 1098, 1233, 1258, 1373, 1680,
2057, 2403 (vedi anche in *Indice dei titoli*)
Castellani, Giacomo 2948, 2949
Castiglione, Angelo 2022, 2058, 2059, 2096
Castro, Melchor de 3061
Castrucci, Paolo 2117, 2376
Castrucci, Raffaello 1484, 1673, 1674
Catena, Niccolò 3159
Cattaneo, Cornelio 1537
Cattani da Diacceto, Francesco 1340, 1421, 1490, 1491,
1538, 1570, 1603, 1845, 1846, 2024, 2060, 2211-2213,
3024
Caussin, Nicolas 4005, 4026, 4050
Cavoti, Giovanni Battista 2629, 2655, 2679
Cazzuli, Giovanni Antonio 1423
Cebà, Ansaldo 3258, 3287, 3405
Cecchi, Giovan Maria 2301
Celauri, Giuseppe 3932
Celestino, Angelo 3102, 3359-3362, 3421, 3422, 3458, 3575
Centino, Maurizio 3697
Cerasoli, Serafino 3677
Cerri, Giuseppe 1543
Cerrone, Pietro 3309, 3391
Cerruto, Ottavio 3243, 3304
Certani, Giacomo 3714, 3738, 3739, 3752, 3905
Cesari, Agostino 2352
Cesari, Domenico 3982
Chaves, Pedro de 1374, 1394, 1395
Chiabrera, Gabriello 2673, 2826, 3025
Chiappe, Bartolomeo 3515, 3740
Chizzola, Ippolito 3259, 3321, 3516, 3641
Cialdini, Biagio 3725, 3747, 3758, 3780, 3781, 3983
Ciangolini, Carlo 4051
Ciati, Paolo 1919, 1993
Cibo Ghisi, Innocenzo 2986, 3062, 3103, 3104, 3233, 3322,
3363, 3422 bis
Ciccarelli (Cicarelli), Antonio 2112, 2181, 2472, 2556,
2767, 2782, 3003, 3046, 3506, 3931, 4091
Cicerchia, Niccolò (vedi in *Indice dei titoli*)
Cicognini, Iacopo 3554, 3555, 3587, 3698
Cieco d'Adria 3159
Cieco da Forlì: vedi Scanello, Cristoforo
Cigni, Silvestro 1682, 1770, 1920
Cinozzi, Simone 328, 329, 330, 342
Cinquanta, Benedetto 3288, 3459, 3616, 3617, 3699, 3715,
3716
Cinque, Lodovico 3460, 3490
Cioffi, Pietro 3129
Ciotti, Giovanni Battista 2977
Cisneros, Garcia de 2586

Clemente da Napoli 3710
Clemente, Pietro 1771
Clementino, Camillo 1047
Coccioli, Giovanni Battista 4027
Cohen, Samuel 3844
Colapagano, Pietro 2581, 2582
Coli, Alessandro 3741, 3798
Collenuccio, Pandolfo 704, 705, 742, 1082, 1083, 1234,
1235, 1259, 1440
Colleoni, Valeriano 3063
Colombano <francescano> 1219
Colombini, Patrizio 3234
Colonna, Giorgio 1818
Colonna, Vittoria 1278, 1296, 1375, 1396, 1422
Coltellini, Agostino 3871
Comanini, Gregorio 2353, 2354, 2405
Comboni, Girolamo 3491
Comite, Orazio 3289
Compagnia del Santissimo Nome di Dio 2048
Compagnia di Gesù 4073
Composto, Giovan Battista 3201, 3202
Confraternita del SS. Rosario 1713
Confraternita del SS. Rosario <Ferrara> 2097
Confraternita del SS. Rosario <Napoli> 438, 615, 643,
841, 891, 1017, 1571
Confraternita di San Bernardino <Bologna> 2647
Confraternita di San Gherardo <Siena> 2676
Consul, Stephan 1445
Contarini, Antonio Maria 1175
Contarini, Francesco 677
Conti, Zaccaria 2367
Conticini, Giovanni 4073
Coppola, Giovanni Carlo 3742, 4052, 4074
Coquinato Fagagna, Carlo 3159
Corbelli, Niceforo 3711, 3736
Corbellini, Aurelio 2656, 3556
Coregli, Graziano 3678
Cornacchini, Domenico 2987
Cornazzano, Antonio (vedi in *Indice dei titoli*)
Cortese, Francesco 3026
Cortese, Giulio 2146
Coster, François 2302, 2407
Costo, Tommaso 2976
Coton, Pierre 3316
Cottone, Tancredi 3618
Crasso, Niccolò 4087
Cresci, Pietro 2250, 2492, 2697
Crescimbeni, Francesco 3159
Crispolti, Tullio 828, 829, 842, 922, 923, 980, 1110, 1335,
1539, 1604, 1772, 2147, 2203
Cristoforo da Verrucchio 2408, 2443, 2444, 2543, 2587,
2615, 2641, 2642, 2750, 2751, 2796, 2827, 2881, 2950,

INDICE DEI NOMI RELATIVI ALLE RESPONSABILITÀ AUTORIALI

2951, 3130, 3131, 3260, 3261, 3323, 3461, 3517, 3588, 3823, 3845

Croce, Giulio Cesare 1773, 1774, 2674, 2862, 2952, 3171, 3423-3426, 3492, 3493, 3642

Croce, Serafino 3476, 3887

Crudeli, Arsenio 2863

Cucchi, Sisto 3619

Curione, Celio Secondo 981, 1111, 1140

D'Alessandro, Santi 2492, 2506

D'Angelo, Bartolomeo 1714, 1798, 1994, 2098

Dalla Bella, Bartolomeo 4046

Dalla Bella, Domenico 3696

Damiani, Petrus: vedi Petrus Damiani (santo)

Daniele da Perugia 2692

Dati, Giuliano 290, 483, 678 (vedi anche in *Indice dei titoli*)

Davila, Ferdinando 2355

Decio, Claudio 3364, 3660

Dedalo, Fortunato 1313

De Dominis, Marco Antonio 3324, 3449, 3953

Del Bene, Bernardo 2251

Del Bene, Giovanni 1018, 1113, 1176, 1397, 1398-1400, 1487, 1488, 1540, 1645, 1799, 1958, 2588

Del Bene, Nicolò 1958

Del Bene, Piero 2251

De Leone, Mauro Antonio 3687

Della Barba, Pompeo 1265

Della Lana, Iacopo 60

Della Porta, Carlo Francesco 3771

Della Porta, Cesare 1867, 2061, 2072, 2589

Della Salandra, Serafino 4006

Della Valle, Federigo 3589

Delle Colombe, Raffaello 3204, 3262, 3263, 3395, 3494, 3494 bis, 3590

Del Nente, Ignazio: vedi Nente, Ignazio del

Dempster, Thomas 3579

Denis le Chartreux 1423

De' Pasquali, Simone 155, 216

De Popoli, Vittor 1921

Deremita, Donato 3056

Dias, Felippe 2988, 3027, 3105

Di Balsamo, Giovanni 3799

Diego da Lequile 4075

Di Gregorio, Maurizio 3235

Diodati, Giovanni 2984, 3039, 3081, 3632, 3683, 2867, 3893

Dionigi, Bartolomeo 2128, 2205, 2206, 2252-2254, 2356, 2357, 2427, 2470, 2472, 2476, 2477, 2493, 2512, 2556, 2686, 2712, 2767, 3003, 3046, 3085, 3221, 3347, 3506, 3931, 4091

Dionigi, Francesco 2303

Di Ruggiero, Tommaso 3753

Dolce, Lodovico 1376, 1451, 1452, 1628, 1646, 1661, 1683

Dolciati, Antonio 599

Domenichi, Giovanni Battista 1238, 2445, 2494, 2544

Domenico da Rimini 1572

Donguidi, Ascanio 2699, 2700

Donesmondi, Ippolito 3365, 3366

Doni, Anton Francesco 1401

Donzellini, Cornelio 1177, 1260

Dovizi, Angelo 1459, 1841, 1882, 2021

Drago, Pietro 1205

Drexel, Jeremias 3940, 3964

Du Bartas, Guillaume (de Salluste) 2446, 2495, 2496, 2590, 2701, 2798, 3205

Durante, Bernardino 3264

Durante, Castore 1715

Durazzini, Michele 261

Enriquez, Francisco 3983

Enselmino da Montebelluna/da Treviso (vedi in *Indice dei titoli*)

Erasmus Roterodamus (Erasmo da Rotterdam) 696, 754, 802, 951, 994, 1237, 1280, 1315

Erri, Pellegrino degli 1716

Esch, Nicolaas van 1383, 1416, 1429, 1696, 2082, 2478

Este, Isaia d' 474

Estrada, Luis de 2102, 2257

Etienne, Robert 1264

Eusebius Caesariensis 1145

Eustachio, Giovanni Paolo 1885

Evangelista da Momigno 3984

Faggi, Giovanni Battista 2413

Faggiuolo, Girolamo 2567, 2568

Fajani, Curzio 2884

Falteri, Orazio 2800, 3067

Faraonio, Eusebio 2291, 2292

Fasano, Mattia 2988, 3027, 3105

Fasolio, Carlo 2697

Fassari, Vincenzo 3985

Fauno, Lucio 1428, 2472

Faustino, Pietro Saul 1865

Fazello, Girolamo 1776, 2258, 2447

Fedele, Benedetto 3700, 3743, 3754, 3772, 3872, 3873, 3986, 4029

Fedeli, Giuseppe (il Catonello) 788

Fedeli Piccolomini, Francesco 2308

Federico da Venezia 592, 613, 672

Fedini, Teofilo 1337, 1463, 1492, 1512, 1802

Felice da Maida 3291

Felipe de la Torre 1611

Ferdinandi, Marcello 2955, 3106, 3325, 3558

Ferentilli, Agostino 1609, 1622, 1628, 1661, 1686, 1691, 1717, 1723, 1738, 1777, 1820, 1847, 1857

Ferno, Vittore 2644

Ferrari, Cherubino 3107

Ferrari, Francesco 2103, 3777, 3800, 3972

Ferrari, Giovanni Pietro 1338, 1424

Ferrari, Gregorio 3688

Ferrus, Joannes: vedi Wild, Johann

Fiamma, Gabriele 1402, 1648-1650, 1739, 1803, 1886, 1922, 1962, 2025, 2026, 2065, 2066, 2148, 2360, 2361, 2414, 2801, 2830, 2831, 2956, 3025

Fiamma, Paolino 3159, 3941, 3942

Fidati, Simone 150, 314

Fidele, Paolo 1356, 1403

Figliucci, Felice 1439, 1485, 1509, 1510, 1536, 1569, 1643, 1644, 1711, 1712, 1734, 1735, 1769, 1797, 1883, 1918, 1992, 2585, 2910, 3358

Filauro, Giovanni Battista 1848, 1999

Filelfo, Francesco 266, 460

Filelfo, Giovanni Mario 172, 948

Filiarchi, Cosimo 2000, 2027

Filicaia, Lodovico 1099, 1114

Filippi, Marco, detto il Funesto 1404, 1605, 1718, 1849, 1923, 2067, 2104, 2149, 2259, 2448, 2645, 2646, 2865, 3462, 3621, 3906

Filippini, Tommaso 2739

Filone Alessandrino: vedi Philo Alexandrinus

Filoni, Girolamo 3017, 3018, 3196, 3351

Filucci, Aurelio 2150, 2151, 2214, 2309, 2498, 2832, 2957, 3207, 3559

Fiordani, Muzio 135

Flori, Benvenuto 3907

Flori, Lodovico 3940, 4034

Florimonte, Galeazzo 1532

Foglietta, Marco 1887

Folchi Cavaliere, Paolo 3159

Folengo, Teofilo 813, 1513, 1850

Fonseca, Cristobal de 2833, 2834, 2914, 3028, 3326, 3367, 3495

Fontana, Giovanni 3068

Fontana, Giovanni Battista 1543

Foresti, Giacomo Filippo 843, 844, 949, 950, 1221, 1238

Fortini, Antonio 3369, 3401, 3595, 3596

Forastieri, Natale 4054

Forzanini, Giovanni Paolo 1687

Foscarini, Pietro 3487, 3533, 3572, 3666, 3726, 3759, 3790

Fozi, Giuseppe 4064

Francesco d'Assisi (santo) 2866

Francesco da Civitella 3415

Francesco da Siena 1924

Francesco de Argenta 372

Franciotti, Cesare 2835, 2958, 2991, 2992, 3029, 3108, 3208, 3265, 3266, 3292, 3327-3329, 3368, 3369, 3398-3401, 3496-3498, 3499, 3520, 3534, 3535, 3577, 3593-3596, 3661, 3679, 4030, 4055

François de Sales (santo) 4076

François, Michel 485, 534

Francucci, Scipione 3267, 3293, 3500

Frassia, Girolamo 3987

Fregoso, Federico 1050

Fuscano, Giovanni Bernardino 798

Gabriele da Venezia 3173

Gabrieli, Angelo 3622

Gagliardi, Achille 2068, 2105, 2616

Galea, Agostino 3463, 3623

Galerio, Niccolò: vedi Galliero, Niccolò

Gallarati, Giovanni Antonio Azio 1695

Galletti, Enea 2617

Galletti, Tommaso 3216, 3339

Galliero, Niccolò 2449-2453, 3069

Gallo, Girolamo 3578, 3643, 3644, 3662, 3801

Gallo, Giulio Domenico 1173

Gamberini, Giovan Domenico 1963, 2362

Gardi, Iacopo 1651, 1652

Garibbi, Giacomo 2152, 2260

Garzadori Graziani, Francesco 1821, 1851, 2261

Garzoni, Tommaso 2153, 2262

Gatti, Alessandro 3159

Gatti, Bassiano 3579

Gelli, Giovanni Battista 1187

Geloso, Giuseppe 3943, 3945, 4056, 4077

Genovese, Marco Antonio 2959

Gentile, Francesco 3874

Gentile Riccio, Pietro Girolamo 3025

Geri, Vincenzo 2499, 2546

Gesualdo, Filippo 2028, 2310, 2500, 2647, 2676

G.F.L. 3724, 3726, 3759

Ghelfucci, Capoleone 2754, 2836, 2837, 2867, 2960, 2961, 3109, 3294, 3464, 3501

Gherardini, Alessandro 3427

Ghezzi, Mariano 3268

Ghirardengo, Ippolito 3717

Giaccari, Vincenzo 1610

Giacomo da Belgioioso 3663

Giambelli, Cipriano 2501, 2648

Gianetti, Andrea 1721, 1743-1746, 1783, 1811, 1826, 1827, 1856, 2006, 2007, 2112, 2218, 2219, 2505, 2757, 2758

Giannotti, Francesco 3618

Giannotti, Girolamo 766, 931, 1029

Giliberti, Vincenzo 3030, 3070, 3071, 3110, 3134-3139, 3174, 3175, 3238, 3269, 3330-3332, 3428, 3465, 3466, 3744

Gillio, Pietro 3946

INDICE DEI NOMI RELATIVI ALLE RESPONSABILITÀ AUTORIALI

Gioachini, Carlo Antonio 3755
Giolito De Ferrari, Giovanni 2283
Giordano da Pisa 9
Giorgi, Sigismondo 3140, 3467
Giorgio Siculo 1146
Giovanni Battista da Pesaro 2415
Giovanni Battista di Lecce 3816
Giovanni Battista di San Marcello 3947
Giovanni da L'Aquila 1577, 1578
Giovanni da Salerno 150, 314
Giovanni da Tossignano 764, 768, 1194, 1309
Giovanni Gregorio di Gesù Maria 3966, 3988, 4057
Giovanni Fiorentino <francescano> 211, 304, 780
Giovannini, Angelo 2649
Giovannini, Girolamo 2917
Girelli, Giulio 3326, 3367, 3495
Girolamo da Siena 799
Giuliano, Giovanni Battista 3924-3926, 4078
Giulio da Milano 1115
Giuseppe Flavio: vedi Iosephus Flavius
Giussano, Giovanni Pietro 2802
Giustiniani, Girolamo 2029, 3141
Giustiniani, Giulio 3468
Giustiniani, Leonardo 486
Glielmo, Antonio 3718, 3825-3827, 3923, 3989, 4008, 4079
Gnocchi, Giovanni Battista 3402
Gonzaga, Bonaventura 1493, 1514, 1544, 1555, 1586, 1697
Gori, Domenico 3403
Gottardi, Egidio 3087, 3088, 3249, 3349
Gozze, Nicolò Vito di 2311
Graciàn, Jeronimo 3209
Grandi, Ascanio 3846
Grandi, Giulio Cesare 3846
Grati, Girolamo 3146
Grazi, Grazio Maria 2672, 2876, 2895, 2896, 2909, 3012, 3055, 3281, 3532, 3843
Grazi, Salustio 3089
Graziano, Giulio Cornelio 1084
Gregorius I (papa) 75, 461, 487, 647, 990
Gregorius Nyssenus 1785
Grilli, Girolamo 3159
Grillo, Angelo 2232, 2288, 2363, 2502, 2503, 2547, 2993, 3031, 3111, 3159, 3210, 3211, 3387
Grillo, Giulio Cesare 2263
Grimaldi Robbio, Pelegro 991, 992
Gromo, Gioan Antonio 3159
Grossi, Angelo 3370
Grosso, Valerio 3847
Groto, Luigi 2154, 2915, 2916, 2962, 2977, 3159
Guadagni, Carlo 4080
Guadagno, Giovanni Lorenzo 3142, 3176, 3239, 3270, 3271, 3333, 3371-3374, 3429-3432, 3469, 3536-3538, 3624-3627
Guarguanti (Guarguante), Orazio 2324, 2475, 2600, 2719, 2933, 3157, 3226, 3387
Guasco, Annibale 2704, 2755
Guevara, Antonio de 1279, 1297-1299, 1405, 1406, 1425, 1443, 1545, 1611, 1612, 1778, 2917
Guisone, Ferrante 2446, 2495, 2496, 2590, 2701, 2798, 3205

Honorius Augustodunensis (vedi in *Indice dei titoli*)
Hutter, Elias 2694, 2708, 2720, 2773

Ilarione da Genova 2416
Inchino, Gabriele 2504, 2618, 2793, 3021
Incerto Bolognese 3159
Incerto di Udine 3159
Indarini, Giovanni Paolo 3032
Ingegneri, Angelo 3010, 3051, 3052
Ioannes Chrysostomus 981
Iosephus, Flavius 1023, 1024, 1117, 1357, 1444, 1464, 1740, 1925, 1964, 1965, 2001, 2030, 2106, 2885, 3033, 3143, 3177, 3240, 3295, 3404, 3433, 3470, 3802
Isidorus Hispalensis, 58, 86, 723

Jacobus de Voragine (vedi in *Indice dei titoli*)
Jacopo da Bagno 112
Jepes, Rodrigo 2417
Juan de Avila: vedi Avila Juan de

Lafarina, Martino 3708, 3835, 3954
Lami, Alessandro 1730
Lampugnani, Giovanni Ambrogio 1065
Lancetta, Troilo 3948
Lanci, Cornelio 2266
Lancisi, Benedetto da Borgo San Sepolcro 2838
Landino, Cristoforo 212, 239, 323, 770, 864
Lando, Biagio Lauro 2365, 3773
Lando, Ortensio 1198
Landsberg, Johann 1804
Lantana, Bartolomeo 1741, 1888, 2110, 2455, 3035
Laparelli, Marcantonio 2215
Lapini, Bernardino 3745
Lapini, Eufrosino 1237, 1408, 1579
Laurenti, Sigismondo 3875, 3876
Lauro, Giacomo 2677
Lauro, Giuseppe 3967
Lauro, Pietro 1005, 1023, 1024, 1117, 1279, 1297-1299, 1357, 1406, 1444, 1464, 1545, 1549, 1550, 1580, 1581, 1611, 1612, 1616, 1689, 1690, 1740, 1778, 1809, 1823, 1853, 1889, 2004, 2917, 3240, 3295, 3404, 3470, 3802, 4091
Ledesma, Diego di 2231

Lega, Domenico 1118

Leggi, Serafino 3848, 3877, 3927, 3968

Leone da Modena 3405

Leoni, Giovanni Battista 2650

Leporeo, Lodovico 4081-4086

Lesuarte Rosini, Celso: vedi Rosini, Celso

Lioni, Crisostomo 1607

Lippomano, Luigi 964, 965, 1049, 1199, 1240, 1261, 1547, 1548, 1785

Lira, Reginaldo 3990

Loarte, Gaspar de 1377, 1614, 1655, 1719, 1742, 1779, 1805-1807, 2033-2035, 2216, 2267, 2312, 2366, 2318, 2418, 2918

Lolmo, Ercole 3338, 3435, 3564, 3646, 3831

Lombardelli, Orazio 1822

Longo, Francesco 3471, 3560

Longo, Giovanni 3272

Lopez de Andrade, Diego 3969-3971

Loredano (Loredan), Giovan Francesco 3710, 3735, 3828, 3849-3851, 3908, 3928, 4058, 4059, 4087

Lorenzo da Foiano 1449

Lorini Del Monte, Niccolò 3273

Lottini, Giovanni Angelo 2839, 2919, 2920, 2977, 3072, 3213

Louis de Blois 3036

Luca da Roma 3878

Ludolph von Sachsen 1607, 1615, 1720, 1781, 1782, 1808, 1969, 2003, 2111, 2128, 2157, 2313, 2921, 3434

Luigini, Marcantonio 1656

Luis de Granada 1549, 1550, 1580, 1581, 1616, 1617, 1688-1690, 1721, 1743-1746, 1783, 1809-1811, 1823-1827, 1853-1856, 1889, 1927-1930, 1967, 1968, 2004-2008, 2112, 2217-2220, 2268, 2314, 2315, 2358, 2413, 2505, 2643, 2703, 2752, 2757, 2758, 2781, 2922, 2989, 2995, 3112, 3172, 3237, 3290, 3396, 3397, 3519, 3591, 3803, 3808, 3829

Lummene de Marcke, Jacques Corneille de 3539

Luther, Martin 746, 747, 754, 802, 951, 994, 1050, 1280, 1409, 1445, 2113, 2269

Maccanti, Orazio 3334

Mageni, Giovanni Battista 2276

Maggioli, Francesco 3407

Magnavino, Lelio 3540

Magnani, Gian Francesco 4031

Magnani, Giovanni Antonio 2158

Magnavacca, Giovanni Battista 3406

Magnoni, Francesco 3376

Magri, Domenico 3964

Maidalchini, Francesco 3852, 3909

Malerbi, Nicolò 3, 6, 39, 46, 56, 59, 64, 95, 102, 129, 130, 131, 132, 161, 194, 206, 229, 235, 236, 246, 263, 269, 346, 457, 471, 475, 489, 500, 502, 517, 546, 574, 616, 626, 627, 649, 662, 725, 739, 745, 795, 814, 838, 839, 865, 962, 982, 1060, 1101, 1179, 1217, 1239, 1310, 1407, 1426, 1465, 1480, 1481, 1494, 1505, 1506, 1515, 1546, 1613, 1653, 1654, 1780, 1852, 1926, 1966, 2002, 2031, 2032, 2069, 2107-2109, 2155, 2156, 2264, 2265, 2364, 2454, 2548, 2619, 2756, 2803, 2994, 3034, 3144, 3212, 3241, 3375, 3521, 3664

Malfitani, Lodovico 2508

Malipiero, Federico 3830, 3853-3855

Malombra, Bartolomeo 1747, 2009

Malvezzi, Virginio 3719-3721, 3746, 3756, 3757

Mancini, Sulpicio 3209

Mandina, Benedetto 3804

Mangiavini, Lelio 2804, 2868

Mannarino, Cataldo Antonio 3113

Manno, Agostino 3407

Manolesso, Emilio Maria 2070

Mansueti, Teseo 2886

Manzano, Scipione 2456, 2506

Manzini, Luigi 3689, 3701, 3722, 3723, 3774, 4060

Maraffi, Damiano 1241, 1242, 1243, 1339, 1828

Marcellino, Evangelista 1890-1892, 1970, 2036, 2071, 2159, 2221, 2222, 2270, 2316, 2367, 2705, 3472, 3502

Marco del Monte Santa Maria (Marco da Montegallo) 151, 270, 271

Marco, Emilio 1365

Mareotti, Trebazio 2368, 3335

Marescotti, Bartolomeo 1722

Mariani, Lorenzo 3775

Marinelli, Lucrezia 2840, 2976, 3114, 3336

Marino, Giovanni Battista 3690, 3702-3704, 3776, 3777, 3879, 3972

Marinozzi, Francesco 3856

Maritato, Giovanni Donato 3991

Marmochino, Santi 888, 1045, 1059

Marochitanus, Samuel: vedi Samuel Marochitanus

Marquez, Juan 3992

Martinelli, Giovanni 3225

Martinelli, Paolo 3597

Martinelli, Simone 3488, 3493, 3732, 3792

Martinengo, Lucilio 2591

Martini, Giovanni Simone 2592, 3377

Martino da San Bernardo 3992

Marulic, Marko 2593, 2620

Marzi, Giovanni Battista 2549

Mascardi, Niccolò 2317

Maselli, Lorenzo 2963, 3115

Massonio, Salvatore 1980, 1999, 2010

Mastrilli, Gregorio 2996, 3116, 3274, 3296, 3337, 3408, 3561, 3562, 3628-3631, 3665

Mata, Juan de 3778, 3805

INDICE DEI NOMI RELATIVI ALLE RESPONSABILITÀ AUTORIALI

Matraini, Chiara 2160, 2369, 3973

Maurizzi, Giovanni Battista 2887, 3037, 3645, 3806

Mauro, Iacopo (Giacomo) 2461, 3217

Mauro, Lucio 1425

Mazzarino, Giulio 2759, 2805, 2806, 2841, 2997, 3073, 3074, 3144, 3145, 3275

Mazzolini, Silvestro 373, 454-456, 663, 2457

Meduna, Bartolomeo 1748, 1931, 1971

Megali, Marcello 3563

Melchiori, Francesco 2037

Meleto, Francesco 441

Meli, Antonio 760, 3146

Meloro, Giacomo 2621, 2651

Mendoza, Francisco de 3779

Mengarelli, Filippo 3476, 3887

Menochio, Giovanni Stefano 4032, 4088

Messio, Girolamo 1200

Michelangelo da Venezia 3147, 3214

Mico, Francesco 3075

Micòn, Johannes 2370

Miliani, Crisostomo 2371, 2507

Minerva, Paolo 3053

Minicucci, Angelo 2740

Minturno, Antonio Sebastiano 1378, 1555, 1586, 1697

Misuracchi, Giulio Cesare 3541, 3580, 3598, 3910

Moderata Fonte (Dal Pozzo Zorzi, Modesta) 2011, 2458

Mombrizio, Bonino 66, 123, 289

Momigno, Evangelista 4033

Moncelli, Girolamo 2452

Moneta, Francesco 2039

Monosini, Francesco 1204

Montefuscoli, Giovan Domenico 2508

Morato, Fulvio Pellegrino 755, 951

Morelli, Pietro Martire 1427

Morigia, Paolo 2363, 2459, 2509, 2706, 2760, 3522

Moro, Maurizio 2114, 2318, 2923, 2977, 3178, 3523, 3581

Morone, Bonaventura 2761, 3148, 3149, 3179, 3180-3182, 3215, 3276-3278, 3297, 3298, 3338, 3378, 3435, 3503, 3564, 3646, 3831

Mozzagrugno, Giuseppe 2369, 3379, 3409, 3436-3438

Murillo, Diego 3216, 3339

Murtola, Gasparo 3038, 3380

Musso, Cornelio 1180, 1201, 1222, 1262, 1893-1895, 1932, 1933, 2161, 2223, 2271-2274, 2372, 2460, 2461, 2622, 2707, 2807, 2869, 3117, 3217

Musso, Giuseppe 2161, 2223

Muzio, Girolamo 1516, 2115

Nacchiante, Giacomo 1379

Nannini, Remigio 1279, 1511, 1576, 1608, 1775, 1801, 1997, 1998, 2023, 2063, 2208, 2256, 2306, 2358, 2359, 2409-2412, 2497, 2545, 2643, 2675, 2702, 2703, 2752, 2753, 2781, 2799, 2828, 2829, 2864, 2883, 2912, 2913, 2954, 2989, 2990, 3065, 3066, 3132, 3133, 3172, 3206, 3236, 3237, 3290, 3396, 3397, 3557, 3576, 3591, 3592, 3620, 3824, 3965, 4007, 4028

Nardino, Orazio 3299

Nazari, Giovanni Battista 1618, 1619

Nazari, Giovanni Pietro 1450

Negri, Nicolò 3025

Nente, Ignazio del 3929, 3974

Nibia, Martino 60

Nicola, Felice 3857

Nicoletti, Filippo 2510, 2594, 3565

Nieremberg, Juan Eusebio 4034

Nieto, Tomàs 634

Niseno, Diego 3666, 3705, 3724-3726, 3747, 3758, 3759, 3780, 3781

Nobili, Flaminio 2038, 2373, 2374, 2419, 2462

Notari, Costantino 3504

Notturno Napoletano 650

Novarini, Luigi 3949

Novelli, Baldo 3599, 3706

Nozzolini, Tolomeo 3748

Nuti, Giulio 3300

Obicino, Bernardino 2924, 2964, 3118, 3183-3185, 3218, 3301, 3439-3441, 3473, 3474

Ochino, Bernardino 967, 969, 995-998, 1052, 1053, 1067, 1380, 2964

Offredo, Marco 3219

Onofri, Fedele 3911

Onorati, Marsilio 3880, 3912, 3949 bis, 3992 bis, 4009, 4034 bis, 4060 bis, 4088 bis

Orafi, Giovanni 2463

Orazio (non meglio identificato) 2983

Orchi, Emanuele 4089

Orosius, Paulus 58, 86, 723

Orozco, Alonso de 2162

Orsilago, Pietro 1555, 1586, 1697, 2595

Orsino, Cesare 3159

Osorio, Augustin 3930

Osuna, Francesco 2039

Pacino da Pistoia 300

Paciuchelli, Angelo 3993, 4035

Padiglia, Placido 3119, 3280, 3542, 3543

Padovani, Giovanni 2375

Pagani, Antonio 1620

Paganino, Gaudenzio 4010

Paini, Apollonio 2808

Pallantieri, Girolamo 1316, 1715

Pallavicino, Ferrante 3760, 3782, 3807, 3832, 3858, 4011, 4036, 4037

Palontrotti, Melchiorre 3859, 3881-3883, 3913

Palumbo, Lelio: vedi Belli, Paolo

Pancotto, Giacomo 999, 1104, 1282, 1410, 1411, 1621, 1784

Panfilo, Ganimede 1000, 1001

Panigarola, Francesco 2116-2119, 2163-2166, 2167, 2178, 2224-2226, 2275-2278, 2376-2378, 2420, 2421, 2464-2467, 2511, 2567, 2568, 2596, 2597, 2625-2629, 2652-2655, 2678, 2679, 2709-2711, 2762, 2809, 2810, 2842, 2843, 2888, 2925, 2926, 2965, 3040, 3041, 3220, 3302, 3340, 3341, 3475, 3505, 3566, 3582, 3600, 3860

Pansa, Muzio 3884

Panvinio, Onofrio 1428, 2381, 2472, 2556, 2767, 2782, 3002, 3003, 3045, 3046, 3153, 3188, 3221, 3506, 3931, 4091

Paolacci, Domenico 3861, 3885, 3950, 3994, 3995

Paoletti, Agostino 3914, 3975, 3996, 4012, 4013, 4090

Paoli, Antonio 3601

Paoli, Giovanni Vincenzio 3601

Paolo da Napoli 550

Paroli, Giovanni Maria 2072

Parlasca, Simone 3056

Partenio, Etiro: vedi Aretino, Pietro

Particappa, Mariano (vedi in *Indice dei titoli*)

Pascali, Giulio Cesare 2468

Pascoli, Gabriele 2469

Passero, Felice 2656, 3042, 3043, 3076, 3077

Pasta, Giovanni 3886

Pastrovicchi, Luca 3159

Patto, Angelico 3211

Paulo Fiorentino 756

Pavone, Francesco 3727

Pellegrini, Federico 1896, 2120, 2227, 2422, 2550

Peretti, Felice (Sisto V, papa) 1244

Pérez, Antonio 3476, 3887

Peri, Jacopo 3502

Perillo, Marco Antonio 3544, 3647

Périon, Joachim 2470, 2512, 2712

Peroni, Mariano 2379

Perrot, François 1813, 1974, 2872, 2873

Persico, Antonio 3916, 4097

Persio, Orazio 3186

Petracci, Pietro 2891, 2956, 3159

Petrarca, Francesco 442, 443, 1026

Petrei, Francesco 3951

Petrelli, Eugenio 3303

Petrobelli, Orazio 4038

Petrucci, Carlo 3381

Petrus Damiani 249

Phileto, Silvio 725

Philo Alexandrinus 1359, 1609, 1622, 1686, 1691, 1717, 1723, 1738, 1749, 1777, 1785, 1820, 1847, 1857

Piaci, Felice 1786, 1858, 2073

Piatti, Domizio 2998, 3342

Picca, Gregorio 2279

Piccini, Giovanni Vincenzo 3545, 3546

Piccino, Giovanni Francesco 3078

Pichi, Pietro 3382

Pico, Ranuccio 3680

Pico della Mirandola, Giovanni 707, 929, 981, 1002, 1237, 1265

Pietra, Lelio 3579

Pietro da Lucca 708, 748, 761, 803, 815, 845, 970, 1003, 2471

Pilli, Niccolò 1219

Pinelli, Giovanni Battista 2945

Pinelli, Luca 2513, 2551-2555, 2713, 2763-2766, 2811, 2812-2815, 2844, 2870, 2889, 2966-2970, 3044, 3150-3152, 3187, 3343

Pinocci, Giovanni Battista 3862, 4039

Pinto, Carlo 2845

Pittorio, Lodovico 338, 496, 558, 651, 679, 709, 724, 757, 783, 804-807, 816, 876, 877, 971-973, 1068, 1089, 1105, 1106, 1147, 1148, 1203, 1224, 1283, 1317-1319, 1381, 1467, 1496, 1517, 1551, 1552, 1582, 1623, 1624, 1657, 1724, 1750, 1859, 1860, 1861, 1897, 2012, 2040, 2179, 2380, 2714, 2715, 2999, 3001

Pizza, Vito 2319, 2657

Platina (il) (Sacchi, Bartolomeo) 1004, 1360, 1428, 1692, 1862, 2041, 2381, 2472, 2556, 2767, 2782, 3002, 3003, 3045, 3046, 3153, 3188, 3221, 3506, 3931, 4091

Ploti, Giovan Andrea 2320

Poggio, Benedetto 3242

Poli, Paolo 3477

Policreti, Giuseppe 2382, 3507

Polidoro, Virgilio 1005, 1186

Polo, Gasparo 3004

Pomi, David 1647

Pona, Francesco 3648

Ponce de Leon, Basilio 3243, 3304

Poncelli, Sisto 1497, 1553

Ponzalli, Giovanni 2514

Pomi, David de' 3647

Porta, Malatesta 2927, 2977

Porcacchi, Giovanni Battista 2005, 2314, 3112, 3153, 3188, 3803

Porres, Francisco Ignacio 3834, 3932

Porro, Alessio 2598

Porta, Malatesta 2890

Portes, Filippo 2879

Porzio, Simone 1187

Pozzo, Giovanni Francesco da 880, 1107

Preconio, Ottaviano 1518

Preti, Girolamo 3356

Promontorio, Nicolò 3997

INDICE DEI NOMI RELATIVI ALLE RESPONSABILITÀ AUTORIALI

Pseudo-Agostino 284

Pseudo-Antonino 422

Pseudo-Bernardo 358, 413, 670, 778, 1056, 1167, 1836, 2737, 3731

Pseudo-Bonaventura (vedi in *Indice dei titoli*)

Pseudo-Dante (vedi in *Indice dei titoli*)

Puccinelli, Giovanni Alfonso 3952

Puente, Luis de la 3222, 3410, 3442-3444, 3478-3480, 3524, 3567, 3602, 3603, 3668, 3761-3764, 3888-3890, 4014, 4040, 4041, 4061

Puglisi, Girolamo 1787, 2680

Pulci, Antonia 134, 135, 176 (vedi anche in *Indice dei titoli*)

Pulci, Bernardo 134, 135, 179, 210, 377, 535, 596, 681, 139, 1164, 1174, 1276, 1277, 1936, 2749, 2768, (vedi anche in *Indice dei titoli*)

Putignano, Tiberio 3222, 3442, 3480, 3524, 3668, 4040

Quaranta, Andrea 3669

Querini, Giovanbattista 3707

Radulphus, Ardens 1888, 2110, 2122, 2455, 2474, 3035

Raggi, Ferdinando 4016

Rainaldi, Francesco 3808

Ralli, Giovanni 2891, 3025

Ramelli, Giovanni 3005

Rangone, Ercole 1361

Rosello, Lucio Paolo 1189

Rasiglia, Marco: vedi Rosiglia, Marco

Razzi, Silvano 1731, 1829, 2043, 2230, 2231, 2280, 2385, 2423, 2515, 2557, 2658, 2681, 3006, 3223, 3224, 3246, 3568

Regio, Paolo 2845

Regnard, Valérien 3547

Reina, Tommaso 4062, 4092, 4093

Resighino, Giuseppe 3383, 3525

Riboti, Filippo 3247

Riccardi, Riccardo 3080

Riccetelli, Sante 3225

Ricci, Bartolomeo 3007, 3122

Richerio, Michele 4094

Ridolfi, Pietro 2076

Rinaldi, Albrighetto 2716

Rinaldi, Guglielmo 1646, 1683

Rincon, Francisco 3998

Ringhieri, Innocenzo 1266

Rocca, Angelo 2558, 2559

Rocca, Girolamo 2659

Riccetelli, Sante 2871

Ricci, Raffaello 3154

Roccio, Nicolò 2424

Rodiani, Riccardo 3189

Romano da Bagnorea 3681

Romano, Giovanni Felice 3381

Rosaccio, Giuseppe 2516, 2517, 2560-2562, 2599, 2632, 2633, 2660, 2682, 2683, 2717, 2718, 2769, 2816, 2972, 3248, 3384, 3446, 3891

Rosano, Genesio 2123, 2180

Rosco, Girolamo 2661

Roselli, Alessandro (vedi in *Indice dei titoli*)

Rosello, Lucio Paolo 1189

Roseo, Mambrino 2128, 2427, 2476-2477, 2686

Rosiglia, Marco 446, 447, 560, 561, 575, 601, 619, 638, 639, 652, 653, 847, 1027, 1070, 1135, 1163 (testo abbreviato), 1596 (abbreviato), 1830, 1864, 1865, 3197 (abbreviato), 3284 (abbreviato), 3306, 3481, 3682

Rosini, Celso 3482, 3483

Rosini, Pietro Antonio 2387

Rossetti, Prospero 2388

Rossi, Giovanni Battista 3385, 3484

Rossi, Leone 3386

Rossi, Pomilio 2508

Rossi, Stefano 3863

Rossi, Vittorio de' 3649

Rosso, Bartolomeo 3448

Rossotto (Rossotti), Andrea 3999, 4063

Rota, Isidoro 2273, 2466, 2467, 2627, 2628, 2711, 3526

Rota, Scipione 2930, 3508

Ruoti, Maria Clemente 3783

Ruspaggiari, Domenico 1554

Rustici, Filippo 1392, 1393, 1812

Sacchetti, Cesare 1446

Sacchi, Bartolomeo: vedi Platina (il)

Salinero, Ambrosio 2817

Salvadori, Andrea 3527

Salvatorino, Giovanni Giacomo 930

Salvetti Acciaiuoli, Maddalena 3155

Salvini, Sebastiano 76

Samuel Marochitanus 76

Samuele da Cassine 230, 231, 264, 628

Samuelli, Francesco 3494, 3494 bis

Sannazaro, Iacopo 1204, 1695, 1788, 1867, 2283, 2649, 2892

Sanpedro, Jeronimo de 1284, 2077

Sansovino, Francesco 1615, 1720, 1782, 1808, 1901, 1937, 1969, 2003, 2013, 2157, 2111, 2313, 2434, 2921

Santarelli, Antonio 3569

Santarello, Evangelista 3705

Santi, Leone 3691, 3784, 3785, 3809, 4000, 4015, 4016

Saraceno, Francesco Bernardino 2931

Sardo, Ottaviano 1975

Sasso, Ambrogio 3570, 3583

Sauli, Alessandro 1976, 1977

Savonarola, Girolamo 328-330, 382-384, 492-494, 495, 511, 562-564, 576, 602-608, 620, 640, 641, 654, 664, 682-685, 765, 766, 896, 897, 931-934, 954, 955, 974, 1006-1008, 1028-1031, 1055, 1071, 1091, 1108, 1285, 1286, 1287
Scacchi, Fortunato 3765
Scacciotti, Ruffino 2321, 2389
Scalaboni, Lorenzo 3894
Scalvo, Bartolomeo 1584, 1868, 2045
Scammacca, Ortensio 3708, 3835, 3954
Scanello, Cristoforo 1902, 1938
Scardeone, Bernardino 1190
Schiattosi, Antonio 41
Schoter, Michael 1499
Schweigger, Salomon 2113
Scipione di Manzano: vedi Manzano, Scipione di
Scotti, Gaspare 1729, 1752
Sebastiano da Fabriano 2078
Segala, Alessio 3190, 3345, 3346, 3509, 3528, 3571, 3786, 3934
Semino, Gironimo 3191
Serbelloni, Cherubino 4042
Serdini da Siena, detto il Saviozzo (vedi in *Indice dei titoli*)
Seripando, Girolamo 2181
Seripando, Marcello 2181
Sernigi, Raffaella de' 1363, 1869
Sghemma, Gaspare 3633, 3634, 3671
Sica, Girolamo 4096
Sillingardi, Gasparo 2973
Silvestrani Brenzone, Cristoforo 2284, 2322, 2390, 2425, 2426, 2518, 2634, 2974, 3009
Silvestro da Poppi 3054
Silvio, Paolo 2846, 2932, 3082
Simeoni, Gabriele 1448, 1468, 1626, 1751, 1831, 2285
Simone da Lesina 125
Socci, Perretano 2046
Solero, Pietro 1585
Solinori, Santi 2125
Soranzo, Giovanni 2893, 2975, 3083
Sorboli, Girolamo 3159
Soto, Andres de 3156
Sovaro, Francesco 935
Spadoni, Reginaldo 2079, 2080, 2286
Spatari, Pellegrino 1267
Sperandio, Deodato 3864
Speroni, Sperone 2894
Stabili, Antonio 1978, 2047
Stancaro, Francesco 1092
Stassani, Giacomo Maria 2519, 2662, 2684, 3084
Stecchi, Giuseppe 3635
Stefano da Capodimonte 1028

Stratta, Niccolò 1469, 2287
Stringa, Giovanni 3046, 3221, 3506, 3931, 4091
Strozzi, Alessandro 1383, 1416, 1429, 1696, 2082, 2478
Strozzi, Giulio 3584
Strozzi, Niccolò 3749
Superbi, Agostino 3450
Suso, Heinrich 547

Tabò, Antonio 1205
Tagliapietra, Ippolito Maria 3558
Talenti, Crisostomo 3159
Talon, Nicolas 4064
Tantardini, Innocenzo 3411
Tansillo, Luigi 1364, 2081, 2126, 2127, 2182, 2232, 2288, 2323, 2324, 2475, 2600, 2663, 2685, 2719, 2771, 2874, 2933, 2976, 3157, 3226, 3387
Tarcagnota, Giovanni 1415, 1728, 1939, 2128, 2427, 2476, 2577, 2686, 3085, 3347
Tarsia, Giovanni Maria 1929, 1930, 1967, 2014
Tartaglia, Ortensio 2687
Tasso, Ercole 1870
Tasso, Faustino 2129, 2130, 2233, 2325, 2391, 2428, 2934
Tasso, Torquato 2503, 2520-2525, 2563, 2664, 2635, 2664, 2665, 2772, 2784, 3010, 3049-3052, 3086, 3308, 3388, 3787
Tauler, Johannes 1383, 1416, 1429, 1696, 1729, 1752, 2082, 2478
Tedeschi, Paolo 3779
Tedeschi, Pietro Vincenzo 2565
Tensini, Emilio 3726
Teofilo, Massimo 1182, 1191, 1281, 1466
Testa, Lauro 3221, 3506, 3931, 4091
Tiepolo, Giovanni 3389
Tignosi, Angelo Francesco 2688
Timoteo da Bagno 1940-1942, 2326, 2482, 2602-2605, 2775, 2849, 2850, 2901, 3013, 3650, 3672, 3730, 3789, 4018
Tiraboschi, Cornelio 2875, 2935, 3053
Toccolo, Pier Francesco 2327
Tolomei, Cherubino 898
Tomasi, Francesco Antonio 3510
Tomasucci (Tomasuccio), Francesco 3931, 4091
Tomitano, Bernardino 1093
Tommaso d'Aquino (santo) 11-13, 31-34, 53, 54, 63, 190
Tommaso di San Giovanni Paolo 1781
Tommasuccio da Foligno 261
Torres, Giovanni Girolamo 1374, 1394, 1395
Torsellini, Orazio 3529, 3728, 3729, 3788, 3916, 4097
Tortoletti, Bartolomeo 2479, 3192, 3548, 3976, 4043
Tosi, Paolo 3834
Tranquillo, Giovanni Francesco 1861, 3674
Tranquillo, Paolo 1861

INDICE DEI NOMI RELATIVI ALLE RESPONSABILITÀ AUTORIALI

Treccio, Domenico 3158

Tregiani, Domenico (vedi in *Indice dei titoli*)

Tribesco, Giacomo 1903, 2131

Troiano, Girolamo 1753

Tronsarelli, Ottavio 3684

Turamini, Bernardino 3348

Turchi, Francesco 1555, 1586, 1627, 1697, 1706, 1750, 1761, 1859, 1876, 1888, 1897, 1986, 2012, 2110, 2122, 2137, 2195, 2196, 2437, 2438, 2455, 2474, 2487, 2857, 3035

Turini Bufalini, Francesca 2601

Turrettini, Bénédict 3530, 3531

Tutorio, Giovanni Battista 4017

Ubertino da Casale 1449

Ulloa, Alfonso de 1279, 1284, 1297, 1298, 1405, 1443, 1611, 1612, 1778, 2077, 2917

Ursinus, Zacharias 1430

Vaffi, Domenico 3011, 3123

Valderrama, Pedro de 3087, 3088, 3249, 3349

Valentino, Giulio Cesare 2721, 2774, 2818, 2819, 2848, 2851, 2897-2899, 2900, 2978, 2979, 3160, 3673, 3978

Valerio da Bologna 1417

Valerio da Venezia 3124

Valmarana, Luigi 2931

Valvason, Erasmo da 2183, 2184, 2232, 2288, 2324, 2392, 2393, 2475, 2503, 2600, 2719, 2933, 3157, 3226, 3387

Vandini, Tommaso 3486

Varchi, Benedetto 1296

Vecchi, Domenico 2847

Vecchi, Germano 1754

Velo, Giovanni Battista di 2185

Venezia, Orazio 2048

Venturelli, Prospero 3451, 3977

Venturi, Ventura 3390, 3412, 3452

Verallo, Curzio 3350

Verdizzotti, Giovanni, 2081

Vergerio, Pietro Paolo (il Giovane) 1120, 1151-1153, 1206

Vergilio di Castel Franco 1587

Verovio, Simone 2480

Verrari, Giovanni 2481

Vicomano, Jacopo da Camerino 1207

Vida, Girolamo, 1730

Villagut, Alfonso 2234

Villegas Selvago, Alonso de 2326, 2482, 2526, 2527, 2602-2605, 2721, 2774, 2775, 2785, 2818, 2819, 2848-2851, 2876, 2895-2901, 2978, 2979, 3012, 3013, 3055, 3089, 3125, 3160-3161, 3281, 3309, 3391, 3532, 3650, 3672, 3673, 3789, 3978, 4018

Vincenti, Giacomo 3387

Violi, Lorenzo 330, 384, 511, 563, 576, 605-608, 620, 640, 641, 664, 682-685, 765, 932-934, 954, 955, 1007, 1008,

1030, 1031

Virga, Giacomo 2689

Visdomini, Eugenio 1788

Visdomini, Francesco 1300-1302, 1384, 1470, 1471, 1500, 2186

Vivaldi, Antonio 2722

Vives, Juan Luis 1450

Vitali, Vitale 1384

Vullietti, Carlo 2792

Wild, Johann (Ferrus, Joannes) 1731

Ximenez, Pietro 3761, 4040

Zaccaria da Firenze 866, 983

Zacconi, Lodovico 3193

Zamora, Lorenzo 3487, 3533, 3572, 3790

Zanardi, Michele 3250

Zancarol, Gioan Antonio 3159

Zanchi, Girolamo 1556

Zanchini, Giulio 2526, 2527, 2586

Zane, Andrea 3549, 3605, 3979

Zanetti, Bonifacio 2394

Zanardi, Michele 2852, 3227

Zanoni, Bernardino 3228

Zappi, Giovanni Battista 2132

Zappullo, Michele 2566

Zarrabini, Onofrio 1789, 2133, 2187, 2235, 2483, 2484, 2528

Zenero, Carlo 4065

Zini, Pietro Francesco 1749, 1785

Zoioso, Benedetto 1979

Zonaras, Iohannes 1365, 1451, 1452, 1628, 1661

Zoppino, Niccolò 694

Zoppio, Girolamo 1268, 2690

Zucchi, Bartolomeo 2786, 2853, 3550

Indice dei nomi relativi alle responsabilità editoriali[1]

Accademia degli Incogniti <Venezia> 3908, 3928

Accolti, Vincenzo 2216

Achates, Leonhard 93

Adam, Johannes e Luciferis, Nicolaus Jacobi 63

Adam von Ammergau (Adam de Ambergau) 5, 18

Adam von Rottweil 112

Alberti, Giovanni 2226, 2307, 3404

Alberti, Simone 3126

Albertino da Lessona (Albertinus Vercellensis) 374, 476, 490

Aliotti, Cherubino 216

Allario, Girolamo e Ferrero, Giuseppe 2810, 2843

Alopa, Lorenzo: vedi Tubini, Antonio

Alteri, Agostino 3677

Aluigi, Annibale: vedi Colombara, Andrea e Aluigi, Annibale

Alvise da Sale 20

Amadino, Riccardo 2595

Amsterdam, Martin van: vedi Besicken, Johann e Amsterdam, Martin van

Angelieri, Agostino 2910, 2922, 2957, 2995

Angelieri, Giorgio 1439, 1645, 1650, 1682, 1767, 1770, 1821, 1851, 1920, 1928, 1958, 1968, 1988, 2005, 2008, 2220, 2314, 2358, 2402, 2412, 2521, 2643, 2703, 2753, 2799, 2829, 2864, 2883

Angelieri, Giovanni 2594

Anichini, Bartolomeo 1524, 1535, 1566

Anima Mia: vedi Guglielmo da Trino

Ansovini, Agostino 3770

Antoni, Giovanni Antonio degli <2> 2166

Antonio e Rinaldo da Trino 241

Arcioni, Baldasar 3418

Arcivescovado <Firenze> (presso l'Arcivescovado) 1479, 1503

Arnazzini, Gregorio 3900

Arnesi, Lorenzo 1952, 2239, 2631, 3314

Arnoldo, Cristoforo 17, 21

Arnolfini, Paolino 2463

Arrivabene, Andrea 1007, 1050, 1107, 1198, 1201, 1222, 1300, 1301, 1457

Arrivabene, Cesare 647, 664, 682-685, 765

Aubert, Pierre (Pietro Aubert) 3039, 3530, 3683

Avanzi, Ludovico 1365, 1452

Azzoguidi, Baldassarre 9, 11, 12, 13, 27, 31

Baba, Andrea 3487, 3533, 3549, 3572, 3790

Baba, Francesco 3549, 3605, 3693, 3709, 3730, 3789, 3885, 3923, 4069, 4070, 4079, 4093; vedi anche Giunta, Tommaso <2> e Baba, Francesco; vedi anche Giunta, Tommaso <2>, eredi e Baba, Francesco

Bacciolini, Giuliano 2664

Badia, alle scalee di (alla Badia) 1128, 1131, 1160, 1161, 1164, 1256, 1349, 1372, 1373, 1522, 1560, 1589, 1593, 1594, 1601, 1625, 1773, 1774, 2727, 2728, 2733-2735, 2748, 2856, 2941, 3020, 3059, 3166, 3245, 3255, 3284, 3305, 3306, 3315, 3344, 3354

Baglioni, Paolo 4056

Baglioni, Tommaso 3078

Balaguer, Niccolò 151

Baldini, Vittorio 2097, 2182, 2183, 2510, 2561, 2835, 3068, 3069, 3300

Baleni, Giovanni 2046, 2051, 2057, 2075, 2086, 2088, 2090, 2091, 2093, 2121, 2192, 2193, 2204, 2229, 2238, 2281, 2289, 2290, 2294, 2295, 2334, 2335, 2398, 2403, 2404, 2435, 2436, 2533, 2572-2574, 2592, 2630, 2636, 2637, 2691, 2698

Ballarino, Tommaso 848

Barasconi, Antonello de' 141

Barbier, Guillaume <1> 4020

Barbieri, Domenico 3920, 4060

Barezzi (non meglio identificato) 3931, 3969-3971, 4028, 4030, 4055, 4091

Barezzi, Barezzo 2422, 2976, 3089, 3114, 3125, 3159, 3161,

---

[1] I nomi sono derivati dall'area Editore delle schede e dalle Voci di autorità dei siti *online* EDIT16, SBN e CERL Thesaurus (<https://data.cerl.org/thesaurus/>).

3216, 3318, 3336, 3339, 3406, 3931; vedi anche Basa, Bernardo e Barezzi, Barezzo; vedi anche Viotti, Anteo e Barezzi, Barezzo

Barezzi, Barezzo e compagni 2840

Barezzi, Barezzo e Pelusio, Giuseppe 2542

Barezzi, Francesco 3969-3971, 4028, 4030, 4055, 4091

Bariletti, Francesco 2560

Bartoli (non meglio identificato) 3866

Bartoli, Angelo 3856

Bartoli, Angelo, eredi e Lorenzi, Angelo 3936

Bartoli, Ercoliano 2544

Bartoli, Girolamo 1585, 1976, 2117, 2123, 2148, 2180, 2199, 2232, 2258, 2297, 2298, 2317, 2376, 2439

Bartoli, Girolamo, eredi 2439, 2465, 2469, 2519, 2602, 2609, 2612, 2755

Bartoli, Pietro 2880

Bartolomeo da Cremona e Bartolomeo de Carlo 26

Bartolomeo de Carlo: vedi Bartolomeo da Cremona e Bartolomeo de Carlo

Basa, Bernardo 2226, 2307, 2556, 2569

Basa, Bernardo e Barezzi, Barezzo 2472

Basa, Domenico 2112, 2181, 2257, 2395, 2617

Basa, Isabetta 2767

Bascarini, Niccolò 1055, 1099

Bazachi, Giovanni (<1>) 2320, 2587, 2642, 2796, 2882, 2942, 2951, 3160, 4031

Bazachi, Giovanni <1>, eredi 3261

Bazalieri, Bazaliero 280, 479

Bazalieri, Bazaliero e Ruggeri, Angelo 155

Bazalieri, Caligola 234, 311, 315, 376, 454, 455, 470

Bellagamba, Giovanni Battista 2647, 2811, 3092

Bellone, Antonio 991, 992, 1056, 1197, 1205

Bellone, Cristoforo 1742

Bellone, Marcantonio 2288

Belpiero, Giacinto 3828

Belpiero, Marco Antonio 3146, 3179, 3180

Beltrano, Ottavio 3690, 3746, 3753, 3922, 3939

Benacci, Alessandro 1303, 1316, 1367, 1394, 1395, 1446, 1758, 1805, 1892, 2131, 2190

Benacci, Alessandro e compagni 1332

Benacci, erede del 3751

Benacci, Vittorio 2522, 2682, 2718, 2862, 3251

Benacci, Vittorio, eredi 3645

Benali, Bernardino (Bernardinus Benalius) 168, 207, 220, 249, 250, 261, 640, 641; vedi anche Soardi, Lazzaro e Benali, Bernardino

Benali, Bernardino e Capcasa, Matteo 212, 222, 223

Bendolo, Giacomo 2074, 2417

Benedetti, Giovanni Antonio <1> 352, 372, 373, 485

Benedetti, Giovanni Antonio <2> 896

Benedetti, Girolamo 668, 680, 708

Benedetti, Platone de' (Franciscus (Plato) de Benedictis)

372

Benedict, Nicolas 503

Benvenuto, Francesco 523, 542, 543, 569, 589, 610, 611, 614, 618, 625, 642, 655, 659, 681, 763, 767, 818, 827, 830, 852, 867, 883

Benvenuto, Giovanni 984, 1012

Beretin Convento (della Ca Grande), nel 30, 40, 47

Bericchia, Giacomo e Torneri, Giacomo 2033

Berjon, Jacques 1974

Berjon, Mathieu 3485

Berruerio, Giuseppe 694, 750

Berta, Giorgio 3179

Bertano (Bertani) (non meglio identificato) 3832, 3858, 3889, 3903

Bertano (Bertani), Giovanni 3848, 3877, 4011

Bertano, Giovanni Antonio 1649, 1693, 1799, 1863, 2151, 2198, 2214, 2309, 2498, 3218, 3848, 3977, 3999

Bertano, Pietro 3015

Bertano, Pietro Maria 2997, 3209, 3281, 3434, 3465, 3466, 3478, 3479, 3603, 3764

Bertelli, Pietro 2892

Bertocchi, Dionigi 187

Bertoni, Giovanni Battista 2886, 3389

Besicken, Johann 353, 393, 483

Besicken, Johann e Amsterdam, Martin van 279, 354, 364, 452

Besicken, Johann e Freitag, Andreas 259, 279, 291, 312

Besicken, Johann e Mayr, Sigmund (Johann Besicken and Sigismundus Mayer) 259, 279, 284

Besozzi, Giovanni Francesco: vedi Tini, Simone, erede e Besozzi, Giovanni Francesco

Besozzi, Matteo 1143

Bevilacqua, Niccolò 1359, 1470, 1489, 1649

Bevilacqua, Niccolò, eredi 1893, 2012, 2252, 2356, 2416

Bevilacqua, Niccolò, eredi, e compagni 1751

Bevilacqua, Simone 463

Bianchi, Antonio 2167, 2176, 2252, 2356, 2368, 3335

Bianchini, Cosimo 561, 619, 712, 721

Bianco, Giovanni Francesco 3586, 3621, 3656, 3674, 3697, 3713

Bianco, Giovanni Francesco e Matarozzi, Giuseppe 3561, 3628, 3629

Bianco, Giovanni Francesco, vedova 3767, 3769, 3841, 3842

Bidelli, Giovanni Battista <1> 3276, 3287, 3316, 3327-3329, 3475, 3524, 3566; vedi anche Locarno, Pietro Martire, erede e Bidelli, Giovanni Battista

Bidelli, Pellegrino 3798

Bigio, Paolo 1347, 1373, 1386, 1391, 1413

Bill, John 3324

Billi, Pietro Giacomo 3529

Bindi, Noferi 1035

Bindoni, Agostino 719, 1112, 1126, 1142, 1219, 1274, 1280;

INDICE DEI NOMI RELATIVI ALLE RESPONSABILITÀ EDITORIALI

vedi anche Bindoni, Benedetto e Bindoni, Agostino

Bindoni, Alessandro 691; vedi anche Brenta, Niccolò e Bindoni, Alessandro

Bindoni, Benedetto e Bindoni, Agostino 705, 714, 715

Bindoni, Bernardino 838, 839, 843, 844, 865, 876, 877, 933, 949, 950, 962, 966, 970, 982, 1009, 1010, 1022, 1028, 1029, 1060

Bindoni, Francesco <1> 701, 706, 1215, 1273, 1294, 1306

Bindoni, Francesco <1> e Pasini, Maffeo 722, 736, 743, 748, 804, 806, 808, 814, 815, 819, 831, 841, 878, 879, 889, 927, 967, 971, 973, 976, 987, 990, 993, 1003, 1020, 1048, 1057, 1076, 1090, 1100, 1101, 1105, 1106, 1169, 1179

Bindoni, Francesco <2> 1308, 1330, 1369

Bindoni, Francesco <2> e Bindoni, Gaspare <1> e fratelli 1710, 1733

Bindoni, Gaspare <1> e fratelli: vedi Bindoni, Francesco <2> e Bindoni, Gaspare <1> e fratelli

Bindoni, Giovanni Antonio 1747

Bini, Luca 868

Bissuccio, Daniele 2909, 3178

Bisticci, Zenobio 2749, 2789, 2791, 2797

Bizzardo, Giorgio 3112, 3157

Blado, Antonio 781, 926, 965, 1000, 1047

Blado, Antonio, eredi 1816

Blavi, Tommaso de' 43, 105, 109, 119, 140

Bodmer 3933

Bonaccorsi, Francesco 135, 153, 184, 197, 199, 210, 320; vedi anche Libri, Bartolomeo de' e Bonaccorsi, Francesco

Bonadio, Giovanni 1444

Bonardo, Bartolomeo 1174

Bonardo, Bartolomeo e Grossi, Marcantonio 953

Bonardo, Fausto 1842, 2492

Bonardo, Pellegrino 1266

Bonati, Francesco 2373, 2374, 2419, 2462

Bonelli, Giovanni Maria <1> 1208

Bonelli, Manfredo (Manfredus de Bonellis) 187, 236, 288, 294-296, 316, 325, 327, 336, 337, 340, 477, 488

Bonelli, Valerio 2206

Bonelli, Valerio, eredi 2253, 2303, 2357

Bonetti (non meglio identificato) 3794

Bonetti, Luca 1666, 1669, 1677, 1703, 1704, 1725, 1759, 1765, 1795, 1875, 1878-1880, 1898, 1900, 1910, 1911-1915, 1917, 1934, 1936, 1946-1950, 1982-1984, 1995, 2089, 2293, 2330-2333, 2336, 2337, 2348-2351, 2384, 2726, 2732, 2770, 2800

Bonfadino, Bartolomeo e Diani, Tito 2125

Bonfadino, Giovanni Battista 2201, 2248, 2249, 2299, 2344-2346, 2437, 2442, 2487, 2488, 2685, 2981, 3220

Bonibello, Marcantonio 2671

Bonino, Scipione 3043

Bonomi, Sebastiano 3317, 3424, 3486

Bordogna, Sigismondo 1619

Bordone, Girolamo 3099, 3156, 3194, 3310, 3383

Bordone, Girolamo e Locarno, Pietro Martire 2888, 2897, 2960, 2978, 3050

Bordone, Ottavio 2755

Borgo, Giovanni Antonio 873, 893, 937, 947, 948, 1019, 1065

Boschetti, Giovanni Battista e Fontani, Giovanni 2974

Boselli, Giovanni Maria 651, 783, 805

Boselli, Matteo 1513, 1656

Boselli, Pietro 1238, 1320

Botietta, Tommaso 1008, 1031

Bozzola, Antonio: vedi Bozzola, Giovanni Battista <2> e Bozzola, Antonio

Bozzola, Giovanni Battista <1> 1470, 1499

Bozzola, Giovanni Battista <2> 3491, 3516

Bozzola, Giovanni Battista <2> e Bozzola, Antonio 3071, 3118, 3170, 3184, 3185, 3301, 3321

Bracciolini, Giuliano 2213

Braida, Antonio 2367

Brea, Pietro 2531, 2607, 2768, 3448, 3514, 3606, 3614, 3657, 3676

Brenta, Niccolò 449, 487, 504

Brenta, Niccolò e Bindoni, Alessandro 497

Bresciano, Andrea 1033, 1034, 1302, 1312, 1559, 1830, 1864, 2260, 2286

Bresciano, Giovanni Antonio 760

Britannico, Giacomo <1> 182

Britannico, Giacomo <2> 1736

Britannico, Lodovico (<1>) 816, 846, 850, 869, 924, 972, 975, 977, 1011, 1188, 1224, 1381

Britannico, Lodovico (<1>) e fratelli 677, 695, 777

Brucioli, Alessandro e fratelli 978, 1014, 1015, 1062, 1079, 1080, 1081, 1086, 1196

Brucioli, Antonio 811, 825, 826

Brucioli, Francesco e fratelli 961, 978, 979, 986, 1014, 1015, 1016, 1025, 1062, 1080

Brugnolo, Gioacchino 2150, 2832

Brugnolo, Gioacchino e Brugnolo, Valerio e fratelli 2150

Brugnolo, Valerio: vedi Brugnolo, Gioacchino e Brugnolo, Valerio e fratelli

Brunelli, Tommaso: vedi Perin

Bruschi, Francesco 541

Bua, Nicolò 3835

Bua, Nicolò e Portanova, Michele 3954, 3963, 3985

Bufalini, Fausto 2319, 2379

Bufalini, Fausto, eredi 2657

Busdraghi, Vincenzo 2160, 2200, 2369, 2523

Butzbach, Paul 33, 34

Cacchi, Giuseppe 1768, 1848, 1938, 1999, 2126, 2127, 2449, 2461; vedi anche Cappelli, Giovanni Battista

Cacchi, Giuseppe e Cappelli, Giovanni Battista 2126, 2127

Cafa, Pietro 527

Cagnacini, Giulio Cesare e fratelli 2157

Calabrensis, Andreas 211

Calenzano, Pietro Giovanni 3717

Calenzano, Pietro Giovanni e Farroni, Giovanni Maria 3712, 3740

Caleoni, Giovanni 3844

Calepino, Girolamo 1238

Camacci, Filippo 4017

Camacci, Filippo e Sacchini, Alessandro 3980

Camera Apostolica: vedi Stamperia della Camera Apostolica

Cancer, Mattia 798, 935

Candiotto, Giacomino 1082

Cane, Cristoforo 285

Caneo, Giovanni Antonio 2664, 3054, 3155, 3162, 3393

Caneo, Giovanni Antonio e Grossi, Raffaello 2939

Cantagalli, Vincenzo 1419, 1449

Cantalupo, Francesco e Cicognara, Innocenzo 881

Capcasa, Matteo 178, 180, 208, 214, 235, 237, 238, 239, 251, 256, 258, 269, 273, 286; vedi anche Benali, Bernardino e Capcasa, Matteo

Cappelli, Giovanni Battista 1943

Cappelli, Giovanni Battista: vedi Cacchi, Giuseppe e Cappelli, Giovanni Battista

Cappello, Matteo 2932

Carboni, Giuliano 3777

Cardi, Giovanni Pietro 3312

Carlino (non meglio identificato) 3235

Carlino, Giovanni Giacomo 1885, 1887, 2163, 2224, 2812, 2845, 3189, 3201, 3202, 3264

Carlino, Giovanni Giacomo e Pace, Antonio 2486, 2508, 2513, 2551-2554, 2581, 2582, 2621, 2651

Carlino, Giovanni Giacomo e Vitale, Costantino 3082, 3102

Carlo: vedi Giovanni Stefano di Carlo; vedi Jacopo di Carlo

Carlo, Bartolomeo de: vedi Bartolomeo da Cremona e Bartolomeo de Carlo

Carrara, Giovanni Francesco 2028, 2447, 2500, 2578

Cartolari, Girolamo, 718, 1033, 1034

Cassiani, Giuliano 3030, 3070, 3110, 3138, 3139, 3174, 3238, 3332, 3563, 3580

Castaldi, Pamfilo 16

Castellaro, Bernardino 810

Castelli, Bartolomeo 657, 669, 700

Castelliono, Giovanni Antonio 835

Castello, Bernardino 555, 609

Cavalcalupo, Domenico 1972; vedi anche Regazzola, Egidio e Cavalcalupo, Domenico

Cavalcalupo, Girolamo 1433

Cavalieri, Giovanni Battista 1715

Cavalieri, Giovanni Battista e Oderico, Lorenzo 1827

Cavalleri, Cesare: vedi Cavalleri, Giovanni Francesco e Cavalleri, Cesare

Cavalleri, fratelli 3557

Cavalleri, Giovanni Francesco 3352; vedi anche Cavalleri, Giovanni Michele e Cavalleri, Giovanni Francesco

Cavalleri, Giovanni Francesco e Cavalleri, Cesare 3556

Cavalleri, Giovanni Michele e Cavalleri, Giovanni Francesco 2361, 2557

Cavalleri, Giovanni Michele e fratelli 2287

Cavalleri, Giovanni Vincenzo 3227

Cavalli, Francesco (<Roma>) 3776, 3857, 3879, 3880, 3947, 3949 bis, 3992 bis, 4009, 4034 bis, 4038, 4060 bis, 4088 bis

Cavalli, Giorgio 1455, 1461, 1527, 1528, 1540

Cavallo, Camillo <1> 3957, 3958

Ceccherelli, Alessandro 1454

Cecconcelli, Pietro 3403, 3455, 3502, 3513, 3527, 3601

Cennis, Franciscus de 138, 139

Cerdonis, Matthaeus 125

Cerquetani, Cerquetano 3681

Cerri, Giovanni Battista 3886

Cesano, Bartolomeo 1267, 1297

Cesano, Bartolomeo, eredi 1356, 1403

Cesari, Cesare: vedi Salviani, Orazio e Cesari, Cesare

Ceserini, Santi 1174, 1453

Charron, Jean <1> 1660, 2044

Chevalier, Pierre <1> 2903

Chiti, Iacopo 1635, 1642, 1667, 1668, 1670, 1672, 1676, 1680, 1681, 1694

Chouët, Pierre <2> 3867

Ciaccone, Alfonso 2998

Cicconio, Ettore 3921, 4096

Ciciliano, Niccolò 1249

Cicognara, Innocenzo 1338; vedi anche Cantalupo, Francesco e Cicognara, Innocenzo

Ciera, Bonifacio 2812, 2813

Cilio Alifano 1244

Cinico, Giovan Marco e Molino, Pietro 156

Ciotti (non meglio identificato) 2936

Ciotti, Francesco 3374, 3469

Ciotti, Giovanni Battista 2466, 2467, 2495, 2496, 2590, 2627, 2628, 2678, 2701, 2710, 2711, 2721, 2764, 2772, 2774, 2798, 2808, 2815, 2819, 2848, 2853, 2870, 2875, 2889, 2891, 2898-2900, 2905, 2906, 2915, 2919, 2920, 2923, 2925, 2927, 2935, 2956, 2962, 2969, 2977, 2979, 2986, 3025, 3152, 3205, 3210, 3233, 3308, 3322, 3343, 3446, 3471, 3482, 3483, 3584; vedi anche Giunta, Bernardo <2> e Ciotti, Giovanni Battista

Civitali, Bartolomeo 48

Claseri, Marco 2902, 2904-2906, 2915, 2919, 2920, 2923, 2927

INDICE DEI NOMI RELATIVI ALLE RESPONSABILITÀ EDITORIALI

Claseri, Ognibene 4018, 4029

Cochi, Bartolomeo 3056, 3060, 3168, 3356, 3384, 3419, 3685

Cochi, Bartolomeo, eredi 3423, 3467, 3492

Colaldi (non meglio identificato) 3019, 3047, 3351

Colaldi, Agostino 1419, 1449, 1715, 1899

Colaldi, Antonio 2365, 2725, 2739, 3017-3019, 3023, 3351

Collegio Nardino 2480

Collegio Romano: vedi Tipografia del Collegio Romano

Colligni, Francesco Girolamo 3861, 3926

Colligni, Giovanni Pietro 4076

Colombara, Andrea e Annibale Aluigi 3196

Colonna, Bartolomeo 22

Combi (non meglio identificato) 3914, 3919, 3925, 3937, 3968, 3975, 3996, 4003, 4024, 4048, 4049, 4069, 4070

Combi, Giovanni Battista 3108, 3128, 3318, 3338, 3368, 3369, 3398-3401, 3435, 3496-3499, 3520, 3534, 3535, 3553, 3577, 3593-3596, 3646, 3661, 3803, 3823, 3831, 3843, 3845, 3924

Combi, Pietro 3231

Combi, Sebastiano 2714, 2745, 2914, 2917, 2958, 2991, 2992, 2999, 3028, 3029, 3108, 3193, 3208, 3265, 3266, 3277, 3292

Comin da Trino 930, 956, 1050, 1189, 1198, 1203, 1282, 1284, 1307, 1329, 1458

Comino da Lovere 762

Como, Antonio 3456

Como, Giacomo 3288

Compagnia Bresciana 2613, 2672, 2794, 2795

Compagnia degli Uniti 2083, 2100

Compagnia Minima 2802, 2817, 3126, 3134

Concordia, al segno della 3035

Concordia, Flaminio 3417

Concordia, Girolamo 1516, 1568, 2308

Condotta, alla: vedi Stamperia di S.A.S. <Firenze>

Confraternita del SS. Rosario 1979

Conti, Federico dei 10

Conti, Vincenzo 1450

Contugo, Nicolaus de: vedi Maufer, Petrus, de Maliferis e Contugo, Nicolaus de

Conzatti, Zaccaria 3222

Coppola, Pietro 4034, 4073

Corbelletti, eredi 3999

Corbelletti, Francesco (<1>) 3684, 3691, 3765, 3771, 3784, 3785

Corbelletti, Francesco (<1>), eredi 3691, 3864, 4015, 4016, 4062, 4063

Cori, Bernardino de' 172

Cornelio, compagno di Sanctis, Girolamo de': vedi Sanctis, Girolamo de' e Cornelio

Cornetti, Giacomo 2106, 2380

Cornetti, Simone e fratelli 2475

Corradici, Gasparo 3830, 3854

Costantini, Baldassare 1117

Costantini, Girolamo 3808

Cravotto, Martino 1541

Crespin, Jean 1248, 1263

Criegher, Johann 1542, 1551, 1552, 1574, 1575, 1582

Culicchia, Andrea: vedi Terranova, Francesco e Culicchia, Andrea

Dagano, Giorgio e compagni 1980, 2010, 2015

Da Legnano, Giovanni Giacomo e fratelli 534, 609, 636, 662, 672, 679

Dalla Noce, Agostino 2185, 2318

Dalla Rosa, Giovanni 797

Dalle Donne, Francesco 2518, 2583

Dalle Donne, Giovanni: vedi Dalle Donne, Sebastiano e Dalle Donne, Giovanni

Dalle Donne, Sebastiano 2291, 2396

Dalle Donne, Sebastiano e Dalle Donne, Giovanni 1881

Dalle Donne, Sebastiano e Franceschini, Camillo 2284

Danza, Paolo 723, 752, 776, 799

Da Ponte, Gottardo 650, 785

Da Ponte, Leonardo 2323, 2363, 2393

Da Ponte, Pacifico 1584, 1695, 1708, 1779, 1873, 2058, 2059, 2096, 2517, 2529, 2723

Da Ponte, Pacifico e Piccaglia, Giacomo 2022

Da Ponte, Pacifico, eredi 2662, 2666, 2684

Da Ponte, Pacifico, eredi (erede) e Piccaglia, Giovanni Battista 2822, 2823, 2825, 2844, 2858, 2894, 3014, 3084, 3183, 3184, 3363, 3578, 3643, 3801, 4012

Da Ponte, Paolo Gottardo 1707, 1732

Da Valle, Rocco e fratelli 628

De Angelis, Giuseppe 1721, 1811, 1827

De Alaris, Enea 1720

De Boy, Giovanni 1518

Decio, Cirillo 3700, 3743, 3906

De Franceschi, Domenico (<senese>) 1289, 1486, 1571, 1663, 1698, 1699, 1705, 1755

De Franceschi, Francesco <senese> (Franceschi, Francesco de') 1648, 1739, 1803, 1886, 1922, 2025, 2026, 2065, 2066, 2076, 2114, 2132, 2302, 2339, 2355, 2360, 2407, 2414, 2427, 2464, 2471, 2476, 2477, 2493

De Franceschi, Giacomo 3249, 3281, 3349; vedi anche De Franceschi, Giovanni Antonio e De Franceschi, Giacomo

De Franceschi, Giovanni Antonio 2310, 2689, 3469, 3532

De Franceschi, Giovanni Antonio e De Franceschi, Giacomo 2831, 2876, 2895, 2896, 2958, 3012, 3055, 3087, 3088

De Franceschi, Pietro 1746

De Franceschi, Pietro e nipoti 1790

De Gara, Giovanni 2273

De Gregori, Gregorio 717

Dei, Ambrogio 3169

Del Giudice, Baldassare 3862, 3952, 4039

Della Barba, Zanobi 525, 581, 594, 771

Delle Dote, Francesco 3783

Dell'Isola, Alfonso 3671, 3792, 3815

Dell'Isola, Pietro 3943-3945

De Maria, Pietro Tommaso 2080

De Mussis, Antonio 621

Desiderati, Marco 2070

Des Planches, Jérémie 2124

Deuchino, Evangelista 2716, 2742, 3040, 3173, 3192, 3210, 3365

Deuchino, Evangelista e Pulciani, Giovanni Battista 3038, 3077

Deuchino, Pietro 1716, 1868

Deuchino, Pietro, eredi 1962, 2196

Diamante, al segno del 1175

Diani, Paolo: vedi Diani, Tito e Diani, Paolo

Diani, Tito: vedi Bonfadino, Bartolomeo e Diani, Tito; vedi Diani, Tito e Diani, Paolo

Diani, Tito e Diani, Paolo 2263

Dietrich, Alexander Philipp 2694

Dietrich, Alexander Philipp, vedova 2708, 2720

Di Leno, Francesco 1441

Dino, Francesco di 94, 160, 370

Diotallevi, Bernardino 3732, 3891

Discepolo, Agostino 3649

Discepolo, Girolamo 2162, 2165, 2168, 2322, 2375, 2390, 2425, 2426, 2434, 2479, 2481, 2606, 2611, 2877, 2884, 2940, 3004, 3010, 3197

Discepolo, Pietro 3248, 3500

Diserolo, Pietro 2634

Domenico dal Gesù: vedi Niccolò dal Gesù e Domenico dal Gesù

Domenico da Vespolate 35

Domenico da Vespolate e Marliano, Jacopo 62

Dominici, Domenico 3129, 3195, 3268

Dominici, Domenico, eredi e Guerrieri, Tommaso, eredi 3376

Dominici, Lucas 96, 98

Don Ippolito 69

Dorico, Luigi: vedi Dorico, Valerio e Dorico, Luigi

Dorico, Valerio e Dorico, Luigi 906, 958, 1061, 1180

Dozza, eredi 4061

Dozza, Evangelista (<1>), eredi 4041, 4061

Draconi, Cristoforo 1730, 1867, 1909, 2072, 2103

Du Pré, Philippe 2879

Duron, François, 1371, 1392, 1393

Dusinelli, Pietro 2067, 2464, 2596, 2652, 3175, 3269, 3330, 3331, 3550

Emerich, Johann 168

Facchetti, Antonio 2769

Facchetti, Giovanni 2769

Facciotti, Giacomo 3761

Facciotti, Guglielmo 2558, 2559, 2563, 2565, 2635, 2740, 2930, 3100, 3225, 3267, 3381, 3407, 3508, 3511, 3526, 3560, 3618

Facciotti, Pietro Antonio 3774

Faci, Lepido 2576, 2687

Faelli, Benedetto <1> 348, 351, 456, 606-608, 724

Falcon, Pietro 1843

Fantucci Tosi, Giovanni Battista: vedi Tosi, Giacinto e Fantucci Tosi, Giovanni Battista

Fantucci Tosi, Stefano 3101, 3200

Farfengo, Battista 233

Farri, Domenico 1310, 1471, 1687, 1876, 2041, 2137, 2210, 2275, 2391, 2428, 2504, 2511, 2537, 2655, 2681, 2683, 2830, 2865, 2972

Farri, Domenico, eredi 2912, 2933, 2934

Farri, Pietro 2524, 2532, 2649, 3372, 3432

Farri, Pietro, eredi 3622

Farroni, Giovanni Maria: vedi Calenzano, Pietro Giovanni e Farroni, Giovanni Maria

Fei, Andrea 3364, 3444

Ferioli, Graziadio 2430, 2633, 2688, 2809; vedi anche Piccaglia, Giacomo e Ferioli, Graziadio

Ferrandi, Carlo 3719, 3723

Ferrando, Tommaso 240

Ferrari, Antonio 1929, 1930, 1967, 2014

Ferrari, Giorgio 2221, 2279, 2520

Ferrero, Giuseppe: vedi Allario, Girolamo e Ferrero, Giuseppe

Ferroni, Clemente 3582, 3583, 3689, 3714, 3738, 3739, 3755, 3814; vedi anche Mascheroni, Girolamo e Ferroni, Clemente

Ferroni, Giovanni Battista 3962, 4071

Ferrosino, Giovanni Battista 4094

Fiamengo, Martino 2812, 2813

Fideli, Giovanni Maria 2855

Filelfo, Pietro Giustino 266

Filippo da Lavagna 24, 49, 66

Filippo di Pietro 41, 42

Fiorina, Giovanni 2247, 2300, 2345, 2438, 2441, 2478

Fiorini, Quirino 3158

Flesher, Miles 3953

Florenz von Strassburg 15, 18

Florimi, Bernardino 3412, 3452

Florimi, Matteo 3005

Florimi, Matteo, eredi 3357

Foglietti, Girolamo 2854

INDICE DEI NOMI RELATIVI ALLE RESPONSABILITÀ EDITORIALI

Fontana, Bartolomeo 3309, 3345, 3391, 3396, 3439, 3441, 3480, 3571, 3625, 3626, 3639, 3766, 3793

Fontani, Giovanni: vedi Boschetti, Giovanni Battista e Fontani, Giovanni

Fordrin, Olivier 1434

Fornovo, Odoardo 3613

Fortunati, Piero Antonio 3652, 3654, 3655, 3731, 3984, 4001

Fossano, Domenico 1804

Foxius, Hannibal 150, 159

Fradin, Jean 1337

Franceschi, Francesco de': vedi De Franceschi, Francesco <senese>

Franceschini, Camillo: vedi Dalle Donne, Sebastiano e Franceschini, Camillo

Franceschini, Florino 1958

Franceschini, Florino e Pagani, Pietro 1958

Franceschini, Francesco e Mantelli, Giuseppe 1487

Francesco da Salò (<2>) e compagni 1432, 1438

Francesco da Urbino 443, 1026

Francesco di Iacopo cartolaio 498, 572, 687

Franzini, Girolamo: vedi Varisco, Giovanni e Franzini, Girolamo

Frein, Barthélemy: vedi Rollet, Philibert e Frein, Barthélemy

Freitag, Andreas 170, 259; vedi anche Besicken, Johann e Freitag, Andreas

Frellon, Jean (<2>) 1177, 1182, 1191, 1466

Fridenperger, Paulus 249, 250, 261

Frova, Girolamo 2245, 2397, 2483, 2528, 2604, 3271

Gabriele di Pietro 56, 59

Gadaldini (non meglio identificato) 1026

Gadaldini, Cornelio <1> 1335

Gadaldini, Cornelio <1>, eredi 1361, 1537

Gadaldini, Paolo 1757, 2140

Gadaldini, Paolo e fratelli 1572, 1618

Galassi, Matteo 584, 1600, 1908, 1973

Galignani, Giovanni Battista 2702, 2828, 2954, 2990, 3124

Gallina, Comino 3302

Garbo, nel 1562, 1701

Gargano, Giovan Battista e Nucci, Lucrezio 3199, 3252, 3253, 3299

Gazeau, Guillaume 1088; vedi anche Jean de Tournes <1> e Gazeau, Guillaume

Gelli, Giovanni Paolo 3444

Gérard, Jean 995-998, 1052

Gesuati di san Gerolamo <Venezia> 764

Gherardo, Paolo 1208

Ghirlandi, Andrea: vedi Tubini, Antonio e Alopa, Lorenzo e Ghirlandi, Andrea

Ghisolfi, Filippo 3688, 3719, 3723, 3886

Giaccarelli, Anselmo 1146, 1268, 1385

Giangrandi, Virgilio 2420, 2421

Giglio, Domenico 1168, 1171, 1185, 1195, 1255

Giglio, Luigi 1487

Gigliotti, Domenico 2601

Gigliotti, Giovanni 1595, 1638, 2164

Gigliotti, Giovanni, eredi 2194, 2225, 2378, 2413

Ginammi, Giovanni Antonio 3897

Ginammi, Marco 3545, 3546, 3585, 3607-3612, 3636-3638, 3694, 3695, 3733, 3734, 3959

Gioioso, Antonio 1207

Gioioso, Antonio, eredi e Stringario, Girolamo 1890, 1891, 1970

Gioioso, Francesco 2243, 3256, 3257

Giolito De Ferrari (non meglio identificato) 1933, 2418, 2702

Giolito De Ferrari, Gabriele 1005, 1298, 1299, 1376, 1379, 1396, 1401, 1405, 1406, 1422, 1443, 1451, 1452, 1493, 1507, 1511, 1512, 1514, 1534, 1539, 1545, 1549, 1550, 1554, 1555, 1567, 1576, 1580, 1581, 1586, 1604, 1608, 1609, 1612, 1616, 1622, 1627, 1628, 1661, 1686, 1689-1691, 1697, 1717, 1723, 1729, 1738, 1748, 1752, 1775, 1777, 1801, 1807, 1809, 1810, 1820, 1823-1825, 1847, 1853-1855, 1857, 1889

Giolito De Ferrari, Gabriele e fratelli 1186, 1262, 1279

Giolito De Ferrari, Giovanni <1> 864

Giolito De Ferrari, Giovanni <2> e Giolito De Ferrari, Giovanni Paolo 1894, 1895, 1925, 1931, 1965, 1971, 1997, 2001, 2004, 2023, 2030, 2063, 2142, 2143, 2208, 2217, 2244, 2246, 2256, 2268, 2283, 2296, 2306, 2312, 2315, 2340, 2359, 2366, 2440, 2828

Giolito De Ferrari, Giovanni Francesco 1417

Giolito De Ferrari, Giovanni Paolo: vedi Giolito De Ferrari, Giovanni <2> e Giolito De Ferrari, Giovanni Paolo

Giolito De Ferrari, Giovanni Paolo e nipoti 2244, 2296, 2400, 2401, 2440, 2535, 2536, 2579, 2639, 2670, 2675, 2707

Giovannelli, Giovanni Battista e Paoli, Pietro de' 3552

Giovanni da Legnano 148, 154, 163

Giovanni Stefano di Carlo 432, 495, 510, 524, 537, 568, 581, 604, 617, 654, 687

Giovannini, Giovanni Pietro 2948, 2949

Giraffi, Domenico 3653

Girardengo, Niccolò 77

Girardoni, Vincenzo 1424

Gislandi, Giovanni e Rossi, Giovanni Francesco 3795

Giuliani, Giovanni Antonio 3206, 3536, 3627, 3941, 3942

Giuliani, Pietro Paolo 3036, 3098

Giunta (non meglio identificato) 1228, 1231, 1334, 2807, 2826, 2863, 2869, 2988, 3003, 3046, 3080, 3105, 3221, 3555, 3705, 3763, 3780, 3781, 3821, 3824, 3839, 3918, 3927

Giunta ("Raccolta giuntina") 1214, 1216, 1225-1229, 1231,

1233, 1245, 1246, 1254, 1257, 1258, 1271, 1295, 1304, 1305, 1325-1327, 1333, 1334, 1336, 1351, 1592, 1681, 1755, 1792, 1838, 1869

Giunta, Bernardo <1> 791, 1063

Giunta, Bernardo <1>, eredi 1227, 1254, 1351, 1354, 1383, 1416, 1429, 1437, 1478, 1484, 1490, 1491, 1673, 1696, 1731, 1829, 1838, 1845, 1846, 2118

Giunta, Bernardo <2> 1610, 2171, 2177, 2178, 2218, 2219, 2236, 2278, 2485, 3554; vedi anche Giunta, Iacopo <2> e Giunta, Bernardo <2>

Giunta, Bernardo <2> e Ciotti, Giovanni Battista 3051, 3113, 3150

Giunta, Bernardo <2> e Ciotti, Giovanni Battista e compagni 2993, 3025, 3031, 3044, 3052, 3061, 3062, 3086, 3103, 3104, 3111, 3141, 3145, 3150, 3151, 3151 bis, 3187, 3233

Giunta, Cosimo 3280

Giunta, Filippo <1> (il Vecchio) 441, 461

Giunta, Filippo <1>, eredi 658

Giunta, Filippo <2> 2370, 2385, 2388, 2658, 2673

Giunta, Filippo <2> e fratelli 1597

Giunta, Filippo <2> e Giunta, Iacopo <2> 2119

Giunta, Giovanni Donato e Giunta, Bernardo 3428

Giunta, Giovanni Donato e Giunta, Bernardo e compagni 3273

Giunta, Iacopo <2>: vedi Giunta, Filippo <2> e Giunta, Iacopo <2>

Giunta, Iacopo <2> e Giunta, Bernardo <2> 2212

Giunta, Iacopo <2>, eredi 2586

Giunta, Lucantonio <1> 194, 227, 229, 237, 256, 263, 269, 500, 770, 782, 790, 796, 820, 854, 866

Giunta, Lucantonio <1>, eredi 888, 941, 983, 1045, 1059, 1460

Giunta, Lucantonio <2> 1877, 1956, 1957, 2128, 2161, 2223, 2270-2272, 2274, 2316, 2372, 2460, 2476, 2622, 2686

Giunta, Lucantonio <2>, eredi 3027

Giunta, Tommaso <2> e Baba, Francesco 4048

Giunta, Tommaso <2> e Hertz, Giovanni Giacomo (Giunti e Hertz) 4049, 4069, 4070, 4092

Giunta, Tommaso <2>, eredi 3506

Giunta, Tommaso <2>, eredi e Baba, Francesco 3950, 3956, 3982, 3986, 3994, 3995, 4008, 4047, 4089

Giuseppe di Pietro da Treviso 1363

Gobbi, Orazio 1819, 1966, 2002

Goffi, Pantaleone 3107

Golfarini, Pellegrino 3419, 3512

Gonzali, Antonio 3704

Gorgonzola, Niccolò 628

Gori, Ercole 3907

Grandi, Astolfo 1861

Grapheus, Johannes 894

Graziano, Giulio Cornelio 1084 (vedi anche in *Indice delle responsabilità autoriali*)

Greco, Giorgio 2838; vedi anche Perin e Greco, Giorgio

Griffio, Alessandro 2069

Griffio, Giovanni <1> 1093, 1183, 1201, 1370

Griffio, Giovanni <2> 2570

Grignani, Lodovico 3569, 3660, 3749, 3875, 3876, 3976, 4021, 4043

Grignani, Lodovico e Lupis, Lorenzo 3488, 3493

Grillo, Santo e fratelli 3474

Grisei, Agostino (<1>) 3853; vedi anche Salvioni, Pietro e Grisei, Agostino <1>; vedi anche Salvioni, Pietro, eredi e Grisei, Agostino (<1>)

Grisei, Agostino <1> e Piccini, Giuseppe 3850

Gromi, Giovanni Battista 4045

Grossi, Federico 3660

Grossi, Francesco 2931

Grossi, Marcantonio: vedi Bonardo, Bartolomeo e Grossi, Marcantonio

Grossi, Raffaello: vedi Caneo, Giovanni Antonio e Grossi, Raffaello

Gruppenbach, Georg 2113, 2269

Gryphius, Sébastien 792

Gucci, Niccolò 1006; vedi anche Mazzocchi, Antonio e Gucci, Niccolò

Guerigli (non meglio identificato) 3762, 3802, 3888, 3917, 3930, 3948, 3978, 3979, 4058, 4087

Guerigli, Giovanni 2444, 2470, 2512, 2712, 3132, 3133, 3236, 3275, 3290, 3350, 3359-3362, 3385, 3421, 3422, 3458, 3484, 3518, 3519, 3575, 3591, 3602, 3620

Guerigli, Giovanni, eredi 3644, 3662, 3802, 3888, 3917, 3930, 3948, 3978, 3979, 4058, 4087

Guerinus 45

Guerra (non meglio identificato) 2411

Guerra, Domenico e Guerra, Giovanni Battista 1605, 1653, 1706, 1718, 1741, 1747, 1761, 1849, 1850, 1852, 1870, 1884, 1888, 1923, 1926, 1940-1942, 2009, 2011, 2020, 2031, 2032, 2037, 2045, 2078, 2104, 2107, 2108, 2110, 2122, 2149, 2155, 2179, 2184, 2203, 2207, 2209, 2250, 2259, 2304, 2305, 2409, 2447, 2448, 2455, 2474, 2603, 2604, 2605, 2618, 2646, 2775, 2849, 2850, 2901, 2928, 2929

Guerra, Giovanni Battista: vedi Guerra, Domenico e Guerra, Giovanni Battista

Guerralda, Arrioto: vedi Guidone, Giovanni Antonio e Guerralda, Arrioto

Guerralda, Bernardino 575, 624

Guerrieri, Tommaso <2> 3451

Guerrieri, Tommaso, eredi: vedi Domenici, Domenico, eredi e Guerrieri, Tommaso, eredi

Guidoboni, Ottaviano 3234

Guidone, Giovanni Antonio, e Guerralda, Arrioto 810

Guglielmo da Fontaneto 690, 784, 800, 851, 887

Guglielmo da Fontaneto e Leggieri, Francesco 794

INDICE DEI NOMI RELATIVI ALLE RESPONSABILITÀ EDITORIALI

Guglielmo da Fontaneto e Sessa, Melchiorre <1> e Ravani, Pietro, eredi 795

Guglielmo da Trino (Anima Mia) 246, 253, 265

Guglielmo da Trino (Anima Mia) [e Antonio da Trino] 246

Hamann, Johann (Johannes Hamman) 282, 355

Han, Ulrich 1

Heinrich von Haarlem 142, 143, 270

Henricus de Colonia 110, 111, 157

Herolt, Georg 97

Hertz, Giovanni Giacomo 4023; vedi anche Giunta, Tommaso <2> e Hertz, Giovanni Giacomo

Honate, Beninus e Johannes Antonius de: vedi Onate, Benigno e Giovanni Antonio da

Honorat, Sébastien 1182, 1337, 1466

Iacopo di Bastiano 953, 1136

Ian, Giorgio 1842

Imberti, Domenico 2082, 2153, 2383, 2473, 2545, 2571, 2608, 2724, 3223; vedi anche Imberti, Giovanni e Imberti, Domenico

Imberti, Gerardo 3447, 3481, 3668, 3829, 3860

Imberti, Gerardo e Imberti, Giuseppe 3564, 3568, 3600

Imberti, Giovanni e Imberti, Domenico 3865

Imberti, Giovanni Domenico 2262, 2458, 2545

Imberti, Giuseppe: vedi Imberti, Gerardo e Imberti, Giuseppe

Imperatore, Bartolomeo 1084, 1204

Imperatore, Bartolomeo e Imperatore, Francesco 1221, 1230

Imperatore, Francesco: vedi Imperatore, Bartolomeo e Imperatore, Francesco

Incogniti: vedi Accademia degli Incogniti

Isola, Alfonso dell': vedi Dell'Isola, Alfonso

Jacopo da Fivizzano 23

Jacopo di Carlo 370

Jenson, Nicolas 3, 7, 39, 44, 67, 73

Johannes de Reno 51

Kündig, Jakob 1111, 1151, 1152, 1153

Landi, Giovanni 703, 751, 1044, 1075

Landi, Lorenzo: vedi Massi, Amadore e Landi, Lorenzo

Landini, Giovanni Battista 3679

Landolfi, Dolfino 1120, 1206

Landriano, Francesco 663

Lantoni (non meglio identificato) 3616

Lantoni, Carlo 3617

Laocoonte, al segno del 1024

Laon, Jean de <1> 1813

Laquehay, Jean 3307

Lazarone, Paolo 3663

Legendre, Michel 3761

Leggieri, Francesco: vedi Guglielmo da Fontaneto e Leggieri, Francesco

Le Jeune, Martin 1414

Leoncini, Giacomo 1692

Leni, Francesco 3071, 3136

Leni, Giovanni Maria 1844, 1897, 1960, 1961

Leni, Giovanni Maria, eredi 2709, 2714, 2715

Leni, Matteo 4007

Leye, Geraert van der 58

L'Huillier, Pierre 1726

Libri, Bartolomeo de' (Libri, Bartolomeo dei/di) 121, 122, 137, 164, 165, 185, 186, 188, 189, 191, 192, 196, 198, 204, 209, 257, 267, 276, 277, 283, 293, 297, 303, 305, 306, 314, 321, 322, 324, 329, 332, 334, 335, 349, 350, 359, 362, 370, 403, 408, 411, 432, 437, 461, 499, 528, 536, 537, 604, 617, 654

Libri, Bartolomeo de' e Morgiani, Lorenzo e Bonaccorsi, Francesco 330

Libri, Bartolomeo de', eredi 763

Libri, Michelangelo de' 669, 703, 763, 767

Liechtenstein, Hermann (Hermannus Liechtenstein) 26, 51, 55, 57, 217

Liechtenstein, Peter 1501, 1557

Lizieri 728

Locarno, Pietro Martire 2597, 3083; vedi anche Bordone, Girolamo e Locarno, Pietro Martire

Locarno, Pietro Martire, erede e Bidelli, Giovanni Battista 3181

Locheta, Bernardino: vedi Muzio, Giovanni e Locheta, Bernardino

Loggia del papa, alla 1629, 1632-1634, 1636, 1658, 1912, 1947, 2331, 2336, 2736, 2737, 2747, 2770, 2776, 2821, 2943, 2944, 2971, 2980, 2982, 2985, 3011, 3016, 3019, 3023, 3048, 3057, 3067, 3079, 3093-3097, 3120, 3121, 3167, 3198, 3203, 3229, 3254, 3282, 3283, 3285, 3305, 3377, 3413, 3415, 3420, 3574

Longo, Egidio 3543, 3631, 3665, 3744

Longo, Giovanni Leonardo 50

Longo, Tarquinio 2713, 2813, 2911, 3053, 3142

Lorenzi, Angelo: vedi Bartoli, Angelo, eredi e Lorenzi, Angelo

Lorenzini, Francesco 1331, 1357, 1360, 1382, 1389, 1410, 1462, 1464, 1467, 1893, 1998, 2012

Lorenzo, Nicolò di, 76, 82, 84

Lorio, Lorenzo 696

Lovisa, Domenico <1> 2818

Luciferis, Nicolaus Jacobi de: vedi Adam Johannes

Luciolo, Cesare 4080

Lupis, Lorenzo: vedi Grignani, Lodovico e Lupis, Lorenzo

Maccarano, Domenico 3504

Magni, Bartolomeo 3211

Magri, Giovanni Andrea 3863

Malatesta, Carlo Antonio 3598

Malatesta, Giovanni Battista 3699, 3910

Malatesta, Melchiorre, eredi 3589

Malatesta, Pandolfo 2784, 2846, 3123, 3459

Maldura, Pietro 3066

Malpiglius, Hannibal 25

Mammarello, Benedetto 2445, 2450, 2452, 2453, 2494, 2525, 2530

Manelfi, Giovanni 3702

Manelfi, Manelfo 3812, 3822, 3883, 3913, 3935, 3955, 3967, 3977, 4005, 4032, 4088

Manelfi, Manelfo, eredi 4019

Manfredo da Monferrato 1116

Mantegazza, Filippo 252, 266, 274, 289

Mantegazza, Pietro Martire 552

Mantegazza, Pietro Martire e fratelli

Mantelli, Giuseppe: vedi Franceschini, Francesco e Mantelli, Giuseppe

Manuzio, Aldo <1>, eredi: vedi Manuzio, Paolo

Manuzio, Aldo <2> 1510, 1536, 1569, 1643, 1711, 1712, 1769, 1797, 1992, 2311

Manuzio, Antonio 1296

Manuzio, Paolo 1170, 1193, 1278, 1375, 1485, 1509

Manzani, Domenico 2118, 2119, 2526, 2527

Manzolo, Michele 68, 72, 80, 81, 85, 92, 106, 108

Marchetti, Francesco e Marchetti, Pietro Maria 1531

Marchetti, Marco Antonio 4067

Marchetti, Pietro Maria 2763, 2765, 2766, 2814, 2833, 2868, 2966-2968, 2970, 3116, 3190, 3326, 3346; vedi anche Marchetti, Francesco e Marchetti, Pietro Maria

Marchetti, Silvestro 3390

Marciani, Domenico 3878

Marcolini, Francesco, 821, 822, 833, 836, 857, 858, 885, 886, 910, 914, 917, 918, 943, 944

Marelli, Francesco 3715, 3716

Marescotti, Cristoforo 2878

Marescotti, Cristoforo, eredi 3163

Marescotti, Giorgio 1463, 1492, 1640, 1651, 1722, 1763, 1802, 1822, 1981, 2000, 2027, 2036, 2071, 2102, 2141, 2159, 2222, 2514, 2705

Mariani, Niccolò 2788, 2790

Maringo, Giovanni Battista 2640, 2663, 3708, 3835, 3954

Marini, Giovanni Battista 3366

Marliano, Jacopo: vedi Domenico da Vespolate e Marliano, Jacopo

Martarello, Antonio 3874

Martellini, Sebastiano 1985, 2087

Martin van Amsterdam: vedi Besicken, Johann e Martin van Amsterdam

Massi, Amadore 3993, 4035, 4044, 4074

Massi, Amadore e Landi, Lorenzo (Massi e Landi) 3775, 3871, 3895, 3929, 3974

Mascardi, Giacomo <1> 3154, 3348, 3388, 3539, 3565, 3692, 3702, 3728, 3729

Mascardi, Giacomo <2> (si tratta del Mascardi attivo dal 1637, cfr. CERL) 3960, 4081-4086

Mascardi, Vitale 3788, 3940, 3964

Mascheroni, Girolamo 3570, 3583

Mascheroni, Girolamo e Ferroni, Clemente 3570, 3583

Matarozzi, Giuseppe 3514, 3656, 3841, 3842; vedi anche Bianco, Giovanni Francesco e Matarozzi, Giuseppe

Matarozzi, Luca Francesco 3713

Mattei, Giacomo 3987, 4051

Matthias von Olmütz 156

Maufer, Petrus, de Maliferis e Contugo, Nicolaus de 124

Mayda, Giovanni Matteo 1404, 1519, 1776, 1787

Mayda, Giovanni Matteo, eredi e Sartoia, Giovanni Pietro 1975

Mayer, Sigismundus: vedi Besicken, Johann e Mayr, Sigmund

Mayr, Sigismondo 532, 615; vedi anche Besicken, Johann e Mayr, Sigmund

Mazzocchi, Antonio e Gucci, Niccolò 870, 1002

Mazzocchi, Giovanni (<di Bondeno>) 556, 563, 620

Mazzolini, Angelo 2382, 2394

M.B.F. e B.D.P. 28

Meda, Girolamo: vedi Meda, Valerio e Meda, Girolamo

Meda, Valerio 1786

Meda, Valerio e fratelli 1423

Meda, Valerio e Meda, Girolamo 1141, 1236, 1250, 1497, 1583, 1665

Meda, Vincenzo

Meda, Vincenzo, eredi 1143

Meietti, Paolo 2240

Meietti, Roberto <1> 2653, 2654

Merlo, Bartolomeo 2983, 3320, 3454, 3468, 3648

Mettayer, Jamet 2282, 2446

Micheli, Giovanni Domenico: vedi Valvassori, Luigi, eredi e Micheli, Giovanni Domenico

Micheli, Pietro 3816, 3846, 4027

Micheli, Pietro e Russo, Nicola Francesco 3991

Miege, Stephan 4095

Miloco, Domenico 3470

Miloco, Pietro 3212, 3241, 3341, 3375, 3462, 3521, 3554, 3559, 3664

Minerva <Venezia>, alla 4002

Minuziano, Alessandro 663

Miscomini, Antonio 64, 134, 135, 179, 254, 268, 271, 275, 281, 300

Miscomini, Bartolomeo 377

INDICE DEI NOMI RELATIVI ALLE RESPONSABILITÀ EDITORIALI

Misinta, Bernardino 201, 272

Misserini, Giovanni Antonio e Misserini, Giovanni Maria 3787

Misserini, Giovanni Maria: vedi Misserini, Giovanni Antonio e Misserini, Giovanni Maria

Misserini, Niccolò 2408, 2443, 2543, 2615, 2641, 2699, 2700, 2750, 2751, 2827, 2881, 2946, 2947, 2950, 3130, 3131, 3237, 3260, 3286, 3323, 3397, 3461, 3517, 3576, 3588, 3592

Moderne, Jacques 897

Mognaga, Francesco 4012, 4013

Moio, Giovanni Battista (Giambattista) e Rodella, Francesco 4006

Molino, Pietro: vedi Cinico, Giovan Marco e Molino, Pietro

Mollo, Roberto 3825-3827, 3861, 3989

Monastero delle Convertite: vedi Tipografia del Monastero delle Convertite

Moneta, Francesco 3881, 3882, 3912

Montanaro, Giovanni Domenico 3727

Monti, Giacomo 3721, 3800, 3806, 3905, 3966, 3988, 4014, 4041, 4057, 4061

Monza, Lodovico 4013, 4068

Moretti, Niccolò 2228

Morgiani, Lorenzo 225, 226, 298, 310, 418; vedi anche Libri, Bartolomeo de' e Morgiani, Lorenzo e Bonaccorsi, Francesco

Morgiani, Lorenzo e Petri, Johann (Laurentius de Morgianis und Johann Petri, Lorenzo Morgiani and Johannes Petri, Morgiani e Petri) 184, 215, 218, 228, 244, 260, 278, 287, 290, 292, 301, 302, 308, 309, 318, 319, 328, 357, 375, 379, 381, 382, 403

Morhart, Ulrich <1> 1409, 1445

Moscatelli, Giovanni Paolo, eredi 3512

Motti, Giovanni 3463

Moyllis, Damianus de 1

Muschio, Andrea 1481, 1500, 1613, 1657, 1780, 1987, 2174, 2175, 2277, 2650, 3117

Muzi, Niccolò 2677

Muzio, Giovanni e Locheta, Bernardino 1172, 1218

Naccarini, Marco, eredi 3503

Nani, Ercole 248

Nardi, Francesco 1044, 1075

Nardi, Simone 686, 751

Nato, Giovanni di 69

Nesti, Pietro 3742, 3745

Nibbio, Giovanni Domenico e Scaglione, Giovanni Francesco 1587

Niccolò dal Gesù e Domenico dal Gesù 489, 533, 549, 649

Nicolini da Sabbio, Domenico 1292, 1293, 1384, 1411, 1578, 2038, 2079, 2080

Nicolini da Sabbio, Giovanni Antonio 821, 822, 960

Nicolini da Sabbio, Giovanni Antonio e fratelli 549, 696, 764, 768, 788

Nicolini da Sabbio, Giovanni Antonio e Nicolini da Sabbio, Pietro 999

Nicolini da Sabbio, Pietro 851, 874, 1096, 1104, 2667

Nicolini da Sabbio, Stefano 725, 828, 829, 842, 855, 856, 884, 907, 922, 942, 1110

Nogue, Gabriel 3998

Nucci, Giambattista e Matteo 3490

Nucci, Lucrezio: vedi Gargano, Giovan Battista e Nucci, Lucrezio

Nucci, Matteo: vedi Nucci, Giambattista e Matteo

Oddoni, Guglielmo 3909, 3981

Oderico, Lorenzo: vedi Cavalieri, Giovanni Battista e Oderico, Lorenzo

Onate, Benigno e Giovanni Antonio da (Beninus e Johannes Antonius de Honate) 32

Onate, Giovanni Antonio da 167, 175

Onofri, Francesco 3748

Oporinus, Johann 1140

Orero, Antonio 2117

Orlando, Pietro Paolo 2432, 2433

Osanna, Francesco 1837, 2169, 2254, 2292, 2326, 2353, 2399, 2405, 2540, 2564, 2610, 2659, 2661, 2851

Ossanna, Aurelio e Ossanna, Lodovico 3311

Ossanna, Lodovico : vedi Ossanna, Aurelio e Ossanna, Lodovico

Ostaus, Giovanni e Valgrisi, Pietro 1288

Ouwerx, Jean 3651

Pace, Antonio: vedi Carlino, Giovanni Giacomo e Pace, Antonio

Pachel, Leonhard 195, 224, 242, 502

Pachel, Leonhard e Scinzenzeler, Ulrich 53, 65, 71, 75, 78, 79, 83, 87, 89, 90, 99, 101, 113, 115, 128, 149, 152

Pacini, Bernardo 568, 586, 667, 702

Pacini, Piero 184, 292, 298, 499

Padovani, Antonio 2211-2213, 2215, 2231

Padovano, Giovanni 985, 1070, 1147, 1148

Padovano, Giovanni e Ruffinelli, Venturino 848, 895

Paganello, Giovanni Battista (Giambattista) 3386, 3452

Pagani, Pietro: vedi Franceschini, Florino e Pagani, Pietro

Paganini, Alessandro 592, 600, 613

Paganini, Paganino <1> 161

Paganini, Paganino <2>: vedi Varisco, Giovanni e Paganini, Paganino <2>

Pagano, Matteo (Pagan) 1234, 1235, 1247, 1259, 2386

Pagolini, Battista 1951, 2018, 2042

Palazzolo, Andrea 2606

Palazzolo, Marcantonio 2165, 2168, 2327, 2429

Paltašić, Andrija (Paltasichi, Andrea) 129, 132
Paoli, Pietro de': vedi Giovannelli, Giovanni Battista e Paoli, Pietro de'
Paolini, Stefano <2> 2629, 2871, 2937, 3382
Papini, Filippo e Sabatini, Francesco 3911
Parlasca, Simone 2811, 3056, 3060
Parlasca, Simone, eredi 3356
Pascale, Giovanni Luigi 1260, 1264
Pasini, Agostino 3408
Pasini, Maffeo: vedi Bindoni, Francesco <1> e Pasini, Maffeo
Pasquato, Lorenzo 1387, 1544, 1553, 1817, 2892
Pasta, Antonino 621
Paulo Fiorentino 756 (vedi anche in *Indice delle responsabilità autoriali*)
Pavese, Andrea 3777
Pavese, Bortolo: vedi Terzani, Ottavio e Pavese, Bortolo
Pavoni, Giuseppe 2801, 2816, 2824, 2836, 2893, 2945, 3034, 3049, 3191, 3228, 3242, 3258, 3370, 3515, 3525, 3541
Pavoni, Tadio 3641
Peccori, Santo 2785
Pedemontani, Lodovico e Alberto 60
Pegolo, Lorenzo 1605, 1718, 1849, 1923, 2149
Pellegrini, Andrea 2963
Pellegrini, Andrea, eredi 3115
Pellizzari, Giovanni Battista 2451
Pellizzoni, Alessandro 531
Pellizzoni, Benedetto 1338, 1424
Pensi, Cristoforo 363, 458, 484
Penzio, Giacomo 462, 601
Percacino, Grazioso 1639
Peri, Lorenzo 1098
Perin e Brunelli, Tommaso 2261
Perin e Greco, Giorgio 2095
Perna, Pietro 1380
Perotti, Melchiorre 2669
Pettinari, Carlo: vedi Torrentino, Lorenzo, eredi e Pettinari, Carlo
Petri, Johann 4, 203; vedi anche Morgiani, Lorenzo e Petri, Johann
Petrucci, Pietro Giacomo 1502, 1834, 1865
Piasi, Pietro de' 126, 127, 131, 145, 146
Piasi, Tommaso de' 232, 247
Piccaglia, Giacomo 1963, 2022, 2058, 2166; vedi anche Da Ponte, Pacifico e Piccaglia, Giacomo
Piccaglia, Giacomo e Ferioli, Graziadio 2352, 2424
Piccaglia, Giovanni Battista 3624; vedi anche Da Ponte, Pacifico, eredi (erede) e Piccaglia, Giovanni Battista
Picchi, Giovanni e fratelli 1862
Piccini, Giuseppe: vedi Grisei, Agostino <1> e Piccini, Giuseppe
Pieri, Giovan Francesco 3691

Pietro da Corneno 88
Pietro da Pavia 368, 371
Pignoni, Zanobi 3213, 3291, 3587, 3698
Pinelli, Antonio <1> 3303, 3489, 3540
Pineroli, Giovanni Battista 1353, 1362, 1447, 1482, 1498, 1727, 1812, 1866
Pinzi, Aurelio 797, 811, 813, 824, 825, 826, 1217, 1239, 1317, 1426
Pipini, Carlo 2114
Pizzamiglio, Luigi 3247, 3353
Plannck, Stephan 136, 365, 420
Pocatela, Giacomo 770
Pocatela, Giovanni Battista 1001
Pocavanza (non meglio identificato) 3127
Pocavanza, Giacomo 2202, 3127
Polo, Alessandro 3389, 3436-3438, 3464, 3501, 3505; vedi anche Polo, Niccolò e Polo, Alessandro
Polo, Girolamo 1654, 1735, 2381, 2501, 2580, 2648
Polo, Niccolò 2585, 2754, 2867, 2961, 2994, 3109, 3144
Polo, Niccolò e Polo, Alessandro 3294
Popolo Romano: vedi Stamperia del Popolo Romano
Porrino, Pietro Agnello 3957
Porro, Girolamo 2567, 2568
Porta, Giovanni Battista 2410, 2600, 2619, 2625
Portanova, Michele: vedi Bua, Nicolò e Portanova, Michele
Prati, Fioravante 2156, 2186, 2264, 2265, 2364, 2593, 2619, 2620, 2756, 2803, 3330, 3331
Pulciani, Giovanni Battista: vedi Deuchino, Evangelista e Pulciani, Giovanni Battista
Putelletto, Antonio 903, 923, 980

Quarengi, Pietro 313, 323, 540, 551, 570
Quinciano, Ercole 2144, 2644, 2704

Ragazzo, Giovanni 194, 229
Ragazzoni, Francesco 217
Ragazzoni, Jacopo 245
Ragazzoni, Teodoro 202, 221
Ragusi, Bartolomeo 2266
Ramellati (non meglio identificato) 4072
Rampazetto, Francesco (<1>) 1364, 1456, 1785
Rampazetto, Francesco (<1>), eredi 1839, 1862, 2062
Rampazetto, Giovanni Antonio 2116, 2129, 2130, 2497
Rastelli, Giovanni Bernardino 1764
Ratdolt, Erhard 118
Ratteri, Giovanni Battista 2050
Ravani, Pietro: vedi Sessa, Melchiorre <1> e Ravani, Pietro
Ravani, Pietro, eredi: vedi Guglielmo da Fontaneto e Ravani, Pietro, eredi
Ravani, Pietro, eredi, e compagni 1032, 1094, 1166, 1269, 1291

INDICE DEI NOMI RELATIVI ALLE RESPONSABILITÀ EDITORIALI

Ravani, Vittore e compagni 817, 849, 899, 957

Raverio, Costantino 871

Raynald von Nimwegen (Raynaldo de Nouimagio) 70

Regazzola, Egidio 1778

Regazzola, Egidio e Cavalcalupo, Domenico 1577, 1578

Reghettini, Aurelio 2328, 2406, 2738 bis

Regina, al segno della 1815, 1871, 2085, 2135, 2136, 2339

Ricciardi, Pietro 3001

Righettini (non meglio identificato) 2328, 3973

Righettini, Angelo 3165, 3379, 3507, 3604

Righettini, Girolamo 3750, 3797, 3833, 3892, 4053

Rimbotti, Iacopo 880, 1107

Rinaldo da Trino: vedi Antonio da Trino e Rinaldo da Trino

Risi, Giovanni Giacomo 255

Rivery, Adam e Rivery, Jean 1173

Rivery, Jean: vedi Rivery, Adam e Rivery, Jean

Rizzo, Bernardino 144, 158, 171, 173, 174

Rocca, Francesco 1181, 1220

Rocca, Francesco [e Pietro] 1181

Rococciola, Antonio 478

Rococciola, Domenico 200, 213, 338, 339, 496

Rodella, Bartolomeo 3322, 3422 bis

Rodella, Francesco: vedi Moio, Giovanni Battista e Rodella, Francesco

Rollet, Philibert 1177, 1191, 1202, 1223

Rollet, Philibert e Frein, Barthélemy 1087, 1088, 1119

Romulo, Giovanni Francesco 1814

Roncagliolo, Giovanni Domenico 3076, 3186, 3217

Roncagliolo, Secondino 3544, 3647, 3658, 3804, 3809

Roncali, Claudio 2260

Roncucci, Cristofano 4010

Rosselli, Girolamo 3743, 3799, 3835

Rossi, Francesco <2> 755, 898

Rossi, Francesco (<Verona>) 3896, 3901, 3961

Rossi, Giovanni 1385, 1418, 1435, 1436, 1806, 1858, 1896, 1903, 2120, 2158, 2227, 2499, 2546, 2550, 2560, 3633, 3634

Rossi, Giovanni, eredi 2674, 2692, 2752, 3056, 3171

Rossi, Giovanni Battista 3522

Rossi, Giovanni Francesco: vedi Gislandi, Giovanni e Rossi, Giovanni Francesco

Rossi, Lorenzo (Laurentius de Rubeis de Valentia) 205

Rossi, Marco Antonio 3817

Rosso, Bernardino: vedi Rosso, Giovanni e Rosso, Bernardino

Rosso, Giovanni 130, 169, 227, 263, 515, 526

Rosso, Giovanni e Rosso, Bernardino 544

Rouillé, Guillaume 1087, 1102, 1119, 1202, 1223, 1314, 1315, 1448, 1468, 1626, 1831, 2285

Rounthwaite, Ralph 3449, 3953

Rubeis, Laurentius de, de Valentia : vedi Rossi, Lorenzo

Rubini, Bartolomeo 1495, 1577, 1578

Ruffinelli, Giacomo 2147

Ruffinelli, Tommaso 2534

Ruffinelli, Venturino 989, 1008, 1031, 1200; vedi anche Padovano, Giovanni e Ruffinelli, Venturino

Ruggeri, Angelo: vedi Bazalieri, Bazaliero e Ruggeri, Angelo

Ruggeri, Ugo 176, 341, 347

Rusconi, Elisabetta 739, 753

Rusconi, Giorgio 453, 469, 491, 501, 507, 509, 518, 553, 559, 573, 612, 626, 629-632, 638, 639, 643, 645, 646, 648, 653, 656

Russo, Nicola Francesco: vedi Micheli, Pietro e Russo, Nicola Francesco

Ruuli, Rinaldo 3675, 3773

Ruvoli: vedi Ruuli, Rinaldo

Sabatini, Francesco: vedi Papini, Filippo e Sabatini, Francesco

Sabbio, Vincenzo 1531, 1783, 2035, 2073, 2138, 2267, 2362, 2516, 2632, 2668, 2697, 2804, 2820

Sacchini, Alessandro: vedi Camacci, Filippo e Sacchini, Alessandro

Salicata 3402

Salicato, Altobello 1751, 1860, 1959, 1969, 1996, 2013, 2099, 2101, 2111, 2172, 2173, 2255, 2313, 2456, 2921, 3058, 3064

Salis, Giovanni 3358

Salis, Giovanni, eredi 3884, 3934

Salmincio, Andrea 3685

Saltamacchie, Carlino 1590

Salviani, Orazio 1714, 1762, 1885, 1887, 1932, 1989, 1990, 2145, 2146, 2242, 2321, 2329, 2389, 2508, 2513, 2551-1554

Salviani, Orazio e Cesari, Cesare 2048, 2054, 2094, 2390, 2425

Salvioni, Francesco 1978, 2047

Salvioni, Pietro 3297, 3298, 3378, 3380, 3537, 3538, 3548, 3597, 3640

Salvioni, Pietro e Grisei, Agostino <1> 3682

Salvioni, Pietro, eredi e Grisei, Agostino (<1>) 3757

Sanctis, Girolamo de' e Cornelio 162

San Iacopo di Ripoli (Apud Sanctum Jacobum de Ripoli) 52, 61, 91, 103, 120, 358

Sansovino, Francesco 1532, 1720

Sansovino, Giacomo 1607, 1615, 1782, 1808, 1901, 1937

Sant'Anzolo, all'insegna della Verità 2916

Sant'Apollinare (S. Appolinari) 2797, 3230, 3416

Sarti 4066

Sartoia, Giovanni Pietro: vedi Mayda, Giovanni Matteo, eredi e Sartoia, Giovanni Pietro

Sarzina, Giacomo (<1>) 3355, 3405, 3509, 3528, 3599, 3673, 3701, 3706, 3707, 3710, 3711, 3720, 3722, 3735, 3752, 3754, 3756, 3760, 3768, 3772, 3778, 3786, 3796, 3805,

3818-3820, 3840, 3849, 3851, 3852, 3855, 3868, 3870, 3872, 3873, 3885

Savio, Francesco 3741

Savio, Onofrio 4052

Scaglia, Giacomo 3666, 3703, 3724, 3726, 3759

Scaglione, Giovanni Francesco: vedi Nibbio, Giovanni Domenico e Scaglione, Giovanni Francesco

Schall, Johann 37

Scheus, Hermann 3940, 3964

Schulteiss, Georgius <of Boll> 480

Scinzenzeler, Giovanni Angelo 369, 473, 514, 534, 538, 545, 546, 558, 599, 636, 662, 672, 679

Scinzenzeler, Heinrich 262

Scinzenzeler, Ulrich 219, 230, 264, 299, 317, 331, 344, 345; vedi anche Pachel, Leonhard e Scinzenzeler, Ulrich

Scoriggio, Lazzaro 3272, 3289, 3460, 3562, 3615, 3631, 3718, 3737

Scoto, Brandino e Scoto, Ottaviano <2> 904, 931, 932, 954, 955, 974, 1029, 1030

Scoto, Ottaviano <1> 95, 102

Scoto, Ottaviano <1>, eredi 839

Scoto, Ottaviano <2> 839, 843, 934; vedi anche Scoto, Brandino e Scoto, Ottaviano <2>

Scoto, Giovanni Maria 1374, 1378, 1397

Scoto, Girolamo 964, 1049, 1078, 1133, 1199, 1240, 1388, 1390, 1407, 1412, 1474, 1477, 1480, 1494, 1496, 1505, 1506, 1517, 1548

Seghino, Giovanni Antonio 3172, 3182

Senese, Giovanni 3004, 3246

Sermartelli (non meglio identificato) 3453

Sermartelli, Bartolomeo <1> 1564, 1579, 1603, 1651, 1652, 1673, 1674, 1678, 1709, 1798, 1872, 1919, 1953, 1993, 1994, 2024, 2043, 2060, 2098, 2197, 2230, 2241, 2301

Sermartelli, Bartolomeo <2> 2987, 3024

Sermartelli, Bartolomeo <2> e fratelli 3072, 3204, 3262, 3263, 3293, 3395, 3494, 3494 bis, 3590

Sermartelli, Michelangelo 2423, 2457, 2482, 2695, 2839

Sesalli, Francesco 1679

Sessa (non meglio identificato) 3021, 3065, 3176, 3239, 3243, 3270, 3304, 3333, 3371, 3373, 3429, 3430, 3476, 3887

Sessa, Giovanni Battista <1> 450, 459, 460, 462, 468

Sessa, Giovanni Battista <2> e Sessa, Giovanni Bernardo 2648

Sessa, Giovanni Battista <2> e Sessa, Melchiorre <2> 1284

Sessa, Melchiorre <1> 855, 884, 950, 960, 1013, 1096, 1168, 1255, 2667; vedi Guglielmo da Fontaneto e

Sessa, Melchiorre <1> e Ravani, Pietro 693, 711, 734, 744

Sessa, Melchiorre <1>, eredi 1504, 1529, 1530, 1552, 1606, 1621, 1623, 1624, 1700, 1839, 1960, 1986, 2077, 2079, 2195, 2490, 2501, 2539, 2541, 2580, 2762, 2793

Sessa, Melchiorre <2>, eredi 2926

Sforzini, Domenico 3388

Silber, Eucharius 117, 358, 420, 467

Silber, Marcello 396, 597, 598

Silva, Bernardino: vedi Silva, Giovanni Angelo e Silva, Bernardino

Silva, Francesco (Franciscus de Silva) 307, 689

Silva, Giovanni Angelo e Silva, Bernardino 554, 634

Simbeni, Giacomo 1754, 1793

Simbeni, Giovanni 2890, 2932, 2959

Simeone, Erasmo di 3374

Simone da Lovere 508, 513, 547, 566

Simonetta, Giovanni Maria 963

Snodham, Thomas 3449

Soardi, Lazzaro 326, 492, 493, 494, 562, 564, 576, 602, 605

Soardi, Lazzaro e Benali, Bernardino 627

Società veneta 2806, 2841

Soldanelli, Ettore 3142

Somasco, Benedetto 3427

Somasco, Giacomo Antonio 2696, 2746, 2861, 3090, 3091

Somasco, Giacomo Antonio e Somasco, Giulio 1734

Somasco, Giovanni Battista 1883, 1918, 2053, 2129, 2187, 2233-2235, 2325, 2354, 2392

Somasco, Giulio: vedi Somasco, Giacomo Antonio e Somasco, Giulio

Somasco, Vincenzo (<2>) 3335, 3409

Soncino, Girolamo 527, 539, 557, 624, 644

Sottile, Giovanni Battista 2963, 3043

Spada, nella stamperia dello 3382

Speranza, al segno della 1009, 1010, 1018, 1051, 1064, 1066, 1068, 1071, 1089, 1091, 1095, 1097, 1103, 1108, 1113, 1114, 1144, 1176, 1178, 1184, 1194, 1211, 1252, 1261, 1270, 1272, 1283, 1285-1287, 1309, 1318, 1355, 1398-1400, 1488, 1637, 3026

Spineda, Agostino 2719

Spineda, Lucio 2645, 2744, 2842, 2907, 2938, 3224, 3226, 3387, 3551, 3573, 3581, 3667

Stagnino, Bernardino (<1>) 864, 895

Stamperia Camerale <Ferrara> 2741

Stamperia Camerale <Ravenna> 3894, 4054

Stamperia Camerale <Roma> 3232, 3859

Stamperia della Camera Apostolica 3813, 3836

Stamperia del Popolo Romano 1644, 2279

Stamperia di S.A.S. <Firenze> (alla Condotta) 1538, 1570, 2780, 3006, 3009

Stamperia Nuova 2663, 2665

Stella, al segno della <Firenze> 410

Stendal, Albrecht von 29

Stigliola, Nicola Antonio 2547, 2555, 2566

Stoer, Jacob 2468

Storti, Francesco <1> 4046, 4075

Strada, Antonio da 116, 147

Stringario, Girolamo: vedi Gioioso, Antonio, eredi e

INDICE DEI NOMI RELATIVI ALLE RESPONSABILITÀ EDITORIALI

Stringario, Girolamo

Suganappo, Giovanni Paolo 1118

Surian, Giovanni Battista 3898

Suzzi, Francesco 3426, 3450, 3457

Tacuino, Giovanni 243, 465, 475, 577, 710, 713, 720, 789

Tamo, Angelo 3366

Tani, Bernardino 3791

Tarino, Giovanni Domenico 2176, 2421, 2679, 2837

Tarino, Giovanni Domenico, eredi 3623, 3672, 3869, 3904, 4004

Tebaldini (Tebaldino), Francesco 3071, 3135, 3137, 3259

Tebaldini, Nicolò (Niccolò) 2857, 2874, 3579, 3642, 3704

Terranova, Francesco e Culicchia, Andrea 4025

Terzago, Guido 60

Terzani, Ottavio e Pavese, Bortolo 3811

Testa, Giovanni Antonio 2200

Testuggine, all'insegna della 2779

Timan, Volcmar 3334

Tipografia Arcivescovile <Milano> 2786, 3510, 3890

Tipografia del Collegio Romano 1614

Tipografia del Monastero delle Convertite 1328

Tipografia Torrentiniana <Mondovì> 1483, 1508

Tipografo del Benignus, *Dialectica* (Printer of Benignus, 'Dialectica') 188, 193

Tipografo del Brunus Aretinus (H 1565) 8

Tipografo del Cornazzano 14, 38

Tipografo del Dati, *Elegantiolae* (H 5969*) 36

Tipografo del Dati, *Lettera delle Isole* 304

Tipografo della *Caccia di Belfiore* (Printer of the Caccia di Belfiore) 381

Tipografo dell'Antonino, *Confessionale* 10, 54

Tipografo dell'Erodiano (Printer of Herodianus) 365

Tipografo dell'Ovidio, *Metamorphoses* [Printer of Ovidius, 'Metamorphoses' (H 12168)] 374

Tipografo dello Pseudo-Savonarola, *Esposizione sopra il salmo Verba mea* (HCR 14410) 342, 378-380, 383

Tipografo del *Salterio* volgare (Printer of 'Psalterio in volgare') 46

Tipografo del san Benedetto (H 2776) 282

Tipografo del Servius, *Commentarius in Vergilium, 1475*: vedi Domenico da Vespolate

Tipografo del Terentius (Pr 6748) 2

Tipografo del Virgilio [Printer of Vergilius (C 6061)] 188, 193

Tini, Francesco e Tini, Simone, eredi 2052, 2115, 2139, 2205

Tini, Michele 2052, 2068, 2105, 2115, 2205

Tini, Simone, erede e Besozzi, Giovanni Francesco 2809, 2846

Tini, Simone, eredi: vedi Tini, Francesco e Tini, Simone, eredi

Tintinnassi, Rosato 2019

Todesco, Fabio 1358

Tomasi, Francesco 3992

Tomasini (non meglio identificato) 3696, 3725, 3656, 4090

Tomasini, Cristoforo 3696, 3711, 3725, 3736, 3747, 3758, 3779, 3782, 3807, 3810, 3834, 3837, 3885, 3916, 3932, 3983, 4077, 4090, 4097

Torneri, Giacomo: vedi Bericchia, Giacomo e Torneri, Giacomo

Torrentino: vedi anche Tipografia Torrentiniana

Torrentino, Lorenzo 1187, 1237, 1253, 1265, 1340, 1408, 1421

Torrentino, Lorenzo, eredi 1454, 1588

Torrentino, Lorenzo, eredi, e compagni 1463, 1492

Torrentino, Lorenzo, eredi e Pettinari, Carlo 1475, 1538, 1570

Torresano, Federico 921

Torti, Battista 100, 104

Torti, Luigi 845, 847, 909, 1030, 1082, 1083

Tosi, Francesco 2526, 2549, 2562, 2717, 3392

Tosi, Giacinto 2778, 3315, 3344

Tosi, Giacinto e Fantucci Tosi, Giovanni Battista 3245

Tosi, Zenobio 1072, 1073

Totti, Pompilio 3728, 3729, 3788

Tournes, Jean de <1> 1241-1243, 1339, 2873

Tournes, Jean de <1> e Gazeau, Guillaume 1281

Tournes, Jean de <2>, 1828, 2872, 2873, 2984, 3008, 3039, 3847, 3946

Tradate, Agostino 2688, 3041

Tramezzino, Francesco, eredi e Tramezzino, Michele <1>, eredi 1939

Tramezzino, Michele (<1>) 1004, 1145, 1415, 1428, 1459, 1728; vedi anche Tramezzino, Francesco, eredi e Tramezzino, Michele <1>, eredi

Trevisano, Tommaso 130

Tubini, Antonio 367, 498

Tubini, Antonio e Alopa, Lorenzo e Ghirlandi, Andrea (Antonio Tubini, Laurentius (Francisci) de Alopa, Venetus and Andrea Ghirlandi) 384, 537

Tubini, Antonio e Ghirlandi, Andrea (Tubini e Girlandi) 404, 464, 466, 481, 506, 511, 516, 530, 537, 542, 543, 565, 569, 580, 587, 589, 594, 610, 611, 614, 618, 625, 642, 655, 659, 716

Turlino, Damiano 1021, 1368, 3443, 3567

Turlino, Damiano e Turlino, Giacomo Filippo 793, 818 bis, 837

Turlino, Giacomo e Turlino, Policreto 1796

Turlino, Giacomo Filippo: vedi Turlino, Damiano e Turlino, Giacomo Filippo

Turlino, Policreto (<1>) 1991, 2034, 2491, 2584, 2591, 2614, 2834, 2859, 2860, 2918; vedi anche Turlino, Giacomo e Turlino, Policreto

Turrini (non meglio identificato) 3686, 3887, 4033, 4036, 4078

Turrini, Antonio 3250

Turrini, Giovanni Maria: vedi Turrini, Pietro e Turrini, Giovanni Maria

Turrini, Pietro 3838, 3902

Turrini, Pietro e Turrini, Giovanni Maria 3899

Ugolino, Giovanni Battista 2189, 2237

Ugolino, Paolo 2415

Uniti: vedi Compagnia degli Uniti

Usso, Pietro 3670

Valdarfer, Christophorus 53, 114, 123

Valentini, Giorgio 3244, 3340, 3367, 3431, 3473, 3477, 3495, 3650, 3659

Valentini, Matteo 2454, 2484, 2743

Valeri, Lorenzo 3687

Valgrisi, Pietro: vedi Ostaus, Giovanni e Valgrisi, Pietro

Valgrisi, Vincenzo 1023, 1024, 1425

Valvasense, Francesco 4037

Valvassori, Florio: vedi Valvassori, Giovanni Andrea e Valvassori, Florio

Valvassori, Giovanni Andrea 522, 732, 775, 778, 875, 938, 1077, 1085, 1190, 1192, 1311, 1565, 1662, 2049

Valvassori, Giovanni Andrea e fratelli 891

Valvassori, Giovanni Andrea e Valvassori, Florio 988, 1054, 1054

Valvassori, Luigi, eredi 1744, 1745, 2017

Valvassori, Luigi, eredi e Micheli, Giovanni Domenico 1791, 1833

Varisco (non meglio identificato) 3523, 3558, 3641

Varisco, Giovanni 1563, 1859, 2084

Varisco, Giovanni e compagni 1321, 1366, 1420, 1431, 1472, 1476, 1558, 1826, 1832, 1856, 2006, 2007

Varisco, Giovanni e Franzini, Girolamo 2007

Varisco, Giovanni e Paganini, Paganino <2> 1897

Varisco, Giovanni e Varisco, Varisco e fratelli 3325, 3347

Varisco, Giovanni, eredi 2505, 2548

Varisco, Giorgio 2955, 3085, 3106, 3347

Varisco, Marco 3147, 3214

Varisco, Varisco e fratelli: vedi Varisco, Giovanni e Varisco, Varisco e fratelli

Vaschieri, Girolamo 3319, 3425

Vecchi, Alessandro 1766, 2885, 2913, 2953, 3002, 3033, 3045, 3079, 3143, 3153, 3177, 3188, 3240, 3295, 3433

Vecchi, Domenico 3741

Ventura, Comino 1882, 1945, 2021, 2276, 2371, 2459, 2502, 2503, 2507, 2509, 2577, 2588, 2597, 2638, 2668, 2706, 2760, 2761, 2852, 2924, 2952, 2964, 2975, 3063, 3148, 3149

Ventura, Pietro 3619

Verdi, Giovanni Maria 2973, 3032

Verità: vedi Sant'Anzolo, all'insegna della Verità

Verovio, Simone 2431

Viani, Alessandro 1017, 1573

Viani, Andrea 2341-2343, 2347, 2489, 2538, 2656

Viani, Bernardino (<1>) 759, 969, 994, 1007

Vicentini, Paolo 2434

Vidali, Giacomo 1740, 1781

Vigna, Mario 3951

Vignon, Eustache, eredi 2623, 2624

Vincenzi, Giacomo 2280, 2324, 2757, 2758, 2965, 2989, 3207

Vincenzo di Paolo: vedi Zoppino, Niccolò e Vincenzo di Paolo

Viotti, Anteo 3215, 3278

Viotti, Anteo e Barezzi, Barezzo 2422

Viotti, Antonio 859

Viotti, Erasmo (<1>) 1927, 2598

Viotti, Seth 1617, 1641, 1688, 1788, 1840

Viotti, Seth, eredi 2029

Vitale, Costantino 2887, 3037; vedi anche Carlino, Giovanni Giacomo e Vitale, Costantino

Vitali, Bernardino 356, 406, 418, 505, 533, 574, 651, 709, 783, 805, 807

Vitali, Vitale 1384

Volpini, Giovanni Antonio 954, 955, 974

Vullietti, Carlo 2792, 3022

Vurster, Johann (Johannes Vurster) 49

Wendelin von Speyer 6

Wolf, John 1792

Zaltieri, Bolognino 1611, 1620, 1749, 1772

Zaltieri, Marcantonio (Marco Antonio) 2070, 2346, 2377, 2787, 2936, 3164

Zanchi, Antonio 333, 445, 451, 550

Zanetti, Bartolomeo <1> 700, 862, 863, 872, 880, 890, 892, 921, 946, 952, 1107

Zanetti, Bartolomeo <2> 2996, 2998, 3007, 3036, 3073, 3074, 3098, 3119, 3122, 3140, 3246, 3274, 3296, 3337, 3342, 3410, 3442, 3444, 3472

Zanetti, Bartolomeo <2>, erede 3542, 3547, 3680

Zanetti, Cristoforo 1713, 1719, 1724, 1743, 1749, 1784

Zanetti, Daniele 2693, 2767

Zanetti, Luigi 2722, 2759, 2805, 2866

Zanetti, Luigi, eredi 2996

Zanfretti, Paolo 2025

Zani, Agostino 571, 616, 633, 637, 745, 766

Zani, Bartolomeo 206, 346, 457, 471, 474, 486, 500, 517

Zanni, Barucino 2061, 2589, 2616, 2729, 3179, 3180

Zarotto, Antonio 16, 107, 133, 148, 154, 163, 177, 183, 190, 231, 343; vedi anche Castaldi, Pamfilo e Zarotto, Antonio

Zazzera, Stefano 1465, 1515, 1546, 1547

INDICE DEI NOMI RELATIVI ALLE RESPONSABILITÀ EDITORIALI

Zenaro, Damiano 1683, 3233

Zenaro, Damiano, erede 3322, 3422 bis

Zenaro, Pietro 1909, 2616

Zenero, Carlo 3938, 3966, 3988, 3990, 4022, 4026, 4040, 4050, 4057, 4064, 4065

Ziletti, Francesco 1675, 1684, 1736, 1737, 1750, 1800, 1904, 1954, 1955, 2039, 2133

Ziletti, Giordano <1> 1716, 1789

Ziletti, Giordano <1> e compagni 1599, 1647, 1716

Zoppini, Agostino: vedi Zoppini, Fabio e Zoppini, Agostino

Zoppini, Fabio e Zoppini, Agostino 1964, 2040, 2056, 2062, 2064, 2109, 2154, 2170, 2191, 2515

Zoppino, Niccolò 470, 512, 694, 735, 741, 742, 747, 754, 761, 772, 786, 787, 801-803, 812, 832, 905, 925, 940, 951, 968, 1027

Zoppino, Niccolò e Vincenzo di Paolo 560, 575, 595, 601, 629-632, 638, 645, 646, 652, 660, 661, 671, 692, 698, 699, 704

Zucchetta, Bernardo 567, 586, 623, 667, 673, 702, 726, 809, 840, 852, 883

INDICE

Ringraziamenti 7

Introduzione
Mappare la cultura biblica in italiano a stampa nella prima età moderna:
problemi e prospettive 9

Tavola delle sigle e delle abbreviazioni bibliografiche 33

Repertorio (ca 1462-1650) 41

Indice dei titoli di opere 599
Indice dei nomi relativi alle responsabilità autoriali 605
Indice dei nomi relativi alle responsabilità editoriali 619